Die

Preußischen Gesetze

über die

Ressort-Verhältnisse

zwischen den

Gerichten und den Verwaltungs-Behörden

zusammengestellt und erläutert

durch

Th. F. Oppenhoff,
Staats-Prokurator beim Königl. Landgerichte zu Aachen

Berlin.
Druck und Verlag von Georg Reimer.
1863.

Vorrede.

Die Bestimmungen, welche die Ressort-Verhältnisse zwischen den Gerichten und Verwaltungs-Behörden regeln, bieten für die Auslegung und Anwendung größere Schwierigkeiten dar, als irgend ein anderer Zweig unserer Gesetzgebung. Der Grund liegt theils in der Eigenthümlichkeit des Gegenstands an sich, theils in dem Umstande, daß jene Bestimmungen nicht Einem und demselben Gesetzbuche angehören, sondern in einer ganzen Reihe einzelner, zu den verschiedensten Zeiten ergangener Gesetze, Verordnungen, Deklarationen ꝛc. zerstreut sind, und daß, bei aller Uebereinstimmung, welche dieselben in den leitenden Grundgedanken durchweg bekunden, die bei ihrer Abfassung vorwaltenden Anschauungen und Richtungen dennoch auf ihre Form, und zum Theil auch auf ihren Inhalt nicht ohne Einfluß geblieben sind. Hierzu kommt noch für das Gebiet des Rheinischen Rechts, daß dort die wesentlich abweichenden Grundsätze der französischen Gesetzgebung wenigstens theilweise ihre Geltung behauptet haben, so daß in dieser Hinsicht eine genaue Sonderung nöthig wird.

Gerade diese Schwierigkeiten waren es, welche den Verfasser veranlaßten, sich dem Studium dieses Zweiges der Gesetzgebung mit Vorliebe zu widmen, und welche ihn jetzt bestimmen, die Frucht mehrjähriger Beschäftigung in einem eingehendem Kommentare der Oeffentlichkeit zu übergeben. Dabei hat er sich nicht verhehlt, daß der gegenwärtige Augenblick von Manchem vielleicht als nicht sehr geeignet für das Erscheinen eines solchen Werks angesehen werden könnte, weil gerade jetzt vielfach Wünsche laut geworden sind, welche auf legislative Aenderungen im dieser Materie hinzielen. Er theilt indessen dieses Bedenkem nicht, da er die Ueberzeugung gewonnen hat, daß — wenn auch im Einzelnen Abänderungen der erwähnten Art erfolgen mögen — doch eine Abweichung von den allgemeinen Hauptgrundsätzen, auf welchen das ganze System beruht, in keiner Weise zu erwarten steht, zumal eine solche nicht ohne eine vollständige Aenderung der ganzen Organisation unserer gerichtlichen und verwaltenden Behörden ausführbar sein würde. Diese Anschauung dürfte denn auch bereits durch die neuesten hier einschlagenden Gesetze ihre Bestätigung gefunden haben.

Unter den erläuterten Gesetzes-Stellen nehmen die bezüglichen Vorschriften der Verordnung vom 26. Dezember 1808 nicht blos der Zeitfolge nach, sondern auch wegen ihres Inhaltes die erste Stelle ein. Sie erscheinen mit den in ihnen bezogenen, resp. reproduzirten landrechtlichen Bestimmungen als die eigentliche Basis für das gesammte gegenwärtige Ressortwesen, indem sie für alle Beziehungen zwischen der administrativen Wirksamkeit und der Civil- wie Strafrechtspflege die leitenden, auch in der Folgezeit durchweg maaßgebend gebliebenen Gesichtspunkte aufstellen. Mußte daher die Erläuterung jener Vorschriften schon an sich einen verhältnißmäßig großen Umfang in Anspruch nehmen, so boten dieselben gleichzeitig durch die in ihnen (cf. §§ 35, 36) enthaltene Hinverweisung auf die allgemeinen Grundsätze der Preußischen Landesverfassung sowohl als auf die geltenden Spezialgesetze einen geeigneten Anlaß dar, einestheils um die nicht unmittelbar gesetzlich ausgesprochenen, wohl aber durch die Praxis und Wissenschaft gutgeheißenen Elementarsätze der hier fraglichen Lehre wiederzugeben, anderentheils, um eine Uebersicht derjenigen einschlägigen Spezialgesetze zu liefern, deren besondere Kommentirung nicht als erforderlich erschien.

Gleiche Bedeutung mit der Verordnung von 1808 hat für das Gebiet des Rheinischen Rechts das s. g. Ressort-Reglement vom 20. Juli 1818.

Die Mehrzahl der übrigen hier behandelten Gesetze und Verordnungen enthält neben solchen Vorschriften, welche das Ressortwesen betreffen, noch mannigfache andere, dem materiellen Rechte oder sonstigen Materien angehörige Bestimmungen. Wenngleich die letzteren, strenge genommen, ein dem Hauptinhalte der Schrift fremdes Gebiet betreffen, so hat der Verfasser dennoch bei einzelnen, minder umfassenden jener Gesetze, insbesondere denen über Vorfluth, Heimathsrecht und Armenpflege, für angemessen gehalten, etwas Ganzes zu liefern, und daher keine Vorschrift dieser Gesetze von der Erörterung auszuschließen. Bei anderen mußte freilich, um dem Buche keine allzu große Ausdehnung zu geben, in entgegengesetzter Weise verfahren werden. Dieses gilt namentlich von der Gesinde-Ordnung, dem Eisenbahngesetze, dem Gesetze über Privatflüsse, der Gewerbe-Ordnung und den verschiedenen Verordnungen über die administrative Exekution. Dem entsprechend sind daher auch von diesen nur die hier interessirenden Bestimmungen wörtlich abgedruckt worden. Hinsichtlich der Exekutions-Ordnungen ist dies zum Theil sogar nur in den Noten geschehen, indem die Uebereinstimmung, welche unter denselben besteht, es nahe legte, im Texte blos die bezüglichen Bestimmungen der für den größten Theil des Staatsgebiets geltenden Verordnung vom 30. Juli 1853 wiederzugeben, und die Mittheilung der geringen Abweichungen der anderen den Noten vorzubehalten, welche im Uebrigen zur Erläuterung der sämmtlichen Verordnungen ohne Ausnahme dienen.

Die Gesetzgebung über das Verfahren in Auseinandersetzungssachen bildet ein in sich abgeschlossenes Ganzes, und ist nur insoweit in Betracht gezogen worden, als die Erläuterung anderer Gesetze dieses erheischte.

Bei der Ausarbeitung des Kommentars hat sich der Verfasser nicht, wie dieses in den verdienstvollen Schriften von Hartmann und Sydow geschehen ist, auf die Entscheidungen der höchsten Gerichtshöfe beschränkt, er hat vielmehr außer den Gesetzesmaterialien, soweit sie zugänglich waren, auch die Erlasse der Verwaltungs-Behörden, in Gleichem die sonstigen in Urtheilssprüchen und in der Rechtslehre enthaltenen Quellen benutzt. Zur Vermeidung von Irrungen und Mißverständnissen ist darauf Bedacht genommen worden, daß in allen Fällen, wo eine Entscheidung durch die Rheinische Sondergesetzgebung bedingt wurde, dies erkennbar hervortrete. Die häufig gezogenen Parallelen mit den Grundsätzen des französischen Rechts dürften übrigens nicht blos für dessen Gebiet, sondern auch für die anderen Landestheile von Interesse sein.

In der äußeren Form schließt sich dieses Werk an die Kommentare des Ober-Staats-Anwalts Oppenhoff zu dem Strafgesetzbuche und den altländischen Strafprozeßgesetzen an. Ein genaues Register, sowie eine Uebersicht der wichtigeren Gesetze, welche neben den besonders erläuterten zur Sprache kommen, werden die Benutzung wesentlich erleichtern.

Aachen, den 1. Dezember 1862.

Th. F. Oppenhoff.

Erklärung der Abkürzungen.

Achenbach, Rh. Bergpol.-Vorschr.	bezeichnet	Dr. Heinr. Achenbach, die Bergpolizei-Vorschriften des Rhein. Haupt-Bergdistrikts ꝛc. Köln 1859.
AG., AH	„	Erkenntniß des Appellationsgerichts, resp. des Appellations-Gerichtshofs.
Ann.	„	v. Kamptz, Annalen für die innere Staats-Verwaltung.
APfl.	„	Armenpflege.
Arnsb. Arch.	„	Ulrich, Sommer u. Böle, Archiv für Preuß. Recht. Arnsberg 1834—1854.
Bess. u. Kühlw.	„	A. Bessel und E Kühlwetter, das Preuß. Eisenbahnrecht, Köln 1855 ff.
Cass.	„	Kassirendes Erk des Pariser Kassationshofs.
Dalloz	„	M. D. Dalloz, répertoire de législation de doctrine et de jurisprudence. Paris.
v. Daniels (v. Dan.)	„	v. Daniels, Handbuch der für die Rheinprovinz verkündigten Gesetze ꝛc. aus der Zeit der Fremdherrschaft. Köln 1835—1845.
Entsch.	„	Entscheidungen des K. Ober-Tribunals.
Ergänz. (Erg.)	„	Gräff ꝛc, Ergänzungen und Erläuterungen der Preuß. Rechtsbücher, 4. Ausg., herausgegeben von v. Rönne.
GS.	„	Gesetz-Sammlung.
Goltd. Arch.	„	Goltdammer, Archiv für Preuß. Strafrecht. Berlin 1853 ff.
Gräff	„	H. Gräff, Handbuch des Preuß. Bergrechts, 2. Ausg. Breslau 1856.
Gruchot	„	Dr. Gruchot, Beiträge zur Erläuterung des Preuß Rechts durch Theorie und Praxis. Hamm 1857 ff.
Hartmann	„	Hartmann, das Verfahren bei Kompetenz-Konflikten ꝛc Berlin 1860.
Horn	„	W Horn, d Preuß Medizinalwesen. Berlin 1857.
h. l. (huius legis)	„	eine Stelle des im Texte wiedergegebenen Gesetzes.
Jbb.	„	v. Kamptz, Jahrbücher für die Preuß. Gesetzgebung ꝛc.
I. c.	„	in casu.
In S.	„	In Sachen.
KH.	„	(Rhein.) Kassationshof, resp. Erkenntniß desselben
KK.	„	Kompetenz-Konflikt
Klostermann	„	R. Klostermann, Uebersicht der bergrechtl. Entscheid. des K. Ober-Tribunals. Berlin 1861.
Koch, Preuß. Civilproz.	„	Dr. C. F. Koch, das Preuß. Civil-Prozeßrecht. 2., resp. 4. Aufl. Berlin.
Koch, Preuß. Privatr.	„	Dr. C. F. Koch, Lehrbuch des Preuß. gemeinen Privatrechts. 3. Aufl. Berlin.
Lette und v. Rönne	„	Lette und v. Rönne, die Landeskultur-Gesetzgebung des Preuß. Staats. Berlin 1853.

l. c.	bezeichnet	loco citato.
Löwenberg's Beiträge	"	Dr. Löwenberg's Beiträge zur Kenntniß der Motive der Preuß Gesetzgebung Berlin 1843.
ME.	"	Ministerial-Erlaß, resp. Entscheidung aus Anlaß eines älteren Kompetenz-Konflikts.
MR. (FMR., HMR., JMR, KMR., KrMR.)	"	Ministerial-Reskript (Finanz-, Handels-, Justiz-, Kultus-, Kriegs-Ministerial-Reskript).
OLG.	"	Erkenntniß des Ober-Landes-Gerichts
Oppenhoff, StGB.	"	F C Oppenhoff, das Strafgesetzbuch ꝛc. 3. Ausgabe. Berlin 1861.
Oppenhoff, Strafverf.	"	F. C. Oppenhoff, die Preuß. Gesetze über das öffentl. und mündl. Verfahren in Strafsachen. Berlin 1860.
Oppenhoff, Rechtspr.	"	F C Oppenhoff, Rechtsprechung des K. Ober-Tribunals in Strafsachen Berlin 1861 ff.
OT.	"	Ober-Tribunal, resp. Erkenntniß desselben.
Perrot	"	Perrot, Verfassung, Zuständigkeit und Verfahren der Gerichte der Preuß. Rheinprovinzen in bürgerl. Rechtssachen. Trier 1842 ff.
Primker	"	F. Primker, die Kompetenz-Konflikte in Preußen. Berlin 1861.
Rej	"	Erkenntniß des Pariser Kassationshofs, welches einen Rekurs verworfen hat.
Rh. A.	"	Archiv für das Civil- und Kriminalrecht der K. Preuß. Rheinprovinzen. Köln 1820 ff.
Rh. S.	"	Sammlung der in den Rheinprovinzen ergangenen Gesetze ꝛc., v. Lottner, Leitner, Marquardt. Berlin 1834 ff.
RKB.	"	Rathskammer-Beschluß.
v. Rönne	"	L. v. Rönne, das Staatsrecht der Preuß. Monarchie. 1856 ff.
Scheele	"	Scheele, das Preuß. Wasserrecht. Lippstadt 1860.
Schlink	"	Schlink, Kommentar über die franz. Civilprozeß-Ordnung. 2. Aufl. Koblenz 1856.
StRG.	"	Staatsrathsgutachten.
Strieth.	"	Th. Striethorst, Archiv für Rechtsfälle ꝛc. Berlin 1851 ff.
Sydow	"	Sydow, die Zulässigkeit des Rechtswegs ꝛc. Berlin 1860.
de Syo	"	de Syo, das die Kirchenfabriken betr. Dekret v 30. Dezbr. 1809 ꝛc. Köln 1861.
Tr. A	"	Annalen für Rechtspflege ꝛc in den Preuß. Rheinprovinzen. Trier 1847 ff.
VMBl.	"	Ministerialblatt für die gesammte innere Verwaltung ꝛc.
VO.	"	Verordnung.
Volkmar	"	Volkmar, die Jurisprudenz des Rhein. Kassations-Hofs. Berlin 1848.
Wegener	"	Chr. F. Wegener, Dienstinstruktion für die Preuß. Regierungen v. 23. Okt. 1817 ꝛc. Berlin 1843.
Zeitschr. für B. H. u. S.-Wesen	"	(Minister) Zeitschrift für das Berg-, Hütten- und Salinenwesen (begonnen von R. v. Carnall). Berlin.
Zeitschr. für BR.	"	H. Brassert und H. Achenbach, Zeitschrift für Bergrecht Köln 1860 ff.

Die mit * bezeichneten Erkenntnisse des K. Ober-Tribunals und des Kompetenz-Gerichtshofs sind in Rheinischen Sachen ergangen.

Verordnung

wegen verbesserter Einrichtung der Provinzial-Polizei- und Finanz-Behörden vom 26. Dezember 1808.

§§ 34—48.

[GS. für 1806—1810, S. 464 ff. und für 1817, S. 282 ff., Rabe 9, S. 467 ff.]

(Litteratur: Ergänzungen und Erläuterungen der Preußischen Rechtsbücher von Gräff ꝛc., 3. Ausgabe 1849; 4. Ausgabe (noch im Erscheinen begriffen) herausgegeben von L. v. Rönne, insbesondere zu Tit. 10, II. ALR. und § 1 der Einleitung der AGO. — L. v. Rönne, Das Staatsrecht der Preußischen Monarchie, 1. Band 1856, 2 Band (fast vollendet) 1858—1861 — Chr. F. Wegener, Dienstinstruktion für die K. Preuß. Regierungen vom 23. Oktober 1817 ꝛc., Berlin 1843. — Perrot, Verfassung, Zuständigkeit und Verfahren der Gerichte der Preuß. Rheinprovinzen in bürgerlichen Rechtssachen, Trier 1842, I., S. 116—223. — Sydow, Die Zulässigkeit des Rechtswegs ꝛc., Berlin 1860. — Hartmann, Das Verfahren bei Kompetenzkonflikten ꝛc., Berlin 1860.)

Zu den §§ 34—48 im Allgemeinen.

1. Die grundsätzliche Trennung der Justiz von der Verwaltung war in dem Sinne, wie sie heut zu Tage aufgefaßt wird, und zum großen Theile wenigstens zur Ausführung gelangt ist, der älteren Preußischen Gesetzgebung fremd, indem nicht allein die Gerichte mit mancherlei Geschäften rein administrativer Art, sondern auch die Verwaltungsbehörden mit vielen eigentlichen Justizsachen betraut waren. So bestanden namentlich bei den Kriegs- und Domainenkammern besondere Justiz-Abtheilungen, die s g. Kammer-Justiz-Deputationen, welche die Jurisdiktion hinsichtlich aller Rechtssachen besaßen, die das Steuerwesen (mit Ausnahme der besonderen Behörden überwiesenen Accisen und Zölle), die Landespolizei, die Gewerbe- und Kommunal-Angelegenheiten, sowie die Dienstverhältnisse der den Kammern untergeordneten Beamten betrafen. cf. Abh. von v. Duesberg in den Jbb. 42, S. 14.

Bei solcher Lage der Dinge war für den Gesetzgeber weder der Anlaß, noch die Möglichkeit geboten, allgemein gültige Merkzeichen über die Grenzen der gerichtlichen wie administrativen Thätigkeit, die dem innern Wesen der Verhältnisse entnommen waren, festzustellen, und beschränkten sich daher die älteren Ressortbestimmungen (cf. insbesondere Allgemeines Ressort-Reglement 19. Juni 1749, Regulative 12. Februar 1782 und 20. Oktober 1783) im Wesentlichen auf eine blos äußere Vertheilung der Geschäfte unter die beiderseitigen Behörden.

Die ersten Anfänge einer Aenderung dieses Zustandes fallen schon in die Zeit vor dem Jahre 1808 (cf. die Reglements vom 2. April 1803 und 21. Juni 1804 für die s. g. Entschädigungsländer, resp. für Ostpreußen und Lithauen, Rabe 7,

S. 348; 8, S. 102). Während jedoch diese Bestimmungen nur einzelne, und zwar zum Theil neu erworbene Landestheile betrafen, gebührt der VO. vom 26. Dezbr. 1808 das Verdienst, den Grundsatz der Trennung der Justiz von der Verwaltung für das ganze damalige Staatsgebiet zur Geltung gebracht, und unter Benutzung des desfalls bereits in der früheren Gesetzgebung, namentlich den eben erwähnten Reglements von 1803 und 1804 enthaltenen Materials die für das Ressortwesen leitenden Grundgedanken systematisch zusammengestellt zu haben.

Letzteres ist in den §§ 34—48 geschehen, und zwar mit solchem Erfolge, daß dieselben trotz allen Wechsels in der Gesetzgebung noch bis zum heutigen Tage die eigentliche Basis für die Beurtheilung der Ressortverhältnisse bilden, und daß die meisten der späteren einschlägigen Gesetze gewissermaßen nur die Anwendung resp. Ausführung der in jenen §§ ausgesprochenen allgemeinen Grundsätze in Bezug auf die einzelnen Spezialmaterien enthalten. Die §§ 34 ff. besitzen daher nicht allein eine unmittelbare praktische Wirksamkeit von höchster Bedeutung, sondern sind auch als Quelle und Ausgangspunkt für die spätere Gesetzgebung von ungemeinem Gewicht. In letzterer Hinsicht verdienen namentlich auch die §§ 38—40, ungeachtet ihre gesetzliche Geltung seit dem Erlasse des Ges. v. 11. Mai 1842 nicht mehr fortdauert, noch jetzt Beachtung, und zwar um so mehr, als die Modifikationen, welche diesem Gesetze jüngst in Aussicht gestellt wurden, zum großen Theile in einem noch engeren Anschlusse an die §§ 38 ff, resp. in einer Rückkehr zu denselben bestehen. cf. Motive zum Gesetzentwurfe, betreffend einige Abänderungen und Ergänzungen des Ges. 11. Mai 1842 rc., aus dem J. 1861.

2. Sämmtliche §§ 34 ff. sind im J. 1817 als Beilage zur Geschäftsinstruktion für die Regierungen vom 23. Oktober 1817 nochmals publizirt worden, und zwar im Anschlusse an § 11 jener Instruktion, welcher also lautet:

„Die Regierungen sind befugt, ihren Verfügungen nöthigenfalls durch „gesetzliche Zwangs- und Strafmittel Nachdruck zu geben, und sie zur Aus-„führung zu bringen, ohne daß eine Exemtion darüber zulässig ist. Sie wer-„den in dieser Hinsicht auf diejenigen Bestimmungen der Verordnung wegen „verbesserter Einrichtung der Provinzial-Polizei- und Finanz-Behörden vom „26. Dezember 1808 verwiesen, welche dieser Instruktion im Auszuge ange-„hängt sind, nach welchen sie überhaupt auch in den übrigen vorkommenden „Fällen, namentlich bei Polizei-, Finanz- und Dienstvergehungen zu verfahren „haben; wobei jedoch diejenigen Regierungen, in deren Verwaltungsbezirk „annoch die unter der vorigen Landesherrschaft statt gefundene Gerichts-Ver-„fassung besteht, bis dahin, daß eine andere von Uns angeordnet sein wird, „ausgenommen werden.

„Allgemeine Verbote und Strafbestimmungen dürfen aber sämmtliche „Regierungen nicht ohne höhere Genehmigung erlassen, es sei denn, daß das „Verbot an sich schon durch ein Gesetz feststeht, in letzterem aber die Strafe „nicht ausdrücklich bestimmt ist. In diesem Falle können sie innerhalb der „Grenzen des Allgemeinen Landrechts Th. II. Tit. 20 §§ 33, 35 und 240 „die Strafe bestimmen und bekannt machen.

„Auch steht ihnen ohne Anfrage frei, schon bestehende Vorschriften von „neuem in Erinnerung zu bringen und bekannt zu machen.

Der § 11 cit. begrenzt gleichzeitig das territoriale Gebiet jener §§, indem er ihre Anwendbarkeit bezüglich derjenigen dem Staate seit 1808 neu einverleibten Landestheile, in denen noch die unter der früheren Landesherrschaft geltende Gerichts-Verfassung fortbesteht, oder m. a. W. bezüglich der Länder des Gemeinen und Französischen Rechts, von der Anordnung einer anderen Gerichts-Verfassung abhängig macht. (So wenigstens nach derjenigen Auslegung, welche dem § 11 in Löwenberg's Beiträgen 1, S. 596 ff. und in EK. 20. Okt. 1855 (JMBl. 403) zu Theil wird, wogegen freilich andere Entscheidungen — cf. AH. Cöln 9. Mai 1832, 19. März 1834 (Rh. A. 17, I, 102; 20, I, 90) — aus der Fassung des § gefolgert haben, daß die einstweilige Ausschließung der Anwendbarkeit obiger §§ keine allgemeine sein, und sich namentlich nicht auf die dort den Gerichten beigelegte Zuständigkeit, sondern blos auf die den Regierungen verliehene Exekutiv-Gewalt beziehen solle.)

Für die Länder des Gemeinen Rechts ist inzwischen die Anordnung einer anderen Gerichtsverfassung in den Bestimmungen der VO. 2. Januar 1849 (GS. 1) zu finden, so daß die §§ 34 ff. seitdem auch dort Gesetzeskraft besitzen. So in Betr. Neuvorpommerns und Rügens: EK. 20. Oktober 1855, 2. Oktober 1858 (JMBl. 55, S. 403; 59, S. 54). Für die Hohenzollernschen Lande folgt ihre Anwendbarkeit aus § 1 des Ges. 30. April 1851 und § 6 der VO. 7. Jan. 1852.

In Bezug auf den Bezirk des AH. Cöln ist jene Bedingung des § 11 zwar nicht in Erfüllung gegangen; ebenso wenig wird man der beiläufigen Bemerkung in der AKO. v. 4. Dez. 1826 (GS. 27, S. 6), daß auch in der Rheinprovinz die Ressortverhältnisse der Verwaltungsbehörden nach der allgemeinen Instruktion beurtheilt werden sollen, die Wirkung beilegen können, als ob der im § 11 gemachte Vorbehalt für diese Provinz ohne Weiteres beseitigt sei. cf. Abh. v. Cremer in den Tr. Ann., 2, II., 10 (dort heißt es, die CO. rede nur von den Befugnissen der einzelnen Verwaltungsbehörden, nicht aber von den Beziehungen der letzteren zu den Gerichten und von deren Kompetenz). Trotzdem haben aber die meisten der mehrerwähnten §§, namentlich die §§ 35—37, 41, 42, 45 (Schlußsatz) und 48, auch dort Gesetzeskraft erlangt, und zwar durch das Ressort-Reglement v. 20. Juli 1818, welches jene §§ theils wörtlich in sich aufgenommen, theils auf dieselben Bezug genommen hat.

3. Außerdem hat ein Theil jener §§, und zwar nur ausnahmsweise in modifizirter Fassung, in dem Anhange zur AGO. Aufnahme gefunden. So entspricht:

§ 34 h. l. den §§ 35, 248, 250 des Anhangs,
§ 43 h. l dem § 239 des Anhangs,
§ 44 h. l. dem § 102 des Anhangs,
§ 45 (ohne den Schlußsatz) dem § 243 des Anhangs,
§ 47 h. l. den §§ 49, 252, 257, 433, 436 des Anhangs.

4. Im Gegensatze zu den §§ 34 ff. enthalten die übrigen Vorschriften der VO. von 1808 im Wesentlichen die innere Organisation der Provinzial-Verwaltungs-Behörden, die Umschreibnng ihres Geschäftskreises und die in beiderlei Hinsicht getroffenen Modifikationen der bisherigen Einrichtungen. Diese Vorschriften sind zwar in gewissem Sinne als antiquirt zu betrachten, indem sie seit dem Erlasse der VO. wegen verbesserter Einrichtung der Provinzialbehörden vom 30. April 1815 nicht mehr unmittelbar zur Anwendung gelangen. Sie kommen aber dessenungeachtet insofern noch gegenwärtig in Betracht, als sie das eigentliche und ursprüngliche Material zur Beantwortung der Frage liefern, was zu den Landeshoheits-, Landespolizei- und Finanz-Angelegenheiten im Sinne der §§ 34 ff. zu zählen sei, — cf. OT. 9. August 1841 und 25. November 1853 (Entscheid. 7, S. 133; Striethorst 11, S. 68), weshalb ihr Inhalt, soweit er hier interessirt, in der folgenden Note wiedergegeben wird.

5. Die VO. von 1808 erstrebte hauptsächlich zweierlei, einmal nämlich, wie bereits erwähnt, die Trennung der Justiz von der Verwaltung, und sodann die Vereinigung der bisher unter verschiedenen coordinirten Behörden vertheilten Verwaltungszweige in den Händen einer einzigen Provinzialbehörde, der Kriegs- und Domainen-Kammer, welche diesen Namen jedoch mit dem der Regierung (einer ehedem gerade umgekehrt für gewisse Landes-Justizkollegien beliebten Bezeichnung) vertauschen sollte.

Der ersterwähnten Grundidee zufolge wurden die Kammer-Justizdeputationen ebenso wie die Gerichtsbarkeit der Accise- und Zolldirektionen, der Post-, Gestüts-, Lotterie-, Bergwerks- und Hüttenbehörden gänzlich aufgehoben, und die den Landes-Polizei- und Finanzbehörden zeither zustehende Rechtspflege ohne Ausnahme den Gerichten überwiesen, so daß diese die ungetheilte Verwaltung des richterlichen Amts in Rücksicht sämmtlicher Angelegenheiten des Kameralressorts erhielten, sie mochten schon früher dazu gehört haben, oder jetzt erst zugelegt werden, es mochte sich um Civilansprüche oder um Contraventionen handeln, Fiskus dabei interessirt sein oder nicht (§ 14), wogegen die nunmehrigen Regierungen, jener zweiten Grundidee gemäß, die Bestimmung erhielten, innerhalb ihrer Territorialgrenzen den Vereinigungspunkt der gesammten innern Staatsverwaltung in Bezug auf Landeshoheits-, Polizei- und Finanz-Angelegenheiten zu bilden.

Die VO. unterscheidet demzufolge bei den Regierungen eine dreifache Eigenschaft, die einer Landeshoheits-, einer Landespolizei- und einer Finanz-Behörde, — eine Unterscheidung, welche übrigens mit der Gliederung der Regierungen in verschiedenen Deputationen oder Abtheilungen von jeher nur in einem höchst lockeren Zusammenhange stand, und daher trotz der Veränderungen, welche durch die VO. 30. April 1815 und die verschiedenen Geschäftsinstruktionen betreffs des Wirkungskreises sowie der Zahl jener Abtheilungen eintraten, und trotzdem, daß einzelne Verwaltungszweige im Laufe der Zeit wieder von dem Regierungs-Ressort geschieden, resp. auf andere Behörden übertragen wurden, sowie trotzdem endlich, daß die Regierungen selbst, welche ursprünglich blos von den Ministerien des Innern und der Finanzen ressortirten (cf. Publikandum vom 16. Dez. 1808), seit der Errichtung mehrerer neuen Centralbehörden auch zu diesen in ein unmittelbares Unterordnungs-Verhältniß getreten sind, gegenwärtig noch ebensowohl wie ehedem dem gesammten Verwaltungssysteme der Regierungen zu Grunde liegt.

Als Landeshoheits-Behörden sollen die Regierungen sämmtliche vorbehaltene Rechte des Staats verwalten, die sich auf die inneren Verhältnisse desselben zu seinen Unterthanen beziehen, weshalb vor sie gehören: die Landes-, Grenz-, Huldigungs-, Auswanderungs-, Abfahrts-, Abschoß-Sachen, die Ertheilung der Pässe zu Reisen außerhalb Landes, die Standeserhöhungen, Legitimationen zu besserem Fortkommen, die Publikation der Edikte und Verordnungen, sofern solche nicht aus dem Justizdepartement allein ergehen, die Oberaufsicht über alle bereits vorhandenen oder noch zu errichtenden öffentlichen Anstalten, Gesellschaften und Korporationen, wogegen bei ihrem bisherigen Ressort verblieben außer der Rechtspflege die Lehnssachen, das Vormundschafts- und Hypothekenwesen, die Militairverfassung, die Münzfabrikation, die Bank- und Seehandlungs-Angelegenheiten (§§ 1, 2).

Als Landespolizei-Behörden sind den Regierungen die Angelegenheiten sowohl der Sicherheits- wie der Wohlfahrts-Polizei anvertraut, oder um mit den Worten der VO. zu reden, dieselben haben die Fürsorge für das Gemeinwohl der Unterthanen in negativer wie positiver Hinsicht; sie sind daher nicht allein verpflichtet, Allem vorzubeugen und solches zu entfernen, was dem Staate und seinen Bürgern Gefahr oder Nachtheil bringen könnte, mithin die nöthigen Anstalten zur Erhaltung der öffentlichen Ruhe, Sicherheit und Ordnung zu treffen, sondern auch dafür zu sorgen, daß das allgemeine Wohl erhöht werde, und jeder Staatsbürger Gelegenheit habe, seine Fähigkeiten und Kräfte in moralischer sowohl als physischer Hinsicht auszubilden und innerhalb der gesetzlichen Grenzen auf die ihm zuträgliche Weise anzuwenden (§ 3).

Demzufolge steht den Regierungen in ihrer vorgedachten Eigenschaft auch die Aufsicht über Volksbildung, den öffentlichen Unterricht und Kultus zu (§§ 3, 5, 10), wie sie andererseits die polizeiliche Aufsicht über ständische und Gemeinde-Verfassung besitzen (§ 9), und eine gleiche Aufsicht über das Post-, Bergwerks- sowie Hüttenwesen erhielten, während das administrative Detail des Post- und das Technische des Bergwerkswesens den Post- resp. Bergbehörden unabhängig von den Regierungen verblieb (§§ 7, 8). Ferner traten letztere an die Stelle der vormaligen Provinzial-Medizinal- und Sanitätskollegien, der Provinzial-Admiralitäts-, Commerzial-, Wett- und Schifffahrtsbehörden, in Gleichem der Provinzialbehörden für das Land-Armenwesen, soweit es sich um die landespolizeilichen Verwaltungszweige dieser Spezialbehörden handelte, wogegen die ortspolizeilichen derselben Behörden zu den Ortspolizei-Obrigkeiten, und die ihnen zuständig gewesene Rechtspflege zu den kompetenten Gerichten überging (§ 6).

Als Finanzbehörden haben die Regierungen, mit welchen die Provinzial-Accise- und Zolldirektionen vereinigt wurden, sämmtliche Domainen, landesherrliche Forsten, Regalien und Steuern, überhaupt das gesammte öffentliche Einkommen und die daraus zu bestreitenden Ausgaben zu verwalten, sowie überdies die Fortifikations-Angelegenheiten, die Verpflegungs-, Einquartirungs-, Marsch-, Mobilmachungs- und Cantons-Sachen des Militairs, insoweit sie bisher Gegenstand der Kameral-Verwaltung waren, zu besorgen (§§ 4, 11). Hierhin wird auch die gemäß

§ 12 auf die Regierungen übergegangene Verwaltung der Kriegsmagazin-Angelegenheiten zu rechnen sein.

Die Verwaltung des gesammten Kommunal-, Sozietäts- und Korporations-Vermögens, in Gleichem die Verwaltung der inneren Kommunal-, Sozietäts- und Korporations-Angelegenheiten soll dem § 13 gemäß, insoweit beides bisher zum Kameralressort gehörte, für die Folge den einzelnen Kommunen, Sozietäten und Stiftungen selbst überlassen sein, den Regierungen jedoch die polizeiliche Aufsicht darüber vorbehalten bleiben

[Nach dem JMR. 26. August 1809 (Rabe 10, S. 138) sind unter Stiftungen im Sinne des § 13 nur solche zu verstehen, welche öffentliche Zwecke verfolgen, z. B. Armenstiftungen, Erziehungs- und Wittwenanstalten, indem hinsichtlich bloßer Familienstiftungen, d. h. der ihre Bestimmung in den Familiengliedern oder bestimmt genannten Personen begrenzenden Stiftungen, die Oberaufsicht den Justiz- resp. vormundschaftlichen Behörden verblieben sei, wobei übrigens bemerkt werden muß, daß das ALR. eine obervormundschaftliche Aufsicht über letztere Stiftungen nirgends allgemein vorschreibt, die dort vorgeschriebene Einwirkung der Gerichte sich vielmehr auf die Vollziehung und Verlautbarung der Stiftungsurkunden, sowie die Aufnahme von Familienschlüssen beschränkt cf. §§ 29—31, 46, II. 4 ALR. in Verbindung mit den Gesetzen vom 15. Febr. 1840, §§ 2, 20 und vom 5. März 1855 (GS. 175). — Unterm 23. Dez. 1844 hat indessen das Staatsministerium über die Behandlung der Stiftungen überhaupt, mithin sowohl der öffentlichen, wie der Familien- und gemischten Stiftungen allgemeine, von Obigem theilweise abweichende Verwaltungsgrundsätze in Vorschlag gebracht, welche durch ACO. v. 3. Jan. 1845 (JMBl. 31) genehmigt wurden, und im Wesentlichen darauf hinauslaufen, daß für alle drei Kategorien von Stiftungen bei Bestimmung der Behörde oder Korporation, welcher die Aufsicht oder Verwaltung zu überweisen, und welche in diesem Betracht unter keiner anderen Oberaufsicht steht, als worunter sie ohnehin gestellt ist, zunächst der Wille des Stifters entscheidet, daß dagegen, wenn die Sache nicht als durch dessen Willen entschieden betrachtet werden kann, die Wahrnehmung des öffentlichen Interesses der Verwaltung und die des Familieninteresses, sofern dieses überhaupt als unter einer Aufsicht stehend zu denken, den Gerichten vorbehalten ist, beim Zusammentreffen von Familien- und öffentlichen Interessen endlich die Angelegenheit in jedem einzelnen Falle durch ein Benehmen der höchsten Verwaltungschefs ihre Erledigung findet. — Für den Bezirk des AH. Cöln hat obige KCO. v 3. Jan. 1845 übrigens keine Geltung: *OT. 2. Juli 1861 in S. Verwaltungs-Rath der Studien-Stift. zu Cöln c. Funke (Rh. A 56. II. 69)]

6. Wenn die §§ 34 ff durchgängig nur den Gegensatz zwischen der Thätigkeit der Regierungen und der der Gerichte vor Augen haben, so ist daraus nicht etwa zu folgern, als sei in denselben nicht eine generelle Regelung der Kompetenz-Verhältnisse zwischen der Rechtsprechung und der Verwaltung überhaupt bezweckt, da ja nach der VO. von 1808 der Wirkungskreis der Regierungen ein ebenso universeller auf dem administrativen Gebiete sein sollte, wie der der Gerichte auf dem der Rechtsprechung An dieser Grundidee der VO. von 1808 hat zwar die spätere Gesetzgebung nicht festgehalten; vielmehr sind im Laufe der Zeit mehrere Verwaltungszweige den Regierungen wieder abgenommen und besonderen Provinzial-Behörden zugetheilt worden, so für die große Mehrzahl der Bezirke die Verwaltung der indirekten Steuern und Kommunikations-Abgaben, welche den Provinzialsteuer-Direktionen, so die Servis-, Garnison-, Oekonomie- und Garnisonbau-Angelegenheiten, welche den durch ACO. v. 1. Nov. 1820 neuerdings errichteten Militairintendanturen, so ein Theil der geistlichen Sachen sowie die gesammte Vermögensverwaltung, das Kassen- und Rechnungswesen der Gymnasien, gelehrten Schulen 2c., von denen die einen den Consistorien resp. Ober-Präsidenten, die anderen den Provinzial-Schulkollegien, so die Ausübung des Aufsichtsrechts über die Privateisenbahnen, welche durch Gesetz v. 3. Nov 1838 den Eisenbahnkommissarien übertragen wurde. Dies hat indessen an der Tragweite der §§ 34 ff. Nichts geändert, da alles dasjenige, was dort von den Regierungen gesagt wird, in gleicher Weise von den an ihre

Stelle getretenen Behörden und deren Verhältniß zu den Gerichten gilt. cf. AH. Cöln 10. Dez. 1825 (Rh. A. 8, I, 77); *EK. 3. Jan. 1857 (JMBl. 251).

Letzteres erleidet eine Ausnahme nur hinsichtlich derjenigen Angelegenheiten, welche von den Regierungen an die s. g. Auseinandersetzungs-Behörden übergegangen sind, Angelegenheiten, deren zwar die VO. von 1808 in ihren oben referirten Bestimmungen nicht gedenkt, die aber die Geschäfts-Instruktion von demselben Tage im § 2 litt. l. (Rabe 9, S. 418) theils der Polizei-, theils der Finanzdeputation der Regierungen überwies. Indem nämlich jene Behörden, gleichzeitig an Stelle der Gerichte tretend, mit einer ausgedehnten Jurisdiktions-Gewalt bekleidet wurden, gehören sie dem Kreise der eigentlichen Verwaltungsbehörden nicht an, sondern nehmen eine Mittelstellung ein, in welcher sie den ordentlichen Gerichten bald als Träger administrativer Befugnisse, bald als Ausnahmegerichte, als fora specialia causae, gegenüber stehen, weshalb die Grenzlinien, die in der VO. von 1808 zwischen der administrativen und richterlichen Wirksamkeit gezogen sind, für die unter ihnen und den Gerichten bestehenden Ressortverhältnisse selbstredend nicht passen. Diese Verhältnisse sowie diejenigen unter den Auseinandersetzungs-Behörden einer- und den eigentlichen Verwaltungsbehörden andererseits bestimmen sich vielmehr nach der umfangreichen Spezialgesetzgebung über die gutsherrlich-bäuerlichen Regulirungen, Gemeinheits-Theilungen ꝛc., deren generelle Erörterung in die Zwecke der gegenwärtigen Schrift nicht mit aufgenommen wurde.

7. Ferner sind die Bestimmungen der §§ 34 ff. nicht auf das Verhältniß der Gerichte zu den Provinzial-Verwaltungsbehörden zu beschränken, indem sie oder doch der größte Theil derselben analoger Weise auch dann zur Anwendung kommt, wenn es sich um das Verhältniß der Gerichte zu den den Regierungen ꝛc. vorgesetzten und den ihnen untergeordneten Behörden, ja selbst wenn es sich um gar keine unmittelbaren Staats-, sondern um Kommunal- oder rein kirchliche Behörden handelt. Cf. die Noten zu § 36 h. l.

8. Da der Grundsatz der Trennung der Justiz von der Verwaltung weder durch die VO. von 1808 noch durch die spätere Gesetzgebung bis zur äußersten Consequenz durchgeführt ist, und namentlich den Gerichten noch mancherlei reine Administrativ-Angelegenheiten belassen sind, so tritt der Gegensatz zwischen der richterlichen und administrativen Thätigkeit sogar innerhalb des Kreises der Justizbehörden nicht selten hervor. Auch für solche Fälle ist die Anwendbarkeit der §§ 34 ff. nicht gänzlich ausgeschlossen — cf. EK. 30. Mai 1857 (JMBl. 58, S. 134); JMR. 21. Februar 1837 (Rh. S. 6, S. 93) — und gilt dies in gewissem Betrachte selbst von dem Verhältnisse der Gerichte zu dem Verwaltungs-Chef der Justiz, dem Justizminister, indem die Gerichte in Bezug auf das Rechtsprechen von jenem nicht abhängig sind, sondern sich bei ihren Entscheidungen nur nach den Gesetzen zu richten haben, — cf. ACO. v. 6. Sept. 1815 (GS. 198) u. § 86 der Verfassungsurkunde v. 31. Jan. 1850 — wogegen freilich Beschwerden, welche die Disziplin, den Geschäfts-Betrieb oder Verzögerungen betreffen, hinsichtlich aller Rechtsangelegenheiten, desgleichen Beschwerden in Lehns-, Fideicommiß- und Familienstiftungssachen im Aufsichtswege, demnach in höchster Instanz durch den Justizminister zu erledigen sind. cf. VO. v 2. Jan. 1849 § 35; Ges. v. 5. März 1855 und v. Rönne I. S. 186.

[Ueber die Frage, inwiefern die Regierungen gehalten seien, den Aufträgen des Justizministers zu genügen, s. MR. 25. Okt. 1834 (Ann. 1835, S. 5). Dieses aus Anlaß eines Spezialfalls ergangene R. bejaht jene Frage ganz allgemein, doch sollen die Regierungen in solchen kaum zu erwartenden Fällen, wo ihnen der ertheilte Auftrag über die Grenzen des Ressorts und der Befugniß des beauftragenden Ministers hinauszugehen scheine, zuvor an die ihnen vorgesetzten Disziplinar-Ministerien berichten.]

9. Was endlich das Verhältniß der Gerichte zur Oberrechnungskammer betrifft, so kommt hierbei nur die administrative Thätigkeit der ersteren zur Sprache, woraus schon folgt, — cf. unten n. 10 — daß die §§ 34 ff. dieses Verhältniß nicht berühren. Dasselbe ist durch die auszugsweise in den Ann. 1825, S. 2 ff. bekannt gemachte Geschäfts-Instruktion v. 18 Dez 1824 geregelt, deren § 1 bestimmt, daß alle Provinzial-Landesjustiz- und Verwaltungs-Behörden in den zum Ressort jener Kammer gehörigen Angelegenheiten derselben völlig untergeordnet sein, an sie in

gleicher Form wie an die ihnen vorgesetzten Verwaltungsbehörden berichten, und ihre Verfügungen gleich denen der ihnen vorgesetzten höchsten Staatsbehörden befolgen sollen. Im § 47 ib wird der Oberrechnungskammer sogar die Befugniß ertheilt, wider die Provinzial- und Unterbehörden in Rügefällen Ordnungsstrafen festzusetzen.

10. Die §§ 34 ff. betreffen lediglich das Verhältniß der Verwaltung zur Rechtsprechung. Die administrative und sonstige nicht eigentlich richterliche Thätigkeit der Gerichte, namentlich deren Thätigkeit in Vormundschafts- und Deposital-, in Sportel- und Lehns-Sachen, sowie die freiwillige Gerichtsbarkeit findet als Gegensatz zur Wirksamkeit der Verwaltungsbehörden in jenen §§ keine Berücksichtigung. Wie es in den meisten der ebenerwähnten Materien an Anlässen zu Collisionen zwischen der beiderseitigen Amtsgewalt fast gänzlich fehlt, so fehlt es auch an allgemeinen durch die Gesetzgebung festgestellten Normen für deren Beurtheilung.

[Eine Ausnahme hiervon macht vornehmlich das Hypothekenwesen, bei dessen Bearbeitung sich nicht selten die Frage erhebt, inwieweit die Gerichte bei Berichtigung der Besitztitel, bei Hypotheken-Eintragungen und Löschungen die Legalität gewisser Verwaltungsakte, z B die Gültigkeit der durch die Verwaltung vermittelten Domainenverkäufe und des administrativen Verfahrens zu prüfen, resp. welche Nachweise sie in solcher Hinsicht zu verlangen haben. Ueber diese Frage sind gerade in Bezug auf Domainenverkäufe mannigfache höhere Verfügungen ergangen, welche sich in den Jbb. 14, S. 178 ff., — 15, S. 252 ff., — 20, S 271, — 22, S 77, — 39, S. 461, — 41, S. 423 ff., — 45, S. 512 ff, — 48, S. 271, — 49, S. 510 ff. und in Koch's Domainenrecht, cf. namentlich S. 386, 400, finden.]

11. Anlangend nun das den §§ 34 ff zu Grunde liegende System, so ist auch hier die Dreitheilung der Regierungssachen in Hoheits-, Polizei- und Finanzsachen festgehalten und der Rechtsprechung in Civil- wie in gewissen Kontraventionssachen gegenübergestellt. Die §§ 34 al 2 und 45 ff. verbreiten sich nämlich über das Strafverfahren in Hoheits-, Polizei-, Finanz- und dienstlichen Angelegenheiten, und behandelt § 34 al. 2 insbesondere die Thätigkeit der Gerichte, die §§ 45 ff. die der Verwaltungsbehörden in diesen Sachen. Die übrigen §§ stellen dagegen im Wesentlichen die Ressortverhältnisse zwischen der Verwaltung und der rein civilistischen Thätigkeit der Gerichte fest, und zwar die §§ 36, 37 in Hoheits-, die §§ 38 bis 40 in Polizei-, die §§ 41 ff. in Finanzangelegenheiten; § 48 endlich handelt von dem Verfahren und den Zwangsmitteln bei administrativen Exekutionen. — Zum besseren Verständnisse des in jenen §§ verfolgten Ideengangs ist jedoch noch Nachstehendes hervorzuheben. Die VO. von 1808 erkennt ebenso, wie die französische Gesetzgebung, wenn auch nicht in gleich unumschränkter Weise (cf. die Noten zu § 15 des Rhein Ress.-Regl.), die gegenseitige Selbstständigkeit, resp. Unabhängigkeit der Justiz- und Verwaltungsbehörden an. Statt indessen diese Regel als Basis für die Beurtheilung der Ressortverhältnisse an die Spitze zu stellen und ihr die näheren Bestimmungen darüber, wo dieselbe zur Anwendung komme und wo sie eine Ausnahme erleide, folgen zu lassen, schlägt die VO gewissermaßen den umgekehrten Weg ein, indem sie derselben erst hinterdrein im § 51*) gleichsam nur beiläufig und

*) § 51 h. l. lautet:

Die Regierungen und die Landes-Justizkollegien theilen sich gegenseitig die in ihrem Ressort ergehenden Verordnungen mit. Die bei einer Behörde einkommenden, zur andern gehörigen Eingaben müssen sofort, ohne besonderes Schreiben, abgegeben werden.

Beide Landeskollegien müssen sich durchaus in Ansehung ihrer gegenseitigen Geschäftsverwaltung keine Hindernisse in den Weg legen, oder Verfügungen erlassen, durch welche die der andern Behörde aufgehoben werden.

Glaubt eine von ihnen, daß die andere die Grenzen ihrer Befugniß überschritten habe, und bleiben die dagegen gemachten Vorstellungen ohne Erfolg, so sind sie verpflichtet, die Sache höheren Orts zur Sprache zu bringen, und ihre Zweifel zur Entscheidung vorzutragen.

IV. Verhältniß der Regierungen in rechtlicher Beziehung.
1) Gerichtsstand und Instanzenzug bei fiskalischen Prozessen und Untersuchungen.

§. 34. Fiskus entsagt in Absicht der Civil-Prozesse gänzlich seinem bisherigen privilegirten Gerichtsstande, und ist daher bei demjenigen Gericht zu klagen oder sich einzulassen verbunden, vor welches die Sache gehören würde, wenn sie blos zwischen Privat-Personen schwebte. Wird Fiskus als Beklagter in Anspruch genommen, so muß dies nur in dem

---

als einer mehr formellen Vorschrift erwähnt, und zum Ausgangspunkt einen andern Satz wählt, nämlich die Gleichstellung des Fiskus mit Privatpersonen in Beziehung auf Rechtsangelegenheiten, resp. die dieser Gleichstellung zu Grunde liegende, nach § 14 auch hinsichtlich des Fiskus zur Anwendung gelangende Regel der richterlichen Kognition in Civil- wie Kontraventionssachen (§ 34) Die auf § 34 folgenden §§ sind nun bestimmt, die zu Gunsten des administrativen Ressorts bestehenden Ausnahmen, beziehungsweise Begrenzungen dieser Regel zu statuiren, und zwar die §§ 35 ff. diejenigen der Regel der Prozeßfähigkeit, welche dem § 34 al 1 zu Grunde liegt, die §§ 45 ff. diejenigen der richterlichen Kognition in Kontraventionssachen, welche in dem § 34 al. 2 ihre Anerkennung findet. Daher erklärt es sich, daß die Bestimmungen über das Strafverfahren in Hoheits-, Polizei- und Finanzsachen auseinandergerissen sind, §§ 34 und 45, und daß § 36, obgleich dem obigen System zufolge nur dazu bestimmt, die richterliche Kompetenz den Hoheitsrechten gegenüber zu begrenzen, gleichzeitig dem Zwecke gedient hat, eine Zusammenstellung noch anderer Fälle zu liefern, in denen der RW. unbedingt ausgeschlossen ist.

12. Schließlich noch einige Bemerkungen über die Citirart. Bei ihrer außerordentlichen Wichtigkeit werden die §§ 34 ff. dem Anscheine nach verhältnißmäßig selten citirt. Dies rührt jedoch einfach daher, daß sie so häufig unter einem andern Namen auftreten. Da dieselben als Anhang zur Regierungsinstruktion von 1817 nochmals publizirt wurden, so werden sie nicht selten als Stellen dieses Anhangs, nicht als Stellen aus der VO. von 1808 aufgeführt. Mitunter bezieht man auch statt einzelner von ihnen den auf sie im Allgemeinen hinverweisenden § 11 jener Instruktion selbst. Meist ist alsdann § 42, § 45 i. f. oder § 48 der VO. gemeint. In der Rheinprovinz pflegt man statt der betr. §§ der VO. die mit ihnen gleichlautenden des Rhein. Ress.-Regl., z. B. statt des § 41 der VO. den § 15 des Ress.-Regl. zu beziehen. An Stelle der in den Anhang zur AGO. übergegangenen §§ werden regelmäßig die entsprechenden dieses Anhangs bezogen.

Wird § 36 in Verbindung mit § 37 erwähnt, so ist unter § 36 regelmäßig Abs. 2 dieses §, welcher mit § 78, II, 14 ALR. wörtlich übereinstimmt, gemeint, und das Citat jener beiden §§ gleichbedeutend mit dem der §§ 78, 79, II., 14 ALR. Nicht selten findet man jedoch statt dieser Gesetzesstellen die Dekl. v 18. Nov. 1828, wie statt § 36 Abs. 1 die Dekl. v. 16. Nov., resp. 4. Dez. 1831 bezogen.

Fernere Eigenthümlichkeiten in der Citirweise sind die Folge des Verhältnisses, in welchem die Steuergesetzgebung sowie die Artt. 135 ff. des Ges. 3. Mai 1852 zu den §§ 34, 45 h. l. u. die ACO. v. 31. Dez. 1825, D, XII zu den §§ 42 u. 48 stehen Endlich ist es seit dem Erlasse des Gesetzes über die Polizeiverwaltung v. 11. März 1850 üblich geworden, daß man, wenn es sich um die Verhängung von Exekutionsstrafen seitens der Polizeibehörden handelt, statt des § 48 h. l. den allgemeiner gehaltenen § 20 jenes Gesetzes in Bezug nimmt. Diese Verfahrungsweise hat unleugbar sehr wesentlich dazu beigetragen, daß die fundamentale Bedeutung der VO. so vielfach übersehen, und der Sinn ihrer einzelnen unter einander in engem Zusammenhange stehenden, sich gegenseitig erläuternden Bestimmungen so häufig verkannt worden ist.

§ 34.

13. § 34 versteht unter Fiskus nicht blos dasjenige, was § 1, II., 14 ALR. als solchen bezeichnet, nämlich die Staatseinkünfte, sondern auch die Substanz des Staatsvermögens, resp. die das gesammte Staatsvermögen vertretende moralische Person.

Falle bei dem Obergerichte geschehen, wenn der Gegenstand des Streits unter unmittelbarer Verwaltung der Regierung stehet. Dieses findet ebenfalls bei den moralischen Personen Statt, die mittelbar oder unmittelbar unter Verwaltung der Regierungen stehen.

Vergehungen gegen Hoheitsrechte und Landespolizei-Verordnungen, imgleichen Dienstvergehungen gehören vor das competente Obergericht. Wegen der lokalpolizeilichen Contraventionen behält es einstweilen bei der bisherigen Verfassung sein Bewenden. Ueber Defraudationen landes- und grundherrlicher Nutzungen, überhaupt wegen Vergehungen gegen Finanzgesetze, sind die Untergerichte zu erkennen berechtigt, im Fall die darauf gesetzte Strafe nicht funfzig Thaler oder eine dieser gleich gestellte Gefängnißstrafe überschreitet.

Eine jede Sache, in welcher die Regierung von der ihr § 45 nachgelassenen Befugniß Gebrauch gemacht, und eine vorläufige Resolution abgefaßt hat, gehet jedoch sogleich an das Obergericht über, wenn der Contravenient auf förmliches rechtliches Gehör anträgt.

Der weitere Instanzenzug bleibt überall der ordentliche, wie es bisher bei jedem Gericht Statt gefunden hat; die Sachen gehen daher nicht mehr an das Ober-Revisionskollegium, die Ober-Revisions-Deputation und die übrigen für die zweite und dritte Instanz über Rechtsangelegenheiten von besonderen Gegenständen angesetzte Spruchbehördenn, als welche nach dem Publicando vom 16. d. M. bereits aufgehoben sind.

---

14. Schon das ALR. stellte als Regel auf, daß privatrechtliche Streitigkeiten zwischen dem Fiskus und Privatpersonen 2c. im RW. zu erörtern seien. [Ueber das Verfahren bei Ansprüchen von Pupillen, Kirchen und anderen deren Rechte genießenden moralischen Personen gegen den Fiskus s. überdies ACO. v. 8. Sept. 1840, JMBl. 386]
Dasselbe vindizirte jedoch dem Fiskus ganz allgemein einen privilegirten Gerichtsstand. §§ 81 ff. II., 14. Die genauere Begrenzung der desfallsigen Vorrechte enthielt § 126, I., 2 AGO. Wenngleich § 34 Abs. 1 letzteren § wesentlich abändert, so ließ er dennoch einen eximirten Gerichtsstand wenigstens ausnahmsweise bestehen, und ist diese Ausnahme erst mit der neuen Organisation des Gerichtswesens durch die VO. 2. Jan. 1849 hinweggefallen. In Betreff der Frage, ob im Bezirke des AH. Cöln, wo weder § 34 h. l., noch die VO. v. 2 Jan 1849 Gesetzeskraft hat, der Fiskus in irgend welcher Hinsicht einen privilegirten oder eximirten Gerichtsstand genieße, cf. die Noten zu §§ 22 ff. des Ress.-Regl.

15. Anlangend den Gerichtsstand des Fiskus in territorialer Hinsicht, so entscheidet in dinglichen Angelegenheiten das forum rei sitae, — VO. v. 2. Jan. 1849, § 9 — wogegen der persönliche Gerichtsstand bei demjenigen Gerichte ist, in dessen Bezirk die zur Führung des Rechtsstreits berufene Behörde ihren Sitz hat, — Art. II. des Ges. v. 26. April 1851 — welche Behörde in der Regel, d. h. wenn

die Klage gegen den Fiskus ohne nähere Bezeichnung der fiskalischen Station gerichtet wird, die betreffende Bezirksregierung ist, — § 57 des Anh. zur AGO. — in Angelegenheiten des mittelbaren Steuerwesens die Provinzial-Steuerdirektion, in Bergwerksangelegenheiten das Ober-Bergamt, in Militair-Oekonomiesachen die Militair-Intendantur, in Festungsbausachen die Festungsbau-Kommission 2c. MR. 12. Januar 1827, 4. Juli 1828, 30. Sept. 1840 (Rh S. 3, S. 91, 241; Jbb 56, S. 486) und Perrot I., 269. — Wenn dagegen im JMR. 21 Nov 1825 (Jbb. 26, S. 388) als der bestehenden Postverwaltung gemäßer Grundsatz hingestellt wird, daß bei allen an den Postfiskus zu machenden (persönlichen) Ansprüchen das General-Postamt als die den Postfiskus vertretende Behörde zu belangen, und die desfallsige Klage beim Kammergerichte anzustellen sei, selbst, wenn die Ansprüche aus Verträgen herrühren sollten, die mit einzelnen Postanstalten und Beamten abgeschlossen worden, so beruhte dies offenbar lediglich auf der Eigenthümlichkeit der früheren Organisation, wonach die Verwaltung des gesammten Postwesens von jener Centralbehörde in allen Einzelheiten unmittelbar besorgt wurde, und dürfte daher, seitdem zufolge der AEO. v. 19. Sept. 1849 (GS. 50, S. 299) in der Oberpostdirektion jedes Regierungsbezirks eine provinzielle Mittelbehörde besteht, bei welcher eine Bezirkspostkasse mit einem besonderen Beamtenpersonal eingerichtet ist, seinen Boden verloren haben. Cf. auch die §§ 17, 18 des Ges. vom 5. Juni 1852 (GS. S. 350). Inzwischen erkannte OT. 5. März 1851 (Striethorst 1, S. 289), ohne die aus der AEO. von 1849 gezogenen Consequenzen gelten zu lassen, und obgleich die Klage nicht einmal wider eine Oberpostdirektion, sondern wider ein bloßes Postamt gerichtet war, daß dieses Amt der richtige Beklagte, und das Kreisgericht, in dessen Bezirk jene Behörde ihren Sitz hatte, die kompetente Stelle sei, weil obiges MR. als unvereinbar mit dem (auf Spezialbefehl ergangenen) MR 11. Dez. 1809, Nr. 3 (Rabe 10, S. 189) und § 240 des Anh. zur AGO., in judicando keine Berücksichtigung verdiene (es handelte sich um die Entschädigungspflicht der Post für einen bei ihr verloren gegangenen Brief). Von OT. 4. Okt. 1854 (Strieth. 13, S. 379) wurde zwar angenommen, daß in dem konkreten Falle nur gegen das General-Postamt und in Berlin habe geklagt werden können, aber lediglich aus dem besonderen Grunde, weil jene Klage die Erfüllung eines Vertrags betraf, dessen Abschluß nach der neueren Einrichtung des Postwesens gerade dem Geschäftskreise des General-Postamts vorbehalten und von letzterem auch wirklich abgeschlossen war, weshalb diese Entscheidung, wie deren Motive ausdrücklich hervorheben, mit jener früheren nicht in Widerspruch steht.

16. Uebrigens muß, wenn eine Klage wider den Fiskus der Regierung gerichtet ist, auch der Fiskus, resp. das officium fisci der Regierung sowohl in der Klage, als im Prozesse selbst und im Urtheil als beklagter Theil genannt werden, wenn dagegen eine bestimmte fiskalische Station in Anspruch genommen wird, gegen diese sowohl die Klage wie das Urtheil lauten, während Klagen wider die Regierung als solche zurückzuweisen sind, da letztere als solche weder in der Eigenschaft eines Klägers, noch in der eines Beklagten vor Gericht auftreten kann. So: JMR. 3. Sept 1824 (Jbb 24, S. 130), unter Hinweisung auf § 28, I., 7 und § 12, I., 35 AGO.

17. Wenn nach dem Vorgesagten und vorbehaltlich des im JMR. 11. Mai 1827 (Ergänz. zu § 1, I., 35 AGO.) ausgesprochenen Satzes, daß Klagen einer fiskalischen Station wider die andere nicht zulässig sein sollen, die einzelnen Stationen in Bezug auf den Gerichtsstand und die Legitimation zur Prozeßführung gewissermaßen als ebensoviele juristische Personen zu betrachten sind, so muß dennoch das Gegentheil in Bezug auf das materielle Civilrecht angenommen werden. Hier huldigt das Preußische Recht, in Uebereinstimmung mit dem Gemeinen und Französischen, dem wichtigen Grundsatze, daß der Fiskus mit allen seinen Stationen nur Eine juristische Person bilde. Dies ist zwar nicht unbestritten (cf. die Citate in den Ergänzungen zu § 1, II., 14 ALR. u. Koch, Lehrb des Preuß. Privatrechts I, § 60); doch hat die bejahende Ansicht sowohl die Materialien zum ALR., wie die neueste Praxis des OT. entschieden auf ihrer Seite, cf. Jbb. 52, S. 72, OT. (Pl.-Beschl.) 20. Okt. 1850 (JMBl. 435; dieser Pl.-Beschl, welcher sich übrigens darauf beschränkt, auszusprechen, daß einzelne Stationen gegen einander keine Rechte be-

2) Wegen Zulässigkeit von Civilklagen über Angelegenheiten des Regierungs-Ressorts.
Im Allgemeinen.

§. 35. Ueber Gegenstände und Angelegenheiten indessen, welche, nach den Gesetzen und allgemeinen Grundsätzen Unserer Staats- und Landesverfassung, zur richterlichen Erörterung bisher schon nicht geeignet gewesen, kann auch fernerhin kein Prozeß zugelassen werden.

---

sitzen können, macht wider Koch's Argumentation geltend, daß die Uebernahme von Verpflichtungen unter verschiedenen Ministerien bloße Verwaltungsmaaßregeln seien, die auch bei Güterverwaltungen von Privaten vorkämen), OT. 13. Okt. 1853 (Striethorst 10, S. 219); *id 8. Jan. 1856 (Rh. A. 51, II., 99; hier wurde erkannt, eine fiskalische Station könne sich nicht mit dem Einwande schützen, daß eine ihr obliegende Leistung für sie unmöglich geworden sei, sofern dasselbe nicht auch vom Fiskus überhaupt gelte), id 14. März 1856 (Strieth. 20, S. 280; hier wurde angenommen, daß, trotz der Einheit des Fiskus im Allgemeinen, die Genehmigung, welche der Domainenfiskus als Obereigenthümer einem unter mehreren Erbpächtern zu Stande gekommenen Auseinandersetzungsrezesse ertheilt hatte, den vom Forstfiskus wider die Erbpächter geltend gemachten, bei jener Genehmigung nicht zur Sprache gekommenen Eigenthums-Ansprüchen nicht entgegenstehe). — Demzufolge sind die §§ 368, 369, I., 16 ALR., indem sie nach dem Vorgange der L. 1, Cod. 4, 31 zur Vermeidung von Verwirrungen in der Kassenverwaltung die Compensation wider Forderungen des Fiskus auf den Fall beschränken, wo dieselbe Kasse, welche fordert, auch diejenige ist, die nach der bestehenden Einrichtung zu zahlen hätte, als Ausnahmebestimmungen aufzufassen. Ob dieselben auch wider den Fiskus, d. h. zur Beschränkung des von ihm selbst etwa auszuübenden Compensationsrechts angerufen werden können, erscheint als zweifelhaft. Die paritas rationis spricht zwar für die Bejahung, die Fassung des Gesetzes und der Charakter desselben als eines Ausnahmegesetzes jedoch für die Verneinung. Zu letzterer Ansicht bekennen sich Koch, Recht der Ford., II, S. 636 und OT. 22. Sept. 1842; (Präj. Nr. 2054; Präj. S. 91). In *OT. 22. März 1853 (Strieth. 8, S. 361) ist eine Mittelmeinung angedeutet, wonach nämlich, damit eine Compensation zu Gunsten des Fiskus eintrete, die diesem Zwecke dienende Forderung zuvor von der einen Kasse der andern überwiesen werden müsse, und hat OT. 6. Mai 1816 (Simon u. v. Strampf Rechtssprüche 1, S. 142) in einem solchen Falle die Unanwendbarkeit des § 368 l. c. ausdrücklich anerkannt.

18. Die ferneren — das Strafverfahren in Hoheits-, Polizei- und Finanz-Angelegenheiten betreffenden — Bestimmungen des § 34 werden in den Noten zu § 45 miterörtet werden.

§ 35.

19. Es ist bereits in n. 1 angedeutet worden, daß die grundsätzliche Trennung der Justiz von der Verwaltung für einzelne Landestheile schon vor dem Jahre 1808, nämlich durch die Regl. v. 2. April 1803, resp. 21. Juni 1804 annähernd versucht worden sei, und daß die hierdurch nöthig gewordenen Bestimmungen dieser Reglements über die gegenseitigen Ressortbeziehungen zwischen Justiz- und Verwaltungskollegien den §§ 34 ff. der VO. von 1808 als Quelle gedient haben. Demzufolge dürfte es zum Verständnisse der letzteren beitragen, wenn die mit ihnen correspondirenden §§ jener Reglements Vergleichungs halber mitgetheilt werden. § 8 des Regl. von 1804, welcher mit § 7 desjenigen von 1803 fast wörtlich übereinstimmt, und im Wesentlichen das zusammenfaßt, was die VO. von 1808 in den §§ 35—37, 41 in Verbindung mit § 34 al. 1 ausführlicher entwickelt, lautet:

„Bei welchen [den Kriegs- und Domainenkammern anvertrauten] Gegen„ständen und Angelegenheiten eine solche förmliche Erörterung im Wege des „Rechts stattfinde, ist durch die allgemeinen Grundsätze Unserer Staats- und „Landesverfassung, und durch die darauf beruhenden gesetzlichen Vorschriften „bestimmt. Hiernach können weder über wirkliche Majestäts- und Hoheitsrechte,

„noch gegen allgemeine in Gegenständen des Kameral-Ressorts ergehende Verordnungen, noch über die Verbindlichkeit zur Entrichtung allgemeiner Anlagen „und Abgaben, denen sämmtliche Einwohner oder alle Mitglieder einer gewissen „Klasse derselben nach der bestehenden Landesverfassung unterworfen sind, Prozesse zugelassen werden.

„ALR., Einl. §§ 70, 71, 72, 80; I., 11, §§ 4, 11; II., 13, § 5 seq.; 14, „§§ 78—84; erster Anh., § 61.

„In allen solchergestalt nicht ausgenommenen Fällen soll aber selbst unser Fiskus, er sei Kläger oder Beklagter, verbunden sein, ohne weitere Rücksicht des „Gegenstandes oder der Art des Geschäfts bei Unseren Landes-Justiz-Collegiis „Recht zu nehmen, wobei es dem Ermessen der Kriegs- und Domainenkammern „überlassen bleibt, die Klagen in erster Instanz bei den sonst kompetenten Untergerichten anbringen zu lassen."

Aus dieser Fassung geht dreierlei hervor, einmal, daß § 8 die Unzulässigkeit des RW. bei Streitigkeiten über Gegenstände des Verwaltungsressorts immer nur als Ausnahme betrachtet, sodann, daß er in den aufgeführten Fällen die Zahl dieser Ausnahmen überhaupt, oder doch der wichtigsten unter ihnen erschöpft wissen will, und endlich, daß sein erster Satz, welcher dem § 35 h. l. entspricht, im Wesentlichen nur die Einleitung zu dem folgenden, den §§ 36 ff. correspondirenden enthält, mithin nicht etwas Anderes, oder Mehreres besagen soll, als was in jenem zweiten Satze näher ausgedrückt wird. — Dieselbe Anschauung dürfte auch in den §§ 35 ff. im Allgemeinen nicht aufgegeben worden sein, wenngleich die Zahl jener zu Gunsten des administrativen Ressorts statuirten Ausnahmen durch die in den §§ 38—40 hinsichtlich der Landespolizei-Angelegenheiten enthaltenen Vorschriften, von denen sich nur diejenige des § 39 in obigen Reglements, — cf. § 9, resp. 8 derselben — wiederfindet, erheblich vermehrt, und hierdurch dem Satze der gegenseitigen Unabhängigkeit der Verwaltungs- wie Justizbehörden größere Rechnung getragen worden ist. (Die Gegenüberstellung der sonstigen Bestimmungen jener Reglements und der VO. von 1808 wird den Noten zu den §§ 42 ff. vorbehalten.)

20. Selbst in seiner Anwendung auf die Rheinprovinz ist § 35 nur aus den Grundsätzen der allgemeinen Staats- und Landesverfassung Preußens zu beurtheilen. Man kann daher aus § 35 das Fortbestehen der französischen Verwaltungs-Grundsätze für die Rheinprovinz nicht herleiten. KH. 21. Juni 1838, 5. Febr. 1844, AH. Cöln 9. Mai 1832 (Tr. A. 5, I., 307; Rh A. 36, II., 76; 17, I., 102).

21. Die allgemeinen Grundsätze der Preußischen Staats- und Landesverfassung sind in Beziehung auf die Ressortverhältnisse zwischen Justiz und Verwaltung im Wesentlichen dieselben geblieben Namentlich ist in dieser Hinsicht keine durchgreifende Aenderung durch die Verfassungs-Urkunde v. 31. Jan. 1850 eingetreten, indem jene im Art 96 gerade betr. obiger Materie auf die anderweitige Gesetzgebung zurückverweist:

„Die Kompetenz der Gerichte und Verwaltungsbehörden wird durch das „Gesetz bestimmt."

Gleichzeitig enthält dieser Art. 96 das ausdrückliche Anerkenntniß, daß eine Aenderung in den zwischen jenen Behörden bestehenden Ressortverhältnissen nur auf legislativem Wege, mithin weder durch Anordnungen der höheren Verwaltungs-Chefs, noch auch, seitdem die Ausübung der gesetzgebenden Gewalt nicht mehr ausschließlich in den Händen des Königs beruht, ohne Mitwirkung der Kammern erfolgen könne. Namentlich werden solche Anordnungen durch s. g Ausführungs-Verordnungen (Art. 45 l. c.) verfassungsgemäß nicht zu treffen sein. cf. v. Rönne, I., S 152, 175, 200.

22. Uebrigens haben Gesetze über die Kompetenz- und Ressortverhältnisse insofern rückwirkende Kraft, als sie sofort zur Anwendung kommen, wenn auch der geltend zu machende Anspruch seine Entstehung einer früheren Zeit verdankt; — cf. EK. 5. Juni 1852, 15. Okt. 1859 (welches diesen Satz auf die deklaratorische ACO. v. 4. Dez. 1831 anwendet; JMBl. 52, S. 278; 60, S. 326); LG. Cöln 14. Dez. 1843 (Rh. A. 34, III, 42); MR. 3. Novbr. 1843, 15. März 1847, 29. August 1856 (BMBl. 43, S. 308; 47, S. 60; 56, S 227): Dalloz, m. competence, n. 39,

23. — es sei denn, daß das Verfahren schon nach Maaßgabe des früheren Gesetzes eingeleitet war, bevor das neue Gesetz verkündigt wurde, — cf. z. B.

§ 21 der VO. v. 24. Jan. 1844; ACO. v. 20. Nov. 1820 (GS. S. 204), s. jedoch n. 20 zur ACO. v. 4. Febr. 1823.

24. Wie die gegenseitigen Ressortverhältnisse ein für allemal nicht anders als auf legislativem Wege regulirt, resp. abgeändert werden können, ebensowenig kann den darauf bezüglichen Bestimmungen für einen gegebenen Fall durch bloße Privatübereinkunft der betheiligten Parteien derogirt werden; es kann mithin auf solche Weise weder ein der administrativen Verfügung vorbehaltener Gegenstand dem RW. unterworfen, noch ein an sich prozeßfähiger Gegenstand demselben entzogen und der administrativen Entscheidung überwiesen werden, indem die Gesetze über das Ressortwesen keine Privatrechte betreffen, sondern der öffentlichen Ordnung angehören, hinsichtlich ihrer also der Grundsatz Anwendung findet: ius publicum privatorum pactis mutari nequit. Die erste Hälfte des obigen Satzes wird denn auch von keiner Seite bezweifelt; es ist vielmehr allgemein anerkannt, daß die gesetzlichen Einschränkungen des RW. zu Gunsten der administrativen Thätigkeit keine blos relative, sondern eine absolute Inkompetenz begründen welche jede prorogatio fori ausschließt, und vom Richter, selbst in der Rheinprovinz ungeachtet der dort fast unumschränkt geltenden Verhandlungsmaxime, in jeder Lage des Prozesses von Amtswegen berücksichtigt werden muß. Nicht so verhält es sich mit der zweiten Hälfte jenes Satzes Zwar besteht bei der gegenwärtigen Jurisprudenz wie Doktrin in Frankreich keine Meinungsverschiedenheit über die Unwirksamkeit einer Vertragsklausel, wonach etwa sich erhebende an sich zum RW. gehörige Streitigkeiten auf administrativem Wege ihre Erledigung finden sollten. cf. Dalloz, m. competence, n. 36; m competence administrative, n. 68, Nr. 2, ord. en cons. d'état, 29. März, 12. April 1832, Rej 11. März 1839 (Sir. 32, II., 318, 463; 39, I., 180). Auch huldigen *OT. 13. Dez. 1859 (Strieth. 38, S 12), die dort mitgetheilten Konklusionen des Ob.-St.-Anwalts Oppenhoff sowie AG. Breslau 24. Nov. 1859 (ib. S. 22) der gleichen Ansicht, und hat dieselbe durch einen Aufsatz in Dr. Löwenberg's Beiträgen 2c., 1, S. 576 ff. eine eingehende Begründung mit speziellem Hinblick auf die Preußische Gesetzgebung gefunden. (Löwenberg hat sich jene Frage zwar nicht in obiger Allgemeinheit vorgelegt, indem er nur die Frage zu beantworten beabsichtigt, ob der mit einer Staatsbehörde kontrahirende Private, unter Verzichtleistung auf den RW., etwaige Streitigkeiten über Auslegung oder Erfüllung des Vertrags im Voraus der Entscheidung derselben mit ihm kontrahirenden Behörde unterwerfen könne Inzwischen gehen seine Gründe weiter, als das thema probandum, indem sie die progoratio fori an eine Verwaltungsbehörde als überhaupt und in allen Fällen unstatthaft nachweisen. Er führt u. A. an: die Prorogation des Forums sei schon unter verschiedenen Gerichten auf den Fall beschränkt, wo der zu befassende Richter dieselbe Gattung der Gerichtsbarkeit ausübe, zu der der Rechtshandel gehöre, — § 161, I, 2 AGO.; den Verwaltungsbehörden stehe nun aber seit der VO. von 1808 gar keine Gerichtsbarkeit zu, und selbst, wenn man in ihrer Befugniß, Verfügungen, Beschlüsse oder Entscheidungen in ihrem abgesonderten Kreise zu erlassen, das Analogon einer Gerichtsbarkeit finden wollte, so würde doch diese Gerichtsbarkeit sich nicht auf privatrechtliche Streitigkeiten erstrecken, wie denn auch zur Zeit des Bestehens der Kammer-Justizdeputationen, ungeachtet ihnen eine Gerichtsbarkeit im eigentlichsten Sinne des Worts zugestanden habe, eine Prorogation zwischen Justiz- und Kammerkollegien durchaus unzulässig gewesen sei.) Dagegen bekennen sich die Preußischen Verwaltungsbehörden fast allgemein zu der entgegengesetzten Ansicht, und pflegen sogar in ihrer Eigenschaft als Aufsichtsinstanz für die Gemeinden 2c. bei Verträgen, welche letztere mit Privaten schließen, die Verabredung solcher den RW. zu Gunsten des administrativen Ressorts ausschließenden Klauseln zu begünstigen. Diese andre Ansicht wird auch von *OT. 22. Febr. 1859 (Strieth. 32, S. 231, Rh. A. 55, II., 19) vertreten und deren Rechtfertigung durch den Hinweis auf die Befugniß der Parteien, Kompromisse abzuschließen, versucht, indem es keinen Unterschied begründe, ob man sich dem Schiedsrichterspruche eines Privaten oder dem einer Behörde unterwerfe. Indessen hat derselbe Senat jenes Gerichtshofes kurz darauf, in der bereits bezogenen, einen ganz gleichen Fall betreffenden Entscheidung vom 13. Dez. 1859 das Mangelhafte dieser Argumentation, welche bereits Dalloz und Löwenberg, namentlich aber Oppen-

hoff l. c. bekämpfen, selbst anerkannt. In der That konstruirt man ein ganz anderes Rechtsverhältniß, als das von den Parteien bei solchen Vertragsklauseln wirklich gewollte, wenn man letztere auf die Grundsätze des Kompromisses zurückführt. Unzweifelhaft kann die Wahl des Schiedsrichters auf eine Person fallen, welche zufälliger Weise auch Beamter ist. Alsdann hat dieselbe aber nicht in dieser Eigenschaft, sondern, gleich jedem andern Gewählten, als Privat-Schiedsrichter ihren Spruch zu fällen, und unterliegt dieser allen den Anfechtungsgründen, resp. Mitteln, aus, resp. mit welchen ein Schiedsrichterspruch überhaupt angefochten werden kann. Wenn dagegen die Betheiligten übereinkommen, daß dereinstige Streitigkeiten mit Ausschluß des RW. durch diese oder jene Verwaltungsbehörde geschlichtet werden sollen, so liegt der Vereinbarung gerade umgekehrt die Absicht zu Grunde, daß die Behörde eben als solche entscheide, daß sie ihren Spruch mithin als einen Akt ihres amtlichen Wirkens betrachte, und daß derselbe, wenn er einer Anfechtung überhaupt unterliegen sollte, gleich jeder sonstigen Amtshandlung im Wege der Beschwerde bei der vorgesetzten Dienstbehörde anzufechten sei. Außerdem befindet sich aber auch, wie Oppenhoff scharf hervorhebt, eine Behörde, selbst wenn sie durch eine einzelne Person vertreten wird, in der rechtlichen Unmöglichkeit, als Individuum und außerhalb ihrer amlichen Sphäre zu handeln, da sie neben ihrer Existenz als eines Organs der Staatsgewalt nicht noch eine besondere Existenz als Individuum hat, während sie andererseits aufhört, Behörde zu sein, sobald sie eine ihrem Berufe fremde Thätigkeit entwickelt. Hierzu kommt, daß die positive Gesetzgebung — § 169, I., 2 AGO.; a. 1006 der Rh. B. Pr. O. — zur Gültigkeit eines Kompromisses die individuelle Bezeichnung des Schiedsrichters ausdrücklich erfordert, oder doch als selbstverständlich voraussetzt, womit gleichfalls die Wahl einer Behörde sowie überhaupt irgend welcher moralischen Person nicht in Einklang steht. Für die Rheinprovinz insbesondere ist schließlich noch zu bemerken, daß nach a. 1004 der B. Pr. O. den Gemeinden, öffentlichen Anstalten 2c., bei deren Verträgen solche Stipulationen vorzugsweise häufig vorkommen, die Befugniß zum Abschlusse von Kompromissen im Allgemeinen mangelt, selbst wenn sie mit Genehmigung der Aufsichtsbehörde handeln. cf. die Noten zu § 5 des Rh. Ress.-Regl. und LG. Trier 8. Febr. 1841 (Tr. A. 1, I., 63).

25. Nach denselben Gesichtspunkten beurtheilt sich die mit der eben erörterten eng verwandten Frage, ob das Recht der administrativen Exekution durch Privatverträge begründet, oder über das gesetzliche Maaß hinaus erweitert werden könne. Auch diese Frage ist daher — trotz der bei der Verwaltung durchgängig herrschenden entgegengesetzten Meinung — entschieden zu verneinen, selbstredend jedoch vorbehaltlich der durch die Gesetzgebung selbst in dieser Hinsicht statuirten Ausnahmen, welche letzteren, weit entfernt, jene Regel im Allgemeinen zu entkräften, dieselbe gerade umgekehrt bestätigen. cf. ACO. v. 31. Dezbr. 1825, D, XII. ad § 42 h. l.

26. Noch weit unbedenklicher ist endlich ein Transigiren hinsichtlich der Ressortverhältnisse auf dem strafrechtlichen Gebiete unstatthaft, obgleich man auch hier jener prinzipiellen Meinungsverschiedenheit mitunter begegnet. cf. z. B. LMR. 27. Juni 1850 (BMBl. 214). — Dagegen erkannte Jnn MR. 11. Febr. 1845 (BMBl. 40) die Richtigkeit des obigen Satzes bei einem Einzelfalle an.

27. In den n. 24 ff. ist nur der Fälle gedacht worden, wo seitens der betheiligten Parteien eine von den Ressortbestimmungen abweichende Verabredung getroffen wird. Nicht minder unwirksam sind jedoch ähnliche Vereinbarungen unter den beiderseitigen Behörden, und ist überhaupt allen Verfügungen, welche im Widerspruch mit jenen Bestimmungen von der einen oder der andern Behörde erlassen werden, jedwede Wirkung, die Kompetenz einer Behörde des andern Ressorts für den gegebenen Fall zu erweitern, abzusprechen. Hiernach verleiht eine zu Unrecht erfolgende Inkompetenzerklärung der Gerichte den Verwaltungsbehörden keineswegs die Befugniß, sich mit der Entscheidung einer eigentlichen Rechtssache zu befassen, wie andererseits die Gerichte in den zum RW nicht geeigneten Sachen sich selbst dann für inkompetent erklären müssen, wenn die Parteien sich auch vorher an die Verwaltung gewandt haben, und von dieser auf den RW. verwiesen sind, oder wenn eine vor Gericht angefochtene Verfügung von der Verwaltung aus-

drücklich nur unter dem Vorbehalte des RW. erlassen wurde, cf. Pl. Beschl. OT. 24. Juni 1841 (Entsch. 7, S 199); EK. 23 Juni 1858 (JMBl. 59, S. 8); AH. Cöln 15 Juli 1852 (Rh. A. 47, I, 161). Anders dürfte vielleicht mit Rücksicht auf § 36 h. l. und § 5 der Einleitung zum ALR. die Antwort lauten, wenn jener Vorbehalt in einem landesherrlichen Akte gemacht würde, vorausgesetzt, daß letzterer hiermit wirklich bezweckte, einen an sich nicht prozeßfähigen Gegenstand für den konkreten Fall der richterlichen Kognition zu unterbreiten, und nicht etwa, wie wohl in der Regel anzunehmen ist, lediglich ausdrücken wollte, daß der richterlichen Kognition durch die Kundgebung des Allerh. Willens in keiner Weise, mithin auch nicht betreffs der Kompetenzfrage vorgegriffen werden solle. Beispiele der letzteren Art liefern die durch OT. 11. März 1850 (Entsch 19, S 420) und KH. 31. Dezbr. 1850 (Rh. A. 46, II., 15) entschiedene Fälle. cf. auch Entsch. 13, S. 339 und 15, S 429. —

[Daß der Kreis der richterlichen Zuständigkeit in Bezug auf einen konkreten Fall nicht etwa gar dadurch erweitert werde, daß die Verwaltung von ihrem Rechte, einen KK zu erheben, Gebrauch zu machen unterläßt, geht aus dem oben Gesagten bereits zur Genüge hervor und fände an dieser Stelle keine Erwähnung, wenn nicht in einzelnen Entscheidungen die entgegengesetzte Ansicht vorwaltete. Cf. n. 92 zum Ges v 8. April 1847.]

28. Wohl aber kann umgekehrt ein Uebergriff in den Wirkungskreis des anderen Ressorts die mittelbare Folge haben, daß der Wirkungskreis der im gegebenen Falle kompetenten Behörde eine Beeinträchtigung erleide, sofern jener Uebergriff nicht auf gesetzlichem Wege beseitigt wird, indem amtliche Akte, selbst wenn sie von einer inkompetenten Behörde ausgegangen sind, von den Behörden des anderen Ressorts nicht ohne Weiteres ignorirt werden dürfen. Auf dieser Möglichkeit beruht die bereits erwähnte, den höheren Verwaltungsbehörden zur Wahrung des administrativen Ressorts verliehene Befugniß, durch Erhebung eines KK., die in Bezug auf eine rechtshängige Sache zwischen der Justiz und Verwaltung streitig gewordene Kompetenzfrage vor das Forum eines eigens dazu bestellten Gerichtshofs zu bringen. Daß eine gleiche Befugniß hinsichtlich der in der Verwaltungsinstanz schwebenden Angelegenheiten wenigstens nach der gegenwärtigen Gesetzgebung den Gerichten mangelt, erklärt sich wohl daher, daß inkompetenter Weite ergangene Verwaltungsakte meistentheils geringere oder doch leichter zu überwindende Schwierigkeiten bereiten, als gerichtliche Erkenntnisse, indem sie niemals, gleich diesen, in dem Sinne rechtskräftig werden können, daß es überall an einem Staatsorgane fehlte, um sie wieder aufzuheben.

29. So lange die Verwaltung von der Befugniß, in einer rechtshängigen Sache den KK zu erheben, keinen Gebrauch macht, unterliegt die Frage der Prozeßfähigkeit der selbstständigen Beurtheilung des befaßten Gerichts; es genügt daher keineswegs die bloße Behauptung der Verwaltung, daß der Streitgegenstand ihrem Ressort anheimfalle, um die Richter zu nöthigen, sich der Entscheidung über jene Frage zu enthalten oder sich gar ohne Weiteres für inkompetent zu erklären. Doch kann der Beklagte, wenn er die Unzulässigkeit des RW. geltend machen will, seine Klagebeantwortung auf diese Einrede beschränken und darauf antragen, daß zunächst über letztere allein verhandelt und erkannt werde: VO. 21. Juli 1846, § 5; — a. 172 der Rh. B. Pr O.

30. Jedes Urtheil kann aus dem Grunde, weil es über einen ausschließlich zum administrativen Ressort gehörigen Gegenstand erkannt habe, von den Parteien durch die geeigneten Rechtsmittel, insbesondere auch durch die Nichtigkeitsbeschwerde angefochten werden, und zwar selbst dann, wenn eine darauf bezügliche Einrede in keiner der beiden Instanzen vorgeschützt sein sollte. Die VO. 14. Dez. 1833 erwähnt zwar im § 5 Nr 8 nur als eines Nichtigkeitsgrundes, wenn der inkompetente Richter, ungeachtet die Inkompetenzeinrede vorgeschützt worden, sich der Instruktion wie Entscheidung zur Sache unterzogen habe, und verweist hinsichtlich der zum richterlichen Verfahren überhaupt nicht geeigneten Gegenstände auf die Gesetzgebung über KK. Hiermit hat jedoch wohl nicht gesagt werden sollen, daß in Sachen der letzteren Art die Nichtigkeitsbeschwerde ganz ausgeschlossen oder ihr Erfolg doch wenigstens dadurch bedingt sei, daß die Unzulässigkeit des RW. in einer

früheren Instanz vom Beklagten geltend gemacht worden, zumal da der Richter, wie schon erwähnt, in solchen Fällen der absoluten Inkompetenz das Rechtsverfahren in jeder Lage des Prozesses schon von Amtswegen einstellen mußte, und jedes über einen nicht prozeßfähigen Gegenstand ergehende Urtheil einen Rechtsgrundsatz und nicht etwa eine bloße Prozeßvorschrift verletzt, die Statthaftigkeit der Nichtigkeitsbeschwerde sich daher, wenn auch nicht auf § 5 Nr. 8, doch auf § 4 Nr. 1 jener VO. zurückführen läßt. cf. OT. 30. Aug. 1847, 8. Nov. 1858 (Entsch. 15, S. 432; 41, S. 419). — Eine hiervon abweichende Ansicht ist im Schlußmotiv von OT. 23. Okt. 1851 (Strieth. 3, S. 311 in.) angedeutet.

31. Dasselbe, was eben hinsichtlich der Nichtigkeitsbeschwerde gesagt worden, gilt für die Rheinprovinz von dem Cassationsrekurse — cf. KH. 3. Dez. 1836 (Rh. A. 25. II. 25) — ja es bildet daselbst der Vorwurf eines Eingriffs in die Attributionen der Verwaltung (Machtüberschreitung, excès de pouvoir im engeren Sinne) ein in den Gesetzen herausgehobenes und bevorzugtes Cassationsmittel, so daß er selbst gegen die dem Kassationsrekurse sonst nicht unterliegenden vom Friedensrichter in letzter Instanz gefällten Erkenntnisse gerichtet werden kann, seine Vorbringung auch, ohne weitere Anführung des verletzten Gesetzes (§ 1 des Ges. v. 13. Okt. 1843) zur Begründung des Rekurses genügt: OT. 26. Sept. 1854 (Rh. A. 50. II. 35).

32. Was nun den Gegensatz selbst betrifft, der zwischen Justiz-, resp. Rechts- und Verwaltungs-Sachen besteht, so kann, wenn man denselben durch die Verschiedenheit der Normen charakterisiren will, nach denen die eine und die andere Behörde sich zu richten hat, mit v. Rönne I., S. 198 gesagt werden, daß Justiz- resp. Rechtssachen diejenigen Angelegenheiten seien, die nach den geltenden rechtlichen Grundsätzen behandelt und entschieden werden müssen, Administrativsachen dagegen solche, die nach den Grundsätzen des Nutzens, der Zweckmäßigkeit oder faktischen Nothwendigkeit ihre Erledigung finden. cf. auch Pfeiffer, praktische Ausführungen, 1, S. 213 ff.; 3, S. 181 ff.; 5, S. 201 ff. u. Zachariä, deutsches Staats- u. Bundesrecht, 2. Aufl., §§ 147 ff. u. 175 ff. Diese Unterscheidung, nach welcher die Beantwortung der Frage, ob eine Angelegenheit Rechts- oder Verwaltungssache sei, nicht blos für den Kompetenzpunkt und die formelle Behandlung der Sache, sondern auch für deren materielle Beurtheilung von dem höchsten Gewichte ist, trifft jedoch bei den Administrativ-Justizsachen im engeren Sinne, d. h. bei solchen Sachen, nicht zu, hinsichtlich welcher die neuere Spezialgesetzgebung den Verwaltungsbehörden eine Art Gerichtsbarkeit, ein wirkliches Entscheidungsrecht über gewisse unter zwei Parteien sich erhebende Streitigkeiten verliehen hat. Cf. unten n. 239 ff. Mitunter wird zwar aus dem Wesen der Administrativjustiz gefolgert, daß die Verwaltung auch bei solchen Angelegenheiten nur nach Verwaltungsgrundsätzen befinden könne. Diese Ansicht erscheint jedoch als in sich widersprechend und praktisch unausführbar. Das Richtige ist vielmehr, daß bei Handhabung jener ausnahmsweisen Gerichtsbarkeit nach rechtlichen Grundsätzen entschieden werden müsse, insoweit der Streitgegenstand seiner Natur nach die Abwägung rechtlicher Momente voraussetzt und mit sich bringt, und nach Verwaltungsgrundsätzen, insofern das Gegentheil der Fall ist. Cf. auch ACO. v. 22. Aug. 1833 (Ergänz. zu §§ 3—10. I 22 ALR), wo die Ansicht ausdrücklich gemißbilligt wird, als ob nur von den ordentlichen Gerichtshöfen nach den Grundsätzen des strengen Rechts entschieden werde, das Eigenthum daher größeren Schutz bei dem gerichtlichen als bei demjenigen Verfahren finde, das die Gesetzgebung in besonders bestimmten Fällen der Kognition administrativer Behörden überweise, indem auch die letzteren die zu ihrer Erörterung und Entscheidung gestellten Rechtsverhältnisse nicht nach Billigkeit, sondern ganz, wie die Gerichtshöfe, nach Recht entscheiden müßten, und das Gesetz gewisse Gegenstände nur dann und nur deshalb den ordentlichen Gerichten entziehe, wo, resp. weil die Feststellung des rechtlichen Gesichtspunkts wesentlich von der richtigen Beurtheilung solcher Momente abhänge, die in ihren Motiven und in allen ihren Details den Verwaltungsbehörden gründlicher und vollständiger bekannt seien, als den Gerichten.

33. Eine Unterscheidung der Rechts- und Verwaltungssachen nach ihrem Gegenstande läßt sich in allgemein gültiger Weise nicht geben, so oft dies auch

auf dem Gebiete der Wissenschaft und Legislatur versucht worden ist. Sydow liefert in der Einleitung seiner Schrift eine Uebersicht der verschiedenen, von den deutschen Rechtslehrern zu solchem Behufe aufgestellten Systeme, und Mittermaier im 21.—23. Bande des Archivs für civil. Praxis eine Zusammenstellung der einschlägigen neueren Gesetzgebung. Inzwischen kann an dieser Stelle von einer näheren Besprechung jener Systeme und der legislativen Thätigkeit des Auslandes gänzlich abgesehen werden, da es sich hier lediglich um die Gesichtspunkte handelt, welche für den Preußischen Staat und nach der für diesen geltenden positiven Gesetzgebung zur Beantwortung obiger Frage als maaßgebend zu erachten sind. Gemeinhin pflegt man nun den Satz aufzustellen, daß nach den Grundsätzen der Preußischen Verfassung und Gesetzgebung Rechtssachen solche seien, die einen Gegenstand des Privatrechts, und Administrativsachen solche, die einen Gegenstand des öffentlichen Rechts betreffen, ja man findet hierin ein so durchschlagendes Kriterium, daß man fast überall, wo die Gesetze den RW. ausdrücklich ausschließen, dies auf jenen Satz zurückführt und die Frage, ob richterliche Erörterung stattfinde oder nicht, als identisch mit der anderen Frage behandelt, ob der Gegenstand privatrechtlicher oder publizistischer Natur sei. Abgesehen jedoch davon, daß letztere Frage gleichfalls wieder zu den mannigfachsten Meinungsverschiedenheiten führen kann, dürfte es überhaupt erheblichen Bedenken unterliegen, ob jener Satz, insofern er die richterliche Kognition bei Gegenständen des öffentlichen Rechts prinzipiell ausschließt, in der positiven Gesetzgebung seine unmittelbare Begründung finde. Daß die landrechtliche Definition von der bürgerlichen Gerichtsbarkeit — § 4, II. 17 —, welche freilich vorzugsweise den Gegensatz zur peinlichen Gerichtsbarkeit vor Augen hat, obigem Satze das Wort rede, wird zwar von keiner Seite behauptet, indem der dort gewählte Ausdruck „Streitigkeiten über Rechte und Eigenthum“, wie die in den §§ 79, 80 der Einleitung und im § 81, II. 14 gebrauchten Ausdrücke „vorfallende Streitigkeiten“, resp. „Rechtsstreitigkeiten“ und „alle Streitigkeiten über Befugnisse und Obliegenheiten“ offenbar weit eher gegen als für die Beschränkung des RW. auf privatrechtliche Angelegenheiten zu sprechen scheinen. Wohl aber geschieht solches in Bezug auf § 1 der Einleitung zur AGO., der da sagt:

„Alle Streitigkeiten über Sachen und Rechte, welche einen „Gegenstand des Privateigenthums ausmachen, müssen, wenn kein „gütliches Uebereinkommen Statt findet, durch richterlichen Ausspruch entschieden werden.“

cf. OT. 9. Aug. 1841, 9. Dez. 1856 (Entsch 7, S. 137, Strieth. 23, S. 139); EK. 31. Jan. 1858 (JMBl. 220); Grävell zu § 1 l. c (In ersterem jener Erkenntnisse heißt es, der Ausdruck „Privateigenthum“ des § 1, welcher den allgemeinen Grundsatz über die Zulässigkeit der richterlichen Entscheidung enthalte, könne nur Privatrechte im subjektiven Sinne, sowie im Gegensatz zu den Verhältnissen des öffentlichen Rechts bedeuten.) Wenn indessen aus § 1 l. c. auch mit Grund gefolgert werden mag, daß die AGO. das Gebiet der privatrechtlichen Streitigkeiten ganz allgemein der richterlichen Kognition vindizire, die privatrechtliche Natur eines Streites mithin für die Kompetenz der Gerichte entscheidend sei, so erscheint dennoch der auf die Gegenstände des öffentlichen Rechts gemachte Rückschluß, gleich jedem argumentum e contrario, als sehr gewagt, wie solches in einzelnen Erkenntnissen wenigstens anerkannt wird. So sagt ein EK 20. April 1850 (JMBl. 191) geradezu, daß der im § 1 l. c. ausgesprochene Grundsatz die Frage unberührt lasse, wie es zu halten sei, wenn ein Streit nicht blos privatrechtliche Verhältnisse betreffe, und EK. 9. Juni 1855 (ib. 387) findet es mindestens bedenklich, in jener Vorschrift, welche ebensowohl als ein Verbot der Selbsthülfe betrachtet werden könne, eine Abgrenzung der richterlichen und administrativen Kompetenz sowie namentlich die Bestimmung zu finden, daß die Gerichte durchaus inkompetent zur Entscheidung von Streitigkeiten sein sollten, welche in das Gebiet des öffentlichen Rechts sich erstreckten. — Gegen eine derartige Deutung sprechen aber insbesondere die §§ 35 und 36 h. l. Wenn irgendwo, so war hier der Ort, den Satz, daß Gegenstände des öffentlichen Rechts grundsätzlich nicht prozeßfähig seien, allgemein auszusprechen oder doch zu diesem Behufe auf § 1 cit. hinzuverweisen. Statt dessen stellt jedoch die VO., wie mehr erwähnt, die Zulässigkeit des RW. überall als Regel hin, und behandelt die wohl sämmtlich dem öffentlichen Rechte angehörigen Fälle des § 36 als Ausnahmen von dieser Regel, nicht also als die Anwendung einer anderen jener ersteren gegenüberstehenden Regel. Rechnet man endlich hinzu, daß die Gesetze bei manchen Gegenständen publizistischer oder gemischter Natur die Zulässigkeit der richterlichen Kognition ausdrücklich anerkennen, und daß namentlich das gesammte Strafrecht, dessen Handhabung doch zu allen Zeiten recht eigentlich als Attribut der Gerichte gegolten hat, einen Theil des öffentlichen Rechtes bildet, so dürfte es wohl richtiger sein, lediglich auf dem Boden der positiven Preußischen Gesetzgebung und abgesehen von allen abstrakten staatsrechtlichen Theorien, die Statthaftigkeit der richterlichen Kognition für alle Streitigkeiten über Mein und Dein, sowie überhaupt für alle streitigen Ansprüche, welche eine Beurtheilung nach rechtlichen Grundsätzen zulassen, letztere mögen dem Privat- oder dem öffentlichen Rechte angehören, als Regel festzuhalten, und den Unterschied in Bezug auf das Gebiet des einen wie des anderen Rechts blos darin zu finden, daß der Ausnahmen von jener Regel bei rein privatrechtlichen Angelegenheiten nur höchst wenige und geringfügige, bei publizistischen dagegen, theils in Folge der §§. 36 ff. h. l., theils in Folge von Spezialgesetzen, so viele und so weitgreifende bestehen, daß die Zahl dieser Ausnahmefälle ungleich größer ist, als die Zahl derjenigen Fälle, wo die Regel selbst zur Anwendung kommt. Beide Ansichten treffen daher im Resultat nahe zusammen, sie weichen aber immerhin in dem auch praktisch höchst wichtigen Punkte von einander ab, daß nach der ersteren bei publizistischen Gegenständen jederzeit nur die administrative Kompetenz begründet und der RW. ausgeschlossen ist, wenn die Gesetze nicht etwa gerade das Gegentheil vorschreiben, nach letzterer dagegen, welche namentlich F. P. Reichensperger in den Tr. A. 1, II., 73 vertritt, umgekehrt nur dann, wenn die ausschließliche Kompetenz der Verwaltung sowie die Unstatthaftigkeit der richterlichen Kognition auf ausdrücklicher Gesetzesvorschrift beruht. Dem sei indessen, wie ihm wolle, die zuerst erwähnte Ansicht ist jedenfalls die in der Preußischen Jurisprudenz vorherrschende und daher auch als solche im weiteren Verlaufe dieser Schrift berücksichtigt worden.

34. Nach dieser herrschenden Ansicht lassen sich also die zu Gunsten des administrativen Ressorts bestehenden Beschränkungen des RW. auf zwei Kategorien zurückführen, je nachdem jene nämlich schon aus der publizistischen Natur des Gegenstandes an sich gefolgert werden, oder aber gleichzeitig, wo nicht gar ausschließlich auf spezieller Vorschrift der Gesetze, insbesondere der §§ 36 ff. h. l., beruhen. Von den Fällen der ersteren Art handeln die unmittelbar folgenden Noten, während betreffs derjenigen der zweiten Art das Nähere den Noten zu den §§ 36 ff. vorbehalten bleibt. An dieser Stelle wird, um einen Ueberblick zu gewähren, die Zusammenstellung der allgemeinen Sätze genügen, welche den Hauptinhalt jener §§ 36 ff. in Verbindung mit denen des Ges 11. Mai 1842 bilden, und also lauten:

In eigentlichen Hoheitssachen ist der RW. grundsätzlich unstatthaft, § 36, (die Modifikationen, welche dieser Satz durch § 37 erleidet, betreffen blos einzelne Hoheitsrechte, und lassen das Prinzip als solches bestehen); in Polizeisachen ist derselbe wenigstens in der Regel ausgeschlossen und nur ausnahmsweise gestattet, §§ 38 ff. resp. Ges. 11. Mai 1842; — in Finanzangelegenheiten endlich verbleibt es bei der Zulässigkeit der richterlichen Kognition als Regel, und bildet das Gegentheil die Ausnahme, § 41. (Dieselben Sätze lassen sich, wenn man nicht, wie bisher geschehen, von der Regel der Zulässigkeit des RW., sondern vom Prinzip der Trennung der Gewalten sowie der hieraus folgenden gegenseitigen Unabhängigkeit der Justiz- und Verwaltungsbehörden als dem obersten Satze ausgeht, auch so ausdrücken: die Unabhängigkeit der Verwaltungsbehörden kommt in Hoheitssachen (geringe Restriktionen abgerechnet) vollkommen, in Polizeisachen wenigstens in der Regel, in Finanzsachen dagegen nur ausnahmsweise zur Geltung. Von diesem Gesichtspunkte aus betrachtet, erscheinen daher die §§ 36 ff., insoweit sie den RW. beschränken, allerdings nicht als Ausnahme-Bestimmungen, sondern umgekehrt als Anwendungen der Regel, während das Gegentheil gerade hinsichtlich der zu Gunsten der richterlichen Kognition, namentlich im § 41 getroffenen Bestimmungen der Fall ist. Doch ist diese Auffassung, wie oft erwähnt, nicht diejenige, welche dem Geiste der VO. von 1808 entspricht.)

35. Zu den Fällen, in welchen die Unzulässigkeit des RW. schon aus der publizistischen Natur des Streitgegenstandes im Allgemeinen hergeleitet wird, gehören zuvörderst solche, welche die Erörterung von Statusfragen dieser Art betreffen. Hierüber verbreitet sich u. A. die auf Grund der Allerh. Dekl. v. 6. April 1839, Art. 18 erlassenen JMInstr (GS 39, S. 133), um den Begriff des Ausdruckes „Standesverhältnisse“ im § 1 der VO v 14. Dez. 1833 zu erläutern. Sie sagt, daß diejenigen Standesverhältnisse, welche hauptsächlich eine staatsrechtliche Bedeutung hätten, z. B ob Jemand von Adel, Mitglied einer Stadtgemeinde sei u. s. w., an und für sich kein Gegenstand eines Rechtsstreits sein, vielmehr nur im Verwaltungswege oder durch Königliche Entscheidung festgestellt werden könnten, weshalb unter jenem Ausdrucke an obiger Stelle nur solche persönliche Zustände verstanden würden, welche an und für sich betrachtet geeignet seien, den Gegenstand einer privatrechtlichen Entscheidung zu bilden, wie z. B. Wahnsinns-, Prodigalitäts- oder Todes-Erklärungen, Adoptionen, Rechtmäßigkeit der Kinder in den Fällen des Abschn. 1, II. 2 ALR, über Beilegung der Rechte der ehelichen Geburt in den Fällen der §§ 592—600 ib., oder der Rechte einer geschiedenen, für den unschuldigen Theil erklärten Ehefrau in den Fällen der §§ 1035 ff., 1042 ff., 1055 ff. II. 1 ALR. — In theilweisem Widerspruche hiermit wurde von OT. 26. Okt. 1857 (Strieth. 27, S. 88) in einem Falle, wo es sich um eine Standesfrage der ersteren Art handelte, zwar die Statthaftigkeit der Revision angenommen, weil dem § 1 cit. gemäß bei Statusrechten jenes Rechtsmittel immer zulässig sei, zur Sache selbst aber gleichfalls erkannt, daß dieselbe sich zum RW. nicht eigne. Ob solche dem öffentlichen Rechte anheimfallende Standesfragen nicht wenigstens insofern, als sie in einem an sich privatrechtlichen Streite zur Sprache kommen, der richterlichen Prüfung unterliegen, wird unter n 70 näher besprochen In Frankreich vindizirt man die Entscheidung über die streitig gewordene Staatsangehörigkeit und über den streitigen Anspruch auf den Genuß der politischen Rechte gerade umgekehrt den Gerichten, und zwar selbst dann, wenn der Streit sich bei einer Angelegenheit des administrativen Ressorts erhebt: Dalloz, m. compétence, n. 17. So muß z. B, wenn bei der Militair-Aushebung darüber gestritten wird, ob Jemand Franzose oder Fremder sei, diese Präjudizialfrage durch Richterspruch ihre Lösung finden: Art. 16, 17 d. Ges. v. 10. März 1818. Inwiefern der Strafrichter befugt sei, die streitig gewordene Frage, ob Jemand Preuße oder Ausländer sei, zu entscheiden, darüber vgl. AKO. v. 10 März 1839 (GS. S. 106): Oppenhoff StrGB. § 29 n. 1—4 und unten n. 72.

36. Einer herrschenden Praxis zufolge [cf. EK. 10. Jan. 1852, 16. Sept. 1854, 4. Okt. 1856 (JMBl. 52, S. 70; 54, S. 423; 57, S. 24) u. OT. 30. Nov. 1852 (Strieth. 7, S. 325)] ist die richterliche Kognition über den Umfang eines Gemeinde-Bezirks, gleichviel, ob es sich um die Feststellung der bereits bestehenden, oder um die neue Begründung solcher Verhältnisse handelt, schon wegen des publizistischen Charakters der letzteren ausgeschlossen und demgemäß ebensowenig darüber statthaft, zu welchem Gemeindeverbande dieses oder jenes Grundstück gehöre, oder ob eine Gemeinde die Grenzen ihres Bezirks überschritten habe, wie darüber, welchem Bezirke ein Grundstück noch erst zuzuschlagen sei 2c (Inwiefern sich obiger Satz auch aus dem Aufsichtsrechte der Regierungen in Kommunal-Angelegenheiten, resp. aus dem Prinzipe des § 36 herleiten lasse, s. unten n. 147.) Dies ist jedoch nicht soweit auszudehnen, daß die Gerichte durchaus inkompetent seien, bei Gelegenheit eines wirklichen Eigenthumsstreits zwischen zwei benachbarten Gemeinden zu untersuchen, was in Bezug auf deren Abgrenzung geltendes Recht sei; cf. unten n. 70 und Dalloz, m. compétence administrative, n. 43, 147, 151; m. commune, n. 1902, wonach auch die französische Jurisprudenz anerkennt, daß die Bildung der Gemeindebezirke ausschließlich zum administrativen Ressort gehöre und desfallsige Kontestationen vor Gericht nicht zulässig seien, während Grenzregulirungs-Prozesse zwischen zwei Gemeinden, insofern es sich um deren beiderseitiges Eigenthum handelt, allgemein für statthaft erachtet werden.

37. Das eben Gesagte gilt nicht blos von politischen, sondern auch von kirchlichen Gemeinden und Pfarreien, vorbehaltlich jedoch der in den §§ 239, 240, II. 11 ALR. zu Gunsten des RW. enthaltenen Bestimmungen. So besagt EK.

30. Jan. 1858 (JMBl. 268), daß die Frage wegen Bildung der kirchlichen wie der politischen Gemeinden dem öffentlichen Rechte anheimfalle, und darüber, was in dieser Beziehung von der Verwaltung bestimmt oder als feststehend angenommen werde, der RW. nicht zugelassen, resp. die gerichtliche Hülfe zur Erlangung eines entgegengesetzten Resultats nicht angegangen werden könne, weshalb z. B. das Petitum, der Richter möge erkennen, daß Kläger zu einer gewissen Parochie nicht gehöre, nicht prozeßfähig sei. Desgleichen erwog OT. 26. Okt. 1857 (Striethorst 27, S. 91), daß das Recht der Mitgliedschaft an einer Kirchengesellschaft keinen Gegenstand des Privateigenthums im Sinne des § 1 der Einl. zur AGO. ausmache, sondern dem öffentlichen Rechte angehöre. KH. 17. März 1847 (Tr A. 6, I. 68) sprach sich für das Gebiet der Rhein. Gesetzgebung in ähnlicher Weise aus: die Circumskription der Pfarreien bilde einen Gegenstand des öffentlichen Rechts, welcher lediglich zum Ressort der geistlichen Oberen und der kompetenten Verwaltungs-Behörde gehöre; dasselbe gelte von jeder etwa nöthig werdenden Erläuterung oder Aenderung in Bezug auf solche Circumskriptionen, und dienten daher letztere für einzelne Personen oder Gemeinden nicht als privatrechtliche Titel, welche der richterlichen Interpretation mit der Wirkung unterlägen, daß daraus Privatrechte als definitiv und wohl erworbene ohne oder gar wider den Willen der kompetenten Verwaltungs-Behörden geltend gemacht werden könnten. Dagegen nahm AH. Cöln 19. Juni 1840 (Rh. A. 30, I. 154) an, daß die Frage über den Umfang des Pfarrzwangs der richterlichen Kognition so lange angehöre, als die kirchliche Staatsbehörde von dem ihr nach § 18 l. der Regierungs-Instruktion vom 23. Okt. 1817 zustehenden Rechte der Vertheilung sowie Begrenzung der Parochien noch keinen Gebrauch gemacht habe. Cf. außerdem n 158 und 299 bis

38. Zufolge EK. 14. Jan. 1854 u. 30. Okt. 1858 a. E. (JMBl. 54, S. 180 und 59, S. 149) fallen Streitigkeiten über die Benutzung der öffentlichen Wege, z. B. über die Befugniß, einen solchen Weg zu begehen, ebenmäßig dem öffentlichen Rechte anheim und sind daher gleichfalls nicht im RW. zu erörtern. AG. Arnsberg 4. Dez. 1852 (Arnsb Archiv 16, S. 226) nahm dies sogar in einem Falle an, wo es sich um einen öffentlichen Fußweg handelte, dessen Sperrung durch einen Privaten einer Stadtgemeinde den Anlaß zur Klage gegeben hatte. Hier wurde erwogen, daß die im Römischen Rechte bei Störung eines öffentlichen Wegs gegebene actio popularis gegenwärtig nicht mehr stattfinde, indem alle diejenigen Fälle, für welche Popularklagen gegeben gewesen, nach der jetzigen Staatsverfassung aus dem Privatrechte gänzlich geschieden seien, für Verletzungen der dem Privatrechte entzogenen Sachen aber das offizielle Einschreiten die Regel bilde, derartige Fälle mithin dem Gebiete der Polizei angehörten und nur von dieser geschützt werden könnten. Auf einer entgegengesetzten Ansicht beruht — wenigstens betreffs der öffentlichen Gemeindewege — OT 29. Mai 1847 (Arnsb. Archiv 13, S. 419). In dem betreffenden Falle hatten statt der Gemeinde einzelne Mitglieder derselben geklagt, und wurde nicht die richterliche Kompetenz, sondern nur die Aktiv-Legitimation der Kläger bestritten. Das OT. verwarf jedoch den desfallsigen Einwand, indem es besonders darauf hinwies, daß der fragliche Weg nach Angabe der Kläger keine Landstraße, kein öffentlicher Polizeiweg, sondern nur ein öffentlicher Gemeindeweg sei. Jedenfalls schließt der Umstand, daß ein über Privateigenthum sich hinziehender Weg von der Landes-Polizeibehörde als öffentlicher Weg für Fußgänger und nur für diese in Anspruch genommen worden ist, den RW. über das streitige Recht der gleichzeitigen Benutzung desselben zum Reiten nicht aus: OT. 29. Nov. 1860 (Strieth. 39, S. 240). — Im Uebrigen wird auf die Noten zum § 1 des Ges. v. 11. Mai 1842 verwiesen, wo auch erörtert wird, inwiefern die Frage, ob ein Weg als Privat- oder als öffentlicher Weg anzusehen sei, der richterlichen Kognition unterbreitet werden könne.

39. OT. 8. Juni 1850 (Präj. n. 2215, Entscheid. 19, S. 485) nahm an, daß aus § 11, II. 15 ALR. ein privatrechtlicher, vor dem Richter geltend zu machender Anspruch der Staatseinwohner auf Erfüllung der dem Staate betreffs Unterhaltung der Landstraßen obliegenden Verbindlichkeit nicht herzuleiten sei.

40. Ferner werden zu den dem RW. entzogenen Gegenständen des öffentlichen Rechts die Streitigkeiten gezählt, welche die publizistische Seite der Stellung der

Staatsdiener, und zwar der unmittelbaren, wie der mittelbaren, z. B. der Gemeinde-Beamten, betreffen,

41 — so insbesondere diejenigen über die Belassung im Amte oder die Entfernung aus demselben, die Klage mag vom Beamten oder gegen denselben erhoben werden, und ohne daß es eine Ausnahme begründete, wenn die ursprüngliche Dienstanstellung auf den Grund eines schriftlichen Vertrags erfolgt sein sollte: EK. 5. Apr. 1851, 17 Dez. 1853 (JMBl. 51, S. 308; 54, S. 84); cf. auch ACO. v. 17. Dez. 1805 (Rabe 8 S 427). Es mag dahin gestellt bleiben, ob dasselbe Resultat, zumal betreffs unmittelbarer Staatsbeamten, nicht auch der § 36 h. l. ergebe, insofern letzterer unter den Hoheitsrechten, über welche kein RW. stattfinde, das Recht, Aemter und Würden zu verleihen, mit aufzählt. Jedenfalls folgt schon aus der positiven Vorschrift des § 96, II 10 ALR, daß einem Beamten, welchem die nachgesuchte Entlassung aus dem Staatsdienste versagt worden ist, gegen den versagenden Bescheid der RW. nicht zustehe; cf. v Rönne II. S. 342. — Ueber das Verhältniß der richterlichen zur Disziplinar-Gewalt s. die Noten zu § 46 h. l. und über die Befugniß der Strafgerichte, Strafen auszusprechen, welche den Verlust des Amtes zur Folge haben, s. die §§ 11, 12, 22 u 25 des StrGB.

42. — desgleichen Streitigkeiten über den Umfang der einem Beamten obliegenden Amtspflichten: EK. 2. Nov. 1850 (JMBl 51, S. 35); v. Rönne II. 306.

43. Zu den Amtspflichten in dem obengedachten Sinne gehört dagegen nicht die einem Elementarlehrer auf den Grund allgemeiner Reglements angesonnene Verbindlichkeit des Beitritts zur Wittwenkasse. Derartige Streitigkeiten beziehen sich lediglich auf die privatrechtliche Seite des Verhältnisses der mittelbaren Staatsdiener, und sind daher prozeßfähig: EK. 14. Jan. 1854 (JMBl. 135). In einem ganz ähnlichen, jedoch einen unmittelbaren Staatsdiener betreffenden Falle — cf. unten n. 129 — wurde der RW. mit Rücksicht auf § 36 h. l. für ausgeschlossen erachtet.

44. Ueberhaupt aber ist das oben Gesagte in solcher Allgemeinheit nur auf das Verhältniß zwischen dem Beamten und dem Staate, der Gemeinde rc. zu beziehen, demselben mithin nicht etwa die Ausdehnung zu geben, als ob dritte Personen unter keinerlei Umständen befugt seien, gegen einen Beamten auf Vornahme einer bestimmten Amtshandlung bei Gericht zu klagen. Vielmehr ist hier als Regel das Gegentheil anzunehmen, so oft die Begründung resp. Feststellung gewisser Privatrechte durch die bestehenden Gesetze von einer Amtshandlung abhängig gemacht ist, und die Erörterung über die Verbindlichkeit zur Vornahme derselben nicht auf das Gebiet des öffentlichen Rechts hinüberführt Betreffs der Rheinischen Hypothekenbewahrer steht dies sogar unmittelbar durch das Gesetz fest; cf. ACO. v. 6. Okt. 1837. Ebensowenig unterliegt es einem Zweifel, daß ein Rheinischer Civilstands-Beamter, welcher die Abschließung einer Ehe (oder die Ertheilung eines Auszugs aus den öffentlichen Registern) aus diesem oder jenem der Civilgesetzgebung entnommenen Grunde verweigert, vor Gericht belangt werden könne, damit über die erhobenen Anstände erkannt werde Cons. d'ét. 16. Aug. 1808 (Dalloz, m. comp. admin., n. 139). — Allgemein zulässig ist es endlich, vermeintliche Entschädigungs-Ansprüche, welche aus der Verletzung oder Verabsäumung einer Amtspflicht hergeleitet werden, gegen den Beamten im Prozeßwege geltend zu machen, und zwar sogar dann, wenn der amtliche Akt, bei welchem das den Regreßanspruch begründende Versehen rc. vorgekommen sein soll, vor Gericht nicht angefochten werden kann, — cf. OT. 16. Juni 1850 (Entsch. 33, S. 157); EK. 12. Febr. 1859 (JMBl. 436) — vorbehaltlich jedoch dessen, was das Ges v. 11. Mai 1842 in den §§ 1 und 6 bestimmt, und vorbehaltlich des den höheren Verwaltungs-Behörden zufolge Ges. v. 13. Febr. 1854 zustehenden Rechts, durch Erhebung eines Konflikts die materielle Prüfung der Frage, ob dem beklagten Beamten eine zur gerichtlichen Verfolgung geeignete Pflichtverletzung zur Last falle, der Entscheidung des Komp.GH. zu unterbreiten und von dem Ausfalle dieser Entscheidung die Statthaftigkeit des ferneren Prozeßverfahrens abhangen zu lassen

45. Dagegen mag es als eine, obgleich keineswegs unbedenkliche Konsequenz des sub n. 41 ff. Gesagten betrachtet werden, wenn eine für die Rheinprovinz im

J. 1821 ergangene Verf. der Min. d. Just., d Inn. u. d. Fin. (Jbb. 18, S. 93) vorschreibt, daß, falls ein als Zeuge vorgeladener Verwaltungs-Beamter erkläre, der Gegenstand des Verhörs betreffe ein Amtsgeheimniß, die Gerichte von einer desfallsigen ferneren Erörterung abzustehen hätten, bis die vorgesetzte Dienstbehörde, der allein die Entscheidung darüber zustehe, was Amtsgeheimniß sei, sich für die Zulässigkeit der verlangten Auskunftsertheilung ausgesprochen habe. Vgl. Kr. Ordn. § 313 Nr. 2; Oppenhoff Strafverfahren, § 20 n. 3, id. Rechtsspr. I. S. 248. Jedenfalls ist das Gegentheil anzunehmen, d h die Beantwortung der Frage, was Amtsgeheimniß sei, den Gerichten zu überlassen, wenn es sich in einer strafgerichtlichen Prozedur nicht um den Umfang dessen, worüber ein Beamter als Zeuge vernommen werden kann, sondern um Verhängung einer Strafe wegen Verletzung des Amtsgeheimnisses — cf. §§ 310, 311 StrGB. — handelt.

46. Im Gegensatz zu den unter n. 40 ff. erwähnten Streitigkeiten sind diejenigen, welche die finanzielle Seite der Beamtenstellung betreffen, ihrem Wesen nach privatrechtlicher Natur und daher prozeßfähig. Betreffs der aus dem Dienstvertrage hergeleiteten Gehalts- und Pensions-Ansprüche der mittelbaren Staatsdiener stand dies zu allen Zeiten fest, und ist hinsichtlich gleicher Ansprüche der unmittelbaren Staatsbeamten wenigstens durch die neueste Gesetzgebung anerkannt worden, während freilich die älteren Gesetze hier den RW. ausdrücklich ausschlossen; cf. die Noten zum Ges. v. 24 Mai 1861.

47. Das eben Gesagte ist selbstredend nicht auf Gehalts- und Pensions-Ansprüche zu beschränken, sondern auch auf etwaige Entschädigungs-Forderungen für außerordentliche Dienstverrichtungen zu beziehen. Dreht sich jedoch der desfallsige Streit lediglich darum, ob die gerade fragliche Verrichtung in den Kreis der dem Beamten schon kraft seines Amtes obliegenden Handlungen falle, so kommt der sub n. 42 besprochene Satz zur Anwendung, selbst wenn der betreffende Beamte blos mittelbarer Staatsdiener ist oder doch keine Ansprüche wider die Staatskasse erhebt. Hiermit dürfte es zusammenhängen, wenn die Verf. d. M. d. J. v. 7. Juli u. 2. Okt. 1842 (VMBl. 59, 333) den vermeintlichen Anspruch eines Stadtmagistratsauf die aus den Kassen der Kirchen und milden Stiftungen für die Rechnungsabnahme bisher bezogenen s. g. Rechnungsgebühren und die eines Kreissteuer-Einnehmers auf Hebungsgebühren für die den Kreiskommunalfonds gehörigen Kapitalien für nicht prozeßfähig erklären, indem sich aus dem weiteren Inhalte der Verf. ergiebt, daß dieselben jene Ansprüche gleichzeitig als unbegründet betrachten, und zwar um deswillen, weil der Magistrat von Amtswegen verpflichtet sei, die Oberaufsicht über die zum Besten der Stadt bestehenden frommen Stiftungen zu führen, und weil es, in Ermangelung eines besonders hierfür bestellten Rendanten, ebensowohl zu den Obliegenheiten eines Kreissteuer-Einnehmers gehöre, die zur Bestreitung der Kreisbedürfnisse bestimmten Nebenfonds zu verwalten.

48. Außerdem besagt das aus Anlaß eines Spezialfalls ergangene JMR. 3. Okt. 1835 (Wegener S. 387), daß die Entschädigung, welche ein Schullehrer für außerordentliche Dienstverrichtungen während der Pfarrvakanz fordere, zwar insofern, als Privatpersonen dafür aufkommen sollten, dem RW. angehöre, daß aber die desfallsige Klage nicht zuzulassen sei, bevor die vorgesetzte Dienstbehörde die Forderung festgesetzt habe, und daß hinfüro alle Klagen wegen derartiger Forderungen, die ein Beamter im Dienste deservirt haben wolle, erst nach Beschaffung einer solchen administrativen Festsetzung zugelassen werden dürften; cf. jedoch die Noten zum Ges. v. 24. Mai 1861 §§ 1 ff.

49. Anlangend die Befugniß dritter Personen, als Gläubiger eines Staatsdieners auf dessen Diensteinkommen behufs ihrer Befriedigung Anspruch zu erheben, so steht es zwar unmittelbar durch die Gesetzgebung fest, daß jene berechtigt sind, mittelst des Arrestverfahrens, wenn auch regelmäßig nur hinsichtlich eines Theils des Diensteinkommens (cf. §§ 160 ff. des Anh. zur AGO.), die richterliche Hülfe anzugehen. Dessenungeachtet sind betreffs des Umfangs der richterlichen Kompetenz bei solchen Prozeduren Meinungsverschiedenheiten hervorgetreten. Ein MR. 30. Juli 1837 (Jbb. 50, S. 115; Rh. S. 6, S. 272) sprach sich dahin aus, daß die Frage, ob ein Schuldner als Civilbeamter im Sinne der §§ 160 ff. cit. anzusehen sei, und ihm daher die Bestimmungen dieser §§ zu Statten kämen, als zur öffent-

lichen Ordnung gehörend dem RW. nicht unterliege. (Das R. erging aus Anlaß eines besonderen Falles, wo sich im Schooße der Verwaltung selbst das Bedenken erhoben hatte, ob die §§ 160 ff. auch auf die Diäten widerruflich angestellter Beamten Anwendung fänden. Indem dasselbe diese Bedenken widerlegte, wies es die betreffende Verwaltungs-Behörde gleichzeitig an, den KK. zu erheben, wenn die Gläubiger den RW. beschreiten sollten.) Noch weiter geht der StMin.-Beschluß v. 29. Nov. 1818 (Jbb 21, S. 32), indem derselbe aus dem Umstande, daß die gesetzliche Beschränkung bei Gehaltsabzüge nicht der Person des Schuldners, sondern des Königlichen Dienstes wegen bestimmt, und keineswegs civilrechtlicher Natur sei, den Schluß zieht, daß auch über die Frage, „wieviel von dem Gehalte eines Preußischen Beamten abzuziehen sei," ein Prozeßverfahren nicht stattfinden könne, die Bestimmung hierüber vielmehr lediglich von der die Abzüge verfügenden Behörde abhange; cf. auch JMR. 18. April 1828 (Jbb. 31, S. 276). Dagegen entschied *EK. 25. Sept. 1852 (JMBl. 392), daß, wie in den §§ 160 ff. das Maaß, bis zu welchem der Beschlag auf das Diensteinkommen stattfinde, von der rechtlichen Natur der Schuld abhängig gemacht werde, diese rechtliche Natur der Schuld zu bestimmen, aber recht eigentlich Aufgabe der Gerichte sei, ebenso auch darüber die richterliche Erörterung stattfinden müsse, inwieweit das Diensteinkommen in concreto als beschlagfähig zu erachten, und ob dasjenige, was Jemand aus einer öffentlichen Kasse in wiederkehrenden Leistungen zu beziehen habe, nicht etwa gar als reine Privatforderung von jeder Beschlagsbeschränkung frei bleibe. Ebenso erkannte LG. Aachen 17. März 1859 (Rh. A. 55, II. 83). (Hier ward die betreffende Verwaltungs-Behörde, welche die ihr als Drittarrestatin obliegende Erklärung dahin abgegeben hatte, „daß Arrest-Beklagter kein beschlagsfähiges Gehalt beziehe," auf den Grund des Art. 577 der Rh. B. Pr. O. als Selbstschuldnerin verurtheilt, da jene Erklärung dem Gesetze nicht entsprechend gewesen sei. Dieses Urtheil wurde zwar durch *OT. 3. Juli 1860 kassirt, aber nicht um deswillen, weil das LG. sich einer Machtüberschreitung schuldig gemacht habe, sondern weil das im Art. 577 angedrohte Präjudiz bei Staatskassen nicht zur Anwendung komme.) Uebrigens entschied AH. Cöln 2. Juni 1858 (Rh. A. 54, I. 36), daß, wenn eine Staatskasse dem Beamten Vorschüsse auf sein Gehalt gebe, diese hierdurch nicht, dessen Gläubigern gegenüber, in das Verhältniß eines Mitgläubigers trete, daß vielmehr die Vorschüsse die eventuelle Gehaltsforderung des Beamten, und zwar den beschlagsfähigen Theil derselben eo ipso minderten; dies gelte selbst dann, wenn die Vorauszahlung den bestehenden Dienstinstruktionen zuwider gewesen sein sollte, da ein Verstoß wider letztere den Arrestgläubigern kein Recht, ihn bei Gericht zu rügen, verleihen, sondern nur vor der vorgesetzten Dienstbehörde zu verantworten sein würde.

50. Die Beamten, welche die Standesherren für die Ausübung der ihnen überlassenen untergeordneten Regierungsrechte ernennen, sollen zufolge § 57 der Allerh. Instruktion vom 30. Mai 1820 (GS. 81 ff.) zugleich als Staatsdiener betrachtet werden, und in Hinsicht auf Entlassung, Versetzung, Pensionirung, Suspension und Entsetzung sogar dieselben Rechte genießen, wie die unmittelbaren Staatsbeamten, weshalb auch das sub n. 40 ff. hinsichtlich der letzteren Gesagte in gleicher Weise von solchen standesherrlichen Beamten gilt. Was dagegen diejenigen Diener betrifft, die von den Standesherren für ihren Haushalt, für die Verwaltung ihrer Domainen, Lehns- und Patrimonialgerechtsame, sowie für alle ihre Familien- und Privat-Angelegenheiten aus eignen Mitteln angestellt, und eidlich verpflichtet werden, so bestimmt § 61 ib. ausdrücklich, daß deren Verhältniß zur Dienstherrschaft ein rein privatrechtliches sei, und daß über die gegenseitigen Rechte wie Verbindlichkeiten, auch in Absicht der Entlassung oder Dienstveränderung, allein der Dienstvertrag und eventuell das kompetente Gericht entscheiden solle.

51. Die Stellung eines Privatangestellten zu seinem Dienstherrn ist nicht allein in Bezug auf die ausgesetzte Besoldung, sondern auch in Bezug auf die Fortdauer oder Aufhebung des Dienstverhältnisses eine durchaus privatrechtliche, welche lediglich nach dem Dienstvertrage, und zwar, bei entstehendem Streit durch den Richter beurtheilt werden muß, selbst, wenn der Angestellte nach anderer Seite hin einen öffentlichen Charakter bekleidet, wie dies namentlich bei den auf Lebenszeit angestellten Privatförstern der Fall ist. Cf. OT. 9. Nov. 1844 und 3. Ja-

nuar 1848 (Entsch. 11, S. 176 u. 16, S. 5; hier war jedoch der Kompetenzpunkt nicht bestritten; der Streit beschränkte sich vielmehr auf die Frage, ob ein solcher Privatförster in Rücksicht auf seinen öffentlichen Charakter ein Recht auf Belassung in seiner Stelle dem dritten Gutserwerber gegenüber habe, was das OT. verneinte.)

52. AH. Cöln 7. Febr. 1825 (Rh A. 8, II. 50) sprach sich für die Unzulässigkeit des RW. in einem Falle aus, wo gegen den Fiskus auf Ersatz des dem Kläger theils vor, theils während der Eroberung der Rheinlande durch die verbündeten Mächte zugefügten Schadens geklagt worden war, weil die Frage, ob die Entschädigungspflicht, in Folge der später erfolgten Abtretung des Landes an Preußen, auf diesen Staat übergegangen sei, außerhalb der Sphäre des Privatrechts liege, vielmehr den Staat als solchen und in seinen Beziehungen zu anderen Staaten betreffe; cf. übrigens Art. 30 der Wiener Schlußakte vom 15. Mai 1820 (GS. 122), wonach, falls Forderungen von Privatpersonen nicht befriedigt werden können, weil die betreffende Verpflichtung unter mehreren Bundesgliedern zweifelhaft oder streitig ist, die Bundesversammlung auf Anrufen der Betheiligten zunächst eine gütliche Ausgleichung unter jenen Bundesgliedern, und beim Mangel einer solchen Einigung, die rechtliche Entscheidung der streitigen Vorfrage durch eine Austrägal-Instanz veranlassen soll

53. Dem *CK. 13. Nov. 1858 (JMBl. 59, S. 159) zufolge soll eine Klage unstatthaft sein, welche gegen den Fiskus auf Erfüllung eines Staatsvertrags hinsichtlich der unter den kontrahirenden Staaten zu Gunsten dritter Personen eingegangenen Verpflichtungen von solchen Dritten angestellt wird, indem dergleichen Verpflichtungen gleichfalls keinen privatrechtlichen Charakter hätten, sondern unter der Herrschaft des Völkerrechts ständen [?]. (Insoweit die Entscheidung gleichzeitig auf die ACO. v. 4. Dez. 1831 Bezug nimmt, wird ihrer unten n. 96 noch besonders dacht werden.) — Ein OT. 11. März 1850 (Präj Nr. 2186; Entsch. 19, S. 414) nahm sogar an, daß die durch ACO. v. 23. Aug. 1821 als ein Statut der katholischen Kirche des Staats bestätigte Bulle de salute animarum in Bezug auf die Ausstattung der katholischen Bisthümer, Domkapitel und anderen kirchlichen Institute nur die vom päpstlichen Stuhle mit der Preußischen Regierung getroffenen Vereinbarungen enthalte, welche zwar völkerrechtliche Verbindlichkeiten zwischen den beiden Regierungen begründeten, den auszustattenden Instituten aber ein Klagerecht gegen den Staatsschatz nicht gewährten. In der Begründung dieser Entscheidung wird jedoch das Hauptgewicht darauf gelegt, daß jene Bulle zum großen Theile noch nicht zur Ausführung gelangt sei, indem sie im Wesentlichen nur solche Bestimmungen enthalte, die ihrer Natur nach nicht, wie sonst bei neuen Gesetzen der Fall, sofort mit der Publikation auch die Grundlage neu entstehender Privatrechte werden könnten, sondern, um die Quelle solcher Rechte zu bilden, erst der Ausführung bedürften. Wie eine Erledigung etwaiger Differenzen über die Art der Ausführung im Wege des Prozesses zwischen beiden Regierungen unzulässig, darüber vielmehr nur ein schiedsrichterlicher Ausspruch denkbar sei, falls die Regierungen in dieser Beziehung etwas festgesetzt hätten, ebensowenig könne das klagende Domkapitel, welches auf keine Weise mehr Rechte habe, als der Päpstliche Stuhl selbst, durch die eignen Gerichte des Landes die Regierung nöthigen, ihm das zu bewilligen, was diese staatsvertragsmäßig bewilligt zu haben bestreite. Erst dann also, wenn die Ausführung jener Bestimmungen im Einzelnen beendigt sein werde, seien durch dieselben solche Rechte in's Leben gerufen, welche als Privatrechte gemäß § 1 der Einleitung zur AGO auf gerichtlichen Schutz Anspruch hätten. Ob diese Folgerungen, welche an die Unterscheidung zwischen der ihrer Ausführung in einzelnen Punkten noch harrenden und der bis zum letzten Punkte ausgeführten Bulle geknüpft werden, durchaus Stich halten, dürfte freilich erheblichen Bedenken unterliegen. Das App.-Ger. zu Posen erachtete in dem betreffenden Falle die richterliche Kognition für statthaft, und ein CK 11. März 1848 (JMBl 184) hat in einem ganz gleich gearteten Falle dasselbe entschieden. Hier war selbst von der betreffenden Provinzialbehörde der KK. nicht in obiger Weise motivirt, sondern blos darauf gegründet worden, daß die Verfügung, welche damals grade die Veranlassung zur Klage gegeben hatte, vom Oberpräsidenten in Ausübung des landesherrlichen jus circa sacra (§ 36 h. l.) ergangen sei, mithin auf dem RW. nicht angefochten

werden könne. Der Komp.GH. betrachtete jedoch den Streitgegenstand als einen privatrechtlichen und verwarf demzufolge den KK. (Ueber die richterliche Kompetenz zur Prüfung der völkerrechtlichen Gültigkeit sowie des Sinnes eines Staatsvertrags bei einem an sich prozeßfähigen Streite s. unten n. 70.)

54. Jedenfalls betrifft der Prozeß, in welchem eine Kirche vom Fiskus als Rechtsnachfolger eines Klosters Zuschüsse zur Dotation der Kirche sowie des Pfarrers beansprucht, und diesen Anspruch theils auf ältere Verträge, theils auf Verjährung gründet, rein privatrechtliche, zur richterlichen Kognition geeignete Verhältnisse, und zwar sowohl, was die Begründung jener Rechtstitel, als was die Höhe der daraus hergeleiteten Forderung betrifft: *EK. 10. Jan. 1852 (JMBl. 171). Die ME. 8. Mai 1839 (Arnsb. Archiv 7, S. 165) nahm zwar in einem solchen, auf Dotation eines zweiten Geistlichen gerichteten Prozesse das Gegentheil an, aber nur, weil der Streit lediglich das Bedürfniß mehrerer Geistlichen in Bezug auf die Seelsorge betreffe, indem die Verpflichtung des Fiskus für den Fall eines wirklichen Bedürfnisses keineswegs streitig sei [?]. Uebrigens hatten sich auch hier die OLG. Arnsberg und Münster für die richterliche Zuständigkeit ausgesprochen.

55. Nicht minder privatrechtlich und daher prozeßfähig ist der Anspruch einer Gemeinde auf Räumung eines ihr angeblich gehörigen, von einer geistlichen Bruderschaft benutzten Lokals, trotz des Einwands, daß dieses Lokal ein geweihter, den Andachtsübungen für Jedermann zugänglicher Ort sei: EK. 24. März 1849 (JMBl. 281).

56. Ferner sind privatrechtlicher Natur die bei Auseinandersetzungen mit dem abgehenden Pfarrer oder dessen Erben vorkommenden Streitigkeiten, — §§ 823 ff. II. 11 ALR. Die von mehreren Oberpräsidenten zur Ausführung des Art. 15 der Verfassungsurkunde in Bezug auf die katholische Kirche erlassenen Regulative (cf. v. Rönne I. S. 660) verweisen zwar solche Streitigkeiten zunächst an die bischöfliche Behörde, behalten jedoch den Betheiligten die Beschreitung des RW. ausdrücklich vor.

57. Desgleichen Streitigkeiten, welche das Recht auf einen besonderen Kirchenstuhl zum Gegenstande haben, dieses Recht mag als Ausfluß des Patronatsrechts, oder als gewöhnliches jus in re aliena in Anspruch genommen werden; cf. OT. 5. Jan. 1855, 31. März 1856, 29. Okt. 1858 (Entsch. 30, S. 199; 32, S. 42; Strieth. 31, S. 90 ff.) In allen diesen Entscheidungen wurde die, übrigens von keiner Seite bestrittene Prozeßfähigkeit als selbstverständlich vorausgesetzt. In der Rheinprovinz ist dagegen die Frage der Prozeßfähigkeit zu wiederholten Malen debattirt und ausdrücklich zu Gunsten des RW. entschieden worden, jedoch nur insoweit, als es sich um die Existenz der Berechtigung selbst, nicht also sofern es sich blos um die Stellung der Kirchenbänke handle, indem Streitigkeiten über den letzteren Gegenstand den innern Dienst der Kirche beträfen: AH. Cöln 25. August und 31. Dez. 1828, 26. März 1841, LG. Trier 12. Jan. 1851 (Rh. A. 12, I. 243; 13, I. 138; 31, I. 109; Tr. A. 7, I. 89; diese Erkenntnisse nehmen theils auf das gemeine Recht, theils auf die Artt. 30, 68—73 des franz. Dekr. v. 30. Dez. 1809 Bezug; das letzte derselben betraf das Recht auf einen Stuhl in einer evangelischen Kirche). Die französische Jurisprudenz, welche hiermit übereinstimmt, und daher, unter Anerkennung der Prozeßfähigkeit der Streitigkeiten über das Recht selbst, alle Streitigkeiten über die Vertheilung, Stellung oder Form der Stühle und Bänke der Verwaltung überweist, findet sich bei Dalloz, m. comp. admin. n. 149.

58. Daß die sterblichen Ueberreste eines Menschen Gegenstand des Privateigenthums und von Prozessen sein können, ist wenigstens in Frankreich wiederholt anerkannt worden (Gretry, Latour d'Auvergne), wenn auch das Recht, die Maaßregeln zu deren Ausgrabung und Ueberlieferung vorzuschreiben, der Polizei vindizirt ward; cf. Dalloz, m. comp. admin. n. 217 und 265.

59. Zufolge JMR. 7. Dez. 1841 (VMBl. 42, S. 13), die Dispositionen der Kirchen über Erbbegräbnisse nach dem Abgange der an denselben berechtigten Personen betreffend, ist ferner die Frage, ob den Testamentserben dieselben Rechte, wie den Intestaterben, einzuräumen, im Falle eines Streits im RW. zu entscheiden. Dasselbe R. bemerkt übrigens gleichzeitig, daß solche Erbbegräbnißstellen kein Gegen-

stand zur Befriedigung der Gläubiger des Berechtigten seien, und daher z. B. nicht im Zwangswege verkauft werden könnten.

60. Daß Streitigkeiten, welche sich über die Gültigkeit einer Familienstiftungs-Urkunde oder über die aus einer solchen Stiftung abzuleitenden Ansprüche erheben, einen privatrechtlichen Charakter haben, und daher prozeßfähig sind, folgt ebensowohl aus dem Gesetze (§§ 31—33, II 4 ALR.), wie aus allgemeinen Gründen. Selbst die Klage auf Absetzung eines nach der Stiftungs-Urkunde aus dem Kreise der Familie gewählten Verwalters, welche von dem Senior der Familie angestellt und auf gröbliche Pflichtverletzung Seitens des Beklagten gestützt wird, betrifft einen prozeßfähigen und nicht etwa den Verwaltungs-Behörden überwiesenen Gegenstand; cf. OT. 9. Febr. 1852 (Strieth. 6, S. 37) und die dort sowie oben n. 5 bezogene ACO. v. 3. Jan. 1845. Ueber das Verhältniß der gerichtlichen Kompetenz zur Familien-Autonomie cf. Ges. v. 15. Febr. 1840 und OT. 25. Nov. 1850 (Entsch. 20, S. 314).

61. Die Zulässigkeit des RW. ist auch nicht auf Streitigkeiten beschränkt, die reine Familienstiftungen betreffen; er findet vielmehr bei gemischten und selbst bei ausschließlich öffentlichen Stiftungen gleichfalls statt, so oft durch die Stiftungs-Urkunde Privatrechte begründet werden, oder aus derselben vermeintlich abzuleiten sind, welche bei den Stiftungs-Behörden keine Anerkennung finden, indem aus der den letzteren eingeräumten größeren oder geringeren Selbstständigkeit bei ihrer Verwaltung nicht folgt, daß sie auch die bezüglich derselben entstehenden Streitigkeiten, sofern die Verletzung eines Privatrechts behauptet werde, endgültig zu entscheiden hätten: EK. 7. März 1857 (JMBl. 299; Jemand hatte gegen eine gemischte Stiftung ein Stipendium eingeklagt, auf dessen Genuß er, der Stiftungs-Urkunde zufolge, als Sohn eines städtischen Bürgers ein jus quaesitum zu besitzen behauptete, indem er die Existenz von vorzugsberechtigten Anverwandten des Stifters bestritt; ungeachtet dieser Anspruch sonach gerade auf solche Bestimmungen der Urkunde gestützt wurde, welche kein Familieninteresse betrafen, so entschied der Komp. GH. dennoch zu Gunsten des RW). Doch können Klagen dieser Art nur wider die Stiftungs-Behörde selbst, nicht wider die derselben vorgesetzte Oberaufsichts-Behörde angestellt werden; cf. unten n. 138.

62. Aehnliche Grundsätze hat der AH. Cöln hinsichtlich der Familien-Stiftungen im Bereiche des Rheinischen Rechts, namentlich der zu Gunsten der Familie in älterer Zeit errichteten Studienstiftungen ausgesprochen, so in den Erk. v. 28. Nov. 1856 u. 3. Mai 1860 (Rh. A. 52, I. 91; 55, I. 182), von denen das erstere erwog, daß bei dem privatrechtlichen Charakter der Familien-Stiftungen das Verhältniß ihrer Verwalter, selbst wenn diese im Uebrigen eine öffentliche Stellung einnähmen, zur Gesammtfamilie sowohl wie zu den einzelnen zum Genuß berechtigten Familiengliedern sich nur nach den Grundsätzen des Privatrechts normire, weshalb die betreffs der Vermögens-Verwaltung oder Verwendung entstehenden Streitigkeiten, insbesondere auch solche, zu denen eine Meinungsverschiedenheit über den Sinn der Stiftungs-Urkunde Anlaß gebe, auf prozessualischem Wege zu erledigen seien; ferner in einem Erk. v. 1. Juli 1841 (ib. 32, I. 12), welches in Uebereinstimmung hiermit entschied, daß die Klage auf Theilnahme an den Wohlthaten einer frommen Stiftung, angestellt von einem Familiengliede wider die die Stiftung verwaltende geistliche Behörde einen zum RW. geeigneten Gegenstand betreffe, und mit den übrigen Funktionen jener Behörde Nichts gemein habe; desgleichen in einem Erk. vom 21. Febr. 1833 (Rh. A. 18, I. 36), wo angenommen wurde, daß zwar die bei dem Verwaltungsrathe einer Studienstiftung beruhende Befugniß, über die persönliche Qualifikation des Titulars sowie über den Vorzug, der einem unter mehreren Berechtigten wegen persönlicher Qualifikation zu geben sei, zu entscheiden, alle richterliche Kognition ausschließe, daß jedoch, wenn die Verwaltung einen Aspiranten, als nicht zur Familie des Stifters gehörig, zurückweise, dieselbe dem letzteren vor Gericht Rede stehen müsse. Wider das ersterwähnte obiger Urtheile wurde zwar der Kassationsrekurs ergriffen, dieser jedoch durch *OT. 18. Mai 1858 (Rh. A. 54, II. 47) als unbegründet verworfen. Jüngsthin ist inzwischen beim höchsten Gerichtshofe bezüglich der Studienstiftungen eine durchaus entgegengesetzte Ansicht zur Geltung gelangt: *OT. 2. Juli 1861 (Rh. A. 56, II. 69), welches das bezogene AH. 3. Mai 1860 kassirte,

folgert nämlich aus positiven Bestimmungen, insbesondere aus den Dekr. v. 22. brum. XIV, 11. Dez 1808 und 15. Nov. 1811, daß die Familien-Studienstiftungen im Bezirke des AH. Cöln gegenwärtig Theile des öffentlichen Vermögens der Unterrichts-Anstalten bildeten, und daß die Verwaltung, wenn sie über die Vergebung einer solchen Stiftung Beschluß fasse, nicht als Bevollmächtigte des Stifters, sondern kraft eines ihr gesetzlich verliehenen Entscheidungsrechts handle, wider dessen Handhabung der RW. aus keinerlei Gründen angetreten werden könne.

63. Der Streit über das Eigenthum an einem Stiftungsfond ist gleichfalls prozeßfähig, und zwar selbst dann, wenn dieser Fond, wie z. B. ein Armenfond, blos öffentlichen Zwecken dient: EK. 30. Jan. 1858 (JMBl. 220). Dasselbe dürfte von Streitigkeiten anzunehmen sein, welche blos das Recht zur Verwaltung betreffen. In Bezug auf das Recht zur Verwaltung einer Seelenmessen-Stiftung, welches zwischen der bischöflichen Behörde und einem Standesherrn streitig war, wurde die privatrechtliche Natur des Streitgegenstands durch AH. Cöln 19. Oktbr. 1847 (Rh. A. 43, I. 189) ausdrücklich anerkannt. Was dagegen die Verwaltung der Fonds öffentlicher Stiftungen anbelangt, so findet die entgegengesetzte Ansicht in obigem EK. 30. Jan. 1858 eine gewisse Stütze, wenngleich es sich damals nach der Ansicht des GEK. weniger um das Verwaltungs-, als um das Oberaufsichtsrecht handelte, und die Entscheidung außerdem durch die Besonderheit des konkreten Falles in dem Grade bedingt wurde, weshalb sie wohl keine so prinzipielle Bedeutung hat, wie ihr in der Ueberschrift beigelegt wird. (Das Petitum der Klage lautete: daß der betr. Armenfond rein kirchlicher Natur, deshalb der klagende Vorstand denselben selbstständig zu verwalten befugt, die verklagten Gemeinden aber mit ihrem Anspruch auf die Verwaltung abzuweisen seien. Der Komp.GH. zog nun theils aus dieser Fassung der Klage, theils aus dem als erwiesen angenommenen Umstande, daß die Kläger in der gewöhnlichen Weise zur Verwaltung der Kommunal-Armenpflege bestellt, seit Jahren als Lokal-Armenbehörde behandelt und unter Aufsicht der Staatsbehörde gehalten worden seien, den Schluß, daß die Verfolgung dieses Prozesses die Entbindung der Kläger aus den Ressortverhältnissen und von den Aufsichtsrechten, denen sie bisher als Armenvorstand unterlegen hätten, in Frage stelle, und daß als dessen eigentlicher Gegenstand überhaupt nur die Abgrenzung und Feststellung der amtlichen Sphäre der Kläger, deren amtliche Beziehung zur politischen Gemeinde und zur Staatsregierung, beziehungsweise zur bischöflichen Behörde zu betrachten sei, hieraus sich aber die Unzulässigkeit des RW. von selbst ergebe, indem Alles dies auf ein publizistisches Rechtsverhältniß hinauslaufe).

64. AG Arnsberg 11. Okt. 1851 (Arnsb. Archiv 15, S. 634) nahm an, daß eine Klage auf Vertheilung des Ertrags einer in Folge Brandunglücks abgehaltenen Kollekte, angestellt von einigen Brandbeschädigten wider das bestellte Comité, einen Gegenstand betreffe, welcher sich aus keinem privatrechtlichen Gesichtspunkte beurtheilen lasse. Inzwischen ergiebt die nähere Motivirung, daß jene Klage weniger als zum RW. nicht geeignet, denn als unbegründet verworfen worden ist.

65. Darüber, daß die Rechte und Verbindlichkeiten, welche aus korporativen Verhältnissen abgeleitet werden, zu den Privatrechten, und Streitigkeiten über die rechtlichen Folgen des Austritts eines Mitglieds aus der Korporation in Bezug auf seine Pflicht, zu den Korporations-Bedürfnissen beizutragen, zur Entscheidung der Gerichte gehören, beläßt das ALR. (§ 20, II. 11; § 103, II. 6) keinen Zweifel. So: EK. 24. Juni 1851 (JMBl. S. 274). Dieses Erkenntniß und ein zweites in demselben Sinne ergangenes vom 11. Dez. 1852 (JMBl. 53, S. 86) betrafen die Folgen des Austritts aus einer Posener Judengemeinde. Im letztern wird erwogen, es handle sich um Rechte und Verbindlichkeiten, deren vertragsmäßige Aufhebung gesetzlich gestattet worden, welche mithin innerhalb dieser Gestattung Gegenstände des Privatrechts seien. Möge auch die Verfassung der Judenschaft nach einer Seite hin in das Gebiet des öffentlichen Rechts gehören, so sei dies doch nicht in eminenterem Sinne der Fall, als bei jeder anderen Gemeinde und öffentlichen Korporation, deren Verträge, von den verfassungsmäßigen Vertretern innerhalb ihrer gesetzlichen Befugniß geschlossen, bei entstehendem Streite unbedenklich der richterlichen Kognition unterlägen, weshalb von einer Anwendbarkeit der §§ 35, 36 h. l. keine Rede sein könne. Cf. auch v. Rönne I. S. 400, wo es heißt, die

vermögensrechtliche Seite der Korporationen gehöre dem Privatrechte an; im öffentlichen Rechte könne es sich nur darum handeln, ihre Entstehung und die Sicherung ihrer Existenz dem Staate gegenüber zu regeln, sowie die Art ihrer Vertretung im Staatsverkehre und der Verfolgung ihrer öffentlichen Zwecke zu bestimmen. — Immerhin gehört aber, wie dies auch aus letzterem Allegate hervorgeht, ein erheblicher Theil der auf korporative Verhältnisse bezüglichen Streitigkeiten dem Gebiete des öffentlichen Rechts an. In Betreff des Näheren cf die Noten zu den §§ 36 und 41, an deren Vorschriften die meisten desfallsigen Beschränkungen des RW. sich anknüpfen lassen.

65 bis. Die Privatrechts-Verhältnisse in Handelssachen werden im Art. 2 des Einf.-Ges. zum Handels-GB. vom 24. Juni 1861 (GS S. 450) aufgezählt. Namentlich gehört dahin auch das Recht zum Gebrauche einer Handelsfirma. (Im Gebiete des Rh. Rechts war ehedem die Prozeßfähigkeit der Frage, ob Jemand einen bestimmten Namen, z. B. in einer Handelsfirma, führen dürfe, — sofern es sich nicht etwa blos um einen aus dem Namens-Mißbrauche hergeleiteten Entschädigungs-Anspruch handle — keineswegs ganz unbestritten. Wenigstens entschied sich AH Cöln. 2. Aug. 1833 (Rh. A. 19, I. 46 ff.) für die Negative, weil die ausschließliche Befugniß zur Führung eines bestimmten Namens, insbesondere mit Rücksicht auf das Ges. v. 11. Germinal XI, dem Privatrechte nicht angehöre. Inzwischen hat KH. 2. April 1835 (Volkmar S. 163) dieses Urtheil kassirt, und die Klage auf Untersagung des Gebrauchs eines falschen Namens in der Handelsfirma für statthaft erklärt. Cf. auch AH. Cöln 11. Juli 1855 (Rh. A. 51, I. 78), dessen Motive die Negatorienklage im Falle eines rechtlichen Interesses allgemein, selbst wenn also kein Gebrauch einer falschen Handelsfirma vorliegt, gestatten. Im Gebiete des ALR. ist die Zulässigkeit des RW. betreffs obiger Streitigkeiten nie bezweifelt worden.)

66. Es giebt Fälle, wo bei Gegenständen von vorwiegend privatrechtlicher Natur zwar das petitorium zulässig, das possessorium dagegen zu Gunsten des administrativen Ressorts ausgeschlossen ist; cf. § 42 h. l., § 1 des Gesetzes vom 11. Mai 1842, § 2 Nr. 2 des Rh. Ress.-Regl. u. die Noten zu diesen Bestimmungen. Fälle des Gegentheils kommen jedoch nicht vor, und sind geradezu undenkbar, da es doch offenbar widersinnig sein würde, wenn der Gesetzgeber denselben gerichtlichen Schutz, welchen er sogar einem blos faktisch bestehenden Zustande beließe, dem diesem Zustande entsprechenden Rechtsanspruche versagen sollte. So oft daher das petitorium ausdrücklich ausgeschlossen ist, folgt die Unzulässigkeit des possessorii von selbst.

67. Ein an sich nicht prozeßfähiger Anspruch wird durch seine Anerkennung Seitens des Staats oder des sonstigen Verpflichteten nicht zum RW. geeignet, es sei denn, daß das Anerkenntniß selbst für einen neuen rechtsgültigen Vertrag (§ 37, I 5 ALR.) angesehen werden kann, und daher einen selbstständig für sich bestehenden Rechtstitel darstellt. Cf. unten n. 209; n. 19 zur ACO. v. 4. Febr. 1823; n. 16 zur ACO. v 19. Juni 1836.

68. Bei Beurtheilung der Frage, ob der Gegenstand eines anhängigen Rechtsstreits prozeßfähig sei, können in der Regel nur solche thatsächlichen Momente in Betracht gezogen werden, welche bei Anstellung der Klage bereits existent waren, vorausgesetzt, daß das ursprüngliche Petitum unverändert bestehen bleibt. Wenigstens liegt eine derartige Anschauung dem CK. 25. Septbr. 1852 (JMBl. 407) und *CK. 11. Dez 1858 in Sachen v Cöls c. Bardenberg zu Grunde. Dies wird indessen alsdann eine Ausnahme erleiden, wenn die erst später existent werdenden Momente nach prozessualischen Grundsätzen oder der besonderen Lage der Verhältnisse beim Erlasse der Entscheidung in Betracht kommen müssen, das ergehende Urtheil daher auch hinsichtlich ihrer eventuell die Rechtskraft beschreiten würde. Ein Beispiel, wo der Komp.GH. auf den Grund einer erst im Laufe des Prozesses und zwar gleichzeitig mit der Erhebung des KK. eingetretenen Thatsache den RW. für unstatthaft erklärte, liefert *CK 6. Okt 1855 in S Delwing c. Hermeskeil. Der Fall betraf eine Besitzstörungsklage, gerichtet wider Maaßregeln, welche hinterher durch eine landespolizeiliche Verfügung aufrecht erhalten wurden, und erst dadurch einen amtlichen Charakter annahmen. Hier wurde im Gutachten der Justizbehörde die Frage angeregt, ob nicht wenigstens für die bis zum Erlasse jenes landespoli-

zeilichen Aktes aufgegangenen Prozeßkosten dem Rechtsverfahren der unbehinderte Fortgang belassen werden müsse. Der Komp.GH. sprach sich zwar in verneinendem Sinne aus, weil die Fortführung des Prozesses über den bloßen Kostenpunkt dem Geiste des Ges. v. 8. April 1847 zuwiderlaufe, und mit Rücksicht auf § 18 ib. zum größten Theile nutzlos, außerdem aber eine Entscheidung über die Kosten ohne Entscheidung in der Hauptsache, von der sie abhänge, nicht möglich sein würde. Abgesehen jedoch davon, daß diese Argumentation im Wesentlichen nur für solche Fälle berechnet ist, in denen ein KK. erhoben wurde, dürfte sie überhaupt nicht als überzeugend zu erachten sein. Die Anwendbarkeit des § 18 reicht offenbar nur soweit, als das Rechtsverfahren vom Komp.GH. für unstatthaft erklärt wird, weshalb die aus diesem § hergeleitete Folgerung, wenn sie sich auf den hier allein fraglichen Kostentheil mitbezogen haben sollte, eine petitio principii enthalten würde. Freilich bedingt die Entscheidung über jenen Kostentheil eine Würdigung der merita causae in der Hauptsache, aber nur insoweit, als diese merita causae auf der ursprünglichen Lage des Prozesses beruhten und daher ohnehin der richterlichen Kognition anheimfielen. Letzterer Umstand kann sonach gleichfalls den Richter nicht hindern, in obigem Falle ebensowohl, wie in so manchen anderen, wo ein Prozeß im Uebrigen gegenstandslos geworden ist, und blos noch über den Kostenpunkt Streit besteht, eine Entscheidung zu treffen

69. Von ungleich größerer Wichtigkeit ist, daß die Prozeßfähigkeit eines anhängigen Rechtsstreits sich nicht einzig und allein nach dem Petitum der Klage bemißt, daß vielmehr, wie der eigentliche Streitgegenstand erst bei der Klagebeantwortung klar hervortritt und abgegrenzt wird, so auch die Frage, ob derselbe der richterlichen oder der administrativen Kognition anheimfalle, nach den beiderseitigen Auslassungen der Parteien beantwortet werden muß, daß also der für die Kompetenz-Verhältnisse unter verschiedenen Gerichten geltende, in seinen Konsequenzen freilich auch hier nicht unbestrittene Grundsatz, daß das forum sich lediglich nach der Klage bestimme, die Einlassung des Beklagten mithin für die Kompetenzfrage ohne Einfluß bleibe, eine analoge Anwendung auf die Ressort-Verhältnisse zwischen Justiz und Verwaltung nicht zuläßt. Der Komp.GH. hat dies in vielen Fällen implicite anerkannt. Cf. EK. 25. Sept. u. 30. Okt. 1852 (JMBl. 52, S. 408 in., 53, S. 36; in der letzteren heißt es, daß, weil eine Auslassung des Beklagten nicht erfolgt sei, nur das Klagefundament allein der Entscheidung über den KK. zu Grunde gelegt werden könne). — Selbstredend wird jedoch, wenn schon aus der Natur des Klage-Anspruchs die Unstatthaftigkeit des gerichtlichen Verfahrens folgt, diese Folge nicht etwa dadurch wieder aufgehoben, daß der Beklagte zur Beseitigung jenes Anspruchs privatrechtliche Gründe excipiendo geltend macht: EK. 12. März 1859 a. E. (JMBl. 452).

70. Hiermit ist inzwischen nicht beantwortet, wie es zu halten sei, wenn eine Frage, die für sich allein, sei es wegen ihres publizistischen Charakters im Allgemeinen, sei es in Folge ausdrücklicher Gesetzesvorschrift der administrativen Beurtheilung anheimfallen würde, nicht zum unmittelbaren und eigentlichen Gegenstande eines Prozesses gemacht wird, sondern nur incidenter, bei Erörterung eines an sich unzweifelhaft prozeßfähigen Gegenstandes als Präjudizialpunkt zur Sprache kommt. Die äußerste Konsequenz des Prinzips der Trennung der Gewalten würde wohl dahin führen, daß in solchen Fällen Justiz und Verwaltung sich in die Entscheidung theilen, d. h. daß das Gericht zwar die Entscheidung zur Hauptsache an sich behalten, die Entscheidung über den Präjudizialpunkt aber der Verwaltung überlassen, resp. wenn letztere bereits entschieden haben sollte, diese Entscheidung der seinigen zu Grunde legen müsse. Und in der That ist man in Frankreich, wo jenes Prinzip weit folgerichtiger und unumschränkter ausgebildet ist, als in Preußen, zu diesem Resultate gelangt: Dalloz, m. question préjudicielle, n. 197 ff. Die bei der Preußischen Rechtsprechung herrschende Ansicht geht dagegen dahin, daß, wenn einmal die privatrechtliche Natur des Klage-Anspruchs und die richterliche Kompetenz im Prinzipe feststehe, letztere sich — vorbehaltlich etwaiger, das Gegentheil ausdrücklich anordnender Gesetzes-Vorschriften — auf alle die Entscheidung bedingenden Fragen miterstrecke. So erkannte EK. 11. Juni 1853 (JMBl. 248 a. E.), daß, falls gegen die administrative Entscheidung über den Pensions-Anspruch eines vormaligen

Gemeinde-Beamten die gesetzlich ausdrücklich zugelassene Berufung auf den RW. eingelegt werde, selbst darüber vor Gericht gestritten werden könne, ob der angeblich Pensionsberechtigte die Eigenschaft eines Gemeinde-Beamten überhaupt oder zu einer gewissen Zeit wirklich besessen habe EK. 16. Sept. 1854 (JMBl. 432) erkannte nach demselben Grundsatze in einem Prozesse zwischen verschiedenen Gemeinde-Mitgliedern über den Umfang ihrer Betheiligung an den Gemeindelasten, in welchem die Verklagten ihre Eigenschaft als Gemeinde-Mitglieder bestritten hatten. (Der Komp.GH. erwog hier ausdrücklich, daß kein Grund für ihn vorliege, den RW. wenigstens in Bezug auf letztere dem öffentlichen Rechte angehörige Frage auszuschließen, mithin den KK. partiell aufrecht zu erhalten, weil der Klagegegenstand selbst sich auf eine der richterlichen Kognition unterliegende Frage beschränke.) In gleicher Weise erachteten AH. Cöln 5 Jan. 1846 und 11. Nov. 1841 (Rh. A. 39, I. 255; 32, I. 82) die richterliche Prüfung der Frage für zulässig, ob Jemand Preußischer Unterthan sei, falls diese Eigenschaft in Bezug auf die Gültigkeit eines Testaments zur Sprache komme, bei welchem jener als Zeuge zugezogen worden. EK. 22. Okt. 1853 (JMBl. 423) erkannte zu Gunsten des RW. in einem Falle, wo zwischen zwei Gemeinden die Grenze ihrer beiderseitigen Bezirke streitig war, weil nicht die Zugehörigkeit zu einem Gemeindeverbande selbst, sondern die daraus hergeleiteten Eigenthumsrechte, nämlich die Trift bezüglich sämmtlicher Grundstücke der einen Gemeinde das eigentliche Streitobjekt bildeten. Ebenso wurde wiederholt zu Gunsten des RW. in Fällen erkannt, wo zwei Armenverbände im Sinne des § 34 des APfl.-Ges. v. 31. Dez. 1842 mit einander prozedirten, obgleich die Entscheidung lediglich von der Beantwortung der streitigen Vorfrage abhing, ob das Gebäude, in welchem der Arme wohnte, zum Bezirke des einen oder anderen Verbandes gehöre: OT. 9. März 1855 (Strieth. 17, S. 72); EK. 4 Juli 1857 (JMBl. 58, S. 63). Durch AH. Cöln 13. Juni 1831 (Rh. A. 16, I. 75) endlich wurde ausgesprochen, daß bei Beurtheilung der der Regreßklage wider einen Verwaltungs-Beamten zu Grunde liegenden Thatsachen die Gerichte durch eine im administrativen Wege vorausgegangene Entscheidung überall nicht gebunden seien — Cf. außerdem AH. Cöln 10. März 1826 (Rh. A. 9, I. 110); EK. 22. Novbr. 1851, 20. Oktbr. 1855 und 8. März 1856 (JMBl. 52, S. 102; 55, S. 404; 56, S. 141; in dem letzten dieser Erkenntnisse wird u. A. erwogen: „kein Gesetz verbiete den Gerichten bei Streitigkeiten, deren Entscheidung zu ihrer Kompetenz gehöre, Verfügungen und Handlungen anderer Behörden mit zur Beurtheilung zu ziehen, welche dabei unter den Parteien, sei es thatsächlich oder rechtlich zur Sprache kämen, und auf das streitige Rechtsverhältniß irgend wie von Einfluß seien, wobei sich jedoch von selbst verstehe, daß eine solche gerichtliche Beurtheilung in ihrer Wirkung sich nicht weiter erstrecke, als es zur Feststellung des unter den Parteien streitigen Verhältnisses erfordert werde“). Die Doktrin stimmt mit dieser Praxis überein. So sagt Grävell I. S. 82, daß, wenn ein Bestandtheil des öffentlichen Rechts nicht selbst den Gegenstand eines Rechtsstreits bilde, sondern nur darüber gestritten werde, ob ein in Anspruch genommenes Privatrecht darin begründet oder dadurch aufgehoben sei, der Richter über diese Präjudizialfrage allerdings entscheiden müsse, weil hiervon sein richterlicher Ausspruch abhange; auf solche Weise werde keine verbindliche Rechtsbestimmung über den zur Sprache gekommenen Theil des öffentlichen Rechts gegeben, sondern nur das formelle Recht des privatrechtlichen Gegenstandes ausgemacht. Auch die Gesetzgebung hat jene in der Praxis herrschende Ansicht in der Anwendung auf den speziellen Fall gutgeheißen, wo in einem Prozesse unter den Parteien über die völkerrechtliche Gültigkeit oder den Sinn eines Staatsvertrags, oder endlich darüber gestritten wird, welcher von mehreren zugleich in Betracht kommenden Staatsverträgen der Entscheidung zu Grunde zu legen sei. Zwar schrieb eine VO. 25. Jan. 1823 vor, daß die Gerichte über diese mehr oder weniger sämmtlich dem öffentlichen Rechte angehörigen Fragen die Aeußerung des Min. der ausw. Angel. einzuholen und sich danach bei ihrer Entscheidung lediglich zu richten hätten Diese VO. ist jedoch durch die VO. 24. Nov. 1843 wieder aufgehoben und statt dessen bestimmt worden, daß die Gerichte nur auf den Antrag einer Partei oder auch nach Befinden von Amtswegen bei jenem Ministerium die zum Zwecke der rechtlichen Beurtheilung erforderliche Auskunft einholen sollten, woraus schon von selbst folgt, daß die in solchen

Fällen ertheilte Auskunft hinfüro nur noch die Bedeutung eines blos konsultativen Votums hat. Cf. auch Rh. A. 53, III. 9.

71. Von der Frage, inwiefern die richterliche Kognition über einen prozeßfähigen Gegenstand auch die an sich zum administrativen Ressort gehörigen Präjudizialpunkte mitumfasse, ist die andere Frage zu unterscheiden, welche Beweiskraft den bei einem Prozesse zur Sprache kommenden, von Verwaltungs-Behörden im Kreise ihrer Kompetenz aufgenommenen Urkunden beizulegen sei, und ob namentlich gegen den Inhalt solcher Urkunden der Gegenbeweis zugelassen werden könne. Letztere Frage berührt weniger die Ressort-Verhältnisse, als das materielle Recht über die Beweiskraft öffentlicher Urkunden, und gehört daher strenge genommen nicht hierher. Zu ihrer Beantwortung kann daher im Allgemeinen auf die bezüglichen Vorschriften der AGO. (I 10) und des Rheinischen B. G. B. hingewiesen werden. Nur insoweit scheinen die gegenseitigen Ressort-Beziehungen auch bei dieser Frage näher betheiligt zu sein, als es sich um die Beweiskraft oder Anfechtbarkeit von Attesten handelt, deren Ertheilung das Gesetz zur Feststellung von Rechts-Verhältnissen oder gewisser für letztere präjudiziellen Punkte den Verwaltungs-Behörden ausdrücklich übertragen hat. So sprach sich OLG. Halberstadt 12. Juni 1824 (Simon und v. Strampf, Rechtssprüche 3, S. 371) dahin aus, daß, wenn gleich sich nicht allgemein behaupten lasse, daß gegen den Inhalt der von öffentlichen Behörden aufgenommenen Urkunden kein Gegenbeweis vor Gericht stattfinde, dies dennoch von einem s. g. Unschädlichkeits-Atteste der Landes-Polizeibehörde im Sinne des Edikts vom 9 Okt. 1807 § 5 (GS. 170, Rabe 9 S. 86) gelte, indem aus dem V. 5. März 1809 Nr. 8. d (Rabe 10 S. 52) in Betreff solcher Atteste hervorgehe, daß eine abändernde Bestimmung nur durch Reklamation bei der Landes-Polizeibehörde selbst, oder bei der ihr vorgesetzten Behörde erwirkt werden könne [?]. Ein anderes Beispiel solcher vor dem Richter unanfechtbarer Atteste liefert § 2 des Ges. vom 25. Mai 1857 (GS. 473). Cf. auch Ges. v. 27. Juni 1860 § 2 (GS. 385). — Inwiefern dasselbe von andern Attesten der Verwaltungs-Behörden anzunehmen, läßt sich durch eine allgemeine Regel nicht ausdrücken, sondern hängt von der Beschaffenheit des jedesmaligen Gegenstandes und den positiven Bestimmungen der Spezial-Gesetzgebung ab. — Daß die Frage, ob die Verwaltungs-Behörde zur Aufnahme einer Urkunde befugt gewesen sei, letztere daher den Charakter einer öffentlichen Urkunde wirklich an sich trage, insofern diese Frage bei Erörterung eines privatrechtlichen Streits zur Sprache kommt, zur richterlichen Kognition gehöre, ist selbst in Frankreich niemals bezweifelt worden.

72. Dasjenige, was oben n. 70 im Hinblicke auf Civilprozesse gesagt worden ist, gilt in gleicher Weise von strafrechtlichen Prozeduren, so daß man auch hier der grundsätzlichen Verschiedenheit zwischen den Anschauungen der preußischen und der französischen Praxis begegnet. Während nach der letzteren der Strafrichter beim Entstehen von Präjudizialfragen des anderen Ressorts sein Erkenntniß bis zur administrativen Erledigung solcher Vorfragen auszusetzen hat (cf. Dalloz, m. question préjud., n. 200 ff), huldigt die Preußische Rechtssprechung dem Grundsatze, daß, — abgesehen von den hier nicht interessirenden Fällen, wo die Entscheidung civilrechtlicher Präjudizialfragen dem Civilrichter vorbehalten ist (cf. die Ges. v. 31. Jan. 1845, 14. April 1856 (Art. II), 24. Mai 1861 (§ 14) u. Art. 327 des Rh. B. G. B.), der Strafrichter sich vom Vorhandensein aller die Strafbarkeit bedingenden oder ausschließenden, faktischen wie rechtlichen Momente selbst überzeugen, mithin auch die an sich zum administrativen Ressort gehörigen Präjudizialfragen in den Bereich seiner eigenen Prüfung hineinziehen müsse, und an die desfalls etwa bereits ergangene Entscheidung der Verwaltungsbehörde in keiner Weise gebunden sei. So muß z. B. der Strafrichter in Untersuchungen wegen falscher Denunciation oder Verleumdung, mit Ausnahme der im § 157 Abs. 3 des StrGB. ausdrücklich vorgesehenen Fälle, die Wahrheit oder Unwahrheit der betreffenden Thatsachen der eigenen Prüfung unterwerfen, wenn auch die Entscheidung über diese Thatsachen selbst einer anderen Behörde zustehen, wenn z. B. die Denunciation Disziplinarvergehen eines Verwaltungs-Beamten zum Gegenstande haben sollte: Oppenhoff, StGB. §§ 133, 157 n 7 resp. 9. Ebenso entscheidet der Strafrichter resp. Geschworne bei Anklagen im Sinne der §§ 218 Nr. 4 u. 232 Nr. 3 selbstständig, ob der betreffende

Weg als ein öffentlicher zu anzusehen sei, obgleich diese Frage, an sich betrachtet, in der Regel durch die Verwaltungs-Behörden festzustellen ist Desgleichen ist, wenn in Untersuchungen wegen unbefugter Annahme von Adels-Prädikaten der Beschuldigte auf solche Prädikate ein Recht zu haben behauptet, dieser Einwand, sofern er nicht etwa durch eine lediglich vom Civilrichter zu entscheidende Statusfrage bedingt wird (cf. Oppenhoff StGB. § 105 n. 2, id. Strafverf. § 22 n. 73. 75), vom Strafrichter zu prüfen, und besitzt die Seitens des Ministers des königl. Hauses, resp. des Heroldsamtes hierüber ertheilte Auskunft für ihn keine unbedingt verbindliche Kraft. Die JMR. v. 16. Febr. u. 17. Okt 1838 (Jbb 51, S. 177; 52, S. 675) bezwecken nicht, die Kognition des Strafrichters in dieser Hinsicht zu beschränken, sondern die nicht genugsam motivirte Einleitung solcher Untersuchungen zu verhindern. In welcher Weise sich obiger Grundsatz bei Steuer- und Gewerbepolizei-Kontraventionen äußert, wird in den Noten zu § 36, Abs. 2 h. l. u. zu § 22 ff. der Gewerbe-Ordnung v. 17. Jan. 1845 besprochen. — Dieser Satz schließt jedoch selbstredend nicht aus, daß bei denjenigen Momenten, die gesetzlich nur durch eine administrative Thätigkeit existent werden können, diese Thätigkeit vom Richter respektirt werden müsse. In solchen Fällen besteht die richterliche Prüfung gerade darin, zu untersuchen, ob ein administrativer Akt wirklich vorliege, und von der kompetenten Behörde erlassen sei. So ist es z. B. in der Rheinprovinz Sache der Regierungen, die bestehenden Vicinalwege zu ermitteln und die Eigenschaft der Vicinalität definitiv festzustellen, so daß selbst, wenn eine solche Deklaration irrig wäre, das für einen solchen Weg erklärte Terrain jene Eigenschaft hinfüro dennoch besitzen würde, woraus folgt, daß desfallsige Kontestationen vor dem Polizeirichter bei dereinstigen Kontraventions-Fällen nicht mehr stattfinden können. Cf. die Noten zu § 2 Nr. 2 des Rhein. Ress.-Regl. Dieses und ähnliche Beispiele lassen daher die oben als herrschend bezeichnete Ansicht unberührt. Schwerer dürfte KH. 27. Jan. 1830 (Rh. A. 14, II. 14) mit letzterer in Einklang zu bringen sein; in einer Untersuchung wegen Nichtbefolgung der polizeilichen Anordnung, ein dem Einsturz drohendes Gebäude abzureißen (cf. Art. 471 Nr. 5 des C. pén., § 345 Nr. 10 StrGB.), hatte der Polizeirichter eine Expertise darüber angeordnet, ob das Haus den Einsturz wirklich gedroht habe, der KH. nahm jedoch, im Widerspruch mit Fleurigeon, code admin. VI. S. 616 an, daß die bloße Weigerung die Strafbarkeit begründe, indem die Rheinische Gesetzgebung den Verwaltungs-Behörden das Recht ertheile, über den obigen Gegenstand Anordnungen zu treffen, mithin auch die Beurtheilung der Zweckmäßigkeit oder Nothwendigkeit ihnen anheimgebe und den Polizeirichter verpflichte, die auf die Zuwiderhandlung gesetzte Strafe zur Anwendung zu bringen, ohne sich eine Untersuchung darüber zu erlauben, ob jene Behörde befugt gewesen, das, was sich auf einen ihrer Gewalt anvertrauten Gegenstand beziehe, zu befehlen oder zu verbieten. Cf. auch n. 26 zur Gew.-Ordn. v. 17. Jan. 1845. — Für den Fall, wo ein Landstreicher als Ausländer auf polizeiliche Anordnung über die Grenze gebracht ist, und bei seiner Rückkehr deshalb zur Untersuchung gezogen, Inländer zu sein behauptet, bestimmt die AKO. v. 10. März 1839 (GS. 106) ausdrücklich, daß die Gerichte die geschlossenen Untersuchungsakten der betreffenden Regierung zur gutachtlichen Aeußerung hierüber mittheilen und dieses Gutachten dem abzufassenden Erkenntnisse zu Grunde legen sollen. Oppenhoff hält diese AKO. in den Fällen des § 115 des StrGB. noch für anwendbar und das erstattete Gutachten als maaßgebend für den Richter, wogegen v. Rönne I. S. 294 glaubt, daß derselbe jenes Gutachten zwar zu berücksichtigen habe, aber nicht unbedingt daran gebunden sei. Sollte der ersteren Ansicht der Vorzug gebühren, so würde die AKO. unbedenklich eine Ausnahme-Bestimmung enthalten, welche jede Anwendung per analogiam ausschlösse Auch hat das OT. in mehreren Fällen, wo die Frage, ob Jemand Ausländer sei, vor dem Strafrichter in anderer Beziehung zur Sprache kam, die Zulässigkeit der richterlichen Kognition darüber keinem Zweifel unterworfen; cf. Oppenhoff, StrGB. § 29 n. 1—4. — Ueber die Bedeutung, welche in den auf Grund des § 110 des StrGB. eingeleiteten Untersuchungen die im § 3 des Ges. v. 10. März 1856 vorgeschriebene Erklärung der Landes-Polizei-Behörde für den Strafrichter hat, s. §. 8 ib. und OT. 22. Sept. 1859 (JMBl. 422.)

73. Wenn die Preußische Praxis die richterliche Kompetenz nach der unter n. 70

und 72 besprochenen Richtung hin in weit größerem Umfange anerkennt, als die französische, so vindizirt sie auf der andern Seite aber auch umgekehrt der Verwaltung in den zu ihrem Ressort gehörigen Angelegenheiten ganz gleiche Rechte, und weicht dadurch wiederum von den sich hier ebenmäßig konsequent bleibenden Anschauungen der französischen Praxis ab. Bei letzterer steht es nämlich ebenso fest, daß alle privatrechtlichen Fragen, welche sich bei administrativen Angelegenheiten erheben, von der Verwaltung an die Gerichte verwiesen werden müssen, wie von den Preußischen Behörden allgemein angenommen wird, daß die Verwaltung selbst über solche Fragen implicite mit zu befinden habe. So sind Reklamationen wider die Veranlagung zur Grundsteuer nach beiden Gesetzgebungen in der Regel nicht prozeßfähig. Stützt jedoch Jemand seine Reklamation darauf, daß er gar nicht Eigenthümer des in Rede stehenden Grundstücks sei, so bildet dies in Frankreich eine Präjudizialfrage, welche im RW. ausgemacht sein muß, bevor die Verwaltung über die Reklamation definitiv befinden kann, wogegen in Preußen sich die Verwaltung bei Prüfung der Reklamation der Beantwortung jener Frage implicite mitunterzieht. Cf. außerdem die Noten zu § 36 Abs. 2 h. l. und § 8 des Rhein. Ress.-Regl.

74. Aus dem unter n. 69 und 70 Gesagten ist nicht zu folgern, daß die für die Hauptsache begründete richterliche Kompetenz auch auf die Entscheidung über Zwischenpunkte publizistischer Natur auszudehnen sei; vielmehr tritt die ausschließliche Zuständigkeit der Verwaltungs-Behörden in ihre volle Wirksamkeit, wenn die Parteien neben der an sich prozeßfähigen Hauptklage oder zur Beseitigung derselben besondere, für sich bestehende nicht prozeßfähige Ansprüche in der Form selbstständiger Petita geltend machen. Demgemäß steht es dem Beklagten nicht zu, im Wege einer Widerklage einen nicht prozeßfähigen Anspruch zum Gegenstande gerichtlicher Erörterung zu machen. Die Einrede der Kompensation steht in dieser Beziehung mit der Widerklage wohl auf gleicher Linie, wie denn auch umgekehrt — cf. EK. 6. März 1852 — die compensando geltend gemachte Gegenforderung die Natur der gegenüberstehenden Forderung und deren Prozeßfähigkeit nicht zu ändern vermag. — Ebensowenig kann ein nicht prozeßfähiger Anspruch durch Litisdenunciation oder Adcitation zu einem schwebenden Prozesse verfolgt werden: EK. 24. Juni 1851 und *id. 7. Okt. 1854 (JMBl 51, S. 272; 55, S. 19).

75. Die provocatio ad agendum ist betreffs eines nicht prozeßfähigen Gegenstandes gleichfalls unstatthaft: EK. 4. Okt. 1856 (JMBl. S. 364).

76. Dagegen kann nach den Grundsätzen der Rheinischen Gesetzgebung, wenn eine Klage über nicht prozeßfähige Gegenstände bei Gericht schwebt, auf Peremtion der Instanz wegen dreijährigen Stillstands des Verfahrens angetragen werden, da dieser Antrag eine neue, von jener unabhängige Klage darstellt, welche ein Eingehen auf die Hauptsache und eine Erörterung der die letztere betreffenden Einreden nicht allein nicht bedingt, sondern sogar ausschließt. Dies erleidet selbst dann keine Ausnahme, wenn es sich um die Berufungs-Instanz handeln, und der erste Richter zur Sache erkannt haben sollte, ungeachtet die Peremtions-Erklärung in diesem Falle zur mittelbaren Folge hat, daß das inkompetenter Weise ergangene Urtheil erster Instanz die Rechtskraft beschreitet. AH. Cöln 7. Febr. 1824 (Rh. A. 7, I. 235) war zwar hinsichtlich des letzteren Falles eben um jener Folge willen anderer Ansicht; dieses Urtheil ist jedoch durch KH. 15. Febr. 1826 (Rh. A. 8, II. 51) mit Recht kassirt worden.

77. Dem Preußischen wie dem Französischen Rechte gemeinsam ist der Grundsatz, daß Streitigkeiten über einen nicht prozeßfähigen Anspruch selbst dann nicht dem RW. unterliegen, wenn die Existenz eines solchen Anspruchs nicht zwischen dem Gläubiger und Schuldner, sondern zwischen jenem und dritten Personen, z. B. anderen Gläubigern des Schuldners bestritten ist, daß jedoch das Gegentheil der Fall sei, sofern der Streit sich blos auf das Vorzugsrecht der einen vor der anderen Forderung erstrecke. Dieser Satz liegt bereits dem § 83, II. 14 ALR. zu Grunde und ist noch bestimmter sowie allgemeiner in der Konkursordnung vom 8. Mai 1855 ausgesprochen, deren § 234 besagt:

„Findet wegen einer Forderung der RW. nicht statt, — — so gehört die „Erörterung und Entscheidung über die Richtigkeit der Forderung vor die dazu

„kompetente Behörde; das Konkursgericht entscheidet demnächst nur über das „Vorrecht, sofern dasselbe streitig ist.“
Dasselbe ist, dem Obigen gemäß, von allen ähnlichen Prozeduren, namentlich auch in der Rheinprovinz vom Distributions-, Kollokations- und Falliments-Verfahren anzunehmen. Cf. Ord. en cons d'et. 18 Juli 1838 (Sir. 39, II. 364); Dalloz, m. comp. admin., n. 369 5°.

78. In Betreff der Verjährbarkeit nicht prozeßfähiger Forderungen ist zu unterscheiden, ob die bezüglichen Gesetze den RW. absolut und für immer ausschließen, oder ob sie dies nur für einen im Voraus begrenzten Zeitraum thun, resp. der Natur der Sache nach blos transitorischer Natur sind. Für Fälle der letzteren Art gilt unbedenklich die Regel: agere non valenti non currit praescriptio, auf deren Grund denn auch die Praxis den französischen Gesetzen über die administrative Regelung des dermaligen Gemeindeschulden-Wesens die Wirkung beigelegt hat, den Lauf der Verjährung für Zinsen wie Kapital zu hemmen. Cf. Gen.-Reg. des Rh. A., s. v. Gemeinde, n. 43 ff., *OT. 2. Febr. 1859 (Rh. A. 55, II. 31). Das Umgekehrte ist dagegen bei Fällen der ersteren Art anzunehmen, da jene Regel nur solche Hindernisse faktischer oder rechtlicher Natur voraussetzt, welche die Prozeßfähigkeit des Anspruchs im Prinzip bestehen lassen, mithin nicht geeignet sind, um daraus die Unmöglichkeit der Verjährung für ewige Zeiten zu folgern. Fehlt es hiernach an einem Grunde wider die Verjährbarkeit der letzterwähnten Forderungen, so muß auch eine Unterbrechung der Verjährung derselben nach Analogie dessen, was von den gewöhnlichen Unterbrechungsmitteln gilt, erfolgen, wenn der Gläubiger sich behufs seiner Befriedigung an die kompetente Verwaltungs-Behörde wendet, resp. sofern dieser oder dem Staate selbst die Forderung und das Recht zu deren exekutivischer Beitreibung zusteht, durch die zu letzterem Zwecke geschehenden Schritte. Diese Ansicht hat für das Gebiet das ALR. gesetzliche Sanktion erhalten durch die §§ 8, 9 des Ges. v. 31. März 1838:

„§ 8. Bei Abgaben, Leistungen und Zahlungen, die von einer Behörde „eingezogen werden, die befugt ist, solche ohne vorgängige gerichtliche Entschei-„dung exekutivisch beizutreiben, tritt die Unterbrechung jeder Art der Verjährung „durch die Zustellung des Zahlungs-Befehls ein.

„§ 9. Bei denjenigen Forderungen, bei welchen ein prozessualisches Ver-„fahren vor Gericht nicht zulässig ist, wird jede Verjährung durch schriftliche „Anmeldung des Anspruchs bei der kompetenten Verwaltungs-Behörde unter-„brochen.“

Bestimmungen, welche sich nicht blos auf die kürzeren Verjährungen beziehen (cf. Löwenberg, Beiträge &c. I. S. 141) und von denen die des § 8 sogar auf prozeßfähige Ansprüche Anwendung findet, falls hinsichtlich derselben die Verwaltung das Recht der vorläufigen Exekution (§ 42 h. t.) besitzt. — Aehnliches dürfte aber auch für die Gebiete des gemeinen und französischen Rechts gelten, wenngleich die für ersteres Gebiet ergangene VO. v. 6. Juli 1845, welche im Uebrigen fast wörtlich mit jenem Ges. von 1838 übereinstimmt, die §§ 8 und 9 der letzteren nicht wiederholt. In diesem Sinne erkannte Rej. 10. April 1839 (Sir. 39 I. 869), daß, wenn die Vollstreckung eines Urtheils von der Verwaltung abhängig sei, die dahin zielenden Schritte die actio iudicati unterbrächen und Rej. 19. Aug. 1834 (Sir. 35 I. 432), daß der Antrag auf Annullirung eines Administrativ-Aktes, gestellt bei der zur Entscheidung kompetenten höheren Verwaltungs-Behörde und der betheiligten Partei notifizirt, in Bezug auf die Unterbrechung der Verjährung dieselbe Wirkung ausübe, wie eine gerichtliche Klage. — Auch beruht das für den ganzen Umfang des Staats erlassene Gesetz vom 18. Juni 1840 (GS. S. 140) zum großen Theil auf den in den §§ 8 und 9 des Gesetzes von 1838 enthaltenen Grundsätzen.

79. Ob die Verjährung eines nicht prozeßfähigen Anspruchs ebenso durch Anstellung einer gerichtlichen Klage unterbrochen werde, ob also dasjenige, was § 552, I. 9 ALR. und Art. 2246 des Rh. BGB. von Anstellung einer Klage bei einem ungehörigen Richter bestimmen, analoger Weise auch da gelte, wo eine gerichtliche Kompetenz überhaupt nicht besteht, erscheint mindestens als zweifelhaft; § 9 des Ges. v. 31. März 1838 dürfte der verneinenden Ansicht das Wort reden.

80. Jedenfalls wird umgekehrt die Verjährung eines prozeßfähigen Anspruchs

Besonders aber A) Rücksichts der Landeshoheits-Sachen und einiger Spezial-Fälle.

§. 36. Es findet derselbe daher weder über wirkliche Majestäts- und Hoheitsrechte, noch gegen allgemeine in Gegenständen der Regierungs-Verwaltung ergangene Verordnungen,

ALR. Einl. § 70; Th I. Tit. 11 §§ 4—10; Th. II. Tit. 13 §§ 5—16.

noch über die Verbindlichkeit zur Entrichtung allgemeiner Anlagen und Abgaben, denen sämmtliche Einwohner des Staats oder alle Mitglieder einer gewissen Klasse derselben, nach der bestehenden Landes-Verfassung unterworfen sind,

ALR. Th. II. Tit. 14 § 78;

statt, und eben so wenig in den besonderen Fällen, wo die Gesetze ihn ausdrücklich ausgeschlossen haben, wie z. B.

erster Anhang zum ALR. § 61; AGO. Th. I. Tit. 43 § 6.

Modifikationen.

§. 37. Jedoch verstehet sich dieses nur unter den im

ALR. Einl. § 71; Th. I Tit. 11 § 11; Th II. Tit. 14 § 79

festgesetzten Modifikationen; und in den dahin gehörigen Fällen soll der Weg Rechtens Niemanden versagt werden.

---

nicht dadurch unterbrochen, daß der Berechtigte, statt bei Gericht klagbar zu werden, sich an die seiner Meinung nach allein kompetente Verwaltungs-Behörde wendet, wie solches in Frankreich durch Rej. 14. Jan und Min.-Entsch. 8. Nov. 1836 (Sir. 36, I. 780; 37, II. 64) ausdrücklich anerkannt wurde. OT. 29. Jan. 1856 (Strieth. 20, S. 100) steht hiermit nicht im Widerspruch, wenn es der Geltendmachung eines zur Kognition der ordentlichen Gerichte gehörigen Anspruchs bei einer General-Kommission die Wirkung einer beim ungehörigen Richter angestellten Klage beilegt, da die Auseinandersetzungs-Behörden bekanntlich in Bezug auf die gelegentlich einer Ablösungssache 2c. vorkommenden Rechtsstreitigkeiten die Stellung von wirklichen Gerichten (fora specialia causae) einnehmen.

§ 36 Abs. 1 und § 37.

81. Die Erläuterung der im § 36 Abs. 1 angezogenen Gesetzesstellen, sowie die Darlegung ihres Verhältnisses zu den bezüglichen Artikeln der Verfassungs-Urkunde vom 31. Jan. 1850 gehört dem Staatsrechte an, weshalb in dieser Hinsicht auf das Werk von v. Rönne im Allgemeinen verwiesen wird. Wie dem bereits früher Gesagten zufolge in den gegenseitigen Ressort-Verhältnissen zwischen Justiz und Verwaltung durch die Verfassungs-Urkunde keine wesentlichen Aenderungen eingetreten sind, so hat namentlich auch § 36 seine bisherige Geltung vollkommen bewahrt, ja im Art. 106 jener Urkunde eine neue Bestätigung erhalten.

82. Wenn hiernach die Beschränkungen, welche die landesherrliche Gewalt, insbesondere hinsichtlich des Gesetzgebungs- und Besteuerungsrechts, durch die den Kammern verfassungsgemäß eingeräumte Mitwirkung an der Ausübung jener Rechte erlitten hat, bei der hier erörterten Materie im Allgemeinen nicht zur Sprache kommen, so ist doch soviel zu bemerken, daß etwaige Differenzen zwischen der Staatsregierung und der Landesvertretung über die Auslegung, resp. Anwendung der Verfassung der Kognition der inländischen Gerichte nicht unterliegen. Dies läßt sich wohl schon aus § 36, noch mehr aber aus dem von der Verfassungs-Urkunde selbst hierüber beobachteten Stillschweigen herleiten. Cf. v Rönne I. 78 S. ff., welcher jedoch hervorhebt, daß, wenn bei solchen Kollisionsfällen derjenige

Theil, der ein Recht zu einer gewissen Handlungsweise nach seiner Auslegung in Anspruch nehme, hiernach verfahre, und auf diese Weise Rechte der Staatsbürger berührt würden, die Gerichte allerdings in die Lage kommen könnten, jene Kontroverse zu erörtern und darüber in Beziehung auf den konkreten Fall zwischen den Privatparteien zu entscheiden

83. Der Begriff „Majestäts- und Hoheits-Rechte" erläutert sich aus den im § 36 Abs. 1 allegirten Stellen des ALR. Namentlich sind beide Ausdrücke im § 36 ebensowohl als völlig gleichbedeutend behandelt, wie im ALR. selbst, welches z. B. das Besteuerungsrecht bald als Majestäts- bald als Hoheitsrecht bezeichnet (§ 15, II. 13; § 2, II 14). Demzufolge sind zu den „Majestäts- und Hoheits-Rechten" im Sinne des § 36 zu zählen: das Recht, Privilegien zu bewilligen und aus Gründen des gemeinen Wohls gegen Entschädigung wieder aufzuheben (§§ 70, 74 der Einl. zum ALR., § 7, II. 13 ib), das Expropriationsrecht (§§ 4—11, I. 11), das Recht, Krieg zu führen und Frieden zu schließen, sowie Bündnisse und Verträge mit anderen Staaten zu errichten, das Recht, Gesetze und allgemeine Polizei-Verordnungen zu geben, dieselben wieder aufzuheben und authentisch zu deklariren, das Begnadigungs-Recht, das Recht, Standes-Erhöhungen, Staatsämter und Würden zu verleihen, dasjenige, Münzen, Maaß und Gewicht zu bestimmen, das der Ober-Aufsicht über Gesellschaften und öffentliche Anstalten, endlich das Besteuerungsrecht; (§§ 5 ff., II. 13). Wenn unter letzteren §§ der § 14 gewisser, dem Staats-Oberhaupte zur Erfüllung seiner Pflichten beigelegten Einkünfte und nutzbaren Rechte erwähnt, und wenn der Inbegriff dieser Rechte mit dem Besteuerungsrechte in der Staats-Rechtslehre unter dem Ausdrucke „Finanzhoheit" zusammengefaßt wird, so kann hierbei (vom Besteuerungsrechte abgesehen) dennoch nicht von einem eigentlichen Hoheits- und Majestätsrechte im landrechtlichen Sinne die Rede sein, wie sich sowohl aus der Gegenüberstellung dieser Rechte in den §§ 14 und 15 l. c., als aus den folgenden Titeln des ALR. klar ergiebt. Der Gesetzrevisor — Pensum XII. S. 95 — will den § 14 ganz beseitigt wissen, da er keinen praktischen Rechtssatz, sondern nur ein als Motiv dienendes Prinzip enthalte. Der § 16 ib. betrifft gleichfalls kein besonderes Hoheitsrecht, sondern schreibt blos vor, daß, soweit die Besorgung gewisser zu den Rechten und Pflichten des Staats gehörenden Angelegenheiten den Staatsbeamten obliege, diesen innerhalb der Grenzen ihres Auftrags, ebenso wie dem Landesherrn selbst, Folge geleistet werden müsse.

84. Der landesherrlichen Polizei-Gewalt gedenkt das ALR. zwar im 13. Titel des 2. Theils, aber nicht unter den Hoheitsrechten, deren Aufzählung erst mit dem § 5 beginnt, sondern in den §§ 2, 3 (der Quelle des § 3 der VO. von 1808) bei Aufstellung der allgemeinen Grundsätze über die Rechte und Pflichten des Staats überhaupt. (Zwar nimmt der Gesetzrevisor — Pensum XII. S. 89 — an, die Verfasser des ALR. hätten mit dem im § 6 ib. erwähnten Rechte, allgemeine Polizei-Verordnungen zu geben, nicht sowohl eine Spezies der gesetzgebenden Gewalt, als das Hoheitsrecht der Polizei bezeichnen wollen, — jedoch schwerlich mit Grund.) Ebenso behandelt die VO. von 1808 die Landes-Polizeisachen nicht als eine Unterart der Landes-Hoheitssachen, sondern stellt sie denselben als eine besondere Gattung von Verwaltungs-Sachen gegenüber, wenn auch die Grenze zwischen beiden oft schwer zu finden ist. .

85. Inzwischen darf man in den durch § 36 bezogenen Stellen des ALR. keine völlig erschöpfende Aufzählung der Hoheitsrechte im Sinne jenes § suchen. Cf. z. B. §§ 33 ff., I. 8 und § 18, II. 17 ALR.

86. So unterliegt es keinem Zweifel, daß zu den Hoheitsrechten des § 36 auch die s. g. Kirchenhoheit, das ius circa sacra, gehört, welches dem Staate, resp. Staats-Oberhaupte, sowohl der katholischen wie der evangelischen Kirche gegenüber noch jetzt zusteht, obgleich dasselbe durch Art. 15 der Verfassungs-Urkunde sehr erheblich beschränkt worden ist (Ueber die Frage, ob die desfallsigen Bestimmungen des ALR., wie sie namentlich in den §§ 113 ff., II. 11 enthalten sind, als zum innern Staatsrechte gehörig, für das ganze Landesgebiet, mithin auch für die Rhein-Provinz gelten, s. Abh. in den Jbb. 52, S 417, AH. Cöln 10. August 1847, KH. 30. Okt. 1848, Rh. A. 42, I 135; 43, II. 76.)

87. Ob dasselbe auch von dem s. g. Kirchen-Regimente, dem ius sacro-

rum, anzunehmen, welches das Staats-Oberhaupt über die evangelische Landeskirche ausübt, ist in verschiedener Weise zu beantworten, je nachdem man sich zu dem einen oder andern der über den Grund und die Entstehung dieses Rechtes aufgestellten Systeme bekennt. Die Anhänger des Territorial-Systems, demzufolge die bisherige Kirchengewalt der katholischen Bischöfe bei der Reformation als herrenloses Gut an den Landesherrn als solchen fiel, und ipso facto mit der Landeshoheit als integirender Theil derselben vereinigt ward, werden jene Frage unbedenklich bejahen; während die Anhänger des Episkopal-Systems, nach welchem die Kirchengewalt zwar ein der Landeshoheit anhängiges, aber für sich bestehendes und nicht aus jener hergeleitetes Recht ist, das dem Landesherrn nicht als solchem, sondern als oberstem Bischofe, sei es ex iure devoluto (Episkopal-System im e. S.), sei es ex iure delegato (Kollegial-System) zusteht, der verneinenden Ansicht sein müssen. Da es jetzt wohl als feststehend zu betrachten ist, daß die Redaktoren des ALR. dem Territorial-System fern waren, sich vielmehr zum Kollegial-System hinneigten, ohne darum das Episkopal-System im e. S. völlig zu verwerfen (cf. Abh. in den Jbb. 31, S. 25; — v. Rönne I. S. 641), so dürfte die letzterwähnte Auffassung auch in Bezug auf die Deutung des § 36 den Vorzug verdienen. Die Verschiedenheit jener Ansichten hat inzwischen für die Kompetenzfrage keine praktische Bedeutung. Denn wenn sich gleich nach dem Episkopal- und Kollegial-System die Unzulässigkeit des RW. über die Kirchengewalt und deren Handhabung strenge genommen aus § 36 nicht herleiten läßt, so ist die Unabhängigkeit dieser Gewalt vom weltlichen Richter dennoch seit der ersten Entstehung der evangelischen Kirche an jederzeit allgemein anerkannt worden; cf. Jbb. 31, S. 54; 35, S. 262; v. Pfizer, über die Grenzen der Verwaltungs- und Civil-Justiz, S 151. Aus demselben Grunde interessirt hier die bei v. Rönne I. S. 660 erörterte Streitfrage nicht, inwiefern die Fortdauer der landesherrlichen Kirchengewalt mit Art. 15 der Verf.-Urk. vereinbar sei, indem die Unabhängigkeit der Kirchengewalt trotz eines Wechsels in der Person ihres Trägers dieselbe sein, mithin keinen Abbruch erleiden würde, wenn die Trennung des evangelischen Kirchen- vom weltlichen Regimente so vollständig zur Ausführung gelangen sollte, wie sie betreffs der katholischen Kirche bereits von früher her besteht. Daß dieselbe Unabhängigkeit vom weltlichen Richter der letzteren Kirche, resp. den in dieser das Regiment ausübenden Bischöfen gleichwenig versagt werden könne, bedarf kaum einer Erwähnung Am allerwenigsten aber sind die Gerichte berufen, über Meinungs-Verschiedenheiten zwischen den Bischöfen und dem Landesherrn als Inhaber der Kirchenhoheit, resp. den in Ausübung derselben handelnden Behörden zu entscheiden: OT 30. April 1838 a. E. (Entsch. 4, S. 148).

88. Die s. g. niederen Regalien, regalia minora, im ALR. auch schlechtweg Regalien genannt, gehören zu den in § 36 erwähnten Hoheitsrechten unbedenklich nicht, wie sie denn auch im ALR. niemals als Hoheits-, sondern als zum gemeinen Staatseigenthum gehörige Nutzungsrechte qualifizirt werden, die nach § 25, II. 14 den Domainen völlig gleichzuachten sind, und von Privaten sowohl durch Uebertragung als Ersitzung erworben werden können Daß § 36 den Ausdruck „Hoheitsrechte" nicht in jenem weitern Sinne, welcher die niederen Regalien mitbegreift, verstanden wissen wolle, geht nicht allein aus der Zurückverweisung auf die bezüglichen Stellen des ALR., sondern überdies aus der adjektivischen Bezeichnung „wirkliche" auf das Unzweideutigste hervor. Cf. LG. Bonn 26. März 1856 (Rh. A. 53, I. 138). Ueber die sich hieraus für das Bergregal ergebenden Folgerungen cf. unten n. 312 ff., wo auch erörtert wird, inwiefern neben dem Bergregal eine Berghoheit als Hoheitsrecht in dem hier gebrauchten engeren Sinne bestehe.

89. Die landesherrliche Befugniß, das Meß- und Jahrmarkts-Recht zu ertheilen (§ 105, II. 8 ALR.), ist kein bloßes Regal, sondern ein wirkliches Hoheitsrecht: OT. 16. März 1846 (Entsch 13, S. 341). Cf. auch § 76 der Gew.-Ordn. v. 17. Jan. 1845, und in Bezug auf das französische Recht Pardessus, cours de droit commercial, I. p. 192, welcher sagt: l'établissement des marchés et foires est un acte de souveraineté.

90. Zweifelhafter könnte es sein, ob das in den §§ 192 ff., II. 6 ALR. dem Staate zustehende Recht, über das Eigenthum aufgehobener Gesellschaften

als herrenloses, dem Staat anheimgefallenes Gut unter gewissen Voraussetzungen zu Gunsten des gemeinen Wohls zu verfügen, als ein bloßes Regal im Sinne des § 22, II. 14 ALR. oder als wirkliches Hoheitsrecht zu betrachten sei. Doch spricht für letztere Alternative, zu welcher sich EK. 11. Febr. 1854 (JMBl. S. 248) bekennt, der enge Zusammenhang jenes Rechts mit den in den §§ 189, 190 ib. erwähnten, welche letzteren wohl unbedenklich den wirklichen Hoheitsrechten beizuzählen sind. Aehnliches gilt von dem auf § 308, II. 11. ALR. und dem deklaratorischen Ges. v. 13 Mai 1833 (GS S. 51) beruhenden Rechte des Staats-Oberhaupts, über das Vermögen erloschener Parochien zu verfügen. Daß, wenn über das Dasein der für das Erlöschen einer Parochie aufgestellten Bedingungen Streit entsteht, die Entscheidung dem Landesherrn selbst zustehe, sagt jenes Gesetz ausdrücklich, und schließt hiermit selbstredend die richterliche Kognition über diese Frage aus.

91. Indem § 36 allgemein ausspricht, daß der RW. über Hoheitsrechte nicht stattfinde, präzisirt er zunächst und vor Allem das Verhältniß der richterlichen zur landesherrlichen Gewalt. Für dieses Verhältniß kommen aber außerdem der bereits früher bezogene Art. 106 Abs 2 der Verfassungs-Urkunde und die Deklaration in Betracht, welche in dem durch ACO. v. 4. Dez. 1831 (GS. S. 255) genehmigten Staatsminist.-Berichte v. 16. Nov. ej. enthalten ist, und also lautet:

Allerh. Cabinets-Ordre v. 4. Dez. 1831, betreffend die genauere Beobachtung der Grenzen zwischen landeshoheitlichen und fiskalischen Rechtsverhältnissen.

Da Ich die im Berichte des Staatsministeriums vom 16ten v. Mts. für die Gerichte abgefaßte Belehrung, über den in vorgekommenen einzelnen Fällen nicht beobachteten Unterschied zwischen landeshoheitlichen und fiskalischen Rechts-Verhältnissen, den Landesgesetzen und der Landesverfassung überall gemäß finde, so genehmige Ich dieselbe, und will, daß sie auf gesetzlichem Wege bekannt gemacht werde. Das Staatsministerium hat daher den zurückerfolgenden Bericht nebst Meinem gegenwärtigen Befehl durch die Gesetzsammlung zur öffentlichen Kenntniß und zur Befolgung der Gerichte zu bringen.

Berlin, den 4ten Dezember 1831.

Friedrich Wilhelm.

An das Staatsministerium.

* * *

Ew. Königlichen Majestät Allergnädigstem Befehle vom 9ten Juni d. J. zufolge, sind wir über die Belehrung in Berathung getreten, welche den Landesgerichten in Beziehung auf den Unterschied zwischen landeshoheitlichen und fiskalischen Rechtsverhältnissen, der in mehreren Fällen mißverstanden worden ist, auf den Grund der Gesetze und Verfassung des Landes, nach den Allerhöchsten Bestimmungen ertheilt werden soll, ohne die Berichtigung solcher Mißverständnisse von der Vollendung der Revision des Landrechts abhängig zu machen.

Wir verfehlen nunmehr nicht, unsern Bericht hierüber ehrfurchtsvoll zu erstatten.

Was zu den Hoheitsrechten des Staats-Oberhaupts gehöre, und was unter dem Fiskus zu verstehen sei, ist in den Titeln 13 und 14 des 2. Theils des Landrechts genau bestimmt, und die Gerichte dürfen nur hierauf hingewiesen werden, um die hin und wieder vorgefallene Verwechselung des Landesherrn und des Fiskus zu vermeiden. Auch ist, nach den uns vorliegenden Verhandlungen, darüber kein Zweifel angeregt, daß ein privatrechtlicher Widerspruch wider den Akt des Hoheitsrechts selbst nicht Statt finde, wohl aber ist behauptet worden, daß ein Anspruch aus den Folgen und Wirkungen dieses Akts nicht wider die Person des Landesherrn, sondern wider das Staatsvermögen, Behufs der Entschädigung, zulässig sei. Aus dieser irrthümlichen Ansicht ist, beispielsweise, das Verfahren der Gerichte hervorgegangen, die sich für kompetent hielten, eine Klage wider den Fiskus auf Ersatz erlittener Kriegs-Beschädigungen anzunehmen und über den Anspruch zu entscheiden. Allein so wenig der Souverain, in Ausübung seiner Hoheitsrechte selbst, von der Einwirkung irgend einer Gerichtsbarkeit abhängt, so wenig hat derselbe die Folgen dieses Gebrauchs seiner Rechte in einem gerichtlichen Verfahren zu verantworten, und die Meinung, als ob in solchen Fällen der Anspruch nicht wider den Souverain, sondern wider den Fiskus gerichtet sei, beruhet auf einer gänzlichen Verwechselung der Rechtsverhältnisse; denn theils kann eine rechtliche Verbindlichkeit des durch die fiskalische Behörde vertretenen Staatsvermögens, die aus einem Akte des Souverains abgeleitet wird, nicht anders erörtert und entschieden werden, als daß das Recht des Souverains, diesen Akt vermöge seiner Landeshoheit auszuüben, der gerichtlichen Kognition unterworfen wird, welches als unstatthaft anerkannt ist, und bei der Unabhängigkeit des Souverains, der, als solcher, keinen Gerichtsstand vor den Landesgerichten hat, unausführbar sein würde, theils ist weder der Fiskus verpflichtet, weil er die Handlung des Souverains nicht zu verantworten hat, noch die fiskalische Behörde zur Einlassung auf den Prozeß legitimirt, weil sie nicht zur Vertretung der Hoheitsrechte des Souverains bestellt ist. Hiernach sind namentlich die wider den Fiskus, in vermeintlicher Vertretung einer einzelnen Provinzial-Verwaltungs-Behörde, angestellten Klagen auf Ersatz eines Schadens aus den Zufällen des Krieges und aus dem Besteuerungsrechte, so wie solche Ansprüche an den Fiskus der Kompetenz der Gerichte gesetzlich entzogen worden, deren Verhandlung vor Gericht die Folge gehabt haben würde, über das Hoheitsrecht des Staats-Oberhaupts zum Abschluß von Verträgen mit fremden Staaten und zu Bestimmungen über die Maaßgaben ihrer Erfüllung in privatrechtliche Erörterungen verfassungswidrig einzuschreiten. So viel wir übrigens aus den uns vorliegenden Verhandlungen ersehen, sind es einige Bestimmungen in der Einleitung zum Landrechte, die das Mißverständniß der Gerichte hauptsächlich veranlaßt haben. Wenn nämlich in den §§ 73—75 verfügt wird, daß das Privat-Interesse der Einzelnen dem Gemeinwohl aufgeopfert, der Einzelne dagegen für den erleidenden Verlust vom Staate entschädiget werden müsse; so hat man dieser Bestimmung hin und wieder den Sinn beigelegt, als ob der Landesherr sich verpflichtete, diejenigen zu entschädigen, deren Privat-Interesse durch die Ausübung seiner Hoheitsrechte gefährdet wird. Allein davon abgesehen, daß eine solche Auslegung des Landrechts, dessen Vorschriften auf privatrechtliche Verhältnisse beschränkt sind (§ 1 der Einl.), über seine Grenzen hinaus zu einem unfruchtbaren und unausführbaren Resultate führen würde, wie sich namentlich bei Ausgleichung der Kriegsschäden und bei Vollziehung der Steuer-Gesetze genügend ergiebt, darf man nur nicht außer Acht lassen, daß der Landesherr hier, als Gesetzgeber, zu seinen Unterthanen spricht, um in den erwähnten Bestimmungen den einfachen Grundsatz zu finden: daß, wenn das Interesse der Gesammtheit der Einwohner des Staats eine Einrichtung in der Verwaltung erfordert, die das Privat-Eigenthum des Einzelnen gefährdet, die Entschädigung aus dem Gesammt-Vermögen zu leisten sei. Dieser allgemeine Grundsatz wird an mehreren Stellen des Landrechts auf spezielle Rechtsverhältnisse angewendet, wie beispielsweise §§ 29—32 Tit. 8 p. I; §§ 4—11 Tit. XI. p. I. Jederzeit dagegen, wenn der Landesherr erforderlich gefunden hat, eine Maaßregel der innern Verwaltung unmittelbar durch einen Akt der Gesetzgebung anzuordnen, und wenn hierbei ein Bedürfniß vorhanden gewesen ist, dem Privat-Interesse vorzusehen, ist die Verpflichtung zum Schadensersatze aus dem Staatsvermögen besonders festgesetzt worden, wie z. B. im Zollgesetze vom 26. Mai 1818 § 19. In allen dergleichen Fällen findet daher entweder aus dem allgemeinen Grundsatze § 75 der Einleitung zum Landrechte, oder aus speziellen Vorschriften des Gesetzgebers, ein Entschädigungs-Anspruch an das Staatsvermögen im fiskalischen Civilprozesse wider die betreffende Verwaltungsbehörde Statt.

Auch die Vorschrift im § 80 der Einleitung zum Landrechte, nach welcher Rechtsstreitigkeiten zwischen dem Oberhaupte des Staats und seinen Unterthanen bei den ordentlichen Gerichten erörtert und entschieden werden sollen, ist mißverstanden worden. Im vorhergehenden § 79 wird der Grundsatz aufgestellt: daß die Entscheidung vorfallender Streitigkeiten denjenigen Gerichten überlassen werden müsse, welche einem jeden Einwohner des Staats durch die Gesetze angewiesen sind. Im § 80 wird dieser Grundsatz auf die privatrechtlichen Verhältnisse des Landesherrn angewendet, um auszudrücken, daß auch für diese kein spezieller und außerordentlicher Gerichtsstand Statt finden dürfe, daß also Prozesse des Landesherrn aus fiskalischen Rechten und Nutzungen (§§ 11 u. f. Tit. 14 p. II. L. R., § 1 Tit. 35 Prozeß-Ordnung) und aus Privathandlungen (§ 18 Tit. 13 p. II. L. R.) den ordentlichen Gerichten zu überweisen sind. Zwischen dem Oberhaupte des Staats, als solchem, und den Unterthanen giebt es weder Rechtsstreitigkeiten zu entscheiden, noch ein Landesgericht, welches darüber zu entscheiden hätte.

Ew. Königlichen Majestät unterwerfen wir allergehorsamst, nach diesen auf den Landesgesetzen und der Landesverfassung gegründeten Belehrungen die Landesgerichte ohne Ausnahme Allerhöchst anzuweisen, daß sie innerhalb der durch die Gesetze und die Gerichtsordnung ihnen vorgezeichneten Grenzen das prozessualische Verfahren und die richterliche Entscheidung wider fiskalische Behörden in Vertretung der Staatsverwaltung auf Gegenstände des Privatrechts beschränken und sich enthalten, Gegenstände des Majestätsrechts auf das Gebiet privatrechtlicher Verfügungen zu ziehen.

Berlin, den 16. November 1831.

Das Staatsministerium.

Friedrich Wilhelm, Kronprinz.

Freiherr v. Altenstein. v. Schuckmann. Graf v. Lottum.

Graf v. Bernstorff. v. Hake. Maassen. Freiherr v. Brenn.

Für den Justizminister: v. Kamptz.

An

Seine Majestät den König.

Schon früher, und zwar in einem durch den Chef der Justiz vollzogenen R. vom 18. Juli 1799 (Stengels Beitr. 15, S. 307) war der Satz ausgesprochen worden, daß kein Justizkollegium berechtigt sei, sich eine Erörterung anzumaßen, ob eine vom Landesherrn getroffene Verfügung in Ausübung gebracht werden solle, und daß die richterliche Entscheidung in Fällen, wo der Landesherr selbst Verfügungen getroffen, nur dann stattfinde, wenn derselbe dem Unterthan rechtliches Gehör eröffne.

92. Die Deklaration von 1831, welche auch für die Rheinprovinz gilt, — *EK. 15. Okt. 1859 (JMBl S. 329) — beherrscht die hier fragliche Materie in dem Grade, daß § 36 vor derselben fast in den Hintergrund getreten ist, und jedenfalls ohne sie nicht erörtert werden kann, weshalb in den folgenden Noten auf sie zu häufigen Malen zurückgegangen wird. Im Allgemeinen ist von ihr zu bemerken, daß ihre Beziehung zur früheren Gesetzgebung und ihre Tragweite zu sehr widersprechenden Beurtheilungen Anlaß gegeben hat Perrot I. S. 132 ff. läßt es zwar dahin gestellt sein, ob die in derselben enthaltenen Sätze wirklich schon in der früheren Gesetzgebung ihre vollständige Begründung finden; er erblickt in ihr jedoch eine konsequente, den Grundsätzen des neueren Staatsrechts entsprechende Weiterentwickelung des in jener Gesetzgebung niedergelegten Materials und betrachtet sie gewissermaaßen als den Abschluß einer Legislative, welche in Folge dessen nöthig gewesen sei, daß die deutsche Landeshoheit als reines Erzeugniß der Geschichte, das nur allmählig auf Kosten der kaiserlichen Macht groß gewachsen, sehr im Dunkeln gelegen habe, indem er hervorhebt, wie über fast sämmtliche Arten der im ALR. aufgezählten Majestäts-, namentlich aber über das Gesetzgebungs- und Besteuerungs-Recht Prozesse zwischen deutschen Landesherren und ihren Unterthanen beim Reichs-Kammergerichte vorgekommen seien. Von anderer Seite ist dagegen sowohl die Folgerichtigkeit und staatsrechtliche Haltbarkeit der Deklaration wie deren Vereinbarkeit mit der bestehenden Preußischen Gesetzgebung heftig angefochten worden, namentlich von Klüber, die Selbstständigkeit des Richteramts, Frankfurt 1832, S. 129 ff. und Thöne, Fundam.-Lehren I. S 221, deren Ansichten in den Ergänzungen zum ALR. II. 13 näher referirt werden. — Klüber nimmt sogar an, daß, weil der Bericht blos zur Belehrung bekannt gemacht worden, die richterliche Beurtheilung dadurch in den einzelnen Fällen nicht beschränkt werde [?], und Thöne, daß derselbe mindestens restriktiv interpretirt werden müsse. — Ueber den Sinn des Berichts im Allgemeinen s. ferner OT. 3. April 1856 (Entsch. 32, S. 164).

93. Wie mit dem im Berichte ausgesprochenen Satze, daß zwischen dem Staats-Oberhaupte als solchem und seinen Unterthanen ein Rechtsstreit nicht möglich sei, § 80 der Einleitung zum ALR. in Einklang zu bringen, ist bereits in dem Berichte selbst dargelegt. S. hierüber auch Perrot I. S. 136 und v. Rönne I. S. 138; der Letztere hebt besonders hervor, daß auch die durch die Verfassungs-Urkunde sanktionirte Unverletzlichkeit der Person des Königs seine Verbindlichkeit nicht ausschließe, vor den Civilgerichten Recht zu geben, wenn an ihn Forderungen gemacht würden, zu denen er nicht in der Eigenschaft des Staats-Oberhaupts, sondern durch Privathandlungen oder als Besitzer von Privatvermögen Veranlassung gegeben habe, indem der König ebenso wie die Mitglieder des königlichen Hauses aus ihren Privathandlungen und Geschäften den Landesgesetzen unterworfen seien. Hinsichtlich des Gerichtsstands für solche Streitigkeiten s. die dort allegirten Bestimmungen: § 41, I. 2 AGO. und Art. 3 des Ges. v. 26. April 1851 (GS. S. 181).

94. Der Gesetzrevisor — (Pensum XII. S. 96) — bemerkt zu § 36 insbesondere: Der Sinn dieser Bestimmung gehe nicht sowohl dahin, daß über den Umfang und Inhalt der Hoheitsrechte keine richterliche Kognition zugelassen werden solle (denn diese sei hier ganz undenkbar), als daß die A n o r d n u n g e n, welche Kraft eines H o h e i t s r e c h t s getroffen worden, nicht unter dem Vorwande, daß dadurch wohlerworbene Rechte beeinträchtigt würden, als v e r b i n d l i c h bestritten werden könnten. Nehme man die Bestimmung in diesem Sinne, so sei darin der Satz, „daß gegen allgemeine, in Gegenständen der Regierungs-Verwaltung ergangene Verordnungen kein Prozeß stattfinde," von selbst mitenthalten, weil dergleichen Verordnungen Akte des Hoheitsrechts der Gesetzgebung seien. — Ueber die andere Frage, ob die Gerichte mit Rücksicht darauf, daß § 36 den RW. nur über Hoheitsrechte ausschließt, und hinsichtlich dessen, was als Hoheitsrecht zu betrachten, auf die bezüglichen Bestimmungen des ALR. verweist, nicht wenigstens befugt seien, zu untersuchen, ob einem landesherrlichen Akte eines der dort aufgeführten Hoheitsrechte auch wirklich zu Grunde liege, und im Verneinungsfalle sich eine Gerichtsbarkeit über solche Akte wie die sich hieraus etwa ergebenden Entschädigungs-Ansprüche zuzusprechen, verbreitet sich der Gesetzrevisor nicht. Perrot I. S. 135 verneint auch diese Frage, indem er sich namentlich auf die Deklaration von 1831 stützt.

95. Letzteres erleidet aber jedenfalls eine Ausnahme, wenn aus dem landesherrlichen Akte selbst hervorgeht, daß der Landesherr nicht als Inhaber der Hoheitsrechte, sondern nur im fiskalischen Interesse habe verfügen wollen, indem alsdann das dem § 41 h. l zu Grunde liegende Prinzip zur Geltung gelangt: F. W. Gräff, das Eigenthum der kathol. Kirche rc., Trier 1859, S. 179, *OT. 28. Juni 1853, Regnier, Plaidoyer rc, Trier 1856, S 4 und Anlagen, S. 181 ff. (Die s. g. Jesuiten-Kirche zu Trier war durch ACO. v. 25. Febr. 1819 für Staatseigenthum erklärt und der evangelischen Gemeinde zum Gebrauche überwiesen, demnächst aber durch eine spätere ACO. deren Rückgabe verfügt worden. Als demunerachtet das Bischöfliche Seminar die Vindikationsklage wider die evangelische Gemeinde anstellte, wurde die Inkompetenzeinrede zwar vorgeschützt, jedoch in allen Instanzen verworfen. Das OT. erwog hierbei, daß die unter der Voraussetzung des Staatseigenthums in den Allerh. Verfügungen getroffenen Dispositionen keine landeshoheitlichen Anordnungen, sondern nur fiskalische Handlungen darstellten.) Ein Beispiel, wo der Komp.GH. eine Allerh Entscheidung nicht als eine landesherrliche [d. h. wohl: landeshoheitliche] anerkannte, liefert EK. 12. Nov. 1859 (Sydow, S. 57 a. E.).

96. Ein Fall, wo die Wahrung fiskalischer Interessen mit der Handhabung der Hoheitsrechte auf eigenthümliche Weise in Verbindung gebracht wurde, lag dem *EK. 13. Nov. 1858 (JMBl. 59, S. 155) zu Grunde. Der Preußische Staat hatte in der Wiener Congreß-Akte, mehreren anderen der kontrahirenden Staaten gegenüber, die Abtretung eines gewissen Terrains an einen Standesherrn übernommen. In einem zweiten, mit jenen Staaten 1819 geschlossenen Vertrage erkannten letztere an, daß jener seine Verpflichtung erfüllt habe, nachdem der Standesherr 1816 mit seiner Zustimmung auf andere Weise abgefunden worden war. Gestützt auf die Behauptung, daß der erwähnte Standesherr das Abkommen mit dem Preußischen Gouvernement nicht habe schließen können, da dessen Gegenstand zum Fideicommiß-Gut der Familie gehört habe, klagte der spätere Fideicommiß-Inhaber gegen den

Fiskus auf Erfüllung der Congreß-Akte sowie auf Vernichtung der in jenem Abkommen enthaltenen Verzichtleistungen. Von anderen Gründen abgesehen, deren bereits unter n. 53 gedacht wurde, begründete der Komp.GH. hier die Unzulässigkeit des RW. in der Weise, daß, wenngleich der Antrag auf Vernichtung der Verzichtleistungen unter anderen Verhältnissen statthaft gewesen sein möchte, derselbe dennoch in vorliegender Sache unter die Stelle der Deklaration von 1831 falle, wonach solche Ansprüche an den Fiskus dem RW. entzogen seien, „deren Verhandlung zur Folge haben würde, über das Hoheitsrecht des Staats-Oberhaupts zum Abschluß von Verträgen mit fremden Staaten und zur Bestimmung über die Maaßgaben ihrer Erfüllung in privatrechtliche Erörterungen verfassungswidrig einzuschreiten," indem gerade der durch die Abfindung erlangte Verzicht die Maaßgabe der Erfüllung der Wiener Congreß-Akte sei, welche im Jahre 1819 staatsvertragsmäßig anerkannt worden, jener Antrag mithin Nichts anderes bezwecke, als hierin den Staatsvertrag von 1819 umzustoßen, und die völkerrechtlich anerkannte Maaßgabe der Erfüllung jener Akte noch dem RW. zu unterwerfen.

97. EK. 3. Jan. 1857 (JMBl. S 236) hält es hinsichtlich des Grundsatzes, daß Akte der Landeshoheit dem RW. nicht unterliegen, für gleichgültig, ob ein solcher Akt erst unter der Preußischen oder unter einer früheren Herrschaft erlassen sei. Der damals vorliegende sowie ein ganz ähnlicher Fall, bei welchem jedoch der landesherrliche Akt vom Preußischen Staats-Oberhaupte ausdrücklich bestätigt worden, — cf. EK. 11. Febr. 1854 (JMBl. S 245 ff.) — betrafen die Säkularisation von Kirchengut, die der König von Westphalen dekretirt hatte. Der Komp. GH., welcher in dieser Säkularisation eine in Ausübung des ius eminens des Staats getroffene Maaßregel erblickte, erklärte die richterliche Kognition über deren Rechtsbeständigkeit in beiden Fällen für unstatthaft.

98. Die Unzulässigkeit der gerichtlichen Anfechtung eines Aktes der Landeshoheit ist eine absolute, und wird der RW. nicht einmal durch die Berufung auf einen speziellen Rechtstitel eröffnet. In letzterer Hinsicht besteht ein grundsätzlicher Unterschied zwischen § 36 Abs. 1 einer- u. den §§ 36 Abs. 2, 38 h. l., resp. § 2 des Ges. v. 11. Mai 1842 und den meisten übrigen einschlägigen Bestimmungen andererseits.

99. Die Unbeschränktheit der Bestimmung des § 36 Abs. 1 äußert sich auch nach der Richtung hin, daß sie nicht blos das petitorium, sondern auch das possessorium ausschließt. Dies folgt sowohl aus der allgemeinen Fassung des § 36, als aus dem oben n. 66 Gesagten, und bedurfte es daher keineswegs — wie in der Verf. d. M. d. Inn. v. 31. Aug 1844 (VMBl. S. 282) unter der irrigen Voraussetzung, daß die §§ 35—37 eine derartige Bestimmung vermissen ließen, geschieht — eines Zurückgehens auf das Ges. v. 11. Mai 1842, um die Unzulässigkeit des possessorii hinsichtlich solcher Akte darzuthun, auch abgesehen davon, daß die Anwendbarkeit des letzteren Gesetzes auf Akte der Landeshoheit nicht zugegeben werden kann.

100. Damit der RW. über einen Akt der Landeshoheit ausgeschlossen sei, bedarf es nicht etwa der für Abfassung und Publikation der Gesetze vorgeschriebenen Formen. Ueberhaupt kann die Frage, ob ein solcher Akt in dieser oder jener Form habe erlassen werden können, ebensowenig wie die andere Frage, ob die Voraussetzungen, von denen in demselben ausgegangen worden, zutreffende oder irrige gewesen seien, der richterlichen Kognition unterzogen werden: EK. 11. Febr. 1854 (JMBl. S. 247).

101. Es begründet für den Kompetenzpunkt keinen Unterschied, ob der Staat, resp. Fiskus Partei ist, oder ob blos unter Privaten gestritten wird, ferner, ob der landesherrliche Akt unmittelbar oder blos mittelbar in einem zunächst einen anderen Gegenstand betreffenden Streite angefochten wird. Beispielsweise kann daher der Richter keine Erörterung darüber anstellen, inwiefern bei Ertheilung einer landesherrlichen Sanktion die Interessen der Parteien in Erwägung gezogen seien: EK. 30. Okt. 1852, *id 18. April 1857 (JMBl. 53, S. 68; 57, S. 389); AG. Cöln 22. Juli 1858 in S. der Kirche zu Loevenich c. Weisweiler. (In letzterem Urtheile wurde, gleichzeitig konform dem n. 100 Gesagten, erkannt, daß die Veranlassung und die Motive einer AKO., welche die nach dem Ges. v. 13. Mai 1833,

§ 2 (GS. S. 50) erforderliche Genehmigung angeblich auf wahrheitswidrige Angaben der Beklagten hin versagt hatte, als eines Aktes der höchsten Staatsgewalt vom Richter nicht zur Erörterung gezogen werden dürften.)

102. Dagegen können die Gerichte sehr füglich in die Lage kommen, Streitigkeiten über die Deutung und die rechtlichen Konsequenzen eines landesherrlichen Aktes, über seine Anwendbarkeit auf einen speziellen Gegenstand oder über die Frage, ob der Akt durch einen späteren wieder aufgehoben sei, für den konkreten Fall zu entscheiden. Ja es gehört recht eigentlich zum Wesen des richterlichen Berufs, und füllt einen großen Theil der richterlichen Thätigkeit aus, dies bei solchen Akten zu thun, die zu den Akten der Landeshoheit im prägnantesten Sinne gehören, nämlich bei den Gesetzen: EK. 9 Juni 1855, 13. April 1861 (JMBl. 55, S. 386; 61, S. 284; im letzteren Falle hatten die Kläger aus der Säkularisation eines Klosters das Erlöschen eines diesem vermachten Nießbrauchs hergeleitet und dies auf dem RW. geltend gemacht; der Komp.GH. nahm hierbei u. A. auch auf § 194, II 6 ALR Bezug, indem die dort dem Stifter rc. ertheilte Berechtigung im Streitfalle selbstredend der richterlichen Kognition unterliege).

103. Das Gesagte (n. 102) erleidet selbst dann keine Ausnahme, wenn das Resultat der desfallsigen Erörterung dahin führt, daß ein landesherrlicher Akt, ungeachtet er nicht rückgängig gemacht worden, sich als völlig unwirksam erweist, wie dies z. B. in dem bereits n. 101 erwähnten Prozesse der Kirche zu Loevenich c. Weisweiler vorkam. Betreffs einer der klagenden Kirche zugewandten testamentarischen Disposition waren zwei ACO. ergangen, von denen die ältere die zufolge Ges. v. 13. Mai 1833 nöthige Genehmigung versagte, und die jüngere dieselbe ertheilte. In Folge dessen Prozeß mit den Intestaterben darüber, ob jene Disposition durch die zweite ACO. noch habe gültig werden können, oder ob sie nicht vielmehr durch die erste beseitigt und hiermit die Intestat-Erbfolge eröffnet worden, die spätere Genehmigung sonach vollkommen wirkungslos sei. AH. Cöln 22. Juli 1858 nahm das Letztere an, weil die zweite ACO. gemäß § 7 des obigen Gesetzes nur vorbehaltlich der Rechte Dritter (i. c. der Intestaterben) verfügt habe, und das *OT. 28. Juni 1859 erwog, daß der zweite Richter, indem er zur Auslegung der ACO. auf deren gesetzliche Grundlage, das Gesetz von 1833, Rücksicht genommen, sich innerhalb seiner unstreitigen Befugnisse bewegt habe.

104. Ferner steht mit dem früher, namentlich unter n. 100 Gesagten nicht in Widerspruch, daß die Gerichte vor Anwendung Königlicher Verordnungen zu prüfen haben, ob dieselben gehörig publizirt seien, denn es ist offenbar ein Anderes, ob die Gerichte gehalten sind, sich einem Akte der Landeshoheit gegenüber blos passiv zu verhalten, ein Anderes, ob sie ihn selbst anwenden, d. h. ihren eigenen Entscheidungen als maaßgebende Norm zu Grunde legen müssen. Daß obige Prüfung den Gerichten wirklich zustehe, resp. obliege, stand zu allen Zeiten fest, und wurde durch Art. 106 der Verfassungs-Urkunde ausdrücklich bestätigt, wie dieser Art. auf der anderen Seite wiederum anerkennt, daß die Prüfung der Rechtsgültigkeit gehörig verkündeter königlicher Verordnungen den richterlichen Behörden, wie den Behörden überhaupt nicht gestattet sei. Ueber die Tragweite des Art. 106, insbesondere über die Frage, was verfassungsgemäß zur gehörigen Publikation erfordert werde, und inwiefern die Gerichte für befugt, resp. verpflichtet zu erachten, Gesetze, die zwar in verfassungsmäßiger Form verkündet, aber in verfassungswidriger Form erlassen oder verfassungswidrigen Inhalts sein sollen, cf. das Nähere bei v. Rönne I. S. 157, 163 ff. und v. Daniels, Lehrbuch des Gemeinen Preuß. Privatrechts I. S. 132 ff. Die Ansichten beider Schriftsteller weichen in Bezug auf die s. g. oktroyirten Verordnungen (Art. 63 der Verf.-Urk.) insofern von einander ab, als v. Daniels glaubt, daß, der von den Kammern versagten Genehmigung ungeachtet, solche Verordnungen so lange verbindlich bleiben, bis sie im Verordnungswege förmlich aufgehoben werden, wogegen v. Rönne annimmt, daß dieselben mit der Versagung jener Genehmigung ipso iure außer Kraft treten, der Richter daher, ohne sich einer Verletzung des Art. 106 l. c. schuldig zu machen, befugt und sogar verpflichtet erscheine, solche Verordnungen hinfüro als nicht mehr existent zu behandeln. — Jedenfalls darf sich der Richter bei einer oktroyirten Verordnung mit der Prüfung, ob dieselbe eine dringliche gewesen und unter eine der beiden allein statthaften Kategorien

falle, ob ihr Inhalt der Verfassung nicht zuwiderlaufe, ob sie innerhalb der allein dafür zugelassenen Zeit, nämlich während die Kammern nicht versammelt waren, ergangen sei, ebensowenig befassen, wie bei einer s g. Ausführungs-Verordnung im Sinne des Art. 45 ib. mit der Prüfung, ob deren Inhalt dem auszuführenden Gesetze entspreche, und ob dieselbe nicht etwa in das Gebiet der eigentlichen Gesetzgebung hinübergreife. Cf. v. Rönne I. S. 164.

105. Die im § 36 ausgesprochene Unzulässigkeit des RW erstreckt sich nicht blos auf die landeshoheitlichen Akte selbst, sondern auch auf die **Entschädigungs-Ansprüche**, welche aus jenen Akten wider den Staat, resp. Fiskus hergeleitet werden. So lautet mindestens die Regel, indem die Fälle, in welchen ein solcher Anspruch vor Gericht geltend gemacht werden kann, nach dem Wortlaute des § 37 als Ausnahmefälle aufzufassen sind. Auf der anderen Seite würde man jedoch zu weit gehen, wenn man die im § 37 speziell aufgeführten Fälle des § 71 der Einl. und § 11, I. 11 ALR. als die einzigen Ausnahmefälle dieser Art zulassen wollte; jene Gesetzesstellen enthalten vielmehr nur einzelne Anwendungen des allgemeinen Prinzips, welches im § 75 der Einl. zum ALR. ausgesprochen ist, und durch § 37 h. l. offenbar aufrecht erhalten werden sollte. Cf. Gesetz-Revision, Pensum XII. S. 96. Demzufolge ist der RW. wegen eines Entschädigungs-Anspruchs überall statthaft, wo der Akt der Landeshoheit auf § 74 ib. oder den aus demselben hergeleiteten sonstigen Gesetzen beruht, d. h. also überall, wo das landesherrliche Expropriationsrecht im weiteren Sinne, das Recht zur Nöthigung des Einzelnen, seine besonderen Rechte und Vortheile dem Wohle des gemeinen Wesens zu opfern, in Anwendung gebracht wird. Dahin gehören außer den in den §§ 36, 37 h. l. erwähnten Fällen die der §§ 30, 31, I. 8; §§ 260 ff., I. 9; §§ 5, 6, 19, 40, 43, II. 15 ALR; ACO. v. 11. Juni 1825 (GS S. 152); Gew.-Ordn. v. 17. Januar 1845, § 69; Ges. v. 9. Nov. 1843, § 6 (GS. S. 341); Einf.-Ges. z. Hand.-GB. v. 24. Juni 1861, Art. 12 § 4 (GS. S. 456); Ges. v. 11. Mai 1851, § 12 Schlußsatz (GS. S. 365) u. s. w. In allen solchen Fällen ist daher, — sofern nicht etwa Spezialgesetze hiervon eine Ausnahme begründen (z. B. § 12 d. Rh. Ress.-Regl.), — die Feststellung der Entschädigung nöthigen Falls im RW. zu bewirken und in gleicher Weise auch die Vorfrage, ob ein Fall dieser Art wirklich vorliege, insoweit prozeßfähig, als es sich um die Existenz oder Nichtexistenz eines daraus abgeleiteten Entschädigungs-Anspruchs handelt. Cf. OT. 1. Juli 1850 (Entsch. 20, S. 5 ff.) u. die Noten zu § 4 des Ges. v. 11. Mai 1842. In anderer Hinsicht ist dagegen die richterliche Kognition ausgeschlossen, da, den Entschädigungspunkt abgerechnet, von dem Expropriationsrechte dasselbe gilt, was von allen sonstigen Hoheitsrechten. Cf. EK. 8. Apr. 1854 (JMBl. S. 272), wo erkannt wurde, daß, wenn der Fall einer Expropriation als feststehend angenommen werden müsse, das Vorhandensein desselben im RW. nicht mehr bestritten werden könne, ferner die im JMR. v. 12. Novbr. 1832 (Jbb. 40, S. 401) referirte ACO., welche ausdrücklich ausspricht, daß in Fällen, wo es auf eine Expropriation des Gemeinwohls wegen ankomme, nach Vorschrift des § 36 h. l. den Gerichten keine Kognition zustehe; ebenso v. Rönne I. S. 332; er bemerkt u. A., daß die Voraussetzungen der §§ 29, 30, I 8 ALR. nicht der Richter zu beurtheilen habe, daß diese Vorschriften vielmehr für die Staatsgewalt gegeben seien, der es allein zustehe, die Einziehung, resp. Einschränkung des Eigenthums zum Gemeinwohle auszusprechen.

106. Die Zulässigkeit der richterlichen Entscheidung über den **Entschädigungspunkt** bei eigentlichen Expropriationen erleidet nicht etwa dadurch eine Einschränkung, daß die Preisermittelung den §§ 8 ff., I. 11 ALR. gemäß zunächst auf außerprozessualischem Wege durch **vereidete Taxatoren** erfolgt, und § 11 l. c. nur des bisherigen Eigenthümers als eines Solchen gedenkt, dem über die Bestimmung des Preises das rechtliche Gehör nicht versagt werden dürfe, indem nach der Absicht des Gesetzes unzweifelhaft auch der Staat selbst [oder der sonst zur Schadloshaltung Verpflichtete] befugt ist, die Taxe vor Gericht anzufechten; der § 11 Abs. 3. a. E. des Ges. v. 3. Nov. 1838 enthält eine Ausnahme-Vorschrift, welche jede Anwendung per analogiam ausschließt: OT. 24. Jan. 1851 (Strieth. 2, S. 27).

107. Indem es zum Begriffe des Expropriationsrechts gehört, daß die Enteignung zur Förderung des **Gemeinwohls** erfolge, so unterscheidet sich dasselbe

von vorne herein von dem verwandten Rechte auf Einräumung einer s. g. nothwendigen Servitut im Sinne der §§ 3—10, I. 22 ALR. und des Art. 682 des Rhein. BGB.; das letztere betrifft ein lediglich zwischen zwei Privatpersonen sich bildendes Rechtsverhältniß, bei dem das Gemeinwohl nicht einmal mittelbar betheiligt ist. In Fällen, wo dieses letztere Recht geltend gemacht wird, steht die Beurtheilung der Nothwendigkeit der Eigenthums-Beschränkung, vorbehaltlich einzelner auf ausdrücklicher Gesetzes-Vorschrift beruhenden Ausnahmen (cf. §§ 18, 19 des Vorfluths-Edikts v. 15. Nov. 1811, § 4 des Ges. v. 14. Juni 1859) nicht den Verwaltungs-Behörden, sondern den Gerichten zu, wogegen die Feststellung der Entschädigung in der Regel (§ 7, I. 22 ALR.) durch Schiedsrichterspruch erfolgt. Cf. Ergänzungen zu §§ 3—10 l. c., wo zur Unterstützung der betreffs der richterlichen Kompetenz geäußerten Ansicht auf eine nicht publizirte ACO. v. 22. Aug. 1833 und den Gesetzrevisor hingewiesen, und als dissentirend Koch, Schles. Archiv 4, S. 226, der blos die Verhandlung über die Entschädigung für eine Justizsache halte, angeführt wird. Der letztgenannte Schriftsteller erkennt in seinem Lehrbuche des Pr. Privatrechts, § 601 zwar an, daß nach dem ALR. der Richter über die Nothwendigkeit der Eigenthums-Beschränkung zu befinden habe, hält dies jedoch für nicht ganz folgerecht, weil nach seiner Ansicht der Grund der betreffenden Verbindlichkeit ebenderselbe publizistische sein soll, aus welchem jede gesetzliche Einschränkung des Eigenthums und die Expropriation gerechtfertigt werde.

108. Andererseits ist, damit von der Ausübung des Expropriationsrechts und einem daraus abzuleitenden Entschädigungs-Anspruche die Rede sein könne, ein wirkliches Vermögensopfer, ein eigentlicher Eingriff in Privat-Eigenthum erforderlich. Macht daher der Staat lediglich eine gesetzliche Beschränkung geltend, unter welcher das Privat-Eigenthum überhaupt nur besteht, die also als solche in der Gesetzgebung anerkannt wird, so liegt kein Fall der Expropriation vor, und würde eine etwaige Entschädigungsklage, wenn auch nicht als zum RW. ungeeignet, doch als ungegründet zu verwerfen sein. Cf. §§ 33 ff, I. 8 und §§ 1, 2, I. 22 ALR. So erachtete OT. 9. März 1849 (Entsch. 17, S. 325) die Eigenthümer der Ufer öffentlicher Flüsse für nicht befugt, wegen Hergabe des zur Einrichtung des Leinpfads erforderlichen Terrains Entschädigung zu fordern, indem die Gestattung des Leinpfads eine gesetzliche Beschränkung sei, welcher dem § 57, II. 15 ALR. gemäß das Ufereigenthum überhaupt unterliege. Hierauf ist ferner OT. 15. Novbr. 1850 (Entsch. 20, S. 103) zurückzuführen, wenn dasselbe den Umwohnern einer Festung jeden Ersatzanspruch wegen der Beschränkungen absprach, denen sie durch Erweiterung des Festungsrayons in der Benutzung ihrer Grundstücke unterworfen wurden; dasselbe erwog: § 75 der Einl. zum ALR. gelange nur da zur Anwendung, wo die getroffene Beschränkung nicht schon Bedingung des Grundbesitzes sei, erkannte jedoch an, daß, wenn es dem Bedürfnisse der Festung entsprochen hätte, den Klägern ihr Eigenthum gänzlich zu entziehen, jene zufolge der §§ 6, 8, 9, I. 11 ALR. und § 30 d. Regul. v. 10. Sept. 1828 (GS. S. 129) Werthersatz allerdings hätten fordern können. Daraus ist indessen selbstredend nicht allgemein zu folgern, als ob ein Entschädigungs-Anspruch überhaupt nur bei totaler Entziehung des Eigenthums stattfinde. Cf. v. Rönne I S. 332. Die Französische Jurisprudenz erkennt, wenn eine Festung neu angelegt oder eine Stadt zur Festung umgeschaffen wird, einen Entschädigungs-Anspruch selbst wegen der bloßen Belastung des benachbarten Grund-Eigenthums mit den s. g. servitudes militaires als begründet an: Dalloz, m. compet. admin., n. 449. Cf. auch die Noten zu § 13 des Rh. Ress-Regl. und zu § 4 des Ges. v. 11 Mai 1842.

109. Dasselbe gilt, wenn der Staat eine für andere Eigenthümer nachtheilige Handlung kraft des ihm selbst zustehenden Eigenthums, sowie innerhalb der hierin begründeten Befugnisse vornimmt, und um deswillen nach dem Satze: „qui suo iure utitur, neminem laedit“ nicht in fremdes Eigenthum eingreift. So entschied OT. 1. Juli 1850 (Präj. 2220, Entsch. 20, S. 5 ff), daß der Staat nicht zum Schadensersatze verpflichtet sei, wenn seine Befugniß zur Errichtung ꝛc. einer gemeinnützigen Anlage schon aus den §§ 36—38, I. 6 und §§ 26—28, I. 8 ALR. folge, wenn er z. B. eine Landstraße erhöht oder erniedrigt habe, und hierbei in den dem Eigenthümer gezogenen Schranken geblieben sei. Ein Gleiches erkannten AH. Cöln

28. März 1833 (Rh. A 18, I 132) u LG. Trier 31. Aug 1846 (Tr. A. 5, I. 264) in Bezug auf das Gebiet des Rheinischen Rechts an *Contra*. AH. Cöln 25. Juni 1847 (Rh. A. 42, I. 101), welches annahm, daß der Adjazent, welcher ohne Widerspruch längs der Straße baue, und Thür- wie Fenster-Oeffnungen nach derselben breche, durch diese Zulassung des Baues das Recht erwerbe, daß seine im Vertrauen auf die Fortdauer des bisherigen Zustandes gemachten Anlagen durch die im allgemeinen Interesse nöthig befundene Erhöhung oder sonstige Veränderung der Straße nur gegen Entschädigung unbrauchbar gemacht werden dürften. Cf. ferner die Noten zu § 4 des Ges v. 11. Mai 1842.

110. Desgleichen liegt der Fall einer Expropriation und eines in Folge derselben erwachsenen Entschädigungs-Anspruchs nicht vor, wenn die vom Staate erheischten Opfer nicht Einzelne, sondern alle Staats-Angehörigen, oder alle Bewohner eines gewissen Landestheils treffen, wenn z. B. auf Grund des § 73 der Einl. zum ALR. zur Abwehr allgemeiner Kalamitäten Leistungen Aller in Anspruch genommen werden. So: R. d. Min. d. J u. H. v. 31 Juli 1840, 12. Sept. und 9. Nov. 1841, 14. Juli 1842 (VMBl. 40, S. 331; 41, S 249 u 306; 42, S. 292), welche diesen Satz auf die zur Vertilgung schädlicher Waldinsekten aufgebotene Kreishülfe für anwendbar erachteten. Cf. auch § 25 des Gesetzes über das Deichwesen v. 28. Jan. 1848.

111. Endlich bleiben die für Expropriationen geltenden Grundsätze außer Anwendung, wenn die Aufhebung oder Beschränkung von Privatrechten die unmittelbare Folge neu ergangener Gesetze ist. Da sich nämlich alsdann der den Schaden herbeiführende landesherrliche Akt zwar als der Ausfluß eines Hoheits-, aber nicht des Expropriations-, sondern des Gesetzgebungs-Rechts kundgiebt, so tritt hier die in unter 105 besprochene Regel in Wirksamkeit, weshalb der Richter den erhobenen Entschädigungs-Anspruch in solchen Fällen nicht etwa wie in denen der n. 108 und 109 als unbegründet, sondern als nicht prozeßfähig abweisen muß, sofern nicht etwa das betreffende Gesetz selbst eine Entschädigung zusagt. Dieser Satz wird namentlich in der Deklaration von 1831 näher zu begründen gesucht, und seine Richtigkeit in der Anwendung auf einzelne Fälle durch eine Reihe von Entscheidungen der höchsten Gerichtshöfe anerkannt. So entschied EK. 9. Februar 1856, (JMBl. S. 88), daß der RW. betr. Entschädigung für eine durch Gewährung der Preßfreiheit aufgehobenes Zeitungs-Privilegium nicht stattfinde, da der Verlust dieses Privilegs eben nicht die Folge einer bloßen Verwaltungs-Maaßregel, sondern eines Gesetzes sei, und dieses eine Entschädigung für die durch dasselbe beeinträchtigten Privatrechte nicht vorbehalte. Aehnlich entschied OT 8 Mai 1840 (Präj. 863, Entsch. 32, S. 165) in einer Streitsache, welche eine durch speziellen Rechtstitel erworbene, aber in Folge des Westphäl. Dekrets v. 20 Dez 1809 aufgehobene Befreiung vom Wegegeld betraf. Der Komp. GH. und OT. 3. April 1856 (Entsch. 32, S. 162) nahmen dasselbe an in Bezug auf einen von der Westph. Sälzer-Korporation dahin gerichteten Klageantrag, daß Fiskus verurtheilt werde, den Klägern den alleinigen Salzhandel im Fürstenthum Paderborn sowie den freien Handel in's Ausland zu gestatten, und ihnen allen durch die bisherige Versagung dieses Rechts erlittenen Schaden zu ersetzen, oder daß Fiskus mindestens zum Ersatz des Vortheils schuldig erklärt werde, den Kläger bei völlig freier Konkurrenz gehabt haben würden, — insofern es sich um die in diesem Petitum begriffenen Ersatzansprüche handelte. (Das OT. hob hier besonders hervor, das Edikt v. 10. Juni 1816 (GS. S. 182), die Ausübung des Salzregals in den dort bezeichneten Landestheilen betreffend, enthalte für obigen Bezirk keine Entschädigungszusage) Cf. ferner EK. 15. Okt. 1859 (JMBl. 60, S. 329), wo es sich, wie bei OT. 8. Mai 1840 und v. 3. April 1856, um einen Akt der früheren Gesetzgebung, und zwar um den Reichs-Deputations-Hauptschluß handelte. Alle diese Entscheidungen gehen übrigens davon aus, daß in derartigen Fällen ein Entschädigungs-Anspruch nicht allein nicht prozeßfähig, sondern daß er überhaupt nicht existent sei, eine Ansicht, welche in ihrem zweiten Theile freilich nicht aus § 36 h. l., sondern nur aus jener Deklaration gefolgert werden kann. Daß mit letzterer Annahme Art. 9 der Verf.-Urk. nicht in Widerspruch stehe, indem dieser keineswegs die Bestimmung habe, der Gesetzgebung über die nothwendige, unentgeltliche Aufhebung von Rechten entgegenzutreten, weist

v. Rönne I. S. 329 aus den Materialien nach. — Beispiele, wo eine aus Staatsmitteln zu beschaffende Entschädigung für die Aufhebung von Rechten im Gesetze ausdrücklich zugesagt worden, liefern die §§ 1, ff. des Ed. v. 28. Okt. 1810, das Ges. v. 13. Mai 1833 (GS. S. 59), die §§ 3, 7, 8 des Ed. v. 9. Mai 1816 (GS. S. 139), die VO. v. 16. Juni 1838 ꝛc. Charakteristisch ist, daß diese wie andere ähnliche Bestimmungen hinsichtlich der Ermittelung des Entschädigungs-Quantums die richterliche Kognition gerade ausschließen.

112. Inzwischen lassen die Motive des CK. 13 Febr. 1858 (JMBl. S. 255) das oben Gesagte nur insofern für unbedingt richtig gelten, als unter dem ohne ausdrückliche Zusage nicht zu erstattenden Schaden blos derjenige verstanden werde, welcher bei Erlaß des Gesetzes habe vorausgesehen werden können, der also mit dem Gesetze in unmittelbarem und nothwendigem Zusammenhange stehe, wie z. B. bei dem in Folge Freigebung der Gewerbe eingetretenen Verluste eines ausschließlichen Zunftrechts der Fall sei. Ganz anders würde es sich nach jenen Motiven verhalten, wenn z. B. ein Straßen-, Strom- oder Meliorations-Bau durch landesherrliche Verfügung angeordnet wäre, nachmals sich aber ergäbe, daß dadurch auf einem anderen Punkte Schäden entstanden seien, an die man im Voraus nicht habe denken können; daß allen derartigen Entschädigungs-Forderungen durch Bezugnahme auf das Gesetz entgegengetreten werden könne, lasse sich nicht durchführen

113. Noch weit unbedenklicher steht weder § 36 h. l noch die Deklaration von 1831 der gerichtlichen Geltendmachung eines Entschädigungs-Anspruchs entgegen, wenn der Fiskus sich in einem Vertrage privatrechtlicher Natur zur Gewährleistung wider etwaige legislative Aenderungen verpflichtet hat. OT. 30. Aug. 1847 (Entsch. 15, S. 134; K. Friedrich I. hatte ein Grundstück unter dem Versprechen verkauft, daß Käufer nie mehr als die beim Kaufe übernommenen Lasten vom Grundstücke entrichten solle; nach Aufhebung aller Steuerprivilegien [durch die fremdherrliche Gesetzgebung] klagte ein Nachkomme des Käufers wider den Fiskus auf Entschädigung wegen der auf solche Weise entzogenen Steuerfreiheit. Das OT. erachtete diesen Anspruch als einen rein privatrechtlichen, bei welchem weder das Besteuerungsrecht des Staats-Oberhaupts in Frage gestellt, noch eine Entschädigung für die Ausübung dieses Rechts beansprucht, sondern lediglich eine vertragsmäßig übernommene Gewährleistung verlangt werde).

114. Ebenso ließ CK. 7. Mai 1859 (Sydow S. 57) den RW. in einem Falle zu, wo Kläger unter der Behauptung, daß er an Stelle des Fiskus eine angeblich diesem in Folge einer Säkularisation überkommene Verpflichtung erfüllt habe, einen Ersatzanspruch ex versione in rem geltend machte.

115. Aus dem Umstande, daß die Deklaration von 1831 unter den Schäden, für welche Fiskus nicht Ersatz zu leisten habe, noch vor Gericht belangt werden dürfe, beispielsweise auch Kriegs-Beschädigungen aufführt, könnte man versucht sein, mit CK. 22. Nov. 1851 (JMBl. 52, S. 18) zu schließen, daß dies von allen Kriegs-Beschädigungen ohne Ausnahme gelte, mithin auch von den durch die Anordnungen eines inländischen Commando's zugefügten. In jener Deklaration hat jedoch wohl nur gesagt werden sollen, daß, weil aus den bloßen Folgen eines Aktes der Landeshoheit privatrechtliche Ansprüche gegen den Fiskus in der Regel nicht hergeleitet werden könnten, ein solcher Anspruch nicht darauf allein sich gründen lasse, daß der Landesherr von dem Hoheitsrechte, Krieg zu führen, Gebrauch gemacht, und Kläger durch diesen Krieg Schaden erlitten habe, so daß also unter Kriegs-Beschädigungen an obiger Stelle nur solche gemeint wurden, welche wirklichen Kriegszufällen resp. den Handlungen des Feindes beizumessen sind. Dies erhellt noch bestimmter aus dem weiteren Inhalte, wo jener Schaden als ein aus den Zufällen des Krieges hervorgegangener erläutert wird. In dem Hoheitsrechte, Krieg zu führen, ist ohnehin die Befugniß, das Privatvermögen der eigenen Unterthanen zum Zwecke der Kriegsführung zu beschädigen, noch keineswegs mitenthalten; eine solche Befugniß kann vielmehr auch in diesem Falle nur auf das hoheitliche Expropriationsrecht zurückgeführt werden, und ist hiernach die Existenz sowie die Prozeßfähigkeit eines desfallsigen Entschädigungs-Anspruchs im Prinzipe wenigstens nicht zu bestreiten, wie denn auch im gemeinen Rechte der Satz gilt, daß der Staat zwar nicht für den vom Feinde verursachten Schaden, wohl aber für denjenigen,

den er selbst anrichtet, ersatzpflichtig sei. Cf. Eichmann, der Kriegsschadenersatz, Altenburg 1813, v. Rönne I. S. 271 und die dort mitgetheilte Litteratur. — Wenn die positive Gesetzgebung — s. unten n. 251 — den RW. hinsichtlich aller Entschädigungs-Forderungen aus den Kriegen von 1806 bis 1815 allgemein ausgeschlossen hat, und § 43 des Ges v. 3. Nov. 1838 bestimmt, daß eine Eisenbahn-Gesellschaft für Kriegsbeschädigungen sowie Demolirungen, sie mögen vom Feinde ausgehen oder im Interesse der Landes-Vertheidigung veranlaßt werden, vom Staate keinen Ersatz fordern dürfe, so spricht dies nicht gegen, sondern für obige Ansicht: exceptio firmat regulam. — In Frankreich entschied ein Rej. 14. Juli 1846 (D. P. 46, I. 301), daß die Zerstörung von Privat-Eigenthum, angeordnet durch die Militairbehörde zur Bewältigung eines Aufstands, keine Expropriation, sondern einen Kriegsfall (cas de guerre) konstituire, die Klage auf Regulirung der Entschädigung gegen den Staat mithin zur ausschließlichen Kompetenz der Administrativ-Behörden gehöre; hier ist indessen der Ausdruck „Expropriation" augenscheinlich in dem engeren Sinne gebraucht, wonach darunter nur solche Fälle verstanden werden, welche nach den formellen Vorschriften der Expropriations-Gesetzgebung seit 1810 zu behandeln sind und den Gegensatz zu solchen Entschädigungs-Ansprüchen bilden, denen zwar auch eine Vermögens-Entziehung des gemeinen Nutzens wegen zu Grunde liegt, die jedoch auch seit dem Jahre 1810 noch nach der älteren Gesetzgebung durch die mit Richtergewalt bekleideten Präfektur-Räthe beurtheilt zu werden pflegen. Cf. die Noten zu § 13 des Rh. Ress.-Regl. Jedenfalls geht aber aus jenem Rej. hervor, daß die Existenz eines Entschädigungs-Anspruchs an sich vorausgesetzt wurde. Ueber Kriegslieferungen cf. unten n. 190.

116. Ein EK. 11. Mai 1861 (JMBl. 62, S. 46) ließ gerade auf Grund der Deklaration von 1831 eine Klage zu, welche eine Stadtgemeinde wider den Fiskus auf Zahlung der durch § 39 des Servis-Regulativs v. 17. März 1810 zugesagten Zuschüsse zu den Servis-Ausgaben angestellt hatte.

117. Bisher ist der Bestimmung des § 36 vornämlich nur insoweit gedacht worden, als sie den RW. wider Akte der Landeshoheit ausschließt. Dieselbe steht aber der Betretung des RW. selbstredend auch da entgegen, wo ein landesherrlicher Akt noch gar nicht ergangen, die Klage vielmehr dahin gerichtet ist, daß der Richter einen Anspruch zuerkenne, über den nur vom Staats-Oberhaupte in Ausübung seiner Hoheitsrechte entschieden werden könnte. So erkannte AH. Cöln 10. Aug. 1847 (Rh. A 42, I. 135), daß Streitigkeiten zwischen zwei Kirchengemeinden verschiedener Confession, welche nicht die Mitberechtigung an einer Simultan-Kirche, sondern die Art ihrer Ausübung zum Gegenstande hätten, nicht zur richterlichen Kognition gehörten, indem derartige Streitigkeiten über den Benutzungsmodus, wenn sie nicht durch Einverständniß der kirchlichen Oberen geschlichtet würden, nach § 311, II. 11 ALR. durch den Landesherrn [in Ausübung des ius circa sacra] entschieden werden müßten. Dieses Erkenntniß ist zwar durch KH. 30. Okt. 1848 (Rh. A. 43, II. 76) kassirt worden, aber nicht, weil die aus § 311 l. c. gezogene Folgerung an sich unrichtig sei, sondern weil dieser § in der Rheinprovinz keine Gesetzeskraft habe, und der betreffende Streit mit Rücksicht auf die Besonderheit des konkreten Falls sich ohnehin als einen rein privatrechtlichen charakterisire; (der Anspruch auf die Art der Benutzung war auf den speziellen Titel der Verjährung gegründet, und ein entgegenstehender Vertrag als nichtig angefochten worden.)

118. Demselben Prinzipe zufolge, welches in § 36 seinen Ausdruck findet, können die Gerichte keine Thätigkeit entwickeln, welche einen Antheil an der legislativen Gewalt voraussetzt. In Frankreich hatten sich bekanntlich die obersten Gerichtshöfe der Provinzen, die Parlamente, einen sehr wesentlichen Einfluß auf die Legislatur angemaßt, und bis zur Revolution von 1789 behauptet. Diesem Zustande wurde jedoch durch die Revolutions-Gesetzgebung ein Ende gemacht, und der Wirkungskreis der Gerichte auf die Entscheidung des einzelnen Falles beschränkt, indem denselben untersagt wurde, de disposer par voie de reglement, ein Verbot, welches, zuerst im Ges. v. 10.—24. August 1790, Tit. 2, Art. 12 ausgesprochen, selbst noch in das B. G. B. (cf. Art. 5) übergegangen ist, und nur insofern eine Ausnahme erleidet, als es den Gerichten gestattet worden, reglementarische Bestimmungen über Gegenstände des innern Dienstes in bestimmten Grenzen zu treffen. Cf. z. B. Art. 21

des Dekrets v. 6. Juli 1810. In Preußen, wo gleiche Anlässe zu solchen Verboten nicht gegeben wurden, ist man weniger geneigt, in dem Erlasse allgemeiner Reglements einen Eingriff in die Legislative zu erblicken, und waren wenigstens früherhin reglementarische Verfügungen der Obergerichte über andere Gegenstände, als den innern Dienst keineswegs selten. Cf z. B das Publikandum des Kammergerichts wegen der Fälle, in denen kein richterliches Verfahren eintritt, vom 27. Mai 1817 (Jbb. 10, S. 274) Ueber das Recht der Gerichtshöfe, auf den Erlaß einer authentischen Gesetzes-Interpretation anzutragen: cf AEO v 1. Aug. 1836 (GS. S. 218), sowie Ges. v. 7. Mai 1856 (GS S. 293) und in Beziehung auf das französische Recht Gilbert zu Art. 5 des BGB

119. Obgleich wirkliche Hoheitsrechte im Prinzip unveräußerlich und unübertragbar sind (§ 18, II. 17 ALR), so ist dies in solcher Allgemeinheit doch nur so zu verstehen, daß der Landesherr sich eines Hoheitsrechts nicht etwa wie eines niederen Regals, z. B. des Bergwerks-Regals für einen gewissen Bezirk, gänzlich entäußern könne, so daß dieses Recht statt seiner ausschließlich einem Anderen zustände, indem wenigstens bezüglich einzelner wirklichen Hoheitsrechte unbestritten ist, daß derselben durch besondere landesherrliche Verleihung sowohl Private, Gemeinden ꝛc. als Staatsbehörden mit theilhaftig gemacht werden können, und theilhaftig gemacht worden sind, wie z. B. den Gemeinden eine Art Besteuerungsrecht kraft Gesetzes zusteht, und das Expropriationsrecht nicht selten Privaten und Gesellschaften verliehen wird. Daß in allen solchen Fällen der landesherrliche resp legislatorische Akt, vermöge dessen das Hoheitsrecht übertragen worden, keiner gerichtlichen Anfechtung unterliege, bedarf keiner Erwähnung. Insoweit es sich aber um die streitig gewordene Ausübung dieses Rechtes handelt, muß unter den Berechtigten, je nachdem diese Private, Gemeinden ꝛc. oder aber Standesherren oder Staatsbehörden sind, unterschieden werden.

120. Sind die Berechtigten Privat-Personen, Korporationen, Gemeinden ꝛc., so läßt sich die Unzulässigkeit des RW. hinsichtlich derartiger Streitigkeiten aus § 36 wohl schwerlich allgemein herleiten, indem der Charakter jener Rechte durch einen solchen Wechsel in der Person des Berechtigten ein völlig anderer, ein vorwiegend privatrechtlicher geworden ist Wenn hiernach die richterliche Kognition über die zwischen jenen Berechtigten und Dritten streitig gewordene Ausübung der übertragenen Hoheitsrechte als Regel angenommen werden mag (cf. Grävell I. S. 82 und in Beziehung auf das gemeine Recht v. Linde § 49, Martin § 21), so erleidet diese Regel dennoch die weitgreifendsten Ausnahmen, einestheils in Bezug auf das Besteuerungsrecht der Gemeinden (cf die Noten zu § 41), anderentheils in Bezug auf das an Private ꝛc. verliehene Expropriationsrecht, bei dessen Ausübung die gerichtliche Thätigkeit nach der allgemein herrschenden, und durch mancherlei Spezialgesetze unterstützten Ansicht ebenso wie bei den unmittelbar vom Staate betriebenen Expropriationen, im Wesentlichen auf die Feststellung des Entschädigungs-Anspruchs beschränkt ist.

121. Daß über die Handhabung der den Standesherren erhaltenen Regierungs-, resp Hoheitsrechte, z. B des jetzt noch bestehenden Aufsichtsrechts über Schulen, milde Stiftungen ꝛc. der RW. nicht stattfinde, ist zwar nirgends gesagt, folgt aber aus dem publizistischen Charakter der Stellung jener Standesherren sowohl als aus dem Geiste der Instruktion v. 30 Mai 1820, wie er sich namentlich in den §§ 35, 38 ff, 53, 57 ff. kundgiebt, und findet eine mittelbare Anerkennung durch AH. Cöln 19. Okt. 1847 (Rh. A. 43, I. 190), wo zwar die im konkreten Falle wider die richterliche Zuständigkeit angeregten Bedenken als unbegründet verworfen wurden, aber nur um deswillen, weil die zur Erörterung gelangenden Fragen rein privatrechtlicher Natur seien und das Gebiet der standesherrlichen Hoheitsrechte in keiner Weise berührten

122. Ebensowenig kann, wenn der Landesherr gewisse Hoheitsrechte speziell auf seine Behörden übertragen hat, die Art ihrer Ausübung durch letztere von Dritten im RW angefochten werden. Denn die Behörden handeln alsdann zwar im eigenen Namen und nach eigenem Gutbefinden, aber dennoch nicht aus einem Privat-, sondern im öffentlichen Interesse und als unmittelbare Repräsentanten der obersten Staatsgewalt.

123. Zu den durch den Landesherrn auf seine Behörden übertragenen Hoheitsrechten gehört das durch ACO. v 6. Nov 1827 (GS. 28, S. 1) dem Justizminister verliehene Recht, unehelichen Kindern in der Rheinprovinz die Legitimation mit voller rechtlicher Wirkung der in den Patenten jedesmal auszudrückenden Befugnisse zu ertheilen (§§ 601 ff., II. 2 ALR.). Demzufolge kann eine so erfolgte Legitimation als solche im RW niemals angefochten werden. Wird jedoch die leibliche Abstammung des Legitimirten vom vermeintlichen Vater, und hiermit implicite auch die Wirksamkeit der Legitimation selbst durch Jemanden bestritten, so findet desfalls der RW. allerdings statt, da die Legitimation als Vorbedingung ihrer Wirksamkeit die Filiation immer voraussetzt, und diese selbst da, wo jene schon kraft Gesetzes eintritt (Art. 331 BGB.), vor Gericht bestritten werden kann: AH. Cöln 23. Juli 1853, 2. März 1854 und JMR. 12. Mai 1853 (Rh. A. 49, I. 197 ff.).

124. Ebenso ist das Recht, Staatsämter und Würden zu verleihen (§ 7, II. 13 ALR), für manche Aemter und Würden auf die Ministerien oder sonstige Behörden übertragen, und daher die Besetzung solcher Stellen Seitens der betreffenden Minister rc. schon dem § 36 zufolge vor jeder gerichtlichen Anfechtung gesichert.

125. Ferner gehört hierher das Begnadigungsrecht, insofern dasselbe für gewisse minder wichtige Fälle (cf v. Rönne I. S. 219) den Behörden ertheilt worden ist. Hat daher die kompetente Behörde von diesem Rechte Gebrauch gemacht, so muß die desfalls getroffene Anordnung von den mit der Strafvollstreckung betrauten Behörden unbedingt beachtet werden.

126 Desgleichen das Expropriationsrecht, insofern auch bei diesem eine Uebertragung auf die Behörden für gewisse Fälle (cf. z B. § 4 des Ges v. 11. Mai 1842) erfolgt ist: EK. 4. Sept. 1849 (JMBl. S. 455) Daß, von diesen Fällen abgesehen, die Entscheidung darüber, ob die Nothwendigkeit eines Verkaufs zum gemeinen Wohle vorliege (§ 10, I. 11 ALR.), dem Staats-Oberhaupte verblieben, und nicht etwa, wie Bielitz (Comm. 2, S. 393) meint, durch § 36 h. l. auf die Regierungen übergegangen sei, unterliegt keinem Zweifel. Cf. Bornemann, System 3, S. 2; Ges. Rev. Pens. XIV, S. 3; Ergänz. zu § 10, I 11 ALR.

127. Das Recht zum Erlasse allgemeiner Polizei-Verordnungen (§ 6, II. 13 ALR.) ist zwar hier gleichfalls zu nennen, indem das Gesetz über die Polizei-Verwaltung vom 11. März 1850, §§ 5, 11, den Orts- und Landes-Polizei-Behörden unleugbar einen Antheil an diesem Hoheitsrechte eingeräumt hat, wie früher der Schlußsatz des § 45 h. l. den Ministerien. Inzwischen sprechen überwiegende Gründe dafür, daß die in Gemäßheit der §§ 5, 11 l. c. ergangenen VO., der Absicht des Gesetzgebers gemäß, nicht als Akte der Landeshoheit, sondern als Polizei-Verfügungen, d. h. also nicht nach § 36 h. l, sondern nach dem an Stelle der §§ 38 ff. h l. getretenen Ges. v. 11 Mai 1842 im Allgemeinen zu beurtheilen seien, worüber das Nähere den Noten zu letzterem und zum Gesetze von 1850 vorbehalten wird.

128. Eine von der in den n. 122—127 erörterten wesentlich verschiedene Frage ist, ob § 36 auch auf solche Akte zu beziehen sei, welche die Verwaltungs-Behörden nicht in Ausübung eines ihnen speziell übertragenen Hoheitsrechts, sondern kraft des ihnen im Allgemeinen obliegenden Berufes, als unmittelbare oder mittelbare Organe des Staats-Oberhaupts zu handeln, Namens seiner und in Ausübung der ihm allein zustehenden Hoheitsrechte erlassen. Perrot I. S. 137 und 177 ff. verneint letztere Frage unbedingt, indem er aus der ratio legis wie aus der Wortfassung des § 36 Abs. 1 folgert, daß derselbe nur das Verhältniß zwischen dem Landesherrn und seinen Gerichten, nicht aber das Verhältniß zwischen diesen und den ihnen koordinirten Verwaltungs-Behörden im Auge habe. Inzwischen verkennt derselbe Schriftsteller nicht, daß sowohl die Randschrift des § 36, als die Bestimmung der VO. von 1808 im Allgemeinen der entgegengesetzten Ansicht das Wort reden. Noch mehr deutet darauf das System hin, welches speziell den §§ 36 ff. zu Grunde liegt. Wie die §§ 38—40 das Verhältniß der Gerichte zu den Verwaltungs- als Landespolizei-Behörden, und die §§ 41, 42 ihr Verhältniß zu diesen als Finanz-Behörden regeln, ebenso muß man in § 36 Abs. 1 eine Regelung ihres Verhältnisses zu denselben als Landeshoheits-Behörden erblicken, wenn man

nicht zu dem Resultate kommen will, daß der Gesetzgeber es an ähnlichen Bestimmungen, wie er sie für Polizei- und Finanzsachen getroffen, in Bezug auf Landes-Hoheitssachen gänzlich habe fehlen lassen. Am entscheidendsten ist jedoch der Umstand, daß § 36 ausdrücklich auf § 16, II 13 ALR. verweist, dieser § aber gar nicht von einem Hoheitsrechte des Landesherrn, sondern von der verbindlichen Kraft der Seitens der Beamten vermöge ihres Amtes und innerhalb ihrer Amtsbefugnisse getroffenen Anordnungen spricht Aus letzterer Stelle muß sogar gefolgert werden, daß § 36 nicht auf diejenigen Verwaltungssachen zu beschränken sei, welche § 1 h. l. speziell dem Ressort der Landeshoheits-Behörden überweist, sondern daß auch alle übrigen, in Handhabung eines landesherrlichen Hoheitsrechts ergangenen Anordnungen der Verwaltungs-Behörden unter die Bestimmung des § 36 Abs. 1 fallen, mögen letztere auch nicht als Landeshoheits-Behörden im e. S., sondern als Landespolizei- und selbst als Finanz-Behörden im Sinne der §§ 3 ff. gehandelt haben.

129. Noch weiter geht dem Anscheine nach EK 30. März 1857 (JMBl. 58, S. 132), wenn dasselbe aus § 36 die Unzulässigkeit des RW. wider Maaßregeln herleitet, welche ein Appellations-Gerichts-Präsident als vorgesetzte Dienstbehörde eines Kreisrichters angeordnet hatte, um dessen Beitritt zur Wittwenkasse zu erzwingen, „indem jene Maaßregeln von der Dienstbehörde vermöge der ihr anvertrauten Amtsgewalt getroffen seien, diese aber auf den Hoheitsrechten des Staats beruhe und daher kein Gegenstand richterlicher Entscheidung sein könne.“ Nach dieser Argumentation würden jedoch alle Amtshandlungen ohne Ausnahme, mithin auch diejenigen, welche die Ausübung eines Hoheitsrechts nicht selbst zum Gegenstande haben, der richterlichen Kognition unbedingt entrückt sein, blos weil die Verleihung der Amtsgewalt selbst einen Hoheitsakt darstellt. Wo bliebe alsdann aber der Unterschied zwischen den Verfügungen in Hoheits-, Polizei- und Finanzsachen, wie könnten alsdann die §§ 36—41 neben einander bestehen? Freilich ist § 16, II. 13 ALR. sehr allgemein gefaßt; derselbe findet jedoch seine Begrenzung in den vorhergehenden §§ und ist im § 36 auch nur mit Rücksicht auf wirkliche Hoheitsrechte bezogen worden Wollte man aber auch mit Sydow (S. 60) den Sinn jenes EK. nur dahin deuten, „daß über den Umfang der Amtsgewalt der [vorgesetzten] Dienstbehörde der RW nicht statthabe,“ so würde die Bezugnahme auf § 36 immerhin eine verfehlte sein, da das in der Hierarchie des Beamtenstandes begründete Verhältniß zwischen Vorgesetzten und Untergebenen nicht mit dem im § 7, II. 13 ALR. erwähnten Hoheitsrechte oder dessen Ausübung zu identifiziren ist. Daß der Komp.GH. in einem ganz ähnlichen Falle, welcher jedoch einen mittelbaren Staatsdiener betraf, zu Gunsten des RW. entschied, ist bereits oben n. 43 gesagt.

130. Daran muß jedoch festgehalten werden, daß, so oft ein Akt sich ebensowohl als die Ausübung eines Hoheitsrechts wie als Akt der Landespolizei oder Finanzverwaltung charakterisirt, er nicht etwa nach den für letztere gegebenen Bestimmungen der §§ 38—41, sondern nach denen des § 36 zu beurtheilen ist. Das dem § 36 zu Grunde liegende Prinzip ist das höhere, dem sich die jener anderen §§ unterordnen; das spricht denn auch § 41 für Finanz-Angelegenheiten sogar ausdrücklich aus. Hiernach kann es keine Billigung finden, wenn die Unzulässigkeit des RW. für einen konkreten Fall mitunter gleichzeitig sowohl aus § 36, als aus dem an Stelle der §§ 38—40 getretenen Ges v. 11. Mai 1842 hergeleitet wird, z B. in EK. 19. Juni 1858 (JMBl. 59, S. 48).

131. Eine überaus wichtige Konsequenz hiervon besteht darin, daß nach § 36 selbst diejenigen Anordnungen beurtheilt werden müssen, welche die Regierungen als Aufsichts-Behörden in Korporations-, Kommunal-, Kirchen- und Schul-Angelegenheiten, mithin in Handhabung des auf § 13, II. 13 ALR beruhenden Hoheitsrechts treffen, obgleich der größere Theil der jenen in gedachter Eigenschaft obliegenden Funktionen von der VO. von 1808 — cf. die §§ 3, 9, 13 — als ein Zweig der Landespolizei-Verwaltung bezeichnet wird Daß das ALR. und mit ihm die VO von 1808 die landesherrliche Polizeigewalt im Allgemeinen nicht als eigentliches Hoheitsrecht auffaßt, ist bereits früher erwähnt, und hiermit von vorne herein dem Einwurfe begegnet, als ob die folgerichtige Durchführung des obigen Satzes auch alle übrigen Akte der Polizei-Verwaltung dem § 36 unterwer-

fen, mithin den §§ 38—40, resp. dem Gesetze von 1842 jede Wirksamkeit benehmen würde.

132. Dagegen ist wohl zu beachten, daß eine Anordnung der Verwaltung nicht nothwendig schon um deswillen den Charakter einer landeshoheitlichen an sich trägt, weil sie im Anschluß an einen vom Landesherrn selbst in Ausübung seiner Hoheitsrechte erlassenen Akt ergeht, und dessen Ausführung bezweckt, da die Ausführung landesherrlicher Akte keineswegs immer die Ausübung eines wirklichen Hoheitsrechts involvirt, sondern in sehr vielen Fällen ausschließlich dem Gebiete der Polizei- oder Finanzverwaltung angehört. Am deutlichsten tritt dies bei Gesetzen hervor. Jedes Gesetz ist ein Akt der Landeshoheit, aber nicht jede Verwaltungs-Maaßregel, welche dahin abzielt, ein Gesetz in Vollzug zu setzen, ein die Ausübung eines Hoheitsrechts in sich schließender Akt. Hiernach können die Gerichte sehr füglich in die Lage kommen, über Streitigkeiten zu entscheiden, welche die Art der Vollziehung eines landesherrlichen Aktes betreffen, zumal wenn die ausführende Behörde als Finanzbehörde gehandelt haben sollte. *Contra:* EK. 3 Januar 1857 (JMBl. S. 236) in Betr. eines Falles der letzteren Art ohne überzeugende Gründe (Der Rechtsstreit drehte sich darum, ob die den Fiskus vertretenden Behörden bei Ausführung eines mit Gesetzeskraft versehenen und in Gesetzesform publizirten Säkularisations-Dekrets letzteres richtig gedeutet oder aber in Folge irriger Deutung desselben Vermögensobjekte, welche dadurch gar nicht betroffen werden sollten, eingezogen und in Besitz gehalten hätten Der Komp.GH. entschied wider die Zulassung des RW., weil die Ausführung eines Hoheits-Aktes von diesem selbst untrennbar sei, und die richterliche Entscheidung über ersteie den letzteren gleichfalls in den Bereich der privatrechtlichen Entscheidung der Gerichte ziehen würde. Zur Widerlegung der hieraus wider die richterliche Kognition gezogenen Folgerung wird es genügen, auf n. 102 zurückzuverweisen. Cf überdies OT. 5. Nov. 1851 und 15. Dez. 1852 (Strieth. 4, S. 70 und 8, S 122), wo es sich um zwei ganz ähnliche Klagen handelte, welche alle Instanzen durchliefen, ohne daß von irgend einer Seite auch nur der leiseste Zweifel an der richterlichen Zuständigkeit geäußert worden wäre). — Daß, wenn die Verwaltung über einen Gegenstand als vermeintliches Vermögensstück eines säkularisirten Klosters und daher im Säkularisations-Dekrete einbegriffen verfügt hat, privatrechtliche Ansprüche dritter Personen auf diesen Gegenstand im RW. verfolgt werden können, erkannte der Komp.GH. selbst an (EK. 13. April 1861; JMBl. S. 283).

133. Zur Ausschließung des RW. genügt keineswegs die bloße Behauptung der Verwaltungs-Behörde, in Ausübung dieses oder jenes Hoheitsrechts gehandelt zu haben. Vielmehr wird, falls in Bezug auf einen an sich prozeßfähigen Gegenstand streitig ist, ob ein demselben präjudizirender Verwaltungsakt als der Ausfluß eines Hoheitsrechts überhaupt zu betrachten sei, diese Frage in der Regel der richterlichen Erörterung allerdings unterliegen, selbst wenn es sich um Delikts-, z. B. um Besitzstörungsklagen handelt: OT. 18. März 1857 (Strieth. 24, S. 134). (Diese Entscheidung betraf zwar nicht die angebliche Ausübung eines eigentlichen Hoheitsrechts, sondern diejenige des den geistlichen Oberen zustehenden Aufsichtsrechts; doch begründet dies für die Kompetenzfrage keinen Unterschied; cf. oben n. 87.)

134. Wo jedoch § 36 die gerichtliche Anfechtung eines Administrativakts wirklich ausschließt, ist der RW sogar dann unstatthaft, wenn nicht gegen den Staat, resp die anordnende Behörde selbst, sondern gegen einen Dritten, zu dessen Gunsten jener Akt erging, die desfallsige Klage angestellt werden sollte: EK. 13. Nov. 1858 (JMBl. 59, S. 149).

135. Wie die in Ausübung wirklicher Hoheitsrechte ergangenen Verwaltungs-Akte vor Gericht niemals angefochten werden können, ebensowenig ist ein aus denselben unmittelbar gegen den Fiskus hergeleiteter Entschädigungs-Anspruch prozeßfähig, sofern es sich nicht etwa um eine Enteignung aus Gründen des gemeinen Wohls handelt, indem auch in dieser Beziehung dasselbe gilt, was oben von den aus landesherrlichen Akten hergeleiteten Entschädigungs-Ansprüchen gesagt wurde. Würde freilich dem anordnenden Beamten ein persönliches Verschulden (dolus oder culpa) zur Last gelegt, so würde § 36 der prozessualischen Verfolgung von Regreß-Ansprüchen gegen diesen Beamten nicht entgegenstehen In einem solchen

Falle könnte dann aber möglicher Weise auch die Frage Gegenstand der richterlichen Erörterung werden, ob der Staat die Handlungen seines Beamten zu vertreten verpflichtet, und sonach gleichzeitig oder doch wenigstens subsidiarisch für den angerichteten Schaden verantwortlich sei.

136 Das oben n. 117 im Hinblick auf die landesherrliche Gewalt Gesagte gilt gleichfalls analoger Weise von der Amtsgewalt der Landeshoheits-Behörden, weshalb die Gerichte ebensowohl inkompetent sind, in einer Angelegenheit selbst zu entscheiden, worüber nur die Verwaltung in Ausübung eines Hoheitsrechts zu verfügen berufen ist, als auch die letztere zum Erlasse solcher Verfügungen durch richterliche Entscheidung anzuhalten

137. Demzufolge ist eine Klage unstatthaft, welche dahin abzielt, einen Akt des Aufsichtsrechts über Gemeinden, milde Stiftungen 2c. durch Richterspruch zu erzwingen. CK. 11 Dez. 1852 a. E. (JMBl. 53, S. 95), *ME. 28. Okt. 1842 (Rh. S. 8, S. 129). In dem letzteren Falle lautete die Klage geradezu dahin, daß die Regierung als Oberaufsichts-Behörde verurtheilt werde, dem Kläger ein Stipendium zu überweisen, und die betreffende Verwaltung zu dessen Auszahlung anzuhalten. Die betheiligten Verwaltungschefs erwogen, daß die nach § 2 Nr. 6 und § 18 der Regierungs-Instruktion von 1817 der Regierung zustehende Direktion und Aufsicht über milde Stiftungen dem § 13, II. 13 ALR. zufolge ein ihr zur Verwaltung übertragenes Hoheitsrecht sei, worüber § 36 den RW. ausschließe, weshalb Kläger seinen vermeintlichen Anspruch nur wider die unmittelbare Verwaltung der Stiftung geltend machen könne

138 Hat jedoch eine Verwaltungs-Behörde in Ausübung des landesherrlichen Aufsichtsrechts beim Abschlusse eines Vertrags ihre Zustimmung angeblich zum Voraus ertheilt, resp sich zur eventuellen Ertheilung ihrer auf einem Hoheitsrechte beruhenden Zustimmung kontraktlich verbunden, so kann die streitig gewordene Auslegung des Vertrags zur Feststellung der hieraus für den Kläger sich ergebenden weiteren Rechte im RW. diskutirt werden, ohne daß hierin ein Eingriff in die nothwendig freie Ausübung jenes Hoheitsrechts zu finden wäre, und ungeachtet die Verwaltungs-Behörde, selbst nach erfolgter Verurtheilung, aus verschiedenen Gründen in die Lage kommen konnte, die in Aussicht gestellte Zustimmung gegen den Kontrakt versagen zu müssen: CK 24. März 1849 (JMBl. S. 267; obgleich i. c. geradezu auf Ertheilung der Zustimmung geklagt worden war, verwarf der Komp.GH. den KK.).

139. Nach diesen die Ausübung der Hoheitsrechte überhaupt betreffenden Bemerkungen ist es erforderlich, die Konsequenzen des oben n. 128 aufgestellten Satzes in Bezug auf ein einzelnes dieser Hoheitsrechte, nämlich das in Korporations- und Kommunal-, Schul- und Kultus-Angelegenheiten auszuübende Aufsichtsrecht, — insofern dieselben nicht schon oben n. 131, 137, 138 erörtert wurden, — zum Gegenstande einer besonderen Besprechung zu machen, einmal, weil jener Satz gerade für die Stellung der Verwaltungs- als Aufsichts-Behörden von ganz hervorragender Wichtigkeit ist, sodann aber, weil hierbei außer § 36 Abs. 1 gleichzeitig noch sonstige, für die Ressort-Verhältnisse erhebliche Gesetzesstellen in Betracht kommen — Die Ressort-Verhältnisse in Bezug auf die Handhabung des landesherrlichen Besteuerungsrechts sind in § 36 Abs. 2 und § 37 h. l. besonders geregelt und bilden daher den Inhalt der Noten zu letzteren Vorschriften.

140. Aus der Oberaufsicht des Staats, unter welcher die Korporationen in allen ihre Grundverfassung betreffenden Angelegenheiten (§§ 30, 31, 34, 35, II. 6 ALR), wie hinsichtlich Ausübung ihrer inneren Rechte (§§ 44, 48, 63, 160 ff. ib.) stehen, folgert OT. (Pl. B.) 27. Juni 1845 (Entsch 11, S 68), daß über Gegenstände der Organisation und Grundverfassung einer vom Staate bestätigten Korporation — abgesehen von den Fällen, wo das Gesetz den RW. ausnahmsweise ausdrücklich nachlasse (§§ 36, 47 ib) — zwischen jener und ihren Mitgliedern oder auch Dritten prozessualisch nicht gestritten werden könne. Werde daher ein Mitglied wegen seiner Verbindlichkeiten gegen die Korporation von deren, mit Genehmigung der vorgesetzten Staatsbehörde ernannten und fungirenden Vertretern belangt, so könne nur der Klageanspruch selbst, nicht aber ein auf die Ver-

fassung der Korporation bezüglicher Einwand, z B ein Einwand wider die Gültigkeit der Wahl, aus welcher ein Vorstands-Beamter hervorgegangen, Gegenstand der gerichtlichen Erörterung sein; dieses gelte selbst dann, wenn der Einwand lediglich die Prozeß-Legitimation betreffe; da jede Korporation den eignen Mitgliedern wie Dritten gegenüber als eine unter der Oberaufsicht des Staats bestehende moralische Person sich darstelle, so sei die Prozeß-Legitimation ihrer Vertreter, (wofern nicht für gewisse Klassen derselben die Gesetze spezielle Vorschriften enthielten, wie z. B. die §§ 40 ff, I. 3 AGO für Stadt- und Landgemeinden, Kirchen-Gesellschaften, Gilden ꝛc. oder für Gewerkschaften die ABO. v. 24. Okt. 1831), nur durch ein Attest der vorgesetzten Staatsbehörde festzustellen, welcher es allein obliege, alle hierauf bezüglichen Fragen, z B. ob die General-Versammlungen statutengemäß berufen, ob in denselben die Wahlen statutengemäß geschehen ꝛc, zu erledigen; wie daher nach Ausstellung eines solchen Attestes weitere Ausstellungen wider die Legitimation vor Gericht nicht zugelassen werden dürften, ebenso seien andere Urkunden, welche hinter jenem Atteste zurückblieben, z. B. ein bloßes Wahlprotokoll, zum Nachweise der Legitimation, ungenügend. Aehnlich entschied CK. 11 Dez. 1853 (JMBl. 54, S. 132), daß die Frage, ob der Vorstand einer Judengemeinde statutengemäß gewählt sei, einen dem RW entzogenen Gegenstand des öffentlichen Rechts betreffe. Cf. übrigens oben n. 70 sowie unten n 140 bis und 172

140 bis. Doch ist, dem OT. 9 Aug. 1841 (Entsch. 7, S. 131) zufolge, aus dem über Korporationen und erlaubte Privat-Gesellschaften bestehenden Aufsichtsrechte nicht abzuleiten, als ob das Mitglied einer erlaubten Privat-Gesellschaft unbefugt sei, einen Gesellschafts-Beschluß, der seine Ausschließung verfügt, im RW. anzufechten, indem hierbei die Verwaltungs-Behörde und das von ihr zu handhabende Aufsichtsrecht ganz unbetheiligt sind, jener Streit sich vielmehr nur nach den das vertragsmäßige Recht der Parteien bildenden Statuten entscheidet, und die gegenseitigen Rechte wie Pflichten aus diesen Statuten, mithin einen rein privatrechtlichen Gegenstand betrifft Diese Entscheidung steht mit dem unter n. 140 besprochenen Plenarbeschlusse nicht in Widerspruch, wohl aber ihre Motivirung, indem hier zur Widerlegung der auf § 13 h. 1, §§ 44, 45, II. 6 ALR. und § 2 Nr. 5 der Reg.-Instr. von 1817 gestützten Inkompetenz-Einrede erwogen wird, daß das Ausschließungsrecht zu den inneren Rechten der Gesellschaft gehöre, welche § 13 h. l. der polizeilichen Einwirkung gerade entzogen habe, weshalb die im § 44, II. 6 ALR. vorbehaltene Aufsicht des Staats nur durch die Gerichte ausgeübt werden könne, wie denn auch der Gegenstand des Streits im Falle des § 43 l c. sich nothwendig darauf beschränke, ob die Ausschließung nach der bestehenden Verfassung der Gesellschaft als rechtmäßig geschehen zu betrachten sei, diese Frage aber recht eigentlich dem gerichtlichen Forum angehöre, während die Polizeibehörde die Ausschließung nur aus Gründen, die dem öffentlichen, nicht dem Gesellschaftsrecht entnommen, zu fordern befugt sein würde Das Urtheil erblickt folgeweise im § 47, II. 6 keine Ausnahme-Bestimmung, sondern die Anwendung einer Regel Bielitz, prakt. Kommentar zum ALR., 6, S. 16 kommt im Resultate hiermit insofern überein, als er zu den Strafverfügungen im Sinne des § 47 l. c. auch die Ausstoßung aus der Korporation zählt, wogegen in den Motiven von OT 26. Okt 1857 (Strieth 27, S. 91) nebenbei eine abweichende, mit jenem Plenarbeschlusse mehr zusammentreffende Ansicht über das Verhältniß zwischen den §§ 43 u. 47 l. c entwickelt wird. Letzteres Erkenntniß, welches die verwandte Frage erörtert, ob über die Rechtmäßigkeit der Ausschließung aus einer kirchlichen Gemeinde der RW stattfinde, kommt unten n. 158 noch näher zur Sprache.

140 ter. Die im § 25 des Ges v. 9 Nov. 1843 (GS. S 341) u. im § 240 des deutschen Handels-GB. erwähnte Befugniß, die Auflösung einer Aktien-Gesellschaft nach Befinden der Umstände zu verfügen, wenn sich aus der letzten Bilanz ergiebt, daß das Grundkapital sich um die Hälfte vermindert habe, ist den Regierungen in ihrer Eigenschaft als Aufsichts-Behörden verliehen, und kann daher eine solche Verfügung weder von der Gesellschaft selbst, noch von den einzelnen Aktionären im RW. angefochten werden Gleichwohl entschied AH. Cöln 15 April 1858 (Rh. A. 54, I. 246), daß die Beschreitung des RW. Seitens einzelner Aktionäre gegen den Vorstand der Gesellschaft, damit erkannt werde, daß letztere sich im Zustande

der Auflösung befinde, unbeschadet jenes § 25 statthaft sei, wenn es sich um eine in den Statuten unter gewissen Voraussetzungen, z. B. für den Fall des Verlusts der Hälfte des Gesellschafts-Kapitals, ausdrücklich vereinbarte Auflösung handle, weshalb das Aufsichtsrecht der Regierung alsdann nicht angerufen zu werden brauche. Handelt es sich um Zurücknahme der Konzession aus überwiegenden Gründen des Gemeinwohls oder um Verwirkung derselben wegen groben Mißbrauchs, so steht der Aufsichts-Behörde keinerlei Entscheidung zu; vielmehr kommen alsdann, den §§ 6, 7 des Ges. v. 1843 und dem Art. 12, § 4, 5 des Einf.-Ges. zum Handels-GB. zufolge, die allgemeinen, für Privilegien geltenden Grundsätze (§§ 70—72 der Einl. zum ALR.) zur Anwendung, d h also: in dem ersteren Falle ist ein landesherrlicher Akt erforderlich und gebührt dem Richter die Festsetzung des Entschädigungs-Betrags, im zweiten Falle muß die (ohne Entschädigung stattfindende) Aufhebung des Rechts durch Richterspruch erfolgen Welche Folgerungen aus dem über Eisenbahn-Unternehmungen zu übenden Aufsichtsrechte zu ziehen sind, wird in den Noten zum Ges. v. 3. Nov. 1838, § 46 besprochen

141. Anordnungen, welche eine Regierung als Aufsichts-Behörde in Betreff der Handhabung des den Kreis-Korporationen eingeräumten Besteuerungsrechts erlassen hat (cf. VO. v. 25. März 1841, 7. Jan. 1842, 9. April 1846; GS. 41, S. 53—63; 42, S. 33; 46, S 161), z. B. die Anordnung, wodurch eine von der Korporation beschlossene Steuer für unstatthaft erklärt worden, können der Vorschrift des § 36 gemäß von der Korporation im RW. nicht angefochten werden: EK. 6. März 1852 (JMBl. S. 185).

142. Am praktisch wirksamsten äußert sich § 36 in Bezug auf die Handhabung des Aufsichtsrechts in Kommunal-Angelegenheiten. Da jedoch der Umfang dieses Aufsichtsrechts, auf der Grundlage der bezüglichen Bestimmungen der VO. von 1808, in den verschiedenen Städte- und Landgemeinde-Ordnungen noch besonders regulirt ist, so kommen die Vorschriften jener Gemeinde-Ordnungen hier neben derjenigen des § 36 in Betracht. Die umfassendsten und eingehendsten Bestimmungen über diesen Gegenstand enthielt § 139 der revidirten Städte-Ordnung vom 17 März 1831, mit welchem § 124 der Westphälischen Landgemeinde-Ordnung vom 31. Okt. 1841 fast wörtlich übereinstimmte, also lautend:

„Die Oberaufsicht des Staats über die Städte wird durch die Regierun-„gen ausgeübt Diese sind berechtigt und verpflichtet:

a) „sich Ueberzeugung zu verschaffen, ob in jeder Stadt die Verwaltung „nach den Gesetzen überhaupt und nach gegenwärtiger Ordnung ins-„besondere eingerichtet sei;

b) „dafür zu sorgen, daß die Verwaltung fortwährend in dem vorge-„schriebenen Gange bleibe und angezeigte Störungen beseitigt werden;

c) „die Beschwerden Einzelner über die Verletzung der ihnen als Mit-„gliedern der Gemeine zustehenden Rechte zu untersuchen und zu „entscheiden;

d) „die Stadtgemeinen zu Erfüllung ihrer Pflichten anzuhalten, und

e) „in den Fällen zu entscheiden, welche in dieser Ordnung dahin ver-„wiesen sind.

„In allen Gemeine-Angelegenheiten geht der Rekurs an die Regierung, und „gegen die Entscheidung derselben bleibt der Rekurs an die höheren Staats-„Behörden vorbehalten. Der Rechtsweg ist aber gegen die Entscheidung der „Regierung nur dann zulässig, wenn die Klage auf einem speziellen Rechtstitel „begründet wird Ueber allgemeine Verwaltungs-Grundsätze und deren An-„wendung gebührt aber dem Richter kein Ausspruch."

Auf denselben Prinzipien beruht die einschlägige spätere Gesetzgebung: cf. die Städte-Ordnung für die 6 östlichen Provinzen vom 30 Mai 1853, §§ 76 ff., die Westphälischen Städte- und Landgemeinde-Ordnungen vom 19. März 1856, §§ 76 ff. resp. §§ 80 ff., die Rhein Städte-Ordnung vom 15 Mai 1856, §§ 45, 81 ff., Rheinische Gemeinde-Ordnung vom 23. Juli 1845, §§ 19, 114 ff. 2c. — Während diese Bestimmungen auf der einen Seite das Gebiet des § 36 näher abgrenzen, bestätigen sie auf der anderen Seite das in diesem § enthaltene Prinzip, daß das, was dem Ressort der Aufsichts-Behörden anheimfällt (wozu namentlich alle inneren Kommunal-Angelegenheiten als reine Verwaltungssachen gehören: EK. 7. Juni 1856, 13. Juni 1858; JMBl 56, S. 271 und 59, S. 151), mit Ausschluß des RW. nur im administrativen Instanzenzuge geregelt werden könne. Ueber die Vereinbarkeit dieses Prinzips mit der im § 139 der revidirten Städte-Ordnung, im § 19 der Rhein Gemeinde-Ordn. von 1845 und im § 45 der Rhein. Städte-Ordn. von 1856 zu Gunsten des RW. gemachten Konzession cf. unten n. 166 in Verbindung mit n. 149, 150.

143. Demzufolge kann z. B. eine Gemeinde keine richterliche Entscheidung über Streitigkeiten erwirken, welche zwischen ihr und dem Verwalter des Gemeindeschulzen-Amts über die Nothwendigkeit gewisser ihr in Rechnung gebrachten Ausgaben entstanden sind, indem es lediglich Sache der Aufsichts-Behörde ist, im öffentlichen Interesse darauf zu sehen, daß die ordnungsmäßige Verwaltung nicht beeinträchtigt werde, mithin auch zu beurtheilen, was zu diesem Behufe erforderlich sei: EK. 25. Okt. 1856 a. E. (JMBl. 57, S. 56).

144. Desgleichen nicht wider eine Verfügung der Regierung, welcher gemäß Zuschüsse zum Unterhalte einer konfessionellen Schule aus der Stadtkasse gewährt werden sollen: EK. 2. Okt. 1858 (JMBl. S. 80; i. c. hatte die politische Gemeinde gegen die Schulgemeinde geklagt; der Komp GH. nahm an, daß zufolge § 76 der Städte-Ordnung von 1853 nur eine Beschwerde bei der vorgesetzten Verwaltungs-Instanz zulässig gewesen sei).

145. Desgleichen nicht gegen eine Verfügung, durch welche die Regierung als Aufsichts-Behörde das zwischen einer Stadt und ihrem Beamten, z. B. einem Gemeinde-Einnehmer vereinbarte Gehalt im öffentlichen Interesse erhöht, die Klage mag gegen die Regierung selbst, oder gegen den betreffenden Beamten gerichtet sein, und zwar sogar dann, wenn der Regierung eine Ueberschreitung der Grenzen ihres Aufsichtsrechts zur Last gelegt wird. So: EK. 13. Novbr. 1858 (JMBl. 59, S. 151, wo sowohl § 76 der Städte-Ordnung von 1853 wie § 36 h. l. in Bezug genommen werden). Cf. ferner die Noten zu den §§ 2—4 des Gesetzes vom 11. März 1850.

146. Wenn dagegen die Städte-Ordn. von 1853 im § 65, die Rhein. Städte-Ordn. und das Gesetz, betr. die Rhein. Gemeinde-Verfassung vom 15. Mai 1856, im § 59 resp. Art. 25, die Westphäl Städte- u. Landgemeinde-Ordn. v. 19. März 1856 im § 65, resp. § 72 wider den Beschluß der Regierung über die streitigen Pensions-Ansprüche der besoldeten Gemeinde-Beamten, soweit derselbe sich nicht auf die Thatsache der Dienstunfähigkeit, noch darauf bezieht, welcher Theil des Diensteinkommens als Gehalt anzusehen sei, die Berufung auf den RW. gestatten, und zwar, wie EK. 23. Juni 1858 (JMBl. S. 263) anerkennt, nicht blos dem betreffenden Beamten, sondern auch der Gemeinde, so kann darin dennoch keine Abweichung von obigem Prinzipe erblickt werden, indem solche Beschlüsse sich gar nicht als eigentliche Akte der Aufsichtsgewalt, sondern als die Ausflüsse eines der Regierung ausnahmsweise verliehenen, der richterlichen Gewalt adäquaten Entscheidungsrechts in dem Sinne, wie dieses unten n. 240 ff. näher besprochen ist, darstellen Die Berechnung der hier fraglichen Pensions-Ansprüche schließt nämlich die Abwägung der Bedürfnißfrage gänzlich aus, indem sie sich nach gewissen im Gesetze vorausbestimmten Zahlen-Verhältnissen richtet; sie nimmt daher an sich gar keine administrative Thätigkeit in Anspruch, sondern gehört ebensowohl, wie ein Streit über das einem Gemeinde-Beamten nach seinem Dienstvertrage gebührende Einkommen der richterlichen Kognition an — Im Uebrigen beziehen sich die obigen Gesetzesstellen auch auf solche Gemeinde-Beamten, welche bereits vor dem Jahre 1853 resp 1856 angestellt waren: EK. 14. April 1860 JMBl. 61, S. 148). Unter den „übrigen besoldeten Gemeinde-Beamten“ in § 65 der Städte-Ordn. von 1853 und „den Gemeinde-Unterbeamten“ in § 30 ib. sind nur die s. g Unterbedienten des Magistrats im Sinne der Städte-Ordn. von 1808, d. h. die für die städtische Gemeinde-Verwaltung angestellten Subaltern- und Unter-Beamten zu verstehen: Cit. EK. 23. Juni 1858. Cf. auch n 156 und 70.

147. EK. 10. Jan. 1852 (JMBl S. 70) führt den bereits unter n. 36 besprochenen Satz, daß nicht darüber prozedirt werden dürfe, ob eine Gemeinde die Grenzen ihres Bezirks überschritten habe, auf das den Regierungen in Kom-

munal-Angelegenheiten zustehende Aufsichtsrecht zurück (i. c. handelte es sich von einem aus Anlaß der Steuer-Erhebung zwischen zwei Gemeinden entstandenen Streite).

148. Da § 9 des Jagdpolizei-Ges. v. 7. März 1850 die Jagd-Angelegenheiten den Gemeinde-Behörden in Vertretung der Grundbesitzer zuweist, so tritt diese Verwaltung in gleiche Kategorie mit der Verwaltung der Kommunal-Angelegenheiten selbst, so daß sie zu den Funktionen der Gemeinde-Behörden als solcher gehört, und letztere dabei ebenso, wie bei Verwaltung anderer Kommunal-Angelegenheiten, der Aufsichtsgewalt der vorgesetzten Behörden unterworfen sind. Demzufolge kann eine Gemeinde gegen die in Jagdverpachtungs-Angelegenheiten ergangenen Aufsichtsakte nicht den RW. betreten, z. B nicht auf Vernichtung des Pachtvertrags wider den Anpächter klagen, wenn dieser Vertrag auf Anordnung des Landraths zu Stande gekommen ist, nachdem letzterer einem früheren von der Gemeinde selbst abgeschlossenen Vertrage seine Genehmigung versagt hatte, vorausgesetzt natürlich, daß der Anfechtungsgrund gerade aus dieser Art des Zustandekommens des Vertrages oder aus dem rechtlichen Bestehen jenes früheren entnommen wird. So: EK. 26. November 1853 (JMBl. 54, S. 22). Cf übrigens, was den Umfang des Aufsichtsrechts in dieser Materie anbelangt, die Verf. d. Min. d. Inn. vom 24. Dezbr. 1859 (VMBl. 60, S. 5).

149. Da die Mitglieder einer Gemeinde als solche sich gleichfalls den Anordnungen der Aufsichts-Behörde fügen müssen, und bei allen, die innern Kommunal-Angelegenheiten betreffenden Anordnungen der Gemeinde-Verwaltung an die Entscheidung jener Behörde gewiesen sind, so gilt von ihnen dasselbe, was oben von der Gemeinde selbst gesagt wurde. Sie können daher weder die eigenen Akte der Aufsichts-Behörde, noch auch die Anordnungen der Gemeinde-Verwaltung, insofern deren Wirksamkeit der ausschließlichen Beurtheilung der Aufsichts-Behörde anheimfällt, unter Umgehung der letzteren im RW. anfechten. Hieraus folgt von selbst, daß die Beschwerden Einzelner, falls diese nur als Gemeindeglieder, d. h. kraft der aus dieser Eigenschaft allein abgeleiteten Rechte auftreten und nicht etwa einen besonderen, auf spezielle Rechtstitel gestützten Anspruch, gewissermaßen als Dritte, geltend machen, lediglich auf administrativem Wege zum Austrage zu bringen sind. Wenn daher dieser in § 139 der Städte-Ordn. von 1831 (cf. n. 142) ausdrücklich enthaltene Grundsatz auch nicht in der von 1853 wiederholt wird, so ist er unter Herrschaft der letzteren doch nicht minder maaßgebend: EK. 7. Juni 1856 (JMBl. S. 271).

150. Hiernach sind namentlich dem RW. entzogen Streitigkeiten über die Gemeinde-Nutzungen, sie mögen das Gemeinde-Gut im engeren Sinne, patrimonium universitatis (bei den Städten Kämmerei-Vermögen genannt), oder das gemäß Allerh. Dekl v. 26. Juli 1847 (GS S. 327) gleichfalls zum Kommunal-Vermögen gehörige Gemeindeglieder- (Bürger-) Vermögen betreffen, sie mögen zwischen der Gemeinde und einzelnen Gemeindegliedern, oder unter letzteren allein obwalten, vorausgesetzt, daß der streitige Anspruch nicht etwa auf einen speziellen Rechtstitel gestützt wird; cf. EK. 12. Okt. 1861 (JMBl. 62, S 63, welches als speziellen Rechtstitel einen Theilungsrezeß betrachtete, den das klagende Gemeindemitglied mit der Gemeinde geschlossen hatte).

151. Demgemäß können die Gemeindemitglieder als solche einen von der Gemeinde-Verwaltung über die Benutzung, oder die Modalitäten und Bedingungen der Benutzung des Gemeinde-Vermögens gefaßten Beschluß vor Gericht nicht anfechten; dies gilt z B von einem Beschlusse, welcher die Umwandlung des Gemeindeglieder- in eigentliches Gemeinde Vermögen betrifft, oder welcher einzelne Mitglieder oder Klassen der Mitglieder von der Benutzung des Gemeindeglieder-Vermögens ausschließt; cf. EK. 7. Juni 1856, 21. Novbr. 1857, 11. Dezbr. 1858, 12. März, 7. Mai, 1 Okt 1859, 14 Jan. 1860, 11. Mai 1861 (JMBl. 56, S. 271; 58, S. 166; 59, S. 368, 451; 60, S 99, 252, 314; 61, S. 155; 62, S. 112) und n. 80, 83 ff. zum Rh Ress-Regl.

152. Ebenso ist die Unzulässigkeit des RW. in Betreff der Beschwerden von Gemeindemitgliedern wider die Erhebung der Gemeinde-Steuern auf das Prinzip des § 36, Abs 1 zurückzuführen, sofern der Gemeinde-Verwaltung das Recht bestritten wird, die Steuer anzuordnen oder auf gewisse Klassen der

Gemeindeglieder auszudehnen, indem die Entscheidung über eine solche Befugniß gleichfalls zum Ressort der Aufsichts-Behörde gehört: EK. 24. Juni 1851 (JMBl S. 254). Da jedoch sedes materiae für die Ressort-Verhältnisse in Bezug auf das Gemeinde-Steuerwesen § 41 h. l. ist, so wird das Nähere über obige und verwandte Fragen dieser Materie, wo das Prinzip des § 36 Abs. 1 seine Wirksamkeit äußert, den Noten zu § 41 vorbehalten: cf n. 291 ff

153. Auf dem Rechte der Aufsicht über das Schul- und Kultuswesen beruhen vornämlich die den Regierungen in den §§ 2, 18 der Geschäfts-Instr. v. 23. Okt. 1817 beigelegten Befugnisse. Diesen Bestimmungen zufolge, in Verbindung mit § 36, findet z. B. über die Zutheilung eines Grundstücks zu einer bestimmten Schul-Sozietät der RW. ebensowenig statt, wie über die Beschwerde gegen eine Verfügung der Regierung, wodurch mehrere Stadtschulen zu einer Gesammtschule vereinigt worden; cf. JMR. 8 Jan. 1836 (Jbb. 47, S. 306), EK. 18. April 1857 (JMBl. S. 391), ME. 1. Februar 1836 (Mannkopf AGO. 1, S. 115).

154. Ebenso steht, wenn es sich um die Einrichtung einer neuen Schul-Sozietät handelt, zufolge § 18 der Reg.-Instr. von 1817, die Entscheidung über die Art und Weise, wie der Unterricht ertheilt werde, z. B. also, ob der Unterricht der katholischen und evangelischen Jugend in getrennten Unterrichtsstunden, resp. Schulanstalten, oder in einer Simultanschule ertheilt werden solle, mit Ausschluß der Gerichte, der Aufsichts-Behörde zu: Motive von EK. 2. Oktbr. 1858 (JMBl. 59, S. 80).

155. Da zu den Befugnissen, welche in dem von den Regierungen zu übenden Aufsichtsrechte über das Elementar-Schulwesen enthalten sind, auch die Regulirung der Dotation der Schule sowie des Schullehrers gehört, mag es sich um die ursprüngliche Regelung der zu diesem Behufe von der Schulgemeinde oder dem Schulpatron aufzubringenden Leistungen, oder um später für nöthig befundene Veränderungen handeln, — so kann die Schulgemeinde oder der Patron solche Anordnungen weder direkt der Regierung gegenüber, noch auf indirekte Weise durch eine wider den Lehrer erhobene Klage auf Aberkennung der von der Regierung festgesetzten dotationsmäßigen Leistungen, z. B. wegen des Feuerungs-Bedarfs, zum Gegenstande einer gerichtlichen Erörterung machen, und zwar selbst dann nicht, wenn der ursprüngliche, durch die Regierung eben abgeänderte Zustand auf einem zwischen der Gemeinde und dem Lehrer abgeschlossenen Privatvertrage beruhen sollte. — Ist dagegen erst nach jener Regulirung ein solcher Vertrag zu Stande gekommen, so kann über die Gültigkeit und Auslegung dieses Vertrags unter den Kontrahenten allerdings vor Gericht gestritten werden, indem hierdurch der Befugniß der Aufsichts-Behörde, nöthigenfalls im öffentlichen Interesse einzuschreiten, und die Gemeinde zu dem anzuhalten, was das Bedürfniß erheischen möchte, keineswegs vorgegriffen wird: EK. 28. Dez. 1850, 25. Juni 1853, 9 Juni 1855, 27. Sept 1856 (JMBl 51, S. 55; 53, S. 365; 55, S. 371; 56, S. 347).

156. Aus denselben Gründen nahm EK. 23. Juni 1858 (JMBl. S. 261 ff.) die Unzulässigkeit des RW. sogar in einem Falle an, wo nicht das einem aktiven Lehrer zugesicherte Gehalt, sondern die einem emeritirten Lehrer von der Regierung bewilligte Pension durch einen Stadtmagistrat als Patron der Schule jenem Lehrer gegenüber bestritten wurde. Der Komp.GH sprach hierbei gleichzeitig aus, daß Elementarlehrer nicht zu den besoldeten Gemeinde-Beamten im Sinne des § 65 der Städte-Ordn. von 1853 (s. oben n. 146) zu rechnen seien Aehnlich entschied *EK. 12. Okt. 1861 (JMBl. 62, S. 104) in einem Falle, wo die Pension zu Lasten einer Rheinischen Gemeinde bewilligt und von dieser dagegen der RW. beschritten war.

157. Anlangend sodann die Kultus-Angelegenheiten, so muß vorab an das oben n. 86, 87 Gesagte erinnert werden, wonach zwar, strenge genommen, nur die Kirchenhoheit (das ius circa sacra) und das in derselben begriffene Aufsichtsrecht zu den Hoheitsrechten im Sinne des § 36 zählt, die aus der Kirchen-Gewalt (dem ius sacrorum) fließenden, dem Landesherrn, resp. den Bischöfen zustehenden Befugnisse aber ebensowenig, wie jene Kirchenhoheit der Kognition des weltlichen Richters unterworfen sind, indem ein Gleiches von der Ausübung dieser Befugnisse durch die Verwaltungs- oder kirchlichen Behörden gilt. Demgemäß ist

eine Sonderung desjenigen, was als Ausfluß der Kirchenhoheit von dem, was als Ausfluß der Kirchengewalt zu betrachten, hier ohne Interesse und daher auch in den nachfolgenden, einzelne Anwendungen des obigen Satzes enthaltenden Noten nicht versucht worden.

158. So findet über die Rechtmäßigkeit der Ausschließung aus einer Kirchengemeinde der RW. nicht statt. Wenn § 56, II. 11 ALR. die desfallsige Entscheidung dem „Staate" vorbehält, so versteht dieser § ebensowenig, wie § 57 ib. unter diesem Ausdrucke die Gerichte, sondern gemäß §§ 113, 114 ib. die die Rechte der Kirchenzucht ausübenden geistlichen Oberen und als Beschwerde-Instanz das Ministerium für geistliche Angelegenheiten: OT. 26. Okt. 1857 (Strieth. 27, S. 91).

159. Desgleichen ist der RW. ausgeschlossen wider die in Gemäßheit der §§ 707—709, II. 11, resp. 37, II. 12 ALR. von den geistlichen Oberen oder in deren Vertretung von der Regierung als Aufsichts-Behörde interimistisch getroffenen Verfügungen über die Nothwendigkeit eines Baues oder der Reparatur von Kirchen-Gebäuden, Pfarrwohnungen und Schulhäusern, sowie über die Person und das Beitrags-Verhältniß der Leistungspflichtigen, indem jene Gesetzesstellen den RW über die Nothwendigkeit und Art des Baues rc., sowie über die Beitragspflicht nur unter den Interessenten gestatten: Erk. 23. Dez. 1847, 2. Febr 1848, 5. März 1853 (JMBl. 48, S. 183, 169; 53, S. 199; das zuerst cit. Erk. hebt besonders hervor, daß die Behauptung, der Bau liege i. c. dem Fiskus ob, von keiner Seite aufgestellt sei, hieraus aber klar erhelle, daß die Regierung nicht etwa als Vertreterin des Fiskus, sondern in der obengedachten Eigenschaft gehandelt habe). Cf. im Uebrigen n. 284—288 und über die Frage, ob solche interimistische Festsetzungen über die Beitragspflicht selbst nach dem Beginne des Baues stattfinden können, das dieselbe im Allgemeinen bejahende CMR. vom 19. Aug. 1854 (BMBl S. 162).

160. Wenngleich das Patronatrecht zu den Privatrechten gehört und Streitigkeiten über dessen Zuständigkeit zum Erkenntnisse des ordentlichen weltlichen Richters gehören (§ 577, II. 11 ALR), so unterliegt dennoch die Ausübung der den geistlichen Oberen im § 391 ib. ertheilten Befugnisse nicht der richterlichen Kognition, und kann daher auf Ertheilung der von den geistlichen Oberen angeblich aus unzureichenden Gründen verweigerten Bestätigung einer Vokation nicht geklagt werden. So wies ein Beschluß des Kammergerichts vom 27. Aug. 1829 die Klage eines Patrons wider das Konsistorium, welche die Bestätigung einer Vokation, sowie die Befugniß des Beklagten, eine Stelle ohne Genehmigung des Klägers an Unbekannte zu übertragen, betraf, als nicht zum RW. geeignet ab, ein JMR. vom 26. Juni 1830 pflichtete diesem Beschlusse bei, weil die Bestätigung solcher Vokationen, man möge sie nun als Ausfluß der Staatshoheit, oder als Episkopalrecht ansehen, nach den Grundsätzen sowohl der evangelischen Kirchen-Verfassung wie der Landesgesetze überall nicht Gegenstand eines Rechtsstreits sein, und daher darüber, ob dem Konsistorium die Befugniß beiwohne, die Bestätigung zu versagen, oder die Vokation in der vorgelegten Form wenigstens zu verweisen und sie anders modifizirt zu verlangen, nur auf erhobene Beschwerde von der höheren Verwaltungs-Behörde oder dem Staats-Oberhaupte entschieden werden könne; cf. Jbb. 36, S. 138. In einem früheren Falle hatte das Kammergericht die Klage angenommen, weil dieselbe solche Hoheitsrechte des Landesherrn betreffe, hinsichtlich welcher der VO. von 1808 gemäß der RW stattfinde, da die von der allgemeinen Regel (§ 80 der Einl. zum ALR.) eintretenden Ausnahmen des § 36 nach den dort angeführten Gesetzesstellen auf den vorliegenden Fall nicht anwendbar seien, und Kläger überdies nur ein Privatrecht verfolge, indem seine Behauptung gerade dahin gehe, daß die Voraussetzungen, unter denen § 391, II. 11 ALR dem beklagten Konsistorium die Versagung der Bestätigung gestatte (Untauglichkeit des Präsentirten oder Unregelmäßigkeit der Wahl), i. c. nicht zuträfen. Demselben wurde jedoch in Gemäßheit einer ACO. v. 11. Juni 1827 durch JMR. vom 19. ej. der Bescheid zu Theil, daß jene auf Bestätigung zweier Prediger gerichtete Klage, als mit der Ausübung des dem Landesherrn zustehenden liturgischen Rechts streitend, von selbst wegfalle. Aus einer ähnlichen Veranlassung reskribirte der JMin. unterm 24. Aug. 1829, daß eine derartige Klage nicht stattfinde, weil die Ausübung des Hoheitsrechts

in Bezug auf kirchliche und namentlich liturgische Gegenstände kein Gegenstand eines Prozesses sein könne; cf. Jbb 35, S. 263.

161. Dieselben Gesichtspunkte sind für das im Falle eines Streits über das Stimm- resp. Berufungs-Recht oder beim Mangel einer entscheidenden Mehrheit der Stimmen den kirchlichen Oberen durch §§ 361, 364 und 369, II 11 ALR. zugesprochene Devolutionsrecht maaßgebend, wenngleich die Entscheidung über das streitige Stimmrecht selbst gemäß § 362 ib vor den ordentlichen weltlichen Richter gehört. Wo daher die Besetzung einer Pfarrstelle in Ausübung jenes Devolutionsrechts erfolgt, kann ebensowenig auf Vernichtung der ertheilten Vokation, wie in den Fällen der n 160 auf Bestätigung geklagt werden: EK. 10. Jan. 1852 (JMBl. S. 67), Beschl des Kammer-Ger. 29 März 1830, JMR. 2. Juli 1830 und 23. März 1827 (Jbb. 35, S 265 ff.). — Dies gilt selbst dann, wenn bei einem Streite über das Berufungsrecht (§ 364 l c.) der Fiskus selbst Partei ist, indem Fiskus alsdann in zwei verschiedenen Beziehungen gedacht werden muß, einmal als prozeßführender Patron der Kirche, und sodann als Ober-Aufsichtsbehörde; so: das obige JMR. von 1827 und JMR 23. Sept. 1831 (Ergänz. zu § 364 l. c.).

162. Ob die Bestimmungen der §§ 361 ff, II. 11 ALR. analoger Weise auf ein streitig gewordenes Konsistorialrecht anzuwenden seien, ob mithin die Anordnung des Konsistoriums über die Ausübung dieses Rechts für einen einzelnen, keinen Aufschub bis zum Austrage jenes Streits gestattenden Fall im RW. nicht angefochten werden könne, mag dahin gestellt bleiben. Jedenfalls spricht die Analogie obiger §§ nicht wider, sondern für die Zulässigkeit des RW., wenn das Konsistorialrecht selbst den Gegenstand des Streites bildet; ja es kann wider eine desfallsige Verfügung des Konsistoriums, insofern sie eine Störung in der bisherigen Ausübung jenes an sich privatrechtlichen Rechts involvirt, sogar in possessorio angegangen werden So: EK. 3. Juni 1848 (JMBl. S 286).

163. Die Anordnung eines Ober-Präsidenten, welche die Zurückbehaltung der vom Staate für die Stelle eines katholischen Geistlichen zugesicherten Dotations-Zuschüsse wegen Sedisvakanz verfügt, ist nicht als ein Akt zu betrachten, der in Ausübung des landesherrlichen ius circa sacra ergangen, die richterliche Kognition über den in Betreff der Auszahlung der zurückbehaltenen Gelder wider den Fiskus geltend gemachten Anspruch ausschlösse: EK. 11. März 1848 (JMBl. S. 185); cf. jedoch oben n. 53.

164. Streitigkeiten über das Verlagsrecht an einem zum kirchlichen Gebrauche bestimmten Gesangbuche sind dem RW. nicht um deswillen entzogen, weil der des Nachdrucks Bezüchtigte den Verlag im Auftrage der geistlichen Behörde übernommen hat: EK 8. März 1856 (JMBl. S. 140 ff.).

165. Für das Gebiet des Rheinischen Rechts erkannte AH. Cöln 22. Juni 1822 (Rh. A. 4, I. 26), daß die Bestimmung der Art und Weise, wie der Zweck eines Legats, welches einer Kirche unter der Auflage, zu bestimmten Zeiten Vigilien, Seelenmessen und Kommendationen zu halten, zugewandt und später der in die Rechte der Kirche getretenen Domainen-Verwaltung anheimgefallen war, dermalen in Erfüllung gehen solle, und wie die Revenüen des legirten Kapitals zu verwenden, der Kognition der Gerichte fremd sei, vielmehr lediglich zu den Attributionen der Aufsichts-Behörde in Kultus-Angelegenheiten gehöre. (Die aus diesem Grunde zurückgewiesenen Anträge waren vom Schuldner jenes Kapitals, der gleichzeitig der Erbe des Testators war, gestellt.)

166. Wie das Aufsichtsrecht — im Gegensatz zur Polizei-Gewalt des Staats — auf gewisse Rechtssubjekte und Rechtsinstitute beschränkt ist, ebenso hat auch der Satz, daß Akte, welche in Ausübung dieses Rechts ergangen sind, der gerichtlichen Anfechtung nicht unterliegen, nur hinsichtlich der der Aufsichts-Gewalt unmittelbar oder mittelbar unterworfenen Personen, namentlich also hinsichtlich der Korporationen, Gemeinden ꝛc., und ihrer Mitglieder, der Patrone ꝛc unumschränkte Geltung, indem Dritten, welche durch solche Akte beeinträchtigt werden, — vorausgesetzt, daß letztere sich auf die Vermögens-Verwaltung jener moralischen Personen beziehen, — die gerichtliche Verfolgung ihrer privatrechtlichen Ansprüche, dem § 41 h. l. zufolge, in der Regel unverwehrt ist. Hierauf beruht es, wenn in den unter n. 142 a. E. bezogenen Gesetzesstellen selbst den auf einen speziellen Rechtstitel sich berufen-

den Gemeindemitgliedern die Beschreitung des RW. unter gewissen Voraussetzungen gestattet wird, da solche Gemeindeglieder, indem sie ihren Anspruch nicht ausschließlich aus dem Kommunal-Verbande, sondern aus einem ihnen persönlich zustehenden Privatrechte herleiten (cf n 143, 144), der Gemeinde, resp. Aufsichts-Behörde gegenüber eben nicht als Gemeindemitglieder, sondern als Dritte gegenübertreten. — Diese wichtige Restriktion des obigen allgemeinen Satzes wird in den fgg. Nrn noch an einigen Beispielen erläutert werden, obgleich hiermit in das Gebiet des § 41 hinübergegriffen wird.

167. So besagt ein JMR. 30. April 1838 (Rh. S. 6, S. 527), daß, wenn eine Rheinische Regierung nach der dortigen Gesetzgebung das Debet eines Gemeinde-Empfängers festgestellt habe, letzterem wider die desfallsige Entscheidung, zufolge § 41, der RW. offen stehe, ungeachtet die Regierung hier als Aufsichts-Behörde gehandelt haben möge, indem die Regierungen, wenn sie in Absicht der Vermögens-Verwaltung der ihnen untergeordneten moralischen Personen Verfügungen träfen, gewöhnlich in dieser Eigenschaft handelten Aehnlich spricht sich ein R M. d. J v. 13. April 1840 (VMBl. S 142) über eine vom Schultheiß gegen die Gemeinde angestellte Klage auf Erstattung mehrerer ihm von einer standesherrlichen Regierung gestrichenen Posten der Gemeinde-Rechnung aus. Der von jener Regierung gemachte Einwand, daß ihre Revisions-Beschlüsse über das Kommunal-Rechnungswesen lediglich der Prüfung der höheren Verwaltungs-Behörden unterlagen, wurde hier gleichfalls als dem § 41 h 1 widerstreitend bezeichnet.

168 Während EK 26 Nov 1853 (cf n. 148) den RW. in einem Falle für ausgeschlossen erachtete, wo die Gemeinde einen auf Anordnung der vorgesetzten Behörde abgeschlossenen Jagdpacht-Vertrag anfocht, um einen früheren, durch jene Behörde für aufgehoben erklärten Vertrag zur Geltung zu bringen, sprachen sich EK. 18 Dez. 1852 und 3. Juni 1854 (JMBl. 53, S. 112; 54, S. 400), ferner LG. Trier 8. Febr. 1841 (Tr. A. 1, l. 62) unter ganz gleichen thatsächlichen Verhältnissen, ausgenommen, daß als Kläger statt der Gemeinde der frühere Jagdanpächter aufgetreten war, um die Aufrechterhaltung des älteren Pachtvertrags zu erzwingen, zu Gunsten der richterlichen Kompetenz aus, weil dritten Personen, welche die Rechtmäßigkeit dieses Vertrags behaupteten, die gerichtliche Verfolgung ihrer vermeintlichen Rechte aus demselben durch kein Gesetz verschränkt sei.

169. Nicht minder scharf ist der Unterschied zwischen der Stellung der der Aufsichts-Gewalt unterworfenen Korporationen ꝛc. und derjenigen dritter Personen zu den Erlassen der Aufsichts-Behörden hervorgehoben in den Motiven von EK. 13 Nov. 1858, betreffend die von Aufsichtswegen angeordnete Erhöhung des vertragsmäßigen Gehalts eines Gemeinde-Beamten (cf. n. 145). Hier war zu Gunsten der klagenden Gemeinde geltend gemacht worden, „daß gegen Entscheidungen der Aufsichts-Behörden, welche in wohlbegründete Privatrechte eingriffen, dem Verletzten der RW demjenigen gegenüber zustehen müsse, zu dessen Vortheil die Anordnung gereiche;“ das Erk. führte jedoch aus: die Aufsichts-Behörde könne die Privatrechte Dritter allerdings nicht beeinträchtigen, noch deren Verfolgung dem RW. entziehen; wenn daher z. B. eine Regierung das dem Beamten kontraktlich zugesicherte Gehalt als zu hoch herabsetzen wolle, so würde diesem die gerichtliche Verfolgung seiner kontraktlichen Ansprüche gegen die Gemeinde nicht verschlossen sein; im umgekehrten Falle aber sei von der Verletzung eines Privatrechts keine Rede, sondern nur von Erfüllung einer Pflicht, welche die Aufsichts-Behörde im öffentlichen Interesse der ihrem Aufsichtsrechte unterworfenen Gemeinde auferlege, die aus einem Vertrage doch keinen privatrechtlichen Titel dafür herleiten könne, der Aufsichts-Behörde den Gehorsam versagen zu dürfen.

170. Aehnlich verhält es sich im Falle einer gegen die Aufsichts-Behörde selbst gerichteten Klage: EK. 8 Juni 1848 (JMBl. S. 305). Das Konsistorium und die Regierung zu N. hatten die kommissarische Verwaltung einer vakanten Pfarre gegen eine aus den Pfarreinkünften zu bestreitende Remuneration verfügt. Hierdurch erachtete sich ein Dritter, nämlich eine Prediger-Wittwenkasse, in ihren Vermögensrechten beeinträchtigt, indem dieselbe zufolge ihrer Allerhöchst bestätigten Statuten auf die während der Vakanz fällig werdenden Einkünfte Anspruch machte. Der Komp.GH. erachtete die Klage dieser Kasse, welche gegen jene Behörden gerich-

tet war und dahin lautete, daß letztere als Vertreter des Kirchen-Regiments, resp. als Ober-Aufsichts-Behörde über das Vermögen der Kirche nicht für befugt zu erachten, über die fraglichen Einkünfte zu verfügen, für vollkommen prozeßfähig.

171. Von dem Falle, wo ein Akt der Aufsichts-Behörde unmittelbar angefochten wird, ist der Fall zu unterscheiden, wo sich Streitigkeiten mit Dritten über die privatrechtlichen Folgen eines Vertrags erheben, der durch einen Akt der Aufsichts-Behörde genehmigt, oder dessen Genehmigung von jener Behörde versagt worden ist. Zum Nachweise der Prozeßfähigkeit solcher Fälle bedarf es nicht des Zurückgehens auf das unter n. 166 Gesagte, da diese Fälle dem Prinzipe des § 36 ohnehin nicht unterliegen, ungeachtet bei ihrer Erörterung mitunter allerdings die Vorfrage als Präjudizialpunkt zu lösen ist, inwiefern die Genehmigung nöthig gewesen, ob sie als ertheilt zu betrachten sei 2c. Folgeweise steht hier die Beschreitung des RW. nicht blos dem anderen Kontrahenten, sondern auch der Gemeinde oder sonstigen moralischen Person zu, wegen welcher der Hinzutritt der Genehmigung der Aufsichts-Behörde angeblich oder in Wirklichkeit erforderlich war; cf. n. 70 und EK. 24. Juni 1851, 11. Dez. 1852, 20 Okt. 1855 (JMBl. 51, S. 274; 53, S. 85; 55, S. 404. In letzterem Erkenntnisse heißt es: So strenge könne die gesetzlich beabsichtigte Trennung der Justiz und Verwaltung nicht gemeint sein, daß den Gerichten bei ihren Entscheidungen über Privat-Streitigkeiten, deren Gegenstand nach den Behauptungen einer der Parteien der Einwirkung der Verwaltungs-Behörden unterliege, jedes Urtheil über die desfallsigen gesetzlichen Befugnisse dieser Behörde oder über eine solche thatsächlich ihrerseits geschehene Einwirkung untersagt sei; demgemäß stehe in Fällen der oben erwähnten Art die Entscheidung über die Frage, ob die Genehmigung nöthig gewesen oder wirklich ertheilt worden sei, als eine solche, die das Wesen und die Existenz des Vertrags berühre, unbedenklich den Gerichten zu).

172. Die Konsequenz scheint zu fordern, daß die richterliche Kognition über die Gültigkeit eines von einer Korporation, Gemeinde 2c. abgeschlossenen privatrechtlichen Vertrags auch dann keine Einschränkung erleide, wenn die Anfechtungsgründe von der einen oder anderen Seite aus der Inkapazität des Vertreters der Korporation, Gemeinde 2c. zum Abschlusse solcher Verträge, oder daraus entnommen werden, daß der den Vertrags-Abschluß genehmigende Beschluß der Korporation, Gemeinde 2c. aus diesem oder jenem Grunde nicht zu Recht bestehe. Inzwischen wird dies in solcher Allgemeinheit nicht allseitig zugegeben, wie sich bereits aus dem oben n. 140 besprochenen Pl.B. 27. Juni 1845 ergiebt. Ferner liegt eine abweichende Ansicht dem AG. Arnsberg 10. Jan. 1852 (Arnsb. Archiv 16, S. 59) zu Grunde; hier hatte eine Gemeinde auf Aufhebung eines Gemeinde-Beschlusses und eines in Gemäßheit desselben geschlossenen Dienst-, resp Pensions-Vertrags wider den Mitkontrahenten geklagt, und diese Klage darauf gestützt, daß Beklagter in den engsten verwandtschaftlichen Beziehungen zum Gemeinde-Vorsteher stehe, dieser daher zufolge § 67 der Westph. Landgemeinde-Ordn. v. 31. Okt. 1841 die Gemeinde-Versammlung nicht habe berufen, noch in derselben mitstimmen dürfen; das bezogene Erkenntniß nahm jedoch an, daß, weil Gemeinde-Beschlüsse zu den Verwaltungs-Akten gehörten, der Civilrichter nicht kompetent sei, solche Beschlüsse außer Wirksamkeit zu setzen, dies vielmehr unter gewissen Beschränkungen zur Kompetenz der Gemeinde — §§ 133, 134, II. 6 ALR. —, sonst aber der vorgesetzten Behörde gehöre. Dagegen entschied in einem anderen Falle, wo die Gültigkeit eines Jagd-Pachtvertrags, auf Grund des § 105 derselben Gemeinde-Ordnung, um deswillen bestritten worden war, weil jener Vertrag, ohne Konkurrenz des Amtmanns, vom Gemeinde-Vorsteher allein abgeschlossen sei, EK. 18. Dez 1852 (JMBl. 53, S. 112) zu Gunsten des RW., und erachtete AH Cöln 9. Mai 1853 (Rh A 48, I. 153) bei einem Rechtsstreit über die Gültigkeit des zwischen einer Gemeinde und dem Pfarrer in Betreff des Zusatz-Gehalts abgeschlossenen Vertrags die richterliche Kognition selbst darüber für statthaft, ob bei dem dieses Zusatz-Gehalt bewilligenden Beschlusse des Gemeinderaths die vorschriftsmäßige Zahl der Mitglieder mitgewirkt habe.

§ 36 Abs. 2 und § 37.

173. § 36 Abs 2 stimmt wörtlich mit § 78, II. 14 ALR. überein, nur daß hinter dem Worte „Anlagen“ zum besseren Verständnisse die im § 78 l. c. fehlenden Worte „und Abgaben“ eingeschaltet sind. Da nun im § 37 h. l. auch auf den mit § 78 im engsten Zusammenhange stehenden § 79 ib. hingewiesen wird, so ist die Erläuterung der §§ 36 Abs. 2 und 37 gleichbedeutend mit der jener §§ 78, 79, II. 14. ALR.

174. Wie der ganze 14. Titel die Ueberschrift „von den Staatseinkünften“ führt, so sind auch die §§ 78, 79 l c. unzweifelhaft nur von den Staats-Abgaben zu verstehen. Ihre Anwendbarkeit ist jedoch durch spätere Gesetze — cf. § 41 h. l. und ACO v. 19 Juni 1836 — auf andere allgemeine Abgaben, namentlich auf Gemeinde-, Kirchen- und Schul-Abgaben ausgedehnt worden, weshalb vielfache Entscheidungen, welche aus Anlaß von Streitigkeiten über Abgaben der letzterwähnten Art ergangen sind, bei Auslegung der §§ 78, 79 überhaupt in Betracht kommen. Der Verfasser ist bemüht gewesen, die allgemeinen Gesichtspunkte, welche aus jenen Entscheidungen für Abgaben aller Art, mithin auch für Staats-Abgaben zu entnehmen sind, schon hier mitzutheilen, und nur dasjenige, was blos für Kommunal-, Kirchen und Schul-Abgaben passend erscheint, in den Noten zu § 41 und zur ACO. von 1836 besonders zu besprechen. Immerhin ist aber zur Gewinnung eines vollständigen Ueberblicks über die bezüglich jener §§ 78, 79 bestehende sehr reichhaltige Jurisprudenz das zu obigen Gesetzesstellen Gesagte mit in Betracht zu ziehen.

175. Behufs Erläuterung der §§ 78, 79, II 14 cit. kann die wörtliche Wiedergabe der dort bezogenen §§ 2—9 ib, sowie der mit jenen im engen Zusammenhange stehenden §§ 80, 83 ib., auf welche § 42 h l. zurückverweist, nicht umgangen werden. Die sämmtlichen Gesetzesstellen lauten:

„§ 2. Dem Besteuerungsrechte, als einem Hoheitsrechte des Staats „(Tit. XIII. § 15), sind alle diejenigen unterworfen, die für ihre Personen, „Vermögen oder Gewerbe den Schutz des Staats genießen.

„§ 3. Welchen Klassen von Landes-Einwohnern oder Besitzungen die Be„freiung von einer oder der anderen Art der Staatsabgaben zukomme, ist nach „Verschiedenheit der Provinzen, in den besonderen Gesetzen derselben bestimmt.

„§ 4. Einzelne Landes-Einwohner, Korporationen oder Gemeinen können „die Befreiung von den Abgaben derjenigen Klasse, zu welcher sie gehören, in „der Regel nur durch Verträge oder ausdrückliche Privilegia erlangen.

„§ 5. Inwiefern dergleichen Befreiung durch Verjährung erworben wer„den könne, ist gehörigen Orts bestimmt. (Th. I. Tit. IX. §§ 656—659)

„§ 6 Alle solche ausdrücklich oder stillschweigend erlangte Befreiungen „sind nach den Vorschriften der Einleitung §§ 58—62 und §§ 66—76 zu be„urtheilen.

„§ 7. Durch dergleichen Ausnahmen sollen die übrigen Mitglieder der„selben Klasse mit höhern Lasten nicht beschwert werden.

„§ 8. Wer ein solches zur Belastung der übrigen Mitglieder gereichen„des Privilegium für sich anführt, gegen den gilt die Vermuthung, daß er sel„biges erschlichen habe

„§ 9. Streitigkeiten, welche über die Vertheilung der aus dem Besteue„rungsrechte fließenden Abgaben unter den Kontribuenten entstehn, werden, in „Ermangelung hinlänglicher durch Verträge, wohlhergebrachte Gewohnheiten, „oder besondere Gesetze begründeter Bestimmungen, nach den Regeln einer ohne „ausdrücklichen Vertrag entstandenen Gemeinschaft (Th. I. Tit. XVII. Abschn. I) „beurtheilt.

„§ 78. Ueber die Verbindlichkeit zur Entrichtung allgemeiner Anlagen, „denen sämmtliche Einwohner des Staats, oder alle Mitglieder einer gewissen „Klasse derselben, nach der bestehenden Landesverfassung unterworfen sind (§§ 2, „3), findet kein Prozeß statt.

„§ 79. Behauptet aber jemand aus besonderen Gründen die Befreiung „von einer solchen Abgabe (§§ 4—8), oder behauptet er, in der Bestimmung "seines Antheils über die Gebühr belastet zu sein (§ 9), so soll er darüber „rechtlich gehört werden.

"§ 80. Doch muß der, welcher sich über Prägravation beschwert, in allen "Fällen; sowie der, welcher eine Exemtion behauptet, wenn er nicht wenigstens "seit zwei Jahren im Besitze der Freiheit sich befindet, die von ihm geforderten "Abgaben, während des Prozesses, mit Vorbehalt seines Rechts, entrichten.

„§ 83. Auch die vermöge allgemeiner Anlagen zu fordernden Rückstände "muß der Fiskus, durch seine Beamten, im Wege Rechtens einfordern, sobald "es dabei auf ein Vorzugsrecht gegen einen Dritten ankommt."

Von den in den §§ 2—9 wiederum bezogenen §§ erscheint nur die Mittheilung der §§ 656—659, I. 9 ib. als geboten.

"§ 656. Wenn jedoch erhellet, daß jemand zu einer Last oder Abgabe, "wozu er nach seinem Stande und Verhältnisse an sich verpflichtet war, auf-"gefordert worden, sich aber deren Leistung geweigert habe, und seit dieser Zeit, "Funfzig Jahre hindurch, davon frei geblieben sei, so wird vermuthet, daß er "die Befreiung auf eine rechtsgültige Weise erlangt habe.

"§ 657. Er muß also bei seiner Freiheit so lange geschützt werden, als "nicht ausgemittelt ist, daß er sich deren ohne Recht angemaaßt habe.

"§ 658. Ist das Grundstück oder die Gerechtigkeit, von welcher die Ab-"gabe entrichtet werden soll, im Steuerbuche niemals eingetragen gewesen, so "begründet schon der Umstand allein, daß die Abgabe in Funfzig Jahren nicht "gefordert worden, die Vermuthung einer rechtsgültig erlangten Befreiung.

"§ 659. Es findet also auch in diesem Falle die Vorschrift des § 657 "Anwendung."

Hinsichtlich der übrigen Allegate nur noch die Bemerkung, daß unter den im § 6 l. c. bezogenen Gesetzesstellen die §§ 54—58, 62—72 der Einl. zum ALR. gemeint sind. Die hiervon abweichenden Angaben in jenem § 6 beruhen auf einen Druck-, resp. Redaktionsfehler: cf. Jbb. 50, S 478.

176. Die §§ 78, 79, II. 14 ALR. sind in sehr widersprechender Weise gedeutet worden. Die eine Ansicht erblickt im § 78 nur das Verbot der gerichtlichen Anfechtung des landesherrlichen Besteuerungs-Rechts, resp. des Steuer-Gesetzes selbst, indem sie aus § 79 folgert, daß nicht blos derjenige, welcher sich auf eine Exemtion berufe, sondern auch Jeder, der nach dem Steuergesetze selbst nicht verpflichtet, mithin von der Behörde gesetzwidriger Weise zur Steuer herangezogen zu sein behaupte, auf rechtliches Gehör Anspruch habe. Nach der anderen Ansicht fallen dagegen alle Streitigkeiten über die von der Behörde bewirkte Festsetzung, resp. Veranlagung der Steuer unter die Regel des § 78, und findet der RW. nur ausnahmsweise in den in den §§ 4 ff. speziell aufgeführten Fällen, sonst also niemals statt. — Zur ersteren Ansicht bekennen sich der Gesetzrevisor (Pensum XII, S. 148 ff.) und Perrot (I. S. 180); cf. auch AH. Cöln 10. Dez. 1825 (Rh. A. 8, I. 77) und JMR. 15. März 1831 (Jbb. 37, S. 86). Die für jene Ansicht geltend gemachten Gründe sind indessen schwerlich überzeugend. Wenn Perrot zu derselben dadurch gelangt, daß er den § 79 nicht limitativ, sondern exemplifikativ interpretirt, so übersieht er den offenbar exzeptionnellen Charakter dieser Gesetzesstelle. Der Gesetzrevisor stützt sich vornämlich auf die im § 79 bezüglich der Prägravation getroffene Bestimmung, welche er mit Rücksicht auf die Materialien gegen die herrschende Ansicht (cf. unten n. 224) nicht blos bei Streitigkeiten unter den Kontribuenten (§ 9, II. 14 ALR.), sondern auch bei Streitigkeiten mit dem Fiskus für anwendbar erachtet. Hieraus könnte aber doch höchstens gefolgert werden, daß der RW. bezüglich der Höhe des geforderten Betrags, nicht also, daß er auch bezüglich der Existenz der Steuerschuld unverschränkt sei. Außerdem steht aber der Ansicht Beider ebensowohl die in Betreff der Stempelsteuer ergangene Dekl. v 18. Nov. 1828 (cf. n. 183), wie eine Reihe anderweitiger Spezial-Bestimmungen entgegen, welche sämmtlich nur einzelne Anwendungen der allgemeinen Regel darstellen, die nach der oben angeführten zweiten Ansicht im § 78 enthalten ist Cf Gewerbesteuer-Ed. v 2. Nov. 1810, § 24 und v. 30 Mai 1820, § 33; Zollgesetz v 23 Jan 1838, § 14; Ges., betr. die Einführung einer Klassen- und klassif Einkommen-Steuer v. 1. Mai 1851, §§ 14, 26, 31. Jene zweite Ansicht ist denn auch gegenwärtig die in der

Praxis herrschende und ihre Richtigkeit noch jüngst, bei Berathung des Ges. vom 24. Mai 1861 (GS. S. 241), allseitig anerkannt worden, ja sie bildet die Voraussetzung, auf welcher dieses Gesetz selbst in den die §§ 78, 79 modifizirenden §§ 9 ff. beruht. Ihr zufolge entspricht § 78 allerdings dem im § 36 Abs. 1 h. l. ausgedrückten allgemeinen Prinzipe, insofern nämlich, als dieses die von den Verwaltungs-Behörden in Ausübung eines Hoheitsrechts getroffenen Anordnungen mitumfaßt, denn er besagt dasjenige, was dort hinsichtlich sämmtlicher Hoheitsrechte bestimmt worden, im speziellen Hinblicke auf das Besteuerungsrecht. Er spricht dies aber nur als Regel, d. h. vorbehaltlich der im § 79 erwähnten Ausnahmen aus, und läßt hierdurch einen wesentlichen Unterschied zwischen dem letzteren und den übrigen Hoheitsrechten bestehen, hinsichtlich welcher solche Ausnahmen zu Gunsten des RW. im Allgemeinen nicht gelten. In diesem Umstande dürfte auch der Grund zu suchen sein, weshalb die Aufnahme der §§ 78, 79, II. 14 ALR. in die §§ 36, 37 h. l. noch immer als angemessen erachtet wurde.

177. Die Voraussetzung, daß unter den **allgemeinen Anlagen** des § 78 lediglich solche zu verstehen seien, welche auf dem landesherrlichen **Besteuerungs-Rechte**, d. h. auf dem Rechte beruhen,

„zur **Bestreitung** der **Staatsbedürfnisse** das Privatvermögen, die Personen, ihre Gewerbe, Produkte oder Konsumtion mit Abgaben zu belegen,“

ergiebt sich unzweifelhaft aus der in jenem § enthaltenen Hinverweisung auf die §§ 2, 3 ib.; cf. auch EK. 10. März und 22. Septbr. 1855 (IMBl. 56, S. 11, 13). Es kann daher nicht gebilligt werden, wenn das IMR. v. 25. Okt. 1833 (Jbb. 42, S. 293) sagt, daß nur diejenigen Lasten nicht als allgemeine im Sinne des § 78, sondern als spezielle zu erachten seien, zu denen bestimmte Individuen aus speziellen Rechtstiteln, z. B. Verträgen, Testamenten ꝛc. verpflichtet seien. Nicht jede allgemeine Last ist eine steuerartige und daher nach § 78 zu beurtheilende, wenn auch der Charakter der Allgemeinheit zum Wesen einer Steuer erfordert wird. Vermögensopfer, die zwar durch die Staatsbedürfnisse geboten, aber blos Einzelnen zugemuthet werden, lassen sich nicht auf das Besteuerungs-, sondern nur auf das Expropriations-Recht zurückführen, und begründen daher in der Regel einen (prozeßfähigen) **Ersatzanspruch**, von welchem bei Ausübung des Besteuerungsrechts nicht die Rede sein kann.

178. Daß der Charakter der **Allgemeinheit** einer Anlage nicht ausgeschlossen ist, wenn letztere nur den Mitgliedern einer gewissen **Klasse** auferlegt wird, sagt § 78 ausdrücklich. „Klasse“ im Gegensatz zu „sämmtlichen Einwohnern des Staats“ bedeutet hier nichts weiter, als eine gewisse speziellere Kategorie von Personen, sie möge begrenzt sein, wie sie wolle: *EK. 11 März 1848 (IMBl. S. 324).

179. Ferner läßt sich aus dem Begriffe der Allgemeinheit einer Anlage in Verbindung mit dem im § 78 enthaltenen Hinweise auf die bestehende Landesverfassung nicht folgern, als ob dort nur solche Anlagen gemeint seien, welche auf einem für das gesammte Staatsgebiet geltenden Gesetze beruhen. Die Anwendbarkeit des § 78 auf **provinzialrechtliche Steuern** ist vielmehr vom Komp.GH. wiederholt anerkannt worden.

180. Bei Beurtheilung der Frage, ob eine allgemeine Anlage steuerlicher Natur sei, ist die **Art** ihrer **Veranlagung** und **Beitreibung** ganz unerheblich. Die Anwendbarkeit des § 78 wird daher dadurch, daß eine Anlage nicht in der für Steuern gewöhnlichen Weise ausgeschrieben und beigetrieben zu werden pflegt, ebensowenig ausgeschlossen, wie sie umgekehrt nicht dadurch allein begründet wird, daß für Ausschreibung, resp. Beitreibung gewisser Prästationen die für Repartition und Einziehung der Steuern geltenden Vorschriften maaßgebend sind. So: IMR. 14. Mai 1842 (Rh. A. 35, I. 175), EK. 24. Nov. 1855 (IMBl. 56, S. 55), wogegen freilich in EK. 10. Jan. 1852 (IMBl. S. 85) eine andere Auffassung vorzuwalten scheint. (Durch Gesetz v. 13. Mai 1833 (GS. S. 55) wurden gewisse gewerbliche, von den Juden der Provinz Posen an den Grundherrn ꝛc. zu entrichtende Abgaben gegen Entschädigung aufgehoben, welche letztere gemäß §§ 6 ff. l. c. die Staatskasse vorlegte, wofür denn auch in diese die von den Mediatstädten aufzubringenden Entschädigungs-Renten flossen. Als nun die bisher von der Korporation zu L. erhobene Rente höherer Anordnung gemäß unter die einzelnen jüdischen Einwohner vertheilt

wurde, erhob Einer derselben bei Gericht Einspruch und bestritt in dem demnächst eingeleiteten Konfliktsverfahren die Anwendbarkeit des § 78, weil es sich um eine durch Abfindung des Mediatherrn auf den Fiskus übergegangene Entschädigungs-Forderung, mithin um einen rein privatrechtlichen, aus der nützlichen Verwendung hergeleiteten Anspruch handle; gegen die beipflichtenden Gutachten der Justizbehörden erkannte jedoch der Komp.GH., daß sich aus obigem Gesetze, sowie aus der ACO. v. 29. Aug. 1838 (GS. S. 447), welche die Modalitäten der Ablösung, sowie die Form der Erhebung regeln, und namentlich vorschreiben, daß das Einziehungsverfahren in gleicher Weise, wie bei Staatssteuern zu leiten sei, klar ergebe, daß diese Vorschriften nicht zur Begründung blos privatrechtlicher Ansprüche bestimmt, daß durch sie vielmehr eine provinzielle Verfassungs-Maaßregel angeordnet sei, jene Leistungen mithin unzweifelhaft die rechtliche Natur von Staatssteuern hätten.)

181. Ob die Abgabe eine fortlaufende oder nur einmal zu entrichtende sei, ist für die Anwendbarkeit des § 78 gleichfalls ohne Einfluß: EK. 30. Okt. 1858 (JMBl. 59, S. 108).

182. Ebenso ist die Anwendbarkeit der §§ 78, 79 nicht auf direkte Steuern beschränkt: EK. 2. Okt. 1858 (JMBl. 59, S. 54). In der Rheinprovinz gelten jene §§ sogar ausschließlich für indirekte Steuern, da dort in Betreff direkter Steuern die Kompetenz-Bestimmungen des französischen Rechts aufrecht erhalten wurden. Cf. die Noten zu §§ 8 ff. des Rhein. Ress.-Regl.

183. Daß die Stempelabgaben zu den allgemeinen Anlagen des § 78 gehören, würde sich hiernach auch ohne die deklaratorische ACO. v. 18. Novbr. 1828 von selbst verstehen. Uebrigens hat letztere, indem sie besagt:

„Was hiernächst die Erörterungen im Berichte des Staatsministeriums „wegen der Zulässigkeit des Rechtsweges über die Stempelpflichtigkeit eines „Gegenstandes und über die Anwendung des Tarifs betrifft, so ist auch dieser-„halb ein besonderes Gesetz nicht erforderlich, da die Stempelsteuer zu den all-„gemeinen Staatsabgaben gehört, und es bereits gesetzlich feststeht, daß über „die Verbindlichkeit zu deren Entrichtung der ordentliche Weg Rechtens nicht „statt findet, wovon eine Ausnahme nur zulässig ist, wenn in den Fällen des „§ 3 Litt. i. des Stempelgesetzes die Befreiung besonderer Anstalten, Gesell-„schaften und Personen von gewissen Stempelabgaben unter dem Widerspruche „der Steuerverwaltung behauptet wird. Wer außer diesen Fällen vermeint, „daß er bei Festsetzung oder Einziehung einer Stempelsteuer dem Gesetze nicht „gemäß behandelt worden, hat seine Beschwerde gegen die festsetzende Behörde „im Wege der verfassungsmäßigen Instanzen zu verfolgen.“

nur das allgemeine Prinzip aufrecht erhalten, mithin an den Bestimmungen des § 79 Nichts geändert: *ME. 17. März 1841 (Rh. S. 7, S. 271). Ungeachtet dessen bestanden bereits auf Grund des Stempelgesetzes selbst in Betreff einzelner Arten der Stempelsteuer gewisse Eigenthümlichkeiten, und hat neuerdings § 12 des Ges. v. 24 Mai 1861 für die meisten Arten derselben die Regel des § 78 gänzlich außer Kraft gesetzt Cf. n. 231 ff.

184. Postgefälle und Postgebühren sind bloße Ausflüsse eines niederen Regals, des Postregals, mithin keine steuerartigen Leistungen im Sinne des § 78, auch im § 1 der Exekutions-Ordn. v. 30. Juli 1853 nicht unter den Steuern (sub Nr. 1—4), sondern getrennt für sich (sub Nr. 11) aufgeführt. Demzufolge wird in den Ergänz. zu § 1 der Einl. zur AGO. die exekutivische Einziehung des Post-Portos zu den Fällen gerechnet, in denen die Exekution unter Vorbehalt des RW. stattfindet. In Betreff der Eisenbahn-Abgaben cf. n. 61 bis zum Ges. v. 3. Nov. 1838, und der Bergwerks-Abgaben unten n. 335 ff.

185. Zölle wurden im ALR (cf. §§ 88 ff., II. 15) gleichfalls nicht als der Ausfluß des landesherrlichen Besteuerungsrechts, sondern als der eines niederen Regals, der Zollgerechtigkeit, behandelt und gehörten daher ursprünglich ebenfalls nicht zu den allgemeinen Anlagen im Sinne des § 78 Seitdem jedoch die Binnenzölle in Wegfall gekommen, die Grenzzölle aber dem Gebiete der Regalien entrückt und in das der indirekten Steuern hinübergezogen sind (cf. VO. v. 11. Juni 1816, Ges. v. 26. Mai 1818, Zollges. v. 23. Jan 1838 und die Gesetz-Revision, Pensum

XII. S. 238), unterliegt die Anwendbarkeit des § 78 auf eigentliche Zölle keinem Zweifel.

186. Dasselbe gilt von Wege-, Brücken- und Schifffahrts-Abgaben, die das ALR. gleichfalls noch als Ausflüsse eines niederen Regals behandelt. Der Gesetzrevisor (Pensum XII. S. 237) geht zwar noch davon aus, daß die Wasserzölle und Kommunikations-Abgaben den Charakter von Regalien behauptet hätten. Auch dürfte der Umstand, daß die Kommunikations-Abgaben als Entgelt für die Benutzung der Kommunikations-Anstalten zu betrachten sind (VO. v. 16. Juni 1838, § 1), mit dem Begriffe einer Steuer schwer in Einklang zu bringen sein. Inzwischen läßt sich nicht verkennen, daß sowohl das Gesetz über die Verjährungsfristen bei öffentlichen Abgaben vom 18. Juni 1840, als auch die verschiedenen Exekutions-Ordnungen von 1843, 1845, 1853 und 1858 jene Abgaben den indirekten Steuern ganz gleichstellen, resp. als solche behandeln. Vgl. auch Ges. v. 3. Mai 1852 Art. 135. Uebrigens folgert EK. 30. Okt. 1852 (JMBl. 53, S. 28) schon aus der in obiger VO. von 1838 und im Chausseegeld-Tarif den Kommunikations-Abgaben gegebene Bezeichnung einer Staatsabgabe, daß § 78 auf das Chausseegeld zur Anwendung komme, und zwar ohne daß es in dieser Hinsicht einen Unterschied begründe, ob der Erheber dasselbe für Rechnung des Staats, oder als Chausseegeldpächter für sich einziehe; ebenso: *EK. 12. Nov. 1859 (JMBl. 60, S. 360).

187. Die Salz-Ablösungsgelder, welche nach den Allerh. genehmigten Grundsätzen hinsichtlich der Kontrolle des Salzverbrauchs v. 19. Aug. 1823 für das nicht abgenommene Salzquantum bezahlt werden, sollen nach Löwenberg's Beiträgen (1, S. 121) gleichfalls die Natur einer Steuer haben, und werden als solche sowohl im Gesetze von 1840 wie in den oben erwähnten Exekutions-Ordnungen behandelt; cf. auch Oppenhoff, Strafverf., Art. 135 n. 6, resp. das dort citirte OT. 24. Mai 1856, welches die Ausübung des Salzmonopols eine Besteuerung nennt.

188. Eine steuerliche Anlage im Sinne des § 78 ist ferner die Einquartirungslast, mag es sich nun um eine Natural-Einquartirung, oder um den an deren Stelle tretenden Servis handeln: EK. 3. Febr. 1855, 11. Mai 1861 (JMBl. 55, S. 100; 62, S. 47; letzteres Erkenntniß nimmt dies selbst dann an, wenn eine partielle Vergütung vom Staate gewährt wird). Hierdurch wird gleichwohl selbstverständlich nicht ausgeschlossen, daß da, wo die Art der Einquartirung und die dafür zu zahlende Vergütung auf einem Vertrags-Verhältnisse beruht, die sich aus letzterem erhebenden Streitigkeiten dem RW. unterliegen; cf. EK. 6. Oktbr. 1855 (JMBl. 56, S. 63).

189. Ebenso verhält es sich mit dem bei Gelegenheit einer Mobilmachung geforderten Militair-Vorspann: cf. EK. 29. April 1854 (JMBl. S. 348) —, zumal, wenn keinerlei Vergütung geleistet wird; cf. Ges. v. 11. Mai 1851 § 3.

190. Dasselbe ist von den Kriegslasten überhaupt anzunehmen (cf. v. Rönne I. S. 271), jedoch nur insoweit, als dieselben den Charakter der Allgemeinheit an sich tragen, und nicht etwa vom Staate unter ausdrücklicher oder stillschweigender Uebernahme der Ersatzpflicht auferlegt werden, da letzteres dem Begriffe einer Steuer widerspricht; cf. oben n. 177. Nicht im Einklang hiermit steht freilich die auszugsweise in den Jbb. 58, S. 119 mitgetheilte ACO. v. 8. Sept. 1841, wo allgemein gesagt wird: „da Kriegslieferungen als Leistungen anzusehen seien, welche vermöge des Besteuerungsrechts von den Unterthanen erfordert würden, das Verhältniß des Leistenden zum Staate mithin kein privatrechtliches sei, so könne die Erörterung über die Verbindlichkeit des Staats zum Ersatze solcher Leistungen nicht im Wege des Prozesses erfolgen; vielmehr müsse die Erfüllung der wegen des Ersatzes etwa ertheilten Zusagen wie die Vertheilung der Kriegslasten überhaupt den Beschlüssen der Staatsverwaltung vorbehalten bleiben." Dagegen sprach sich EK. 11. Mai 1861 (JMBl S. 47) ausdrücklich zu Gunsten des RW. in Bezug auf die Vergütungen aus, welche nach dem Kriegsleistungs-Gesetze vom 11. Mai 1851 (GS. S. 362 ff) für mehrere Arten von Kriegsleistungen aus der Staatskasse gewährt werden sollen. — Ob die richterliche Kognition durch jenes Gesetz nicht wenigstens insoweit eine Beschränkung erleide, als dasselbe die Feststellung des Betrags für gewisse Vergütungen an Kommissarien verweist (§§ 12, 14 Abs. 1, 17), war damals nicht Gegenstand besonderer Erörterung. Eine den RW. ausdrücklich ausschließende

Vorschrift enthält § 18, welcher jedoch ebenso wie § 17 keine aus Staatskassen zu leistende Vergütungen betrifft. Derselbe bestimmt nämlich, daß, wenn in Ausführung der vorhergehenden §§ einzelne Gemeinden oder Kreise im Verhältnisse ihrer Leistungsfähigkeit zu hart betroffen werden sollten, es Sache der Kreis-, resp. Provinzial-Vertretungen sei, eine Ausgleichung eintreten zu lassen, ohne daß wider die getroffene Entscheidung der RW. stattfinde. Cf. auch n. 189, 195 und die zur Ausführung jenes Gesetzes auf Grund des § 24 ib. ergangene Min.-Instr. vom 8. Jan. 1854 (VMBl. S. 60 ff.), wo die Verwaltungs-Behörden, denen die einzelnen im Gesetze angeordneten Funktionen obliegen, speziell aufgeführt sind. Hiernach soll z. B. die Feststellung der Vergütungssätze für die Landlieferungen an Lebensmitteln und Fourage (§ 6 des Gesetzes) durch die Oberpräsidenten erfolgen.

191 Nicht nach § 78 zu beurtheilen, sondern im RW. bestreitbar ist die auf den §§ 13—16, II. 15 ALR. beruhende Verpflichtung der Umwohner, zum Bau, resp. zur Unterhaltung einer Landstraße Hand- und Spanndienste zu leisten, da der Grund dieser Verpflichtung nicht im Besteuerungsrechte, sondern in dem Vortheile zu suchen ist, den die Verpflichteten von der Straße ziehen, derselben überdies aber auch der Charakter der Allgemeinheit abgeht. So: EK. 10. März u. 22. Sept. 1855 (JMBl. 56, S. 11, 13). *Contra:* JMR. v. 25. Okt. 1833 (Jbb. 42, S. 293). Cf. ferner Gesetz-Revision (Pensum XII. S. 182) und OT. 3. Dez. 1857 (Strieth. 27, S. 185 ff.).

192. Desgleichen die auf dem Lehnsverbande beruhenden Abgaben, z. B. die Lehnskonsens-Gebühren, welche vor Erlaß des Ges. v. 2. März 1850 an den König als Oberlehnsherrn zu entrichten waren, und die Lehnspferdegelder: EK. 5. Juni 1852 (JMBl. S. 323) und OT. 21. Febr. 1850 (Entsch. 19, S. 321).

193. Desgleichen ein vertragsmäßiger Grundzins und alle sonstigen auf privatrechtlichem Titel beruhenden Leistungen. EK. 14. April 1855 (JMBl. S. 223), R. d. M. d. Inn. v. 19. April 1842 (Rh. A. 35, I. 174).

194. Gehören zu den Anlagen des § 78 auch die durch Berichtigung der alten, wie durch Aufnahme neuer Grundkataster erwachsenden Kosten? Anscheinend nicht, da die Verbindlichkeit zu ihrer Entrichtung schwerlich aus dem Besteuerungs-Rechte abzuleiten ist. Auch zählen weder die Ges. v. 30. Mai 1820 und 18. Juni 1840, noch die oben erwähnten Exekutions-Ordnungen derartige Kosten unter den Steuern auf, wenngleich hinsichtlich derselben, jenen Exekutions-Ordnungen zufolge, die administrative Exekution stattfindet.

195. Wie bereits bemerkt, und unter n. 275 ff. näher erörtert wird, hat § 41 h. l. die Anwendbarkeit der §§ 78, 79 auf Gemeindesteuern ausgedehnt. Ebenso werden aber auch die zwischen Staats- und Gemeindesteuern in der Mitte stehenden steuerlichen Beiträge der Kreiseinsassen oder Gemeinden zu den Kreislasten, ferner die Beiträge zu den Provinziallasten als solche Abgaben erachtet, welche den Bestimmungen jener §§ anheimfallen; cf. OT. 5. Oktbr. 1852 (Entsch. 24, S. 167), EK. 30 Okt 1852, 29. April 1854, 22. Sept. und 16. Okt. 1855 (JMBl. 53, S. 68; 54, S. 380; 55, S. 427; 56, S. 30). Bei den zwei ersten und dem letzten dieser Erkenntnisse handelte es sich um Leistungen zum chausseemäßigen Straßenbau, ausgeschrieben gemäß der beiden VO. v. 25 März 1841 (GS. S. 55, 61), betr. die Befugniß der Pommerschen und Westphälischen Kreisstände, Ausgaben in einer für die Kreiseinsassen verpflichtenden Weise zu beschließen, bei dem dritten um Beiträge der Kreiseinsassen zu den Kosten für die gemäß ACO v. 17. Sept. 1831 § 5, VO. v. 24. Febr. 1834 § 11 und Ges. v. 11. Mai 1851 § 14 von den betreffenden Kreisen zu den Provinzial-Landwehrübungen, resp zur Mobilmachung unentgeltlich zu stellenden Pferde, bei dem vierten um kommunalständische Abgaben in Neu-Vorpommern.

196. Abgesehen von den unter n. 195 und n. 275 ff. besprochenen Fällen, bleibt jedoch der Satz bestehen, daß § 78 nur da zur Anwendung kommt, wo das Staatssteuer-Einkommen betheiligt ist. Demzufolge kann z. B. auf § 78 nicht zurückgegangen werden, wenn es sich um den aus dem ius subcollectandi (d. h. dem angeblich den Dominien der Oberlausitz zustehenden Rechte, die öffentlichen Steuerlasten unter die Pflichtigen zu vertheilen, einzuziehen und abzuführen)

hergeleiteten Anspruch auf gewisse Steuer-Ueberschüsse handelt: OT. 8. Juli 1851 (Entsch. 21, S. 169).

197. Entsteht vor Gericht darüber Streit, ob eine Leistung zu den allgemeinen Anlagen des § 78 gehöre, so würde, ganz abgesehen von den neuerdings desfalls getroffenen gesetzlichen Bestimmungen (s unten), der Richter schon nach dem Grundsatze, daß er seine Zuständigkeit selbst zu prüfen habe, jene Vorfrage seiner eigenen Kognition unterwerfen müssen, mithin an die desfallsigen Behauptungen der Verwaltungs-Behörde keineswegs unbedingt gebunden sein. Dieser Ansicht steht jedoch die bisherige Praxis des Komp.GH. nur theilweise zur Seite. Zwar hält auch dieser Gerichtshof, wie mehrere der oben allegirten Erkenntnisse darthun, die bloße Bezugnahme auf § 78 für unzureichend, um die Entscheidung dem Richter zu entziehen, indem er vielmehr verlangt, daß die aus § 78 gezogenen rechtlichen Konsequenzen mit den thatsächlichen Behauptungen der Verwaltungs-Behörde übereinstimmen; ebensowenig genügt auch nach seiner Auffassung zu jenem Behufe schon die Bezeichnung der streitigen Leistung als einer landerherrlichen oder wirklichen Staatssteuer; cf. EK. 12. Febr. 1859 (JMBl S. 364). Dagegen hat er wiederholt die Ansicht ausgesprochen, daß, wenn die Verwaltung eine Leistung unter spezieller Bezeichnung derselben als dieser oder jener Steuer, z B. als Grundsteuer fordere, oder auch nur später, selbst noch in dem anhängig gemachten Konflikts-Verfahren als solche deklarire, die entgegenstehende Behauptung, daß die Leistung dennoch auf einem andern Titel beruhe, im RW. nicht erörtert werden könne, indem jener Punkt auf eine für den Richter durchaus verbindliche Weise durch obige Erklärung festgestellt werde. Die meisten der bezüglichen Entscheidungen ergingen aus Anlaß von Streitigkeiten darüber, ob die betreffenden Abgaben zu den Staats-Steuern oder zu den, sei es durch Edikt v. 2. Nov. 1810 § 30, resp die Gewerbe-Ordnung v. 17. Jan. 1845 § 3, sei es durch Ges. v. 3. Febr. 1850 § 3 aufgehobenen Abgaben gehörten; cf. EK. 4. Mai, 3 Juni, 17. Juli 1848, 29 März u 15. Dez. 1849, 16. Dez. 1854 u. 12. Febr. 1859 (JMBl. 48, S 192, 270, 294; 49, S. 264; 50, S. 34; 55, S. 59; 59, S. 364). In allen diesen Fällen erklärte der Komp GH. den RW schon auf die bloße Versicherung der Verwaltungs-Behörde hin, daß die streitige Abgabe als Grundsteuer rc. gefordert werde, für ausgeschlossen, und zwar konsequenter Weise mit der Wirkung, daß auch ihm, dem Komp.GH, eine Prüfung der Richtigkeit dieser Erklärung nicht zustehe (Die zwei letzten Erkenntnisse betrafen s. g. Bede-Abgaben, welche die Verwaltung selbst anfänglich als Domanial-Abgaben behandelt hatte, bis sie auf Grund rechtshistorischer Forschungen in denselben die Natur von Grundsteuern zu finden glaubte) Zur Begründung obiger Ansicht wurde hauptsächlich angeführt, daß sonst der Zweck des Gesetzes, die Steuer-Erhebung vor prozessualischen Störungen zu sichern, vollkommen vereitelt werden würde, nach §§ 78, 79 aber auch der RW. nur aus den dort speziell angegebenen Gründen beschritten werden könne Cf Motive von EK. 16. Dez 1854. Während jedoch das erste Argument ein arg. de lege ferenda, nicht de lege lata ist, enthält das zweite eine petitio principii. So lange im konkreten Falle nicht feststeht, ob die Voraussetzungen für die Anwendbarkeit eines Gesetzes gegeben sind, kann aus dessen Bestimmungen kein Entscheidungsgrund wider die richterliche Kompetenz entnommen werden, wie solches EK. 29. April 1854 (JMBl. S. 371) unter ähnlichen Verhältnissen ausdrücklich anerkannte Auch hat EK. 22. Oktbr 1853 (JMBl. S. 412) die ganz analoge Frage, ob eine streitige Abgabe eine Gemeindesteuer oder eine gewerbliche Abgabe und als solche aufgehoben sei, dem RW. vindizirt, ungeachtet Gemeindesteuern in Bezug auf den Kompetenzpunkt den Staatssteuern ganz gleich stehen, und der Komp GH. in andern Fällen, wo die Eigenschaft einer Abgabe als Gemeindesteuer oder Pfarrabgabe (ACO. v. 19 Juni 1836) streitig war, die oben erwähnte Praxis aufrecht erhielt; cf. EK. 26. Novbr. 1853 (JMBl. S. 45 a. E). Dem sei übrigens wie ihm wolle, die neueste Gesetzgebung (cf Gesetz vom 24. Mai 1861 § 10) hat, von der Unterstellung ausgehend, daß jene Praxis in den bestehenden Gesetzen ihre Begründung finde, den RW. wenigstens für den Fall ausdrücklich nachgelassen, wo der Herangezogene behauptet, daß die geforderte Abgabe keine öffentliche sei, sondern auf einem aufgehobenen privatrechtlichen Fundamente,

insbesondere einem früheren guts-, schutz- oder grundherrlichen Verhältnisse beruhe, im Uebrigen also die Praxis des Komp.GH. stillschweigend gebilligt.

198. Da § 78 sich nur auf das Verhältniß des vermeintlichen Steuerpflichtigen zum Staate, resp. zur Verwaltung bezieht, so kommt dieser § jedenfalls nicht zur Sprache bei Streitigkeiten, welche sich über die Natur der Abgabe und den Anspruch auf dieselbe zwischen der Verwaltnng und einem anderen angeblich Berechtigten erheben. So bestimmt z B. § 28 der Instr. v. 30. Mai 1820 (GS. S. 90), daß, wenn über die Frage, ob eine noch bestehende Abgabe grundherrlich sei, oder die Natur einer Steuer habe, zwischen der Behörde und einem Standesherrn Streit entstehe, die Sache zur prozessualischen Erörterung vor die Gerichte gewiesen werden solle. Wenn dagegen EK. 10. Jan. 1852 (JMBl. S. 70) sich wider die richterliche Kompetenz in einem Falle aussprach, wo der Anspruch auf gewisse kommunalsteuerliche Leistungen zwischen zwei Gemeinden streitig war, so stützte sich dieses Erkenntniß nicht auf § 78, sondern darauf, daß der Streit sich damals um die Begrenzung der beiderseitigen Gemeindebezirke drehte.

199. Aus gleichem Grunde findet § 78 keine Anwendung auf Streitigkeiten zwischen der Verwaltung und den Steuererhebern oder den Pächtern von Abgaben-Erhebungen, wenn auch das Pachtgeld im § 1 Nr. 4 der Exekutions-Ordn. von 1853 betreffs seiner Einziehung den indirekten Steuern gleichgestellt, resp. neben denselben erwähnt wird; cf. auch § 20 Nr. 2 des Rhein. Ress.-Regl.

200. Dasselbe gilt von Streitigkeiten mit sonstigen Personen, die von der Verwaltung wegen Entrichtung einer steuerartigen Abgabe zwar als Selbstschuldner angegangen werden, aber nicht als Steuerpflichtige, sondern aus einem besonderen Rechtsgrunde: EK. 24. Jan. 1857 (JMBl. S. 307; diese Entscheidung betraf eine persönliche Parochialabgabe, welche von einem Juden ex privilegio odioso gefordert wurde). — Ob ein Gericht oder Notar im Falle des § 18 des Stempelgesetzes vom 7. März 1822 als Steuerschuldner oder aus einem besonderen Rechtsgrunde hafte, lassen die Worte „bei eigner Vertretung der Stempelsteuer" einigermaaßen zweifelhaft. Für letztere Alternative spricht die Beurtheilung, welche der in den Entsch. 3, S. 37 besprochene Rechtsstreit gefunden hat. Hier war vom Fiskus selbst auf Zahlung der Stempelsteuer gegen den Notar geklagt worden; das OT. 27. Juni 1836 wies die Klage als voreilig ab, weil § 18 l. c. nur eine subsidiarische Verhaftung zur Schadloshaltung begründe, welche sich erst nach vergeblicher Belangung des Hauptschuldners als wirksam erweise.

201. ..... ebenso von Streitigkeiten mit Dritten, welche die Verwaltung lediglich als Schuldner des Steuerpflichtigen in Anspruch nimmt, weshalb letzteren der RW. unbedingt offen steht: *EK. 11. März 1848 (JMBl. S. 325). Inzwischen betrachtete *EK. 20. April 1850 (Tr. A. 7, II. 6) die Pächter und Miether im Falle des § 40 a. E. des Grundsteuer-Gesetzes für die beiden westlichen Provinzen vom 21. Jan. 1839 nicht als Dritte, sondern als Selbst- und Steuer-Schuldner, ohne freilich die gewichtigen Gründe, welche für die entgegengesetzte Ansicht am Schlusse des Berichts der Justiz-Behörde entwickelt worden waren, zu widerlegen.

202. Ebenso folgt aus dem im Eingange der n. 198 angeführten Grunde die Unanwendbarkeit des § 78 auf Streitigkeiten, bei denen die Steuerverwaltung als solche gar nicht betheiligt ist, welche vielmehr zwischen dem für eine Steuer in Anspruch Genommenen und einer dritten Person darüber entstehen, wem von beiden die Steuer zur Last liege. *EK. 10 Jan. 1852 (Rh. A. 51, II. 93) erkannte dies sogar in einem Falle an, wo jener Dritte der Fiskus selbst war. (Kläger belangte den Fiskus als Schuldner einer Salzrente, damit letzterer für nicht befugt erklärt werde, die Konsumtionssteuer von seinen Präſtationen abzuziehen. Hierauf KK., den jedoch der Komp.GH. verwarf, weil es sich nicht darum handle, ob eine Person oder Sache von einer allgemeinen Anlage frei sei, sondern ob dieselbe von dem Domainen-Fiskus als Rentschuldner oder vom Kläger als Rentgläubiger entrichtet werden müsse). Ebenso erkannte OT. 26. Okt. 1847 (Rechtsfälle 3, S. 27) in Bezug auf die Stempelpflichtigkeit eines Vertrags, daß dem regreßpflichtigen Dritten gegenüber der RW. nicht versagt sei.

203. Dagegen hat freilich der Komp.GH. in einzelnen Fällen für die An-

wendbarkeit des § 78 entschieden, wenn zwar der Steuer-Fiskus unbetheiligt war, der Streit aber die Existenz der Steuerschuld, resp. die Steuerpflichtigkeit betraf, so in den bereits n. 186 besprochenen EK. von 1852 und 1859 bei Prozessen mit Chausseegeldpächtern, so ferner im EK. 5. März 1853 (JMBl. S. 200) bei einem Prozesse, wo eine Gemeinde, nachdem sie das Kontingent einer Staatssteuer entrichtet hatte, von dem Besitzer zweier angeblich steuerpflichtigen Grundstücke die auf ihn fallende Quote zurückforderte. Inzwischen widerstreitet namentlich die letztere Entscheidung der ratio legis, insoweit sie darin besteht, die Steuer-Behörde gegen prozessualische Weitläuftigkeiten hinsichtlich der Steuer-Erhebung zu sichern (cf. EK. 19. Juni 1858, JMBl. S. 248), und dürfte der Versuch, den dieses Erkenntniß gemacht hat, um jenes von 1853 hiermit in Einklang zu bringen, schwerlich ein gelungener sein. Denn wenn EK. 19. Juni 1858 den Schwerpunkt des EK. 5. März 1853 darin findet, daß es gerade die Gemeinde gewesen sei, welche damals geklagt habe, und zwar gegen Jemanden, der nach den Anordnungen der Verwaltungs-Behörde nicht habe herangezogen werden können, so verläßt der Komp.-GH. offenbar den Boden des § 78, worauf jenes Erkenntniß ausdrücklich gestützt wird, und erblickt das entscheidende Moment in der abhängigen Stellung der Gemeinde zur Aufsichts-Behörde, d. h. also in der Bestimmung des § 36 Abs. 1 h. l., übersieht hierbei jedoch, daß es sich damals nicht, wie in so manchen andern Fällen, auf die er im Allgemeinen hinverweist, um eine Gemeindesteuer und eine betreffs deren Erhebung von der Verwaltung als Aufsichts-Behörde getroffene Maaßregel, sondern um eine Staatssteuer handelte, bei deren Erhebung die Verwaltung nur als Vertreterin des Steuer-Fiskus, und in keiner anderen Eigenschaft thätig gewesen war.

204. Endlich findet § 78 keine Anwendung, wenn die Frage über die Existenz oder den Betrag einer Steuerschuld als Präjudizialpunkt in einem strafgerichtlichen Verfahren wegen Steuerdefraude zur Sprache kommt; vielmehr ist der Strafrichter nach dem unter n. 72 besprochenen allgemeinen Satze an die Auffassung oder Entscheidung der Steuer-Behörde in keiner Weise gebunden, sondern hat selbstständig zu entscheiden, ob der Angeklagte die angeblich umgangene Steuer wirklich verschulde, resp. auf wie hoch dieselbe sich belaufe, und zwar nicht allein insofern, als es sich hierbei um die Abwägung faktischer Momente, sondern auch, insofern es sich um die Auslegung zweifelhafter Gesetzesstellen oder Tarifbestimmungen handelt. Zwar enthält das R. d. M. d. Inn. v. 27. Mai 1824 (Jbb. 23, S. 209) in anscheinendem Widerspruch hiermit den Satz, daß die Auslegung zweifelhafter Stellen eines Steuergesetzes nur der Steuer-Behörde zustehe; inzwischen ergiebt der Zusammenhang, daß dies auf Strafsachen keinen Bezug hat, sondern nur besagen soll, daß wider die von der Steuer-Behörde bewirkte Veranlagung einer Steuer der RW. nicht einmal alsdann beschritten werden könne, wenn die Auslegung des Gesetzes selbst streitig sei. Ebenso betrifft der Schlußsatz des § 14 des Zollges. v. 23. Jan. 1838 nur die Zollerhebung, und nicht die Strafverhängung. Cf. Oppenhoff, Strafverfahren, Art. 136 n. 31, OT. 22. Nov. 1855 (Goltd. Archiv 4, S. 233, wo es sich darum handelte, ob der eingebrachte Gegenstand als diese oder jene Waare habe deklarirt werden müssen, und die beiden Vorderrichter irriger Weise angenommen hatten, daß der von der Qualifizirung der Waare abhängige Steuersatz durch die Steuer-Behörde festzusetzen sei). In ähnlichem Sinne erkannten KH. 14. Mai 1835 und LG. Trier 11. Dezbr. 1856 (Rh. A. 22, II. 42; 52, III. 30) es an, daß bei Stempel-Kontraventionen der Strafrichter die Stempelpflichtigkeit selbst zu prüfen berufen sei; vgl. hierüber jetzt Ges. v. 24. Mai 1861 § 14, nach welchem diese Frage künftig der civilrichterlichen Zuständigkeit unterliegt. — Wenn die MR. 26. März und 25. April 1825 (Ann. 9, S. 314) vorschreiben, daß der Strafrichter, so oft er in Betreff der anzuwendenden Tarifsätze auf Zweifel stoße, von der Provinzial-Steuer-Behörde oder dem Finanz-Ministerium eine gutachtliche Aeußerung einholen, und darauf die in § 72, I. 35 AGO., sowie § 239 des Anhangs angeordnete Rücksicht nehmen solle, so wird hierdurch das oben Gesagte nicht allein nicht entkräftet, sondern bestätigt, da solche Gutachten den allegirten §§ zufolge blos die Wirkung konsultativer Vota haben. Wohl aber besteht eine Ausnahme hinsichtlich der im Hausir-Regulative v. 28. April 1824 §§ 26—28 vorgesehenen Zuwiderhandlungen insofern,

als bei diesen nach dem Regul. v. 4. Dez. 1836 § 8 (GS. 37, S. 16) der Strafabmessung stets der von der Regierung festgestellte Steuersatz zu Grunde gelegt werden muß; cf. Oppenhoff l. c.

205. Selbstredend hat jedoch der Strafrichter obige Fragen nur insoweit zu prüfen, resp. zu entscheiden, als sie bei Beurtheilung der Strafbarkeit in Betracht kommen, indem es hinsichtlich der Einziehung oder Nichteinziehung der Steuer, dem Prinzip des § 78 gemäß, bei der ausschließlichen Kompetenz der Verwaltung verbleibt. Folgeweise ist der Strafrichter im Falle der Verurtheilung nicht befugt, die Nachzahlung der umgangenen Steuer zu verordnen, noch im entgegengesetzten Falle die Befreiung von dieser Zahlung auszusprechen, welche letztere, der erfolgten Freisprechung ungeachtet, von der Steuer-Behörde noch immer begehrt werden kann. Cf. Oppenhoff l. c. n. 30. [Obige Argumentation paßt zwar seit dem Erlasse des Ges. v. 24. Mai 1861 (cf. n. 236) für die meisten Arten der Stempelsteuer nicht mehr; inzwischen legt auch dieses Gesetz, wie schon unter n. 204 erwähnt, keineswegs dem Straf-, sondern nur dem Civil-Richter die Befugniß bei, über die Verpflichtung zur Entrichtung oder Nachbringung der Steuer zu erkennen, weshalb jener sich selbst in Stempel-Kontraventionssachen einer solchen Entscheidung enthalten muß: OT. 27. Jan. 1862 (JMBl. S. 146; Oppenhoff, Rechtspr. II. S. 223).] — Hätte freilich der Strafrichter, unter Ueberschreitung seiner Zuständigkeit, den freigesprochenen Angeklagten von Nachzahlung der angeblich umgangenen Gefälle ausdrücklich entbunden, oder die Erstattung der bereits eingezogenen Gefälle ausdrücklich verordnet, so würde — sofern das Urtheil rechtskräftig geworden — die Steuer-Behörde sich dem allerdings fügen müssen, sei es, daß sie selbst, sei es, daß die Staatsanwaltschaft, ihre Rechte mitvertretend, in der strafrechtlichen Prozedur als verfolgender Theil aufgetreten wäre. Cf. EK. 14. April 1855 (JMBl. S. 203), welches in einem solchen Falle der Verwaltung wenigstens das Recht versagt, ihre Kompetenz durch Erhebung eines KK. zu sichern.

206. § 78 schließt den RW. auch in dem Falle aus, wo ein Steuerrest späterhin noch nachgefordert wird, weil der ursprünglich geforderte, resp. eingezahlte Betrag irriger Weise zu niedrig angesetzt worden sei: *ME. 30. Oktbr. 1835 (Rh. S. 5, S. 248). Inwiefern dies eine Ausnahme erleide, wenn die Nachforderung auf Grund des Ges. v. 18. Juni 1840 §§ 6, 7 als unstatthaft bestritten werden sollte, cf. unten n. 223. — Jedenfalls kann aber, wenn bei Einführung zollpflichtiger Waaren der Zoll durch ein Versehen des betreffenden Zollbeamten zu niedrig angenommen wird, und der Eigenthümer in Folge dessen sowie durch die spätere Einforderung des Ueberschusses einen Schaden erlitten zu haben behauptet, der desfallsige Entschädigungs-Anspruch jenem Beamten gegenüber im RW. geltend gemacht werden, indem einer solchen Klage weder § 78 noch ein sonstiges Gesetz im Wege steht: *EK. 7. Mai 1859 (JMBl. 60, S. 107).

207. Daß § 78 in der Regel auch die Klage auf Erstattung bereits gezahlter Steuern ausschließt, unterliegt ebensowenig einem Bedenken: EK. 21. Jan. 1851, 16. Dez 1854, 12. März 1859 (JMBl. 51, S. 271; 55, S. 59; 60, S. 142).

208. Das JMR. 23. Aug. 1833 (Arnsb. Arch 7, S. 159) hält sogar die Klage auf Rückzahlung der zur Sicherheit einer Steuer, z. B. eines Zollgefälles deponirten Summe für nicht statthaft, weil aus der Befugniß der Verwaltung, die Steuer ohne Konkurrenz der Justizbehörde beizutreiben, auch die Befugniß folge, sich aus einer zur Sicherheit der Steuer deponirten Summe bezahlt zu machen, der Anspruch auf Rückgabe des Depositums daher mit dem auf Rückzahlung der Steuer zusammenfalle, ohne daß es in dieser Hinsicht einen Unterschied begründe, ob die Sicherheit sofort gefordert und geleistet worden, oder erst später, zumal es nach § 74 der Zoll-Ordnung vom 26. Mai 1818 dem Ermessen der Steuerbehörde überlassen sei, ob und wie lange sie die Steuer ohne Sicherstellung stunden wolle, durch die Stundung aber dem Pflichtigen die Befugniß auf den sonst ausgeschlossenen RW. nicht erwachsen könne.

209. Selbst, wenn die höchste Verwaltungs-Behörde, sei es in einem allgemeinen Erlasse, oder für einen analogen, sei es für den konkreten Fall die Unrechtmäßigkeit der bereits erfolgten Steuer-Erhebung ausdrücklich ausgesprochen und etwanur über die Ersatzpflicht noch keine ausdrückliche Entscheidung

getroffen hätte, würde die Rückforderung indebite gezahlter Steuer aus andern als den im § 79 erwähnten Gründen auf dem RW nicht gestattet sein, wie dies namentlich auch aus § 4 des Ges. v. 18 Juni 1840 hervorgeht: EK. 12. März 1859 (JMBl. 60, S 144). Wäre freilich eine administrative Entscheidung über die Ersatzpflicht bereits ergangen, und hierüber sogar ein schriftliches Anerkenntniß ertheilt, welches einen rechtsbeständigen Titel bildete, so würde die gerichtliche Klage allerdings zulässig sein. So: EK. 6. März 1852 in S. der Magdeb.-Halberst. Eisenb c. Fiskus.

210. Die Ausnahmefälle, in denen dem § 79 zufolge ein Rechtsstreit selbst über die Verbindlichkeit zur Steuerzahlung zulässig ist, lassen sich auf zwei zurückführen, nämlich auf den der durch einen speziellen Rechtstitel (Vertrag, Privileg, Verjährung) begründeten Exemtion und auf den der Prägravation oder Ueberlastung. Inwiefern die Zahl jener Ausnahmefälle durch das Ges. v. 24. Mai 1861 vermehrt worden, wird unten n. 223 und 236 besprochen.

211 Exemtion Die neuere Steuer-Gesetzgebung (cf. Finanz-Edikt vom 27. Okt. 1810, Ges v. 8. Feb. 1819 § 31, v 30. Mai 1820 § 13, Zollges. v. 23. Jan. 1838 § 23 rc.) huldigt dem im Art. 101 der Verf.-Urk. wiederholten Grundsatze, daß Bevorzugungen hinsichtlich der Steuern nicht vorkommen sollen Mit diesem Grundsatze können zwar Steuer-Befreiungen als iura singularia (§ 3, II. 14 ALR.) sehr wohl bestehen, nicht aber solche Befreiungen, welche einzelnen Personen auf Grund von Verträgen, Privilegien im engeren Sinne und Verjährung erworben werden. Demzufolge hat die im § 79 zu Gunsten des RW. gemachte Konzession, wenigstens in Betreff der Staatssteuern, an praktischer Bedeutung erheblich eingebüßt; cf. Gesetz-Revision, Pensum XII. S. 105; v. Rönne I. S. 256, 420; Löwenberg's Beiträge rc. I. 128. [Letzterer Schriftsteller nimmt sogar an, daß Prozesse im Sinne des § 79 wohl nur noch bei der Grundsteuer der alten Provinzen vorkommen könnten, da die neueren Gesetze über die direkten Steuern entweder jede Exemtion zurückwiesen, oder doch die Fälle derselben genau bestimmten. In Betreff der Grundsteuer cf. gegenwärtig die Ges. v. 21. Mai 1861 (GS. S. 253 ff.).]

212. Ein Vertrag kann selbstredend nur dann zur Begründung einer Exemtion, resp. des RW. dienen, wenn er für den Abgaben-Berechtigten als Mitkontrahenten bindend sein würde, und gerade die Befreiung zum Gegenstande hat: EK. 10. Jan. 1852, 11. Dez 1858 (JMBl. 52, S. 87; 59, S. 168). Doch ist im Allgemeinen nicht erforderlich, daß derselbe schriftlich dokumentirt sei: arg. EK. 27. Dez. 1853 (JMBl. 54, S. 124).

213. Daß an Stelle eines Vertrags auch ein rechtskräftiges Urtheil als spezieller Rechtstitel im Sinne des § 79 angerufen werden könne, scheint EK. 3. Jan. 1857 (JMBl. S. 347) im Prinzipe anzunehmen.

214. Dagegen ist nach EK. 15. Okt 1859 (JMBl. 60, S. 299) die Berufung auf einen Separations-Rezeß, durch welchen an Stelle einer unbesteuerten Gerechtsame ein Aequivalent in Land gewährt worden, nicht geeignet, den RW. über die angebliche Steuerfreiheit des Land-Aequivalents zu eröffnen.

215. Ob § 79 unter Privilegien nur Vorrechte im engeren Sinne, d. h. solche verstehe, die einzelnen, sei es physischen, sei es moralischen Personen besonders verliehen sind, oder auch iura singularia, die ganzen Kategorien derselben kraft Gesetzes zu Gute kommen, erscheint als nicht unzweifelhaft. Für die engere Deutung dürfte der Wortlaut des § 4 ib, sowie der Umstand sprechen, daß § 3 ib., welcher von den Steuer-Befreiungen ganzer Klassen von Landes-Einwohnern oder Besitzungen spricht, und in dieser Hinsicht noch auf die seitdem größtentheils in Wegfall gekommenen Provinzialgesetze verweist, nicht im § 79, sondern im § 78 bezogen wird, wogegen die Dekl. v. 18. Novbr. 1828 durch die Hinweisung auf § 3 litt. i. des Stempelgesetzes der entgegengesetzten Ansicht das Wort redet. Letztere hat die konstante Praxis des Komp.GH. auf ihrer Seite, weshalb man sich, dieser Praxis gemäß, vor Gericht zum Nachweise einer Exemtion auch auf allgemeine Gesetze berufen kann, sofern dieselben den Charakter von Ausnahme-Bestimmungen an sich tragen, wie dies, z. B. in Bezug auf Staatssteuern, bei den VO. v. 21. Juni 1815 resp. der Instr. v. 30. Mai 1820 §§ 13, 31, dem Ges. v. 1. Mai 1851 § 6 litt. b. c. g. h., und dem Grund- resp. Gebäude-Steuerges. v. 21. Mai 1861 § 4

resp. § 3 der Fall ist. Welche Gesetze dahin gehören, insofern es sich von Gemeinde-Steuern ꝛc. handelt, cf. unten n. 296.

216. Gesetze, durch welche eine Steuer für alle hierzu ursprünglich Verpflichteten aufgehoben sein würde, sind zu solchen Ausnahme-Bestimmungen selbstredend nicht zu rechnen, weshalb die Anrufung derartiger Gesetze die richterliche Zuständigkeit nicht begründet: EK. 10. Jan. 1852 (JMBl. S. 86).

217. Ebensowenig kann von einem Privilege und der Anwendbarkeit des § 79 die Rede sein, wenn Jemand von der Verpflichtung angeblich blos um deswillen frei ist, weil bei ihm die Bedingungen fehlen, unter welchen jene Verpflichtung überhaupt nur besteht: EK. 13. Nov. 1858 (JMBl. 59, S. 232; es handelte sich hier um eine Gemeinde-Abgabe, welche statutengemäß von den sich als selbstständige Einwohner in der Stadt Niederlassenden zu leisten war. Das betreffende Stadtgericht sah in jener statutarischen Bestimmung irriger Weise ein Privileg für diejenigen, welche sich in der Feldmark niederlassen).

218. Unter Verjährung versteht § 79, resp. § 5 ib., den in letzterem § bezogenen §§ 656—659, I. 9 ALR. zufolge, nur die erwerbende und zwar die 50jährige Verjährung, nicht auch die erlöschende: EK. 22. März 1851, 25. Okt. 1856 (JMBl 51, S. 175; 57, S. 117); cf. übrigens unten n. 223, 298.

219. Im Allgemeinen genügt übrigens die bloße Angabe eines bestimmten Grundes für die Exemtion, damit der RW. eröffnet werde. Der Nachweis, daß der angegebene Grund ein in casu wirklich zutreffender sei, wird zu diesem Behufe nicht erfordert. Nur muß diese Angabe gehörig substantiirt werden, so daß aus den artikulirten Thatsachen, wenn sie wahr wären, eine Exemtion im Sinne des § 79 auch wirklich folgen würde. Wer sich z. B. auf die Ersitzung beruft, muß den §§ 656 ff. l. c. gemäß behaupten, daß er, resp. sein Autor zur Leistung der Abgabe ursprünglich aufgefordert sei, dieselbe jedoch verweigert und sich seitdem 50 Jahre lang im Besitze der Freiheit befunden habe: EK. 9. Juni 1855 (JMBl. S. 386).

220. Demnach berührt die Frage, ob ein für die Exemtion angerufener Vertrag wirklich zu Stande gekommen sei, oder ob derselbe die Exemtion auch wirklich begründet habe, ob ein Gesetz, welches an und für sich wohl als ein Privileg betrachtet werden kann, etwa doch keine Exemtion gewähre, oder ob es auf den vorliegenden Fall genau passe, nicht den Kompetenzpunkt, sondern das vom Richter zu prüfende Materielle der Sache; cf EK. 17. Dez. 1853, 29. April 1854, 22. Sept. u. 20. Okt. 1855, *id. 7. Nov. 1857 (JMBl. 53, S. 124; 54, S. 380; 55, S. 428, 412; 58, S. 211). Unter diesen Erkenntnissen sprachen sich namentlich das 2., 3. und 5. dahin aus, daß die Frage, ob das als Privileg bezogene Gesetz auf die gerade streitige Abgabe passe, zum Materiellen des Streitpunkts gehöre, wogegen freilich EK. 4. Okt. 1856 (JMBl. S. 388 a. E.) in einem ganz ähnlichen Falle das Gegentheil annahm.

221. Dagegen wird vorausgesetzt, daß die Unrichtigkeit der betreffenden Behauptungen nicht auf den ersten Blick klar sei. So erkannten: EK. 20. Okt. 1855 und 24. Jan. 1857 (JMBl. 55, S. 412; 57, S. 227), daß kein Gesetz zur Begründung des RW. angerufen werden könne, welches längst aufgehoben sei oder von der betreffenden Begünstigung gerade die dasselbe anrufende Person ausschließe; EK. 3. Jan. 1857 (JMBl. S. 347), daß ein als spezieller Rechtstitel bezogenes Urtheil den RW nicht eröffne, wenn sich der Zusammenhang des Klage-Gegenstandes mit dem Inhalt jenes Urtheils in keiner Weise erkennen lasse.

222. Da mit obigen drei Exemtions-Gründen (Vertrag, Privileg und Verjährung) die Mittel erschöpft sind, vermöge deren man zufolge § 79 dem Steuer-Fiskus gegenüber die Verbindlichkeit zur Entrichtung einer allgemeinen Anlage im RW bestreiten kann, so findet die richterliche Kognition beispielsweise nicht statt, wenn Jemand seine Befreiung von der Einkommen- oder Gewerbesteuer darauf stützt, daß er kein Staatseinwohner oder Gewerbtreibender sei: cf. EK. 17. Februar 1855 (JMBl S. 135), oder wenn die Zahlung unter der Behauptung verweigert wird, die angesonnene Leistung liege gesetzlich einem Andern ob, oder die Verwaltung habe einem Steuergesetze mit Unrecht rückwirkende Kraft beigelegt: cf. EK. 7. Nov 1857, 7. Okt. 1854 (JMBl 58, S. 128; 55, S. 44); desgleichen, wenn als

Befreiungsgrund lediglich das Herkommen angerufen wird: cf. EK. 25. Okt. 1856 (JMBl. 57, S. 174). Dasselbe war bis zum Erlasse des Ges. v. 24. Mai 1861 — cf. unten n. 236 — der Fall, sofern Jemand seine Verbindlichkeit zur Entrichtung des Erbschafts- oder Vertrags-Stempels bestritt, weil er gar nicht Erbe, oder weil der Vertrag für nichtig erklärt sei; cf. *ME 17. März 1841, EK. 15. Dezbr. 1849 (JMBl. 41, S. 122; 50, S. 36). — Ueber den Fall der Prägravation vgl. unten n. 224 ff.

223. Ob dagegen der RW. den §§ 78, 79 zufolge auch dann ausgeschlossen sei, wenn die Verpflichtung zur Steuerzahlung an sich nicht geleugnet, wohl aber behauptet wird, daß diese Verpflichtung in Bezug auf ein einzelnes Gefälle durch einen Tilgungs- oder Erlöschungsgrund privatrechtlicher Natur, z. B. durch Zahlung, Extinktiv-Verjährung, gegenstandslos geworden sei, war ehedem überaus streitig; cf. *ME. 17. März 1841, *EK. 2. Febr. 1848 (JMBl. 41, S. 122; 48, S. 232) auf der einen, und EK. 2. Okt. 1858, 22. März 1851, 26. Okt. 1856 (JMBl. 59, S. 54; 51, S. 175; 57, S 117) auf der andern Seite. Gegenwärtig hat diese Streitfrage keine praktische Bedeutung mehr, indem § 9 des Gesetzes vom 24. Mai 1861 die Klage auf Erstattung des Gezahlten ausdrücklich zuläßt, wenn dieselbe darauf gegründet wird, daß die einzelne Forderung bereits früher getilgt oder verjährt sei. Daß der Ausdruck „getilgt" sich nicht ausschließlich auf Zahlung beziehe, sondern auch den Einwand der Kompensation sowie der materiellen Tilgung überhaupt (z. B. der datio in solutum, Novation ꝛc.) umfasse, ergeben die Materialien auf das Unzweideutigste; cf. Komm.-Ber. H. d. A. Ebenso wird der Ausdruck „verjährt" nicht im engsten Sinne zu verstehen, sondern auch auf den Fall zu erstrecken sein, wo die Unzulässigkeit der Nachforderung von Steuern aus den §§ 5—7 des Ges. v. 18 Juni 1840 hergeleitet wird, ein Fall, den der Komp.-GH. früherhin gleichfalls für nicht prozeßfähig erachtete, aber eben nur um deswillen, weil der Einwand der Extinktiv-Verjährung überhaupt den RW. nicht eröffne; cf. EK. 30. Okt 1858 (JMBl 59, S. 108). [Der RW. ist im § 9 l. c. in Gestalt einer Rückforderungs-Klage gestattet worden, weil die Vollstreckungs-Befugniß — cf. § 42 h. l. — der Verwaltungs-Behörde vorbehalten bleiben sollte: Komm.-Ber H. d. A.]

223 bis. Ueber die Fristen, innerhalb welcher die Rückforderungs-Klage in den Fällen des § 79 anzustellen ist, cf. §§ 4, 13, 14 des Gesetzes vom 18. Juni 1840.

224. Die Behauptung der Prägravation setzt, wie sich sowohl aus den Worten „in der Bestimmung seines Antheils" als aus der Hinweisung auf § 9 ib. ergiebt, ausschließlich solche Fälle voraus, bei denen eine steuerartige Leistung einer Mehrheit von Personen zur Last liegt, und daher von einer Vertheilung die Rede sein kann, durch welche der Eine zu Gunsten des Andern zu hoch belastet ist; cf EK. 12. Nov. 1859 (JMBl. 60, S. 360 a. E.). Wenn jedoch der Gesetzrevisor (Pensum XII. S. 106) Streitigkeiten im Sinne des § 9 nur da Platz greifen läßt, wo eine Abgabe in Hauptsummen auf gewisse Steuer-Verbände, als Kreise, Gemeinden ꝛc. ausgeschrieben, und diesen die Subrepartition überlassen werde, so dürfte er die Anwendbarkeit des § 9 zu eng begrenzen, indem dieselbe schwerlich auf gewisse Kategorien von Steuern beschränkt ist, sondern auch bei andern Steuern eintritt, sofern letztere zwar nicht wegen der Art ihrer Ausschreibung und Erhebung, wohl aber aus sonstigen Gründen, z. B wegen des Bestehens einer Vermögens-Gemeinschaft von mehreren Personen in Einer Summe verschuldet werden.

225. Aber selbst in solchen Fällen, für welche die bezügliche Bestimmung des § 79 berechnet erscheint, ist der RW. wegen Prägravation der gegenwärtig herrschenden Ansicht zufolge nur unter den Kontribuenten eröffnet, so daß mit dem Fiskus resp. der Verwaltung über die Höhe der Steuer — von dem in n. 226 zu erwähnenden Falle abgesehen — auf den Grund des § 79 nicht gestritten werden kann. So schon: ME. 1. Febr. 1836 (Mannkopf, AGO., I. S. 115) und die konstante Praxis des Komp.GH. sowie des OT.; cf. z B. OT. 3. Febr. 1853 (Entscheid. 25, S. 53), EK. 29. April 1854 (JMBl. S. 348, 363), wogegen freilich die entgegengesetzte Ansicht unverkennbar noch dem JMR 23. Aug. 1814 (Jbb. 3, S. 258) zu Grunde liegt und außerdem vom Gesetzrevisor (Pensum XII. S. 149 ff.)

vertreten wird. Allerdings läßt sich nicht leugnen, daß es — auch abgesehen von den Materialien zum ALR, welche namentlich für den Gesetzrevisor bestimmend gewesen sind — keineswegs an gewichtigen Gründen für diese letztere Ansicht fehlt, zumal, wenn man konsequenter Weise annimmt, daß das in einem Prozesse unter den Kontribuenten ergehende Urtheil nur deren Rechte unter einander regele, die Verwaltung daher trotz dieses Urtheils fortfahren könne, an dem von ihr beliebten Repartitions-Modus festzuhalten, wie dies auch, wenigstens in Bezug auf Gemeinde-Steuern, vom Komp.GH. wiederholt ausgesprochen wurde; cf. EK. 29. April 1854 (JMBl. S. 363). Einmal nämlich stellt § 79 die Fälle der Prägravation und Exemtion als Ausnahmen von der Regel des § 78 neben einander, obgleich doch die Zulässigkeit des RW. unter den Kontribuenten keine Ausnahme von jener ohnehin nur für Streitigkeiten mit dem Fiskus geltenden Regel begründen würde, sodann aber liegt dem § 80 ib., wenn er vorschreibt, daß der Prägravirte vorbehaltlich seines Rechts schuldig sei, die geforderte Abgabe während des Prozesses zu entrichten, augenscheinlich der Gedanke zu Grunde, daß nach Beendigung desselben das Gegentheil eintrete, alsdann also die erhebende Behörde das durch Richterspruch festgestellte Beitrags-Verhältniß ebensowohl respektiren müsse, wie in dem andern Falle des § 80 das gerichtlich anerkannte Vorhandensein einer Exemtion. Auch steht mit dieser Ansicht die Hinweisung auf § 9 nicht nothwendig in Widerspruch, sofern man nämlich unterstellt, dieselbe sei nicht erfolgt, um die prozeßführenden Parteien, sondern blos um die Normen zur materiellen Beurtheilung solcher Streitigkeiten zu bestimmen, m. a. W. durch jene Hinweisung habe nur gesagt werden sollen, daß, falls Jemand wegen Prägravation wider den Staat klage, sein Anspruch ebenso, wie bei einem desfallsigen Streite unter den Kontribuenten selbst, nach den bestehenden Verträgen, Observanzen und besonderen Gesetzen, den Grundsätzen der communio incidens etc. beurtheilt werden müsse. — Auf der anderen Seite mag jedoch zugegeben werden, daß jene Hinweisung auf § 9 dessenungeachtet weit leichter mit der Praxis des Komp.GH. in Einklang zu bringen ist, und daß namentlich der privatrechtliche Charakter der meisten obiger Normen der Auffassung entgegentritt, als seien dieselben dem § 79 gemäß bestimmt, ihre verbindliche Kraft sogar dem Staate, resp. den in Ausübung des Besteuerungsrechts handelnden Behörden gegenüber zu äußern, daß endlich jene Praxis sowohl in dem allgemeinen Prinzip des § 36 Abs. 1 h. l., wie in der Dekl. v. 18 Nov. 1828 eine Stütze findet; die letztere gedenkt der Prägravation als eines gegen die Behörde im RW. geltend zu machenden Beschwerdegrunds gar nicht, ungeachtet die Stempelsteuer nicht immer solidarisch verschuldet wird, mithin auch bei ihr eine Vertheilung unter mehrere Kontribuenten der Behörde oftmals obliegt; cf. z. B. § 7 des Stempelgesetzes.

226. Der Fall der Prägravation ist jedoch nicht zu verwechseln mit dem anderen Falle, wo die theilweise Befreiung von einer Abgabenpflicht auf Grund eines Vertrags, eines Privilegs oder der Ersitzung behauptet wird. Alsdann kommt vielmehr die auf Exemtionen bezügliche Bestimmung des § 79 zur Anwendung, zufolge welcher der RW auch wider den Abgaben-Berechtigten beschritten werden kann: EK. 22. Nov. 1856 (JMBl. 57, S. 203).

227. Es mag dahin gestellt bleiben, ob die Prozeßfähigkeit des Falles da, wo der Kläger die von ihm eingezogene Steuer ihrem ganzen Betrage nach als dem Beklagten zur Last liegend bezeichnet, auf die §§ 79 und 9 zurückgeführt werden könne, wie dies z. B. in EK. 19. Juni 1858 (JMBl. S. 248) geschieht, da ein solcher den Steuer-Berechtigten gar nicht berührender Streit der Regel des § 78 ohnehin nicht anheimfallen wird; cf. oben n. 198, 202, 203.

228. Nach OT. 3. Dez. 1857 (Strieth. 27, S. 188) setzt die Beschreitung des RW. unter den Kontribuenten nicht nothwendig voraus, daß von der Verwaltungs-Behörde eine Festsetzung bereits erlassen sei, welche gerade den Gegenstand, resp. Anlaß der Beschwerde bilde, indem die §§ 79, 9 die Zulässigkeit des RW. keineswegs auf den letzteren Fall beschränkten.

229. Immerhin ist jedoch der Beruf der Gerichte in dieser Materie, wie überhaupt, auf die Schlichtung von Streitigkeiten über bereits bestehende Rechtsverhältnisse beschränkt. Handelt es sich nicht um die Feststellung, sondern um die

neue Begründung solcher Verhältnisse, so tritt die administrative Kompetenz ein. Sind daher z. B. nach erfolgter Dismembration eines Grundstücks die öffentlichen Lasten unter die einzelnen Theile desselben neu zu vertheilen, so geschieht dies, unter Ausschluß des RW. selbst zwischen den Kontribuenten, nur durch die Verwaltung oder doch unter deren Mitwirkung. In diesem Sinne erging schon ein JMR. 20. Jan. 1838 (Jbb. 51, S. 173); in der Folge ist für die sechs östlichen Provinzen die Vertheilung der öffentlichen Lasten bei Dismembrationen sogar ausdrücklich durch Ges. v. 3. Jan. 1845 (cf. die §§ 7, 8, 18, 22, 23) ausschließlich in die Hände der Verwaltung gelegt, und erblickt EK. 13. Juli 1848 (JMBl. S. 307) hierin keine Ausnahme-Bestimmung, sondern die Anwendung einer Regel, welche bereits vor Erlaß jenes Gesetzes [mithin auch über dessen territoriale Grenzen hinaus] bestanden habe, und selbst dann zur Geltung komme, wenn es sich nicht um die ursprüngliche Regulirung, sondern um die nachträgliche Ergänzung derselben in Bezug auf eine einzelne früher übergangene Abgabe handle.

230. Es könnte ein Zweifel darüber entstehen, wie die Klage wegen Prägravation zu fassen sei, ob nämlich Kläger seinen Antrag dahin richten müsse, daß Beklagter verurtheilt werde, das von ihm (Kläger) zuviel Gezahlte oder noch zu Zahlende an ihn selbst zu erstatten, oder ob der Antrag auch auf Verurtheilung des Beklagten zur direkten Leistung an den Staat, die Gemeinde ꝛc lauten könne. OT. 15. April 1856 (Entsch. 33, S. 144) sprach sich indessen für die Statthaftigkeit des letzteren Antrags aus, indem es den Einwand der mangelnden Aktiv-Legitimation verwarf.

230 bis. Dasselbe Erkenntniß entschied, daß die Klage nicht etwa zufolge § 4 Nr. 7, I. 5 AGO. von sämmtlichen Mit-Kontribuenten angestellt zu werden brauche. Insofern nämlich die angeblich Prägravirten verlangten, daß der zu gering Belastete den Beitrag leiste, wozu er gesetzlich verpflichtet sei, damit ihr eigner Beitrag verringert werde, verfolgten sie ein theilbares Recht sämmtlicher Mitberechtigten, wenn auch der Antrag dahin laute, daß Verklagter die ihm obliegende größere Steuerlast an den Staat, die Gemeinde ꝛc. abtrage.

230 ter. Der Gesetzrevisor (Pensum XII. S. 107) legt dem § 33 litt. b. des Gewerbesteuer-Ges. v. 30. Mai 1820 (GS. S 147) eine dem § 9, II. 14 ALR. bezüglich der Gewerbesteuer derogirende Wirkung bei, und erachtet daher in dem dort vorgesehenen Falle den RW. selbst unter den Kontribuenten für unstatthaft; cf. auch Ges. v. 19. Juli 1861 §§ 9 ff. (GS. S. 699 ff.).

231. Die Stempelsteuer erfordert dem oben n. 183 Gesagten gemäß eine besondere Besprechung, theils in Folge einzelner Bestimmungen des Stempelgesetzes selbst, theils in Folge des § 11 des Ges. v. 24. Mai 1861. Bei dieser Besprechung sollen zunächst jene Bestimmungen des ersteren Gesetzes, und zwar ohne Rücksicht auf die Modifikationen, welche sich aus § 11 l c. ergeben, in Betracht gezogen werden.

232. Obgleich die Verwaltung des Stempelwesens als Zweig der Finanz-Verwaltung unter Leitung des Finanz-Ministeriums von den Regierungen resp. den Provinzial-Steuerdirektionen geführt wird, so legt das Stempelges v. 7. März 1822 dennoch allen Staats- und Kommunal-Behörden sowie Beamten, denen eine richterliche oder Polizei-Gewalt anvertraut ist, die Verpflichtung auf, die Befolgung der Stempelgesetze zu überwachen, ja es räumt den Gerichten sogar bei Festsetzung gewisser Stempel-Abgaben eine sehr wesentliche Mitwirkung ein. Von den in dieser Hinsicht vorzugsweise in Betracht kommenden §§ 17, 19 und 30 wird der letztere in den Noten zu § 45 h. l. erörtert. Zur Erläuterung der beiden anderen, die Ermittelung resp. Festsetzung des Erbschafts- und Prozeß- ꝛc. Stempels betreffenden §§ kann im Allgemeinen auf den Kommentar von Schmidt verwiesen werden, namentlich auch in Betreff des größeren oder geringeren Umfangs der gerichtlichen Mitwirkung in Betreff des Erbschaftsstempels. Es ist indessen zu bemerken, daß § 19 seine unumschränkte Geltung nur für die Rheinischen Gerichte bewahrt hat, indem der Verbrauch des Stempelpapiers bei den Gerichten der übrigen Provinzen durch § 16 des Gesetzes, betreffend den Ansatz und die Erhebung der Gerichtskosten, vom 10. Mai 1851 in Wegfall gekommen ist, die Stempelbeträge aber, deren Erhebung der diesem Gesetze angehängte Tarif noch beibehält, jenem

§ 16 zufolge den Gerichtskosten ganz gleichgestellt sind. Im Uebrigen interessiren hier jene Bestimmungen nur insoweit, als es sich um eine Darlegung ihres ursprünglichen Verhältnisses zu den §§ 78, 79, II. 14 ALR. handelt. Dieses Verhältniß ist nur scheinbar ein anomales, indem die Gerichte da, wo sie zur Ermittelung des Stempels beizutragen haben, oder den Stempel gar selbst festsetzen, nicht als erkennende Richter handeln, sondern nur eine Funktion der Steuer-Behörde ausüben, das Prinzip des § 78 sonach durch die desfalls ihnen ertheilten Befugnisse nicht umgestoßen wurde, vielmehr auf die in Gemäßheit derselben getroffenen Anordnungen der Gerichte ebensowohl zur Anwendung gelangte, wie auf die entsprechenden Anordnungen der Verwaltungs-Behörden Wenn hiernach in Betreff der Beschwerden der Stempelschuldner wider die, sei es von der einen, sei es von der anderen Behörde ausgegangenen Stempel-Festsetzungen die Unzulässigkeit des RW. bis zum Ges. v. 24 Mai 1861 als Regel bestehen geblieben ist, so hat auf der anderen Seite die Konkurrenz der beiderseitigen Behörden bei jener Festsetzung die eigenthümliche, bei anderen Steuern nicht eintretende Folge, daß unter jenen Behörden selbst über die Auslegung resp. Anwendung des Stempelgesetzes ohne Anregung von Seiten des Steuerschuldners Differenzen entstehen können, welche, eben weil es sich nicht um einen Streit zwischen jenem und dem Steuerfiskus, sondern um Meinungs-Verschiedenheiten im Schooße der Steuer-Verwaltung selbst handelt, den Gegensatz zwischen richterlicher und administrativer Thätigkeit gar nicht berühren, und daher auf einem ganz anderen, als dem bisher erörterten Gebiete zum Austrage gebracht werden müssen.

233. Anlangend zunächst den Prozeß-Stempel, so erkennt das an die Rheinischen Justiz-Behörden ergangene JMR. v. 21. Febr. 1837 (Rh. S. 6, S. 93) an, daß die desfallsige Feststellung im Urtheile nur den Charakter einer administrativen Verfügung an sich trage, mithin niemals in Rechtskraft übergehe, sondern der Abänderung im Verwaltungswege unterliege Dasselbe folgert hieraus sowie aus § 34 des Stempelgesetzes die Verpflichtung der Gerichte, sich über die bezüglichen monita des Stempel-Fiskals der Provinzial-Steuerdirektion gegenüber zu erklären, und geeigneten Falls wegen nachträglicher Beibringung des defektirten Stempels Verfügungen zu treffen, wider welche der Dekl. v. 18. Nov. 1828 gemäß kein RW. stattfinde. In einem früheren an dieselben Behörden gerichteten JMR. v. 21. März 1834 (Rh. S. 4, S. 42) wurde eine theilweise abweichende Ansicht entwickelt, indem dieses die Unverbindlichkeit der gerichtlichen Prozeßstempel-Festsetzung gerade auf die Grundsätze über Rechtskraft der Urtheile, nämlich auf den Satz „res iudicata inter partes tantum valet“ zurückführte und gleichzeitig den Parteien wider die von der Steuer-Behörde ergehende Aufforderung zur Nachzahlung fehlender Stempel das Recht der Opposition bei Gericht, als der Rheinischen Gerichts-Verfassung entsprechend, zugestand. Das ersterwähnte MR. erläutert letztere Bestimmung dahin, daß dieselbe nur auf den Fall zu beziehen sei, wo die Steuer-Behörde ohne Dazwischenkunft des Gerichts eine Partei zur Nachzahlung des mangelnden Stempels aufgefordert und wider sie Zwangsbefehl erlassen habe, damit der Partei auf diesem Wege ein Mittel gegeben werde, zu einer gerichtlichen Bestimmung des Stempels zu gelangen; da jedoch die Opposition mit der Ausschließung des RW. in Stempelsachen nicht vereinbar sei, so werde dafür Sorge getragen werden, daß die Steuer-Verwaltung hinfüro die Supplirung der zu gerichtlichen Verhandlungen gar nicht oder nicht vollständig verwandten Stempel nur durch gerichtliche Ordonnanzen veranlasse; cf. auch JMR. v. 25. März 1836 u. 19. Nov. 1839 (Rh. S. 5, S. 347; 7, S 112). Letzteres R. besagt ausdrücklich, daß den Steuer-Behörden trotz der Bestimmung des § 78, II. 14 ALR. nicht zustehe, Prozeßstempel, die den Parteien von den Gerichten nicht auferlegt worden, ohne Dazwischenkunft des Gerichts einzuziehen; es begründe in dieser Hinsicht keinen Unterschied, daß in den älteren Provinzen die Gerichte selbst den Werthstempel mit den Gerichtskosten einzögen, in der Rheinprovinz dagegen dessen Einziehung der Verwaltung überwiesen sei; wie daher dort, wenn die Steuer-Behörde glaube, daß ein Gericht nicht gesetzmäßig verfahren habe, letzteres über das desfallsige monitum jener Behörde durch einfaches Dekret mit Vorbehalt des Rekurses im Verwaltungswege entscheiden müsse, so sei auch in der Rheinprovinz auf ähnliche, d. h. auf die im MR. von 1837 vorge-

schriebene Weise zu verfahren, und zwar nicht blos in dem dort vorausgesetzten Falle, sondern auch dann, wenn die Steuer-Behörde, abgesehen von den Stempel-Revisionen, in gerichtlichen Angelegenheiten Stempel, die von den Gerichten überhaupt nicht festgesetzt worden, nachfordern, oder sich an Personen halten wolle, denen die Stempel vom Gerichte nicht auferlegt seien. — Aus dem Umstande, daß die Festsetzung des Werthstempels im Urtheilstenor keine richterliche Entscheidung darstellt, folgt ferner, daß dem festsetzenden Gerichte zusteht, diese Bestimmung auf einseitige Reklamation der sich für beschwert haltenden Partei zu modifiziren, oder ganz aufzuheben, daß es also zu diesem Behufe keiner Berufung an den höheren Richter bedarf: AH. Cöln 5. Febr. 1831 (Rh. A. 15, II. 99 a. E.).

234. Noch weit unbedenklicher sind die in anderen Angelegenheiten als Prozeßsachen ergehenden Stempel-Festsetzungen der Justiz-Behörden als bloße Verwaltungs-Akte zu betrachten, welche ein Benehmen mit der Steuer-Behörde beim Hervortreten von Meinungs-Verschiedenheiten nöthig machen. Demgemäß weist ein JMR. v. 2. Dez. 1831 (Jbb. 38, S. 40, Rh S. 9, S. 88) sämmtliche Gerichts-Behörden an, in allen Fällen, wo eine Differenz über die Auslegung des Stempelgesetzes eintrete, und insonderheit da, wo die Landesjustiz-Kollegien, an welche Seitens der Untergerichte dieserhalb Anfrage zu halten, sich mit der Provinzial-Steuerbehörde über die anzuwendenden Grundsätze nicht einigen könnten, zur Erledigung derselben an den Justizminister zu berichten, mithin der einseitigen Festsetzung beim Entstehen einer Verständigung mit der Provinzial-Steuerbehörde sich zu enthalten. Nach diesem R. haben die Obergerichte zufolge JMR. v. 13 Febr. 1854 (JMBl. S. 86) namentlich auch da zu verfahren, wo über die Festsetzungen der Gerichte erster Instanz, z B. in Erbschaftsstempel-Angelegenheiten, Beschwerde geführt wird. Denn wenngleich — so argumentirt letzteres R — nach der Dekl v. 18. Nov. 1828 dergleichen Beschwerden über die Gerichte erster Instanz bei den betreffenden Ober-Gerichten angebracht werden müßten, so ergebe sich doch aus § 30 des Stempelgesetzes, daß die Provinzial-Steuer-Verwaltungen als Organe des Finanzministers von der Konkurrenz bei Erledigung solcher Beschwerden nicht ausgeschlossen werden könnten.

235. Nach cit. R. 2. Dez. 1831 soll ferner dann verfahren werden, wenn von einem Notar gegen die Zulässigkeit des bei einer Stempel-Revision defektirten Stempelsatzes und dessen von der Provinzial-Steuerbehörde bei der vorgesetzten Gerichts-Behörde beantragte exekutivische Beitreibung Erinnerungen erhoben werden, welche das Gericht als gegründet erachtet, wogegen im umgekehrten Falle das Gericht mit der exekutivischen Beitreibung vorzugehen hat, insofern nicht der Notar den Rekurs an das Justiz-Ministerium ergreift. So: das durch JMR. v. 18. Mai 1846 neuerdings in Erinnerung gebrachte JMR. v. 18 Mai 1832 (Jur. Zeit. 1832, S. 680), welches jedoch (wie ein R. des Gen.-Prok. zu Cöln v. 9. Aug. 1858 bestätigt), ungeachtet es auch in die Rh. S. 9, S. 88 aufgenommen wurde, für den Bezirk des AH. Cöln keine Geltung hat, indem dort die Gerichte weder bei der Festsetzung, noch bei der Beitreibung von Stempel-Beträgen wider Notarien irgendwie mitwirken, den Rheinischen Notarien vielmehr wider die Monita des Stempel-Fiskals nur der Rekurs an die Provinzial-Steuerdirektion, resp das Finanz-Ministerium zusteht, insofern sie nicht den ihnen wie den altländischen Notarien seit dem Ges v 24. Mai 1861 eröffneten RW. durch Anstellung einer förmlichen Klage betreten wollen. (Daß die Notarien in zweifelhaften Fällen über die Anwendung des Stempelgesetzes ihre Belehrung nur bei den Provinzial-Steuer-Behörden, nicht also bei den vorgesetzten Gerichts-Behörden einzuholen haben, sagt ein JMR v. 28. Mai 1845 (Schmidt S. 7) ganz allgemein, und dürfte dies auch nach Erlaß des letzteren Ges. v. 1861 gelten.)

236. Das eben bezogene Ges. v. 24. Mai 1861 hat nun, indem es im § 11 jedem, der zur Entrichtung eines Werthstempels oder eines nicht nach dem Betrage des Gegenstands zu bemessenden Vertragsstempels gar nicht oder nicht in dem geforderten Betrage verpflichtet zu sein vermeint, die Befugniß verleiht, dies gerichtlich, und zwar im Prozeßwege geltend zu machen, die Vorschrift des § 78, II. 14 ALR. für die Mehrzahl der Fälle, wo die Stempelsteuer erhoben wird, mittelbar aufgehoben, und das Exekutionsrecht der Verwaltungs-Behörden nur als ein vorläufiges (§ 42 h. l.) bestehen lassen. Die Fälle, in denen § 78 für das

Stempelwesen noch in Kraft geblieben ist, beschränken sich auf diejenigen, wo es sich um Gesuchs- und ähnliche Stempel, sowie um Kalender-, Karten- und dergleichen als Verbrauchs-Stempel sich qualifizirende Stempel handelt; cf. die Motive der Regierungs-Vorlage.

§ 36 Abs. 3.

237. Indem § 36 in seiner Schlußbestimmung derjenigen Fälle gedenkt, wo die Gesetze den RW. ausdrücklich ausschließen, erhält er die bisherigen Spezial-Bestimmungen dieser Art, unter denen einzelne nur beispielsweise angeführt werden, aufrecht. Zu diesen Fällen zählen jedoch diejenigen nicht, welche lediglich in Folge der den vormaligen Kammer-Justizdeputationen und anderen Administrativ-Justiz-Behörden zustehenden Gerichtsbarkeit von letzteren zu entscheiden waren, da diese Gerichtsbarkeit ja gemäß § 14 h. l aufgehoben, resp. auf die ordentlichen Gerichte übertragen wurde. Unter den Fällen des § 36 Abs. 3 können vielmehr nur solche verstanden werden, hinsichtlich deren die richterliche Kognition überhaupt, mithin sowohl die der ordentlichen als die der Ausnahmegerichte nicht stattfinden sollte. So folgert z. B. JMR. v. 11 Mai 1838 (Rh. S. 6, S. 527) aus dem Hinwegfalle der älteren Administrativ-Jurisdiktion, daß § 134, I. 50 AGO., sofern er die Punkte, welche bei Konstituirung des Liquidums in Bezug auf das Verhältniß eines in Konkurs gerathenen Kassenbeamten streitig bleiben, zur Entscheidung an das der Kasse vorgesetzte Kollegium verweise, seine Bedeutung verloren habe und der Beschreitung des ordentlichen RW. nicht mehr entgegenstehe.

[Umgekehrt sind selbstredend diejenigen Attributionen, die den Gerichten blos wegen der ihnen früher zuständig gewesenen Polizeigewalt in Bezug auf rein polizeiliche Angelegenheiten beigelegt wurden, seit der durch die VO. von 1808 vermittelten Trennung der Gewalten auf die nunmehr von der gerichtlichen gesonderte Polizei-Obrigkeit übergegangen, und kann daher gegenwärtig unter den im § 31, II. 12; §§ 33—35, II. 7 und § 77, I. 23 ALR. gebrauchten Ausdrücken „Gerichts-Obrigkeit" und „Gerichte des Orts" nur noch die Verwaltungs-Behörde resp. die Polizei-Obrigkeit verstanden werden; cf. ME. 2. Jan. 1836 (Mannkopf, GO. I. S. 115), MR. 22. Juli 1840, 4. Feb. u. 30. April 1841 (Jbb. 57, S. 160 ff., 581).]

238. Von den noch jetzt geltenden älteren wie neueren Gesetzen, welche den RW. ausschließen, kommen wiederum manche hier um deswillen nicht in Betracht, weil bei ihnen der Gegensatz zwischen richterlicher und administrativer Thätigkeit gar nicht hervortritt, die eine vielmehr ebensowohl wie die andere außer Anwendung bleibt. Diese Bestimmungen sind theils solche, welche die richterliche Kognition gerade deshalb untersagen, weil der etwa zu erhebende Anspruch ohnehin völlig unbegründet oder unstatthaft sein würde [cf. z. B. VO. v. 14. Juli 1797, R. v. 9. März 1805, ACO. v. 29 April 1811 (Rabe 4, S. 204; 8, S. 254; 10, S. 527), ACO. v. 19. April 1813 (GS. S. 69), VO v. 19. Jan. 1836 § 1 (ib. S. 9), VO. v. 9. Febr. 1849 § 55 (ib. S. 105)], theils solche, die die Entscheidung den ordentlichen Gerichten entziehen, um sie Schiedsrichtern zu überweisen [cf. z. B. Ges. v 14. April 1856 § 11 (GS. S. 356), Städte-Ordn. v. 30. Mai 1853 Art. 4 Abs. 11 (ib. S. 264), ACO. v. 5. Okt. 1846, Rennstreitigkeiten betr. (ib. S. 482)], es sei denn, daß das schiedsrichterliche Verfahren der Absicht des Gesetzes zufolge nur den integrirenden Theil eines administrativen Verfahrens bilden und unter der Leitung der Verwaltung stattfinden soll.

239 Eine wichtige Stelle unter den Spezial-Gesetzen, welche den RW. zu Gunsten des administrativen Ressorts entweder ganz ausschließen oder doch insofern beschränken, als sie der Verwaltung einen Antheil an der Erledigung von Rechtssachen einräumen, nehmen die Gesetze über die Administrativ-Justiz ein, dieses Wort in dem engern Sinne gebraucht, daß darunter das Recht der Verwaltung verstanden wird, über gewisse Ansprüche unter zwei streitenden Parteien eine förmliche Entscheidung zu treffen. Die VO von 1808 hatte zwar, wie oft erwähnt, der vollständig ausgebildeten administrativen Gerichtsbarkeit ein Ende gemacht, — wenn von dem für gewisse Angelegenheiten, namentlich in Kontraventions-Fällen, bestehen gebliebenen, blos vorläufigen Entscheidungsrechte (cf. § 45 h. l. und

Regl. für die Westpreußischen Untergerichte v. 20. August 1802 (Rabe 7, S. 212), sowie in Bezug auf letzteres Regl. die MR. v. 30 Jan. 1834, 12. Okt. 1839, 9. März 1840 (VMBl. 40, S. 74) abgesehen wird. Inzwischen ist durch spätere Gesetze eine Art administrativer Gerichtsbarkeit neuerdings begründet worden, welche zwar nicht so konsequent durchgeführt und entwickelt ist, daß bei derselben der Gegensatz zwischen eigentlicher Rechtspflege und Verwaltung gänzlich hinweggefallen wäre, und die Verwaltungs-Behörden gleich den vormaligen Kammer-Justizdeputationen förmliche fora specialia causae bildeten, welche aber dennoch von der eigentlich administrativen Thätigkeit sich in dem Grade unterscheidet, daß die allgemeinen Grundsätze der §§ 35 ff. h. l. auf sie fast gänzlich unanwendbar erscheinen. Diese Administrativ-Justiz ist bald eine **definitive**, bald eine blos **vorläufige**. Während jedoch die Fälle, für welche erstere besteht, selten sind (einzelne Beispiele liefern die §§ 2 ff. des Rhein. Ress.-Regl., § 23 Abs. 2 des Ges. v 28 Febr 1843, §§ 50—54 des Entschädigungs-Ges v. 17. Jan. 1845, § 67 der Feldpolizei-Ordn. v. 1. Nov. 1847, § 18 des Ges v. 11 Mai 1851), tritt die blos vorläufige Administrativ-Justiz desto häufiger ein, und erfordert wegen einzelner, allen Fällen dieser Art gemeinsamen Eigenthümlichkeiten eine nähere Besprechung.

240. Manche Angelegenheiten stehen zwischen rein privatrechtlichen und rein publizistischen gewissermaaßen in der Mitte, indem zwar ihr Gegenstand einen vorwiegend privatrechtlichen Charakter an sich trägt, auf der andern Seite aber der Staat oder das öffentliche Wohl bei ihrer möglichst sachgemäßen, einfachen und schleunigen Ordnung aus Rücksichten allgemeinerer Natur interessirt ist. Die Gesetzgebung hat bei solchen Angelegenheiten, insofern sie streitig werden, das Prinzip der richterlichen Kognition zwar aufrecht erhalten, zur Erreichung jenes Zwecks jedoch die vorläufige Entscheidung in die Hände der Verwaltung gelegt, den Parteien überlassend, ob sie sich bei dieser Entscheidung beruhigen oder „**auf rechtliches Gehör antragen**," resp., wie es auch ausgedrückt wird, „**die Berufung auf den RW. einlegen**" wollen. Beispiele liefern die Gesinde-Ordn. v. 8. Nov. 1810 in Verbindung mit MR. v. 17 April 1812; VO. v. 31. März 1833 § 10, Ges. v 13. Mai 1833 § 11 (GS. S. 64, 53); APfl.-Ges v. 31. Dez. 1842 § 34; Entschäd.-Ges. v. 17. Jan 1845 § 43; Jagdpolizei-Ges. v. 7. März 1850 § 7, und die unter n. 146 bezogenen Gesetzesstellen. In diesen Fällen ist die Berufung auf den RW. nicht als eine unmittelbare und eigentliche Anfechtung der Administrativ-Entscheidung in dem Sinne anzusehen, wie sie § 41 bei Verfügungen in Finanz-Angelegenheiten der Behörde selbst gegenüber zuläßt, auch hat der Richter nicht gleichsam als eine höhere Instanz zu erkennen. Das gerichtliche Verfahren bewegt sich vielmehr, ganz unabhängig von dem vorhergehenden administrativen, gerade so, als wenn die Sache noch ganz intakt wäre; sein Zweck besteht einzig darin, das betreffende Rechtsverhältniß unter den Betheiligten selbstständig, aber in einer auch von der Verwaltung zu beachtenden Weise und mit rückwirkender Kraft festzustellen, so daß die administrative Entscheidung mit dem Eintritte eines rechtskräftigen Urtheils von selbst, d. h. ohne förmliche Aufhebung durch das Gericht, ihre Wirksamkeit verliert.

241. Dieses administrative **Entscheidungsrecht** hat hiernach, sowohl was seinen Zweck, als was seine Wirkungen betrifft, eine große Verwandtschaft mit der den Verwaltungs-Behörden in manchen Angelegenheiten zustehenden Befugniß, ein **Interimistikum** zu reguliren; cf. z B. Vorfluths-Edikt v. 15. Nov. 1811 § 6; VO. v. 31. März 1833 § 10 a. E. (GS. S. 64); Ges. v 11 Mai 1842 § 5. Diese Befugniß unterscheidet sich jedoch von jenem Rechte wesentlich dadurch, daß ihre Ausübung in der Regel vom Ermessen der Verwaltungs-Behörde abhängt und die Beschreitung des RW. unter den Betheiligten keineswegs bedingt, daß ferner die Regulirung eines Interimistikums keinen Jurisdiktions-Akt bildet, und ebensowenig das Hervortreten einer Kontestation und ein kontradiktorisches Verfahren unter den Betheiligten nothwendig voraussetzt, daß sie dagegen auch den Betheiligten keine Vortheile zusichert, die nicht von der verfügenden Behörde selbst jederzeit widerrufen werden könnten, während umgekehrt die Verwaltung von Handhabung jenes **Entscheidungs-Rechts** im konkreten Falle nicht absehen, und keiner der Betheiligten vor Erlaß der administrativen Entscheidung den RW wider den anderen beschreiten kann, die auf Grund dieses Rechts ergehenden Entscheidungen aber als wirkliche Ent-

scheidungen unter zwei streitenden Parteien regelmäßig erst nach Anhörung beider Parteien zu fällen und ohne deren Zustimmung von der entscheidenden Behörde nicht rückgängig zu machen sind. Auch muß mit Rücksicht darauf, daß die Zulässigkeit des Beschwerdewegs bei allen Administrativ-Verfügungen im engeren Sinne die Regel bildet, in den Fällen der bloßen Regulirung eines Interimistikums die Beschwerde an die vorgesetzte Verwaltungs-Instanz neben der Beschreitung des RW immer gestattet werden (sofern die Gesetze eine solche Befugniß nicht ausdrücklich ausschließen), ohne daß die Beschreitung jenes Wegs der nachmaligen Beschreitung des RW. irgendwie entgegenstände, während in Betreff wirklicher Administrativ-Entscheidungen der Beschwerdeweg unzweifelhaft nur dann stattfindet, wenn das Gesetz ihn ausdrücklich gleich dem Antrage auf rechtliches Gehör zuläßt, die Beschreitung desselben in den zugelassenen Fällen aber die spätere Berufung auf den RW. immer ausschließt (Letzteres ist zwar nirgends allgemein ausgesprochen, wohl aber in mehreren Spezialgesetzen bestimmt, z. B. in VO. v. 31 März 1833 § 10; Ges. v. 13. Mai 1833 § 11; VO. v. 4. Mai 1839, welche wohl keine Ausnahme, sondern die Anwendung einer allgemeinen Regel enthalten. Ebenso fehlt es an einer generellen Bestimmung für den Fall, wo beide Parteien sich bei der Administrativ-Entscheidung nicht beruhigen, und die eine diesen, die andere jenen Weg einschlägt. Alsdann dürfte inzwischen dasjenige gelten, was § 65 der VO. v. 9. Febr. 1849 für einen Spezialfall dieser Art anordnet, daß nämlich die Beschwerden beider Parteien im RW. zu erledigen seien.)

242. Vergleicht man dagegen das soeben besprochene Entscheidungsrecht mit der noch auf der VO. von 1808 (§ 45) beruhenden und durch die spätere Gesetzgebung weiter ausgebildeten Administrativ-Justiz in gewissen Strafsachen, so besteht eine Uebereinstimmung zwischen beiden in Bezug auf die hinsichtlich der Rechtsmittel geltenden Grundsätze, sowie darin, daß das gerichtliche Verfahren dem vorgängigen administrativen gegenüber nicht den Charakter eines Verfahrens der höheren Instanz hat, sondern sich ganz unabhängig von jenem bewegt, die Verschiedenheit darin, daß die Verwaltung sich ihres Entscheidungsrechts in Strafsachen für den konkreten Fall ganz begeben, ja daß sogar der angebliche Kontravenient schon vor Erlaß eines Resoluts auf rechtliches Gehör antragen kann, daß ferner die bereits ergangenen Strafresolute sofort mit einem solchen Antrage ihre Wirksamkeit verlieren, resp. als nicht ergangen betrachtet werden, während letzterer Erfolg, wenigstens bei der Mehrzahl der Administrativ-Entscheidungen in Civil-Angelegenheiten, erst mit der Rechtskraft des richterlichen Endererkenntnisses verbunden ist, jene Entscheidungen mithin bis dahin ihre Vollstreckbarkeit behaupten, daß endlich, was die formelle Seite der Sache betrifft, die Berufung auf rechtliches Gehör wider Strafresolute durch eine einfache Erklärung bei der betreffenden Verwaltungs-Behörde (§ 45 h. l., § 34 des Zoll-Strafges. v. 23. Jan. 1838), in Civil-Angelegenheiten dagegen nur durch Anstellung einer gerichtlichen Klage erfolgt, so daß, wenn diese Klage nicht binnen der für die Berufung vorgeschriebenen Präklusivfrist bei Gericht angestellt wird, sie später nicht mehr angenommen werden darf, sollte auch eine Anmeldung bei der Verwaltungs-Behörde in jener Frist geschehen sein: Präj Nr 1143 (Präj Buch S. 333, Rechtsfälle 4, S. 257), OT. 8. Jan. 1852 (Entsch. 22, S. 57), cf. jedoch n. 74 zur Gew.-Ordn. v. 17. Jan. 1845.

243. Mit den bisher besprochenen Fällen eines administrativen Entscheidungs-Rechts in Civilsachen sind die Fälle nicht zu verwechseln, für welche einzelne Spezialgesetze zur Feststellung gewisser Civil-Ansprüche den Erlaß administrativer Verfügungen anordnen und wider diese gleichfalls den Antrag, resp. die Berufung auf rechtliches Gehör gestatten, ohne daß jedoch solche Verfügungen den Charakter von eigentlichen Entscheidungen zwischen zwei streitenden Parteien an sich trügen. Letztere Fälle betreffen namentlich solche Angelegenheiten, bei denen der Staat selbst unmittelbar betheiligt ist, und die Verwaltungs-Behörde nicht im eigentlichen Sinne des Worts über den Parteien steht, sondern mit der Eigenschaft einer verfügenden Behörde gleichzeitig die der Vertreterin eines der Betheiligten verbindet, weshalb denn auch die Beschreitung des RW wider ihre Verfügung nur dem anderen Betheiligten zusteht, die desfallsige Klage meist gegen

die verfügende Behörde selbst anzustellen ist, und jene Verfügung den unmittelbaren Gegenstand der Anfechtung, sowie der richterlichen Erörterung bildet. Derartige Fälle enthalten im Grunde genommen bloße Anwendungen der im § 41 h. l. zu Gunsten des RW. aufgestellten Regel, und haben vor den gewöhnlichen Fällen dieses § 41 nur das Eigenthümliche voraus, daß die Antretung des RW bei ihnen an eine Präklusivfrist gebunden zu sein pflegt, und daß dieselbe, ungeachtet sie zeitig erfolgt ist, und kein Fall des § 42 h. l. vorliegt, der administrativen Verfügung ihre Vollstreckbarkeit während des Prozeßverfahrens nicht benimmt. Beispiele des letztbesprochenen Verfügungsrechts liefern § 8 des Ges. v. 16. Juni 1838 (GS. S. 353) und § 16 der VO. v. 24. Jan. 1844 (GS S. 52).

244. Den direkten Gegensatz zu den Gegenständen des administrativen Entscheidungsrechts, namentlich desjenigen, wo die Verwaltung unter zwei Parteien definitiv entscheidet (oben n. 240), bilden diejenigen Angelegenheiten, in denen umgekehrt die Entscheidung, resp. Verfügung den Gerichten zusteht, ohne daß desfalls jedoch der RW., resp. ein prozessualisches Verfahren stattfindet. Daß § 36 Abs. 3 die auf letztere Angelegenheiten bezüglichen Bestimmungen mit im Auge hat, beweist die dortige Hinweisung auf § 6, I. 43 AGO., betreffend die Unzulässigkeit eines förmlichen Prozeßverfahrens in Bezug auf die Frage, ob die Auseinandersetzung einer Gemeinheit stattfinden solle, eine Bestimmung, welche übrigens (insoweit sie die Entscheidung über diese Frage dem ordentlichen Richter noch beläßt) ihre praktische Bedeutung fast gänzlich eingebüßt hat, nachdem durch die spätere Gesetzgebung die eigentlichen Gemeinheits-Theilungen und von anderen Separationen alle diejenigen, welche mit einer Regulirung der bäuerlichen Verhältnisse verbunden sind, den Auseinandersetzungs-Behörden überwiesen wurden; cf. Ergänz. zu Tit. 43.

[Für die Länder des gemeinen und französischen Rechts bestimmt sich das Ressortwesen in Bezug auf Gemeinheits-Theilungen, Ablösung der Reallasten und Regulirung der gutsherrlich-bäuerlichen Verhältnisse nach der Gemeinheitstheilungs-Ordnung und dem Ges. v. 19. Mai 1851 (GS. S. 371, 383), dem Ges. v. 2. März 1850 (GS. S. 77) ꝛc. Von der hierbei eintretenden Kompetenz der Auseinandersetzungs-Behörden sind lediglich die Landestheile des linken Rheinufers ausgeschlossen. Dort fand die Gesetzgebung über Ablösung der Reallasten ꝛc. keinen Boden, weil daselbst alle mit einem gutsherrlichen Verhältnisse in Verbindung stehenden Lasten längst aufgehoben waren und die übrigen Grundlasten ihre dingliche Natur gänzlich verloren hatten, auch hinsichtlich ihrer Ablösbarkeit bereits früher feste Normen bestanden; was dagegen die Gemeinheits-Theilungen und die Ablösung der im § 1 obiger Gemeinheitstheilungs-Ordnung aufgezählten Servitutsrechte betrifft, so hielt das erwähnte Ges. v. 19. Mai 1851 die Kompetenz der ordentlichen Gerichte und den Prozeßweg, wenngleich unter Vereinfachung der Formen, für das linke Rheinufer aufrecht und setzte nur an Stelle des gerichtlichen Sühneversuchs ein administratives Einigungs-Verfahren, bei welchem jedoch die Gerichte in zweifachem Betrachte mitzuwirken berufen sind, einmal als Rekurs-Instanz bezüglich der den Antrag auf Theilung, resp. Ablösung ablehnenden, sowie der über die Widersprüche gegen die Erweiterung eines solchen Antrags entscheidenden Bescheide der Regierung (§§ 2, 7 ib.), und sodann insofern, als sie den zu Stande gekommenen Theilungs-, resp. Ablösungs-Vertrag zu bestätigen und für vollstreckbar zu erklären haben (§ 15 ib). Die frühere Streitfrage, betreffend die Statthaftigkeit der s. g. Kantonnements-Klagen, ist durch die Gesetzgebung des 19. März 1851 gegenstandslos geworden.]

245. Abgesehen von § 6 cit, zählt Koch (Preuß. Civilproz., §§ 26—30) zu solchen bei der Justiz selbst vorkommenden Verwaltungs-Justizsachen die Festsetzung des durch vorsätzliche oder grob fahrlässige Uebertretung der Amtspflichten eines Justiz-Beamten angerichteten Schadens (AGO. § 23, III. 1; § 49, III. 3; Reskr. v. 15 April 1837), Rückzahlung von Darlehen, welche Gerichts-Personen aus den ihrer Verwaltung anvertrauten gerichtlichen Depositorien erschlichen

haben (Dep.-O. I. §§ 42, 43), Beitreibung anerkannter Kassen-Bestände und Defekte der Vormünder sowie Kuratoren (§§ 486, 669, 956, II. 18 ALR.; § 76, I. 50 AGO.; §§ 161, 279 der neuen Konkurs-Ordn.), Beitreibung der Zinsen von General-Deposital-Darlehen (Dep.-O. I. §§ 52, 53, 352, 353, 357), Einziehung überhobener Gebühren der Justiz-Beamten, Verfahren gegen Personen, welche den schuldigen Huldigungseid zu leistern weigern (R. 18. Dez. 1810, Rabe 10, S. 494). — Außerdem ist an dieser Stelle § 81 des Diszipl.-Ges v. 7. Mai 1851 (GS. S. 235) zu erwähnen, insofern er nicht allein die Befugniß der Aufsichts-Behörden aufrecht erhält, im Aufsichtswege Beschwerden Abhülfe zu verschaffen oder Richter zur Erfüllung ihrer Pflichten in einzelnen Sachen anzuhalten, und dabei Alles zu thun, wozu sie nach den bestehenden Gesetzen ermächtigt sind, sondern auch die Befugniß höherer Gerichte bestätigt, in solchen Fällen Rügen auszusprechen, und Richter zum Ersatze von Kosten und unter Vorbehalt des RW. zum Ersatze von Schäden anzuhalten.

246. Zu den in diese Materie einschlägigen Gesetzen sind im weiteren Sinne ferner die sonstigen landrechtlichen Bestimmungen zu rechnen, welche die Kompetenz des Vormundschafts-Richters für gewisse Streitigkeiten unter ausdrücklicher oder stillschweigender Ausschließung des RW normiren, so namentlich die §§ 72 ff, 87—93, 96—102, II. 2; §§ 110, 165, 237, 323, 945, II. 18; cf. JMR. v. 3. März 1820 (Jbb. 15, S. 8); OT. 15. Jan 1838 (Präj. 404, Präj Samml. S. 164); OT. 4. Dez 1857, 15 April 1859, 28. Nov. 1858 (Strieth. 26, S. 344; 32, S. 368; 33, S. 5); OT. 16. Juni 1856 (Entsch. 33, S. 157). Jenem JMR. von 1820 zufolge sind Verfügungen, wodurch Jemand angehalten wird, seiner geschiedenen Ehefrau seinen Sohn von Zeit zu Zeit zuzusenden, dem vormundschaftlichen Gerichte zu überlassen, welches unter dem Ausdrucke „Richter" in den §§ 98—102, II. 2 allein verstanden werde; ebenso erkannte OT. 15. Jan. 1838 l. c., daß die Bestimmung, welchem der geschiedenen Eheleute die Kinder-Erziehung zu überlassen, nicht vor den erkennenden, sondern vor den Vormundschafts-Richter gehöre; OT. 24. Dez. 1857 nahm dasselbe bei Eltern an, die blos faktisch von einander getrennt lebten und OT. 15. April 1859 in Bezug auf einen Streit, der über die Erziehung eines unehelichen Kindes, und namentlich darüber, in welcher Religion letzteres zu erziehen sei, zwischen der Mutter und dem Vormunde entstanden war; (hier wird u. A. ausgeführt, daß § 323, II. 18 ALR. unter „Obrigkeit" nur den Vormundschafts-Richter verstehe). Die beiden letzterwähnten OT. von 1858 und 1856 betrafen Streitigkeiten über die Entlassung eines Vormunds wegen seines Uebertritts zur s. g. freien Gemeinde. Beide nahmen an, daß die Frage, ob ein Vormund in Umstände gekommen, in denen er seinem Amte nicht mehr gehörig vorstehen könne (diese Umstände möchten erst jetzt eingetreten oder erst jetzt dem vormundschaftlichen Gerichte bekannt geworden sein), lediglich von diesem mit Ausschluß des RW. zu entscheiden sei; § 919, II. 18 ALR. [welcher übrigens seinem Wortlaute nach nur dem Vormunde selbst den RW eröffne] greife nur da Platz, wo es sich um die Entlassung eines nachlässigen oder unordentlichen Vormunds handle; wogegen § 200 ib. gar keine Bestimmung zu Gunsten der Kompetenz des Prozeßrichters enthalte, weil eine Vergleichung mit den §§ 1, 11, 12, I. 39 AGO. ergebe, daß der Ausdruck „Erkenntniß" an jener Stelle nur eine vom Vormundschafts-Richter nach Vernehmung der Interessenten erlassene Resolution bedeute, weshalb sogar der Streit über den Anspruch auf die Vormundschaft unter mehreren Prätendenten nicht prozeßfähig, geschweige denn das rechtliche Gehör wider die vormundschaftliche Behörde selbst und wider die von dieser getroffene Verfügung gestattet sei. Das OT. von 1856 erwägt hierbei ausdrücklich, der Vormundschafts-Richter handle in den Fällen der §§ 110, 165, 237, 945, II. 18 ALR. als Verwaltungs-Behörde und unterlägen daher insofern seine Maaßnahmen nicht der Beurtheilung des Prozeßrichters, wenn er selbst auch wegen etwaiger Versehen ebenso wie jeder andere Beamte verantwortlich gemacht werden könne (§ 89, II. 10; § 301, II. 18 ALR.). In Fällen, wo nach Anordnung des Vaters oder dem Befinden des Vormundschafts-Richters die Verlängerung der Vormundschaft für nöthig erachtet wird, steht zwar dem Pflegebefohlenen selbst (cf. §§ 702, 703, II. 18 ALR.),

nicht aber einem Dritten der Antrag auf rechtliches Gehör zu: OT. 13. Sept. 1860 (Strieth. 39, S. 48).

247. Eben dahin gehört endlich § 13 des Gesetzes, betreffend den Ansatz und die Erhebung der Gerichtskosten, v. 10. Mai 1851 (GS. S. 631), welchem zufolge Beschwerden wegen unrichtigen Ansatzes der Kosten nach dem Tarif und wegen verweigerter Stundung oder Niederschlagung im Aufsichtswege, und daher schließlich durch den Justiz-Minister erledigt werden sollen. Diese Bestimmung hat jedoch ihrer Natur nach nur auf das Rechtsverhältniß zwischen dem Debenten und der Salarienkasse Bezug, nicht also auch auf die Ansprüche Dritter beim Prozesse unbetheiligter Personen. Ansprüche der letzteren Art, z. B. diejenigen, welche ein Rechtsanwalt erhebt, um die aus eignen Mitteln, wenn auch für seine Partei gezahlten Vorschüsse aus der Salarienkasse zu erhalten, betreffen einen privatrechtlichen und prozeßfähigen Gegenstand; cf. EK. 12. März 1859 (JMBl. S. 334). Uebrigens ist obige Bestimmung, insoweit sie sich auf die im § 16 erwähnten Stempelbeträge mitbezieht, durch § 11 des Ges. v. 24. Mai 1861 (oben n. 236) modifizirt worden.

248. Unter denjenigen Spezialgesetzen dagegen, welche den RW. zu Gunsten des Verwaltungs-Ressorts im engeren Sinne entweder ganz ausschließen oder doch beschränken, werden die an andern Stellen dieser Schrift besonders erläuterten hier nicht weiter erwähnt, und die übrigen in möglichst chronologischer Ordnung mitgetheilt, da eine Rubrizirung nach Materien, wie sie häufig versucht worden, nicht überall als durchführbar erscheint.

249. Der bereits im § 36 h 1. bezogene § 61 des ersten Anhangs zum ALR., welcher aus der AKO. v 18. Juli 1799 (Rabe 5, S. 499) herübergenommen ist, verpflichtet die Freiholz-Deputanten, da, wo ihnen Torf gegeben werden kann, wenigstens die Hälfte in Torf oder in Geld nach der Forsttaxe anzunehmen, so daß wider die desfallsigen Anordnungen der Forstbehörde der RW. nicht stattfindet, wogegen die Frage, ob Jemand zu den bloßen Freiholz-Deputanten oder zu den wirklichen Holzungs-Berechtigten gehöre, auf welche letzteren obige Bestimmung nicht ausgedehnt werden soll, allerdings prozeßfähig ist; cf. Koch, Pr. Civ.-Proz. §§ 26—30, v. Rönne I. S. 204.

250 Die Dauer der Schulpflichtigkeit richtet sich gemäß § 46, II. 12 ALR. und der AKO. v. 14 Mai 1825 (GS S. 149) nach dem Befunde des Seelsorgers, weshalb darüber, ob ein Kind mit Rücksicht auf den Grad seiner Ausbildung vom Schulzwange frei oder freizulassen sei, keine richterliche Kognition stattfindet; cf. KH. 23. April 1835 (Volkmar S 484).

251. In n 115 und 190 sind die allgemeinen Gesichtspunkte in Betreff der Frage besprochen worden, inwiefern ein aus Kriegsschäden und Kriegslieferungen hergeleiteter Ersatzanspruch im RW. verfolgt werden könne. Dieser Gegenstand ist jedoch, soweit es sich um dergleichen Forderungen aus den Jahren 1806—1815 handelt, durch eine Reihe von Spezialgesetzen besonders regulirt. Letzteren zufolge muß unterschieden werden, ob solche Forderungen wider den Staat, oder ob sie wider Provinzen, Kreise und Gemeinden geltend gemacht werden. Wie die Ansprüche auf Vergütung wegen Kriegslieferungen und Kriegsschäden an den Staat behandelt werden sollen, bestimmen das Edikt v. 3. Juni 1814 (GS. S. 49) und die VO. v. 1. März 1815 (ib. S. 14), indem sie sowohl die Anerkennung dieser Ansprüche als auch die Festsetzung der Entschädigungs-Beträge der Entscheidung von administrativen Kommissionen überweisen, so daß der RW. unbedingt ausgeschlossen ist, selbst, wenn die desfallsige Klage gleichzeitig (unter der thatsächlichen Behauptung, daß der Staat die streitigen Ersatzansprüche gegen ein anderes Gouvernement liquidirt habe) auf die Grundsätze der negotiorum gestio oder in rem versio gestützt wird: EK. 26. April 1850 (JMBl. S. 216). Obige Bestimmungen wurden zwar für die neu- resp wiedererworbenen Provinzen nicht mit erlassen (Art. VII. der VO v. 1. März 1815); inzwischen ergingen für letztere besondere, den RW. wider den Staat gleichfalls ausschließende Vorschriften, so z. B. für die vormals sächsischen Landestheile die AKO. v. 2. Sept. 1821 u. 31. Jan. 1822 (GS. 1821, S. 185; 1822, S. 46). Zufolge Nr. 4 der AKO. von 1821 soll ein prozessualisches Verfahren jedoch bei den auf förmlichen Kontrakten beruhenden Forderungen statthaben; cf auch ME 4. Juni 1834 (Jbb. 43, S. 472), wo hervorge-

hoben wird, daß dieser ACO. gemäß der RW. nur dann nicht stattfinde, wenn die Forderung aus der Zeit vor dem 5. Juli 1815 originire, daß daher die damals gerade vorliegende Klage, insoweit sie sich darauf stütze, Fiskus sei nach diesem Zeitpunkte dadurch, daß er sich in den Besitz von Material gesetzt oder solches durch sein Verschulden habe entwenden lassen, Schuldner des Klägers geworden, oder insoweit Entschädigung für den vom 5. Juli 1815 ab entbehrten Genuß einer angeblich vom Fiskus zu unterhaltenden Brücke gefordert werde, der richterlichen Kognition allerdings anheimfalle; cf im Uebrigen die Noten zur ACO. v. 23. Februar 1823. — Anlangend sodann die Fälle, wo Ansprüche jener Art wider eine Provinz, einen Kreis oder eine Gemeinde erhoben worden, so wurde die Entscheidung auch hier, und zwar gleichmäßig für den ganzen Umfang des Staats (cf. AH. Cöln 26. Mai 1843; Rh A. 35, I. 108) durch die Instruktion v. 9. Juli 1812 in Verbindung mit der VO. v. 3. Jan. 1816 und der ACO. v. 27. Okt. 1820 (GS. 21, S. 153) unter Ausschluß des RW. in die Hände der Verwaltung gelegt. Inzwischen hat die ACO. v. 7. Dez. 1848 (GS. 49, S. 90) die durch obige ACO. v. 27. Okt. 1820 zur Entscheidung in letzter Instanz eingesetzte Ministerial-Kommission aufgehoben, und für die noch unerledigten Sachen, einschließlich der schwebenden, den RW. wieder eröffnet. Hinsichtlich der von jener Kommission bereits erledigten Sachen, welche die große Mehrzahl bilden, kann ein Prozeß selbstredend nicht weiter stattfinden: EK. 20. April 1850 (JMBl. S. 216). Forderungen an die Gemeinden ꝛc. aus den Kriegsjahren vor 1806 wurden durch obige Bestimmungen überhaupt nicht berührt, und waren schon früher prozeßfähig: AH. Cöln 26. Mai 1843 (Rh. A. 35, I. 108).

252. Die gesammte Einrichtung des verbrieften Staatsschulden-Wesens schließt von selbst jede richterliche Einmischung aus; cf. Grävell I. S. 69, welcher sich hierfür namentlich auf die Dekl. v. 9. Aug 1823 (GS. S 165) beruft. Hinsichtlich anderer Ansprüche an den Staat ist jedoch der RW. in der Regel statthaft, und kann insbesondere dem Art. 99 der Verf.-Urkunde nicht etwa die Wirkung beigelegt werden, dem jene Regel sanktionirenden § 81, II. 14 ALR. für den Fall wenigstens derogirt zu haben, wo es sich darum handelt, ob eine Auslage gesetzlich von der Staatskasse oder einem Dritten getragen werden müsse, indem das den Staatshaushalts-Etat regulirende Gesetz selbstredend nicht den Zweck hat, Streitigkeiten dieser Art zu entscheiden: EK. 11. Dez. 1852 u. 14. April 1855 (JMBl. 53, S. 88; 55, S. 308). [Aus Art. 99 cit. läßt sich höchstens nur folgern, daß wider den Fiskus ein exekutivisches Verfahren nicht stattfinden könne.]

253. Obige Regel erleidet jedoch außer den in den vorigen Noten erwähnten und den auf der besonders kommentirten ACO. v. 4 Febr. 1823 beruhenden Ausnahmen noch fernere Beschränkungen durch die Vorschriften, welche über die Feststellung noch nicht anerkannter oder noch illiquider Provinzial-Staatsschulden ergangen sind, insofern man diese Beschränkungen nicht schon auf den Eingangs der n. 252 aufgestellten Satz zurückführen kann. Jene Feststellung wurde nämlich durch VO. v. 17. Jan. 1820 § XI. (GS. S. 13) ausschließlich dem Schatzministerium übertragen, und gingen nach dessen Aufhebung gemäß dem durch Ges. v. 24. Febr. 1850 § 6 ausdrücklich aufrechterhaltenen § 5 der ACO. v. 2. Nov. 1822 (GS. S. 229) in gleicher Unumschränktheit auf die Staatsschulden-Verwaltung über. Demzufolge ist der RW. über solche Schulden, [wozu, den §§ 5, 9 der ACO. von 1822 gemäß, nicht etwa blos die in den Etats der Provinzial-Staatsschulden aufgeführten Passiva (§ 2 ib.), sondern auch die erst später zur Sprache gebrachten Schuldposten gehören, cf. EK. 12. Mai 1860 (JMBl. 61, S. 239)] sowohl was ihre Qualität, als was die Verpflichtung des Staats zur Zahlung des Betrags und Zinssatzes betrifft, absolut ausgeschlossen, und zwar selbst dann, wenn die Hauptverwaltung bereits entschieden hat, oder Kläger einen speziellen Rechtstitel anruft: *EK. 4. Febr. 1854, id. 12. Mai 1860 (JMBl. 54, S. 204; 61, S. 257); AH. Cöln 3. Jan. 1825 (Rh. A. 8, I. 115). In letzterem Falle waltete nicht über die Existenz, sondern über die Exigibilität einer Provinzial-Staatsschuld Streit ob; der AH. nahm hier die Unzulässigkeit der richterlichen Kognition selbst darüber an, ob ein Fall vorliege, in welchem den Gläubigern die Kündigung ausnahmsweise gestattet worden; cf. § 16 der ACO. von 1822. Die für einen

Spezialfall ergangene AKO v. 4. März 1832 (Arnsb. Archiv 1. S. 353) betraf dagegen einen Streit über die Art der Verzinsung einer Provinzial-Staatsschuld, bei welchem der Gläubiger auf dem RW. durchzusetzen suchte, daß die Zinsen nicht wie bisher nach dem Münz-, sondern nach dem Silberwerthe des Kapitals berechnet würden, indem er den § 5 der AKO. von 1822 für unanwendbar erachtete, da die betreffende Schuld im Allgemeinen schon anerkannt sei; die Klage war auch wirklich auf Grund des § 835, I. 11 ALR zugelassen worden; indessen entschied obige AKO., daß, weil nach § 4 der AKO von 1822 der von früherher bestehende Prozentsatz weder erhöht noch herabgesetzt werden solle, hiermit also die Herstellung des Kapitals auf den ursprünglichen Silberwerth behufs der Zinsen-Berechnung ausgeschlossen sei, ein gerichtliches Verfahren im Sinne jener Klage nur auf Aenderung einer gesetzlichen Bestimmung abzielen würde, und daher als unstatthaft erscheine. — Zu den Provinzial-Staatsschulden gehören übrigens auch die früheren Reichsschulden, welche auf Kurtrier etc. und demnächst auf Preußen übergegangen sind, als Schulden, welche mit den neuen Provinzen als Landesschulden übernommen wurden (AKO. v. 1822 § 2); so: *EK. 15 Okt. 1859 (JMBl. 60, S. 327, wo auch das Unzutreffende, resp. Unverbindliche des dem oben Gesagten widersprechenden R. v. 20. Mai 1822 (Jbb. 19, S. 317) nachzuweisen versucht wird). — Inwiefern die Kompetenz der Hauptverwaltung der Staatsschulden in Betreff der vormals Kurtrierschen Landesschulden durch den zwischen Preußen und Nassau unterm 14., resp. 19. Dez. 1816 abgeschlossenen Rezeß etwa alterirt worden, kann dahin gestellt bleiben, da dieser Rezeß keinenfalls in Bezug auf jene Schulden den RW. eröffnet: *EK. 12. Mai 1860 (JMBl 61, S. 258). — AH Cöln 24. April 1832 (Rh. A. 16, I. 238) fand in der AKO. von 1822 sogar eine Bestätigung dafür, daß die Liquidation und Feststellung von Forderungen, welche gegen den Staat als Nachfolger unterdrückter geistlicher Korporationen gemacht würden, grundsätzlich [?] zu den ausschließlichen Attributionen der Verwaltungs-Behorden gehöre (die Entscheidung betraf das einer Abtei gemachte Darlehen, dessen Ablage der Fiskus verweigerte, weil dasselbe ohne landesherrliche Genehmigung kontrahirt, und eine versio in rem nicht nachgewiesen sei), wogegen AH. Cöln 12 August 1833 (Rh. A. 19, I. 87) sich zu Gunsten des RW. wenigstens in Betreff dinglicher fortlaufender Lasten aussprach, die dem Staate als Rechtsnachfolger supprimirter geistlicher Korporationen überkommen und aus den laufenden Einnahmen des Vermögens dieser Korporationen abzuführen waren, indem die Verbindlichkeit zu solchen Leistungen, z. B. zur Leistung der pfarramtlichen Kompetenz, nicht als eine Provinzial-Staatsschuld im Sinne der AKO. v. 1822 betrachtet werden könne. Cf. ferner oben n. 54 u. AKO. v. 4. Febr. 1823 n. 14.

254. Die AKO. v 11. Jan. 1835 (GS. S. 9) — betreffend das Verfahren bei **Löschung** solcher **Rittergüter**, welche die Ritterguts-Eigenschaft durch **Zerstückelung** oder **Verminderung der Substanz** verloren haben, in den Rittergut-Matrikeln, überweist in Nr. 2 die Entscheidung dem Ministerium des Innern. AG. Arnsberg 20 Okt. 1849 (Arnsb Archiv 16, S. 551) erachtete die unmittelbare Anfechtung einer solchen Entscheidung im RW. mit Rücksicht auf die AKO. vom 4. Dez. 1831 für unstatthaft, nicht aber die richterliche Erörterung über die Rechtmäßigkeit der Löschung, insofern auf Gewährung der kontraktlich vom Verkäufer zugesicherten Ritterguts-Qualität wider diesen Verkäufer geklagt werde, so daß also, wenn der Richter die Löschung als zur Ungebühr erfolgt befinde, der klagende Käufer abzuweisen sei.

255. Um der Möglichkeit, daß **Gutsehrenrechte**, nämlich das Recht der **Standschaft** (der **Gerichtsbarkeit**) und des **Patronats**, von Personen befleckten Rufs ausgeübt werden, vorzubeugen, ohne darum in die Erwerbs- und Besitzfähigkeit einzugreifen, bestimmt das Ges. v. 8. Mai 1837 (GS. S. 99) die Fälle, in denen die Unfähigkeit zur Ausübung jener Rechte eintrete, und legt die Entscheidung über die Anwendung des Gesetzes in die Hände der Regierung, gegen deren Beschluß nur der Rekurs an das Ministerium des Innern zugelassen wird (§§ 7, 8) Für die Dauer des Besitzes eines als unfähig anerkannten Eigenthümers soll die Verwaltung (der Gerichtsbarkeit oder) des Patronats im landesherrlichen Auftrage geführt und die damit verbundenen Kosten sowie Lasten, ohne daß

hierüber ein Prozeß zulässig ist, aus dem Vermögen jenes Besitzers bestritten werden (§ 9). Die Wiedereinsetzung in jene Rechte ist einem landesherrlichen Ausspruche vorbehalten (§ 11). Cf. ferner das Ges über die Entziehung oder Suspension ständischer Ehrenrechte wegen bescholtenen oder angefochtenen Rufs v. 23. Juli 1847 (GS. S. 279) und in Betreff der Frage über die fortdauernde Geltung beider Gesetze das R. d. M. d. Inn. 23. Febr 1852 und CMR. 30. Mai 1849 (BMBl. 52, S. 48; 49, S. 95), vor Allem aber Ges. v. 14. April 1856, §§ 15—17 (näher besprochen in den Noten zu § 46 h. l.).

256. Die VO. v 16 Juni 1838 (GS. S. 353) sagt, indem sie die Ermäßigung der außer dem Chausseegelde für die Benutzung der Kommunikations-Anstalten bestehenden Abgaben in Betreff derjenigen Straßen, welche die Min. der Fin. und des Handels nach den Bedürfnissen des Verkehrs dazu vorschlagen werden, auf einen den Unterhaltungs-, resp. Wiederherstellungs-Kosten angemessenen Betrag anordnet (§ 1), und einzelne Arten dieser sowie ähnlicher Abgaben ganz aufhebt (§§ 9 ff.), den Privatberechtigten für den durch jene Ermäßigung, resp. Aufhebung entstehenden Verlust eine Entschädigung aus der Staatskasse unter gewissen Voraussetzungen und nach gewissen für deren Berechnung maaßgebenden Grundsätzen zu (§§ 5, 6), bestimmt jedoch gleichzeitig, daß gegen die desfallsigen Anordnungen der Verwaltungs-Behörden dem Berechtigten die Berufung auf rechtliches Gehör nur insoweit zustehe, als es auf die Rechtmäßigkeit des Titels, den Umfang des Rechts, insonderheit die bisherigen Sätze der Hebung oder auf die Frage ankomme, ob nach den §§ 5 und 6 eine Entschädigung zu leisten sei (§ 8), so daß die Feststellung des Entschädigungs-Quantums, wozu auch die Berechnung der vom Anlage-Kapitale zu entrichtenden Zinsen gehört (§ 3), sich der richterlichen Kognition entzieht; cf. *EK. 22. Nov. 1856 (JMBl. 57, S. 128; der Kläger hatte eine rechtskräftige Verurtheilung des Fiskus zur Verzinsung des auf einen Brückenbau verwandten Anlage-Kapitals in Gemäßheit der §§ 3, 8 u. 14 erwirkt, und hieraufhin eine Berechnung der Brückenbaukosten aufgestellt, von deren Totalbetrag er in einem neuen Klage-Antrage die Zuerkennung fünfprozentiger Zinsen forderte; der Komp.-GH. erklärte dieses letztere Petitum für nicht prozeßfähig). Dagegen gehört die Beantwortung der Frage, nach welchen Grundsätzen bei Festsetzung der Entschädigung die von den Einnahmen in Abzug zu bringenden Unterhaltungs- und Wiederherstellungs-Kosten zu berechnen, ob namentlich die durchschnittlichen wirklichen Ausgaben während der Normaljahre oder die durch Gutachten der Ober-Baudeputation nach technischen Grundsätzen als jährliches Durchschnitts-Quantum festgestellten, periodisch wiederkehrenden Kosten jener Berechnung zu Grunde zu legen seien, nicht zu der ausschließlich der Verwaltung vorbehaltenen Ermittelung des Entschädigungs-Quantums, sondern zur Feststellung der zufolge § 8 im RW. zu erörternden Punkte. So: AH. Cöln 23. Febr. 1849 (Tr. A. 7, I. 50), welches jedoch, indem es sich für die zweite Alternative entschied, gleichzeitig annahm, daß dem Richter ein Urtheil über jene technische Ermittelung der Ober-Baudeputation nicht zustehe; der Kassations-Rekurs gegen dieses Urtheil wurde verworfen durch KH. 12. März 1850 (ib. S. 55). Ueber die offenbar dem RW ebenfalls angehörige Frage, in wiefern ein früherer, von der Landes-Polizeibehörde festgestellter Tarif zur Begründung von Entschädigungs-Ansprüchen im Sinne des Ges. v. 1838 an sich geeignet sei, selbst wenn derselbe nicht ausdrücklich als ein unabänderlicher verliehen worden, cf. OT. 19. Okt. 1853 (Strieth. 10, S. 242). — In Betreff der formellen Seite des Verhältnisses der administrativen zur richterlichen Wirksamkeit in den Fällen des Ges. v. 1838 vgl. n. 243; dort ist bereits bemerkt, daß die getroffenen Administrativ-Verfügungen nicht als Ausflüsse einer Administrativ-Justiz in dem dort gebrauchten engeren Sinne zu betrachten seien. Doch waltet zwischen jenen und solchen Akten der Administrativ-Justiz die Uebereinstimmung ob, daß die Frist für den Antrag auf rechtliches Gehör nur durch Anstellung einer förmlichen Klage gewahrt wird: cf. OT. 19. Aug 1847 (Entsch. 15, S. 371; hier wird ausdrücklich erwogen: die bloße Anmeldung bei der Verwaltungs-Behörde sei weiter nichts, als die Erklärung einer Partei an die andere). Nach demselben Urtheile läuft die Frist des § 8 vom Tage, wo der den Reklamanten angeblich beschwerende Ministerial-Beschluß ihm amtlich

bekannt gemacht wird, ohne daß die Mittheilung des Beschlusses im Original erforderlich ist.

257. Die vorläufige VO. über die Ausübung der Waldstreu-Berechtigung in den 6 östlichen Provinzen v. 5 März 1843 (GS. S. 105) bestimmt im § 2, daß, wo der Umfang und die Art der Ausübung dieser Berechtigung durch Verleihung, Vertrag, Urtheil, Verjährung bestimmt festgestellt worden, es hierbei sein Bewenden behalte, daß dagegen in Ermangelung solcher auf besonderen Rechtstiteln beruhenden Verhältnisse die in den §§ 3 und 4 (namentlich über die Jahres- und Tageszeiten, Reviere, Transportmittel und Werkzeuge) gegebenen Vorschriften zur Richtschnur dienen sollen, und regulirt sodann im § 5 die Kompetenz in der Weise, daß bei Streitigkeiten zwischen dem Waldeigenthümer und Berechtigten über die Frage, welche Distrikte zum Streusammlen zu öffnen seien (§ 4a.), ausschließlich die Verwaltung zu entscheiden habe, über Streitigkeiten in Betreff der Transport-Mittel (§ 4d.), sowie über die mit Berücksichtigung der bisherigen Observanz zum Streuholen zu bestimmende Zahl der Tage (§ 4c) aber das ordentliche Rechtsverfahren stattfinde. — Insoweit § 5 dieser VO. (welche übrigens nicht ausschließlich auf dingliche Berechtigungen anwendbar ist; cf. OT. 29. März 1858; Strieth. 28, S. 215) den RW. ausdrücklich zuläßt, kann nicht blos petitorisch, sondern auch possessorisch geklagt werden, wie im umgekehrten Falle ebensowohl das possessorium wie das petitorium unstatthaft ist, So: OT 15. Jan 1858 (Strieth. 28, S. 168). Das Präj. Nr. 1505 hatte dagegen aus Anlaß eines Streits über die Eröffnung der Distrikte den Anspruch auf possessorischen Schutz zu Gunsten desjenigen anerkannt, welcher den jüngsten Besitz einer umfangreicheren Ausübung als der nach den §§ 3 ff. abgegrenzten nachzuweisen vermöge. OT. 15. Jan. 1858 cit. glaubte dies in solcher Allgemeinheit um so weniger festhalten zu können, als sogar, der rechtsverjährten Ausübung ungeachtet, die Bestimmung der Jahreszeiten, Reviere und Gestalt der Harken den forstpolizeilichen Anordnungen unterworfen bleibe. Diesen Satz gründet das dort bezogene OT. 28. Febr. 1848 (Präj. Nr. 2015, Entsch. 16, S. 210) hauptsächlich darauf, daß die im § 2 anerkannte Verjährung nur auf privatrechtliche, nicht also auf diejenigen Verhältnisse zu beziehen sei, in denen Eigenthümer wie Berechtigte zur Gesetzgebung ständen; unter „Art der Benutzung" im § 2 könne überhaupt nur eine mit der Holzproduktion als Hauptbestimmung des Waldes vereinbare Benutzungsart verstanden werden, weshalb die ferneren Worte „in Ermangelung rc." nicht so zu deuten seien, als ob § 4 und (der die Strafbestimmungen enthaltende) § 7 nur dann eintreten sollten, wenn nicht ein Mehreres ersessen worden; vielmehr bildeten die §§ 4, 7 für die Folgezeit die Regel. Auf derselben Anschauung beruhen OT. 13. Nov. 1851, 19. Okt. 1854 (Strieth. 4, S. 87; 15, S. 149). Inzwischen dürfte dieser Versuch, die VO. von 1843 mit den allgemeinen Grundsätzen über das Wesen der Wald-Gerechtsamen und mit den Interessen der Forstwirthschaft, wie sie namentlich der hinsichtlich der Waldweide im § 27 des Edikts v. 14. Sept. 1811 getroffenen Bestimmung zu Grunde liegen, überall in Einklang zu bringen, an dem klaren Wortlaute des § 2 scheitern; diesem Wortlaute gemäß kann nur mit der Note bei Striethorst 4, S. 87 angenommen werden, daß die §§ 3 und 4 lediglich da Platz greifen sollen, wo nicht durch spezielle Titel, insbesondere auch nicht durch (eine vor dem Erlasse der VO. vollendete) Verjährung die Art der Ausübung in größerem Umfange rechtlich begründet worden ist. Dies hat nicht blos für das materielle Recht, sondern auch für den Kompetenzpunkt (wenigstens insofern es sich um das petitorium handelt) große Bedeutung, da § 5 ausschließlich zu den §§ 3 und 4 in Beziehung steht, mithin nach obiger Deutung da, wo Verjährung oder einer der übrigen im § 2 aufgeführten Titel angerufen wird, den RW. in keiner Weise beschränkt. Uebrigens muß darauf aufmerksam gemacht werden, daß § 5 überhaupt nur von Streitigkeiten zwischen dem Eigenthümer und Berechtigten spricht, sonach für das Verhältniß zwischen Letzterem und der Forstpolizei-Behörde nicht maaßgebend erscheint, für dieses vielmehr das Ges v. 11. Mai 1842 die Richtschnur bildet, weshalb, so oft die Forstpolizei-Behörde Beschränkungen in der Ausübung vorschreiben sollte, welche dem Titel widersprechen, hieraus unter Umständen nur ein gegen den Eigenthümer im RW. geltend zu machender Entschädigungs-Anspruch hervorgehen würde,

vorausgesetzt, daß der Ausdruck: „spezieller Rechtstitel“ im § 2 des Gesetzes von 1842 so eng zu fassen ist, wie er vom Komp.GH gefaßt wird. — Unter „bisheriger Observanz“ in den §§ 4 und 5 ist zufolge OT. 14 Sept 1854 (Präj. Nr. 2547; Entsch. 28, S. 431) nur die bisherige Art der Ausübung zu verstehen.

258. Das gleichfalls nur für die 6 östlichen Provinzen ergangene, durch die Ges. v. 24. Febr. 1850 und 24 Jan 1853 theils ergänzte, theils modifizirte, durch Ges. v. 26. Mai 1856 vorbehaltlich einiger Modifikationen auch auf Neuvorpommern ausgedehnte Ges. v. 3. Jan. 1845 (GS S 25), ergangen zur Beseitigung der Uebelstände, die aus der Zerstückelung ländlicher Grundstücke und der Gründung neuer Ansiedelungen ohne gleichzeitige Regulirung der Abgaben- und Kommunal-Verhältnisse entstehen, enthält vielfache für die Kompetenz erhebliche Bestimmungen, deren Hauptinhalt dahin wiedergegeben werden kann, daß die Vertheilung der Abgaben sowohl bei Dismembrationen als bei neuen Ansiedelungen, und die Entscheidung über die Zulassung solcher Ansiedelungen ausschließlich Verwaltungssache ist, wogegen über die Existenz der Abgabenpflicht und über die Gemeinde- resp. Korporations-Verhältnisse die richterliche Kognition, soweit sie schon bisher zulässig war, auch fernerhin stattfinden soll. Letzterer zu Gunsten des RW. gemachte Vorbehalt folgt namentlich aus § 20, welcher jedoch gleichzeitig die Regierung bei allen gelegentlich der Regulirung sich erhebenden Streitigkeiten, mithin auch den der richterlichen Kognition angehörigen, zur Festsetzung eines sofort vollstreckbaren, im Rekurswege nicht angreifbaren Interimistikums ermächtigt, eine Ermächtigung, die durch Ges. v. 24. Febr. 1850 § 4 selbst auf die nicht streitigen Fälle ausgedehnt ist. Daß obiges Gesetz, insoweit es die bei Dismembrationen ꝛc erforderliche Abgaben-Vertheilung als reine Verwaltungssache behandelt, mit den bisherigen Grundsätzen über das Steuerwesen in Einklang stehe, wurde bereits unter n. 229 erörtert. Inzwischen beschränken die MR. v. 5. Juni 1848 u. 21 Aug. 1860 (VMBl. 48, S. 195; 60, S. 193) die Anwendbarkeit der betreffenden §§ keineswegs auf Staatssteuern und die diesen durch § 41 h. l. sowie die ACO. v. 19 Juni 1836 gleichgestellten Abgaben, sondern geben ihnen auch eine Beziehung auf solche Abgaben, welche vor Gericht bestritten werden können, ungeachtet keine Befreiung auf Grund spezieller Rechtstitel behauptet wird. Das erstere jener R. enthält eine generelle Besprechung der bei Handhabung des Gesetzes hinsichtlich der Abgaben an geistliche und Schul-Institute sich aufwerfenden Kompetenzfragen. Nachdem dort anerkannt worden, daß bei bloßen Dismembrationen ein Streit über die Art der Vertheilung sonst unstreitiger Abgaben lediglich zur Kognition der Regierung gehöre, möge derselbe unter den Dismembranten allein, oder unter Theilnahme obiger Institute entstehen, heißt es weiter: dagegen falle ein Streit über die Existenz der Verpflichtung der richterlichen Kognition anheim, da es sich um ein Rechtsverhältniß handle, das, auch abgesehen von einer Dismembration, zum RW gehören würde (cf. unten n. 289), vorbehaltlich jedoch der der Regierung zustehenden Regulirung eines Interimistikums, welches sich gemäß §§ 20 und 7 über die Verpflichtung zu Bauten an jenen Instituten mit zu erstrecken habe (die §§ 707—709, II. 11 ALR. seien auf die Bestimmung des Verhältnisses der Dismembranten unter sich nicht anwendbar), und vorbehaltlich derjenigen Ausnahmefälle, wo die Verwaltung sogar zur definitiven Entscheidung kompetent sei, also namentlich der Fälle der ACO. v. 19. Juni 1836; nicht gänzlich gleich gestalte sich die Sache, wenn mit der Dismembration eine neue Ansiedelung verbunden werde, indem alsdann außer der lediglich nach den §§ 7—18 zu behandelnden Abgaben-Vertheilung, dem § 26 zufolge, auch die selbstständige Uebernahme besonderer Abgaben zur Sprache komme; hier habe lediglich die Verwaltung zu bestimmen, in welche Klasse der vorhandenen Gemeinde-Mitglieder der Ansiedler einzureihen, oder ob eine neue Klasse zu bilden sei, indem dieser Gegenstand mit dem inneren Gemeinde-Verhältnisse auf das Innigste zusammenhange, und die nur von der Verwaltung zu beurtheilende Prästationsfähigkeit betreffe, wogegen freilich die Frage, ob nach Verfassung oder Observanz den einzelnen Mitgliedern der Klasse eine Abgabe an jene Institute obliege, auch hier wieder (von den Ausnahmefällen der ACO. v. 1836 abgesehen und unbeschadet der Regulirung eines Interimistikums) zum RW gehöre, nur daß in dem unter Nr. 2 des

§ 26 vorgesehenen, nach rein administrativen Gesichtspunkten zu beurtheilenden Falle des durch den Hinzutritt neuer Ansiedler bewirkten Entstehens besonderer Kosten und Lasten ausschließlich die Regierung zu befinden habe Aehnlich spricht sich das zweite obiger Reskripte im besonderen Hinblicke auf die Patronats-Pflichten aus, denen die Eigenschaft öffentlicher Lasten (§ 7 Nr 1) in der Regel und zwar um deswillen beiwohne, weil das Patronat ein Institut des öffentlichen Rechts sei. Während dieses R. demzufolge der Ansicht ist, daß die Patronats-Verhältnisse bei Zerstückelung patronatsberechtigter Güter gleichfalls nach dem Ges v. 1845 zu reguliren seien, erkennt es auf der anderen Seite als selbstverständlich an, daß die bei der Regulirung entstehenden und durch Einigung der Betheiligten nicht zu beseitigenden Streitigkeiten über Existenz, Umfang und Art der Patronatsrechte wie Lasten, den §§ 577, 709, 710, II. 11 ALR. und § 20 l c. zufolge, der richterlichen Kognition vorbehalten blieben, und daß in dieser Hinsicht nur bei dringlichen Fällen ein Interimistikum durch den Regulirungsplan festgesetzt werden dürfe; cf auch Lette und v. Rönne, Landeskultur-Gesetzg. II. 1. Abth., S. 173 ff — Die Wegschaffung einer neuen ungenehmigten Ansiedelung (§ 30 l. c) erfolgt im Wege der administrativen Exekution, cf. v. Rönne l. c, S. 191.

259. Die VO, betr. die Pensionirung der Lehrer und Beamten an den höheren Unterrichts-Anstalten v. 28. Mai 1846 (GS. S. 214), überweist in den §§ 7, 8, 17 dem Oberpräsidenten die Bestimmung desjenigen, welcher bei unvermögenden Schul-Anstalten zur Zahlung oder Ergänzung der Pensionen verpflichtet ist, sowie die Festsetzung des Betrags der Zuschüsse, die zur Bildung der im § 16 ib. erwähnten Pensionsfonds erfordert werden, und zwar letztere Festsetzung unter gänzlicher Ausschließung des RW., erstere dagegen mit der Maaßgabe, daß der RW. nur dann stattfindet, wenn auf Grund spezieller Rechtstitel eine Exemtion behauptet wird, in welchem Falle die administrative Bestimmung bis zur rechtskräftigen Entscheidung als Interimistikum gelten soll. Der Rekurs an den KMin. ist wider die Festsetzung sowohl der einen wie der andern Art gestattet. Der Fall, wo der gemäß § 7 für verpflichtet Erklärte keine Befreiung auf Grund spezieller Rechtstitel der Aufsichts-Behörde gegenüber in Anspruch nimmt, sondern behauptet, daß noch ein Anderer mit verpflichtet sei, ist in der VO. nicht ausdrücklich berücksichtigt. Doch muß nach § 46 der Einl. zum ALR. und nach dem Zwecke des Gesetzes angenommen werden, daß alsdann der RW. dem angeblich Mitverpflichteten gegenüber behufs Feststellung dieser Mitverpflichtung stattfinde, vorausgesetzt, daß die Begründung des Klage-Anspruchs dem Privatrechte entnommen wird; cf. EK. 19. Juni 1858 (JMBl. 59, S 39; hier war gegen den Fiskus als vertragsmäßig Mitverpflichteten geklagt worden). — Uebrigens unterstellt § 8, soweit er den RW. zuläßt, keinen Zweifel darüber, ob im konkreten Falle Pension zu zahlen sei, sondern welcher von mehreren bei einer Unterrichts-Anstalt betheiligten moralischen Personen die desfallsige Verpflichtung obliege; cf. *EK. 12 Febr. 1859 (JMBl. S 312, wo außerdem angenommen ward, daß die einem entlassenen Lehrer gemäß § 16 a. E. des Diszipl.-Ges. v. 1852 bewilligte Unterstützung als eine durch dessen Verschulden geminderte Pension zu betrachten, mithin nach der VO. v. 1846 zu beurtheilen sei). — Die cit. VO. bezieht sich nicht auf Universitäts-Lehrer, wohl aber auf die Lehrer und Beamten an Provinzial-Gewerbe-Schulen: HMR. v. 9. Mai 1852 (VMBl. S 125). — Schließlich wird auf die AKO. v. 13. März 1848 (GS. S. 113) und die MR. v. 10. Dezbr. 1846, 22. Febr. 1847 (VMBl. 47, S. 40—45) verwiesen.

260. Während die Juden-Gemeinden mit Ausnahme derer des Großherzogthums Posen (cf VO. v. 1. Juni 1833; GS. S. 66) seit dem Ed. v. 11. März 1812 regelmäßig keine Korporationen bildeten, sondern blos als geduldete Religions-Gesellschaften mit den Rechten erlaubter Privat-Gesellschaften (cf. § 20, II. 11; §§ 11 ff, II. 6 ALR.) behandelt wurden, verordnet das Ges. v. 23. Juli 1847 (GS. S. 263) allgemein die Vereinigung der Juden zu Synagogen-Gemeinden, welche in Bezug auf ihre Vermögens-Verhältnisse die Rechte moralischer Personen haben sollen, und trifft im weiteren Verlauf mehrere den RW. beschränkende Bestimmungen, welche sich im Wesentlichen als bloße Konsequenzen jener neuen Einrichtung, d. h. als Folge des von der Verwaltung

über Korporationen zu übenden Aufsichtsrechts charakterisiren, und insbesondere den desfalls für Kommunal-Verhältnisse geltenden Normen analog sind. Dieser enge Zusammenhang zwischen obigen Bestimmungen und der Bildung der Synagogen-Gemeinden spricht von vorn herein dafür, daß die Anwendbarkeit der ersteren nicht sofort mit Publikation des Gesetzes begründet, sondern dadurch bedingt worden, daß die erwähnte neue Einrichtung bereits in's Leben getreten sei, daß also überall, wo die Bildung eines Synagogen-Bezirks (§ 36) und die Errichtung eines Statuts (§ 50) noch nicht stattgefunden habe, von Anwendung jener Bestimmungen nicht geredet werden könne. Diese Ansicht ist denn auch vom Komp.GH. zu wiederholten Malen (cf EK. 25 Sept 1852, 26. Nov. und 17. Dez. 1853; JMBl. 53, S. 32; 54, S. 72, 133) und zwar augenscheinlich nicht blos in Bezug auf den damals gerade in Frage stehenden § 58 ausgesprochen worden, wogegen freilich OT. 15. Juli 1853 (Präj. Nr 2481, Entsch. 26, S. 364) in Betreff des § 49 in entgegengesetztem Sinne entschied. — Von diesen Bestimmungen entspricht § 36 den für die Bildung und Abänderung sonstiger Kommunal-Bezirke geltenden Grundsätzen Hinsichtlich der Streitigkeiten über den Umfang eines Synagogen-Bezirks wird wohl das unter n. 36, 37 Gesagte analoger Weise zur Anwendung kommen. Die Bestimmung des § 49 dehnt die Grundsätze, welche als Ausflüsse des Aufsichtsrechts über die politischen Gemeinden hinsichtlich der inneren Kommunal-Angelegenheiten gelten, und namentlich in den unter n. 142 erwähnten Gesetzesstellen enthalten sind, auf die Juden-Gemeinden aus. Zu den nach diesem § beim Mangel eines speziellen Rechtstitels unzulässigen Klagen gehört u. A. auch diejenige, welche ein einzelnes Gemeinde-Mitglied wider den Vorstand richtet, damit letzterer für nicht befugt erklärt werde, den Kläger vom jüdischen Gottesdienste auszuschließen, noch über die gemeinschaftlichen, zu diesem Gottesdienste bestimmten Sachen ohne seine Einwilligung zu verfügen; cf. OT. 15. Juli 1853 (Entsch. 26, S 364). Zufolge § 49 ist ferner der RW in Betreff der beim Mangel gütlicher Einigung gemäß § 34 l. c. und § 20d. der VO. v. 1 Juni 1833 von der Regierung ausgegangenen Festsetzung der Abfindungssumme, die ein im Großherzogthum Posen wohnender Jude bei Verlegung seines Wohnsitzes in eine andere Provinz zur Ablösung seines Antheils an den Korporations-Verpflichtungen zu zahlen hat, ausgeschlossen, wenn kein spezieller Rechtstitel angerufen wird, wie z. B. ein Vertrag, den Jemand über seine Entlassung aus den Korporations-Verpflichtungen mit dem Vorstande abgeschlossen zu haben behauptet. Die Behauptung, Kläger sei vor seiner Uebersiedelung niemals beitragendes Mitglied gewesen, ist selbstredend als eine Bezugnahme auf einen speziellen Titel nicht zu erachten: EK 24. Juni 1851, 11. Dez. 1852, 30. Okt. 1858 (JMBl. 51, S. 274; 53, S. 85; 59, S. 117). In Betreff der §§ 58 und 67, welche den für Kommunal- und Schul-Abgaben bestehenden Ressort-Bestimmungen, resp. den §§ 78, 79, II. 14 ALR. entsprechen, vgl. n. 303.

261. Den §§ 53—67 der für das Gebiet des ALR., mit Ausschluß der Kreise Rees und Duisburg, erlassenen Feldpolizei-Ordnung v. 1. Nov. 1847 (GS. S. 376) zufolge, hat in Betreff der nach dieser Ordnung zu erhebenden Ansprüche auf Pfandgeld, Schadens- und Kosten-Ersatz zunächst immer die Ortspolizei-Behörde den Fall zu erörtern, in der Regel auch bald definitiv, bald blos unter dem Vorbehalte der Berufung auf den RW. zu entscheiden, indem die Zuständigkeit der Gerichte nur dann eintritt, a) wenn der Gepfändete die Rechtmäßigkeit der Pfändung oder die Forderung des Pfandgelds deshalb bestreitet, weil er ein Recht zu der von ihm vorgenommenen Handlung zu haben behauptet; b) wenn der Beschädigte, statt sich mit dem Pfandgelde zu begnügen, zugleich oder allein den Ersatz des ihm verursachten Schadens fordert, und c) wenn gegen die Entscheidung über Pfandgeld und Kosten von der einen oder anderen Partei auf gerichtliche Entscheidung angetragen wird, vorausgesetzt, daß die Summe, über welche entschieden worden, den Betrag von 10 Thalern übersteigt, und die Partei nicht schon den immer, ohne Rücksicht auf die Höhe des Betrags, zulässigen Rekurs an die Regierung eingelegt hat. Diese Kompetenz-Verhältnisse sind auch seit Erlaß der VO. v. 3 Jan 1849, welche nur die auf den §§ 68 und 69 l. c. beruhende polizeiliche Strafgewalt beseitigte, unverändert in Kraft geblieben, zumal das Pfandgeld nicht den Charakter einer öffentlichen, sondern den einer zur

Die folgenden §§ 38—40 sind durch das Ges. v. 11. Mai 1842 § 7 (GS. S. 193) aufgehoben. Dieselben lauteten:

B. Wegen der Polizei-Sachen

[§. **38.** Ueber polizeiliche Verfügungen der Regierungen, von welcher Gattung sie sein mögen, stehet gleichfalls der Weg Rechtens unbedingt, sowohl über die Verpflichtung, als den Schadens-Ersatz, jedem offen, sobald entweder die Verfügung einer ausdrücklichen Disposition der Gesetze direkte entgegen läuft, oder die Klage auf einen speziellen Rechtstitel gegründet wird, vermöge dessen der Kläger das, der durch die Polizei-Verfügung angeordneten Verbindlichkeit entgegen stehende Recht gültig erworben zu haben behauptet.

In dem letztern Fall erstreckt sich die richterliche Beurtheilung jedoch nur über die Gültigkeit des speziellen Rechtstitels an sich, und die daraus entstehenden rechtlichen Folgen. Insofern aber der spezielle Rechtstitel unbegründet gefunden wird, und es auf Prüfung der Nothwendigkeit und Zweckmäßigkeit der Polizei-Verfügung ankommt, tritt die Bestimmung des § 40 ein.]

Entschädigung des Verletzten dienenden Privatstrafe an sich trägt, wie denn auch, wenn wider die polizeiliche Entscheidung über das Pfandgeld auf gerichtliches Gehör angetragen wird, das Gericht in den Formen des Civilprozesses entscheidet; cf. MR. 18. Mai 1849 und 1. Juli 1856 (JMBl. 49, S. 397; 56, S. 198); OT. 21. Sept. 1855 (Entsch. 31, S. 312) — Der aus den Bestimmungen der FPO. hergeleitete Anspruch auf Pfandgeld, z. B. wegen Befahrens fremder Aecker, bleibt selbst dann prozeßfähig, wenn der Beklagte im Auftrage der Verwaltung gehandelt, z. B. zum Chausseebau Grand rc herangeschafft hat: EK. 5. Juni 1852 (JMBl. S. 255).

262. Von den Bestimmungen des Jagdpolizei-Ges. v. 7. März 1850 (GS. S. 165) kommen hier vornämlich die §§ 2 u. 7 in Betracht. Der erstere bestimmt unter a b. c. die Voraussetzungen, unter denen ein Grundbesitzer zur eignen Ausübung des Jagdrechts befugt sein soll, unterwirft aber nur die Frage über das Vorhandensein der unter b. gedachten, welche die dauernde und vollständige Einfriedigung eines Grundstücks betrifft, der administrativen Entscheidung, und giebt dadurch deutlich zu erkennen, daß die Beurtheilung der Bedingungen a. und c., wenn hierüber unter Privaten Streit entsteht, den Gerichten gebühre: EK. 3. Mai 1856, 30. Okt. 1858 (JMBl. 56, S. 188; 59, S. 143; im letzteren Falle hatte die den KK. erhebende Behörde aus der Bezeichnung „Jagdpolizei-Gesetz" hergeleitet, daß die Frage, ob die dort vorgeschriebenen Erforderniſſe zur eignen Ausübung der Jagd zuträfen, der Regierung als Wächterin über das öffentliche Interesse allein zu entscheiden obliege, daß daher, so lange jene Befugniß von dieser nicht anerkannt sei, ein Prozeß über die aus dem Jagdrechte fließenden Befugnisse nicht zugelassen werden könne; der Komp.GH. erwog jedoch, zur Beseitigung dieser allgemeinen Gründe, daß, wenngleich das Gesetz seinen Zwecken zufolge den Polizei-Behörden eine sehr ausgedehnte Mitwirkung bei Ausführung seiner Vorschriften einräume, letztere doch auch mannigfache rein privatrechtlich wirkende Festsetzungen enthielten, deren Erörterung verfassungsgemäß den Gerichten anheimfalle). — § 7 verpflichtet die Besitzer der von größeren, eine einzige Besitzung bildenden Waldungen eingeschlossenen Grundstücke, auf Verlangen des Waldeigenthümers diesem die Ausübung der Jagd zu verpachten, oder sie gänzlich ruhen zu lassen, und überträgt die Festsetzung der desfalls zu leistenden Entschädigung dem Landrath, indem er beiden Theilen die Berufung auf richterliche Entscheidung vorbehält. In Betreff der Streitigkeiten über die Gültigkeit der Jagdpacht-Verträge (§ 9 ib.) cf. oben n. 148 und 168.

§§ 38—40.

263. Das Verhältniß der richterlichen zur Polizei-Gewalt ist von der Gesetzgebung im Laufe der Zeit sehr verschiedenartig begrenzt worden. Die Reglements von 1803 und 1804 (cf. oben n. 1) gingen noch von der Grundanschauung aus, daß, einzelne Spezialfälle abgerechnet, der RW. nur über eigentliche Hoheits-Rechte nicht stattfinde und ließen daher die richterliche Kognition in Bezug auf Po-

Modifikationen.

[§. **39.** Die Regierungen sind jedoch im zweiten Falle des vorigen §, gleichmäßig als nachstehend § 42 festgesetzt worden, berechtigt, des Widerspruchs ungeachtet, mit der Ausführung sofort vorzugehen, und die Exekution zu verfügen, wenn ihrem pflichtmäßigen Ermessen nach damit ohne Nachtheil des Allgemeinen bis zur richterlichen Entscheidung nicht gewartet werden kann.]

[§. **40.** Wird die Klage hingegen nicht speziell auf eines der vorerwähnten beiden Fundamente (§ 38), sondern nur auf die allgemeine bürgerliche Freiheit und die Prinzipien vom freien Genuß seines Eigenthums gegründet, so stehet den Gerichten keine Kognition über die Nothwendigkeit zum allgemeinen Besten, und die Zweckmäßigkeit der polizeilichen Anordnung zu; es wäre denn, daß eine richterliche Erörterung darüber in den Gesetzen, wie z. B. § 8 Tit. I. der Forst-Ordn. für Westpreußen v. 8. Okt. 1805, ausdrücklich nachgelassen worden. Ist solches nicht geschehen, so kann in diesem Fall niemals über die Verpflichtung zur Befolgung der Polizei-Verfügung, sondern nur darüber eine rechtliche Klage gestattet werden,

ob und in wie weit sonsten, jedoch unter vorausgesetzter Nothwendigkeit und Zweckmäßigkeit der Verfügung, ein Entschädigungs-Anspruch wegen derselben dem Kläger nach den Gesetzen zustehe

Die richterliche Einwirkung tritt jedoch im vollen Umfange ein, wenn entweder von der höheren Polizei-Behörde die Verfügung gemißbilligt worden, oder der letzteren grobe Fahrlässigkeit, oder gar vorsätzliche Beeinträchtigung, zum Grunde liegt.

Auch ist dieser § nur von Polizei-Verfügungen für einzelne Fälle zu verstehen, nicht von solchen, durch welche etwas im Allgemeinen festgesetzt wird. Zu den letztern müssen die Regierungen jedesmal die Genehmigung der höheren Polizei-Behörde haben. Ist diese aber erfolgt, so findet auch wider Polizei-Verfügungen der letztern Gattung nur unter den vorher festgesetzten Modalitäten der Weg Rechtens Statt.]

---

lizei-Angelegenheiten fast unumschränkt zu, indem sie der letzteren blos insofern erwähnten, als sie in dem dem § 42 h. l. entsprechenden § 8, resp. 9 den Fall, wo in Polizei-Angelegenheiten unaufschiebbare Verfügungen zu treffen seien, und die richterliche Entscheidung eines dagegen sich findenden Widerspruchs ohne Nachtheil des Ganzen nicht abgewartet werden könne, unter den Fällen aufführten, in denen die Kammer ihre Verfügungen auch während der Prozesse salvo iure vollstrecken dürfe, hiermit also mittelbar die Anwendbarkeit der im vorhergehenden § zu Gunsten des RW. ausgesprochenen Regel auf Polizei-Verfügungen im Allgemeinen anerkannten. Auf wesentlich anderer Anschauung beruhte die VO. von 1808. Dieselbe hielt zwar gleich der späteren Gesetzgebung daran fest, daß Polizei-Angelegenheiten nicht als Hoheitssachen zu behandeln seien; sie ließ aber dessenungeachtet den RW. nur hinsichtlich etwaiger Entschädigungs-Ansprüche unbedingt zu, und beschränkte denselben in Betreff der Verbindlichkeit zur Befolgung einer Polizei-Verfügung auf die Fälle, wo letztere einer ausdrücklichen Gesetzes-Vorschrift zuwiderlaufen möchte, oder wo ähnlich, wie bei Handhabung des § 79, II. 14 ALR., auf Grund eines speziellen Rechtstitels geklagt werde, in welchem letzteren Falle überdies der Polizei-Behörde das Recht der vorläufigen Exekution, nach Analogie der oben allegirten Bestimmungen der Reglements von 1803 und 1804, vorbehalten ward. Inzwischen erschienen selbst diese Einschränkungen der richterlichen Kompetenz in der Folgezeit als nicht ausreichend und wurde namentlich die Zulassung der gerichtlichen Anfechtung einer Polizei-Verfügung als einer gesetzwidrigen für unverträglich mit der der Polizei-Verwaltung gebührenden Selbstständigkeit erachtet, weshalb letzterer Anfechtungsgrund beseitigt und die Voraussetzungen für die nur ausnahmsweise noch bestehende Kompetenz der Gerichte genauer, sowie in noch engerem Anschluß an die Bestimmung des § 79, II. 14 ALR. präzisirt wurden. Das Nähere bleibt den Noten zum Ges. v. 11. Mai 1842 vorbehalten, welches, unter Aufhebung der §§ 38—40, diese Veränderungen in der vorliegenden Materie sanktionirt hat.

C. In Ansehung der Finanz-Angelegenheiten.

§. 41. Gegen Verfügungen der Regierungen, welche sie in ihrer Eigenschaft als Finanz-Behörde erlassen (§ 4), sich mithin auf die Vermögens-Verwaltung des Fiskus beziehen, ist einem jeden, der seine Rechte dadurch gekränkt glaubt, der Weg Rechtens unbenommen, insofern der Fall nicht zu den §§ 35 und 36 gemachten Ausnahmen gehört. Ein Gleiches findet in Absicht der Vermögens-Verwaltung anderer den Regierungen untergeordneten moralischen Personen statt; und ebenso stehet es unter den gedachten Modalitäten Jedem frei, sein Privat-Interesse über Gegenstände der Post- und Bergwerks-Administration (§ 7 und § 11) bei dem kompetenten Gericht geltend zu machen.

---

§ 41.

264. Der § 41 stellt in direktem Gegensatz zu dem, was § 36 für Hoheitssachen bestimmt, in Bezug auf Finanz-Angelegenheiten die Prozeßfähigkeit als Regel auf Dieser folgenreichen Regel gemäß ist Jeder, welcher durch eine Anordnung der Finanz-Verwaltung in seinen Rechten gekränkt sein will, den RW. zu beschreiten befugt, nicht etwa blos um gegen den Staat einen Entschädigungs-Anspruch geltend zu machen, sondern auch um den Verwaltungsakt selbst, und zwar unmittelbar dem Staat, resp. der verfügenden Behörde gegenüber, anzufechten. Cf. Gräff, das Eigenthum der katholischen Kirche ꝛc., S. 178.

265. Die Unterschiede zwischen dem auf § 41 beruhenden Rechte, einen Akt der Finanz-Verwaltung vor Gericht anzufechten, und dem Rechte, gegen einen Akt der Administrativ-Justiz in engerem Sinne auf gerichtliches Gehör anzutragen, sind bereits unter n. 240 ff. erörtert worden.

266. Einer auf § 41 gestützten Klage muß die Behauptung einer materiellen Rechtsverletzung zu Grunde liegen Daher steht den Gerichten regelmäßig nicht zu, eine Verfügung der Finanz-Verwaltung blos um deswillen aufzuheben oder für unwirksam zu erklären, weil die für das administrative Verfahren etwa vorgeschriebenen Formen verabsäumt worden seien.

267. Aus demselben Grunde kann die Nutzlichkeits- oder Zweckmäßigkeits-Frage hinsichtlich eines Aktes der Finanz-Verwaltung der richterlichen Kognition in der Regel ebensowenig unterbreitet werden.

268. Dagegen ist — von den Fällen des § 42 abgesehen — keineswegs erforderlich, daß gerade petitorisch geklagt werde. Possessorische Rechtsmittel sind vielmehr gleichfalls zulässig, da § 41 ganz allgemein der Kränkung von Rechten gedenkt, mithin den Fall der Beeinträchtigung der einem bloßen Besitzer als solchem zustehenden Rechte nicht ausschließt. Cf. EK 3. Febr. 1855 (JMBl. S. 108); KH. 11. Novbr. 1839 (Rh. A 29, II. 48); JMR 4. Novbr. 1831 (Jbb. 38, S. 428 a. E.).

269. Ferner kann, von den Fällen des § 42 abgesehen, der RW. nicht blos gegen den Finanz-Verwaltungs-Akt selbst, sondern auch wider die zu dessen Vollziehung angeordneten Maaßregeln beschritten werden, so daß die Gerichte befugt sind, die Vollstreckung eines solchen Aktes zu stunden oder gar ganz zu untersagen. Cf. EK. 3. Juni 1848 (JMBl. S 290 a E); KH. 2. Dez. 1829 (Rh. A 13, II. 56). Ja es hat die gerichtliche Anfechtung eines Aktes der Finanz-Verwaltung, der keinen von den im § 42 aufgezählten Ansprüchen betrifft, schon von Rechtswegen die Folge, daß dessen Vollziehung bis nach ausgemachter Sache ruhen bleiben muß. Das Nähere in den Noten zu § 42.

270. Die Beschreitung des RW. wider Verwaltungs-Akte im Sinne des § 41 ist nicht blos Privat-Personen, sondern auch Beamten gestattet, ungeachtet solche Akte aus Anlaß ihrer Amtsthätigkeit und im Hinblick auf dieselbe ergangen sind. Cf. JMR. 30. April 1838 (Rh. S. 6, S. 527); AH. Cöln 9. Mai und 22. Aug. 1832, KH. 5. Febr. 1844 (Rh. A. 17, I. 101, 107; 36, II. 75). *Contra:* AH. Cöln 28. Aug. 1828, 16. Jan. 1837 (Rh. A. 12, I. 135; 25, I. 13).

271. Wie § 34 in Betreff des Gerichtsstandes neben dem Fiskus der moralischen Personen gedenkt, die mittelbar oder unmittelbar unter Verwaltung der Regierungen stehen, ebenso stellt der zweite Satz des § 41 (welchem übrigens keine in den Reglements von 1803 und 1804 enthaltene Bestimmung entspricht) in Betreff der Prozeßfähigkeit, den auf die Vermögens-Verwaltung des Fiskus bezüglichen Verfügungen diejenigen gleich, welche sich auf die Vermögens-Verwaltung anderer den Regierungen untergeordneten moralischen Personen beziehen. An jener wie an dieser Stelle sind wohl alle und jede moralischen Personen gemeint, über welche die Regierungen das landesherrliche Aufsichtsrecht auszuüben haben. Dem entsprechend werden denn auch die Gemeinden und Schul-Sozietäten dahin allgemein gerechnet, wovon nur OT. 14. Okt. 1851 (Strieth. 3, S. 129) abweicht, insofern dort hinsichtlich der Stadtgemeinden das Gegentheil angenommen wird. Wenn dagegen die im JMR. 5. Juli 1833 reproduzirten JMR. 9. April, resp. 7. Mai 1824 (Jbb. 42, S. 119) unter den moralischen Personen des § 41 nur solche verstanden wissen wollen, deren Vermögen von den Regierungen selbst verwaltet werde, und darum wenigstens den Instituten der Pfarren, Kirchen und Schulen, deren Vermögens-Verwaltung die Regierungen blos beaufsichtigten, jene Eigenschaft absprechen, so ist hierin wohl nur ein mißlungener Versuch zu erblicken, um die Unanwendbarkeit der §§ 78, 79, II. 14 ALR. auf die an obige Institute zu leistenden Abgaben darzuthun; cf. unten n. 289 und ACO. v. 19 Juni 1836, n. 1. — Seit dem Erlasse der Verfassungs-Urkunde (Art. 15) läßt sich allerdings, was die christlichen Kirchen-Gemeinden sowohl wie die Institute der Kirchen und Pfarren betrifft, von einer Unterordnung derselben unter die Regierungen in Absicht der Vermögens-Verwaltung als einem gesetzlichen Zustande schwerlich mehr reden. Inzwischen dürfte dies an der Tragweite des § 41 Nichts ändern, einmal, weil diese Unterordnung thatsächlich zum Theil noch fortbesteht, sodann aber, weil die an Stelle der weltlichen getretene geistliche Aufsichts-Gewalt in Bezug auf die Ressort-Verhältnisse mit jener nach gleichen Grundsätzen beurtheilt zu werden pflegt; cf. n. 157, 276.

272. Inwiefern die Juden-Gemeinden zu den moralischen Personen des § 41 gehören, bemißt sich nach den unter n. 260 und 303 aufgestellten Gesichtspunkten.

273. *EK. 11. März 1848 (JMBl S. 324) zählt die Knappschaftskasse des Bleibergs (bei Commern) als einen öffentlich verwalteten Fond zur Unterstützung invalider Bergleute zu den öffentlichen Anstalten, welche unter die Kategorie der unter der Obhut der Regierungen stehenden moralischen Personen (im Sinne des § 41) fielen. Dasselbe gilt von den seitdem in Gemäßheit des Ges. v. 10. April 1854 (GS. S. 139) gegründeten Knappschafts-Vereinen, welche durch Bestätigung ihrer Statuten die Rechte einer moralischen Person erlangen, und deren Verwaltung unter der Aufsicht der Bergbehörde steht (§§ 10, 5 l. c.), indem es nach dem unter n. 6 Gesagten und mit Rücksicht auf den Schlußsatz des § 41 für die Anwendbarkeit dieses § ohne Erheblichkeit ist, ob die Aufsichts-Gewalt von der Regierung oder einer anderen Provinzial-Verwaltungs-Behörde geübt wird.

274. Hinsichtlich der Ressort-Verhältnisse in Bezug auf Genossenschaften zu Be- und Entwässerungs-Anlagen, sowie auf Deichverbände (cf. Ges. v. 28. Febr. 1843 §§ 56 ff., v. 11. Mai 1853, v. 28. Jan. 1848 §§ 11 ff. u. ACO v. 14. Nov. 1853) treffen zwar die bezogenen Gesetze und die einzelnen Statuten meist besondere Bestimmungen. Inzwischen stellen letztere regelmäßig eine bloße Anwendung, resp. Ausführung der im § 41 enthaltenen, aus dem Aufsichtsrechte über Korporationen überhaupt herzuleitenden Grundsätze dar, und sind daher aus § 41 zu erläutern, resp. zu ergänzen.

275. Welchen praktischen Sinn die Erweiterung der im § 41 hinsichtlich

der Vermögens-Verwaltung des Fiskus enthaltenen Regel der Prozeßfähigkeit auf die Vermögens-Verwaltung der oben erwähnten moralischen Personen besitze, hat bereits in den Noten zu § 36 Abs. 1 eine nähere Besprechung erfahren. Jene Erweiterung ist jedoch nicht auf diese Regel, sondern auch auf die im § 41 vorbehaltenen, auf den §§ 35 und 36 beruhenden Ausnahmen zu beziehen, und hat gerade hinsichtlich dieser letzteren die weitgreifendste Bedeutung, indem namentlich die für Staatssteuern in den §§ 36, 37 h. l. resp. in den §§ 78, 79, II. 14 ALR. gegebenen Vorschriften hierdurch auf alle steuerartigen Abgaben jener moralischen Personen anwendbar geworden sind.

276. Der letztere Satz erfordert vor Allem in Betreff der aus dem Kommunal-, Parochial- und Schul-Verbande fließenden, an die Gemeinde &c. als solche zu leistenden allgemeinen Abgaben eine nähere Besprechung. Daß § 78, II. 14 ALR. auf diese Abgaben zur Anwendung komme, steht durch eine konstante Praxis fest, von welcher nur das bereits unter n. 271 bezogene OT. 14 Okt. 1851 bezüglich städtischer Abgaben abweicht. Allerdings bestimmt der dort allegirte § 131, II. 8 ALR. ganz allgemein, mithin nicht blos für die Fälle des § 79, II. 14 ib., daß Streitigkeiten wegen der Verbindlichkeit zu den abgeforderten städtischen Beiträgen der Entscheidung des gehörigen Richters überlassen werden sollen, und dürfte der vom Komp.GH. gemachte Versuch, die Uebereinstimmung dieses § mit der herrschenden Praxis nachzuweisen, schwerlich als gelungen erscheinen; denn wenn zu diesem Behufe in EK. 25. Sept. und 11. Dez. 1852 (JMBl. 53, S. 27, 380) gesagt wird, daß zur Zeit der Publikation des ALR, den Reglements v. 19. Juni 1749 und 12. Febr 1782 (cf. n. 1) zufolge, der gehörige Richter gerade die Kriegs- und Domainen-Kammer gewesen sei, so waren doch derartige Streitigkeiten, wie F. P. Reichensperger (Tr. A. 1, II. 76) mit Recht hervorhebt, als „Justizsachen“ vor die Kammer-Justiz-Deputation verwiesen, deren Gerichtsbarkeit ja eben durch die VO. v. 1808 auf die ordentlichen Gerichte überging. Hiernach ist jene Praxis in Bezug auf städtische Abgaben nur in der Weise aufrecht zu erhalten, daß man mit dem MR. 21. Aug. 1839 und 25 Juni 1840 (VMBl. 40, S. 218) annimmt, § 41 habe eine Ausnahme von § 14 h. l. statuirt, und die Vorschrift des § 131 l. c. förmlich außer Kraft gesetzt. In der Doktrin hat jene Praxis nach einer anderen Richtung hin, und zwar insofern Widerspruch gefunden, als F. P Reichensperger l. c. die Kompetenzfrage nicht nach den §§ 36, 41 h. l, resp. nach den §§ 78, 79, II. 14 ALR., sondern nach den §§ 38 ff. h. l beurtheilt wissen will. Die hierfür geltend gemachten Gründe, welche namentlich darin bestehen, daß die Geschäfts-Instruktion v. 26. Dez. 1808 die Oberaufsicht und Fürsorge in Betreff der Kommunal-Angelegenheiten, mithin auch die Einrichtung und Genehmigung des Kommunal-Abgaben-Wesens, der Polizei-Deputation der Regierungen überweise, dürften jedoch durch das schon oben unter n. 4, 5, 126 ff Gesagte genugsam widerlegt werden. Wie wenig die von den einzelnen Instruktionen bald in dieser, bald in jener Weise beliebte Geschäfts-Vertheilung unter die einzelnen Regierungs-Abtheilungen für die Beantwortung der Frage entscheide, ob eine Sache vom Gesichtspunkte der Ressort-Verhältnisse aus als Hoheits-, Polizei- oder Finanz-Sache zu behandeln sei, geht wohl am sprechendsten daraus hervor, daß keine jener Instruktionen eine besondere Abtheilung für Hoheitssachen kennt.

276 bis. Ob obiger Satz, insofern er die Abgaben an Kirchen-Gemeinden betrifft, bei den dem Art. 15 der Verfassungs-Urkunde zu Grunde liegenden Prinzipien aufrecht erhalten werden könne, hängt mit der in n. 271 in Betreff der rechtlichen Stellung der Kirchen-Gemeinden angeregten Frage zusammen. In Bezug auf die Abgaben einer katholischen Kirchen-Gemeinde in Westphalen wurde diese Frage in EK. v. 23. Juni 1858 (JMBl. 59, S. 8) aufgeworfen, aber nicht im Prinzip, sondern mit Rücksicht auf die Umstände des konkreten Falles, und zwar bejahend entschieden, weil nicht feststehe, daß Art 15 l. c. bei den katholischen Kirchen jener Provinz schon vollständig und namentlich in Betreff der denselben gebührenden Abgaben zur Ausführung gekommen sei, vielmehr die Thatsache, daß die Regierung i. c. die betreffenden Hebelisten festgestellt habe, das Gegentheil darthue

277. Unter den Gemeinde-Abgaben, welche in Bezug auf die Ressort-Verhältnisse durch § 41 den Staatssteuern gleichgestellt wurden, sind nur solche zu

verstehen, die auf dem Besteuerungs-Rechte der Gemeinden beruhen (cf. Ges. v. 30. Mai 1820 § 13; Städte-Ordn. v. 30. Mai 1853 § 53 2c.), welche daher verfassungsgemäß zur Bestreitung der Gemeinde-Bedürfnisse, sei es allen Gemeinde-Mitgliedern oder allen Eigenthümern von Grundstücken in der Gemeinde, sei es allen Mitgliedern gewisser Klassen unter jenen, z. B. allen Hausbesitzern zur Last gelegt werden, oder wie EK. 25. Okt. 1856 (JMBl. 57, S. 174) sich ausdrückt, welche von allen denjenigen Gemeinde-Mitgliedern entrichtet werden müssen, die nach den desfalls bestehenden, dem öffentlichen Rechte angehörigen Normen dazu verpflichtet sind.

278. Auf die Form der Ausschreibung und Erhebung kommt es hinsichtlich der Frage, ob § 41 zur Anwendung gelange, nicht an; cf. oben n. 180; EK. 24. Nov. 1855; 13. Febr. 1858 (JMBl. 56, S. 55; 58, S. 280). — Ebenso ist es, was die rechtliche Natur einer Steuer betrifft, in der hier fraglichen Beziehung einflußlos, ob die Leistung eine direkte oder indirekte Steuer, ob sie eine einmalige oder wiederkehrende ist, ob sie auf der Person oder dem Grund-Eigenthum ruht, ob die Veranlassung der Besteuerung gerade darin liegt, daß die ordentlichen Einnahmen der Gemeinde zur Bestreitung des Gemeinde-Haushalts nicht ausreichen 2c., cf. EK. 4. u. 25. Okt. 1856, 13. Febr. 1858 (JMBl. 57, S. 24, 174; 58, S. 280); R. d. M. d. Inn. v. 25. März 1841 (BMBl. S. 111; letzteres R. hebt insbesondere hervor, daß die Reklamationen in Betreff der Beitragspflicht sogar von Seiten solcher Bürger, welche keine Gemeinde-Einwohner noch Grundbesitzer mehr sind, sondern sich blos das Bürgerrecht mit Genehmigung des Magistrats vorbehalten haben, ausschließlich auf administrativem Wege zu entscheiden seien, da das Verhältniß zwischen Bürgern dieser Art und dem Magistrate ebenso wenig wie die Einziehung der Kommunal-Steuern überhaupt auf privatrechtlichem Grunde beruhe).

279. Als steuerliche Abgaben der politischen Gemeinden sind beispielsweise anerkannt worden die Kommunal-Einkommen- und Klassensteuer: EK. 25. Sept. 1852 (JMBl. 52, S. 384 u. 53, S. 43), die städtischen Eingangssteuern: EK. 16. Sept. 1854 (ib. S. 428), die städtische Einquartirungslast: EK. 24. Juni 1851 (ib. S. 254), die nach der Städte-Ordn. v. 19. Novbr. 1808 zu zahlenden Bürgerrechts-Gelder: EK. 25. Sept. 1852 (ib 53, S. 26), die Beiträge zu den Gemeindebeamten-Gehältern: EK. 16. Septbr. 1854 (ib. S. 423), die Beiträge zur Deckung des Defekts des Gemeindesteuer-Einnehmers: EK. 22. Nov. 1856 (ib. 57, S. 157), die Beiträge zur Kommunal-Armenpflege: OT. 18. April 1856 (Entsch. 32, S 200), die Beiträge der Gemeinde-Mitglieder zu den einer Gemeinde als Kirchenpatron obliegenden Leistungen (welche Beiträge nicht mit den aus dem Parochial-Verbande fließenden Abgaben zu verwechseln sind): EK. 24. Januar 1857, 13. Febr. 1858 (JMBl. 57, S. 227; 58, S. 271), die Einzugsgelder im Sinne des Ges. v. 24. April 1845 § 1 und der Westphäl Landgem.-Ordn. v. 31. Okt. 1841 § 19 2c.: EK. 3. Juni 1848, 25. Okt 1856 (JMBl. 48, S. 300; 57, S. 174; daß letztere Abgabe nur von den Neuanziehenden geleistet wird, benimmt ihr nicht den Charakter der Allgemeinheit).

280. Ob dasselbe von den nach der Städte-Ordn. v. 17. März 1831 § 32 (und der Westphäl. Landgem.-Ordn. v. 31. Oktbr. 1841 § 25) zu zahlenden Einkaufs-Geldern anzunehmen, oder ob diese mehr privatrechtlicher Natur seien, läßt sich im Prinzip nicht beantworten, sondern ist von den nach § 2 u. 32 l. c. zu erlassenden Statuten jeder einzelnen Stadt abhängig: EK 3. Juni 1848 (JMBl. S. 300).

281. Jedenfalls sind keine Kommunal-Steuern im Sinne des § 41 die an eine Stadt auf Grund eines zwischen Magistrat und Bürgerschaft geschlossenen Vertrags, z. B. eines Vergleichs, für Kommunalzwecke zu bewirkenden Leistungen, wie diejenigen Abgaben, die in der Regel bei allen Besitz-Veränderungen in einem Stadtgebiete gezahlt werden müssen, z. B Laudemium, Lehnwaare, Markgroschen 2c., diese mögen auf einem speziellen Rechtstitel oder auf der Observanz beruhen, ferner nicht die s. g. Loosholztaxen in der Rheinprovinz, noch auch solche Abgaben, welche einzelne Gemeinde-Mitglieder nach einem auf Grund der Rhein. Gemeinde-Gesetzgebung ergangenen Gemeinderaths-Beschlusse dafür zahlen müssen, daß sie von dem Rechte, ihr Vieh auf die Gemeindewiese zu treiben, Gebrauch

machen. So: CK. 22. und 24. Sept. 1855; *id. 2. Febr. 1848 (JMBl. 56, S. 6, 55; 48, S. 232), welche daher über die Verbindlichkeit zur Entrichtung derartiger Leistungen den RW. zuließen. Dagegen nahm CK. 12. März 1859 (JMBl. S. 451) in einem der Provinz Westphalen angehörigen Falle an, daß der RW. über die Schuld von Kommunal-Weidegeld, wenn auch nicht auf Grund des § 41, so dennoch in Gemäßheit der unter n. 149, 150 entwickelten Grundsätze unstatthaft sei, da die Tendenz der eine solche Verpflichtung bestreitenden Klage dahin gehe, eine Bedingung in Wegfall zu bringen, von der die Gemeinde die Theilnahme des Klägers als Gemeinde-Mitglieds an der Behütung der Gemeinde-Grundstücke abhängig mache, jene Klage mithin die Benutzung des Gemeinde-Vermögens und die desfalls von der Gemeinde-Behörde erlassenen Anordnungen, m. a. W. eine innere Kommunal-Angelegenheit betreffe.

281 bis. Zu den Schulgemeinde-Steuern im Sinne des § 41 werden z. B. gerechnet die zur Unterhaltung einer Schule von der Aufsichts-Behörde festgesetzten Beiträge: CK. 17 Dez. 1853 (JMBl. 54, S. 124), das nach einem allgemeinen Schulplan ausgeschriebene Schulgetreide: JMR. v. 23. Aug. 1814 (Jbb. 3, S. 258), die Beiträge zum Gehalte eines Schullehrers: ME. v. 2. Jan. 1836 (Mannkopf, AGO. 1, S. 115), — Alles dies jedoch nur unter der Voraussetzung, daß es sich um die Bedürfnisse der außerhalb der bürgerlichen Gemeinde stehenden Korporation der Schul-Sozietät handelt. Da, wo die Kosten des Schulwesens keine Sozietätslasten, sondern eine Last der bürgerlichen Gemeinden bilden, sei es, weil die §§ 29—38, II. 12 ALR. dort nicht publizirt sind, wie in der Rheinprovinz, sei es, weil diesen Gesetzesstellen, durch provinzialrechtliche Bestimmungen derogirt wird, oder weil die Gemeinden befugter Weise die Unterhaltungskosten der Elementarschulen aus Gemeindemitteln zu bestreiten freiwillig übernommen haben, kommen dieselben selbstverständlich nur als eine besondere Art der Kommunal-Steuern in Betracht, cf. Rhein. Gem.-Ordn. v 23. Juli 1845 § 86; Schul-Ordn. für die Provinz Preußen v. 11. Dez 1845 (GS. 46, S. 9), v. Rönne I. S. 686; MR. v. 28. Juli 1861 (VMBl S. 160).

282. Als allgemeine Abgaben der kirchlichen Gemeinden im Sinne des § 41 sind die Beiträge zur Bestreitung des Kirchenkassen-Defizits, sowie zur Bestreitung der kirchlichen Bedürfnisse überhaupt zu betrachten: CK 17. Febr. 1855, 30. Jan. 1858 (JMBl. 55, S. 135; 58, S. 267)

283. Nicht dahin gehörig sind dagegen die Kosten, welche den Mitgliedern einer politischen Gemeinde durch deren Auspfarrung aus ihrer bisherigen und die Einpfarrung in eine andere bereits bestehende Parochie erwachsen, indem Parochiallasten nur solche sind, welche allen Eingepfarrten oder allen Grundstücken einer Parochie gemeinsam sind, andererseits sich aber auch auf einen erst neu zu gründenden Parochial-Verband nicht erstrecken. Hinsichtlich der Verbindlichkeit zur Entrichtung solcher Kosten findet daher der RW statt. So: OT. 3. Juni 1859 (Entsch. 41, S. 328), welches jedoch unter besonderer Berücksichtigung der VO. v. 11. Nov. 1844 (GS. S. 698) erging

284. Die Beiträge zu den Kirchen-Baukosten gehören zwar, ihrer Natur nach, unzweifelhaft zu den behufs Bestreitung kirchlicher Bedürfnisse erforderlichen Leistungen, und haben daher an sich den Charakter von kirchlichen Steuern, insofern sie den Parochianen als solchen zur Last liegen. Inzwischen bestehen hinsichtlich dieser Beiträge besondere von § 41 h l, resp den §§ 78, 79, II. 14 ALR. wesentlich abweichende Bestimmungen, welche der konstanten Praxis des Komp GH. und OT. zufolge weder durch § 41, noch durch die ACO. v. 19. Juni 1836 außer Kraft gesetzt sind. Nach diesen besonderen Bestimmungen, nämlich den bereits oft bezogenen §§ 708, 709, 757—760, II 11 ALR. in Verbindung mit dem Edikte des General-Direktoriums, sowie der ACO v. 28, resp 18. Febr. 1805 (Rabe 8, S. 251), ist die kirchliche Aufsichts-Behörde überall, wo über die Nothwendigkeit oder Art des Baues, resp. der Reparatur, über die Beitragspflicht überhaupt und die Person des Pflichtigen, oder über die Höhe des Beitrags Streit entsteht, lediglich zur Regulirung eines Interimistikums berufen (zu dessen Vollziehung übrigens der weltliche Richter auf Ersuchen mitwirken muß), den Interessenten aber die Beschreitung des RW. vorbehalten, und zwar selbstverständlich auch in Betreff

der Erstattung der während des Interimistikums bereits beigetriebenen Leistungen; cf. JMR. v. 25. April 1836 (Jbb. 47, S 534), EK. 17. Februar 1855, 31. Jan. 1858 (JMBl. 55, S. 137, 140; 58, S. 269) Demzufolge ist hinsichtlich der Verbindlichkeit zur Bestreitung solcher Kosten und der Nothwendigkeit ihrer Verwendung der RW, wenn auch nicht wider die das Interimistikum anordnende geistliche Behörde (cf n. 159), doch gegen die kirchliche Gemeinde, resp. die Pfarre oder die sonstigen Interessenten unverschränkt, und zwar selbst dann, wenn Kläger behauptet, nicht zu den Parochianen zu gehören; cf. EK. 30 Januar 1858 (JMBl. S. 269); dasselbe gilt, wenn der Streit blos die Höhe des Beitrags zum Gegenstande hat; cf. OT. 21. März 1859 (Strieth. 33, S. 84; hier war das Gegentheil wenigstens für den Fall behauptet worden, wo bei der Einpfarrung einer Gemeinde in die andere keine Verträge über die Beiträge der eingepfarrten Gemeinde zu Stande gekommen seien, indem es alsdann, dem § 298, II. 11 ALR. gemäß, bei der Festsetzung der geistlichen Behörde sein Bewenden behalten müsse; das OT. erwog jedoch, § 298 cit. beziehe sich nur auf das Verhältniß der zugeschlagenen zur Haupt-Gemeinde, und auf die jener in Folge dieses Verhältnisses obliegenden Verpflichtungen im Allgemeinen, nicht auf die Höhe des Beitrags, und schließe überdies wider eine in dieser Art ergangene Bestimmung den RW. nicht ausdrücklich aus; abgesehen davon enthielten aber auch die §§ 708, 709, II. 11 ALR. besondere, zu Gunsten des RW. lautende Vorschriften) Wenn dagegen OT 22. Okt. 1851 (Entsch. 21, S. 285) entschied, daß derartige Streitigkeiten nur unter den Eingepfarrten zum Austrage gebracht werden könnten, gegen die Kirche als solche aber der RW. nicht stattfinde, so hat dieses Erkenntniß, welches übrigens schwerlich die herrschende Ansicht des OT. wiedergiebt, anscheinend nicht den Kompetenz-, sondern den Legitimations-Punkt im Auge. Dasselbe gilt von OT. 9. Okt. 1854 (Entsch. 28, S. 352), welches zwar die Klage wider die Kirchengemeinde, wenigstens insofern darunter die Gesammtheit der Eingepfarrten (im Gegensatze zu der mit Korporations-Rechten versehenen Kirchen-Gesellschaft als solcher) verstanden werde, für statthaft erachtete, jedoch annahm, daß zur Vertretung der Gemeinde in derartigen Prozessen nicht der Kirchen-Vorstand, sondern nur die gemäß § 159, II. 11 ALR. zu wählenden Bevollmächtigten legitimirt seien. Ueber den Legitimationspunkt cf. ferner OT. 20. Dez. 1858 (Entsch. 41, S. 314).

285. Daß die §§ 708, 709, II. 11 ALR. 2c. nicht auf solche Baukosten-Beiträge zu beziehen sind, welche den Charakter von steuerlichen Abgaben der politischen Gemeinden an sich tragen, wie es z. B. der Fall ist, wenn einer Gemeinde als Kirchenpatron eine Rate der Baukosten zur Last liegt, und es sich um die Beiträge der Gemeinde-Mitglieder zu dieser Rate handelt, geht bereits aus dem oben n. 279 Gesagten hervor.

286. Auf der anderen Seite beschränkt sich die Anwendbarkeit obiger Gesetzesstellen nicht auf die Kirchen-Baukosten, sondern erstreckt sich auch, wie das Edikt v. 1805 ausdrücklich anerkennt, auf die denselben in dieser Hinsicht gleichgestellten Pfarr- und Schul-Baukosten; cf. auch EK. 26. Nov. 1853 (JMBl. S. 54), welches hinsichtlich der Pfarr-Baukosten außerdem auf § 774, II. 11 ALR. verweist. Nur darüber kann ein Zweifel obwalten, ob das Gesagte trotz des allgemeinen Ausdrucks „Schulbauten" in jenem Edikte nicht etwa dennoch nur auf solche Schulhäuser zu beziehen sei, die gleichzeitig Küster-Wohnungen sind. Zwar lassen JMR. 24. April 1836 (Jbb. 47, S. 534), EK 11. Dez. 1858 und 22. Nov. 1856 (JMBl. 59, S. 176; 56, S. 203) eine solche Beschränkung anscheinend nicht zu, indem namentlich das letztere Erkenntniß für die Gleichstellung der Schul- mit den Kirchen-Bauten auf den allgemein lautenden § 19, II. 12 ALR. Bezug nimmt; dagegen ist EK. 2. Febr. 1848 (JMBl S 169) unverkennbar der entgegengesetzten Ansicht, und citirt demgemäß den blos von Schulhäusern der obigen Kategorie sprechenden § 37, II. 12 ALR Dieselbe Anschauung liegt den OT 16. Sept. und 14. Oktbr. 1859 (Strieth. 34, S. 250; 35, S. 159) zu Grunde, welche verwandte Fragen in gleicher Weise entscheiden. — Jedenfalls sind die Modifikationen, welche § 37 cit. durch Ges. v. 21. Juli 1846 (GS. S. 392) erfahren hat, für die hier erörterten Ressort-Verhältnisse ohne Einfluß, vielmehr läuft die einzige in dieser Hinsicht in Betracht kommende Bestimmung jenes Gesetzes (§ 5) für die dort vorausgesetzten

Fälle auf dasselbe hinaus, was in den §§ 708, 709 cit. ꝛc. generell bestimmt worden ist.

287. Eine noch größere Tragweite wird den obigen Vorschriften in dem durch CMR. 21. Okt. 1859 aufrecht erhaltenen CMR. 3. Okt 1857 (VMBl. 60, S. 82 ff.) gegeben, indem dasselbe, gestützt auf die von OT. 22. Aug. 1809 (ib. S. 84) anerkannte Gleichstellung der Deichbauten bei Pfarr-Grundstücken ꝛc. mit den Pfarrbauten, die Regierungen anweist, über die Aufbringung der auf Pfarr-, Küsterei- und Schul-Grundstücke treffenden, ordentlichen sowie außerordentlichen Beiträge zur Herstellung, resp. Unterhaltung von Deichen, Dämmen oder ähnlichen Anlagen, und zwar, wie das CMR. v. 18 Mai 1861 (VMBl. S. 126) erläutert, ohne Unterschied, ob der Deich ꝛc. zur Erhaltung der Substanz der geschützten Grundstücke oder blos zur Melioration diene, durch ein bis zu anderweiter rechtskräftiger Festsetzung vollstreckbares Resolut zu entscheiden. [OT. 22. August 1809 erkannte lediglich, daß die Deichpflicht nicht dem Pfarrer als bloßem Nutznießer auf Grund eines onerösen Titels, sondern dem Kirchen-Vermögen, resp. dem Patron und den Eingepfarrten zur Last liege, indem es nach § 131, I. 21 ALR. mit der Unterhaltung der Dämme ebenso, wie mit der der Gebäude gehalten werden solle. Seitdem jedoch § 19 des Ges. v. 28. Jan. 1848 der Deichverwaltung die Befugniß beilegte, die Erfüllung der Deichpflicht auch gegen die Nießbraucher deichpflichtiger Grundstücke zu erzwingen, ergaben sich für die zu diesen Nießbrauchern gehörenden Pfarrer ꝛc. Inkonvenienzen, welche jenes R. von 1857 in's Leben riefen; cf. auch OT. 4. Mai 1860 (VMBl. 62, S 112)]

288. Uebrigens haben die Gerichte, so oft der RW wegen Baukosten der einen oder andern Art beschritten wird, das Resolut betreffs Anordnung eines Interimistikums nicht förmlich aufzuheben; letzteres unterliegt als solches nicht der richterlichen Kognition, und verliert seine Wirksamkeit mit dem Eintritte des richterlichen Erkenntnisses von selbst: JMR. v. 30. Okt. 1839 (JMBl. S. 355).

289. Allgemeine Abgaben, welche nicht an die Kirchen- und Schul-Gemeinden, sondern an die Institute der Kirchen, Pfarren und Schulen zu entrichten sind, werden nicht zu denjenigen Leistungen gerechnet, auf welche § 41 die Anwendbarkeit des § 78, II. 14 ALR. ausgedehnt hat. Wohl aber ist Letzteres hinsichtlich derjenigen unter jenen Abgaben, welche beständige sind, und entweder unmittelbar auf dem Gesetze oder auf dem Herkommen beruhen, durch die neuerdings freilich wesentlich modifizirte KCO. v. 19. Juni 1836 geschehen. Cf. die Noten zu dieser KCO. — Ueber die Verbindlichkeit zur Entrichtung der übrigen unterliegt die richterliche Kognition der herrschenden Ansicht zufolge keinerlei Beschränkungen; cf. n. 258, 271.

290. Die durch § 41 vermittelte Gleichstellung der Gemeindesteuern ꝛc. mit den Staatssteuern ist nicht etwa um deswillen eine unvollkommene, weil § 41 nur auf § 36 h. l und nicht auch auf § 37 ib. zurückverweist. Vielmehr unterliegt es bei dem unzertrennlichen Zusammenhange zwischen den §§ 36 und 37 h. l., resp. den §§ 78 und 79, II. 14 ALR. nicht dem mindesten Zweifel, daß mit § 78 cit. der § 79 bei Gemeindesteuern ebensowohl zur Anwendung komme, wie bei Staatssteuern Ob dasselbe mit § 80 ib der Fall, wird zu § 42 h. l. erörtert.

291. Inzwischen erheben sich bei den Gemeindesteuern ꝛc. einzelne Fragen, welche bei Staatssteuern der Natur der Sache nach ohne Gegenstand sind. Während nämlich in den die letzteren betreffenden Streitigkeiten der angebliche Schuldner unmittelbar und allein dem Steuerfiskus, resp. der ausschließlich in Handhabung des Besteuerungsrechts thätigen Staatsbehörde gegenüber steht, ist bei Streitigkeiten über Gemeindesteuern eine zweifache Stellung zu unterscheiden, einmal die Stellung des Schuldners zur Gemeinde-Verwaltung, welche ähnlich, wie bei Staatssteuern die höhere Finanzbehörde, das Besteuerungsrecht ausübt, und sodann seine, resp. der Gemeinde Stellung zur Provinzial-Regierung, welche hier nicht als Steuer-, sondern als Aufsichts-Behörde auftritt, mag sie nun eine auf das Steuerwesen bezügliche Anordnung der Gemeinde-Verwaltung genehmigen, und dadurch gewissermaßen zu der ihrigen machen, oder aber eine solche Anordnung unmittelbar selbst treffen. Diese Doppelstellung ermöglicht nicht allein mehrfache Komplikationen, wie solche bei Staatssteuern nicht vorkommen, son-

denn sie bringt auch ein neues Element in die Beurtheilung hinein, indem sie mitunter ein Zurückgehen auf die in Betreff der Aufsichts-Gewalt bestehenden, im § 36 Abs. 1 und in der Gesetzgebung über das Kommunalwesen (cf. n. 142 ff.) enthaltenen Grundsätze bedingt, so daß die §§ 78, 79, II. 14 ALR. in Betreff der über Gemeindesteuern erwachsenden Streitigkeiten nicht immer die alleinige Entscheidungs-Norm bilden; cf. n. 292—294, 300

292. Daß der RW. nicht stattfinde, wenn die Rechtmäßigkeit der Gemeindesteuer aus allgemeinen Gründen bestritten wird, sei es, weil die Steuer nach den bestehenden Gesetzen und der Gemeinde-Verfassung gar nicht habe ausgeschrieben werden dürfen, sei es, weil es an einem thatsächlichen Anlasse zur Ausschreibung derselben gefehlt habe, z. B. weil ein zu deckendes Defizit der Gemeinde-Kasse zu hoch berechnet sei, wird durch eine konstante Praxis des Komp.GH. anerkannt. Nur in der Art der Begründung weichen die Entscheidungen von einander ab, indem ein Theil derselben (z. B. EK. 12. März 1859; JMBl. 60, S. 141) auch in solchen Fällen auf § 78, II. 14 ALR. zurückgeht, wogegen andere (cf. EK. 14. Jan. 1860; ib. S. 324) letzteren § nur da für maaßgebend halten, wo Jemand seine Befreiung von der Last aus ihm persönlichen Gründen zu erstreiten beabsichtigt, und die Unzulässigkeit der prozessualischen Geltendmachung jener allgemeinen, die Befugniß zur Ausschreibung der Steuer, die Art der Ausübung des Besteuerungsrechts oder die Verwaltung des Gemeinde-Haushalts betreffenden Gründe aus § 36 Abs. 1 und der Gesetzgebung über das Kommunalwesen (cf. n. 142 ff., 291) herleiten. EK. 24. Juni 1851 (JMBl. S. 254) läßt die Anwendbarkeit sowohl der einen wie der andern Gesetzesstellen gelten, je nachdem man nämlich in dem Vorbringen solcher Gründe blos die Absicht erblicke, ein Recht auf persönliche Befreiung von der Last geltend zu machen, oder aber die Absicht, über die Befugniß der Behörde zur Ausschreibung der Steuern überhaupt 2c. eine richterliche Entscheidung herbeizuführen; cf. auch EK. 7. Nov 1857 (JMBl. 58, S. 128).

293. Nach gleichen Gesichtspunkten beurtheilt sich der Kompetenzpunkt selbst dann, wenn die Steuer-Erhebung die höhere Genehmigung noch nicht erhalten hat, die Betretung des RW. daher nicht unmittelbar wider einen Akt der Aufsichts-Behörde selbst gerichtet sein würde. Zwar wird in einzelnen Entscheidungen (z. B. EK. 13. Febr. 1858; JMBl. S. 280) besonders darauf hingewiesen, daß die gerade streitige Steuer mit Genehmigung der Regierung ausgeschrieben sei. Doch dürfte dies schwerlich zu dem Rückschluß berechtigen, daß der Komp.GH im umgekehrten Falle die richterliche Kognition für statthaft erachte. Ausdrücklich gegen deren Zulassung entschied in einem Falle der letzteren Art OT 3. Febr. 1853 (Entsch. 25, S. 47; hier wurde übrigens ausdrücklich hervorgehoben, daß eine Verletzung der für die Maaßnahmen wegen Aufbringung der Gemeinde-Abgaben vorgeschriebenen, verfassungsmäßigen Formen in concreto nicht behauptet worden sei).

294. Zu den Fragen, welche nicht bei Staats-, sondern nur bei Gemeinde-Steuern 2c. eine praktische Bedeutung haben, gehört auch die, ob die Ausschließung des RW. blos zum Nachtheil des angeblichen Steuerpflichtigen gelte, oder ob selbst die Gemeinde 2c. (von den Ausnahmefällen abgesehen, wo der Streit das Vorhandensein einer Exemtion im Sinne des § 79, II. 14 ALR. betrifft) bei Gericht nicht klagbar werden könne, die Entscheidung vielmehr sowohl über die Existenz wie über den Umfang der Steuerschuld, sofern sie nicht von ihrem Exekutions-Rechte Gebrauch machen will oder kann, bei der Aufsichts-Behörde nachsuchen müsse. Die herrschende Praxis ist mit Recht der letzteren Ansicht; cf. AH. Cöln 7. Jan. 1847 (Rh. A. 42, I. 8), EK. 3. Juni 1848, 11. Dez. 1852, 22. Okt. 1853, 16. Sept. 1854 (JMBl. 48, S. 300; 53, S. 380, 444; 54, S 423). Noch weiter ging EK. 11. Mai 1861 (JMBl. 62, S. 92), indem es der Gemeinde das Klagerecht sogar in einem Falle absprach, wo gerade eine Exemtion im Sinne des § 79 in Frage stand. (Dieses Erkenntniß legte zwar ein ganz besonderes Gewicht auf den Umstand, daß in concreto die Exemtion vom Ministerium bereits als begründet anerkannt war, indem man keinen Zwiespalt in der Verwaltung zulassen dürfe und das Entscheidungsrecht der höheren Verwaltungs-Instanzen im Widerspruche mit der Städte-Ordn. v. 1853 § 76 verletzt werden würde, wenn derartige Streitigkeiten auf die Klage der Gemeinde im RW. zum Austrage gebracht werden sollten; inzwischen

ist wenigstens eins seiner Motive, dahin gehend, daß das fragliche Privilegium doch nur auf Seiten des Beklagten, nicht auf Seiten der Gemeinde vorhanden sei durchaus allgemeiner Natur). Wenn dagegen OT. 14. Okt. 1851 (Strieth. 3, S. 129) argumentirt, daß die Inkompetenz der Gerichte nur von der Gemeinde geltend gemacht werden könne, mithin da, wo diese selbst als Klägerin auftrete, nicht in Frage komme, so übersieht dasselbe, daß die auf den §§ 36, 41 h. l. und den §§ 78, 79, II. 14 ALR. beruhende Inkompetenz der Gerichte keine blos relative, sondern eine absolute ist, welche jede prorogatio fori ausschließt.

295. Leitet freilich die Gemeinde aus der zur rechten Zeit unterbliebenen oder nicht gehörig geleisteten Zahlung einen Entschädigungs-Anspruch wider den Steuerpflichtigen her, so ist desfalls der RW. unbedenklich statthaft, arg. EK. 12 Febr. 1859 (JMBl. S. 342), wo Solches in Bezug auf Abgaben im Sinne der ACO. v. 19. Juni 1836 anerkannt wurde.

296. Anlangend die Ausnahmefälle des § 79, II. 14 ALR, so erachtet der Komp.GH. als Gesetze, welche bei Kommunal-Steuern zur Begründung einer Exemtion mit der Wirkung angerufen werden können, daß im RW. über die behauptete Exemtion zu erkennen ist, weil sie den Charakter von Privilegien im weiteren Sinne an sich tragen oder doch wenigstens als solche sich auffassen lassen, die zu Gunsten der Beamten sprechenden Bestimmungen des Ges. v. 11. Juli 1822 und der ACO. v. 14. Mai 1833; jedoch sei hier der Fall auszunehmen, wo der Reklamant ein Justizkommissar, resp. Rechtsanwalt ist, da das erstere Gesetz diese Beamten ausdrücklich von den dort zugesicherten Vorrechten ausschließe, das letztere auf jene als unmittelbare Staatsbeamte nicht passe; cf. EK. 20. Okt. 1855, 24. Jan. 1857 (JMBl. 55, S. 412; 57, S 227). — Aehnlich verhält es sich mit der im § 33 der Rhein. Schifff.-Konv. v. 31. März 1831 (GS. S. 96) enthaltenen Untersagung, den Tarif der Rheinschifffahrts-Abgaben zu erhöhen; cf. EK. 20 Nov. 1857 (JMBl. 58, S. 211). — Dasselbe gilt von der aus § 283, II. 11 ALR. fließenden Begünstigung aller Civil-Staats-Beamten (einschließlich der Rechtsanwälte) in Betreff der aus dem Parochial-Verbande fließenden Abgaben: EK. 24. Jan. 1857 cit., id. 17. Febr. 1855 (JMBl S. 116), und nicht minder von der den Alt-Lutheranern ertheilten General-Konzession v. 23. Juli 1845 (GS. S. 516): EK. 26. Juni 1849 und 12 Nov. 1859 (JMBl. 49, S. 368; 60, S. 372).

297. Dagegen wurden nicht als Privilegien angesehen in Beziehung auf Kommunal-Abgaben die Bestimmungen des § 11 des cit. Ges v. 11 Juli 1822 zu Gunsten von Büreau-Gehülfen: EK 13. Okt 1860 (JMBl. 61, S. 178), — ebenso in Beziehung auf die städtische Einquartirungslast die Vorschrift des § 289, I. 21 ALR. zu Gunsten der Miether: EK 24 Juni 1851 (JMBl. S 254). Aehnlich verhält es sich mit den Bestimmungen der §§ 29 ff., II. 12, § 261, II. 11 und § 30, II. 12 ALR, sie wurden nicht als ein Privileg der Forensen oder Gutsherrschaften in Betreff der Schulsteuer: EK. 4. Okt. 1856, 18. April 1857 (JMBl. 56, S. 384; 57, S. 8, 392), resp. als ein Privileg der zu einer anderen Konfession Gehörenden in Betreff der Schul- und Parochial-Lasten angesehen: EK. 5. Juni 1852 (JMBl. S. 322).

298. EK 9. Juni 1855 und 4. Okt 1856 (JMBl. 55, S. 386; 56, S. 384) nahmen, augenscheinlich von der Voraussetzung geleitet, daß die §§ 656 ff., I 9 ALR. ebensowohl für Gemeinde-, wie für Staatssteuern gälten, als unbedenklich an, daß auch hinsichtlich der ersteren die Berufung auf Verjährung nur dann den RW. eröffne, wenn man 50 Jahre lang nach verweigerter Leistung der Beiträge im Freiheitsbesitze geblieben zu sein behaupte; noch weiter ging ein EK. 30. Okt. 1858 (JMBl. 59, S. 109), welches erwog, daß, wenn mit OT. (Pl.-B.) 20. März 1846 (Entsch. 13, S. 42) den §§ 656 ff l. c. keine Anwendung auf Gemeinde-Abgaben zu geben, bei diesen vielmehr die regelmäßige Verjährung durch Nichtgebrauch nach den §§ 502, 509 ib. zuzulassen sei, hieraus blos folgen würde, daß der besondere Grund der Verjährung im Sinne der §§ 79, 5, II. 14 ALR. in Betreff der Kommunal-Abgaben ganz hinwegfalle. Die Beantwortung hängt allerdings von der Beantwortung der allgemeineren unter n. 223 erwähnten Streitfrage ab. Könnte freilich bei Kommunalsteuern von einer usucapio libertatis die Rede sein, die sich von der bei Staatssteuern vorkommenden nur durch kürzere Fristen unter-

schiede, so würde die Anwendbarkeit des § 79 wohl keinem gegründeten Zweifel unterliegen, da die Hinweisung auf die §§ 656 ff ja eben nur dadurch motivirt wird, daß jener § ursprünglich blos für Staatssteuern berechnet war, es aber auch widersinnig sein würde, wenn der Gesetzgeber den privatrechtlichen Charakter der Freiheits-Ersitzung von der kürzeren oder längeren Dauer des Freiheits-Besitzes abhängig gemacht hätte. Seit Erlaß des Ges. v. 24. Mai 1861 hat übrigens die mögliche Verschiedenheit in der Deutung des § 79 nach dieser Richtung hin keine praktische Bedeutung mehr; denn wenn auch § 9 dieses Gesetzes nur von der Extinktiv-Verjährung der einzelnen Forderung spricht, so ist dieses doch wohl nicht dahin zu deuten, daß dadurch die Behauptung: das ganze Recht der Abgaben-Erhebung sei durch Verjährung erloschen, vom Rechtswege ausgeschlossen bleiben solle.

299. Aus dem Satze, daß § 79, II. 14 ALR. limitativ zu interpretiren ist, folgt, daß bei Streitigkeiten über die Verbindlichkeit zur Entrichtung der aus dem Kommunal-, Parochial- und Schul-Verbande fließenden Abgaben zwischen dem angeblichen Pflichtigen und der Gemeinde 2c. der RW. nicht schon durch die bloße Behauptung des Ersteren eröffnet wird, er gehöre dem Gemeinde-Verbande gar nicht an, er habe in der Parochie gar keinen Wohnsitz 2c.: cf EK. 30. Jan. 1858, 17. Febr. 1855 (JMBl. 58, S. 270; 55, S. 116). Auf durchaus anderer Anschauung beruhen freilich R. d. M. d. Inn. v. 25. Juni 1840 (VMBl. S. 218); OT. 5. Juli 1855 (Strieth. 18, S. 92); AH. Cöln 5. März 1827 (Rh A. 10, I. 181), welche im Widerspruche mit EK. 4. Okt. 1856 (JMBl. 57, S 23) den RW. für zulässig hielten, wenn der als Besitzer eines Grundstücks zur Leistung von Gemeinde-Diensten Herangezogene seine Befreiung darauf stütze, daß sein Grundstück zum Gemeinde-Bezirke nicht gehöre, indem, wie OT. 5. Juli 1855 erwägt, die Regel des § 78 cit. alsdann gar nicht zur Anwendung komme.

299 bis. Ob der Austritt aus der Kirche auf Grund des Patents und der VO. v. 30. März 1847 (GS. S 121 ff.) einen prozeßfähigen Einwand begründe, ist von EK. 7. Okt. 1854 (JMBl. S. 444) und OT 8. Febr 1854 (Strieth. 12, S. 118) in widersprechender Weise beantwortet worden, indem letzteres Erkenntniß den Austritt aus der Kirche als einen besonderen Grund im Sinne des § 79 betrachtet, ersteres dagegen nicht. Allerdings mag die Entscheidung des Komp.GH. die konsequentere sein. Inzwischen ergiebt sich aus der im CMR. v. 3 Juni 1861 (VMBl. S. 115) erwähnten Berathung des § 17 obiger VO. im Staatsrathe, daß die Aufnahme einer ausdrücklichen Bestimmung darüber, ob die aus der Kirche zufolge ihrer gerichtlichen Erklärung austretenden Personen dessenungeachtet noch fernerhin zu den auf persönlicher Zugehörigkeit zum Kirchen-Verbande beruhenden Leistungen verpflichtet seien, absichtlich unterblieben ist, weil man es als ausreichend erachtete, die Entscheidnng etwa vorkommender Fälle dem Richterspruche zu überlassen.

300. Streitigkeiten über die Beitragspflicht und deren Umfang unter den Gemeinde-Mitgliedern selbst sind dem RW. nicht entzogen. Denn wenn es gleich, den §§ 1, 2 der Regierungs-Instr. v. 1817 zufolge, an und für sich zu den Attributionen der Regierung als Aufsichts-Behörde gehört, das Verhältniß, in welchem jene zu den Gemeindelasten beitragen müssen, nach ihrem Ermessen zu reguliren, so folgt doch hieraus keineswegs, daß, so lange diese Behörde eine solche Bestimmung noch nicht getroffen hat, und es sich nicht um eine Regulirung im öffentlichen Interesse nach Gründen der Nothwendigkeit und Zweckmäßigkeit, sondern blos um die Feststellung des bestehenden Rechtszustandes handelt, die richterliche Kognition ausgeschlossen sei, und zwar selbst dann nicht, wenn jene Frage beim Mangel spezieller Rechtstitel aus den allgemeinen gesetzlichen Bestimmungen beantwortet werden muß; cf. §§ 31, 37—45, II 7 ALR. Immerhin stellt aber das in einem solchen Prozesse ergehende Urtheil nur das privatrechtliche Verhältniß unter den Parteien fest, welches, wenn es von der administrativen Veranlagung abweicht, nur die Folge hat, daß die Kontribuenten unter sich dasjenige auszugleichen haben, was durch jene Veranlagung dem Einen mehr, dem Andern weniger auferlegt wird, mithin die Aufsichts-Behörde in den von ihr getroffenen oder erst zu treffenden Bestimmungen keineswegs hindert, noch auch ihrer Befugniß vorgreift, in Zukunft eine neue den veränderten Umständen entsprechende, sowie die bisherigen Verhältnisse um-

gestaltende Regulirung, verpflichtend für sämmtliche Gemeinde-Mitglieder, in der Weise zu treffen, daß selbst die bisherigen Rechte und Pflichten der Letzteren unter einander nicht weiter in Betracht kommen. Würde jedoch die so von der Regierung neu getroffene Regulirung im Ganzen unmittelbar angefochten, würde z. B. die Aufhebung eines durch die Regierung bestätigten, eine andere als die bisherige Vertheilungsart normirenden Gemeinderaths-Beschlusses, sowie die Wiederherstellung des früheren Zustands beansprucht, so wäre freilich der RW. selbst unter den Kontribuenten nicht statthaft. So die Jurisprudenz des Komp.GH., welche sich namentlich in EK. 29. April 1854, 16. Nov. und 23 Dez. 1847, 2. Febr. und 6. Nov. 1848, 29. Juni 1850, 16. Sept. 1854, 10 März 1855 (JMBl. 54, S. 363; 48, S. 112 ff., 127 ff.; 49, S. 8; 50, S. 287; 54, S. 430; 55, S. 172) niedergelegt findet. (Unter diesen Entscheidungen ließ EK. 6 Nov. 1848 den RW. zu, ungeachtet eine Festsetzung des Beitrags-Verhältnisses durch die Regierung bereits erfolgt war, weil ein Grund, die Festsetzung der gegenseitigen Rechte und Verbindlichkeiten der Gemeinde-Mitglieder der richterlichen Kognition zu entziehen, um so weniger vorliege, als sich aus dem Sachverhalte ergebe, daß jene Behörde durch ihre Anwendung nichts Neues habe einführen, sondern es bei der anscheinend ausgebildeten Observanz habe bewenden lassen wollen. Aehnlich entschied EK. 10. März 1855, wo erwogen wurde, die von der Regierung einem Schulrezesse ertheilte Genehmigung hindere nicht, daß ein Schulpflichtiger, sich auf die allgemeine Schulordnung berufend, gegen seine Mitkontribuenten den RW wegen Prägravation beschreite, da die Regierung nicht behaupte, daß besondere, in den Verhältnissen der betreffenden Ortschaften liegende Gründe die Anordnung eines von den Vorschriften der Schulordnung abweichenden Vertheilungs-Maaßstabes bedingten, hier mithin kein Fall vorliege, wo die Regierung als Aufsichts-Behörde aus solchen besonderen Gründen eine neue, alle Interessenten unbedingt verpflichtende Abgaben-Regulirung vorgenommen habe. OT. 24. Okt. 1859 (Strieth. 35, S 188) drückt dasselbe in der Weise aus, daß der RW. über die Beschwerde wegen Prägravation, gegenüber einem von der Regierung bestätigten Schu-Dotationsplane, nicht ausgeschlossen sei, „sofern nicht erhelle, daß die Verwaltungs-Behörde aus besonderen polizeilichen oder Oberaufsichts-Gründen die bezügliche prägravirende Bestimmung für erforderlich erachtet habe.“ EK. 16. Sept. 1854 betraf einen Fall, wo nicht die Höhe des Beitrags zu einer Gemeindelast, sondern die Existenz der Beitragspflicht überhaupt in Bezug auf einzelne vermeintliche Gemeinde-Mitglieder unter den Kontribuenten streitig war; der Komp.GH. entschied auch hier zu Gunsten des RW., der immer stattfinde, wenn darüber gestritten werde, welches Rechtsverhältniß in Ansehung der Beitragspflicht zu den gemeinen Lasten in einer Dorfgemeinde auf Grund spezieller Rechtstitel oder allgemeiner Gesetze bestehe, wogegen freilich eine von der Regierung über das Beitrags-Verhältniß bereits getroffene Festsetzung nur im Beschwerdewege anfechtbar sei). — Dagegen erkannte OT. 5 Okt. 1852 (Entscheid. 24, S. 167) wider die Zulässigkeit eines Prozesses, welcher wegen Abänderung der von den Kreisständen beschlossenen Repartition von Kreislasten unter den Mitgliedern einer Gemeinde schwebte, obwohl eine solche allgemeine Festsetzung der Regierung nicht vorlag, sondern blos ein Spezialbescheid derselben, in welchem die Beschwerde der sich prägravirt haltenden Kläger für unbegründet erklärt ward. Das OT. bezog sich hierbei theils auf die Vorschriften über die Aufbringungsweise bei Kreislasten, theils auf § 78, II. 14 ALR., und erwog sodann, daß gegen die auf jene Beschwerde von der Regierung getroffene, nach jenen Gesetzen in ihrem Kompetenzkreise liegende Entscheidung eine gerichtliche Klage nicht stattfinde, die Entscheidung über dieselbe vielmehr durch ein publizistisches Rechtsverhältniß beherrscht werde. Es ist indessen einleuchtend, daß die Beschränkungen, denen die richterliche Kognition nach der vorerwähnten Richtung hin unterliegt, sich auf den § 78 cit. nicht zurückführen lassen, daß dieser § vielmehr in Verbindung mit den §§ 79 und 9 ib. eher für das Gegentheil spricht. Der Satz, wonach ein von der Regierung aus Gründen der Nothwendigkeit oder Zweckmäßigkeit festgestellter Repartitions-Modus nicht einmal in einem blos unter den Kontribuenten schwebenden Prozesse angefochten werden kann, ist nicht aus den für das Besteuerungsrecht geltenden Grundsätzen, sondern nur aus der Stellung der Regierung als Aufsichts-Behörde, mithin aus dem Prinzipe des § 36 Abs. 1 h. l.

herzuleiten, so daß sich auch hier wieder § 36 Abs 1 neben den §§ 78, 79, II. 14 ALR. geltend macht, indem er den RW. wegen Prägravation bei Gemeindesteuern enger begrenzt, als dies jene §§ 78, 79 in Betreff der Staatssteuern thun. Freilich stimmt EK. 2. Nov. 1848 (JMBl. 49, S. 8 a. E.) hiermit nicht ganz überein, da dieses Erkenntniß die auf anderweitige Feststellung des Vertheilungs-Maaßstabs gerichtete Klage gar nicht als Prägravations-Klage auffaßt, weil von einer Ueberbürdung einzelner Gemeinde-Mitglieder im Sinne des § 79 nur dann die Rede sein könne, wenn jener Maaßstab bereits feststehe, und dessen unrichtige Anwendung auf sie in der Klage behauptet werde. Auch liegt eine ähnliche Ansicht dem MR. v. 14. April 1845 (VMBl. S. 119) zu Grunde, sofern dort gesagt wird, daß hinsichtlich der Gemeindesteuern die Behauptung der Prägravation den §§ 78, 79 l. c. zufolge den RW. nur dann eröffne, wenn sie auf den Nachweis einer Abweichung von dem zur Anwendung kommenden Vertheilungs-Maaßstabe oder auf einen speziellen Rechtstitel gestützt werde. Inzwischen dürfte hier der Ausdruck „Prägravation" in viel zu engem Sinne gefaßt sein, wie solches namentlich aus den Normen erhellt, welche § 9 ib. für die Beurtheilung desfallsiger Streitigkeiten aufstellt.

301. Obgleich die herrschende Praxis auch bei Gemeindesteuern ꝛc. einen Rechtsstreit wegen Prägravation nur unter den Kontribuenten zuläßt, so wird dennoch der Ausdruck „Kontribuent" hier mitunter in einem besonders weiten Sinne gebraucht. So erachtete EK. 25. Okt. 1856 (JMBl. 57, S. 56) den Prozeß zwischen einer Dorfschaft und dem Besitzer eines Schulzenhofs darüber, ob gewisse, zur Kategorie der Kommunal-Bedürfnisse gehörige Ausgaben von letzterem Besitzer allein oder von der Gesammtheit getragen werden müßten, und EK. 10. März 1855 (JMBl. S. 171) den Prozeß zwischen einem Schulabgaben-Pflichtigen und der Schul-Sozietät über das Beitrags-Verhältniß des Ersteren als einen Rechtsstreit unter den Kontribuenten; das Umgekehrte soll dagegen da gelten, wo einzelne Bürger gegen den städtischen Schulvorstand in Betreff ihrer Beitragspflicht eine Klage anstellen; cf. ME. v. 1. Febr. 1836 (Mannk. AGO. I. S. 115).

302. Wie die Gerichte, dem § 41 h. l. zufolge, von den Ausnahmefällen des § 79, II. 14 ALR. abgesehen, nicht kompetent sind, Streitigkeiten über die Verbindlichkeit zur Entrichtung einer administrativerseits ausgeschriebenen und umgelegten Gemeindesteuer zu entscheiden, so sind dieselben nach dem Geiste jener Gesetzesstellen und ihrer ganzen Stellung zur Steuer- resp. Kommunal-Verwaltung gleich wenig befugt, die **Umlage** einer Gemeindesteuer sowie deren **Einziehung** von den Gemeinde-Mitgliedern **unmittelbar selbst zu bewirken**. Dies erleidet sogar dann keine Ausnahme, wenn die Aufbringung einer Gemeinde-Abgabe in Folge eines Prozesses nothwendig wird, wenn nämlich eine Gemeinde durch richterliches Erkenntniß verurtheilt worden, dessen Vollstreckung beim Mangel vom Gemeinde-Vermögen gegen die Gemeinde als moralische Person nicht möglich ist. Auch alsdann hat nur die Gemeinde- resp Aufsichts- und nicht die Justiz-Behörde die Abgabe auszuschreiben, unter die Gemeinde-Mitglieder zu vertheilen und einzuziehen; cf. R. d. M. d. Inn. v. 19. Sept. 1847 (VMBl S. 277) und Abhandl. im JMBl. 47, S. 309. Früherhin ist in anderem Sinne verfügt worden. Schon die JMR. v 17. Nov. 1835 u. 21. Okt. 1838 (Jbb. 52, S. 485) stehen mit dem Ebengesagten nicht in Einklang, indem sie dafür halten, daß beim Mangel von Korporations-Vermögen der Gemeinde-Vorstand, nöthigenfalls nach den Grundsätzen der executio ad faciendum, angehalten werden müsse, die Vertheilung auf die Mitglieder anzulegen, welchem nächst die Einziehung der urtheilsmäßigen Schuld von den einzelnen Mitgliedern [Seitens des Gerichts] erfolge; sodann aber ist eine gänzlich abweichende Ansicht wenigstens bezüglich der Kirchen-Gemeinden im CMR. v. 26. Juli 1845 (VMBl. S. 259) entwickelt, hier jedoch der Unterschied zwischen den Lasten einer Kirchen-Gemeinde (cf. n. 282) und den an das Institut der Kirche oder an den kirchlichen Beamten direkt zu entrichtenden Abgaben (cf n. 289) augenscheinlich übersehen worden. Das R. erging aus Anlaß eines Spezialfalls, wo der Kantor einer solchen Gemeinde wider diese als moralische Person eine Miethsentschädigung rechtskräftig erstritten, und die Regierung die Art der Aufbringung festgesetzt sowie die Beiträge von den Gemeindegliedern exekutivisch eingezogen hatte. Ungeachtet es sich sonach nicht um Leistungen handelte, welche die Gemeinde-Mitglieder unmittelbar verschul-

beten, sondern um einen der Gemeinde als solcher zur Last liegenden Betrag, zu dessen Aufbringung die Mitglieder nur der Gemeinde selbst gegenüber genöthigt wurden, weil dies durch die Gemeinde-Bedürfnisse geboten war, fand jenes Verfahren der Regierung dennoch Tadel, da letztere nur in zwei Fällen zur Verhängung administrativer Zwangsmittel wider die Mitglieder einer Kirchen-Gemeinde befugt sei, einmal behufs Exekution eines interimistischen Bauresoluts und sodann behufs Beitreibung beständiger Abgaben im Sinne der ACO. v. 19. Juni 1836, wogegen die Exekution eines richterlichen Urtheils der gerichtlichen Kompetenz angehöre; allerdings müsse das Gericht zufolge § 153 des Anh. zur AGO. wegen der Modalitäten der Exekution mit der Regierung sich verständigen, und diese beim Mangel disponibler Mittel in der Kirchenkasse mit der Gemeinde wegen Befriedigung des Gläubigers verhandeln, auch, wenn ein Gemeinde-Beschluß über die Aufbringungs-Art zu Stande komme, für Einziehung der auf demselben beruhenden Leistungen mittelst des durch die ACO. v. 1836 für dergleichen ordentliche Gemeinde-Abgaben (?) verliehenen Exekutionsrechts sorgen; komme jedoch ein solcher Gemeinde-Beschluß nicht zu Stande, so müsse sich die Thätigkeit der Regierung darauf beschränken, Vorschläge über die Aufbringungsweise dem Gerichte zu machen, welchem letzteren überlassen bleibe, auf der Basis dieser Vorschläge den Vertheilungs-Modus festzusetzen, und dessen Vollstreckung entweder selbst zu übernehmen oder die Regierung dazu zu requiriren. — Ueber die Vollstreckung der wider Rheinische Gemeinden ergangenen Urtheile cf. die Noten zu § 25 des Rh. Ress.-Regl

303. Anlangend die Frage, inwiefern die für Gemeindesteuern geltenden Grundsätze auch auf die Kosten des jüdischen Kultus und der übrigen die jüdischen Gemeinden betreffenden Bedürfnisse, in Gleichem auf die Kosten der Errichtung und Unterhaltung jüdischer Schulen zur Anwendung kommen, so ist die Antwort hierauf für diejenigen Landestheile, in denen der zweite Titel des Ges. v. 23. Juli 1847 (n 260) bereits zur Ausführung gelangte, durch dieses Gesetz selbst gegeben, indem die Kompetenz-Bestimmungen der §§ 58 und 67 l. c. mit denen der §§ 78, 79, II. 14 ALR. vollkommen übereinstimmen. Daß erstere aus letzteren erläutert werden müssen, und daß daher z B. § 58 den RW. wegen Prägravation nur unter den Kontribuenten gestatte, hat der Komp.GH. wiederholt anerkannt; cf. *EK. 26. Nov. 1853 (JMBl 54, S 72) Nur insofern dürfte die Tragweite des § 58 eine andere, und zwar eine weitere sein, als die Bestimmungen, welche die Ressort-Verhältnisse in Betreff der Aufbringung von Kirchen- und Schul-Baukosten in einer von den Vorschriften der §§ 78, 79 l. c. abweichenden Weise reguliren, nur für die christlichen Konfessionen berechnet sind, eine analoge Anwendung auf den Bau von Synagogen und jüdischen Schulen daher ausschließen, auch abgesehen davon, daß eine solche analoge Anwendung schon mit der allgemeinen keine Ausnahme gestattenden Fassung des § 58 als unverträglich erscheint. Daß zu den nach § 58 zu beurtheilenden Kosten sogar diejenigen für Einrichtung und Unterhaltung der Begräbnißplätze gehören, besagt § 58 ausdrücklich. — Wo dagegen jener zweite Titel des Gesetzes von 1847 noch nicht zur Ausführung gelangte, ist § 58 zur Zeit noch unanwendbar (cf n. 260), und obige Frage nach der älteren Gesetzgebung zu beurtheilen Da nun nach dieser die Judengemeinden in der Regel keine juristische Persönlichkeit, sondern nur die Rechte erlaubter Privat-Gesellschaften besitzen, so sind die Bestimmungen des § 41 h l., resp der §§ 78, 79 cit. auf die Beiträge zur Erreichung ihrer Gemeindezwecke regelmäßig nicht passend, letztere Beiträge vielmehr bei dem rein vertragsmäßigen Charakter solcher Vereinigungen nur im RW. einziehbar; cf R. d. M. d. Inn. u. d g. Ang. v. 24. Dez. 1847 (VMBl. 48, S. 4). Das Gegentheil findet jedoch selbstredend da statt, wo eine Judengemeinde ausnahmsweise schon von früher her eine korporative, unter der Aufsichtsgewalt der Behörden stehende Verfassung hat, wie es z. B bei der Berliner Judenschaft und den Gemeinden der Provinz Posen der Fall ist; cf. EK. 25. Septbr. 1852 (JMBl. 53, S. 31); R d. M. d. Inn. v 3. Juni 1840 (VMBl. S. 229). In denjenigen Landestheilen, welche zum vormaligen Königreiche Westphalen gehörten, war schon zufolge der fremdherrlichen Gesetzgebung die Ansetzung, Erhebung und Verwaltung der zur Bestreitung jüdischer Kultus- und Schulkosten bestimmten Beiträge ausschließlich Verwaltungssache gewesen, und ist dieses Rechtsverhältniß, conform den

Vorschriften der ACO. v. 8 Aug. 1830 (GS. S. 116) unter der Preußischen Herrschaft bestehen geblieben: EK. 17. Dez. 1853 (JMBl. 54, S. 132). In Betreff der jüdischen Kultuskosten in der Rheinprovinz cf. Rh. Ress.-Regl. § 10 n. 178

304. Was die jüdischen Schuldentilgungs-Sozietäten in der Rheinprovinz anbelangt, so ließ ein R. d. M. d. Inn. v. 19 April 1842 (Rh. A 35, I. 174) es unentschieden, ob jene zu den im Sinne des § 41 den Regierungen untergeordneten moralischen Personen zu rechnen seien, nahm indessen selbst für den Bejahungsfall die Prozeßfähigkeit eines Streits über die von der Regierung festgesetzten Schulden-Beiträge an, weil diese nur auf Privat-Rechtstiteln beruhten, mithin nicht zu den nach § 78 cit. zu beurtheilenden, sondern zu solchen Leistungen gehörten, hinsichtlich deren § 41 h. l. den RW. gerade gestatte; cf. im Uebrigen Rh. Ress.-Regl. § 10 n. 179.

305. Daß dagegen die Grundsätze der §§ 78, 79 cit. nicht auf die vorerwähnten Gemeindesteuern ꝛc. beschränkt sind, sondern auch auf die verfassungsmäßigen Beiträge zu den Bedürfnissen aller sonstigen den höheren Verwaltungs-Behörden in Absicht der Vermögens-Verwaltung untergeordneten moralischen Personen zur Geltung gelangen, insofern Spezialgesetze oder Statuten hierfür nicht besondere Kompetenz-Bestimmungen enthalten, unterliegt dem unter n. 275 Gesagten gemäß keinem Zweifel.

306. Demzufolge wandte *EK. 11. März 1848 (JMBl. S. 324) die §§ 78, 79 cit auf Leistungen an, welche reglementsmäßig an eine öffentlich verwaltete Knappschaftskasse von allen Grubenbesitzern und Bergleuten des betreffenden Bezirks zu entrichten waren. Das seitdem ergangene allgemeine Ges. v. 10. April 1854 geht indessen anscheinend noch weiter als jene §§, indem dasselbe im § 11, allgemein und ohne eine Ausnahme im Sinne des § 79 zu statuiren, bestimmt, daß die Beiträge zu den Kassen der Knappschafts-Vereine im Verwaltungswege exekutivisch eingezogen werden können, und daß Reklamationen wider die vom Bergamte exekutorisch erklärte Nachweisung jener Beiträge, mit Ausschluß des RW., im Verwaltungswege zu erledigen seien. — In Betreff der Beiträge zu den gewerblichen Unterstützungs-Kassen und derjenigen der Innungsgenossen cf. Gew.-Ordn. v. 17. Jan. 1845 n. 77, 62.

307. In Betreff der statutenmäßigen Beiträge der Genossenschaften zu Be- und Entwässerungs-Anlagen (Ges v. 28. Febr. 1843 §§ 56 ff., v 11. Mai 1843) dürfte die Anwendbarkeit der §§ 78, 79 cit., dem § 41 h. l. zufolge, an und für sich gleichfalls begründet sein, und zwar selbst dann, wenn diese Genossenschaften nicht in Gemäßheit höherer Anordnungen in's Leben getreten sind, sondern der Uebereinkunft sämmtlicher Betheiligten ihre Entstehung verdanken, da auch in letzterem Falle das Verhältniß der Betheiligten zur Genossenschaft, nachdem diese auf Grund des Gesetzes und höherer Genehmigung die Eigenschaft einer moralischen Person erlangt hat, und als solche dem Aufsichtsrechte des Staats unterworfen ist, ebenso wie die aus diesem Verhältnisse für die Betheiligten entspringende Pflicht, zu den Zwecken und Bedürfnissen der Genossenschaft beizutragen, nicht mehr als etwas rein vertragsmäßiges betrachtet werden kann. Inzwischen werden die Ressort-Verhältnisse hinsichtlich der diese Genossenschaften betreffenden Angelegenheiten gewöhnlich in den Statuten besonders regulirt und stimmen mit den in den §§ 36, 41 h. l., resp. §§ 78, 79, II. 14 ALR. niedergelegten Grundsätzen regelmäßig überein; cf. *EK. 18. April 1857 (JMBl. S. 388).

308. In ähnlicher Weise verhält es sich mit den in Gemäßheit des Ges. v. 28. Jan. 1848 § 11 gebildeten Deichverbänden; cf. die allgemeinen Bestimmungen für künftig zu erlassende Deichstatute, insbesondere die §§ 1, 7, 24 (GS. 1853, S. 935). Inzwischen bestimmt bereits § 22 jenes Gesetzes selbst, daß Streitigkeiten über die Deichpflichtigkeit eines Grundstücks und die Art der Vertheilung der Deichlast, mit Ausschluß des RW., von den Verwaltungs-Behörden zu entscheiden seien, nachdem in den §§ 16, 17 bestimmt worden, daß eine Befreiung von der Deichpflicht künftig auf keinerlei Weise erworben werden könne, und die gleichmäßige Vertheilung unter allen Genossen selbst dann erfolgen solle, wenn jene Pflicht bisher auf Grund spezieller Rechtstitel in anderer Weise vertheilt gewesen (vorbehaltlich jedoch der den Berechtigten wider die durch jene Titel Verpflichteten unter gewissen

Voraussetzungen zugebilligten Entschädigung), ferner § 18, daß die Deichpflicht unablöslich auf den Grundstücken ruhe, den öffentlichen Lasten gleich zu achten sei, und in Kollisionsfällen vor diesen sogar den Vorzug habe, endlich § 19, daß die Erfüllung der Deichpflicht von der Deichverwaltungs-Behörde in eben der Art, wie dies bei öffentlichen Lasten zulässig sei, erzwungen werden könne, und zwar selbst gegen Pächter, Nutznießer oder andere Besitzer, vorbehaltlich deren Regresses an den eigentlich Verpflichteten. — Indem die §§ 16 ff. die Berufung auf einen speziellen Rechtstitel als Befreiungsgrund ausschließen, erläutern sie den § 22, insofern dieser trotz der Gleichstellung der Deichpflicht mit den öffentlichen Lasten den RW. über desfallsige Streitigkeiten nicht einmal ausnahmsweise, dem § 79, II. 14 ALR. analog, gestattet. Zweifelhaft könnte nur sein, ob nicht wenigstens unter den Kontribuenten wegen Prägravation gestritten werden könne. Inzwischen spricht die Fassung des § 22, in Verbindung mit den §§ 16, 17, für die Verneinung (wenn von den in letzterem § erwähnten Entschädigungs-Ansprüchen abgesehen wird). Für diese Ansicht kann arg. e contr. OT. 10. Mai 1858 (Entsch. 39, S. 311) angeführt werden; dasselbe erachtete einen solchen Prozeß unter den Betheiligten eines älteren Deichverbands zwar für statthaft, gründete dies aber ausdrücklich darauf, daß dem § 22 eine auf ältere Verbände schon vor deren anderweiter Regulirung rückwirkende Kraft nicht habe verliehen werden sollen. — Die übrigen für die Kompetenz-Verhältnisse in Betracht kommenden Vorschriften jenes Gesetzes setzen das Vorhandensein von neu eingerichteten Verbänden, zumal von solchen mit korporativen Rechten (§ 1 der allgemeinen Bestimmungen) nicht voraus, weshalb die dort den Regierungen ertheilten Befugnisse sich nicht auf das über moralische Personen von ihnen zu übende Aufsichtsrecht, sondern nur auf den Beruf derselben als Landespolizei-Behörden zurückführen lassen. Wenn diese Vorschriften demnach weniger zu § 41, als zu den §§ 38—40 h. l., resp. dem Ges. v. 11. Mai 1842 in Beziehung stehen, so mögen dennoch die wesentlichsten derselben des Zusammenhangs wegen hier erwähnt werden: Den §§ 5 ff. zufolge sind die Regierungen ermächtigt, diejenigen, welche einen Deich zu erhalten, resp. wiederherzustellen verpflichtet sind, hierzu durch Exekution anzuhalten, auch da, wo über die Person des Verpflichteten Ungewißheit besteht, ähnlich, wie in Betreff der Kirchen-Baukosten die kirchlichen Oberen, durch ein Resolut festzusetzen, wer die Baulast interimistisch zu tragen habe, und wie die Beiträge zu vertheilen seien, wogegen den so Herangezogenen vorbehalten ist, ihre Ansprüche auf Erstattung der Beiträge oder des Werths ihrer Leistungen wider den eigentlich Verpflichteten im RW. geltend zu machen. Der Behörde selbst gegenüber kann über die ausgeschriebenen im § 9 den öffentlichen Lasten gleichgestellten Beiträge nicht prozedirt werden; cf. EK. 2 Juli 1853 (JMBl. S. 375) und die dort bezogenen §§ 64, 65, II. 15 ALR. sowie Ges. v. 11. Mai 1842 § 5. — Die §§ 24 und 25 enthalten die polizeilichen Befugnisse, welche den Verwaltungs-Behörden sowohl in dem Falle, wo neue Verbände errichtet worden sind, als im entgegengesetzten Falle zustehen; danach sind jene Behörden (die Regierung resp. die Polizei-Behörde) ermächtigt, eine solche Benutzung der Deiche, die deren Widerstandsfähigkeit zu schwächen geeignet ist, zu beschränken oder ganz zu untersagen (in welchem Falle der in seinen wohlerworbenen Rechten Beeinträchtigte wider den zur Unterhaltung des Deichs Verpflichteten einen [prozeßfähigen] Entschädigungs-Anspruch hat), und sodann da, wo die Erhaltung eines Deichs zur Sicherung der Niederung nöthig erscheint, bei drohender Gefahr anzuordnen, daß alle Bewohner der bedrohten und nöthigenfalls auch der benachbarten Gegend zu den Schutzarbeiten unentgeltliche Hülfe leisten, auch die nöthigen Maaßregeln sofort durch Exekution zur Ausführung zu bringen, und die Verabfolgung der hierzu nöthigen Materialien überall zu fordern, vorbehaltlich der Ausgleichung unter den Verpflichteten und der den Besitzern gebührenden Entschädigung. — Im Uebrigen wird auf die §§ 24 und 27 der obenerwähnten allgemeinen Bestimmungen für künftige Deichstatute verwiesen.

309. Die an die Provinzial-Feuer-Versicherungs-Sozietäten zu entrichtenden Versicherungs-Beiträge sind keine der steuerlichen Abgaben analoge Leistungen, sondern beruhen in jedem einzelnen Falle auf dem zwischen der Sozietät und dem Assozirten abgeschlossenen Versicherungs-Vertrage, weshalb hier von Anwendbarkeit der §§ 78, 79, II. 14 ALR. keine Rede sein kann, ungeachtet die

Sozietäten zu den unter Aufsicht, resp. Leitung der Staatsverwaltungs-Behörden stehenden moralischen Personen gehören, und jene Beiträge, was ihre Einziehbarkeit im Verwaltungswege betrifft, in den verschiedenen Steuer-Exekutions-Ordnungen den Steuern gleichgestellt werden. Uebrigens enthalten die durch die Gesetzsammlung bekannt gemachten Reglements der einzelnen unter öffentlicher Leitung stehenden und gewissermaaßen als Staatsinstitute behandelten Sozietäten (cf. die Zusammenstellung dieser Reglements bei Sydow S. 36; adde: Regl. v. 18. Nov. 1860; GS. S. 521 ff.; 561 ff.) sehr detaillirte Kompetenz-Bestimmungen, welche sich nicht blos auf obige Leistungen, sondern auch auf die Gegenleistungen der Sozietäten beziehen, und die Kognition der ordentlichen Gerichte regelmäßig auf die Frage beschränken, ob der angeblich Assoziirte rücksichtlich eines ihn treffenden Brandschadens als zur Sozietät gehörig zu betrachten sei, und ob er überhaupt einen Brandentschädigungs-Anspruch besitze, wogegen die Entscheidung über alle sonstigen Streitfälle bald an die Verwaltung, bald an unter ihrer Leitung operirende Schiedsrichter gewiesen ist, wenn auch der Spruch der letzteren mitunter durch die Nichtigkeitsklage vor Gericht angefochten werden kann. — Ueber die Frage, ob die bezüglichen Bestimmungen jener Reglements eine absolute, geeigneten Falls durch Erhebung eines KK. geltend zu machende Inkompetenz der Gerichte, oder blos eine relative begründen, welche die prorogatio fori nicht ausschließen, cf. Ges. v. 8. April 1847 § 2 n. 50. Streitigkeiten über die Kompetenz-Verhältnisse nach einzelnen der Reglements entschieden GK. 25. Juni 1853, 7. Juni 1856, 13. Okt. 1860 (JMBl. 53, S. 338; 56, S. 250; 61, S. 210), OT. 21. Okt. 1856 (Strieth. 22, S. 242), OLG. Arnsberg 13. Mai 1847 (Arnsb. Arch. 13, S. 292).

§ 41 (Schlußsatz).

Rechtsweg in Bergwerkssachen.

(Litteratur: Karsten, Grundriß der deutschen Bergrechtslehre ꝛc., Berlin 1828; H. Gräff, Handbuch des Preuß. Bergrechts, 2. Auflage, Breslau 1856; Steinbeck, Ergänz. und Erläuter. zum Preuß. Bergwerksrechte, Breslau 1838; Herrmann Brassert, die Berg-Ordnungen der Preuß. Lande, Cöln 1858; Minist. Zeitschrift für das Berg-, Hütten- und Salinenwesen (begonnen von R. v. Carnall), Berlin, 9 Bände; H. Brassert u. H. Achenbach, Zeitschrift für Bergrecht, Cöln resp. Bonn 1860—1862; R. Klostermann, Uebers. der bergrechtl. Entscheidungen des K. Ober-Tribunals, Berlin 1861. — A. Delebecque, traité sur la legisl. des mines etc. en France et en Belgique, 1838; Richard, legisl. sur les mines, 1838; E. Dupont, traité pratique de la juispr. des mines etc., 1853; Dalloz, m. mines, n. 492—606.)

310. Der Schlußsatz des § 41 bildet — in Verbindung mit dem dort bezogenen, jedoch irrthümlich als § 11 bezeichneten § 8 und abgesehen von § 14 — die einzige Bestimmung, welche die VO. v. 1808 in Bezug auf die in der Ueberschrift aufgeführte Materie enthält. Dennoch erfordert gerade diese Materie eine besonders ausführliche Besprechung, theils wegen der mannigfachen Schwierigkeiten, welche die Eigenthümlichkeit der hierbei in Betracht kommenden Rechtsverhältnisse bietet, theils, weil neben den Bestimmungen des § 41 und denjenigen des ALR. eine Reihe anderweitiger einschlägiger Gesetze mit in Rücksicht zu ziehen ist.

311. Der Gegensatz zwischen der Preußischen und Französischen Gesetzgebung tritt in Bergwerks-Angelegenheiten ganz besonders in den Vordergrund, jedoch mit der Maaßgabe, daß das Gebiet der letzteren Gesetzgebung auf die linksrheinischen Landestheile beschränkt ist, indem dieselbe für die rechtsrheinischen Theile (das vormalige Großherzogthum Berg ꝛc.) niemals publizirt wurde, hier vielmehr das gemeine deutsche Bergrecht und die älteren Bergordnungen in Kraft geblieben sind. Demzufolge ist auch bei der großen Uebereinstimmung, welche in den allgemeinen Grundsätzen zwischen dem deutschen und Preußischen Bergrechte besteht, die Jurisprudenz des AH. Cöln, insoweit sie sich auf das rechte Rheinufer bezieht, mit benutzt worden, wogegen die Ressort-Verhältnisse des linken Rheinufers in n 343 ff. ihre besondere Besprechung finden.

312. Indem § 41 die Bergwerks-Administration (und zwar nicht etwa blos die Verwaltung der Staatswerke, cf. Rh. A 29, I. 56; 33, III. 11 u. n. 345) in Bezug

auf die Ressort-Verhältnisse mit der Finanz-Verwaltung auf Eine Linie stellt, bekennt er sich zu denselben Prinzipien, denen auch das ALR. huldigt. Letzteres faßt nämlich die besonderen Rechte des Staats in Beziehung auf Bergwerks-Angelegenheiten in dem Bergwerks-Regale zusammen, und begründet dies in der Weise, daß es die unterirdischen Schätze der Erde nicht als Theil des Eigenthums an der Oberfläche betrachtet, sondern den herrenlosen, erst durch Okkupation zu erwerbenden Sachen und zwar denjenigen Arten derselben beizählt, welche nur vom Staate selbst oder mit dessen Genehmigung in Besitz genommen werden können; cf. § 22, II. 14 ALR. Dieser Anschauung zufolge, welche freilich mit dem trotzdem festgehaltenen Prinzipe der s. g. Freierklärung des Bergbaus schwer zu vereinigen ist, wird das Bergwerks-Regal im ALR. zum gemeinen, den Domainen völlig gleichzuachtenden Staatseigenthum gerechnet und überhaupt als niederes Regal behandelt, welches in Beziehung auf einen gewissen Distrikt von Privatpersonen vertragsweise erworben und sogar ersessen werden kann; cf. §§ 23 ff. l. c., §§ 106, II. 16 ALR. Dasselbe ist mithin kein wirkliches Hoheitsrecht im Sinne des § 36 h. l., sondern trägt einen vorwiegend privatrechtlichen Charakter an sich, der in der Reservirung eines bestimmten Distrikts zur eigenen Benutzung nur die Ausübung eines durch die erworbenen Privatrechte Anderer in natürlicher Weise begrenzten Vermögensrechts erblicken läßt. Demgemäß ist die Bergwerks-Verleihung an Dritte als ein Veräußerungsakt und nicht als die Ertheilung eines Privilegs oder einer Konzession, ebenso der Bergwerks-Zehnte als ein vorbehaltenes Nutzungsrecht und nicht als eine Besteuerung aufzufassen, endlich die Befugniß, den technischen Privat-Bergbau zu leiten und den Grubenhaushalt zu führen, als eine Art Privat-Verwaltungsrecht und nicht als ein Ausfluß des landesherrlichen Aufsichtsrechts zu betrachten. Cf. H. Achenbach über das Bergregal und Berghoheitsrecht rc. in der Zeitschrift für B. H. u. S.-Wesen 8, II. S. 73. Zwar hat schon das ALR., wie dieser Schriftsteller mit Recht bemerkt, an jener Auffassung nicht immer konsequent festgehalten, und namentlich den Bergämtern neben der Stellung eines Privat-Verwalters die einer eigentlichen Staatsbehörde, eines Vertreters ausschließlich staatlicher und polizeilicher Interessen gegeben, ja es ist in der neueren Gesetzgebung sogar das unverkennbare Bestreben hervorgetreten, die Befugnisse des Staates allmählig ihrer privatrechtlichen Elemente ganz zu entkleiden, und dafür auf dem publizistischen Gebiete zu erweitern, oder um mit Achenbach zu reden, das Bergregal in ein Berghoheits-Recht umzuschaffen, indem namentlich die Ges v 12. Mai 1851 und 21. Mai 1860 das auf dem Bergregale beruhende Privat-Verwaltungsrecht des Staats fast gänzlich beseitigt, resp. dem s g. Direktions- das s. g. Inspektions-Prinzip substituirt haben, ein zweites Ges. v. 12. Mai 1851 aber bestrebt gewesen ist, die Zurückführung des Bergabgaben-Wesens auf die Grundsätze des Besteuerungsrechts vorzubereiten. Dessenungeachtet ist der Charakter des Bergwerks-Regals im Ganzen genommen zur Zeit dennoch ein privatrechtlicher geblieben, und kann daher, wenn trotzdem der Ausdruck „Berghoheit“ bisweilen und nicht etwa vollkommen irrthümlich gebraucht wird, darunter höchstens der Inbegriff aller der auf dem ALR. oder der sonstigen Gesetzgebung beruhenden Befugnisse des Staats verstanden werden, welche jene Natur ausnahmsweise verleugnen, oder man verbindet mit den Ausdrücken „Regal“ und „Hoheit“ einen ganz anderen, als den im ALR. gebräuchlichen Sinn, wie es z. B im Regulative für die Grafschaft Hohensolms v 14 Aug. 1846 (VMBl. S 165) geschieht, wo unter „Bergwerks-Regal“ augenscheinlich nur das schon auf dem Edikte v. 21 Juni 1815 beruhende standesherrliche Recht zur eignen Ausbeutung, unter der dem Fürsten Solms neuerdings verliehenen „Berghoheit“ aber das Recht der Bergwerks-Verleihung und Bergwerks-Gerichtsbarkeit verstanden wird. — Auf der anderen Seite sind selbstredend auch die Rechte, welche Privat-Personen durch die in Ausübung des Bergregals stattfindende Belehnung erwerben, privatrechtlicher Natur und gilt ein Gleiches in Folge der Freierklärung des Bergbaus von dem durch Fund und Muthung erworbenen Anspruche auf eine solche Belehnung; cf. FMR. v. 9. Juli 1840 (Erg zu § 141, II. 16 ALR); OT. 10. Febr. 1858 (Strieth. 27, S. 268), AH Cöln 16. April 1857 (Rh. A. 52, I. 173; letzteres Erkenntniß nahm sogar an, daß eine Muthung nach der Rh. BPO. das Objekt eines wider den Muther als Schuldner gerichteten Exekutions-Verfahrens sein könne).

Ja selbst der Anspruch aus einem blos zufälligen Funde ist ein privatrechtlicher, und seine Verfolgung im RW. durch die Nichtertheilung des Schürfscheins nicht ausgeschlossen: OT. 23. Aug. 1849 (Entsch. 18, S. 331). — Die Verschiedenheit der Beziehungen, in welchen letztere Privatberechtigten theils zum Staate als Inhaber des Bergwerks-Regals, resp. zu seinen Behörden, theils zu anderen Privat-Interessenten stehen, hat in der Wissenschaft zu einer Scheidung des Bergrechts in Berg-Staats- und Berg-Privat-Recht Veranlassung gegeben; cf. Karsten S. 1. Ja es ist bei der ursprünglichen Redaktion des ALR. beabsichtigt worden, diese Scheidung sogar dem Gesetzbuche zu Grunde zu legen, und demgemäß das Bergrecht in zwei Haupttheile zu trennen; cf. Gräff, S. 3. Inzwischen ergiebt sich bereits aus dem oben Gesagten und wird weiter unten mit Rücksicht auf die sich daran knüpfenden Kompetenzfragen noch näher erörtert, daß in dieser Scheidung nicht etwa der allgemeine Gegensatz zwischen publizistischen und privatrechtlichen Rechtsverhältnissen im Sinne des § 1 der Einl. zur AGO. wiederzufinden ist, daß vielmehr auch bei Kollisionen zwischen dem Staate und Privatbetheiligten in der Regel ein Privatrecht dem andern gegenübersteht, und blos ausnahmsweise das Gegentheil der Fall ist.

313. Die neben § 41 und dem ALR. zur Sprache kommenden und zum Theil bereits erwähnten Gesetze werden gehörigen Orts näher besprochen. An dieser Stelle ist nur, wegen ihrer allgemeinen Bedeutung für das Ressortwesen in Bergwerks-Sachen, der Vorschriften zu gedenken, welche seit der VO. v. 1808 über den Gerichtsstand in Bergwerks-Streitigkeiten ergangen sind. — Obgleich jene VO. die Gerichtsbarkeit der Berg- und Hütten-Behörden aufgehoben hatte (§ 14), wurde dieselbe durch Errichtung besonderer mit den Bergämtern in Verbindung stehender Berggerichte wiederhergestellt (cf. Edikt v. 21. Febr. 1816; GS. S. 104) und die Kompetenz dieser Gerichte durch das Regl. v. 13. Juni, resp. die ACO. v. 6. Juli und 12. Okt. 1837 (GS S. 135, 147) auf der Grundlage jenes Ediktes neu regulirt. Zwar hat § 13 der VO. v. 2. Jan 1849 diesen Spezial-Gerichtsstand wieder aufgehoben, und die im Edikte, resp. Reglement aufgezählten Rechtsstreitigkeiten an die ordentlichen Gerichte zurückverwiesen; immerhin ergiebt sich aber aus einer Kombinirung jener Gesetze das wichtige Resultat, daß für die große Mehrzahl der in Bergwerks-Angelegenheiten vorkommenden Streitigkeiten, nämlich für die im Ed. v. 1816 § 2 und im Reglement v. 1837 § 2, Nr. 3—8 verzeichneten, die Kompetenz der ordentlichen Gerichte unmittelbar vom Gesetzgeber anerkannt ist. Diese Streitigkeiten sind nach § 2 des Edikts diejenigen über den Betrieb des Berg- und Hüttenwesens, die Bergverleihungen, deren Umfang und Grenzen, sowie die Dauer des Betriebs, die Ausführung der durch die Verwaltungs-Behörden oder Bergämter vorgeschriebenen Arbeiten, die ökonomischen, den Berg- und Hüttenbau unmittelbar angehenden Verhältnisse der Gewerkschaften, endlich die Amts- und Dienstverhältnisse der Offizianten, soweit es bei letzteren auf rechtliches Erkenntniß ankommt, und nach § 2 des Reglements die Prozesse über Berg-Eigenthums-Verleihungen und Bergbau-Privilegien, wegen deren Umfang und Grenzen, sowie solche, welche dingliche Ansprüche an Berg-Eigenthum zum Gegenstande haben, desgleichen Prozesse, betreffend den Betrieb der Berg-, Poch- und Waschwerke, sowie die Ausführung der Arbeiten auf denselben, die Verhältnisse der Berg-Eigenthümer und Gewerkschaften unter sich, die gegenseitigen Rechte und Verbindlichkeiten derselben und deren Beamten sowie der Arbeiter, die gegenseitigen Rechte und Verbindlichkeiten der Eigenthümer verschiedener Gruben, Stollen und Wasserhaltungs-Maschinen, die Entschädigung der Grundeigenthümer für die durch das Schürfen entstehenden Schäden, für Expropriationen zum Bergbau und für die durch den Betrieb sonst noch zugefügten Nachtheile, soweit darüber ein Prozeß zulässig ist, die auf den Betrieb bezüglichen Schulden und die Ansprüche an die Bergbeamten aus ihren Dienstverhältnissen, ferner Prozesse über die im Berg-Hypothekenbuche eingetragenen Forderungen, Arreste und Exekution auf, resp. in das Berg-Eigenthum, Konkurs- und Liquidations-Prozesse über dasselbe, die öffentlichen Aufgebote, insoweit solche Berg-Eigenthum und die im Berg-Hypothekenbuche eingetragenen Posten zum Gegenstande haben, endlich die Subhastationen von Berg-Eigenthum.

314. Aus den oben bezogenen Gesetzen geht bereits im Allgemeinen die

Möglichkeit hervor, daß ein Rechtsstreit zwischen dem Staate, resp. der Behörde und Privatbetheiligten über Bergwerks-Angelegenheiten stattfinde; denn sowohl das Edikt von 1816 (§ 7), als das Reglement von 1837 (§ 4) berücksichtigt den Fall, wo wegen der gemäß § 2 l. c zum berggerichtlichen Ressort gehörigen Gegenstände das Königl. Bergamt in Anspruch genommen werde, oder selbst als (klagende) Partei auftrete, und macht § 13 l. c. dem Bergrichter noch besonders zur Pflicht, über die gründliche Führung der nach § 7, resp. 4 l c. etwa vorkommenden fiskalischen Prozesse zu wachen. Für einzelne Fälle wird darüber auch nach § 1, I. 35 AGO. und nach allgemeinen Grundsätzen bei Niemandem ein Zweifel obwalten können. Werden z B. sowohl vom Staate, als von Privaten auf dasselbe Berg-Eigenthum Ansprüche erhoben, handelt es sich also darum, ob der Eine vor dem Andern dieses Eigenthum oder einen Anspruch auf dessen Verleihung rechtmäßig erworben habe, so springt es sofort in die Augen, daß diese Frage auf keine andere Weise, als durch Richterspruch endgultig gelöst werden könne So erkannte OT. (Pl) 3 Okt. 1849 (Präj 2144, Entsch. 19, S 47) in einem Prozesse zwischen dem Fiskus und einem Muther darüber, ob die Freierklärung des Bergbaus die Wirkung habe, daß Fiskus an dem zum Bergregale gehörigen Fossilien nur auf dieselbe Art wie Private, nämlich durch Muthung und Belehnung ein privatives Berg-Eigenthum erwerben könne, oder ob ein von der Bergbehörde erklärter Vorbehalt genüge, um die in einer gewissen Gegend befindlichen Fossilien für die ausschließliche Gewinnung zu Gunsten des Fiskus zu reserviren, ohne daß von irgend einer Seite die richterliche Kompetenz bestritten wurde; cf auch Präj 862 (Präj Samml. S. 215) und LG. Saarbrücken 22. Aug 1837 (Rh A. 33, III. 11). — Ebensowenig kann diese Kompetenz einem gegründeten Bedenken unterliegen, wenn gemäß besonderer, mit dem Lehnsherrn eingegangener Verträge wider diesen ein Berg-Eigenthum von bestimmtem, aber bestrittenem Umfange in Anspruch genommen wird: AH. Cöln 15. Mai 1843 (Rh. A. 36, I. 20; hier war jedoch nicht wider den Fiskus, sondern wider einen vormaligen Landes- und nunmehrigen Standesherrn geklagt worden). Aber selbst, wenn die Feststellung eines solchen angeblich bereits bestehenden Rechts aus anderen Gründen nothwendig werden sollte, wenn z. B. Zweifel darüber entständen, ob ein Bergbautreibender die Verleihung des Berg-Eigenthums wirklich erhalten habe, und die Behörde, von der verneinenden Ansicht ausgehend, den ferneren Betrieb aus polizeilichen Rücksichten inhibirte, würde der vorgebliche Eigenthümer gegen den Staat unbedenklich auf Anerkennung seiner Ansprüche klagen können; cf. JMR. v 4 Nov. 1831 (Jbb. 38, S. 428).

315. Ob jedoch, von solchen Fällen abgesehen, aus Akten der Verwaltung des Bergregals ein Anspruch wider den Staat als solchen hergeleitet und im RW. geltend gemacht werden könne, oder ob gegen die von den Bergbehörden erlassenen Verfügungen nur der Rekurs im Verwaltungswege stattfinde, erfordert eine nähere Erörterung. Gräff spricht sich S. 174 für die letztere Ansicht aus, indem er annimmt, daß der RW zur Entkräftung einer solchen Verfügung, falls dieselbe mit Rücksicht auf das vermeintlich bessere Recht eines Andern und zu dessen Gunsten getroffen worden, nur wider diesen Andern, im entgegengesetzten Falle und beim Mangel eines solchen Gegners aber gar nicht beschritten werden könne Er dokumentirt zugleich, daß hiermit die Praxis der Gerichtshöfe übereinstimme. Dessen ungeachtet verdient diese Ansicht schwerlich Beifall. Obgleich das Material zu ihrer Widerlegung wohl schon in dem unter n 312 ff Gesagten enthalten sein dürfte, so verlohnt es sich dennoch der Mühe, auf die Art, wie Gräff dieselbe begründet, näher einzugehen, da gerade diese Art der Begründung den sichersten Beweis für ihre Unhaltbarkeit zu liefern scheint Daß die von Gräff ungenau, wo nicht unrichtig wiedergegebenen Worte des § 36 h l „gegen allgemeine in Gegenständen der Regierungs Verwaltung ergangene Verordnungen ꝛc.“ nur auf wirkliche Ausflüsse des Gesetzgebungs-Rechts sich beziehen, und daher nur einen müßigen Zusatz zu den Worten „über wirkliche Hoheits- und Majestäts-Rechte“ bilden, ist schon unter n. 94 gesagt Ebensowenig entscheidet die Deklaration von 1831, welche den Begriff „Hoheitsrecht“ keinenfalls in weiterem Sinne nimmt, als § 36 und das ALR Wenn aber Gräff gar sagt, daß zu diesen Hoheitsrechten die Verwaltung der Staatseinkünfte, also auch der Regalien gehöre, so erkennt er zwar auf der

einen Seite an, daß die im Bergregal enthaltenen Befugnisse des Staats ihrem Grundcharakter gemäß als Vermögensrechte aufzufassen sind, übersieht aber andererseits, daß, trotz des § 14, II. 13 ALR. und von den eigentlichen Steuern abgesehen, die Verwaltung der Staats-Einkünfte, resp. des Fiskus, mithin auch die der Domainen und Regalien recht eigentlich den Gegensatz zu der Handhabung der „wirklichen“ Hoheitsrechte bildet, daß § 36 über letztere den RW. ausschließt, § 41 aber umgekehrt wider Verfügungen, betreffend die Vermögens-Verwaltung des Fiskus, jeden angeblich Verletzten und zwar auch dem Staat, resp der Behörde selbst gegenüber zum gerichtlichen Gehör verstattet, und daß der Schlußsatz dieses § jene Regel sogar ausdrücklich auf Gegenstände der Bergwerks-Administration ausdehnt, resp für anwendbar erklärt Ferner spricht wider jene Art der Begründung, daß, falls die Erlasse der das Bergregal verwaltenden Behörden als Akte anzusehen wären welche die Ausübung eines Hoheitsrechts beträfen, deren Anfechtung nicht einmal mittelbar, durch eine wider Dritte gerichtete Klage statthaft sein würde. Wenn Gräff zur Beseitigung dieser Konsequenz sich auf die Freierklärung des Bergbaus beruft, kraft deren der Staat die in der Bergregalität begriffenen Rechte demjenigen gewähren und belassen müsse, welcher den zur Erlangung des fraglichen Rechts vorgeschriebenen Erfordernissen genügt habe, so beweist er damit entweder zu viel oder gar nichts. Will man nämlich hieraus überhaupt einen Schluß zu Gunsten des RW. ziehen, so würde dieser doch vorzugsweise auf die Klage gegen den Staat selbst passen, da letzterer und nicht ein Dritter es ist, welcher das Recht gewähren muß Ist aber jene Verpflichtung eine solche, die dem Staate gegenüber nur auf administrativem Wege geltend gemacht werden kann, so ist aus demselben Prinzipe, auf welchem die Pflicht beruht, die Gestattung des RW. wider an sich nicht verpflichtete Dritte unmöglich herzuleiten. Außerdem möge noch, was den wichtigsten Fall, den der versagten Berg-Eigenthums-Verleihung betrifft, auf die Fassung des § 154, II. 16 ALR hingewiesen werden, dessen Worte: „kann verlangen“ dem Finder wider die Behörde, von welcher allein die Erfüllung eines solchen Verlangens auszugehen hat, doch wohl ganz andere Rechte und Rechtsmittel zusichern, als diejenigen, die im administrativen Instanzenzuge ihre Erledigung finden. (Dem abgewiesenen Muther einer Erbstollen-Gerechtsame würde nach der entgegengesetzten Ansicht sogar fast immer das Mittel fehlen, sein Recht auf Verleihung gerichtlich feststellen zu lassen, da bei Erbstollen-Muthungen unbedingte Konkurrenz besteht, jener daher gegen dritte Konkurrenten regelmäßig kein Klagerecht hat; cf. Zeitschr. f. BR. 1, S. 334.) Zweifelhafter erscheint es, ob eine Klage wider die Behörde auf Ertheilung eines von dieser versagten Schürfscheins zuzulassen sei; der Zweifelsgrund liegt aber hier nicht darin, ob ein in dieser Weise erfolgendes Angehen wider die Anordnung der Behörde an sich für statthaft zu halten, sondern ob dem Gesuche um Ertheilung des Schürfscheins ein privatrechtlicher Anspruch auf dessen Gewährung zur Seite stehe, ob also der abschläglich Beschiedene durch jene Verfügung der Verwaltung in seinen Rechten verletzt erscheine (cf. § 41 h. l.). Auch hier dürfte indessen der bejahenden Ansicht der Vorzug gebühren, da es ein im Deutschen und Preußischen Bergrechte angenommener Grundsatz ist, daß Niemanden außer aus gesetzlichen Gründen ein solcher Schein versagt werden dürfe; cf. Karsten S. 82; HMR. v. 31. März 1852 § 5 (VMBl S. 96).

316. Aus dem unter n. 315 Gesagten ist nicht zu folgern, als ob gegen dritte Interessenten aus Anlaß von Verfügungen der Bergbehörden nicht gleichfalls geklagt werden könne; das Gegentheil ergiebt sich vielmehr aus der Frei-Erklärung des Bergbaus und aus dem privatrechtlichen Charakter der bei solchen Streitigkeiten zur Sprache kommenden Rechtsverhältnisse, zumal auch dem Rechte aus der Muthung die dingliche Natur schwerlich abgesprochen werden kann; cf. OT. 9. Septbr. 1857 (Strieth. 27, S 16), Klostermann (S. 105) Ebensowenig kann aber auch aufgestellt werden, daß keine Fälle existirten, wo die richterliche Kognition sowohl dem Staate als Dritten gegenüber eine Einschränkung erleide; solche Fälle sind indessen im Verhältnisse zur Regel des § 41 immer als Ausnahmen zu betrachten

317. Daß derartige Ausnahmen überhaupt bestehen, folgt schon aus § 41 selbst, indem der Schlußsatz dieses § die dort erwähnten, auf den §§ 35 und 36

beruhenden Beschränkungen des RW. auch bei Gegenständen der Bergwerks-Verwaltung aufrecht erhält. Diese Ausnahmen sind theils solche, welche aus dem Prinzipe folgen, daß der RW. über wirkliche [in Bergwerkssachen neben dem Bergregal zur Sprache kommende] Hoheitsrechte nicht Statt hat (§ 36 Abs. 1, 2), theils solche, die in besonderen Gesetzes-Vorschriften ihre Begründung finden (§§ 35, 36 Abs. 3). Auf die §§ 38—40 weist § 41 nicht zurück, und könnte man fast versucht sein, aus der Bezugnahme des § 8 zu folgern, daß § 41 ebensowenig wie das ALR. unter der rein administrativen und der polizeilichen Thätigkeit der Berg-Behörden habe unterscheiden wollen. Inzwischen wendet der Komp GH. die Grundsätze des an Stelle der §§ 38—40 getretenen Ges v 11. Mai 1842 auch auf bergpolizeiliche Verfügungen an, und wird letztere Ansicht im weiteren Verlaufe dieser Schrift festgehalten werden Die aus der Unanfechtbarkeit der Hoheitsrechte herzuleitenden Beschränkungen des RW. gestatten eine getrennte Besprechung; vgl. das Nähere n. 334 ff. Anders verhält es sich mit denjenigen Beschränkungen, welche aus dem polizeilichen Charakter einer bergamtlichen Verfügung oder aus besonderen Gesetzes-Vorschriften hervorgehen, indem ein Theil der letzteren gerade darin seinen Grund hat, daß die Bergbehörden neben der Verwaltung des Bergregals auch die Bergpolizei (§ 82, II. 16 ALR.) auszuüben haben Da inzwischen die Frage, inwiefern der RW. gegen bergpolizeiliche Verfügungen stattfinde, keine Eigenthümlichkeiten darbietet, so wird es einer besonderen Besprechung dieses Gegenstands ohnehin nicht bedürfen, sondern genügen, wenn gelegentlich auf die Bestimmungen des Ges. v. 11 Mai 1842 zurückverwiesen wird. Anlangend endlich die auf speziellen Vorschriften beruhenden Ausnahmen, so kann man dieselben mit Gräff (S. 75) unter zwei Kategorien rubriziren, je nachdem nämlich das Gesetz die Entscheidung ausdrücklich in das Ermessen der Bergbehörde stellt, oder aber den RW. geradezu ausschließt. Zwar scheinen einzelne Erkenntnisse noch eine dritte Kategorie auszuscheiden, welche an ein spezielles Gesetz nicht anzuknüpfen wäre, und diejenigen Fälle umfaßte, in welchen die Entscheidung von der Beantwortung einer rein technischen Frage abhängt. Inzwischen ist nicht abzusehen, weshalb das Eingreifen technischer Fragen auf den Kompetenzpunkt von Einfluß sein sollte, insofern der privatrechtliche Charakter des Streitgegenstands an sich feststeht. Der Richter ist sehr oft genöthigt, zu dem Gutachten von Sachverständigen seine Zuflucht zu nehmen, um technische Fragen, die in den Bereich seiner Kognition fallen, zu lösen; es fehlt an jedem Anhalte dafür, daß dieses Auskunftsmittel in Bergwerks-Sachen unzureichend resp. unstatthaft sei. Wenn § 8 h l. das Technische des Bergwerks- und Hüttenwesens im Allgemeinen den Bergbehörden vorbehält, so geschieht dies lediglich, um die Zuständigkeit der letzteren dem Wirkungskreise der Regierungen gegenüber zu präzisiren. Für die Ressort-Verhältnisse zwischen jenen Behörden und den Gerichten ist auch in dieser Beziehung der § 41 maaßgebend, und folgt gerade aus dem Umstande, daß dieser § auf § 8 hinverweist, in unzweideutiger Weise, daß bei privatrechtlichen Streitigkeiten in Bergwerkssachen die endgültige Entscheidung selbst über technische Fragen nicht den Verwaltungs-, sondern den richterlichen Behörden zustehe.

318. Da das Gesetz bei niederen Regalien einen wirksamen Besitz zu Gunsten eines Dritten, selbst ohne Titel, anerkennt (§ 35, II. 14; § 630, I. 9 ALR.), so ist die Zulässigkeit des RW. in Bergwerks-Angelegenheiten im Allgemeinen nicht auf das Petitorium beschränkt, sondern umfaßt auch das Possessorium mit, insofern der Streit, der Natur der Sache nach, einer Lösung auf letzterem Wege empfänglich ist; cf JMR v. 4. Nov 1831 (Jbb. 38, S. 428). Doch besteht auch diese Regel nicht ohne Ausnahmen Eine generelle Ausnahme erleidet dieselbe, dem Ges. v. 11 Mai 1842 zufolge, solchen Anordnungen der Behörde gegenüber, welche den Charakter von bergpolizeilichen an sich tragen; cf. CK v. 12 Jan. 1856 (JMBl. S. 70). Beispielsweise können daher Streitigkeiten unter den Besitzern zweier benachbarten Gruben, welche mit ihren Arbeiten in Konflikt gerathen, so oft eine bergpolizeiliche Verfügung in Mitte liegt, auf possessorischem Wege nicht zum Austrag gebracht werden. Das Kreisgericht zu Siegen gelangte, ohne speziellen Hinweis auf das Ges. v. 1842, zu demselben Resultate, indem dasselbe aus dem der Bergbehörde gemäß §§ 82, 83, 221, 222, 224, 235, 247, 359—382, 387, II. 16 ALR.

obliegenden Berufe, die Besitz- und Betriebs-Verhältnisse vorläufig zu reguliren, den Schluß zog, daß es bei den desfalls getroffenen Anordnungen so lange bewenden müsse, bis im Petitorium ein entgegenstehendes, besseres Recht bewiesen werde. (Brassert, welcher in der Zeitschr. für BR. 1, S 285 diesem Urtheile beipflichtet, stellt es geradezu als allgemeinen Grundsatz auf, daß der Possessorienprozeß zwischen Bergbautreibenden überall unzulässig sei, wo bergbauliche Arbeiten und Anlagen, die sich auf eine Genehmigung oder Anordnung der Bergbehörde stützen, den Gegenstand der Beschwerde bilden) Inzwischen erachtete OT 27 Jan. 1860 (Striethorst 36, S. 182) eine so prinzipielle Beantwortung der Frage für unrichtig, da zwar Fälle existirten, wo die Bergbehörde über den Besitzstand mit der Wirkung verfüge, daß dadurch ein im RW. zu erhebender Widerspruch ausgeschlossen sei (cf. z B. § 378, II 16 ALR.), andererseits aber auch Fälle, in denen zwei Bergbautreibende bei ihren Arbeiten dergestalt in Konflikt geriethen, daß darüber nach allgemeinen gesetzlichen Bestimmungen eine Klage im Possessorien-Prozesse stattfinde, ohne daß die Genehmigung und Leitung des Baues von Seiten der Bergbehörde dem entgegenstehe, und daß zu den letzteren Fällen der gerade fragliche gehöre, wo das Possessorium wider die von der Behörde genehmigte Anlegung eines Stollens, resp Flügelorts und den damit verbundenen Stollenhieb (§§ 221 ff, 387, 405 ff. II 16 ALR.) gerichtet war. (Gleichzeitig nahm freilich das OT. an, daß die Ausübung dieser einem beliehenen Stöllner gesetzlich zustehenden Rechte nicht als Besitzstörung anzusehen, und daher die Klage, wenn auch zum RW. geeignet, doch materiell nicht begründet sei.)

319 Im Einzelnen hat die Rechtsprechung in Beziehung auf solche Rechts-Streitigkeiten, welche zwischen Privat-Interessenten obwalteten (nicht also bei Klagen gegen den Staat oder die Behörden desselben), die folgenden Grundsätze in Betreff der Kompetenz anerkannt:

Zunächst ist der RW allgemein für statthaft erachtet worden, sobald es sich um das vorzugsweise Recht auf Verleihung des Bergwerks-Eigenthums handelt, so daß also weder die gerichtliche Kompetenz noch die Aktiv-Legitimation des Klägers durch eine vorgängige Belehnung bedingt werde; cf AH. Cöln 19. März 1853, 21 Dez 1857 (Rh. A. 48, I. 178; Zeitschr. für BR. 3, S 91); OT. 3 Jan 1840, Präj. 780 (Das ersterwähnte Urtheil sprach den Satz, daß Streitigkeiten zweier Muther über das Vorzugsrecht im Felde zur gerichtlichen Kognition gehörten, in einem Falle aus, wo die Bergbehörde beiden Parteien Muthscheine ertheilt hatte, welche, wie sich nachträglich zeigte, dasselbe Grubenfeld betrafen. Dem cit. Präjudiz zufolge legitimirt eine vorschriftsmäßig eingelegte Muthung den Muther, gegen jeden Dritten, welcher auf das gemuthete Feld vorzüglichere Rechte erworben haben will, sein durch die Muthung erlangtes Recht gerichtlich geltend zu machen)

320. Namentlich kann gegen die von der Bergbehörde darüber getroffene Bestimmung, ob ein Fund wirklich gemacht, ob ein entblößter Gang im Freien gelegen und bauwürdig sei (§ 169, II. 16 ALR), derjenige, welcher sich durch jene Bestimmung beschwert erachtet, den RW beschreiten, und zur Erreichung des entgegengesetzten Resultats die bezüglichen Fragen der richterlichen Kognition unterbreiten. Dies ist gleichfalls, obschon nur theilweise, durch die Jurisprudenz gutgeheißen worden. So erklären OT 24 Sept. 1843, 9. Sept. 1857 (Entscheid. 9, S. 414; Strieth. 27, S. 17) den wegen Unfreiheit des Feldes zurückgewiesenen Muther für befugt, wider den nach Ansicht der Bergbehörde besser Berechtigten zur Ausführung seines vorzüglicheren Rechts klagbar zu werden, wogegen das FMR v. 18 Juni 1837 (Steinbeck S. 54) die Frage der Bergfreiheit „als einen Gegenstand des Berghoheitsrechts betreffend" für nicht prozeßfähig erachtete (Das cit. OT. 24. Sept. 1843 hebt hervor, jenes MR scheine nur den Fall vor Augen zu haben, wo der zurückgewiesene Muther seinen Anspruch gegen die Behörde selbst verfolgen wolle, — was freilich nach der unter n 315 entwickelten Ansicht eine abweichende Beantwortung jener Frage nicht motiviren würde.) - Ebenso vindizirt OT. 23. Aug. 1849 (Entsch. 18, S. 331) die Entscheidung darüber, ob ein Fund überhaupt gemacht sei, der richterlichen Kognition, und zwar anscheinend, ohne zu unterscheiden, ob die Behörde sich hinsichtlich dieser Frage bejahend oder ver-

neinend ausgesprochen habe. Inzwischen sind die Motive des Erk. nur für den ersteren Fall berechnet, und stimmen überhaupt mit den obigen Entwickelungen nicht überein (Dasselbe geht nämlich nicht davon aus, daß es sich um einen Akt der Bergwerks-Administration handle, der zufolge § 41 im RW. angefochten werden könne, sondern es erblickt in der Belehnung ein Privileg und in der Muthung das Gesuch um Ertheilung eines solchen Wenn gleich aber Bergwerks-Belehnungen mit Privilegien das gemein haben, daß sie immer nur unter dem stillschweigenden Vorbehalte wohlerworbener Rechte Dritter ertheilt werden, so unterscheiden sie sich, wie bereits unter n. 312 angedeutet wurde, von jenen doch sehr wesentlich dadurch, daß sie die Ausflüsse eines bloßen Regals, Privilegien aber die eines wirklichen Hoheitsrechts sind Aber auch abgesehen hiervon ist die Ansicht des OT schwerlich durchführbar. Beispielsweise unterstellt die exceptio sub- vel obreptionis doch immer eine durch fälschliche Zuthat oder absichtliches Verschweigen herbeigeführte Täuschung. Obige Frage könnte aber offenbar selbst dann zur gerichtlichen Entscheidung gestellt werden, wenn von beiden Parteien keinerlei andere Thatsachen und Beweise vorgebracht würden, als die bereits vor der Bergbehörde zur Sprache gekommenen) — Bezüglich der Frage der Bauwürdigkeit weicht die Praxis des OT. nicht blos in den Gründen, sondern auch im Resultate von der Eingangs aufgestellten Ansicht ab, indem sie diese Frage als eine technische der ausschließlichen Beurtheilung der Verwaltung überweist; cf OT. 23. Aug 1849 l c. und 30 April 1858 (Strieth. 28, S. 273). Die Gegengründe sind bereits unter n. 317 enthalten. Wenn in dem ersteren jener Erkenntnisse außerdem angedeutet wird, daß die Frage der Staats-Oekonomie angehöre, so dürfte auch dieser Umstand Nichts entscheiden; steht es fest, daß der vor Gericht geltend gemachte Anspruch an sich ein privatrechtlicher ist, daß demselben ferner eine ihrem Wesen nach privatrechtliche Verpflichtung des Staats entspricht, so können auch alle die Existenz solcher privatrechtlichen Verhältnisse bedingenden Fragen, wenn sie gleich für sich allein betrachtet in das administrative Gebiet eingreifen, beim Mangel einer das Gegentheil ausdrücklich sanktionirenden Vorschrift in den Kreis der richterlichen Prüfung gezogen werden Noch unhaltbarer ist es, wenn ein AH Cöln 8 Juni 1854 (Rh. A 49, I. 250 ff) die Klage einer Gewerkschaft, deren Muthung von der Bergbehörde Mangels eines „muthungsfähigen“ Fundes für blind und erloschen erklärt worden war, aus dem Grunde abwies, weil es sich gar nicht um privatrechtliche Ansprüche, sondern um Belehnungen handle, deren Verleihung dem Hoheitsrechte des Staates vorbehalten sei

321 Nach gleichen Gesichtspunkten beurtheilt sich die Frage, ob eine eingelegte Muthung sich über das in Anspruch genommene Feld erstrecke, oder ob dieselbe wegen mangelnder Angabe der Größe des Feldes im Muthzettel als blind zu betrachten sei; OT 6. Juni 1856 (Strieth 22, S. 27) spricht die Zulässigkeit der richterlichen Kognition hierüber ausdrücklich aus, andere Entscheidungen, z B. OT. 11 Juni 1852 (ib. 5, S 313), setzen sie als selbstverständlich voraus.

322. Desgleichen unterliegt die Frage über die Gesetzlichkeit einer bergamtlichen Verfügung, welche eine Muthung wegen unterbliebener Einzahlung des Kosten-Vorschusses zurückgewiesen hat, der richterlichen Kognition: Just. Sen. Ehrenbr. 7 Jan. 1862 (Zeitschr für BR 3, S 97).

323. OT. 13. Juli 1857 (Strieth. 26, S. 114) folgert aus der privatrechtlichen Natur des Theilnahmerechts an einem Bergwerk, daß, wenn in der Verleihungs-Urkunde Jemand blos irrthümlicher Weise als Mitberechtigter aufgeführt sei, und die Bergbehörde die Beseitigung dieses Irrthums ablehne, letzterer vom Richter verbessert werden könne.

324 Im Allgemeinen gelten die oben zu Gunsten des RW. aufgestellten Sätze nicht allein, wenn es sich um Feststellung der Existenz des Berg-Eigenthums oder des Anspruchs auf dessen Verleihung handelt, sondern auch, wenn blos der Umfang dieser Rechte in Frage steht. Inzwischen erleiden dieselben gerade bei Streitigkeiten der letzteren Art mehrfache Ausnahmen, welche namentlich an das Ges., die Verleihung des Berg-Eigenthums auf Flötzen betr, v. 1 Juli 1821 (GS S. 106) anknüpfen, dessen Bestimmungen übrigens auf nesterweise gelagerte Fossilien und den eigentlichen Gangbergbau keine Anwendung finden, obschon sie den Ausdruck „Flötz“ nicht in dem engeren Sinne der §§ 156, 157, II. 16 ALR. nehmen, darunter viel-

mehr alle den Schichten des Gebirges parallel abgelagerte Lagerstätten, mithin auch Erzlager verstehen; cf. OT. 30. April 1858 (Entsch. 38, S. 281), Zeitschr. für BR. 1, S. 257; 3, S. 128.

325. Insbesondere ist die richterliche Kognition ausgeschlossen über die ausdrücklich in das Ermessen der Bergbehörde gestellten Fragen, welche der in §§ 1, 2 jenes Ges. erwähnten Vermessungs-Arten bei vorkommenden Fällen anzuwenden, und welche Vierung im Falle des § 5 ib innerhalb des gesetzlichen Maximums von 500 Lachtern zu gewähren sei: OT. 11. Jan. u. 14. Juli 1856; 30. April 1858 (Strieth. 19, S. 269; 22, S. 128; 28, S. 273). Desgleichen unterliegt, eben diesen Entscheidungen zufolge, die Frage, was zu einem zusammenhängenden Bau gehöre (§ 3 ib.), der ausschließlichen Beurtheilung der Bergbehörde, weshalb z. B., wenn letztere ein geviertes Feld verliehen habe, der Richter nicht mehr erörtern könne, ob das dort vorfindliche Flötz einen solchen Bau auch wirklich gestatte, während freilich dem OT. 31. Aug. 1838 (Präj. 342, Gräff S. 133) die entgegengesetzte Ansicht zu Grunde zu liegen scheint. — In Betreff des Umfangs der den Bergbehörden durch obiges Gesetz verliehenen Befugnisse cf. ferner die MR. v. 31. Dez. 1837 und v. 11. Dez. 1835 (Ergänz. zu §§ 156, 157, II 16 ALR.). Nach ersterem hat § 3 die frühere Berechtigung des ersten Finders auf Maaßen ganz aufgehoben und lediglich vom Ermessen der Bergbehörde abhängig gemacht, ob überhaupt und welche Zahl von Maaßen der Fundgrube zuzulegen sei. Das letztere R. folgert aus § 5 das Hinwegfallen des Rechts auf die bisherige Vierung. Gräff (S. 133, 134) tritt dem R. v. 1837 bei, nicht aber demjenigen von 1835, indem er das Ermessen der Bergbehörde nur bezüglich der Bewilligung einer größeren als der bisherigen Vierung gelten läßt. — Just. Sen. Ehrenbr. 26. Jan. 1860 (Zeitschr. für BR. 1, S. 258) erklärte das Begehren einer bestimmten Zahl von Maaßen selbst dann für nicht prozeßfähig, wenn der betreffenden Verfügung der Bergbehörde die angeblich irrige Ansicht zu Grunde gelegen habe, daß das Feld die Grenzen eines Geschwornen-Reviers nicht überschreiten dürfe, oder wenn diese Ansicht durch eine inzwischen eingetretene Aenderung dieser Grenzen nicht mehr zutreffend sei. Im Uebrigen kann bezüglich der rechtlichen Konsequenzen, welche sowohl für die Frage der Prozeßfähigkeit, wie für das materielle Recht aus obigen Vorschriften abzuleiten sind, auf Klostermann (S. 88 ff.) verwiesen werden.

326. Insoweit das Ges v. 1821 über die Verleihung und deren Umfang unmittelbar selbst die Bestimmung trifft, die hierbei zu beurtheilenden Fragen mithin nicht in das Ermessen der Bergbehörde stellt, kommt wieder die Regel des RW. zur Geltung, weshalb z. B. darüber, ob Jemandem von jener Behörde eine größere Anzahl von Maaßen oder eine ausgedehntere Vierung als das gesetzliche Maximum (§§ 3, 5) bewilligt sei, die richterliche Kognition stattfindet; cf. cit. OT. v. 14. Juli 1856, 30. April 1858. [Aehnlich entschied OT. 9. Sept. 1857 (Strieth. 27, S. 17) in einem vom Ges. v. 1821 nicht berührten Falle bezüglich der Behauptung, das vom Beklagten projektirte Feld sei größer, als die betreffende Berg-Ordn. gestatte.] — Dagegen erachtete OT. 22. Sept 1854 (ib. 15, S. 31) den Einwand, daß das vom Gegner begehrte Feld mit keiner der gesetzlichen Vermessungs-Arten in Einklang gebracht werden könne, für nicht prozeßfähig.

327. Gräff (S. 75) rechnet ferner zu den in das Ermessen der Bergbehörde gestellten und darum der richterlichen Erörterung entzogenen Gegenständen die Bestimmung der in den §§ 345, 444, 452, II. 16 ALR. erwähnten Steuern und die Gewährung der in den §§ 164, 201 ib. erwähnten Fristen. Ebenso nahm OT. 13. Nov. 1849 (Strieth. 1, S. 120) an, daß die Bewilligung einer Fristverlängerung zur Entblößung des gemutheten Fossils, zumal nach der Cleve-Märk. Berg-Ordn., ausschließlich vom Ermessen der Bergbehörde abhange; cf außerdem OT. 3. Nov. 1845 (Arnsb. Arch. 14, S. 281), wo die Ansicht gemißbilligt wird, als ob ein Berg-Eigenthum durch die erlangte Fristung nicht gesichert werde, wenn der neue Aufnehmer nachweise, daß die Frist ohne erhebliche Ursachen bewilligt sei, indem, falls die den Lehnsherrn vertretende Behörde dem Lehnsträger die Fristung des Baues gestattet habe, und keine strafbare Kollusion dargethan werde, der Vorwurf einer Verletzung der Lehnspflichten und der daran geknüpfte Rechts-Nachtheil cessire.

---

328. Dagegen ist die Frage, ob einem Schürfscheine, über dessen Verlängerung Nichts festgestellt worden, noch Gültigkeit beizumessen sei, allerdings prozeßfähig: OT. 28 Febr. 1862 (Zeitschr. für BR. 3, S. 116).

329. Nach EK. 14. Jan. 1860 (JMBl. S. 308) soll ferner zu jenen der richterlichen Beurtheilung entzogenen Gegenständen die im § 300, II 16 ALR. der Bergbehörde zugewiesene Bestimmung gehören, wann und wieviel an Verlag erstattet oder an Ausbeute bezahlt werde, weshalb auch ein Prozeß zwischen der Gewerkschaft einer Bleierz- oder Eisenstein-Grube und dem Fiskus über die Anwendbarkeit des Ges, die Besteuerung der Bergwerke betreffend, v. 21 Mai 1851, resp. darüber, ob wirklich neun Zehntel von dem in einem Jahre gewonnenen Brutto-Ertrage des Bergwerks die rechnungsmäßige Ausgabe desselben Jahres übersteigen, nicht statthaft sei. Brassert (Zeitschr. für BR. 1, S. 308) tritt zwar den Gründen dieses Urtheils entgegen, weil die im § 14 cit. vorgeschriebene Ertrags-Ermittelung mit der Entscheidung über die Ausbeutezahlung in keinem sachlichen Zusammenhange stehe, und hält dieselben gegenwärtig für um so weniger zutreffend, als jene auf § 300 cit beruhende Befugniß der Bergbehörde durch Ges. v 21. Mai 1860 aufgehoben sei Da er jedoch die damals streitige, von dem Komp GH. aber unerörtert gelassene Frage nach der rechtlichen Natur des Zwanzigsten und der Aufsichtssteuer dahin löst, daß er beide für eigentliche Steuern (§ 78, II. 14 ALR) erachtet, so gelangt er zu demselben Resultate, wie obiges Erk.; cf unten n. 336, 337.

330. Der § 198, II 16 ALR. enthält unbestritten keine den RW. zum Nachtheile der bisherigen Berg-Eigenthümer ausschließende Bestimmung; er setzt blos die Voraussetzungen des s g Freifahrens fest, ohne der Kompetenzfrage vorzugreifen. Demnach verbleibt es hinsichtlich der Frage, ob jene Voraussetzungen bei einer freigefahrenen Zeche wirklich zutreffen, diese mithin Mangels gehöriger Belegung der Grube in's Freie gefallen sei, bei der Regel der Zulässigkeit des RW, selbst, wenn die Bergbehörde die Grube einem dritten Baulustigen bereits verliehen haben sollte (§§ 204, 205 ib): OT 3 März 1852, OLG. Arnsberg 15. Nov. 1850 (Strieth. 6, S. 60; Arnsb. Arch 5, S 168). Gilt dasselbe auch im umgekehrten Falle, wo also die Bergbehörde den Antrag auf Freifahrung, resp auf Annahme einer neuen Muthung ablehnt? Klostermann (S 151) verneint, wenigstens für das Gebiet des ALR, weil letzteres, hierin freilich von einzelnen Bergordnungen abweichend, den Verlust des Berg-Eigenthums ausdrücklich davon abhängig mache, daß das Bergamt die Grube nicht gehörig belegt finde, mithin jedes andere Fundament für den Anspruch neuer Muther, als den von jenem registrirten Befund ausschließe. Anders verhält es sich nach der Kur-Kölnischen Bergordnung v 2 Januar 1669 Th. III Art 9, 10: OT. 1. Dez 1858 (Entsch. 41, S 382); Klostermann S. 156 — Cf. im Uebrigen n. 327.

331. Desto streitiger ist dagegen, ob § 281, II 16 ALR. eine solche Ausnahme-Vorschrift enthalte, oder ob im Falle der Kaduzirung eines Kuxes wegen unterbliebener Zahlung der Zubuße wider das betreffende Dekret der Bergbehörde im RW. angegangen werden könne. Sommer (Arnsb Arch. 13, S 632), Gräff (S. 76) und Hertwig (Bergbuch s. v. Retardat) entscheiden sich für die zweite Alternative, während das OT. sich für die erstere ausgesprochen hat: Erk. 10. Aug. 1847 (Präj. 1898, Arnsb Arch 13, S 653) rd 9 Juli 1858 (Strieth. 30, S. 178); ebenso: AG. Hamm 11. Jan 1858 (Gruchot Beitr 2, S. 257); Brassert (Berg-Ordn. S. 632) und Klostermann (S. 267); das Erk v. 9 Juli 1858 geht sogar noch einen Schritt weiter, indem es ein Gleiches in Bezug auf die Kaduzirung einer im Allein-Eigenthum befindlichen Zeche annimmt, während Klostermann in diesem Punkte der entgegengesetzten Ansicht huldigt oder doch wenigstens die Kaduzirung einer solchen Zeche für unstatthaft hält Der Ansicht Sommer's 2c. dürfte überhaupt der Vorzug gebühren. Mag die betreffende Befugniß der Berg-Behörde eine Art Gerichtsbarkeit darstellen, wie man bei Berathung des Ges. v. 21. Mai 1860 annahm, wo das Fortbestehen der Vorschriften über Freifahrungen, Freierklärungen und Kaduzirungen mit dieser Auffassung in Verbindung gebracht wurde, oder mag sie als ein [trotz jenes Gesetzes übrig gebliebener] Rest des s g. Direktionsrechts zu betrachten sein, wie das OT. 4. Juli 1858 will, immerhin fehlt es an ausreichenden Gründen, um dem ordentlichen Richter die endgültige Entscheidung zu entziehen, im ersteren Falle, weil der Bergbehörde alsdann

doch wohl nur das Recht zur vorläufigen Entscheidung beigemessen werden könnte, im zweiten, weil sie alsdann nur in unmittelbarer Vertretung der Gewerkschaft und in Verfolgung ihrer privatrechtlichen Interessen handelte. Nur so ist § 281 mit dem allgemeinen Prinzip des § 1 der AGO. in Einklang zu bringen, nur so seine Bestimmung, daß es zur Kaduzirung nicht einmal eines förmlichen Gehörs des säumigen Gewerken bedürfe, zu erklären, oder besser gesagt, vom Gesetzgeber zu verantworten. Hierfür spricht ferner die Analogie des § 47, II. 6 ALR. Andererseits kann für die entgegengesetzte Meinung das Recht zur anderweitigen Verfügung über den Kux (§ 282, II. 16 ib.) ebensowenig angerufen werden, wie aus den §§ 204, 205 ib nicht folgt, daß die Voraussetzungen der Freifahrung der richterlichen Prüfung entzogen seien (n. 330). Eher ließe sich aus jenem Rechte die Unzulässigkeit des Rekurses an die höhere Verwaltungs-Behörde folgern, obgleich selbst dieser Schluß nicht unbedenklich ist. Allerdings wird bei Prozessen über die Kaduzirung häufig auch die Zweckmäßigkeit einer Betriebs- oder Haushalts-Maaßregel streitig werden; es konnte daher zur Zeit, wo solche Maaßregeln noch unmittelbar von der Bergbehörde selbst angeordnet, resp geleitet wurden, die Frage entstehen, ob die richterliche Kognition mit Rücksicht auf das unter n. 267 Gesagte nicht wenigstens insofern eine Beschränkung erleide. Seitdem jedoch in Folge der neueren Gesetzgebung die eigentliche Verwaltung des Berg-Eigenthums Sache der Gewerkschaft, resp. ihrer Vertreter geworden ist, läßt sich nicht einmal hinsichtlich solcher Präjudizialfragen, welche ja auch bei gewöhnlichen Sozietäts- und Kommunions-Verhältnissen vollkommen prozeßfähig sind, durchführen, daß die Auffassung der Bergbehörde die richterliche Beurtheilung ausschließe, resp. für den erkennenden Richter maaßgebend sei.

332. Daß das Direktionsrecht der Bergbehörde, welches den Gewerken in Betriebs- und Haushalts-Angelegenheiten fast nur eine berathende Mitwirkung übrig ließ, durch die neuere Gesetzgebung ganz bedeutend geschmälert, wo nicht gänzlich aufgehoben sei, ist bereits öfter erwähnt. Wesentlichen Antheil an diesen Reformen hat das Ges über die Verhältnisse der Miteigenthümer eines Bergwerks v. 12. Mai 1851 (GS. S. 265). Dasselbe hat das Detail der eigentlichen Verwaltung in die Hände eines von den Gewerken zu wählenden, die Gewerkschaft nach Außen hin vertretenden Repräsentanten oder Gruben-Vorstands gelegt (§§ 13, 15, 18 l. c.), den Gewerken selbst aber die Beschlußfassung in Betreff gewisser wichtigerer Angelegenheiten vorbehalten (§§ 6, 7 ib.); gegen solche gewerkschaftliche Beschlüsse steht den Betheiligten nicht eine Berufung auf den RW, sondern nur auf schiedsrichterliche Entscheidung zu (§ 8); im Uebrigen ist die Gültigkeit eines Theils dieser Beschlüsse (§ 7) von der nur aus Gründen des öffentlichen Interesses zu versagenden Bestätigung der Bergbehörde abhängig gemacht (§ 11). — Zur Erläuterung des Ges. wird im Allgemeinen auf Gräff (S 152 ff) und die Abh über gewerkschaftl. Beschl v Ebmeier (in der Zeitschr. für BR 1, S. 128) verwiesen. Hier genügen folgende Bemerkungen: Die Anrufung eines Schiedsgerichts (§ 8) setzt stets einen gewerkschaftlichen Beschluß voraus; weshalb bei Stimmen-Gleichheit, damit zuvörderst dieser Beschluß selbst erzielt werde, nach § 23, I 17 ALR. zu verfahren, der Streit mithin durch Kompromiß, und, falls auch darüber die Theilnehmer sich nicht einigen, durch Richterspruch zu entscheiden ist; cf. MR v. 6. März 1853 u. Gräff (S 154). Fernere Voraussetzung für die Anwendbarkeit des § 8 ist, daß der Beschluß ein rechtmäßiger sei, indem das Schiedsgericht nur über dessen Zweckmäßigkeit zu entscheiden hat; Streitigkeiten über Legitimation der Beschlußfasser und die Kompetenz zum Beschlusse gehören, da sie dessen rechtliche Existenz überhaupt in Frage stellen, vor die ordentlichen Gerichte. Cf. Ebmeier l. c. Desgleichen ist nicht allein die richterliche Kognition über das Vorhandensein der Bedingungen, von denen die Anrufung schiedsrichterlicher Entscheidung abhängt, sondern auch eine förmliche Klage auf Bestellung eines Schiedsrichters statthaft: OT. 14. Dez. 1857 (Strieth. 27, S 210). — Letzteres Erkenntniß entschied ferner, daß bei gewerkschaftl. Beschlüssen über die Repräsentantenwahl obige Bedingungen nicht zuträfen, § 8 daher nicht Platz greife. *Contra* jedoch Striethorst in der Note (ib. S. 219), Ebmeier l. c. und Gedike (in der Zeitschr für das B. H u. S.-Wesen 6, II. S. 73 ff); Klostermann (S 252) und Zeitschr. f. BR. 3, S. 118. — Nach § 18

Nr. 5, 6 des cit Ges. ist der Repräsentant berufen, die erforderlichen Betriebsgelder auszuschreiben, oder, wenn diese durch Zubußen aufzubringen sind, in Betreff der Zubuß-Ausschreibung, Retardatsetzung und Kaduzirung von Bergwerks-Antheilen ꝛc. die erforderlichen Anträge zu stellen Diese Vorschrift hat in Verbindung mit §§ 274 ff., 296 II. 16 ALR. die Streitfrage hervorgerufen, ob der Repräsentant im Falle eines Widerspruchs gegen die Beiträge zu den ausgeschriebenen Betriebsgeldern einen gewerkschaftlichen Beschluß herbeiführen, resp das Zubuß-Verfahren bei der Bergbehörde beantragen müsse, oder ob er zwischen diesem Mittel und der gerichtlichen Belangung der säumigen Gewerke die Wahl habe. Für die letztere Ansicht sprachen sich OT. 6. Jan. 1857 u 18 Febr 1859 (Strieth. 23, S 199; 32, S. 279) aus, und zwar das erstere in Beziehung auf Beiträge, rücksichtlich welcher nach der damals leitenden Ansicht ein Zubuß-Verfahren ausgeschlossen war, während das letztere einen umgekehrten Fall zum Gegenstande hatte. *Contra*. v. d. Bercken Abh. in Zeitschr. f. BR. 3, S. 451. — Schließlich bleibt zu erwähnen, daß nach § 2 ib. die Aufhebung der Gemeinschaft durch den Ankauf des ganzen Bergwerks beim Widerspruche auch nur Eines Gewerken unzulässig ist, woraus der übrigens schon früher angenommene Satz folgt, daß weder ein Miteigenthümer noch der Gläubiger eines solchen auf Subhastation des ganzen Werks behufs der Theilung antragen kann; cf. die Materialien bei Gräff (S 152) Dagegen kann der Antheil eines Gewerken am Erlöse der Ausbeute im Exekutionswege mit Beschlag belegt und dem Gläubiger in Kraft der Assignation überwiesen werden So: OT. 7. Juni 1859 (Strieth. 34, S. 78)

333 Während das eben besprochene Gesetz, von der Bestimmung des § 18 Nr. 4 abgesehen, unter den früheren Beschränkungen der Gewerkschaften durch die Bergbehörde wenigstens den Einfluß rechtlich bestehen ließ, welchen letztere auf Anlegung, Verlegung und Ablegung der Bergleute, sowie auf die Normirung ihres Lohns ausübte (§§ 307 ff. II 16 ALR.), ist seitdem auch in dieser Hinsicht eine wesentliche Umgestaltung eingetreten, und zwar durch das Ges., betr. die Aufsicht der Bergbehörden über den Bergbau und das Verhältniß der Berg- und Hütten-Arbeiter, v 21. Mai 1860 (GS S. 201). Dieses Gesetz hat dem durch das Ges. v. 1851 und die zu demselben erlassene Min.-Instr v 6. März 1852 bereits zur Thatsache gewordenen Prinzipe der freieren Selbstverwaltung der Bergwerks-Eigenthümer noch besonderen Ausdruck verliehen, und es geradezu ausgesprochen, daß die Bergwerks Eigenthümer der Einwirkung der Bergbehörde auf die Gewinnung und Benutzung der Mineralien nicht weiter unterworfen sein sollten, als zur Wahrung der Nachhaltigkeit des Bergbaus, der Sicherheit der Baue, der Oberfläche im Interesse des Privat- und öffentlichen Verkehrs, des Lebens und der Gesundheit der Arbeiter nöthig sei (§ 1), und demgemäß auch die Abschließung der Verträge zwischen dem Berg-Eigenthümer und den Betriebsführern, den übrigen Grubenbeamten und Bergleuten, zur Sache des freien Uebereinkommens gemacht, und eine Mitwirkung der Bergbehörde bei Annahme und Entlassung dieser Personen, sowie bei Festsetzung und Zahlung des Schicht- oder Gedinge-Lohns ausgeschlossen (§ 2). Ebenso hat dasselbe die bisher theils von den gewerkschaftlichen Grubenbeamten, theils von der Bergbehörde ausgeübte Disziplin über die Arbeiter ausschließlich in die Hände der Berg-Eigenthümer gelegt, und nur die Bestätigung der vornämlich zu diesem Behufe von letzteren zu erlassenden Arbeits-Ordnungen der Bergbehörde vorbehalten (§ 3). Endlich ist (im § 6) nach dem Vorbilde des § 137 der Gew.-O v. 17 Jan. 1845 die Bestimmung getroffen worden, daß Streitigkeiten der Berg-Eigenthümer mit den Bergleuten über den Antritt, die Fortsetzung oder die Aufhebung des Arbeits-Verhältnisses, über die gegenseitigen Leistungen während seiner Dauer oder über Anwendung der Arbeits-Ordnung zur Kognition der Berg-Geschwornen gehören sollen, gegen deren vorläufig vollstreckbare Entscheidung den Betheiligten die Beschreitung des RW binnen 10 Tagen verstattet ist. Von den übrigen, meist der Gewerbe-Ordnung nachgebildeten Bestimmungen dieses Gesetzes interessirt hier nur noch die des § 7, welche analog den §§ 172 ff. der Gesinde-Ordn. v. 8 Nov. 1810 dem abkehrenden Bergmann, dem in seinem Zeugnisse Beschuldigungen zur Last gelegt werden, das Recht verleiht, auf Untersuchung beim Berg Geschwornen anzutragen, und die des § 20, welcher die

oben bezogenen §§ auf die Arbeiter bei den unter Aufsicht der Bergbehörden stehenden Hüttenwerken ausdehnt. — Abgesehen von der Min.-Instr. v. 16. Juni 1860, enthält die Zeitschr. f. BR. (1. Bd) eine erschöpfende Erläuterung dieses Gesetzes von Brassert, aus welcher Folgendes entnommen wird: Durch § 1 erscheint die schon früher zweifelhafte Frage, inwieweit die Bergbehörde bei Streitigkeiten über das Alter im Felde zur Anordnung von Beweis-Arbeiten und zur Betriebs-Einstellung kompetent sei, dahin erledigt, daß jene Behörde, unbeschadet etwaiger polizeilichen Maaßregeln, nur auf Requisition des Prozeßrichters in Wirksamkeit treten könne. Insofern die §§ 359—382, II. 16 ALR., namentlich § 378 ein Anderes bestimmen, sind dieselben aufgehoben. Die Stellung der Grubenbeamten zur Gewerkschaft ist eine rein kontraktliche, und die Anwendung der §§ 4—8, 10 dieses Ges. auf jene Beamten nicht statthaft Die in den Arbeits-Ordnungen angedrohten Strafen können nur als Konventionalstrafen aufgefaßt werden und in Verweis-[?], Geld- und Arbeits-, nicht in Freiheits- und Ehrenstrafen bestehen. Hinsichtlich der Jurisdiktion der Berg-Geschwornen (§ 6) bekennt sich Brassert durchweg zu den unter n. 240 ff. aufgestellten Sätzen. Sie besteht selbst dann fort, wenn das Dienst-Verhältniß bereits aufgelöst ist, vorausgesetzt, daß von den streitenden Theilen der eine noch Werkseigenthümer, der andere noch Bergarbeiter ist; (trifft letztere Voraussetzung nicht zu, so ist sofort der ordentliche Richter kompetent; cf. R. des Ob.-BA. Bonn v 9. März 1861, Zeitschr. f. BR. 2, S. 267.) Die Vollziehung der Entscheidungen der Berg-Geschwornen liegt diesen selbst ob, sie sind jedoch weder zur Subhastation von Immobilien noch zur Verhängung von Exekutionsstrafen befugt, und müssen in Fällen der exec ad faciendum dem Berechtigten die Geltendmachung etwaiger Entschädigungs-Ansprüche auf dem RW. überlassen. — Dem HMR. v. 21. Dez. 1860 (Zeitschr. f. BR. 2, S. 139) zufolge finden die §§ 6, 7 l. c. auf Staatswerke keine Anwendung; es soll vielmehr den Berg-Inspektoren die Befugniß verblieben sein, über die Ansprüche der dort beschäftigten Arbeiter und über die von den jenem untergeordneten Werksbeamten getroffenen Festsetzungen oder ertheilten Zeugnisse unter Vorbehalt des RW. zu entscheiden. Die Herausgeber der Zeitschr. heben hervor, daß diesem R. gemäß die Arbeiter der Staatswerke gesetzlich nicht verpflichtet sein würden, zunächst eine administrative Entscheidung zu impetriren, sondern sofort den RW. beschreiten könnten. Gleichzeitig konstatiren sie aber, daß ein Theil der OB.-Aemter bisher in Betreff der Anwendbarkeit der §§ 6, 7 die entgegengesetzte Ansicht vertreten habe.

334. Schließlich ist der Einschränkungen zu erwähnen, welche die richterliche Kognition in Bergwerks-Angelegenheiten in Folge des Prinzips erleidet, daß über wirkliche Hoheitsrechte kein Prozeß stattfindet, wobei vornämlich das Besteuerungs- und Expropriationsrecht in Betracht kommen.

335. Da das Berg-Eigenthum und der Bergbau-Betrieb an sich ebensowenig, wie jedes andere Eigenthum ꝛc. dem landesherrlichen Besteuerungsrechte entrückt ist, so kann die Anwendbarkeit der §§ 78, 79, II. 14 ALR. auf allgemeine Anlagen, welche auf jenem Eigenthum und dem Bergbau-Betriebe lasten, im Prinzip nicht bestritten werden. Es kann sich daher nur darum handeln, ob und eventuell welche Abgaben, deren die Bergwerks-Gesetzgebung gedenkt, zu solchen allgemeinen Anlagen im Sinne jener §§ gehören, d. h. also als Ausflüsse des Hoheitsrechts zu betrachten sind, zur Bestreitung der Staats-Bedürfnisse das Privat-Vermögen, die Personen, Gewerbe, Produkte ꝛc. mit Abgaben zu belegen Daß in dieser Hinsicht nicht schon der bloße Name „Abgabe" oder „Steuer" entscheide, versteht sich von selbst, erhellt aber gerade am klarsten aus der Bergwerks-Gesetzgebung, welche jene Ausdrücke besonders oft im uneigentlichen Sinne von rein privatrechtlichen Leistungen, selbst solchen, die an Private zu entrichten sind, gebraucht. Gleiches gilt von der Zulässigkeit der administrativen Beitreibung, welche in Betreff der Bergwerks-Abgaben, Aufsichtssteuern, Hüttenbetriebs-Gefälle und Markscheider-Gebühren, wenn auch nicht durch die Ex.-Ordn. v. 1843, 1845 u. 1858, so doch durch diejenige von 1853 ausdrücklich ausgesprochen ist, zumal § 1 l. c. jene Abgaben nicht unter Nr. 1 und 4 unter den direkten und indirekten Steuern, sondern unter Nr. 13 getrennt für sich aufführt.

336. Die wichtigste der hier einschlagenden Fragen ist die, ob der Berg-

werks-Zehnte zu den Anlagen im Sinne des § 78, II. 14 ALR. zähle. Daß dies vom Standpunkte des ALR. aus zu verneinen sei, geht bereits aus dem unter n. 312 Gesagten hervor, und wird ausdrücklich anerkannt im Rhein. Landtags-Abschiede v. 30. Dez. 1843, I. 15 (Troschelsche S. 6, S. 369), wo es wörtlich heißt:

„Daß der Bergwerks-Zehnte, welchen Wir und Unsere Vorfahren als „einen Theil des im landesherrlichen Bergwerks-Regal begriffenen Nutzungs-„Rechts bei dessen Ueberlassung an Privatpersonen Uns vorbehalten, als eine „Besteuerung des Bergwerks-Eigenthums und Bergwerks-Betriebs nicht anzu-„sehen, mithin der Bergwerks-Steuererhebung nach dem (auf dem linken Rhein-„Ufer geltenden) Ges. v. 21. April 1810 nicht gegenüber zu stellen, vielmehr die „ausschließliche gesetzliche Bedingung ist, unter welcher Wir durch Verleihung „auf jedesmaliges Nachsuchen ein privates Berg-Eigenthums- und Nutzungs-„Recht bewilligen.“ —

Dem entsprechend wurde in dem im Arnsb. Archiv 3, S. 501 mitgetheilten Prozesse wo zwischen dem klagenden Fiskus und einem Zehntpflichtigen darüber gestritten wurde, ob der Zehnte in Geld oder in natura zu leisten sei, und ob der Natural-Zehnte nach der Cleve-Märk. B.-O. resp. den §§ 99—101, II. 16 ALR. vom Roheisen oder von den durch den ersten Schmelzprozeß gewonnenen Gußwaaren verschuldet werde, in allen Instanzen und schließlich vom OT. am 17. Juni 1836 zur Sache entschieden, ohne daß die richterliche Kompetenz irgend bezweifelt worden wäre. Hieran hat auch das Gesetz über die Besteuerung des Bergbaus v. 12. Mai 1851 Nichts geändert, denn obschon dasselbe den Zehnten ausdrucklich als Steuer bezeichnet, und durch seine Herabsetzung auf die Hälfte der wirklichen Bergwerks-Steuer der französischen Gesetzgebung näher gebracht hat, so ergeben dennoch die bei Gräff (S. 97) referirten Motive des Ges. (insofern sie besagen: das Festhalten des Zehnten erscheine schon darum als nöthig, „um der künftigen Erledigung der Regalitäts-Frage nicht vorzugreifen“), daß zur Zeit noch die bisherige Auffassung vom Zehnten als einem Ausflusse des Bergregals nicht aufgegeben sei. Höchstens kann daher eingeräumt werden, daß das Ges. eine andere Beurtheilung obiger Abgabe vorbereite. Achenbach (Bergregal und Berg-Hoheitsrecht l. c.) sagt: das Ges. v. 1851 habe dem Zwanzigsten beinahe die Natur einer Staatssteuer verliehen. Nicht anders verhält es sich mit dem Ges., betr. die Ermäßigung der Bergwerks-Abgaben, v. 22. Mai 1861; cf. die Materialien (mitgetheilt in der Zeitschr. für BR. 2, S 186). — Da hiernach die Grundsätze des Besteuerungsrechts auf den Zehnten, resp Zwanzigsten schwerlich passen, auch kein anderes den RW allgemein ausschließendes Ges. bezüglich seiner besteht, so gilt von diesem Anspruche des Staats, was von den übrigen Regalitäts-Rechten gilt, und ist daher die richterliche Kognition sowohl über die Existenz als den Umfang desselben unverkürzt, gleichviel, ob eine Exemtion, resp. ein spezieller Rechtstitel in Frage steht, oder nicht, insofern nicht in Betreff des von Bleierz- und Eisenstein-Gruben zu entrichtenden Zwanzigsten dem unter n 329 Gesagten zufolge eine Restriktion gemacht werden muß A M. sind Klostermann (S. 11) und Brassert (cf. n. 329), deren Ansicht durch OT 6. Juni 1848 u. 28. Jan. 1861 (Entsch. 17, S. 382; Strieth. 40, S. 180) allerdings unterstützt wird, wiewohl diese Erk. nicht unmittelbar die Anwendbarkeit des § 78, II. 14 ALR., sondern die Frage betreffen, ob der Zehnte nur bei den durch Muthung und Verleihung erworbenen Bergwerken erhoben werden könne, oder als gemeine Last auf allen ruhe.

337. Anders scheint es sich allerdings mit der durch das Ges. v. 1851 neu eingeführten Aufsichtssteuer zu verhalten. Denn obschon letztere an Stelle der durch § 6 l. c. abgeschafften Abgaben getreten ist, diese aber fast sämmtlich mehr oder weniger privatrechtlicher Natur waren (cf. Achenbach l. c), so machten doch unter ihnen gerade diejenigen eine Ausnahme, welchen die Aufsichtssteuer, den Motiven der Regierungs-Vorlage gemäß, in ihrer rechtlichen Bedeutung am meisten entspricht, nämlich die zur Unterhaltung der Bergbehörde, mithin zur Bestreitung von Staatsbedürfnissen bestimmten Quatembergelder (§ 103, II 16 ALR.), die demgemäß auch da, wo das Bergregal einer Privatperson zustand, an den Staat entrichtet werden mußten (§ 108 ib.) Sonach dürfte die Aufsichtssteuer in der That zu den Anlagen des § 78, II. 14 ALR. gehören und hiermit die Beantwortung der auf sie bezüglichen Kompetenzfragen sich von selbst ergeben; cf. auch das cit. OT.

28 Jan 1861, welches auf die Aufsichtssteuer sowohl wie auf den Zwanzigsten den § 656, I. 9 ALR. anwendet, und Brassert l. c (Letzterer scheint übrigens, indem er dem § 14 des Ges. v. 1851 die Eigenschaft eines Privilegs im Sinne des § 79, II. 14 ALR. abspricht, den Begriff „Privileg" enger zu fassen, als die Praxis des Komp.GH.)

338. Anlangend die durch Ges. v 1851 beibehaltenen, aber auf den jährlichen Beitrag Eines Thalers fixirten Rezeßgelder, so bestimmt zwar § 108, II 16 ALR. auch hinsichtlich ihrer, daß der Privat-Inhaber des Bergregals sie an den Staat zu entrichten habe; man ist jedoch darüber einig, daß der Zweck dieser Abgabe nicht in der Befriedigung der Staatsbedürfnisse zu suchen sei, indem sie bald als Rekognitionsgebühr aufgefaßt wird, welche ursprünglich zur Anerkennung der Rechte des obersten Regal-Inhabers vorgeschrieben sei, bald als Vergütung für die ehedem von der Bergbehörde anzufertigenden Rechnungs-Abschlüsse resp. Rezesse. Sie hängt also nach der einen wie anderen Ansicht mit dem Bergregale zusammen, was auch dadurch bestätigt wird, daß an Zahlung jener Gelder die Erhaltung des Berg-Eigenthums geknüpft ist (§ 105, II. 16 ALR); cf. Achenbach l. c., Gräff (S 104). Hiernach sind auf dieselben wohl nicht die §§ 78, 79, II. 14 ALR., sondern die in Betreff des Zwanzigsten entwickelten Grundsätze (n 366) zur Anwendung zu bringen. In einem R. des OBA. Bonn v 7. Jan 1862 (Zeitschr für BR 3, S. 124) wird es sogar als zweifelhaft erachtet, ob wegen rückständiger Rezeßgelder (im Gebiete der Exek.-O. v 24. Nov. 1843) die (administrative) Exekution zulässig sei; cf. n. 335.

338 bis. Ueber die Anwendbarkeit der §§ 78, 79 I c. auf die Beiträge zu Knappschafts-Kassen rc. cf. n. 306 in Verbindung mit OT. 12. April 1861 (Zeitschr. für BR. 2, S. 266).

339. Da bei der gedeihlichen Betreibung des Bergbaus das allgemeine Wohl wesentlich betheiligt ist, so können zu diesem Zwecke auch Expropriationen stattfinden. Das Recht zur Expropriation ist aber auch hier kein Ausfluß oder Theil des Bergregals, wie man vielleicht aus der Randschrift zu §§ 109 ff., II. 16 ALR. zu schließen geneigt sein mochte, sondern ein wirkliches Hoheitsrecht, das der Staat mittelbar im allgemeinen Interesse, und unmittelbar zu Gunsten der Bergbautreibenden ausübt, und welches sich daher auch, unbeschadet des Art. 14 der Bundes-Akte, dem Grundbesitze der Standesherren gegenüber als wirksam erweist; cf. Zeitschrift für BR 1, S. 341. Im Allgemeinen gilt von solchen Expropriationen rücksichtlich der Ressort-Verhältnisse dasselbe, was bei allen übrigen Rechtens ist. Es sind aber für sie eben in jenen §§ 109 ff. l c. noch besondere Bestimmungen getroffen worden, welche durch die Dekl v 27. Okt 1804 (Rabe 8, S 202) eine nähere Erläuterung und Erweiterung gefunden haben; diese sind durch die ACO. v. 14. Nov. 1838 resp. das Ges. v. 26. Febr. 1855 auch für die Bergamts Bezirke Siegen und Essen-Werden für anwendbar erklärt worden, während für gewisse Theile der Provinz Sachsen besondere Kompetenz-Bestimmungen gelten; cf. Regul. v. 19. Okt. 1843 §§ 20 ff. (GS. 61, S 364). Jene Dekl. v 27. Okt. 1804 enthält eine Erläuterung der landrechtlichen Vorschriften, namentlich in Betreff der formellen Behandlung der Expropriationsfälle, während sie eine Erweiterung derselben insofern vornimmt, als sie das Expropriationsrecht auch auf den für Absuhrwege und Niederlageplätze erforderlichen Raum ausdehnt. Für die Kompetenz-Verhältnisse interessiren vornämlich die §§ 4 und 5 jener Deklaration; der erstere schreibt vor, daß gegen die von den Verwaltungs-Behörden über die Nothwendigkeit der Eigenthums-Entziehung getroffene Bestimmung kein Prozeß stattfinden solle, sofern nicht etwa der Grundeigenthümer „eine Befreiung von der allgemeinen Verbindlichkeit vermöge der für einzelne Fälle bereits ergangenen rechtskräftigen Erkenntnisse, oder eines besonderen Privilegs, Vertrags oder der Verjährung behaupten möchte;" der § 5 beläßt es dagegen bei der Regel des RW. in Betreff der Ermittelung des Entschädigungs-Quantums, vorbehaltlich der vorläufigen Festsetzung desselben durch die Bergbehörde und unbeschadet des Grundsatzes, daß die Abtretung des Grundeigenthums durch das gerichtliche Verfahren nicht aufgehalten wird, sondern gegen einstweilige Berichtigung der billigmäßig bestimmten Entschädigung auf Verlangen der Berggewerke geschehen soll.

340. Wenngleich die §§ 2 ff. der cit. Dekl v. 27. Okt. 1804 ihrer Fassung nach blos den im § 1 ib. gedachten Fall der Expropriation zur Beschaffung von Abfuhrwegen und Niederlageplätzen vor Augen haben, unterliegt es dennoch keinem Zweifel, daß dieselben als allgemeine das Verfahren bei Abtretung des Bodens zu bergbaulichen Zwecken regelnde Vorschriften zu betrachten, mithin auch bei Expropriationen zu andern Zwecken dieser Art zur Anwendung zu bringen sind. So: OT. 1. Dez 1858 (Strieth. 31, S 293) und 6. März 1861 (Zeitschr. f. BR. 2, S. 513), welche gleichzeitig aussprechen, daß, falls der Bergwerks-Eigenthümer vor Erfüllung der in jener Deklaration enthaltenen Vorschriften auf einem zu seinem Grubenfelde gehörigen Grundstücke nach Mineralien graben oder sonstige bergbauliche Arbeiten vornehmen lasse, der Grundeigenthümer wider ihn possessorisch klagen könne, und zwar selbst dann, wenn er vorher von dem beabsichtigten Angriffe in Kenntniß gesetzt worden wäre, oder die Bergbehörde die unternommenen Betriebsarbeiten nachträglich genehmigt hätte; bewirke freilich der Beklagte nachträglich, daß ihm das Grundstück von der kompetenten Bergbehörde behufs der Forderung überwiesen werde, so modifizire, resp. erledige sich die den einstweiligen Besitzstand betreffende Entscheidung von selbst.

340 bis Inwiefern die Dekl v. 1804 auch auf Salinen-Anlagen Anwendung finde, darüber cf. EK 4. Sept 1849 (JMBl. S 453) und Zeitschr. für BR. 1, S. 339.

341. Jener Dekl. zufolge findet § 10, I 11 ALR., insofern er die Entscheidung über die Nothwendigkeit einer Expropriation dem Landesherrn selbst vorbehält, bei Expropriationen zum Zwecke des Bergbaus keine Anwendung; die Entscheidung bei letzteren ist vielmehr, von den im § 4 enthaltenen Restriktionen abgesehen, in unumschränkter Weise auf die Verwaltungs-Behörden übertragen, und daher wider die formelle Rechtsbeständigkeit einer so angeordneten Abtretung der RW. in der Regel ausgeschlossen; cf. EK. 4. Sept 1849 (JMBl. S. 455). Ob der Komp GH. prinzipiell ein Gleiches annehme, wenn die materielle Rechtsbeständigkeit der Expropriation bestritten wird, z B. mittelst der Behauptung, daß letztere gar nicht zu bergbaulichen Zwecken, sondern zu einem dem Bergbau ganz fremden Unternehmen angeordnet sei, erhellt aus jenem Erkenntniß nicht mit völliger Klarheit. Statt nämlich auch hier etwa den Satz aufzustellen, daß, nachdem einmal die Nothwendigkeit einer Eigenthums-Abtretung zu bergbaulichen Zwecken durch die Verwaltungs-Behörde ausgesprochen worden, dieser Punkt nicht mehr im RW. bestritten werden könne, geht der Komp GH. auf die Prüfung der damals gerade zur Sprache kommenden thatsächlichen Verhältnisse selbst ein, und schließt sodann, indem er diese im Sinne der Verwaltung beurtheilt, mit den Worten: der Punkt der Feststellung der Nothwendigkeit der Expropriation für ein hier thatsächlich vollkommen feststehendes bergbauliches Verhältniß unterliege lediglich dem Urtheile der Verwaltungs-Behörden.

341 bis. Dasselbe Erkenntniß (n 341) entschied ferner, daß die Prüfung und Festsetzung, ob eine gänzliche Enteignung mit der Wirkung eines Zwangs-Verkaufs oder nur eine zeitweise Ueberlassung des Grund und Bodens gegen eine jährliche Vergütung für die zeitweise Benutzung stattfinden müsse, gleichfalls lediglich den Verwaltungs-Behörden anheimfalle Dagegen läßt Klostermann (S. 196, 204) anscheinend nur die letztere Art der Festsetzung als eine gesetzlich begründete gelten (cf § 113, II. 16 ALR.). Gleichzeitig macht dieser Schriftsteller darauf aufmerksam, daß, wenn die Dauer der Benutzung, wie gewöhnlich der Fall, nicht bis zu einem im Voraus festen Zeitpunkte, sondern für die Dauer des Bedürfnisses bestimmt sei, der Anspruch auf Wiederherstellung und Rückgewähr des entbehrlich gewordenen Grundstücks nicht ohne Weiteres im RW. verfolgt werden könne, indem auch in diesem Falle die Bedürfnißfrage, dem § 4 der Dekl. zufolge, der richterlichen Kognition nicht unterliege; cf. auch das dort mitgeth. OT. 9. Nov. 1847.

342. Da die Dekl. gleich den §§ 109, 113 ff., II. 16 ALR. sich nur auf die Abtretung des Grund und Bodens zu Anlagen über Tage bezieht, so kommen die dort aufgestellten Sätze, insofern sie die vorläufige Schadens-Ermittelung durch die Bergbehörde betreffen, selbst bei mittelbaren, durch den Grubenbetrieb verursachten Grundschäden nicht zur Geltung; cf. Klostermann (S. 193 ff).

Desgleichen ist, wenn es sich nicht um eine Abtretung, sondern lediglich um Ersatz des durch Schürfversuche angerichteten Schadens handelt, die Dekl. unanwendbar, und der Entschädigungs-Anspruch ohne Weiteres bei Gericht geltend zu machen: EK. 14. Jan. 1860 (JMBl. S. 330).

342 bis. Unanwendbar scheint die Dekl. ferner da zu sein, wo es sich um die ausnahmsweise Gestattung des Schürfens an bebauten Orten (§ 147, II 16 ALR.) oder darum handelt, daß der Grundeigenthümer angehalten werden soll, die von ihm unbenutzt gelassenen, nicht regalen Fossilien dem Staate oder anderen Baulustigen zu überlassen (§§ 77, 78 ib.). Da indessen die eine sowohl als die andere dieser Eigenthums-Einschränkungen (wie der in obigen §§ bezogene § 30, I. 8 ib. ergiebt, cf. oben n. 105), gleichfalls als Ausfluß des landesherrlichen Expropriationsrechts angesehen werden muß, so ist die Frage, ob die Voraussetzungen, unter denen jene Einschränkungen gefordert werden können, gegeben seien, schon nach allgemeinen Grundsätzen ausschließlich auf administrativem Wege festzustellen, und der RW. nur in Betreff der Entschädigungsfrage statthaft.

342 ter. Schließlich ist hier auf den Unterschied zwischen eigentlichen Expropriationen und der Einräumung nothwendiger Servituten (cf. n. 107) aufmerksam zu machen. Inwiefern letztere beim Bergbau und zwar unter den Grubenbesitzern selbst zur Sprache kommen könne, und ob die in Betreff ihrer bestehenden allgemeinen Kompetenz-Normen (Feststellung der Nothwendigkeit durch das Gericht, die der Vergütung durch Schiedsrichter) dort gleichfalls gelten, darüber cf. Abh. von v. d. Bercken (Zeitschr. für BR. 2, S 371 ff.), welche beide Fragen für zwei Fälle bejaht, und zwar 1) wenn eine Grube den Abbau ihres Feldes nur mittelst Durchteufung eines anderen Grubenfeldes bewerkstelligen könne, und 2) wenn eine Zeche das Ansitzen in einem fremden Grubenbaue verlange, um sich selbst Wetter- und Wasserlosung zu verschaffen; dagegen vindizirt er für den Fall des § 345, II. 16 ALR. nicht blos die Feststellung der zur Vergütung dienenden Förderstеuer (s. n. 327), sondern auch die Entscheidung der Nothwendigkeitsfrage der Bergbehörde mit Ausschluß des RW. Ueber die Kompetenz zur Feststellung des Wassereinfallsgelds cf. ebendort S. 377 ff. — Inwiefern ein Grubenbesitzer aus den zu Gunsten des Eigenthums an der Oberfläche ihm auferlegten polizeilichen Beschränkungen Ersatzansprüche herleiten und gerichtlich geltend machen könne, wird zum Ges. v. 11. Mai 1842 § 4 erörtert werden.

Linksrheinische Gesetzgebung.

343. Wenngleich der Verfasser nicht beabsichtigt, die Ressort-Verhältnisse in Bergwerks-Angelegenheiten nach den Grundsätzen der französischen Gesetzgebung, insoweit dieselbe in den Landestheilen des linken Rheinufers gilt, in irgend erschöpfender Weise zu besprechen, so sollen doch die hauptsächlichsten in dieser Beziehung in Betracht kommenden Momente hier eine Stelle finden.

344. Während das ältere französische Bergwerks-Ges v. 28 Juli 1791 die Bergwerke ausdrücklich zur Verfügung der Nation stellt, wiederholt das Bergwerks-Ges. v. 21. April 1810 dies nicht, und zwar wie die Berathungen ergeben, weil man sich über die Prinzipfrage nicht einigen konnte, wem die Mineralien an sich gehören, ob sie namentlich als Gemeingut Aller oder als ein Theil des Eigenthums am Grund und Boden zu betrachten seien; cf. Achenbach (Bergregal u. Berghoheitsrecht l. c.). Darin stimmen jedoch beide Gesetze überein, daß sie den Bergbau-Betrieb von einer Konzession des Staats abhängig machen, ja das neuere Gesetz geht in diesem Punkte noch weiter, als das ältere, indem es dem Eigenthümer der Oberfläche kein Vorzugsrecht einräumt, sondern die Ertheilung der Konzession durchaus und in jeder Beziehung in das Belieben des Staates stellt, so daß selbst da, wo Eigenthümer, erster Finder und Muther in Einer Person zusammentreffen, die Konzession dennoch einem Andern ertheilt werden kann, und zwar nicht blos als ein auf Zeit beschränktes Nutzungsrecht, wie es das Ges v. 1791 gewährt, sondern als ein volles Eigenthum am Bergwerke Demgemäß erscheint das Verleihungsrecht des Staats im Gebiete des französischen Rechts nicht als bloßes Regal, sondern als wirkliches Hoheitsrecht, und wurde nach Achenbach mit der Aufstellung des oben erwähnten Satzes im Ges v. 1791 Nichts weiter beabsichtigt, als das früherin auch in Frankreich bestehende Bergregal in ein Berg-Hoheitsrecht um-

zuwandeln. Wenn Karsten (S 20) statt dessen sagt, das Ges. v. 1791 habe die Regalität des Bergbaus anerkannt, und liege das Regalitäts-Prinzip dem Ges. v. 1810 ganz unumschränkt zu Grunde, so rührt dies wohl daher, daß er den Ausdruck „Regal" nicht in dem engeren Sinne des ALR. gebraucht, nach welchen darunter nur ein niederes Regal zu verstehen ist, resp daß er zwischen Bergregal und Berg-Hoheitsrecht nicht unterscheidet.

345. Folgeweise bildet, von den Fällen abgesehen, wo eine Konzession und hiermit ein wirkliches Bergwerks-Eigenthum bereits verliehen ist, die Unzulässigkeit des RW. in Bergwerks-Sachen nach der französischen Gesetzgebung ebenso die Regel, wie nach der preußischen die Zulässigkeit desselben, resp. es kann, da erstere Gesetzgebung kein Finder- noch Muthungs-Recht anerkennt, von vorn herein ebensowenig von einer Klage auf Konzessions-Ertheilung wider den Staat, wie von Prozessen zwischen zwei Konkurrenten um die Konzession in Bezug auf das Vorzugs-Recht die Rede sein Ja selbst, wenn eine Konzession bereits ertheilt ist, würde trotzdem, daß Streitigkeiten über das durch die Konzession begründete Berg-Eigenthum durchaus privatrechtlicher Natur und daher an sich prozeßfähig sind, dies nach den Grundsätzen des französischen Rechts doch alsdann eine Ausnahme erleiden, wenn der Streit die Rechtsbeständigkeit, die Auslegung oder Vollziehung des Konzessions-Akts betrifft, indem jenen Grundsätzen zufolge Administrativ-Akte im RW. nicht allein nicht angefochten, sondern auch nicht einmal vom Richter interpretirt werden dürfen; cf. Dalloz, m. mines, n 493, 496, 517, 519 und die Noten zum Ress.-Regl. § 15. Inzwischen ist hinsichtlich des letzteren Punktes in Folge der seit dem Aufhören der Fremdherrschaft eingetretenen Veränderungen in der Organisation der Verwaltungs-Behörden und der hieran anknüpfenden Bestimmungen jenes Regl. für das linke Rheinufer das Gegentheil anzunehmen; denn eines Theils fehlt es, bei der gegenwärtigen Einrichtung und Kompetenz jener Behörden, an Mitteln, um eine der richterlichen adäquate Administrativ-Entscheidung zu erzielen, anderentheils aber äußert auch hier der durch § 15 des Ress.-Regl. eingeführte § 41 h. l. seine Wirksamkeit zu Gunsten des RW.; cf. AH. Cöln 23. Juni 1829, KH. 23. März 1831, Rh. A. 13, I 2, 21; Volkmar S. 170. (Kläger hatten, sich theils auf eine ihnen ertheilte Konzession, theils auf einen mit dem Fiskus abgeschlossenen Kaufvertrag stützend, gegen andere Bergbautreibende, welche auf dasselbe Konzessionsfeld gleichfalls und zwar ältere Exploitationsrechte geltend machten, negatorisch geklagt, auch das Ober-Bergamt zu ihrer Vertretung rücksichtlich der von den Beklagten erhobenen Ansprüche sowie zur Gewährleistung für die durch die Konzessions-Urkunde konzedirten Objekte beigeladen; das LG. Aachen hatte die Klage, soweit sie auf ein Kontrakts-Verhältniß gegründet worden, für zulässig erachtet, sich dagegen in Betreff der Frage, ob die den Klägern ertheilte Konzession denselben ausschließlich habe ertheilt werden können, oder ob sie das Recht der Beklagten gekränkt habe, und daher theilweise aufzuheben sei, für inkompetent erklärt. Der AH. änderte diese Entscheidung jedoch in dem letzteren Theile ab, und zwar nicht allein in Bezug auf die Haupt-, sondern sogar in Bezug auf die Garantieklage, weil die Gerichte nach § 41 h. l. im Allgemeinen kompetent seien, in Bergwerks-Sachen, insofern es sich von einem dabei obwaltenden Eigenthum handle, zu erkennen, und der KH. trat dieser Ansicht bei). — Folgeweise wird gegenwärtig auch ein Streit zwischen dem Grund-Eigenthümer und dem Konzessionär über den Umfang der beiderseitigen Rechte, selbst in Bezug auf solche Vorfragen, deren Beantwortung von der Auslegung des Konzessions-Akts abhängig ist, z. B. ob eine Substanz als Gegenstand der Konzession (mine) oder als Theil des Grundeigenthums (minière non concessible) zu betrachten sei ausschließlich zur richterlichen Kognition gehören, während derartige Vorfragen nach den Grundsätzen des französischen Rechts der administrativen Entscheidung anheimfielen; cf AH Lyon 17. Juli 1839, Dalloz, m. compet. admin., n. 477.

346. Inzwischen erkannte schon das Ges. v. 1810 die Kompetenz der ordentlichen Gerichte für gewisse in diese Materie einschlagende Streitigkeiten ausdrücklich an. Das gilt zunächst von älteren Bergwerks-Berechtigungen, deren Inhaber den Bestimmungen des Ges. v. 1791 nicht nachgekommen waren und gemäß Art. 53 die Konzessionen für ihren gegenwärtigen Besitz nach Maaßgabe

des neueren Gesetzes erhalten sollten; in Betreff ihrer bestimmt Art. 55, daß, wo Lokal-Gewohnheiten oder ältere Gesetze zur Entscheidung über außergewöhnliche Fälle Veranlassung geben, die einzelnen Fälle nach erwiesenen Gewohnheiten, Verträgen oder Verjährung entweder durch die Konzessions-Akte oder durch Richterspruch, und Art. 56, daß die rücksichtlich der Begrenzung der Bergwerke zwischen der Behörde und den Bergbautreibern sich erhebenden Uneinigkeiten durch die Konzessions-Akte, die unter Bergbautreibern entstehenden aber durch die Gerichte zu entscheiden seien. Was sodann die neu zu ertheilenden Konzessionen betrifft, so muß jeder Konzessionssucher die Mittel zur Bestreitung der ihm durch den Konzessions-Akt aufzuerlegenden Abgaben und Entschädigungen nachweisen (Art. 14 l. c.), ebenso muß er, wenn er etwa mit seinen Arbeiten unter Häuser oder bewohnte Orte, unter andere Grubenbauten oder in deren unmittelbare Nähe kommt, für die aus Unglücksfällen etwa hervorgehende Verbindlichkeit zur Schadloshaltung Kaution leisten. In diesem Falle gehören die Klagen oder Einsprüche der Interessenten vor die Gerichte; cf. Art. 15 ib.; Dalloz, m mines, n 581 ff. Wird ferner in dem vor Ertheilung der Konzession einzuschlagenden Verfahren (Art. 22 ff) ein Einspruch angemeldet, welcher auf ein durch Konzession oder sonst schon erworbenes Berg-Eigenthum gestützt ist, so sind die Parteien gleichfalls vor die Gerichte zu verweisen (Art. 28); diese Bestimmung ist jedoch nicht so zu deuten, als ob auch der Opponent, um als Kläger auftreten zu können, von der Verwaltungs-Behörde zum RW. verwiesen sein müsse, vielmehr bedarf nur der klagende Konzessionssucher einer solchen Verweisung, da er ohne eine solche nicht legitimirt sein würde, das Eigenthum Dritter an einer Sache zu bestreiten, auf die er selbst ja noch gar kein Anrecht besitzt; cf. Dalloz, m. mines, n. 563, 564. (Im Ges v. 1791 Tit 1 Art. 27 heißt es sogar ganz allgemein: alle Streitigkeiten, welche sich auf die Bergwerke oder auf die Entschädigungen beziehen, oder welche sonst aus der Ausführung des gegenwärtigen Gesetzes entstehen, sollen vor die Gerichte gebracht werden ꝛc)

347. In Betreff des bereits bestehenden Bergwerks-Eigenthums schreibt sich die Verwaltung auch hier das Recht der Einwirkung auf die Art der Exploitation und der Gewinnung der Mineralien, sowie auf die desfalls erforderlichen Arbeiten zu; cf. Dalloz, m mines, n. 507. Diese in ihrem Umfange nicht unbestrittenen Befugnisse sind indessen mit dem der Behörde nach dem ALR. zustehenden, auf dem Bergregale beruhenden Privat-Verwaltungsrechte nicht zu verwechseln (la loi ne confère, sous le rapport des règles de l'art, aucun droit de direction à l'administration relativement aux travaux: Delebecque II. p. 491). Dieselben sind vielmehr als die Ausflüsse eines rein polizeilichen Aufsichtsrechts (Art. 47 ff. des Ges. v. 1810) zu betrachten, weshalb auf die in Handhabung solcher Befugnisse ergehenden Verfügungen gegenwärtig die Vorschriften des Ges. v. 11. Mai 1842 zur Anwendung kommen.

347 bis. Namentlich gilt dies auch von denjenigen Maaßregeln, die dem Art. 49 ib zufolge getroffen werden sollen, wenn der Betrieb auf eine die öffentliche Sicherheit oder das Bedürfniß der Konsumenten gefährdende Weise beschränkt oder eingestellt wird. Ob zu letzteren Maaßregeln auch die gänzliche Entziehung der Konzession gehöre (wie sie durch Art. 15 des Ges. v. 1791 Tit. 1 ausdrücklich gestattet war), ist Gegenstand lebhafter Debatten gewesen. Cormenin (Quest de droit adm s. v. mines) neigt sich der bejahenden Ansicht zu, während Delebecque (II. p. 190 sqq) sich für die entgegengesetzte Meinung ausspricht, indem er den Fall der Verlustigung (decheance) wegen Nichtbetriebs nur dann für gesetzlich möglich erachtet, wenn mehrere Konzessionen demselben Konzessionär verliehen sind, diese Ausnahme aber auch hier nicht aus Art. 49, sondern aus Art. 31 ib. herleitet und die desfallsige Entscheidung nicht der Verwaltung, sondern den Gerichten vindizirt. Für Frankreich ist diese Streitfrage durch das Ges. vom 27. April 1838 Art. 10 dahin gelöst worden, daß in allen durch Art. 49 cit. vorgesehenen Fällen die Zurücknahme der Konzession und die Zuerkennung des Werks an einen Anderen durch den Minister ausgesprochen werden kann, und daß gegen die Entscheidungen desselben der Rekurs an den Staatsrath stattfinde. In der Rheinprovinz ist sie jedoch eine offene geblieben. Hier dürfte Delebecque's Ansicht den Vorzug verdienen; er stützt sich auf die Diskussionen zum Ges. v. 1810, insbeson-

dere darauf, daß nach diesem Gesetze die Konzession ein unwiderrufliches Eigenthum verleiht. Hierzu kommt für uns, daß auch nach den Grundsätzen des ALR. die Verwirkung eines Privilegs wegen Mißbrauchs ꝛc. nur durch den ordentlichen Richter ausgesprochen werden kann; cf n. 140 ter. Selbst wenn aber auch an sich die Kompetenz der Verwaltungs-Behörden anzuerkennen wäre, so würde doch gegen die ergangenen Entscheidungen derselben der nach den französischen Gesetzen ausgeschlossene RW. (vgl. Proudh., Dom. de propr. n. 781—783) jetzt nach Anleitung des Ges. v. 11. Mai 1842 § 2 statthaft sein.

347 ter. Im Uebrigen wird bezüglich des polizeilichen Wirkungskreises in Bergwerks-Angelegenheiten auf das Dekr v 3. Jan. 1813 (v. Daniels 5, S. 834) verwiesen. Eine Disziplinar-Gewalt über die Repräsentanten, Grubenbeamten und Arbeiter steht der Verwaltung nicht zu, vielmehr werden Ordnungs-Widrigkeiten, insofern sie überhaupt strafbar sind, als eigentliche Straffälle behandelt, deren Aburtheilung vor die Gerichte gehört; cf. Art. 30. des ob Dekr. und H. Achenbach (Rhein. Bergpolizei-Vorschr. S. XVI.), welcher namentlich auf die Unvereinbarkeit des Art. 23 der Pol.-VO. v. 30. Juni 1824 mit den Grundprinzipien der Rhein. Gesetzgebung hinweist. Ebenso entscheiden die Gerichte ausschließlich über die Streitigkeiten, welche zwischen den Bergwerks-Eigenthümern und Berg-Arbeitern in Betreff ihrer Rechte und Pflichten aus dem Dienstvertrage obwalten, selbst über die auf die Rückgabe der Arbeitsbücher bezüglichen Mitunter ist zwar hinsichtlich des letzteren Punktes aus den Vorschriften des Ges. v. 22. Germinal XI. das Gegentheil gefolgert worden, offenbar aber mit Unrecht, wie Delebecque II. p. 249 überzeugend nachweist. Uebrigens dürfte das Ges. v. 8. Juni 1860 (GS. S. 277) mit den dort speziell erwähnten Gesetzesstellen auch den auf diese zurückweisenden, von den Arbeitsbüchern der Berg-Arbeiter handelnden Art 26 des Dekr v 1813 aufgehoben haben; cf. Zeitschr. für BR 1, S. 473.

348. Sind bei einem Berg-Eigenthum mehrere Personen betheiligt, so kann nach linksrheinischem Rechte jede derselben auf Theilung klagen, jedoch unter der Beschränkung, daß ein Verkauf in Loosen oder eine Naturaltheilung nicht ohne vorherige Genehmigung der Verwaltung stattfinden darf (Art. 7 d. Ges. v. 21. Apr. 1810), so daß, falls diese Genehmigung nicht schon vor Anhebung der Theilungsklage beigebracht ist, das gerichtliche Verfahren bis nach Eingang einer desfallsigen Erklärung der Behörde ausgesetzt werden muß: AH Cöln 30. März 1840 (Rh. A. 29, I. 139). Doch bezieht sich Art. 7 weder auf den Fall, wo nur ideelle Antheile zum Zwecke eines gemeinsamen Betriebs verkauft werden, noch auf den Fall eines Verkaufs des ganzen Bergwerks zum Zwecke der Auseinandersetzung; cf KH. 13. Jan. 1838, 11. April 1842 (Rh. A. 27, II 18; Volkmar S. 13).

349. Wenngleich die nach der französischen Bergwerks-Gesetzgebung zu entrichtenden Staats-Abgaben unzweifelhaft die Natur von eigentlichen Steuern haben, so kommen auf dieselben dennoch nicht die §§ 78, 79, II. 14 ALR., sondern die §§ 8—11 des Ress.-Regl. (cf die Noten zu diesen §§) zur Anwendung.

350. Die auf Art. 46 des Ges v. 1810 beruhende Kompetenz der Präfektur-Räthe bezüglich der Klagen auf Bezahlung von Entschädigungen aus Versuchs- oder anderen vor Ertheilung des Konzessions-Aktes gemachten Arbeiten ist durch das Ress.-Regl. auf die Gerichte übergegangen; cf. Ress.-Regl. n. 22.

351. In Beziehung auf die zu bergbaulichen Zwecken erforderlichen Expropriationen stimmt die linksrheinische Kompetenz-Gesetzgebung (Artt. 10, 11, 43, 44 des Ges. von 1810, §§ 13, 15 des Ress.-Reglem) mit derjenigen der übrigen Landestheile darin überein, daß die Feststellung der Nothwendigkeit, resp. Nützlichkeit ausschließlich Sache der Verwaltungs-Behörden ist, wider deren Entscheidung nur der Rekurs an die vorgesetzte Behörde stattfindet, wogegen die Ermittelung der Entschädigung den Gerichten obliegt; cf. AH. Cöln 30. April 1838 (Rh. A. 27, I. 69). [Die gerichtliche Kompetenz hinsichtlich des letzteren Punktes bestand schon nach dem französischen Rechte, insofern nicht die Ausnahme-Bestimmung des Art 46 cit. zur Anwendung gelangte. Zwar verweist Art. 44 auf das Ges. v. 16. Sept. 1807, aber nur in Betreff der Art der Abschätzung, nicht in Betreff der zur Entscheidung berufenen Behörde; dieser Art berechtigt nicht einmal zu der Annahme, als ob die Verwaltung den Sachverständigen zu ernennen habe,

Modifikationen.

§. 42. Damit indessen durch frivole Klagen keine Verwirrung und Stockung in die Finanz-Verwaltung gebracht werden kann, so autorisiren Wir hiermit die Regierungen, des gegen ihre Verfügung erhobenen Widerspruchs ungeachtet,

1) alle Landes- sowohl als grundherrliche Revenüen, Abgaben und Dienste, unbeschränkt, zur Leistungszeit beizutreiben, oder durch die Domainen-Pächter, Administratoren, oder dazu angesetzte Offizianten beitreiben zu lassen, jedoch mit Beobachtung der deshalb
ALR. Th. 2. Tit. 14. §§. 80. u. 83.
festgesetzten Modifikationen;

2) insofern von Erfüllung der vom Fiskus mit Privat-Personen eingegangenen Verträge die Erreichung bestätigter Etats abhängt (wie vorzüglich bei Pachtungen von Domainen und Regalien der Fall ist), und die Erfüllung der kontraktmäßigen Verbindlichkeit verweigert wird, nach vorheriger summarischer Vernehmung des Weigernden, ein vorläufiges Liquidum pflichtmäßig

---

da der desfallsigen Bestimmung des Ges. v. 1807 Art 87 des Ges v. 1810 für Bergwerkssachen derogirt hat. So die herrschende Praxis im Widerspruche mit einem R. des franz. HM. v 7. Okt. 1837; cf Dalloz, m mines, n. 578. Für die Rheinprovinz hat diese Meinungs-Verschiedenheit in Folge der Bestimmungen des Ress.-Regl. keinen Gegenstand]

352 Die Verpflichtung der Grundbesitzer, ihr Eigenthum zum Bergbau-Betriebe gegen Entschädigung herzugeben, bezieht sich auch auf die desfalls erforderlichen Wege, welche ihrer Natur nach nicht auf das Konzessionsfeld zu beschränken sind, und zwar ohne Unterschied, ob die betreffende Anlage ursprünglich in der Konzession vorgesehen war, oder erst in der Folge angeregt wird: KH. 25. März 1844, AH. Cöln 30. Juli 1841 (Rh A. 37, II 90; 31, I 246). Das letztere dieser in derselben Sache ergangenen Erkenntnisse sprach sich außerdem speziell über die i. c vorzugsweise streitige Frage aus, ob das eben Gesagte blos von den zum unmittelbaren Betriebe erforderlichen Wegen oder auch von den Wegen zur Abfuhr der gewonnenen Mineralien gelte, während der KH anzunehmen schien, daß dieser Punkt gleichfalls nicht der gerichtlichen Kognition anheimfalle, indem er erwog, daß die Bergbehörde über die technische Frage, ob ein Weg zum Bergbau-Betriebe erfordert werde, allein zu entscheiden berufen sei, und hierüber auch wirklich entschieden habe, ungeachtet jene Behörde sich damals nicht für die Nothwendigkeit des Wegs zum Bergbau-Betriebe im Allgemeinen, sondern speziell zur Abfuhr der gewonnenen Mineralien ausgesprochen hatte. Selbstredend erkannte jedoch auch der AH an, daß die Feststellung des letzteren Punktes nur von der Verwaltung ausgehen und im RW. nicht angefochten werden könne.

§ 42.

Ueber die administrative Exekution im Allgemeinen.

353 Die preußische Gesetzgebung über das Exekutionswesen beruht (hierin sehr abweichend von der französischen; cf die Noten zu den §§ 16 ff. des Ress.-Regl.) auf der Grundanschauung, daß in dem Rechte, Entscheidungen und Verfügungen zu treffen, das Recht, dieselben in Vollzug zu setzen, stillschweigend einbegriffen sei, indem die Exekution ge-

festzusetzen, und dasselbe vom Schuldner sogleich einziehen zu lassen;

3) die verpachteten, ihrer Administration unterworfenen Grundstücke und Gerechtsame unter Sequestration zu setzen, wenn die Pachtgelder rückständig bleiben, oder die Pächter schlecht wirthschaften;

4) die Verpflichtung der Pächter oder Nießbraucher von dergleichen Grundstücken oder Rechten, zur Räumung nach abgelaufener Pachtzeit und beendigtem Besitzrechte, auf den Grund einer summarischen Untersuchung, durch eine Resolution festzusetzen, und diese sogleich vollstrecken zu lassen. Vor beendigter Pacht- oder Besitzzeit kann aber die Exmission nicht anders als durch Urtheil und Recht festgesetzt werden und erfolgen.

5) Wenn bei andern, über Gegenstände des Regierungs-Ressorts geschlossenen Verträgen, besonders bei Kriegslieferungen und wichtigen Entreprisen, die Erfüllung nach dem Verlangen der Regierung verweigert wird,

---

wissermaßen einen integrirenden Theil der Entscheidung oder Verfügung selbst bilde, und daher, wenige in der organischen Einrichtung einzelner Verwaltungszweige, z. B. der Postverwaltung, begründete Ausnahmen abgerechnet, unmittelbar von derselben Behörde ausgehen müsse, von welcher die Entscheidung, resp. die Verfügung selbst herrühre. Dem entsprechend, unterscheidet die VO. v. 1808 durchweg nicht zwischen der verfügenden und der exequirenden Thätigkeit der Verwaltungs-Behörden, und enthält überhaupt keine allgemeinen Bestimmungen über das Recht sowie den Umfang der administrativen Exekution, sondern trifft, von den auf das formelle Verfahren und die Exekutionsmittel bezüglichen Bestimmungen des § 48 abgesehen, nur solche Vorschriften, welche sich nicht schon als bloße Konsequenzen jener Auffassung, sondern umgekehrt als Abweichungen von derselben darstellen, indem sie der Exekutions-Befugniß der Verwaltungs-Behörden in gewissem Betrachte noch einen größeren Umfang einräumen, als das Verfügungsrecht derselben reicht (§§ 39 und 42).

354. Etwas Weiteres, als die VO. v 1808, will auch § 11 der Regierungs-Instruktion v. 1817 nicht besagen, wenn er, unter Verweisung auf jene VO., die Regierungen für befugt erklärt, „ihren Verfügungen nöthigenfalls durch gesetzliche Zwangs- und Strafmittel Nachdruck zu geben und sie zur Ausführung zu bringen, ohne daß eine Exemtion darüber zulässig sei.“ Dagegen ist in den letzteren Worten ein ausdrückliches Anerkenntniß enthalten, daß die Exekutiv-Gewalt der Regierungen im ganzen Umfange ihrer Territorial-Bezirke Geltung habe, ohne daß Standes-, Besitz- oder Familien-Verhältnisse ähnliche Ausnahmen begründen, wie solche in Betreff des Gerichtsstandes bei der Justiz-Verwaltung ehedem bestanden, und theilweise sogar jetzt noch bestehen; cf. Wegener (S. 91) Die späteren Gesetze über diese Materie (vgl. ACO. v. 31. Dez. 1825 D. XII., Ges. v. 11 Mai 1842 § 3, die verschiedenen Exekutions-Ordnungen v. 1843, 1853 rc., Ges über die Pol.-Verwaltung v. 11. März 1850 § 20) lassen die allgemeinen Grundsätze, auf welchen die VO v. 1808 beruht, unberührt. Sie haben im Allgemeinen nur die Fälle erweitert, in welchen das exzeptionelle Recht zu vorläufigen Exekutionen (§§ 39 und 42 l. c.) statthaft sein soll, und im Uebrigen

und daraus ihrem Ermessen nach ein unwiederbringlicher Schaden sich besorgen läßt, für welchen der Weigernde dem Staate nicht würde gerecht werden können, denselben zu der von ihm verlangten Verbindlichkeit durch Zwangsmittel anzuhalten.

In allen diesen Fällen sind die Regierungen berechtigt, die Sache, mit Vorbehalt des Rechts des Widersprechenden, zur Exekution bringen zu lassen. Auch wird die Bestimmung, ob solches nothwendig sei, lediglich ihrem pflichtmäßigen Ermessen überlassen. Die Gerichte sind verpflichtet, keine Hindernisse in den Weg zu legen. Es sind daher auch keine Possessorien-Klagen über dergleichen exekutivische Maaßregeln der Regierungen zulässig, weder gegen den Fiskus, noch gegen Korporationen oder Privat-Personen. Auch muß es bei denselben so lange verbleiben, bis die Sache im Petitorium völlig rechtskräftig entschieden ist, im Fall die betreffende Regierung nicht selbst deren Abänderung für zuträglich erachtet.

Allerhöchste Cabinets-Ordre v. 31. Dez. 1825, betr. eine Abanderung in der bisherigen Organisation der Provinzial-Verwaltungs-Behörden (GS. 1826, S. 5):

D. XII. Da über einzelne Punkte des mit der Instr. v. 23. Oktbr. 1817 publizirten Auszuges aus der VO. v. 26. Dez. 1808 Zweifel entstanden sind, so setze Ich in dieser Beziehung zugleich Folgendes fest:

a) ad § 42. Was sub No. 2. 3. und 4. dieses § von den Rechten des Fiskus aus Verträgen, mit seinen Pächtern geschlossen, gesagt ist, findet auch Anwendung auf Verträge, welche Namens der unter unmittelbarer Verwaltung der Regierungen oder der Provinzial-Schulkollegien stehenden Institute mit Privat-Personen abgeschlossen sind, sofern letztere in den Kontrakten sich dieser Bestimmung ausdrücklich unterworfen haben.

---

das bei solchen Exekutionen zu beobachtende Verfahren theilweise abweichend von den Bestimmungen des § 48 ibid. regulirt. Das Nähere, insbesondere auch in Betreff des Verhältnisses dieser Gesetze zu der VO v. 1808 wird unten bei der speziellen Behandlung derselben seine Stelle finden.

355 Mit dem Satze, daß die administrative Exekutions-Gewalt in der Regel so weit reicht, wie das administrative Verfügungs-, resp. Entscheidungsrecht, daß mithin, wenn die Verwaltungs-Behörde über einen Anspruch oder eine Verbindlichkeit, mit Ausschluß des RW., definitiv zu befinden hat, ihr selbstverständlich

auch die Befugniß beiwohnt, ihre desfallsige Verfügung in Vollzug zu setzen (n 353), steht der fernere Satz im engsten Kausalnexus, daß wider die Exekution solcher Verfügungen der RW. gleichfalls nicht stattfindet. Hiernach beantwortet sich die Frage, ob wider die Exekution von Verwaltungs-Akten, welche in Ausübung eines wirklichen Hoheitsrechts ergangen sind, die richterliche Hülfe angegangen werden könne, von selbst, und ist gleichzeitig eine Erklärung dafür gegeben, weshalb es an einer analogen Bestimmung, wie sie die §§ 39 und 42 in Betreff der Exekutionen in Polizei- und Finanz-Angelegenheiten enthalten, bezüglich der Exekutionen in Landes-Hoheitssachen fehlt. Bei Angelegenheiten der letzteren Art konnte von ausnahmsweiser Gestattung der vorläufigen Exekution von vorn herein keine Rede sein, weil hinsichtlich ihrer die administrative Exekution schon in den allgemeinen Prinzipien begründet ist, und zwar nicht als eine blos vorläufige, sondern als eine definitive (Dies erleidet nur in Beziehung auf die Handhabung des Besteuerungsrechts eine Ausnahme, insofern über die Existenz einer Steuerschuld, dem § 79, II. 14 ALR. gemäß, wenigstens ausnahmsweise im RW. gestritten werden kann. Mit einziger Rucksicht auf die Fälle des letzteren § ist denn auch der Beitreibung landesherrlicher Abgaben im § 42 h. l. gedacht worden.)

356 Ebenso ist aus gleichen Gründen die administrative Exekution in Polizei- und Finanz-Angelegenheiten gestattet, und der RW. wider diese Exekution ausgeschlossen, so oft der RW. wider die zu vollziehende Verfügung selbst nicht stattfindet. Umgekehrt kann in den Fällen, in welchen die Beschreitung des RW gegen Verwaltungs-Verfügungen statthaft ist, also in der Regel bei allen Finanz-Angelegenheiten, die Ausführung derselben gegen den Widerspruch der Betheiligten nicht erfolgen; es ist daher in solchen Fällen ein administratives Zwangsvollzugs-Verfahren entweder ganz unstatthaft, oder es muß dasselbe doch einstweilen ruhen bleiben, sobald der RW. beschritten und hiermit die Rechtsbeständigkeit der betreffenden Verfügung, resp. des zu realisirenden Anspruchs von der dereinstigen Entscheidung des Richters abhängig gemacht wird. So lautete wenigstens ursprünglich die Regel, von welcher eben die §§ 39 und 42 (jener für Polizei-, dieser für Finanz-Maaßregeln) die Ausnahmen statuirten. Dieser Regel zufolge mußte die Exekution einer Polizei-Verfügung eingestellt werden, wenn diese Verfügung als einer ausdrücklichen Gesetzes-Disposition entgegenlaufend vor Gericht angefochten wurde, indem § 39 die vorläufige, d h. trotz des erhobenen Widerspruchs fortzusetzende Exekution nur in dem anderen Falle gestattete, wo die Klage einen speziellen Rechtstitel zum Fundamente hatte Das ist indessen durch das Ges. v 11. Mai 1842 wesentlich abgeändert worden, indem dasselbe den ersten der erwähnten Anfechtungs-Gründe gänzlich beseitigt, und für die Fälle des zweiten die Statthaftigkeit der vorläufigen Exekution beibehalten hat (§ 3 l. c), so daß nunmehr die obige Regel in Betreff der Polizei-Verfügungen gänzlich gegenstandslos geworden ist Dagegen besteht dieselbe in Betreff der Exekution von Finanz-Verfügungen auch jetzt noch, wenngleich, wie bereits früher erwähnt, die Zahl der Ausnahmen nicht mehr auf die im § 42 aufgeführten beschränkt, sondern durch neuere Gesetze bedeutend vermehrt ist Mitunter wird zwar aus der ACO v 31. Dez. 1825 D XII. b. Abs. 3 (cf. § 48 h l.) das Gegentheil gefolgert (z B R. d OLG. Breslau v 20. Dezbr. 1836 in Koch's Arch. 1, S. 159), allein offenbar mit Unrecht Der Zusammenhang und die Fassung jener ACO ergeben, daß dieselbe die bestehende Gesetzgebung hauptsächlich nur erläutern, nicht aber in wesentlichen Punkten abändern soll; davon abgesehen, trifft dieselbe aber auch zusätzliche Bestimmungen zu § 42 und erhält hiermit diesen § als eine Ausnahme-Vorschrift ausdrücklich aufrecht. Dagegen wird zur Anwendbarkeit jener Regel erfordert, daß die zu vollziehende Verfügung selbst oder das Recht zur administrativen Exekution überhaupt bestritten werde; indem eine Beschwerde wegen bloßer Formfehler, welche beim exekutivischen Verfahren vorgekommen sein sollen, ohnehin nicht im RW. geltend gemacht werden kann. Dies folgt wohl schon aus dem unter n. 266 Gesagten, und ist im § 3 der Exek.-Ordn. v. 1843, 1853 2c noch außerdem ausdrücklich ausgesprochen

357 Ob der Einwand der Zahlung oder eines sonstigen privatrechtlichen Tilgungsgrunds gegen eine administrative Exekution im RW geltend gemacht werden könne, beurtheilt sich, dem Vorgesagten und der Natur der Sache

zufolge, nach der anderen Frage, ob der zu realisirende Anspruch selbst einer gerichtlichen Anfechtung aus solchen Gründen unterliege. Letzteres war bekanntlich ehedem (cf. n. 223) bei Forderungen im Sinne des § 78, II. 14 ALR streitig; dieselbe Streitfrage konnte sich in allen übrigen Fällen wiederholen, wo die Feststellung eines Anspruchs, mit Ausschluß des RW., durch die Verwaltung erfolgt Seitdem jedoch im Ges. v 24. Mai 1861 für nothig erachtet wurde, den RW. in Betreff jener ersterwähnten Ansprüche ausdrücklich zu gestatten, und zwar selbst hier nur in Gestalt einer Rückforderungsklage, so daß die administrative Exekution trotz der Antretung des RW. ihren Fortgang behält, muß wohl arg. e contrario angenommen werden, daß hinsichtlich aller anderen nicht prozeßfähigen Forderungen die gerichtliche Hülfe wegen behaupteter Zahlung ꝛc. niemals eintreten, um so viel weniger also wider das exekutivische Verfahren nachgesucht werden könne. Daß in den Fällen des § 42 h. l. und des Ges. v. 11 Mai 1842 § 3 die prozessualische Geltendmachung der geschehenen Zahlung ꝛc. auf das exekutivische Verfahren mindestens keinen Suspensiv-Effekt ausübe, ergiebt schon der Wortlaut dieser §§, cf auch *MR. v 17. Mai 1841 (JMBl S. 123).

358. Wenn das auf § 42 und § 3 des Ges. v. 11. Mai 1842 beruhende Recht der vorläufigen, unter dem Vorbehalte des RW. erfolgenden Exekution oben als ein exzeptionelles bezeichnet wurde, so paßt dessenungeachtet dieselbe Bezeichnung in gewissem Betrachte auch auf solche administrative Exekutionen, welche ohne jenen Vorbehalt stattfinden, auf letztere nämlich insofern, als jede Beschränkung des RW. grundsätzlich eine Ausnahme darstellt. Dieser exzeptionelle Charakter sowohl der blos vorläufigen, wie der definitiven Exekution hat die höchst wichtige Folge, daß das administrative Exekutions-Verfahren in der Regel nur wider die unmittelbar und ursprünglich verpflichteten Personen gerichtet werden kann, daß daher wider Jeden, welcher nicht als Selbstschuldner, sondern als Schuldner des Pflichtigen, als Bürge ꝛc. in Anspruch genommen werden soll, lediglich im RW. vorzugehen ist, oder daß doch mindestens dem Dritten, um die Rechtmäßigkeit des exekutivischen Verfahrens aus ihm persönlichen Gründen zu bestreiten, der RW. sowohl in petitorio, wie in possessorio allzeit offen steht; cf. *MR. v. 6. Febr. 1838 (Jbb. 51, S. 453, Rh. S. 6, S. 452), *ER. 11 März 1848, 20 Okt. 1855 (JMBl. 48, S. 325; 56, S. 69) Noch weiter geht ER. 17. April 1858 (JMBl. S. 244), indem dieses Erkenntniß dasselbe, was von der Befugniß Dritter, den RW. zu beschreiten, gesagt worden, auch in Bezug auf die Erben des ursprünglich Pflichtigen gelten läßt, und zwar nicht allein bezüglich der Wohlthats-, sondern auch der unbedingten Erben, vorausgesetzt, daß die Exekution nicht etwa blos gegen den Nachlaß des Pflichtigen, sondern wider das eigne Vermögen des Erben gerichtet werde, es sich daher um die dem Gebiete des Privatrechts angehörige Frage handle, inwiefern der Erbe für die Nachlaßschulden mit seinen eigenen Mitteln aufzukommen habe. Inzwischen betraf diese Entscheidung einen Fall, wo das Recht der administrativen Exekution ganz wesentlich in dem amtlichen Verhältnisse des ursprünglichen Schuldners, also in einer Eigenschaft seinen Grund hatte, welche auf die Erben nicht mit überging, weshalb sie wohl trotz ihrer sehr allgemein gehaltenen Motivirung für solche Fälle nicht paßt, in denen jenes Recht auf der Natur der Forderung an sich beruht, mithin gewissermaaßen am Objekte klebt. Hier dürfte zwischen unbedingten und Wohlthats-Erben zu unterscheiden, und nur den letzteren, ja selbst diesen nur insofern es sich um ihr persönliches Vermögen handelt, die oben erwähnten Rechte dritter Personen einzuräumen sein. Nähere Bestimmungen, zumeist in demselben Sinne, trifft bezüglich der Beitreibung von Kommunalsteuern das R. d. M. d. J v. 21 Aug. 1839 (VMBl. 40, S. 219), wo gesagt wird: Die administrative Exekution sei wider die Erben ebenso zulässig, wie gegen den Schuldner selbst, und könne sich der unbedingte Erbe gegen dieselbe um seiner Erben-Qualität willen gar nicht schützen, während der Wohlthats-Erbe die Exekution in den Nachlaß zwar hindern könne, aber nur durch den Antrag auf Eröffnung des Liquidations-Prozesses in Gemäßheit des JMR. v. 18. Juli 1839 (JMBl S. 255); seien keine Nachlaß-Gegenstände bekannt, und weigere sich der Erbe, dieselben nachzuweisen, so habe die Verwaltungs-Behörde bei Gericht den Antrag zu stellen, daß jener zur eidlichen Manifestation angehalten werde; ebenso verhalte es sich bei einer hereditas iacens,

deren Kurator dieselben Rechte und Pflichten habe, wie der Wohlthats-Erbe; bestreite endlich derjenige, wider den exequirt werde, seine Erben-Qualität, so sei zu unterscheiden, ob er auf die Erbschaft verzichtet haben oder überhaupt nicht berufen, sondern nur irrthümlich für einen Erben gehalten sein wolle; in ersterem Falle müsse er den Nachweis in der Exekutions-Instanz liefern, im zweiten stehe ihm die Berufung auf den RW. zu

359. Trotz der exzeptionellen Natur des administrativen Exekutionsrechts nahm das MR. v 30. Juli 1841 (JMBl S. 213) an, daß, wenn auf Grund gesetzlicher Bestimmungen eine Forderung zur administrativen Exekution stehe, letztere auch wegen der Verzugszinsen zulässig sei, welche das Gesetz unter Umständen dem Schuldner der Hauptforderung auferlege.

360 Der exzeptionelle Charakter der Bestimmung des § 42 schließt die Anwendbarkeit derselben auf analoge Fälle aus. Dies wird inzwischen mitunter verkannt, so z B. in dem zur Erläuterung der AGO v 20 Juni 1830 unter Nr. 2 (GS. S. 113) ergangenen MR. v 30 Dez. 1838 (Ann. 22, S. 950), welches wegen des bei Erhaltung der städtischen Mauern rc. eintretenden Staatsinteresses die Regierungen für befugt erachtet, die zu solchem Zwecke erforderlichen Vorkehrungen zu treffen, und den dazu von der Stadt zu entrichtenden Beitrag nach Analogie des § 42 exekutivisch einzuziehen. Insofern derartige Vorkehrungen als polizeiliche anzusehen sind, unterliegt das Recht der vorläufigen Exekution freilich keinem Zweifel, beruht alsdann aber nicht auf § 42, sondern auf § 39, resp dem Ges. vom 11. Mai 1842. Uebrigens erhellt nicht klar, ob jenes R die Exekution immer als statthaft erachte, oder nur, wenn über die Unterhaltung des Verschlusses ein bestimmtes Rechtsverhältniß bereits bestehe. Daß, sobald eine Stadtmauer rc. von selbst verfalle, und deren Erhaltung, resp. Herstellung in militairischer, polizeilicher oder finanzieller Hinsicht für nöthig erachtet werde, das obwaltende Sach- und Rechts-Verhältniß untersucht und nöthigenfalls im RW festgestellt werden solle, wem die Pflicht zur Tragung der Kosten zur Last falle, sagt obige ACO. ausdrücklich

360 bis. Der Schlußsatz des § 42 erwähnt zwar nur der Unzulässigkeit von Possessorienklagen. Inzwischen gilt das dort Gesagte nach § 97 Nr. 2, I. 47 AGO. und der Natur der Sache auch von Moratorien-Prozessen; cf JMR. v. 21. Sept 1821 (Ges-Revis, Pensum XII S. 158)

361 Ergeht in dem durch den Schlußsatz des § 42 nachgelassenen Petitorium ein obsiegliches Urtheil, so kann nach Umständen die Herstellung des früheren Zustandes und Schadensersatz im RW. gefordert werden. Die jenem Satze entsprechende Vorschrift der Regl v 1803 und 1804 (cf. n. 1) sagte dies ausdrücklich. So heißt es im § 9 des Regl v. 1804:

„Auch bleibt demjenigen, welcher durch dergleichen vorläufige exekutivische „Verfügungen an Vermögen oder Ehre gelitten hat, wenn sich am Ende findet, „daß die Verfügung widerrechtlich geschehen sei, die Befugniß vorbehalten, seine „Entschädigung dafür im ordentlichen Wege des Rechts bei dem Landes-Justiz-„Kollegio nachzusuchen, also auch in dem in der Nr 4 [konform der Nr. 4 h. l] „bestimmten ersten Fall die Klage in petitorio auf Wieder-Einräumung des „Besitzes (die aber niemals vor rechtskräftiger Entscheidung in petitorio erfol-„gen kann) zu richten.“

Daß § 42 eine gleiche Bestimmung nicht wiederholt, erklärt sich wohl dadurch, daß das, was sie enthält, als selbstverständlich betrachtet wurde. Auch folgt die Zulässigkeit solcher Ersatzklagen schon aus § 41.

§ 42 Nr. 1.

362. Die wesentlichste Erläuterung des § 42 Nr 1 ist in den entsprechenden Bestimmungen der Regl v. 1803 und 1804 § 8 resp 9 unter Nr. 1, 2 enthalten. Diese lauten:

1) „Den Kammern verbleibt auf allen Unseren Königlichen und sonst zu „ihrer Administration zugezogenen Gütern die Ausübung des Dienstzwangs „und die Beitreibung der grundherrlichen Abgaben unbeschränkt. Auch

„versteht sich von selbst, daß sie die Ausübung ihrer Gerechtsame ihren „Administratoren und Pächtern übertragen können.“

„ALR. II. 7, §§ 227 seq.; §§ 469 seq ; §§ 484—487.“

2) „Wenn über öffentliche Abgaben ein Streit entsteht, der an sich zur Erörterung im Wege des Rechts geeignet ist,

„ALR. II. 14, § 79,

„so bleibt dennoch die Kammer befugt, die streitigen Abgaben während „dem Prozesse mit Vorbehalt der Rechte des Verpflichteten einzufordern „und beizutreiben.“

In der VO. von 1808 sind mithin die dort unter zwei Positionen vertheilten Vorschriften in Eine zusammengefaßt worden, wodurch das Gesetz freilich weder an Genauigkeit noch an Klarheit gewonnen hat.

363. § 42 Nr. 1 umfaßt demzufolge zwei Kategorien von Leistungen, welche ihrem Rechtsgrunde nach höchst verschiedener Natur sind, einmal nämlich die allgemeinen Anlagen des § 78, II. 14 ALR., d h. also die landesherrlichen Steuern, und sodann solche Leistungen, auf welche der Staat resp. Domainen-Fiskus als Grundherr (cf. §§ 626 ff, I 21 ALR., insbesondere § 650 in Verbindung mit den oben alleg. §§ des Theil II. Tit. 7 ib.) Anspruch hat. Der Gesetz-Revisor (Pensum XII. S 155) will zwar noch eine dritte Kategorie machen, indem er zu den Leistungen des § 42 Nr. 1 außerdem die vermöge der Regal-Rechte zu fordernden Abgaben und Dienste rechnet. Inzwischen dürfte diese Ansicht durch die Fassung des Gesetzes sowohl wie durch eine Vergleichung desselben mit seinen unter n. 362 mitgetheilten Quellen ihre Widerlegung finden.

364. Ob zu den Revenüen im Sinne des § 42 Nr. 1 nur solche gehören, welche regelmäßig und zu bestimmten Zeiten wiederkehren, oder auch die zu unbestimmten Zeiten fällig werdenden, wie z. B. Laudemien, die s. g. Zählgelder und Markgroschen, ist streitig; cf. Ergänz. zum ALR. II. 10. Das JMR. v. 9. Okt. 1840 (JMBl. S 323) spricht sich im speziellen Hinblick auf die Markgroschen für die zweite der beiden Alternativen aus.

365. Domainengefälle aus gewöhnlichen Pachtverträgen gehören nicht hierher, und ebensowenig die Ablösungs-Kapitalien in Dismembrationssachen; cf. Wegener (S. 397).

366. Die Bedeutung des § 42 Nr. 1 für Leistungen der ersten der beiden erwähnten Kategorien (n. 363) bietet keine Schwierigkeit, da für die Ausnahmefälle, in welchen über die Verbindlichkeit zur Steuerzahlung der RW überhaupt stattfindet (§ 79, II. 14. ALR.), das Recht der vorläufigen Exekution bereits durch § 80 ib feststand, nach dieser Richtung hin § 42 sonach lediglich die bestehende Gesetzgebung aufrecht erhalten hat. Nicht so verhält es sich anscheinend mit den Leistungen der zweiten Kategorie. In Betreff letzterer, und zwar sowohl der Dienste, wie der Grundzinsen und sonstigen Abgaben erkennt das ALR. freilich gleichfalls das Recht der vorläufigen Exekution an, aber nur dann, wenn die Herrschaft sich bisher im Besitze der streitig gewordenen Leistungen befunden hat; cf. die §§ 463, 487, II. 7. Zwar erläutern die JMR. v. 5. März 1836 u. 17. Nov. 1837 (Jbb. 47, S. 292; 51, S. 146) den § 487 cit., selbst abgesehen von dem Falle, wo der Domainen-Fiskus der Grund- resp. Gutsherr ist, aus dem § 80, II. 14 ib., und erachten daher den Besitz des Gutsherrn nur dann als nicht vorhanden, wenn der Pflichtige sich während zweier Jahre im Freiheitsbesitze befinde Erscheint jedoch schon dieser Versuch, die §§ 487 u. 80 l. c. in Einklang zu bringen, als höchst gewagt, so ist ein gleicher Versuch bei den §§ 463 u 80 unmöglich, da der erstere zum Besitze des Gutsherrn ausdrücklich erfordert, daß im letzten Jahre vor erfolgtem Widerspruche ohne schriftlichen Vorbehalt gezahlt sei Wenn daher § 42 Nr. 1 trotzdem, ohne zwischen den Leistungen der einen und andern Kategorie zu unterscheiden, die provisorische Exekution allgemein gestattet, und nur die aus § 80 l. c. sich ergebenden Modifikationen aufrecht erhält, so kann wohl nicht anders angenommen werden, als daß er im Widerspruche mit den Regl v 1803 und 1804 für den Fall, wo Fiskus der Gläubiger ist, die Unterschiede zwischen den verschiedenen Arten der Leistungen in diesem Betrachte beseitigt, und den zweijährigen Freiheitsbesitz als Be-

bingung des Wegfalls der vorläufigen Exekution für sämmtliche Arten generalisirt habe.

367. Daß die durch Verweisung auf § 80 l. c. vorbehaltene Modifikation, resp. Beschränkung des administrativen Exekutionsrechts nicht etwa durch die Novelle v. 1825 hinweggefallen sei, geht bereits aus dem unter n. 356 Gesagten hervor. Diejenigen, welcher jener Novelle die dort gemißbilligte Deutung geben, sind selbstredend anderer Ansicht; cf. Sommer's Abh. im Arnsb. Archiv 4, S. 143.

368. Zum Freiheitsbesitze genügt nicht schon das bloße Nichtzahlen; vielmehr wird [arg. § 656, I. 9 ALR.] noch außerdem erfordert, daß der vermeintliche Schuldner einer an ihn ergangenen Zahlungs-Aufforderung Widerspruch entgegengesetzt und die Behörde sich hierbei beruhigt habe; cf. JMR. v. 5. März 1836 und 17. Nov. 1837 (Jbb. 47, S. 293; 51, S. 146). Der Gesetzrevisor (Pensum XII. S. 153) verlangt sogar, wenigstens in Betreff der allgemeinen Anlagen des § 78, II. 14 ALR., daß der Widerspruch auf eine angeblich vermöge eines speziellen Rechtstitels (§ 79 ib.) erworbene Exemtion gestützt worden sei; desgleichen, wie es scheint, EK. 17. April 1858 (JMBl S. 336). Dagegen halten das JMR v. 25. Juni 1840 und das CMR. v. 27. April 1841 (VMBl. 40, S. 218; 41, S 214) schon das bloße Nichtzahlen für ausreichend. Ersteres erkennt übrigens an, daß, wenn der Pflichtige wiederholt brieflich gemahnt sei, und wiederholt die Zahlung verweigert habe, dies eher geeignet erscheine, den erworbenen Besitz zu befestigen, als ihn aufzuheben. Das CMR. v. 27. April 1841 legt der unter Androhung der Exekution erfolgenden Insinuation einer amtlichen Zahlungs-Aufforderung die Wirkung bei, die zweijährige Frist des § 80 cit zu unterbrechen (vgl. Rh. BGB Art. 2244).

369. Ob ein zweijähriger Freiheitsbesitz im Sinne des § 80 wirklich vorliege, ist im Streitfalle vom Richter zu entscheiden. Der Gesetzrevisor (l. c.) hält sogar eine desfallsige Erörterung im Possessorien-Prozesse für statthaft, ohne daß es in einem solchen Falle auf eine spezielle Edition des Titels ankomme, worauf die Exemtion gegründet werde; er tadelt darum die Ansicht, als ob der Possessorien-Prozeß nicht angestellt werden könne, bevor die Petitorien-Klage eingereicht und daraus zu ersehen sei, aus welchem Titel die Abgabe verweigert worden; cf. jedoch unten n. 371.

370. Ist ein zweijähriger Freiheitsbesitz nicht vorhanden, so gilt das Recht der vorläufigen Exekution ebensowohl in Betreff älterer Rückstände, wie in Betreff derjenigen der letzten beiden Jahre. Entgegengesetzten Falls besteht dasselbe so wenig für jene wie für diese

371. Letzteres ist jedoch nicht so zu verstehen, als ob der zweijährige Freiheits-Besitz die administrative Exekution überhaupt ausschließe und die Verwaltung nöthige, zur Geltendmachung ihrer Ansprüche selbst den RW. zu beschreiten. Die administrative Exekution ist vielmehr, wenigstens bezüglich der allgemeinen Anlagen des § 78 ib., an sich immer statthaft, und muß nur eingestellt werden, sobald der Freiheitsbesitzer eine gerichtliche Klage im Sinne des § 79 ib. anhebt. Auch ist dieselbe in letzterem Falle nicht etwa aufzuheben, sie muß vielmehr blos vorläufig ruhen bleiben, bis sich durch das Resultat des Prozesses entscheidet, ob sie in dem Stadium, wo sie stehen geblieben ist, wieder aufgegriffen und zu Ende geführt werden kann, oder aber definitiv hinwegfällt; cf. MR. v. 25. Juni 1840 (VMBl. S. 218).

372. Nach dem JMR. v 12. Juli 1814 (Jbb. 3, S. 260) können laufende öffentliche Gefälle auch wider die unter gerichtlicher Administration stehenden Güter von der Finanz-Verwaltung beigetrieben werden, wogegen freilich in Betreff solcher öffentlichen Gefälle, die nach den für den Konkurs gegebenen Vorschriften bei einer eintretenden Administration nicht zu den kurrenten zu rechnen sind, und deren Berichtigung den Bestimmungen des Richters unterworfen ist, das Recht der administrativen Exekution nicht stattfindet; cf. übrigens die §§ 33, 39, 48, 49, 57 der Konkurs-Ordn. v 8. Mai 1855.

373. Gemeindesteuern. Da § 42 Nr. 1 nur von landesherrlichen, resp. fiskalischen Abgaben rc. spricht, so erhebt sich die Frage, ob in Betreff der Kommu-

nal-Abgaben das administrative Exekutionsrecht überhaupt bestehe und eventuell, ob auch mit der Wirkung, daß auf dessen Handhabung die Beschreitung des RW. keinen Suspensiv-Effekt ausübe. Vom Standpunkte der landrechtlichen Gesetzgebung war die erstere Frage nur hinsichtlich der städtischen Kommunal-Beiträge zu bejahen (§§ 130, 131. II. 8), im Uebrigen aber allgemein zu verneinen. Seitdem jedoch durch die §§ 36, 41 h. l die §§ 78, 79, II 14 ALR. auch für Kommunalsteuern, und zwar nicht allein für die der politischen, sondern auch für die der Schul- und Kirchen-Gemeinden Geltung erlangt haben, folgt schon hieraus, in Verbindung mit dem unter n. 353 ff Gesagten, daß die administrative Exekution auch hinsichtlich solcher Kommunal-Beiträge allgemein stattfindet. Anlangend die zweite der obigen Fragen, so entscheidet sich das JMR. v 9. Febr. 1820 (Jbb. 14, S. 183) für die Affirmative, und wohl mit Recht. Einmal ist schon aus dem engen Zusammenhange, welcher zwischen den §§ 78—80, II 14 ALR. besteht, zu schließen, daß der Gesetzgeber, welcher die §§ 78, 79 auf Kommunalsteuern ausdehnte, die Anwendbarkeit des § 80 auf dieselben nicht minder gewollt habe. Sodann aber steht dieser Ansicht die gesammte spätere Gesetzgebung über das Abgabenwesen zur Seite, welche die Kommunal- mit den Staatssteuern durchweg nach gleichen Grundsätzen behandelt. Ist doch § 80 durch die ACO. v. 19. Juni 1836 sogar auf die dort erwähnten Abgaben für anwendbar erklärt worden. Demgemäß heißt es denn auch in der durch ACO. v 4 Juli 1832 genehmigten Zusammenstellung der nachträglichen Bestimmungen zur Städte-Ordn. v 19. Nov 1808 ad § 109 (GS. 1832, S. 185), daß, wenn gegen die Verbindlichkeit zur Entrichtung einer Kommunal-Abgabe Widerspruch erhoben werde, dies keinen Suspensiv-Effekt habe, der Regierung vielmehr überlassen bleibe, die Exekution zu verfügen. — Trotzdem stellen sich die MR. v 27. Febr 1836 und 26 Dezbr 1838 (Ann. 20, S. 145; 22, S. 958) noch ganz auf den Boden der cit. §§ 130, 131; cf. auch Grävell 1, S. 49.

374. Wegen solcher Kommunal-Abgaben und sonstiger zu bestimmten Zeiten wiederkehrenden Leistungen, welche nicht nach §§ 78, 79, II. 14 ALR. zu beurtheilen sind, sondern auf einem privatrechtlichen Titel beruhen, z. B. wegen des Kanons vererbpachteter Grundstücke oder eines s. g. Dammzinses findet dagegen keine sofortige administrative Exekution statt, sondern es muß die richterliche Hülfe, und zwar eventuell in Gemäßheit der VO. v. 2 Dezbr. 1837 (GS. 38, S. 1) in Anspruch genommen werden; MR v. 31. Dez 1843 (VMBl 44, S 4); cf. auch MR v. 13. April 1824, 27 Okt, 23 Dez 1826, 19. Febr. 1827, 7. Juni 1834 (Ann 8, S 462; 10, S 1081 u. 1067; 11, S. 142; 18, S. 409). — Ueber das gutsherrliche Exekutionsrecht städtischer Magistrate cf unten n. 375 bis.

375. Daß § 42 Nr. 1 auch den Standesherren zu Gute komme, beruht auf unmittelbarer Gesetzes-Vorschrift, nämlich auf § 35 der Instr v. 30 Mai 1820, welcher also lautet:

> „In Absicht auf Erhebung und Beitreibung der von den Standesherren „zu beziehenden Steuern, Nutzungen und Abgaben, wie auch ihrer liquiden „Domainengefälle, bei letzteren jedoch nur auf einen zweijährigen Rückstand, „desgleichen zu ordnungsmäßiger Benutzung der ihnen zu leistenden Lehn-, „Frohn- und Gerichtsdienste, genießen die standesherrlichen Behörden, bei glei„chen Pflichten, dieselben Rechte, welche Unsern für die Beziehung solcher Ab„gaben und Dienste angeordneten Behörden zukommen.“

Ueber den Bereich des § 42 Nr 1 geht § 35 aber auch nicht hinaus, und korrespondirt namentlich nicht etwa gleichzeitig den Bestimmungen des § 42 Nr. 2—5, weshalb den standesherrlichen Behörden das Recht, auch solche Rückstände durch sofortige Exekution einzuziehen, welche aus Kauf-, Pacht- oder sonstigen Verträgen herrühren, keineswegs zusteht; cf. MR v. 6. Aug. 1830 (Ann. 14, S. 491). Was den Begriff „Domainengefälle“ insbesondere anbelangt, so versteht Sommer (Arnsb. Arch. 4, S. 142) darunter blos wiederkehrende Rekognitionen, Gülten, Renten, Kanones, und hält den Ausdruck als synonym mit dem Ausdrucke „grundherrliche Revenüen“ in § 42 Nr. 1, weshalb andere aus Domainen herrührende Nutzungen, z. B. Ansprüche aus Kaufverträgen über Produkte von Domanial-Grundstücken, Waldungen, Bergwerken, Hütten ꝛc dazu nicht gehörten. Daß die Beschränkung auf zweijährige Rückstände solcher Gefälle noch jetzt gelte, und nicht etwa, wie ein

Erk. des OLG. Arnsberg ausgesprochen hatte, durch die ACO. v. 31. Dezbr. 1825 hinweggefallen sei, erkennt jener Schriftsteller mit Recht an; er ist jedoch der schwerlich zu billigenden Ansicht, daß die das administrative Exekutionsrecht bedingende Eigenschaft der Liquidität nicht schon dadurch ausgeschlossen werde, daß über die Verbindlichkeit zur Entrichtung der Gefälle ein Prozeßverfahren schwebe, indem die Prüfung der Liquidität den standesherrlichen Beamten anheimgestellt sei, daß ferner wider die mißbräuchliche Anwendung des standesherrlichen Exekutionsrechts auf Fälle, für welche dasselbe nicht gegeben sei, ein gerichtlicher Schutz nicht bestehe, sondern nur bei den höheren Staatsverwaltungs-Behörden, jedenfalls bei dem Ministerium des Innern Schutz gesucht werden könne. Letztere Ansichten stehen und fallen ebenso wie die von Sommer selbst getadelte Ansicht des OLG. Arnsberg mit den oben n. 356 besprochenen, aus der Novelle v 1825 gezogenen Folgerungen. — Das Exekutionsrecht der Standesherren ist selbstverständlich auf ihr Territorium beschränkt; cf. MR. v. 5. Juli 1830 (Ann 14, S. 493).

375 bis. Der § 42 Nr. 1 thut des gutsherrlichen Exekutionsrechts nur insoweit Erwähnung, als dasselbe dem Fiskus selbst zusteht; vgl. n. 363 Daraus ist nicht zu folgern, daß das durch die §§ 463 ff. und 484 ff., II. 7 ALR. auch andern Gutsherren eingeräumte Exekutionsrecht nothwendig als aufgehoben zu betrachten sei, wenngleich allem Anscheine nach bei der Berathung des Ges. v. 24. Mai 1861 in der Kommission des H. d. A. das Gegentheil vorausgesetzt zu sein scheint. Man hat vielmehr früher das Fortbestehen allseitig anerkannt; vgl. namentlich JMR. v. 22. Juli 1830 (Jbb. 36, S 132). Dasselbe muß auch jetzt noch gelten, insoweit die in den cit. §§ erwähnten Rechte nach der Aufhebung der Unterthänigkeit und den inzwischen erfolgten Ablösungen noch existiren, und es ist nur die Modifikation eingetreten, daß für gewisse westliche Landestheile an die Stelle des in den §§ 484 ff. l. c. das in den §§ 58 ff, I 41 AGO und in der VO. v. 1. Juni 1833 vorgeschriebene Verfahren getreten ist; cf. Ergänzungen zu diesen §§; Ges. v. 21. April 1825; MR. v 31 Dez. 1843 (VMBl. 44, S. 4). — Jenes Exekutions-Recht wird, wenn die Gutsherrschaft eine Stadt ist, vom Magistrate gehandhabt; cf. MR. v. 24. Mai 1842, 19. Aug 1844 (VMBl. 42, S. 184; 44, S. 234; ersteres R. widerlegt die Ansicht, als ob die §§ 484 ff für Städte durch die VO. v 2. Dez 1837 aufgehoben seien). Dasselbe Recht wird den Mediatherrschaften sogar zu Lasten der Besitzer von Bürgerhäusern beigelegt, da jene zu diesen in der Regel, und von besonderen Verträgen, Provinzial-Gesetzen 2c. abgesehen, in demselben Verhältnisse ständen, wie die Gutsherrschaften zu den Besitzern ländlicher Grundstücke; cf. JMR. v. 5. März 1836 (Jbb. 47, S 292). In letzterem R. und im JMR. v. 17. Nov. 1837 (ib. 51, S. 146) wird überdies gesagt, daß die im § 484 ertheilte Befugniß sich nicht blos auf persönliche Abgaben, sondern auch auf Grundzinsen und solche Abgaben beziehe, die ein Einsasse der Herrschaft von seiner Stelle zu zahlen habe, und daß jene Befugniß ohne vorgängige petitorische Klage nur gegen solche Schuldner geltend gemacht werden könne, welche sich nicht etwa durch erhobenen Widerspruch bereits zwei Jahre lang im Freiheitsbesitze befänden. Darüber, ob Schutzgelder zu den Leistungen der §§ 484 ff gehören, haben die Ansichten gewechselt Die MR v. 20. Juni 1831 und 29. Jan. 1837 (Jbb 37, S. 330 und 55, S. 470) und die ebendaselbst (S. 389) abgedruckte Abh bejahen diese Frage, das bezogene MR. v. 17. Nov. 1837 ist anscheinend der entgegengesetzten Ansicht. — Nach dem MR. v. 30. Juli 1841 (VMBl. S 213) ist die Exekution wegen Zögerungszinsen von den seither beigetriebenen Gefällen gleichfalls statthaft, selbst wenn die Verbindlichkeit zur Zahlung solcher Zinsen bestritten wird, da diese Verbindlichkeit unmittelbar auf dem Gesetze (§ 481, II. 7 ALR) beruhe, selbstredend jedoch nur insoweit der Gutsherrschaft der Besitzstand zur Seite stehe. — Ist mit dem herrschaftlichen Gute der Grundzins vererbpachtet, so befindet sich der Gutsherr nicht im Besitze des Zinses, wie es denn überhaupt nur in der Absicht des Gesetzgebers liegt, daß die Gutsherrschaft befugt sei, ihre eignen Hebungen zu realisiren, ohne den RW. einzuschlagen, nicht aber als offizielle Behörde die Rechtsverhältnisse Anderer zu exekutiren Die letzteren haben sich daher an die Gerichte zu wenden; cf. MR. v. 13. Juli 1844 (VMBl. S. 235).

§ 42 Nr. 2—4 und die Zusatz-Bestimmung der ACO. v. 31. Dezember 1825.

376. Die Nr. 2—4 entsprechen den Nr 3—4 des § 9 des Regl. v. 1804, und unterscheiden sich von denselben nur durch kürzere Fassung Wenn im § 42 Nr. 3 die Bestimmung des Regl fehlt, daß dem in Zahlung der Pachtgeldes säumigen oder schlecht wirthschaftenden Pächter ein Administrator zur Seite gesetzt werden könne, so ist dies wohl nur darum geschehen, weil das dort der Verwaltung zuerkannte Recht der Sequestration das Recht der bloßen Beiordnung eines Administrators selbstverständlich mitumfaßt: minus continetur maiori.

377. Zu Nr. 2 insbesondere ist die ACO v 30 Mai 1843 (VMBl S. 269, Rh. S. 8, S. 185) ergangen, also lautend:

„Auf den Bericht des Staats-Ministeriums vom 2. d Mts. will Ich es „ferner dabei belassen, daß die Regierungen in Gemäßheit der Bestimmung im „§ 42 Nr. 2 der Verordnung vom 26 Dezember 1808 rückständige Kauf„gelder für Holz und andere Waldprodukte von dem Schuldner nach dessen „vorgängiger Vernehmung und nach Feststellung eines vorläufigen Liquidums „exekutivisch beitreiben lassen Auf andere Verträge, von deren Erfüllung zwar „die Erreichung bestätigter Etats abhängt, die aber nicht speziell dem etats„mäßigen Soll-Einkommen zum Grunde liegen, oder keine fortlaufende Ein„nahme für die Staatskasse zum Gegenstande haben, wie Verträge über Ver„äußerungen von Domainen und über Ablösung von Domainen-Gefällen ist „jedoch die angeführte Bestimmung nicht zu beziehen ꝛc“

378. Die von den Rheinischen Gerichten verhängten Geldstrafen gehören nicht zu den Leistungen des § 42 Nr 2: *ME. v 6. Febr. 1838 (Rh. S. 6, S. 453).

379. Die summarische Vernehmung, von welcher § 42 Nr. 2 redet, ist, wenn der Verpflichtete Widerspruch erhebt, unerläßlich: JMR v. 21. Sept. 1821 (Ges.-Rev., Pensum XII. S. 155).

380. Die Sequestration wegen schlechter Bewirthschaftung (§ 42 Nr. 3) ist blos eine konservatorische Maaßregel, und daher die Wieder-Verpachtung des Guts, insofern diese durch die Novelle von 1825 (in der Zusatzbest. zu § 48) neben der Sequestration als modus executionis gestattet worden, nur auf den andern Fall des § 42 Nr. 3, d. h. also, wenn die Pachtgelder rückständig bleiben, anwendbar. Uebrigens berechtigt nicht jede von der Behörde nach subjektiver Ansicht für schlecht erachtete Bewirthschaftung zur Sequestration Nur, wo jene so schlecht ist, daß sie nach allgemeinen Grundsätzen die Exmission des Pächters begründet, soll die Regierung von Anrufung der richterlichen Hülfe behufs Anordnung vorläufiger Sicherheits-Maaßregeln entbunden und letztere selbst zu treffen befugt sein. Nach der entgegengesetzten Deutung wäre der Pächter der Willkür der Behörde unterworfen, und das im § 42 a E. demselben vorbehaltene Petitorium illusorisch. So: Ges.-Rev. (Pensum XII S 156). Cf. im Uebrigen die Exek.-Ordn. v. 30. Juli 1853 und 1. Febr 1858, § 34 resp. 31.

381. § 42 Nr. 4 bezieht sich nur auf Zeitpacht, mithin nicht auf Erbpacht, noch auch auf eine wenngleich nur für bestimmte Zeit bestellte Emphyteuse. Demzufolge steht einem Berechtigten der letzteren Art wider die von der Regierung trotzdem angeordnete Exmission die Betretung des RW unbedingt und zwar sogar in possessorio zu: EK. 3 Febr 1855 (JMBl S. 108); OT. 24 Okt. 1856 (Entsch. 34, I. 87). Letzteres Erkenntniß erfordert zur Ausschließung des Possessoriums (§ 42 a. E.) noch außerdem, daß eine bezüglich der Räumung nach vorgängiger summarischer Untersuchung erlassene Regierungs-Resolution vorliege; daß die erbetene Pachtverlängerung durch Resolution abgeschlagen worden, genüge in diesem Betracht nicht. — Der Schlußsatz des § 42 Nr 4 hat, wie der Ges.-Rev hervorhebt, durch die unter n. 380 bezogene Vorschrift der Novelle eine Modifikation erlitten, indem die dort gestattete Wieder-Verpachtung sehr oft, wenn dieselbe nämlich in den drei letzten Pachtjahren eintritt, oder mehrmals wiederholt wird, einer Exmission gleichkommt

382 Die Zusatz-Bestimmung der Novelle zu § 42 läßt es, ihrer Fassung nach, als zweifelhaft erscheinen, ob unter den dort erwähnten Verträgen nur solche

zu verstehen seien, von denen § 42 sub Nr. 2 – 4 selbst rede, oder auch alle übrigen, wie z. B. Darlehns-Verträge. Da jedoch das Recht der administrativen Exekution immer ein exzeptionelles Recht ist, welches sogar zu Gunsten des Fiskus nicht aus solchen anderen Verträgen erwächst, so verdient die restriktive Deutung den Vorzug; cf auch n. 386 bis Inzwischen entscheidet sich das R. d. M. d. J. u. K v. 26. Mai 1834 (Ann. 18, S 288) für die zweite Alternative, und referirt überdies als Ansicht des Justiz-Ministers, daß es zwar statthaft, keineswegs aber nöthig sei, die Klausel, durch welche sich ein Darlehns-Empfänger der administrativen Exekution ohne richterliches Verfahren unterwerfe, in das Hypothekenbuch eintragen zu lassen, indem die Regierung, wenn nur die Forderung selbst eingetragen worden, von dem ihr beigelegten Rechte unbedenklich gegen den nachfolgenden Besitzer Gebrauch machen könne Endlich hebt das R hervor, daß die Novelle sowenig wie § 42 selbst die Befugniß der landschaftlichen Kreditsysteme beschränkt habe, daß mithin, wenn es zur Sequestration des Guts komme, die Landschaft diese zu übernehmen berechtigt sei.

§ 42 Nr. 5.

383. Die bezüglichen Bestimmungen der Regl. v 1803 und 1804 sind mit § 42 Nr. 5 fast gleichlautend Nur heißt es dort statt: „wichtigen Entreprisen" — „großen Wasserbau-Entreprisen", und weiter unten statt: „daraus nach ihrem Ermessen" — „die Umstände so beschaffen sind, daß."

384 Der Gesetzrevisor bemerkt l c., daß, so unbestimmt und unklar auch der Ausdruck „andere, über Gegenstände des Regierungs-Ressorts abgeschlossene Verträge" sei, darunter doch keinenfalls alle Verträge mit Ausnahme der Pachtverträge, sondern nur solche Verträge verstanden werden könnten, die ihrer Natur nach so geartet seien, daß deren Nichterfüllung Stockungen und Verlegenheiten in der Verwaltung ermögliche, wie z. B Verträge über Lieferungen, Transporte, vorzüglich im Kriege und von Militair-Effekten, über vorbedungene Werke, insbesondere Bau-Unternehmungen, allenfalls auch Verträge mit Handwerkern oder Künstlern über Gegenstände ihres Handwerks oder ihrer Kunst, weil hierbei leicht Gefahr beim Verzuge eintrete, und die Behörde sich nicht immer in der Lage befinde, anderweitig zu helfen, nicht aber solche Verträge, bei denen es blos auf Zahlung von Domainen-Kaufgeldern oder überhaupt von Geldsummen ankomme, die nicht zur laufenden Staats-Einnahme gehörten. Unzweifelhaft ist dieser restriktiven Auslegung Beifall zu geben, ja es scheint fast, als sei der betreffende Ausdruck noch enger zu deuten, als dies vom Gesetzrevisor geschieht. (Vgl. auch StGB. § 308.) Sollte die Verwaltung bei andern Verträgen, auf welche ihrer Natur nach § 42 Nr. 5 nicht paßt, dessen Bestimmung handhaben, so muß der RW. wider das exekutivische Verfahren, selbst in possessorio, zugelassen werden.

385. Die Frage, ob aus der verweigerten Erfüllung eines Vertrags im Sinne des § 42 Nr. 5 ein unwiederbringlicher Schaden für den Staat sich besorgen lasse, ist zwar in das Ermessen der Verwaltung gestellt, und daher ein prozessualischer Angriff auf das Bestreiten dieses Punktes schwerlich zu stützen; inzwischen wird erfordert, daß die Regierung sich hierüber ausdrücklich ausspreche, indem die bloße Möglichkeit, daß die Regierung wirklich durch solche Gründe zur Anordnung exekutivischer Maaßregeln sich bewogen gefunden habe, ein gerichtliches Angehen wider letztere noch nicht als unstatthaft darstellen würde.

386. Nach Ansicht des Gesetzrevisors l. c. ist der Exekutions-Modus des § 48 Nr. 1 in den Fällen des § 42 Nr. 5 nicht statthaft.

386 bis. Da die Zusatz-Bestimmung der Novelle zu § 42 nur von den Nr. 2—4, nicht auch von Nr. 5 spricht, so ist die Frage in Anregung gekommen, ob etwa ein allgemeines, auf legislativem Wege zu erledigendes Bedürfniß dazu vorliege, die den Verwaltungs-Behörden zustehenden Exekutions-Befugnisse auch auf die Leistungen aus den bei der Verwaltung von Instituten, Kirchen und Schulen abgeschlossenen Lieferungs-Verträgen auszudehnen. Im MR. v 2. März 1846 (JMBl. S. 70) wird diese Frage jedoch verneint, und jede Regierung angewiesen, derartige Exekutions-Befugnisse nicht in Anspruch zu nehmen, statt dessen aber dahin zu wirken, daß die Interessen jener Institute durch besondere Vorsicht

3) Konkurrenz der Regierungen bei den Civil-Prozessen

§. 43. In allen fiskalischen Civil-Prozessen steht es den Regierungen frei,

1) nach der Analogie der allgemeinen Gerichts-Ordnung Th. 1. Tit 3. §. 21., ohne daß dadurch jedoch der Gang der Instruktion aufgehalten, oder der Gegenparthei Kosten verursacht werden muß, außer dem gewöhnlichen Stellvertreter des Fiskus, noch einen andern Deputirten abzuschicken, welcher der Instruktion beiwohne, und darauf sehe, daß die Thatsachen überall richtig, deutlich und vollständig auseinander gesetzt, nichts von Erheblichkeit übergangen, und bei Aufnehmung der Beweise mit genauer und gründlicher Sorgfalt verfahren werde; sich übrigens aber in die Leitung des Verfahrens nicht mischen, oder eine Direktion desselben sich anmaßen, sondern den eigentlichen Instruenten bloß kontrolliren, und sich überhaupt in den durch die allgemeine Gerichts-Ordnung Th. 1. Tit. 10. §. 198. vorgeschriebenen Grenzen halten muß;
2) vor Abfassung des Erkenntnisses ein schriftliches Gutachten zu den Akten zu geben, worauf, insofern es auf besondere landespolizeiliche oder finanzielle Verhältnisse und Verfassungen, nicht aber auf bloße Rechtsfragen ankommt, von den Gerichten gebührende Rücksicht genommen, auch nach Befinden von ihnen die betreffende Regierung ersucht werden soll, einen Deputirten zu ernennen, der dem Vortrage der Sache bei dem Spruch beiwohne.

4) Desgleichen bei Privat-Prozessen.

§. 44. Wenn in Prozessen zwischen Privat-Personen Gegenstände und Rechtsfragen zur Sprache kommen, welche auf Prinzipien der Landes-Verfassung, Staats-Verwaltung, Staats-Wirthschaft, Polizei- und Gewerbekunde Einfluß haben, und durch klare Gesetze nicht bestimmt sind, so sind die Ge-

---

bei Abschließung der Verträge, durch Stipulirung von Kautionen, Aversionalstrafen 2c. möglichst gesichert würden.

§§ 43 und 44.

387. Die den §§ 43 und 44 entsprechenden Vorschriften der Regl v. 1803 und 1804 finden sich, hinter den den §§ 45—47 h. l korrespondirenden, im § 12, resp. § 13.

richte verpflichtet, über dergleichen Rechtsfragen von den Regierungen ein Gutachten einzuholen, und sich darnach als einem konsultativen Votum gebührend zu achten.

5) Verfahren bei Polizei- und anderen Kontraventionen.

§. 45. Bei Kontraventionen gegen Finanz- und Polizei- und andere zum Ressort der Regierungen gehörige Gesetze, imgleichen bei Defraudationen landesherrlicher den Regierungen zur Verwaltung übergebenen Gefälle, und nutzbaren Regalien, sind die Regierungen berechtigt, nach einer summarischen Untersuchung die Sache durch eine Resolution zu entscheiden, auch die festgesetzte Strafe vollstrecken zu lassen, wenn der Beschuldigte nicht, binnen 10 Tagen nach Empfang der Resolution, auf förmliches rechtliches Gehör und Erkenntniß bei dem kompetenten Obergericht anträgt. Zu dem Ende muß es in der Resolution ihm auch jedesmal bekannt gemacht werden, daß er diese Befugniß habe, ihrer aber verlustig gehe,

---

387 bis. § 43 findet auf die bei Auseinandersetzungs-Behörden schwebenden Prozesse gleichfalls Anwendung: CMR. v 24 Okt. 1853 (VMBl. S. 266).

388. Die Wahl der Sachverständigen steht auch in fiskalischen Civil-Prozessen nicht den Regierungen, sondern den Gerichten zu; cf. R. v. 12. Sept. 1796 (Rabe 3. S 527), § 38, I 9 AGO und § 65 des Anh

389. In Betreff der Konkurrenz der Bergwerks-Behörden bei den fiskalischen Civil-, sowie bei den in den Bergbau einschlagenden Privat-Prozessen cf. Edikt v. 21 Febr. 1816 § 10 (GS. S 104), VO. v. 2. Jan 1849 § 13 und Ges. v. 26. April 1851 Art. IV

390. Ueber die Frage, inwiefern die Edition Königlicher Erlasse und der Aktenstücke von Verwaltungs-Behörden beantragt, resp. durch den Prozeßrichter verfügt werden könne, cf JMR. v 4 März 1831 (Jbb 37, S. 83), Bericht des OT. v. 18 Jan 1841 und JMR. v 28. April 1843 (JMBl. S 113), OT. 28 Oktbr 1856, 22. Febr. 1858 (Strieth. 22, S. 271; 29, S. 150), und, die Rheinprovinz anlangend, die in einem R v. 18. Nov. 1821 (Jbb. 18, S. 94) referirte Ministerial-Verfügung; cf. Dalloz, m. comp admin, n. 93, 94, in Verbindung mit n. 21, an welcher letzteren Stelle die Zulässigkeit gerichtlicher Klagen auf Ertheilung von Auszügen aus amtlichen Aktenstücken und Registern nach den Grundsätzen des franz. Rechts besprochen wird. Vgl. auch Ges. v. 7. mess. VII.; StRG. v 18 Aug. 1807.

§§ 45 und 34 Abs. 2—4.

[Litteratur: F. C. Oppenhoff, die Preußischen Gesetze über das mündliche und öffentliche Verfahren in Strafsachen rc., Berlin 1860; — Villaume, Handbuch der Preußischen Zoll- und Steuer-Gesetzgebung, Berlin 1844; id. Supplement 1848; — Schmidt, Kommentar zu den Königl. Preuß. Stempel-Gesetzen, 2. Auflage, Berlin 1855]

I. Allgemeine Bemerkungen über die administrative Straf-Jurisdiktion.

391 § 45 umfaßt zwei ganz heterogene Gegenstände, indem der größere Theil desselben die den Regierungen vorbehaltene Jurisdiktion in gewissen Strafsachen, der Schlußsatz dagegen eine der legislativen analoge Gewalt betrifft, welche den

wenn er binnen 10 Tagen vom Empfange keinen Gebrauch davon mache.

Geschieht aber dieses, so geben die Regierungen sogleich die Akten an das Landes-Justiz-Kollegium zur weitern rechtlichen Einleitung ab, können jedoch die nöthigen Verfügungen wegen Sicherstellung der vorläufig festgesetzten Geldstrafe treffen, wenn sie solches für nöthig erachten.

Wird die von den Regierungen festgesetzte Strafe hinterher im rechtskräftigen Erkenntniß bestätigt, oder gar geschärft, so muß der Denunziat jedesmal die Kosten der vorläufigen Untersuchung tragen. Wird sie hingegen gemildert, so bleibt er, im Fall er nicht von sämmtlichen Gerichtskosten entbunden wird, nur insofern dazu verbindlich, als von der summarischen Untersuchung bei der rechtlichen Einleitung hat Gebrauch gemacht werden können, welches das Landes-Justiz-Kollegium nach pflichtmäßigem Ermessen festsetzt. Auf die von den Regieruungen mit höherer Genehmigung in Polizei- und Landes-Angelegenheiten erlassenen Publicanda sind die Landes-Justiz-Kollegien bei ihren Entscheidungen insofern Rücksicht zu nehmen verbunden, als darin keine härtere Strafe, wie in den Gesetzen, festgesetzt ist; in welchem Fall die Strafe nach diesen zu bestimmen ist.

Verwaltungs-Behörden hinsichtlich des Erlasses allgemeiner Polizei-Strafverordnungen zugestanden ist. Die Bestimmungen jenes ersten Theils stehen mit denen des § 34 Abs. 2—4 im engsten Zusammenhange, weshalb letztere gleichzeitig mit zur Erörterung gelangen. Aus welchen Gründen die offenbar zusammengehörigen Vorschriften beider §§ auseinandergerissen wurden, ist bereits unter n. 11 gesagt.

392. Bevor der Umfang und Charakter der im ersten Theile des § 45 behandelten administrativen Strafgewalt näher erörtert wird, sind einige Worte über ihr Verhältniß zu der auf den §§ 46 und 48 beruhenden Strafgewalt vorauszuschicken — Der § 45 reservirt den Regierungen für gewisse Materien eine Art Straf-Jurisdiktion (im weiteren Sinne des Worts), wie sie schon früher den Verwaltungs-Behörden, insbesondere den Kriegs- und Domainenkammern zustand; die in Handhabung derselben ergehenden Entscheidungen, „Resolute," setzen daher immer auf Seiten der Verurtheilten eine Handlung oder Unterlassung voraus, welche nach der bestehenden Gesetzgebung ausdrücklich mit Strafe bedroht wird. § 46 bezieht sich dagegen auf die Disziplinar-Gewalt der Regierungen und die in dieser Gewalt begriffene Befugniß, wider die ihnen untergeordneten Beamten gewisse Strafen zu verhängen, ohne daß hierbei von der Uebertretung eines bestimmten Strafgesetzes die Rede ist. § 48 endlich gewährt den Regierungen das Recht, ebenso, wie ein solches den Gerichten behufs Vollstreckung ihrer Urtheile 2c. zusteht, zur Erzwingung ihrer Anordnungen, d. h. also als Exekutionsmittel, Strafbefehle zu erlassen; hier handelt es sich mithin nicht, wie in den Fällen des § 45, um die Ahndung einer strafbaren Handlung, noch um ein im dienstlichen Interesse und zur Erhaltung der dienstlichen Ordnung erforderlich gewordenes Korrektivmittel, wie beim § 46, sondern es soll durch Androhung, resp Vollstreckung eines Uebels, welches nur wegen der Gleichheit des Gegenstandes (Geldbuße oder

Freiheits-Entziehung) als Strafe erscheint, gegen eine an sich nicht straffällige Person irgend welche Handlung und Unterlassung erzwungen werden. — Noch schärfer tritt die Verschiedenheit dieser dreifachen Strafgewalt hervor, wenn man jede derselben in ihrem Verhältnisse zur richterlichen Kompetenz betrachtet Gegen die auf Grund des § 45 ergehenden Resolute war die Berufung auf den RW. schon früher in der Regel zulässig, und ist diese Regel durch Art. 136 des Ges. v. 3. Mai 1852 zum Prinzip erhoben worden, welches jede Ausnahme ausschließt. Gegen die Handhabung der Disziplinar-Gewalt (§ 46) ist jene Berufung nach früherer wie jetziger Gesetzgebung ebenso unbedingt unstatthaft. Anlangend endlich die Strafbefehle im Sinne des § 48, so gilt von ihnen dasselbe, was von der administrativen Exekution überhaupt gilt, und ist daher die Frage, inwiefern wider solche Strafbefehle der RW. beschritten werden könne, bald zu bejahen, bald zu verneinen; cf. die Noten zu den §§ 42, 48 und zu dem Ges. v. 11. Mai 1842. — Bei aller Verschiedenheit zwischen den drei Arten der Strafgewalt sind dieselben dennoch häufig verwechselt worden. Abgesehen davon, daß es allerdings Fälle giebt, wo die Begriffe fast in einander übergehen, hat zu dieser Verwechselung namentlich der Ausdruck „Ordnungsstrafe" oft mitgewirkt, indem derselbe von den Ausflüssen der sämmtlichen Arten jener Strafgewalt gebraucht wird. Schon im § 46 h. l. zur Bezeichnung gewisser gegen die Offizianten des Regierungs-Ressorts zu verhängenden Disziplinar-Strafen vorkommend, ist jener Ausdruck auch in der späteren Disziplinar-Gesetzgebung festgehalten worden, und bildet hier den Gegensatz zu den schwereren Disziplinarstrafen, welche nicht, wie die Ordnungsstrafen, durch einfache Verfügung des Vorgesetzten, sondern von einem Kollegium und in Folge eines förmlichen Verfahrens urtheilsmäßig festgesetzt werden Die Ordnungsstrafen dagegen, welche in Handhabung der administrativen Jurisdiktion des § 45 gegen Private wie Beamte erkannt werden können, beruhen auf den verschiedenen Steuer- resp. Zollgesetzen und bilden dort den Gegensatz zur ordentlichen Defraudationsstrafe, der poena quadrupli ꝛc. Von diesen letzteren spricht Art. 136 cit. Fälle endlich, wo der obige Ausdruck sogar auf administrativer Seits verhängte Exekutionsstrafen (§ 48) angewandt wurde, weisen u. A. MR. v. 23. Mai 1843 (VMBl. S. 156), *ME. v. 12. Febr. 1835 (Rh. S. 5, S. 72), *EK. 7. Okt. 1854 (JMBl 55, S. 35) nach.

393. Einer vierten Art administrativer oder doch nicht richterlicher Strafgewalt wird zwar nicht in der VO. v 1808, wohl aber in mehrfachen Ministerial-Verfügungen gedacht; cf unten n. 400, 401. Diese betrifft die Handhabung von Strafreglements, statutarischen Strafbestimmungen und Arbeits-Ordnungen, erlassen für die engeren Kreise von Privat-Personen, welche durch korporative und ähnliche Verhältnisse eine Art Genossenschaft unter der Aufsicht von Staats-, Kommunal- oder besonderen Korporations-Behörden bilden. Will man diese Strafgewalt auf die allgemeine Gesetzgebung zurückführen, so kann wohl nur § 45, II. 6 ALR. in Bezug genommen werden, welcher ein Strafrecht der Korporationen gegenüber ihren Mitgliedern im Falle besonderer Verleihung ausdrücklich anerkennt. Hiernach würde wider die in Handhabung obiger Strafgewalt ergehenden Erlasse die Berufung auf rechtliches Gehör, und zwar nicht beim Straf-, sondern beim Civilrichter immer stattfinden (§ 47 l. c.), wie sie denn auch im § 6 des Ges. v. 21. Mai 1860 fur die dort vorgesehenen Fälle förmlich zugelassen ist; cf. oben n. 333. In manchen MR. scheint inzwischen die Ansicht vorzuwalten, als ob jene Strafgewalt, zumal wenn sie die Anwendung der von den Aufsichts-Behörden erlassenen Strafreglements zum Gegenstande habe, nicht als ein Ausfluß der erwähnten landrechtlichen Bestimmung und als eine Art der durch dieselbe begründeten vorwiegend privatrechtlichen Straf-, sondern als ein Analogon der grundsätzlich nur auf Beamte beschränkten Disziplinar-Gewalt zu betrachten sei, woraus umgekehrt die Unzulässigkeit der Berufung auf den RW. folgen würde.

394. Indem § 45 die Administrativ-Justiz für gewisse Strafsachen theilweise fortbestehen ließ, ist er allerdings dem der VO. v. 1808 zu Grunde liegenden Prinzip der Trennung der Gewalten nicht ganz treu geblieben. Auf der anderen Seite hat derselbe aber jenem Prinzipe wenigstens insofern Rechnung getragen, als er die Befugniß zur Berufung resp Verweisung auf den RW einführte, beziehungsweise erweiterte. Die Strafsachen, bei denen in diesem Sinne die administrative und

gerichtliche Jurisdiktion konkurriren, gehören zu solchen, welche ehedem, sofern sie bei den Gerichten zur Aburtheilung gelangten (§ 34), nach den in den §§ 34 ff., I. 35 AGO. für s. g. fiskalische Untersuchungen ertheilten Vorschriften instruirt werden mußten, woher es gekommen ist, daß die Bestimmungen obiger §§ 45, 34, sowie die dieselben unter gewissen Einschränkungen auf Militairpersonen ausdehnende ACO. v. 24. Sept. 1812 (GS. S. 182) in den Anhang zur AGO übergegangen sind, wenn auch in der Fassung der ersteren Manches geändert und der dem § 45 entsprechende § des Anhangs sachgemäßer Weise den aus § 34 entnommenen §§ vorausgeschickt wurde; cf. die §§ 243—245, 248 und 250 des Anhangs in Verbindung mit dem Militair-Strafgesetzbuch v. 3. April 1845, II. §§ 3, 269. [Im § 250 l. c. sind die Worte: „die Untersuchung zu führen und“ eingeschaltet worden, um anzudeuten, daß kein Richter in solchen Fällen auf die blos summarischen Verhandlungen der Verwaltungs-Behörde ein Erkenntniß abfassen könne, wie dies schon im JMR. v 21. April 1810 (Rabe 10, S. 321) vorausgesetzt wird; das letztere hat überdies zu § 251 des Anhangs den Anstoß gegeben, nach welchem die einmal befaßten Untergerichte im Falle einer Saumseligkeit oder sonst nur vom Obergericht (mithin nicht von der Verwaltungs-Behörde) mit Anweisung versehen werden sollen; cf. Löwenberg's Beiträge 2, S. 430 ff. — Von den übrigen einschlägigen §§ des Anhangs bestimmt § 246, daß, wenn eine von der Finanz-Behörde eröffnete Untersuchung gegen einen zur Sicherheit der Strafe bereits Verhafteten zur Ungebühr verzögert werde, das Obergericht auf Abgabe der Akten dringen und eventuell dem Just.-Min Anzeige machen müsse; § 247 schließt die Provokation auf rechtliches Gehör in Fällen aus, wo wegen Polizei-Kontraventionen von den Polizei-Behörden auf geringere Strafen erkannt worden; § 249 endlich enthält eine besondere Kompetenz-Bestimmung für Untersuchungen wegen verbotenen Spiels.]

395. Nach dem den §§ 34—48 im Allgemeinen zu Grunde liegenden Systeme (cf. oben n. 11) werden die strafbaren Handlungen, deren die §§ 45 und 34 gedenken, in Vergehungen, resp. Kontraventionen gegen Hoheitsrechte, Polizei- und Finanzgesetze eingetheilt. Anlangend die Vergehungen gegen Hoheitsrechte, so ergiebt sich aus einer Kombinirung der §§ 34 und 45, daß bei jenen die Konkurrenz der administrativen Jurisdiktion schon unter der Herrschaft der VO. v. 1808 nicht bestand, wobei indessen bemerkt werden muß, daß, wenngleich hinsichtlich des Begriffs von Vergehen dieser Art im Allgemeinen auf die §§ 229 ff., II 20 ALR hinzuweisen ist, Kontraventionen gegen die Steuergesetze in obigen §§ dazu nicht mitgerechnet, sondern als Kontraventionen gegen Finanzgesetze behandelt werden. Gegenwärtig sind in jener Materie selbstredend das neue StrGB. und das Einführungs-Gesetz maaßgebend Hinsichtlich der Vergehen wider Polizeigesetze, resp. der Polizei-Kontraventionen ist die früher bestehende und im § 45 aufrecht erhaltene administrative Kompetenz, sowie die praktische Geltung der §§ 45, 34 überhaupt durch die neuere Gesetzgebung in Wegfall gekommen, und beruht das neuerdings durch Ges. v. 14. Mai 1852 fur einen Theil des Staatsgebiets eingeführte Recht der Polizeiverwalter zu vorläufigen Straffestsetzungen auf einer ganz anderen Grundlage Dagegen ist die administrative Jurisdiktion des § 45 für Kontraventionen gegen Finanzgesetze im Wesentlichen bestehen geblieben; das gerichtliche Verfahren in solchen Sachen richtet sich aber jetzt nicht mehr nach den Vorschriften der AGO. und ihres Anhangs, sondern (außerhalb des Gebiets des Rh. Rechts) nach der VO. v. 3. Jan. 1849 § 181, resp. dem Ges. v. 3. Mai 1852 Artt. 35 ff. so daß jene Sachen auch in formeller Hinsicht durchaus als eigentliche Strafsachen behandelt werden.

II. Straf-Jurisdiktion in Beziehung auf Uebertretungen.

396. Die vorlandrechtliche Gesetzgebung erkannte den Polizei-Behörden eine sehr ausgedehnte Strafgerichtsbarkeit zu, was nicht allein darin seinen Grund hatte, daß Justiz und Verwaltung noch nicht scharf von einander gesondert waren, sondern daß auch die Anschauung vorwaltete, in der Polizeigewalt sei ihrem innersten Wesen nach eine Art Strafgewalt mitenthalten; cf. Abh. in den Jbb. 28, S. 43 ff. — Denselben Prinzipien huldigte auch das ALR. (cf. §§ 11 ff., 61, II. 17) und die VO. v. 1808, in Gleichem die den §§ 34, 45 h. l. theilweise, namentlich

durch Erweiterung der Kompetenz der Lokal-Polizei-Behörden, derogirende ACO. v. 8. Mai 1830 (Ann. 26, S. 351, Jbb. 35, S. 284) und eine Menge Spezial-Vorschriften, welche die Entscheidung über gewisse Arten von Kontraventionsfällen noch ausdrücklich den Polizei-Behörden zuwiesen. Gegenwärtig haben alle diese Bestimmungen, wie bereits angedeutet, nur noch ein historisches Interesse, indem jene polizeiliche Gerichtsbarkeit durch die VO. v 3. Jan. 1849 aufgehoben ist; cf. JMR. v 29. Juli 1849 (JMBl S. 347). Es sind daher jetzt für alle wegen Polizei-Kontraventionen einzuleitenden Untersuchungen sofort und ausschließlich die Gerichte kompetent und zwar zur Zeit, den Bestimmungen des StrGB. und Einführungs-Gesetzes gemäß, bald die Einzelrichter, bald die Gerichts-Abtheilungen, je nachdem die früher zur polizeilichen Kognition gewiesenen Kontraventionen unter den nach dem StrGB. blos durch das Strafmaaß bedingten Begriff einer Uebertretung oder eines Vergehens fallen; cf. Artt. XIII. XX. des Einführungs-Gesetzes und das die Kompetenz der Einzelrichter erweiternde Ges. v. 14 April 1856 (GS. S. 208).

397. Daß das Vorgesagte für das ganze Staatsgebiet, mit Ausschluß des Gebiets des Rhein. Rechts, insofern eine Restriktion erleide, als das Ges. v. 14. Mai 1852 den Polizei-Verwaltern das Recht zu vorläufigen Straffestsetzungen wegen polizeilicher Uebertretungen unter gewissen Bedingungen verliehen hat, wurde bereits angedeutet, ebenso, daß letztere Strafgewalt ihrem Charakter nach von der früheren polizeilichen Gerichtsbarkeit sehr verschieden sei. Zur näheren Erläuterung derselben wird auf den Kommentar zu jenem Gesetze in Oppenhoff's Strafverf., S. 627 ff. hinverwiesen.

398. Ein Reihe von Beispielen, wo nunmehr, mit Ausnahme der in Spezialgesetzen besonders angeordneten polizeilichen Kompetenz und vorbehaltlich des Rechts zu vorläufigen Straffestsetzungen auf Grund des Ges. v. 14. Mai 1852, sofort die gerichtliche Kompetenz eintritt, findet sich in Oppenhoff's Strafverf., Art. 120 aufgeführt. Ebendort ist die nicht ganz unstreitige, gemeinhin jedoch verneinte Frage besprochen, ob mit Beseitigung der älteren polizeilichen Kognition auch das im Regul. v 7. Juni 1844 §§ 2—4 vorgesehene s. g. Submissions-Verfahren in Bezug auf Chaussee-Polizei-Uebertretungen hinweggefallen sei.

399. Die Schulversäumniß-Strafen, welche gemäß § 48, II 12 ALR. und der ACO v. 14. Mai 1825 gegen die Eltern schulpflichtiger Kinder zu verhängen sind, werden, wie es scheint, noch jetzt allgemein von den Verwaltungs-Behörden ausgesprochen, was wohl mit der im MR. v. 30. Sept. 1837 (Ann. 21, S. 682) entwickelten Ansicht zusammenhängt, daß jene keine eigentlichen Polizei-, sondern bloße Exekutions-Strafen (§ 48 h l.) seien. (Ein R. der Regierung zu Posen v. 24. Okt. 1852, VMBl S. 317, hält, anscheinend aus demselben Grunde, den § 334 des StrGB. auf solche Strafen für unanwendbar.) Inzwischen liegt der ACO. v. 20. Juni 1835 (GS. S 134) augenscheinlich die entgegengesetzte Auffassung zu Grunde; cf. Oppenhoff Rechtspr II. S. 322 (Note). (Die im § 48, II. 12 ALR. enthaltenen Vorschriften wurden für den Bezirk des AH. Cöln erst durch die ACO. v. 14. Mai 1825 Nr. 1 zur Geltung gebracht, dort aber jene Strafen von den Polizei-Gerichten verhängt, bis obige ACO. v. 1835 anordnete, daß die „Uebertretungen" der ACO. v. 1825 selbst in denjenigen Theilen der Rheinprovinz, „in welchen die polizeirichterliche Gewalt zu den Attributionen der Gerichte gehöre," nur noch im administrativen Wege „untersucht und bestraft" werden sollten. Auch ergiebt die ganze Fassung dieser ACO., daß sie das bestehende Recht nicht etwa blos deklariren, sondern wirklich abändern wollte.)

400. Das R. d. M. d. J v 27. Juni 1850 (VMBl. S. 214) hält die Schau-Kommissionen und Schau-Direktionen bei Gräben- und Deichverbänden auch nach Einführung der Polizei-Gerichte für befugt, gegen Mitglieder des Verbandes Strafen festzusetzen, da letztere nicht den Charakter von Polizei-, sondern von Ordnungsstrafen hätten, welche auf Grund der statutarischen Korporations-Verfassung verhängt würden [?]; inwiefern diese Strafgewalt (nach Analogie des Verfahrens bei Steuer-Kontraventionen) auch auf Nichtmitglieder auszudehnen sei, werde bei Revision der VO. v. 3. Jan. 1849 erwogen werden (was indessen bei Vorberathung des Ges. v. 3. Mai 1852 nicht geschehen ist); zur Zeit müßten dergleichen Kontravenienten gerichtlich verfolgt werden; doch hätten die Regierungen darauf zu halten,

daß die Schau-Kommission auch hier die Strafe ausspreche, mit dem Bedeuten, die Sache werde dem Polizeirichter übergeben werden, wenn die Strafe nicht in acht Tagen bezahlt sei [?].

401. Das Recht zu vorläufigen Straffestsetzungen beruht in Bezug auf Bergwerks-Kontraventionen, einschließlich der in den §§ 7, 18 des Ges. v. 21 Mai 1860 vorgesehenen, bei den Berg-Geschwornen; cf. MR v. 8. Aug. 1857 (BMBl. S. 148); Oppenhoff Strafverf S 628; Brassert Abh. in Zeitschr. für BR. 1, S 464, 470. Indem jenes MR. den Begriff eigentlicher Bergwerks-Kontraventionen in der Weise definirt, daß darunter nur die Uebertretungen wirklicher Gesetze oder allgemeiner Polizei-Verordnungen im Sinne des § 45 (Schlußsatz) h. l., resp. des Ges. v. 11. März 1850 zu verstehen seien, behält es den Berg-Geschwornen gleichzeitig eine andere, von ihrer Eigenschaft als Bergpolizei-Verwalter und von den Vorschriften des Ges. v. 14. Mai 1852 unabhängige Strafgewalt vor, und zwar in Betreff der Zuwiderhandlungen wider die von den Bergbehörden (ohne Mitwirkung der Bezirks-Regierung) erlassenen Strafreglements; letzteren wohne nur die Kraft disziplinarischer Vorschriften bei, deren Verbindlichkeit nicht in ihrer Allgemeingültigkeit, sondern in dem Verhältnisse der disziplinarischen Unterordnung begründet sei, in welchem die Arbeiter zufolge der Knappschafts-Einrichtungen zu den Bergbehörden ständen. Inzwischen dürfte das R., sofern es die Handhabung solcher Reglements betrifft, seit Erlaß der Ges. v. 21. Mai 1860 und 10. Juni 1861 seine praktische Bedeutung verloren haben; cf. n. 332, 490, und Ges v. 11. März 1850 n. 34.

401 bis Da die Strompolizei-Verwaltung der Landespolizei-Behörde kompetirt, so ist die Regierung befugt, deren Handhabung den Landräthen zu übertragen, welche letzteren eventuell auch die Strafen wegen Kanalpolizei-Uebertretungen in Gemäßheit des Ges v 14 Mai 1852 festzusetzen haben. Den Orts-Polizei-Behörden als solchen steht das Recht der vorläufigen Straffestsetzung rücksichtlich dieser Uebertretungen nicht zu. So: MR. v. 13. Januar 1862 (BMBl S. 27).

III. Straf-Jurisdiktion bei Zuwiderhandlungen gegen Finanzgesetze.

402. Die administrative Jurisdiktion, soweit sie ehedem wegen Zuwiderhandlungen gegen die Vorschriften über die Erhebung öffentlicher Gefälle und Abgaben schon bestand, ist durch die VO. v. 3 Jan 1849 unberührt geblieben, und im Wesentlichen noch heute in Kraft, wie dies nicht allein in mehreren MR. (cf. namentlich R. v. 29. Juli 1849; JMBl. S. 347), sondern demnächst auch durch die Gesetzgebung selbst (Artt. 135 ff des Ges. v 3. Mai 1852) ausdrücklich anerkannt wurde. Doch beruht diese Jurisdiktion nicht einzig auf den §§ 45, 34 h. l, sondern auch auf einer ganzen Reihe besonderer, bei Oppenhoff Strafverf. zu Art 136 cit. aufgezählter Spezialgesetze, welche bald auf die §§ 45, 34 h. l. unter Beifügung der dieselben modifizirenden Bestimmungen hinverweisen, bald das administrative Verfahren im Geiste jener §§ selbst vorzeichnen.

403. Bei Postpolizei-Uebertretungen (§§ 44 ff. des Ges v 5. Juni 1852) findet ein administratives Strafverfahren in dem hier fraglichen Sinne nicht statt Hier entscheiden vielmehr ausschließlich die Polizei-Gerichte, vorbehaltlich des Rechts der Polizei-Verwalter zu vorläufigen Straffestsetzungen; cf Gen.-Post-Amts-Instr. v. 23. Nov. 1852 (BMBl. S. 305).

404. Außer dem gewöhnlichen administrativen Strafverfahren ist auch das s g. Submissions-Verfahren, wo es bei Defraudationen 2c. ausdrücklich vorgeschrieben worden (cf. Regul v. 7. Juni 1844 (GS. S 167), §§ 4 ff., Ges v. 1 Mai 1851 §§ 12, 33), in Kraft geblieben; cf. Oppenhoff l. c., n. 4, 13, 14. [Ein ähnliches Verfahren wurde, wenngleich nicht durch die Gesetzgebung, so doch durch Ministerial-Verfügungen unter gewissen Voraussetzungen auch bei anderen Steuer- und bei Zoll-Defrauden zugelassen; cf. FMR v. 16. Juli 1837, 25. März 1839, 24 Nov 1840 (Centralbl. 1839, S. 78; 1840, S. 390; Billaume S. 150 ff).]

405. Da § 45 wenigstens ausdrücklich nur den Regierungen das Recht verleiht, Strafresolute zu erlassen, außerdem aber auch nur Zuwiderhandlungen gegen die Vorschriften über die Erhebung landesherrlicher Steuern 2c. im Auge

zu haben scheint, so erhebt sich die Frage, ob ein administratives Strafverfahren auch bei Defraudationen von Kommunal-Abgaben ꝛc. stattfinde, und eventuell von den Kommunal-Behörden ꝛc. zu handhaben sei. Hinsichtlich des bei Chaussee-Geld-Uebertretungen vorgeschriebenen Submissions-Verfahrens ist dies unbestritten; cf. Oppenhoff Strafverf Art. 136 n. 13, nicht so in Betreff des gewöhnlichen Administrativ-Verfahrens. Das MR. v 12. April 1850 (VMBl. S. 171) geht von der Voraussetzung aus, daß nach der früheren Gesetzgebung die Kompetenz der städtischen Magistrate zum Erlasse von Strafresoluten unbedenklich bestanden habe, und erörtert daher nur die Frage, ob jene etwa durch die VO. v. 2. und 3. Jan. 1849 mit der städtischen Gerichtsbarkeit hinweggefallen sei, welche sodann verneint wird. Ferner spricht sich das FMR. v. 22. Juni 1853 (VMBl. S. 183) für die Zulässigkeit des administrativen Strafverfahrens bei Defraudationen der Kommunal-Wildpretsteuer aus, und zwar, weil bei dieser Steuer gemäß ACO. v 24 April 1848 die zum Schutze der Schlachtsteuer bestehenden Strafbestimmungen zur Anwendung kommen sollen. In mehreren Entscheidungen (cf. Oppenhoff, ib. Art 135 n. 2) wurde endlich angenommen, daß wenigstens die Artt. 135 ff. sich nicht blos auf landesherrliche, sondern auch auf Kommunal- und Korporations-Abgaben beziehen. Inzwischen ist Oppenhoff, ib. Art. 136 n. 3 der Ansicht, daß die Zulässigkeit des administrativen Strafverfahrens und die Anwendbarkeit der Artt. 135 ff. sich nicht nothwendig gegenseitig bedinge, und erachtet jenes Strafverfahren z. B. bei Defraudationen der Hunde- und Wildpretsteuer wegen Mangels einer dasselbe gestattenden Vorschrift für ausgeschlossen. Noch weiter gehen anscheinend die MR. v. 27. Okt. 1860 und 11. April 1861 (VMBl 60, S. 224; 61, S. 101), indem sie den Kommunal-Behörden die Befugniß zum Erlasse von Strafresoluten in Kommunal-Steuersachen allgemein absprechen, und sich überhaupt gegen jedes administrative Strafverfahren in solchen Sachen erklären. Das R. v. 1860 nimmt hierbei auf § 132, II. 15 ALR. Bezug.

406. Wo das administrative Strafverfahren an sich gesetzlich statthaft ist, erstreckt dasselbe sich in der Regel nicht blos auf eigentliche Defraudationen, sondern auch auf alle sonstigen Zuwiderhandlungen gegen die Vorschriften über die Steuer-Erhebung; cf Oppenhoff Strafverf., Art. 135 n. 3.

407. Die Befugniß der Verwaltungs-Behörden, Strafresolute zu erlassen, ist im Allgemeinen auf kein Maximum der Geldbuße beschränkt. Insbesondere greift die im § 48 für bloße Exekutions-Strafen enthaltene Beschränkung bei jenen Straf-Resoluten nicht Platz: JMR. v. 31 Juli 1813 (Jbb. 2, S. 35).

408. Die administrative Straf-Jurisdiktion umfaßte ursprünglich auch das Recht, Freiheits-Strafen auszusprechen und die erkannten Geldbußen für den Fall der Insolvenz des Verurtheilten in Freiheits-Strafen umzuwandeln; cf. JMR. v. 31. Juli 1813 und 21. Mai 1814 (Jbb. 2, S. 35; 3, S 290). Beides ist jedoch durch die Dekl. v. 20. Jan. 1820 und die spätere einschlägige Gesetzgebung geändert worden, so daß seitdem in allen Fällen, wo unmittelbar auf Freiheits-Strafen zu erkennen ist, ausschließlich die Gerichte kompetent sind, bei diesen auch die Umwandlung der durch Strafresolute verhängten Geldbußen beantragt werden muß Die Befugniß der Postbehörden zur Straf-Umwandlung ist erst mit dem Ges. v. 5. Juni 1852 § 43 weggefallen. So: Gen.-Postamts-Instr. v. 23. Novbr. 1852 (VMBl. S. 302).

409. Die Ausübung der administrativen Straf-Jurisdiktion erleidet eine Einschränkung für solche Fälle, wo die vorläufige Verhaftung der Kontravenienten für nöthig erachtet wird In dieser Hinsicht bestimmen nämlich § 91 der Steuer-Ordn v. 8. Febr. 1819 und § 28 des Zollstrafges. v. 23. Jan. 1838, daß fremde, unbekannte oder der Flucht verdächtige Kontravenienten verhaftet, und bis sie sich legitimiren sowie Sicherheit leisten, an das nächste Gericht zur Aufbewahrung abgeliefert werden sollen. Diese Vorschrift wird durch die JMInstr. v. 28. Juni 1839 (JMBl S. 252) dahin erläutert, daß mit der Ablieferung der Kontravenienten an die Justiz die volle gerichtliche Kompetenz eintrete, daß ebenso die Prüfung der Art und Höhe der vom Verhafteten etwa angebotenen Kaution und die davon abhängige Entscheidung über die Entlassung dem Gerichte zustehe, dieses jedoch die Erklärung der Verwaltungs-Behörde über die bezüglichen Anträge des Verhafteten zu erfordern

habe. Jenes R. statuirt zwar für den Fall eine Ausnahme, wo dem Verhafteten lediglich eine geringe, mit einer bloßen Ordnungsstrafe bedrohte Verletzung der Steuergesetze ꝛc. zur Last gelegt werde, und derselbe, sofern er zur Berufung auf den RW. überhaupt befugt sei, von dieser Befugniß keinen Gebrauch mache; alsdann habe sich das Gericht auf die Vernehmung des Verhafteten und die Feststellung der Identität der Person zu beschränken, während die Entscheidung zur Sache sowie über die Entlassung und Kautionsleistung der Verwaltungs-Behörde verbleibe. Diese Unterscheidung dürfte indessen jetzt mit Rücksicht auf Art. 136 des Ges. v. 3. Mai 1852 für weggefallen, und in allen Fällen der gedachten Art nur noch die richterliche Zuständigkeit für begründet zu erachten sein.

410. Ein R. des Gen.-Steuer-Dir. v. 22 Juni 1853 (VMBl. S. 224) hält zwar die Verwaltungs-Behörden an sich für kompetent, zu entscheiden, ob Kinder unter sechszehn Jahren mit Unterscheidungs-Vermögen gehandelt haben, und eventuell die Strafe zuzumessen, indem § 43 des StrGB. unter dem Ausdrucke „Richter" die Verwaltungs-Behörde innerhalb ihrer Entscheidungs-Befugniß mitbegreife. Andererseits erkennt dasselbe aber an, daß eventuell nur der ordentliche Strafrichter bestimmen konne, inwiefern der Angeschuldigte seiner Familie zurückzugeben oder in ein Besserungshaus zu bringen sei, und empfiehlt mit Rücksicht hierauf die sofortige Abgabe der Steuer-Kontraventions-Sachen, bei denen solche Kinder betheiligt seien, an die Gerichte.

411. Daß, wenn ein der administrativen Jurisdiktion angehöriger Fall mit einem gemeinen Vergehen konkurrirt, letzteres darum nicht gleichzeitig vor das Forum der Verwaltungs-Behörden gezogen werden könne, ergiebt sich aus der exzeptionellen Natur jener Jurisdiktion von selbst. Ebensowenig darf man aber, in Ermangelung ausdrücklicher Gesetzes-Vorschriften (z. B. Zoll-Str-Ges. v. 23. Jan. 1838 § 33) umgekehrt annehmen, daß alsdann die Gerichte sofort und ausschließlich zur Entscheidung über beide strafbaren Handlungen berufen seien. A. M ist das JMR. v. 13. April 1843 (JMBl. S. 180). Art. XXI. des Einführungs-Ges. zum StrGB. kommt jedenfalls bei Würdigung dieser Frage nicht in Betracht, da er sich offenbar nur auf die Kompetenz-Verhältnisse der Gerichte unter einander bezieht.

412. Bei der idealen Konkurrenz von Gewerbepolizei- und Gewerbe-Steuer-Kontraventionen ist obige Frage dadurch gegenstandslos, daß den §§ 176, 177 der Gewerbe-Ordn. v. 17. Jan. 1845 zufolge in Fällen dieser Konkurrenz bald die Polizei- durch die Defraudations-Strafe, bald diese durch jene ausgeschlossen wird. — In Betreff der im § 177 genannten Gewerbe erscheint übrigens ein administratives Strafverfahren, sowie jede sonstige Verfolgung wegen Gewerbe-Steuer-Defraude selbst dann als unstatthaft, wenn der angebliche Defraudant auf Grund jenes § zwar vor Gericht gestellt, wegen mangelnden Beweises aber freigesprochen worden ist. Anders würde sich die Sache verhalten, wenn das Vergehen blos als verjährt angenommen wäre, vorausgesetzt, daß die gerichtliche Anklage die Defraude nicht etwa ausdrücklich mit umfaßte, und auch hinsichtlich dieses Anklagepunktes ein Richterspruch erging.

413. Erläßt die Verwaltung ein Strafresolut inkompetenter Weise, so ist dasselbe der Rechtskraft nicht empfänglich, und der Antrag auf rechtliches Gehör jederzeit statthaft: Oppenhoff Strafverf. Art 136 n. 15. Vgl. n. 414 bis.

414. Wo dagegen die Zulässigkeit des administrativen Strafverfahrens gesetzlich besteht, ist die richterliche Kognition so lange ausgeschlossen, als nicht von der einen oder der anderen Seite ein desfallsiges Begehren gestellt wird; cf. Löwenberg, Beiträge 2, S. 434. Die Gerichte sind verpflichtet, dies von Amtswegen zu berücksichtigen, und dem Angeklagten steht es unbedenklich zu, hieraus eine Einrede wider das gerichtliche Verfahren zu entnehmen; cf. *OT. 25. Okt. 1855 (Rh A 51, II. 55). Ueber die Frage, ob die Verwaltungs-Behörde ihr Entscheidungs-Recht durch Erhebung eines KK. sichern könne, cf. Ges. v. 8. April 1847 n. 64.

414 bis. Ebenso ist die richterliche Kognition zur Sache noch nicht begründet, wenn zwar ein administratives Resolut bereits erlassen ist, aber nicht von der kompetenten Behörde, und der Angeschuldigte auf gerichtliches Gehör anträgt, zumal wenn dies zu dem ausgesprochenen Zwecke geschieht, damit die Sache

zunächst an letztere Behörde verwiesen werde. Alsdann hat der Richter zu erklären, daß die Sache, so lange nicht von der vorgesetzten Verwaltungs-Behörde darüber erkannt worden, zur gerichtlichen Kognition nicht erwachsen sei: OT. 14. Nov. 1861 (Oppenhoff Rechtspr. II. S. 61).

415. In Betreff der Formen des administrativen Untersuchungs-Verfahrens enthält vorzugsweise nur das Zoll-Str.-Ges. v 1838 (§§ 33—49) umfassendere und in's Einzelne gehende Vorschriften, welche gemäß § 43 des Ges v. 5. Juni 1852 analoger Weise auch in Post- und Porto-Uebertretungs-Sachen zur Anwendung kommen. [Ueber das in letzteren Sachen zu beobachtende Verfahren cf. ferner die Instr. v. 26. Mai 1850 und 23 Nov 1852 (VMBl. 50, S. 225; 52, S. 302), erstere in Folge der AKO v. 25. März 1850 (GS. S. 300) ergangen, welche die bisher ausschließlich dem General-Postamte zustehende Befugniß zum Erlaß von Strafresoluten im Sinne des § 45 b 1. auf die gemäß AKO. v. 19. Sept. 1849 neu errichteten Ober-Postdirektionen übertrug.] — Das FMR v. 12. Mai 1851 (VMBl. S. 92) hält dafür, daß der Regel nach für das administrative, wie für das gerichtliche Verfahren dieselben Vorschriften gelten müßten, indem es für das Untersuchungs-Verfahren als solches, von etwaigen Ausnahme-Bestimmungen abgesehen, ohne Einfluß sei, ob die Zuständigkeit bei einem forum speciale beruhe, oder nicht; demgemäß stehe auch den Regierungen das Recht zur Anwendung von Zwangsmaaßregeln, z. B. Exekutions-Strafen, behufs Sistirung von Personen zu, welche im administrativen Untersuchungs-Verfahren den an sie als Zeugen oder Angeschuldigte ergangenen Vorladungen keine Folge geben. In Betreff der Sistirung von Zeugen in Untersuchungen wegen Zollvergehen beruht letzteres auf ausdrücklicher Gesetzes-Vorschrift; cf. Zoll-Str.-Ges § 42. — Die Vereidung der Zeugen konnte ehedem von den Verwaltungs-Behörden nur dann vorgenommen werden, wenn diese ohne Vorbehalt des Antrags auf rechtliches Gehör zu entscheiden berufen waren (§ 42 cit., MR. v. 24. Juli 1822, 27 Aug 1840, 20. Jan. 1834; VMBl. 40, S. 297; Rh S. 4, S 13), sie muß daher gegenwärtig, zufolge Art. 136 l. c., immer von den Gerichten ausgehen.

416. In Folge des entstandenen Zweifels, ob bei gegründeten Anzeigen einer Defraude oder Kontrebande die Verwaltung befugt sei, die Bücher der Kaufleute durch ihre Beamten in Beschlag nehmen und nachsehen zu lassen, hat das Staats-Ministerium durch Beschluß v 13. Okt. 1819 (Jbb 14, S. 258, Rh. S. 2, S 12) dahin entschieden: 1) daß, wenn die Vorlegung der Handelsbücher verweigert werde, solches immer als Berufung auf rechtliches Gehör aufgefaßt und die Sache an die Gerichte abgegeben werden solle, 2) daß die Maaßregel der Versiegelung der Bücher zwar anzuwenden, in der Regel aber von der Justizbehörde zu vollstrecken sei, und daß nur ausnahmsweise, falls nämlich eine Gerichtsperson nicht alsbald zu haben, die Versiegelung der Verwaltungs-Behörde zustehe. — Diesem Beschlusse zufolge, dessen Anwendbarkeit nicht etwa in Bezug auf Zollvergehen durch die Zollgesetzgebung von 1838, noch überhaupt durch das Ges. v. 24. Sept. 1848 (GS. S. 257) und die Verfassungs-Urkunde irgendwie beschränkt worden ist (cf. JMR v. 4 Sept. 1849, Rh S. 10, S 66; *Erk. 10 März 1860, JMBl. 61, S. 135), sind die Kaufleute nicht verpflichtet, auch ohne Eröffnung einer gerichtlichen Untersuchung ihre Bücher den Steuer-Beamten zur Nachforschung nach Defraudationsspuren offen zu legen; aus der Bestimmung der Nr. 1 geht vielmehr hervor, daß die Offenlegung nur im gerichtlichen Verfahren und von den Gerichts-Behörden gefordert werden kann, und daß letztere den Steuer-Behörden die integrale Einsicht jener Bücher nicht gestatten dürfen: JMR. v. 6. Febr. und 2. Sept. 1833 (Villaume S. 122). Anlangend den Antrag auf Versiegelung der Handelsbücher (Nr. 2 des cit. Beschl.), so billigt das JMR. v. 26. März 1820 (Rh. S. 2, S. 14) die Ansicht, daß ein Gericht diesem Antrage nur dann zu willfahren habe, wenn die Denunziation ein bestimmtes Steuer-Vergehen betreffe, daß daher der Antrag, die Bücher eines Kaufmanns zu versiegeln, weil man Verdacht hege, daß derselbe defraudire, nicht berücksichtigt werden könne, wie ja auch in Nr. 1 l. c vorausgesetzt werde, daß eine wirkliche Untersuchung hinsichtlich eines bestimmten Steuer-Vergehens angehoben sei. Gleichwohl kann, den JMR. v 23. Juli 1833 und 4. Septbr. 1849 (Rh. S. 3, S. 658; 10, S. 67) zufolge, wenn die Vorlage der Bücher verweigert wird, die Sache

mithin so anzusehen ist, als ob auf rechtliches Gehör provozirt sei, die Versiegelung noch von der Verwaltungs-Behörde veranlaßt werden; der desfalls requirirte Richter müsse dieselbe ohne vorherige Prüfung der Verdachtsgründe vornehmen, da die Versiegelung eine blos konservatorische Maaßregel und keinen Akt darstelle, bei welchem die richterliche Gewalt praevia cognitione handle. Das jüngste dieser R. vindizirt außerdem die Bezeichnung des Richters, an den solche Requisitionen zu richten seien, der Central-Behörde. — Ueber die Pflicht der Inhaber von Runkelrübenzucker-Fabriken, ihre Betriebs- resp. Fabrikbücher den Steuerbeamten auf Erfordern offen zu legen, cf. VO. v. 21. März 1840, § 9 litt. b. (GS. S. 111).

417. Hat ein Steuerbeamter dessenungeachtet ohne Einwilligung des Kaufmanns dessen Bücher eingesehen oder gar in Beschlag genommen, so macht er sich einer Ueberschreitung seiner Amtsbefugniß schuldig und erscheint daher ein auf Grund des Ges. v. 13. Febr. 1854 erhobener Konflikt wider die Klage auf Erstattung der Bücher, des Schadens rc. als unbegründet: *EK. 10. März 1860 l. c.

418. Ebenso ist die Entschädigungs-Klage statthaft, wenn die in einem administrativen Strafverfahren in Beschlag genommenen Gegenstände durch den Mangel gehöriger Aufbewahrung an Werth verloren haben sollen. Ob in diesem Falle gegen den betreffenden Beamten oder wider den Staat geklagt werden müsse, betrifft nicht den Kompetenz-, sondern den vom Richter zu prüfenden Legitimationspunkt; cf. EK. 12. Febr 1859 (JMBl. S. 436; die Entscheidung erging in Folge eines wirklichen KK.).

419. Eine Zusammenstellung der gesetzlichen Vorschriften über das Verfahren bei Feststellung von Steuer- und Zollvergehen durch Nach- und Haussuchungen, durch Verfolgung und Ergreifung der Schuldigen findet sich im VMBl. 50, S. 299.

420. Die Grundsätze einer streng juristischen Beweistheorie galten schon nach der früheren Gesetzgebung beim administrativen Strafverfahren nicht, und fand daher auch niemals eine s. g. absolutio ab instantia bei diesem Verfahren statt; cf. MR. v. 5. April 1832 (Ann. 16, S. 339).

421. Abgesehen vom Falle des Ges. v. 5. Juni 1852 § 43, unterbricht das administrative Verfahren nach der jetzt festgesetzten Praxis des OT. die Verjährung nicht; cf. Oppenhoff StrGB., § 48 n. 15.

422. Dagegen muß der Grundsatz der Unverjährbarkeit rechtskräftiger Strafen (StrGB. § 49) auch auf die durch Strafresolute verhängten Strafen zur Anwendung kommen; cf. übrigens n. 413.

423. Ebenso eignet sich die durch Strafresolut oder in Form des Submissions-Verfahrens erfolgte Bestrafung zur Begründung des Rückfalles; cf. Oppenhoff StrGB., § 58 n. 13.

424. Der Ausdruck „strafgerichtliche Untersuchung“ in den §§ 319, 320 des StrGB. umfaßt das administrative Strafverfahren mit; cf. Oppenhoff StrGB., § 319 n. 1, 2; § 320 n. 1.

425. Wenngleich Art. 136 cit. den Antrag auf rechtliches Gehör allgemein gestattet, und hiermit die früher in dieser Hinsicht bestehenden Restriktionen (§ 247 des Anh. zur AGO., Zoll-Str.-Ges. v. 23. Januar 1838 §§ 33, 42) beseitigt hat, so fällt diese Befugniß doch auch gegenwärtig da fort, wo die Sache im Wege des Submissions-Verfahrens erledigt worden ist. Ebenso umfaßt die durch jenen Art. generalisirte Befugniß der Verwaltung, sich ihres Entscheidungs-Rechts zu begeben, die Fälle des Submissions-Verfahrens nicht mit, soweit letzteres gesetzlich vorgeschrieben und nicht blos durch reglementarische Erlasse (cf. n. 406) gestattet ist; cf. Oppenhoff Strafverf., Art. 136 n. 17, 35.

425 bis. Das (unter n. 425 erwähnte) Recht der Verwaltungs-Behörden, sich der Entscheidung zu enthalten, war durch § 33 des Zoll-Str.-Ges. v. 23. Jan. 1838 nur den Provinzial-Behörden beigelegt. Eine im JMR. v. 12. April 1832 (Jbb 39, S. 468) relatirte Anordnung des Fin.-M. machte die Handhabung desselben Seitens der Haupt-Zoll- und Steuerämter von der Zustimmung der Provinzial-Behörde abhängig, und wies gleichzeitig die Gerichte an, sich diese Zustimmung durch abschriftliche Mittheilung der desfallsigen Verfügung nachweisen zu lassen. Oppenhoff l. c. n. 36 erachtet diese Bestimmungen noch jetzt für gültig.

426. Die gerichtliche Kompetenz beurtheilt sich gegenwärtig nach den allgemeinen Kompetenz-Vorschriften; cf. Artt VIII XIII. des Einf.-Ges. zum Str.GB. Die gesetzlichen Vorschriften, nach welchen gewisse Sachen sofort an die Obergerichte gelangen sollten (§ 34 h. l, resp. Anh. zur AGO, Zoll-Str.-Ges. § 35, ACO. v. 29. April 1842), haben durch die neue Organisation der Gerichte, nach welcher es Obergerichte im früheren Sinne nicht mehr giebt, die Appellations-Gerichte aber nur noch Gerichte zweiter Instanz sind (VO. v. 2. Jan. 1849), ihre Geltung gänzlich verloren. Aehnlich verhält es sich mit der entsprechenden Vorschrift des § 34 h. l. in Betreff des Gerichtsstandes des Fiskus in Civilsachen; cf. Oppenhoff Strafverf., Art. 136 n. 20.

427. Das gerichtliche Verfahren hat dem vorgängigen administrativen gegenüber nicht den Charakter eines Verfahrens der höheren Instanz; das Resolut verliert vielmehr als solches durch den Antrag auf rechtliches Gehör jede Bedeutung und nimmt den Charakter der Anklage an, woraus einerseits folgt, daß der Richter dasselbe nicht etwa bestätigen oder aufheben darf, andererseits aber, daß er nicht an die Strafabmessung desselben zu Gunsten des Provokanten gebunden ist; derselbe kann daher auch auf eine schwerere Strafe erkennen. Letzteres ist von großer praktischer Bedeutung für diejenigen Materien, wo den Verwaltungs-Behörden unter gewissen Voraussetzungen zusteht, in ihren Resoluten unter das gesetzliche Strafminimum hinabzugehen, da eine ähnliche Befugniß den Gerichten nicht beiwohnt; cf Oppenhoff ib., n. 23, 27, 28, 32. — Im Uebrigen sind, was die richterliche Beurtheilung in materieller Hinsicht betrifft, oben n. 204, 205 zu vergleichen.

428. Dem Vorgesagten gemäß würde, strenge genommen, der einmal gestellte Antrag auf rechtliches Gehör später nicht mehr zurückgezogen werden können In der That ist dies früher mitunter behauptet worden, bis sich die im JMR. v. 23. Sept. 1846 (JMBl. S. 160) relatirte ACO. v. 25. April 1844 ausdrücklich für das Gegentheil aussprach. Jetzt ist dieser Punkt durch Art. 136 l. c. regulirt.

429. Eine fernere Abweichung von dem obigen Grundsatze ist darin zu finden, daß dem gerichtlich Verurtheilten sowohl gemäß § 45 h. l. als Art. 136 cit. die Kosten des administrativen Verfahrens zur Last fallen Die Restriktionen, welche § 45 in dieser Hinsicht macht, wenn die gerichtlich erkannte Strafe milder ausfallen sollte, als die im Resolute verhängte, sind durch Art. 136 aufgehoben.

430. Der § 45 h. l. erwähnt als eines Rechtsmittels wider Strafresolute den Rekurs an die höhere Verwaltungs-Behörde nicht. Wohl aber wird dieses Rechtsmittels in den verschiedenen Steuer- und Zollgesetzen gedacht, und ist dasselbe auch gegenwärtig noch zulässig. Hat der Angeschuldigte diesen Weg einmal gewählt, so kann er nicht weiter auf den Antrag einer gerichtlichen Untersuchung zurückgehen; cf. § 93 der Steuer-Ordn v 8. Febr. 1819. Ebenso ist der Rekursweg abgeschnitten, sobald jener Antrag gestellt wird, zumal die Zurücknahme des letzteren dem Art 136 cit. gemäß die Rechtskraft des Resoluts zur unmittelbaren Folge hat.

431. Begiebt sich die Verwaltungs-Behörde ihres Entscheidungsrechts, so kann der Staatsanwalt die Verfolgung nur ablehnen, wenn er die gerügte Handlung für straflos hält; cf. JMR. v 24. Febr. 1853 (Oppenhoff Strafverf., Art 138 n. 7).

431 bis. Jene Befugniß der Verwaltung, sofort auf Einleitung der gerichtlichen Untersuchung anzutragen, besteht nach Art. 136 „so lange noch kein Strafbescheid erlassen,“ d. h. so lange dem Angeschuldigten noch kein solcher Bescheid bekannt gemacht ist Der Antrag erscheint daher noch als statthaft, wenn der Angeschuldigte die Annahme des Bescheides verweigert hat. So: OT. 4. Okt. 1861 (Oppenhoff Rechtspr. I. S. 574). Dasselbe Urtheil erwog: auf die Gründe, aus denen die Verwaltung den Antrag stelle, komme es nicht an, weil sie denselben nicht zu motiviren brauche, und das Gericht nur zu prüfen habe, ob er rechtzeitig gestellt sei.

432. Ist eine Sache einmal zum gerichtlichen Verfahren gediehen, so steht der Verwaltung nicht zu, dieselbe zurückzuziehen oder das Verfahren gänzlich nie-

derzuschlagen, — vorbehaltlich jedoch des dem Finanzminister zustehenden Rechts, rechtskräftig erkannte Strafen im Gnadenwege zu erlassen: Oppenhoff Strafverf., Art. 136 n 40.

433. Während Art. 136 cit., abgesehen davon, daß er den Prinzipien der Verfassungs-Urkunde getreu, die in dieser Materie bestehenden Beschränkungen der richterlichen Kognition beseitigt, im Wesentlichen nur die frühere Gesetzgebung reproduzirt und dem neu eingeführten, schon durch die VO. v. 3. Jan. 1849 an Stelle der fiskalischen Untersuchung getretenen, strafgerichtlichen Verfahren anpaßt, erfüllen die Artt. 138 ff. die Bestimmung, den Verwaltungs-Behörden einen ähnlichen, aber noch größeren Einfluß auf das gerichtliche Verfahren zu sichern, als derjenige war, welcher denselben unter der früheren Gesetzgebung, namentlich durch die mit den übrigen Vorschriften über fiskalische Untersuchungen außer Kraft getretenen ACO. v 11. Juni 1838 zustand. Sie thun dies in der Weise, daß sie jenen Behörden, sowohl was die selbstständige Erhebung der Anklage bei Gericht, als was die Einlegung und Verfolgung von Rechtsmitteln wider ergangene Urtheile betrifft, gleiche Rechte mit der Staatsanwaltschaft einräumen, jedoch mit der Beschränkung, daß die Erhebung der Anklage der Verwaltung nur insoweit zusteht, als die Staatsanwaltschaft nicht selbst einschreitet; cf. Oppenhoff l. c., Art. 138 n. 6.

434. Der enge Zusammenhang, in welchem die Artt 138 ff. zu den Artt. 135 ff. stehen und der immerhin exzeptionelle Charakter der auf ersteren beruhenden Befugnisse scheint dafür zu sprechen, daß diese Befugnisse nur für solche Fälle gegeben seien, wo ein administratives Strafverfahren entweder wirklich stattgefunden hat, oder doch, an sich genommen, zulässig gewesen wäre. Inzwischen dürfte dennoch aus der allgemeinen, keine Ausnahme zulassenden Fassung des Gesetzes ebensowohl wie ex ratione legis das Gegentheil zu folgern, mithin anzunehmen sein, daß jene Befugnisse den Verwaltungs-Behörden ganz unabhängig von der ihnen selbst zustehenden Straf-Jurisdiktion, lediglich im Hinblick auf das unmittelbare Interesse verliehen seien, welches dieselben bei Bestrafung der ihr Departement betreffenden Vergehen, und zwar aller Arten derselben, einschließlich der unmittelbar mit Freiheitsstrafe bedrohten haben. Hierzu kommt, daß auch die ACO. v. 11. Juni 1838 (n. 432) die Befugniß der Verwaltungs-Behörden, in fiskalischen Untersuchungen wegen Steuer- und ähnlicher Vergehen Rechtsmittel wider die erlassenen Entscheidungen zu ergreifen, nicht auf obige Fälle beschränkte.

434 bis. In Betreff der Befugniß städtischer Magistrate, selbstständig die Anklage zu erheben, oder Rechtsmittel gegen richterliche Erkenntnisse einzulegen, cf. Oppenhoff, Art 136 n 3; Art. 138 n 4.

435. Die von den Verwaltungs-Behörden in Handhabung jener Befugnisse geschehenden Schritte haben dieselbe Wirkung, als wenn sie von der Staats-Anwaltschaft ausgegangen wären; cf. Oppenhoff, Art. 138 n. 8; Art. 141 n. 3. Dieselben sind daher auch geeignet, die Verjährung zu unterbrechen.

436. Die Vollstreckung der wegen Steuer- und ähnlicher Vergehen von den Gerichten verhängten Strafen, sowie der Straf-Umwandlungs-Dekrete steht den Gerichten, die der Resolute aber den Verwaltungs-Behörden zu. Die letzteren können dieserhalb jedoch an die Gerichte Requisitionen erlassen; die Postbehörden sind sogar angewiesen, diesen Weg bei der Einziehung aller durch Resolute verhängten Geldbußen zu wählen; cf. HMR. v. 26. Mai 1850 (VMBl S 226) Außerdem sind die Verwaltungs-Behörden befugt, selbst den gerichtlichen Vollstreckungen nach Umständen Anstand zu geben, und die Gerichte sind angewiesen, die desfallsigen Verfügungen der ersteren zu berücksichtigen; cf. Steuer-Ordn. v. 8. Febr. 1819 § 95; Gewerbe-St.-Ges. v. 30. Mai 1820 § 42 litt. a.; Zoll-Str.-Ges. v. 23. Jan. 1838 § 50. Nach einem im JMR. v. 7 Febr. 1845 (JMBl. S. 32) mitgetheilten St.-Min.-Beschlusse erstreckt sich diese Befugniß auch auf schon angetretene Strafen, weshalb z. B ein bereits in der Verbüßung der wegen eines Steuer-Vergehens verhängten Gefängnißstrafe begriffenes Individuum auf die Anträge der Regierungen, resp. Provinzial-Steuer-Direktionen zu entlassen ist Auch begründet es in dieser Hinsicht keinen Unterschied, ob der Straffall die Erhebung direkter oder indirekter Steuern zum Gegenstande gehabt hat. Demgemäß müssen die bei den Ge-

richten eingehenden Gesuche um Aussetzung oder Unterbrechung gerichtlich erkannter Zoll- und Steuerstrafen, insbesondere um Bewilligung von Terminalzahlungen oder der Abbüßung von Freiheitsstrafen mit Zwischenräumen an die zuständigen Verwaltungs-Behörden abgegeben werden. Im Uebrigen aber sind die Rechte und Pflichten der Gerichte in Betreff der durch sie bewirkten Vollstreckungen nicht verändert; handelt es sich daher von Gesuchen um Aussetzung oder Unterbrechung einer Strafe wegen einer beim Verurtheilten eingetretenen Veränderung, z. B. Krankheit, Schwangerschaft ꝛc., so müssen sie auch hier selbst darüber befinden, oder an den Justiz-Minister berichten (Instr. v. 30 Juni 1834 § 4, Jbb. 43, S. 642; ACO. v. 14. Aug. 1846, JMBl. S. 151). Ebenso haben sie selbst alle sonstigen durch die Dringlichkeit der Sache etwa gebotenen Verfügungen zu treffen; cf. JM-R. v. 31. Juli u. 19. Aug. 1837, 10. Sept. 1857 (Jbb. 50, S. 231; Rh. S. 6, S. 278; JMBl. 57, S. 302).

437. Die Gefängnißstrafe, in welche eine durch Resolut festgesetzte Geldbuße umgewandelt worden, ist nicht jeder gerichtlich erkannten, sondern nur einer subsidiären Freiheitsstrafe gleich zu achten, weshalb deren Vollstreckung jederzeit durch Annahme der ursprünglich festgesetzten Geldbuße abgewendet wird: JMR. v. 8. Juli 1836 (Jbb. 48, S. 282).

438. Gleichwohl bleibt die nachträgliche Annahme der Zahlung, mag dieselbe vor oder nach der Strafumwandlung angeboten werden, ausschließlich Sache der Verwaltungs-Behörden, ohne deren Justirung die Gerichte der Vollstreckung der subsidiären Gefängnißstrafe nicht Anstand geben können, weshalb letztere die Kontravenienten mit Bestimmung einer Frist zur Beibringung der Erklärung jener Behörden an diese verweisen müssen. So die JMR v. 6. Juni 1835 (Jbb. 45, S. 548) und 16 Dez. 1853 (JMBl. S. 442).

439. Erheben sich jedoch Differenzen zwischen dem Zahlenden und der Verwaltungs-Behörde über die Anrechnung der gezahlten Beträge, so ist das Gericht an die Auffassung jener Behörde keineswegs gebunden, hat vielmehr selbstständig die Umwandlung in Gefängnißstrafe nur für denjenigen Betrag auszusprechen, welcher von der Geldbuße nach den für die Anrechnung bestehenden Grundsätzen noch restirt. Eine desfallsige Prüfung des Umwandlungs-Antrags involvirt keine Beurtheilung der Sache selbst oder des Strafresoluts, wie sie zufolge § 3 der Dekl. v. 20. Jan. 1820 und Art. 137 des Ges v. 3. Mai 1852 den Gerichten untersagt ist: cf. Oppenhoff, Art. 137 n. 10 und Rechtspr I. S. 240. — Ebenso wird das Gericht, wenn erst nach der Strafumwandlung gezahlt worden, befugt, resp. verpflichtet sein, nur denjenigen Theil der Freiheitsstrafe zu vollstrecken, welcher dem nach seiner Ansicht über die Anrechnung noch restirenden Theile der Geldbuße entspricht, sollte die Verwaltung auch auf Vollstreckung der gesammten Strafe bestehen, z. B. weil sie die Zahlung lediglich auf die Gefälle oder die Kosten in Anrechnung bringen will.

440. Ueber das Rechtsmittel der Beschwerde wider den Strafumwandlungs-Beschluß cf. gegenwärtig Artt. 11, 137 und 133 des Ges. v. 3 Mai 1852. Unter der Herrschaft der Dekl v. 20. Jan. 1820 stand dem Verurtheilten ein eigentliches Rechtsmittel wider das Umwandlungs-Resolut nicht zu. Daß gegen den Beschluß, welcher die Strafumwandlung ganz oder theilweise ablehnt, der Verwaltungs-Behörde ebenmäßig das Recht der Beschwerde zustehe, scheint zwar aus obigen Gesetzes-Stellen nicht unmittelbar zu folgen; das OT. hat aber die Zulässigkeit einer solchen Beschwerde nicht beanstandet; cf. OT. 1. Febr. 1861 (Oppenhoff Rechtspr. I. S. 240) und unten n. 479.

IV. Straf-Jurisdiktion in Stempel-Kontraventions-Sachen insbesondere.

441. Wie in Betreff der Festsetzung einzelner Arten der Stempelsteuer besondere, von den allgemeinen Ressort-Verhältnissen abweichende Vorschriften bestehen (cf. n. 231 ff.), so ist etwas Aehnliches in Betreff des auch bei Stempel-Kontraventions-Sachen vorkommenden administrativen Strafverfahrens der Fall. Während nämlich die administrative Jurisdiktion zufolge § 45 h. l. regelmäßig in den Händen derjenigen Behörde beruht, welcher die Verwaltung des betreffenden Zweigs des Finanzwesens im Allgemeinen überwiesen ist, mithin bei Vergehen wider

die Vorschriften über die Erhebung direkter Steuern in den Händen der Regierungen, bei solchen gegen die Gesetzgebung über indirekte Steuern seit Errichtung besonderer Provinzial-Steuer-Direktionen in den Händen dieser Behörde, resp. der ihr ungeordneten Hauptämter 2c., verpflichtet § 30 des Stempelges. alle mit einer richterlichen oder Polizeigewalt betrauten Staats- und Kommunal-Behörden, sowie Beamte, die bei ihrer Amtsverwaltung zu ihrer Kenntniß kommenden Stempel-Kontraventionen von Amtswegen zu rügen, und zwar so, daß, sofern sie überhaupt befugt sind, Strafen zu erkennen oder durch Resolute festzusetzen, sie die Strafen selbst in Anwendung bringen und einziehen, sonst aber ihrer zunächst vorgesetzten, mit jener Befugniß versehenen Behörde Anzeige machen sollen, es sei denn, daß die Nichtbeachtung der Stempel-Gesetze einer Behörde, resp. einem Beamten selbst zur Last liegen möchte, in welchem Falle die Strafe nur von der vorgesetzten Behörde ausgehen kann. Das erleidet nur bei Kontraventionen in Betreff des Spielkarten- und Zeitungs-Stempels eine Ausnahme; bei diesen verbleibt es bei der Regel des § 45 h. l.; cf n. 465.

442. Die Unterscheidung zwischen den Fällen, in welchen ein Privater oder ein Beamter als solcher sich einer Stempel-Kontravention schuldig macht, hat nur die zur Verhängung der Strafe berufene Behörde zum Gegenstande; in Betreff des zu beobachtenden Verfahrens und der gegen die betr. Resolute statthaften Rechtsmittel gelten für beide dieselben Grundsätze.

443. Anlangend nun zunächst die Behörden (Beamten), welche im ersten Falle des § 30 diese Strafgewalt auszuüben haben, so besagt ein FMR. v. 1. März 1826 (Schmidt S. 146), daß, wenngleich im 1 Absatze des § 30 nur von den mit einer Richter- oder Polizeigewalt betrauten Behörden gesprochen werde, aus dem 2. Absatze sich dennoch ergebe, daß alle Staats- und Kommunal-Behörden, die überhaupt befugt seien, auf Strafen zu erkennen [mithin auch solche, auf welche jener erste Absatz strenge genommen nicht passen möchte], Stempelstrafen ohne Unterschied des Betrags, falls hiervon nicht besondere Beschränkungen gemacht worden, anwenden und einziehen müssen.

444. Die Bedingung, daß die Behörden überhaupt befugt seien, Strafen zu erkennen oder durch Resolute festzusetzen, trifft namentlich bei den Gerichten und den mit der administrativen Straf-Jurisdiktion des § 45 h. l. bekleideten Verwaltungs-Behörden zu Das Recht, bloße Disziplinar-Strafen (§ 46 h. l.) oder Exekutions-Strafen (§ 48 h l.) auszusprechen, würde an sich schwerlich genügen, um die Kompetenz zum Erlasse von Resoluten zu begründen.

445. Mit der durch die VO. v 3 Jan. 1849 beseitigten polizeilichen Straf-Jurisdiktion verloren die Polizei-Behörden, sofern ihnen eine anderweitige Befugniß zu Straffestsetzungen nicht zustand, die im ersten Falle des § 30 gedachte Befugniß. Nachdem denselben jedoch durch das Ges. v 14. Mai 1852 das Recht zu vorläufigen Straffestsetzungen, wenngleich in beschränkterem Umfange, wiederum verliehen wurde, haben sie auch jene Befugniß wiedererlangt. So: MR. v. 25. Juni 1852 (VMBl. S. 208).

446. Zu den Behörden, welche im ersten Falle des § 30 zur Anwendung der Stempelstrafen berufen sind, gehören auch die Militair-Behörden, welche Strafen erkennen, resp. festsetzen können — Für den Fall, wo Stempel-Kontraventionen dem Kriegs-Ministerium, seinen Departements oder den Intendanturen zur Kenntniß kommen, die nicht den von ihnen zu kontrollirenden Verwaltungen und Beamten, sondern andern Personen des Civil- oder Militairstandes zur Last fallen, schreiben die MR. v. 23 März und 30. Mai 1826 (Ann. 10, S. 323 ff.) vor, daß jene [an sich allerdings wohl nicht mit einer Strafgewalt in dem hier fraglichen Sinne bekleideten] Behörden, ohne selbst ein Strafresolut zu erlassen, eine beglaubigte Abschrift des stempelpflichtigen Dokuments den Provinzial-Steuerbehörden zur Festsetzung und Einziehung der Stempelstrafe vorlegen sollen.

447 Trotz ihrer allgemeinen Fassung erleidet die bezügliche Bestimmung des § 30 insofern eine Ausnahme, als in den Fällen des § 23 ib. die als Strafe vorgeschriebene Erhöhung des Bittschriften-Stempels immer von derjenigen Behörde bewirkt werden soll, welche über das Gesuch entscheidet, sollte letzterer auch sonst die Befugniß zur Verhängung von Strafen mangeln. Dies gilt namentlich auch

von den unter n. 446 erwähnten Militair-Behörden und Intendanturen; cf. Kr.MR. v. 23. März 1826 l c (Im Uebrigen dürfte hinsichtlich dieser Strafe dasselbe gelten, was in Betreff aller sonstigen Stempelstrafen Rechtens ist; cf. namentlich § 31 l. c.)

448. Macht sich der Vorstand einer ganz oder theilweise auf einen Handels- resp. Gewerbe-Betrieb gerichteten Aktien-Gesellschaft einer Stempel-Kontravention schuldig, so würde zwar an sich der erste Fall des § 30 vorliegen. Inzwischen bestimmt das Ges. v 25 März 1857 (GS S. 518), indem es die Vorstände resp. Beauftragte solcher Gesellschaften den im § 30 erwähnten Behörden, resp. Beamten gewissermaaßen gleichstellt, daß die Regierung als Aufsichts-Behörde die von jenen verwirkten Stempelstrafen festsetzen solle, die Defraude mag durch die vom Fiskale vorgenommene Revision oder außerhalb eines solchen Verfahrens zur Sprache kommen: OT. 14. Nov 1861 (Oppenhoff Rechtspr. II. S. 59). Dasselbe Urtheil erkannte überdies an, daß die Geldbuße des § 2 ib. eine wirkliche Defraudations- und keine Disziplinar-Strafe sei.

449. Die vorgesetzte Behörde, welche im zweiten Falle des § 30 die Strafe anzuwenden hat, ist die Dienst- und Disziplinar-Behörde. Nimmt daher z. B die Oberrechnungs-Kammer bei der Rechnungs-Revision eine Stempel-Kontravention an, so kann sie die Strafe nicht selbst festsetzen, sondern nur die Nichtbeachtung des Gesetzes moniren und auf Erledigung dieses Monitums dringen. Findet alsdann die vorgesetzte oder im Falle des Rekurses die Ministerial-Behörde das Monitum dem Gesetze nicht gemäß, so ist ebenso zu verfahren, wie bei anderen Erinnerungen, welche jene Kammer auf die Beantwortung der Verwaltungs-Behörde zurückzunehmen verweigert; cf. ACO. v. 15. Dezbr. 1829, MR. v. 22. Febr. 1830 (Ann. 14, S. 40).

450. Welche Behörde als vorgesetzte Dienstbehörde der Gerichtsbeamten und Notarien zu betrachten sei, ergiebt Art. X Nr. 3 des Ges. v. 26. April 1851 (GS. S. 185); cf. auch MR. v. 27. Jan. und 15. Juli 1823 (Schmidt S. 150).

451. Zu den vorgesetzten Dienstbehörden des § 30 gehören auch die militairischen Dienstbehörden: KrMR. v. 3. Febr. 1842 (Schmidt S. 152).

452. Steht eine Behörde unter der Dienst- und Disziplinar-Gewalt zweier koordinirter Behörden, so übt jede der letzteren die Strafbefugniß für die Angelegenheiten ihres Ressorts aus. So haben z. B. nach dem JMR. v. 16. Juni 1857 (JMBl. S. 230) die Gerichte die Strafen wider Dorfgerichte wegen der bei Ausführung gerichtlicher Geschäfte verübten Stempel-Kontraventionen auszusprechen, indem jene, obschon sie bezüglich ihres Hauptwirkungskreises der administrativen Disziplinar-Gewalt unterworfen sind, dennoch insofern, als sie den §§ 82, 85, 86, II. 7 ALR. und anderen Bestimmungen zufolge gerichtliche Geschäfte ausführen, unter der Aufsicht der Gerichts-Behörden stehen.

453 Die Behörden, welche, sei es im ersten, sei es im zweiten Falle des § 30 Strafen verhängen, üben immerhin nur eine Funktion der Steuer-Behörde aus. Selbst die Gerichte und die vorgesetzten Dienstbehörden handhaben die auf den § 45 h. l zurückführende administrative, nicht also die richterliche oder die disziplinarische Strafgewalt Die letztere kommt bei eigentlichen Stempel-Kontraventionen als solchen niemals zur Anwendung, erstere erst, wenn auf rechtliches Gehör angetragen wird; cf JMR. v 7. Jan. 1838 (Jbb. 51, S. 224).

.454 Demgemäß müssen sowohl die Gerichte wie die Dienstbehörden die Strafen durch einfache Resolute festsetzen, ohne hierbei das für gerichtliche oder Disziplinar-Sachen vorgeschriebene Verfahren zu beobachten: JMR. v. 27 Okt 1837 (ib. 50, S 662). Sind zuvor noch nähere Ermittelungen, Vernehmung der Kontravenienten, Beweisaufnahmen zc. nöthig, so ist folgeweise auch insofern nur nach den Formen administrativer Untersuchungen zu verfahren. (Schmidt S. 148 hält alsdann die §§ 38—44 des Zoll-Str.-Ges. v 23. Jan. 1838 für maaßgebend, da § 31 des Stempel-Gesetzes auf die Zoll-Ordn v 26. Mai 1818 verweise, an deren Stelle eben jenes Zoll-Str. Ges getreten sei. Für diese Ansicht läßt sich ferner § 35 der VO. v 16. Juni 1838 (GS. S. 370) anführen. Inzwischen stimmen die bezüglichen Vorschriften jener Zoll-Ordn. mit denen der Steuer-Ordn. v. 8. Febr. 1819 wörtlich überein, und wird auf letztere noch in den Gesetzen über die Erhebung des Zeitungsstempels v. 2. Juni 1852, resp. 29. Juni 1861 hingewiesen; es dürfte sich daher das Verfahren doch wohl nur nach der Steuer-Ordn. von 1819 richten.)

455 Aus dem Gesagten folgt, daß der Staatsanwaltschaft wider ein vom Gerichte erlassenes Resolut kein Rechtsmittel zusteht Das (n. 453) cit. JMR. v. 7. Jan 1838 nahm dasselbe sogar von dem Beschlusse an, durch welchen ein Gericht sich zum Erlasse eines Strafresoluts für inkompetent erklärt hatte.

456. Eine bloße Konsequenz des unter n. 453 Gesagten ist es ferner, wenn der cit. § 31 dem vermeintlichen Stempel-Kontravenienten, welcher sich bei dem Strafresolut nicht beruhigen will, ebenso wie es anderen Steuer-Kontravenienten gestattet ist, die Wahl zwischen dem Rekurse und der Berufung auf rechtliches Gehör beläßt, und zwar ohne Unterschied, ob das Resolut in dem einen oder anderen Falle des § 30 erlassen wurde.

457. Ueber die Frage, ob das durch die Kompetenz-Bestimmungen des § 30 begründete anomale Verhältniß in der Rekurs-Instanz fortdauere, oder ob alsdann die Entscheidungs-Befugniß an die eigentliche Finanz-Behörde zurückkehre, hat die ACO. v. 13 April 1833 (GS. S. 33) die näheren Bestimmungen getroffen, und dabei zwischen den im ersten und zwischen den im zweiten Falle des § 30 erlassenen Resoluten unterschieden. Der Rekurs der in Stempelstrafe genommenen Beamten und Behörden geht danach an die vorgesetzte Instanz ihrer Dienstbehörde, während in allen anderen Fällen die Entscheidung dem Finanz-Minister zusteht, jedoch mit der Maaßgabe, daß bei Kontraventionen im Sinne des § 23 ib. immer die vorgesetzte Instanz derjenigen Behörde entscheiden soll, welche die Ahndung angeordnet hat. Das Prinzip, auf welchem diese ACO. beruht, ist bestehen geblieben. Doch hat der Fin.-Min. gemäß der ihm durch dieselbe ertheilten Ermächtigung seine Befugniß, als Rekurs-Instanz für den ersten Fall des § 30, an die Provinzial-Steuerbehörden delegirt, cf. MR v. 29. Juni 1833 (Jbb. 42, S. 17), wogegen die Rekurs-Instanz für den zweiten Fall des § 30 zufolge ACO. v. 28 Oktbr. 1836 (GS. S. 308), so oft an Stelle der ordentlichen Stempelstrafen die dort bestimmte Ordnungsstrafe ausgesprochen wird, von der vorgesetzten Instanz der Dienstbehörde auf den Minister übergegangen ist, zu dessen Verwaltung der Kontravenient gehört, mithin in Betreff der wider Justizbeamte und der von den Gerichten wider Dorfgerichte (n. 452) festgesetzten Ordnungsstrafen, an den Justiz-Minister: JMR. v. 14. Dez. 1838 (Jbb. 52, S. 590), 16. Juni 1857 (JMBl. S. 230). Ueber den Rekurs der Vorstände ꝛc. der unter n. 448 erwähnten Gesellschaften entscheidet dem Ges. v. 25. Mai 1857 gemäß der Handelsminister.

458. Die Behörde, welche ein auf unrichtigen faktischen Voraussetzungen beruhendes Resolut erlassen hat, kann dieses nicht selbst wiederaufheben, sondern hat die Wiederaufhebung, resp. Niederschlagung der Strafe bei den in der ACO. v. 13. April 1833, resp. dem MR. v 29. Juni 1833 (s. n. 357) erwähnten Behörden in Antrag zu bringen; cf. JMR v 14. Dez 1838 (Jbb. 52, S. 589).

459. Seit Erlaß des Ges. v. 3. Mai 1852 (Art. 136) ist die Befugniß des Angeschuldigten, auf rechtliches Gehör anzutragen, nicht mehr, wie früher (§ 31), von der Höhe der im Resolute festgesetzten Strafe abhängig; cf. R. d. Gen.-St.-Dir v. 3. Aug. 1852 (VMBl. S 244); Oppenhoff Art. 136 n. 18.

460. Dagegen dürfte die Befugniß, schon vor Erlaß eines Resoluts jenen Antrag zu stellen, und die Befugniß der Behörde, sich ihres Entscheidungsrechts zu begeben, in Stempelsachen wegfallen, da das Stempelgesetz in beiden Beziehungen schon von den allgemeinen, durch Art. 136 l c. lediglich erweiterten Grundsätzen der früheren Gesetzgebung abwich; lex posterior generalis non derogat legi priori speciali. A. M. ist anscheinend OT. 14. Nov. 1861 (Oppenhoff Rechtspr. II. S. 61) für den Fall, wo die Straffestsetzung der Aufsichts-Behörde (n. 448) gebührt.

461. Nimmt jedoch die nach § 30 kompetente Behörde Anstand, ein vom Stempel-Fiskal oder von der vorgesetzten Behörde hinsichtlich einer Stempel-Kontravention gemachtes Monitum zu erledigen, so soll nach einer in den MR. v. 22. Juni und 10. Sept. 1844 (VMBl. S 254, JMBl. S. 198) relatirten ACO. v. 24. Mai 1844 die Provinzial-Steuerbehörde den Stempel und die Strafe

festsetzen, sowie deren Einziehung verfügen. In einem früheren Falle, wo ein Gericht sich irriger Weise für inkompetent erklärt hatte, hob der Justiz-Minister, unter Bezugnahme auf die ACO. v. 7. Sept. 1815 (cf. n 8) den desfallsigen Beschluß auf und verfügte die nachträgliche Festsetzung der Strafe Aehnlich verfuhr derselbe Minister in dem umgekehrten Falle, wo das Resolut von einem nicht zuständigen Gerichte erlassen war. Er erwog hierbei, daß dergleichen Resolute, weil sie keine Urtheile, sondern bloße Dekrete im Sinne der Preuß. Gerichts-Verfassung seien, von selbst außer Kraft träten, sobald die Inkompetenz des Gerichts verfassungsgemäß, d. h. durch Entscheidung des Justiz-Ministers, ausgesprochen werde; cf. JMR. v. 7. Jan. 1838, 23. April 1835 (Jbb. 51, S 224; Rh. S. 4, S. 114).

461 bis. Ein voreilig (d. h. vor Ablauf der zur Beikassirung des Stempels gewährten Frist) erlassenes Strafresolut kann dem gerichtlichen Strafverfahren nicht zum Grunde gelegt werden. So: OT. 13. Okt. 1858 (Oppenhoff Art. 136 n. 26).

462. Die Kompetenz der Strafgerichte in Stempelsachen richtet sich, vorbehaltlich des bereits unter n. 204 Gesagten, nach den allgemeinen Normen. Hiernach hat, selbst wenn das Resolut von einem höheren Gerichte ausgegangen sein sollte, der Einzelrichter als Strafrichter zu entscheiden, sofern die Strafe den Betrag von 50 Thlrn. nicht übersteigt. Auch bildet es kein Hinderniß, wenn das nach jenen Normen kompetente Gericht dasselbe ist, welches das Resolut erlassen hat.

463. Das den Verwaltungs-Behörden im Art. 138 des Ges. v. 3. Mai 1852 verliehene Recht zur selbstständigen Erhebung der Anklage ist in gewöhnlichen Stempelsachen, von den Fällen der n 409 und 410 abgesehen, ohne Gegenstand, da bei solchen Sachen keine principalen Gefängnißstrafen vorkommen, das administrative Verfahren mithin immer zulässig und geboten ist, cf. n. 460. Die im Art. 141 ib. gedachte Befugniß greift zwar auch dort Platz; sie beruht indessen augenscheinlich nicht bei den im § 30 erwähnten, sondern bei den eigentlichen Steuerbehörden; cf. n. 434. — Art. 137 ib. kann in Folge der ACO. v. 24. Mai 1844 (GS. S. 238) in Stempel-Strafsachen nur ausnahmsweise zur Anwendung gelangen.

464. Die §§ 30, 31 beziehen sich zwar zunächst nur auf die in den §§ 21 ff. ib. aufgezählten Defraudations-, resp. Straffälle. Doch gilt, nachdem § 22 durch die ACO. v. 13. Apr. 1836 (s. n 457) modifizirt worden ist, von der Ordnungsstrafe der Nr. 3 dieser ACO. unbedenklich dasselbe, was von der ordentlichen Stempelstrafe jenes § 22 galt; cf. KrMR. v. 3. April 1842 (Schmidt S. 152), FMR. v. 22. Okt. 1843, R d. Gen.-Steuer-Dir. v. 3. August 1852 (BMBl. 43, S. 295; 52, S. 244). *Contra:* JMR. v. 27. Okt. 1837 (Jbb. 50, S. 663), welches diese Ordnungsstrafe als eine Disziplinarstrafe anzusehen scheint. Ob auch die gemäß ACO. v. 3. Jan. 1830 Nr. 8 (GS. S. 9) zu verhängenden Geldbußen als Stempelstrafen zu behandeln seien oder den Charakter von Disziplinarstrafen an sich tragen, könnte eher Bedenken erregen. Inzwischen hat sich eine im JMR. v. 27. März 1862 bezogene ACO. v. 30. Jan. 1846 ausdrücklich für die erste Alternative entschieden; cf ferner n. 484. — Sonstige Zuwiderhandlungen der Beamten wider die Stempel-Gesetzgebung können unbedenklich disziplinarisch geahndet werden, so oft sie eine Verletzung der Amtspflichten überhaupt in sich schließen, wie es z. B. der Fall ist, wenn die im § 30 genannten Beamten die Ahndung einer zu ihrer amtlichen Kenntniß gelangten Stempel-Kontravention verabsäumen; cf. FMR. v. 6. August 1824 (Schmidt S. 151); JMR. v. 1. Sept. 1823 (Rh. S. 2, S 406). Ein solches disziplinarisches Einschreiten wird auch bei wirklichen Kontraventionsfällen im Sinne der §§ 30, 31 des Stemp.-Ges. durch die Verhängung der Stempelstrafe nicht ausgeschlossen, da jene regelmäßig auch eine Verletzung der Amtspflichten in sich schließen

465. Bei Spielkarten- und Zeitungs-Stempel-Kontraventionen beläßt § 30 es bei der Regel des § 45 h. l., wonach die administrative Straf-Jurisdiktion von derjenigen Behörde gehandhabt wird, der die Verwaltung der betreffenden Steuer im Allgemeinen obliegt. Ebenso erhalten die VO v 16. Juni 1838, betr. die Freigebung der Fabrikation und des Verkaufs von Spielkarten 2c. und die Ges. vom 2. Juni 1852 resp. 29. Juni 1861 wegen Erhebung einer Stempelsteuer von politischen und Anzeigeblättern, das administrative Strafverfahren der eigentlichen Steuer-Behörden aufrecht, erstere unter Verweisung auf das Zoll-Str.-Ges. v. 1838, letztere unter Verweisung auf die §§ 55, 88—93 der Steuer-O. v. 8. Febr. 1819, sowie auf

die Deklar. v. 20. Jan. 1820. Die Entscheidung wegen der Zeitungs-Stempel-Kontraventionen einschließlich der mit bloßen Ordnungsstrafen bedrohten Ordnungswidrigkeiten ist dem § 30 l. c. gemäß der Prov.-Steuer-Dir verblieben, cf. R des Gen.-Steuer-Dir. v. 14. Juni 1853 (BMBl. S. 154); dagegen sind nach § 38 ff des Z.-Str.-Ges. die Hauptämter für die Karten-Stempel-Kontraventionen zuständig; cf. Schmidt S 152. Demgemäß kommen hier in Betreff des Verfahrens alle die für Steuer-Kontraventionen gegebenen Vorschriften (vgl. n 441—464) unter Ausschließung der sonst für Stempel-Kontraventionen begründeten Abweichungen, zur Anwendung, namentlich auch Artt. 136 ff des Ges. v. 3. Mai 1852

V. Ressort-Verhältnisse bei der Verfolgung von Uebertretungen und Zuwiderhandlungen gegen Fiskal-Gesetze nach Rheinischem Rechte.

466. Im Allgemeinen. Im Bezirke des AH. Cöln bestand schon zur Zeit der Fremdherrschaft eine Art administrative Straf-Jurisdiktion, welche jedoch einestheils bei weitem nicht so umfangreich war, wie die der preußischen Gesetzgebung, anderentheils aber sich von letzterer dadurch wesentlich unterschied, daß sie eine Gerichtsbarkeit im engsten und eigentlichsten Sinne des Wortes darstellte, so daß von einer Berufung auf rechtliches Gehör wider die ergangenen Entscheidungen niemals die Rede sein konnte. Diese Gerichtsbarkeit beruhte bei den Präfekturräthen und beschränkte sich im Wesentlichen auf Landstraßen- und Strom-Polizei-Uebertretungen. Ferner räumte Art. 166 der St.-Pr.-O. den Bürgermeistern eine eng begrenzte Jurisdiktion für gewisse Uebertretungen, in Konkurrenz mit den Friedensrichtern ein; jene entschieden alsdann aber, gleich diesen, als wirkliche Polizeirichter; demzufolge die Zuchtpolizeigerichte für die von ihnen gesprochenen Urtheile die zweite Instanz bildeten. Nur bei Vergehen wider Finanzgesetze herrschte zwischen beiden Gesetzgebungen eine gewisse Aehnlichkeit. Die französische Steuergesetzgebung kannte zwar kein eigentliches administratives Strafverfahren, sie stimmte jedoch, wenigstens hinsichtlich eines Theils jener Vergehen, mit den früheren Vorschriften über die sog. fiskalischen Untersuchungen darin überein, daß sie solche Defraudationssachen nicht als einen Gegenstand der Straf-, sondern der Civilrechtspflege betrachtete, und daher zuließ, daß dieselben auch auf außergerichtlichem Wege, nämlich durch einen zwischen der Verwaltung und dem Defraudanten abgeschlossenen Vergleich erledigt wurden, was dem Resultate nach selbst mit dem preußischen Administrativ-Verfahren in seiner jetzigen Bedeutung zusammentraf, indem dieses [zumal seit dem Ges. v. 3. Mai 1852] im Grunde genommen gleichfalls auf den Versuch hinausläuft, den Fall durch ein Transigiren über die Strafe zu erledigen; cf. OT. (Pl.-B.) 31. März 1856 (Goltd Arch. 3, S. 345). Alle jene Institute sind jedoch schon frühe in Wegfall gekommen, indem die Strafgerichtsbarkeit der Präfekturräthe zufolge § 20 des Ress-Regl. v. 20 Juli 1818 auf die ordentlichen Strafgerichte überging und die Bestimmungen der Str.-Pr.-O. über die Kompetenz der Bürgermeister als Polizeirichter in der Rheinprovinz niemals recht zur Ausführung gelangten und als stillschweigend antiquirt erscheinen; cf. JMR. v. 17. April 1826 (Rh. S. 3, S. 53) Endlich ist die französische Steuergesetzgebung der preußischen gewichen. — Dafür hat aber die auf den §§ 45 und 34 beruhende administrative Straf-Jurisdiktion wenigstens für viele Materien in der Rheinprovinz Eingang gefunden. Denn wenngleich jene §§ nicht zu denjenigen Bestimmungen der VO. v. 1808 gehören, welche in das Ress.-Regl. aufgenommen wurden, so erlangten sie daselbst doch auf mittelbare Weise Gesetzeskraft und zwar insofern, als die verschiedenen Steuergesetze entweder auf dieselben hinverweisen oder ihren Inhalt im Wesentlichen selbst wiedergeben. Die ausschließliche Kompetenz der Gerichte für Vergehen und Uebertretungen polizeilicher Natur blieb in der Rheinprovinz zwar die allgemeine Regel; inzwischen wurde durch mehrere Spezialgesetze für gewisse Fälle solcher strafbaren Handlungen den Polizei-Verwaltungs-Behörden eine Art Straf-Jurisdiktion verliehen, welche immerhin zu den §§ 45 u. 34 als ihrer Quelle zurückführt. Den Stand der gegenwärtigen Gesetzgebung ergeben die folgenden Noten.

467. Uebertretungen. Die Beseitigung des früheren polizeilichen Straf-

verfahrens in den übrigen Provinzen war, wie erwähnt, eine Folge der VO. v. 3 Jan. 1849, welche die in der Rheinprovinz schon seit fast einem halben Jahrhunderte herrschenden Grundsätze der Oeffentlichkeit und Mündlichkeit des gerichtlichen Strafverfahrens auch für das übrige Staatsgebiet zur Geltung brachte. Da diese VO. ebensowenig, wie das Ges. v. 3 Mai 1852 in Bezug auf die Rheinprovinz mit publizirt wurde, so kann aus ihren Vorschriften das Hinwegfallen der administrativen Straf-Jurisdiktion in Polizeisachen, soweit sie dort durch einzelne Spezialgesetze eingeführt war (cf VO. v 24 Febr 1834, Nr. 10; Ges. v 8. Mai 1837 § 34; Rhein. Gesinde-Ordn v 19 Aug. 1844 § 50), allerdings nicht gefolgert werden. Wohl aber ist diese Wirkung dem Art. XIV. des Einf.-Ges. z. StGB beizumessen. So: *OT. 27 März 1862 (Oppenhoff Rechtspr. II. S. 324) und die Note (ib S. 321). *Contra* R d. M. d J. v. 8 Okt. 1859 (BMBl S. 305).

468 Gleichwohl läßt die Praxis des OT das im Regul. v. 7. Juni 1844 §§ 2 bis 4 vorgeschriebene Submissions-Verfahren für Chaussee-Polizeisachen auch in der Rheinprovinz noch gelten, und dürfte nach gleichen Gesichtspunkten die Zuläsſigkeit des zufolge VO. v. 30 Juni 1834 § 57 (GS. S. 145) bei Rheinschifffahrts-Kontraventionen anzuwendenden Submissions-Verfahrens zu beurtheilen sein: Oppenhoff Rechtspr. II S 324 Note. Cf. unten n. 499.

469. Die Kompetenzbestimmung des § 16 der Gesinde-Ordn v. 19. Aug. 1844 ist gleichfalls in Kraft geblieben, da die dort angedrohte Strafe keine Polizei-, sondern eine Exekutionsstrafe (§ 48 h l) darstellt: *OT 27. März 1862 (Oppenhoff Rechtspr II. S. 326). Inwiefern dasselbe von den Schulversäumnißstrafen gelte, ist nach dem unter n 399 Gesagten zu bemessen.

470. Zuwiderhandlungen gegen Finanzgesetze. Da die Steuer- und Zoll-Gesetzgebung, soweit sie hier in Betracht kommt (von dem Ges. v. 3. Mai 1852 abgesehen), für alle Provinzen des Staats dieselbe ist, so gilt das in den n. 402—465 Gesagte fast durchgängig auch für die Rheinprovinz, und sind blos einzelne Punkte noch einer besonderen Erörterung bedürftig.

471 Die im Staats-Min-Beschl v. 13 Okt 1819 (cf. n 416) erwähnte Versiegelung der Handelsbücher ist bei den Friedensrichtern zu requiriren: JMR. v. 4. Sept 1849 (Rh. S 10, S. 68)

472 Aus Anlaß von Chausseegeld-Uebertretungen findet in der Rheinprovinz nicht das gewöhnliche Administrativ-, sondern nur das s. g. Submissionsverfahren statt; cf. Regul v. 7. Juni 1844 § 10.

473. Sind die Einschränkungen, welche die Statthaftigkeit eines Antrags auf rechtliches Gehör nach der älteren Gesetzgebung erlitt, und welche für die übrigen Provinzen durch Art 136 d Ges v 3 Mai 1852 beseitigt wurden, in der Rheinprovinz noch in Kraft? Die verneinende Ansicht dürfte den Vorzug verdienen, da jenem Art. 136 augenscheinlich das allgemeine, in den Artt. 8 und 86 der Verfassungs-Urkunde zu Gunsten der richterlichen Kognition ausgesprochene Prinzip zu Grunde liegt. Dieser Ansicht scheint auch das R. d. Gen-Steuer-Dir. v. 3. August 1852 (BMBl. S. 244) zu huldigen, indem dasselbe sich ganz allgemein dahin ausspricht, daß Art. 136 die entgegenstehenden früheren Bestimmungen, namentlich also auch die bezügliche des § 31 des Stempel-Ges. aufgehoben habe, ohne in Bezug auf das Gebiet der Rheinischen Gesetzgebung einen Vorbehalt zu machen, ungeachtet dasselbe ursprünglich an die Prov-Steuer-Direktion zu Cöln gerichtet war. Dessenungeachtet hat die letztere Behörde in einer Verf. v 7. Aug 1860 die entgegengesetzte Ansicht, wenigstens in Betreff des § 31 l. c, ausgesprochen. Allerdings erging ihrer Mittheilung zufolge jenes R von 1852 aus Anlaß eines Falls, wo die Rheinische Gesetzgebung nicht zur Anwendung kam — In gleicher Weise beurtheilt sich die Frage, ob der mit der Aburtheilung über eine vermeintliche Zolldefraude befaßte Richter, wenn er den Fall nur zur Verhängung einer Ordnungsstrafe angethan findet (Zoll-Str.-Ges §§ 18, 33), auf diese erkennen könne. Die Prov.-St.-Dir. zu Cöln sprach sich in einer Verf v. 9. Okt. 1861 auch hier für die verneinende Ansicht aus.

474. Mit der eben erörterten verwandt ist die andere Frage, ob die Vorschrift des § 34 h. l., wonach, wenn ein Strafresolut bereits vorliegt, nur das Obergericht kompetent sein soll, insoweit diese Bestimmung in die Steuergesetzgebung übergegan-

gen ist (cf. z. B. Zoll-Str.-Ges. v. 1838 § 35), in der Rheinprovinz noch wirksam sei, da das Hinwegfallen dieser Vorschrift für die übrigen Provinzen mit den durch die VO. v. 2. u. 3. Jan. 1849 herbeigeführten Veränderungen im Gerichtsstande, sowie in der Gerichtsorganisation zusammenhängt. Auch diese Frage dürfte indessen zum verneinen sein, da schwerlich anzunehmen ist, daß, nachdem das jener Bestimmung zum Grunde liegende Prinzip für den größten Theil des Staats aufgegeben worden, dasselbe für eine einzige Provinz habe fortbestehen sollen, ungeachtet es gerade der dortigen Gerichtsverfassung widersprechend und seine Einführung lediglich eine Konzession behufs Herbeiführung gleichartiger Normen für das gesammte Staatsgebiet war. Außerdem läßt sich die Abschaffung obiger Bestimmung hinsichtlich der Rheinprovinz mit den Artt. VIII. und XIV. des Einf.-Ges. zum StGB. in Verbindung bringen; cf. Motive von *OT. 28. Jan. 1852 (Tr A. 7, I. 271). *Contra*: LG. Aachen 30. Juni 1852 (ib. 273).

475. Welches Verfahren zu beobachten sei, wenn nach Erlaß eines Resolutes auf rechtliches Gehör angetragen wird, richtet sich in der Rheinprovinz selbstredend nicht nach dem Ges. v. 3. Mai 1852, sondern nach der dort geltenden Str.-Pr.-O. Der Fall ist hier so zu behandeln, als ob ein administratives Strafverfahren gar nicht vorhergegangen wäre, indem das Strafresolut durch den Antrag auf rechtliches Gehör vollkommen beseitigt wird. Die Staatsanwaltschaft kann daher auch, statt die Sache sofort in die öffentliche Sitzung zu befördern, geeigneten Falls noch eine förmliche Voruntersuchung durch den Untersuchungsrichter veranlassen; es hat alsdann die Rathskammer darüber zu befinden, ob der Beschuldigte vor den erkennenden Richter zu verweisen oder außer Verfolgung zu setzen sei. Der Erlaß eines Strafresoluts macht daher eine Verhandlung vor dem erkennenden Strafrichter keineswegs nothwendig.

476. Daß der Antrag auf rechtliches Gehör zurückgenommen werden könne, steht für die Rheinprovinz durch die wenngleich nicht in gesetzlicher Form publizirte ACO. v. 25 April 1844 (cf. n. 428) fest. Das diese ACO. relatirende JMR. v. 23. Sept. 1846 hält die Zurücknahme so lange für statthaft, als kein gerichtliches Erkenntniß ergangen sei, und bemerkt außerdem, daß, wenn dieselbe auch rechtszeitig erfolge, dem Angeschuldigten immerhin die Kosten des gerichtlichen Verfahrens zur Last fallen.

477. Inwiefern den Verwaltungsbehörden in der Rheinprovinz solche Befugnisse, welche den in den Art. 138 ff. des Ges. v. 3. Mai 1852 erwähnten analog sind, zustehen, unterlag ehedem erheblichen Bedenken. Zwar erkannte die französische Gesetzgebung (cf. die Ges. v. 6. und 22. Aug. 1791 und 14 fructidor III.: Carette, Lois annotées p. 136, 347, sowie Ges. v. 5. Ventose XII. Art. 90: v. Daniels 4, S. 499) sowohl der Verwaltung der Zölle, wie der der indirekten Steuern (droits réunis) das Recht der selbstständigen Verfolgung der Defraudationsfälle durch alle Instanzen wenigstens insofern zu, als es sich um ihr fiskalisches Interesse (Geldbuße resp. Konfiskation) und nicht um Gefängnißstrafen handelte, und zwar der ersteren Verwaltung in Konkurrenz mit dem öffentlichen Ministerium, der letzteren sogar ausschließlich; cf. Mangin, de l'action civile et de l'action publique, n. 41 ff. Inzwischen konnten diese Gesetze, insofern sie in der Rheinprovinz überhaupt publizirt wurden, seit Einführung der preußischen Steuer- und Zoll-Gesetzgebung schwerlich mehr als Richtschnur dienen. Eine durch JMR v. 10. Juli 1820 genehmigte Verfügung des ersten Gen.-Adv. zu Cöln v. 27. Juni 1820 (Rh. S. 2, S. 51) knüpfte allerdings bei Erörterung der hier vorliegenden Materie an die französische Gesetzgebung an, nahm jedoch auf die oben erwähnten Gesetze nicht ausdrücklich Bezug und gelangte überdies zu wesentlich anderen Resultaten, indem sie der Verwaltung namentlich auch hinsichtlich der mit Freiheitsstrafe bedrohten Defraudationen das Recht der selbstständigen Verfolgung zugestand. Die Argumentation dieser Verfügung geht dahin, daß die Steuerbehörde in jedem Defraudationsprozesse gemäß Art. 158 des Dekrets v. 18. Juni 1811 von Rechtswegen und ohne daß sie sich ausdrücklich konstituirt habe, als Civilpartei anzusehen, mithin als solche mit vorzuladen sei, daß dieselbe sich jedoch von anderen Civilparteien dadurch unterscheide, daß sie nicht gleich diesen ein Privat-, sondern das Staats-Interesse verfolge, und um deswillen nicht blos auf Entschädigung, sondern auch auf die gesetzlichen Stra-

fen, einschließlich der Gefängnißstrafen antragen, beziehungsweise gegen die solchen Anträgen nicht konformen Entscheidungen die geeigneten Rechtsmittel einlegen können, wie sie auf der anderen Seite, arg. § 157 der Zoll-O. v. 26. Mai 1818 befugt erscheine, in jeder Lage der Sache auf deren Fortsetzung zu verzichten. — Diese Argumentation war jedoch höchst gewagt, zumal sie fast einzig auf dem Art. 158 des Dekr. v 18. Juni 1811 beruht, dessen fortdauernde Geltung bei dem engen Zusammenhange, in welchem dieser Artikel mit der französischen Steuergesetzgebung steht, sehr in Zweifel gezogen werden muß. — Neuerdings hat nun die gesetzliche Regulirung dieses Gegenstandes für die übrigen Provinzen die Anregung dazu gegeben, daß derselbe auch für die Rheinprovinz auf legislativem Wege geregelt wurde, und zwar durch Art VI. des Ges. v. 22 Mai 1852 (GS. S. 251), welcher bestimmt, daß der zur Verwaltung der betreffenden Abgaben und Gefälle bestellten Behörde, **wenn sie als Civilpartei aufgetreten ist**, auch rücksichtlich der Strafe die gesetzlichen Rechtsmittel zustehen. Dieser Artikel geht also nicht, wie das obige R., davon aus, daß die Steuerbehörde schon von Rechtswegen die Stellung einer Civilpartei einnehme, er erkennt aber andererseits an, daß dieselbe sich als solche überhaupt konstituiren könne. Ob sie hierzu unbedingt befugt sei, mithin auch dann, wenn sie keinen anderen Zweck verfolgen sollte, als die Verhängung der gesetzlichen Strafen (Geldbuße, Gefängniß und Konfiskation) herbeizuführen, oder ob die Bestellung als Civilpartei bei ihr, wie bei jedem Anderen, durch Formirung von Anträgen auf Entschädigung bedingt werde, läßt jene Gesetzesstelle unentschieden, wenngleich der in den Worten „auch rücksichtlich der Strafe“ angedeutete Gegensatz für die letztere Alternative zu sprechen scheint. Da indessen auch der Rheinische Strafrichter inkompetent ist, die Nachzahlung der umgangenen Gefälle auszusprechen, (cf. n. 205), sonstige Entschädigungsansprüche aber aus einer Defraudation entweder gar nicht oder doch nur in den seltensten Fällen abzuleiten sind, so verdient die erstere Ansicht umsomehr den Vorzug, als dieselbe mit den Artt. 138 ff. des Ges. v. 3. Mai 1852 sowohl wie mit den früher als maaßgebend vorgeschriebenen Normen mehr übereinstimmt, und es nach den Motiven zum Entw. d. Ges. v. 22. Mai 1852 gerade beabsichtigt wurde, die Befugnisse der Fiskalbehörden für alle Provinzen in Uebereinstimmung zu bringen.

478. Die Bestimmung der Deklar. v. 20. Jan. 1820 Nr. 3, betreffend die **Strafumwandlung**, bezog sich ursprünglich auf die Rheinprovinz nicht mit, indem dort gemäß Art 52, 53 des Str.-Pr.-O. nur eine Zwangshaft als Exekutionsmittel behufs Beitreibung der Geldbußen Platz greifen konnte. Nachdem jedoch die ACO. v. 18. Sept. 1824 (Rh S 2, S. 526) jene Zwangshaft abgeschafft, und die Grundsätze des ALR. über die Strafumwandlung auch für die Rheinprovinz sanktionirt hatte, kommt die obige Bestimmung der cit Deklaration dort gleichfalls zur Anwendung; cf. MR. v 2. Febr. 1827 (Rh. S. 3, S. 93) und ACO. v. 11. April 1839 (GS. S. 158). Hiernach erfolgt die Strafumwandlung auf den Antrag des Oberprokurators, durch die Straf-Rathskammer des Landgerichts, und zwar ohne Rücksicht auf die Höhe der Geldbuße. Das JMR. v. 14. Dez. 1849 (JMBl. S. 499) ist augenscheinlich nur auf die übrigen Provinzen zu beziehen.

479. Ob ein in Folge des Antrags auf Umwandlung ergangener **Rathskammerbeschluß** Seitens der Betheiligten im Wege der **Beschwerde** (Opposition) angegriffen werden könne (vgl. oben n. 440), erscheint mit Rücksicht auf die Bestimmung der Deklar. v. 1820, daß wider die Umwandlungsresolute kein Rechtsmittel zulässig sei, als zweifelhaft. Inzwischen wird dieselbe durch AH. Cöln 16. März und 23. Juli 1852 (Rh. A. 47, I. 63, 166) bejaht, da mit jener Bestimmung, resp. der damit übereinstimmenden des MR. v. 2. Febr. 1827 nur gesagt sein könne, daß solche Resolute keine Urtheile oder Rathskammerbeschlüsse der Rheinischen, sondern gewöhnliche Dekrete der Preußischen Justizverfassung seien, welche verfassungsgemäß im Rekurswege der Rektifikation durch die vorgesetzte Aufsichtsbehörde unterlägen. Gleichzeitig sprach der AH. aus, daß der Rekurs an keine Form noch Frist gebunden sei, und die Entscheidung über denselben dem Anklagesenate gebühre. Die damals entschiedenen Fälle betrafen zwar keine eigentlichen Umwandlungs-Resolute, sondern Rathskammerbeschlüsse, welche den Antrag auf Umwandlung abgelehnt hatten. Doch ergeben die Motive, namentlich des älteren Er-

kenntnisses, daß der Rekurs auch wider ein Resolut der ersteren Art für statthaft erachtet wurde.

480. Stempelkontraventions-Sachen. In Betreff des von den Rhein. Gerichten bei Anwendung der §§ 30, 31 des Stempelgesetzes zu beobachtenden Verfahrens ist eine JMInstr. v 28. Juni 1828 (Schmidt S. 149, 154) ergangen, welche auch die Handelsgerichte fur befugt resp verpflichtet erklärt, im ersten Falle des § 30 die Stempelstrafen festzusetzen, ungeachtet dieselben sonst keine Strafen verhängen können.

481. Den Rheinischen Polizeibehörden als solchen muß eine gleiche Befugniß, dem oben n. 445 und 467 Gesagten zufolge, abgesprochen werden.

482. Für Notarien ist die vorgesetzte Dienstbehörde (Stemp.-Ges. § 30) die erste Kammer der Landgerichte, die Rekursinstanz der AH Cöln: JMR. v. 27. Okt. 1837, 7. Jan. 1838 und 3. Juli 1839 (Jbb. 50, S 663; 51, S. 222; 54, S. 244).

483. Dasselbe gilt für Gerichtsvollzieher: JMR. v 3. Okt. 1834 (Rh S. 4, S. 154), AH. Cöln 8. April 1847 (Rh. A. 47, I. 264; dieses Erk. hob demgemäß ein von einem LG. in seiner Eigenschaft als Handelsgericht erlassenes Resolut auf).

484. Die Kompetenzvorschriften der §§ 30, 31 l. c. gelten auch für die durch ACO. v. 17. Juli 1846 (GS S. 391) Nr. 4, litt. a. und b vorgesehenen Kontraventionsfälle. Namentlich sind die gemäß litt. b zu verhängenden Ordnungsstrafen nicht etwa gleich den Strafen, welche wegen Nichtachtung der in §§ 13, 14 des St.-Ges. enthaltenen Kontroll-Vorschriften erkannt werden, als Disziplinarstrafen zu betrachten, indem die auf § 45 h. l. beruhende administrative Straf-Jurisdiktion sich überhaupt nicht auf eigentliche Defraudationen beschränkt (cf. n 406), und obige ACO. eine spezielle Strafbestimmung enthält, wie sie eben in Betreff der Verstöße wider die §§ 13, 14 cit. fehlt. (Folgeweise müssen jene Ordnungsstrafen auch nicht in die Unterstützungskassen der Gerichtsvollzieher fließen). Cf. ferner n. 464.

485. Im Falle der Berufung auf rechtliches Gehör sind auch in St.-Strafsachen die Strafgerichte, und nicht, wie es im Ges. v 13. brumaire und 22. frimaire VII. bezüglich der Enregistrements-Kontraventionen vorgeschrieben war, die Civilgerichte die kompetente Stelle: KH. 24 Febr. 1824 (Rh. A. 6, II 36), JMR. v. 27 Okt. 1837 (Jbb. 50, S. 663).

486. Gehört der Kontravenient zu den in Artt 479 u. 483 der Str.-Pr.-O. erwähnten Beamten, so entscheidet der AH. Cöln als Strafrichter: KH. 20. Dez. 1826 (Rh. A. 10, II. 26) und die obige JMInstr.

VI. Befugniß der Verwaltungs-Behörden zum Erlasse allgemeiner Strafverordnungen.

487. Der Schlußsatz des § 45 betrifft einen ganz besonderen, bisher noch unerörtert gebliebenen Geschäftszweig der Regierungen, indem er denselben eine der legislativen analoge Gewalt für das Gebiet der Strafrechtspflege zuerkennt. Diese überaus wichtige Bestimmung ist zwar, gleich den mit ihr in engem Zusammenhange stehenden Bestimmungen des § 40 h. l. und des § 11 Abs. 2 der Reg.-Instr. v. 23. Okt. 1817, gegenwärtig nicht mehr in Kraft, die betreffende Materie vielmehr durch das Ges über die Polizei-Verwaltung v. 11. März 1850 neu geregelt. Inzwischen kommen noch jetzt gar viele, unter der Herrschaft jener Gesetzesstellen erlassene, durch § 19 des Ges. v. 1850 aufrecht erhaltene Verordnungen bei der Handhabung der Strafrechtspflege in Betracht, weshalb die Abgrenzung der auf den §§ 45, 40 h. l. und § 11 l. c. beruhenden Gewalt noch jetzt ein praktisches Interesse bietet, und zwar um so mehr, als die Strafgerichte sowohl befugt wie verpflichtet sind, vor Anwendung solcher älteren Verordnungen zu untersuchen, ob sie obigen §§ entsprechen und einen Gegenstand betreffen, welcher, denselben zufolge, in den Kreis jener legislativen Gewalt falle; cf KH. 17. November 1832, 31. Jan. 1842, 30. Mai 1835 (Volkmar S 456 ff), Perrot I. S. 125, 132. (In letzterer Hinsicht besteht ein großer Unterschied zwischen den älteren und den auf Grund des Ges. v. 1850 erlassenen Verordnungen)

488. Die auf den §§ 45, 40 h. l. und dem cit. § 11 beruhende Befugniß der Regierungen, allgemeine Verbote und Strafbestimmungen zu erlassen, beschränkte

sich, wie § 45 mit dem Ausdrucke „Polizei- und Landes-Angelegenheiten“ andeuten will, ausschließlich auf das polizeiliche Gebiet Namentlich stand den Verwaltungs-Behörden eine solche Befugniß in Beziehung auf Gegenstände der Finanz-Verwaltung (von einzelnen Spezial-Bestimmungen abgesehen) unter der älteren Gesetzgebung ebensowenig zu, wie sie ihnen gegenwärtig beiwohnt; cf. JMR. v. 19. Okt. 1836 (Rh S 5, S 477), Oppenhoff StrGB, § 332 n. 28 *Contra:* OT. 16. Juli 1856 (Goltd. Arch 5, S 687), welches annahm, daß die Regierungen befugt gewesen seien, in allen zu ihrem Ressort gehörigen Angelegenheiten mit höherer Genehmigung allgemeine Strafbestimmungen innerhalb der Grenzen des § 35, II. 20 ALR zu erlassen (Dieses Urtheil erachtete demgemäß eine vom Finanz-Minister genehmigte Verordnung, welche den Bewohnern gewisser Ortschaften den Ankauf von Salz bei Anderen, als den Gemeindesellern unter Strafe verbot, für den Strafrichter bindend.)

489. Fernere Beschränkungen jenes Rechts beruhten vornämlich auf dem cit. § 11. Sie bestanden darin, daß die angedrohten Strafen sich innerhalb der Grenzen der §§ 33, 35, 240, II 20 ALR. (50 Thaler Geldbuße und sechs Wochen Gefängniß) halten, und daß die Verordnung entweder an ein bestehendes, einer ausdrücklichen Strafbestimmung ermangelndes Verbotsgesetz anknüpfen oder aber mit höherer Genehmigung, d h, wie das JMR. v. 19. Okt. 1836 (Rh S. 5, S. 477) erläutert, mit Genehmigung des betreffenden Polizei-Ministeriums, erlassen sein mußte. In letzterem Falle war es nicht, wie mitunter behauptet worden (cf. Perrot I. S. 122 ff.), erforderlich, daß die Verordnung gerade die Ausführung eines bereits bestehenden Gesetzes betraf; cf. MR. v. 7. Mai 1819, 18. April 1840 (Jbb. 13, S. 243; BMBl. 40, S. 158), KH. 13 Juli 1833, 12. Dezbr. 1835, 23. August 1847 (Rh A 18, II 39; 23, II 6; 42, II. 60), vor Allem aber St.-Min.-Beschl. v. 7. Jan 1845 (JMBl. S. 34), welcher es geradezu ausspricht:

„daß [den §§ 45, 40 h l. und dem cit § 11 zufolge] die Ausübung des „im § 6, II. 13 ALR gedachten Majestätsrechts, allgemeine Polizei-Verordnun„gen zu erlassen, den Verwaltungs-Ministerien insoweit zuständig sei, als die„selben für ermächtigt gehalten werden müßten, polizeiliche Anordnungen und „Strafbestimmungen innerhalb der Grenzen der polizeilichen Strafgewalt zu „erlassen und deren Erlaß von Seiten der Regierungen zu genehmigen.“

489 bis. Die Befugniß der Regierungen, durch polizeiliche Bestimmungen die äußere Heilighaltung der Sonn- und Feiertage zu bewahren, und deren Befolgung durch Strafverbote zu sichern, welche die im cit § 11 vorgeschriebene Grenze nicht überschreiten, ist durch die ACO v 7. Febr. 1837 (GS. S. 19) besonders ausgesprochen worden; cf. ferner die ACO. über die Beschränkung der Nachtweide und das Einzelnhüten des Viehes in der Rheinprovinz v. 5. Juli 1844 § 10 (GS. S. 263).

490. Da trotz der Abzweigung einzelner Verwaltungsbranchen an andere, seit dem Jahre 1808 neu errichtete Provinzial-Behörden die Landespolizei-Verwaltung den Regierungen fast ungeschmälert verblieben ist, so theilen letztere die eben besprochene Befugniß nicht etwa seitdem mit jenen anderen, ihnen koordinirten Behörden. Nur bezüglich der Bergpolizei dürfte in dieser Hinsicht eine Ausnahme zu statuiren, und die Befugniß der Ober-Bergämter, bis zum Erlasse des Ges. v. 1850 mit höherer Genehmigung allgemeine Polizei-Strafverordnungen zu erlassen, im Edikte v. 21. Febr. 1816 § 10, in Verbindung mit der VO. v. 30. April 1815 § 26 Nr 1 ihre Begründung finden; cf. Achenbach, Rhein. Berg-Polizei-Vorschr., S. XXXIII. (In Betreff der linksrheinischen Gesetzgebung cf. die Noten zum Ress.-Regl § 32) Ferner folgert OT. 16. Juli 1857 (Goltd. Arch. 5, S. 688) aus der den Ober-Präsidenten in der Instr. v. 31. Dez. 1825 zugewiesenen Stellung zu den Ministerien die Verbindlichkeit allgemeiner von jenen mit höherer Genehmigung für eine ganze Provinz erlassener Strafverbote, zumal es lediglich vom Beschlusse des betreffenden Minist. abgehangen habe, eine an sich zum Ressort der Regierungen gehörige, jedoch mehrere Regierungs-Bezirke betreffende Angelegenheit, entweder durch die einzelnen Regierungen für ihre Bezirke, oder durch den Ober-Präsidenten für die ganze Provinz ordnen zu lassen.

491. Die Befugniß der Ortspolizei-Behörden, ortspolizeiliche Straf-

Verordnungen ohne höher Genehmigung zu erlassen, wie sie in der Rheinprovinz auf dem Grund französischer Gesetze schon früher bestand, ist der preußischen Gesetzgebung bis zum Erlasse des Ges. v. 1850 fremd gewesen; cf. MR v. 25. Mai 1829, 22. Febr. 1834, 31. Juli 1847 (Ann. 1829, S. 325; 1834, S. 134; VMBl. 47, S. 197).

492. Ebensowenig stand eine ähnliche Befugniß den Landräthen zu; cf. MR. v. 21. Mai 1840 (VMBl. S. 159). Auch konnten die Regierungen die ihnen selbst verliehene Befugniß nicht an jene delegiren; mindestens gehören die auf Grund solcher Ermächtigung ergangenen Verordnungen nicht zu den gemäß § 19 des Ges. v. 1850 noch jetzt wirksamen: KH. 5. Okt. 1852 (Rh A. 47, II. 133).

493. Die Publikation älterer Polizei-Verordnungen mußte gemäß der VO. v. 28. März 1811 §§ 2, 6 durch die Amtsblätter erfolgen. A. M. war in Betreff der Lokalpolizei-Verordnungen das JMR. v. 6. Dezbr. 1835 (Rh. S. 5, S. 284), welches bis auf anderweitige Verfügung das Herkommen jedes einzelnen Orts als maaßgebend für die Publikationsform erachtete. Eine anderweitige Verfügung erfolgte allerdings insofern, als die ACO. v. 8. Febr. 1840 (GS. S. 32) den Regierungen die Befugniß ertheilte, die Art der Publikation kreis- und lokalpolizeilicher Verordnungen innerhalb ihrer Verwaltungs-Bezirke mit verbindlicher Kraft für das Publikum wie für sämmtliche Verwaltungs- und Justizbehörden zu bestimmen; doch mußte eine solche Bestimmung ein für alle Male, resp. in Betreff aller Arten solcher Verordnungen ergehen; die Befugniß, für verschiedene Arten derselben auch verschiedene Publikations-Arten vorzuschreiben, folgt aus jener ACO. nicht; ältere Polizei-Verordnungen bedurften nach Erlaß des Ges. von 1850 einer nochmaligen Publikation nicht; cf. Oppenhoff StrGB. § 332 n. 8—12.

494. Eine besondere Publikation der höheren Genehmigung (n. 489) war überhaupt nicht erforderlich; vielmehr reichte deren bloße Erwähnung in der Polizei-Verordnung selbst hin: KH. 12. Dez. 1835 (Rh. A. 23, II. 6).

495. Obschon den Verwaltungs-Behörden im Allgemeinen keine der legislativen analoge Gewalt in dem bisher besprochenen Sinne bezüglich der Finanz-Angelegenheiten zusteht, so ist denselben, insbesondere den betreffenden Ministerien dennoch durch verschiedene Finanzgesetze deren Ausführung oder die Bestimmung der Voraussetzungen übertragen, unter denen die im Gesetze selbst angedrohten Strafen eintreten sollen. Auf diese Weise kann es vorkommen, daß bei der richterlichen Entscheidung über Beschuldigungen anderer als der bisher besprochenen Art allgemeine Verordnungen der Verwaltungs-Behörden in Betracht gezogen werden müssen, da, wenn letztere sich in den Grenzen ihres Auftrags gehalten haben (was vorkommenden Falls vom Richter zu prüfen ist), solche Verordnungen selbstredend ebenso verbindlich sind, wie die Gesetze selbst, auf deren Grund sie getroffen wurden, ihr Erlaß mag in die Zeit vor oder nach Verkündigung des über ganz andere Materien disponirenden Ges. v. 11. März 1850 fallen.

495 bis. So entschied OT. 7. Jan. 1857 (Goltd. Arch. 5, S. 258), daß der Finanzminister in den Bestimmungen des Regul. v. 10. Juli 1852 (VMBl. S. 144) über Art und Zeit der Erhebung der Zeitungsstempel-Steuer, sowie in den dort unter Androhung von Ordnungsstrafen gegebenen Kontrolle-Vorschriften die Grenze der ihm durch Ges. v. 2. Juni 1852 § 4 ertheilten Ermächtigung nicht überschritten habe, die Defraudations- resp. Ordnungsstrafe daher jenen Bestimmungen gemäß zu verhängen sei. OT. 30. Okt. 1857 (Goltd. Arch. 5, S. 848) erachtete denselben Minister als die mit Ausführung der Zollgesetze beauftragte Centralbehörde für befugt, unter den einen Eisenbahnzug begleitenden Beamten denjenigen zu bezeichnen, welcher vermöge seiner besonderen Pflichten als Frachtführer der auf der Bahn beförderten Waaren zu betrachten und darum zur Deklaration verpflichtet sei, so daß eintretenden Falls und trotz des Nachweises der bona fides die im Zoll-Str.-Ges., § 6 Nr. 1 litt. a. für Frachtführer bestimmte Strafe wider ihn ausgesprochen werden müsse. Aehnlich entschied in Beziehung auf Schlacht- und Mahlsteuer-Defrauden OT. 20. April 1857 (ib. S. 549). Ueber die Befugniß des Finanzministers zum Erlasse von Schlacht- und Mahlsteuer-Regul. cf. überdies die Ges. v. 30. Mai 1820 und 2. April 1852, sowie ACO. v. 22. Dez. 1843. — Dem OT. 26. Juni 1856 (ib. 4, S. 827) zufolge kann die im Zollges. v. 1838 § 3 vorbehaltene Anordnung

6) Befugniß der Regierungen bei Dienstvergehungen der ihr subordinirten Offizianten.

Disziplinar-Sachen.

§. 46. Die Dienst-Disziplin über sämmtliche Offizianten ihres Ressorts verbleibt den Regierungen nach wie vor. Sie sind daher auch berechtigt, Ordnungsstrafen wider sie festzusetzen und zu vollstrecken, ohne daß die Landes-Justiz-Kollegien sich darin mischen dürfen.

Dienst-Suspension.

Auch behalten die Regierungen die Befugniß, die ihnen untergeordneten Offizianten aus gesetzlichen Ursachen von ihrem Dienst zu suspendiren.

Dienst-Entlassungen.

In Ansehung ihrer Entlassung behält es aber bei den Vorschriften des ALR. Th. 2. Tit. 10. §§ 98. bis 101. sein Verbleiben.

---

von Ausfuhr-Verboten aus polizeilichen Rücksichten durch den Minister des Innern mit der Wirkung erfolgen, daß auf die Uebertretung eines solchen Verbots § 1 des Zoll-Str.-Ges. Anwendung findet. — OT. 22. Juli 1854 und 19 Mai 1859 (ib. 2, S. 682; 6, S. 693) erkannten die von der Postverwaltung auf Grund des Ges. v 5. Juni 1852 § 50 erlassenen Regl. v. 31 Juli 1852 u. 27. Mai 1856 als Basis für die Handhabung der Strafbestimmung des § 35 jenes Ges an. *Contra* jedoch: *OT. 19 Mai 1853 (ib. 1, S 561). — So mannigfach indessen die Befugnisse der Centralbehörden, in Beziehung auf das Finanzwesen reglementarische Vorschriften in einer für den Strafrichter maaßgebenden Weise zu erlassen, auch sein mögen, so ist diesen Behörden dennoch das Recht der authentischen Gesetzes-Auslegung nicht verliehen. Dieses Recht steht vielmehr als Hoheitsrecht, selbst rücksichtlich der Steuergesetze, nur dem Staatsoberhaupte zu; cf. Rhein Landtags-Abschied v. 3. März 1835 B. a 10.

495 ter. Schließlich bleibt zu erwähnen, daß den Gemeinden resp. ihren Vertretern nach der Städte-Ordn. v. 30. Mai 1853 § 53, dem Ges., betr die Rhein. Gemeinde-Verfassung, v 15. Mai 1856 Art. 8 und der Rh. Städte-Ordn von demselben Tage § 49 das Recht zusteht, in den über die Erhebung der Kommunal-Steuern zu erlassenden, von der Regierung zu genehmigenden Regulativen Ordnungsstrafen gegen die Kontravenienten bis zur Höhe von 10 Thalern anzuordnen, welche Strafen eventuell vom Polizeirichter auszusprechen sind; cf. MR v. 11 April 1861 (BMBl. S 101).

§ 46.

496 § 46 handelt lediglich von der eigentlichen Disziplinar-Gewalt. A. M. ist ein JMR. v. 28. Nov. 1825 (Rh. S 2, S. 624), insofern dasselbe aus § 46 in Verbindung mit § 12, II. 17 ALR. folgert, daß den Regierungen das Recht zustehe, die ihnen untergeordneten Beamten wegen Dienstvergehen auf ihre Verantwortung vorläufig verhaften und die Haft so lange fortsetzen zu lassen, bis das vorgesetzte Ministerium die Ueberlieferung des Beamten an die Gerichtsbehörde genehmige. Gleichzeitig spricht sich dieses R für die Anwendbarkeit des § 46 und der aus demselben gezogenen Folgerung auf die Rheinprovinz aus, da durch die [seitdem wieder aufgehobene] ACO. v. 6 März 1821 in Ansehung der Dienstvergehen der Verwaltungs-Beamten die Anordnung einer anderen Gerichts-Verfassung (cf. oben n. 2) erfolgt sei [?]. — Gegenwärtig ist die Zulässigkeit der vorläufigen Verhaftung wegen Dienstvergehen ebenso wie wegen aller sonstigen, der ordentlichen

Strafrechtspflege anheimfallenden Handlungen nach den allgemeinen Vorschriften des Ges. v 12. Febr. 1850 (GS. S 45) zu beurtheilen; cf. auch Oppenhoff Strafverf., § 4 n. 10 ff.

497. Die Dienstdisziplin über Beamte war, sofern sie eine Strafgewalt in sich schloß, nach älterem Preußischem Rechte sehr enge begrenzt. Einmal waren nämlich die Begriffs-Bestimmungen des ALR über eigentliche Amtsverbrechen, welche ein gerichtliches Verfahren nöthig machten (cf. §§ 333 ff., II 20), so überaus weitgreifend, daß sie einen großen Theil derjenigen Pflichtwidrigkeiten mitumfaßten, welche gegenwärtig nur noch als bloße Dienstvergehen betrachtet werden. Andererseits aber konnte, von der gerichtlichen Kompetenz abgesehen, rücksichtlich aller Civil-Beamten ohne Unterschied des Ressorts und Ranges die Entsetzung oder Verabschiedung als Folge einer pflichtwidrigen oder untauglichen Dienstführung nur vom Staatsrathe beschlossen werden, dessen Beschlüsse bei höheren Beamten überdies vom Landesherrn bestätigt werden mußten; cf. §§ 98 ff., II. 10 ib. Demzufolge beschränkte sich die eigentliche Disziplinargewalt der vorgesetzten Dienstbehörde auf die bloße Festsetzung von Ordnungsstrafen, ohne daß hiebei von einem förmlichen Vorverfahren und einer Disziplinar Jurisdiktion im engeren Sinne die Rede sein konnte. Auf dieser Grundlage beruhte auch noch der zunächst nur von der Dienstdisziplin über die Offizianten des Regierungs-Ressorts handelnde § 46. Inzwischen ist die Gesetzgebung seitdem eine wesentlich andere geworden Das Disz.-Ges. v. 29 März 1844 fand die landrechtlichen Vorschriften über Amtsverbrechen noch vor, und half sich mit der Bestimmung, daß alle Dienstvergehen, welche im Gesetze nicht mit Amtsentsetzung oder Kassation bedroht seien, und sogar ein Theil der mit solchen Strafen wirklich bedrohten, hinführo nur im Disziplinarwege geahndet werden sollten. In der neuesten Disziplinar-Gesetzgebung ist zwar die Entscheidung bezüglich der in den gemeinen Strafgesetzen vorgesehenen Dienstvergehen wieder an die ordentlichen Strafgerichte verwiesen worden. Diese gemeinen Strafgesetze waren aber nicht mehr im ALR., sondern im StrGB. zu suchen, welches durch seine präzisen Begriffs-Bestimmungen die ordentliche Strafrechtspflege ohnehin auf ihr naturgemäßes Gebiet beschränkt hatte. — Andererseits wurde die Kompetenz des Staatsraths nach und nach vollkommen beseitigt (cf. ACO. v 22 April 1822, 21 Febr. 1823, Ges. v. 1844 §§ 37, 38), und die Entscheidung über Entfernungen aus dem Amte schließlich zum Gegenstande einer eigentlichen Disziplinar-Jurisdiktion gemacht, welche gegenwärtig, je nach dem Range des angeschuldigten Beamten, bald von der vorgesetzten Provinzial-Behörde, bald von einem eigends hierzu bestellten Disziplinarhofe in bestimmt vorgeschriebenen Formen gehandhabt wird, während das Recht der vorgesetzten Dienstbehörde, ohne förmliches Verfahren bloße Ordnungsstrafen zu verhängen, im Wesentlichen bestehen geblieben und nur näher begrenzt worden ist. (Die Amtssuspension, welche nach der älteren sowohl wie der neueren Preuß. Gesetzgebung keine eigentliche Strafe, sondern blos eine vorläufige, durch das dienstliche Interesse gebotene Maaßregel darstellt, tritt gegenwärtig nur als Folge einer gerichtlichen, resp. disziplinarischen Untersuchung entweder schon kraft Gesetzes oder auf Grund einer Anordnung des Diszipl.-Gerichts, resp. der zur Einleitung der diszipl. Untersuchung ermächtigten Behörde ein. Sie ist mit der bei richterlichen Beamten als Strafe zu verhängenden zeitweisen Entfernung von den Dienstverrichtungen und mit der Suspensionsstrafe gewisser (Rhein), auf Emolumente angewiesenen Justiz-Beamten nicht zu verwechseln.)

497 bis. § 46 h. l. hat, dem Vorgesagten gemäß, seine unmittelbare praktische Wirksamkeit längst eingebüßt. Dies war bereits eine Folge der sehr detaillirten Bestimmungen des bezogenen, das Disziplinar-Verfahren für alle nicht ausdrücklich ausgenommenen Beamten regulirenden Ges. v. 29. März 1844. Den meisten dieser letzteren Bestimmungen sowie denen der VO. v. 10, resp. 11 Juli 1849 derogirten wiederum die Ges. v. 7. Mai 1851 und 21. Juli 1852, ersteres das diszipl. Verfahren wider richterliche, letzteres das diszipl Verfahren wider nicht richterliche Beamte betreffend.

498. Die Disziplinargewalt im engeren Sinne setzt nothwendig ein amtliches Verhältniß bei demjenigen voraus, gegen welchen dieselbe in Anwendung gebracht werden soll, selbst wenn es sich nur um disziplinarische Ordnungsstrafen

handelt. Demzufolge sind Personen, welche weder die Stellung von unmittelbaren noch von mittelbaren Staatsbeamten einnehmen, dieser Gewalt nicht unterworfen, so z B. nicht die Stadtverordneten, cf. MR. v. 21. Jan. 1843 (VMBl. S. 23), noch die Inhaber der polizeiobrigkeitlichen Gewalt, wohl aber die von diesen ernannten Stellvertreter, cf. MR v. 26. Nov. 1856 (VMBl. S. 258). [Jene Inhaber der polizeiobrigkeitlichen Gewalt unterliegen blos dem allgemeinen Aufsichtsrechte des Staats, cf Ges. v. 14. April 1856, § 22, II. 17 ALR., sowie den besonderen Bestimmungen über das Institut der gutsherrlichen Polizei, und können daher nur im Wege der administr. Exekution, unter Androhung, resp. Einziehung exekutivischer Geldbußen (§ 48 h. l.), von der Regierung zur Erfüllung ihrer Pflichten angehalten werden, abgesehen davon, daß, wenn dies fruchtlos bleibt, oder Gefahr im Verzuge ist, die Regierung auf deren Kosten das Erforderliche selbst veranlassen kann, cf. § 48 h l , § 20 des Ges. v. 11. März 1850, § 100 des Disz.-Ges v. 1852, und vorbehaltlich der sonstigen, durch die bezogenen Gesetze gewährten Mittel, gegen pflichtwidrige Inhaber jener Gewalt auf gerichtlichem oder administrativem Wege einzuschreiten; cf. MJustr. v. 30 Juli 1856, MR. 25. Juni u. 14. Aug 1854 (VMBl 56, S. 187; 54, S. 171).]

499. Inzwischen werden einzelne Gewerbtreibende in gewissem Betrachte den Beamten gleichgestellt, und demgemäß auch der Disziplinargewalt der Verwaltungsbehörden unterworfen. Die letzteren sind demgemäß für befugt erklärt, Ordnungsstrafen nach Maaßgabe der Disziplinar-Gesetzgebung zu verhängen, wogegen an Stelle der bei eigentlichen Beamten eintretenden, auf Entfernung aus dem Amte gerichteten Disziplinar-Prozedur das in der Gewerbe-O. v. 17. Jan. 1845 für die Zurücknahme der Konzession vorgeschriebene Verfahren eintreten soll. Dies gilt von den Feldmessern gemäß des Regl. v. 1. Dez 1857 §§ 3, 4 (GS. 58, S. 234), von den Privat-Markscheidern gemäß des Regl. v. 25. Febr. 1856 §§ 7,8 (VMBl. S. 100), endlich von den Medizinalpersonen gemäß der MR. v. 6. Juni 1833 und 27. Febr. 1850 (Jbb. 41, S. 573; W. Horn, das Preuß. Mediz.-Wesen, Berlin 1857, I. S 345). Ein MR. v. 21 Juli 1851 (Horn l. c. S. 346) hält die Regierungen sogar für befugt, die vorläufige „Amtssuspension" der zur gerichtlichen Untersuchung gezogenen Medizinalpersonen zu verfügen; cf. jedoch Gewerbe-O. v. 1845 n. 48. (Die verbindliche Kraft obiger von den betr. Minist. erlassenen Reglements wird aus dem § 53 Abs 2 der Gewerbe-O. abgeleitet. Was die Medizinalpersonen betrifft, so versucht das cit. R. v 1850 deren theilweise Gleichstellung mit wirklichen Beamten bezüglich der Handhabung der Disziplin durch die Obliegenheiten der Medizinal- und Sanitäts-Polizeibehörden, durch den Inhalt der Approbationen und durch den von jenen Personen zu leistenden Eid rechtlich zu begründen [?].) Ob eine ähnliche Stellung auch die Rheinlootsen zufolge der §§ 13, 14 des Regl. v. 24. Juni 1844 (GS. S. 257) einnehmen, oder ob die dort erwähnten, freilich ausdrücklich zur Disziplinar-Entscheidung der Regierungen verwiesenen Uebertretungen nicht etwa dennoch als Polizei-Uebertretungen zu betrachten, mithin gegenwärtig von dem Polizeirichter zu verfolgen seien, ist zweifelhaft; cf. Oppenhoff, Rechtspr. II. S. 322. Die bezüglichen Vorschriften jenes Regl. unterscheiden sich von denen der oben erwähnten mindestens darin, daß sie für bestimmt herausgehobene Straffälle Geldbußen von bestimmtem, den damaligen Polizeistrafen entsprechendem Betrage androhen

500. Obgleich Geistliche und Kirchen-Beamte nach §§ 19 und 96, II. 11 ALR. zu den Staatsbeamten gezählt wurden, bezieht sich doch das Diszipl.-Ges. v. 21. Juli 1852 (ebenso wie früher die Verordn v 11. Juli 1849) auf sie nicht mit, weil man mit Rücksicht auf Art. 15 der Verf.-Urkunde davon ausging, daß die bürgerliche Gesetzgebung zum Erlasse von Vorschriften über diesen Gegenstand nicht mehr zuständig, die Handhabung der Disziplin über Geistliche 2c. vielmehr den verordneten Kirchenbehörden, d h den Konsistorien und dem Oberkirchenrathe, beziehungsweise den katholischen geistlichen Gerichten, nach den bestehenden kirchenrechtlichen Normen zu überlassen sei; cf. KMR. v. 18 Aug 1849 (VMBl. S. 164). Doch sollen die Regierungen, dem KMR v. 2. Apr 1862 (VMBl. S. 185) zufolge, befugt sein, auch gegen Geistliche disziplinarisch einzuschreiten und insbesondere Ordnungsstrafen festzusetzen, wenn dieselben bei Ausübung staatlicher Funktionen, na-

mentlich der Schul-Inspektion, sich weigern, den Anweisungen der ihnen in dieser Hinsicht vorgesetzten Regierungen Folge zu leisten. Das R. bezieht sich hierbei auf § 18 der Reg.-Instr. v. 1817, welcher freilich mehr von bloßen Exekutions-, als von wirklichen Disziplinarstrafen zu sprechen scheint. Vgl. v. Rönne II S. 484

501. Welche Behörde für die verschiedenen Kategorien der Verwaltungs-Beamten die zuständige Disziplinarbehörde sei, ist im Ges. v. 1852 näher bestimmt. Dasselbe vertheilt die Disciplinargewalt über gewisse Verwaltungs-Beamte, welche außer ihrer sonstigen Stellung die Stellung von Justiz-Verwaltungs-Beamten bekleiden, nämlich die Polizei-Anwälte und die [Rheinischen] Beamten der gerichtlichen Polizei, nach den im § 14 l. c. aufgestellten beiden Arten von Disziplinarstrafen unter die Justiz- und Verwaltungs-Behörden in der Weise, daß zur Festsetzung der s. g Ordnungsstrafen, falls dieselben aus Anlaß von Dienstwidrigkeiten bei der Justiz-Verwaltung vorkommen, ausschließlich die vorgesetzten Justizbehörden kompetent sind, wogegen in den Fällen, wo es sich um Entfernung aus dem Amte handelt, die Entscheidung immer ausschließlich den Verwaltungs-Behörden gebührt. (Die Befugniß zum Erlasse von Ordnungsstrafen in dem ebengedachten Falle ist den Justizbehörden zwar nicht ausdrücklich als eine ausschließliche verliehen. Die Ausschließlichkeit derselben ergiebt sich jedoch aus der Betrachtung, daß eine und dieselbe Strafgewalt nicht gleichzeitig, d. h. aus demselben Anlasse und mit gleicher Berechtigung zwei koordinirten Behörden, verschiedenen Ressorts zustehen kann. Nur dann dürfte arg. § 38 h. l. eine Ausnahme eintreten, wenn das Verfahren auf Entfernung aus dem Amte wirklich eingeleitet worden ist, die Disziplinar-Behörde jedoch bei der Endentscheidung die Ueberzeugung gewinnt, daß auf eine bloße Ordnungsstrafe zu erkennen sei) Ob dasselbe von den Dorfgerichten gelte, die in gewissem Betrachte eine ähnliche Doppelstellung einnehmen, unterliegt bei dem Stillschweigen des Gesetzes erheblichen Bedenken. Zwar erkennt das JMR. v. 16. Juni 1857 (JMBl. S. 230) unter Bezugnahme auf § 100 h. l. den Gerichtsbehörden das Recht zu, die Dorfgerichte durch Ordnungsstrafen zur Erledigung der ihnen obliegenden gerichtlichen Geschäfte anzuhalten, wenngleich die übrige Disziplinargewalt über dieselben bei den Verwaltungs-Behörden beruhe; es ist indessen ungewiß, ob dort unter dem Ausdrucke „Ordnungsstrafen" wirkliche Disziplinar- oder bloße Exekutionsstrafen (§ 48 h. l.) gemeint seien. In Betreff der Rheinischen Civilstandsbeamten cf. die Noten zum Ress.-Regl § 35.

502. Das Recht, Disziplinarstrafen zu verhängen, kann nicht delegirt werden. Daher steht z. B. einem Militair-Departements-Rath als Kommissar der Regierung nicht die Befugniß zu, wider Unterbehörden Ordnungsstrafen festzusetzen, wogegen er zur Verfügung von Exekutiv-Maaßregeln, soweit diese durch sein Kommissorium bedingt werden, wohl befugt ist: MR. v. 21. Jan. 1843 (VMBl. S. 23).

503. Der Umstand, daß die Handlung des Beamten den Charakter eines gerichtlich zu ahndenden Vergehens an sich trägt, schließt das disziplinarische Einschreiten wegen derselben Handlung nicht aus (cf. OT. 24. März 1862, Oppenhoff Rechtspr. II. S. 311). Umgekehrt steht die Zulässigkeit des letzteren der Einleitung einer strafgerichtlichen Untersuchung nicht entgegen. Dies erleidet bei Schullehrern, welche sich eines Mißbrauchs des Züchtigungsrechts schuldig machen, insofern eine Ausnahme, als das gerichtliche Verfahren nur, wenn dem gezüchtigten Kinde eine Verletzung zugefügt ist, eintreten, jede sonstige Ueberschreitung jenes Rechts mithin blos disziplinarisch geahndet werden soll. So: die ACO. v. 14. Mai 1825 Nr. 6 (GS. S. 144), deren Bestimmungen der Komp GH. auch auf Verbal-Injurien anwendet.

504. Während des Laufs einer strafgerichtlichen Untersuchung darf ein Disziplinar-Verfahren wegen der nämlichen Thatsachen nicht eingeleitet, resp. fortgesetzt werden. Ferner kann, wenn vom Strafrichter auf Freisprechung erkannt wird, jenes Verfahren wegen obiger Thatsachen nur insofern stattfinden, als dieselben an sich und ohne ihre Beziehung zum Thatbestande der den Gegenstand der gerichtlichen Untersuchung bildenden strafbaren Handlung ein Dienstvergehen enthalten. Cf. die Ges von 1851 und 1852 §§ 3, 4, resp §§ 4, 5

505. Der RW. findet wider die Erlasse der Disziplinar-Behörden niemals statt. Dies ist bereits im § 46 h. l. in spezieller Beziehung auf die von der Diszi-

plinar-Behörde festgesetzten Ordnungsstrafen ausgesprochen und durch die ganze spätere Gesetzgebung festgehalten worden. Dasselbe gilt namentlich auch (freilich nach manchem Wechsel in der Gesetzgebung) von den Entscheidungen der geistlichen Disziplinar-Behörden; cf. ACO. v. 12. April 1822 (GS. S. 105) und v. Rönne II. S. 258.

506. Folgeweise kann der RW. auch nicht über die in einem Disziplinar-Verfahren entstandenen Kosten und deren Betrag zugelassen werden: EK. 18. April 1857 (JMBl. 58, S. 6).

507. Die Entscheidungen der Disziplinar- und Verwaltungs-Behörden über die Entfernung aus dem Amte oder über die Suspension eines Beamten können nicht einmal mittelbar, in einem über dessen Ansprüche auf das Diensteinkommen ꝛc. anhängig gemachten Prozesse, in Frage gestellt werden. Auch dies unterlag schon früher keinem Zweifel und ist durch das Ges. v. 24. Mai 1861, welches die Prozeßfähigkeit der aus der Beamtenstellung hervorgehenden vermögensrechtlichen Ansprüche sogar in Beziehung auf unmittelbare Staatsbeamte aussprach, noch ausdrücklich anerkannt, indem dasselbe im § 5 jene Entscheidungen als maaßgebend für die Beurtheilung jener Ansprüche erklärt.

508. Das Vorgesagte erleidet selbst dann keine Ausnahme, wenn in einem solchen Prozesse behauptet wird, daß die Entscheidung nicht von der kompetenten Disziplinar-Verwaltungs-Behörde ausgegangen sei, da aus der Ueberweisung der Disziplin und Entlassung an die Verwaltungs-Behörden folgt, daß auch nur diesen und nicht den Gerichten die Beurtheilung der Vorfrage zusteht, welche spezielle Behörde jene Befugnisse auszuüben habe; cf. *OT. 26. Sept. 1854 (Strieth. 13, S. 298; Rh. A 50, II. 36; i. c. handelte es sich um das Diensteinkommen eines durch die geistliche Behörde entlassenen Küsters, welcher zugleich Schullehrer war, nnd um deswillen behauptete, daß ergemäß der ACO. v. 8. Nov. 1835 u. 12. Apr. 1822 nur auf Grund einer förmlichen Untersuchung und nur durch die weltliche Verwaltungs-Behörde habe entlassen werden können).

509. Dagegen nahmen EK. 30. Okt. 1852 (JMBl. 53, S. 84) und ein im *EK. 17. Dez. 1853 (JMBl. 54, S. 84) bezogenes HMR. v. 7. Nov. 1853 an, daß ein Beamter, welcher, weil er angeblich nur auf Kündigung angestellt sei, ohne Disziplinar-Verfahren entlassen worden war (cf. Disz.-Ges. v. 1852 § 83, resp. vorläufige VO. v. 1849 § 90), den RW unter der Behauptung des Gegentheils beschreiten könne, zwar nicht um die Fortsetzung des Dienstverhältnisses zu erzwingen (cf. oben n. 41), wohl aber um die Aufhebung der Dienstkündigung herbeizuführen und den Anspruch auf den Fortgenuß des Diensteinkommens geltend zu machen.

510. Wird aus Anlaß einer strafgerichtlichen oder disziplinarischen Untersuchung wider einen Verwaltungs-Beamten dessen Suspension und die damit verbundene Innebehaltung eines Gehaltstheils von der zuständigen Behörde verordnet, so kann jener unter der Behauptung, daß ihm gesetzwidriger Weise mehr als die Hälfte seines Diensteinkommens entzogen sei, während der Dauer der Suspension das richterliche Gehör nicht anrufen, da obige Maaßregeln ein Interimistikum bilden, dem sich der Beamte bis zur entschiedenen Sache fügen muß. Späterhin ist jedoch die Klage auf Zahlung des angeblichen Ueberschusses bei dem privatrechtlichen Charakter der Gehalts-Forderungen statthaft. So: EK. 26. Juni 1849, 17. Febr. 1855 (JMBl. 49, S. 373; 55, S. 146). Beide Erk. betrafen Klagen von Gemeinde-Beamten; doch gilt das dort Entschiedene seit dem Ges. v. 14. Mai 1861 bezüglich aller Beamten.

511. Ebenso sind die einem freigesprochenen oder nur mit einer Ordnungsstrafe belegten Beamten gemäß § 53 des Ges. v. 1852 zustehenden Ansprüche prozeßfähig. Die ältere Gesetzgebung unterschied auch in dieser Hinsicht zwischen unmittelbaren und mittelbaren Staatsbeamten; cf. ACO. v. 8 Dez. 1824 (GS. 25, S. 5), § 57 des Ges. v 29. März 1844 u. MR. v. 14. Aug. 1845 (VMBl. S. 246).

512. Erinnerungen über die Verwendung des Einkommens können, dem § 52 des Ges. v. 1852 zufolge, selbst nach Beendigung der Suspension nicht auf gerichtlichem Wege geltend gemacht werden: EK. 17. Febr. 1855 (JMBl. S. 146).

513. Aus der Befugniß der Behörde zur Einleitung einer Disziplinar-Untersuchung, resp. zur Anstellung disziplinarischer Recherchen und zur Beschlagnahme

7) Modalitäten bei Prozessen und Untersuchungen gegen Regierungs-Offizianten

§. 47. Wenn gegen einen den Regierungen untergeordneten Offizianten Regreß- und Injurien-Klagen, aus Veranlassung seines Amts, angebracht, oder gegen Kassen-Bediente des Regierungs-Ressorts Geldforderungen eingeklagt werden, oder gegen Regierungs-Offizianten eine fiskalische oder Kriminal-Untersuchung eingeleitet werden soll, so muß das Gericht solches sogleich von Amts wegen der betreffenden Regierung bekannt machen.

Ein Gleiches muß geschehen, wenn ein Regierungs-Bedienter zum persönlichen Arrest gebracht werden soll; der Exekutor muß das Notifikatorium dem Amtsvorgesetzten einhändigen, zugleich aber den, welcher in Arrest gesetzt werden soll, so lange unter Observation nehmen, bis wegen Verwaltung seines Amtes die nöthigen Vorkehrungen getroffen sind.

---

der das Objekt derselben bildenden Papiere folgt, daß auch die Entscheidung darüber, ob nach der das disziplinarische Einschreiten motivirenden Sachlage die Papiere zurückgegeben werden können, ausschließlich jener Behorde zusteht, mithin eine Klage auf Herausgabe dieser Papiere nicht statthaft ist: EK. 20. April 1850 (JMBl. S. 287).

514. *EK. 12 Febr 1859 (JMBl. S. 309) bekannte sich zu dem unter n. 505 aufgestellten Satze sogar in einem Falle, wo nicht der betreffende Beamte, sondern ein Dritter, welcher sich durch eine zu seinen Lasten getroffene Bestimmung der Disziplinar-Entscheidung in seinen aus dem Dienstvertrage des Beamten abgeleiteten Rechten gekränkt glaubte, jene Entscheidung anfocht. (Die Disziplinarbehörde hatte einem disziplinarisch des Dienstes entlassenen Gymnasiallehrer auf Grund des § 16 des Diszipl.-Ges. v 1852 eine Pensionsquote zugesichert, zu deren Zahlung die zur Unterhaltung des Gymnasiums verpflichtete Stadt auf Anordnung des Prov.-Schul-Kollegiums angehalten wurde. Der Komp GH. erkannte, daß jene Disziplinar-Entscheidung so wenig wie die zu ihrer Ausführung getroffenen Anordnungen der Verwaltungs-Behörden von der Stadt im Wege einer Negatorienklage wider den betreffenden Lehrer angegriffen werden könnten Ob die Stadt berechtigt gewesen wäre, wider einen Dritten, z. B. den Fiskus im RW auszuführen, daß nicht sie, sondern er zur Zahlung verpflichtet sei, ließ der Komp.-GH unentschieden).

515 Dagegen kann die Frage, ob bei einer im Verwaltungswege geführten Disziplinar-Untersuchung gesetzwidrig verfahren sei, zur richterlichen Kognition gelangen, wenn es sich von einem gerichtlichen Strafverfahren wegen der in den §§ 319, 320 StGB. vorgesehenen Verbrechen handelt, da dort unter dem Ausdruck „strafgerichtliche Untersuchung" bloße Disziplinar-Untersuchungen mit begriffen sind. So: Oppenhoff StGB §§ 319 n 2, 320 n. 1; cf oben n. 72.

516. In Betreff der ausschließlichen Kompetenz der Civilgerichte, über die Verpflichtung zum Schadensersatze oder eine sonstige privatrechtliche Verpflichtung zu erkennen, welche das Gesetz bei den zum Gegenstande eines Disziplinar Verfahrens gemachten Dienstvergehen ausspricht, cf. die Ges. v 1851 und 1852 § 5 resp. § 6

§ 47 Abs. 1 und 2.

517. Was § 47 Abs. 1 von den Kassen-Beamten des Regierungs-Ressorts bestimmt, ist nach JMR. v. 5. Mai 1828, 12 Juni 1858 (Jbb 31, S. 273, JMBl. 58, S. 198) hinsichtlich der Kassenbeamten der Militair-Oekonomie- und der

Untersuchungen gegen Regierungs-Offizianten über bloße Dienstvergehungen können die Gerichte nicht anders als auf einen vorher ergangenen Antrag der betreffenden Regierung einleiten; es wäre denn mit dem Vergehen ein solcher Exzeß verbunden, der den Thäter, auch wenn er nicht Offiziant wäre, schon der Beahndung der Gesetze schuldig macht.

Soll ein Regierungs-Bedienter als Zeuge, Sachverständiger, oder aus einem anderen Grunde außerhalb seinem Wohnorte vor Gericht erscheinen, so muß davon bei der Vorladung die betreffende Regierung oder unmittelbar vorgesetzte Behörde desselben gleichfalls benachrichtigt werden.

Auch bei Versiegelungen des Vermögens oder Nachlasses von Regierungs-Offizianten ist die betreffende Regierung zu benachrichtigen, und befugt, an denjenigen Zimmern und Behältnissen, worin Amtsakten zu vermuthen sind, ihre Siegel mit anlegen zu lassen. Bei der Entsiegelung müssen dergleichen Akten und Papiere, mit Zuziehung eines Abgeordneten der Regierung abgesondert, und dem Abgeordneten ausgehändigt, auch zu dem Ende die Entsiegelung vorzüglich beschleunigt werden.

Das Vorstehende ist gleichfalls zu beobachten, wenn der Offiziant zwar an sich ein Justiz-Bedienter, aber in anderer Rücksicht einer Regierung zugleich untergeordnet ist, und Geschäfte in Händen hat, welche zu ihrem Ressort gehören.

In allen vorbenannten Fällen sind endlich den Regierungen die ergangenen Erkenntnisse von Amts wegen mitzutheilen.

Post-Verwaltung gleichfalls zu beobachten, und die betreffende Mittheilung an die Militair-Intendanturen, resp. die Oberpostamts-Direktionen zu machen.

518 In der Rheinprovinz müssen die im § 47 und in obigen MR. vorgeschriebenen Mittheilungen durch die Ober-Prokuratoren erfolgen, denen die Friedensrichter zu diesem Behufe von den bei ihnen angebrachten Klagen jener Art Nachricht zu geben haben: JMR v 19 Dez 1841 (Rh S. 7, S. 374). Cf. n. 6.

519 Hinsichtlich der in Strafsachen zu machenden Mittheilungen cf. die allgemeine, auch für die Rheinprovinz geltende JMVerfügung v 29 Juni 1851 (JMBl. S 230), welche die früheren Min-Verfügungen über denselben Gegenstand ausdrücklich aufhebt, in Betreff einzelner Punkte aber wieder, namentlich in Folge der Aenderungen in der Militair-Gesetzgebung (cf Ges v. 15 April und ACO. v. 18, sowie v. 29 Mai 1852, GS. S 115, 442; JMBl S 218), durch die JMR. v 12. Juli, 18 und 24. August 1852, 6 Febr 1857, 8 Okt und 27. Nov. 1860 (JMBl 52, S 250, 303; 57, S 58; 60, S 374, 434; BMBl. 52, S 218; Rh S. 10, S. 479) theils modifizirt, theils ergänzt wird. — Alle diese Mittheilungen erfolgen gegenwärtig nur noch durch die Beamten der Staatsanwaltschaft.

§ 47 Abs. 3.

520. Diese Bestimmung hat mit den mannigfachen, aus derselben hervorge-

8) Modalitäten bei Ausübung der exekutiven Gewalt der Regierungen.

§. 48. Bei Ausübung der ihnen verliehenen exekutiven Gewalt müssen die Regierungen zwar die in den Gesetzen vorgeschriebenen Grade beobachten; inzwischen sind dieselben befugt:

1) in Fällen, wo die verlangte Verpflichtung auch durch einen Dritten geleistet werden kann, solches, nach fruchtlos gebliebener Aufforderung des Verpflichteten, für dessen Rechnung bewirken, sowie ferner bei Lieferungen,

---

gangenen Vorschriften über den gleichen Gegenstand (wohin namentlich auch § 9 des Ges. v. 29. März 1844, nicht aber die §§ 6—9 des Ges. v. 31. März 1837 noch die §§ 8—11 des Ges. v. 28. Juni 1834 gehören) seit der Gesetzgebung von 1848 bis 1850 ihre praktische Geltung eingebüßt; cf. insbes. Art. 97 der Verf.-Urk. Es ist daher zur Zeit die Handhabung der Strafrechtspflege gegen unmittelbare oder mittelbare Staatsbeamte, gegen Inhaber der polizeiobrigkeitlichen Gewalt und Geistliche von der Genehmigung der vorgesetzten Dienstbehörde unabhängig; cf. Oppenhoff Strafverf. § 1 n. 36 ff., und Ges. v. 13. Febr. 1854 n. 1 ff. Andererseits ist aber den vorgesetzten Dienstbehörden des administrativen Ressorts durch das letzterwähnte Gesetz das Recht der Konfliktserhebung verliehen, um die ihnen untergeordneten Beamten wider unbegründete Verfolgungen auf dem straf- oder civilgerichtlichen Gebiete in Schutz zu nehmen, und im Hinblick auf dieses Gesetz ein durch JMR. v. 5. Apr. 1855 (Rh. S. 11, S. 442) auch für polizeigerichtliche Untersuchungen maaßgebend erklärtes JMR. v. 12. Mai 1854 (Oppenhoff l. c., Rh. S. 11, S. 440) ergangen, welches unter Aufhebung eines an die Rhein. Justizbehörden am 7. Juli 1852 erlassenen (Rh. S. 10, S. 452) vorschreibt, daß, bevor wegen einer in Ausübung oder Veranlassung der Ausübung des Amts vorgenommenen Handlung eine Untersuchung eingeleitet werde, die Sache dem Ober-Staatsanwalte (Ober-Prokurator) zur Prüfung vorgelegt werde und dieser eventuell die Aeußerung der dem Beamten vorgesetzten Provinzial- resp. Central-Behörde einhole; erhebe diese Widerspruch, so sei letzterer vom Ober-Staatsanwalte ꝛc. sorgfältig zu prüfen und wenn gleichwohl die Voruntersuchung oder Anklage als erforderlich erscheine, der gedachten Behörde davon sofort Kenntniß zu geben; hierdurch würden jedoch sonstige vorläufige Ermittelungen, sowie die Ergreifung der durch Gefahr beim Verzuge gebotenen Maaßregeln nicht ausgeschlossen. — Handelt es sich um Einleitung einer Untersuchung wider Geistliche, so soll nach dem bei Oppenhoff cit. JMR. v. 16 Aug. 1854 in Ermangelung eines Antrags des Kultusmin. der Ober-Staatsanwalt zunächst an den Just.-Min. berichten, und dessen Ermächtigung zur Verfolgung abwarten.

§ 47 Abs. 4.

521. Ein als Sachverständiger vor den Strafrichter geladener Beamter kann auch ohne Zustimmung seiner vorgesetzten Dienstbehörde vom Gerichte zum Erscheinen gezwungen werden: OT. 7. Febr. 1860 (Oppenhoff Rechtspr. I. S. 248; die Entscheidung erging aus Anlaß eines Falles, wo ein Medizinalrath, vorgeladen zur Abgabe eines Gutachtens über die Zurechnungsfähigkeit des Angeklagten, ausgeblieben war, weil er die Exploration des Gemüthszustandes für unverträglich mit seiner amtlichen Stellung erachtete).

§ 48.

522. § 48 befaßt sich ausschließlich mit dem Verfahren und den Exekutions-Mitteln, resp. den Exekutions-Arten, welche da, wo das Recht zur administrativen Exekution an sich feststeht, in Anwendung zu bringen sind. Er unterscheidet nicht zwischen den Exekutionen in Hoheits-, Polizei- und Finanz-Angelegenheiten, seine Bestimmungen umfassen vielmehr alle administrativen Exekutionen, selbst diejenigen, welche die Vollstreckung von Strafresoluten im Sinne des § 45,

wo es nicht gerade auf einzelne im Besitz des Verpflichteten sich befindende Stücke ankommt, die zu liefernden Gegenstände für dessen Rechnung ankaufen, und in beiden Fällen den Kostenbetrag von ihm exekutivisch beitreiben zu lassen.

2) Strafbefehle können die Regierungen im Wege des exekutivischen Verfahrens bis zur Summe von hundert Thalern oder vierwöchentlichem Gefängniß erlassen und vollstrecken.

3) Militairische Exekution findet nur bei hartnäckigem Ungehorsam oder wirklicher Widersetzlichkeit, nach fruchtlos gebliebener Civil-Exekution und vorheriger Androhung, Statt. Auch müssen die Regierungen vorher die Genehmigung der höhern Behörde nachsuchen, oder derselben wenigstens gleichzeitig Anzeige machen, wenn bei der Sache Gefahr im Verzuge ist.

4) Kommt es bei der Exekution auf den Verkauf eines Grundstücks an, so wird selbiger zwar von dem ordentlichen Gericht, unter welchem dasselbe gelegen ist, im Wege der nothwendigen Subhastation bewirkt. Die Subhastation kann aber von den Gerichten nicht verweigert werden, sobald die Verbindlichkeit des Schuldners außer Zweifel ist.

5) Der Verkauf abgepfändeter Effekten geschieht jedesmal mit Zuziehung eines Justiz-Bedienten.

Es versteht sich übrigens von selbst, daß die Regierungen die Befugniß haben, zur Sicherstellung des zu erstattenden Kostenbetrages, oder der Geldstrafe die nöthigen Vorkehrungen zu treffen.

Allerhöchste Cab.-Ordre v. 31. Dez. 1825.

D. XII. Da über einzelne Punkte des mit der Instruktion vom 23. Oktober 1817 publizirten Auszuges aus der Verordnung vom 26. Dezember 1808 Zweifel ent-

---

oder von Ordnungsstrafen im Sinne des § 46 zum Gegenstande haben. Hierdurch erklärt es sich, weshalb die VO. v. 1808 jene Bestimmungen erst an dieser Stelle enthält, und nicht unmittelbar auf § 42 folgen läßt. Dieselben sind nicht aus dem Regl. v. 1803 und 1804 geschöpft.

523. Der § setzt, wie die ACO. v. 31. Dez. 1825 anerkennt, als selbstverständlich voraus, daß die für gerichtliche Exekutionen in der AGO. I. 24 enthaltenen Vorschriften auch für administrative Exekutionen im Allgemeinen geltend seien, und beschränkt sich demgemäß darauf, einzelne dieser Vorschriften in Bezug auf letztere Exekutionen zu wiederholen, andere zu modifiziren.

standen sind, so setze Ich in dieser Beziehung zugleich Folgendes fest:

b) ad §. 48. das den Regierungen zugestandene fiskalische Exekutionsrecht erstreckt sich auch bis zu der Person des Exequendi, und kann derselbe daher gefänglich eingesetzt werden. Wegen rückständiger direkter oder grundherrlicher Abgaben, zu deren Einziehung sich kein Objekt im Vermögen des Abgabenpflichtigen vorfindet, soll dessen persönliche Verhaftung von den Regierungen aber nicht verfügt werden.

Den Regierungen steht es zu, vermöge der ihnen beigelegten allgemeinen Befugniss, in einzelnen Angelegenheiten ihres Ressorts, den Justiz-Unterbehörden Aufträge zu machen, und sie zu deren Befolgung anzuhalten, vorausgesetzt, dass die Natur der den Gerichten zu machenden Aufträge von der Art ist, dass sie nicht mit solchen belastet werden, die ihrer Bestimmung fremd und resp. entgegen sind; in Civil-Prozessen, wo Fiskus Parthei ist, findet nur die Requisition statt. Bei fiskalischen Exekutionen sollen die Regierungen die Hülfe der Gerichte, als Ausnahme von der Regel, aber nur dann in Anspruch nehmen, wenn es ihnen selbst an eigenen Organen zur Exekutions-Vollstreckung, oder, im Falle der Verhaftung des Exequendi, an einem eigenen Lokale zur Aufnahme des Verhafteten fehlt.

Da übrigens die Verwaltungs-Behörden das Recht und die Liquidität des beizutreibenden Objekts allein zu beurtheilen vermögen, und dafür verantwortlich sind, so kann die Berufung des Exequendi auf gerichtliches Gehör, über seine Verpflichtung

524. Wenn hiernach schon dem § 48 die Auffassung zum Grunde liegt, daß die administrative Exekution im Prinzip mit der gerichtlichen auf gleiche Linie zu stellen sei, so hat dieselbe noch überdies durch die ACO. v. 6 Mai 1836 (GS. S 194) eine ausdrückliche Bestätigung erhalten. Diese ACO. deklarirt, daß den exekutivischen Maaßregeln, welche die Regierungen innerhalb der Grenzen des durch die VO v 1808, die Reg-Instruktion v. 23 Okt. 1817 und die ACO v 31 Dez 1825 ihnen verliehenen Exekutionsrechts anordnen, dieselbe Wirkung beiwohne, welche das Gesetz den gerichtlich verfügten zuerkenne, so daß z. B. der von einer kompetenten Verwaltungs-Behörde erlassene Zahlungsbefehl einen gesetzlichen Titel zum

zur Zahlung der Prästation, auch die Exekutions-Vollstreckung, selbst gegen die Person, nicht sistiren.

Wenn indess in einem solchen Falle, wo die Verwaltungs-Behörde nach den bestehenden gesetzlichen Bestimmungen, zur persönlichen Verhaftung des Schuldners schreitet, von Seiten desselben Einwendungen gegen die Forderung erhoben werden, so ist die Verwaltungs-Behörde zwar berechtigt, den Schuldner, seines Widerspruchs unerachtet, zur Haft bringen zu lassen: es liegt ihr jedoch ob, die Sache sofort an die kompetente Gerichts-Behörde gelangen zu lassen, damit dieselbe über die Fortdauer oder Relaxation des Arrests, nach §. 70. seq. Tit. 29. der Prozess-Ordnung, verfahre und erkenne.

Nach demselben §. 48. des Anhanges zur Regierungs-Instruktion v. 23. Oktober 1817, sind die Regierungen bei Anwendung des fiskalischen Exekutionsrechts auf die Exekutionsmittel verwiesen, welche die allgemeinen Gesetze anordnen. Als eines solchen erwahnt zwar die Allgemeine Gerichts-Ordnung der Verpachtung ganzer Güter nicht. Da indess die Erfahrung lehrt, dass der Modus executionis durch Sequestration selten zum Ziele führt, und keinem von beiden Theilen, wegen der damit verbundenen bedeutenden Kosten, Vortheile bringt, so bestimme Ich: dass die Verpachtung der Domainen, Erbpachtgüter, der bäuerlichen Besitzungen, und, unter Umständen nach dem Urtheil der Verwaltungs-Behörden, selbst die Wiederverpachtung bloss verzeitpachteter Domainen, im Wege der Exekution gestattet sein soll.

Pfandrecht bildet (cf. VO v. 4. März 1834 § 22), auf dessen Grund der Requisition der fiskalischen Behörde um Eintragung Folge gegeben werden muß; cf. JMR. v. 9. Okt. 1840 (JMBl. S 323).

525. In demselben Geiste ist die ACO. v. 9 Jan. 1823 (GS. S. 18) ergangen, welche anordnet, daß bei der Exekutions-Vollstreckung gegen Militair-Personen in Administrations-, namentlich in Kommunal-, Polizei- und Steuersachen nach Analogie dessen verfahren werden soll, was die ACO. v. 4. Juni 1822 in Betreff der Exekution aus Civil-Erkenntnissen vorschreibt.

525 bis. Aus dieser Gleichstellung der administrativen und gerichtlichen Exe-

Als Maximum der Zeit, auf welche eine solche Verpachtung offentlich im Wege der Exekution geschehen kann, setze Ich drei Jahre fest; es müsste denn der Schuldner selbst in eine langere Pachtzeit einwilligen.

Ist nach Ablauf des Termins indess der beabsichtigte Zweck nicht erreicht, dann ist eine Wiederverpachtung unter gleichen Modalitaten ebenfalls zulässig.

Haben die Regierungen im Wege einer von ihnen verhangten Exekution Aktiv-Forderungen in Beschlag genommen, deren Einziehung sodann nach den Vorschriften des Gesetzes vom 4. Juni 1822 erfolgen soll; so wird die in den §§. 2. u. 3. dieses Gesetzes gedachte Verfügung nicht von den Gerichten, sondern von den Regierungen selbst an die mit der Einziehung beauftragte fiskalische Behörde erlassen.

Verordnung v. 2. Januar 1849 (GS. S. 1).

§. 38. In dem Verhaltnisse der Gerichte zu den Verwaltungs-Behörden wird durch das gegenwartige Gesetz nichts geändert. Sie sollen sich gegenseitig bei Erledigung der ihnen obliegenden Geschäfte innerhalb ihres Ressorts Unterstützung leisten; die Verwaltungs-Behörden sind jedoch nicht ferner befugt, in Angelegenheiten ihres Ressorts den Justiz-Unterbehorden Anweisungen zu ertheilen, und sie zu deren Befolgung anzuhalten. Die entgegenstehende Bestimmung der Ordre vom 31. Dez. 1825 unter D. Nr. XII. (GS. 1826, S. 11) wird aufgehoben.

---

kution, resp. aus der Allgemeingültigkeit der zunächst nur für letztere ergangenen Vorschriften folgt ferner, und ist später durch die Gesetzgebung ausdrücklich bestätigt worden, daß die Beschränkungen, welche die gerichtliche Exekution wider Militairpersonen sowohl überhaupt, wie insbesondere hinsichtlich der Exekutions-Art und der Exekutions-Objekte durch sonstige Spezial-Gesetze erleidet (cf. §§ 155 ff. des Anhangs zur AGO., ACO. v 8. Nov 1831 und 4 Jan 1833, GS. 31, S 250; 33, S. 3), bei administrativen Exekutionen gleichfalls Platz greifen; cf. die Exekutions-Ordnungen von 1843, 1845, 1853 und 1858 §§ 7, 12, sowie die Min.-Instr. v 15. Nov 1853 (VMBl S 294).

526 Auf dieselbe Auffassung lassen sich die bereits unter n. 78 besprochenen Vorschriften der Ges. v 31 März 1838 und 18. Juni 1840, desgleichen die unter n. 545 ff. zu erörternden Zusatzbestimmungen der ACO. v. 31. Dez. 1825 zurückführen.

527. Dem Vorgesagten gemäß unterliegt es keinem Zweifel, daß die Modifikationen, welche die bezüglichen Bestimmungen der AGO. durch die spätere Gesetzgebung, insbesondere durch die VO. v. 4 März 1834 (GS. S. 31) erfahren haben, durchweg auch für administrative Exekutionen maaßgebend sind.

528. So verlor die Eingangsbestimmung des § 48 insofern ihre Wirksamkeit, als § 11 der VO. v. 4 März 1834 die von den Exekutions-Graden handelnden §§ 64—141, I 24 AGO. aufhob, und dem Gläubiger unter gewissen Beschränkungen die Wahl beließ, an welches Vermögens-Objekt er sich bei den auf Zahlung einer Geldsumme gerichteten Exekutionen zunächst halten wolle, cf Wegener S. 436. Gegenwärtig ist in dieser Hinsicht § 10 der obenerwähnten Exek.-Ordnungen maaßgebend, welcher jedoch der Hauptsache nach mit jener VO. v. 1834 übereinstimmt. — Ebenso kann, seitdem § 8 der letzteren die über Einlegung eines Exekutors in der AGO enthaltenen Bestimmungen abgeschafft hat, von diesem Exekutionsmittel auch bei administrativen Exekutionen kein Gebrauch weiter gemacht werden; cf. MR. v. 18. Juni 1836, 18. Dez 1835 (Ann. 506, Jbb. 46, S. 531). Sonstiger Konsequenzen wird unter n. 531 ff. gedacht.

529. Inzwischen ist für gewisse Exekutionen, nämlich gerade für die auf Beitreibung bestimmter Geldbeträge aus dem Vermögen des Schuldners gerichteten, das Verfahren in den oft erwähnten Exek.-Ordnungen v. 1843 ꝛc. besonders regulirt worden, so daß § 48 und die Bestimmungen der AGO, resp. der VO. v. 1834 bei Fällen dieser Art höchstens nur noch als subsidiäre Vorschriften in Betracht kommen. Die executiones ad faciendum aut omittendum sind durch jene Exek.-Ordnungen unberührt geblieben

530. § 20 des Ges. v. 11 März 1850 hat nur das bestehende Recht aufrecht erhalten, mithin an den Bestimmungen des § 48 Nichts geändert.

530 bis. Hinsichtlich etwaiger Kollisionen zwischen administrativen und gerichtlichen Exekutionen fehlt es an erschöpfenden Bestimmungen. In einem Falle dieser Art, wo nämlich für Steuerrückstände administrativer Seits eine Früchtepfändung, demnächst aber auf Anstehen anderer Gläubiger ein gerichtlicher Verkauf derselben Früchte in Folge neuer Pfändung stattgefunden hatte, und das Gericht der sich auf die Grundsätze der Prävention berufenden Verwaltungs-Behörde die Herausgabe des Erlöses verweigerte, erkannte zwar der JMin. durch R. v. 19 Nov. 1838 (Jbb 52, S. 488 ff.) die Gesetzlichkeit des gerichtlichen Verfahrens an, weil die administrative Exekution dem Fiskus nur Rechte gegen seinen Schuldner gewähre, nicht aber dessen Stellung zu den Gläubigern dieses Schuldners verändere; gleichwohl schrieb derselbe zur Ersparung unnöthiger Kosten vor, daß, sofern der Extrahent keinen Prioritäts-Anspruch wider den Fiskus erhebe, das exekutivische Verfahren der Verwaltung auch bei einer hinzutretenden gerichtlichen Exekution seinen Fortgang behalten solle, so daß die Verwaltungs-Behörde nur verpflichtet sei, den nach ihrer Befriedigung verbleibenden Rest des Exekutions-Objekts an das Gericht abzugeben. Außerdem wurde den Gerichten vorkommenden Falls die Berücksichtigung der §§ 270, 382, I 50 AGO. empfohlen; cf überdies oben n. 372, die §§ 15, 22 der Exek.-Ordn v. 1853 (von denen der erstere § den dem obigen entgegengesetzten Fall, den der Prävention des gerichtlichen Exek.-Verfahrens, vorsieht), und die §§ 362 ff. der Konkurs-O v. 8. Mai 1855.

§ 48 Nr. 1 und 2.

531. Oben ist bereits des Verhältnisses gedacht worden, in welchem die AGO. und die VO v. 1834 zum § 48 sowohl überhaupt als namentlich, insofern derselbe sich auf executiones ad solvendum bezieht, stehen. Dieses Verhältniß bleibt noch zu erörtern in besonderem Beziehung auf die exec. ad faciendum et omittendum, von denen die Nr 1 und 2 des § 48 ausschließlich handeln Letztere entsprechen den §§ 49—54, I. 24 AGO, welche bis auf die §§ 53, 54 sämmtlich durch § 9 jener VO. ersetzt wurden, während § 54 cit. durch § 10 der VO. wenigstens modifizirt worden ist Dem Vorgesagten gemäß würde hieraus folgen, daß die §§ 9, 10 cit. wie bei gerichtlichen, so auch bei administrativen Exekutionen auf das bestehende Recht eingewirkt hätten. Dies läßt sich denn auch im Allgemeinen

nicht leugnen (cf. die Min.-Deklar. im VMBl 41, S. 145, ER. 7. Nov. 1857, JMBl. 58, S. 32), vorbehaltlich jedoch einzelner, die exec. ad faciendum, resp. den § 9 betreffenden Restriktionen.

532. So hält das MR. v. 4 Sept. 1846 (VMBl. S. 201) den Erlaß eines Mandats im Sinne des § 9 cit. bei polizeilichen Exekutionen nicht für nöthig, indem hier die Unterlassung der angeordneten Handlung unmittelbar mit der Folge der Anordnung auf Kosten des Säumigen oder mit Strafe zu bedrohen sei, mit dem im § 9 dem Berechtigten zugestandenen Wahlrecht der Exek.-Art aber jeder Anlaß zu jenem Mandate hinwegfalle [?].

533. Ungleich wichtiger ist die Frage, ob § 48 Nr. 2 dadurch theilweise abgeändert sei, daß § 9 die Anordnung von Geldbußen bei exec. ad faciendum ganz ausschließt, dafür aber das Maximum der für derartige Exekutionen zugelassenen Gefängnißstrafen auf Ein Jahr erhöht. Die Ansicht des Min. d. Innern hat in dieser Hinsicht gewechselt. Ein MR. v. 28. Juni 1836 (Ann. S. 506) bejahte die Frage unbedingt, und nahm daher an, daß auch die Verwaltung in keinem Falle mehr bei exec. ad faciendum eine Geldbuße verhängen, wohl aber Strafbefehle bis zu einjährigem Gefängnisse erlassen könne. Dagegen wird in späteren MR., wenigstens in Betreff polizeilicher Exekutionen, die Anwendbarkeit der VO. v. 1834 geleugnet, und die Zulässigkeit von Geldbußen als Exek.-Mittel aufrecht erhalten; cf. MR. v 23. u. 14 Juni 1842, 27. Febr 1843 (VMBl. 42, S. 201, 293; 43, S 156). Das jüngste dieser R. sucht namentlich näher zu begründen, daß der VO v. 1834 eine auf Civilsachen beschränkte Anwendung gegeben werden müsse, dieselbe mithin nur für solche administrative Exekutionen gelte, welche gemäß § 42 Nr. 2 in Domanial- u. Abgaben-Sachen stattfänden, wobei dasselbe auf die mannigfachen Verschiedenheiten zwischen der Exekution aus rechtskräftigen Erkenntnissen und der aus Polizei-Dekreten, so wie auf die Mißstände aufmerksam macht, welche entstehen müßten, wenn der Polizeibehörde bei exec. ad faciendum kein anderes Mittel zu Gebote stände, als die Leistung durch Dritte anzuordnen. Abgesehen jedoch davon, daß bei Exekutionen im Sinne des § 42 Nr. 1 und 2 Strafbefehle überhaupt kaum vorkommen können (cf. n. 534), daß ferner § 9 nur die Verhängung von Geldbußen, nicht aber die Anwendung des ungleich wirksameren Mittels der Strafhaft ausschließt, widerspricht jene Unterscheidung zwischen Finanz- und Polizei-Sachen dem Prinzipe des § 48, welcher ja für alle Fälle der administrativen Exekution ohne Ausnahme die AGO. als allgemeine Grundlage voraussetzt, ungeachtet auch diese nicht mehr und nicht weniger als die VO v. 1834 zunächst nur Exekutionen aus gerichtlichen Civil-Erkenntnissen im Auge hat, beide mithin dasselbe Gebiet beherrschen. Inzwischen führen diese Betrachtungen nicht völlig zu demselben Resultate, zu welchem das ersterwähnte R. v. 1836 gelangt. Da nämlich schon die bezüglichen Vorschriften der AGO. und des § 48 von einander abweichen, und diese Abweichungen gerade darin bestehen, daß letzterer § die Strafgewalt bei Exekutionen in engere Grenzen einschließt, als die AGO., welche für Geldbußen gar kein Maximum festsetzt und für Gefängnißstrafen das von drei Monaten, so muß man dem § 48 nach dieser Richtung hin die Bedeutung eines Spezial-Gesetzes allerdings einräumen, und daher annehmen, daß die VO. v 1834 wenigstens insofern, als sie die unmittelbar auf der AGO. beruhende Strafgewalt erweitert, den § 48 ganz unberührt lasse. Demnach können auch hinfüro die Strafbefehle der Verwaltung auf höchstens vierwöchentliches Gefängniß lauten, wogegen freilich Geldbußen, abgesehen von executiones ad omittendum, hinsichtlich welcher die desfallsigen Bestimmungen der AGO. bestehen geblieben sind, bei administrativen Exekutionen einschließlich der polizeilichen, ebensowenig mehr verhängt werden dürfen, wie bei gerichtlichen, obschon die Praxis der Verwaltungs-Behörden hinsichtlich des letzteren Punktes der in obigen R. von 1842 und 1843 entwickelten Ansicht huldigt.

534 Die Befugniß zur Anordnung von Exek.-Strafen überhaupt besteht sowohl nach der AGO., wie nach der VO. v. 1834 bei executiones ad solvendum gar nicht — es sei denn, daß es sich darum handelte, den Schuldner zur Ableistung eines Manifestationseides zu nöthigen (cf. n. 549), — dasselbe gilt daher

auch von administrativen Exekutionen dieser Art, ungeachtet § 48 ihrer nicht ausdrücklich erwähnt. Das für exec. ad solvendum gegebene Mittel des Personal-Arrests ist von der Gefängniß- als Exekutionsstrafe wesentlich verschieden, und seine Zulässigkeit bei administrativen Exekutionen erst durch die Novelle v. 1825 ausdrücklich anerkannt worden. Uebrigens gehören Lieferungs-Verträge (§ 42 Nr. 5) zu den Verträgen über Handlungen; cf. JMR. v. 26. Juni 1835 (Ergänz. zu §§ 48, I. 24 AGO.).

535. Da die Exekutionsstrafen keine eigentlichen Strafen, resp. Ausflüsse der Strafrechtspflege, sondern bloße Exekutionsmittel darstellen, so sind die wider die fortdauernde Geltung des § 48 Nr. 2 theils aus den Artt. 5, 7 der Verf.-Urk. v. 1848, resp. den Artt. 8, 86 der Verf. v. 31. Januar 1850, theils aus dem Ges. v. 12. Febr. 1850 hergeleiteten Bedenken ungegründet; cf. MR. v. 14. Aug. 1849, 28. Juni 1850 und 20. Jan. 1854 (VMBl. 49, S. 161; 50, S. 212; 54, S. 10).

536. Aus gleichem Grunde findet weder Art 136 des Ges. v. 3. Mai 1852 noch § 5 des Ges. v. 14. Mai 1852 auf solche Exekutionsstrafen Anwendung: EK. 14. Jan. 1854, 3. Mai 1856, 7. Nov. 1857 (JMBl. 54, S. 164; 56, S. 206; 58, S. 32). Vielmehr ist die Frage, inwiefern wider eine Exekutionsstrafe, resp. deren Vollstreckung der Rechtsweg beschritten werden könne, dahin zu beantworten, daß wider die Strafe an sich als bloßes Exekutionsmittel und wegen etwaiger bei Anwendung derselben zu rügenden Formfehler der RW. niemals stattfinde, daß aber gegen die Zulässigkeit der administrativen Exekution überhaupt, und dadurch implicite auch wider die Vollstreckung der zu diesem Behufe verhängten Strafen die richterliche Hülfe nach den zu § 42 besprochenen allgemeinen Grundsätzen bald versagt, bald gewährt werden müsse, je nachdem es sich von Exekutionen in Hoheits- und Polizei-, oder aber in Finanz-Angelegenheiten handelt.

537. Eine Exek.-Strafe muß, um verhängt resp. vollstreckt werden zu können, vorher angedroht sein. Auch kann sie nur bestimmten Personen, nicht also blos im Allgemeinen angedroht und demnächst gegen die Zuwiderhandelnden vollstreckt werden, indem die Androhung bereits den ersten Schritt der Exek.-Vollstreckung darstellt, diese aber nur gegen bestimmte Personen denkbar ist: MR. v. 23. Apr. 1859 (VMBl. S 130). Doch dürfte dem sub n. 536 Gesagten zufolge das Unterbleiben einer solchen Androhung als ein blos formeller Mangel den RW. wider die Vollstreckung in keinem Falle eröffnen. Anderer Ansicht war in dem im JMBl. 58, S. 32 besprochenen Falle das AG. Paderborn; ähnlich, wie es scheint, EK. 7. Nov. 1857 (ibid.), welches die Ausschließung der richterlichen Kognition zwar aussprach, aber lediglich um deswillen, weil die Androhung nach der amtlichen Versicherung der Verwaltungs-Behörde wirklich stattgefunden habe, und aus der Befugniß der letzteren, eine Strafe anzuordnen, auch die weitere Befugniß derselben folge, die thatsächlichen Unterlagen dieser Strafe festzustellen.

538. *EK. 22. Mai 1852 (JMBl. S. 244) giebt, indem es zur Begründung eines KK. u. A. anführt, daß eine Ueberschreitung des Strafmaaßes nicht vorliege, der Ansicht Raum, als sei für den umgekehrten Fall ein gerichtlicher Schutz immer gegeben; cf. jedoch n. 536.

539. Eine einmal angeordnete, resp. festgesetzte Strafe soll nach dem MR. v. 14. August 1849 (VMBl. S. 161) selbst dann vollstreckt werden, wenn der Verpflichtete sich nachträglich bereit erklärt, die betreffende Verbindlichkeit freiwillig zu erfüllen, weil entgegengesetzten Falls das Ansehen der Behörde leiden und dem Ungehorsamen ein weites Feld der Chikane und Tergiversation eröffnet werden würde. Jedenfalls aber muß die Vollstreckung wegfallen, wenn der Verpflichtete die gebotene Handlung vorher vornimmt, oder wenn Umstände eintreten, welche ihm die Vornahme derselben geradezu unmöglich machen, da doch von Anwendung eines bloßen Exekutionsmittels keine Rede weiter sein kann, wenn die Exekution selbst gegenstandslos geworden ist.

540. Die Befugniß zur Verhängung von Exek.-Strafen steht, seitdem mehrere Zweige des Regierungs-Ressorts auf andere Provinzial-Behörden übergegangen sind, unbedenklich auch diesen letzteren zu, z. B. den Provinzial-Steuer-Direktionen. Doch veranlaßt ein R. des Gen.-Steuer.-Dir. v. 30. Januar 1842 (VMBl. S. 90) die letzteren, selbst in den nach § 1 der Dienstanweisung v. 26. Juni 1823

zu ihrem Ressort gehörigen Sachen der indirekten Steuern gegen die den Regierungen untergeordneten Behörden, Landrathsämter, Magistrate rc. sich fortan aller Straf-Verfugungen zu enthalten, geeigneten Falls vielmehr die Regierungen um Anwendung von Zwangsmaaßregeln wider jene Behorden zu ersuchen Die Befugniß der Eisenbahn-Kommissariate zum Erlasse von Exekutionsstrafen ist anerkannt durch HMR. v 8. Okt 1853 (VMBl S 247), die der Oberbergämter durch HMR v 15 Jan 1862 (Zeitschr für BR. 3, S. 125), welches dieselbe Befugniß gleichzeitig den Revier-Beamten abspricht; cf n. 541 und 332

541. Ob eine gleiche Befugniß den an und für sich mit einer Exekutions-Gewalt bekleideten, den Provinzial-Behörden jedoch untergeordneten Behörden und Beamten gesetzlich zustehe, unterliegt dagegen ernstlichen Bedenken. Denn, obschon die Vorschriften der §§ 34 ff h 1, einschließlich derjenigen des § 48, durchweg nicht auf die Regierungen und sonstigen Provinzial-Verwaltungs-Behörden zu beschränken sind (cf. n. 7), so machen doch einzelne derselben (cf. § 42 Nr 2—5, §§ 43-45, 47) hiervon eine Ausnahme, auch sprechen manche Gründe dafür, daß Aehnliches bei § 48 Nr. 2 der Fall sei, daß nämlich, wenn bei den Exekutionen untergeordneter Verwaltungs-Behörden der Erlaß von Strafbefehlen nöthig werden sollte, dieser nicht von jenen Behörden selbst ausgehen könne, sondern bei der vorgesetzten Provinzial-Behörde in Antrag gebracht werden müsse. Zwar sind nach der AGO. zum Erlasse von Strafbefehlen die Untergerichte gerade vorzugsweise berufen (cf. § 1, I. 24), andererseits besteht aber auch ein großer Unterschied zwischen rechtskräftigen Urtheilen und bloßen Administrativ-, namentlich Polizei-Verfügungen, welche letztere besonders oft zu Exekutionsstrafen Anlaß geben, und bekanntlich trotz etwaiger Anfechtung im Rekurs- oder Rechtswege provisorisch vollstreckbar sind. Der Gesetzgeber hatte demnach allen Grund, gegen die mißbräuchliche Anwendung von Exekutionsstrafen bei administrativen Exekutionen eine besondere Garantie zu bieten, und zu diesem Zwecke die an fast gar keine Formen gebundene Handhabung jener bis zu 100 Thalern Geldbuße und vierwöchentlichem Gefängnisse reichenden Strafgewalt nicht schon jeder Kreis- und Lokal-Verwaltungs-Behörde, sondern nur den (kollegialisch besetzten) Provinzial-Behörden zu übertragen. Steht doch die analoge Befugniß, bei executiones ad solvendum den Personalarrest zu verfügen, gemäß der Novelle v. 1825 gleichfalls nur den Regierungen zu, und bestimmt überdies die Geschäfts-Instruktion von demselben Tage, daß letzteres Mittel nur auf Grund eines motivirten, vom Justitiar mit vollzogenen Plenar-Beschlusses gehandhabt werden dürfe. Ferner ist zu bemerken, daß § 20 des Ges v. 11. März 1850, indem er jede Polizei-Behörde, mithin auch die unteren Behörden dieser Art, im Allgemeinen für berechtigt erklärt, ihre polizeilichen Verfügungen durch Anwendung der gesetzlichen Zwangsmittel durchzusetzen, speziell nur der in Nr. 1, nicht auch der in Nr. 2 des § 48 gewährten Befugniß gedenkt, ein Umstand, welcher die Annahme sehr nahe legt, daß die erstere Befugniß als eine allen Polizei-Behörden gemeinsame erwähnt, letztere aber als eine nur den Landespolizei-Behörden zuständige unerwähnt geblieben sei. Dessenungeachtet ist die entgegenstehende Ansicht die bei den Verwaltungs-Behörden herrschende Die MR v. 27. Febr. und 23. Mai 1843 (VMBl. S. 156) sprechen sich geradezu dahin aus, daß die auf § 48 Nr. 2 gestützte Befugniß zum Erlasse von Strafbefehlen keine Prärogative der Regierungen sei, sondern auch den Kreis- und Lokalpolizei-Behörden zustehe, das MR. v. 12. April 1822 (Ann. 6, S. 392) vindizirt dieselbe den Magistraten, das HMR v 16. Aug 1854 (Zeitschr. für B. H. u. S.-Wesen 2, S 270) den Bergämtern. Ja es hat sich seit dem Erlasse des Ges. v. 11. März 1850 sogar die Anschauung geltend gemacht (cf. z. B. MR v. 4. Juni 1850; VMBl. S. 211), als ob jene Befugniß zu Gunsten der unteren Polizei-Behörden neuerdings, und zwar gerade durch den cit. § 20 ausdrücklich festgestellt worden sei, möge sie denselben nun früherhin zugestanden haben oder nicht. Inzwischen leuchtet schon aus der Eingangs-Bestimmung des § 20 ein, daß unter dem später gebrauchten Ausdrucke „gesetzliche Zwangsmittel" nicht alle und jede Mittel dieser Art verstanden werden können, die der Gesetzgeber sei es den Gerichten, sei es den Provinzial-Verwaltungs- oder irgend einer anderen Behörde gewähre, sondern nur solche Mittel, deren Anwendung gerade der betreffenden Behörde schon kraft früherer Gesetze zustand. — (Die Motive des den Kammern vor-

gelegten Gesetzentwurfs, betr. einige Abänderungen der Ges. v. 11. Mai 1842 und 11 März 1850, räumen wenigstens soviel ein, daß die analoge Anwendung der im § 48 über das Strafmaaß enthaltenen Bestimmungen bezüglich der Kreis- und Lokalpolizei-Behörden sehr mißlich erscheine; doch gehen auch sie, sowie der Entwurf selbst von der Voraussetzung aus, daß die Befugniß der unteren Polizei-Behörden zum Erlasse von Strafbefehlen an sich keinem Zweifel unterliege, und nur einer näheren Begrenzung bedürfe.)

542. Die Exekutivhaft im Sinne des § 48 h 1 und § 20 cit. ist nicht in einem Arbeitshause zu vollstrecken: MR. v. 20. Juli 1860 (VMBl. S. 173).

§ 48 Nr. 3.

543. Diese Bestimmung entspricht demjenigen, was in § 150, I. 24 AGO u. § 179 des Anhangs von dem Rechte der Gerichte, bei Exekutionen militairische Hülfe in Anspruch zu nehmen, gesagt wird. Inzwischen bestimmt § 13 des Gendarmerie-Edikts v. 30. Dez. 1820 (GS 21, S 6), daß es der Gendarmerie obliege, den verwaltenden und Justiz-Behörden zur Unterstützung und Sicherheit der Exekutionen als bewaffnete Macht zu dienen, wenn Widersetzlichkeit zu besorgen sei, oder sonst Militair-Exekution eintreten würde, und § 15 ib., daß die Gendarmerie jede Civil- und Militair-Behörde zu ihrer eigenen Unterstützung requiriren könne, woraus das JMR. v. 30. Juni 1834 (Jbb 43, S 490) folgert, daß § 179 cit. insoweit modifizirt worden sei, als die Gerichte sich hinfüro nur an die Gendarmerie zu wenden und dieser die etwaige Requisition noch anderweitigen Militairs zu überlassen hätten. In gleicher Weise dürfte § 48 Nr 3 durch obige Bestimmungen modifizirt worden sein, und hiermit zusammenhängen, daß das Rh Ress-Regl., welches zu einer Zeit erging, wo jenes Gendarmerie-Edikt zweifelsohne längst vorbereitet war, in dem sonst mit § 48 gleichlautenden § 18 die Vorschrift der Nr. 3 nicht wiederholt.

§ 48 Nr. 4 und 5.

544. Diese ausschließlich von den executiones ad solvendum handelnden Bestimmungen sind durch die Novelle v 31. Dez. 1825 nicht außer Kraft gesetzt worden: JMR. v. 8. Febr. 1832 (Jbb. 39, S. 146). Gegenwärtig kommen jedoch statt ihrer die bezüglichen Vorschriften der Exek.-Ordnungen von 1843, 1853 &c. zur Anwendung, welche in Betreff des Verkaufs gepfändeter Mobilien statt der Zuziehung eines Justiz- die eines Gemeinde-Beamten anordnen.

ACO. v. 31. Dez. 1825 D. XII. b.

545. Diese Zusatzbestimmung giebt sich als eine Deklaration der VO. v. 1808 kund, und kann in der That als eine weitere Ausführung der bereits dem § 48 zum Grunde liegenden Idee der Gleichstellung der administrativen mit der gerichtlichen Exekution betrachtet werden. Sie zerfällt in sieben Absätze, von denen die Abs. 1, 3—7 von gewissen Exekutions-Mitteln resp. Arten der executio ad solvendum, nämlich dem Personal-Arreste, der Verpachtung ganzer Güter und der Beschlagnahme von Aktiv-Forderungen, Abs 2 dagegen von dem Rechte der Ertheilung von Aufträgen und von Requisitionen handelt. Zur bessern Ordnung des Stoffs werden die Bestimmungen dieses Abs. 2 erst am Schlusse besprochen.

546. Exekution gegen die Person. Diese Exekutionsart ist nach den §§ 62, 142 ff., I. 24 AGO. nur behufs Beitreibung gewisser Geldsummen und nur in Ermangelung jedes anderen Objekts der Befriedigung statthaft; sie besteht nach der Wahl des Gläubigers entweder darin, daß der Schuldner angehalten wird, das judikatmäßige Liquidum abzuarbeiten, oder aber in der Inhaftirung desselben. Diese Sätze werden analogisch auch bei administrativen Exekutionen gelten. Nur erscheint es als zweifelhaft, ob die Verwaltung zwischen jenen beiden Maaßregeln die Wahl habe, da die ACO. v. 1825 anscheinend ausschließlich vom Personal-Arreste spricht. Jedenfalls sind die Befugnisse der Verwaltung beschränkter, als die der Gerichte, insoweit die ersteren den Personal-Arrest nicht wegen aller Geldforderungen, namentlich

nicht wegen „rückständiger direkter oder grundherrlicher Abgaben“ anordnen dürfen; diese Bestimmung der AEO. erläutert die Geschäfts-Instruktion von demselben Tage dahin, daß die Haft vorzüglich nur bei solchen Forderungen anwendbar sei, welche auf Kontrakts-Verpflichtungen beruhen, so daß der Ausdruck „direkte Abgaben“ an ersterer Stelle wohl nur im Gegensatz zu „grundherrlichen Abgaben“ gebraucht ist, mithin indirekte Steuern nicht ausschließen soll. Da nun aber bei Geldforderungen aus Kontrakts-Verpflichtungen die administrative Exekution überhaupt nur höchst ausnahmsweise stattfindet, so dürfte auch die Anwendbarkeit des Mittels des Personal-Arrests nur auf wenige Fälle, insbesondere auf die des § 42 Nr. 2 h. l. beschränkt bleiben

547. Die Exek.-Ordnungen v. 1843 rc. erwähnen im § 10 unter den gesetzlich zulässigen Zwangsmitteln des Personal-Arrests gar nicht, diejenigen v. 1843 und 1845 aus dem einfachen Grunde, weil die im § 1 derselben aufgezählten Forderungen wohl sämmtlich solche sind, hinsichtlich deren schon nach der AEO. v. 1825 der Personal-Arrest nicht angeordnet werden soll. Gleiches trifft zwar bei der Exek.-Ordn. v. 1853 nicht zu, da diese dem § 1 zufolge sich auf alle Geldforderungen bezieht, zu deren exekutivischer Beitreibung die Verwaltungs-Behörden befugt sind. Auch mag es charakteristisch sein, daß § 10 dieser Exek.-Ordn. in der Aufzählung der Zwangsmittel vollständiger ist, als § 10 jener anderen Exek.-Ordnungen. Trotzdem wird man wohl schwerlich aus dem Stillschweigen der Exek.-Ordnung v. 1853 in Betreff des Personal-Arrests den Hinwegfall dieses Zwangsmittels folgern dürfen, zumal jene Exek.-Ordn nur als s. g. Ausführungs-VO (Art. 45 der Verf.-Urk.) erlassen, und der cit. § 10 bestimmt zu sein scheint, nur die für Geldforderungen jeder Art oder doch für die Mehrzahl derselben gemeinsamen Zwangsmittel aufzuzählen. Cf auch n 551.

548. Anderen Verwaltungs-Behörden, wenigstens solchen, welche nicht den Rang von Provinzial-Behörden haben, wird es in der Regel nicht gestattet sein, den Personal-Arrest zu verfugen; cf. die unter n. 541 referirte Bestimmung der Geschäfts-Instr. v. 31. Dez. 1825

549. Die bei Wegener S. 433 mitgetheilte Min.-Deklaration erklärt es zwar für unbedenklich, daß die Bestimmung der AEO. v. 1825 über die Unzulässigkeit des Personal-Arrests behufs Beitreibung rückständiger Steuern rc. auch für die Kommunal-Behörden in Betreff der Kommunalsteuern verbindlich sei, hebt jedoch hervor, daß jene Bestimmung der Verhängung von Exekutionsstrafen zur Nöthigung des Schuldners, einen Manifestationseid zu leisten, nicht entgegenstehe, indem sie sich nur auf den die unmittelbare Eintreibung bezweckenden Personal-Arrest, nicht aber auf die executio ad faciendum beziehe.

550. Exekution durch Sequestration und Verpachtung. Die AGO. läßt die Verpachtung als Exekutionsmittel nur in einzelnen Fällen zu (§§ 131, 132, I. 24 und § 349 des Anhangs), weshalb die Verwaltungs-Behörden in Betreff der bei Geldforderungen anwendbaren Exekutionsmittel durch die Novelle insofern sogar ausgedehntere Befugnisse erhalten haben, als die Gerichte der AGO. zufolge besitzen; cf. JMR. v. 3. Dez. 1842 (Jbb. 60, S. 577).

551. Eine der unter n. 547 erörterten analoge Frage erhebt sich hinsichtlich der Zulässigkeit der Sequestration und Verpachtung als Exekutions-Mittel für die Gebiete der Exek.-Ordnungen von 1843 und 1845, indem letztere im Gegensatze zu derjenigen von 1853 jener Mittel im § 10 nicht ausdrücklich gedenken. Ein MR. v. 19. April 1847 (VMBl. S. 110) spricht sich im speziellen Hinblick auf die Exek.-Ordnung v. 1845 für die Bejahung aus, weil jene lediglich die Herstellung eines gleichmäßigen und möglichst einfachen Verfahrens bei der Exekutions-Vollstreckung bezwecke, ohne die Befugniß der Regierungen in Bezug auf die Ausübung der ihnen gesetzlich beigelegten Exekutionsgewalt zu beschränken.

552. Kann bei einer exekutivischen Sequestration die das Verfahren betreibende Behörde in ihrer Eigenschaft als Gläubigerin arg. § 120, I. 24 AGO. die Administration selbst übernehmen? Das JMR v. 31. Mai 1822 (Jbb. 19, S. 305) bejahte diese Frage zu Gunsten eines städtischen Magistrats, vorausgesetzt, daß letzterer sich der Rechnungs-Führung und Legung unterziehe, und sprach sich gleich-

zeitig dahin aus, daß die Zuziehung des Richters nicht erforderlich sei, sofern das Gegentheil nicht etwa durch die Hypotheken-Gläubiger dargethan werden sollte, indem da, wo jener das Recht zur Exekution überhaupt habe, solche ihm auch durch alle Grade gelassen werden müsse, bei denen es nicht schlechterdings, wie bei Tax- und Subhastationen, auf eine gerichtliche Prozedur ankomme. Inzwischen bestimmt § 34 der Exek.-Ordn v. 1853 ausdrücklich, daß die Sequestration ebensowohl wie die Subhastation bei Gericht in Antrag gebracht werden müsse, eine Bestimmung, in welcher wohl ein allgemeines, nicht auf das Gebiet jener beiden Exek.-Ordnungen zu beschränkendes Prinzip zu erblicken ist, zumal da sie auch in der v. 1858 wiederkehrt

553. Beschlagnahme von Forderungen im Wege der administrativen Exekution. Für die formelle Handhabung dieses gleichfalls nur behufs Beitreibung von bestimmten Geldbeträgen zulässigen Mittels sind gegenwärtig die §§ 31—33, resp. 32—34 der oft erwähnten Exek.-Ordnungen maaßgebend.

554. Aufträge und Requisitionen. Daß die hierauf bezügliche Bestimmung der Novelle v 1825 sich mitten zwischen den Vorschriften über den bei administrativen Exekutionen anzuwendenden Personal-Arrest findet, wird durch die Schlußworte des Absatzes erklärt, m. a. W., das Recht zur Ertheilung von Aufträgen 2c. ist an dieser Stelle nur um deswillen erwähnt, weil von demselben auch bei Anordnung, resp. Ausführung des Personal-Arrests Gebrauch gemacht werden kann. Nur in dieser Hinsicht läßt sich dieselbe als Zusatz gerade zu § 48 betrachten, während sie, als eine mit dem vorhergehenden und nachfolgenden Satze außer Verbindung stehende, in sich abgeschlossene Bestimmung gedacht, als Zusatz zu § 50 h. l hätte qualifizirt werden müssen; denn sie wiederholt nur dasjenige, was dieser § 50 bereits und zwar mit denselben Worten gesagt hat; der letztere fügt nur noch ausdrücklich die selbstverständliche Beschränkung hinzu, daß die Unterbehörden nicht mit solchen Geschäften beauftragt werden können, die ihrem Berufe fremd oder entgegen sind, und thut gleichzeitig des entsprechenden Rechts der Landes-Justizkollegien den Verwaltungs-Unterbehörden gegenüber Erwähnung. Jene Beziehung der Novelle zur früheren Gesetzgebung ist im § 38 der VO. v 2 Jan. 1849 übersehen worden, indem hier ausdrücklich nur die bezügliche Vorschrift der Novelle, und nicht auch die des § 50 aufgehoben wird. Es unterliegt inzwischen keinem Zweifel, daß mit dem Erlasse der VO v. 1849 ebensowohl § 50 wie jene Vorschrift hinweggefallen ist, und zwar auch insofern, als er den Landes-Justiz-Kollegien das Recht zur Ertheilung von Aufträgen an die Unterbehörden des administrativen Ressorts zuerkennt. So oft daher, sei es die Regierungen, sei es die Landes-Justizkollegien behufs Erledigung ihrer Amtsobliegenheiten der Mitwirkung einer Behörde, selbst einer Unter-Behörde, des andern Ressorts bedürfen, müssen dieselben hinfüro den Weg der Requisition einschlagen, d. h. sich an letztere Behörde in Form eines Ersuchungs-Schreibens wenden und im Weigerungsfalle bei der vorgesetzten Instanz derselben Beschwerde führen. In Betreff der Rheinprovinz cf. die Noten zu den §§ 16—18 des Rhein. Ress.-Regl [Die dem § 38 zum Grunde liegende Idee, nach welcher die gegenseitige Unabhängigkeit der Behörden verschiedener Ressorts auch in der Form des amtlichen Verkehrs berücksichtigt werden soll, dürfte dagegen in den Verhältnissen der Justiz- resp der Verwaltungs-Behörden zu den Auseinandersetzungs-Behörden weniger zu Geltung kommen, da die letzteren sowohl richterliche als verwaltende Attributionen in sich vereinigen; cf auch Ges. v. 2 März 1850 § 108, GS. S, 109.]

555. Die Befugniß, die Behörde eines anderen Ressorts um Hülfeleistung bei einer Exekution oder sonstigen amtlichen Angelegenheit zu ersuchen („zu requiriren“), wird von der Novelle nur nebenbei, im Gegensatze zu dem Rechte, verbindliche Aufträge zu ertheilen, erwähnt, und findet auch in der VO. v. 1808 keine generelle Besprechung Dies erklärt sich dadurch, daß jene Befugniß an sich keine besondere oder ausschließliche Beziehung zu den Ressort-Verhältnissen zwischen Justiz und Verwaltung hat, sondern ein allgemeines Recht ist, welches ebensowohl unter verschiedenen Verwaltungs- und unter verschiedenen Justizbehörden zur An-

wendung gelangt, ohne daß dabei etwaige Rang- oder Abhängigkeits-Verhältnisse in Frage kommen, so daß z B eine untere Verwaltungs- oder Justizbehörde sich requisitionsweise auch an eine höhere Behörde wenden kann.

556. Jener Befugniß entspricht auf der anderen Seite die Pflicht der requirirten Behörde, die Requisition zu erledigen. Dies ist gesetzlich anerkannt durch § 38 der VO. v 2. Jan 1849; cf auch JMR v. 4. Sept. 1844, 22. Oktbr. und 4 Septbr. 1849 (JMBl. 44, S 169; 50, S 120, Rh S. 10, S. 69); OT. 12. Febr. 1862 (Oppenhoff Rechtsspr II S. 250). Jenes R. v. 4. Sept. 1849 erklärt die Erledigung von Requisitionen unter koordinirten Behörden wenigstens dann als geboten, wenn diese Requisitionen auf den Grund allgemeiner Genehmigung der Centralbehörden gestellt werden Dasselbe erging für den Bezirk des AH. Cöln, für welchen die cit VO. v. 1849 nicht mitpublizirt wurde.

557. Die Frage, ob ein von der Verwaltung bei einer administrativen Exekution requirirtes Gericht die Rechtmäßigkeit des durch Exekution zu realisirenden Anspruchs oder die Zulässigkeit des exekutivischen Verfahrens zu prüfen berechtigt sei, ist dem unter n. 523 ff. und 555 Gesagten zufolge nicht nach den in den §§ 35 ff. h. l. aufgestellten Grundsätzen über die Statthaftigkeit, resp. Unstatthaftigkeit der richterlichen Kognition in Beziehung auf Verwaltungsakte, sondern nach Analogie dessen, was in dieser Hinsicht zwischen einem requirirenden und dem requirirten Gerichte gilt (§§ 28 ff, I 24 AGO.) zu beantworten, und daher im Allgemeinen zu verneinen; cf. auch VO. v. 24. Jan 1844 § 15.

558. Die Gerichte sollen dem JMR. v 15. Okt. 1819 (Jbb. 14, S. 188) zufolge den Requisitionen der Magistrate um exekutivische Einziehung von Kommunal-Beiträgen, da dergleichen Exekutionen ganz außerhalb ihres Geschäftskreises liegen, nicht stattgeben, den Magistraten vielmehr überlassen, die Exekutionen, welche diese zur Beitreibung jener Beiträge veranlassen konnen, selbst zu verfügen, und da, wo unmittelbare Verfügungen wider den Schuldner nicht mehr anwendbar sind, wegen der zu verfügenden Exekution bei der Regierung Anträge zu stellen.

559. Das Regulativ über das Posttaxwesen v. 18. Dezbr. 1824 (GS. S. 238) erklärt im § 97 die Gerichte ausdrücklich für verpflichtet, auf Requisition der Postanstalten das unbezahlt gebliebene Porto ohne weiteres Verfahren exekutivisch beizutreiben; dasselbe gilt, der ACO. v. 17. März 1839 (GS. S. 101) zufolge, auch in Betreff des Portos für unfrankirt bei den Gerichtsbehörden eingegangene, von diesen eröffnete Vorstellungen; cf. auch ACO v. 4. Mai 1840 (GS. S. 117) und R. des General-Postmeisters v. 27. März 1839 und v. 26. Juni 1840 (VMBl. S. 336); Ges. v. 5 Juni 1852 § 30

560. Ein JMR. v. 12 Juli 1844 (JMBl. S. 169) erklärt die Gerichte sowohl mit Rücksicht auf die allgemeine Pflicht, den Requisitionen der Verwaltungs-Behörden zu genügen, als ex analogia der §§ 6, 68 der Krim.-Ordn. für gehalten, den Requisitionen der Zoll- und Steuerbehorden wegen Einziehung der Gefälle von den zur gerichtlichen Untersuchung gezogenen Defraudanten, namentlich den zur Haft gebrachten Ausländern Statt zu geben, und weist dieselben (in der Rheinprovinz die Ober-Prokuratoren) demgemäß an, desfallsige Anträge zu erledigen, und Ausländer weder vor noch nach der Beendigung der Untersuchung zu entlassen, bevor diese die Gefälle berichtigt oder sicher gestellt haben, es sei denn, daß sie unvermögend wären, und schon statt der Geldbuße die subsidiäre Gefängnißstrafe hätten abbüßen müssen.

561. Abgesehen von Exekutionen, kommen Requisitionen vorzugsweise bei Disziplinar-Untersuchungen sowie bei administrativen Untersuchungen im Sinne des § 45 h. l. vor, namentlich behufs eidlicher Vernehmung von Zeugen, obschon nach der neueren Disziplinar-Gesetzgebung die Zeugen auch von dem die Disziplinar-Untersuchung leitenden Verwaltungs-Beamten vereidet werden können. Uebrigens sind die Gerichte gehalten, den Requisitionen um eidliche Zeugenvernehmung selbst dann zu entsprechen, wenn letztere auch nur zur Vorbereitung eines erst einzuleitenden Disziplinar-Verfahrens dienen soll und von der zuständigen Verwaltungs-Behörde als erforderlich erachtet wird: OT. 12. Febr. 1862 (Oppenhoff Rechtspr. II. S. 250).

562. Ueber die Verbindlichkeit der weltlichen Gerichte, den Requisitionen der katholischen geistlichen Gerichte in Disziplinar-, Sponsalien- und Ehesachen behufs eidlicher Vernehmung von Zeugen, Einziehung von Kosten ꝛc. zu entsprechen, cf. die JMR v. 20 Januar und 21 März 1834, 12. Febr und 24 April 1851 (Jbb. 43, S 241; 45, S 296; Jbb. der Preuß. Ger.-Verf 1851, S 320), Abb. im JMBl 56, S 268 und v Rönne I S 268 In der Rheinprovinz beschränkt sich die Mitwirkung der Gerichte bei Einziehung der Kosten auf die Vollstreckbarkeits-Erklärung der ergangenen Urtheile, Beschlusse und Kostendekrete: KMR. v. 30 April 1851 (BMBl S 83)

563. Alle von den Gerichten auf Requisition der Verwaltungs-Behörden auszuführenden, ein öffentliches Interesse betreffenden Geschäfte sind kostenfrei; cf. Gesetz, betr den Ansatz und die Erhebung der Gerichtskosten, v. 10 Mai 1851 § 3 (GS. S 622).

Gesinde-Ordnung
vom 8. November 1810.

[GS. Nr. 13, S. 101.]

Im Allgemeinen.

1. Die Vorschriften der Ges.-O. v. 8. Nov. 1810 sind nach den einleitenden Bemerkungen derselben an die Stelle aller bisherigen in den Provinzen rc. geltenden Gesinde-Ordnungen und sonstigen die Verhältnisse des gemeinen Gesindes betreffenden Vorschriften sowohl, wie auch bei §§ 1—176, II. 5 ALR. getreten, resp. sie stellen letztere §§ in verbesserter Redaktion dar und gelten sonach überall da, und nur da, wo das ALR. Gesetzeskraft besitzt, mögen die betreffenden Landestheile schon im Jahre 1810 zum Staatsgebiete gehört haben oder nicht, mag das ALR. dort unausgesetzt in Kraft gewesen oder aber neu- resp. wiedereingeführt sein; cf. Ergänz. zum ALR. II. 5. Außerdem haben dieselben, insbesondere die auf die Kompetenz der Polizeibehörden bezüglichen, den für die Rheinprovinz und Neuvorpommern besonders erlassenen Gesinde-Ordnungen v. 19. Aug. 1844 (cf. die §§ 47—50 l. c.) und 11. April 1845 (cf. §§ 171, 172 l. c.) als Vorbild gedient

2. Die ACO. v. 23. Novbr. 1831 (GS. S. 255) dehnt mit Rücksicht darauf, daß das Schiffsvolk zu den Schiffern gesetzlich in eben dem Verhältnisse stehe, wie das Gesinde zur Herrschaft, die Anwendbarkeit der §§ 9—12, 171—176 h. l. auf die Schiffer und das Schiffsvolk aller in Preußischen Ostseehäfen ausgerüsteten Schiffe aus; die ACO. v. 23. Septbr. 1835 (GS. S. 222) bestimmt ein Gleiches hinsichtlich des Verhältnisses der Stromschiffer zu den Schiffsknechten, und überträgt überdies unter Nr. 4 bei Streitigkeiten zwischen den Eigenthümern der Stromfahrzeuge und den Schiffern, sowie zwischen letzteren und dem Schiffsvolke, der Polizei-Behörde des jedesmaligen Aufenthaltsorts der Interessenten die Entscheidung insoweit, als sie derselben in Gesindesachen verfassungsmäßig zusteht. Ebenso sind die Vorschriften der Ges.-Ordn. auf das Verhältniß der Instleute in Preußen zu den Gutsherrschaften für anwendbar erklärt worden; cf. ACO. v. 8. Aug. 1837 (Jbb. 50, S. 82).

3. Hirten, denen die Leistung gewisser wirthschaftlicher Dienste auf bestimmte Zeit und gegen bestimmten Lohn zur Pflicht gemacht wird, gehören zum Gesinde, weshalb also auch in Betreff ihrer Dienstannahme die §§ 22, 23, 45—47 h. l. Platz greifen: MR. v. 10. Juli 1845 (VMBl. S. 221).

4. Ebenso gilt die Ges.-Ordn. für Hausoffizianten, insofern die §§ 177 bis 185, II. 5 ALR. hinsichtlich dieser nicht besondere Bestimmungen enthalten: OT. (Pl.) 12. Nov. 1838, 6. Juni 1859 (Entsch. 4, S. 115; Strieth. 34, S. 64). In spezieller Beziehung auf die dabei in Betracht kommenden Kompetenz-Verhältnisse wird dasselbe im JMR. v. 31. Aug. 1839 (JMBl. S. 303), sowie in den MR. v. 10. Aug. 1839, 11. Sept. 1840 (VMBl. 40, S. 382, 638) ausgesprochen, und in

den beiden letzteren überdies angenommen, daß Wirthschafts-Verwalter zu den Hausoffizianten gehörten, welches letztere jedoch die Praxis (cf. OT. 15. Juni 1858, 11. April 1859; Strieth. 30, S. 112; 33, S. 124) nur für die mit einzelnen Zweigen der Wirthschaft betrauten, nicht also auch für solche Verwalter gelten läßt, denen die ganze Bewirthschaftung des Guts in unumschränkter Weise, zumal von einem anderwärts wohnenden Gutsherrn übertragen ist. — Brenner auf Landgütern zählen jedenfalls zu den Hausoffizianten (und nicht etwa zu den Fabrikarbeitern): OT. 23 Okt. 1851 (ib. 3, S 309).

5. Dagegen bleibt die Ges.-Ordn bei Handlungsdienern, Handwerksgesellen und Lehrlingen außer Anwendung: JMR. v 31 August 1839 (JMBl. S. 303 und Ergänz. 1 c).

5 bis. Ebenso gehören die von einer Privatgesellschaft (Markengenossen, Gewerkschaften, Aktionären), welche nicht unter sich eine Familie bildet, angenommenen Beamten weder zum gemeinen Gesinde, noch zu den Hausoffizianten: OT. (Präj. 1089) 8. Jan. 1842 (Präj.-Samml. S. 318).

6. Die Ges.-Ordn. legt ein generelles Entscheidungsrecht für Gesinde-Streitigkeiten den Polizeibehörden nirgends ausdrücklich bei. Wohl aber ist denselben eine sehr umfangreiche Jurisdiktion für dergleichen Angelegenheiten, auf der Grundlage der einzelnen in der Ges.-Ordn. zerstreuten Kompetenz-Bestimmungen, durch ein R. des JM. und des M d J v 17. April 1812 (Rabe 10, S. 558) beigelegt, dessen verbindende Kraft anscheinend niemals bezweifelt, und durch die MR. v 13. Sept. 1817 resp. 15. Jan. 1821 (Ann 1, S. 182; Jbb. 17, S. 259) auch in Betreff derjenigen Landestheile anerkannt wurde, für welche es anfänglich nicht mit erlassen war. Dort heißt es:

1) „Wenn:

a) „von der verweigerten Annahme des Gesindes in den Dienst von Seiten der Herrschaft, vid. § 47 der Ges.-O,

b) „von dem verweigerten Antreten im Dienst von Seiten des Gesindes, „§ 51,

c) „von dem verweigerten Behalten des Gesindes im Dienst von Seiten „der Herrschaft, § 160,

d) „von dem verweigerten Bleiben im Dienst von Seiten des Gesindes, „§ 167,

e) „von dem verweigerten Abziehen und Entlassen

„die Rede ist, so hat die Polizeibehörde die vorläufigen Bestimmungen „zu erlassen und sie zu exekutiren. Diejenigen Parteien, die sich bei dieser Bestimmung nicht beruhigen wollen, können zwar auf Urtel und „Recht provoziren; sie sind aber verpflichtet, inzwischen und bis zur Ent„scheidung des Richters, der Bestimmung der Polizei Folge zu leisten“ —

4) „Wenn von der Erfüllung kontraktmäßiger Verbindlichkeiten der Herrschaft „oder des Gesindes während des Dienstes die Rede ist, so müssen die Po„lizeibehörden sich der vorläufigen Entscheidung unterziehen, und solche exeku„tiren, bis im Wege Rechtens eine andre Entscheidung extrahirt worden.

5) „Die in den §§ 37 und 38 der Ges.-Ordn. gedachten Entscheidungen we„gen der Livree und der Kost gehören lediglich den Polizeibehörden, ohne „daß darüber auf rechtliches Gehör angetragen werden kann. Ebenmäßig „stehet

6) „in den Fällen der §§ 10, 13, 173 der Ges.-Ordn. den Polizeibehörden „die Kognition ausschließlich zu“

Die übrigen Vorschriften jenes R. (Nr. 2, 3 und 4 Abs. 2) beziehen sich auf das polizeiliche Strafverfahren in Betreff der in der Ges.-Ordn. mit Strafen bedrohten Zuwiderhandlungen und sind daher gegenwärtig nicht mehr anwendbar, wogegen obiges Entscheidungsrecht der Polizeibehörden bezüglich der civilrechtlichen Streitigkeiten zwischen Herrschaft und Gesinde durch die VO. v. 3. Jan. 1849 keinen Eintrag erfahren hat; cf MR. v. 18. Mai 1849 (JMBl. S 397), hier werden namentlich die desfallsigen Kompetenz-Bestimmungen der §§ 33, 47, 83, 160, 167, 172 h. l., ferner § 47 der Ges.-Ordn. v. 19. August 1844, und § 171 der Ges.-Ordn. v. 11. April 1845 als noch geltend bezeichnet.

§. **10.** Leute, die bisher noch nicht gedient zu haben angeben, müssen durch ein Zeugniß ihrer Obrigkeit darthun, daß bei ihrer Annehmung als Gesinde kein Bedenken obwalte.

§. **33.** Insofern bei der Vermiethung nichts Bestimmtes hierüber abgemacht ist, muß dasjenige an Lohn, Kostgeld oder Beköstigung gewährt werden, was einem Gesinde derselben Klasse an dem Orte zur Zeit der Vermiethung der Regel nach gegeben wurde, was in dieser Rücksicht Regel sei, bestimmt die Polizei-Obrigkeit des Orts.

§. **34.** Weihnachts-, Neujahrs- und andere dergleichen Geschenke kann das Gesinde auch auf den Grund eines Versprechens niemals gerichtlich einklagen.

[Zufolge §§ 47 ff. der Rhein. Ges.-O. entscheidet die Polizeibehörde, soweit es darauf ankommt, die Erfüllung gegenseitiger Verbindlichkeiten während des Dienstes, die Annahme oder den Antritt, das Behalten oder Bleiben, den Abzug oder die Entlassung des Gesindes, endlich die Ertheilung eines Abschiedszeugnisses zu bewirken, und zwar, von Streitigkeiten über die Beschaffenheit des Zeugnisses abgesehen, immer vorbehaltlich der Berufung auf den RW, dagegen bewendet es, bis zur Erledigung des RW., bei den polizeilichen Anordnungen. Ueber Ansprüche nach Aufhebung des Vertrags hat jene Behörde niemals zu entscheiden.]

§ 10.

7. Hierzu cf. Nr. 6 des R. v. 17 Apr. 1812 (oben n 6). An die Stelle des dort gleichfalls bezogenen § 13 ist die (übrigens von diesem nicht abweichende) Bestimmung des § 51 der Gew.-Ordn. v 17. Jan 1845 getreten

§ 33.

8. Sind die auf Grund des § 33 ergehenden Entscheidungen der Polizeibehörde definitive, oder blos vorläufige, so daß wider dieselben auf rechtliches Gehör angetragen werden kann? Das R. v 17. April 1812 (oben n. 6) erwähnt des § 33 nicht ausdrücklich. Da dasselbe sich aber bezüglich der gemäß § 83 ergehenden Entscheidungen für die erstere Alternative erklärt (cf. n. 10), und letzterer § ausdrücklich auf § 33 zurückweist, auch einen verwandten Gegenstand betrifft, so entspricht es dem Geiste jenes R., wenn man auch hier die polizeiliche Bestimmung im Sinne des § 33 als eine definitive betrachtet Das MR. v. 18. Mai 1849 (n 6) scheint freilich sowohl hinsichtlich der Fälle des § 83 wie des § 33 anderer Meinung zu sein.

§ 34.

9. Aus § 34 folgt nicht etwa, daß das Gesetz eine privatrechtliche Verpflichtung in Betreff der Weihnachtsgeschenke 2c., selbst wenn diese ausdrücklich ausbedungen sein sollten, niemals anerkenne, zumal, da das ALR., welchem jener § wörtlich entlehnt ist, die Verbindlichkeit solcher Verabredungen geradezu ausspricht; cf. §§ 34, 35, II. 5. Der § 34 will vielmehr wohl nur besagen, daß Ansprüche solcher Art immer bei der Polizeibehörde geltend zu machen seien, und daß das Gesinde wider deren Entscheidung nicht den RW. beschreiten könne. Der Herrschaft dürfte dieser Weg jedoch keinesfalls versperrt sein, da § 34 als Ausnahmegesetz restriktiv zu deuten ist.

§. 37. Bei männlichen Bedienten ist die Livree ein Theil des Lohns, und fällt nach Ablauf der durch Vertrag bestimmten Zeit denselben eigenthümlich zu. In Ermangelung einer solchen Bestimmung entscheidet die Polizei-Obrigkeit wie §. 33. über die Zeit, binnen welcher die Livree verdient ist.

§. 38. Wird außer derselben noch besondere Staats-Livree gegeben, so hat auf diese der Bediente keinen Anspruch.

§. 47. Weigert sich die Herrschaft, das Gesinde anzunehmen, so verliert sie das Miethsgeld, und muß das Gesinde eben so schadlos halten, wie auf den Fall, wenn das Gesinde unter der Zeit ohne rechtlichen Grund entlassen worden, unten verordnet wird (§§. 160 seq.).

§. 51. Weigert sich das Gesinde, den Dienst anzutreten, so muß es dazu von der Obrigkeit durch Zwangsmittel angehalten werden. Bleiben diese fruchtlos und ist die Herrschaft deshalb genöthigt, einen andern Dienstboten zu miethen, so muß das Gesinde nicht allein den Schaden, welcher der Herrschaft hierdurch erwächst, ersetzen, und das Miethsgeld zurückgeben, sondern es verfällt noch überdies in eine Strafe, die nach Maaßgabe der Verschuldung auf zwei bis zehn Thaler oder bei Unvermögenden auf verhältnißmäßiges Gefängniß festzusetzen ist.

§. 77. Reizt das Gesinde die Herrschaft durch ungebührliches Betragen zum Zorn, und wird in selbigem von ihr mit Scheltworten oder geringen Thätlichkeiten behandelt, so kann es dafür keine gerichtliche Genugthuung fordern.

---

§§ 37, 38.

10. Wenn im R. v. 17 April 1812 (oben n 6) von den in den §§ 37, 38 gedachten Entscheidungen über Livree und Kost geredet wird, so ist, da jene §§ nur über Livree und nicht über Kost, über letztere aber § 83 handelt, dieser § 83 überdies gleich dem § 37 auf den § 33 zurückverweist, an obiger Stelle offenbar nur in Folge eines Druckfehlers § 38 statt des § 83 erwähnt

§§ 47, 51.

11. In den Fällen der §§ 47 und 51 findet wider die Bestimmung der Polizeibehörde nur der RW, nicht das Rekursverfahren statt: MR. v. 17. Juni 1832 (Ann. 16, S. 675).

§ 77.

12. § 77 ist restriktiv zu deuten und kommt daher weder den Mitgliedern der Familie der Herrschaft, noch bloßen Hausoffizianten, welchen ein bestimmtes Geschäft in der Haushaltung oder Wirthschaft oder die Aufsicht über einen Theil derselben übertragen ist, noch selbst dem Wirthschafts-Inspektor oder Vor-

§. 83. Ist auch Kost versprochen worden, so muß selbige bis zur Sättigung gegeben werden. Offenbar der Gesundheit nachtheilige und ekelhafte Speisen kann das Gesinde anzunehmen nicht gezwungen werden. In Fällen, wo über die Beköstigung Streit entsteht, entscheidet in Ermangelung bestimmter Verabredung die Polizei-Obrigkeit wie §. 33. über die Menge und Beschaffenheit derselben.

Rechtliche Folgen einer ohne Grund geschehenen Entlassung

§. 160. Eine Herrschaft, die aus anderen als gesetzmäßigen Ursachen das Gesinde vor Ablauf der Dienstzeit entläßt, muß von der Obrigkeit, dasselbe wieder anzunehmen und den Dienstvertrag fortzusetzen, angehalten werden.

§. 161. Weigert sie sich dessen beharrlich: so muß sie dem Dienstboten Lohn und Livree auf die noch rückständige Dienstzeit entrichten.

§. 162. Auch für die Kost muß die Herrschaft bis dahin sorgen.

---

steher zu Statten: OT. 3. Juni 1853, 22 Nov. 1854 (Strieth. 10, S. 72; Goltd. Arch. 3, S. 255). Wenn jedoch eine Kommunikation zwischen Herrschaft und Gesinde gar nicht stattfindet, und deshalb dem Gesinde gegenüber die Wirthschafts-Inspektoren oder Vorsteher ausschließlich die Wirthschaftsbehörde vorstellen, kann auch den letzteren das im § 77 begründete Recht nicht abgesprochen werden; das wird namentlich da gelten, wo der Inspektor 2c. so selbstständig gestellt ist, daß er den Dienstvertrag in eigenem Namen abschließt und das Gesinde entläßt; cf. OT. 8 Juli 1859, 3. Febr. 1860 (Strieth. 35, S. 34; Goltd. Arch. 8. S 278).

13. Das Gericht hat zwar diejenigen Klagen, aus denen sich das Vorhandensein der Voraussetzungen des § 77 mit Sicherheit entnehmen läßt, durch Verfügung zurückzuweisen; dagegen muß bei solchen Klagen, in Betreff welcher die gerichtliche Inkompetenz nicht sofort klar erhellt, durch Erkenntniß darüber befunden werden, ob jene Voraussetzungen vorhanden seien: MR. v. 12. Juli 1845 (JMBl. S. 221).

14. § 77 schließt übrigens nicht blos die gerichtliche Geltendmachung von Civilansprüchen, sondern auch die Strafklage aus; arg. cit. OT. 3. Febr. 1860.

§ 83.

15. Hierzu vgl. die Noten 8 und 10.

§§ 160—162.

16. Die im § 160 bezeichnete polizeiliche Einwirkung kann niemals bis zu Zwangsmaaßregeln wider die Herrschaft wegen Fortsetzung des Dienstverhältnisses gehen. Ja die Polizeibehörde muß sogar, wenn kein Entlassungsgrund vorliegt, die Herrschaft aber dennoch jenes Verhältniß nicht fortbestehen lassen will, auf deren Antrag den Dienstboten nöthigenfalls aus der herrschaftlichen Wohnung exmittiren: MR. v. 19. Sept. 1833 und 11. Sept. 1840 (Jbb. 42, S 110; JMBl. 40, S 362).

17. Ebensowenig steht den Polizeibehörden eine Kognition über die aus der beharrlichen Weigerung der Herrschaft entspringenden, in den §§ 161 ff. näher bestimmten Folgen zu; über letztere kann vielmehr nach allgemeinen Grund-

sätzen und arg. e contrario des R. v 1812 Nr. 1, c. nur der Richter entscheiden: MR. v. 19. Sept. 1833, Jbb. 42, S. 110).

18. Gleichwohl ist die gerichtliche Geltendmachung eines Entschädigungsanspruchs im Sinne des § 161 durch die vorherige Nachsuchung der im § 160 vorgeschriebenen polizeilichen Vermittelung bedingt. So die onstante Praxis, von welcher nur OT 4 Dez 1834 (Ergänz zu II. 5 ALR.) abweicht, indem dieses die im § 160 nachgelassene Meldung bei der Polizei nur als ein zur Feststellung des Interimistikums führendes, dem Betheiligten freistehendes Mittel betrachtet, durch dessen Nichtgebrauch der Entschädigungsanspruch nicht verloren werde. Einige ältere Entscheidungen (cf. Präj. Nr. 726, OT. 17. Sept. 1839, 29 Febr. 1840, Hinschius Wochenschrift 1840, S. 259, Entsch. 7, S. 61) gingen sogar noch weiter, indem sie außerdem verlangten, daß die Herrschaft auch wirklich durch die Polizei zur Fortsetzung des Dienstes rechtzeitig aufgefordert, bei ihrem Entschlusse aber dennoch verblieben sei; sie erachteten daher die Entschädigungsklage als unstatthaft resp. unbegründet, wenn die Polizeibehörde in der Meinung, die Entlassung sei mit Recht erfolgt, den Erlaß einer Aufforderung abgelehnt habe, oder wenn dieselbe erst nach Ablauf der Dienstzeit eingeschritten sein sollte, ohne Unterschied, ob die Schuld der Verspätung der Behörde selbst oder dem Dienstboten zur Last gefallen war. OT. 29 April 1837 (Präj. Nr. 255) nahm wenigstens an, daß, falls die Polizei-Obrigkeit die Einmischung ablehne, das Gesinde zum Nachweise der beharrlichen Weigerung der Herrschaft den bei der Polizei gestellten Antrag bei Gericht wiederholen und sich zur Fortsetzung des Dienstes erbieten müsse. *Contra:* die neuere Praxis (cf OT. Pl. 11. Dez. 1846 und 8. Juli 1859, Entsch. 14, S. 84; 41, S. 259), nach welcher es genügt, wenn das Gesinde die Einwirkung der Polizei zwar rechtzeitig, d. h. vor Ablauf der Dienstzeit, jedoch ohne Erfolg in Anspruch genommen hat.

19. Kann das ohne rechtlichen Grund entlassene Gesinde die obrigkeitliche Hülfe behufs Fortsetzung des Dienstes, resp. Entschädigung während der ganzen kontraktlich bestimmten Dienstzeit in Anspruch nehmen oder muß dasselbe, um eventuell einen Entschädigungsanspruch erheben zu können, seine Wiederannahme sofort nach der Entlassung oder doch, bevor seine Stelle durch die Herrschaft wieder besetzt worden, fordern, resp die Polizei darum ansprechen? OLG. Breslau 29. März 1836, 2. März 1837 (Koch Arch 1, S 503) entschieden in letzterem, OT. 20. Dez. 1848, 12. Febr. 1857 (Entsch. 17, S. 509; Strieth 24, S. 56) in ersterem Sinne. Das OT. 20. Dez. 1848 nahm daher an, daß, wenn die Entschädigungsklage noch während der Dienstzeit angestellt werde, sie wegen der unterbliebenen Anrufung polizeilicher Hülfe nicht definitiv, sondern nur zur Zeit abgewiesen werden dürfe.

20. Das Erforderniß der vorherigen Anrufung polizeilicher Hülfe fällt hinweg, wenn die Herrschaft nach erfolgter Entlassung ihren Willen, diese aufrecht zu erhalten, nicht allein ausdrücklich ausgesprochen, sondern sogar ein rechtskräftiges Urtheil erwirkt hat, welches sie zur Aufhebung des Vertrags für befugt erklärt, indem alsdann kein Raum für das Ziel polizeilicher Einwirkung übrig geblieben ist. Dies gilt um so viel mehr alsdann, wenn die Herrschaft schon im Vorprozesse ihre Schadensersatzpflicht zum Gegenstande der Erörterung machte, mit ihren desfallsigen Anträgen aber abgewiesen wurde: OT. 12. Febr. 1857 (Strieth. 24, S. 56).

21. Ebenso kommt die Ausnahmebestimmung des § 160 nicht in Frage, wenn eine eigentliche Entlassung gar nicht stattgefunden hat, das thatsächliche Aufhören des bestehenden Dienstverhältnisses während der kontraktlich bestimmten Dienstzeit vielmehr aus anderen Gründen eingetreten ist: OT. 15. Juni 1858 (Strieth. 30, S. 110; hier hatte der wegen Entschädigung belangte Gutsherr das Gut verkauft, und hierbei irriger Weise unterstellt, daß der Ankäufer den von ihm, Beklagten, für die Bewirthschaftung des Gutes angenommenen Kläger in seiner Stellung belassen müsse).

22. Die polizeiliche Vermittelung ist ferner im § 160 nur für die regelmäßigen Fälle vorgeschrieben, wo das Gesinde behauptet, es sei bei seiner Entlassung gerade gegen die Vorschriften der Ges.-Ordn gefehlt, resp. wo überhaupt diese

Verlassung des Dienstes.

§. 167. Gesinde, welches vor Ablauf der Dienstzeit ohne gesetzmäßige Ursache den Dienst verläßt, muß durch Zwangsmittel zu dessen Fortsetzung angehalten werden.

§. 168. Will aber die Herrschaft ein solches Gesinde nicht wieder annehmen, so ist sie berechtigt, ein anderes an seine Stelle zu miethen, und der ausgetretene Dienstbote ist nicht allein schuldig, die dadurch verursachten mehreren Kosten zu erstatten, sondern verfällt überdies in eine Strafe, die nach Maaßgabe des Grades der Verschuldung auf zwei bis zehn Thaler, oder bei Unvermögen auf verhältnißmäßiges Gefängniß festzusetzen ist.

§. 169. Das abziehende Gesinde ist schuldig, alles, was ihm zum Gebrauche in seinen Geschäften, oder sonst zu seiner Aufbewahrung anvertraut worden, der Herrschaft richtig zurückzuliefern.

§. 170. Den daran durch seine Schuld entstandenen Schaden muß es der Herrschaft ersetzen (§§. 65—69).

Vorschriften die entscheidende Norm bilden. Wenn daher z B. der von einem Fideikommiß-Besitzer auf Lebenszeit angestellte Förster vom Fideikommiß-Nachfolger entlassen wird, weil dieser durch den vom Vorgänger geschlossenen Dienstvertrag für nicht gebunden zu sein erklärt, so bleibt § 160 außer Anwendung, indem die Ges.-Ordn. weder solche auf Lebenszeit geschlossene Dienstverträge, noch auch als Dienstaufhebungsgrund den Fall kennt, daß das Recht des Dienstherrn zur Abschließung des Dienstvertrags auf eine gewisse Zeitdauer beschränkt oder durch den Besitz eines Grundstücks bedingt ist. So: OT. 30. Sept 1859 (Strieth. 35, S. 130).

23. Dasselbe Erkenntniß entschied, daß bei Prüfung der Frage, ob es einer der gerichtlichen Klage vorhergehenden polizeilichen Verhandlung bedurft habe, lediglich die bei der Entlassung angegebenen Gründe in Betracht zu ziehen seien, so daß also, wenn diese für sich allein betrachtet, die Anwendbarkeit des § 160 ausschließen sollten, der Klage nicht entgegengesetzt werden könne, daß die Entlassung noch aus anderen, die polizeiliche Vermittelung bedingenden Gründen stattgefunden habe.

§§ 167—170.

24 Entläuft das Gesinde zu wiederholten Malen, so liegt in jeder Wiederholung eine erneuerte Zuwiderhandlung gegen das Gesetz vor, durch welche die Polizeibehörde auch zum abermaligen Einschreiten und zur Prüfung der Gründe genöthigt wird, welche diese erneuerte Entfernung herbeigeführt haben, da diese möglicher Weise ganz andre, als beim ersten Male, sein können. Ein absoluter Zwang kann freilich nicht stattfinden, da die Zwangsmittel (§ 51) beschränkt sind: JMR. v. 31. Jan. 1843 (VMBl. S. 33). Die Kosten der zwangsweisen Zurückführung fallen nicht der Herrschaft, sondern dem Gesinde, und eventuell der Polizei-Verwaltung des Wohnsitzes der Herrschaft zur Last: MR. v. 20. Mai 1850 (VMBl. S. 184).

25. Die Polizeibehörde ist nach dem R. v 17. April 1812 Nr. 1. d. (vgl oben n. 6) nur dann zum Einschreiten befugt, wenn die Herrschaft die Rückkehr des

Abschied

§. 171. Bei dem Abzuge ist die Herrschaft dem Gesinde einen schriftlichen Abschied und ein der Wahrheit gemäßes Zeugniß über seine geleisteten Dienste zu ertheilen schuldig.

§. 172. Werden dem Gesinde in diesem Abschiede Beschuldigungen zur Last gelegt, die sein weiteres Fortkommen hindern würden: so kann es auf polizeiliche Untersuchung antragen.

§. 173. Wird dabei die Beschuldigung ungegründet befunden, so muß die Obrigkeit dem Gesinde den Abschied auf Kosten der Herrschaft ausfertigen lassen, und letzterer fernere üble Nachreden bei namhafter Geldstrafe untersagen.

§. 174. Hat hingegen die Herrschaft einem Gesinde, welches sich grober Laster und Veruntreuungen schuldig gemacht hat, das Gegentheil wider besseres Wissen bezeugt, so muß sie für allen einem Dritten daraus entstehenden Schaden haften.

§. 175. Die folgende Herrschaft kann sich also an ihr wegen des derselben durch solche Laster oder Veruntreuungen des Dienstboten verursachten Nachtheils halten.

Gesindes verlangt, dieses aber zurückzukehren sich weigert, und es darauf ankommt, ob die Weigerung als gesetzlich begründet zu erachten sei, oder nicht. Die gegenseitigen Entschädigungs- und sonstigen Ansprüche der Parteien sind dagegen vom ordentlichen Richter zu erörtern, sei es, daß das Gesinde auf der Weigerung beharrt, und die angewendeten Zwangsmittel sich als erfolglos erweisen, sei es, daß beide Theile darüber einig sind, daß das Dienstverhältniß nicht länger fortdauere Nr 4 des R v. 1812 steht hiermit nicht in Widerspruch, da der dort vorkommende Ausdruck „während des Dienstes" nur dahin zu deuten ist: „so lange ein Dienstverhältniß faktisch noch besteht": MR. v. 25. März 1831, 19. Sept. 1833 (Ann. 15, S 118; Jbb. 42, S. 110)

26. Ebenso gehört die Frage, was die Herrschaft dem Gesinde nach dem [trotz des Widerspruchs der Herrschaft] von der Polizei genehmigten Abzuge aus dem Dienste an Kost und Lohn zu entrichten habe, nicht vor die Polizeibehörde, sondern vor die Gerichte: MR. 27. April 1829 (Ann. 13, S. 335).

§§ 171—175.

27. Da die bestehenden Vorschriften über die Entlassungs-Zeugnisse nicht ausreichend befunden wurden, um den Dienstherrschaften die nöthige Kenntniß von der sittlichen Führung des Gesindes zu verschaffen, so ist durch die für das ganze Staatsgebiet ergangene VO. v 29. Sept. 1846 (GS. S. 467) dem Gesinde, sich mit förmlichen Gesindebüchern zu versehen, zur Pflicht gemacht, und den Polizeibehörden das Recht verliehen worden, sowohl gegen das Gesinde, welches sich beim Dienstantritte weigert, der Herrschaft das Gesindebuch vorzulegen, als gegen die Herrschaft, welche bei Entlassung des Gesindes die Eintragung des Dienstzeugnisses in das Gesindebuch verweigert, Ordnungs- resp. Geldstrafen festzusetzen. Diese

Strafen sind als bloße Exekutionsstrafen im Sinne des § 48 der VO v. 26. Dez 1808 anzusehen: die Fassung des Gesetzes stellt dieses, namentlich in Betreff der gegen die Herrschaft anzuwendenden Strafe, außer Zweifel Es ist daher die betr Befugniß der Polizeibehörden auch seit dem Erlasse der VO v 3. Jan. 1849 bestehen geblieben — Uebrigens mußte schon früher arg § 172 h. l. polizeiliche Einwirkung und Abhülfe eintreten, wenn die Herrschaft die Ausstellung eines Dienstentlassungsscheins überhaupt verweigerte; cf. MR. v 14. März 1842 (VMBl. S. 186).

28. Ueber das bei Handhabung des § 173 zu beobachtende Verfahren verbreiten sich die MR. v. 25. Jan. 1828 und 25. Juni 1835 (Ann. 12, S. 138 ff.; 19, S. 457).

29. Auch Hausoffizianten müssen ihren Antrag nicht nach § 172, II. 5 des ALR beim Richter, sondern nach § 172 h. l. bei der Polizeibehörde stellen; cf. OT. (Präj. 255) 29. April 1837 (Präj. Samml. S. 176).

Gesetz

wegen des Wasserstauens bei Mühlen, und Verschaffung von Vorfluth. Vom 15. November 1811.

[GS. Nr. 60, S. 352.]

[Litteratur: Lette und v. Rönne, die Landeskultur-Gesetzgebung des Preußischen Staats, Berlin 1854, II 1. Abth, S. 577—621. — Scheele, das Preußische Wasserrecht, Lippstadt 1860.]

Wir Friedrich Wilhelm, von Gottes Gnaden, König von Preußen ꝛc. ꝛc.

Thun kund und fügen hiermit zu wissen: Die Nachtheile, welche durch das Anstauen des Wassers bei den Mühlen, und das zeitige Verfahren bei Anordnung der Vorfluth für die Landschaft entstehen, veranlassen Uns folgende nähere Bestimmungen darüber zu erlassen.

Zum Eingange.

1. Dieses Gesetz, gemeinhin Vorfluths-Edikt genannt, steht seiner ganzen Fassung nach mit dem ALR in genauer Verbindung, und gilt, indem dadurch Bestimmungen, welche lediglich dem Privatrechte angehören, abgeändert worden sind, für das gesammte Gebiet dieses Gesetzbuchs, namentlich also auch in Westphalen: JMR. 21. Februar 1818 (Jbb. 11, S 6). — In den Ländern des gemeinen und Rheinischen Rechts besitzt dasselbe keine Kraft In Neu-Vorpommern und Rügen besteht vielmehr noch gegenwärtig das Vorfluths-Regl. v. 18 Nov. 1775; für Hohenzollern und die Rheinprovinz, soweit dort nicht das ALR. gilt, ist die betreffende Materie erst neuerdings durch das Ges. v. 14. Juni 1859 regulirt worden.

2. Ein älteres allgemeines Vorfluths-Edikt v 6. Juli 1773 (Rabe 1, Abth. 5, S. 24) hob alle früheren allgemeinen Vorfluths-Edikte auf, wie es selbst mit Publikation des ALR in Wegfall kam. Dagegen ist das Schlesische Vorfluths-Edikt v. 20. Dez. 1746 weder durch jenes Edikt noch durch das ALR. außer Kraft gesetzt worden: OT. (Pl. B.) 7. Jan 1850 (JMBl. S 91). Ob und in welchen Beziehungen dieses Edikt v. 1746 etwa später, namentlich durch dasjenige v. 1811 aufgehoben, resp. modifizirt worden sei, war kein Gegenstand der damaligen Berathung Doch sprachen sich OT. 14 März 1850 und 31. März 1858 (Entsch 20,

§. 1. Bei den Mühlen oder andern durch Wehre oder Schleusen veranlaßten Störungen, wo der Wasserstand noch nicht durch einen unter polizeilicher Aufsicht gesetzten Merkpfahl bestimmt ist, muß jeder Besitzer derselben sich die Setzung eines Merkpfahls auf Antrag und Kosten derer, die dabei interessirt sind, gefallen lassen.

§. 2. Diese Setzung kann nur durch sachverständige Kommissarien der Provinzial-Polizeibehörden unter Zuziehung

---

S. 448; Striethꝫ. 30, S. 56) mindestens dahin aus, daß die dortigen Vorschriften über die Verpflichtung zur Räumung von Gräben und Bächen (§§ 3—5, 9, 10) durch das Edikt v. 1811 so wenig wie durch das Ges. v. 28. Februar 1843 beseitigt seien.

3. Die Vorschriften des Edikts zerfallen ihrem Gegenstande nach in Bestimmungen über das Verhältniß zwischen Vorfluth und Staurecht (§§ 1—9), über Räumung bestehender Wasserzüge (§ 10) und über künstliche Entwässerungen, resp. Entwässerungs-Anlagen (§§ 11—34).

4. Während sowohl das gemeine, als das französische Recht einer Bestimmung ermangeln, wonach die von beiden anerkannte natürliche Dienstbarkeit der unterhalb belegenen Grundstücke zur Aufnahme des von oberen abfließenden Wassers (Gestattung der Vorfluth) im Interesse der Landeskultur erweitert und namentlich die Anlage von künstlichen Veranstaltungen über Nachbargrundstücke gefordert werden dürfe, ist dies bereits ein Vorwurf der älteren Preußischen Gesetzgebung sowohl als des ALR. gewesen, und bildet den Hauptgegenstand des Edikts v. 1811; cf. Komm.-Ber. des H. d. A. zum Ges. v. 14. Juni 1859.

5. Aus gleichen Motiven, wie sie dem Edikte v. 1811 zu Grunde liegen, ist das Ges. über die Benutzung der Privatflüsse v. 28. Febr. 1843 hervorgegangen, insofern auch dieses ganz wesentlich auf Verbesserung der Bodenkultur abzielt. Ebenso stimmen beide Gesetze darin überein, daß sie zur Erreichung ihres Zweckes das Mittel der Expropriation (dieses Wort im weiteren, resp. uneigentlichen Sinne gebraucht) in umfassender Weise gestatten. Andererseits besteht aber unter ihnen der Gegensatz, daß das Edikt, wie die Vorfluths-Gesetzgebung überhaupt, von Entwässerungs-, das Ges. v. 1843 dagegen von Bewässerungs-Anlagen handelt, weshalb man wohl das eine das Entwässerungs-, das andere das Bewässerungs-Gesetz genannt hat.

6. Folge dieser inneren Verwandtschaft beider Gesetze ist gewesen, daß das von 1843, wie ihm für die Bestimmungen über Bewässerungs-Anlagen dasjenige von 1811 zum Vorbilde diente, so wieder auf dieses und die durch dasselbe geregelte Materie zurückgewirkt hat. Einmal nämlich gab jenes Gesetz den Anstoß zum Ges. v. 23. Jan. 1846 (GS. S. 26), ausdrücklich ergangen, um den Schutz, welchen die §§ 19—22 des Ges v 1843 den Bewässerungs-Anlagen durch Gestattung eines Aufgebots- und Präklusions-Verfahrens gewähren, auch den Entwässerungs-Anlagen zu Theil werden zu lassen Sodann aber sind seine Bestimmungen über die Bildung von Genossenschaften zu Bewässerungs-Anlagen (§§ 56 ff), da es im Edikte an ähnlichen Bestimmungen fehlte, auch für Entwässerungs-Anlagen für anwendbar erklärt worden, und zwar durch das Ges. v 11. Mai 1853 (GS. S. 182), welches letztere außerdem die Wirksamkeit der Vorfluths-Gesetzgebung insofern erweiterte, als es die bestehenden Vorschriften in Betreff der Anlegung von Entwässerungsgräben über fremde Grundstücke (cf. §§ 13 ff. h. l.) auf unterirdische Wasserableitungen ausdehnte.

§§ 1—5.

7. Die §§ 1 ff. beziehen sich ebensowohl auf öffentliche, wie auf Privat-Flüsse, ferner ebensowohl auf natürliche Vorfluthkanäle, — Ströme, Bäche und

des Gerichts, welchem die Mühle unterworfen ist, vollzogen werden.

§. 3. An dem Merkpfahle muß sowohl der im Sommer, als der im Winter zulässige höchste Wasserstand ganz deutlich kennbar bezeichnet, auch die Höhe davon mit dem Fachbaum der Mahl- und Freischleuse, und mit einem nahe gelegenen unverrückbaren Gegenstande durch Nivellement verglichen, und zu Protokoll verschrieben werden. Im umgekehrten Falle, wenn ein Müller die Verpflichtung hat, zur Erhaltung der Schiffbarkeit eines Gewässers, das Oberwasser seiner Mühle auf einer bestimmten Höhe zu erhalten, soll in Absicht der Setzung der Merkpfähle für den niedrigsten zulässigen Wasserstand auf eine ähnliche Weise verfahren werden.

§. 4. Ist die Höhe des Wasserstandes durch rechtskräftige Urtheile oder nach dem Einverständnisse aller Interessenten auf eine andere Art deutlich bestimmt, so hat es dabei sein Bewenden, und müssen die Kommissarien den Merkpfahl danach setzen.

§. 5. Sind aber die Interessenten darüber uneinig, ob die Höhe des Wasserstandes durch gültige Verträge, Verleihungen oder rechtverjährten Besitz bestimmt sei, so muß die Sache zur gerichtlichen Erörterung verwiesen, das Verfahren jedoch nach Anleitung der allgemeinen Gerichtsordnung Th. I. Tit. 42. §. 35. 2c. vorzüglich beschleunigt werden. Findet es sich hierbei, daß keine klaren Bestimmungen des Wasserstandes vorgelegt werden können, so setzen die Kommissarien denselben dergestalt fest, daß dabei das gegenseitige Interesse der Bodenkultur und des Müllers oder sonstigen Stauberechtigten möglichst vereinigt werde, und gegen eine Festsetzung auf diesem Grunde finden keine Beschwerden bei den Gerichten, sondern Rekurs an die obere Polizeibehörden statt.

Mühlenfließe), als auf künstliche Wasserabzüge (Mühlgräben und andere Wassergerinne), in denen Stauanlagen befindlich, die der Fabrikation, Fischerei oder Wiesenbewässerung dienen; cf. Lette und v. Rönne (S 584)

8 Sowohl das Recht auf Gestattung der Vorfluth wie das Staurecht, resp. das Wassernutzungs-Recht überhaupt sind an und für sich privatrechtlicher Natur. Insofern daher die §§ 1—5 den Polizeibehörden auf diese Rechte eine besondere Einwirkung einräumen, sind dieselben im Allgemeinen restriktiv zu interpretiren.

9. Da die §§ 1—5 unter einander im engsten Zusammenhange stehen, und namentlich die im § 5 erwähnte polizeiliche Kognition nur dann eintritt, wenn der dem Stauberechtigten gegenüberstehende Interessent auf polizeiliche Setzung eines

Merkpfahls angetragen hat, so erhebt sich die Frage, ob die Stellung eines solchen Antrags rein fakultativ sei, oder ob da, wo das in den §§ 1 ff. vorgezeichnete Verfahren überhaupt zulässig ist, dasselbe auch nothwendig beantragt werden müsse, wenn die zwischen jenem Interessenten und dem Stauwerksbesitzer entstandenen Kollisionen zum Austrag gebracht werden sollen. Für erstere Alternative sprach sich EK. 14 Sept. 1848 (JMBl. S. 441) aus, wo erwogen wird, nur dem Stauwerksbesitzer sei im § 1 eine Pflicht und ein Rechtszwang auferlegt, nicht dem ihm gegenüberstehenden Interessenten; diesen nöthige das Gesetz nicht, seine Beschwerden gegen den Stauwerksbesitzer mittelst einer Provokation auf polizeiliche Setzung des Merkpfahls zu verfolgen, sondern belasse ihm die Wahl zwischen diesem Mittel und der Beschreitung des RW. Ebenso sprach sich das MR. 14. Februar 1840 (VMBl S. 181) dahin aus, daß die Kompetenzbestimmungen des Vorfluth-Edikts der Klage einer Stadt auf Wegnahme einer vom Beklagten im Stadtfließe angelegten Stauschleuse nicht entgegenständen. *Sic* Scheele S. 108, cf. ferner EK. 8. Juni 1848 (JMBl. S. 302). Dagegen scheint die Praxis der Gerichte der entgegengesetzten Ansicht zu huldigen, und den RW. wenigstens alsdann nicht für statthaft zu erachten, wenn der Streit über die vom Stauberechtigten inne zu haltende Höhe des Wasserstandes nicht ohnehin schon, dem § 5 zufolge, durch Richterspruch seine Erledigung finden muß; cf. OT. (Pl. B.) 8. Jan. 1849 (JMBl. S. 212). Ja das Präj. 10. Okt. 1848 (Nr. 2056; Entsch. 10, S. 518) geht noch weiter, indem es augenscheinlich annimmt, daß sogar bei Fällen der letzteren Art das in den § 1 ff. vorgeschriebene Verfahren nothwendig einzuschlagen, und die Zulässigkeit des gerichtlichen Verfahrens nach Maaßgabe des § 5 immer dadurch bedingt sei, daß die Landes-Polizeibehörde die Sache zur richterlichen Erörterung verweise. (Dieses Präj. besagt nämlich, daß, wenn durch die ohne Genehmigung der Polizeibehörde unternommene Erhöhung des Gerinnes an einer Mühle eine Zurückstauung zum Nachtheile einer oberhalb liegenden Mühle bewirkt werde, und der unterhalb liegende Müller dem Anspruche des oberhalb liegenden auf Erniedrigung des Gerinnes den Einwand des Vergleichs oder der Verjährung entgegensetze, der RW. unzulässig sei, so lange nicht die Prov.-Polizeibehörde die Sache an den Richter verweise.)

10. Ebenso sind über die Frage, für welche Art Fälle und für welche Anlässe das in den §§ 1 ff. vorgezeichnete Verfahren gegeben sei, verschiedene Ansichten laut geworden, unter denen die des OT. 31. Aug 1847 (Arnsb. Arch. 13, S. 616) und Pl. B. 8. Jan. 1849 (JMBl. S 212) gegenwärtig wohl die herrschende ist. Hiernach will das Edikt in obigen §§ keineswegs allgemeine Vorschriften über die Benutzung der Gewässer für Mühlen und andere Triebwerke aufstellen, sondern nur die unzureichenden Regeln des ALR. über Verschaffung der Vorfluth in besonderem Bezug auf den Wasserstand bei Mühlen ausführen, resp. modifiziren, nämlich die Vorfluth insoweit beschränken, als die Rücksicht auf stauberechtigte Mühlenanlagen es erheischt, und sie aufrecht erhalten, insoweit dies durch das Interesse der Bodenkultur geboten ist. Jene §§ sollen daher lediglich, auf der Grundlage der bisherigen Vorfluthsgesetze, die Interessen der oberhalb liegenden Grundbesitzer mit den Bedürfnissen der Triebwerksbesitzer vermitteln, und die Pflicht der letzteren, das Wasser aufzunehmen und abzulassen, mit ihrem Recht, den Abfluß desselben zeitweise anzuhalten, in Einklang bringen. Demgemäß greift das in den §§ 1 ff. vorgeschriebene Verfahren nur dann Platz, wenn auf der einen Seite das Recht auf Gestattung der Vorfluth, auf der andern Seite ein Staurecht geltend gemacht wird, und es sich darum handelt, diese beiden sich kreuzenden Rechte zu einander in das richtige Verhältniß zu bringen, keineswegs aber dann, wenn das ersterwähnte Recht gar nicht in Frage kommt, vielmehr über das beiderseitige Recht der Parteien auf die Wassernutzung gestritten und namentlich vom Triebwerksbesitzer behauptet wird, nicht, daß ihm zu viel, sondern umgekehrt, daß ihm zu wenig Wasser vom oberhalb liegenden Besitzer zugeschickt werde, gleichviel, ob die Wasserentziehung durch Bewässerungs-Anlagen seitens eines oberhalb liegenden Grundbesitzers oder durch übermäßiges Stauen seitens eines oberhalb liegenden Triebwerksbesitzers herbeigeführt sein soll. Streitigkeiten der letzteren Art sind daher, den allgemeinen Regeln zufolge, immer im RW. zu erörtern, ohne daß

dabei die im § 5 h. l. gemachten Unterscheidungen in Betracht kommen. *Sic:* Scheele S. 107. Für die Fälle, wo die Beschwerde des unterhalb liegenden Triebwerksbesitzers auf Wasserentziehung durch Bewässerungs-Anlagen (§ 99, I. 8 ALR) gerichtet ist, erkennt dies schon der Gesetzrevisor (Pensum XIII. S. 63) an, und gilt dasselbe auch seit Erlaß des Ges. v. 28. Febr. 1843 mindestens als Regel und vorbehaltlich einzelner dort gemachten Ausnahmen: cit. Ges. 28. Febr. 1843 n. 25 ff. Die oben bezogenen Entscheidungen des OT. betrafen dagegen Streitigkeiten zwischen zwei Triebwerksbesitzern, nämlich Klagen des unterhalb liegenden wegen übermäßigen Stauens seitens des oberhalb liegenden. Wenn hier das OT. in seinem Pl. B von 1849 um die Unanwendbarkeit des § 5 in Betreff solcher Klagen darzuthun, weniger scharf betont, daß bei denselben das Recht auf Gestattung der Vorfluth gar nicht zur Sprache komme, als daß gerade zwischen zwei Triebwerksbesitzern über die Höhe des Wasserstandes gestritten werde, während das Vorfl.-Edikt nur Kollisionen zwischen den Interessen der Bodenkultur und beiläufig der Schifffahrt einer- und den Interessen von Stauberechtigten andererseits im Auge habe, so ist daraus nicht etwa mit dem LMR. 11 März 1850 (BMBl. S. 69) zu folgern, als ob nach der Ansicht des OT. bei Streitigkeiten zwischen zwei Müllern 2c. die §§ 1—5 niemals zur Anwendung gelangten, und daher z. B. der Eigenthümer einer oberhalb belegenen Mühle, welcher durch den Rückstau einer unterhalb belegenen Schaden erleide, auf polizeiliche Merkpfahlssetzung nicht gleichfalls antragen könne. Das Gegentheil scheint vielmehr aus der näheren Motivirung des Pl. B klar hervorzugehen, und daher letzterer mit der durch jenes MR. gebilligten Praxis der Verwaltungs-Behörden, insofern diese dem oberhalb liegenden Müller ein solches Recht allerdings zuerkennt, keineswegs in Widerspruch zu stehen.

11. Endlich ist es streitig, ob die beim Verfahren im Sinne der §§ 1 ff. hervortretenden Differenzen über die vom Triebwerksbesitzer innezuhaltende Höhe des Wasserstandes lediglich in den im § 5 speziell aufgezählten Fällen auf dem RW. zum Austrage zu bringen, oder ob die Worte „Verträge, Verleihungen, rechtsverjährter Besitz" blos exemplifikativ für alle und jede Momente privatrechtlicher Natur gebraucht seien, so daß die Kognition nur dann der Polizei gebühre, wenn der Streit den Charakter eines eigentlichen Rechtsstreits gar nicht an sich trage. EK. 14 Sept. 1848 (cf. n 9) vertritt auch hier die der richterlichen Kompetenz günstigere Meinung, ebenso Scheele S. 108; während die dem Wortlaute des § 5 allerdings mehr entsprechende entgegengesetzte Ansicht bei der Berathung des OT. im Pl B. von 1849 die Oberhand gewonnen zu haben scheint.

11 bis. Die Bestimmung, daß gegen die Festsetzung der Kommissarien eine Beschwerde bei den Gerichten nicht stattfinde (§ 5) bezieht sich nur auf die Art der Festsetzung, nicht auf die Befugniß der Kommissarien selbst. Wenn daher diese den Wasserstand in einem Falle, wo der Streitpunkt zur gerichtlichen Entscheidung gehört, ohne eine solche Entscheidung festsetzen, so ist dagegen der RW. allerdings statthaft. Cf. Scheele S. 109

12. Die §§ 1—5 finden auch auf neuangelegte Mühlen Anwendung, und derogiren daher insofern, als sie, zumal § 5, mit den §§ 238, 239, II. 15 ALR. in Widerspruch stehen, diesen letzteren Bestimmungen: OT. 22. Mai 1855 (Strieth. 20, S. 26). [Nach der oben n. 9 mitgetheilten Ansicht des EK. 14. Sept. 1848 würde freilich ein solcher Widerspruch schwerlich vorhanden sein] — Uebrigens soll nach dem MR 14 Juni 1847 (BMBl. S. 136) bei Konzessionirung neuer Mühlenanlagen ein Merkpfahl immer von Amtswegen, d h. also auch, ohne daß seitens der Adjazenten darauf angetragen worden, gesetzt werden. Diese Vorschrift lehnt sich augenscheinlich an die §§ 27 ff. der Gewerbe-Ordn v. 17. Jan. 1845 an, denen zufolge die Regierungen befugt sind, die Ertheilung der Konzession an Bedingungen zu knüpfen

13. Die Zuziehung des Gerichts in Gemäßheit des § 2 ist nicht etwa blos der Beglaubigung wegen erforderlich; vielmehr kommt es bei jenem Verfahren ebenso sehr auf Wahrnehmung der Rechtspunkte, wie administrativer Rücksichten an, auf erstere namentlich zur Ermittelung der zuzuziehenden Interessenten, dergestalt, daß unter denselben darüber mit Bestand abgeschlossen, resp. ein wirksames Anerkenntniß abgegeben werden kann, wessen Rechte als wohlerworbene zu

betrachten, und ob danach die Höhe des Wasserstandes bereits fest bestimmt sei, im Verneinungsfalle, ob die desfallsigen Streitigkeiten dem § 5 gemäß in den RW. oder vor die Landes-Polizeibehörde gehören, ferner, wenn es sich um eine provisorische Feststellung handelt, welche Rücksichten auf die mehr oder minder bescheinigten Rechtsansprüche des einen oder andern Theils zu nehmen. Die von der Regierung oder dem Gerichte ernannten Kommissarien haben sich daher als Konkommissarien zu betrachten, und die Angelegenheit im gegenseitigen Einverständnisse zu behandeln: MR. 12. Mai 1834 (Jbb. 483); Scheele S. 105.

14 Zur Verminderung der Kosten verfügt ein MR. 17. Oktbr. 1845, daß die Landräthe als Kommissarien der Verwaltungs-Behörde die Vorladung der Interessenten besorgen, einen Deputirten des Gerichts zuziehen, und demnachst die Ausfertigung der Verhandlung bewirken sollen. Ferner gewährt die ACO. v. 24. März 1839 (JMBl. S 243) den in Vorfluths-Angelegenheiten bei Verwaltungs-Behörden vorkommenden Gesuchen und Verhandlungen Stempelfreiheit — Ob die gerichtliche Mitwirkung bei der Merkpfahlsetzung einen Akt der freiwilligen Gerichtsbarkeit darstelle, mithin den gerichtlichen Kommissar berechtige, außer den Diäten und Reisekosten noch die Sätze des Tarifs v. 10. Mai 1851 § 16 zu erheben, oder ob zufolge § 3 ib. Sportelfreiheit eintrete, war ehedem streitig. Für die eine Meinung berief man sich darauf, daß § 1 h 1. die Merkpfahlsetzung als einen Gegenstand des Privatinteresses bezeichne, für die andere wurde geltend gemacht, daß sie vorwiegend im landespolizeilichen Interesse angeordnet sei, wobei das Gericht sich nur auf Requisition der Verwaltung betheilige. Das JMR. 20. Septbr. 1856 (JMBl. S. 314) hat für die letztere Alternative entschieden.

15. Die Kosten, welche durch Setzung des Merkpfahls und die demselben vorangehenden technischen Ermittelungen entstehen, sind vom Provokanten allein einzuziehen, selbst, wenn die Merkpfahlsetzung auch Anderen nützlich sein sollte. Inwiefern Provokant eine versio in rem für solche andere Interessenten nachzuweisen, und hierauf einen Anspruch auf theilweise Erstattung der Kosten zu gründen vermöge, ist eine andere Frage, welche jedoch nicht zur polizeilichen, sondern zur richterlichen Kognition gehört. Das Eingangs Gesagte erleidet nur hinsichtlich solcher Kosten eine Ausnahme, welche dadurch entstehen, daß sich der eine oder andere Interessent bei den Festsetzungen der Kommissarien und der Landes-Polizeibehörde nicht beruhigt Alsdann nehmen die weiteren Verhandlungen den Charakter eines prozessualischen Verfahrens an, weshalb sowohl hinsichtlich der Kosten, als anderer Punkte, über welche keine besonderen Vorschriften bestehen, die Vorschriften der AGO. maaßgebend sein mussen, auch wenn es zu einer Entscheidung in der Rekursinstanz, die sich zugleich über den Kostenpunkt mit erstreckt haben würde, wegen demnächstiger gütlicher Vereinigung nicht kommt, in welchem letzteren Falle mithin § 21, I. 23 AGO anwendbar wird, vorausgesetzt, daß die technischen Ermittelungen von keiner Seite beantragt, vielmehr von Amtswegen angeordnet sind: MR. v. 20. Jan., 25. April, 29. Juni 1840 (VMBl S. 57, 182, 260).

16. Die eben geäußerte Ansicht, daß auf das Rekursverfahren (§ 5 a. E.) die Grundsätze der Prozeß-Gesetzgebung anwendbar seien, kehrt im MR. 19. März 1837 (Ann 21, S 79) wieder, insofern dort gesagt wird, daß gegen die nach kontradiktorischer Erörterung ergehenden Bescheide der Regierung in Vorfluths-, Grabenreinigungs- [§ 10 h 1] und ähnlichen Sachen der Rekurs als förmliches Rechtsmittel zulässig sei, und die Festsetzung einer bestimmten Frist zu dessen Einlegung der Analogie eines prozessualischen Verfahrens entspreche. Lette und v. Rönne (S. 590) wollen diese Frist gegenwärtig nach § 7 der VO v. 5. Mai 1838 bemessen, mithin auf 12, resp. 6 Wochen erweitert wissen. — Anlangend die Frist zur Einlegung von Rechtsmitteln wider die in Vorfluths-Angelegenheiten gemäß § 5 ergehenden richterlichen Erkenntnisse, so spricht sich OT. 9. Nov. 1842 (Präj. Nr. 1377, Präj. S. 323) gegen die Anwendbarkeit des dreitägigen Fatales für Rechtsmittel in Bausachen aus.

17. Ueber den Unterschied zwischen einem Merk- und einem Sicherheits-Pfahl im Sinne der Schles. Mühlen-O. v. 28. Aug. 1777 cf. MR. 3. Oktbr. 1845 (VMBl. S 356), welches annimmt, daß die Vorschriften jener Mühlen-O. über

§. 6. Der Provinzial-Polizeibehörde bleibt jedoch unbenommen, während der Dauer der erwähnten gerichtlichen Erörterung interimistisch einen Wasserstand festsetzen zu lassen, welchen der Müller oder sonstige Stauberechtigte so lange halten muß, bis ein anderes durch die definitive Entscheidung festgesetzt ist.

§. 7. Von welchem Tage ab und bis zu welchem Tage hin blos der niedrige Sommerwasserstand gehalten werden darf, bestimmen zunächst Verträge und rechtliche Erkenntnisse, wenn diese vorhanden sind, nächst diesen die Provinzialgesetze. Ist keine solche Bestimmung vorhanden, so liegt den Kommissarien ob, von wann ab und bis wohin nur der Sommer-

---

Sicherheitspfähle noch in Kraft seien, und daß, wenn die Regierung bei einem Triebwerke auf Setzung von Sicherheitspfählen dringe, die desfallsigen Kosten dem Triebwerksbesitzer zur Last fielen.

18. Zur Kompetenz der Auseinandersetzungs-Behörden gehört die Regulirung des Wasserstands vor einer Mühle nur dann, wenn die Stauhöhe auf den Separationsplan von Einfluß, z. B. die Grenze oder Bonitirung der zu separirenden Grundstücke von der zulässigen Stauhöhe abhängig ist, da in einem solchen Falle die Festsetzung der Stauhöhe die Regulirung derjenigen Rechtsverhältnisse betrifft, welche bei vorschriftsmäßiger Ausführung der Auseinandersetzung in ihrer bisherigen Lage nicht verbleiben können; cf. VO. v. 10 Juni 1817, § 3 Nr. 3; 30. Juni 1834 § 7. Die Auseinandersetzungs-Behörde entscheidet alsdann bei Streitigkeiten über die Stauhöhe nach Vorschrift der für das Auseinandersetzungs-Verfahren ergangenen formellen Vorschriften, indem sie dabei, wie gewöhnlich, die Befugnisse des Gerichts und der Verwaltung in sich vereinigt: LMR. 23. April 1859 (BMBl. S. 140). Uebrigens beschränkt sich diese Kompetenz bei Gemeinheits-Theilungen nicht auf die Zeit bis zur Ausführung des Auseinandersetzungs-Plans, sondern währt für die ganze Dauer der Kompetenz jener Behörde in der Hauptsache und in den mit dieser verbundenen Nebengeschäften (VO. v. 1834 § 8) fort, sofern ein nothwendiger Zusammenhang zwischen der Regulirung der Stauhöhe und der definitiven Feststellung des Theilungsplans sich ergiebt; cf. LMR 12. Febr. 1862 (BMBl. S. 201), wo außerdem die Befugniß der Auseinandersetzungs-Behörde, die Bildung von Genossenschaften herbeizuführen, erörtert wird.

19. Cf. endlich § 243 Nr. 7 des StrGB. und Oppenhoff l. c n. 25.

§ 6.

20. Was nach § 6 speziell vom Wasserstau bei Mühlen gilt, findet überhaupt für die Bestimmungen der Vorfluth [in specie für § 10] Anwendung. So die aus Anlaß eines Einzelfalls ergangene ACO. v. 25. Aug. 1832 (Jbb. 42, S. 83).

21. § 6 steht selbstredend nicht entgegen, daß die Regierung auf Grund der §§ 27 ff., 38 der Gewerbe-O. resp der an Stelle dieser §§ getretenen Bestimmungen des Ges. v. 1. Juli 1861 (cf. oben n. 12), den Wasserstand für neu konzessionirte Mühlen definitiv festsetze. OT. 15. Juni 1855 (JMBl. S. 356).

22. Das Interimistikum, dessen Festsetzung nicht etwa dem Landrathe oder einem anderen Kommissar überlassen werden darf, hat den Charakter einer nach § 3 des Ges. v. 11. Mai 1842 provisorisch vollstreckbaren Polizei-Verfügung, welche nicht durch einen förmlichen Rekurs als Rechtsmittel, sondern nur im gewöhnlichen Beschwerdewege angefochten werden kann: Lette und v. Rönne (S. 591).

§ 7.

— — — — — — — — — — — — — — — — — —

Wasserabzuges obliegt, der kann zu dessen Auskrautung oder Räumung polizeilich angehalten werden, sobald aus der Verwasserstand gehalten werden dürfe, nach den örtlichen Verhältnissen festzusetzen. Auf jeden Fall muß in dem über die Verhandlung aufzunehmenden Protokolle ausdrücklich vermerkt sein, von wann ab und bis wohin der Sommerwasserstand gehalten werden soll.

§. 8. Kein Besitzer von Mühlen oder andern Stauungs-Anlagen darf den Wasserstand über die durch den Merkpfahl festgesetzte Höhe aufstauen. Sobald das Wasser über diese Höhe wächst, muß er durch Oeffnung der Schleusen, Gerinne und Grundstöcke, Abnehmung der beweglichen Aufsätze auf den Fachbäumen oder Ueberfällen, überhaupt Wegräumung aller blos zeitlichen Hindernisse den Abfluß desselben unentgeltlich sogleich und unausgesetzt so lange befördern, bis das Wasser wieder auf die, durch den Merkpfahl bestimmte Höhe herabgefallen ist.

§. 9. Versäumt er dies, so ist nicht allein die örtliche Polizeibehörde verpflichtet, auf Antrag der Interessenten, die vorerwähnte Oeffnung, Abnehmung und Wegräumung auf Gefahr und Kosten des Mühlenbesitzers ohne Anstand vornehmen zu lassen, sondern er hat auch in jedem Falle, außer dem Ersatze alles durch die widerrechtliche Stauung verursachten Schadens, zwanzig bis funfzig Thaler Polizeistrafe verwirkt.

§. 10. Wem die Unterhaltung eines Grabens oder

---

§§ 8 und 9.

23. § 244, II 15 ALR. ist durch § 8 h. l. modifizirt worden; cf. Ergänz. ad § 244 cit.

24. Die §§ 8, 9 stellen einen allgemeinen Grundsatz über das rechtswidrige Stauen auf; es findet daher die Strafbestimmung des § 9 auch dann Anwendung, wenn der Wasserstand nach der Gewerbe-O (n. 12) im Verwaltungswege regulirt ist. So. OT 15. Juni 1855 (JMBl S 356) [?].

25. § 9 bedroht nicht den mit dem Mühlenbetrieb beauftragten Müller, sondern blos den Mühlenbesitzer mit Strafe, sollte letzterer auch den geschäftsmäßigen Betrieb durch Dienstleute bewirken lassen. Der Ausdruck „Versäumen" deutet keinen bestimmten Grad der Nachlässigkeit an: OT. 19. April 1855 (JMBl. S. 243).

26. Die Strafbestimmung des § 9 kann in dem durch das Ges v. 14. Mai 1852 über die vorläufige Straffestsetzung angeordneten Wege realisirt werden: Lette und v. Rönne (S. 593).

§ 10.

27 § 10 findet auf künstliche Wasserleitungen unzweifelhaft Anwendung: EK. 10. März 1860 (JMBl. 61, S 264). — Derselbe versteht indessen un-

nachlässigung derselben, oder aus Mangel an der erforderlichen Tiefe, Nachtheil für die Besitzer anderer Grundstücke oder nutzbarer Anlagen, oder auch für die Gesundheit der Anwohner entstehet. Die Bestimmung, wann und wie die Auskrautung oder Räumung bewirkt werden soll, gehört blos zur Kognition der Polizeibehörden und jeder Unterhaltungspflichtige muß sich derselben unbedingt unterwerfen.

---

ter „Gräben und Wasserabzügen“ nicht etwa blos künstliche Gräben und Kanäle im Sinne des § 100, I. 8 ALR, sondern auch Privatflüsse (cf. Westph. Landt.-Abschied v. 22. Juli 1832, Böle, Beitr. zur Lehre vom Wasserrechte in Arnsb. Arch. 2, S. 651), dagegen scheiden öffentliche Flüsse beim § 10 aus, da deren Räumung in den Bereich der Fluß- und Uferpolizei gehört, cf. Lette und v. Rönne S. 594. Ebenso sind im § 10 unter „nutzbaren Anlagen“ auch Triebwerke zu verstehen; cf. LMR. 21 Novbr. 1859 (VMBl. S. 347; dieses R. mißbilligt demnach die Ansicht, als finde eine Einwirkung der Polizeibehörde auf Verschaffung der Vorfluth nur im Interesse der Landeskultur und nicht für rein gewerbliche Zwecke statt).

28. Das Ges. v. 28. Febr. 1843 hat durch § 7 die für künstliche Gräben bereits im § 100, I 8 ALR. aufgestellte Regel, daß die Räumungspflicht den Adjazenten obliege, wenigstens insoweit, als die Räumung zur Beschaffung der Vorfluth erforderlich ist, auch für Privatflüsse sanktionirt, so daß die Person des Verpflichteten für Gewässer sowohl der einen wie der anderen Art, in Ermangelung spezieller Rechtstitel 2c. schon durch das Gesetz bestimmt ist. (Inwiefern die in Abs 2 des § 7 cit. der Polizeibehörde ertheilten Befugnisse sich von denen des § 10 h l. unterscheiden, erörtern die Noten zu jenem § 7).

29. Erhebt sich aber dennoch darüber Streit, wem die Unterhaltungs- resp. Räumungspflicht obliege, oder ob sie überhaupt bestehe, ja ob ein Wasserzug irgend vorhanden sei und geduldet werden müsse, so gebührt die Entscheidung nach der für privatrechtliche Streitigkeiten geltenden Regel nicht der Polizeibehörde, welche zufolge § 10 nur über die Zeit und Art der Räumung zu befinden hat, sondern den Gerichten; cf. JMR. v. 28. März 1840, EK. 6. April 1853, 10. März 1855, OT. 28. Jan. 1857 (JMBl. 40, S. 128; 53, S. 221; 55, S. 220; Strieth. 23, S. 297).

30 Folgeweise ist die Frage, ob, von wem und in welchem Verhältnisse die Erstattung der Räumungskosten gefordert werden dürfe, gleichfalls nur im RW. zu entscheiden; cf. MR. 29. Nov. 1842 (VMBl. S. 428).

31. Inzwischen steht der Provinzial-Polizeibehörde in obigen Fällen (n. 29) die Regulirung eines Interimistikums zu; cf. n. 20, MR. v. 28. Juni 1832 (Jbb. 42, S. 83, Scheele S. 112). Von diesem Rechte kann jedoch nur dann Gebrauch gemacht werden, wenn ein sehr erheblicher, die Räumungslast weit überwiegender Nachtheil abgewendet werden soll, und der Ausgang eines etwaigen Prozesses sich ohne großen Schaden nicht abwarten läßt (entgegengesetzten Falls ist also derjenige, welcher die Ausräumung verlangt, auf den RW. zu verweisen, um zunächst ein Urtheil über die Räumungspflicht zu erwirken), während, wenn diese Pflicht unbestritten feststeht, eine dringende unabweisbare Nothwendigkeit nicht maaßgebend ist, die Polizeibehörde vielmehr [und zwar die Ortspolizeibehörde] gemäß § 10 den Verpflichteten jederzeit zur vollständigen Erfüllung seiner Verbindlichkeit anhalten kann; cf. MR. v. 29. Jan. 1847, 27. Okt. 1842 (VMBl. 47, S. 19; 42, S. 380). — Handelt es sich um die Räumung eines Privatflusses im Interesse eines Mühlenbesitzers, so hat, insofern die Räumungspflicht nicht durch spezielle Rechtstitel 2c. besonders bestimmt ist, die Polizeibehörde ihre Einwirkung auf die Räumung unterhalb der Mühle zu beschränken, da die in n. 28 erwähnte Regel bei Privatflüssen nicht Platz greift, wenn die Räumung nicht behufs Beschaffung

§. 11. Die Mühlenbesitzer und alle, welche sonst den Abfluß eines Gewässers anzuhalten berechtigt sind, sollen verpflichtet sein, den freien Lauf desselben, nach Bestimmung der Provinzial-Polizeibehörde, ganz oder zum Theil wieder herzustellen, sobald daraus ein offenbar überwiegender Vortheil für die Bodenkultur oder Schifffahrt entsteht und diejenigen, welche für ihre Kultur oder Schifffahrts-Anlagen des Wasser-Abflusses bedürfen, ihnen eine vollständige Entschädigung herzugeben bereit und vermögend sind.

§. 12. Diese Verpflichtung kann selbst bis auf gänzliche Wegräumung von Wassermühlen ausgedehnt werden, sobald nach polizeilichem Ermessen der Zweck anders nicht zu erreichen ist, der Müller aber vollständig entschädigt, auch der Gegend Ersatz für ihr Interesse bei Erhaltung der Mühle geleistet werden kann.

§. 13. Auch da, wo keine künstliche Hindernisse des Abflusses vorhanden sind, kann jeder Grundbesitzer verlangen, daß ihm Abwässerungsgraben durch fremden Boden zu ziehen gestattet werde, sobald die vorerwähnten Bedingungen stattfinden.

---

der Vorfluth, sondern behufs besserer Zuführung des Betriebswassers nachgesucht wird; cf. LMR. v. 21. Nov. 1859 (VMBl. S. 347).

32. Aus den Schlußworten des § 10 ist nicht etwa zu folgern, daß nur der Unterhaltungspflichtige, nicht auch jeder andere bei der Räumung Interessirte sich der polizeilichen Entscheidung über Zeit und Art der Räumung unterwerfen müsse, resp. daß ein anderer Interessent, mit Umgehung der Polizeibehörde, eine richterliche Entscheidung hinsichtlich obiger Punkte impetriren könne. Ebensowenig läßt sich ein derartiges Klagerecht aus den §§ 26 ff. I 8 ALR. herleiten: EK. 10 März 1860 (JMBl. 61, S. 265).

33. Hat die Polizeibehörde verfügt, sei es, daß sie blos ein Interimistikum regulirte, sei es, daß sie einer bestimmten Person, in der Meinung, deren Räumungspflicht stehe fest, die Räumung definitiv auferlegte, so findet der RW., den §§ 1, 5 des Ges. v. 11. Mai 1842 zufolge, in possessorio gar nicht, und in petitorio wenigstens nicht über die polizeiliche Verfügung, und wider die verfügende Behörde als solche, sondern nur unter den Betheiligten, namentlich also wider den Extrahenten jener Verfügung zur Feststellung ihrer gegenseitigen Rechte, sowie über die etwa zu leistende Entschädigung statt. Doch kann der Klageantrag in Betreff des ersteren Punkts auch negatorisch gefaßt sein; cf. EK. 6. April 1853 (JMBl. S. 221), OT. 28. Jan. und 25. Sept. 1857 (Strieth. 23, S. 301; 27, S. 66). Das durch OT. 28. Jan. 1857 vernichtete Erkenntniß des AG. Breslau hatte sogar angenommen, daß, wenn die polizeiliche Anordnung eine definitive gewesen sei, z. B. weil Kläger seine Räumungspflicht zuvor anerkannt hatte, der RW. nicht einmal wider den Extrahenten der Verfügung zugelassen werden könne.

34. Ueber den Erlaß reglementarischer Bestimmungen wegen der Räumung von Gräben cf. Ges. v. 28. Febr. 1843, n. 21.

§§ 11—14.

35. Die §§ 11—14 enthalten die materiellen Abänderungen der be-

§. 14. Selbst zur Ablassung von Teichen und stehenden Seen kann unter gedachten Bedingungen (§. 11.) die Gestattung der Vorfluth erfordert werden, und wird insoweit eine Ausnahme von dem entgegenstehenden Gesetz, ALR. Th. I. Tit. 8. §. 117. nachgegeben.

§. 15. Besitzer von Grundstücken, welche sich des auf ihren Ländereien stehenden Wassers entledigen wollen, und deshalb nicht gütlich mit den zur Stauung Berechtigten oder andern Grundbesitzern einigen können, müssen von ihrem Vorhaben der Provinzial-Polizeibehörde Anzeige machen, nachweisen, welchen Vortheil sie von dem Ablassen des Wassers erwarten, und darthun, daß sie bereite Mittel haben, die wahrscheinliche Entschädigung ohne Verzug zu bezahlen.

§. 16. Auf diesen Antrag wird sogleich eine Lokal-Untersuchung durch sachkundige Kommissarien verfügt, welche ausmitteln:

a) wodurch der Zweck des Grundbesitzers am leichtesten erreicht werden könne?
b) ob durch die beabsichtigte Entwässerung nicht andere Grundbesitzer leiden, oder ein Nachtheil davon für die Schifffahrt oder öffentlichen Anlagen zu besorgen sei?

---

züglichen Vorschriften des ALR. (§§ 102 ff., I. 8), indem sie im Interesse der Beförderung der allgemeinen Landeskultur den einzelnen Grundbesitzern neue ausgedehntere Befugnisse zur Nutzbarmachung ihres Privateigenthums, und zwar theils den Stauberechtigten (cf. §§ 11, 12), theils anderen Grundbesitzern und Nutzungsberechtigten gegenüber (cf. §§ 13, 14), verleihen, wogegen die hieran anschließenden §§ 15—34 die formellen prozessualischen Vorschriften über das Verfahren zur Realisirung jener materiellen Vorschriften der §§ 11—14 aufstellen: Lette und v. Rönne S. 603 *Contra* Scheele S 110; er hält das in den §§ 15 ff. vorgeschriebene Verfahren in den durch §§ 11 und 12 vorgesehenen Fällen für unanwendbar, und hält in denselben die Polizeibehörde zur Festsetzung der Entschädigung für berufen, wogegen dann den Stauungsberechtigten der Rechtsweg offen stehe.

36. Zu Gunsten von Gebäuden, resp. Hausgrundstücken kann die Gestattung der Vorfluth sowenig nach dem Edikte von 1811 wie nach §§ 102, 103, I. 8 ALR. gefordert werden: OT. 10. Febr. 1859 (Entsch. 40, S 34).

37. Die §§ 11 und 12 finden auch auf schiffbare Flüsse Anwendung: Lette und v. Rönne (S. 604).

38. Dieselben Schriftsteller erachten (S. 606) die im § 12 a. E. gedachte Bedingung, „daß auch der Gegend für ihr Interesse bei Erhaltung der Mühle Ersatz geleistet werden könne,“ mit Rücksicht auf die völlige Freigebung des Mühlengewerbes durch die Gew.-O. v. 17. Jan. 1845, und da sich erfahrungsgemäß nirgends ein Mangel an Mühlen zeige, als hinweggefallen.

§§ 15—34.

39. Die §§ 15 ff. betreffen, wenngleich es sich dort um bloße Meliorationen handelt, einen den s. g. nothwendigen Servituten (§§ 3 ff., I. 22 ALR.) sehr verwandten Gegenstand. Doch weichen sie in formellen Bestimmungen von den

§. 17. Die letztere Untersuchung muß auch für den Fall stattfinden, wenn beide Theile über die Ablassung gütlich einverstanden sind.

§. 18. Auf den Grund dieser Untersuchung bestimmt die Provinzial-Polizeibehörde, ob die Ablassung des Wassers überhaupt stattfinden könne, und unter welchen Modalitäten sie ausgeführt werden müsse.

§. 19. Wollen die Interessenten sich dieser Bestimmung nicht unterwerfen, so findet dagegen keine gerichtliche Klage, sondern nur Berufung auf die höhere Polizeibehörde statt.

§. 20. Jedoch kann über den Umfang der Rechte, welche jede Parthei zur Ausgleichung bringt, durch diesen polizeilichen Entwässerungsplan niemals etwas bestimmt werden, sondern es muß, wenn der Wasserstand streitig ist, derselbe nach §§. 1. bis 5. festgesetzt, jede andere streitige Befugniß aber zur richterlichen Entscheidung verwiesen werden.

§. 21. Wird die Ausführung des Entwässerungsplans genehmigt, so wird durch schiedsrichterliches Ermessen sowohl der Betrag der Entschädigung ausgemittelt, als auch die Entwässerung selbst nach dem genehmigten Plane zur Vollziehung gebracht.

§. 22. Zu dem Ende wählen die Stauungs-Berechtigten oder die Inhaber der Grundstücke, die Vorfluth gewäh-

---

für jene geltenden in zwei wesentlichen Punkten ab, einmal nämlich insofern, als sie die Entscheidung über das Vorhandensein der Voraussetzungen, welche den Anspruch auf Gestattung der Entwässerung bedingen, sowie über die Modalitäten, unter denen letztere auszuführen ist, den Gerichten entziehen und in die Hände der Landes-Polizeibehörde legen, und sodann insofern, als sie zwar die Ermittelung der Entschädigung, konform den §§ 3 ff l. c., an Schiedsrichter verweisen, die Leitung des schiedsrichterlichen Verfahrens aber, insbesondere die Ernennung eines Obmanns, zuwider dem § 6, sowie die Vernichtung jenes Verfahrens, zuwider den allgemeinen im Titel 2, I. AGO. enthaltenen Grundsätzen, an Stelle des ordentlichen Richters ebenmäßig der Landes-Polizeibehörde übertragen, und jede Appellation von dem Schiedsrichterspruche (§ 175, I. 2; § 55, I. 30 AGO.) ausschließen. — Andererseits entsprechen die §§ 15 ff allerdings in gewisser Beziehung dem § 105, I. 8 ALR.; cf. Lette und v. Rönne S. 607. (Hier wird gesagt, § 15 h. l. sichere dem § 105 cit. dadurch erst seine praktische Ausführbarkeit, daß, während dieser § allgemein auf den Staat verweise, § 15 die Behörde und den Weg bezeichne, auf welchem die Zusicherung des § 105 realisirt werden solle).

40. Welcher Umfang den §§ 15 ff. in gegenständlicher Hinsicht beizumessen sei, hängt von der Bedeutung des Worts „stehendes Wasser“ ab. Bei der Beziehung des § 15 zu den vorhergehenden §§, insbesondere dem § 14, unterliegt es zunächst keinem Zweifel, daß unter jenem Ausdrucke Teiche und Seen einbegriffen sind, wie auf der anderen Seite die Worte „auch zur Ablassung von Teichen rc.“ bestimmt darauf hinweisen, daß letztere nicht als die einzigen stehenden Wässer im Sinne des § 15 betrachtet werden können. Dessenungeachtet will Koch das Regenwasser nicht dahin gerechnet wissen; er nimmt vielmehr in seinem

ren sollen, einen Schiedsrichter, der, oder die Grundbesitzer, welche auf die Entwässerung antragen, auch einen, und die Provinzial-Polizeibehörden einen Obmann.

§. 23. Diese drei Personen werden von der Provinzial-Polizeibehörde autorisirt, auf den Grund der nach absoluter Stimmenmehrheit von ihnen gefaßten Beschlüsse sowohl die Entschädigung zu bestimmen, als auch die Vollziehung der Entwässerung selbst anzuordnen. Zugleich haben sie die künftige Unterhaltung der neu angelegten Abzugsgräben näher zu bestimmen, wobei der Grundsatz anzuwenden ist, daß der oder diejenigen, welche in einem bestimmten Verhältniß Vortheil von der neuen Anlage haben, auch in eben dem Verhältniß zur Unterhaltung derselben verpflichtet sind.

§. 24. Von ihrer Entscheidung findet keine Appellation statt.

§. 25. Insofern ihnen jedoch klar nachgewiesen werden kann, daß sie ihre Befugniß überschritten haben, ist die Provinzial-Polizeibehörde befugt und verpflichtet, ihr Verfahren zu kassiren, den Partheien ihre Ansprüche auf Schadenersatz

---

„Recht der Forderungen“ (3, S. 117) an, daß die Gestattung der Vorfluth ebenso wie die Bestellung einer nothwendigen Servitut behandelt werden müsse, wenn er gleich in seinem Lehrbuche des Preußischen Privatrechts (§ 604) für den Fall, wo ein Grundbesitzer nicht auf Grund spezieller Rechtstitel (cf. unten n. 41), sondern aus allgemeinen staatsbürgerlichen Rechten Vorfluth in Betreff des Regenwassers zu nehmen sich berechtigt halte, oder wo dem unteren Grundbesitzer gegen Beschädigung nur nach den Grundsätzen der Verbindlichkeit zur Bestellung der cautio damni infecti geholfen werden könne, die Entscheidung nicht den Gerichten, sondern der Polizei vindizirt. Ebenso scheinen OT. 13. März und 9. Sept. 1857 (Entsch. 36, S. 44) dem § 15 die Anwendbarkeit auf Regenwasser im Allgemeinen abzusprechen, indem sie namentlich in „stehendem Wasser“ den Gegensatz zu „wild ablaufendem“ erblicken. (Hier wurde nämlich erkannt, stehendes Wasser sei kein Bruch, welches nicht als Teich, sondern höchstens als Sumpf zu betrachten, in dem das wild abfließende Regenwasser sich augenblicklich sammle, um nach Erreichung einer gewissen Höhe durch einen angelegten Graben abzulaufen, wohl aber ein Bruch, selbst, wenn es Teich oder See genannt werden sollte, sofern das dort befindliche Wasser wirklich stehendes und nicht blos Regenwasser sei, was sich dort allmählig ansammle, und alsdann wild abfließe) Dagegen sind Lette und v. Rönne (S. 607) sowohl als EK. 11. Febr. 1860 (JMBl 61, S. 128) der Ansicht, daß § 15 auf die Entledigung von jeder Art kulturschädlichen Wassers, mithin auch von Regen- und Schneewasser gerichtet sei. Jene Schriftsteller machen noch besonders darauf aufmerksam, daß, nachdem Art. 3 des Ges. v. 11. Mai 1853 (cf. oben n. 6) die unterirdischen Wasserleitungen den offenen Abwässerungsgräben in allen Beziehungen gleichgestellt habe, die von Koch aus den Worten: „das auf ihren Ländereien stehende Wasser“ gezogenen Folgerungen um so viel weniger als zutreffend erschienen.

41. Nimmt ein Grundbesitzer nicht auf Grund der Vorfluths-Gesetzgebung, sondern kraft spezieller Rechtstitel das Recht in Anspruch, das auf seinem Grundstücke stehende Wasser, mag dieses nun Regen- oder anderes Wasser sein,

an sie vorzubehalten, und die Wahl von neuen Schiedsrichtern zu veranlassen.

§. 26. Eine solche Ueberschreitung der Befugnisse findet jedoch nur statt, wenn die Schiedsrichter entweder von dem durch die Regierungen genehmigten Entwässerungsplan abweichen, oder für solche Rechte, welche noch unter den Partheien streitig sind, Entschädigungen aussetzen.

§. 27. Will der Stauungsberechtigte sich nicht dazu verstehen, einen Schiedsrichter zu wählen, oder verzögert er die Wahl über vier Wochen, nachdem ihm die Aufforderung dazu insinuirt worden ist, so ernennt der Landrath oder sonstige Polizeidirigent des Kreises den Schiedsrichter statt seiner.

§. 28. Zu Schiedsrichtern können nur unbescholtene, dispositionsfähige, sachkundige Männer gewählt werden.

§. 29. Auch nur solche, die als Zeugen für und wider die Partheien und übrigen Schiedsrichter mit voller Kraft vor Gericht könnten zugelassen werden.

§. 30. Wer zum Schiedsrichter gewählt ist, darf die Wahl nicht ablehnen; es sei denn, daß er solche Entschädigungsgründe für sich anführen könnte, welche ihn von der Uebernahme einer mit Administration verbundenen Vormundschaft nach ALR. Th. 2. Tit. 18. §§. 208. 209. 212. 213. befreien würden.

§. 31. Findet außer dem Interesse der Stauungs-Berechtigten oder der Inhaber der Grundstücke, die Vorfluth gewähren sollen, noch ein besonderes Interesse, z. B. wegen Fischerei, Viehtränke rc., gegen die Entwässerung statt, so

---

mittelst künstlicher Vorrichtungen einem tiefer belegenen zuzuleiten, so kommen die §§ 15 ff nicht in Betracht; vielmehr ist im Streitfalle der RW. einzuschlagen; cf. Koch, Preuß. Privatrecht, § 604 (wo dies vom Regenwasser gesagt wird).

42. Ungeachtet des Unterschieds, welcher zwischen den Fällen der §§ 15 ff., wo es sich um die Anlage neuer Gräben, und denen des § 10, wo es sich um die Unterhaltung bereits bestehender handelt, ist das MR. v. 29. Nov. 1842 (BMBl. S. 428) der Ansicht, daß besondere Umstände es rechtfertigen könnten, selbst da, wo die von einem Grundbesitzer verlangte Vorfluth schon durch Räumung vorhandener Wasserabzüge gewährt werden könne, dennoch ausnahmsweise auf die §§ 15 ff. zu rekurriren. Doch macht dieses R. gleichzeitig darauf aufmerksam, daß ein solcher Ausnahmefall nicht vorliege, wenn nicht die Entwässerung von Grundstücken, sondern nur der bessere Betrieb von Mühlen bezweckt werde; cf. n. 35 und 40.

43. Zufolge AG. Marienwerder 9 Jan 1857 und OT. 9. Sept. 1857, (Entsch. 36, S. 41) finden die §§ 15 ff. nicht blos Anwendung, wenn zur Ableitung

wählen diejenigen, welche ein besonderes Interesse haben, ebenfalls einen Schiedsrichter.

§. 32. Dieser verhandelt mit dem Schiedsrichter der Gegenparthei und dem Obmann besonders über das gedachte Interesse, und das Resultat ihrer Verhandlungen wird nachmals in den allgemeinen Rezeß über die ganze Verhandlung aufgenommen.

§. 33. Den Schiedsrichtern steht nicht nur die Vergütung ihrer baaren Auslagen, sondern auch ein Diätensatz zu, welchen die Provinzial-Polizeibehörde den Umständen nach festsetzt.

§. 34. Sämmtliche Kosten tragen diejenigen, auf deren Antrag die Entwässerung erfolgt.

---

des Wassers die Beihulfe der Nachbarn nöthig ist; vielmehr soll die Ableitung auf dem dort vorgezeichneten Wege selbst in den Fällen erfolgen müssen, wo die Gräben auf dem eignen Grund und Boden gezogen werden. A. M. sind anscheinend Lette und v. Rönne (S. 616).

44. Jedenfalls ist aber das in den §§ 16 ff geregelte Verfahren von dem Antrage des Unternehmers abhängig. Ohne daß ein solcher Antrag gestellt wird, kann die Polizeibehörde zwar aus allgemein polizeilichen Gründen einschreiten, sei es, daß die Entwässerung gemeingefährlich zu werden droht (§ 10, II. 17 ALR.), sei es, daß davon Nachtheil für die Schifffahrt oder für öffentliche Anlagen zu besorgen ist, (§ 11 h. l.). Doch steht ihr, von solchen Fällen abgesehen, nicht zu, die Entwässerungs-Anlage desjenigen, welcher sich mit den unmittelbar betheiligten Grundbesitzern geeinigt hat, zu regeln oder gar zu hindern; vielmehr bleibt sonstigen Dritten überlassen, ihre etwaigen Entschädigungs-Ansprüche im RW. zu verfolgen: LMR. 6. Aug. 1853 (BMBl. S. 168).

45. Ebenso findet, wenn der der Vorfluth Bedürftige mit Vorbeigehung der zuständigen Behörde sich selbst die Vorfluth verschafft hat, der RW. in Betreff der Negatorienklage des belasteten Eigenthümers statt: OT. 22. Mai 1860 (Strieth. 38, S. 29).

46. Wird eine Entwässerungs-Anlage von der Polizeibehörde für unzulässig erklärt, so ist die Entscheidung der Frage, ob den Betheiligten nach ihren Rechtsverhältnissen Entschädigungs-Ansprüche gegen einander oder gegen Dritte zur Seite stehen, durch das Edikt v 1811 dem RW. nicht entzogen: EK. 22. Mai 1852 (JMBl. S. 254).

47. Dagegen folgerte EK 25. Juni 1853 (JMBl. S. 348) in einem Falle, wo auf Grund einer Schau- und Graben-Ordnung die Entwässerung eines Bruchs im Interesse der Landeskultur angeordnet war, und die Regierung die zur Unterhaltung der Entwässerungs-Anlage erforderlichen Leistungen auf die Besitzer des Bruchs repartirt hatte, aus den §§ 14—23 h. l. in Verbindung mit dem Ges. v 11. Mai 1842 § 1 und der Regierungs-Instruktion von 1817 § 2 Nr. 4 die Unzulässigkeit einer wider den Fiskus gerichteten Klage auf Befreiung von jenen Beiträgen, weil obige Repartition ein nicht aus einem privatrechtlichen Verhältnisse, sondern aus der Befugniß der Regierung als Landes-Polizeibehörde hervorgegangener Akt, und diese Befugniß durch die bezogenen Gesetzesstellen ausdrücklich sanktionirt sei. Inwieweit diese Ansicht aus § 1 des Ges. v. 1842 hergeleitet werden könne, darüber vgl. die Noten zu diesem; dagegen können die Reg.-Instr. § 2 Nr. 4 und die §§ 14—23 für dieselbe nicht angeführt werden, da der erstere nur ganz im Allgemeinen die Vorfluths-, Entwässerungs- und Landes-Meliorations-Angelegen-

heiten vor die erste Abtheilung der Regierung verweist, die letzteren aber für die Lösung der hier angeregten Frage nicht den entferntesten Anhalt darbieten; cf. n. 48. Der Komp. GH. hob übrigens hervor, daß die Frage, ob die Klage in einer andern Richtung, nämlich gegen die Mitbesitzer des Bruchs zulässig sei, zur Entscheidung nicht vorliege.

48. Wenngleich § 15 nur von der Entschädigung, nicht auch von den Anlagekosten spricht, so gilt doch von diesen dasselbe, was § 15 hinsichtlich jener bestimmt Die Anlagekosten liegen daher dem Provokanten ausschließlich zur Last. Zwar fällt die Entschädigung (§ 21) hinsichtlich derjenigen provokatischen Interessenten hinweg, welche selbst überwiegende Vortheile durch die neue Anlage erlangen. Nirgends ist aber davon die Rede, daß eine Vertheilung der Anlagekosten stattfinde und durch die Schiedsrichter bewirkt werden solle Was § 23 von der Unterhaltung neu angelegter Gräben bestimmt, gestattet keine analoge Anwendung auf jene Kosten. So: MR. 29. Novbr. 1842 (BMBl. S. 428) A. M. sind Lette und v. Rönne (S. 619). Diese nehmen an, daß die Anlagekosten und sogar die Entschädigungen von Allen, die durch die Anlage Vortheil haben, nach Verhältniß ihres Vortheils getragen werden müßten, indem sie sich namentlich auf die §§ 106 ff. I 8 ALR stützen und den § 34 h. l. blos auf die Kosten des Verfahrens beziehen. Vgl. jedoch §§ 1 ff des Ges. v. 14. Juni 1859 Wäre übrigens anzunehmen, daß die Bestimmung über die Anlagekosten nicht, wie die über die Unterhaltungskosten (§ 23), einen Gegenstand des Schiedsrichterspruchs bilde, so dürfte dem Provokanten der RW wegen vermeintlicher Ansprüche auf theilweise Erstattung jener (und sogar der gezahlten Entschädigungsbeträge) ex versione in rem wohl ebensowenig versperrt sein, wie dem Provokanten im Falle der §§ 1 ff. h. l.; cf oben n. 15 und Ges. v. 11. Mai 1842 § 5

49. Die Beschreitung des RW. im Sinne des § 20 kann der Frage über die Zulässigkeit der Entwässerung niemals präjudiziren, noch auch die Fällung des desfallsigen administrativen Ausspruchs (§ 18), sondern nur den Abschluß des Abschätzungs-Verfahrens (§ 26) und die Ausführung der Entwässerung selbst (§ 21) aufhalten, indem das gerichtliche Verfahren nur die streitigen Grundlagen für die Entschädigung feststellen soll, und etwaige privatrechtliche Widerspruchs-Gründe sich in Entschädigungs-Ansprüche auflösen. Wenn das Ges. v. 23. Jan. 1846 (cf oben n. 6) zwischen Widerspruchsrechten und Entschädigungs-Ansprüchen unterscheidet, und die dort angedrohte Präklusion bald nur die einen, bald beide Rechte treffen soll, so steht dies dem Vorgesagten nicht entgegen, da jenes Gesetz nicht nothwendig ein administratives Verfahren im Sinne der §§ 15 ff voraussetzt, sondern auch auf den Fall Bezug hat, wo der Unternehmer ein solches Verfahren gar nicht beantragt, etwaige Widerspruchsrechte daher an sich in Kraft bleiben würden; cf. auch § 5 Abs. 4 des Ges. v. 14 Juni 1859 (GS. S. 327) und § 53 des Ges. v. 28. Febr. 1843. Lette und v. Rönne (S. 611) weichen von dieser Ansicht insofern ab, als sie unterstellen, daß, wenn bei dem kommissarischen Verfahren (§ 16) auf spezielle Rechtstitel (Verträge, Verleihung oder rechtsverjährten Besitz) gegründete Widersprüche oder Einwendungen, sei es gegen die Zulässigkeit der Ablassung des Wassers, sei es gegen die beim Entwässerungs-Plane anzunehmende Höhe des Wasserstandes, oder gegen die Art der Ausführung der beantragten, resp. projektirten Entwässerung hervorträten, die Streitigkeiten über dergleichen Rechte und deren Umfang in der Regel von den Gerichten rechtskräftig entschieden sein müßten, bevor das durch Hervortreten solcher präjudiziellen Fragen unterbrochene kommissarische Verfahren des § 16 wieder Fortgang haben und der Entwässerungs-Plan mit seinen Modalitäten von der Regierung festgesetzt werden könne (§ 18). Doch halten auch sie, mit Rücksicht auf § 26 und ex analogia der §§ 131 ff. der BO. v. 20. Juni 1817, sowie des § 53 des Ges. v. 28. Febr. 1843 die Regierung wenigstens unter besonderen Umständen für befugt, von jener Regel abzusehen und noch vor rechtskräftiger Erledigung solcher „Inzident- und Präjudizial-Punkte," mit Verweisung derselben ad separatum, die Lokaluntersuchung (§ 16) eintreten zu lassen, den Entwässerungs-Plan vorläufig festzustellen und das schiedsrichterliche Verfahren (§ 22) vorläufig anzuordnen, vorausgesetzt, daß vorher vom Unternehmer nach Analogie des § 53 cit. für Schaden und Kosten Kaution geleistet, Provokat über deren

Zulänglichkeit gehört und von der Regierung beim Widerspruche desselben entschieden werde.

50. Entschädigungs-Ansprüche, welche erst hervortreten, resp. geltend gemacht werden, nachdem das in den §§ 21 ff angeordnete schiedsrichterliche Verfahren längst zu Ende geführt worden ist, sind wohl auf dem gewöhnlichen RW. zu verfolgen und von den Gerichten in quali et quanto festzustellen.

51. Ebenso gehören Streitigkeiten, welche sich in der Folge über angebliche Abweichungen von dem durch die Regierung festgestellten Entwässerungs-Plane, resp. die desfalls zu leistende Entschädigung ergeben, zur Entscheidung der ordentlichen Gerichte.

52. Ueber die Kompetenz der Auseinandersetzungs-Behörden zur Regulirung von Entwässerungen als einem bei Gemeinheitstheilungen ꝛc vorkommenden Nebengeschäfte cf. Lette und v. Rönne (S. 610).

Staatsministerial-Beschluß

vom 20. Juli 1818, enthaltend die Anweisung für die Rheinischen Regierungen und Gerichte über die bis auf anderweite Verordnung von denselben zu beobachtenden Grenzen ihrer gegenseitigen Amtsbefugnisse (Ressort-Reglement).

[Rh. S. 1, S. 504 ff, auch durch die Amtsblätter publizirt]

[Litteratur: Perrot, Verfassung, Zuständigkeit und Verfahren der Gerichte der Preuß. Rheinprovinzen in bürgerlichen Rechtssachen, Trier 1842, I S. 116—223. — Schlink, Kommentar über die französische Civil-Prozeß-Ordnung, 2. Auflage, Coblenz 1856 — de Syo, das die Kirchenfabriken betreffende Dekret vom 30. Dez 1809 ꝛc, Cöln 1861]

Seitdem in den Rheinprovinzen die vormaligen Präfekturräthe außer Thätigkeit gekommen sind, hat sich über die Trennung der Regierungs- und Justizsache eine große Verschiedenheit der Meinungen und Ansichten geäußert, und es ist bald von einzelnen Personen, bald von den Regierungen und Gerichten darauf angetragen worden, daß diese Zweifel gelöst, und durch eine ausführliche Instruktion allen künftigen Streitigkeiten soviel möglich vorgebeugt werden möchte.

Das königl. Staats-Ministerium hat hierüber die königl. Immediat-Justizkommission in ihrem Berichte und Gutachten

---

Zum Eingange.

1. Das Ress.-Regl. ist nur für denjenigen Theil der Rheinprovinz ergangen, in welchem die französische Gerichtsverfassung besteht, d h für den Bezirk des Appellations-Gerichtshofs zu Cöln, mithin nicht für den Bezirk des Justizsenats zu Ehrenbreitstein, wo das gemeine Recht, noch für die Kreise Rees und Duisburg, wo das ALR. und die AGO gelten: MR. v. 7 Jan u. 11. Nov 1822 (Rh. S. 2, S. 201, 317). A M. ist in Bezug auf den Bezirk des Justizsenats das MR. v. 30. Sept. 1841 (VMBl S. 283).

vernommen, und nach sorgfältiger Erwägung aller für die gegenseitigen Behauptungen eintretenden Gründe beschlossen, daß bei dem gegenwärtigen Zustande der Gesetzgebung in den Rheinprovinzen, und bis ein anderes verordnet sein wird, folgende Normen beobachtet werden sollen.

[Das Ress.-Regl. besitzt sogar für einen Theil des Bezirks des AG. Cöln keine Geltung, insofern nämlich, als dieser Gerichtshof ebensowohl wie der AH. Lüttich die Gerichtsstelle zweiter Instanz für das s. g. neutrale Gebiet bildet, welches nach dem Grenztraktate v. 26. Juni 1816 (GS. 1818, Anhang S. 77) von Preußen und Belgien gemeinschaftlich verwaltet wird; cf. Abh. des Ger.-Assessor Müller im Archiv für Landeskunde der Preuß. Mon. V. S. 319 ff. — In Betreff der dort sich erhebenden, nach der franz. Gesetzgebung zur Kognition der Präfekturräthe gehörigen Fälle fehlt es in Preußen gänzlich an einer mit der Entscheidung zu befassenden Behörde.]

2. Ueber die Regulirung der Ressort-Verhältnisse in der Rheinprovinz für die Zeit seit dem Aufhören der Fremdherrschaft bis zum Erlasse des Ress.-Regl cf. die Gen.-Gouv.-VO. v 13. August, 4 Febr, 12. April 1814, VO. der Oestr.-Bair. Landes-Admin.-Komm v. 29 Sept, 15. Nov. 1814 und 31. Jan. 1815, VO des Landes-Kommissars Simon v. 26 Jan. 1816 (Rh S. 1, S 77, 88, 120, 296, 303, 311, 315, 355)

3. Da das Ress.-Regl nicht unmittelbar vom Gesetzgeber ausgegangen ist, und sich in seiner äußeren Form überhaupt nur als eine Anweisung für die Behörden kundgiebt, so wird dasselbe von Einigen als bloße Instruktion zur Erläuterung und Ausführung der bestehenden Gesetze aufgefaßt, ihm mithin die Kraft abgesprochen, bisher geltende Bestimmungen, sofern sie mit den seinigen unvereinbar sein sollten, außer Wirksamkeit zu setzen; cf Abh von Cremer (Tr. A. 2, II. 12) und Schlink I. S. 481 Inzwischen ist die herrschende Praxis anderer Ansicht, indem sie dem Ress.-Regl. die volle Bedeutung eines Gesetzes beilegt. *EK. 6 März 1852 (JMBl S 173) gründet diese Ansicht auf die ACO. v. 20. Juni 1816 (Rh. S. 1, S 414), welche dem Staatskanzler den Erlaß eines interimistischen Regulativs zur Regulirung der Kompetenz-Verhältnisse übertrug, und auf die in Gemäßheit dieser ACO dem Ress.-Regl vom Staatskanzler ertheilte Genehmigung. Andere Entscheidungen, z B AH. Cöln 26. Mai 1843 (Rh. A. 35, I. 109) finden eine förmliche Sanktion desselben in der ACO v. 4 Dez. 1826. Vgl. auch St.-Min.-Beschl. v 27. Mai 1837 (Rh. S 6, S. 240); derselbe nimmt einen Allerh. Beschl. v. 26. Febr. ej. in Bezug, welcher eine indirekte Anerkennung des Ress.-Regl. in sich schließt.

4. Die Bestimmungen des Ress.-Regl. scheiden sich in zwei Hauptkategorien, je nachdem dieselben nämlich unmittelbar an die französische Gesetzgebung anknüpfen oder aber aus dem Preußischen Verwaltungsrechte entlehnt sind. Der ersteren jener Kategorien gehören namentlich die §§ 1—14, 20—25, 31, 34 an, der zweiten die §§ 15—18, 32, 35—39; von diesen letzteren stimmen die §§ 15—18 und 32 mit den §§ 41, 42, 48 und 45 (Schlußsatz) der VO. v 26. Dez. 1808 wörtlich, die §§ 35—39 mit den §§ 46, 47 ib. dem Hauptinhalte nach, wenngleich nur theilweise wörtlich, überein Ob diese §§ der VO. v. 1808 und die im § 41 bezogenen §§ 35—37 ib sammt und sonders erst durch das Ress.-Regl, oder ob dieselben nicht wenigstens insofern, als sie zu Gunsten der richterlichen Kognition lauten, schon durch die Reg.-Instr. v. 23. Okt. 1817 für die Rheinprovinz Geltung erlangten, hängt von Beantwortung der in der Note 2 zu jener VO. erwähnten Streitfrage über die Auslegung des § 11 der Reg.-Instr. ab. In gleicher Weise war früher die jetzt nicht mehr praktische Frage zu beantworten, ob die §§ 38—40 der VO., ungeachtet sie in das Ress.-Regl. nicht mit aufgenommen wurden, dort dennoch unter gewissen Einschränkungen anwendbar gewesen seien.

5. Obschon der Hinwegfall des Instituts der Präfekturräthe den An-

§. 1. Die Streitigkeiten, welche bei den ehemaligen Präfekturräthen anhängig gewesen, und bis jetzt nicht erledigt gewesen sind, werden nach Verschiedenheit ihrer Gegenstände unter die Verwaltungs-Behörden und Gerichte vertheilt.

stoß zum Erlasse des Ress.-Regl. gab, so erhellt doch schon aus dem Antheile, den die VO. v. 1808 an seinen Bestimmungen hat, die Irrigkeit der mitunter aufgestellten Ansicht, als ob es sich dort lediglich um eine der neu eingeführten Verwaltungs-Organisation entsprechende Vertheilung derjenigen Attributionen handle, welche jenen Präfekturräthen als richtenden Administrativkollegien zustanden, so daß mithin Alles, was schon ehedem nicht zu deren Ressort gehörte, sondern als reine Verwaltungs- oder reine Justizsache der Verfügung der Verwaltungs-Behörden im engern Sinne, namentlich der Präfekten, oder aber der Kognition der ordentlichen Gerichte anheimfiel, durch das Ress.-Regl gar nicht berührt, in dieser Hinsicht vielmehr die frühere französische Gesetzgebung der Hauptsache nach unverändert bestehen geblieben wäre; cf. z. B. JMR. v. 11. Juni 1829 (Rh. S. 3, S. 282); AH. Cöln 22. Juni 1832 (Rh. A. 17, I. 88). Im Gegentheil sind die Bestimmungen über die Vertheilung der Attributionen der Präfekturräthe ausschließlich in den §§ der ersten obiger beiden Kategorien enthalten, während die aus der VO. v. 1808 herüber genommenen §§ recht eigentlich das Verhältniß der Gerichte zur Verwaltung im engeren Sinne betreffen. Ja diese letzteren §§ sind im Vergleich zu jenen, welche durchweg nur einzelne Spezialmaterien umfassen, so genereller und prinzipieller Natur, daß dieselben in Verbindung mit dem Ges. v. 11. Mai 1842 unbedenklich ebensowohl für die Rheinprovinz, wie für die übrigen Landestheile als die Hauptgrundlage zur Beurtheilung der Ressort-Verhältnisse betrachtet werden müssen. KH. 20. Jan. 1838 (Rh. A. 26, II. 77) bezeichnet es sogar geradezu als Zweck des Ress.-Regl., die allgemeine Staats- und Landesverfassung in ihren Grundzügen rücksichtlich des Verhältnisses der gerichtlichen und administrativen Behörden zu einander auch für die Rheinprovinz zu sanktioniren; cf. auch VO. v. 1808 n. 20. Im Uebrigen wird bezüglich der Frage, inwiefern die französische Ressort-Gesetzgebung sich neben der preußischen noch gegenwärtig als wirksam erweise, auf die Noten zu den einzelnen §§, insbesondere zu den §§ 2 ff., 15 ff., 32 und 35 Bezug genommen.

§ 1.

6. In Frankreich war bis zur Revolution von 1789 die Justiz von der Verwaltung ebensowenig strenge geschieden, wie in Preußen vor dem Jahre 1808. Den ordentlichen Gerichten lagen mancherlei Funktionen der Exekutivgewalt im engeren Sinne ob; die Parlamente hatten sich sogar einen wesentlichen Antheil an der Ausübung der Legislativgewalt angeeignet. Auf der anderen Seite bestand eine Menge von Administrativ-Behörden, welche mit eigentlich richterlichen Attributionen bekleidet waren; cf Serrigny, sur l'organisation, la compétence et la procédure en matière contentieuse administrative, n. 41. — Die Revolutions-Gesetzgebung machte diesem Zustande ein Ende. Die Dekrete v. 22. Dezbr. 1789, 16.—24. August und 7—11. Sept. 1790 sprachen, ebenso wie die Constitutionen v. 3. Sept 1791 und 5. fruct. III., in Gleichem das Dekret v. 16. ej. das Prinzip der Trennung der Justiz von der Verwaltung allgemein aus, und untersagten den Gerichten jede Einmischung in die Angelegenheiten der Administrativ-Behörden. Jene Administrativgerichte wurden bereits durch das cit. Dekr. v. Sept. 1790 aufgehoben, und ihre Attributionen unter die neu kreirten Gerichte und Verwaltungs-Behörden vertheilt. Wenn letzteren trotzdem selbst nach jenen neueren Gesetzen eine Art Jurisdiktion, nämlich die Entscheidung in streitigen Administrativ-Angelegenheiten verblieb, so beruhte dies darauf, daß man jene Jurisdiktion als einen der Natur der Sache nach integrirenden Theil der Administrativgewalt betrachtete, in der Belassung derselben mithin keine Ausnahme von jenem Prinzipe, sondern umgekehrt eine Anwendung desselben erblickte. Daher kam es auch, daß die reine Verwaltung und die Ausübung jener Jurisdiktion (l'administration ac-

tive et le jugement du contentieux) ursprünglich in den Händen einer und derselben kollegialisch zusammengesetzten Behörde vereinigt waren, nämlich der Distrikts- und Departements-Direktionen, und später, unter der Herrschaft der Constitution v. fructidor III., der Centralverwaltungen, bis das Ges. v. 28. Pluv. VIII. (v. Daniels 4, S. 124) dem Axiome, daß das Rechtsprechen Sache Mehrerer, das Verwalten dagegen Sache Einzelner sei, auch auf diesem Gebiete Geltung verschaffte, indem sie die administration active vom jugement du contentieux schied, und erstere einem einzelnen Beamten, dem Präfekten, letzteres einem Kollegium, dem Präfekturrathe, übertrug.

7. Da die Präfekturräthe hiernach, gleich den vormaligen Kammerjustiz-Deputationen in Preußen, eine Art richterlicher Stellung einnahmen, so wurden ihre Entscheidungen, arrêtés, den Urtheilen der ordentlichen Gerichte gleichgestellt und fast sämmtliche für diese geltenden Grundsätze auf jene angewandt. Demgemäß konnten dieselben nur auf die bestehenden Gesetze und Verordnungen gegründet werden; cf. Cormenin, Dr. adm. s. v. cours d'eau XVII. Sie mußten bei Nichtigkeitsstrafe motivirt sein: ord. en cons. d'ét. 9. Mai und 18. Juli 1834 (Sir. 34, II 564, 626). Der Satz „le juge ne peut se reformer lui même" fand auf Präfekturraths-Beschlüsse gleichfalls Anwendung; cf. AH. Cöln 15. Mai 1834 (Rh. A. 20, I 197). Ergingen sie auf Ausbleiben, so war das Rechtsmittel der Opposition, in allen Fällen aber das Rechtsmittel der Berufung an den Staatsrath zulässig Die Berufungsfrist wurde durch Ges. v. 22 Juli 1806 Art. 11 wie bei gerichtlichen Urtheilen auf drei Monate bestimmt, welche vom Tage der Zustellung des Beschlusses durch Gerichtsvollzieher-Akt zu laufen anfingen; eine bloße Mittheilung im Verwaltungswege genügte in dieser Hinsicht nicht: AH. Cöln 26. Nov. 1830, KH 16. April 1835 (Rh. A. 14, I. 109; Volkmar S. 182). Beide Rechtsmittel fielen weg, falls die Parteien den Beschluß freiwillig vollzogen oder sich bei demselben förmlich beruhigt hatten; cf. StRG. v. 18. und 25. Vent. XIII., Merlin, rep. s. v. cons. de préf. — Dritten Personen stand das Rechtsmittel der Drittopposition zu: cons. d'ét. 8. Jan. 1836 (Sir. 36, II. 215). Die Präfekturraths-Beschlüsse gewährten ferner eine judizielle Hypothek und mußten gleich anderen Urtheilen durch die Gerichtsvollzieher vollzogen worden; cf. Ges. v. 29. flor. X. Art 4; Gilbert ad Art. 2123 des BGB. n 29 ff., 48.

8. Die Präfekturräthe erkannten als Ausnahmegerichte über die Exekution ihrer Entscheidungen in der Regel ebensowenig, wie die Friedens- und Handelsgerichte; vielmehr trat hierfür die Kognition der ordentlichen Gerichte ein; cf. Cormenin s v. cons. de préf XVII. Doch unterschieden sich jene von den ebenerwähnten anderen Ausnahmegerichten insofern, als ihre Kompetenz eine durchaus ausschließliche war, der ordentliche Richter sich in den zu ihrem Ressort gehörigen Sachen daher schon von Amtswegen für inkompetent erklären mußte; cf. Dalloz m. comp., n. 26. — Im Vergleich zu der den Preußischen Verwaltungs-Behörden in einzelnen Materien durch neuere Gesetze verliehenen Entscheidungs-Befugniß äußerte sich die Ausschließlichkeit der Kompetenz der Präfekturräthe dadurch, daß ihre Beschlüsse niemals blos vorläufig, d. h unter dem Vorbehalte der Berufung auf den RW entschieden.

9. Der aus der gegenseitigen Unabhängigkeit der Behörden hergeleitete Satz des französischen Rechts, daß ein Verwaltungsakt im RW. nicht anfechtbar sei, galt von den Präfekturraths-Beschlüssen um so gewisser, als diese gleichzeitig Richtersprüche darstellten, und als solche selbstredend nur durch den Richter der höheren Instanz, mithin durch den Staatsrath, einer Abänderung unterliegen konnten, gleichviel, ob der durch die Entscheidung angeblich Beschwerte sich auf einen speziellen Rechtstitel stützte, oder nicht.

10. Jener Satz der gegenseitigen Unabhängigkeit der Behörden galt nach den Grundsätzen des französischen Rechts sogar in der Ausdehnung, daß, wenn in einer zur Kompetenz der Gerichte oder Präfekturräthe gehörigen Sache die Entscheidung durch eine Präjudizialfrage bedingt wurde, welche, an und für sich betrachtet, der Kognition des anderen Ressorts unterlag, die zur Sache selbst kompetente Stelle die Entscheidung über jene Präjudizialfrage der Behörde des anderen Ressorts überlassen mußte; cf. Dalloz m. question préjud., n. 197—223.

---

11. Sedes materiae für die Kompetenz der Präfekturräthe ist Art. 4 des Ges. v. 28. Pluv. VIII, dem der Art 8 des berg. Dekr. v. 18. Dez. 1808 fast wörtlich entspricht. Er lautet:

„Le conseil de préfecture prononcera:

„sur les demandes de particuliers, tendant à obtenir la décharge ou „la réduction de leur cote de contributions directes;

„sur les difficultés qui pourraients' élever entre les entreprenneurs „de travaux publics et l'administration concernant le sens ou l'exé„cution des clauses de leurs marchés;

„sur les reclamations des particuliers qui se plaindront de torts et „dommages procédant du fait personnel des entreprenneurs et non du „fait de l'administration;

„sur les demandes et contestations concernant les indemnités dues „aux particuliers, à raison des terrains pris ou fouillés pour la confec„tion des chemins, canaux et autres ouvrages publics;

„sur les difficultés qui pourront s'élever en matière de grande voirie;

„sur les demandes qui seront présentées par les communautés des „villes, bourgs ou villages, pour être autorisées à plaider;

„enfin, sur le contentieux des domaines nationaux"

Außerdem sind jedoch noch manche spätere Gesetze ergangen, welche den Präfekturräthen die Entscheidung für gewisse Spezialmaterien überwiesen. Das Nähere siehe unten. An dieser Stelle, wo es sich nur darum handelt, die Kompetenz der Präfekturräthe im Allgemeinen zu umschreiben, genügt Folgendes:

12. Die Präfekturräthe besaßen eine Gerichtsbarkeit sowohl in Civil- wie in Strafsachen. Doch war letztere nur auf wenige Materien und selbst bei diesen nur auf solche Fälle beschränkt, wo es sich lediglich um Verhängung von Geldbußen handelte, cf. § 20 Nr. 8 h. l Was dagegen die erstere betrifft, so läßt sich deren Umfang wegen der Menge der bezüglichen Spezial-Bestimmungen und der Mannigfaltigkeit ihres Gegenstands im Allgemeinen nur negativ präzisiren, nämlich durch Aufzählung der hauptsächlichsten Materien, welche als wesentlich privatrechtlicher Natur ihrer Kognition gerade entzogen und der der ordentlichen Gerichte vorbehalten waren. Als solche sind namentlich anzuführen die Streitigkeiten, welche den Civilstand, die Domizil-Verhältnisse und die bürgerlichen Rechte betreffen, ferner Streitigkeiten über Eigenthum und beschränkte dingliche Rechte, über Successions- und Besitz-Ansprüche, endlich über Entschädigungs-Forderungen und Vertrags-Verhältnisse (letzteres jedoch vorbehaltlich der aus den Noten zu §§ 12, 20 sich ergebenden Ausnahmen); cf. Dalloz, m. compét. admin, n. 138 ff. Hinsichtlich der Bedeutung des Ausdrucks „le contentieux des domaines nationaux" im Art. 4 l. c f n. 256.

13 Die Präfekturräthe waren übrigens nicht die einzigen, mit einer Richtergewalt bekleideten Verwaltungs-Behörden, vielmehr stand auch manchen anderen dieser Behörden, insbesondere den Ministern und Präfekten für gewisse Materien eine Art richterlichen Entscheidungsrechts mit denselben Wirkungen zu, wie sie mit der Handhabung der Gerichtsbarkeit der Präfekturräthe verbunden waren. Doch bildeten letztere die ordentlichen Administrativ-Gerichte; wenn daher die Zuständigkeit der Administrativ-Justiz überhaupt feststand, so war ihre Kompetenz immer begründet, sofern nicht das Gesetz ausdrücklich ein Anderes bestimmte; cf. Dalloz m. compét. n. 26, und Motive des Dekr. v. 6. Dez. 1813 (bull. des lois, n. 9917). A. M. ist Chauveau, principes de compét. et de jurisd. admin., n. 1112 ff.

14. Auf der andern Seite war den Präfekturräthen ausnahmsweise auch eine rein administrative Thätigkeit zugewiesen, indem sie gleichzeitig dem Präfekten als berathende Behörde beigesellt, und in manchen Fällen sogar berufen waren, ohne Anwesenheit des Präfekten ihr Votum abzugeben In dem einen wie in dem andern Falle stellten ihre Aussprüche bloße Gutachten (avis), und keine eigentlichen Beschlüsse (arrêtés) dar, weshalb bei ihnen von einer Rechtskraft und von der Berufung an den Staatsrath keine Rede sein konnte; cf. cons. d'ét. 22 Juni 1825, Dalloz, m. compét. admin n. 351. Beschlüsse, welche der Präfekt nach

Anhörung des Präfekturraths erlassen hatte, werden als arrêtés pris en conseil de préfecture bezeichnet und sind mit wirklichen Präfekturraths-Beschlüssen nicht zu verwechseln. [Mitunter erscheint es als zweifelhaft, ob der Erlaß eines Präfekturraths ein bloßes Gutachten oder eine wirkliche Entscheidung darstelle. Namentlich hat die auch jetzt noch für die Rheinprovinz praktisch sehr wichtige Frage, ob die in Folge der Ges. v. 28. Vent. XI und 14. Vent. XII. ergangenen, die Handhabung im Genusse von Nutzungsrechten an Staatswaldungen aussprechenden Präfekturraths-Beschlüsse als wirkliche Urtheile oder als bloße Gutachten zu betrachten seien, zu außerordentlich vielen Prozessen Veranlassung gegeben. Die herrschende Praxis nimmt das Letztere an; dessenungeachtet trägt der Verfasser kein Bedenken, sich für die entgegengesetzte Ansicht, welche in AH Cöln 9. Mai 1842 (Rh A. 33, I. 138) eine Unterstützung findet, auszusprechen, und behält sich vor, diese Ansicht an einer anderen Stelle in eingehender Weise zu begründen.]

15. Das Ress.-Regl. nimmt, einzelne Ausnahmen abgerechnet, auf die vormalige Gerichtsbarkeit der sonstigen Verwaltungs-Behörden (n. 13) ebensowenig Rücksicht, wie auf die rein administrative Thätigkeit der Präfekturräthe (n. 14), auf die erstere wohl um deswillen nicht, weil die Kompetenz jener andern Behörden, resp. der an ihre Stelle getretenen Preußischen Behörden sich gegenwärtig im Allgemeinen nach den für den ganzen Staat erlassenen Dienst-Instruktionen beurtheilt (cf. ACO. v. 4. Dez 1826), auf die letztere, die rein administrative Thätigkeit der Präfekturräthe nicht, weil diese, insofern von ihr unter der neuen Verwaltungs-Organisation überhaupt noch die Rede sein kann, selbstredend den neu eingerichteten Verwaltungs-Behörden anheimgefallen ist.

16. Indem das Ress.-Regl. auf ähnliche Weise, wie das Dekret v. 7. bis 11. Sept 1790 die Attributionen der früheren Administrativ-Gerichte, diejenigen der Präfekturräthe unter die Verwaltungs-Behörden und Gerichte vertheilt, läßt es, von den Vorschriften des § 19 abgesehen, nähere Bestimmungen darüber vermissen, aus welchem rechtlichen Gesichtspunkte die von den Nachfolgern der Präfekturräthe ergehenden Entscheidungen zu betrachten sind. Hinsichtlich der bei jener Vertheilung den Gerichten zugefallenen Angelegenheiten bietet diese Frage keine Schwierigkeit, da die für das gerichtliche Verfahren und die gerichtlichen Entscheidungen überhaupt geltenden Vorschriften selbstredend auch in solchen Fällen zur Anwendung gelangen. So unterliegen z. B. die auf Grund des § 20 h. l gefällten Erkenntnisse letzter Instanz dem Kassationsrekurse, obgleich dasselbe Rechtsmittel bei Präfekturraths-Beschlüssen nicht Platz fand, indem diese immer durch die Berufung an den Staatsrath angefochten werden konnten, die Entscheidung des letzteren aber jede fernere Anfechtung ausschloß; cf KH. 25 April 1827 (Volkmar S. 170). — Nicht so leicht beantwortet sich dagegen die obige Frage in Betreff der den Regierungen zugetheilten Angelegenheiten. Es lassen sich hier drei verschiedene Meinungen denken, je nachdem man nämlich die Entscheidungen der Regierung gleich den Präfekturraths-Beschlüssen als wirkliche Richtersprüche im engsten und eigentlichsten Sinne des Worts betrachtet, oder aber dieselben gewöhnlichen Administrativ-Verfügungen gleichstellt, oder endlich dafür hält, daß sie zwischen eigentlichen Urtheilen und bloßen Verwaltungs-Akten in der Mitte stehen, und Manches mit jenen, Manches aber auch mit diesen gemein haben. Die erste dieser drei Ansichten steht offenbar mit dem ganzen Preußischen Verwaltungs-Systeme in allzu grellem Widerspruche, um als eine dem Willen des Gesetzgebers entsprechende zu erscheinen. Andererseits läßt sich aber jene zweite Ansicht weder mit der Tendenz des Ress.-Regl. im Allgemeinen, noch mit der Fassung der bezüglichen Bestimmungen desselben, welche doch immerhin im Anschluß an die französischen Kompetenzgesetze den Regierungen ein wirkliches Entscheidungsrecht für streitige Angelegenheiten verleihen, irgendwie in Einklang bringen. Hiernach bleibt nur die dritte Ansicht übrig, für welche außerdem die Analogie derjenigen Fälle spricht, in denen die Regierungen auf Grund neuerer Spezialgesetze gleichfalls berufen sind, unter zwei streitenden Parteien definitiv zu entscheiden; cf VO. v. 1808, n. 239. — Dieser Ansicht zufolge muß man annehmen, daß die Regierungen da, wo sie an die Stelle der Präfekturräthe treten, vorzugsweise und mehr, als in gewöhnlichen Verwaltungssachen, auf die Abwägung der rechtlichen Momente und die unmittelbare Anwendung der Gesetze angewiesen sind, daß sie jedoch nach

Beschaffenheit des Gegenstandes bis zu einem gewissen Grade auch bloßen Zweckmäßigkeits- und Billigkeits-Rücksichten Gehör schenken können. In Gleichem dürften sie nicht strenge an die Grundsätze der civilrechtlichen Beweistheorie gebunden sein. Dagegen müssen sie privatrechtliche Präjudizialfragen, insofern dieselben an sich zur Kognition der ordentlichen Gerichte gehören, an diese verweisen und ihre Entscheidung zur Hauptsache von dem Richterspruche über die Präjudizialfrage abhängig machen, da es der Absicht des Ress.-Regl. widersprechen würde, wenn man den Regierungen eine umfassendere Kompetenz einräumen wollte, als sie den Präfekturräthen in den betreffenden Materien zustand; cf. n. 10 und die Noten zu § 8 h. l. Ferner können sie gleich jenen ihre Entscheidungen, welche in Form von motivirten Resoluten zu erlassen sind, nicht nach Belieben, d. h. ohne Zustimmung der Betheiligten zurücknehmen oder abändern, und überhaupt nur definitiv, nicht also unter dem Vorbehalte des RW. entscheiden. Die Anfechtung ihrer Entscheidungen ist gleichfalls nur auf dem gesetzlich vorgeschriebenen Wege (§ 19) und niemals im RW. gestattet, selbst wenn die Betheiligten sich auf einen speziellen Rechtstitel berufen. [Hätte freilich die Regierung eine Entscheidung inkompetenter Weise, d. h. in der irrigen Meinung getroffen, der Gegenstand derselben falle unter die ihr an Stelle des Präfekturraths zugetheilte Jurisdiktion, so würde die Beschreitung des RW. nach Umständen, dem § 15 zufolge, gestattet sein, da die Uebereinstimmung mit den Präfekturraths-Beschlüssen schwerlich soweit reicht, daß die Entscheidungen der Regierungen, gleich jenen Beschlüssen, sogar in solchen Fällen der Rechtskraft empfänglich wären, wenngleich AH. Cöln 13. Aug. 1838 (Rh. A. 27, I. 226) das Angehen der Gerichte selbst dann für allgemein unzulässig hält.] Ob die Entscheidungen der Regierungen eine Hypothek begründen, und gegen das Vermögen einer Person ohne Weiteres vollstreckbar sind, wird in den Noten zu §§ 16—18 erörtert werden.

17. Das Ress.-Regl. erweist sich auch nach einer andern Richtung hin als lückenhaft, indem es nämlich gewisse Angelegenheiten, in welchen die Präfekturräthe zu entscheiden berufen waren, bei der Vertheilung ganz mit Stillschweigen übergeht. Die Motive von *CK. 4. Juli 1857 (JMBl. 58, S. 104) scheinen die Entscheidung bezüglich sämmtlicher Angelegenheiten jener Art der Regierung zu vindiziren. Dieser Ansicht, welche in den Fällen, wo die Gerichte an die Stelle der Präfekturräthe treten, bloße Ausnahmen von einer allgemeinen, zu Gunsten der administrativen Kognition lautenden Regel erblickt, steht jedoch die ganze Tendenz des Ress.-Regl. entgegen, welches im Gegentheil davon ausgeht, daß der Wirkungskreis der Präfekturräthe eine gleich große Verwandtschaft mit demjenigen der Gerichte wie mit dem der Verwaltungs-Behörden gehabt habe. Die Kompetenzfrage dürfte daher nach Verschiedenheit der einzelnen Materien, sei es auf Grund allgemeiner Rechtssätze, sei es zufolge der Analogie positiver Vorschriften, namentlich solcher des Ress.-Regl. selbst, bald zu Gunsten der Gerichte bald zu Gunsten der Regierungen zu beantworten sein: cf. auch n. 179.

18. Zu bemerken ist übrigens daß es sich in dem durch das cit. Erk. v. 4. Juli 1857 (n. 17) entschiedenen Falle um die Frage handelte, auf welche Behörde die den Präfekturräthen nach Art. 37 des Ges. v. 16. Sept. 1807 obliegenden Funktionen übergegangen seien, eine Frage, welche auch nach den so eben entwickelten Grundsätzen ex anal. der §§ 8—10 h. l. unbedenklich für die Kompetenz der Regierung zu lösen war.

19. Arg. derselben §§ 8—10 ist das den Präfekturräthen durch Dekr. v. 8. Fruct. XIII. (v. Dan. 5, S. 28) verliehene Entscheidungsrecht, betreffend die Streitigkeiten wegen Erhebung der Abgabe von Bällen, Schauspielen rc. zum Vortheil der Armenanstalten, nunmehr den Regierungen zuzusprechen. (Es beruht auf einem bloßen Irrthum, wenn das Arr. v. 10. Therm. XI. (v Dan. 4, S. 475) in Art. 3 den Präfekten en conseil de préfecture zur Entscheidung über derartige Streitigkeiten beruft; cf. Dalloz, m. compét. admin., n. 471)

20. Dagegen gehören die durch Art. 9 des Arr. v. 6. Nivose XI. (v. Dan. 4, S. 426) den Präfekturräthen überwiesenen Streitigkeiten zwischen dem Staate und Gemeinden über das Eigenthum an Mineralquellen wegen ihres privatrechtlichen Charakters zur Zeit unbedenklich zur Kognition der Gerichte, zumal da der,

gleichen Streitigkeiten, wenn sie zwischen Gemeinden und Privaten obwalteten, schon nach französischem Rechte der Entscheidung der ordentlichen Gerichte anheimfielen; cf. Dalloz m. commune n. 1931.

21 Dasselbe gilt aus dem nämlichen Grunde von den Streitigkeiten, welche sich über die Berechnung und Vertheilung der Pfarreinkünfte zwischen den früheren und den neuangestellten Pfarrern oder zwischen diesen und der Pfarre selbst erheben, und durch das Dekret v. 6. Nov 1813 Art. 26 ebenfalls vor die Präfekturräthe verwiesen waren; cf. auch die §§ 823 ff., II. 11 ALR. (Gleichartige Streitigkeiten bezüglich der Einkünfte von Bisthümern gehörten arg. Art. 47 des bezogenen Dekrets wohl schon früher zur gerichtlichen Kognition)

22. .....ebenso arg. §§ 13, 20 Nr. 7 h. l. von den durch Art. 46 des Ges. v. 21 April 1810 an das Forum der Präfekturräthe verwiesenen Entschädigungsklagen, welche gegen Bergwerks-Eigenthümer in Folge von Schürfversuchen oder sonstigen dem Konzessionsakte vorhergehenden Arbeiten erhoben werden. — Entschädigungsklagen in Betreff der erst nach Ertheilung der Konzession vorgenommenen bergmännischen Arbeiten unterlagen bereits nach französischem Rechte der Kognition der ordentlichen Gerichte, wenigstens alsdann, wenn der Staat beim Streite nicht interessirt war: Dalloz, m comp. admin, n 475, und m mines, n. 540 ff. Gegenwärtig gilt dies ganz allgemein, der Staat mag am Streite ein Interesse haben oder nicht; cf. die Noten zu den §§ 13, 20 Nr. 3

23. .....ebenso arg § 20 Nr. 7 h l und § 4 des Ges. v. 11. Mai 1842 von denjenigen Klagen, welche Private wider den Staat auf Ersatz des ihnen durch die unterbliebene Reinigung öffentlicher Flüsse, resp durch Maaßregeln zur Erhaltung der Deiche oder anderer öffentlichen Arbeiten an solchen Flüssen zugefügten Schadens anstellen. Daß derartige Klagen ehedem bei den Präfekturräthen anzubringen waren, ist zwar nirgends ausdrücklich vorgeschrieben; doch wird dies aus den Ges v. 11 Sept 1792, 28 Pluv. VIII u. 16. Sept. 1807 gefolgert; cf. Dalloz, m. eaux, n 487, 488.

24. Ueber einen anderen Punkt hat das Ress.-Regl. um deswillen nicht verfügt, weil derselbe schon früher regulirt worden war. Jenes Regl. (§§ 1, 3, 20) sieht nämlich nur solche Fälle vor, in denen ein Verfahren bei den Präfekturräthen bereits anhängig, aber noch nicht zu Ende geführt war, und solche, welche erst in der Folge zur Erörterung gelangen, nicht aber auch diejenigen Fälle, welche durch einen vor Erlaß des Ress.-Regl. bereits ergangenen, aber noch nicht rechtskräftig gewordenen Präfekturraths-Beschluß ihre Erledigung gefunden haben. Daß dergleichen Beschlüsse trotz der seitdem eingetretenen Veränderungen in der Verwaltungs-Organisation, gleich gewöhnlichen Urtheilen so lange verbindlich blieben, bis sie auf ressortmäßigem Wege angefochten, resp. aufgehoben wurden, unterliegt keinem Zweifel; cf. KH. 9. Juni 1824, AH. Cöln 15. Mai 1834, KH. 18. März 1839 (Rh A 7, II. 47; 20, I. 197; Tr. A. 5, I. 238; der AH. nimmt dies in obigem Erk. sogar für den Fall an, wo der Beschluß inkompetenter Weise erlassen worden). Da jedoch der französische Staatsrath als die in zweiter Instanz richtende Behörde nicht mehr bestand, seine Attributionen auch auf keine der neu eingeführten Verwaltungs-Behörden übergegangen waren, so half schon eine VO. des Staatskanzlers v. 17. Mai 1816 dem Mangel einer Berufungsinstanz in der Weise ab, daß sie die betreffenden Berufungen, und zwar, wie die Verf. der Immediat-Justiz-Kommission v. 17. Juni 1817 (Rh. S. 1, S. 466) erläutert, nicht blos die damals bereits angemeldeten, vor die Appellhöfe verwies, ohne daß jedoch darum der Unterschied zwischen administrativer und gerichtlicher Rechtspflege für derartige Fälle ganz aufgehoben wurde, weshalb z B. gegen die von dem App.-Hofe auf Grund jener VO. getroffene Entscheidung der Kassationsrekurs nicht stattfindet; cf. KH. 27. Okt. 1820 (Volkmar S. 170). In Betreff des vor dem App.-Hofe zu beobachtenden Verfahrens ordnete die cit Verf v 1817 die Form der wechselseitig zu insinuirenden Denkschriften an. Der letzte bekannt gemachte Fall, wo der App.-Hof in der gedachten Eigenschaft erkannte, fällt in das Jahr 1854; cf. Rh A. 51, I. 190 (Der genannte Gerichtshof sprach bei dieser Gelegenheit den Satz aus, daß die Befugniß zur Einlegung des Rechtsmittels nicht etwa in 30 Jahren verjähre.) Den Fall, wo ein Präfekturraths-Beschluß in contumaciam ergangen war, sah der

§. 2. Die Regierungen entscheiden

1) zwischen Steuerpflichtigen und Steuereinnehmern, wenn über ihre gegenseitige Berechnung Zweifel entstehen;

2) zwischen den Gemeinden und Eigenthümern über die Streitigkeiten, wozu die von der Verwaltung gut gefundene Anordnung über die Richtung, Ausdehnung und Erweiterung der Gemeinde- und Nachbarwege Anlaß gegeben hat, insofern hierbei nicht über das Eigenthum gestritten wird;

3) in Angelegenheiten des Wasserstauens und der dem Eigenthümer oder Pächter einer Mühle zu verschaffenden Vorfluth mit Rücksicht auf das gegenseitige Interesse der Bodenkultur und des Müllers oder anderer Stauberechtigten.

4) Die Regierungen bestimmen gleichfalls die Höhe des Wasserstandes, insofern dieser Gegenstand nicht durch Vergleiche, Verträge oder sonst auf eine unwiderrufliche Art bestimmt ist;

5) sie entscheiden ferner über die Einsprüche, welche von dritten Personen wider die Anlegung einer Manufaktur und Werkstätte aus dem Grunde eingelegt werden, weil sie einen ungesunden oder unangenehmen Geruch verbreite, ohne Unterschied, ob diese Einsprüche schon vor Verleihung der Erlaubniß zur Errichtung der Manufaktur oder erst nachher geschehen.

Staatskanzler nicht vor, weshalb das Rechtsmittel der Opposition beim Mangel einer mit der Entscheidung zu befassenden Behörde ganz wegfiel. Zweifelhafter erscheint es, ob dasselbe von dem Rechtsmittel der Drittopposition gelte.

§ 2 Nr. 1.

25. Eine spezielle Vorschrift, welche derartige Streitigkeiten ausdrücklich vor die Präfekturräthe verwiese, findet sich in der französischen Gesetzgebung nicht. Inzwischen folgt aus dem Zusammenhange der zu § 8 h. l. bezogenen Bestimmungen, und ist allgemein anerkannt, daß alle Streitigkeiten, welche in Betreff direkter Steuern und aus Anlaß ihrer Erhebung entstehen, mithin auch diejenigen zwischen den Steuererhebern und den Steuerpflichtigen über ihre gegenseitige Berechnung, der administrativen Jurisdiktion angehörten; cf auch Perrot I. S. 149 und das dort cit. Dekr. v. 10. Sept. 1808 (Sir. 17, II. 27) Auf ähnliche Streitigkeiten bezüglich indirekter Steuern fanden obige Bestimmungen ebensowenig Anwendung, wie gegenwärtig der § 2 Nr. 1

26. Zu den Streitigkeiten im Sinne des § 2 Nr. 1 gehören insbesondere auch diejenigen, welche die von den Steuereinnehmern ausgestellten Quittungen, die an jene geleisteten à Conto-Zahlungen und die Zahlungsimputation betreffen; arg. Dalloz, m. comp. admin, n. 365; cf jedoch n. 159.

27. § 2 Nr. 1 ist auch auf Gemeindesteuer-Einnehmer anwendbar: *EK. 11. Juni 1853.

28 Es begründet keinen Unterschied, ob der Steuereinnehmer oder der Steuerpflichtige als forderuder Theil auftritt; cf auch Dalloz ib. n 374.

29. Inwiefern die administrative Kompetenz selbst dann noch fortbestehe, wenn der Steuereinnehmer sich nicht mehr im Amte befinde, ob z. B. auch ein abgetretener Steuerempfänger wegen der von ihm dem Steuerpflichtigen gemachten Vorschüsse sich an die Administrativjustiz wenden müsse, oder ob alsdann die Kompetenz der ordentlichen Gerichte begründet sei, ist streitig Die ältere Jurisprudenz huldigte der ersteren Ansicht, cf cons. d'ét. 18 Aug 1807 (Sir. 16, II. 289), neuere Entscheidungen dagegen der letzteren; cf Dalloz ib n 374. — Im Uebrigen cf die Noten zu §§ 8 ff. und 15.

§ 2 Nr. 2.

30 § 2 Nr 2 schließt sich an das Ruralges v. 6. Okt. 1791, sect 6, Art. 2, 3, das Arr. v. 23. Mess. V, das Ges. v. 9 Vent XIII. Art 6, die Dekr. v. 15, 16. Okt. 1813 und das StRG. v. 8. Nov. 1813 (v. Dan. 3, S. 531; 5, S 10, 609, 888, 889) an Diesen Bestimmungen zufolge war es Sache des Präfekten, die bestehenden Gemeinde- und Nachbarwege („Vizinalwege") zu ermitteln, resp. als solche zu deklariren, ihre Richtung, Grenzen und Breite zu bestimmen, unter Umständen auch ihre Unterdrückung auszusprechen, resp. bei der höchsten Staatsgewalt in Vorschlag zu bringen, wogegen die Streitigkeiten über das Eigenthum am Wegeterrain der Kognition der ordentlichen Gerichte anheimfielen. Die Kompetenz der Präfekturräthe fand hier keinen Raum; diese beschränkte sich vielmehr in Wegeangelegenheiten auf andere Gegenstände; cf die §§ 12, 20 und Cormenin s. v. chemins vicinaux, VII. VIII Eine wesentlich hiervon abweichende Ansicht ist zwar in der zur Erläuterung des Ges v. 9. Vent XIII. ergangenen Min.-Instr. v. 7. Prair. XIII (v. Dan. 4, S 615) entwickelt, letztere wird jedoch durch das obige Dekr. v. 1813 widerlegt.

31. Der Ausdruck „Vizinalweg" bildet an sich den Gegensatz gegen „Staats- und Bezirks- (Departemental-) Straße." Die unter n 30 cit. französischen Gesetze gebrauchen denselben aber im engeren Sinne; sie verstehen darunter lediglich die Hauptverbindungswege in der Gemeinde oder zwischen verschiedenen Gemeinden, nicht also bloße Fußsteige, Feld- und Kulturwege, Viehtriften, Wasserläufe 2c.; cf. Proudhon, dom publ., n 471, Cormenin l. c. X. n. 3. Gleiches gilt offenbar von § 2 Nr. 2, obgleich dies mitunter verkannt wird, z. B. in KH 11. Nov 1851 (Rh. A 46, II. 96). Alle Streitigkeiten, welche sich auf Wege 2c. der letzteren Art beziehen, sowohl petitorische wie possessorische, unterliegen, der französischen Jurisprudenz zufolge, der richterlichen Kognition; cf. die Citate bei Cormenin und unten n. 56.

32. Da zufolge § 2, in Verbindung mit den unter n. 30 cit. französischen Gesetzen, nur den Regierungen zusteht, die Richtung und Breite der Vizinalwege ohne Einwilligung der Adjazenten zu bestimmen, so können auch nur jene und z B. nicht die Bürgermeister den zur Bezeichnung der Wegegrenze zu setzenden Steinen die Eigenschaft von Grenzsteinen im Sinne des § 243 Nr. 7 des StrGB. beilegen; cf. Oppenhoff l. c. n. 34.

33. Nach der konstanten Praxis des Komp.GH. (cf. z. B. *EK. 26. Juni 1851, JMBl S. 248) und anscheinend auch nach KH 2 Mai 1827 (Rh A. 10, II. 43) begreift dagegen § 2 Nr. 2 unter dem Ausdrucke „Verwaltung" die Gemeinde-Verwaltung mit, und schließt daher die richterliche Gewalt selbst dann aus, wenn von der kompetenten Behörde eine Bestimmung über die Richtung 2c. des Weges noch gar nicht ausgegangen ist, der Streit sich vielmehr schon in Folge einer von der Gemeindeverwaltung getroffenen Anordnung dieser Art erhebt.

34. Die aus § 2 Nr. 2 herzuleitende Inkompetenz der Gerichte ist eine absolute, mithin von Amtswegen zu berücksichtigen, mag gegen die Gemeinde geklagt oder letztere selbst als Klägerin aufgetreten sein.

35. Obgleich § 2 Nr 2 den RW. für den Fall zuläßt, wo über das Eigenthum gestritten wird, so kann die Klage auf Anerkennung des Eigenthums, wie sich namentlich aus dem Dekr. v. 16. Okt. 1813 ergiebt, doch nicht zu dem Zwecke, um eine Aenderung des Wegs zu erstreiten, sondern nur zu anderen Zwecken, ins-

besondere zum Zwecke der Entschädigung, angestellt werden· *ME. 30. März 1843, 9. Jan. 1846, AH. Cöln 1 Juni 1855, *CK. 24. Juni 1851, 5 April 1856 (Rh. S. 8, S. 154; Rh. A. 39, III 22; 51, I. 69; JMBl. 51, S. 248; 56, S. 156) und Dalloz, m. comp. admin., n. 207, 425.

36. Ja selbst, wenn ein rechtskräftiges Urtheil bereits vorliegt, welches in einem Prozesse über das Eigenthum am Wege gegen die Gemeinde erkannt hat, so ist die Verwaltung dennoch nicht behindert, diesen Weg noch immer für einen Nachbarweg zu deklariren. So: Dalloz ib. n 219; doch ist dies nach den dortigen Citaten nicht unbestritten.

37. Wenn es dem unter n. 35 ff. Gesagten zufolge thatsächlich vorkommen kann, daß Jemand durch eine Vizinalitäts-Erklärung seines Eigenthums verlustig wird, und sich gleich einem Expropriaten mit bloßer Entschädigung begnügen muß, so wollten dennoch die bezüglichen Ges der Verwaltung nicht ein eigentliches Expropriationsrecht verleihen. Jene soll vielmehr immer nur die bestehenden Verhältnisse feststellen, mithin nur diejenigen Wege für vizinal erklären, welche diese Eigenschaft nach ihrer pflichtmäßigen Ueberzeugung schon früher besaßen, und nur diejenige Richtung bestimmen, die dieselben erkannter Maaßen schon früher inne hielten. Handelt es sich daher unbestritten, d h. nach dem eignen Zugeständnisse der Verwaltung, um die Anlage eines neuen Wegs oder um die Verlegung eines Vizinalwegs an eine ganz andere Stelle, so kann das hierzu erforderliche Terrain nur durch Vertrag oder durch ein förmliches Expropriations-Verfahren (§ 13 h. l.) erworben werden; die Nichtbeobachtung der desfalls bestehenden Vorschriften würde den depossedirten Eigenthümer berechtigen, auf Rückgabe zu klagen; cf. ord. en cons. d'ét 17. Aug. 1836 (Sir. 37, II. 41), LG. Trier 24. Nov. 1842 (T. A. 3, I. 146) und n. 205.

38. Eine Ausnahme tritt nur insofern ein, als die Verwaltungs-Behörde gemäß Art. 6 des Ges. v. 9. Vent. XIII. befugt ist, zur Erweiterung eines bestehenden Vizinalwegs bis zur Breite von sechs Metern die Wegnahme des angrenzenden Privatterrains zu verordnen; cf. *CK 26 Juni 1851 (JMBl. S 248), wenngleich Cormenin s. v. chemins vicinaux IV auch diese Ausnahme nicht gelten lassen will. Die Min. Instr v. 7. Prair. XIII hält in solchem Falle wenigstens die vorgängige Entschädigung der Adjazenten für erforderlich, was durch Art. 9 der Verf-Urk. bekräftigt wird.

39. Hat jedoch die Regierung die Erbreiterung nur mit der Maaßgabe genehmigt, daß vor der Besitznahme die Zustimmung der betreffenden Grundbesitzer herbeigeführt werde, so stehen obige Ges sogar der Klage auf Rückgabe nicht entgegen, falls eine solche Einigung mit dem wahren Eigenthümer unterblieben ist: AH. Cöln 28. Aug. 1845 (Rh. A. 39, I. 134)

40. § 2 Nr. 2 versteht unter dem Ausdrucke „Eigenthum“ beschränkte dingliche Rechte mit Demzufolge ist die Klage eines Privaten auf Anerkennung einer bloßen Wegeservitut am Terrain des Gemeindewegs statthaft: AH. Cöln 18. Aug. 1841 (Rh. A. 32, I. 63), Dalloz., m. comp admin. n 150.

41. Die Klage einer Gemeinde auf Anerkennung der ihr angeblich an einem Privatwege zustehenden Wegeservitut, und die Klage des Privaten gegen die Gemeinde auf Aberkennung eines solchen Rechts, in Gleichem die Klage der Gemeinde auf Bestellung eines Nothwegs fallen überhaupt nicht unter die Bestimmung des § 2 Nr. 2, und sind unzweifelhaft zulässig: Dalloz ib., AH. Pau 14. Mai 1831 (Sir. 13, II. 244), Gilbert ad Art 682 BGB. n 11

42. Ebenso, wie die Klage auf Anerkennung des Eigenthums, und in demselben Umfange, ist die actio finium regundorum statthaft: Rej 15. Nov. 1831 (Sir. 32, I. 13). Cf. auch die Noten zum Ges. v. 11 Mai 1842 § 4.

43. In einer von der Gemeinde selbst angestellten Grenzberichtigungs-Klage war der Gemeinde die Einrede der mangelnden Aktiv-Legitimation entgegengesetzt worden, weil der fragliche Weg, hinsichtlich dessen eine Vizinalitäts-Erklärung noch nicht vorlag, gar kein Gemeinde-Eigenthum sei. AH. Cöln 24. Jan 1838 (Rh. A. 27, I. 49) erachtete auch in diesem Betrachte die richterliche Kognition über die streitige Eigenthumsfrage für zulässig, was jedoch in der Note mit gewichtigen Gründen bestritten wird.

44. Die Gerichte können in einem Prozesse über die Anschwemmungen eines Vizinalwegs erkennen, daß letzterer ehedem ein bloßer Leinpfad gewesen sei, und demgemäß dem Grenznachbarn das Eigenthum an den bereits vor der Vizinalitäts-Erklärung erfolgten Anschwemmungen zusprechen: Rej 1. Dez. 1835 (Sir. 36, I. 125)

45. Die Zulässigkeit der Entschädigungsklage setzt nicht nothwendig voraus, daß das Eigenthum am Wegeterrain streitig sei. Für den Fall, wo Privateigenthum zur Erbreiterung des Wegs genommen wird (cf. n. 37), versteht sich dieses von selbst. Gleiches gilt aber auch von anderen Fällen; cf. AH. Cöln 28 Jan 1859 (Rh. A 54, I. 163; i. c. hatte die Gemeinde-Verwaltung die Bestimmung getroffen, daß der durch das Dorf fließende Bach in einer an der rechten Straßenseite belegenen Rinne seinen Lauf haben solle; Kläger verlangte demnächst unter der Behauptung, das Wasser sickere durch die Rinne in seinen Keller, von der Gemeinde, daß diese dem Bachbette eine jenen Uebelstand hindernde Konstruktion gebe; der AH. erachtete diese Klage für statthaft).

46 Das unter n 45 cit. AH. 28. Jan. 1859 erkannte gleichzeitig an, daß die Entschädigungsklage nicht nothwendig auf Zahlung einer Geldsumme gerichtet sein müsse Ebenso erklärte sich ord cons. d'ét. 18. April 1816 (Dalloz ib. n. 165) zu Gunsten des RW. in einem Falle, wo Jemand von der Gemeinde die Vornahme gewisser Arbeiten verlangte, damit der Einsturz seiner an den Vizinalweg grenzenden Mauer verhindert werde, indem dieser Streit eine reine Entschädigungsfrage betreffe, welche der administrativen Kognition nicht unterliege

47. Inzwischen wird hierbei (n. 46) unterstellt, daß die behufs der Schadloshaltung begehrten Maaßregeln nicht auf Beseitigung der über den Weg getroffenen administrativen Anordnungen gerichtet sind, noch dem dereinstigen Erlasse solcher Anordnungen vorgreifen. So erachtete AH. Cöln 14. Juli 1836 (Rh A 24, I. 128) den Antrag auf Wiederherstellung einer Dorfstraße in der Weise, daß dem Kläger die Fahrt zu seiner Scheune frei bleibe, sowie den Antrag, daß Kläger für berechtigt erklärt werde, das Wasser aus seinem Keller auf die Straße zu leiten, und die Gemeinde für verpflichtet, den zu dem Ende bestehenden Kanal zu dulden, als zu denjenigen Anträgen gehörig, worüber zufolge § 2 Nr. 2 nur die Regierungen zu entscheiden befugt seien.

48. Ueberhaupt gilt § 2 Nr. 2 im Allgemeinen auch von solchen Streitigkeiten, welche durch Vornahme bloßer Reparaturen, durch Erhöhung oder Vertiefung eines Gemeindewegs entstehen; auch bei letzteren kann daher vorzugsweise nur der Entschädigungspunkt zu einem gerichtlichen Verfahren Anlaß geben; demgemäß kann z. B. nicht auf Fortschaffung einer Straßenerhöhung bei Gericht geklagt werden, selbst, wenn die Klage darauf gestützt wird, daß jene Erhöhung die natürliche Servitut der Aufnahme des Wassers für das anschießende Grundstück erschwere: AH. Cöln 28. Nov. 1845 (Rh. A. 39, I 199); Ord. cons. d'ét. 6. März 1835 (Sir 35, II. 498)

49. Ebenso gehört nach dem cit. AH. Cöln 28. Nov. 1845 die Entscheidung der Frage, ob das Bestehen des Gemeindewegs in gutem Zustande die Einräumung einer Auffahrt oder eine sonstige Abhülfe der Beschwerde gestatte, nicht zur gerichtlichen, sondern zur administrativen Kognition.

50. AH. Cöln 24. Jan. 1831 (Rh A. 15, I 73 ff.) folgert aus § 2 Nr. 2, daß der aus der Vertiefung einer Straße hergeleitete Entschädigungs-Anspruch, insofern er in ihre darauf gestützt werde, daß die Gemeinde nicht befugt gewesen, die Straße zum Nachtheile der anstoßenden Häuser ohne Entschädigung ihrer Besitzer zu vertiefen, nicht prozeßfähig sei.

51. Kann ein Entschädigungs-Anspruch vor Gericht geltend gemacht werden, bevor die Regierung über das Fortbestehen oder die Aufhebung der getroffenen Wegeeinrichtung entschieden hat? AH Cöln 28. Nov 1845 cit. entschied sich in dem damals vorliegenden Falle für die Negative, und wies demgemäß die Klage als voreilig ab, erwägend, daß, so lange eine solche Administrativ-Entscheidung nicht vorliege, die faktische Grundlage für die Erörterung fehle, ob die betreffenden Nachtheile als wirkliche und unabwendbare Eingriffe in das Eigenthum des Klägers zu betrachten seien Inzwischen dürfte die Frage vorwiegend faktischer Natur sein und

eine prinzipielle Beantwortung, wie sie in jenem Urtheil auch nicht beabsichtigt zu sein scheint, kaum gestatten. (In obigem Falle war nur subsidiarisch auf Zuerkennung einer Entschädigung angetragen, principaliter vielmehr der unstatthafte Antrag auf Fortschaffung einer Straßenerhöhung gestellt worden.)

52. Ob in den Fällen, wo der RW zufolge § 2 Nr 2 und der bezüglichen französischen Gesetzgebung ausnahmsweise zugelassen ist, nur petitorisch oder auch possessorisch geklagt werden könne, ist streitig. Wider die Statthaftigkeit des Possessoriums entschieden KH. 2. Mai 1827, *ME. 29. Sept. 1840, *EK. 24. Juni 1851 (Rh. A. 10, II. 43; Rh. S 7, S. 208; JMBl. 51, S. 248) und die ord. en cons. d'ét. 5. Sept. 1836 (Sir. 37, II 57), weil vor Gericht nur über das Eigenthum gestritten werden könne. Das Gegentheil nahm inzwischen *EK. 30. Okt. 1852 (JMBl. 53, S. 58) wenigstens für einen Fall an, wo die Klage nicht den Besitz und Genuß des Wegeterrains selbst, sondern der auf demselben stehenden Bäume betraf. A. M. überhaupt ist die Praxis der französischen Gerichte, welche in obiger Hinsicht die possessorischen Klagen den petitorischen gleichstellen; cf. Cass. 26. Febr. und 4. Dez. 1833, 22. Juni 1835 (Sir. 33, I. 391; 34, I. 38; 35, I. 505), Garnier, des chemins, p. 280. Selbstredend kann jedoch auch nach der letzteren Ansicht der Richter in possessorio so wenig, wie in petitorio darum angegangen werden, daß die Aenderung der administrativer Seits bestimmten Wegeeinrichtung angeordnet, noch daß dem Bürgermeister fernere Besitz-Störungen untersagt, resp. daß derselbe wegen der bisherigen zum Schadensersatze verurtheilt werde, zumal wenn dieser auf höhere Anordnung handelte; die Kompetenz der Gerichte beschränkt sich vielmehr obiger Ansicht zufolge im Wesentlichen auf die Feststellung des Annalbesitzes; cf. Dalloz ib. n. 146, Cormenin l. c chemins vicinaux, X — *OT 8. Mai 1855 (Präj. 7 bei Rh. Sachen, Entsch 30, S. 477) tritt zwar der ersterwähnten Ansicht bei, nimmt jedoch andererseits an, daß bezüglich der petitorischen Entschädigungsklage für das entzogene Terrain alle Wirkungen des juristischen Besitzes, auch in Betreff der Beweisfrage (Art. 2230 des BGB.) bestehen blieben, wie ein Gleiches hinsichtlich der durch Verfügungen im Sinne des Ges. v. 11. Mai 1842 herbeigeführten Besitz-Alterationen wiederholt erkannt worden ist. *Contra* in letzterer Hinsicht: LG. Coblenz 11. Jan. 1840 (Tr. A 1, I 16).

53. Die Anwendbarkeit des § 2 Nr. 2 wird nicht dadurch ausgeschlossen, daß der mit der Gemeinde streitende Eigenthümer der Fiskus ist, da das Gesetz nicht unterscheidet.

54. Immer wird aber vorausgesetzt, daß der Gegner der Gemeinde ein Adjazent sei. Der § 2 Nr 2 und die bezüglichen französischen Gesetze kommen daher z. B. da nicht in Betracht, wo eine Eisenbahn den Kommunalweg durchschneidet, und sich in Folge dessen zwischen der Gesellschaft und der Gemeinde über die von ersterer am Wege vorgenommenen Veränderungen Streitigkeiten erheben, mag auch das Bauprojekt einschließlich der in Betreff des Wegs entworfenen Anlagen administrativer Seits genehmigt worden sein: AH. Cöln 2. Juli 1851 (Rh. A. 46, I. 139); cf. ferner Ges. v. 3. Nov. 1838 n. 37

55. Die vorbezogenen Gesetze bleiben außer Anwendung, wenn die Gemeinde die Vizinalität gar nicht geltend macht, der Streit über die Vizinalitätsfrage sich vielmehr lediglich unter Privaten erhebt. Alsdann ist der RW unverschränkt, vorausgesetzt, daß eine Vizinalitäts-Erklärung noch nicht vorliegt: Cormenin l. c. X; Dalloz ib. n. 143; Table dec. m. chemin vicinal, n. 58.

56. Wohl aber äußern sich dieselben auch in strafrechtlichen Prozeduren, und zwar in der Weise, daß derjenige, welcher des Eingriffs in einen als vizinal deklarirten Weg (§ 349 Nr. 1 des StGB.) beschuldigt ist, nicht unter der Behauptung, Eigenthümer des Wegeterrains zu sein, die Aussetzung der Sache bis zur civilrichterlichen Entscheidung über jene Eigenthumsfrage verlangen kann, selbst wenn über letztere Frage ein Rechtsverfahren bereits anhängig sein sollte. So: KH. 25. Febr. 1851 (Rh. A 46, II 23); Dalloz, m. question préjud., n. 104. Ein Rej. 28. Sept. 1832 (Sir. 33, I. 793) nahm sogar an, daß selbst ein wider die Vizinalitäts-Erklärung bei der höheren Verwaltungs-Instanz eingelegter Rekurs die Aussetzung der strafgerichtlichen Entscheidung nicht motivire, da ein solcher Rekurs keinen Suspensiveffekt habe. Wie aber, wenn eine Vizinalitäts-Erklärung noch

nicht ergangen ist? Die ältere Praxis des KH., resp. des OT. nahm selbst für diesen Fall an, daß jener Präjudizial-Einwand nicht durch Richterspruch gelöst werden könne, daß vielmehr der Polizeirichter die weitere Verhandlung bis zur administrativen Entscheidung aussetzen müsse; cf KH. 11 Nov 1851 (Rh A. 46, II 96), *OT. 9 Sept. 1858 in S c Wilms Jüngsthin hat das OT. diese Ansicht jedoch verworfen und die Statthaftigkeit der richterlichen Kognition für den letzteren Fall anerkannt; cf. Erk 14 Nov 1861 (Oppenhoff Rechtspr. II. S 67) Ja die Motive dieses Erk. scheinen sogar die oben in Betreff des ersteren Falles mitgetheilte Praxis in Frage zu stellen. [Uebrigens betraf die Beschuldigung einen Weg, hinsichtlich dessen eine Vizinalitäts-Erklärung gar nicht hätte ergehen können, nämlich einen bloßen Feldweg; cf oben n 31 und Dalloz l c n. 105. Das OT erachtete i c. das Ges. v. 31. Jan. 1845 für anwendbar, und billigte daher die Aussetzung des Strafverfahrens bis zur civilrichterlichen Entscheidung über das Eigenthum In gleichem Sinne erkannte bereits vor Erlaß jenes Ges. KH. 4. April 1842 (Rh. A. 33, II. 32)]

57. Endlich bleibt zu erwähnen, daß, da die Verfügungen der Verwaltung über die Richtung rc der Kommunalwege regelmäßig den Charakter von Polizei-Verfügungen an sich tragen, auf Streitigkeiten der hier fraglichen Art meist auch die Bestimmungen des Ges. v 11 Mai 1842 passen, welche jedoch im Wesentlichen zu denselben Resultaten führen, und daß die ausschließliche Anwendbarkeit des § 2 Nr. 2 fast nur auf die Fälle beschränkt ist, wo die Kommunal-Behörde lediglich als Vertreterin des Gemeindeguts, mithin in Ausübung des der Gemeinde an den Gemeindewegen zustehenden Eigenthumsrechts gehandelt hat; cf *EK 15. Jan. 1854 (Tr A 7, I. 301)

§ 2 Nr. 3 und 4.

58 Die französische Gesetzgebung räumte den Verwaltungs-Behörden die Befugniß ein, im allgemeinen landespolizeilichen Interesse reglementarische Verfügungen zur Erhaltung der Flüsse, des ungehinderten Laufs derselben, ihrer allgemeinen Benutzung sowie zu ihrer Reinerhaltung behufs Verhütung von Ueberschwemmungen, Versumpfungen und anderen Benachtheiligungen benachbarter Grundstücke zu erlassen, demgemäß auch die Höhe des Wasserstands und die Vorfluth im Allgemeinen zu reguliren, endlich die Genehmigung zur Anlage von Mühlen und anderen Triebwerken zu ertheilen, ohne daß in dieser Hinsicht ein wesentlicher Unterschied zwischen den verschiedenen Arten fließender Gewässer gemacht war; cf. Ruralges. v. 6. Okt. 1791 Tit. 2 Art. 16; Ges. v. 14. Flor. XI. u 16 Sept 1807 Art 33, Dekr. v. 12. April und 2 Juli 1812 (v Dan. 4, S 464; 5, S. 288. 808, 820), Dalloz, m. eaux, n. 428, 429; *OT. 8. Febr. 1859 (Rh A 54, II 73). — Handelte es sich dagegen nicht um den Erlaß solcher Reglements einschließlich der nach dem französischen Sprachgebrauche darunter mitbegriffenen polizeilichen Konzessionen für einzelne Anlagen, sondern um die Schlichtung besonderer über die Wassernutzung rc. unter den Adjazenten entstehenden Streitigkeiten, so trat in Beziehung auf die Kompetenz der grundsätzliche Gegensatz in den Vordergrund, welcher nach dem BGB zwischen den zu den „dependances du domaine public" gehörigen schiff-, resp. flößbaren und den weder schiff- noch flößbaren Flüssen oder (um der Kürze halber mit der Terminologie des Preußischen Rechts zu reden) zwischen öffentlichen und Privatflüssen besteht Hierbei muß jedoch daran erinnert werden, daß, von künstlich angelegten Kanälen und Gräben abgesehen, die in der französischen Jurisprudenz vorherrschende Ansicht auch an s. g. Privatflüssen, sowohl was diese selbst, als was ihr Bett und das vorbeifließende Wasser betrifft, kein Privateigenthum im eigentlichen Sinne des Worts, sondern nur einzelne beschränkte vom Ufereigenthume meist untrennbare Privatrechte anerkennt. Bei Streitigkeiten über öffentliche Flüsse bildete die administrative Kompetenz, insbesondere diejenige der Präfekturräthe die Regel (die Kognition der Gerichte trat nur ganz ausnahmsweise ein, wenn der Staat oder das allgemeine Wohl bei dem Streite nicht einmal mittelbar interessirt und das Streitobjekt überdies einer Beurtheilung nach privatrechtlichen Normen, z. B. Verträgen, empfänglich war), wogegen Streitigkeiten über die Wassernutzung rc. bezüglich der

Privatflüsse durchweg der richterlichen Entscheidung unterlagen, und zwar selbst dann, wenn hierbei nicht ausschließlich privatrechtliche Gesichtspunkte, sondern die Interessen der Bodenkultur in ihrem Verhältnisse zu der dem Eigenthume gebührenden Achtung in Betracht kamen, oder wenn sich der Klageanspruch auf ein administratives Reglement gründete; cf. Art 645 BGB., Ges v. 6.—24. Aug. 1790 Tit. 3 Art. 10; Arr. v. 19. Vent. VI. Art. 11; StRG. v. 24. Vent. XII (Gräff S. 524), Dekr. v. 12. April und 2. Juli 1812. Namentlich war die Kompetenz der Präfekturräthe, wie denselben die Befugniß zum Erlasse reglementarischer Bestimmungen abging, so auch bei den die besonderen Interessen der Ufereigenthümer, resp. Triebwerksbesitzer betreffenden Streitigkeiten ganz ausgeschlossen, insofern von den im Art. 4 des Ges. v. 14. Flor. XI. erwähnten, zu § 10 h. l. näher zu besprechenden Angelegenheiten abgesehen wird. Cf Dalloz, m eaux, n. 508.

59. Müßte man an dem Satze unbedingt festhalten, daß § 2 auf die Regierungen nur gewisse Attributionen der vormaligen Präfekturräthe übertragen habe, so könnte man mit Rücksicht auf das eben Gesagte geneigt sein, anzunehmen, daß die Nr. 3 und 4 lediglich von öffentlichen Flüssen redeten, wie dies auch wirklich mitunter behauptet worden ist Inzwischen ergiebt bereits § 2 Nr 2, daß obiger Satz in dieser Unumschränktheit nicht aufrecht zu erhalten ist. Auch widerspricht der aus demselben hinsichtlich der Nr. 3 und 4 herzuleitenden Folgerung die allgemeine Fassung dieser Bestimmungen um so mehr, als Streitigkeiten der dort erwähnten Art vorzugsweise gerade bei der Nutzung von Privatflüssen hervorzutreten pflegen. Wohl aber folgt aus der unmittelbaren Beziehung des § 2 zum französischen Verwaltungsrechte, daß jenem § im Allgemeinen wenigstens die Absicht fern lag, über andere Gegenstände als solche zu verfugen, die schon nach jenem Rechte dem administrativen Ressort überhaupt angehörten, weshalb den Vorschriften der Nr. 3 und 4 in ihrer Anwendung auf Privatflüsse nur eine restriktive und nicht etwa die dem Wortlaute allerdings mehr entsprechende Deutung gegeben werden kann, als ob dieselben die Entscheidung über alle den Wasserlauf betreffenden Streitigkeiten der Uferbesitzer oder doch die sich auf die Höhe des Wasserstandes bei gewerblichen Anlagen beziehenden, entgegen den Grundsätzen des französischen Rechts, ausschließlich auf die Administrativ-Behörden hätten übertragen wollen. Jeder in dieser Hinsicht etwa noch bestehende Zweifel dürfte schwinden, wenn man die Nr. 3 und 4 mit den §§ 1—5 des Vorfluths-Edikts v. 1811 vergleicht, welche letzteren mit ersteren sowohl in der Fassung wie im Inhalte eine solche Uebereinstimmung bekunden, daß sie an der Entstehung derselben unverkennbar einen großen Antheil gehabt haben, und neben den bezüglichen Bestimmungen des französischen Rechts als deren Quelle zu betrachten sind. Während nämlich die preußische Gesetzgebung in Uebereinstimmung mit der französischen der Anschauung huldigt, daß Streitigkeiten über die Wassernutzung in Betreff der Privatflüsse privatrechtlicher Natur seien, hat dieselbe dennoch in jenen Bestimmungen für gewisse Fälle dieser Art ausnahmsweise ein landespolizeiliches Verfahren und sogar ein landespolizeiliches Entscheidungsrecht vorgeschrieben. Dieses Entscheidungsrecht erstreckt sich jedoch, wie in den Noten zum Vorfluths-Edikte näher erörtert ist, nicht etwa auf Streitigkeiten zweier Interessenten über das beiderseitige Recht der Wassernutzung, sondern lediglich auf Kollisionen zwischen dem Rechte des oberhalb liegenden Grund- resp. Triebwerksbesitzers auf Gestattung der Vorfluth sowie dem diesem Rechte gegenuber stehenden Staurechte eines (unterhalb liegenden) Triebwerksbesitzers und tritt selbst bei diesen Kollisionen nur dann ein, wenn es an bestimmten privatrechtlichen Normen für die Schlichtung derartiger Streitigkeiten mangelt. — Ueber dieses Entscheidungsrecht hinaus soll augenscheinlich auch die den Regierungen in den Nr. 3 und 4 ertheilte Befugniß, insoweit sie sich auf die Entscheidung über streitige Sonderinteressen der Adjazenten eines Privatflusses bezieht, nicht reichen. Demgemäß ergiebt sich für die Auslegung dieser Vorschriften aus obigen Bestimmungen des Vorfl.-Edikts in Verbindung mit den Grundsätzen des französischen Rechts folgendes Resultat: die Attributionen der französischen Verwaltungs-Behörden, einschließlich derjenigen der Präfekturräthe, in Beziehung auf öffentliche Flüsse, sind (vorbehaltlich des unter n. 23 Gesagten) ungeschmälert auf die Regierungen übergegangen, weshalb die richterliche Kognition bei Streitigkeiten mit der Verwaltung, z. B. über die Ver-

bindlichkeit resp. Unverbindlichkeit eines von dieser erlassenen Reglements (cf. AH. Cöln 5. April 1827; Rh A. 11, I. 79), wie unter den Adjazenten durchweg ausgeschlossen ist, es müßte sich denn der Streit um rein privatrechtliche Interessen, z. B. um die Auslegung von Privatverträgen und dergleichen drehen. Anlangend jedoch die Privatflüsse, so bildet die richterliche Kompetenz für alle Streitigkeiten über die Wassernutzung zc., dieselben mögen unter Grund- oder Triebwerksbesitzern, oder unter jenen einer- und diesen andererseits entstehen, sie mögen nach ausschließlich privatrechtlichen oder gleichzeitig nach sonstigen, den allgemeinen Interessen der Bodenkultur und des Eigenthums entlehnten Gesichtspunkten zu beurtheilen sein (Art. 645 des BGB), auch unter der Herrschaft des Ress-Regl. die Regel, während die Befugnisse der Regierung in Gemäßheit desselben auf die Geltendmachung landespolizeilicher Rücksichten beschränkt bleiben, und sich theils im Erlasse reglementarischer Bestimmungen, theils aber auch in anderer Weise äußern, und ausnahmsweise sogar die Gestalt eines wirklichen Entscheidungsrechts, gegenüber zweien über ihre Sonderinteressen streitenden Parteien, annehmen. Das letztere tritt ein, wenn es in Betreff der Frage, wie hoch ein Triebwerksbesitzer zum Nachtheile oberhalb gelegener Grundstücke oder Triebwerke stauen dürfe, an bestimmten privatrechtlichen Normen mangelt. (Was das Verhältniß der Nr 3 und 4 zu einander betrifft, insoweit dieselben bei Privatflüssen zur Anwendung kommen, so dürfte sich Nr. 3 auf spezielle, Nr. 4 dagegen auf reglementarische Regulirungen beziehen, d. h also Nr. 3 vorzugsweise die Fälle vor Augen haben, wo die Regierung unter zwei streitenden Interessenten zu entscheiden berufen ist, Nr. 4 die Fälle, wo es sich um den Erlaß eines allgemeinen Reglements oder einer Konzession handelt. Diese Auslegung setzt stillschweigend voraus, daß die Schlußworte „insofern dieser Gegenstand nicht durch Vergleiche zc. bestimmt ist“ auf Nr. 3 mitzubeziehen sei, was durch AH. Cöln 19 März 1834 (Rh A. 20, I 89) bestätigt wird. — In Nr. 3 dürfte übrigens statt „und der dem Eigenthümer einer Mühle zu verschaffenden Vorfluth“ zu lesen sein: „und der von dem Eigenthümer einer Mühle zu verschaffenden Vorfluth“; da nämlich obige Worte, wie sie jetzt lauten, nur von dem Eigenthümer einer oberhalb gelegenen Mühle verstanden werden könnten, so würde Nr. 3 ausschließlich von Streitigkeiten unter zwei Stauberechtigten sprechen, mithin der an dieser Stelle zwischen den Interessen der Bodenkultur und denen der Müller gemachte Gegensatz keinen Sinn haben.)

60. Mit der eben entwickelten Ansicht stimmt die Mehrzahl der ergangenen gerichtlichen Entscheidungen der Hauptsache nach im Resultate überein; nur ist in keinem derselben die Beziehung der Nr. 3 und 4 zu den §§ 1—5 des Vorfluths-Edikts berücksichtigt worden. Dagegen findet sich eine mittelbare Anerkennung dieser Beziehung im LMR. v. 11 März 1850 (BMBl. S. 69), indem dasselbe behufs Deutung der cit. §§ 1 ff. den § 2 Nr. 3 und 4 h. l. zu Hülfe nimmt, ferner im R. der M. d. J. u. d. L. v. 21 April 1861 (BMBl. S. 101), wo geradezu gesagt wird, § 2 Nr. 3 und 4 ermächtige die Rheinischen Regierungen zur Entscheidung einzelner Streitigkeiten in Wasserstau-Sachen auf ähnliche Weise, wie das Vorfluths-Edikt die Regierungen im Gebiete des ALR.; cf. ferner Ges. v. 14. Juni 1859 n 2.

61. Unter den obengedachten Erk. (n. 60) entschied *OT. 8. Febr. 1859 (Rh. A. 54, II. 73) für die Zulässigkeit einer Klage, welche der Besitzer einer unterhalb belegenen Mühle wider den Besitzer einer oberhalb belegenen auf Beseitigung von Stau- und Schleusen-Anlagen angestellt hatte, ungeachtet diese Klage auf keinen speziellen Rechtstitel gegründet wurde (Das Petitum lautete wörtlich: „daß Beklagter nicht befugt sei, das Wasser des Erftbachs durch das darin errichtete Wehr zu stauen und hiermit der klägerischen Mühle zu entziehen, vielmehr gehalten sei, dieses Wehr entweder wegzuschaffen oder ihm eine nöthigenfalls durch Experten zu bestimmende Höhe zu geben“ zc Das sehr ausführlich motivirte Erk. erster Instanz und das demselben adhärirende Erk. das AH. hatten dieses Petitum für nicht prozeßfähig erachtet) Cf. ferner Vorfl.-Ed. v. 15 Nov. 1811 n 10.

62. LG Coblenz 18. Nov. 1841 (Tr. A. 2, I 76) erkannte das Gleiche in dem umgekehrten Falle, wo also der oberhalb gelegene Müller klagbar geworden war, weil der unterhalb belegene durch übermäßiges Stauen einen der klägerischen Mühle schädlichen Rückstau verursache. Für Fälle dieser Art würde nach der unter n. 59

entwickelten Ansicht unter Umständen allerdings die administrative Kognition Platz greifen. Inzwischen stützte Kläger seinen Anspruch gerade darauf, daß dem Beklagten bei Ertheilung der Konzession zur Bedingung gemacht war, sein Wehr so einzurichten, daß kein für die obere Mühle schädlicher Rückstau entstehe; cf. unten n. 66. (Das LG. scheint freilich den RW., selbst wenn von der Konzession ganz abgesehen werde, für statthaft erachtet zu haben.)

63. Ferner entschied AH. Cöln 24. Nov. 1824 (Rh. A. 6, I. 235) zu Gunsten des RW. in einem Falle, wo eine Gemeinde belangt war, um einen Bachkanal zu reinigen, und dessen Bett wieder auf die Tiefe zu bringen, daß das Wasser aus dem Gewölbe seinen unbehinderten Abfluß erhalte. (Dieses Urtheil erwog hierbei, daß, da es sich um die Benutzung eines Gewässers handle, hinsichtlich dessen kein allgemeines im Interesse aller Betheiligten ergangenes Reglement vorliege, die Klage vielmehr bloße Privatinteressen betreffe, die Inkompetenz-Einrede weder im § 2 Nr. 3 noch im Ges. v. 14. Flor XI. ihre Begründung finde.)

64. Ebenso AH. Cöln 22. Aug. 1833 (Rh. A 19, I. 53) in Betreff einer Klage gegen die Stadt Cöln auf Anerkennung des Rechts, durch Schutzbretter das Wasser eines die Stadt durchfließenden Bachs in den Einflußkanal der Kläger zu leiten, welche auf unvordenklichen Besitzstand sowie auf frühere Anerkenntnisse der Kommunalbehörde gegründet wurde.

65. Nicht minder gehören zur richterlichen Kognition, sowohl nach den Grundsätzen des französischen wie des jetzigen Rechts, und unbeschadet des § 2, alle Entschädigungsklagen, welche sich zwischen Ufer- und Triebwerks-Besitzern aus Anlaß der Wasserbenutzung erheben, und einer Beurtheilung nach den Grundsätzen des Privatrechts empfänglich sind, selbst, wenn der Schaden durch Errichtung von Anlagen oder Vornahme von Handlungen verursacht sein soll, welche von der Verwaltung genehmigt worden waren: Dalloz m. eaux n. 572.

66. Endlich sind dem Obengesagten zufolge gegenwärtig ebenso wie ehedem diejenigen Streitigkeiten im RW. zu erörtern, welche sich gerade aus Anlaß eines administrativen Reglements erheben, und dessen Anwendung (application) zum Gegenstande haben, vorausgesetzt, daß der Streit kein öffentliches, sondern nur privatrechtliche Interessen betrifft, während unter der entgegengesetzten Voraussetzung die Entscheidung allerdings auch jetzt noch dem administrativen Ressort verbleiben würde; cf. Dekr. v. 2. Juli 1812, Dalloz m. eaux n. 557, 558, LG. Coblenz 18. Nov. 1841 (Tr. A. 2, I. 76), AH. 17. Febr. 1836 (Rh. A. 23, I. 75). In letzterem Urtheile heißt es: die Bestimmung des Wasserstandes von Seiten der Verwaltungs-Behörde vertrete, insofern es hierbei auf gegenseitige Rechte und Verbindlichkeiten der Besitzer von Nachbarmühlen ankomme, zwischen diesen die Stelle eines Vertrags; sei daher in der Konzession bestimmt, daß diese oder jene Vorrichtung unterbleibe, so stehe dem anderen Theile ein desfallsiges Untersagungsrecht zu, und zwar ohne daß er bei Handhabung desselben nachzuweisen brauche, daß ihm durch die verbotene Vorrichtung oder Handlung ein Schaden erwachse.

67. Das in der n. 66 Gesagte ist jedoch nur so zu verstehen, daß der Richter auf Anrufen eines Betheiligten befugt sei, die Handhabung und Ausführung eines administrativen Reglements zu verordnen, resp. über die rechtlichen Folgen zu erkennen, welche aus diesem Reglement für die Betheiligten hervorgehen. Handelt es sich dagegen nicht um die Anwendung, sondern umgekehrt um die Anfechtung oder Aufhebung eines solchen Reglements, so greift die gerichtliche Kompetenz nicht Platz. Dies galt nach französischem Rechte unbedingt, und ist gegenwärtig wenigstens noch als Regel, d. h. vorbehaltlich der im § 2 Nr. 4 h. l. und der in den §§ 2 ff des Ges. v 11. Mai 1842 statuirten Ausnahmen festzuhalten; cf. AH. Cöln 19. März 1834, 17. Febr 1836, *ME. 17. Jan. 1843 (Rh. A. 20, I. 89; 23, I. 75; 36, I. 210).

68. Erheben sich daher Streitigkeiten über die Höhe des Wasserstandes in Folge einer polizeilichen Konzession, welche einer der streitenden Parteien als Besitzer einer Mühle ertheilt worden ist, so kann der Konzessionsakt selbst in der Regel auf dem RW nicht angefochten werden. Andererseits ist aber gerade in Betreff solcher Konzessionen zu bemerken, daß sie immer unter dem ausdrücklichen oder stillschweigenden Vorbehalte der wohlerworbenen Rechte Dritter

§. 3. Sollten in den Rheinprovinzen (auch dort, wo vorher keine Präfekturräthe bestanden haben, in der Folge sich ähnliche Streitigkeiten ereignen, so gehört ihre Entscheidung gleichfalls vor die Regierungen.

---

ertheilt zu werden pflegen, weshalb die letzteren, ohne darum einen Akt dieser Art anzufechten, immerhin befugt bleiben, für ihre der ertheilten Konzession widerstreitenden privatrechtlichen Ansprüche die richterliche Hülfe anzugehen So schon die Jurisprudenz des französischen Staatsraths, bei Dalloz m. eaux n. 421, welcher Schriftsteller dies freilich in solcher Unumschränktheit nicht gelten läßt. Für die Rheinprovinz kann dieser Punkt jedoch nicht mehr streitig sein, da derselbe mittlerweile auf legislativem Wege und zwar durch die bezüglichen Bestimmungen der Gewerbe-Ordn. v. 17. Jan 1845, resp die §§ 1 ff des Ges. v. 1. Juli 1861 in obengedachtem Sinne regulirt worden ist Seit Erlaß dieser Bestimmungen unterliegt es namentlich keinem Zweifel mehr, daß der Dritte unter Umständen sogar die Unterdrückung einer durch polizeiliche Konzession genehmigten Anlage vor Gericht erstreiten kann, und sich nicht etwa mit einer bloßen Entschädigung zu begnügen braucht, während in Frankreich vielfach fur die letztere Ansicht entschieden worden ist; cf. Dalloz, m compét. adm., n. 438; id m. eaux n. 572 ff.

§ 2 Nr. 5.

69. Die bezüglichen französischen Bestimmungen enthielt das Dekr. v. 15. Okt. 1810 (v. Dan. 5, S. 624) Dasselbe unterschied indessen drei Klassen von Manufakturen und Werkstätten der hier fraglichen Art und übertrug nur in Betreff der 2. und 3 Klasse den Präfekturräthen ein wirkliches Entscheidungsrecht und zwar rücksichtlich der 2. Klasse auch nur für den Fall, wo der Einspruch erst nach Ertheilung der Konzession erhoben wurde; im umgekehrten Falle hatte der Präfekt und über die Beschwerde wider den die Autorisation versagenden Beschluß der Staatsrath zu entscheiden; ähnliche Beschwerden bezüglich der Manufakturen der 2. Klasse, wie sämmtliche Einsprüche gegen deren Anlegung gehörten dagegen allerdings zur Kognition der Präfekturräthe Ueber die Einsprüche wider die Anlegung von Manufakturen der 1. Klasse stand den Präfekturräthen nur die Ertheilung eines gutachtlichen Votums, die Beschlußfassung aber dem Staatsrathe zu; cf Dalloz, m. compét admin, n 479 ff.

70. Das Ress-Regl behält die Unterscheidung unter jenen drei Klassen nicht bei, sondern trifft hinsichtlich aller hier in Betracht kommenden Manufakturen ꝛc. dieselbe Bestimmung, welche wohl auch auf Beschwerden über die Versagung der Genehmigung zu beziehen ist Inzwischen dürfte die ganze Vorschrift seit dem Erlasse der Gewerbe-Ordn. v. 17 Jan. 1845 in Wegfall gekommen sein; cf §§ 26 ff 190 l c. und Ges. v. 1 Juli 1861 §§ 1 ff Es ist indessen zu bemerken, daß die älteren wie die neueren Vorschriften in der Hauptsache, und abgesehen von der Länge der Rekursfrist (zwei Monate (§ 19 h. l.) und 14 Tage), übereinstimmen, daß namentlich beide der prozessualischen Geltendmachung privatrechtlicher Ansprüche, z. B. solcher, welche der der Anlage Widersprechende aus einem mit dem Konzessions-Sucher resp Inhaber abgeschlossenen Vertrage herleitet, in Gleichem aller Entschädigungs-Forderungen nicht im Wege stehen; cf Dalloz, m compét. admin, n. 483, 208.

§ 3.

71. Wenn § 3 auf den ersten Blick dafür zu sprechen scheint, als ob die Zahl der Materien, für welche die Regierungen die den Präfekturräthen zuständig gewesene Jurisdiction ausüben sollen, im § 2 erschöpft sei, in den folgenden §§ mithin den Regierungen eine jener Jurisdiktion fremde und zwar rein administrative Thätigkeit, wie sie vormals den französischen Verwaltungs-Behörden zustand, übertragen werde, so ergiebt demnach der Inhalt jener anderen §§, namentlich der §§ 8 ff. die Irrigkeit einer solchen Annahme Selbstredend gilt § 3 daher auch von letzteren.

72. Die Worte „auch dort, wo vorher keine Präfekturräthe bestanden haben,“

§. 4. Diese haben ebenmäßig das Recht, die Berathschlagungen und Beschlüsse der Gemeinderäthe über die Art, wie die Güter der Gemeinde benutzt, und welche Aenderungen damit vorgenommen werden sollen, zu bestätigen oder zu verwerfen, und die unter den Mitgliedern der Gemeinde hieraus entstehenden Streitigkeiten zu entscheiden.

---

sind augenscheinlich nur auf diejenigen Landestheile zu beziehen, welche zum Großherzogthum Berg gehörten. Hier hatten zwar kurze Zeit hindurch Präfekturräthe bestanden. Sie waren indessen schon vor Beendigung der Fremdherrschaft wieder aufgehoben worden, und zwar durch Dekr. v. 5. März 1812, welches ihre Verrichtungen den Distriktsgerichten unter der Maaßgabe übertrug, daß in den zu ihrer Kompetenz gehörig gewesenen Sachen der Präfekt den Vorsitz führen und die Berufung von den zu erlassenden Entscheidungen an den Staatsrath gehen solle.

§ 4.

73. Die bei Erläuterung dieses § in Betracht kommenden französischen Gesetze sind vornämlich: a) Ges. v. 10. Juni 1793 (v. Dan 2, S. 355), welches die Theilung der biens communaux, d. h. desjenigen Gemeindeguts, auf dessen Eigenthum oder Nutzungen alle Bewohner einer oder mehrerer Gemeinden, oder der Abtheilung einer Gemeinde ein gemeinsames Recht besitzen, unter diese Gemeindebewohner gestattete, andererseits aber die letzteren ermächtigte, in Betreff der ungetheilt bleibenden Gemeindegüter die Regeln über die Art ihrer Benutzung durch einen von dem Departements-Direktorium zu bestätigenden Beschluß neuerdings festzustellen; b) das Dekr. v. 9. Brum. XIII. (v. Dan 4, S. 563), welches für den Fall, daß die Gemeindebewohner von der letztgedachten Ermächtigung keinen Gebrauch gemacht, in Betreff des ungetheilt gebliebenen Gemeindeguts vielmehr die frühere Benutzungsweise beibehalten haben sollten, die spätere Aenderung der Benutzungsweise von einem landesherrlichen Dekrete, für den entgegengesetzten Fall aber von der Genehmigung des Präfekten, resp. der Entscheidung des Staatsraths als Rekursinstanz abhängig machte; c) das StRG. v. 29. Mai 1808 (v. Dan 5, S. 363), demzufolge da, wo auf Grund des Ges v. 1793, wenngleich ohne Beobachtung der vorgeschriebenen Formen, eine Aenderung in der Benutzungsweise beschlossen und ins Werk gestellt worden war, die Anträge bezüglich einer neuen Art der Benutzung der Entscheidung der Präfekturräthe, resp. des Staatsraths unterbreitet werden sollten; d) das Dekr. v. 6. Juni 1811 (ib S. 706), welches aus Anlaß eines Spezialfalls ausdrücklich aussprach, daß die Gerichte nicht kompetent seien, Streitigkeiten zwischen den Gemeindebewohnern über die Art der Benutzung von Gemeindegütern zu entscheiden.

74. § 4 überträgt auf die Regierungen augenscheinlich nicht blos die nach obigen Gesetzen den Präfekturräthen zustehenden Attributionen, sondern auch die in denselben, namentlich dem Dekrete v. XIII., dem Landesherrn, resp. den Präfekten vorbehaltenen Befugnisse. Dagegen lassen sich noch weiter reichende Befugnisse aus dem § 4 nicht herleiten, namentlich nicht das Recht, gegen den Willen der Gemeinde eine Aenderung in der bisherigen Benutzungsweise selbstständig anzuordnen, indem auch die Befugniß der Präfekten sich darauf beschränkte, die von der Gemeinde beschlossene Aenderung entweder zu genehmigen oder zu untersagen; cf. Dalloz m. commune n. 2340.

75. Der Vorschrift des § 4 ist durch die spätere Gesetzgebung in keinem Punkte derogirt worden. Vielmehr bestimmt die Rh Städte-Ordn v. 15. Mai 1856 § 46, ganz im Geiste des § 4, daß zu Veränderungen im Genusse von Gemeindenutzungen (Wald, Weide, Haide, Torfstich und dergleichen) die Genehmigung der Regierung erforderlich sei, während die Rh. Gemeinde-Ordn. v. 23 Juli 1845, abgesehen von dem unten zu erwähnenden § 19, die hier fragliche Materie unberührt läßt. Inzwischen erleidet die praktische Bedeutung des § 4 dadurch Eintrag, daß die Mehrzahl der aus demselben wider die Zulässigkeit des RW. zu ziehenden Fol-

gerungen ebensowohl aus § 36 der VO. v. 1808 und der gedachten Gesetzgebung über das Gemeindewesen hergeleitet werden kann; cf. VO. v. 1808 n. 142, 149 ff., und unten n. 76—80.

75 bis § 4 umfaßt ebenso wenig, wie die oben allegirte französische Gesetzgebung, den Fall, wo zwischen verschiedenen Gemeinden, den Abtheilungen einer und derselben Gemeinde, oder zwischen der Gemeinde einer-, und dem Staat oder Privatpersonen andererseits über das Eigenthum gestritten wird. Solche Streitigkeiten unterliegen vielmehr der richterlichen Kognition; cf. Dalloz m. commune n. 1890 ff und AH Cöln 8. April 1826 (Rh. A. 9, I. 129). In letzterem Urtheile wurde entschieden, daß trotz des § 4 h. l. und des Dekrets v. XIII. Eigenthums- und Theilungs-Klagen, angestellt von einer Gemeinde wider die andere selbst dann dem RW. angehörten, wenn über die Theilung administrative Verhandlungen bereits eingeleitet seien. Namentlich gehöre die Frage, ob ein unter den Gemeinden zu Stande gekommener, und von der Regierung genehmigter Vergleich einer solchen Klage entgegenstehe, zur richterlichen Entscheidung über die Hauptsache.

76. Dasselbe gilt von Streitigkeiten über bloße Grundgerechtigkeiten, weshalb auch ein Gemeindemitglied, welches ein besonderes, nicht ausschließlich aus seiner Mitgliedschaft hergeleitetes Nutzungsrecht an Gemeindegütern in Anspruch nimmt, zu dessen Geltendmachung den RW beschreiten kann. Das Ges. v. 10. Juni 1793 Sect. 5 Art. 3 hatte solche Streitigkeiten vor Zwangsschiedsrichter verwiesen, an deren Stelle in Folge der späteren Gesetzgebung die ordentlichen Gerichte traten; cf. Dalloz m. commune n. 2341, Chauveau 3, S. 377.

77. Dagegen folgern zwei KH. 17. März 1824 (Rh. A. 6, II. 44 ff.) aus § 4, daß den Gemeindemitgliedern als solchen nicht gestattet sei, eine über die Substanz des Gemeinde-Vermögens von der Verwaltung mit höherer Genehmigung getroffene Verfügung, z. B die Theilung von Gemeinde-Grundstücken oder den Vertrag über die Ablösung eines der Gemeinde zustehenden Nutzungsrechts im RW anzufechten, daß daher der von jenen als Beschuldigten in einem Strafverfahren vorgeschützte, auf die angebliche Nichtigkeit der Veräußerung gestützte Einwand: „feci sed iure feci" keinen die Aussetzung der strafrechtlichen Entscheidung rechtfertigenden Präjudizialpunkt bilde.

78 Wenngleich § 4 nur der Streitigkeiten unter Gemeindemitgliedern gedenkt, so steht doch auch dann die Entscheidung ausschließlich den Regierungen zu, wenn der Streit sich zwischen einem Mitgliede und der Gemeindevertretung erhebt. Cf *EK. 16. Sept. 1854, 10. Jan. 1852, AH. Coln 31. April 1842 (JMBl. 54, S. 420; 52, S. 93; Rh. A 34, I. 82)

79. Unter der „Art der Benutzung" ist nicht allein die Art und Weise zu verstehen, wie die Gemeindegüter überhaupt benutzt werden, z. B. ob als Weideland, oder zur Holzkultur rc., sondern auch die Art und Weise, wie die Gemeindemitglieder an der Benutzung Theil nehmen So ist z. B. darüber der RW ausgeschlossen, ob die Vertheilung nach Köpfen, Feuerstellen oder dem Umfange des Grundbesitzes in der Gemeinde statthaben soll. Cf namentlich das Dekr. v. 6. Juni 1811. — In welcher Weise Streitigkeiten darüber, ob ein unkultivirtes Gemeindegrundstück in Kultur zu setzen, erledigt werden, darüber vgl. VO. v. 1. März 1858 (GS S 103).

80 AH. Cöln 14. Dez 1858 (Rh. A. 54, I. 119) folgert aus § 4 h. l. in Verbindung mit § 19 cit., daß die Gemeindemitglieder nicht befugt seien, bei Gericht einen mit höherer Genehmigung gefaßten Gemeindebeschluß anzufechten, nach welchem das Gemeindegut von der Gemeinde als solcher, und nicht von den Gemeindegliedern benutzt werden solle; (i. c. war die Gemeinde für gewisse Waldgerechtsamen vertragsweise durch Ueberweisung eines Waldantheils zum vollen Eigenthum abgefunden worden, an welchem letzteren demnächst einzelne Gemeindeglieder, entgegen dem genehmigten Gemeindebeschlusse, die früher ausgeübten Nutzungsrechte geltend machten Der AH. erwog hierbei, daß den Klägern ein spezieller Rechtstitel in obengedachtem Sinne weder im § 3 Abs. 3 der Gemeinh.-Ordn. v. 19. Mai 1851 noch in einem Urtheile zur Seite stehe, welches über die Existenz jener Nutzungsrechte, u. A. des Rechts der Gemeindemitglieder zum Bezuge des

Bauholzes, früher ergangen war, diese Rechte aber nicht jenen selbst, sondern der Gemeinde als Korporation zugesprochen hatte.)

81. Entstehen Streitigkeiten über die Nutzungen und deren Vertheilung erst, nachdem die letztere bereits stattgefunden hat, so ist zu unterscheiden, ob das Eigenthum an jenen auf die einzelnen Gemeindemitglieder schon übergegangen ist, oder nicht, indem nur für den zweiten Fall der § 4 zur Anwendung gelangt. Cf. *EK. 16. Sept. 1854, JMBl. S. 406, 420. (In einem der dort entschiedenen Fälle war das Loosholz einer Gemeinde, ungeachtet die von der Verwaltung als gültig anerkannte Verloosung das Eigenthum an den einzelnen Loosen auf die Gemeindemitglieder bereits übertragen hatte, zufolge Anordnung des Landraths behufs Deckung einer jenen zur Last liegenden Kornschuld versteigert worden. Der Komp.GH. verwarf den wider die Klage der Gemeindemitglieder auf Ausantwortung des Loosholzes erhobenen KK. als unbegründet. Im andern Falle hatte eine zweimalige Vertheilung stattgefunden, die eine auf Grund eines Gemeinderaths-Beschlusses durch die Einwohner selbst, die zweite durch den Bürgermeister, von welchem die erste Vertheilung für nichtig erklärt worden war. Einzelne Gemeindemitglieder klagten nun auf Auslieferung der ihnen bei dieser ersten Vertheilung zugefallenen Loose; der Komp.GH. erhielt indessen den auf § 4 gestützten KK. aufrecht, weil ein Eigenthums-Uebergang noch nicht erfolgt, der Erwerbstitel vielmehr vom Bürgermeister angefochten und daher so lange suspendirt gewesen, bis über die Rechtmäßigkeit der einen oder anderen Vertheilung im Verwaltungswege entschieden worden sei.)

82. Ein Fall des § 4 liegt nicht vor, wenn ein Gemeindemitglied Einspruch wider die exekutivische Beitreibung von Abgaben erhebt, die nach einem Gemeinderaths-Beschlusse für die Theilnahme an gewissen Gemeindenutzungen gefordert werden, z. B. einer Weidgangstaxe: LG. Trier 3. Mai 1853, *EK. 24. Nov. 1855 (Tr. A. 7, I. 206; JMBl 56, S. 54); cf. auch VO v. 1808 n. 281 und unten n 172.

83. Welche Behörde zu entscheiden habe, wenn nicht über die Art der Benutzung, noch über die Grundsätze, nach denen die Nutzungen unter die Gemeindemitglieder zu vertheilen sind, sondern darüber gestritten wird, ob Jemanden ein Theilnahmerecht überhaupt zustehe, ob namentlich derjenige, welcher dieses Recht beansprucht, als Gemeindemitglied zu betrachten sei, war in Frankreich kontrovers, indem bald für die Kompetenz der Gerichte, bald für die der Präfekturräthe entschieden wurde; cf. Dalloz m commune n. 2342 ff. Wenngleich diese Streitfrage durch § 4 nicht gelöst sein mag, so besteht sie dennoch für die Rheinprovinz nicht mehr, indem die Gemeinde-Ordn v. 1845 im § 19 und die Städte-Ordn. v. 1856 im § 45 ausdrücklich bestimmen, daß Streitigkeiten über die Theilnahme an den Gemeindenutzungen, sofern sie sich nicht auf einen speziellen Rechtstitel gründen, im Verwaltungswege entschieden werden sollen.

84. Was nach letzteren Bestimmungen unter speziellem Rechtstitel zu verstehen sei, beantwortet sich nach den Grundsätzen des Preußischen Rechts, nämlich nach Anleitung desjenigen, was in den Noten zu den §§ 36 und 41 der VO. v. 1808 und zu § 2 des Ges. v 11. Mai 1842 in dieser Hinsicht gesagt wird.

85. Hiernach steht die Entscheidung darüber, ob und unter welchen Voraussetzungen Jemand nach der geltenden Gemeinde-Verfassung als vollberechtigtes Mitglied zu betrachten und gemäß den in der Gemeinde geltenden statutarischen oder observanzmäßigen allgemeinen Normen zur Theilnahme an den Gemeindenutzungen berechtigt sei, der Verwaltung zu; die richterliche Kognition tritt nur nur bei Streitigkeiten darüber ein, ob ein besonderes Rechtsverhältniß vorliege, durch welches, abweichend von den allgemeinen Normen, jener Anspruch begründet werde, nicht aber dann, wenn blos streitig ist, ob die thatsächlichen Voraussetzungen, von denen obige Normen die Theilnahme abhängig machen, im gegebnen Falle wirklich vorhanden seien: *EK. 18. Dez. 1852, JMBl 53, S 100; (i. c. drehte sich der Prozeß um die Frage, ob der das Theilnahmerecht observanzmäßig bedingende Hausbesitz dem Kläger oder seinem Sohne zustehe Der Komp.GH. sprach sich daher wider die Zulässigkeit des RW. aus) Cf. ferner n. 76

86. Beispielsweise bildet die Aufnahme in den Gemeindeverband oder

§. 5. Sie ertheilen oder versagen nach ihrem Ermessen und nach Beschaffenheit der Umstände den Gemeinden, Kirchen, Spitälern und andern öffentlichen Anstalten das Recht, als Kläger vor Gericht aufzutreten, einer wider sie angestellten Klage zu widersprechen, oder sich über einen streitigen Gegenstand zu vergleichen.

---

eine observanzmäßige Gemeindeverfassung keinen speziellen Rechtstitel im Sinne des § 19 l c.: *EK. 18. April 1857, 5. März 1853 (JMBl. 57, S. 351; 53, S. 193). Cf. überdies n 80.

87. Ob der angeblich Berechtigte sich im faktischen Besitze des Theilnahmerechts befinde, ist für die nach § 19 l. c. zu bemessende Kompetenzfrage ohne Einfluß: *EK 18. Dez 1852 (JMBl. 53, S 100).

88. Der prozessualischen Geltendmachung eines Entschädigungsanspruches welcher gegen andere Gemeindemitglieder persönlich gerichtet und daraus abgeleitet wird, daß der Beklagte den Kläger von den Gemeindenutzungen ausgeschlossen habe, steht § 19 nicht entgegen; cf. EK. 12. Okt. 1861 (JMBl. 62, S. 76; der Komp GH. nahm zwar i. c. gleichzeitig an, daß die in Rede stehenden Nutzungen keine Gemeindenutzungen seien. Doch erwägt er, daß dies für die Kompetenzfrage außer Betracht bleiben könne).

89. § 19 l. c. schließt übrigens beim Mangel eines speziellen Rechtstitels den RW. nicht blos zum Nachtheile des angeblich zur Theilnahme an den Nutzungen Berechtigten, sondern auch zum Nachtheil der Gemeinde aus, weshalb letztere nicht etwa vor Gericht klagbar werden kann, um Jemandem den ihm durch die höhere Verwaltungs-Behörde zugesprochenen Anspruch aberkennen zu lassen: *EK. 5. März 1853 (JMBl. S. 193).

§ 5.

90. Den Ausgangspunkt für die hier fragliche Materie bildet ein französ. Edikt v. April 1683, welches sowohl den Gemeinden die Anhebung eines Prozesses tant en cause principale, que d'appel, als auch den Gläubigern der Gemeinden die Anstellung von Klagen wider letztere ohne höhere Genehmigung bei Strafe der Nichtigkeit sämmtlicher Prozeduren, einschließlich der ergehenden Urtheile, verbot Von den vielen späteren bei Dalloz m. commune n. 1508 ff. aufgeführten Bestimmungen über denselben Gegenstand sind in der Rheinprovinz nur die folgenden publizirt: a) Ges v. 29. Vendem. V. Art. 3 (v. Dan. 3, S. 427), wonach die Gemeindebeamten keine Klage ohne vorherige Einholung eines Gutachtens der Gemeindeverwaltung und ohne Genehmigung der Departements-Central-Verwaltung verfolgen dürfen; b) Ges. v. 28 Pluv. VIII. Art. 4, 15, welches zur Ermächtigung einer Gemeinde, als Klägerin oder Beklagte vor Gericht aufzutreten, die Präfekturräthe berief; c) Arr v. 17 Vendem. X (ib. 4, S. 207), welches den Gläubigern der Gemeinden die Anstellung von Klagen wider diese bei der im Edikt v. 1683 angedrohten Strafe versagte, sofern sie nicht vorher die schriftliche Ermächtigung des Präfekturraths erhalten haben sollten; d) Arr. v. 24. Germ XI. (ib. S 453), welches für Streitigkeiten unter verschiedenen Abtheilungen derselben Gemeinde näher bestimmte, wie die auch hier nöthige Genehmigung des Präfekturraths einzuholen und die den Prozeß für jede Abtheilung führende Person auszuwählen sei; endlich, was die Kirchen betrifft, e) Arr. v 7 Therm. XI. Art. 3 (ib. S. 473), zufolge dessen die Güter der Kirchenfabriken gleich den Gemeindegütern verwaltet werden sollen, und Art. 77 des Dekr v. 30. Dez. 1809, welcher ausdrücklich ausspricht, daß die Kirchmeister ohne Ermächtigung des Präfekturraths weder einen Prozeß unternehmen, noch sich auf einen solchen einlassen können; cf. Dekr v. 6 Nov. 1813 Art. 14, welcher eine entsprechende Vorschrift in Betreff des Pfarrvermögens enthält — Anlangend die Hospitäler, so beruhte das Erforderniß einer Ermächtigung zum Prozeßführen für die sie vertretenden Kommissionen theils darauf, daß jene nach dem Ges v. 16. Vendem. V. und 16. Mess. VII.

unter der unmittelbaren Aufsicht der Gemeinde-Verwaltungen standen, und ihre Angelegenheiten als Gemeinde-Angelegenheiten behandelt wurden, theils auf spezieller Gesetzesvorschrift; cf. Arr. v. 7 Mess. IX. (In Frankreich ist die ganze Materie durch Ges. v. 18. Juli 1837 neu regulirt worden.)

91. Da § 5 eine dem Arr. v. 17 Vendem. X. analoge Vorschrift nicht enthält, und überdies in den Worten „einer wider sie angestellten Klage zu widersprechen" vorauszusetzen scheint, daß die Anstellung von Klagen wider Gemeinden oder Kirchen ohne vorherige Ermächtigung des Klägers zulässig sei, so ist der Zweifel entstanden, ob jener Beschluß überhaupt noch gelte, oder ob nicht vielmehr der Gläubiger einer Gemeinde 2c. von der Verpflichtung, selbst die Ermächtigung nachzusuchen, ganz entbunden worden sei. LG. Trier 26. Febr. 1841 (Tr. A. 2, I. 36) und Perrot I. S. 205 huldigen der letzteren Ansicht, welche nach Schlink I. S. 480 die in der Praxis überwiegende sein soll. Schlink selbst ist jedoch ebensowohl, wie das JMR. v. 26. Mai 1841 und LG. Trier 7. Febr. 1848 (Tr. A. 2, I. 42; 6, I. 317) der entgegengesetzten Ansicht, welche der Verfasser theilt, indem das bloße Stillschweigen des § 5 bei der schon oben erwähnten Lückenhaftigkeit des Ress.-Regl. nichts beweist, die allegirten Worte des § 5 aber gerade aus derselben Gesetzgebung entnommen sind, der auch jener Beschluß v. X. angehört. — Uebrigens ist der letztere nach dem StRG. v 3. Juli 1808 (v. Dan. 5, S. 369) nur auf die Hypotheken- oder Chirographar-Gläubiger, nicht auch auf solche Personen zu beziehen, welche gegen die Gemeinde ein Eigenthumsrecht, sei es in petitorio, sei es in possessorio geltend machen, woraus die Praxis gefolgert hat, daß die Autorisation zur Anstellung dinglicher Klagen überhaupt nicht erforderlich sei. AH. Pau 24. Juli 1835 (Dalloz m. commune n. 1546) nahm dasselbe sogar bei einer gemischten Klage an; KH 20. Juli 1821 (Rh. A 3, II. 46) endlich bezieht den Beschluß ex ratione legis (cf. unten n. 97) nur auf diejenigen Gläubiger, welche einen vom Schuldner oder dessen Rechtsvorgänger ausgegangenen Schuldschein in Händen haben. Das Erforderniß einer Genehmigung für die Gemeinde, sich auf Klagen der letzterwähnten Art einzulassen, wurde durch den Beschluß v. X. unberührt gelassen. Cf. Perrot, II. S. 374.

92. Dagegen hat § 5 selbst und mit ihm die bezügliche französische Gesetzgebung durch spätere Gesetze bedeutende Einschränkungen erfahren Das geschah zunächst allgemein für Gemeindekassen, Kirchenfabriken und Wohlthätigkeits-Anstalten durch die ACO. v. 10. Jan. 1830 (Rh S. 3, S. 320), nach welcher die gedachten Institute zu Klagen gegen ihre Schuldner wegen rückständiger Gefälle, Zinsen und dergleichen einer besonderen Ermächtigung der Regierung nicht bedürfen, so lange nicht der Ursprung der Schuld bestritten wird.

93. Anlangend sodann die Gemeinden insbesondre, so ist dem § 97 der Gemeinde-Ordn. v. 1845, und dem § 46 der Städte-Ordn. v. 1856 gemäß das Erforderniß einer Ermächtigung nur noch bestehen geblieben zur Anstellung von Prozessen über Berechtigungen der Gemeinde oder über die Substanz des Gemeindevermögens, die Ermächtigung zu Prozessen gegen den Fiskus und zu Regreßklagen gegen Mitglieder der Staatsbehörden aber allgemein, mithin auch in den oben gedachten Fällen, unnöthig. Ob Prozesse über die Substanz des Vermögens blos den Gegensatz bilden zu Prozessen über die Einkünfte und etwa zu Possessorien-Prozessen, oder aber, wie häufig angenommen wird, zu Mobilarklagen überhaupt, scheint zweifelhaft; cf. unten n. 95. Zur Einlassung auf eine Klage bedürfen die Gemeinden der Ermächtigung jedenfalls gar nicht mehr. Doch dürfte das Arr. v. 17. Vendem. X. durch obige §§ unberührt geblieben sein.

94. In Betreff der Kirchen ist das Erforderniß einer Ermächtigung Seitens der Regierung durch Art. 15 der Verfassungs-Urkunde allgemein hinweggefallen; cf. Schlink I. S 481, de Syo zum Dekr. v. 30. Dez. 1809 Art 77. Auch besteht in dieser Hinsicht kein Unterschied zwischen katholischen und evangelischen Kirchen, wenngleich in Betreff der letzteren Art. 15 cit. noch nicht überall und vollkommen zur Ausführung gelangt ist [Daß die evangelischen Kirchen jedenfalls zur Zeit der ungeschmälerten Geltung des § 5 gleich den katholischen Kirchen der Ermächtigung bedurften, unterliegt keinem Zweifel: cf. F. P. Reichensperger's Abh. in

den Tr. A. 1, II. 173 ff. Das LG. Elberfeld war in Bezug auf die Kirchen der vormals bergischen Landestheile anderer Meinung gewesen, indem es die unter der Jülich-Bergischen Regierung geltende Autonomie der evangelischen Kirchen als fortbestehend erachtete. Inzwischen schuf § 5 in dieser Beziehung überhaupt neues Recht da auch unter der französischen Verfassung und bis zum Erscheinen des Ress.-Regl. ein evangelischer Kirchenvorstand zur Prozeßführung keiner Ermächtigung bedurfte: AH. Cöln 3. Jan. 1828 (Rh. A. 11, I. 188)] — Cf. ferner AH. Cöln 27. Febr. 1829 (Rh. A. 13, I. 30), welches erkannte, daß die Regierungen befugt seien, den Einnehmer eines evangelischen Kirchenfonds zur Klage zu ermächtigen, wenngleich die Bevollmächtigung seitens der durch die früheren Gesetze errichteten Lokalkonsistorien fehlen sollte].

95. Dagegen bedarf ein katholischer Kirchenvorstand zur Anstellung einer Klage über die Substanz des Kirchenvermögens, hinfüro der Ermächtigung der bischöflichen Behörde, da derartige Dispositionen über die Substanz des Kirchenvermögens nach den Grundsätzen des katholischen Kirchenrechts im Allgemeinen und nach den Synodalstatuten der Erzdiözese Cöln im Besonderen, mit rechtsbeständiger Wirkung für die Kirche, ohne eine solche Ermächtigung nicht erfolgen können; folgeweise müssen auch die weltlichen Gerichte den Einwand der mangelnden Ermächtigung berücksichtigen. So: AH. Cöln 30 Okt. 1855 (Rh A. 51, I. 119; hier ward die Klage auf Zahlung eines der Kirche vermachten Kapitals zu denjenigen gezählt, bei welchen es der Ermächtigung bedarf); ähnlich: AH Cöln 9 Jan. 1862 in Sachen Bettinger c Cordier u. Gen. (Rh. A. 56, I. 183); id. 28. März 1862 Griesbach c. Hollbach; de Syo l. c. A. M. ist Schlink I. S. 481, er hält dafür, daß die Gerichte den Mangel der Ermächtigung nicht zu berücksichtigen haben. — Bei Klagen im Sinne der ACO. v. 1830 (n. 92) ist jedenfalls die Ermächtigung der bischöflichen Behörde ebensowenig nöthig, wie früher die der Regierung Ja es wurde das Nichterforderniß einer höheren Genehmigung für derartige Klagen, schon von der französischen Jurisprudenz allgemein angenommen, und zwar auf Grund des Art. 78 des Dekr. v. 1809. Cf. de Syo l c., welcher jedoch die noch weiter gehende Ansicht Carré's, daß nämlich ein Gleiches von allen andern persönlichen, Mobiliar- und Hypothekar-Klagen gelte, bekämpft.

96. Bezüglich der Hospitäler und ähnlichen öffentlichen Anstalten hat § 5 (von der unter n. 94 cit. ACO v. 1830 abgesehen) seine urspügliche Geltung beibehalten. Nur ist seit dem Erlasse der ACO v. 31. Dez 1825 in Betreff der Gymnasien, gelehrten Schulen und Schullehrer-Seminarien, sowie der mit denselben in unmittelbarer Verbindung stehenden Erziehungs- und Unterrichts-Anstalten die Genehmigung nicht mehr von den Regierungen, sondern von den Prov.-Schulkollegien zu ertheilen: Perrot II. S. 377.

97. Dem § 5 und den bezüglichen französischen Bestimmungen liegt der Zweck zu Grunde, daß von Obervormundschafts wegen der Anstellung frivoler, oder doch hoffnungsloser Klagen, sowie dem Prozediren über unzweifelhafte Ansprüche dritter Personen nach Möglichkeit vorgebeugt werde. Zum Erlasse des Arr. v. 17. Vend. X. hat außerdem noch der Umstand mitgewirkt, daß der Zwangsvollzug der wegen rein persönlicher Forderungen ergangenen Urtheile wider Gemeinden ohnehin nicht stattfand (cf. § 25): KH 20. Juli 1821 (Rh A. 3, II, 46).

98. Hiernach sind die Rücksichten zu bemessen, von denen sich die Behörde bei Ertheilung oder Versagung der Genehmigung muß leiten lassen. Zunächst ist in dieser Hinsicht zu prüfen, ob die Gemeinde 2c. an dem Prozesse ein rechtliches Interesse habe. So wurde z. B. erkannt, daß einer Kirchenfabrik, welcher die zur Annahme eines Legats erforderliche Autorisation versagt worden war, auch die Einlassung auf eine die Gültigkeit des Legats bekämpfende Klage nicht gestattet werden könne: Dalloz m. commune, n. 1678. Handelt es sich um Anstellung einer Klage, so hat die Behörde die Kompetenz zu prüfen und die Genehmigung zu versagen, wenn über den fraglichen Anspruch nach ihrer Ansicht nur im Verwaltungswege zu entscheiden ist. Namentlich aber muß sich die Verwaltungs-Behörde einer in das Materielle der Sache eingehenden Beurtheilung, der Prüfung der Titel, auch der vom Gegner etwa vorgelegten 2c., unterziehen, Alles selbstredend nur zur Beantwortung der Frage, ob die Genehmigung zu ertheilen sei, und ohne sich zum

Richter des Prozesses aufzuwerfen und dem Fond der Sache zu präjudiziren, selbst wenn die Entscheidung gegen die Gemeinde ꝛc. ausfallen sollte. Ergiebt jene Prüfung nicht die völlige Grund- oder Beweislosigkeit der beabsichtigten Klage, so ist die Genehmigung in der Regel zu ertheilen; wenigstens genügt zur Versagung derselben nicht, daß der Ausgang des Prozesses immerhin ein zweifelhafter sein würde: Dalloz ib., n. 1676 ff, 1699 ff, 1561 Den Gläubigern der Gemeinde darf die Ermächtigung keinenfalls versagt werden, der Zweck des Beschl v. 17 Vend X. ist vielmehr erfüllt, wenn die Aufsichtsbehörde vom Anspruche Kunde erhält, um eventuell ihren Einfluß in der obengedachten Weise (n. 97) geltend machen oder für die gehörige Vertheidigung der Gemeinde ꝛc sorgen zu können: *ME. 26 Mai 1841 (Tr. A. 2, I. 41). Ein AH. Nimes 1 Febr 1831 (Sir 31, II. 297) hat sogar erkannt, daß, wenn die Genehmigung ausdrücklich versagt worden, der Gläubiger dennoch ohne Weiteres bei Gericht klagen könne, mithin den betreffenden Beschluß nicht etwa in der höheren Instanz anzufechten brauche.

99. Eine blos theilweise Genehmigung ist keineswegs ausgeschlossen, und zwar nicht allein dann, wenn die Klage mehrere Petita umfassen soll. So wurde in einem Falle, wo Jemand, dessen Miteigentbum durch einen unanfechtbaren Titel feststand, gegen die Gemeinde auf Theilung geklagt hatte, die Einlassung auf diese Klage nur insoweit gestattet, als sie die Geltendmachung des der Gemeinde nach jenem Titel zustehenden Miteigenthums betreffen würde, mithin nicht, um das Miteigenthum des Klägers zu bestreiten: Dalloz ib, n 1682, 1696, 1697.

100 Obschon die Entscheidung in Betreff der Ertheilung der Autorisation dem Präfekturrathe zustand, und dessen Beschlüsse durch Berufung angefochten werden konnten, so entschieden doch weder der Präfektur- noch der Staatsrath auf Grund ihres richterlichen Berufs, sondern es übten beide eine rein administrative Funktion aus, bei welcher daher auch die oben zu § 1 in Betreff der Gleichstellung von Präfekturraths-Beschlüssen und Richtersprüchen entwickelten Grundsätze nicht zur Geltung gelangten. (Allerdings erscheint bei dieser in Frankreich allgemein herrschenden Ansicht die Zulassung der Berufung an den Staatsrath als eine Anomalie.) Ebenso ist in der den Regierungen durch § 5 ertheilten Befugniß kein eigentliches Entscheidungsrecht im Sinne der §§ 1, 2, 4, 8 ff. zu erblicken und daher dasjenige, was unter n. 16 von den in Handhabung des letzteren Rechts ergehenden Resoluten gesagt worden, auf die zufolge § 5 gefaßten Beschlüsse durchweg nicht anwendbar.

101. Namentlich kann der einmal gefaßte und publizirte Beschluß von der beschließenden Behörde selbst abgeändert, mithin die einmal versagte Genehmigung späterhin ertheilt, resp. die bereits ertheilte Genehmigung nachträglich zurückgezogen werden, letzteres jedoch nur unter der Beschränkung, daß, wenn schon vorher auf Grund der Genehmigung von der Gemeinde ꝛc. geklagt worden ist, der Beklagte verlangen kann, daß gegen die Gemeinde mit kontradiktorischer Wirkung erkannt werde: Dalloz ib, n. 1562 ff., de Syo l c.

102 Ferner braucht der Beschluß nicht in der für Präfekturraths-Beschlüsse, resp. für Resolute der Regierungen vorgeschriebenen Form abgefaßt zu sein. (Doch schreibt das franz Ges v. 1837 die Motivirung wenigstens bei den die Ermächtigung versagenden Beschlüssen vor) Ja es ist nicht einmal absolut erforderlich, daß die Ermächtigung mit ausdrücklichen Worten ertheilt werde, um dieselbe als ertheilt erachten zu können. So entschied LG Trier 7. Febr 1848 (Tr. A. 6, I. 316), daß, wenn ein Gläubiger sich behufs seiner Befriedigung an die Regierung wende, und von dieser zum RW verwiesen werde, hierin die Genehmigung zur Klage enthalten sei Noch weiter ging Cons. d'ét. 25 Juni 1817 (Dalloz ib., n. 1706), indem es in einem Präfekturraths Beschlusse, welcher inkompetenter Weise über ein angebliches Servitutrecht der Gemeinde zu deren Gunsten entschieden hatte, die Ermächtigung der letzteren zur Anstellung der actio confessoria erblickte.

103. Eine fernere Konsequenz des oben Gesagten ist, daß ein die Genehmigung ertheilender Beschluß von dem Gegner der Gemeinde ꝛc oder dritten Personen nicht durch Berufung oder Drittopposition, resp unter der Herrschaft des Ress.-Regl. nicht auf dem Rekurswege (§ 19) angefochten werden kann.

104. Ebensowenig aber unterliegt die Frage, ob die ertheilte Genehmigung,

an sich rechtsbeständig sei, und unter den obwaltenden Umständen habe ertheilt werden können, der richterlichen Beurtheilung: KH. 25 Februar 1832, LG. Trier 23. Mai 1849 (Rh A. 16, II. 33; Tr A. 7, I 254), AH Orleans 4. Januar 1837 (Dalloz ib, n. 1571). Im ersten der dort entschiedenen Fälle war die einer Gemeinde ertheilte Ermächtigung als unwirksam angefochten worden, weil derselben keine Berathung des Schoffenraths vorhergegangen sei, im zweiten die einer Kirchenfabrik, weil bei der Vorverhandlung des Kirchenraths der Rendant nicht konkurrirt habe; im dritten wurde eingewandt, daß die Ermächtigung rechtsgültiger Weise nicht zugleich für beide Instanzen habe ertheilt werden können. [Ebensowenig kann der Richter zur Legitimation des Gemeindevorstands die Beibringung des Beschlusses des Gemeinderaths oder der Stadtverordneten über die Anstellung der Klage fordern, da jener die Gemeinde nach Außen hin vertritt; MR. v 11. Juni 1861 (BMBl. S. 129).]

105. Dagegen sind die Gerichte wohl befugt, die rechtlichen Wirkungen einer Ermächtigung zu prüfen, z B. letztere als nicht ergangen zu betrachten, weil dieselbe verspätet oder zu unbestimmt gefaßt sei, um erkennen zu lassen, ob sie sich gerade auf den vorliegenden Streit beziehe; cf unten n. 120 und Dalloz l. c. n. 1568.

106. Noch viel unbedenklicher schließt die gemäß § 5 ertheilte Ermächtigung die richterliche Kognition darüber nicht aus, ob die Gemeinde ꝛc. auch zur Sache legitimirt sei, oder ob letztere sich überhaupt zum RW. eigne: AH. Cöln 21. April 1837, 20 März 1826 (Rh. A. 25, I. 190; 9, I. 100).

107 Ebenso ist der Beschluß der Verwaltungs-Behörde, welcher eine Gemeinde ermächtigt, sich in Prozesse durch eine andere Person als ihren gesetzlichen Vertreter vertreten zu lassen, für die Gerichte keineswegs bindend. Vielmehr können, resp. müssen diese in solchem Falle die Prozeßlegitimation des zur Vertretung der Gemeinde Bestellten nichts destoweniger ihrer Prüfung unterwerfen: Dalloz ib., n. 1573, 1574

108. Findet die Anstellung einer Klage oder die Einlassung auf dieselbe ohne Ermächtigung statt, so ist die richterliche Kognition darüber, ob sie nöthig gewesen, in keinem Falle ausgeschlossen, mag die Verwaltung dieselbe aus Gründen, die in der Sache selbst liegen, oder um deswillen versagt haben, weil sie für den betreffenden Fall vom Gesetze nicht erfordert werde.

109. Das Erforderniß der Ermächtigung zur Prozeßführung tritt da, wo es überhaupt besteht, bei allen Klagen ein, welche introductives d'instance sind, einschließlich der Interventions-Klagen. Desgleichen muß der Gläubiger einer Gemeinde die Ermächtigung selbst dann nachsuchen, wenn er in einem Prozesse mit Dritten die Gemeinde behufs Gewährleistung beiladen will: Dalloz ib., n. 1520, 1545.

110 Die Gemeinden ꝛc. bedürfen der Ermächtigung, um als Civilpartei vor dem Strafrichter zu klagen oder in eine strafrechtliche Prozedur zur Wahrung der Rechte der Beschuldigten oder ihrer eigenen Rechte einzutreten; dagegen können die desfalls ohne Ermächtigung geschehenen Schritte unter Umständen als konservatorische Maaßregeln aufrecht erhalten werden: Dalloz l. c., n. 1521 ff. Ob eine Gemeinde ohne Ermächtigung vor den Strafgerichten belangt werden dürfe, und ob dieselbe zur Einlassung auf solche Prozeduren ermächtigt sein müsse, darüber cf. KH. 20 Juli 1821 (Rh A 3, II. 45), Dalloz l c, n. 1552 ff. und oben n 93. (Diese Fragen hatten unter der durch ACO v 7. Dez. 1824 suspendirten Herrschaft des Ges. v. 10. Vendem IV eine größere praktische Bedeutung)

111 Ob zu Klagen gegen den Staat eine Ermächtigung erfordert werde, ist in Frankreich streitig. In der Rheinprovinz kann dies nur noch bei Klagen öffentlicher Anstalten in Frage kommen; cf n. 93 ff. Der Verfasser hält hier die bejahende Ansicht für die richtige, da das Gesetz nicht unterscheidet. Zweifelhafter erscheint es, ob auch zur Einlassung auf eine vom Staate selbst angestellte Klage die beklagte Anstalt einer Ermächtigung bedürfe Jedenfalls würde dieselbe, wenn die Regierung selbst als Klägerin aufträte, schon in der Anstellung der Klage zu finden sein; cf. n. 102.

112. Eine einmal ertheilte Ermächtigung ist restriktiv zu interpretiren,

mithin nicht auf Ansprüche zu beziehen, welche dem ursprünglichen Klagegegenstand fremd sind, selbst wenn sie mit demselben in engem Zusammenhange stehen.

113. Sie reicht jedoch für das, was als accessorium der Klage, resp. ihres Gegenstands erscheint, sowie für alle Inzidentpunkte aus, zu denen die Klage unmittelbaren Anlaß bietet, und ohne welche dieselbe nicht entschieden werden kann, so z. B. für die Wiederaufnahme der Instanz, für die Klage auf Perremtion derselben und für die Inzident-Fälschungsklage (das Gegentheil ist hinsichtlich der Prinzipal-Fälschungsklage der Fall), desgleichen für die Widerklage, sofern dieselbe lediglich ein direktes Vertheidigungsmittel wider die Hauptklage und mit derselben konnex ist; cf. Dalloz l. c., n. 1579 ff., Merlin Qu., s v. commune, § 5 Nr. 4, AH. Grenoble 2. Aug. 1838 (Sir. 33, II. 36). A. M. ist Schlink I S. 478 insofern, als er für Widerklagen immer eine besondere Ermächtigung verlangt. Ebenso kann eine Gemeinde ꝛc., deren Klage für perimirt erklärt wurde, auf Grund der früheren Ermächtigung von Neuem klagen; cf Schlink l. c. Zur Anstellung der Mißbilligungsklage wider einen ministeriellen Beamten ist dagegen, selbst wenn sie im Laufe der Instanz erfolgt, eine besondere Ermächtigung nöthig: Dalloz l. c, n. 1581.

114. Die Ermächtigung zur Prozeßführung reicht nach der herrschenden Ansicht für das Desistement und Acquiescement aus; cf. Merlin, Qu., s. v. commune, § 3 Nr. 2. Doch glaubt Dalloz l c, n 2493 ff., daß wenn jene Rechtshandlungen den Charakter und die Wirkung eines Vergleichs haben würden, was beim Acquiescement in der Regel, beim Desistement wenigstens mitunter der Fall sei, dieselben besonders, und zwar in der für Vergleiche bestimmten Weise genehmigt werden müßten, und daß dasselbe von der Annahme eines Desistements oder Acquiescements gelte, so oft sich daran der Verlust eines Rechts knüpfe.

115. Zur Opposition wider ein Kontumazial-Urtheil ist keine neue Ermächtigung nöthig, wohl aber zur Drittopposition: Dalloz l. c., n. 1591 ff.

116. Für die zweite Instnnz bedarf zwar nicht der Appellat (und Incidentappellant [?]), wohl aber der Hauptappellant einer neuen Ermächtigung, es sei denn, daß die ursprüngliche Ermächtigung für beide Instanzen gegeben worden wäre. Schlink I. S. 478 scheint die Einholung einer neuen Ermächtigung sogar in Beziehung auf die Hauptberufung für nicht erforderlich zu halten, es sei denn, daß die Verwaltung die ursprüngliche Ermächtigung ausdrücklich auf das Verfahren erster Instanz beschränkt haben sollte. — Selbstredend bedarf es keiner besonderen Ermächtigung, wenn eine solche schon für die erste Instanz nicht nöthig war, weshalb eine beklagte Gemeinde nach dem Stande der jetzigen Gesetzgebung (n. 93) die Berufung immer ohne Ermächtigung ergreifen kann

117. Daß zur Ergreifung des Kassationsrekurses keine neue Ermächtigung erwirkt zu werden brauche, scheint schon aus der älteren Gesetzgebung zu folgen. Dasselbe gilt um so viel mehr von der Einlassung auf den Rekurs Das Gegentheil ist von der requête civile, nicht aber von der Einlassung auf dieses Rechtsmittel anzunehmen: Dalloz l. c, n. 1539—1560.

118. Für die Exekutionsinstanz ist eine besondere Ermächtigung nicht geboten, selbst wenn die sich dabei ergebenden Streitigkeiten die Interpretation des Urtheils betreffen und ein neues Verfahren in dieser Hinsicht nöthig machen. Wird dagegen auf Grund eines anderen exekutorischen Titels exequirt, so bedarf es hinsichtlich der desfallsigen, ein Prozeßverfahren bedingenden Streitigkeiten allerdings der Genehmigung; cf. Schlink I. S. 479.

119. Eine Ermächtigung erweist sich selbst dann als wirksam, wenn sie nicht schon vor Anhebung, sondern erst im Laufe des Prozesses, ja, sofern hiermit das bisherige Verhalten der Gemeinde ꝛc. genehmigt wird, selbst erst in der Berufungsinstanz erfolgt: AH Cöln 13 Juli 1842 (Rh A. 34, I. 50). Es wohnt ihr alsdann eine rückwirkende Kraft bei, weshalb z. B. eine zeitig eingelegte Berufung nicht um deswillen hinfällig ist, weil die Ermächtigung hierzu erst nach Ablauf der Berufungsfrist ertheilt wurde. Mit Rücksicht hierauf pflegen die Gerichte den Gemeinden ꝛc. eine Frist zur nachträglichen Erwirkung der Ermächtigung zu bewilligen. Cass. 20. März 1827 (Dalloz l. c, n. 1623) hat sogar ein Erkennt-

niß kassirt, welches statt dessen die ohne Ermächtigung eingelegte Berufung verwarf. Inzwischen wurde hierbei vorzugsweise in Betracht gezogen, daß jene sich als eine konservatorische Maaßregel charakterisire

120. Ist aber ein Definitivurtheil in letzter Instanz bereits ergangen, so kann die Ermächtigung nicht mehr nachträglich ertheilt werden; es kann daher z. B die Ermächtigung zur Einlassung auf den Kassationsrekurs die Vernichtung des Urtheils, wegen Mangels der Ermächtigung für das bisherige Verfahren, nicht hindern: Dalloz l. c, n 1629

121. Das Erforderniß der Ermächtigung zur Klage hat nicht etwa die Folge, daß auf diejenigen, welche einer solchen Ermächtigung bedürfen, der Satz: „agere non valenti non currit praescriptio" zur Anwendung käme: RH. 2. Febr. 1859 (Rh. A. 55, II 32 a. E).

122. Andererseits unterbricht die Ertheilung der Ermächtigung die Klage-Verjährung nicht: Rej. 30 Mai 1837 (Sir. 38, I. 461). Zweifelhafter dürfte sein, ob eine solche Wirkung etwa dem in Gemäßheit des Beschl v. Vendem. X. von einem Gläubiger der Gemeinde angebrachten Gesuche um Ermächtigung beizulegen sei. Doch hält der Verfasser auch hier die verneinende Ansicht für die richtige, weil es, damit jene Wirkung angenommen werden könne, einer ausdrücklichen Gesetzes-Vorschrift bedurft hätte, wie sie gegenwärtig für Frankreich hinsichtlich der dort nur noch nöthigen Einreichung einer Denkschrift im Art 51 des Ges. v. 1837 enthalten ist. *Contra* AH. Cöln 21. Mai 1844 (Rh. A. 37, I. 265).

123. Ebensowenig ist der Einwilligungsakt in anderer Hinsicht einem gerichtlichen Prozedurakt gleichzustellen. Beispielsweise verliert er nicht etwa durch den Ablauf der Zeit, nach den Regeln der Peremtion und Verjährung, seine Kraft: Schlink I. S 478, Dalloz l. c, n 1599.

124. Wird die Genehmigung zur Einlassung auf die Klage versagt, so hindert dies den Gegner nicht, ein Kontumazial-Urtheil zu erwirken. Ergeht, wenn in Erwartung der Genehmigung, und um Zeit zu gewinnen, der Beklagte einen Anwalt bestellt hat, das Urtheil in contumaciam gegen die Partei oder gegen den Anwalt? Schlink I S 480 entscheidet sich für die erstere Alternative [?].

125. Die Kosten eines wegen der mangelnden Genehmigung frustratorischen Verfahrens fallen nicht der Gemeinde, sondern ihrem Vertreter persönlich zur Last, es sei denn, daß es sich um konservatorische Maaßregeln, z. B. um Einlegung einer Berufung handelte: Dalloz ib., n 1533, 1631, 1632, 1763.

126. Der Mangel der erforderlichen Genehmigung zieht (von dem unter n. 122 Gesagten abgesehen) die Nichtigkeit des stattfindenden prozessualischen Verfahrens nach sich. — Doch kann derselbe nicht von Amtswegen berücksichtigt, er muß vielmehr von den Parteien vorgeschützt werden: Dalloz l. c., n. 1764.

127. Der Gegner der Gemeinde 2c. muß den desfallsigen Einwand nach der jetzt herrschenden Jurisprudenz spätestens in der Berufungsinstanz erheben. Die frühere Praxis des Par. Kass.-Hofs hatte ihn für berechtigt gehalten, dies sogar erst in der Kassationsinstanz zu thun. Serrigny n 411 gestattet ihm die Geltendmachung des Mangels der Ermächtigung nur in erster Instanz. — Dagegen kann die Gemeinde 2c. diesen Mangel unbestritten zum ersten Male noch vor dem Ober-Tribunal geltend machen, ja es würde selbst ein ausdrücklicher Verzicht auf dieses Nichtigkeitsmittel wirkungslos sein.

128. Außerdem steht letzterer zu gleichem Zwecke unter Umständen das Rechtsmittel der requête civile zu: BPO. Art. 481. Wann letzteres Mittel und wann der Kass.-Rekurs zu ergreifen sei, darüber cf. Dalloz l c, n. 1776.

129. Läßt die Gemeinde 2c. die Fristen zur Ergreifung dieser Rechtsmittel verstreichen, so erlangen die ergangenen Entscheidungen die Rechtskraft, und können namentlich nicht etwa als res inter alios iudicata vermittelst der Drittopposition angefochten werden. A. M ist zwar Henrion de Pansey, bien comm., chap. 21 § 5; doch steht ihm die gesammte Jurisprudenz entgegen.

130. Der Regierung fehlt es an einem direkten Mittel, um sich dem ohne Ermächtigung stattfindenden Prozeßverfahren zu widersetzen. Cf. Ges. v. 8. April 1847 n. 62.

131. Vergleiche der Gemeinden 2c. Die bezügliche französische Gesetz-

gebung beruhte gleichfalls auf dem Systeme der Bevormundung. Sie wiederholte indessen nicht einfach die für die Ermächtigung zum Prozeßführen gegebenen Vorschriften, sondern machte das Zustandekommen eines Vergleichs noch von weitergehenden Bedingungen abhängig, gleichwie die Gesetze über das Prozeßführen der Minderjährigen als nicht ausreichend erachtet wurden, um für Vergleiche über Mündelgüter die nöthige Garantie zu bieten. Nach einem Arr. v. 21. Frim. XII. (v. Dan. 4, S. 491) können sich Gemeinden in Betreff aller zwischen ihnen und Privaten schwebenden oder bevorstehenden Prozesse über Eigenthumsrechte nur dann vergleichen, wenn zuvor drei vom Präfekten ausgewählte Rechtsgelehrte ein Gutachten abgegeben, auf dessen Grund der Gemeinderath die Sache berathen, und demnächst der Präfekt, nach Anhörung des Präfekturraths, die Ermächtigung ertheilt hat; demnächst bedarf ein so geschlossener Vergleich zu seiner Gültigkeit noch der Genehmigung durch einen Beschluß des Gouvernements. Der Art. 2045 des BGB. verlangt sogar eine landesherrliche Ermächtigung für die von Gemeinden und öffentlichen Anstalten abzuschließenden Vergleiche, ohne darum jedoch den Bestimmungen des cit. Arr. zu derogiren, so daß die Bestimmungen beider Gesetze befolgt werden mußten. So die in Frankreich herrschende Ansicht, ebenso Perrot II. S. 26. *Contra*: AH. Cöln 30. März 1853, sowie *OT. 21. März 1854 (Rh A. 49, I. 102; Strieth. 14, S 213), welche das Nebeneinander-Bestehen jener Bestimmungen sehr in Frage ziehen, und ausdrücklich de Syo zu Art. 77 des Dekr. v 1809. — Aehnliches galt nach der herrschenden, wenngleich nicht ganz unbestrittenen Ansicht (cf. Perrot, II. 26 ff, P. Reichensperger's Abh. in Tr. A. 1, II. 173 ff., de Syo l. c.) arg. Art. 60 des Dekr v. 1809, sowie des Cons-Beschl v. 7. Thermidor X. von katholischen Kirchen; nur trat hier an die Stelle des Gemeinde- der Kirchenrath, an die Stelle des Bürgermeisters der Kirchenrechner. Dagegen bedurften evangelische Kirchen bei Ermächtigung durch eine weltliche Behörde zum Abschlusse von Vergleichen nicht, da sie als bloße Privatgesellschaften betrachtet wurden. Cf. die obigen Citate. Hinsichtlich der Vergleiche öffentlicher Anstalten wird, abgesehen von Art. 2045 BGB. auf die bei Perrot l. c. mitgetheilte, zu ähnlichen Resultaten führende Gesetzgebung hingewiesen.

132. Einer landesherrlichen Ermächtigung bedarf es gegenwärtig zum Abschlusse von Vergleichen niemals mehr. Dies dürfte schon aus § 5 folgen, ist außerdem aber auch durch die im JMR. 9. Juni 1820 (Rh. S. 2, S. 56) referirte ACO. v. 17. Febr. ej. ausdrücklich bestimmt Sodann aber kommen neben § 5 in Beziehung auf die hier fragliche Materie die oben (n. 93, 94) bezogenen Vorschriften der Gemeinde-Ordn. v. 1845, der Städte-Ordn. v. 1856 und der Verfassungs-Urkunde gleichfalls in Betracht; die erstern beschränken das Erforderniß der Regiminal-Genehmigung in Betreff der von Gemeinden abzuschließenden Vergleiche in derselben Weise, wie bei Prozessen, auf den Fall, wo es sich von einer Berechtigung der Gemeinde oder von der Substanz des Gemeindevermögens handelt. Dagegen hat die Verfassungs-Urkunde das Erforderniß einer solchen Genehmigung bezüglich der Kirchen gänzlich beseitigt. In Betreff der von katholischen Kirchen geschlossenen Vergleiche steht das Recht der Ermächtigung gegenwärtig nur dem Bischofe zu. Cf. de Syo zu Art. 77 l. c.

133. Wo nach dem eben Gesagten das Erforderniß der Ermächtigung der Regierung hinweggefallen ist, kann auch von der Anwendbarkeit des Arr. v. 21. Frim. XII. nicht mehr die Rede sein Für alle übrigen Fälle dürfte derselbe jedoch gegenwärtig noch ebensowohl, wie ehedem gelten; das Gegentheil läßt sich auch nicht aus § 5 herleiten, nach welchem die Regierung lediglich an die Stelle des Präfekten und des Landesherrn getreten ist. Cf. Perrot l. c. *OT. 21. März 1854 und AH. Cöln 30. März 1853 (cf. n. 131) lassen zwar die Frage in Betreff der fortdauernden Geltung jenes Arr. ungelöst, folgern jedoch aus § 5, daß hinfüro das Ermessen und die dadurch bestimmte Genehmigung der Regierung entscheidend sein solle, so daß, wo sie hinzutrete, ein Vergleich wegen unterlassener Beobachtung des mehrerwähnten Arr. vor Gericht nicht angefochten werden könne. Daß der Mangel der vorgängigen Ermächtigung nicht mehr geltend gemacht werden könne, wenn der Vergleich [nachträglich] durch eine Königliche Ordonnanz bestätigt worden, hat auch der Pariser Kass.-Hof anerkannt; cf. Dalloz m. comp. admin., n. 184.

§. 6. Wenn Gemeinden, Stiftungen, Spitäler und andere öffentliche Anstalten oder die zur Erhebung und Verwaltung ihrer Einkünfte bestellten Empfänger mit deren Bewilligung auf eine Hypothek Verzicht thun, sie einschränken, oder zum Nachtheil ihres einmal erworbenen Rechtes eine Veränderung damit vornehmen, so wird die dazu erforderliche Ermächtigung, dafern es nicht zu Folge eines rechtskräftigen Urtheils geschieht, von den Regierungen ertheilt.

Dagegen entschied Rej. 31. Januar 1837 (Dalloz, m. commune n. 2484) in einem Falle, wo noch keine kon. Ordonnanz, wohl aber ein den Vergleich bestätigender (vom Minister freilich annullirter) Präfekturbeschluß ergangen war, daß die Genehmigung des Gouvernements als ein vormundschaftlicher Akt, welcher den aus dem Vergleiche sich erhebenden Streitigkeiten in keiner Weise präjudicire, die für letztere kompetenten Gerichte nicht hindere, zu untersuchen, ob die Vorschriften des Arr. beobachtet worden, und ob wegen Nichtbeobachtung derselben dem Vergleiche resp. den ihn vorbereitenden Akten, insbesondere der Berathung des Gemeinderaths jede Wirksamkeit abzusprechen sei

134 Durch die ertheilte Genehmigung wird selbstredend die aus einem Dolus herzuleitende Nichtigkeit des Vergleichs nicht gedeckt. Die desfalls oder in Beziehung auf die Vollziehung des Vergleichs sich erhebenden Streitigkeiten unterliegen unbedenklich der richterlichen Kognition; cf. Dalloz l. c. n 2486, Gilbert ad Art 2045 n. 36.

135. Die aus dem Mangel der Genehmigung hergeleitete Nichtigkeit ist eine blos relative, welche lediglich von der Gemeinde ꝛc. selbst geltend gemacht werden kann: Rej. 3. Mai 1841 (Si 41, I. 392).

136. Aus dem Umstande, daß zum Abschlusse eines Vergleichs die Ermächtigung der Regierung erforderlich ist, folgt nicht, daß die über einen solchen Vergleich von einer Verwaltungs-Behörde, z. B dem Landrathe aufgenommene Urkunde den Charakter einer authentischen habe: KH. 25. Jan 1853, AH. Cöln 9. Okt. 1851 (Rh. A. 48, II. 48, I. 78).

137. Zum Abschlusse von Kompromissen sind die Gemeinden und öffentlichen Anstalten den Art. 1004 und 83 der BPrO. gemäß, überhaupt nicht befugt, selbst wenn sie mit Genehmigung der obervormundschaftlichen Behörde handeln, cf. Dalloz l. c. n 2469 Dieses dürfte durch die Preußische Gesetzgebung keine Aenderung erlitten haben. Inzwischen ist zu bemerken, daß jene Frage schon in Frankreich nicht unbestritten ist; cf. de Vatismenil, encycl. de droit, m. arbitrage, n. 104, welcher annimmt, daß solche Verträge durch den Hinzutritt administrativer Genehmigung Gültigkeit erhielten Die Preußischen Verwaltungs-Behörden scheinen unter der gedachten Voraussetzung die Gültigkeit eines von der Gemeinde-Verwaltung abgeschlossenen Kompromisses allgemein vorauszusetzen.

§ 6.

138. Da die im § 6 erwähnten Verfügungen über das Vermögen der Gemeinden ꝛc. die Veräußerungs-Befugniß voraussetzen, diese jedoch den Gemeinden ꝛc. resp. ihren Vertretern nach den Grundsätzen des französischen Rechts nur in sehr beschränktem Maaße, und unter mancherlei auf dem Bevormundungs-Prinzipe beruhenden Bedingungen zustand, so folgte von selbst, daß die gedachten Verfügungen gleichfalls nicht ohne höhere Genehmigung getroffen werden konnten Diese Genehmigung mußte nach Verschiedenheit der Fälle bald vom Präfekturrathe, bald vom Minister, bald sogar vom Staatsoberhaupte selbst ausgehen; cf. insbesondere Dekr v. 11. Therm. XII. (v. Dan 4, S 450), Troplong, vente, n 171 ff., Dalloz, m. commune, n. 2364, 2367; MR. 28. Febr. 1847 (Rh. S 9, S 183).

139. § 6 hat an diesem Zustande der Gesetzgebung nichts weiter geändert, als daß er das Recht, zu genehmigen, für alle Fälle ohne Unterschied der Be-

§. 7. Keine Klage, welche das Eigenthum zum Gegenstande hat, kann wider den Staat angestellt werden, wenn nicht der Kläger vorher in einer schriftlichen Vorstellung seine Absicht der Regierung bekannt gemacht hat, alles in der bisher üblichen Form, und nach den hierüber bestehenden Gesetzen.

---

zirksregierung übertrug. Er berechtigt mithin nicht zu der Annahme, als ob die Regierung befugt sei, die bezüglichen Dispositionen selbst zu treffen, z. B. eine Löschungs-Bewilligung ohne Zustimmung der dort erwähnten moralischen Personen zu ertheilen; cf. MR. 28. Febr. 1847 l. c.

140. Nach der ACO. v. 31. Dez. 1825 ist in Betr. der unter n. 96 erwähnten Schulanstalten das Prov.-Schul-Kollegium zur Ertheilung der erforderlichen Ermächtigungen an Stelle der Regierung berufen worden; cf. die Dienst-Instr. f. d. Hypoth.-Bewahrer v. 4. Mai 1851 § 117 (bestätigt durch MR. 12. Aug. 1851). — Außerdem kommen hier von spätern Gesetzen auch für die hier fragliche Materie die oben n. 93, 94 bezogenen Vorschriften in Betracht. Insbesondere erfordert die Gemeinde-Ordn. v. 1845 § 97 die Genehmigung der Regierung nur noch zur Verwendung von Kapitalien, sowie zu einseitigen Verzichtleistungen der Gemeinden und selbst zu Ersterem nicht etwa für den Fall, wo das angelegte Kapital auf andre als die bisherige Weise nutzbar gemacht, sondern blos wo es zu Gemeindebedürfnissen verausgabt werden soll, weshalb jene Genehmigung zur Annahme einer Kündigung seitens des Schuldners, oder zur Einziehung des Kapitals seitens der Gemeinde und zur Bewilligung der Löschung der Hypothekar-Inskription bezüglich des rückgezahlten Kapitals nicht mehr nöthig ist. Der § 6 h. l. gelangt daher bei Landgemeinden hauptsächlich nur noch da zur Anwendung, wo es sich um den Verzicht auf die denselben zustehenden Hypotheken handelt; cf. MR. 1. Septbr. 1846 (VMBl. S. 155). Aehnliches gilt von Stadtgemeinden in Folge des § 46 der Städte-Ordn. v. 1856, welcher die Genehmigung der Regierung nur noch für die Veräußerung von Immobiliarrechten und für einseitige Verzichtleistungen verlangt, indem in der Löschungsbewilligung in Beziehung auf ein zurückgezahltes Kapital weder das Eine noch das Andere gefunden werden kann. — Art. 15 der Verfassungs-Urkunde endlich hatte zur Folge, daß § 6 hinsichtlich rein kirchlicher Institute gänzlich beseitigt ist.

141. Nach dem Vorgesagten bemißt sich, wann die Hypotheken-Bewahrer schon auf den Grund einer blos von der Gemeinde 2c. selbst ausgehenden Löschungs-Bewilligung löschen können, und wann sie außer dieser sich noch die Genehmigung der Regierung vorlegen lassen müssen. In keinem Falle braucht aber jene Bewilligung notariell verbrieft zu sein, da die Beschlüsse der öffentlichen Behörde, denen die Vertretung der Gemeinde oder die Verwaltung des Vermögens der Spitäler, Stiftungen und anderer öffentlichen Anstalten anvertraut ist, ebenso wie der bestätigende Beschluß der Regierung authentische Akte sind. Cf. § 102 der Gemeinde-Ordn. v 1845 und MR. 28. Februar 1847 l. c. Die Löschung einer zum Vortheile einer Kirche genommenen Inskription erfolgt auf Grund eines desfallsigen Beschlusses des Kirchenraths, resp. des Presbyteriums, welcher bei katholischen Kirchen jedenfalls dann mit einem Genehmigungsdekrete der bischöflichen Behörde versehen sein muß, wenn ohne den Nachweis der Zahlung der Schuld auf das Hypothekarrecht verzichtet wird. Bei Löschungen, welche unter der Aufsicht des Provinzial-Schul-Kollegiums stehende Schulanstalten betreffen, ist ein von dieser Behörde genehmigter Beschluß des Schul-Verwaltungsraths vorzulegen. Zur Löschung einer im Interesse der rhein. Prov.-Feuerverf.-Sozietät genommenen Inskription genügt der Konsens des Direktors dieser Sozietät. So: die cit. Dienstanw. v. 4. Mai 1851, § 116—119.

§ 7.

142. Die betreffende französische Gesetzgebung ist im Ges. v. 23., 28. Okt. —

5. Novbr 1790 Tit. 3 Art 15 und im Ges. v. 12. Nov. 1808 Art. 4 (v. Dan. 1, S. 331; 5, S. 384) enthalten. Ersterer Gesetzesstelle zufolge mußte Jeder, der gegen den Staat eine das Eigenthum betreffende Klage anstellen wollte, sich zuvor mittelst einer Denkschrift an das Distrikts- und demnächst an das Departements-Direktorium wenden, welche Behörden über die Denkschrift binnen Monatsfrist nach Uebergabe derselben auf dem Distriktssekretariate zu beschließen hatten. Erst, wenn jene Frist abgelaufen war, ohne daß die Verwaltungs-Behörden einen [dem Begehren der Denkschrift entsprechenden] Entschluß gefaßt hatten, konnte man sich an die Gerichte wenden. Die zweiterwähnte Gesetzesstelle bestimmte, daß, wenn im Falle der Beschlagnahme von Mobilien und Mobiliareffekten behufs Bezahlung direkter Steuern sich eine Vindikationsklage bezüglich dieser Mobilien erhebe, dieselbe nicht vor die Gerichte gebracht werden könne, bevor sie gemäß Art. 15 l. c. von einer der betheiligten Parteien der Verwaltungs-Behörde vorgelegt worden sei.

143. § 7 erhält einfach obige Gesetze aufrecht, indem er nur die Regierung als diejenige Behörde bezeichnet, bei welcher die Anzeige hinfüro zu machen sei. Auch hat derselbe, was die Klagen der Gemeinden und Kirchen betrifft, durch die unter n. 93 u. 94 bezogenen Gesetzesstellen keine Restriktion erfahren, da durch letztere nur das Erforderniß einer obervormundschaftlichen Genehmigung zur Klage hinweggefallen ist. — Wohl aber dürfte dem § 7 durch die Ex.-O. v. 24. Novbr. 1843 insofern derogirt worden sein, als hinfüro bei Mobilar-Exekutionen wegen direkter Steuern der Vindikant der gepfändeten Mobilien nur noch nach § 21 l. c. zu verfahren haben wird.

143 bis. Ob da, wo die Genehmigung zur Anstellung der Klage (§ 5) erforderlich und demzufolge wirklich ertheilt worden ist, doch noch in Gemäßheit des Art 15 l. c verfahren werden müsse, ist in Frankreich streitig. Der Hauptgrund für die Bejahung, daß nämlich die Anmeldung der Klage und das Ermächtigungsgesuch bei verschiedenen Behörden anzubringen waren, erstere beim Präfekten, und letzteres beim Präfekturrathe, ist jedenfalls für die Rheinprovinz hinweggefallen. Ueberhaupt aber dürfte die verneinende Ansicht unter den dort bestehenden Verhältnissen den Vorzug verdienen.

144. Zwei Rej v 14. Juli 1832 und 2. Juli 1833 (Sir. 32, I. 679; 33, I. 863) erkannten, daß der Vorschrift des Art 15 l. c in dem betr. Falle Genüge geschehen sei, weil dem Präfekten mehrere Denkschriften, nicht gerade behufs Erfüllung jenes Gesetzes, wohl aber zur außergerichtlichen Regulirung der Sache übergeben worden waren, oder weil der Präfekt bei mehreren Administrativ-Akten konkurrirt hatte, welche ihm von den Titeln und sonstigen Beweismitteln der Partei genügende Kenntniß verschaffen mußten. Dagegen sprach sich AH Poitiers 27. Juli 1832 (Sir. 32, II 502) dahin aus, daß derjenige, welcher in Folge einer strafrechtlichen Prozedur beim Civilrichter klage, um dort den Präjudizial-Einwand des Eigenthums dem Staate gegenüber zu verfechten, von der Pflicht der vorherigen Anmeldung nicht entbunden sei.

145. Die Erfüllung der in Art 15 l. c. vorgeschriebenen Formalitäten bewirkt, jenem Art. zufolge, die Unterbrechung der Verjährung. Inzwischen dürfte diese Wirkung durch das Versäumniß des Sekretairs, die Uebergabe der Denkschrift, dem Art. 15 gemäß, zu registriren, nicht ausgeschlossen werden, sofern nur der Kläger sich durch Vorlage der Empfangs-Bescheinigung über den Tag der Uebergabe der Denkschrift auszuweisen vermag.

146. Die Nichtbeobachtung des Art. 15 l. c bewirkt Nichtigkeit. Doch gehört dieser Nichtigkeitsgrund nicht der öffentlichen Ordnung an, und ist daher nicht von Amtswegen zu berücksichtigen. — Auch kann derselbe mit Erfolg nicht erst in der Berufungsinstanz vom Staate geltend gemacht werden. So: AH. Cöln 28. März 1833 (Rh. A 18, I 131 ff.). — In Frankreich ist diese Frage streitig.

147. Nach einem Rej. 20. Aug 1833 (Sir 33, I. 788) braucht die Uebergabe der Denkschrift, um die Nichtigkeits-Einrede auszuschließen, nicht nothwendig der Anstellung der Klage vorherzugehen, sofern sie nur vor jedem prozessualischen Schritte des Präfekten erfolgt.

§. 8. Bei allen direkten Steuern und auf den Steuerfuß ausgeschriebenen gewöhnlichen oder außerordentlichen Beiträgen entscheidet die Regierung über die Rechtmäßigkeit der unter den Beitragspflichtigen geschehenen Vertheilung. Wer hierbei zu hoch oder gesetzwidrig angeschlagen zu sein behauptet, hat dort seine Beschwerde vorzubringen, und die Entscheidung zu gewärtigen.

---

§ 8.

148. Die französische Gesetzgebung beschränkte ebensowohl, wie die preußische, den RW. bei Streitigkeiten über die Verbindlichkeit zur Steuerzahlung in sehr beträchtlichem Maaße. Doch weichen beide Gesetzgebungen in den Gründen, auf denen jene Beschränkungen beruhen, und folgeweise auch in den aus diesen Gründen sich ergebenden Resultaten sehr wesentlich von einander ab. Die preußische Gesetzgebung betrachtet das Steuerwesen als einen Gegenstand des öffentlichen Rechts, welcher, die Ausübung eines Majestätsrechts betreffend, den RW. von vorne herein und allgemein sowohl bei unmittelbaren, wie bei mittelbaren Steuern ausschließt, es sei denn, daß den bezüglichen Anordnungen der Verwaltungs-Behörde gegenüber ein privatrechtlicher Anspruch, nämlich bei einer auf speziellem Rechtstitel beruhenden Steuerexemtion geltend gemacht würde, in welchem letzteren Falle die richterliche Kognition allerdings eintritt, und zwar wiederum, ohne daß hierbei der Unterschied zwischen den verschiedenen Arten der Steuern in Betracht kommt. Die französische Gesetzgebung geht umgekehrt von der Anschauung aus, daß das Steuerwesen, da es die finanzielle Seite der Staatsverwaltung betreffe, im Prinzip die richterliche Kognition gestatte, insofern das Gegentheil nicht durch ein anderes Prinzip geboten werde, nämlich durch den Grundsatz der gegenseitigen Unabhängigkeit der Verwaltungs- und Justiz-Behörden. Diese Auffassung führte zu einer vollkommenen Scheidung der direkten von den indirekten Steuern. Bei den letzteren, den Zöllen, Oktroi- und Enregistrements-Gebühren, kam das zweiterwähnte Prinzip nicht zur Sprache, oder trat mindestens ganz in den Hintergrund, da deren Erhebung auf den Grund gesetzlich festgestellter Tarife erfolgt, weshalb die hierbei hervortretenden Streitigkeiten den ordentlichen Gerichten belassen wurden, nur daß diese nicht im gewöhnlichen Prozeß-, sondern in einem abgekürzten schriftlichen Verfahren zu entscheiden hatten; cf. Ges. v 7—11. Sept. 1790 Art. 2; Ges. v. 5. Vent. XII Art 88. Anders verhielt es sich dagegen mit den direkten Steuern. Da bei diesen der Beitrag jedes einzelnen Pflichtigen sich nicht sofort aus dem Gesetz ergiebt, ihre Veranlagung vielmehr eine Reihe administrativer Operationen erfordert, so konnten die wider diese Veranlagung gemachten Reklamationen der Kognition der ordentlichen Gerichte nicht überwiesen werden, wenn man nicht, unter Preisgebung jenes zweiterwähnten Prinzips die gesammte, höchst verwickelte Thätigkeit der Verwaltungs-Behörden in solchen Sachen der richterlichen Kontrolle unterwerfen wollte. Demgemäß wurden dergleichen Reklamationen dem ordentlichen RW. entzogen, und an das Forum der Administrativjustiz verwiesen; cf Dekr v. 23. Nov. — 1. Dez 1790 Tit. 4 Art 1, Ges. v. 17. Brum. V., 22 Brum. VI. und 3. Frim. VII., Ges. v. 28. Pluv. VIII Art. 4, Arr. v 16. Therm. VIII. und 12. Brum. XI. Stimmen nun auch beide Gesetzgebungen wenigstens darin überein, daß sie über die Verbindlichkeit zur Entrichtung direkter Steuern den RW ausschließen, so bestehen dennoch auch in dieser Hinsicht unter ihnen die wesentlichsten Verschiedenheiten. Abgesehen nämlich davon, daß die Entscheidung über solche Streitigkeiten in Frankreich nicht, wie in Preußen, derselben Verwaltungs-Behörde, welche die Veranlagung bewirkt oder angeordnet hat, sondern den Präfekturräthen zustand, und daß diese nicht als Verwaltungs-Behörden im engern Sinne, sondern als Administrativgerichte sowie nach richterlichen Grundsätzen entschieden, war aber auch die Kompetenz der letzteren theils umfassender, theils begrenzter, als die der preußischen Verwaltungs-Behörden, umfassender nämlich insofern, als selbst die Berufung auf einen speziellen

Rechtstitel als Befreiungsgrund (§ 79, II. 14 ALR) den ordentlichen RW. nicht eröffnete, begrenzter dagegen insofern, als jene trotzdem, daß ihnen die Endentscheidung in der Sache verblieb, die Entscheidung über alle Präjudizialfragen privatrechtlicher Natur an die ordentlichen Gerichte verweisen mußten, Alles in Gemäßheit der oben n. 9 und 10 entwickelten allgemeinen Grundsätze.

149. Das Ress.-Regl. hat die im französischen Rechte in Betreff der Ressortverhältnisse beliebte Scheidung der direkten von den indirekten Steuern beibehalten, ist jedoch nur hinsichtlich der ersteren jenem Rechte gefolgt (cf §§ 8 ff.), indem es hinsichtlich der letzteren, der indirekten Steuern, die Grundsätze des preußischen Rechts adoptirte (cf § 15), weshalb die Frage der Prozeßfähigkeit der hier fraglichen Streitigkeiten bald nach den Grundsätzen der einen, bald nach denen der anderen Gesetzgebung zu beurtheilen ist, je nachdem es sich von direkten oder aber von indirekten Steuern handelt; cf. *ME. v. 12. Dez. 1840, 17. März 1841 (JMBl 41, S 122). In Betreff der Bergwerksteuern wird auf die Noten zu § 11 verwiesen.

150. Hieraus ergiebt sich, daß es durchaus unstatthaft ist, wenn man behufs Auslegung des § 8 auf den § 15, resp. die in letzterem relatirten Bestimmungen der VO v 1808 zurückgeht, wie dies z. B in AH Cöln 4. Jan. 1832, LG. Elberfeld 17. Jan. 1838 (Rh. A 17, I 236: 29, I. 294) geschieht, oder wenn die Entscheidung der Kompetenzfrage gleichzeitig auf die sich gegenseitig ausschließenden §§ 8 und 15 gegründet wird, wie solches *EK. 20 April 1850 (Tr. A 7, II. 7) thut

151 Gleich irrig ist es, wenn Periot I S. 207 und AH. Cöln 26. Juni 1826, 4 Jan. 1832 (Rh. A. 9, I 245; 17, I 236) aus der allerdings mangelhaften Fassung des § 8 folgern, daß der RW. nur in Betreff der Streitigkeiten über angebliche Ungleichheit der Vertheilung, resp. Prägravation, nicht also dann, wenn die Steuerpflicht überhaupt bestritten werde, ausgeschlossen sei Ein solches Resultat entspricht ebensowenig den hier maaßgebenden Grundsätzen der französischen Gesetzgebung (Art. 4 des Ges. v. 28. Pluv. VIII. spricht ausdrücklich von decharge ou reduction), wie denen der preußischen. Cf. auch AH. Cöln 29. Mai 1828, 20 Dez. 1832 (Rh. 17, I. 238, 239).

152. Ferner folgt aus dem Vorgesagten, daß die den Regierungen im § 8 an Stelle der Präfekturräthe verliehene Entscheidungsgewalt selbst dann begründet ist, wenn der Reklamant seine Befreiung von der Steuerpflicht auf einen speziellen Rechtstitel (im Sinne des § 79, II. 14 ALR) stützt, daß mithin auch in solchem Falle die Kognition der Gerichte nicht stattfindet Cf. die (n 149) cit. MR. 1840 und 41, AH Cöln 9. Febr 1835 (Rh. A. 21, I 183). -- *Contra*. JMR. 14. Mai 1842 a. E. (Rh A 35, I. 176).

153. Andererseits geht aber auch die Kompetenz der Regierungen nicht weiter, als die der vormaligen Präfekturräthe, weshalb sie gleich diesen (s. n. 148) gehalten sind, die Entscheidung über alle Präjudizialpunkte privatrechtlicher Natur den Gerichten zu überlassen und sich danach zu richten. *Contra:* die Praxis des Komp.-GH., obgleich dieser Gerichtshof im Uebrigen anerkennt, daß § 8 aus der französ. Gesetzgebung interpretirt werden müsse; cf *EK. 24 Nov. 1855 (JMBl 56, S. 55).

154. Demzufolge muß z B die Regierung, wenn der zur Grundsteuer Herangezogene behauptet, daß er gar nicht Eigenthümer des betreffenden Grundstücks sei, die Entscheidung über die Eigenthumsfrage an die Gerichte verweisen; cf. ord. en cons. d'ét 26. Juli 1837 (Sir 38, II. 41, hier war streitig, ob ein Emphyteuta als Eigenthümer anzusehen sei). *Contra:* *EK 2. Nov. 1848 (JMBl 49, S. 11)

155. Ebenso ist zu verfahren, wenn der Streit über die Verbindlichkeit zur Steuerzahlung oder den Umfang dieser Verbindlichkeit von der streitig gewordenen Präjudizialfrage abhängt, ob Jemand als unbedingter Erbe eines Andern zu betrachten sei, oder ob er auf die Erbschaft rechtsgültig verzichtet, resp. dieselbe blos als Wohlthatserbe angenommen habe Cf LG Cöln 23 April 1839 (Rh. A. 29, I. 52 ff.); cons. d'ét. 10. Febr. 1835 (Sir. 35, II. 508); Cormenin s. v. contrib. dir., V. 12.

156. Desgleichen bei Streitigkeiten über die Präjudizialfrage, ob eine Ehefrau

die Gütergemeinschaft angenommen oder ausgeschlagen habe, cf. Dalloz, m. compét. admin, n. 369 Nr. 3

157. Zweifelhafter erscheint es, ob dasselbe gelte, wenn der zur Gewerbesteuer Herangezogene bestreitet, Gewerbetreibender zu sein. Es verneint *EK. 25. Sept. 1852 in S. Hensler c. Steuerkasse zu Keldenich, womit Cormenin l. c., IV. 8 übereinstimmt

158. In allen jenen Fällen (n. 155—157) hat sich das Gericht jedoch auf die Entscheidung des Präjudizialpunkts zu beschränken. Dasselbe kann daher z B. nicht außerdem die Löschung des Namens eines vermeintlichen Steuerschuldners in der Steuerrolle verordnen: Dalloz l c, n 179.

159. Ob der Einwand der Verjährung einer Steuerschuld oder der Tilgung derselben (durch Zahlung, Kompensation u. s. w.) prozeßfähig sei, war bisher streitig Dalloz l. c. n. 369 Nr. 4 und Cormenin l. c. V. Nr. 12 vindiziren ausdrücklich wenigstens die Frage der Verjährung, die ord. en cons. d'ét. 18. Juli 1838 (Sir. 39, II. 170) die der Gültigkeit geleisteter Zahlungen der Kognition der ordentlichen Gerichte, während die oben n 149 a. E bezogenen MR. beide der administrativen Entscheidung zuweisen. In letzterem Sinne entschied ferner AH. Cöln 15. Febr. 1843 (Rh. A. 35, I. 153 ff), daß ein fallirter Kaufmann, welcher sich auf ein zu seinen Gunsten zu Stande gekommenes Konkordat als Erlöschungsgrund in Betreff eines Theils der Steuerschuld berufe, diesen Einwand nicht auf gerichtlichem Wege geltend machen könne. (Dieses Erk. nahm dasselbe sogar in Betreff der wegen einer Gewerbesteuer-Kontravention resolutmäßig festgesetzten Geldbuße an, obgleich § 8 auf Geldbußen offenbar nicht anwendbar ist; cf. übrigens VO. v. 1808 n. 356, 357 und 439.) — Seit dem Erlasse des Ges. v 24. Mai 1861 dürfte jedenfalls die aus einem der obigen Gründe angestellte Klage auf Rückzahlung der beigetriebenen Gefälle statthaft sein, wenngleich § 9 l. c zunächst freilich nur solche Fälle vor Augen hat, wo nicht § 8, sondern § 15, resp die §§ 36, 41 der VO. v. 1808 zur Anwendung kommen.

160. Nicht minder bestritten ist die Frage, ob der RW. nicht wenigstens unter den Kontribuenten, sei es über die Steuerpflicht überhaupt, sei es über das Beitrags-Verhältniß und den Vertheilungs-Maaßstab statthaft sei. In den Motiven eines *EK. 18. April 1857 (JMBl S 390) wird die bejahende Ansicht wenigstens in Betreff der Prägravation als selbstverständlich vorausgesetzt; ebenso entschied ord. en cons. d'ét. 8. Febr. 1833 (Sir. 34, II. 634), daß der Streit zwischen einer nutzungsberechtigten Gemeinde und dem Grundeigenthümer darüber, ob erstere zur Grundsteuer beizutragen habe, welche für die mit dem Nutzungsrechte belasteten Grundstücke entrichtet werden müsse, vor die Gerichte gehöre Dagegen haben sich andere Entscheidungen für die entgegengesetzte Ansicht ausgesprochen; cf. Cormenin l. c, IV. 19, 22; AH. Cöln 15. Juli 1852 (Rh. A. 47, I. 160). Die Entscheidung dieser Frage wird wohl davon abhangen, ob der Staat bei solchen Streitigkeiten unter den Kontribuenten interessirt ist, oder nicht. So kann es keinem begründeten Zweifel unterliegen, daß Streitigkeiten über die Auslegung und Vollziehung von Privatverträgen, welche die Steuerlast unter den Kontribuenten in abweichender Weise reguliren, und nicht bestimmt sind, auf das Verhältniß der letzteren zum Staate einzuwirken, zum RW gehören; das Gleiche gilt von Streitigkeiten zwischen einem früheren und dem jetzigen Eigenthümer, oder zwischen letzterem und dem Pächter über Erstattung einer an den Staat bereits entrichteten Steuer: Dalloz l. c., n 371, Cormenin l. c., V 8, 11.

161. Aber selbst dem Staate gegenüber ist der RW. nur für denjenigen verschränkt, welcher als Selbstschuldner in Anspruch genommen wird, nicht also für dritte Personen, z. B. solche, die als Schuldner des Steuerpflichtigen angegangen werden. Letzteren steht der RW. sogar zu dem Zwecke offen, damit die Vernichtung des wider sie eingeleiteten exekutivischen Verfahrens ausgesprochen werde: *EK. 11. März 1848 a. E (JMBl. S. 325) Inzwischen betrachtete *EK. 20. April 1850 (Tr A 7, II. 6) den zufolge § 40 a. E des Grundsteuer-Ges v. 21. Jan. 1839 in Anspruch genommenen Miether oder Pächter nicht als einen solchen Dritten, sondern als wirklichen Steuerschuldner [?]

162. Desgleichen gehören Streitigkeiten zwischen dem Staate und anderen

§. 9. In Gemäßheit dieses Grundsatzes entscheidet die Regierung ebenfalls über die Frage: ob dies oder jenes Gebäude als Bestandtheil eines Manufaktur-Gebäudes anzusehen, und in dieser Eigenschaft von der Thür- und Fenster-Steuer befreit sei, oder nicht?

§. 10. Ein Gleiches gilt bei Auflagen, welche nur einzelne Gemeinden betreffen, gleichviel ob sie in Geld- oder Naturalleistung, zum Beispiel in Beiträgen oder in Arbeiten zur Säuberung der Kanäle u. s. w. bestehen.

Gläubigern des Steuerpflichtigen über das Vorzugsrecht zur richterlichen Kognition: Dalloz ib., n 369.

163. Endlich waren Streitigkeiten, welche zwar zwischen dem Staate und dem Steuerpflichtigen selbst entstehen, die jedoch nicht die Existenz oder Höhe der Steuerschuld, sondern lediglich die formelle Gültigkeit des exekutivischen Verfahrens oder die Pfändbarkeit der gepfändeten Objekte betrafen, weder durch die französische Gesetzgebung, noch durch § 8 dem RW entzogen; cf. Proudhon, dom publ, n. 123; *ViE. 12 Dezbr. 1840 (JMBl 41, S. 122) Dagegen ist den Gerichten die Kognition über diese Gegenstände durch die Ex.-O. v. 24. Novbr. 1843 § 3 entzogen worden.

§ 9.

164. Hinsichtlich der Thür- und Fenster-Steuer war die Administrativ-Justiz noch besonders durch Art. 16 des Ges. v 4 Frim. VII. begründet Inzwischen hat § 9 seine praktische Bedeutung verloren, da jene Steuer durch das Abgaben-Ges. v. 30 Mai 1820 § 9 abgeschafft worden ist (Sie besteht noch in dem s. g neutralen Gebiete von Moresnet; dort besitzt jedoch der § 9 h. l. ohnehin keine Geltung. Cf. oben n. 1.)

§ 10.

165. § 10 spricht nicht etwa von Staatsabgaben, welche auf die Gemeinden gelegt sind, resp. von Auflagen, die zwischen einzelnen Gemeinden streitig sind, sondern von solchen Auflagen, welche im Interesse einer Gemeinde und zu Lasten ihrer Mitglieder ausgeschrieben werden: *EK. 4. Septbr. 1849 in S. Coßmann c. Gemeinde Scheuern. Cf übrigens n 176 und 180.

166. Derselbe handelt ferner nur von direkten Gemeindeauflagen steuerartiger Natur: Abh von F. P Reichensperger in den Tr. A. 1, II. 75; *EK. 6 März 1852, 24 Nov. 1855 (JMBl. 52, S 173; 56, S. 55). — In Betreff der indirekten Gemeindesteuern kommen die Vorschriften der VO. v. 1808 zur Anwendung.

167. Indem § 10 bezüglich der Kompetenz-Verhältnisse die Gemeindesteuern den Staatssteuern (§ 8) gleichstellt, entspricht er nicht allein der Auffassung, welche der Preußischen Gesetzgebung, insbesondere der VO. v. 1808 zu Grunde liegt, sondern auch derjenigen der französischen Gesetzgebung Gemäß letzterer folgte die Kompetenz der Präfekturräthe für Streitigkeiten der hier fraglichen Art unmittelbar aus dem Umstande, daß die direkten Gemeindesteuern durchweg in Beischlägen zu den Staatssteuern bestanden Cf Ges. v. 20. Aug 1791, 11. Frim VII Artt. 3, 7, 10, 18 ff; Arr. v. 4 Therm. X Art. 4 (Das Recht der Gemeindeverwaltung, für außerordentliche Fälle besondere Gemeindesteuern auszuschreiben, ist in Frankreich erst durch neuere Ges v. 15. Mai 1818, 28. Juli 1824 und 18 Juli 1837 begründet worden.)

168. Wenngleich sich das Recht und die Art, Gemeindesteuern auszuschreiben resp. zu erheben, diese mögen in Geldbeträgen oder Naturaldiensten bestehen, schon zufolge der AEO. v. 4. Dez. 1826 nicht mehr ausschließlich nach den fremdherrlichen,

sondern auch nach den Preußischen Bestimmungen, und zwar gegenwärtig im Allgemeinen nach der Rh. Gemeinde-Ordn. v. 23 Juli 1845, dem Ges. über die Rh. Gemeindeverfassung und der Städte-Ordn. v 15. Mai 1856 bemißt, so ist dennoch an der Kompetenz-Vorschrift des § 10 Nichts geändert worden; im Gegentheil erhält dieselbe durch jene Gesetze insofern noch ihre besondere Bestätigung, als auch aus letzteren hervorgeht, daß die Beschwerden einzelner Gemeindemitglieder als solcher über die in Gemeinde-Angelegenheiten getroffenen Beschlüsse, insbesondere diejenigen, welche sich auf die Ausführung der Gemeindearbeiten und darauf, ob dieselbe durch Leistung von Diensten oder Geld stattfinde, beziehen, dem RW. nicht unterliegen: *EK. 7. Mai 1859 (JMBl. 60, S. 115).

169. Zur Anwendbarkeit des § 10 wird nicht erfordert, daß eine Abgabe auf den direkten Steuerfuß oder doch nach einem solchen Vertheilungs-Maaßstabe ausgeschrieben sei, welcher eine gleichmäßige Vertheilung unter sämmtliche Gemeindemitglieder anordne, indem zum Wesen einer Gemeindesteuer nur gehört, daß sie, in Beiträgen zu Gemeindezwecken bestehend, lediglich auf Grund der allgemeinen Pflicht der Gemeinde-Angehörigen, zur Erfüllung der Gemeindezwecke durch Beiträge mitzuwirken, gefordert werde, und von der kompetenten Behörde nach einem zum Voraus bestimmten Vertheilungsfuße zur zwangsweisen Erhebung festgesetzt sei, dieser Vertheilungsfuß mag dem der direkten Steuern gleich sein oder nicht, er mag nur gewisse Klassen, resp Gewerbe, oder alle Gemeinde-Angehörigen heranziehen (cf. Abgabengeſ. v. 30 Mai 1820 § 13; ACO. v. 4. Dez 1826; Gemeinde Ordn. v. 1845 § 23). So: *EK. 3. Juni 1854 (JMBl. S. 388). Diese Entscheidung erachtete demgemäß eine feste Abgabe, welche ein von der Regierung bestätigter Gemeinderaths-Beschluß den städtischen Badewirthen für jedes an Fremde verabreichte Mineralbad auferlegte, und welche, gesondert von anderen Gemeindefonds, durch einen besonderen Rendanten erhoben wurde, als eine Gemeindeauflage im Sinne des § 10.

170. Zu den direkten Gemeindeauflagen im Sinne des § 10 gehören die Eintritts-, resp. Einzugsgelder (Gemeinde-Ordn v. 1845 §§ 14, 18). Cf. MR. 17. Okt 1858 a. E (VMBl. S. 232), *EK. 16. Sept. 1854, id. v. 24. Novbr. 1855 (JMBl. 54, S. 451; 56, S. 55)

171. Dagegen sind nicht zu den gedachten Gemeindeauflagen zu rechnen: die Abgaben, welche auf Grund eines von der Aufsichtsbehörde genehmigten Gemeinderaths-Beschlusses als voraus bestimmte Vergütung von denjenigen Gemeindemitgliedern gefordert werden, welche ihr Vieh auf die Gemeindewiese treiben (cf. § 18 der Gemeinde-Ordn. v. 1845, § 106 der Gemeinde-Ordn v. 1850), indem solche Abgaben, obschon sie zu den im § 18 und § 106 l. c. neben den Einzugs-, resp. Einkaufsgeldern genannten gehören, dennoch keinen steuerlichen Charakter, sondern in einem auf gegenseitigen Leistungen beruhenden Vertragsverhältnisse ihren Grund haben. Streitigkeiten hinsichtlich ihrer sind daher im RW zu erörtern; cf. *EK. 24. Nov. 1855, LG. Trier 3. Mai 1853 (JMBl. 56, S. 54; Tr A. 7, I. 206) In Frankreich erachtet man freilich auch in Betreff solcher Streitigkeiten die Präfekturräthe für kompetent, theils zufolge älterer Bestimmungen, insbesondere des Ruralges. v. 6. Okt. 1791 Sect 4 Art. 13, des Ges. v. 11 Frim. VII. Art. 6 und v 28. Pluv. VIII, theils zufolge Art. 44 des Ges. v. 18. Juli 1837, wonach derartige Abgaben in den für die Einziehung öffentlicher Steuern angeordneten Formen beigetrieben werden sollen: Dalloz l c, n. 375, m commune n. 475, 1894.

172. Als Gemeindeauflagen im Sinne des § 10 sind ferner zu betrachten die vorschriftsmäßig ausgeschriebenen Beiträge der Gemeindemitglieder zum Kommunal-Wegebau. Cf. *ME 4. Aug 1840 (Rh. S 7, S. 194), wo die §§ 8 u. 10 h. l. mit Artt. 2, 3 Sect. 6 tit. 1 des Ruralges. v 1791 in Verbindung gebracht werden, nach deren Bestimmungen es zu den ausschließlichen Attributionen der Verwaltung gehöre, wegen der vorzunehmenden Vizinal-Wegebauten Beschluß zu fassen, und die Vertheilung der Kosten unter die Beitragspflichtigen anzuordnen; ferner *EK. 4. Sept. 1849 in S. Coßmann c. Gemeinde Scheuern, wo außer den genannten Gesetzesstellen noch Art. 6 des Arr. v 4 Therm X. und Art. 4 Nr. 2 des Ges. v 11. Frim. VII bezogen werden, und *EK. 6. März 1852 (JMBl. S. 173), wo es sich um Kosten handelte, die, weil die ausgeschriebenen Naturalleistungen

seitens eines in der Gemeinde begüterten Forensen unterblieben waren, für dessen Rechnung gemäß der Gem.-Ordn. v. 1845, §§ 22, 23, 25 verwandt wurden.

173. Ebenso verhält es sich mit den Beiträgen zur Aufbringung der durch Aufforstung von Gemeinde-Wildland entstandenen Kosten: *EK. 7. Juni 1856 in S. Maas c Gemeinde Reichen;

174. . . . ebenso mit den Beiträgen zum Gehalte des Gemeinde-Vorstehers, resp. zur Remuneration eines mit dessen Funktionen kommissarisch betrauten Stellvertreters: *EK. 8 April 1854 (JMBl. S. 316 a. E.);

175. . . . . . ebenso mit den (auf den direkten Steuerfuß ausgeschriebenen) Beiträgen der Gemeinde-Angehörigen zu den Kultuskosten, mögen letztere nun der betreffenden Gesetzgebung zufolge (cf Dekr. v 5. Niv. XIII, Ges. v. 2. Vent. XIII, Dekr. v. 5. Mai 1806 und 30. Dezbr 1809 Art. 92, Ges. v. 14. Febr. 1810 Art. 1, Ges. v 14. März 1845) den Civilgemeinden, resp. den konfessionsverwandten Angehörigen derselben, unbedingt oder nur subsidiarisch, d. h. im Falle der Unzulänglichkeit der Einkünfte des Kirchenvermögens zur Last liegen. Cf. *EK. 8. April 1854, JMBl. S. 308 (betraf Beiträge zum Küstergehalte; der Komp.GH. bezog hier außer den §§ 8 und 10 noch die ACO. v. 19 Juni 1836); AH. Cöln 3. Oktbr. 1834 und 9. Febr. 1835, Rh A 21, I. 95, 183 (jenes betraf die in Geld veranschlagten, den Gemeindemitgliedern obliegenden Beifuhren zum Kirchenbau, dieses die Beiträge der Gemeindemitglieder zum Zusatzgehalte eines evangelischen Pfarrers; in letzterem Falle hatte der Richter erster Instanz, LG. Coblenz, noch insbesondere auf das Arr. v. 18. Germ XI. Art. 3 und das Dekr. v. 5 Mai 1806 Art 2 hingewiesen, um darzuthun, daß die Frage, ob dem Pfarrer eine Zulage zum Staatsgehalt zu bewilligen, und in welcher Weise, ob aus dem Gemeindevermögen oder durch Umlage unter die Gemeindemitglieder dieselbe zu beschaffen sei, sowohl in Betreff katholischer, wie evangelischer Pfarrer ausschließlich zum Ressort der Verwaltung gehöre; cf. jedoch unten n. 177).

176 Zufolge Art 4 des Ges v. 14. Febr 1810 sind, wenn ein Pfarrsprengel aus mehreren Gemeinden zusammengesetzt ist, die Kultus- und die Kirchen-Reparatur- oder Wiederaufbau-Kosten eventuell von diesen Gemeinden nach Maaßgabe und im Verhältnisse der von ihnen aufzubringenden (Staats-) Steuern zu tragen. AH Cöln 22 Okt. 1849 (Rh A 45, I. 29) entschied, daß bei einem desfallsigen Streite zwischen dem Kirchenvorstande und den Gemeinden die Gerichte zwar kompetent seien, zu entscheiden, ob diese oder jene Gemeinde nach der bezogenen Gesetzesstelle überhaupt beitragspflichtig sei, daß jedoch die Frage, ob die Vertheilung unter den beitragspflichtigen Gemeinden eine rechtmäßige gewesen, insbesondere also, ob die der betreffenden Civilgemeinde als Beitrag abgeforderte Summe nach dem Verhältnisse des zur Anwendung kommenden Steuerfußes richtig berechnet worden, den §§ 8 ff. h. l. gemäß, zur ausschließlichen Zuständigkeit der Verwaltungs-Behörde gehöre (Die hier gemachte Unterscheidung scheint auf die oben n. 151 gemißbilligte Ansicht hinauszulaufen; cf. übrigens auch n. 165)

177 Dagegen findet § 10 keine Anwendung, wenn es sich nicht um Gemeinde-Abgaben, sondern um unmittelbare Abgaben der Pfarrgenossen an den Pfarrer, mithin um Pfarrabgaben handelt, selbst wenn dieselben zufolge Anordnung der Regierung nach dem Gesammtsteuerfuße auf die Pfarrgenossen umgelegt, und von der Gemeindebehörde für den Pfarrer eingezogen werden. Für desfallsige Streitigkeiten beurtheilt sich die Kompetenzfrage vielmehr nach der ACO. v. 19 Juni 1836. So *EK. 12. Mai 1855 (JMBl. S. 239). Im betreffenden Falle schwebte der Rechtsstreit nicht, wie in dem unter n. 175 erwähnten, zwischen einzelnen Gemeinde-Angehörigen und der Gemeinde, sondern zwischen mehreren Gemeinden einerund dem Pfarrer andererseits, weil die Regierung wider den Willen der ersteren gewisse herkömmlich von jeder Ehe an den Pfarrer zu entrichtende Leistungen in eine nach ihrem Gesammtbetrage unter sämmtliche Pfarrgenossen steuermäßig umzulegende Abgabe verwandelt hatte; zur Begründung des erhobenen KK. wurde auf die bezüglich des Pfarr-Zusatzgehalts bestehenden Gesetze Bezug genommen; der Komp.GH. erwog jedoch, daß ein solches Gehalt hinsichtlich der vom Staate besoldeten Pfarrer zufolge Ges v. 18. Germ. X. Art. 67, Beschl. v. 18. Germ. XI. Artt. 3 bis 5, Dekr. v. 11 Prair. XII. Artt. 4, 7, 8 und 30. Dezbr. 1809 Art. 49 nur auf

einer Bewilligung Seitens der Gemeinden selbst, mithin auf einem privatrechtlichen Titel beruhen könne, über dessen Wirkung in Ansehung der Pfarrabgaben die ACO. v. 19 Juni 1836 den RW. zulasse; das Dekr v 5. Niv. XIII. (welches im Art. 3 die Festsetzung dem Betrags des Präfekten überträgt) spreche nicht vom Zusatzgehalte ordentlicher Pfarrer, sondern von dem der Geistlichen an Hülfskirchen.

178. Jüdische Kultuskosten werden nach den beiden Dekr. v. 17. März 1808 Art. 23 resp. 7 vom jüdischen Konsistorium vorschlagsweise vertheilt; die Einziehung erfolgt, nachdem der Präfekt die Heberolle festgestellt und vollstreckbar erklärt hat. Ein *EK. 26. Novbr 1853 (JMBl. 54, S. 72) hat für den Fall, wo solche Beiträge (z. B die eines Synagogenbaues) auf den Steuerfuß ausgeschrieben seien, die Unstatthaftigkeit des Rechtswegs in Betreff der Einziehung ausgesprochen, weil in diesem Falle die für die Einziehung der direkten Steuern geltenden, den Rechtsweg ausschließenden Grundsätze auch hier zur Anwendung kommen müßten.

179 Dagegen ist wiederholt erkannt worden, daß die §§ 8 ff. auf die Beiträge zur Tilgung der Schulden der früheren jüdischen Korporationen keine Anwendung fänden, obschon diese Beiträge von der Verwaltung nach dem Maaßstabe der von den Beitragspflichtigen zu zahlenden direkten Steuern bestimmt worden, daß vielmehr die Ausschreibung dieser Beiträge nur eine auf die Vermögens-Verwaltung jener Korporationen bezügliche Maaßregel darstelle, weshalb hinsichtlich der desfalls sich erhebenden Streitigkeiten bei deren privatrechtlichem Charakter der RW. gemäß § 15 als zulässig erscheine: JMR. 14 Mai 1842, AH. Cöln 26. Juni 1843 (Rh. A. 35, I. 175, 176); KH. 15. Novbr. 1834 (Volkmar S. 171). Das zuletzt erwähnte Urtheil erkannte an, daß nach Art. 7 des Dekr v. 20. Novbr. 1809 allerdings die Präfekturräthe zur Entscheidung über die Beitragspflicht des Einzelnen kompetent gewesen seien; es erwog jedoch gleichzeitig, daß das Ress.-Regl. diese Gerichtsbarkeit den ordentlichen Gerichten zurückgegeben habe, indem § 8, wie die §§ 9—11 darthäten, sich nur auf gemeine Lasten und Abgaben beziehe. *Contra:* AH Cöln 17. Juni 1841 (Rh. A. 31, I. 132). Cf. auch AH. Cöln 4. Januar 1832 (Rh. A. 17, I. 236).

180. Der § 10 kommt noch bei gewissen Beiträgen zur Anwendung, ungeachtet dieselben nicht zu den gemeinen Lasten und Abgaben in dem oben gebrauchten Sinne, wenigstens nicht zu solchen Lasten gehören, welche sich auf einen abgegrenzten Gemeindeverband beziehen; dies sind nämlich die Kosten der Reinigung nicht schiffbarer Flüsse und Kanäle, sowie der Unterhaltung von Dämmen und ähnlichen Schutzbauten an denselben. Nach dem Ges. v. 14. Flor. XI. sollen diese Kosten, welche weder dem Staate, noch den Gemeinden, sondern unmittelbar den Grund-, resp. Uferbesitzern zur Last fallen, in Beziehung auf ihre Vertheilung und Einziehung dennoch gleich direkten Steuern behandelt, und alle Streitigkeiten in Betreff der Eintreibung der Rollen, der Reklamationen belasteter Interessenten oder der Ausführung der Arbeiten von den Präfekturräthen entschieden werden. Daß derartige Kosten, wenn sie in Gemäßheit des Ges. v. XI unter die Interessenten umgelegt werden, zu den im § 10 erwähnten Leistungen zählen, daß also die im Art. 4 jenes Gesetzes den Präfekturräthen hinsichtlich ihrer beigelegte Kompetenz auf die Regierungen übergegangen ist, folgt nicht allein aus der Gleichstellung dieser Kosten mit den direkten Steuern, sondern auch aus den Schlußworten des § 10, welche unverkennbar auf obiges Gesetz hinzielen: *ME. 26. Dez. 1835 (Rh. S 5, S. 296); KH. 16. Okt. 1843, AH Cöln 15. Juli 1852 (Rh. A. 36, II. 23; 47, I 161). Der AH. Cöln erachtete den RW sogar unter den Kontribuenten selbst für unzulässig. Kann dies aber schon aus den §§ 8—10 h. l. nicht allgemein hergeleitet werden (cf. n. 160), so dürfte auch § 7 Abs. 2 des Ges. v. 28. Febr. 1843 in Verbindung mit § 5 des Ges. v 11 Mai 1842 der Statthaftigkeit solcher Rechtsstreitigkeiten, selbst beim Mangel spezieller Rechtstitel, das Wort reden, zumal, wenn die Regierung die Parteien selbst auf den RW. verwiesen und dadurch zu erkennen gegeben hat, daß sie ihre Anordnungen nur als interimistische betrachtet wissen wolle. Jedenfalls dürften die Anordnungen der Regierung in Betreff der Kosten für die Unterhaltung von Dämmen oder sonstigen Schutzbauten an Privatflüssen seit Erlaß des Ges. v 28. Januar 1848 (GS. S. 54) auch in der Rheinprovinz immer insofern interimistische sein, als der Herangezogene seine Ersatz-

§. 11. Bergwerkstreiber, welche behaupten, daß sie bei ihrer auf die wahrscheinliche Ausbeute berechneten Steuerquote zu hoch angeschlagen seien, haben gleichfalls ihre vermeinte Beschwerde bei der Regierung anzubringen.

Ansprüche gemäß § 8 l c. gegen den eigentlich Verpflichteten auf dem RW. geltend machen kann, es sei denn, daß durch das Bestehen eines Deichverbands eine andere Auffassung gerechtfertigt sein würde. — Des Art. 33 des Ges. v. 16. Sept. 1807, welcher der Verwaltung ähnliche Befugnisse, wie die in den Artt. 1—3 des Ges. v 14. Flor. XI. erwähnten, sogar bezüglich der Anlage ganz neuer Dämme, und zwar zum Schutze wider Gewässer jeder Art verleiht, wird hier nicht weiter gedacht, da derselbe durch das cit. Ges. v. 1848 (cf. §§ 11 ff.) augenscheinlich ebensowohl in Wegfall gekommen ist, wie die analogen Vorschriften der §§ 63—65, II. 15 ALR., deren Aufhebung § 28 l c ausdrücklich ausspricht.

181. Die ord. en cons d'ét. 13. Aug. 1823 (Dalloz m. eaux, n 205) leitet aus Art. 4 des Ges. v. 14. Flor. XI. die ausschließliche Kompetenz der Administrativjustiz sogar für Streitigkeiten her, die zwischen einer Bewässerungs-Gesellschaft und einem Mitgliede derselben über die Höhe des dem letzteren zur Last gelegten Beitrags entstehen. Ebenso erkannte *GK 18. April 1857 (JMBl. S. 289) gegen die Zulässigkeit des RW. und für die Anwendbarkeit der §§ 8—10 bezüglich der Beiträge einer Bewässerungs-Genossenschaft im Sinne des Ges. v. 28. Februar 1843, zog hierbei aber vorzugsweise die Statuten dieser Gesellschaft zu Rathe, aus denen hervorgehe, daß jene Beiträge sowohl hinsichtlich der Art der Einziehung, wie hinsichtlich der Befugniß der Aufsichtsbehörde, auf diese Einziehung zu wirken, den zu Kommunalzwecken ausgeschriebenen Beiträgen gleichstehen sollten.

182. Was Art. 4 des Ges v. 14 Flor. XI. von den auf die Ausführung der Arbeiten bezüglichen Streitigkeiten bestimmt, enthält (insoweit darunter Streitigkeiten der Verwaltung mit den Unternehmern oder Werkleuten verstanden werden) eine bloße Anwendung der allgemeinen, im Art. 4 des Ges. v. 28. Pluv. VIII. hinsichtlich der öffentlichen Arbeiten getroffenen Kompetenzvorschrift. Derartige Streitigkeiten unterliegen gegenwärtig, zufolge § 20 h. l., unbedenklich der richterlichen Kognition.

183. Im Uebrigen wird zur Auslegung des § 10 h. l auf die Noten zu § 8 verwiesen, da Alles dasjenige, was dort in Betreff direkter Staatssteuern gesagt ist, zufolge § 10 in gleicher Weise von direkten Gemeindeauflagen gilt. Demgemäß findet z B der RW. nicht darüber statt, ob Jemand als in der Gemeinde begüterter Forense zur Gemeindesteuer habe herangezogen werden können; cf. AH. Cöln 29. Mai 1828, 20. Dezbr. 1832 (Rh. A. 17, I. 238) Dasselbe gilt, wenn Jemand, der auf Grund des Ges. v 14. Flor. XI zu Beiträgen herangezogen wird, seine Nichtverpflichtung darauf gründet, daß sein Grundeigenthum zu entfernt gelegen sei, um etwaigen Ueberschwemmungen oder sonstigen Nachtheilen, denen durch die betreffenden Arbeiten vorgebeugt werden sollte, ausgesetzt zu sein; cf. Proudhon dom. publ., n. 1036. Dagegen entschieden ord. en cons. d'ét. 6. Febr. 1822 und 13. Aug. 1823 (Dalloz, m. eaux, n. 564, 205), daß, wenn Jemand seine Verbindlichkeit, zu den Kosten einer Bewässerungs-Genossenschaft (cf. n. 181) beizutragen, um deswillen bestreite, weil er nach den Bestimmungen des Sozietäts-Vertrags gar kein Mitglied der Genossenschaft sei, resp. weil sein Grundstück keinen Theil des zur Genossenschaft gehörigen Terrains ausmache, dieser Kontestationspunkt als ein solcher, welcher die öffentliche Ordnung nicht interessire, dem RW. vorbehalten bleibe. (In der That bildet ein Streitpunkt dieser Art eine Präjudizialfrage civilrechtlicher Natur, von der das unter n. 148 und 153 Gesagte gilt.)

§ 11.

184. Die französische Gesetzgebung betrachtete den Bergwerksbetrieb vom steuerlichen Gesichtspunkte aus ebensowenig wie die preußische als ein gewerbliches oder Handels-Unternehmen, und unterwarf denselben daher auch nicht der s. g. Patentsteuer. Die auf das Bergwerkswesen bezüglichen Steuern wurden

vielmehr, in konsequenter Festhaltung des Prinzips, daß die Konzession nicht etwa blos ein unkörperliches Recht, sondern ein wirkliches Eigenthum im engeren Sinne, und zwar ein Grundeigenthum, welches z B. mit Hypotheken beschwert werden kann, verleihe, als eine Unterabtheilung der Grundsteuern behandelt. Die bezüglichen Bestimmungen sind im Ges. v. 21. April 1810 Artt. 32 ff, 52, 54 und im Dekr v. 6. Mai 1811 enthalten. Ihnen zufolge hat der Bergwerks-Eigenthümer zweierlei Steuern zu entrichten, die s. g. fixe Bergwerkssteuer, bestehend in einem festen, nach dem Umfange des Bergwerks, resp. dem Oberflächenraum des Konzessionsfeldes berechneten Satze, und die proportionelle, welche im Verhältnisse zur jedesmaligen Ausbeute bestimmt wird, und niemals ein Zwanzigstel des reinen Ertrags übersteigen soll. Hinsichtlich der letzteren schreibt Art. 37 des Ges v. 1810 vor, daß sie gleich der Grundsteuer ausgeschrieben und erhoben, die Reklamationen aber zum Zwecke der Ermäßigung oder Rückforderung behufs verhältnißmäßiger Ausgleichung vom Präfekturrathe entschieden werden sollen. Die über die Kompetenz des Präfekturraths handelnden Stellen des Dekr. v. 1811 Artt 46, 48, 50 stimmen hiermit überein, machen jedoch in dieser Rücksicht zwischen den beiden Arten der Steuer keinen Unterschied.

185. § 11 befaßt sich nur mit der verhältnißmäßigen Steuer, indem er die desfallsige Gerichtsbarkeit der Präfekturräthe auf die Regierungen überträgt. Der fixen Steuer ist wohl um deswillen nicht gedacht, weil dieselbe im Gesetze ausdrücklich zu den direkten Steuern gerechnet wird, und daher ohnehin schon der Vorschrift des § 8 h. l. anheimfällt; cf. Artt. 10, 14 des Dekr. v. 1811 u. Konklus. des öff. Min. beim AH Cöln im Rh. A. 29, I 53.

186. Die Fassung des § 11 spricht auf den ersten Blick für eine ähnliche, restriktive Deutung, wie sie zufolge n 151 dem § 8 zu Theil geworden ist. Während jedoch dieser Deutung in Beziehung auf § 8 im Allgemeinen die betreffende französische Gesetzgebung geradezu widerspricht, wird dieselbe hinsichtlich des § 11, und was die fixen Bergwerkssteuern betrifft, sogar hinsichtlich des § 8, durch Art. 37 des Ges. v. 1810 und Art. 46 des Dekr. v 1811 dem Anscheine nach unterstützt. In der That leitet ein franz. MR. 1. Sept. 1812 (Dalloz m. mines, n. 534, 535) aus Art. 46 l. c. her, daß der Präfekturrath nur über Reduktionsklagen zu entscheiden habe, nicht also, wenn der Reklamant seine Steuerpflicht im Ganzen bestreite, unter der Behauptung, daß er wegen Nichtgebrauchs der Konzession nach den älteren Gesetzen seines Rechts verlustig geworden sei, oder daß er auf dieses Recht verzichtet habe. Dies geschieht dort jedoch nicht, um die Entscheidung über solche Fälle den ordentlichen Gerichten, sondern um sie den höheren Verwaltungs-Behörden zu vindiziren Cf. auch Delebecque n 859 ff. und VO v. 1808 n. 347 ff — Den Fall, wo Jemand die Steuerschuld aus rein privatrechtlichen Gründen bestreitet, z. B. weil er nur der Benefiziarerbe des bisherigen Bergeigenthümers sei, und daher mit seinem Vermögen gar nicht, und mit seinem Erbantheil wenigstens nicht für die auf seine Miterben fallende Steuerquote hafte, hat jenes MR. offenbar nicht im Auge. Ein solcher Fall, und zwar in Betreff der fixen Bergwerkssteuer, lag dem AH. Cöln 27. Dez. 1839 (Rh. A 29, I. 52 ff) zu Grunde, und wurde hier zu Gunsten des RW entschieden Diesem Erk. kann indessen nur theilweise, und seiner Motivirung, welche eben auf die unter n 150, 151 erwähnten Ansichten hinausläuft, gar nicht zugestimmt werden. Es ist vielmehr daran festzuhalten, daß die Kompetenz-Bestimmungen der §§ 8 ff, auch insofern sie die Bergwerkssteuern betreffen, lediglich aus der französischen Gesetzgebung zu deuten sind; nach diesen aber kann trotz der Fassung der cit. Vorschriften aus den J. 1810 und 1811 unmöglich angenommen werden, daß der Gesetzgeber, ungeachtet er im Uebrigen die Bergwerkssteuern den direkten Steuern völlig gleich stellt, resp sie als solche behandelt, gerade in Betreff des Kompetenzpunkts gänzlich abweichende Normen habe aufstellen wollen. Demzufolge waren allerdings in dem obengedachten Falle die Fragen bezüglich der Benefiziarerben-Qualität und des Verhältnisses der Miterben als privatrechtliche Präjudizialpunkte nur durch den Richter festzustellen, im Uebrigen aber gebührte die Entscheidung der Verwaltung.

186 bis. Ueber die Art der Ermittelung und Einziehung der verhältnißmäßigen Bergwerkssteuer sind im Laufe der Zeit neuere Bestim-

§. 12. Die Regierungen entscheiden nach eingeholten Gutachten der Lokalverwaltung und unpartheiischer Sachverständigen über die Frage: welche Entschädigung dem Eigenthümer gebühre, wenn Steine, Sand ꝛc., die zum Brücken- oder Straßenbau erforderlich sind, auf dessen Grund und Boden genommen werden sollen.

---

mungen ergangen, welche jedoch an den Ressort-Verhältnissen zwischen Justiz und Verwaltung nichts geändert haben. Diese sind ACO. v. 30. Aug. 1820 (GS. S. 167) und VO v. 21. Jan 1857 (GS. S 85).

187. Schließlich wird darauf aufmerksam gemacht, daß, wie die Ges. v 1810 und 1811 nur für das linke Rheinufer publizirt wurden, so auch § 11 nebst den unter n. 186 bis bezogenen Ges. nur dort in Geltung ist, wogegen in den übrigen Theilen der Rheinprovinz, selbst in dem vormaligen Großherzogthume Berg, die Preußischen Gesetze über die Bergwerkssteuern, einschließlich desjenigen v. 12. Mai 1851 zur Anwendung gelangen. Ueber den grundsätzlichen Unterschied zwischen der verhältnißmäßigen Bergwerkssteuer des französischen, und dem auf dem Bergregale beruhenden Bergwerkszehnten, resp. Zwanzigsten des preußischen Rechts cf VO. v. 1808 n. 336.

§ 12.

188. Auch dieser § wurzelt in der französischen Gesetzgebung, zufolge welcher die Entscheidung über die dort genannten Entschädigungs-Ansprüche der Administrativjustiz, und zwar seit dem J. VIII. den Präfekturräthen gebührte; cf. Ges v. 6, 7.—11. Sept. 1790 Art. 4; Ruralges v. 6. Okt 1791 Tit. 1 Sekt. 6 Art. 1; Ges. v. 28. Pluv. VIII. Art. 4 Nr. 4 und Berg-Dekr. v. 18. Dezbr. 1808. Diese Kompetenz-Bestimmungen hingen auf das Engste mit denjenigen zusammen, welche für die aus Anlaß von öffentlichen Arbeiten sich erhebenden Streitigkeiten und in Betreff der Ersatzansprüche von Privaten wegen der ihnen nicht durch die Anordnungen der Verwaltung, sondern durch die persönlichen Handlungen der Unternehmer solcher Arbeiten zugefügten Beschädigungen die Kognition der ordentlichen Gerichte gleichfalls ausschlossen; cf. Ges. v 6, 7.—11. Septbr. 1790 Art. 5; Ges. v. 28. Pluv. VIII. Art. 4 Nr. 2 und 3 Während das Ress.-Regl. die Attributionen der Präfekturräthe hinsichtlich der letzterwähnten Streitigkeiten auf die Gerichte übertrug (§ 20), hat es die Administrativjustiz in Betreff jener aus den Anordnungen der Verwaltung herzuleitenden Entschädigungs-Ansprüche durch § 12 aufrecht erhalten.

189. Das im Art 4 Nr. 4 des Ges v 28. Pluv VIII. begründete Entscheidungsrecht der Präfekturräthe beschränkte sich auf den Bau von Staatsstraßen, kam mithin beim Bau von Gemeindewegen nicht zur Anwendung. Entschädigungs-Ansprüche, welche an den Bau der letzteren anknüpften, waren daher immer im RW. zu erörtern; wogegen im Großherzogthum Berg (Dekr. v. 18. Dezbr. 1808 Art. 8) auch bei diesen die administrative Entscheidung eintrat. Cf. Perrot I. S. 165. — Bei dem exzeptionellen Charakter der Kompetenz-Vorschrift des § 12 kann letztere und zwar selbst in Betreff des rechten Rheinufers gleich den betr. französ. Ges. nur auf Staats- und die denselben durch Verleihung der fiskalischen Vorrechte gleichgestellten Straßen bezogen werden. Cf. ferner Ges. v 3 Nov. 1838 n. 32.

190. Bezieht sich § 12 auch auf den Fall, wo Steine ꝛc. nicht zum Bau, sondern zur Reparatur genommen sind? Die paritas rationis spricht der bejahenden, der Wortlaut und der exzeptionelle Charakter der Vorschrift der verneinenden Ansicht das Wort. (Die französ. Gesetze brauchen den Ausdruck: pour la confection des chemins) Jedenfalls kann daraus, daß unter den für eine neu zu bauende Straße verliehenen fiskalischen Vorrechten häufig auch des Rechts zur Entnahme von Unterhaltungs-Materialien gedacht wird, kein Schluß in Beziehung auf den Kompetenzpunkt gezogen werden

191. Entsteht über die Existenz des Entschädigungs-Anspruchs Streit, weil

§. 13. Die Entscheidung der Frage: ob zum allgemeinen Besten Landstraßen angelegt, ihr Lauf verändert, Kanäle gebauet, Festungswerke unternommen oder erweitert werden sollen u. s. f., gehört in allen Fällen unter die ausschließlichen Amtsbefugnisse der betreffenden Verwaltungs-Behörden, innerhalb der Grenzen des von Sr. Majestät dem König ihnen angewiesenen Wirkungskreises oder des hierzu ertheilten Spezial-Auftrags; derjenige, dessen Eigenthum zu einem solchen Zwecke eingezogen werden soll, wird gleichwohl nur gegen Entschädigung und in den durch das Ges. v. 8. März 1810 vorgeschriebenen Formen zur Räumung seines Grund und Bodens genöthigt.

---

die Verwaltung das Eigenthum des angeblich Beschädigten nicht anerkennt, so bildet dies einen vom Richter zu entscheidenden Präjudizialpunkt; cf. Ges. v. 16. Sept 1807 Art. 47.

192. Die Schlußworte „genommen werden sollen" weisen darauf hin, daß die Verwaltung selbst die betreffenden Grundstücke bestimmen, und daß der Entschädigungspunkt von ihr schon vor Wegnahme der Materialien regulirt sein müsse. Wenn die Unternehmer dieselben aus Grundstücken nehmen, welche ihnen durch die Verwaltung nicht ausdrücklich zu diesem Behufe angewiesen wurden, so kann der Grundbesitzer wegen eines solchen Eingriffs in sein Eigenthum bei Gericht klagen und die administrative Kognition greift dann selbst in Betreff der zu erhebenden Ersatzansprüche nicht Platz. So schon die franz Jurisprudenz; cf. Dalloz, m. compét. admin. n 396. *Contra* *EK. 2 Nov. 1848 (JMBl 49, S. 12).

193. § 12, resp. die betr. franz. Gesetzgebung bleibt außer Betracht, wenn der Staat behufs der Materialien-Gewinnung von dem ihm durch Art. 55 des Ges. v. 16. Sept. 1807 verliehenen Rechte, das Terrain selbst zu erwerben, Gebrauch macht. Alsdann liegt vielmehr der Fall einer Expropriation im engeren Sinne vor, welcher seit dem Erlasse des Ges v. 8. März 1810 nach dessen Bestimmungen zu behandeln ist: Garnier, des chemins S. 184, Delalleau de l'exp. pour util. publ., n. 73.

§ 13.

194. Obschon dem § 13 bei der Aufzählung von Beispielen, wo Expropriationen zum allgemeinen Besten vorzukommen pflegen, offenbar die §§ 5, 6, I. 11 ALR. in Verbindung mit § 4, II. 15 ib. zu Grunde liegen, so enthält derselbe dennoch keine Abweichung von den Grundsätzen der einschlägigen franz Gesetzgebung. Letztere hat im Laufe der Zeit mehrfach gewechselt. Für die Rheinprovinz kommen nur die Ges v. 16 Sept. 1807 und 8. März 1810 in Betracht, von denen das ältere die richterliche Kognition bei Expropriationen fast gänzlich ausschloß, und sogar die Ermittelung des Entschädigungsbetrags der Verwaltung überwies, das jüngere dagegen den Gerichten eine höchst bedeutende, über die Feststellung des Entschädigungsbetrags weit hinausreichende Mitwirkung einräumte. In Frankreich hat das Ges v. 1810 demjenigen v. 7. Juli 1833, und dieses wieder dem v. 3 Mai 1841 weichen müssen. Doch beruhen letztere Gesetze auf denselben Grundanschauungen, wie das Ges. v. 1810, abgesehen davon, daß nach ihnen die Höhe der Entschädigung durch eine Spezialjury bestimmt wird.

195. Die verbindliche Kraft des Ges. v 8 März 1810 ist durch den § 13 nicht allein ausdrücklich aufrecht erhalten, sondern auch auf die früher zu seinem Gebiete nicht gehörigen vormals bergischen Landestheile ausgedehnt worden; cf. *EK. 7. Juni 1856, JMBl. S. 278. Dasselbe stimmt mit der einschlägigen preußischen Gesetzgebung insofern überein, als die Ausübung des Expropriationsrechts nach beiden

Gesetzgebungen in der Regel einen dieselbe anordnenden oder doch gestattenden landesherrlichen Akt voraussetzt; ebenso wird in beiden die Bestimmung desjenigen Eigenthums, dessen Entziehung zum gemeinen Besten nothwendig erscheint, den Verwaltungs-Behörden, die Feststellung des Entschädigungs-Betrags aber den Gerichten zugetheilt. Dagegen weicht das Ges. v. 1810 von den Grundsätzen des preußischen Rechts in dem wichtigen Punkte ab, daß es das administrative Verfahren in formeller Hinsicht der Kontrolle des Gerichts unterwirft (Artt. 13, 14)

196. Demzufolge ist die Thätigkeit des Gerichtes nach dem Ges. v. 1810 eine zweifache. Einmal hat dasselbe zu prüfen, ob die für das administrative Verfahren vorgeschriebenen Formen beobachtet seien, und im Bejahungsfalle die Eigenthums-Entziehung auszusprechen, resp. den Expropriationsbeschluß der Verwaltung für vollstreckbar zu erklären; sodann aber liegt demselben ob, die Höhe des Schadensersatzes festzustellen. Für das Eine wie für das Andere ist ein besonderes Verfahren angeordnet, dessen Formen, was die Eigenthums-Entziehung betrifft, im Gesetze selbst näher angegeben sind, während die Entschädigungs-Prozedur getrennt für sich und kontradiktorisch in den Formen des gewöhnlichen Prozeßverfahrens vor sich geht.

197. Anlangend das erstere Verfahren, so ergiebt namentlich Art 3 des Ges., worauf sich die richterliche Prüfung zu erstrecken hat. Wenn hiernach vor Allem untersucht werden muß, ob ein landesherrlicher Akt vorliege, welcher die Expropriation gestatte, so folgt daraus von selbst, daß unbeschadet der ausschließlich von der Verwaltung zu treffenden, der richterlichen Kontrolle nicht anheimfallenden Bestimmung, welche Grundstücke zur Erreichung des Expropriationszwecks in Anspruch zu nehmen seien, die richterliche Prüfung sich dennoch darüber erstrecken müsse, ob die Eigenthums-Entziehung in dem Umfange angeordnet, resp. gestattet worden sei, in welchem die Verwaltung dieselbe ausgesprochen wissen will. Hätte z. B. der landesherrliche Akt die erforderlichen Expropriationen für die Anlage einer Landstraße zwischen zwei bestimmten Punkten angeordnet, so würde das Gericht den Expr.-Beschluß der Verwaltung nicht in Betreff solcher Grundstücke vollstreckbar erklären dürfen, welche für die Weiterführung der Landstraße über jene Punkte hinaus in Anspruch genommen werden möchten; cf auch Ges. v. 3. Nov. 1838 n. 6. Gleichwohl nahm ein KH. 27. Mai 1837 (Rh A. 25, I. 96) an, daß, wenn eine neu zu erbauende oder in ihrem Laufe zu verändernde Straße durch landesherrliche VO. genehmigt worden, dem Gerichte keine Kognition darüber zustehe, ob ein mit der Straße in Verbindung stehender Ab- und Anfuhrweg als integrirender Theil der Straße anzusehen und demzufolge das hierzu erforderliche Privateigenthum zum öffentlichen Nutzen wegzunehmen sei, daß mithin die Vollstreckbarkeits-Erklärung des Expr.-Beschlusses in einem solchen Falle nicht um deswillen versagt werden könne, weil auf An- und Abfuhrwege die betr. VO sich nicht mitbeziehe [?].

198. Wenngleich dem Ges. v. 1810 im Allgemeinen das Prinzip des Art. 545 des BGB. zum Grunde liegt, daß Niemand gezwungen werden könne, sein Eigenthum zum gemeinen Besten ohne vorgängige Entschädigung abzutreten (céder), so ist diesem Prinzipe dennoch insofern nicht volle Rechnung getragen worden, als der Eigenthums-Uebergang schon durch das gemäß Art 13 l. c. ergehende Expropriations-Erkenntniß, mithin vor Feststellung, resp. Entrichtung der Entschädigungssumme, bewirkt wird, und dem bisherigen Eigenthümer bis zu letzterem Zeitpunkte nur der Besitz und Genuß verbleibt. (Le jugement d'expropriation transmet à l'état la propriété, mais non la possession: Delalleau n. 651, 656.) Ja selbst diese letztere dem bisherigen Eigenthümer gemachte Konzession war nach jenem Gesetze keine in allen Fällen eintretende, da Art. 19 l. c. die Gerichte ermächtigt, wenn nicht über die Eigenthums-Entziehung selbst gestritten werde, nach der Natur und Dringlichkeit der Arbeiten die Einweisung der Verwaltung in den Besitz schon vor Ermittelung der Entschädigung provisorisch zu verordnen. Inzwischen ist diese letztere Bestimmung als unvereinbar mit Art. 9 der Verf.-Urk., nach welcher das Eigenthum immer nur gegen vorgängige, in dringenden Fällen wenigstens vorläufig festzustellende Entschädigung entzogen werden kann, durch das Ges. v. 25. Mai 1857 in der Weise modifizirt worden, daß die Bezirksregierung in

Dringlichkeitsfällen die Entschädigung vorläufig feststellen und das Gericht in dem nach Art. 13 l. c. zu erlassenden Expropriations-Erkenntnisse die Besitzeinweisung von der Zahlung, resp. Hinterlegung des vorläufig festgestellten Entschädigungs-Betrags abhängig machen muß. Gleichzeitig enthält jenes Gesetz jedoch eine neue Beschränkung der richterlichen Kognition, indem es die Beurtheilung der Dringlichkeitsfrage, entgegen dem Art 19 l. c. (cf. Dalloz m. expr. pour util. publ. n. 24), der Regierung vindizirt. (Zu einem ganz ähnlichen Resultate ist die neueste Gesetzgebung in Frankreich gelangt; doch muß dort die Dringlichkeit durch eine landesherrliche Ordonnanz deklarirt werden; cf. Ges. v. 3. Mai 1841.) — Immerhin ist aber die Anomalie bestehen geblieben, daß in nicht dringlichen Fällen die Eigenthums-Entziehung schon durch das Expropriations-Erkenntniß, mithin vor Erledigung des Entschädigungspunkts erfolgt. In einem Falle dieser Art stellte das öff. Min. beim LG. Aachen den Antrag, dasselbe möge sich darauf beschränken, auszusprechen, daß die im Ges. v. 1810 vorgeschriebenen Formalitäten von der Verwaltung beobachtet seien, und den Erlaß eines eigentlichen Expropriations-Beschlusses bis nach erfolgter Entschädigung der Grundeigenthümer aussetzen. Das LG. erließ jedoch unterm 4. Dez. 1858 einen dem Art. 13 l. c. entsprechenden Beschluß, indem es von der Ansicht ausging, daß Art. 9 der Verf.-Urk im Wesentlichen nur den im Art. 545 BGB enthaltenen Grundsatz wiederhole, und das Ges. v. 1810 ebensowenig, wie dieses den Art. 545 abgeändert habe.

199. Das Expropriations- und Entschädigungs-Verfahren fällt selbstredend bei einer gütlichen Einigung mit den Grundeigenthümern hinweg; spätere Streitigkeiten über die so abgeschlossenen Verträge unterliegen, obgleich letztere, dem Art. 12 des Ges. v. 1810 zufolge, in der Form von Verwaltungs-Akten abgefaßt werden sollen, der richterlichen Kognition, cf. Dalloz m. compét. admin. n. 64.

200 Das Ges. v. 8. März 1810 umfaßt jedoch nicht alle Fälle, wo Vermögensopfer zum gemeinen Besten gegen Entschädigung gefordert werden können, und es ist die Abgrenzung seines Bereichs zum Verständnisse der französ. Gesetzgebung und Jurisprudenz um so wichtiger, als hiervon sogar die Entscheidung der Kompetenzfrage in Betreff des Entschädigungspunkts abhängig gemacht wird.

201. Das Ges. v. 8. März 1810 findet nur auf Immobilien Anwendung, auf immeubles par destination jedoch blos alsdann, wenn ihre Immobiliar-Qualität darauf beruht, daß sie mit einem Grundstücke für immer in Verbindung gesetzt sind, und hinsichtlich anderer Rechte als des Eigenthums, nur auf Personalservituten im gemeinrechtlichen Sinne. Letzteres hat jedoch nur insofern praktische Bedeutung, als, wenn die Verwaltung das nackte Eigenthum bereits erworben hat, das Expr.-Verfahren dessenungeachtet noch in Betreff des Nießbrauchs ꝛc. betrieben werden muß, indem da, wo beides noch zu erwerben ist, ein einziges gegen den Eigenthümer allein zu richtendes Expr.-Verfahren genügt. Zur Entziehung bloßer Realservituten ist nach der herrschenden, wenngleich nicht ganz unbestrittenen Ansicht ein Verfahren im Sinne des Ges. v. 1810 nicht nöthig, insofern jene nicht mit einer Enteignung des herrschenden Grundstücks verbunden ist. Dasselbe gilt, wenn keine vollständige Entziehung, sondern nur eine Beschränkung des Eigenthums, z. B. die Auflage einer Servitut durch den öffentlichen Nutzen geboten wird, oder wenn es sich gar nur um eine blos vorübergehende Besitzentziehung handelt; oder wenn die Ausführung öffentlicher Arbeiten Beschädigungen an Privateigenthum, resp eine Werthverminderung desselben im Gefolge hat, endlich, wenn zum Straßenbau oder zu ähnlichen öffentlichen Arbeiten Material aus fremden Grundstücken genommen werden soll; cf Delalleau n. 13 ff.

202 Wo die Anwendbarkeit des Ges. v. 1810 nicht zutrifft, sind die Kompetenz-Bestimmungen des Ges. v 16 Septbr. 1807 (n. 194) nach der in Frankreich, namentlich beim Staatsrathe vorherrschenden Ansicht in Kraft geblieben; cf. Proudhon n. 837. Demzufolge bedarf es für solche Fälle regelmäßig keiner landesherrlichen Ermächtigung, vielmehr beruht die Entscheidung der Frage, ob und in welchem Umfange der öffentliche Nutzen Eingriffe in Privateigenthum gebiete, ausschließlich bei der Verwaltung. Auch wird die Ausführung ihrer desfallsigen Anordnungen nicht nothwendig dadurch bedingt, daß die Entschädigung zuvor geleistet

sei. Endlich bildet der Präfekturrath die zur Ermittelung des Entschädigungs-Betrags kompetente Behörde; so namentlich, wenn Ersatz für eine bloße Werthverminderung oder für die Auflage einer Servitut zu leisten ist; cf. Dalloz m. eaux, n. 152. Dasselbe gilt, wenn es sich um die Schadloshaltung für eine blos zeitweise Besitzentziehung handelt, obgleich letzteres nicht unbestritten ist; cf. Delalleau n. 50 ff., Cormenin s v. expropriation In einem die Unterdrückung einer Realservitut betreffenden Falle entschied cons d'ét. 17 August 1825 (Delalleau n. 1083), unter Bezugnahme auf das Ges. v 8. März 1810, nicht blos zu Gunsten der richterlichen Kognition, sondern auch für das Erforderniß einer vorgängigen Entschädigung Im Uebrigen s. die Noten zu § 2 Nr. 2, §§ 12 und 20 Nr. 7.

203. Fragt man nun, inwieweit das unter n 201 und 202 Gesagte noch gegenwärtig in der Rheinprovinz Geltung habe, so ist zunächst zu bemerken, daß das Ges. v. 8. März 1810 durch kein späteres Gesetz eine größere Ausdehnung erhalten hat, als es ursprünglich besaß. Namentlich läßt sich nicht aus Art. 9 der Verf.-Urk. herleiten, daß hinfüro schon jedwede Eigenthums-Beschränkung ein Expropriations-Verfahren im Sinne jenes Gesetzes erfordere, indem dieser Art. nur vorschreibt, daß selbst eine bloße Eigenthums-Beschränkung nur gegen vorgängige Entschädigung nach Maaßgabe des Gesetzes stattfinden dürfe, die Frage mithin offen läßt, welches Gesetz denn in jedem einzelnen Falle maaßgebend sei Dem entsprechend handelt denn auch das Ges. v 25 Mai 1857 lediglich von Eigenthums-Entziehungen, nicht von bloßen Eigenthums-Beschränkungen. Wenn sonach selbst jetzt noch mancherlei Vermögensopfer aus Gründen des gemeinen Wohls beansprucht werden können, ohne daß es zu deren Verwirklichung eines förmlichen Expr.-Verfahrens bedarf, so unterscheidet sich dennoch der gegenwärtige Rechtszustand von dem unter der Fremdherrschaft bestehenden sehr wesentlich dadurch, daß die Feststellung des Entschädigungs-Betrags, von dem Ausnahmefalle des § 12 h. l. abgesehen, niemals mehr Gegenstand der Administrativjustiz ist, sondern immer den ordentlichen Gerichten gebührt. Dies ist zwar nirgends in solcher Allgemeinheit vom Gesetzgeber ausgesprochen worden; es ergiebt sich aber aus dem Geiste des Ress.-Regl. ebensowohl wie aus einzelnen Bestimmungen desselben, namentlich den §§ 15 und 20 auf das Unzweideutigste, und hat im § 4 des Ges. v. 11. Mai 1842 eine neue Bestätigung erhalten. Hierfür entscheidet sich denn auch Perrot I. S. 209 und der Gerichtsgebrauch (Perrot behauptet zwar, daß die Praxis der entgegengesetzten Ansicht huldige, aber nur in Folge irriger Deutung der dort bezogenen, bereits zu § 2 Nr. 2 besprochenen Urtheile.) Ja die Verwaltung ist in solchen Fällen nicht einmal zur vorläufigen Festsetzung der Entschädigung nach Maaßgabe des Ges. v. 25. Mai 1857 berufen, indem die Anwendbarkeit des letzteren Ges. durch diejenige des Ges. v 8. März 1810 bedingt wird: *OT. 31. März 1860, AH. Cöln 11. Juli 1861 (Rh. A. 56, II. 82; I. 158).

204. Oben n. 37 ist bereits erwähnt worden, daß eine Eigenthums-Entziehung, welche zum Zwecke der bloßen Erbreiterung eines bestehenden Gemeindewegs stattfinde, kein förmliches Expr.-Verfahren erfordere. Anders verhält es sich bei Erbreiterungen von Staatsstraßen; bei diesen ist in Ermangelung einer gütlichen Einigung ein Expr.-Verfahren nach Maaßgabe des Ges. v. 8. März 1810 nicht zu umgehen; cf. ACO. v 5. April 1836 (Jbb. 47, S. 622), welche hierzu die Ermächtigung ein für alle Male ertheilt.

205. § 13 spricht speziell nur von Land-, d. h. Staatsstraßen; cf *Ek. 22. Nov. 1856 (JMBl. 57, S. 167). Doch ergiebt sich aus einer Verf. der Reg. zu Aachen v. 6. Dez. 1842 (BMBl 43, S 21), daß der König in einem konkreten Falle die Statthaftigkeit eines Expr.-Verfahrens für Kommunal-Wegebauten ausdrücklich ausgesprochen habe, woraus jene Regierung die Beseitigung der früher desfalls erhobenen Bedenken allgemein herleitet. Gegenwärtig pflegt bei Genehmigung von Gemeinde- und Bezirksstraßen das Expr.-Recht den betreffenden Gemeinden 2c. förmlich verliehen zu werden. Wenn dessenungeachtet *OT. 31 März 1860 (Rh. A. 56, II. 83) den § 13, resp. das Ges. v. 8. März 1810 nur für den Landstraßenbau als geltend erachtet, und aus diesen Bestimmungen, in Verbindung mit Art. 9 der Verf.-Urk, folgert, daß für Kommunalstraßen das erforderliche Terrain nur vertragsweise erworben werden könne, so statuirt doch auch dieses Erk. eine

Ausnahme für den besonderen Fall, wo sich an das Interesse der zunächst betheiligten Gemeinden ein allgemeines, von der Staatsregierung gesetzmäßig festgestelltes Staatsinteresse knüpfe. Daß, wenn die Gemeindebehörde sich eigenmächtig in den Besitz des zur neuen Anlage oder zur Verlegung von Kommunalstraßen erforderlichen Terrains setze, § 2 Nr. 2 der Anstellung einer Klage auf Rückgabe nicht im Wege stehe, ist bereits unter n. 40 gesagt. *EK. 7. Juni 1856 (JMBl. S. 277) hält in solchen Fällen sogar die possessorischen Rechtsmittel für statthaft, indem es gleichzeitig ausspricht, daß die Gründe eines früheren [anscheinend auf das Ges. v. 11. Mai 1842 gestützten] Erk. für die Rheinprovinz mit Rücksicht auf die besonderen Vorschriften des Ges. v. 8. März 1810 nicht zutreffend seien; (i. c. war durch AKO. ausdrücklich bestimmt worden, daß das Expr.-Recht nach Maaßgabe der für die Staats-Chausseen bestehenden Vorschriften auf die neu zu bauende Gemeinde-Chaussee zur Anwendung kommen solle) A. M. ist jedoch das cit. OT. wenigstens für den Fall, wo die Kommunal-, Kreis- oder Provinzial-Verwaltungs-Behörde in ihrer Eigenschaft als Polizeibehörde und aus polizeilichen Rucksichten einen Kommunalweg thatsächlich verlege Dieses Erk. räumt zwar ein, daß der bisherige Eigenthümer durch die polizeiliche Besitzentsetzung allein noch nicht aufhöre, Eigenthümer zu sein, folgert aber aus dem Ges v. 11. Mai 1842, daß, sofern die polizeiliche Veränderung, resp. Verlegung des Wegs im administrativen Instanzenzuge aufrecht erhalten werde, dem Eigenthümer von den Gerichten nur noch Entschädigung für den zur neuen Wegebahn verwendeten Boden zugesprochen werden könne. Cf. ferner AH. Cöln 11. Juli 1861 (Rh. A. 56, I. 152, 157).

206. Die Frage, ob das Gericht oder die Verwaltung zu entscheiden habe, wem die Kosten eines von letzterer angeordneten Straßenbaus zur Last fallen, z. B. ob der Staat oder eine Gemeinde dieselben zu bestreiten habe, wird durch § 13 nicht berührt; cf. *EK. 22. Novbr. 1856 (JMBl. 57, S. 167), welches diese Frage mit Bezugnahme auf § 5 des Ges. v. 11. Mai 1852 zu Gunsten des RW. entschied. [Das in derselben Streitsache ergangene AH. Cöln 20. Juli 1859 (Rh A. 55, I. 5) sprach sich zwar in entgegengesetztem Sinne aus, aber nicht auf Grund des § 13 h. l., sondern weil es in der betreffenden Klage der Gemeinde nach der besonderen Lage des Falles den Versuch erblickte, einen richterlichen Ausspruch über die Gesetzlichkeit resp. Ungesetzlichkeit jener administrativen Verfügung herbeizuführen]

207. Das ALR. (§§ 39 ff, II. 15) erkennt das Recht des Staats, Privatflüsse aus Gründen des gemeinen Besten in schiffbare Ströme umzuwandeln, nur unter der Bedingung der vollständigen Schadloshaltung der bisherigen Eigenthümer, sowohl was die verlornen Nutzungen, als was die vermehrten Lasten betrifft, an. Aehnliche Bestimmungen finden sich — von dem Dekr. v. 22. Januar 1808 (s. unten) abgesehen — in der franz Gesetzgebung nicht, weshalb diese Materie für das Gebiet derselben eine höchst bestrittene ist; cf Dalloz m. eaux, n. 30. Huldigt man der Ansicht, daß nicht schiffbare Flüsse oder doch ihr Bett Privateigenthum der Uferbesitzer sei, so würde die Schiffbarmachung derselben eine förmliche Eigenthums-Entziehung in sich schließen, welche die Anwendung des Ges. v. 1810 bedingte. Nach der entgegengesetzten Ansicht, welche den Uferbesitzern nur gewisse beschränkte Rechte einräumt, kann, dem oben n. 101 Gesagten zufolge, nur von der Geltendmachung von Entschädigungs-Ansprüchen die Rede sein. So sagt Proudhon n. 1014, 838, daß die Exekutivgewalt zwar die Befugniß besitze, einen Privatfluß zu einem öffentlichen zu erheben, daß in solchem Falle jedoch den Uferbesitzern für den Verlust des Fischereirechts und die Belastung ihres Grundeigenthums mit der Leinpfadservitut Entschädigung gebühre, wogegen freilich ein förmliches Expr.-Verfahren erforderlich werde, wenn zur Schiffbarmachung Inseln und Anschwemmungen, die sich bereits im Eigenthume der Uferbesitzer befänden, weggeräumt, oder wenn zur Herrichtung des Leinpfads Wohnhäuser zerstört werden müßten. Der Entschädigungs-Anspruch für die Belastung des Grundeigenthums mit der Leinpfadservitut ist übrigens durch das Dekr v. 22. Jan. 1808 ausdrücklich anerkannt. Kompetent zur Feststellung des Betrags war nach diesem Dekr. und dem dort bezogenen Ges. v. 16. Septbr. 1807 der Präfekturrath, und zwar selbst nach Publikation des Ges. v. 1810, da eben das Terrain des Leinpfads im Eigenthume

§. 14. So oft Rechnungspflichtige oder andere Beamte dem Staat für ihre künftige Geschäftsführung Sicherheit zu leisten verbunden sind, untersucht die Verwaltungs-Behörde die hierüber beigebrachten Urkunden und erklärt sie für hinlänglich, oder verwirft sie. Dieser Grundsatz gilt auch alsdann, wenn der Beamte bei dem Gerichte in Eid und Pflichten genommen wird, und also dort den Beweis beizubringen hat, daß die Sicherheit geleistet worden.

§. 15. In Ansehung der Finanz-Angelegenheiten bleibt

---

der Uferbesitzer verbleibt; cf Dalloz m eaux, n 152 Gegenwärtig tritt in der Rheinprovinz selbstredend auch hier die richterliche Zuständigkeit ein.

208 Daß bei Flüssen, welche stets die Eigenschaft von öffentlichen hatten, jeder Ersatzanspruch für die Hergabe des zum Leinpfade erforderlichen Terrains wegfalle, steht im franz. Rechte ebensowohl wie im preußischen fest, da die Leinpfadservitut eine gesetzliche Beschränkung ist, unter welcher das Eigenthum am Ufer solcher Flüsse vom Staate allein anerkannt wird Vgl. VO v 26. Dezbr. 1808 n. 108.

209 Aus gleichem Grunde besteht auch nach französ. Rechte kein Entschädigungs-Anspruch wegen der Beschränkungen, denen das im Rayon einer Festung belegene Grundeigenthum unterworfen ist; cf Favard rep m expr. pour cause d'ut publ., n. 17, Cormenin s v expr.; es sei denn, daß die Festung neu angelegt worden wäre, in welchem Falle jedoch die in Frankreich herrschende Ansicht nicht den Präfekturrath, sondern den Kriegsminister zur Entscheidung über die Entschädigungsklage beruft; cf Dalloz, m compét admin, n 449

210. In Betreff der zum Bergbaubetriebe erforderlichen Expropriationen s. VO. v. 26 Dez 1808 n 351 ff Erheischt der öffentliche Nutzen die Entziehung des Bergwerks-Eigenthums selbst, so ist gemäß der Gleichstellung desselben mit dem gewöhnlichen Eigenthum das Ges. v 8 März 1810 anzuwenden; cf den Bericht v. Regnaud (bei v. Dan. 5, S. 527). Ob ein solcher Fall bereits eingetreten ist, erhellt nicht; wohl aber ist es wiederholt vorgekommen, daß der fernere Betrieb eines Bergwerks zur Sicherung einer später konzedirten Eisenbahn durch eine Administrativ-Verfügung theilweise untersagt wurde, was im Erfolge freilich einer partiellen Entziehung des Eigenthums gleich stand In solchen Fällen ward anerkannt, daß dem Konzessionär wider die Eisenbahngesellschaft ein im RW. zu erörternder Entschädigungs-Anspruch zustehe, und daß namentlich aus dem Aufsichtsrechte, resp der Polizeigewalt des Staats (Ges. v. 21. April 1810 Art 50) nicht das Gegentheil gefolgert werden könne: Cass 18. Juli 1837, 3 März 1841 (Sir. 37, I. 164; 41, I. 259). Cf jedoch Ges. v. 11. Mai 1842 n 109.

§ 14.

211 Die auf dem Ges v. 21. Vent. VII. beruhende Befugniß, die Amtskaution der Hypothekenbewahrer festzustellen, wurde durch § 14 den Gerichten nicht entzogen: AH Cöln 24 Mai 1830, KH 26 Januar 1833 (Rh. A. 14, I. 145; Volkmar S 171) Dagegen haben die betreffenden Bestimmungen ihre praktische Wirksamkeit fast gänzlich eingebüßt, seitdem zufolge ACO. v. 11 Febr. 1832 (GS S 61) alle Staatskassen- und Magazin-Beamten ihre Amtskaution baar erlegen müssen

212. Die Gerichtsvollzieher haben die Kautionssumme gleichfalls baar zu erlegen, und zwar zu Händen des Oberprokurators, welcher dieselbe der Verwaltung übermacht; cf Arr. v 22 Therm VIII Art. 5, 6; Dekr. v. 14. Juni 1813 Art. 12, 13; ACO v. 11. Febr. 1832 § 2

§ 15.

213. Der § 15 eröffnet die Reihe derjenigen Bestimmungen, welche aus der

es bei den Bestimmungen der königl. Verordnung v. 26. Dez. 1808 §§. 41 und 42.

Gegen Verfügungen der Regierungen, welche sie in ihrer Eigenschaft als Finanz-Behörden erlassen, die sich mithin auf die Vermögens-Verwaltung des Fiskus beziehen, ist also einem Jeden, der seine Rechte dadurch gekränkt glaubt, der Weg Rechtens unbenommen, insofern der Fall nicht zu den §§. 35 und 36 l. c. gemachten Ausnahmen gehört.

Ein Gleiches findet in Absicht der Vermögens-Verwaltung anderer den Regierungen untergeordneten moralischen Personen statt; und eben so steht es unter gedachten Modalitäten Jedem frei, sein Privat-Interesse über Gegenstände der Post- und Bergwerks-Administration bei dem kompetenten Gericht geltend zu machen.

VO. v. 26. Dez. 1808 entlehnt sind. War bisher, einige Ausnahmen abgerechnet, nur von dem Gegensatze, welcher nach der franz. Gesetzgebung zwischen der ordentlichen und der Administrativjustiz, insbesondere zwischen der Kompetenz der Gerichte und der der Präfekturräthe besteht, und von den Veränderungen die Rede, die das Ress.-Regl. unter möglichster Festhaltung der Prinzipien jener Gesetzgebung eingeführt hat, so kommt in den §§ 15 ff. vorzugsweise nur das Verhältniß der Gerichte, resp. der Rechtspflege zur Verwaltung i. e. S. zur Sprache, ein Verhältniß, welches eben in Folge der §§ 15 ff., vorbehaltlich der bereits besprochenen und noch zu besprechenden Ausnahmen, nach den Grundsätzen des preußischen Rechts zu beurtheilen ist.

214. Daß durch § 15 nicht blos der mit ihm wörtlich übereinstimmende § 41 jener VO. v. 26. Dez. 1808, sondern auch die §§ 35—37 ib. in der Rheinprovinz Geltung erlangt haben, ist unzweifelhaft. Weniger kurz läßt sich die Frage beantworten, ob dasselbe bei den in diesen §§ unmittelbar oder mittelbar bezogenen Stellen aus dem ALR. und der AGO. der Fall sei. Es tritt nämlich die Eigenthümlichkeit der älteren preuß. Gesetzgebung, einen Satz nicht selbstständig und aus sich selbst verständlich hinzustellen, sondern immer auf anderweitige Bestimmungen zurückzuverweisen, nirgends in so greller Weise hervor, wie bei der hier erörterten Materie. Wie in der Reg.-Instr. v. 1817 und dem Ress.-Regl. auf die Bestimmungen der VO. v. 1808 zurückgegangen wird, so verweisen diese wieder auf eine Reihe von Bestimmungen der allgemeinen Gesetzbücher, in letzteren kommen aber gleichfalls Rückverweisungen vor, in dem besonders wichtigen § 79, II. 14 ALR. z. B. die Verweisung auf die §§ 4—9 ib., diese §§ nehmen ihrerseits wieder auf 136 fernere §§ Bezug, und so geht es fast in's Endlose fort. Daß nun alle diese Gesetzesstellen sammt und sonders durch § 15 h l. Gesetzeskraft erlangt hätten, wird Niemand behaupten; ebensowenig ist es aber zweifelhaft, daß solches bei manchen unter ihnen wirklich der Fall sei. Das Entscheidende kann hier nur darin gefunden werden, ob jene Gesetzesstellen mit denen der VO. v. 1808 in so engem unzertrennlichem Zusammenhange stehen, daß sie mit denselben gewissermaaßen ein Ganzes bilden oder nicht. Zu Bestimmungen der ersteren Art gehören unbedenklich die §§ 78, 79, II. 14 ALR. und die dort allegirten §§ 4—9 ib., zu denen der zweiten beispielsweise die in letzteren §§ bezogenen §§ 656—659, I. 9 ib., desgleichen § 61 des Anhangs zum ALR., und § 6, I. 43 AGO. — Daß der Begriff eines Hoheitsrechts auch in der Rheinprovinz aus den im § 36 l. c. allegirten Stellen des ALR. entnommen werden müsse, beruht wohl schon auf den Grundsätzen des inneren Staatsrechts.

215. Zur Erläuterung des § 15 kann im Allgemeinen auf die Noten zu den §§ 35—37 und 41 l. c. hingewiesen werden. An dieser Stelle ist vorzugsweise die

Verschiedenheit in den Grundanschauungen des preuß. und franz. Rechts in der betreffenden Materie darzulegen, und in Verbindung hiermit zu erörtern, welche Gesichtspunkte dem Ress.-Regl., insbesondere dem § 15 zufolge, als die leitenden zu betrachten sind. Außerdem kommen in den n. 221 ff einzelne besondere, an die Sondergesetzgebung der Rheinprovinz anknüpfende Punkte zur Besprechung.

216. Obschon beide Gesetzgebungen die Trennung der Gewalten und die gegenseitige Unabhängigkeit der Gerichte wie der Verwaltungs-Behörden im Prinzipe anerkennen, so weichen dieselben dennoch in der Anwendung des letzteren weit von einander ab. Während nämlich die franz. Gesetzgebung dieses Prinzip überall an die Spitze stellt und in allen seinen Konsequenzen streng durchführt, geht die preußische umgekehrt von dem Prinzipe der Prozeßfähigkeit aller das Mein und Dein betreffenden Streitigkeiten aus, faßt mithin die Fälle, in denen zufolge des ersterwähnten Prinzips die richterliche Kognition ausgeschlossen ist, als Ausnahmen von jenem zweiterwähnten Prinzipe als dem höheren resp. allgemeineren auf, und eröffnet in Folge dieser Unterordnung des einen Prinzips unter das andere dem RW. im Allgemeinen einen weit umfassenderen Wirkungskreis, als die franz. Gesetzgebung, wie solches aus der nachfolgenden Vergleichung hervorgeht.

217. Dalloz, m. compét. admin., n. 69 führt die Konsequenzen des Prinzips der Trennung der Gewalten auf folgende Hauptsätze zurück: a) die Verwaltungs- und Justizbehörden dürfen nur in denjenigen Angelegenheiten entscheiden, resp. verfügen, welche zu ihrem Ressort gehören; b) jede von ihnen muß die von der andern ausgegangenen Akte respektiren und geeigneten Falls sogar anwenden (appliquer); c) doch darf sie dieselben, insofern sie dunkel sind, nicht selbst interpretiren; endlich d) die Entscheidung von Schwierigkeiten, welche die Vollstreckung von Administrativ-Akten hervorruft, gebührt der Verwaltung. — Der Satz a versteht sich zwar an und für sich von selbst, und gilt daher auch im preußischen Rechte. Das Eigenthümliche der franz. Auffassung besteht aber hier in der Ausschließlichkeit, womit dieser Satz geltend gemacht wird, indem man aus demselben folgert, daß die mit einer Angelegenheit ihres Ressorts befaßte Behörde selbst über die sich incidenter erhebenden Präjudizialfragen, sofern diese an sich dem andern Ressort angehören, zu entscheiden inkompetent sei. Dieser Doktrin ist bereits in Beziehung auf das Verhältniß zwischen den Gerichten und den Präfekturräthen gedacht worden, sie wird aber auf das Verhältniß zwischen jenen und der eigentlichen Verwaltung in gleicher Allgemeinheit angewandt; cf. Dalloz ib. n. 171 ff. u. VO. v. 26. Dez. 1808 n. 70 ff. Ebenso weichen beide Gesetzgebungen hinsichtlich des Satzes b, insoweit es sich darum handelt, ob ein Verwaltungsakt vor Gericht angefochten werden könne, in manchen Punkten von einander ab, obschon sie auch hier der Hauptsache nach übereinstimmen. Während nämlich die VO. v. 1808 in Verbindung mit dem Ges. v. 11. Mai 1842 unter den verschiedenen Zweigen der administrativen Thätigkeit unterscheidet, und die Unanfechtbarkeit als Regel nur für die Akte der Landeshoheits- und Landespolizei-Behörden, für die der Finanzbehörden aber das Gegentheil als Regel aufstellt, schreibt das franz. Recht die Unanfechtbarkeit der Verwaltungsakte zwar ganz allgemein vor, versteht hierbei aber unter Verwaltungsakten nur solche im engeren Sinne, d. h. Akte, die von der Administrativ-Behörde als Vertreterin der allgemeinen Interessen ausgehen, und erkennt, ähnlich dem § 41 jener VO., bei Akten, in welchen der Staat, resp. die Behörde als Eigenthümer auftritt, die Zulässigkeit des RW im Prinzipe an; cf. Dalloz ib. n. 6, 64 ff. Die Abweichungen bestehen darin, daß im franz. Rechte zu jenen Administrativakten im engeren Sinne eine große Anzahl von Akten gezählt wird, die das preuß. Recht als Akte der Finanzverwaltung nach § 41 l. c. beurtheilt (cf. Dalloz ib. n. 67), und daß eigentliche Administrativakte nach franz. Rechte nicht einmal ausnahmsweise auf Grund spezieller Rechtstitel oder bei bloßen Streitigkeiten unter den Interessenten selbst den Gegenstand prozessualischer Anfechtung bilden können. Hat die Verwaltungs-Behörde eine Verfügung getroffen, zu deren Erlasse sie nicht kompetent war, so ist nach beiden Gesetzgebungen zu unterscheiden, ob jene in der einen oder anderen Eigenschaft gehandelt habe; jedoch ist es nach franz. Rechte streitig, ob die Gerichte gehalten seien, eine nach ihrer Ansicht inkompetenter Weise von der Verwaltungs-Behörde erlassene Verfügung selbst anzuwenden (appliquer); cf. Dalloz ib.

n. 193 ff, Abh von Cremer (Tr A. 2, II 20) Nur darüber ist man einig, daß der Strafrichter allgemeine Strafverfügungen der Verwaltung nur dann anwenden darf, wenn sie innerhalb des Kreises ihrer Kompetenz und auch sonst in gesetzlicher Weise erlassen sind; damit stimmt das ältere preuß Recht (cf VO v. 1808 n. 487) vollkommen und das Ges. v. 11 März 1850 wenigstens theilweise überein. — Am meisten weichen beide Gesetzgebungen hinsichtlich der Auslegung von Verwaltungsakten von einander ab; während nämlich das franz. Recht es als eine nothwendige Konsequenz der beiderseitigen Unabhängigkeit der Behörden betrachtet, daß keine von ihnen die Akte der andern interpretiren dürfe, ist diese Auffassung dem preuß. Rechte völlig fremd. Gleichwohl findet jener Satz auch in Frankreich keine Anwendung auf Staatsverträge, da diese keine bloßen Verwaltungs-, sondern legislative Akte sind, und ebensowenig auf allgemeine Strafreglements, welche ebenfalls, wenigstens in gewissem Betrachte, legislativen Akten gleichstehen Derselbe gilt endlich nicht von solchen Akten, welche blos in administrativer Form aufgenommen werden, wie z. B. die Pachtverträge des Domainenfiskus und der Gemeinden. Außerdem ist jener Satz überhaupt nicht dahin zu verstehen, als genüge die bloße Behauptung einer Partei, daß ein Verwaltungsakt, z. B. eine Konzession, der Interpretation bedürfe, um die Gerichte zu nöthigen, ihre Entscheidung bis nach Einholung der letzteren auszusetzen; vielmehr tritt diese Nothwendigkeit nur da ein, wo der Akt nach der eignen Ansicht des Gerichts Dunkelheiten oder Zweideutigkeiten in sich schließt; cf. Dalloz ib, n. 33 ff, 246, 458, 462; id m. commune n. 1927—1929. *Contra*: Chauveau n. 454. — Der oben unter d aufgestellte Satz ist nur auf solche Streitigkeiten zu beziehen, die in dem dem exekutivischen Verfahren zu Grunde liegenden Administrativakte, mithin nicht in der Form jenes Verfahrens selbst ihre Quelle haben; er stellt sich im Grunde nur als eine Anwendung der Sätze a und b dar Nach preuß. Rechte steht es gleichfalls fest, daß, wenn ein Verwaltungsakt im RW. nicht angefochten werden kann, dies ebensowenig mittelbar durch einen in der Exekutionsinstanz erhobenen Widerspruch zulässig ist.

218. Die Antwort auf die Frage, welche Grundsätze in Folge der Bestimmungen des Ress-Regl. für die Rheinprovinz gelten, ist bereits in den n. 4 und 213, und zwar vorbehaltlich der dort gemachten Restriktionen, zu Gunsten des **preuß Rechts** gegeben worden.

219. Hiernach gilt auch für die Rheinprovinz, daß, so oft eine Behörde zu entscheiden berufen ist, ihr gleichzeitig zusteht, die sich hierbei erhebenden **Präjudizialfragen**, welche für sich allein betrachtet einem andern Ressort angehören, selbstständig zu prüfen, und nach dem Ergebnisse dieser Prüfung ihre Entscheidung zur Hauptsache zu treffen Wenn bezüglich des den Regierungen in den §§ 2 ff. übertragenen Entscheidungsrechts das Gegentheil behauptet worden ist (n. 16), so beruht dies eben darauf, daß das Ress-Regl. in der betreffenden Materie gerade auf der franz. Gesetzgebung fußt.

220. Ferner sind aus gleichem Grunde die Rheinischen Justiz- und Verwaltungs-Behörden zur **eignen Deutung** von Erlassen einer Behörde des anderen Ressorts vorkommenden Falles vollkommen befugt, mithin niemals mehr gehalten, jene Behörde um eine Interpretation zu requiriren Dies wird durch die Praxis anerkannt, obschon in den Motiven von AH Cöln 16. März 1846 (Rh. A. 40, I. 75) und KH. 17. März 1847 (Tr. A. 6, I. 63) noch die franz Auffassung durchklingt. Beispielsweise hat daher die Jurisprudenz des franz Staatsraths, wonach der Streit über das Eigenthum an einer gemäß Art 12 des Konkordats v 15. Juli 1801 und Art. 75 des Ges. v 8. April 1802 zur Verfügung des Bischofs gestellten Kirche nicht prozeßfähig sein soll, insofern er auf die Deutung des nach Art. 75 l. c. erlassenen Präfekturbeschlusses hinauslaufe, in der Rheinprovinz keinen Boden mehr; cf. F W. Gräff, das Eigenthum der kathol. Kirche &c., S 175 ff

221 Endlich unterliegen zufolge § 15 h 1 solche Akte, welche nach den Grundsätzen des franz Rechts als eigentliche Verwaltungsakte vor Gericht nicht bestritten werden konnten, der gerichtlichen Anfechtung, wenn dieselben sich auf die **Vermögens-Verwaltung** des **Fiskus** oder anderer den Regierungen untergeordneten **moralischen Personen** beziehen. Besonders wichtig ist dies bei Streitigkeiten, zu denen die Rechnungspflicht der **Empfänger öffentlicher oder Kommu-**

nalgelder zwischen diesen Empfängern und der Verwaltung Veranlassung giebt. In Abweichung von den in Artt 527 ff der B. Pr O aufgestellten Normen, wonach die Rechnung rechnungspflichtiger Personen vor Gericht gelegt und debattirt wird, ist die Feststellung der Rechnungen jener Beamten sowie die Einziehung des Rechnungs-Rückstands nach der franz Gesetzgebung ausschließlich Verwaltungssache; cf. Ges. v 12. Vendem u 13 Frim VIII, Arr v. 18 Vent. VIII. u. 19 Vendem. XII, StRG. v 16—25 Therm XII und 14. März 1812. Das Ress.-Regl. hat es nun zwar bei dieser Gesetzgebung im Allgemeinen belassen, jedoch mit der auf dem § 15 beruhenden Modifikation, daß gegen den administrativen Rechnungs-Abschluß der RW offen steht, so daß also das eigentliche Rechnungsverfahren und die Einziehung des Rückstandes der Verwaltung verblieben, dem Beamten jedoch gestattet ist, diejenigen Punkte, bezüglich welcher er sich in seinen Rechten durch die administrative Feststellung gekränkt glaubt, zur richterlichen Entscheidung zu bringen, selbst, wenn er nicht etwa blos einzelne, sondern sämmtliche Posten bestreiten sollte Immer wird jedoch ein spezielles Bestreiten auf der Grundlage des administrativen Verfahrens erfordert Sollte daher der Beamte sich darauf beschränken, die administrative Feststellung blos im Allgemeinen zu bestreiten, damit in das gerichtliche Rechnungsverfahren im Sinne der B. Pr O. eingelenkt werde, und die gänzliche Revision resp Debattirung der Rechnung vor einem Richter-Kommissar vor sich gehe, so würde ihm § 15 nicht zur Seite stehen: KH. 20 Januar 1838, AH. Cöln 28 Aug 1828, 14. Aug 1834, 15 April und 9 Juni 1835 (Rh A. 26, II 72; 12, I 135; 21, I 19; 22, I 188, 244). Doch ist die eben entwickelte Ansicht erst seit der cit Entscheidung des KH allgemein zur Geltung gelangt, da die Ansicht des AH. Cöln bis dahin außerordentlich geschwankt und eine Menge älterer Entscheidungen sich für die unbedingte Inkompetenz der Gerichte ausgesprochen hat, wobei namentlich davon ausgegangen wurde, daß die Beschlüsse des Präfekten über die Rechnungsrückstände obiger Beamten den oben bezogenen StRG. v. XII. und 1812 zufolge keine gewöhnlichen Administrativakte, sondern die Ausflüsse eines eigentlichen Entscheidungsrechts (condamnations) seien. Uebrigens gehört es im Geiste des § 15 auch zur richterlichen Kognition, ob überhaupt eine Rechnungspflicht und in welchen Grenzen bestehe, desgleichen, ob die Rechnung bereits abgeschlossen sei, mithin eine nochmalige Revision oder anderweitige Rechnung nicht mehr gefordert werden könne, oder ob ein festgestellter Rezeß bereits eingezogen worden, desgleichen, ob eine vom rechnungspflichtigen Beamten geltend gemachte Gegenforderung sich in Abrechnung bringen lasse. Cf AH. Cöln 22 Dez 1828, 7 Jan 1829, 16 Aug. 1832, 11. Juli 1833, KH. 29. Juni 1831 (Rh. A. 12, I. 274; 13, I 146; 17, I 93; 18, I 223; II. 10). Endlich entschied AH Cöln 13. Dez 1852 (ib 48, I. 10), daß, wenn ein solcher Beamter, in specie der Rendant einer öffentlichen Anstalt, sein Amt niedergelegt habe, er zur Rechnungsablage nur noch durch gerichtliche Klage und nach Maaßgabe der für ein gerichtliches Rechnungsverfahren bestehenden Vorschriften angehalten werden könne, der Richter sich mithin nicht darauf beschränken dürfe, die Verpflichtung zur Rechnungsablage festzustellen und letztere selbst vor die Verwaltungs-Behörde zu verweisen Cf. jedoch n 222, Ges v 13. Frim VIII. Art 2 und VO. v. 24 Jan 1844 n 4

222 Aehnlich verhält es sich mit der Rechnungsablage des **Rendanten einer katholischen Kirchenfabrik** nach den Artt. 85 ff. des linksrheinischen Dekr. v. 30 Dezbr 1809 Diesen Vorschriften zufolge ist die Rechnung solcher Rendanten gleichfalls im (kirchlich-) administrativen Wege zu legen und zu debattiren Dies gilt selbst da, wo der Rendant bereits ausgeschieden oder gar verstorben ist. Wenn dagegen Hermens (Handb der Kultusgesetzgebung II S. 460) aus der Reg-Instr v. 1817 und dem § 5 b 1 folgert, daß statt der bischöflichen Behörde die Regierung über die zwischen dem Rendanten und Kirchenrathe streitig bleibenden Posten zu entscheiden, oder diese vor die Gerichte zu verweisen habe, so beruht dies auf einem offenbaren Mißverstehen jener Gesetzesstellen; cf de Syo zu den Artt. 85 ff. l c Dagegen kann, nachdem das administrative Rechnungsverfahren vor sich gegangen ist, der Rendant, gleich den unter n. 221 erwähnten rechnungspflichtigen Beamten, in Gemäßheit des § 15 den RW. beschreiten, nicht, um eine gerichtliche Rechnungsprozedur im Sinne der B Pr. O., sondern um eine richterliche Entschei-

dung über die speziell von ihm bestrittenen Punkte des administrativen Rechnungs-Abschlusses herbeizuführen. Cf. de Syo l. c. und AH. Cöln 15. April 1835 (Rh. A. 22, I. 242). [Dieses Erk sprach sich namentlich dahin aus, daß eine gerichtliche Inkompetenz-Erklärung, welche deshalb erfolgt ist, weil zur Zeit der Debattirung der Rechnungen im Allgemeinen den Gegenstand des Rechtsstreits bildete, für die Kompetenzfrage keine res iudicata begründet, wenn demnächst der Rechnungsabschluß durch spezielle Bestreitung einzelner oder auch aller Posten angefochten wird.]

223. Dennoch bestehen einzelne Verschiedenheiten zwischen den in n. 221 und 222 besprochenen Rechtsverhältnissen, welche darin ihren Grund haben, daß den kirchlichen Verwaltungs-Behörden nicht, wie den weltlichen, bürgerliche Zwangsmittel zu Gebote stehen. Einmal nämlich findet keine administrative Einziehung des gegen den Kirchen-Rendanten auf administrativem Wege festgestellten Rückstands statt; vielmehr muß nöthigenfalls ein richterliches Urthel auf Zahlung dieses Reliquats wider den säumigen Rendanten erwirkt werden. Sodann aber kann die richterliche Hülfe unter Umständen schon in einem früheren Stadium erforderlich sein, sofern nämlich der Rendant es unterläßt, sei es die Rechnung überhaupt vor dem Kirchenrathe zu legen, sei es die streitig gewordenen Posten zu regeln und das ihm schon nach dem unstreitigen zur Last liegende Reliquat abzuliefern. In solchen Fällen weist Art. 90 des Dekr. v. 30. Dezbr. 1809, sofern die Kirchen-Verwaltung nicht selbst klagt, das öffentliche Ministerium an, die Interessen der Fabrik auf dem gerichtlichen Wege zu verfolgen, d. h. durch Anstellung einer desfallsigen Klage den Rendanten zu denjenigen Schritten zu nöthigen, welche seinerseits zu thun sind, damit das administrative Rechnungsverfahren in Angriff genommen oder aber zum Abschluß gebracht werde. Dieser Art. ist trotz des Art. 15 der Verf.-Urk. auch jetzt noch in Kraft; cf. AH. Cöln 12. Nov. 1861 (Rh. A. 56, I. 134). Das Klagerecht des öff. Min. reicht übrigens nicht über den erwähnten Zweck des Verfahrens hinaus: AH. Cöln 22. Jan. 1853 (Rh A. 48, I. 122); namentlich ist, wenn der Kirchenrath die Rechnung ohne einen Rückstand zu Lasten des Rendanten abgeschlossen hat, das öff. Min. nicht legitimirt, auf Grund einer nachträglich von der bischöflichen Behörde vorgenommenen Revision, den hierbei festgestellten Rückstand einzuklagen: AH. Cöln 22. Juli 1833 (ib. 19, I. 78); ebenso hat die vom öff. Min. im Sinne des Art. 90 angestellte Klage nicht die Folge, daß nunmehr das Gericht über die streitigen Posten, ohne daß letztere zuvor auf administrativem Wege geregelt worden, zu entscheiden berufen wäre: KH. 22. Juni 1825 (Tr. A. 5, I. 217).

224. *EK. 17. Febr. 1855 (JMBl. S. 122) führt auf den § 15 die Zulässigkeit der Klage einer katholischen Kirche wider die Civilgemeinde auf Anerkennung der der letzteren obliegenden Pflicht zum Kirchenbau zurück, weist aber gleichzeitig nach, daß die Inkompetenz der Gerichte nicht etwa früher durch die Bestimmungen des Dekr. v. 30. Dez. 1809 begründet gewesen sei, noch auch für spätere Zeiten aus dem linksrheinischen Ges. v 14 März 1845 gefolgert werden könne. In anderen Entscheidungen wird die gerichtliche Kompetenz für solche Streitigkeiten, welche die Verbindlichkeit der Civilgemeinde, sei es zum Kirchenbau, sei es zum Bau und zur Unterhaltung der Pfarrwohnung betreffen, gerade aus dem Dekr. v. 1809 in Verbindung mit allgemeinen Rechtsgrundsätzen hergeleitet: AH. Cöln 3. Juli 1843, 19. Juli 1844, KH. 3. Mai 1847 (Rh. A. 37, I. 219, 176; Tr. A. 6, I. 79); cf. auch Regnier, die Verpflichtungen der Civilgemeinden in Ansehung der Pfarrhäuser rc., Trier 1844.

225. Doch erklärt obiges *EK. 17 Febr 1855 den Antrag auf Bestimmung einer Frist zum Beginne und zur Vollendung des Baus, resp. auf Ermächtigung der Kirche, den Bau im Falle der Säumigkeit der Gemeinde auf deren Kosten auszuführen, für nicht prozeßfähig, weil die Ausführung des Baus nur eine Vollziehung des die Baupflicht aussprechenden Urtheils, und daher schon um deswillen gemäß StRG. v. 12. Aug. 1807 und Arr. v. 12. Brum. XI durch die der Gemeinde vorgesetzte Verwaltungs-Behörde anzuordnen sei (cf n. 279 ff.), dasselbe aber auch aus den speziell von der Ausführung der Kirchenbauten rc durch die Civilgemeinden handelnden Artt. 95, 98 des Dekr. v. 1809 und § 4 des Ges. v. 1845 hervorgehe. Aehnlich wird im LG. Trier 28. Nov. 1843 (Rh. A. 37, I 174) bezüglich der

den damaligen Klagegegenstand bildenden großen Reparaturen einer Pfarrwohnung gesagt, daß anlangend die Aufstellung dieser Reparaturen und den Modus ihrer Ausführung hierüber im cit. Dekrete die geeigneten Vorschriften gegeben seien, in Betreff derselben sowie der im Unterlassungsfalle gegen die Gemeinde anzuwendenden Zwangsmittel aber von dem Gerichte keine Verfügung getroffen werden könne.

225 bis. Ebenso entschied AH. Cöln 22. Okt. 1849 (Rh. A. 45, I. 27), daß bei Beurtheilung der Frage, ob die subsidiäre Verbindlichkeit der Civilgemeinde zur Tragung der Kosten für große Reparaturen oder den Wiederaufbau der Kirche in Gemäßheit des Art 92 des cit. Dekrets in Wirksamkeit trete, die Verwaltungs-Behörde zufolge Art. 94 ib. die Insuffizienz des Kirchenvermögens festzustellen habe, und daß es nicht zur richterlichen Kognition gehöre, zu untersuchen, inwiefern administrativer Seits bei Feststellung dieser Insuffizienz die gesetzlichen Formalitäten beobachtet worden, folgeweise das Gericht nicht befugt erscheine, jene Feststellung aus dem Grunde als nicht maaßgebend zu erachten, weil den Artt. 94, 95 ib. zuwider die Mitwirkung und das Gutachten der Civilgemeinde nicht adhibirt sei.

226. Fernere Beschränkungen der richterlichen Kognition enthalten die Artt. 96, 97 jenes Dekrets, nach welchen der Gemeinderath, wenn er die Ermäßigung der Kosten für die Feier des Gottesdienstes verlangt oder die Nothwendigkeit der Anstellung eines Vikars nicht anerkennt, sich gegen die Entscheidung des Bischofs nur in der Weise vorsehen kann, daß er durch Vermittelung des Präfekten auf eine landesherrliche Entscheidung provozirt. Da jedoch die hier fraglichen Kosten der einen und anderen Art zu denen für ordentliche kirchliche Bedürfnisse gehören, welche seit dem Ges. v. 14. März 1845 nicht mehr den Civilgemeinden selbst, sondern den Pfarrgenossen subsidiarisch zur Last liegen, so haben obige Kompetenz-Bestimmungen für das linke Rheinufer ihre praktische Bedeutung verloren. So: de Syo, welcher die Artt. 96, 97 überdies als unvereinbar mit Art. 15 der Verf.-Urk. betrachtet.

227. Wenn die richterliche Kompetenz, dem früher Gesagten zufolge, durch § 15 h. l. im Allgemeinen erheblich erweitert worden ist, so hat sie durch denselben § dennoch nach Einer Richtung hin eine bedeutende Einschränkung insofern erlitten, als mit demselben die §§ 78, 79, II. 14 ALR. bezüglich aller steuerartigen Leistungen, welche nicht unter die §§ 8—11 h. l. fallen, mithin namentlich für die indirekten Staats- und Gemeindesteuern, in der Rheinprovinz zur Geltung gelangt sind, vgl. n 148 ff. Die Behauptung Perrot's (I. S. 210), daß in Angelegenheiten der mittelbaren Steuern, mit Ausnahme der Stempelsteuer, der RW. nach den übereinstimmenden Grundsätzen des franz. und preuß. Rechts zulässig sei, beruht auf der irrigen Deutung, welche dieser Schriftsteller den §§ 78, 79 l. c. giebt; cf. VO v. 1808 n 176. Noch weiter geht Schlink (I. S. 172), welcher anzunehmen scheint, daß die in Betreff der mittelbaren Steuern geltenden franz. Kompetenz-Bestimmungen für die Rheinprovinz unausgesetzt in Kraft geblieben, die §§ 78, 79 l. c. mithin dort gar nicht eingeführt seien.

228. Welche Steuern zu den direkten, welche zu den indirekten gehören, beurtheilt sich wohl auch in Betreff der sich hieran für die Kompetenz-Verhältnisse knüpfenden Folgerungen ausschließlich nach der preuß Gesetzgebung (cf. insbesondere die Geschäfts-Anw v 31 Dez. 1825 C.), welche übrigens in diesem Punkte mit der französischen auf derselben Grundanschauung beruht. Demzufolge zählen zu den indirekten Steuern außer denjenigen, welche ehedem unter dem Ausdrucke droits réunis begriffen wurden, auch die Enregistrements- resp. Stempelabgaben, desgleichen die Weinsteuer — cf. LG. Trier 17. Nov. 1842, KH. 19. Juni 1843 (Tr. A. 3, I. 31; Volkmar S. 173) — und die Eingangszölle. Ob die Gerichtsschreiberei-Gebühren den Charakter indirekter Steuern an sich tragen, ließ *EK. 7. Oktbr. 1854 (JMBl. S. 447) unentschieden. Doch hielt dieses Erk. die §§ 78, 79, II. 14 ALR., schon mit Rücksicht auf die unter n. 236 besprochenen Gesetzesstellen, für obige Gebühren nicht maaßgebend.

228 bis Ueber die Bedeutung des § 15 für die Rhein. Ressort-Verhältnisse in Bergwerkssachen s. VO. v 1808 n 311, 343 ff.

§. 16. Damit indessen durch frivole Klagen keine Verwirrung und Stockung in die Finanz-Verwaltung gebracht werden könne, sind die Regierungen autorisirt, des gegen ihre Verfügung erhobenen Widerspruchs ungeachtet,

1) alle Landes- sowohl als grundherrliche Revenüen, Abgaben und Dienste unbeschränkt zur Leistungszeit beizutreiben oder durch die Domainenpächter, Administratoren oder dazu angesetzten Offizianten beitreiben zu lassen, jedoch mit Beobachtung der im Allgem. L. R. Th. II. Tit. 14. §§. 80. und 83. festgesetzten Modifikationen;

2) insofern von Erfüllung der vom Fiskus mit Privat-Personen eingegangenen Verträge die Einreichung bestätigter Etats abhängt, wie vorzüglich bei Pachtungen von Domainen und Regalien der Fall ist, und die Erfüllung der kontraktmäßigen Verbindlichkeit verweigert wird, nach vorheriger summarischer Vernehmung des Weigernden ein vorläufiges Liquidum pflichtmäßig festzusetzen, und dasselbe vom Schuldner sogleich einziehen zu lassen;

---

§§ 16—18.

229. Während die Exekutions-Befugniß nach den Grundsätzen des preuß. Rechts als die selbstverständliche Folge, ja als integrirender Theil des der Behörde zustehenden Entscheidungs-, resp. Verfügungsrechts, und die Behörde selbst als der exequirende Theil erscheint, indem die hierbei mitwirkenden Unterbeamten ohne alle Selbstständigkeit handeln, gleichsam bloße Werkzeuge sind, deren Thätigkeit sich nach Außen hin mit der der anordnenden Behörde identifizirt, verlangt das franz. Recht zur Statthaftigkeit einer Exekution wider das Vermögen des Schuldners immer einen vollstreckbaren, auch in seiner Form als solchen erkennbaren Titel, und legt dessen Vollstreckung in die Hände besonderer, bis zu einem gewissen Grade selbstständig sowie unter eigener Verantwortung handelnder Beamten, der Gerichtsvollzieher. Die Eigenschaft eines vollstreckbaren Titels wohnt dafür aber nicht blos den gerichtlichen Urtheilen bei, sondern auch manchen andern amtlichen Akten, insbesondere den Notarial-Urkunden, sowie vielen administrativen Erlassen, und zwar unter letzteren wieder nicht allein solchen, welche gesetzlich den Erkenntnissen der Gerichte gleichgestellt sind, d h. den Entscheidungen (condamnations) der mit dem jugement du contentieux befaßten Behörden und gewissen innerhalb des Kreises der administrativen Kompetenz erlassenen Zwangsbefehlen (contraintes), sondern auch manchen Administrativakten im engeren Sinne, von denen einige schon an sich vollstreckbar sind (wie z. B die auf Zahlung direkter Steuern gerichteten Zwangsbefehle), andere dagegen diese Eigenschaft erst durch eine richterliche Vollstreckbarkeits-Erklärung erlangen (cf. n. 233—236) [Jene Gleichstellung der administrativen Entscheidungen und gewisser anderer Verwaltungsakte mit richterlichen Urtheilen äußert sich auch darin, daß erstere ebensowohl wie diese Hypothekarrechte begründen. Besonders weit ging in dieser Beziehung die ältere franz. Gesetzgebung (Dekr. v 5. Nov 1790 Tit. 2 Art 14, die Ges. v. 9 Therm. III. Art 17, 16. Brum. V. Art 15, 26 Vend. VII. Art. 16 § 9), welche sogar die über ein Schuldbekenntniß lautenden Akte der Verwaltungs-Behörden als geeignet

3) die verpachteten, ihrer Administration unterworfenen Grundstücke und Gerechtsame unter Sequestration zu setzen, wovon die Pachtgelder rückständig bleiben, oder die Pächter schlecht wirthschaften;

4) die Verpflichtung der Pächter oder Nießbraucher von dergleichen Grundstücken oder Rechten zur Räumung nach abgelaufener Pachtzeit und beendigtem Besitzrechte, auf den Grund einer summarischen Untersuchung durch eine Resolution festzusetzen, und diese sogleich vollstrecken zu lassen. Vor beendigter Pacht- oder Besitzzeit kann aber die Exmission nicht anders, als durch Urtheil und Recht festgesetzt werden, und erfolgen;

5) wenn bei anderen über Gegenstände des Regierungs-Ressorts geschlossenen Verträgen, besonders bei Kriegslieferungen und wichtigen Entreprisen die Erfüllung nach dem Verlangen der Regierung verweigert wird, und daraus ihrem Ermessen nach ein unwiederbringlicher Schaden sich besorgen läßt, für welchen der Weigernde dem Staate nicht würde gerecht werden können,

---

erklärte, dem Staate Hypothekarrechte zu gewähren. Dies ist zwar mit dem Ges. v. 11. Brum. VII hinweggefallen; dagegen hat sich auch unter der späteren Gesetzgebung jene Wirkung wenigstens bei den eine Verurtheilung zu gewissen Leistungen aussprechenden Erlassen der Verwaltung und den kompetenter Weise ergangenen, vor Gericht nicht anfechtbaren Zwangsbefehlen erhalten. Cf StRG. v. 25. Therm. XII, 29. Okt — 12. Nov 1811, 14. März 1812 und n 233] — Der Satz, daß die Vollstreckung der exekutorischen Titel jeder Art Sache der Gerichtsvollzieher sei, erleidet zwar einzelne auf positiven Gesetzen beruhende Ausnahmen; doch sind solche Ausnahme-Bestimmungen selbstredend limitativ zu deuten; es darf daher z. B aus Art. 18 das Ges. v. 16. Therm. VIII, welcher in Ansehung der direkten Steuern die Beitreibung den Steuerboten, porteurs de contrainte, überweist, nicht gefolgert werden, daß diese auch befugt seien, an Stelle der Gerichtsvollzieher die indirekten Steuern einzuziehen: LG. Trier 7 Nov. 1842, KH. 19. Juni 1843 (Tr. A. 3, I. 32; Volkmar S. 173). Von diesen Ausnahmen abgesehen, und vorbehaltlich der besonderen Vorschriften über Immobiliar-Exekutionen, haben die Gerichtsvollzieher jede Exekution selbstständig zu betreiben und durchzuführen, sofern sie nur von dem berechtigten Interessenten gehörig beauftragt sind, ohne Unterschied, ob dieser Interessent ein Privater, eine Gemeinde rc oder der Staat ist, ob es sich um die Vollstreckung eines gerichtlichen Urtheils, einer Notarial-Urkunde oder eines Präfekturraths-Beschlusses, eines Administrativakts rc. handelt. — Bedient man sich daher im Hinblick auf die franz. Rechtszustände des Ausdrucks, einer Verwaltungs-Behörde stehe in diesem oder jenem Falle das Recht der Exekution zu, so ist darunter nicht etwa das Recht der administrativen Exekution im Geiste der preuß. Gesetzgebung zu verstehen; es kann vielmehr nur heißen, entweder, daß der Behörde im gegebenen Falle die Befugniß beiwohne, Verfügungen rc. in Form und mit der Wirkung vollstreckbarer Titel zu erlassen, oder aber, daß dieselbe gesetzlich berufen sei, den Staat als Gläubiger insofern zu vertreten, als von ihr gerade der Auftrag zum Zwangsvollzuge des Titels auszugehen habe, Befugnisse, welche keineswegs

denselben zu der von ihm verlangten Verbindlichkeit durch Zwangsmittel anzuhalten.

§. 17. In allen diesen Fällen sind die Regierungen berechtigt, die Sache mit Vorbehalt des Rechts des Widersprechenden zur Exekution bringen zu lassen. Auch wird die Bestimmung, ob solches nothwendig sei, lediglich ihrem pflichtmäßigen Ermessen überlassen.

Die Gerichte sind verpflichtet, keine Hindernisse in den Weg zu legen. Es sind daher auch keine Possessorien-Klagen über dergleichen exekutivische Maaßregeln der Regierung zulässig, weder gegen den Fiskus, noch gegen Korporationen oder Privatpersonen. Auch muß es bei denselben so lange verbleiben, bis die Sache im Petitorium völlig entschieden ist, im Fall die betreffende Regierung nicht selbst deren Abänderung für zuträglich erachtet.

§. 18. Bei Ausübung der ihnen verliehenen exekutiven Gewalt müssen die Regierungen zwar die in den Gesetzen vorgeschriebenen Grade beobachten; inzwischen sind dieselben befugt:

1) in Fällen, wo die verlangte Verpflichtung auch durch einen Dritten geleistet werden kann, solches nach fruchtlos gebliebener Aufforderung des Verpflichteten für

---

immer in derselben Hand vereinigt sind, wie z. B. die Exekution der Präfekturraths-Beschlüsse niemals von den Präfekturräthen selbst verfügt wird, andererseits aber sogar die Exekution gerichtlicher Erkenntnisse auf Anordnung der Verwaltungs-Behörden erfolgt, wenn es sich um die Einziehung von Kosten, Geldbußen und Konfiskaten (in Strafsachen) oder von Gerichtsschreiberei-Gebühren (in Civilsachen) handelt Die bisher besprochenen Verschiedenheiten zwischen beiden Gesetzgebungen bedingen eine fernere Abweichung bezüglich der Frage, ob wider eine Exekution in Verwaltungs-Angelegenheiten der RW. stattfinde, und zwar insofern, als das franz Recht, entgegen dem preußischen, den Einspruch bei Gericht allgemein zuläßt, wenn derselbe auf formelle Mängel des Verfahrens gestützt wird, indem dasselbe eben die Exekution, wenn man sich so ausdrucken darf, gewissermaßen als Privatsache betrachtet, bei welcher die requirirende Behörde nicht sowohl als Behörde, sondern als Partei auftritt, und der eigentlich exequirirende Beamte der Gerichtsvollzieher ist, dessen Amtshandlungen die Verwaltung, gleich jedem anderen Mandanten, dem Exequendus gegenüber zu vertreten hat. Wird der Einspruch dagegen auf die Anfechtung des zu vollstreckenden Titels gegründet, so hängt die Beantwortung der Frage, ob der RW. zulässig sei, in beiden Gesetzgebungen davon ab, inwiefern jener Titel der gerichtlichen Anfechtung überhaupt unterliege, und ergeben sich daher die in dieser Hinsicht zwischen beiden Gesetzgebungen bestehenden Unterschiede aus dem früher, namentlich zu § 15 h 1. Gesagten von selbst Da, wo der RW. an sich zulässig ist, hat die Beschreitung desselben auf das exekutivische Verfahren nach preuß. Rechte Suspensiveffekt, insofern es sich nicht von polizeilichen Exekutionen und den Ausnahmefällen des § 42 der VO. v. 1808 ꝛc. handelt; nach franz. Gesetzen gilt

dessen Rechnung bewirken, so wie ferner bei Lieferungen, wo es nicht gerade auf einzelne im Besitz des Verpflichteten sich befindende Stücke ankommt, die zu liefernden Gegenstände für dessen Rechnung ankaufen, und in beiden Fällen den Kostenbetrag von ihm exekutivisch beitreiben zu lassen.

2) Strafbefehle können die Regierungen im Wege des exekutivischen Verfahrens bis zur Summe von hundert Thalern, oder vierwöchentlichem Gefängnisse, erlassen und vollstrecken;

3) kommt es bei Exekution auf den Verkauf eines Grundstücks an, so wird selbiger zwar von dem ordentlichen Gerichte, unter welchem dasselbe gelegen ist, im Wege der nothwendigen Subhastation bewirkt, die Subhastation kann aber von den Gerichten nicht verweigert werden, sobald die Verbindlichkeit des Schuldners außer Zweifel ist.

4) Der Verkauf abgepfändeter Effekten geschieht jedesmal mit Zuziehung eines Justizbedienten. Es versteht sich übrigens von selbst, daß die Regierungen die Befugnisse haben, zur Sicherstellung des zu erstattenden Kostenbetrages oder der Geldstrafe, die nöthigen Vorkehrungen zu treffen.

---

das Gegentheil als Regel, von welcher es jedoch mannigfache Ausnahmen giebt. Cf. n. 235, 236.

230. Diesen französischrechtlichen Grundsätzen gegenüber beschränkt sich das Ress.-Regl. einfach darauf, die Vorschriften der VO. v. 1808 über die vorläufige Exekution der Verwaltungs-Behörden und das administrative Exekutions-Verfahren, d. i. die §§ 42, 48 in den §§ 16—18 wörtlich wiederzugeben. [Weshalb das Ress.-Regl. den § 42 in zwei §§ zerlegt hat, erhellt nicht. Jedenfalls beruht es auf offenbarem Mißverständnisse, wenn *OT 8. Mai 1855, Präj. (Entsch. 30, S. 477) und AH. Cöln 11. Juli 1861 (Rh. A. 56, I. 156), den Eingangsworten des § 17 h. l., resp. der zweiten Hälfte des cit. § 42 „in allen diesen Fällen", welche selbstredend nur auf die Nrn. 1—5 des § 16 h. l., d. h. der ersten Hälfte des § 42 l. c. bezogen werden können, eine Beziehung zu sämmtlichen in den §§ 2 ff. h. l. geregelten Materien beilegen, und daher die Unzulässigkeit einer Possessorienklage gegen die in Angelegenheiten der Gemeindewege von der Verwaltung getroffenen Entscheidungen (§ 2 Nr. 2), resp. die Unstatthaftigkeit eines gerichtlichen Eingriffs in deren Vollziehung, auf den § 17 zurückführen.] — Daß hiermit nicht etwa stillschweigend Alles dasjenige beseitigt wurde, was in dieser Materie unter der bisherigen Gesetzgebung Rechtens war, versteht sich von selbst. Die §§ 16, 17 enthalten bloße Spezialvorschriften, denen eine der früheren Gesetzgebung generell derogirende Wirkung um so weniger beiwohnen kann, als dieselben für gewisse Fälle nur das bestimmen, was unter der bisherigen Gesetzgebung ohnehin schon als Regel galt, so oft ein exekutorischer Titel überhaupt vorlag (cf. n. 229). § 18 umfaßt allerdings allgemeinere, und mit jener Gesetzgebung theilweise unvereinbare Bestimmungen Inzwischen bilden dieselben kein für sich abgeschlossenes Ganze, sondern erhalten ihre

Erläuterung und Ergänzung in den Vorschriften der für die Rheinprovinz nicht publizirten AGO., wodurch ihre Anwendung auf diese Provinz von vorn herein große Schwierigkeiten bereiten und sich theilweise sogar als unausführbar erweisen mußte. Zudem betrifft ein Theil derselben nicht die executiones ad solvendum, sondern die ad faciendum aut omittendum und berührt daher das bisher besprochene Gebiet der franz. Gesetzgebung nicht. — Demzufolge wurde durch die §§ 16—18 h. l. nur das bewirkt, daß die Grundsätze des franz und preuß. Rechts über die Exekution und das exekutivische Verfahren in Verwaltungssachen neben einander bestanden, ohne daß eine Vermittelung dieser in so mannigfacher Beziehung von einander abweichenden Grundsätze auch nur annähernd erreicht war. Den hieraus erwachsenden Uebelständen ist jedoch in der Folgezeit zum erheblichen Theile abgeholfen worden, und zwar durch die besonders kommentirte Ex. O. v 24. Nov. 1843. Während letztere es bezüglich der Fälle, wo die Exekution auf Betreiben der Verwaltung erfolgt, und bezüglich der Zulässigkeit des RW. im Wesentlichen bei dem bisherigen Rechtszustande beließ, wie er theils durch die franz. Gesetzgebung, theils durch die §§ 16 ff. h. l. begründet worden, regelte sie die Formen des exekutivischen Verfahrens für die meisten und wichtigsten, wo nicht für alle Fälle, in denen Geldbeträge auf administrative Anordnung beizutreiben sind, durch sehr detaillirte Vorschriften, welche sich der Hauptsache nach an die Grundsätze des preuß. Rechts anschließen, indem die Verwaltungs-Behörde, diesen Vorschriften zufolge, nicht mehr dem die Exekution ausführenden Beamten gegenüber, gleich jedem andern Gläubiger als bloße Requirentin auftritt, sondern das Verfahren selbst leitet, alle im Verlaufe desselben nöthig werdenden Maaßregeln speziell anordnet, und sich zur Ausführung dieser ihrer Anordnungen niemals mehr der einer anderen Disziplinar-Gewalt untergeordneten Gerichtsvollzieher, sondern besonderer Beamten ihres eignen Ressorts bedient, weshalb auch die richterliche Vollstreckbarkeits-Erklärung, resp Visirung des Titels da, wo sie früher nöthig war, weggefallen ist, und die Beschreitung des RW. wegen blos formeller Mängel des Verfahrens nicht mehr stattfindet. Soviel im Allgemeinen In den nachfolgenden Noten gelangen dagegen noch einzelne spezielle, derselben Materie angehörige Punkte zur Erörterung.

231. Art. 14 Tit. 2 des Dekr. v. 28. Okt. — 5. Nov. 1790 bestimmt, daß zu den über Nationalgüter abgeschlossenen Pachtverträgen und anderen Akten der Verwaltung kein Notar zugezogen zu werden brauche, daß diese Akte vielmehr, wenn sie von der Verwaltungs-Behörde selbst in gesetzlicher Weise aufgenommen worden, die Eigenschaft exekutorischer Titel besitzen und sogar eine Hypothek begründen sollten. Letztere Wirkung war indessen schon durch die spätere Hypotheken-Gesetzgebung hinweggefallen. Cf. AH. Cöln 6. Dezbr 1824, KH. 28. Dezbr. 1825 (Rh. A. 8, I 99; II 54), AH. Pau 16 Juni 1832 (Sir. 32, II. 571) *Contra:* Cass. 12. Jan. 1835 (Sir. 35, I 11). Sodann aber soll nach einem JMR. 13. März 1842 (Rh. S. 8, S. 27) auch die Eigenschaft der Zwangsvollzugsfähigkeit als unvereinbar mit den aus § 16 Nr. 2 und § 20 Nr 5 h l zu ziehenden Folgerungen nicht weiter stattfinden, und hat die Ex.-O v. 1843 diese (übrigens nicht ganz unbedenkliche) Ansicht stillschweigend dadurch gebilligt, daß sie unter den Ansprüchen, hinsichtlich deren das dort vorgezeichnete Verfahren stattfinden soll, die ausschließlich auf solchen Akten beruhenden nicht mit aufzählt.

232. Dieselbe Frage erhebt sich bezüglich der von der Verwaltung, z. B. dem Landrathe, ohne Zuziehung eines Notars aufgenommenen Verpachtungsakte über Gemeinde- und Kirchengüter. Hier war es jedoch schon nach der franz. Gesetzgebung streitig, ob solche Verpachtungs-Protokolle exekutorische Titel bildeten. Für die bejahende Ansicht beruft man sich auf den cit. Art 14 des Ges. v. 1790 in Verbindung mit Art 2 der Dekr. v. 5—11. Febr. und 5—10 Aug. 1791, 6. Niv. XI, ferner mit dem Arr. v 7. Therm XI und dem Dekr. v 30 Dez 1809 Art. 60 Dagegen bemerkt das JMR. 13. März 1842 (Rh. S. 8, S. 27), daß aus den letzteren Gesetzesstellen, welche für die Verpachtung der Gemeinde- und Kirchengüter die Beobachtung der hinsichtlich der Verpachtnng von Staatsgütern vorgeschriebenen Formen anordnen, nur hervorgehe, daß die so aufgenommenen Protokolle authentische, nicht aber, daß sie auch exekutorische Urkunden seien; vgl. die dort mitgetheilte Doktrin. Für die Verpachtung der Güter von Spitälern und anderen öffent-

lichen Anstalten schreibt ein Dekr v. 12 Aug 1807 die Zuziehung eines Notars sogar ausdrücklich vor, wogegen freilich ein StRG v. dems Tage den bis dahin unter administrativer Autorität abgeschlossenen Verpachtungsakten solcher Anstalten die Eigenschaft von exekutorischen und Hypothekarrechte begründenden Titeln beilegt. Die Ex.-O. v. 1843 erwähnt der Exekution auf Grund derartiger Verpachtungs-Protokolle gleichfalls nicht unter denjenigen Fällen, in welchen hinfüro die Exekution nach den dort vorgeschriebenen Formen stattfinden soll.

233. Zufolge Art. 4 des Dekr. v 19. Aug. — 12. Sept. 1791 sollen rückständige Domainengefälle sowie die Preise, welche aus den Versteigerungen des Holzes von Domanialwaldungen, den hierüber von der Verwaltung aufgenommenen Adjudikationsakten gemäß, verschuldet werden, auf Betreiben des Vorstehers der Regie, und zwar auf Grund eines von diesem zu erlassenden, vom Landgerichts-Präsidenten zu visirenden, resp vollstreckbar zu erklärenden Zwangsbefehls eingezogen werden Eine ähnliche Vorschrift enthält Art. 63 des Dekr. v. 22. Juni 1811 für das Großherzogthum Berg Diese Bestimmungen haben ihre Geltung auch nach dem Erlasse des Ress.-Regl. bewahrt; cf. AH. Cöln 22. Febr. 1826 (Rh. A. 9, I. 54), welches dieselben sogar auf die der franz. Schuldentilgungskasse, caisse d'amortissement, verschuldeten Preise abgelöster Renten für anwendbar hielt, weil diese durch die Gen.-Gouv.-VO. v. 28. März 1814 zu den Staatsdomainen gezählt würden. Dieselben sind jedoch durch die Ex.-O. v. 1843, welche solcher auf Grund bloßer Zahlungsbefehle beizutreibenden Gefälle im § 1 Nr. 8 erwähnt, und hierbei offenbar die oben cit. Gesetzesstellen vor Augen hat, insofern modifizirt worden, als das Verfahren selbst sich nunmehr nach den formellen Vorschriften jener Ex.-O richtet. Gegen das in diesen Fällen stattfindende Zwangsverfahren ist Einspruch mit Ladung an das Landgericht statthaft; cf Perrot I. S. 155. Ob ein solcher Einspruch auf das Verfahren Suspensiveffekt ausübe, erscheint beim Mangel einer desfallsigen ausdrücklichen Bestimmung als zweifelhaft, wenngleich man versucht sein mag, mit Rücksicht auf die sonstige Uebereinstimmung der formellen Vorschriften jener Dekrete mit denen der Ges v. 22. Frim. VII und v. 1. Germ. XIII. (s n 235), die Artt. 65, resp 44 der letzteren auf die hier fraglichen Exekutionen analog anzuwenden. Jedenfalls aber tritt der Suspensiveffekt nicht ein, wenn die beizutreibende Leistung nach Lage des speziellen Falls zu den im § 16 h. l. aufgeführten gezählt werden muß; cf. AH. Cöln 6. Dez. 1824 (Rh. A 8, I. 100). [Dieses Erk. hielt den Zwangsbefehl, welchen ein Domainen-Rentmeister auf Grund eines von der königl. Forstverwaltung aufgenommenen Holzversteigerungs-Protokolls wegen des rückständigen Kaufpreises erlassen hatte, gemäß § 16 h. l. (?) für provisorisch vollstreckbar und um deswillen sogar zur Begründung von Hypothekarrechten nach Maaßgabe der unter n. 229 cit. StRG. für geeignet]

234. Die eben erwähnten Vorschriften der Dekr. v. 1791 und 1811 haben zu einer der in n. 232 erörterten ähnlichen Streitfrage Veranlassung gegeben, ob nämlich nach Analogie derselben auch dann zu verfahren sei, wenn es sich um jährliche Gefälle der Gemeinden, Kirchen und öffentlichen Anstalten handle, vorausgesetzt, daß, was die Gemeindegefälle betrifft, diese nicht etwa wie die Beischläge zu den Staatssteuern oder die Oktroigefälle, auf vollziehbaren Hebelisten beruhen. Für die bejahende Ansicht pflegt man sich auf den Arr. v 19. Vend. XII zu berufen, so: Verf. der Reg. zu Trier v 31 März 1818 und 24 April 1832 (Tr. Amtsbl. 1818, S. 112; 1832, S. 157); LG Trier 17. Jan. 1842 (Tr. A. 2, I. 183) — A. M. ist jedoch LG. Trier 8. Jan 1842 (ib. S. 184) und Perrot I. S. 170; der letztere bemerkt mit Recht, daß jenes Arr. nur besagen wolle, wie bezüglich der Eintreibung der Einkünfte der Gemeinden 2c. diese Körperschaften nicht durch die Bürgermeister 2c., sondern durch ihre Einnehmer vertreten würden, diese daher im eignen Namen alle Verfolgungen und sonst nöthigen Schritte zu veranlassen hätten. Muß hiernach schon im bloßen Hinblick auf die franz. Gesetzgebung angenommen werden, daß die erwähnten Einkünfte jener Körperschaften, sofern dieselben nicht auf notariellen Titeln beruhen, nur im Wege der gerichtlichen Klage eingetrieben werden können, so ist solches gegenwärtig um so weniger zu bezweifeln, als einestheils die ACO. v 10 Jan. 1830 die Nothwendigkeit eines Prozeßverfahrens stillschweigend voraussetzt (cf. Perrot l c., JMR. 13. März 1842, Rh. S. 8, S. 28) und andern-

theils die Ex.-O. v. 1843 nur die steuerartigen Abgaben der Gemeinden &c rücksichtlich des exekutivischen Verfahrens den entsprechenden Ansprüchen des Staats gleichstellt, in Betreff aller anderen Einkünfte aber eine dem § 1 Nr. 8 analoge Bestimmung vermissen läßt.

235. Die französischen Bestimmungen über die Einziehung der indirekten Steuern sind vornämlich in den Ges. v. 22. Frim. VII. und 1. Germ. XIII. enthalten. Ihnen zufolge erließ der Enregistrements-Empfänger &c. einen Zwangsbefehl, welcher zu seiner Vollstreckbarkeit der Visirung durch den Friedensrichter, resp. Landgerichts-Präsidenten bedurfte. Die Beschreitung des unumschränkt zugelassenen RW. übte auf das exekutivische Verfahren Suspensiveffekt aus. (Anders, was den letzten Punkt betrifft, in Mauthsachen: Ges v 22 Aug. 1791 Tit. 13 Artt. 32, 33.) Gegenwärtig kommen in dieser Materie die §§ 15—17 h l., resp. die §§ 78—80, II. 14 ALR. und in formeller Hinsicht die Vorschriften der Ex.-O. v. 1843 zur Anwendung. Cf. n. 148, 149 und 227 ff.

236. Wenn dem unter n. 235 Gesagten zufolge die dort referirten franz. Bestimmungen in Betreff ihres ursprünglichen Gegenstandes fast sämmtlich außer Wirksamkeit getreten sind, so gelten dieselben, — von den durch die Ex.-O. v. 1843 herbeigeführten formellen Modifikationen abgesehen, — doch auch gegenwärtig noch insofern, als sie auf gewisse andere Leistungen ausgedehnt wurden, welche den §§ 78 ff., II. 14 ALR. und den §§ 16, 17 h. l nicht anheimfallen. Dies gilt namentlich von den Geldbußen und Kosten, welche durch gerichtliche Urtheile (einschließlich der Disziplinar-Entscheidungen; cf. dict. des droits d'enregistr., m. amende, No. 10) auferlegt werden, sowie von den Gerichtsschreiberei-Gebühren (in Civilsachen). Cf. Arr v. 1. und 6. Niv. V, Ges. v 21. Vent. VII. Artt. 1, 10; Ges. v. 27. Vent. IX, Str.-Pr.-O. Art. 197, Dekr. v. 18. Juni 1811 Artt. 126 ff. Demgemäß kann wider die desfallsige administrative Exekution, unter Bestreitung der derselben zu Grunde liegenden Verbindlichkeit, der RW. unbedenklich beschritten werden, und es übt der bei Gericht erhobene Einspruch auf jenes Verfahren Suspensiveffekt aus. Cf. JMR 28. März 1827, 2. April 1838, *EK. 7. Okt. 1854 (Rh. S. 3, S. 107; 6, S 451; JMBl. 54, S. 447). [Ueber die Frage, ob die Streitigkeiten, welche sich bei Beitreibung gerichtlich verhängter Geldbußen erheben, von den Civil- oder Strafgerichten zu entscheiden seien, cf. Merlin rep., m. amende, § 8 und Massabiau, manuel du proc. du roi, n. 2198.] Handelt es sich davon, ob ein zum Armenrechte Zugelassener später zu hinreichendem Vermögen gelangt und demgemäß nachträglich zur Zahlung der Gerichtsschreiberei-Gebühren &c. anzuhalten sei, so steht nach der ausdrücklichen Vorschrift der VO. v. 16. Febr. 1823 bei obwaltendem Zweifel die desfallsige Entscheidung dem Gerichte zu. Ebenso unterliegt die Frage, ob die Verwaltung die von einem strafrechtlich Verurtheilten geleisteten Theilzahlungen den Grundsätzen des BGB gemäß zunächst auf die Geldbuße und dann erst auf die Kosten anzurechnen habe, bei entstehendem Streite, oder wenn es sich um die Umwandlung eines angeblichen Strafrestes in verhältnißmäßiges Gefängniß handelt, der richterlichen Beurtheilung: AH. Cöln 6. Juni 1860 c. Kilian. Vgl. Oppenhoff Strafverf., Art 137 n. 10; id. Rechtspr. 1, S 239.

237. Das in der ersten Hälfte der n 236 hinsichtlich der Gerichtskosten &c. Gesagte findet ferner auf rückständige Hypotheken-Gebühren und Honorarien Anwendung, deren Beitreibung nach den für die Einziehung der Enregistrements-Gebühren vorgeschriebenen Formen im Art. 24 des Ges. v. 21. Vent. VII. vorgeschrieben ist. Die Ex.-O. v. 1843 gedenkt ihrer freilich nicht speziell; inzwischen erachtet die Dienstanweisung für die Hypothekenbewahrer v. 4. Mai 1851 dieselbe auf die Beitreibung jener Gebühren &c., einschließlich der s. g Ergänzungs-Gebühren, mit Recht für anwendbar, und weist demgemäß die Hypothekenbewahrer an, im Falle erfolglos gebliebener Mahnung einen Zwangsbefehl auszustellen und ihn durch den Exekutor vollziehen zu lassen, indem sie gleichzeitig bestätigt, daß über die Verbindlichkeit zur Zahlung jener Gebühren, resp. Honorarien der RW. zulässig sei; cf. §§ 198, 199 l. c.

238. Das Ress.-Regl. enthält keine generellen Bestimmungen über die Art und Weise, wie die von den Regierungen als Nachfolgern der Präfekturräthe erlassenen Entscheidungen zu vollstrecken seien. Es muß daher angenommen werden,

daß da, wo es sich von einer aus dem Vermögen des Unterliegenden beizutreibenden Leistung handelt (z. B. im Falle des § 2 Nr. 1), die franz. Grundsätze in Kraft verblieben seien (cf. n. 7, 229), daß also die betreffende Partei sich zur Vollstreckung eines Gerichtsvollziehers bedienen müsse, und daß alle bei derselben sich erhebenden Streitigkeiten, welche nicht auf eine Anfechtung der administrativen Verfügung selbst abzielen, der gerichtlichen Kognition anheimfallen, sogar, wenn sie blos die Form des Verfahrens betreffen. Ebenso dürfte anzunehmen sein, daß solche Entscheidungen in Gemäßheit des StRG. v. 16—25 Therm. XII die judizielle Hypothek begründen. — Cf übrigens § 25 h. l. und die Noten zu den §§ 1, 19.

239 Da das Ress.-Regl. die §§ 38—40 der VO. v. 26. Dez. 1808, betreffend die Zulässigkeit des RW wider polizeiliche Verfügungen nicht mit aufgenommen hat, der dem § 48 ib. wörtlich gleichlautende § 18 h. l. sich aber unmittelbar an die lediglich von der Exekution in Finanzangelegenheiten handelnden, mit § 42 ib. gleichlautenden §§ 16, 17 h. l. anschließt, so gewinnt es auf den ersten Blick den Anschein, als ob auch § 18 nur bei Exekutionen in letzteren Angelegenheiten zur Anwendung zu bringen sei. Das Gegentheil ergiebt sich jedoch in zweifelloser Weise daraus, daß § 18 alsdann eine ungleich beschränktere Tragweite haben würde, als § 48 l. c., und daß ein Theil seiner Bestimmungen sich gar nicht auf executiones ad solvendum, sondern ad faciendum aut omittendum bezieht, mithin vorzugsweise nur beim Zwangsvollzuge in Landeshoheits- und Polizei-Angelegenheiten zur Anwendung gelangt. Gerade diese letzteren Bestimmungen sind, seitdem das Verfahren für die executiones ad solvendum oder doch die meisten Fälle derselben durch die Ex.-O. v 1843 besonders geregelt worden ist, für die Rheinprovinz von größerer praktischer Bedeutung, als die übrigen, zumal auf ihnen allein das Recht der Rheinischen Verwaltungs-Behörden zum Erlasse von Exekutionsstrafen beruht, ein Recht, welches der franz. Gesetzgebung völlig fremd war. Ob die Modifikationen, welche diese Bestimmungen in Folge ihrer Beziehung zur AGO. und für das Gebiet der letzteren durch die VO. v. 4. Jan. 1834 erfahren haben (s. die Noten zu § 48 l. c.), auch in der Rheinprovinz wirksam seien, ist nicht ganz unbedenklich. Doch dürfte die bejahende Ansicht dem Willen des Gesetzgebers mehr entsprechen.

240. Die eine authentische Deklaration, resp Erweiterung der §§ 42, 48 der VO. v. 1808 enthaltenden Vorschriften der ACO. v. 31. Dez. 1825 sind unbestritten auch als in der Rheinprovinz mitpublizirt, dort also als Erläuterung, resp. Erweiterung der §§ 16—18 h l. zu betrachten. Die VO v. 2. Jan. 1849, deren § 38 die in jener ACO. vorfindliche Bestimmung über die Befugniß der Regierungen zur Ertheilung von Aufträgen an die Justiz-Unterbehörden aufgehoben hat, ist zwar für das Gebiet des Rhein. Rechts nicht publizirt worden. Da inzwischen dem cit. § 38 das allgemeine, nicht auf einen Theil des Staats zu beschränkende Prinzip zu Grunde liegt, daß die Unabhängigkeit der Gerichte von der Verwaltung auch durch die Form anerkannt werde, so empfiehlt das MR. 22. Oktbr. 1849 (JMBl. 50, S. 119) den Regierungen, in ihren Kommunikationen mit den Friedensrichtern, als den einzigen Rheinischen Justiz-Unterbehörden, jenes Prinzip gleichfalls zur Richtschnur zu nehmen, mithin der Form der Ersuchungsschreiben, d. h. des Requisitionsstyls sich zu bedienen. Uebrigens konnten schon nach der ACO. v. 31. Dez. 1825 förmliche Aufträge an die Friedensrichter nur von den Regierungen, nicht also auch von den Landräthen ausgehen: JMR. 30. Mai 1843 (Rh. A. 8, S. 168). Selbst ein von der Regierung ausgehender Auftrag war unverbindlich, wenn derselbe die Auf- resp. Vornahme von Akten der freiwilligen Gerichtsbarkeit, z. B. die Feststellung von Grenzen in Domanialsachen, die Anerkennung streitiger Gefälle, Renten 2c. betraf, da ein solcher Auftrag dem Berufe der Friedensrichter fremd war: JMR. 5 Mai 1839, 24 Mai 1845 (Rh S. 7, S. 51; 9, S. 30). — Für die Erledigung solcher Aufträge, resp Requisitionen, namentlich der in Disziplinar-Untersuchungen ertheilten, liquidiren die Friedensrichter ihre Diäten und Reisekosten nicht nach dem Dekr. v. 18. Juni 1811, sondern nach der VO. v. 28. Juni 1825: JMR 5. Juli 1835 (ib. 5, S. 158) Ebenso sind die betreffenden Gebühren der Gerichtsvollzieher und die Entschädigungen der Zeugen nicht auf den Kriminalfond anzuweisen, sondern gegen die Regierung zu liquidiren, welcher die Wiedereinziehung von den Schuldnern überlassen bleibt: JMR. v. 23. Juli 1830 (ib. 3, S. 357).

§. 19. Da die Verwaltungs=Behörden von den Gerichten, so wie diese von jenen, in ihren Amtsverrichtungen unabhängig sind, so ist in Fällen, wo den Regierungen das Entscheidungsrecht oder die Exekution vorbehalten ist, dem durch ihre Verfügungen oder durch das hierbei beobachtete Verfahren angeblich beschwerten Theile der Rekurs an die Gerichte niemals zugelassen. Letztere haben daher ähnliche Klagen ohne weiteres von sich abzuweisen, dagegen bleibt es dem unterliegenden Theile unbenommen, seine angeblichen Beschwerden in Zeit von zweien Monaten von dem Tage an zu rechnen, da ihm die Entscheidung der Regierung insinuirt worden ist, bei denjenigen Staatsbehörden anzubringen, welchen die Regierungen in Absicht der einzelnen Zweige ihres Ressorts untergeordnet sind, vorbehaltlich dessen, was in §. 17. über blos provisorische Verfügungen, und die Befugniß, das Petitorium dagegen anzustellen, angeordnet ist.

---

240 bis. Da die ACO. v. 31. Dez. 1825 nur von den Befugnissen der Regierung spricht, so ist die Befugniß der Gerichte, auf Körperhaft zu erkennen, durch dieselbe nicht erweitert worden; es haben daher die Ges v. 30. März 1793, 15. Germ VI., 23. Pluv XII, 4. März 1808, sowie das StRG. v. 28. Therm. — 7. Fruct. XII, nach welchen der dem Fiskus vertragsmäßig zustehende Pachtpreis nicht zur Kategorie solcher öffentlichen Gelder gehört, für welche die Körperhaft gegen den Schuldner ausgesprochen werden könnte, hierdurch keine Abänderung erlitten: KH. 6. Sept. 1834 (Volkmar S. 261).

§ 19.

241. In diesem § erblickt man sehr häufig eine ganz allgemeine, das Verhältniß der Verwaltung zur Justiz in allen Materien gleichmäßig regulirende Vorschrift, welche als die wichtigste und weitgreifendste Kompetenz=Bestimmung die eigentliche Grundlage für die Beurtheilung der Rhein. Ressort-Verhältnisse bilde. Diese Auffassung, derzufolge die Worte, „wo den Regierungen das Entscheidungsrecht oder die Exekution vorbehalten ist,“ überhaupt alle Fälle umfassen, in denen jene irgend eine Anordnung auf Grund der einen oder anderen Gesetzgebung treffen, erweist sich jedoch sofort als unhaltbar, indem § 19 alsdann in mancher Hinsicht schon mit den Vorschriften des franz. Rechts, noch mehr aber mit denen der VO. v. 1808 in grellem Widerspruche stehen würde. § 19 enthält vielmehr nach der richtigen Ansicht, auf welcher namentlich AH Cöln 22. Aug. 1832 (Rh. A. 17, I. 108) beruht, gar keine selbstständige, resp. unmittelbar anwendbare Kompetenz=Bestimmung, sondern beläßt es in den nach dem franz Rechte zu beurtheilenden Materien bei den Grundsätzen dieses Rechts, in den ganz oder theilweise nach dem preuß. Rechte zu beurtheilenden bei den Grundsätzen der VO. v. 1808, so daß seine praktische Bedeutung im Wesentlichen darauf beschränkt ist, daß er für die von den Regierungen an Stelle der franz. Verwaltungs=Behörden zu erlassenden Entscheidungen (§§ 2 ff) eine Rekursinstanz und Rekursfrist geschaffen hat Die nähere Begründung dieser Ansicht bildet den Inhalt der folgenden Noten.

242. Die unumschränkte Weise, wie im ersten Satze des § 19 das Prinzip der gegenseitigen Unabhängigkeit der Behörden ausgesprochen wird, weist von vorn herein auf die franz. Gesetzgebung als Quelle hin. Inzwischen ist der dispositive Theil jenes Satzes nicht aus denjenigen Gesetzen genommen, welche hierfür die eigentliche sedes materiae bilden (s. n 6), sondern aus dem StRG. v. 25. Therm.

XII, dessen Motive die Fälle, wo der Verwaltung gesetzlich zusteht, de prononcer des condamnations ou de decerner des contraintes, gleichfalls neben einander stellen und die Anwendbarkeit des obigen Prinzips auf die Ausflüsse des einen wie des anderen Rechts ebenmäßig hervorheben. Trotzdem erfordern die Fälle, wo den Regierungen das Entscheidungsrecht und diejenigen, wo ihnen die Exekution vorbehalten ist, eine getrennte Besprechung.

243. Aus der Beziehung des § 19 zu dem unter n. 229 besprochenen StRG. v. 25. Therm. XII ergiebt sich bereits, daß der Ausdruck „Entscheidungsrecht“ dort nur auf solche Fälle zu beziehen ist, wo die Regierungen an Stelle der mit dem jugement du contentieux befaßten franz. Verwaltungs-Behörden, insbesondere der Präfekturräthe, Entscheidungen im engeren Sinne fällen. Das Gleiche folgt aus dem Ress.-Regl. selbst, indem es nach allgemeinen Interpretationsregeln als unzulässig erscheint, jenen Ausdruck hier in einem anderen, resp. weiteren Sinne zu nehmen, als er in den §§ 2 ff. gebraucht wurde. Hierzu kommt, daß gerade für die auf Grund dieser §§ ergehenden Entscheidungen die Vorschrift über die Rekursinstanz und Rekursfrist berechnet ist. Beruhte die Unstatthaftigkeit der gerichtlichen Anfechtung von Administrativakten nach der franz. Auffassung auf dem Prinzipe der Trennung der Gewalten, so folgte dies bei Ausflüssen der eigentlichen Administrativjustiz, insbesondere den Präfekturraths-Beschlüssen noch außerdem daraus, daß diese wirkliche Richtersprüche darstellten, welche als solche nur durch das Angeben der zweiten Instanz, durch Berufung an die höhere Administrativ-Justizbehörde einer Abänderung unterliegen konnten, weshalb denn auch gegen Präfekturraths-Beschlüsse ebensowenig der Rekurs an den Minister als höchsten Verwaltungschef zugelassen war. Sofern also die Regierungen an die Stelle der Präfekturräthe traten, konnten ihre Entscheidungen nicht von vorn herein und ohne besondere Gesetzesvorschrift der allgemeinen Regel anheimfallen, nach welcher der Rekurs gegen die Verfügungen der Verwaltungs-Behörden bei der den letzteren vorgesetzten Dienstbehörde anzubringen ist. Vielmehr bedurfte es mit Rücksicht darauf, daß die Entscheidung über den Rekurs ebensowohl wie die Entscheidung in erster Instanz eine Art Gerichtsbarkeit voraussetzt, diese aber den höheren preuß. Verwaltungs-Behörden im Uebrigen nicht zustand, einer besonderen gesetzlichen Anordnung, wodurch die betreffende höhere Behörde als zweite Instanz bestellt und gleichzeitig für die bezüglichen Materien mit einer Art Gerichtsbarkeit beliehen wurde. Wenn § 19, indem er eine solche Anordnung trifft, gleichzeitig des Prinzips der Trennung der Gewalten gedenkt, so war dies um so mehr motivirt, als die provisorische VO. v. 17. Mai 1816 (s. n. 24) jenem Prinzipe keine Rechnung getragen hatte. Aehnlich verhält es sich mit der Fristbestimmung des § 19. Der Rekurs gegen gewöhnliche Administrativ-Verfügungen ist in der Regel (von welcher neuere Gesetze freilich mancherlei Ausnahmen statuiren) an keine Fristen geknüpft. Handelt es sich jedoch um Entscheidungen, welche ähnlich den Präfekturraths-Beschlüssen bis zu einem gewissen Gerade der Rechtskraft empfänglich sind, so ergiebt sich das Bedürfniß einer Fristbestimmung für die Einlegung des Rekurses von selbst. Endlich und vor Allem steht aber der Anwendung des Ausdrucks „Entscheidungsrecht“, resp. der bezüglichen Vorschriften des § 19 auf sonstige Verwaltungsakte entgegen, daß die gegenseitige Unabhängigkeit der Behörden in der VO. v. 1808 keineswegs in solcher Unumschränktheit, wie § 19 sie ausspricht, anerkannt wird, und daß gerade diejenigen Bestimmungen der VO., welche die Beschränkungen jenes Prinzips enthalten, in das Ress.-Regl. aufgenommen worden sind.

244. Zweifelhafter erscheint es, ob § 19 nicht wenigstens da Platz greife, wo den Regierungen durch spätere Gesetze ausdrücklich ein Entscheidungsrecht übertragen worden ist. In bejahendem Sinne sprachen sich aus: AH. Cöln 11. Juni 1850 (Rh. A. 45, I 96) bezüglich der zufolge § 45 des Disz.-Ges. v. 29. März 1844 ergangenen Entscheidungen, ebenso: Bessel und Kühlwetter, das Preuß. Eisenbahnrecht I. S. 64 insofern, als sie die Fristbestimmung des § 19 auf Beschwerden anwenden, welche wider die gemäß § 8 a. E. des Ges. v. 3. Novbr. 1838 getroffenen Entscheidungen der Regierung erhoben werden. Ist jedoch daran festzuhalten, daß, wie §§ 2 ff. die Regierungen in gewissen Angelegenheiten den Präfekturräthen substituiren, so § 19 die Bestimmung hat, an Stelle des franz. Staatsraths eine Rekurs-

Behörde zu bestellen, so wird hierdurch wohl jede Ausdehnung desselben auf mehr oder weniger verwandte Verhältnisse des preuß. Rechts ausgeschlossen. Außerdem sind die meisten jener späteren Gesetze für das ganze Staatsgebiet ergangen; es entspricht aber schwerlich der Absicht des Gesetzgebers, bei der Handhabung solcher Gesetze einzelne Unterschiede unter den verschiedenen Landestheilen eintreten zu lassen, wie es nach der entgegengesetzten Ansicht, z. B. wegen der Fristbestimmung des § 19, noch immer der Fall sein würde, wenn auch die Unstatthaftigkeit des RW. aus den allgemeinen Grundsätzen des preuß. Rechts ebensowohl wie aus § 19 folgen sollte.

245. Wo es sich wirklich um Entscheidungen im Sinne der §§ 2 ff., resp. des § 19 handelt, muß auch in der Rekursinstanz beiden Theilen Gehör geschenkt werden, und sind die in dieser Instanz ergehenden Entscheidungen in Form motivirter Resolute abzufassen, auf welche gleichfalls der Grundsatz Anwendung findet: le juge ne peut se reformer lui-même.

246. Die Frage, ob die Anmeldung des Rekurses oder gar schon der bloße Lauf der Rekursfrist in Beziehung auf die Vollstreckbarkeit der von der Regierung nach Maaßgabe der §§ 2 ff. getroffenen Entscheidungen Suspensiveffekt äußere, dürfte zu verneinen sein; einmal, weil es zur Annahme des Gegentheils einer ausdrücklichen Gesetzesvorschrift bedurft hätte, sodann aber, weil auch die Präfekturraths-Beschlüsse provisorisch vollstreckbar waren; cf. Cormenin I. S. 34, 117.

247. Schon oben n. 100 wurde bemerkt, daß die auf § 5 und den betreffenden franz. Gesetzen beruhenden Befugnisse zwar keine eigentliche Entscheidungs-Gewalt in sich schließen, sondern wesentlich administrativer Natur seien, daß aber dessenungeachtet die Berufung an den Staatsrath wider desfallsige Präfekturraths-Beschlüsse nach der franz. Gesetzgebung stattgefunden habe. Hiernach kann es wohl keinem Zweifel unterliegen, daß § 19, vorbehaltlich des unter n. 103 Gesagten, insofern auch auf die entsprechenden Beschlüsse der Regierungen Anwendung finde, als es sich um die Zulässigkeit eines Rekurses an die höhere Instanz handelt. Dagegen wird von den Rekurs-Resoluten dasselbe gelten, was unter n. 101 von den Beschlüssen erster Instanz gesagt ist; es wird daher die Rekursbehörde befugt sein, ihre einmal getroffene Entscheidung zurückzunehmen. Auch dürfte schwerlich der Ablauf der Präklusivfrist des § 19 der Ergreifung eines Rekurses in dieser Materie entgegenstehen. — Wider die bezüglichen Erlasse der katholischen Bischöfe (s. n. 95) ist ein Rekurs überhaupt unstatthaft, da der Bischof die höchste Instanz für die Angelegenheiten der kirchlichen Verwaltung bildet. Cf. de Syo zu Art. 77 des Dekr. v. 1809.

248. Wenn die absolute Unanfechtbarkeit einer Entscheidung im Sinne der §§ 2 ff. auf dem gerichtlichen Wege den Grundsätzen des franz. Rechts als Quelle jener §§ vollkommen entspricht, § 19 sich mithin nach dieser Richtung hin ebenso unumschränkt handhaben läßt, wie er lautet, so ist doch das Gegentheil anzunehmen in Betreff derjenigen Fälle, in welchen den Regierungen die Exekution vorbehalten worden ist. Schon nach franz. Rechte war in manchen Fällen, wo die Verwaltung das Recht besaß, „de decerner des contraintes“, der RW. wider das exekutivische Verfahren gestattet; cf. oben n. 229 ff., 235 ff. Ein Gleiches gilt von der administrativen Exekution des preuß. Rechts, insofern es sich um die Vollstreckung von Finanz-Maaßregeln handelt, wie dies aus den Noten zu §§ 41, 42 der VO. v. 1808 hervorgeht. Offenbar hat es außer der Absicht des Gesetzgebers gelegen, hierin eine Aenderung eintreten zu lassen, und sich gleichzeitig mit den Vorschriften des franz., wie mit denen des preuß Rechts in Widerspruch zu setzen. § 19 kann daher nur auf solche Fälle bezogen werden, in denen der Verwaltung die Exekution schon nach sonstigen Gesetzen mit der Wirkung zustand, daß der RW. wider das Zwangsverfahren unbedingt ausgeschlossen war, d. h. also, er enthält eine bloße Bestätigung jener sonstigen Gesetze. So steht derselbe z. B der Beschreitung des RW. wider die administrative Beitreibung von Gerichtskosten und Hypothekengebühren nicht entgegen; cf. n. 236, 237. — Ein Beispiel unrichtiger Auslegung liefert die *ME. v. 17. Febr. 1835 (Rh. S. 5, S. 72), indem dieselbe die Unzulässigkeit des RW bezüglich einer gegen einen Kirchenrendanten verhängten Exekutionsstrafe lediglich darauf gründet, daß die Regierungen gemäß § 18 zum Er-

§. 20. Aus den bei den vormaligen Präfekturräthen unentschieden gebliebenen Rechtssachen werden an die Gerichte verwiesen, und sofern ähnliche Fälle sich in der Folge ereignen, auch für die Zukunft bei den Gerichten angebracht:

1) Klagen wider Privat-Personen auf Ersatz vorbezahlter Steuern, wenn der Kläger behauptet, daß er sie für den Beklagten und im Interesse desselben entrichtet habe;

---

lasse und zur Vollstreckung von Strafbefehlen befugt seien, zufolge § 19 aber da, wo den Regierungen die Exekution vorbehalten worden, die Berufung auf den RW. nicht stattfinde; denn § 18 bestimmt gar nicht die Fälle, wo den Regierungen die Exekution vorbehalten ist, sondern blos die Exekutionsmittel, welche anzuwenden sind, wenn ein solcher Fall vorliegt, und zu denen eben auch Strafbefehle gehören. Inwiefern gegen die Vollstreckung eines derartigen Befehls der RW. zulässig sei, ist daher ebenso, wie wenn ein anderes Exekutionsmittel, z. B. Mobiliarpfändung, zur Anwendung gebracht worden wäre, lediglich davon abhängig, was durch jenes Mittel erreicht werden soll, ob es sich namentlich um die Vollstreckung einer Verfügung in Hoheits- oder Polizei-Angelegenheiten oder um diejenige einer Finanz-Maaßregel, und zwar einer nicht provisorisch vollstreckbaren handle Demgemäß führt denn auch *EK 21. Nov. 1857 (JMBl 58, S 200) die Unzulässigkeit des RW. wider die zur Durchführung einer Polizeiverfügung gegen einen Kirchenrendanten verhängte Exekutionsstrafe auf das Ges. v 11. Mai 1842 zurück. Eine hiervon abweichende Auffassung liegt dagegen wiederum dem *EK. 8. Dez. 1860 (JMBl. 62, S 15) zu Grunde. Hier hatte die Regierung wider den Vorsteher eines Klosters eine Exekutionsstrafe verhängt, um ihn zu nöthigen, der städtischen Armen-Verwaltung Rechnung zu legen; jener beschritt den RW., weil er seine Rechnungspflicht leugnete und namentlich die zu diesem Behufe bezogenen Statuten des Klosters aus mehreren Gründen als unverbindlich darstellte Der Streit drehte sich daher um einen an sich privatrechtlichen Gegenstand (s n 221); die exekutivische Maaßregel betraf die Ausführung einer Anordnung, welche von der Regierung zwar als Aufsichts-Behörde, aber in Beziehung auf die Vermögens-Verwaltung einer ihr untergeordneten moralischen Person (der Stadtgemeinde, resp. der Armen-Verwaltung) erlassen worden war. Ungeachtet hiernach ein Fall vorlag, in welchem § 15 h. l. den RW. ausdrücklich gestattet, erhielt der Komp.GH. den KK. aufrecht, und zwar blos um deswillen, weil aus § 11 der Reg.-Instr v. 1817, in Verbindung mit den erwähnten Statuten, hervorgehe, daß der Regierung die Exekution vorbehalten sei.

249. Die dem § 19 gegebene Deutung erfordert, daß die Fristbestimmung dieses §, deren Bedeutung für das erwähnte Entscheidungsrecht der Regierungen in n. 243 nachgewiesen ist, nur bei der Ausübung dieses Entscheidungrechts, mithin niemals bei anderen Verfügungen und Entscheidungen der Verwaltungs-Behörden, insbesondere nicht bei blos exekutivischen Maaßregeln derselben, in Betracht komme. Die im zweiten Satze des § 19 vorfindlichen Ausdrücke „unterliegender Theil" und „Entscheidung der Regierung" unterstützen diese Deutung, wogegen freilich die Schlußworte des § mit derselben nicht recht in Einklang stehen. Inzwischen passen letztere offenbar besser zum ersten Satze; überhaupt aber muß, wegen der höchst verfehlten Redaktion dieses §, bei seiner Auslegung mit größerer Freiheit zu Werke gegangen werden.

§ 20.

250. § 20 führt wieder vollständig zur franz. Gesetzgebung zurück, indem er diejenigen Materien aufzählt, hinsichtlich welcher die Gerichte an Stelle der Präfekturräthe treten sollen; er bildet daher den Gegensatz zu den §§ 2—12, insofern diese die den Regierungen zugetheilten Attributionen der Präfekturräthe

2) Streitigkeiten zwischen einzelnen Städten und denjenigen, welche entweder gegen einen bestimmten Antheil an dem Ertrag für Rechnung der Gemeinde oder als Pächter die Octroi-Gebühren erhoben haben; es sei von der Berechnung des Empfangs oder von dem Sinne und den Bedingungen des Pachtkontraktes die Rede;

3) Klagen wider eine Stadt oder andere Gemeinde auf Zahlung der für sie gemachten Lieferungen oder vollführten Arbeiten;

4) Prozesse zwischen der Domainen-Verwaltung und den Käufern der Domainen ohne Unterschied, ob über die Gültigkeit des Kontraktes oder über dessen Auslegung und Wirkungen gestritten wird, mithin auf Streitigkeiten über die nachherige Grenzberichtigung;

5) Streitigkeiten unter der Verwaltung und den Pächtern eines Domainen-Gutes, vorbehaltlich dessen, was §. 16. Nr. 2. 3. 4. bestimmt ist.

6) Klagen der Verwaltung wider diejenigen, die eine Lieferung übernommen haben, und der Unternehmer einer Lieferung wider die Verwaltung, gleichviel ob auf Erfüllung oder Vernichtung des Konkraktes oder

---

umfassen. Daß § 20 nur auf die bei den Präfekturräthen zwar bereits anhängig gemachten, aber unentschieden gebliebenen oder auf ganz neue Sachen Anwendung finde, nicht also auf frühere Entscheidungen der Präfekturräthe zurück bezogen werden könne, ergiebt schon sein Wortlaut und die Natur der Sache; cf. auch KH. 18. März 1839 (Tr. A. 5, I. 238). Ueber die rechtliche Bedeutung dieser den Gerichten anheimgefallenen Gerichtsbarkeit s. oben n. 16.

§ 20 Nr. 1.

251. Es fehlt in der franz Gesetzgebung an einer speziellen Bestimmung, welche Klagen der hier fraglichen Art ausdrücklich vor die Präfekturäthe verwiese. Die Kompetenz der letzteren könnte nur aus den allgemeinen Vorschriften über die Ressort-Verhältnisse in Betreff der direkten Steuern gefolgert werden, wie es z. B. im Dekr. v. 16. Mai 1810 (Sir. 7, II. 793) geschieht, obgleich diese Folgerung wohl keine allgemein anerkannte ist; s. oben n 160.

252. Die Kompetenz-Bestimmung des § 20 Nr. 1 erleidet jedenfalls durch § 2 Nr. 1 eine Einschränkung.

§ 20 Nr. 2.

253. Die älteren Kompetenz-Bestimmungen, welche derartige Streitigkeiten vor die Verwaltung, aber nicht vor den Präfekturrath, sondern vor den Präfekten en conseil du préfecture verwiesen, sind im Dekr. v. 17. Mai 1809 Art. 136 und im Berg. Dekr. v. 17. Dez 1811, bull. Nr 54 Art. 115 enthalten; cf. Dalloz m. commune, n. 1936, Perrot I. S. 169. — Inzwischen ist die Vorschrift des § 20 Nr. 2 gegenstandslos geworden, nachdem das Ges. v. 30 Mai 1820 § 9 die Oktroi-Gebühren der Rhein. Städte aufgehoben hat

über dessen Sinn und Auslegung gestritten wird, vorbehaltlich dessen, was über die hier ausgedrückten Fälle in den §§. 16. 17. und 18. festgestellt ist.

7) Klagen wider Unternehmer öffentlicher Arbeiten auf Ersatz des Schadens, den sie bei Ausführung der unternommenen Arbeit durch ihre Handlungen oder durch Versehen einem Dritten zugefügt haben;

8) Verhängung der verwirkten Geldstrafen wider diejenigen, welche den gesetzlichen Verfügungen über die Landstraßen-, Wege-, Ufer- und Strom-Polizei oder über die Pflanzungen an den Heerstraßen oder den Gemeindewegen zuwider gehandelt haben, und deshalb von der Lokalbehörde verklagt werden.

9) Wenn eine zufolge des Ges. v. 20. März 1813 geschehene Veräußerung eines Gemeindegutes angefochten wird, so erkennen darüber die Gerichte, gleichviel ob der Streit unter der Gemeinde und dem Käufer, oder unter mehreren Privatpersonen, die gekauft zu haben behaupten, obwalte.

10) Vor den Gerichten wird ebenfalls der Käufer zur Zahlung des rückständigen Kaufpreises belangt.

---

§ 20 Nr. 3.

254. Abgesehen von der zu § 5 besprochenen Bestimmung des Arr. v. 17. Vend X., nach welchem zu persönlichen Klagen gegen Gemeinden die administrative Genehmigung nachzusuchen ist, war der RW in Betreff der streitigen Forderungen an Gemeinden schon nach den Grundsätzen des franz. Rechts im Allgemeinen nicht verschränkt, wenngleich über die Art und Zeit der Zahlung ausschließlich die Verwaltung zu entscheiden hatte; s n. 279 ff. An den desfallsigen Bestimmungen hat § 20 Nr 3 ebensowenig Etwas geändert, wie an den für die vier Rhein. Departements besonders erlassenen, ebendort besprochenen Gesetzen über die administrative Regulirung des dermaligen Kommunal-Schuldenwesens. § 20 Nr 3 umfaßt vielmehr nur gewisse Forderungen, hinsichtlich welcher es in Frankreich streitig ist, ob sie nicht überhaupt und für immer der Kognition der ordentlichen Gerichte entzogen seien. Diese Streitfrage beruht nämlich auf der verschiedenartigen Deutbarkeit des Ausdrucks „travaux publics“ im Art 4 Nr. 2 des Ges. v. 28. Pluv. VIII. Viele Entscheidungen verstehen unter öffentlichen Arbeiten im Sinne jenes Art. 4 nur solche, welche im Staatsinteresse ausgeführt werden, andere in fast gleicher Anzahl, sowie unter den Schriftstellern Dalloz m. comp. admin, n. 383, rechnen dazu auch Arbeiten zu Gemeindezwecken; demgemäß verweisen die Vertreter dieser letzteren Ansicht die Streitigkeiten, welche sich über die Vollziehung der rücksichtlich solcher Unternehmungen abgeschlossenen Verträge erheben, zur Kognition der Präfekturräthe, während nach der ersteren Auslegungsweise die Kompetenz der ordentlichen Gerichte eintritt. § 20 Nr. 3 theilt, indem er offenbar von der Ansicht von Dalloz ausgeht, diesen vermeintlichen Geschäftszweig der Präfekturräthe den Gerichten zu; dasselbe thut § 20 Nr. 6 in Betreff der Kognition über ähnliche Streitigkeiten, wenn sie sich auf Lieferungen an den Staat beziehen. Beide Bestimmungen weichen zwar darin von einander ab, daß Nr. 3 nur von Klagen wider

die Gemeinde und auch nur von den auf Zahlung gerichteten Klagen spricht, während Nr. 6 gleich dem Art. 4 Nr. 2 des Ges. v. J. VIII. alle aus solchen Lieferungs-Verträgen entstehenden Klagen begreift, sie mögen wider den Staat oder von demselben angestellt werden. Es unterliegt indessen keinem Zweifel, daß in dieser Hinsicht kein Unterschied zwischen dem Staate und den Gemeinden gemacht, vielmehr sämmtliche aus Verträgen über öffentliche Arbeiten erwachsenden Streitigkeiten ohne Rücksicht auf die Person der Betheiligten den Gerichten anheimfallen sollten. Aus iesem Grunde interessirt für die Rheinprovinz nicht mehr die fernere Streitfrage, ob unter dem Ausdrucke „travaux publics“ im Ges. v. J. VIII. die für ein Hospital unternommenen Arbeiten, welche Art. 49 des Ges. v. 23 Dezbr. 1809 den öffentlichen Arbeiten ausdrücklich gleichstellt, ebenfalls einbegriffen seien.

255. Zu den Lieferungen im Sinne des § 20 Nr. 3 gehören auch die **Kriegslieferungen**, welche Jemand im Auftrage einer Gemeinde und für dieselbe an fremde Truppen macht. So: AH Cöln 26. Mai 1843 (Rh. A. 35, I. 109), welches die gegen eine Berg. Gemeinde geltend gemachte Forderung wegen solcher Lieferungen aus der Zeit vor 1806 für prozeßfähig erklärte (Rücksichtlich ähnlicher Forderungen aus späterer Zeit cf. VO. v. 26 Dez. 1808 n 251; auf diese ist der § 20 h. l. nicht mit zu beziehen: cit. AH. Cöln) Dasselbe Erk. erwog, daß eine derartige Forderung zwar unter der franz.-berg. Herrschaft nicht zur richterlichen Kognition gehört, das Dekr. v. 17. Dez. 1811, betr. die Berg. Gemeindeschulden, vielmehr die vorläufige Entscheidung über diese Schulden ohne Ausnahme den Präfekturräthen, die definitive dem Rechnungsrathe überwiesen habe, daß aber die frühere Gesetzgebung in diesem Punkte eben durch § 20 abgeändert worden sei; s. jedoch n. 254.

§ 20 Nr. 4.

256. Das Ges. v. 23., 28. Okt. — 5. Nov. 1790 Tit 3 Art 13, 14 hatte zwar alle Rechtsstreitigkeiten, bei denen der Staat betheiligt war, gleich den Rechtsstreitigkeiten unter Privaten den Gerichten zugesprochen. Dieser allgemeine Satz erlitt jedoch schon durch die Ges. v. 1. Fruct III. und 29. Vend. IV. die auf die Unanfechtbarkeit von Administrativakten gestützte Einschränkung, daß alle Streitigkeiten über die Gültigkeit der Domainen-Verkäufe, sowie über den Sinn der bezüglichen Veräußerungs-Urkunden vor die Verwaltungs-Behörden gewiesen wurden, während es hinsichtlich aller, vom Inhalte dieser Urkunden unabhängig zu entscheidenden Eigenthumsfragen bei der Regel der richterlichen Kognition verblieb. Das Ges. v. 28. Pluv. VIII. hielt jene Ausnahme aufrecht, indem es le contentieux des domaines nationaux unter denjenigen Materien aufzählt, in welchen fortan die Präfekturräthe die Administrativjustiz üben sollen. Diese Kompetenz-Bestimmung, welcher die franz. Verwaltungs-Behörden wegen des vagen Ausdrucks „le contentieux des domaines nationaux“, trotz der vielfachen zu dessen Erläuterung in dem hier wiedergegebenen Sinne ergangenen Min.-Erlasse und Entscheidungen, häufig eine viel weiter gehende Bedeutung beigemessen haben, bezweckte namentlich auch, den Domainen-Erwerbern gegen die Ansprüche dritter Personen einen größeren Schutz zu gewähren, als man von unabsetzbaren Richtern erwartete, weshalb dieselbe nicht blos Streitigkeiten zwischen dem Staate und jenen Erwerbern, sondern auch solche zwischen letzteren und dritten Personen, welche Ansprüche auf die veräußerten Domainen erhoben, umfaßte; cf. Arr v. 2. Niv. VI. Hierbei kam übrigens in Betracht, daß der Verkauf der Nationalgüter nach den Konstitutionen v. 5. Fruct. III. Art. 374 und 22. Frim. VIII Art. 94 die Wirkung hatte, die verkauften Güter von allen Eigenthums- und sonstigen im Veräußerungsakte nicht vorbehaltenen dinglichen Rechten Dritter zu befreien, und diese Rechte Dritter in eine Entschädigungsforderung an den Staat umzuwandeln, welche jedoch gleichfalls nur auf administrativem Wege geltend gemacht werden konnte Cf. Arr. v. 5. Fruct. IX. und das Berg. Dekr. v. 22. Juni 1811. Das Nähere über diese Materie s. bei Perrot I. S. 151 ff. und Dalloz m. comp. admin., n. 439 ff. Für die Rheinprovinz hat dieselbe eben in Folge des § 20 h. l. nur noch historisches Interesse. Zwar spricht § 20 nur von Prozessen zwischen der Domainen-Verwaltung und den Ankäufern; das dort Bestimmte gilt aber selbstverständlich auch von Prozessen zwischen diesen und Dritten.

257. Das Ges. v. 14. Vent. VII. (v. Dan. 4, S. 5) bestimmt im Art. 14, daß

die Inhaber in Pfandschaft gegebener Domainen (domaines engagés), welche die Verpflichtung übernehmen, den vierten Theil des Werths dieser Güter zu zahlen, als ausschließliche Eigenthümer anerkannt, und in Allem den Erwerbern der vom Staate versteigerten Nationalgüter gleichgestellt werden sollen. Hieraus folgert Cons. d'ét. 1. Dez. 1824 (Dalloz ib n. 446), daß die Entscheidung über die Gültigkeit der so erfolgten Veräußerungen den Präfekturräthen gebühre, wogegen, wenn die Domanial-Qualität streitig sei, dieser Punkt eine von den Gerichten zu lösende Präjudizialfrage darstelle. Zufolge § 20 würde für solche Fälle die richterliche Kompetenz unbedenklich in beiderlei Hinsicht begründet sein, sofern dieselben in der Rheinprovinz überhaupt vorkommen möchten.

258. § 20 Nr. 4 gilt auch von Domanialrenten (Streitigkeiten zwischen dem Ankäufer und dem vermeintlichen Rentschuldner, insbesondere solche, welche die Frage der Feudalität der Rente betrafen, gehörten schon früher zur Kognition der ordentlichen Gerichte: StRG. v. 14. März 1808.) — Inzwischen hat die ganze Bestimmung der Nr. 4 durch die ACO. v. 24. Februar 1823 (s. diese) eine bedeutende Einschränkung erlitten: *CK. 7. Okt. 1854 (JMBl. 55, S. 19)

259. AH. Cöln 6. Juli 1822 (Rh. A. 4, I. 62) erkannte, daß bei Domainen-Verkäufen nicht stipulirt werden könne, Ankäufer unterwürfen sich hinsichtlich aller hieraus mit dem Fiskus entstehenden Streitigkeiten, unter Verzichtleistung auf den RW., der Entscheidung der mit dem Verkaufe beauftragten Regierung; cf. VO v. 1808 n. 24.

§ 20 Nr. 5.

260. § 20 Nr. 5 unterstellt offenbar, daß Streitigkeiten der dort erwähnten Art ehedem vor die Präfekturräthe gehört hätten. Dies war jedoch nur der Fall in Betreff solcher Pachtverträge, welche eine dem Staate gehörige Mineral-Quelle betrafen, und auch dann nur unter gewissen Voraussetzungen; cf. Arr. v. 3. Flor. VIII. Hinsichtlich aller sonstigen über Domainen geschlossenen Pachtverträge waren schon nach der franz. Gesetzgebung die ordentlichen Gerichte zur Entscheidung desfallsiger Streitigkeiten berufen.

261. Selbstredend gehören zu den unter Nr. 5 erwähnten Streitigkeiten auch die aus der Nichtzahlung des Pachtpreises entstehenden: MR. 9. Februar und 18. März 1842 (Rh. S. 8, S. 25 ff., VMBl. S. 58). Was diese R. hieraus bezüglich der Wirksamkeit des Dekr. v. 5. Nov. 1790 folgern, ist oben n. 231 mitgetheilt.

§ 20 Nr. 6.

262. Auf den ersten Blick könnte es scheinen, als ob § 20 Nr. 6 lediglich den Arr. v. 19. Therm. IX. im Auge gehabt habe, welcher die zwischen den Agenten des Gouvernements und Privatpersonen entstehenden Streitigkeiten in Betreff der Bezahlung der für Rechnung des Gouvernements gemachten Lieferungen der Kognition des Präfekten unterwirft. Berücksichtigt man jedoch, daß § 20 vorzugsweise, wo nicht ausschließlich, nur solche Streitigkeiten begreifen will, welche ehedem nicht zur Entscheidung des Präfekten, sondern des Präfekturraths gehörten, daß ferner nach obiger Auffassung eine Bestimmung darüber mangeln würde, welche Behörde an Stelle der Präfekturräthe getreten sei, um die diesen durch Ges. v. 6., 7. u. 11. Sept. 1790 Art. 3, Ges. v 28. Pluv. VIII. Art. 4 und das Berg. Dekr. v. 18. Dez. 1808 Art. 8 zugetheilten Streitigkeiten der Unternehmer öffentlicher Arbeiten mit der Verwaltung über den Sinn oder die Ausführung der Bedingungen ihrer Verträge zu entscheiden, so muß man wohl der Deutung den Vorzug geben, daß Nr. 6 ebensowohl die betr. Streitigkeiten der Unternehmer von öffentlichen Arbeiten, wie diejenigen der Unternehmer von Lieferungen umfaßt. Während die franz. Gesetzgebung durch obige Bestimmungen die raschere Lösung solcher Streitigkeiten, und hiermit die raschere Vollendung der übernommenen Arbeiten 2c. zu erzielen suchte, ist in dem aus der VO. v. 1808 entlehnten Rechte der vorläufigen Exekution ein anderes, die Erreichung derselben Zwecke sicherndes Mittel geboten, weshalb auch § 20, indem er jener Ausnahme-Gerichtsbarkeit die ordentliche substituirt, auf die bezüglichen Vorschriften aus der VO. v. 1808 (d. i § 16 Nr. 5 h. l.) hinverweist.

263. Die Kompetenz-Bestimmung der Nr. 6 kann (zufolge Art. 1004 der

B. Pr. O.) durch einen Kompromißvertrag nicht außer Wirksamkeit gesetzt werden. Dasselbe entschied Cons. d'ét. 15. März 1829 (Dalloz l. c. m. 379) in Betreff der bezüglichen Bestimmung des Ges. v. 28. Pluv. VIII. – [Die „Zulässigkeit solcher Verträge über Administrativ-Justizsachen, bei denen blos Private betheiligt sind, wird dagegen in Frankreich allgemein anerkannt; cf. Chauveau n. 519.]

264. Im Uebrigen s. die Noten zu §§ 12, 13, 15, 20 Nr. 3.

§ 20 Nr. 7.

265. Die Kompetenz der Präfekturräthe für solche Streitigkeiten beruhte gleichfalls auf Art. 4 des Ges. v. 28. Pluv. VIII. Cf. auch Ges. v 6., 7. und 11. Sept. 1790 Artt. 3 ff. und Berg. Dekr v. 18. Dez. 1808 Art 8. Auch hier war Zweck des Gesetzes die Förderung der schleunigen Ausführung der öffentlichen Arbeiten.

266. Die in Nr. 7 erwähnten Ansprüche können geeigneten Falls auch durch possessorische Rechtsmittel geltend gemacht werden: LG. Elberfeld 16. Jan. 1850 (Rh. A. 45, III. 22).

267. Welche Behörde zu entscheiden habe, wenn die Beschädigungen nicht von den Unternehmern, sondern von der Behörde selbst ausgehen, war in Frankreich überaus streitig, wenngleich darin wenigstens fast alle Autoritäten übereinstimmen, daß die ordentlichen Gerichte nicht kompetent seien; cf Dalloz l c. n. 390 ff. und oben n 102. Bei der gegenwärtigen Lage der Rhein. Gesetzgebung muß diese Frage unbedenklich zu Gunsten der richterlichen Kognition beantwortet werden.

§ 20 Nr. 8.

268. Die Vorschriften, welche die Präfekturräthe mit der Entscheidung in den hier erwähnten Strafsachen befaßten, sind in den Ges. v. 29 Flor. X. u. 9. Vent. XIII., sowie im Dekr. v. 16. Dez. 1811 enthalten. Im Uebrigen s. VO. v. 1808 n. 466.

§ 20 Nr. 9 und 10.

269. Das Ges. v. 20. März 1813 verordnete, anscheinend durch die Voraussetzung geleitet, daß die Gemeinden ihr Vermögen schlecht verwalteten, daß deren Grundgüter, mit wenigen Ausnahmen, gegen eine nach ihrem Ertrage zu bemessende Rente an die Amortisationskasse abgetreten, und auf Betreiben der Enregistrements-Verwaltung von den Präfekten veräußert werden sollten (welche letzteren außerdem berufen wurden, die in Betreff der Ausführung des Gesetzes zwischen den Gemeinden und der Domainen-Regie erwachsenden Streitigkeiten, vorbehaltlich des Rekurses an den Staatsrath, zu schlichten) Die Versteigerungen erfolgten demgemäß nicht für Rechnung der Gemeinden, sondern des Staats, und standen überhaupt den Versteigerungen der Nationalgüter gleich, weshalb die hinsichtlich dieser geltenden Kompetenz-Bestimmungen (n 256) auch auf die Streitigkeiten Anwendung fanden, zu denen jene ersterwähnten Verkäufe den Anlaß gaben. — Die Geltung des obigen Gesetzes war jedoch nur von kürzer Dauer. Während dasselbe für Frankreich durch Art. 15 des Ges. v. 28. April 1816 aufgehoben wurde, trat dasselbe in der Rheinprovinz thatsächlich schon gleich nach Beendigung der Fremdherrschaft, und rechtlich durch die VO. v. 27 Jan. 1816 außer Kraft. Inzwischen erhielt diese VO. die unter der Fremdherrschaft in gehöriger Form abgeschlossenen Verkäufe aufrecht, und substituirte nur die Gemeinden der franz. Amortisationskasse in Betreff aller Ansprüche, welche dieser Kasse wider die Ankäufer noch zustanden, indem sie gleichzeitig den Gemeinden alle Einreden wegen Verletzung oder Ueberschreitung des Gesetzes, wie diejenigen aus einem speziellen Rechtstitel vorbehielt, und die Rückgabe der noch unveräußerten Güter an jene verfügte

270. Die Kompetenz-Bestimmungen der Nr. 9 und 10 entsprechen derjenigen der Nr. 4. Sie haben gegenwärtig wohl längst ihre praktische Bedeutung verloren, da die auf Grund derselben angestrengten Prozesse zweifelsohne sämmtlich seit vielen Jahren abgewickelt sind, und ein Anlaß zu ähnlichen Prozessen sich schwerlich

§. 21. Die Frage, wer unter mehreren Richtern in den hier erwähnten Fällen zu entscheiden habe, wird nach den allgemeinen Regeln über die Kompetenz beurtheilt.

§. 22. In allen das Interesse des Staats betreffenden Angelegenheiten, welche zur Erkenntniß der Gerichte gehören, sie mögen bei dem Präfekturrathe schon anhängig gewesen, und unentschieden geblieben sein, oder künftig entstehen, geschieht die Vorladung an die Regierung in der Person des Präsidenten und, wenn von Bergwerkssachen die Frage ist, an das Ober-Bergamt, in der Person seines Direktors.

[§. **23.** Die Ladung wird in beiden Fällen nur dem königl. Staats-Anwalt bei dem Gerichte, wobei die Klage angebracht wird, insinuirt, und hat von dem Zeitpunkte anzurechnen, da diese Insinuation geschehen ist, ihre Wirkung.]

[§. **24.** Der königl. Staats-Anwalt ist dagegen verbunden, diese Ladung nebst dem Insinuationsakte ohne einigen Zeitverlust dem Präsidenten oder dessen Stellvertreter, und in Bergwerkssachen dem Direktor durch ein Schreiben bekannt zu machen, sowie diese dem königl Staats Anwalt den Empfang davon gleichfalls durch ein Schreiben anzuzeigen haben.]

Staats-Ministerial-Beschluss v. 30. Novbr. 1838. (Rh. S. 6, S. 667.)

Da die Vorschriften des Ressort-Reglements für die Rheinprovinz vom 20. Juli 1818 §§. 23. und 24., nach welchen die Ladungen, Urtheile etc. in Prozessen über das Interesse des Staats betreffende Angelegenheiten dem

---

mehr ergeben wird. Die letzte bekannt gemachte Entscheidung des AH. Cöln über einen Rechtsstreit dieser Art gehört dem J. 1825 an; cf. Rh. A. 9, I. 227.

§ 21.

— —

§§ 22—24.

271. Der Staat, resp Fiskus besaß als solcher in der Rheinprovinz schon unter der Fremdherrschaft keinen privilegirten oder eximirten Gerichtsstand. Zwar nahmen AH. Cöln. 14. März 1825 und 5. März 1835 (Rh. A. 8, I. 141; 22, I. 114) das Gegentheil insofern an, als Fiskus in persönlichen (und possessorischen) Streitigkeiten nicht vor den Friedensgerichten Recht zu nehmen habe. Diese Meinung ist jedoch unhaltbar und jetzt allgemein verworfen; cf. KH. 25. Juni, 3. Dez. 1836, LG. Cöln 22. Nov. 1831 (Rh. A. 24, II. 51; 25, II. 24; 18, III. 22), Perrot I. S. 268. Nur hinsichtlich der Streitigkeiten, die sich gelegentlich der Beitreibung von Domainengefällen und mittelbaren Steuern (ausschließlich der Zölle) erheben, sind die Landgerichte, ohne Rücksicht auf die Höhe des streitigen Betrags, allein kompetent, was jedoch blos in dem für solche Sachen geltenden besonderen Prozeßverfahren seinen Grund hat; cf. Dekr. v. 6, 7.—11. Sept. 1790 Art. 2; Ges. v. 7. Frim. VII. Artt. 64, 65; Ges. v 27. Vent. IX. Art. 17.

272. Welche Aenderungen durch die §§ 22—24 an der bezüglichen Bestimmung der B. Pr. O., nämlich dem Art. 69 Nr. 1, bewirkt wurden, ergiebt der Wort-

königl. Staatsanwalte zur weiteren Mittheilung an die betreffenden Verwaltungs-Behörden zu insinuiren sind, sich nicht als zweckmässig bewährt haben, so wird hierdurch, mit Aufhebung jener Vorschriften, bestimmt, dass die Insinuationen in diesen Prozessen künftig unmittelbar an den Präsidenten der Regierung, in Bergwerkssachen aber an den Direktor des Ober-Bergamtes, und in Angelegenheiten der Verwaltung der indirekten Steuern an den Provinzial-Steuer-Direktor, und bei Abwesenheit oder Behinderung des Präsidenten oder Direktors an dessen Stellvertreter geschehen sollen. In Postsachen müssen die Insinuationen an das General-Postamt durch Requisition des hiesigen Kammergerichts geschehen, welche der Ober-Prokurator auf den Antrag der Parteien oder deren Anwälte zu bewirken hat.

Diese Bestimmungen sind durch die Amtsblätter der Rheinprovinz bekannt zu machen.

---

laut dieser §§. — Der königl. Schatz und das Privatvermögen des Königs (Art. 69 Nr. 2, 4 ib.) sind dem Fiskus fremd, und die desfallsige franz. Verfassung für die Rheinprovinz ohnehin ohne praktisches Interesse: Perrot I. S. 269.

273. Ein KH. 23. April 1838 (Volkmar S. 183) entschied, daß die §§ 22, 23 auch für die Friedensgerichte gälten, und ein zweites Erk. von dems. Tage (Volkmar ib.), daß § 23 bei allen durch Gerichtsvollzieher-Akte zu machenden Zustellungen, mithin auch bei der Zustellung eines Urtheils, zur Anwendung komme.

274. Die Verbindlichkeit des St.-Min.-Beschl. v. 30 Nov. 1838, welcher den §§ 23 und 24 h. l. andere, der B. Pr. O. mehr konforme Bestimmungen substituirt, ist trotzdem, daß man dem Ress.-Regl. Gesetzeskraft beilegt, die Aufhebung, resp. Abänderung seiner Bestimmungen aber hiernach strenge genommen einen Akt der gesetzgebenden Gewalt voraussetzt, niemals in Zweifel gezogen werden.

275. Diesem Min.-Beschl. und dem § 22 h. l. zufolge kann z. B. bei Klagen, welche gegen ein Haupt-Zollamt als Behörde, mithin gegen den Staat gerichtet sind, Beklagter nur durch Zustellung an den Prov.-Steuer-Direktor geladen werden: KH. 13. Juni 1842 (Rh. A. 33, II 58). [Die Frage, ob eine von der Prov.-Steuer-Direktion ressortirende Unterbehörde das Staatsinteresse im Prozesse zu vertreten legitimirt sei, wurde dort zwar aufgeworfen, aber unentschieden gelassen.]

276. Mitunter wird behauptet, daß § 22, resp. der Min.-Beschl. v. 1838 und die sich an diese Vorschriften knüpfende Folgerung, wonach der persönliche Gerichtsstand des Staats sich nach dem Sitze der dort benannten Prov.-Behörden richtet, alsdann eine Ausnahme erleide, wenn gegen die Beitreibung rückständiger Domainengefälle, indirekter Steuern, Gerichtskosten und gerichtlich erkannter Geldbußen Einspruch erhoben werde, indem in diesen Fällen, wo das s. g. Verfahren auf Denkschriften oder à bureau ouvert (n. 271) stattfindet, die Zustellung an die Regierung oder Prov.-Steuer-Direktion im Geschäftslokale des die Exekution betreibenden Domainen-Rentmeisters, resp. der betr. Steuerkasse erfolgen könne, und über den Einspruch bei demjenigen Gerichte zu verhandeln sei, in dessen Bezirke jener Rentmeister oder jene Kasse ihren Sitz habe; cf. Perrot I. 269, 270, LG. Saarbrücken 24. März 1840, LG. Koblenz 14. Dez. 1853 (Tr. A. 2, I 261; JMBl. 54, S. 447). Allerdings kam in solchen Fällen unter der Herrschaft der früheren einschlägigen Gesetzgebung Art. 69 Nr. 1 der B. Pr. O. nicht zur Anwendung,

§. 25. Soviel die Vollstreckung der wider den Fiskus, eine Gemeinde oder eine unter der Aufsicht der Regierung stehende öffentliche Anstalt ergangenen Urtheile betrifft, hat es bei den bisherigen Formen sein Bewenden.

---

vielmehr mußte in der eben angegebenen Weise verfahren werden. Cf Gef. v. 22. Frim. VII. Art. 64. Inzwischen unterliegt es großem Bedenken, ob diese in der franz. Verwaltungs-Organisation begründete Abweichung von den allgemeinen Regeln noch jetzt gesetzlichen Boden habe, da doch die Ressort-Verhältnisse der Verwaltungs-Behörden unter einander, namentlich diejenigen der Provinzial- zu den ihnen untergeordneten Behörden zufolge der ACO v. 4. Dezbr. 1826 für das gesammte Staatsgebiet nach gleichen Normen zu bemessen sind; s auch Schlink I. S. 439. Zudem ist das für obige Ansicht aus der richterlichen Visirung der Zwangsbefehle etwa zu ziehende Argument seit dem Erlasse der Ex.-O. v. 1843 hinweggefallen. Selbstredend ist jedoch da, wo die administrative Exekution auf Grund eines gerichtlichen Erk. erfolgt, der Gerichtsstand bei demjenigen Landgerichte, welches jenes Erk. gefällt hat.

277. Im Uebrigen wird, was die Vorladung und den Gerichtsstand des Fiskus und seiner Stationen betrifft, auf die VO v 1808 n. 15 verwiesen.

278. In Prozessen, bei denen eine Regierung Partei ist, kann ein subalterner Offiziant derselben nicht wegen seines Dienstverhältnisses als Zeuge verworfen werden; auch erscheint die im administrativen Wege zu Protokoll genommene Erklärung eines solchen Zeugen nicht als ein freiwillig ausgestelltes Certifikat im Sinne des Art. 283 der B. Pr. O.: AH. Cöln 4. Juli 1833, 16. Febr. 1824 (Rh. A. 18, I. 225; 6, I. 88).

§ 25.

279. Nach den Grundsätzen des franz. Rechts kann der Richter die Gemeinden zwar zur Zahlung oder zu sonstigen Leistungen verurtheilen; dagegen wird die Vollstreckung solcher Urtheile sowie der exekutivischen Titel überhaupt nicht auf dem gewöhnlichen Wege des Zwangsvollzugs betrieben; namentlich ist die Einwirkung der Gerichte hierauf ausgeschlossen, es gehört vielmehr zu den Attributionen der Verwaltung, die Art sowie die Zeit zu bestimmen, in welcher die Gemeindekosten bestritten werden sollen, so daß die Gemeinden selbst keine Ausgabe ohne höhere Genehmigung oder mit anderen, als den im Budget bestimmten Mitteln machen dürfen. Folgeweise ist es den Gläubigern ebensowenig gestattet, auf die in der Amortisationskasse hinterlegten Gelder der Gemeinden Arrest anzulegen; ja es muß sogar die Enregistrements- und Domainen-Verwaltung sich aller exekutivischen Maaßregeln enthalten und behufs ihrer Befriedigung sich an den Präfekten wenden; cf. Ges. v. 10. Vend. IV. Tit. V. Artt. 8, 9; Arr v. 12 Brum. XI.; StRG. v. 12. Aug. 1807 und 11.—26. Mai 1813; Berg. Verw-Ordn. v. 18. Dezbr. 1808 Artt 38 ff.; Minist.-VO. v. 28 Juli 1809 und 6. Febr 1810 Artt 3, 4 (Scotti, Berg. Samml. 3, S. 1209, 1276). — § 25 spricht zwar nur von der Vollstreckung richterlicher Urtheile; es unterliegt jedoch keinem Zweifel, daß er bezweckt, die vorerwähnten Gesetze, soweit sie die richterliche Zuständigkeit beschränken, in ihrem ganzen Umfange, mithin auch in Betreff der Vollstreckung anderer exekutorischer Titel aufrecht zu erhalten. Ebenso steht mit denselben die spätere Gesetzgebung in Einklang (cf. namentlich die Gemeinde-Ordn. v. 23. Juli 1845 §§ 86—90; Ges. v. 14. März 1845 § 4); *EK. 2 Novbr. 1850 (JMBl 51, S. 15), 17. Febr. 1855 (s. n. 224). Nur die §§ 15—17, 25 und 35 des Ges. v 7. März 1822 (s. n. 280) machen hiervon eine Ausnahme; doch ist die durch diese §§ herbeigeführte Modifikation von blos transitorischer Bedeutung, da sie lediglich auf die Regulirung des damaligen Gemeinde-Schuldenwesens und die Ausführung der nach jenem Gesetze zu entwerfenden Schulden-Tilgungspläne Bezug hat. A. M. scheinen Perrot I. S. 213 und Schlink I. S. 172 zu sein, indem sie obige §§ anscheinend auch auf später kontrahirte Schulden für anwendbar halten.

280. Noch weiter als jene franz Bestimmungen gingen mehrere für die vier

Rhein. Departements erlassenen Gesetze, indem dieselben zur Regulirung des gesammten Kommunal-Schuldenwesens ein administratives Verifikations-, resp Liquidations-Verfahren anordneten, und hiermit nicht etwa blos den Zwangsvollzug gegen Gemeinden ausschlossen, sondern sogar den RW über die Existenz der Ansprüche den Gläubigern versperrten. Nachdem nämlich bereits ein Ges v. 17. Germ XI. die Hemmung, resp. Erschwerung des RW wegen Gemeinde-Schulden überhaupt bis zum 1 Vend XIII. (23 Sept 1804) verfügt hatte, ordnete das Dekr. v. 9. Vend. XIII Artt 18 ff. für die s. g. neuen Schulden ein administratives Verifikations- und Liquidations-Verfahren unter Ausschließung des RW an, während letzterer behufs Feststellung, resp. Erneuerung der Titel der s. g. alten, d. h vor dem Einmarsche der Franzosen verbrieften Gemeindeschulden eröffnet blieb, bis das Dekr. v. 21 Aug. 1810 auch hinsichtlich dieser ein administratives Liquidations-Verfahren vorschrieb; cf ferner das Berg. Dekr. v. 17. Dez. 1811 (s. n. 255) Obige Bestimmungen wurden inzwischen durch das Gesetz, betr. das Schuldenwesen der Gemeinden in den Landestheilen des linken Rheinufers und in der Stadt Wesel v. 7 März 1822 gänzlich außer Kraft gesetzt, und kommen daher in der Praxis fast nur noch bei Verjährungsfragen zur Sprache; cf. VO v. 1808 n. 78. Das Ges. v. 1822 ordnete freilich gleichfalls, ohne zwischen den s. g alten und neuen Schulden zu unterscheiden, die administrative Regulirung des Kommunal-Schuldenwesens und zwar durch die Gemeinden selbst, unter Aufsicht der Regierung handelnd, an, jedoch lediglich in dem Sinne, daß die Gläubiger sich dem unterwerfen müssen, was administrativer Seits in Betreff der Art und Zeit der Schuldentilgung beschlossen wird, indem dasselbe die Streitigkeiten über die Richtigkeit oder den Betrag der Forderungen ausdrücklich an die Gerichte verweist, sofern das Schuldenwesen der Gemeinde nicht schon früher durch Uebereinkunft oder administrative Festsetzung vollständig geordnet war, cf §§ 11, 8 Abs. 2 l. c. und AK. Cöln 29. März 1826 (Rh. A. 9, I. 99). — Ja das Gesetz geht, wie schon oben n. 279 erwähnt wurde, in der Zulassung des RW. sogar über die dort entwickelten, allgemein gültigen Normen in mehrfacher Hinsicht hinaus; einmal nämlich ermächtigt es die Gläubiger, die richterliche Hülfe anzusprechen, wenn zur Veräußerung des Gemeinde-Eigenthums behufs ihrer Befriedigung in Gemäßheit der von der Regierung festgesetzten Form und Modalitäten keine Anstalten getroffen werden, oder wenn die Gemeinde sich in Ausführung der genehmigten Schulden-Tilgungspläne säumig erweist, und die Regierung auf desfallsige Beschwerde nicht binnen sechs Wochen Hülfe schafft (cf. §§ 15—17, 35 l. c.); sodann bestimmt es (im § 25), daß, falls zur Erfüllung getroffener Vergleiche oder zur Ausführung der festgestellten Tilgungspläne neue Kapitalien auf den Kredit der Gemeinden mit Genehmigung der Regierung aufgenommen werden, diese Kapitalien im Wege des Prozesses zu jeder Zeit von den Gemeinden aus ihrem bereitesten Vermögen eingebracht werden könnten [Diese Bestimmungen, insbesondere die des § 25, enthalten nicht blos insoweit, als sie unter Umständen eine Art Zwangsvollzug wider die Gemeinden zulassen, sondern auch insoweit etwas Anomales, als sie hierbei die Anrufung der richterlichen Gewalt, resp. die Beschreitung des Prozeßwegs vorschreiben, beziehungsweise als selbstverständlich voraussetzen, während doch da, wo ein Zwangsvollzug auf Grund eines exekutorischen Titels stattfinden soll, der Gläubiger sich nach den Grundsätzen der B. Pr. O. nicht an das Gericht, sondern an einen Gerichtsvollzieher zu wenden und diesen anzuweisen hat, gegen welches Vermögensobjekt des Schuldners er die exekutorischen Maaßregeln richten soll. Der Schlüssel hierzu dürfte wohl darin zu finden sein, daß man bei der Redaktion obiger Bestimmungen ausschließlich die (in der Stadt Wesel geltenden) Grundsätze des preuß. Rechts in Betracht gezogen habe, welchem ein gerichtliches Exekutions-Verfahren gegen Gemeinden bekanntlich nicht fremd ist (§ 153 des Anhangs zur AGO.) Jedenfalls ist für die in obigen §§ vorgesehenen Fälle die Anwendbarkeit der bezüglichen Vorschriften der Gem.-O. v. 1845 (cf. insbesondere § 87) nicht ausgeschlossen.]

281. Hinsichtlich der unter Aufsicht der Regierungen stehenden öffentlichen Anstalten gilt in Folge ihrer Gleichstellung mit den Gemeinden in Beziehung auf die Vermögens-Verwaltung und die dabei eintretende Bevormundung dasselbe, was oben n. 279 hinsichtlich der Gemeinden und der Unzulässigkeit eines wider diese zu

§. 26. Die Verwaltung der Polizei bleibt auch in den Rheinprovinzen den Regierungen und den ihnen untergeordneten Polizei-Präsidenten, Direktoren und anderen Polizei-Beamten anvertraut. Sie haben also die bestehenden und gehörig verkündeten Polizeigesetze auszuführen, die einmal eingeführten Polizei-Anstalten zu erhalten und insoweit dieses ohne Verletzung wirklicher Privatrechte geschehen kann, die nöthigen

---

betreibenden Zwangsvollzugs- oder Arrest-Verfahrens gesagt worden ist. Der Arr. v. 9. Vent. X spricht solches in Betreff der Spitäler ausdrücklich aus.

282. Da die franz. Gesetzgebung den öffentlichen Anstalten in dem eben gedachten Sinne auch die Kirchenfabriken und die kirchlichen Institute beizählt, so war unter der Fremdherrschaft hinsichtlich dieser ein Gleiches der Fall; cf. Cormenin s. v. fabr. d'églises, I VIII Nr. 8, welcher unter Hinweisung auf eine Reihe von Gesetzen, von denen freilich nur das Dekr. v. 30. Dez 1809 in der Rheinprovinz publizirt ist, sich allgemein für die Inkompetenz der Gerichte ausspricht, die Beschlagnahme kirchlicher Einkünfte gültig zu erklären, oder die Art der Zahlung der Schulden zu regeln, da letztere nur aus denjenigen Fonds bestritten werden könnten, welche die Verwaltung hierzu anweise, und es überhaupt grundsätzlich feststehe, daß die Vollstreckung der wider Kirchenfabriken ergangenen Urtheile auf Zahlung von Schulden oder Kosten reine Verwaltungssache sei. Wenn nun auch dieses Rechtsverhältniß, dem § 25 h. l. zufolge, trotz des Aufhörens der Fremdherrschaft fortbestanden hat, so dürfte dennoch eine wesentliche Aenderung eingetreten sein, seitdem mit dem Art. 15 der Verf - Urk jede Einwirkung der weltlichen Verwaltungs-Behörde weggefallen ist Zwar sind die Befugnisse der kirchlichen Verwaltungs-Behörden durch Art. 15 l c nicht geschmälert, vielmehr im Gegentheil erweitert worden; auch muß angenommen werden, daß den von dieser Behörde innerhalb jener Befugnisse hinsichtlich der Regulirung des Budgets zu treffenden Anordnungen durch exekutivische Maaßregeln einzelner Gläubiger nicht vorgegriffen werden könne. Dagegen wird man den Letzteren, wenn sie sich behufs ihrer Befriedigung an die bischöfliche Behörde vergebens gewandt haben, das Recht schwerlich versagen dürfen, ihre Ansprüche geeigneten Falls mittelst des Zwangsvollzugs oder Arrestschlags zur Geltung zu bringen. — Für die evangelischen Kirchen, resp. Kirchengemeinden, welche in Frankreich als bloße Privat-Institute betrachtet wurden, bestanden ähnliche Beschränkungen des Zwangsvollzugs nicht. Gegenwärtig dürfte unter den Kirchen beider Konfessionen in dieser Hinsicht kein Unterschied bestehen, mithin der Gläubiger einer evangelischen Kirche zur Ergreifung exekutivischer Maaßregeln gleichfalls befugt sein, sobald er seine Befriedigung bei der kirchlichen Oberbehörde vergeblich nachgesucht hat; cf. auch das für die übrigen Provinzen ergangene CMR. 26. Juli 1845 (VMBl S 259).

283. Die Ordnung des Staatsschuldenwesens und die Feststellung des Staatshaushalts-Etats findet nach den Grundsätzen sowohl der franz. wie preuß. Verfassung nur auf administrativem, resp. legislativem Wege statt; hieraus folgt von selbst, daß der Zwangsvollzug von Urtheilen und sonstigen exekutorischen Titeln wider den Fiskus nicht statthaft ist. Cf Cormenin s. v. dette de l'état, I., AH. Cöln 23. Dez. 1822 (Rb A. 4, I. 228); MR. 20 Mai 1822 (Jbb. 19, S 317); Perrot I. S. 194. Rucksichtlich der Bezahlung derjenigen Personen, welchen ihr Eigenthum des öffentlichen Nutzens wegen entzogen worden ist, vgl. die Artt. 20—24 des Ges. v. 8. März 1810.

§§ 26—29.

284. Die dem franz. Rechte eigenthümliche Scheidung der administrativen und der gerichtlichen Polizei ist durch das Ress.-Regl. unberührt geblieben, ungeachtet der Justiz-Minister v Kircheisen sich noch in seinem Votum vom Juli 1818, im Widerspruche mit der Imm.-Just.-Kommission, für Abschaffung

Vorkehrungen zu treffen, damit überall der Zweck der Polizeigesetze erreicht, Ordnung, Ruhe und Sicherheit erhalten, und strafbaren Handlungen vorgebeugt werde. Insoweit stehen alle Polizei-Beamten des Regierungs-Bezirks unter der Aufsicht und Leitung der Regierung.

§. 27. Die Entdeckung jeder einmal begangenen Uebertretung eines Strafgesetzes, die Ausmittelung des Thatbestandes, die Verfolgung und Verhaftung des wirklichen oder muthmaßlichen Thäters, die Untersuchung und Bestrafung gehört zu den Attributen der gerichtlichen Behörden.

§. 28. Je schwerer das Verbrechen ist, und je mehr dem Staate daran gelegen, daß die Urheber ergriffen, überführt und zur verdienten Strafe gezogen werden, desto mehr werden, gleichwohl der im §. 27. festgestellten Regel ungehindert, die Polizei-Beamten, sie seien zugleich in ihren Amtsverrichtungen den Gerichten insoweit untergeordnet, oder nicht, auch

---

dieser bewährten Einrichtung, sowie für Einführung der preuß. Gesetzgebung ausgesprochen hatte, nach welcher die Polizeibeamten zwar gleichfalls den ersten Angriff bei Verbrechen und Vergehen haben, jedoch unabhängig von der Justiz handeln und ihr auch weiter nicht obligat sind; cf. Jbb. 62, S. 418, 301. (Diese Meinungs-Verschiedenheit scheint nicht ohne Einfluß auf die Fassung der §§ 26—29 geblieben zu sein, da anscheinend mit Absicht vermieden wurde, die Aufrechterhaltung der betreffenden Grundsätze des franz. Rechts, welche unmittelbar nur aus einer beiläufigen Bemerkung im § 35 gefolgert werden kann, in jenen §§ ausdrücklich auszusprechen.)

285. Da § 26, gleich dem § 10, II. 17 ALR und dem Art. 19 des Code des délits et des peines v. 13. Brum. IV, von der Polizei-Verwaltung nur im Gegensatze zur gerichtlichen Polizei und zur Strafgerichtsbarkeit redet, so paßt die dortige Abgrenzung ihres Geschäftskreises nur auf die s. g. Sicherheits- oder Präventiv-Polizei. Selbstverständlich sind die Obliegenheiten und Befugnisse der Rheinischen Regierungen ꝛc. in Angelegenheiten der s g. Wohlfahrtspolizei nicht beschränkter oder andere, als die der übrigen Regierungen. Cf. ACO. v. 4. Dezbr. 1826 in Verbindung mit § 3 der VO. v. 1808

286. Die §§ 26 ff. erwähnen der Ortspolizei-Verwaltung nicht, obgleich gerade hinsichtlich ihrer die Grundsätze der franz und der preuß., wenigstens der damaligen Gesetzgebung weit von einander abweichen, sowohl in Beziehung auf die Behörden, denen dieselbe übertragen war, als in Beziehung auf das, was als Gegenstand der Ortspolizei angesehen wurde. Die franz Gesetzgebung (cf. insbesondere Ges. v. 14. Dezbr 1789 Art. 50; 16—24. August 1790 Tit. 11 Artt. 2 ff.; 19.—22. Juli 1791 Tit. 1 Artt. 29, 30, 46; Dekr. v. 28 Septbr. — 6 Oktbr. 1791 Tit. 1 und 2; Ges. v. 29. Flor X und das Berg. Dekr v 18. Dez 1808 Art. 28) betrachtete die Ortspolizei geradezu als eine Kommunal-Angelegenheit, und verwies sie daher zum unmittelbaren Ressort der Kommunal-Behörden als solcher, wogegen dieselbe nach der preuß Gesetzgebung bald in den Händen der Gutsherrschaften, bald in den Händen eigens dazu bestellter Polizeibehörden oder der insofern als Staatsbehörde fungirenden Stadtmagistrate beruhte. Die grundsätzlichen Unterschiede hinsichtlich des Umfangs der Kompetenz bestanden darin, daß zum Ressort der Ortspolizei nach franz Rechte ganz wesentlich der Erlaß ortspolizeilicher Strafreglements gehörte, während nach preuß. Rechte die Ortspolizei eine

nach begangener That alle ihnen zu Gebote stehenden gesetzlichen Mittel aufbieten, um zur Entdeckung des Schuldigen mitzuwirken, und die von ihnen aufgefundenen Beweise ohne Zeitverlust an die Justizbehörden gelangen zu lassen.

§. 29. Bei Vergehen und Verbrechen, welche eine Gefängniß- oder schwerere Strafe nach sich ziehen, sind die Polizei-Beamten gleichfalls verpflichtet, einen auf frischer That gefundenen, oder auf der Flucht begriffenen, oder bis dahin verborgen gebliebenen Thäter zu ergreifen, und sich seiner Person zu versichern; sie sind aber verbunden, ihn sogleich und ohne Aufschub vor die nächste Justizbehörde zur weitern Verfügung vorführen zu lassen. Diese allein hat über die Frage zu erkennen: ob der Angeschuldigte zum Arresthause abgeführt, oder einstweilen, es sei gegen oder ohne Kaution, in Freiheit gesetzt werden soll.

---

solche Befugniß nicht besaß, dafür aber, und zwar seit der ACO. v 8. Mai 1830 in sehr ausgedehntem Maaße die Polizei-Gerichtsbarkeit hatte, welche der franz Gesetzgebung zufolge ausschließlich dem Ressort der ordentlichen Strafgerichte anheimfiel. Das Ress.-Regl hat in beiderlei Hinsicht die franz. Einrichtungen stillschweigend bestehen lassen. Im Uebrigen wird, namentlich auch bezüglich des gegenwärtigen Rechtszustands, auf die Noten zu § 32 h 1., zur VO. v. 1808 § 45 und zum Ges v. 11 März 1850 verwiesen.

287. Allgemeine Polizeigesetze, welche im öffentlichen Interesse gewisse Einrichtungen vorschreiben, ohne bestimmten Personen ein Recht auf deren Herstellung beizulegen, begründen für Niemanden ein im RW. verfolgbares Rechtsverhältniß. Glaubt ein Einzelner auf dergleichen Einrichtungen dringen zu dürfen, so hat er die Polizei-Instanz anzurufen, der die Handhabung jener Gesetze zukommt, und welche, dem § 26 zufolge, auch in der Rheinprovinz die Bezirks-Regierung ist. So: *EK. 7. Okt 1854 (JMBl 55, S 15), welches zu derartigen Polizeigesetzen die Bestimmung des Art. 15 des Dekr. v. 23. Prair. XII. über die Sonderung der Begräbnißplätze nach Konfessionen rechnete, und demgemäß die von einer Kirchenfabrik gegen die Civilgemeinde angestellte Klage in Betreff der Abtheilung eines neu angelegten Kirchhofs für unstatthaft erklärte. [Die in diesem Rechtsstreite angeregte Frage, ob Art. 15 l. c. durch die ACO. v 27 Aug 1820 aufgehoben, resp. ob letztere ACO. gehörig publizirt sei, blieb damals unentschieden.]

288. Ueber die Verhältnisse der Verwaltungs-Behörden zur Justiz in Beziehung auf Gegenstände der Staatspolizei cf. ACO. v. 21. Aug. 1819 und MR. 26. Jan. 1833 (Jbb. 41, S 293, 296). In diesem MR. heißt es u. A., daß die Bestimmungen der §§ 28, 29 sich nur von den Fällen verständen, in denen die Verhaftung an einem Orte erfolge, wo ein Gericht oder ein zur Vernehmung berechtigter Beamte sich befinde, indem entgegengesetzten Falls die Polizei allerdings befugt sei, den Inhaftirten in Arrest zu behalten, ihn vorläufig zu vernehmen, und sowohl die Ueberführungsstücke herbeizuschaffen, als die dringenden Maaßregeln zur Sicherstellung der Entschädigung des Damnifikaten durch Beschlagnahmen oder auf sonstige Weise einzuleiten, unter der Verpflichtung jedoch, von der erfolgten Verhaftung der kompetenten Gerichtsbehörde sofort Kenntniß zu geben. Inzwischen haben jene ACO. und das MR. v. 1833, sowie die bezüglichen Bestimmungen des Ress.-Regl. selbst durch das Ges. v 12. Febr 1850 (GS. S. 45) ihre praktische Bedeutung zum größten Theile eingebüßt

§. 30. Ohne vorläufige Verfügung des kompetenten Gerichts oder Genehmigung des öffentlichen Ministeriums, können gegen Niemanden Steckbriefe erlassen werden, um den öffentlichen Zeitungen eingerückt zu werden.

§. 31. In wichtigen, die Sicherheit des Staats und die Erhaltung der öffentlichen Ruhe betreffenden Vorfällen üben die Oberpräsidenten die Rechte aus, welche in §. 10. der Kriminal-Prozeßordnung den vormaligen Präfekten eingeräumt worden.

---

§ 30.

289. Da dem § 30 gemäß das Recht, Steckbriefe zu erlassen, nicht ausschließlich dem öffentlichen Ministerium, sondern auch den Gerichten zusteht, so sind hiezu auch die Untersuchungsrichter befugt. JMR. 1 Dez. 1846 (Rh S. 9, S. 127). Ja das öffentliche Ministerium wird eigentliche Steckbriefe, welche nach jenem MR. nichts Anderes sind, als zur öffentlichen Bekanntmachung bestimmte Arrest- [resp. Vorführungs-] Befehle, abgesehen von den Fällen des flagrant délit und denjenigen, wo es sich um Vollstreckung rechtskräftig erkannter Strafen handelt, nur auf den Grund eines vom Untersuchungsrichter erlassenen Hafts- oder Vorführungs-Befehls erlassen können. Cf. auch Oppenhoff Strafverf. S. 35.

290. Die Regierungen sind zur Einrückung von Steckbriefen in die Amtsblätter ohne vorgängige Zustimmung des öffentlichen Ministeriums befugt: 1) bei der Verfolgung eines Deserteurs; 2) bei Entweichungen aus den Zucht- und Landarmenhäusern, sofern durch Einholung jener Zustimmung Aufenthalt entsteht (entgegengesetzten Falls muß § 30 h l. aufrecht erhalten werden); 3) beim Entspringen auf dem Transport von einem Gefängnisse zum andern (hier ist jedoch dem betr. Beamten des öff. Min. gleichzeitig Nachricht zu geben, damit auch seinerseits die erforderlichen Maaßregeln ergriffen werden); 4) wider die unter die Aufsicht der hohen Polizei gestellten Individuen, sofern diese sich von dem ihnen angewiesenen Aufenthaltsorte entfernen So: das MR 25. Sept. 1821 (Rh S. 2, S. 281). Daß die unter Nr 4 enthaltene Bestimmung keine analoge Anwendung auf solche Personen gestatte, welche in Gemäßheit des StGB unter Polizei-Aufsicht gestellt sind, ist um so unzweifelhafter, als § 116 ib. für den Fall, wo diese den ihnen auferlegten Beschränkungen zuwiderhandeln, eine Strafbestimmung enthält, während es in der früheren Gesetzgebung an einer solchen fehlte.

291. Ueber den Erlaß, die Einrichtung, Bekanntmachung und Zurücknahme der Steckbriefe, sowie die Bestreitung der Druckkosten, vgl ferner Gen.-Gouv.-VO v. 8. Juni 1815, ACO. v. 3. Febr. 1843, JMR. 7. August 1848 (Rh. S 1, S. 209; 8, S. 149; 9, S. 301).

§ 31.

292. Indem § 31 die im Art 10 der Str. Pr O. den Präfekten eingeräumte Befugniß auf die Ober-Präsidenten überträgt, giebt er unzweideutig zu erkennen, daß eine gleiche Befugniß nicht etwa außerdem den Regierungen oder gar den Regierungs-Präsidenten zuständig sein solle. Die entgegengesetzte Ansicht, welche laut einer Mittheilung in Dr. Müller's Auff. über die gerichtl. Polizei (Arch für Landeskunde der Preuß. Mon. 6, S 255) in neuerer Zeit von den höheren Verwaltungs-Instanzen adoptirt sein soll, kann um so weniger für begründet erachtet werden, als die ganze Vorschrift des cit. Art 10 einen dem Gebiete der eigentlichen Verwaltung gänzlich fremden Gegenstand betrifft, und überhaupt durchaus exceptioneller Natur, mithin gleich dem § 31 h. l. einer ausdehnenden Deutung nicht empfänglich ist. Ueber den Umfang dieser Befugniß und die Art ihrer Ausübung cf. Gilbert zu Art. 10 l. c.

§. 32. Auf die von den Regierungen mit höherer Genehmigung in Polizei- und Landes-Angelegenheiten erlassenen Publikanda sind die Landes-Justizkollegien insofern Rücksicht zu nehmen verbunden, als darin keine härtere Strafe, wie in den Gesetzen festgestellt ist, im entgegengesetzten Falle ist die Strafe nach diesen zu bestimmen.

---

§ 32.

293. Wenn das franz Recht, weit unumschränkter als das preußische, dem Grundsatze huldigt, daß die Strafgewalt ausschließliches Attribut der Gerichte sei (cf. VO v. 1808 n. 466), so tritt bei jenem dafür die Befugniß der Verwaltung, polizeiliche vom Strafrichter anzuwendende Strafverordnungen zu erlassen, desto mehr in den Vordergrund. Diese Befugniß erstreckte sich nicht lediglich auf den Erlaß allgemeiner Verordnungen (règlements proprement dits), sondern umfaßte unter Umständen auch Strafverfügungen, welche sich auf einen Einzelfall bezogen, resp wider eine bestimmte Person gerichtet waren (arrêtés renfermant des injonctions individuelles), und daher große Verwandtschaft mit den Strafbefehlen der VO v. 1808 (§ 48) hatten, insofern davon abgesehen wird, daß die Uebertretung solcher Spezial-Verfügungen gleichfalls nur durch den Strafrichter geahndet werden konnte Die wichtigste Abweichung des franz. Rechts von der VO. v 1808 bestand jedoch darin, daß die erwähnte Befugniß sogar bei den Munizipal-Behörden und zwar vorzugsweise bei diesen beruhte; cf Ges v 16.—24. Aug. 1790 Tit 11 Artt 2, 3, 5, v 19. –22. Juli 1791 Tit. 1 Art 46; Berg. Dekr. v. 18. Dezbr. 1808 Art. 28 und Volkmar S 446 ff Die Befugniß der Präfekten zum Erlasse von Strafverordnungen ist durch die Gesetzgebung fast nur für das Gebiet der Bergwerkspolizei ausdrücklich anerkannt Hier konnten jene, dem Ges. v 21. April 1810 und 3 Jan 1813 Art. 50, resp Artt. 4 ff. und 10 zufolge, im Interesse der öffentlichen Sicherheit, der Sicherheit der Bergleute und Wohnungen über Tage, der Erhaltung der Schachte und der Dauerhaftigkeit der Baue sowohl allgemeine wie Spezial-Verordnungen mit der Wirkung erlassen, daß deren Uebertretung die zuchtpolizeilichen Strafen des Art. 96 des ersterwähnten Ges nach sich zog. Cf. Achenbach, Rhein Bergpol.-Vorschr., S XXXVII. ff (Das dort mitgetheilte *OT. 3 Novbr 1853 hat sogar den Bergwerks-Ingenieuren (Berggeschwornen) die Befugniß zugesprochen, zur Abwendung drohender Gefahr und ohne Anhörung der Bergwerksbetreiber Beschlüsse mit jener Wirkung zu fassen. Die vorherige Anhörung der Betreiber war in Betreff der vom Präfekten selbst zu erlassenden Spezial-Verordnungen nach Achenbach nur dann unerläßlich, wenn die Verordnung die Sicherung der Grubenbaue oder der Arbeiter bezweckte und nicht etwa einer gegenwärtigen Gefahr vorbeugen sollte Ueber die Publikation solcher bergpolizeilichen Strafverordnungen s Achenbach l. c, S. 19. — Die Erfüllung der Konzessions-Bedingungen kann, der franz Gesetzgebung zufolge, durch eine Klage beim Civilrichter erzwungen werden: ib S. 55, 19) Außerdem werden die Präfekten jedoch häufig für berechtigt erachtet, in Handhabung der Landstraßen-Polizei, wenigstens insoweit letztere das Alignementswesen umfaßt, Verordnungen zu treffen, welche für den Strafrichter verbindlich sind; cf KH. 7 März 1842, LG Saarbrücken 11. Nov. 1841 (Rh A. 32, II 54; III S 6), Oppenhoff StrGB. § 345, n. 49. Ob die dort bezogenen Gesetze über die s g grande voirie jene Befugniß wirklich begründen, ist nicht unzweifelhaft. Im Hinblick auf dieselbe ergingen z B. für das vormalige Roerdepartement die Präfekturbeschlüsse v. 29 Niv. XI. u. 3. Mess XIII.

294. Das Ress.-Regl hat, indem es sich darauf beschränkt, im § 32 den § 45 (Schlußsatz) der VO v 1808 wörtlich zu wiederholen, obige auf der franz. Gesetzgebung beruhenden Befugnisse unberührt gelassen. § 108 der Gemeinde-Ordn v. 1845 erhält die Befugniß der Bürgermeister, Polizei-Verordnungen zu erlassen, sogar ausdrücklich aufrecht Gegenwärtig sind in dieser Hinsicht die Vorschriften des Ges. v. 11. März 1850 maaßgebend, so daß jene früheren Gesetze nur noch bei

§. 33. **Bei jeder Uebertretung eines Polizeigesetzes, das nicht besonders verpönt ist, soll von den Polizeigerichten auf eine Geldstrafe von 1 bis 5 Thalern erkannt werden.**

älteren Ortspolizei-Verordnungen in Betracht kommen. Die in der franz., resp. linksrhein. Bergwerks-Gesetzgebung begründete Befugniß der Präfekten ging nach der herrschenden Ansicht auf das Ober-Bergamt über und blieb auch unter der Herrschaft des Ges. v 1850 in Kraft; cf Achenbach l c. S. XXX., XXXVII. ff. und die dort mitgetheilten Urtheile [Außer letzteren ist nur noch KH. 17. Novbr 1832 (Volkmar S 458) zu erwähnen; dieses Erk. entschied, daß die Befugniß des Min. d J, gegen Bergwerks- und Hüttenbesitzer Ordnungsstrafen anzudrohen, insofern hieraus die Anwendbarkeit der im cit Art. 96 bezeichneten Geldbuße folgen solle, sich aus dem Publ. v 16. Dezbr. 1808 § 18 nicht herleiten lasse.] Nachdem jedoch das Ges v. 10 Juni 1861 unter Aufhebung aller abweichenden Bestimmungen der allgemeinen und provinziellen Gesetze den Erlaß bergpolizeilicher Vorschriften für das ganze Staatsgebiet gleichmäßig geregelt hat, sind auch die bezogenen Vorschriften der linksrhein. Gesetzgebung in Wegfall gekommen, obwohl ihrer bei Abfassung und Berathung jenes Gesetzes nicht speziell gedacht zu sein scheint.

295. Zwischen den älteren und den auf Grund der Ges. v. 1850 resp. 1861 erlassenen Polizei-Verordnungen waltet insofern ein wesentlicher Unterschied ob, als bei jenen der Richter zu prüfen hat, ob sie sich auf einen Gegenstand beziehen, welcher der betr. Verwaltungs-Behörde überwiesen worden, während die richterliche Kognition bei diesen nur die im Ges. v. 1850 § 17 erwähnten Punkte zum Gegenstande hat: Oppenhoff StGB. § 332 n. 41 Dagegen will KH. 10. Juli 1849 (Rh. A. 44, II. 36) die richterliche Kognition in Betreff älterer Verordnungen nach einer anderen Richtung hin noch mehr beschränkt wissen, als dies selbst hinsichtlich der neueren gemäß §§ 15, 17 l. c. der Fall ist, indem es nämlich annimmt, daß die Frage, ob eine Verordnung von den durch die höhere Behörde über denselben Gegenstand aufgestellten Regeln abweiche, und inwieweit solches gestattet sei, als eine innere Angelegenheit der Verwaltungs-Behörden der Kritik der Gerichte nicht unterliege.

§ 33.

296. Eine dem § 33 vollkommen entsprechende Bestimmung findet sich in keiner der beiden Gesetzgebungen, wenngleich der Ausdruck „Polizeigesetz“ aus dem ALR entlehnt zu sein scheint. Als Polizeigesetz ist jedes allgemein verbindliche Gebot oder Verbot zu verstehen, welches aus polizeilichen Gründen, mithin zur Erhaltung der Ordnung und Sicherheit, zur Abschaffung von Mißbräuchen ꝛc. und zwar ohne alle Rücksicht auf einen wirklich eintretenden Schaden oder eine etwa vorhandene Böswilligkeit erlassen wird. Während jener Ausdruck daher einerseits nicht blos eigentliche Gesetze, sondern auch Publikanda im Sinne des § 32 h. l., resp. des § 45 der VO v. 1808 und sonstige Polizei-Verordnungen (n. 293 ff.) umfaßt, ist derselbe andererseits nicht auf Gesetze und Verordnungen auszudehnen, welche andere Gegenstände, z. B rein finanzielle Angelegenheiten betreffen.

297. Nicht unbedenklich ist dagegen die Frage, was § 33 unter dem Zusatze: „das nicht besonders verpönt ist“ verstehe, da dieser Zusatz eine zweifache Deutung zuläßt, je nachdem man auf das Wort „besonders“ oder auf das Wort „verpönt“ den Nachdruck legt. Man kann nämlich unter einem nicht besonders verpönten Polizeigesetze ein solches verstehen, welches für die verbotene Handlung, resp. Unterlassung eine Strafe überhaupt nicht androht, oder aber ein solches, welches zwar eine Strafandrohung im Allgemeinen enthält, nicht aber die einer bestimmten Strafe, wo es also blos an der Festsetzung der Strafart und des Strafmaaßes fehlt. Für erstere Deutung sprechen sich aus: KH. 7. Febr. 1835, 9. Dez 1837, 29. Okt. 1838 (Rh. A. 22, II. 6; 26, II. 61; 27, II. 57), für letztere, welche sich jedenfalls dadurch empfiehlt, daß ihr zufolge § 33 sich am wenigsten weit von der früher bestehenden Gesetzgebung entfernt, und eine klar erkennbare Begrenzung erhält: KH. 22. Sep. 1824 und *OT 11. Juli 1853 (Rh A. 7, II. 49; 49, II. 31).

[Von diesen sagt das eine ausdrücklich: § 33 beziehe sich nur auf solche Polizeigesetze, welche eine allgemeine Strafandrohung enthielten, und das andere, jener § erweitere nicht den Kreis der bestehenden Polizei-Strafgesetze, sondern füge nur bei denjenigen derselben, für deren Uebertretung keine Strafe bestimmt sei, diese Strafbestimmung hinzu] Auf letztere Auffassung zielen auch die Motive von KH. 21. Dez. 1833 (Rh. A. 20, II 4), insofern es dort heißt, daß § 33 die früheren allgemeinen, in den Ges v. 16—24. August 1790 Tit 11 Art 5 und v. 3 Brum IV. Art. 600 gegebenen Bestimmungen über das Maaß der Polizeistrafen durch andere ersetzt habe.

298. Mit Rücksicht auf das Eingangs der n 296 Gesagte erhebt sich die weitere Frage, ob seine Anwendbarkeit nicht etwa von vorn herein in Betreff solcher Polizeigesetze ausgeschlossen sei, welche für den ganzen Umfang des Staats erlassen werden. Für die bejahende Ansicht lassen sich die Motive von *OT. 27. Mai 1858 (s. n. 305) anführen; inzwischen huldigen andere Entscheidungen (s n. 301) der entgegengesetzten Ansicht, welche allerdings die absolute Fassung des § für sich hat.

299 Daß § 33 durch das neue StGB. in Verbindung mit dem Einführungsgesetze nicht außer Kraft gesetzt sei, ist vom OT. zu öftern Malen anerkannt worden. Zwar erachteten zwei seiner Entscheidungen die Bestimmung des § wenigstens insofern für modifizirt, als seit Erlaß jener Gesetze das Strafmaaß nicht mehr nach ihm, sondern nach § 335 des StGB. bemessen werden müsse. Doch hat der Gerichtshof diese letztere, augenscheinlich irrige Ansicht demnächst wieder aufgegeben; cf. Oppenhoff StGB. § 335 n 2

300. Wohl aber ist die Anwendbarkeit des § 33 durch das Ges. v 11. März 1850 erheblich eingeschränkt worden. Da es nämlich nach den §§ 5, 11 l c. nicht mehr genügt, wenn eine Pol VO. im Sinne dieses Gesetzes sich darauf beschränkt, im Allgemeinen ein Verbot ohne ausdrückliche Strafandrohung auszusprechen, so greift § 33 bei neueren, auf Grund jenes Gesetzes erlassenen Pol-VO. nicht Platz: Oppenhoff ib. § 332 n 37.

301. Anlangend die Anwendbarkeit des § 33 im Einzelnen, so rechnet KH. 9. Dez. 1837 (s n 297) zu denjenigen Polizeigesetzen, für welche jener § die Strafbestimmung supplire, die ACO betreffend die Wegräumung des Schnees 2c. v. 8. März 1832.

302. Desgleichen *OT 27. Okt. 1853 in S. c. Thissen den Art. 18 des 27. Titels der Ord. v. Aug 1669, insofern die dort für verbotswidriges Bauen in der Nähe von Staatswaldungen angedrohte Geldbuße ihrem Betrage nach nicht näher bestimmt ist.

303. Fernere Fälle, in denen § 33 für anwendbar erachtet wurde, finden sich bei Volkmar S. 450 ff; cf. überdies Achenbach Rhein. Bergpol-Vorschr. S. 42 und 121. (Das an letzterer Stelle mitgetheilte Erk. des KH. wandte die §§ 32 und 33 auf eine VO. des Ober-Bergamts an, welche eine Strafe wirklich androht, aber keine gesetzlich gerechtfertigte.)

304. Ob zu den Polizeigesetzen im Sinne des § 33 auch die Instr. des M. d. J. für die Landesvisitationen v. 9 Okt. 1817 gehöre, wird in cit. KH. 7. Febr. 1835 und *OT 11. Juli 1853 (s n. 297) auf verschiedene Weise beantwortet, was mit der erwähnten Verschiedenheit der Deutung des § 33 zusammenhängt. *OT. 11 Juli 1853 sprach sich überdies dahin aus, daß jene Instruktion auch kein Publik. im Sinne des § 32 b l. darstelle, da sie in den betr. Bestimmungen nur dienstliche Vorschriften für die Polizeioffizianten, nicht aber eine für das Publikum aufgestellte Verwaltungsnorm enthalte.

305 *OT. 19 Mai 1853 (Goltd. Arch. 1, S. 561) erachtete den § 33 für unanwendbar auf Verstöße wider § 3 des Post-Regl v. 31 Juli 1852, da letzteres zufolge Ges v. 5. Juni 1852 § 50 kein Polizeigesetz, sondern einen Bestandtheil des zwischen dem Absender und der Postverwaltung abgeschlossenen Vertrags darstelle; cf. jedoch VO v. 1808 n 495 bis

306. Im *OT 24, März 1853 (ib. 6, S 561) wird aus dem Umstande, daß das Ges., betr. die Stempelung der Waagen 2c v 24 Mai 1853 im § 10 ib. nur den Gewerbtreibenden 2c. Strafen androhe, gefolgert, daß wider Nichtgewerbtreibende, wenn sie sich dem Gesetze nicht konformirten, überhaupt nicht auf Strafe erkannt, und daß namentlich die vermeintliche Lücke nicht etwa durch § 33 ausgefüllt

§. 34. Vergehen, über deren Bestrafung bisher die Präfekturräthe zu erkennen hatten, gehören nach Maaßgabe der verwirkten Strafen in erster Instanz entweder vor die Polizei- oder Kreisgerichte.

§. 35. In bürgerlichen Angelegenheiten, sowie in Untersuchungssachen, mit der wegen Dienstvergehen oder Verbrechen §. 36. gemachten Ausnahme, sind alle einzelne in den Rheinprovinzen wohnende Civilbeamten, ohne Rücksicht, ob sie bei den Verwaltungen oder der Justiz angestellt seien, den dasigen Gesetzen und Gerichten unterworfen, den Regierungen bleibt gleichwohl die Dienstdisziplin über sämmtliche derselben untergeordnete Offizianten ihres Bezirks vorbehalten.

---

werden könne, zumal jenes Gesetz für die ganze Monarchie erlassen sei, in den übrigen Provinzen aber eine dem § 33 entsprechende Bestimmung nicht existire, und der Gesetzgeber unmöglich beabsichtigt habe, daß die Nichtbefolgung eines allgemeinen Gesetzes in einer Provinz bestraft würde, während sie in den anderen straflos bleibe. — Cf. endlich JMR. 12. Juni 1840 (Rh. S. 7, S. 180).

§ 34.

307. Siehe oben n. 268.

§ 35.

308. Der durch die Artt. 483, 484 der Str. Pr O. zu Gunsten der Hülfsbeamten der gerichtlichen Polizei begründete eximirte Gerichtsstand ist durch ACO. v. 17. Juli 1832 (Rh. S 3, S. 490) hinsichtlich der Bürgermeister, Beigeordneten, Polizeikommissarien, Förster, Feld- und Waldschützen aufgehoben worden.

309. Die Polizeikommissare sind kraft Gesetzes (s. Artt 9, 11, 12, 49, 50, 114, 229, 280 der Str. Pr. O.) Hülfsbeamte der gerichtlichen Polizei; demnach steht der Regierung nicht zu, deren amtliche Wirksamkeit nach dieser Richtung hin zu beschränken, z. B. die desfallsigen Funktionen einem unter mehreren Polizeikommissarien ausschließlich zu übertragen: KH. 30 Sept. 1844 (Rh. A 39, II. 16).

310. Wenn § 35 die Dienstdisziplin über sämmtliche Polizeibeamten, selbst diejenigen der gerichtlichen Polizei den Regierungen vorbehält, so ist dies bezüglich der letzteren Beamten nicht etwa auf ihre Thätigkeit in Angelegenheiten der administrativen Polizei zu beschränken, sondern gilt auch insofern, als es sich um Amtsverrichtungen der gerichtlichen Polizei handelt: JMR. 19 Jan. 1824, KH. 3. März 1845 (Rh. S 2, S. 452; Tr A. 4, I 183). Es wird indessen, wie jenes R. hervorhebt, vorausgesetzt, daß es auf ein eigentliches Disz.-Verfahren und die Verhängung einer Disz.-Strafe ankomme, indem § 35 den Artt. 280—282 der Str. Pr. O. nicht derogirt hat. Letzteres ist zwar durch das Ges. v. 21. Juli 1852 geschehen, aber nur, um den Justizbehörden, gegenüber den Hülfsbeamten der gerichtlichen Polizei, noch ausgedehntere Befugnisse als die ihnen durch die Str. Pr. O. zugestandenen zu verleihen. Das Nähere s in n. 501 zur VO. v. 1808.

311. Die Civilstandsbeamten sind als solche keine Verwaltungs-, sondern Justizbeamte; cf. Philippi Civilstandsgesetze (zu § 50 des BGB.) und JMR. 5. Mai 1837 (Jbb. 49, S. 561). Da diese Stellung aber mit der der Bürgermeister verbunden ist, so vereinigen jene in ihrer Person gleichfalls eine zweifache, auch dem Ressort nach verschiedene amtliche Eigenschaft. Trotzdem geschieht ihrer im § 35 keine ausdrückliche Erwähnung und gedenkt das cit Ges v. 1852 derselben offiziell nur insofern, als es auf die bisherige Gesetzgebung zurückverweist; cf § 98 ib. Bei beiden Bestimmungen ging man augenscheinlich von der Unterstellung aus, daß die

Die Polizei-Beamten, obschon sie in ihren, die gerichtliche Polizei betreffenden Amtsverrichtungen den gerichtlichen Behörden untergeordnet sind, bleiben von dieser Regel in Sachen, welche die Dienstdisziplin betreffen, nicht ausgenommen.

Die Regierungen sind berechtigt, wider die Offizianten ihres Ressorts Ordnungsstrafen festzusetzen und zu vollstrecken, ohne daß die Gerichte sich darin mischen dürfen.

Disziplinar-Verhältnisse der Civilstandsbeamten schon anderweitig vollständig geregelt seien. Noch schärfer tritt diese Auffassung im § 7 des Ges. v. 13 Febr. 1854 hervor, indem dasselbe, jenem § 7 zufolge, auf Civilstandsbeamte außer Anwendung bleiben soll, und zwar, wie die Materialien ergeben, um deswillen, weil die Beurtheilung der Amtshandlungen der Civilstandsbeamten ohnehin den Gerichten überwiesen sei (ein Motiv, welches um so charakteristischer erscheint, als die Anwendbarkeit des Gesetzes auf Beamte der gerichtlichen Polizei im § 7 l. c. ausdrücklich ausgesprochen wird). Dies ist jedoch in solcher Allgemeinheit aus den bestehenden Gesetzen nicht herzuleiten Abgesehen nämlich von den hier nicht in Betracht kommenden Vergehen, resp. Verbrechen, durch deren Verübung die Civilstandsbeamten dem Bereiche der Strafrechtspflege anheimfallen, bedroht das Gesetz (cf. Art 50 des BGB.) nur einzelne, geringere Verstöße mit Geldbußen, welche allerdings, zumal sie nicht von den Straf-, sondern den Civilgerichten zu verhängen sind, den Charakter eigentlicher Disz.-Strafen an sich tragen Wie es sich dagegen mit andern, als den im Gesetze speziell hervorgehobenen Pflichtwidrigkeiten verhalte, wie es z. B. zu halten sei, wenn ein solcher Beamter die laufenden Register nicht im Gemeindehause, sondern in seiner Privatwohnung bewahrt, und die Urkunden dort aufnimmt (Dekr. v. 20.—25. Sept 1791 Tit. 6 Art 2; Berg Dekr. v. 12. Nov. 1809 Art. 27), wenn er die Aufnahme der Urkunden den Betheiligten zur Ungebühr erschwert, die Abschließung einer Heirath aus nichtssagenden Gründen verzögert oder gar verweigert, wenn er den Weisungen der vorgesetzten Behörde eine ganz unmotivirte Renitenz entgegensetzt rc., darüber beobachtet die ältere wie die neuere Gesetzgebung tiefes Stillschweigen, insofern von der allgemeinen, wohl auch auf Civilstandsbeamte passenden Bestimmung des § 56 des Ges. v. 21 Juli 1852 abgesehen wird. Es läßt sich nun aber nicht annehmen, daß ein disz. Einschreiten in solchen Fällen überhaupt ausgeschlossen oder doch auf die Handhabung des § 56 l. c. beschränkt sei, da dieses den allgemeinen Grundsätzen über die Stellung der Beamten widersprechend, und hier um so bedenklicher sein würde, als die Rhein. Justizbehörden zum Erlasse von s. g Exekutionsstrafen nicht befugt und daher außer Stande sind, auf diesem Wege die Interessen des Dienstes zu wahren. Demgemäß bleibt nichts Anderes übrig, als die zur VO v. 1808 n 501 erwähnten die Hülfsbeamten der gerichtlichen Polizei betr Vorschriften analog anzuwenden, folgeweise die Verhängung bloßer Ordnungsstrafen zur ausschließlichen Kompetenz der Justizbehörden, d h. des Just-Min, des Gen.-Prok. Cöln und etwa der Ober-Prokuratoren zu verweisen, in Betreff solcher Disziplinar-Vergehen dagegen, welche die Entfernung aus dem Amte und daher ein förmliches Disziplinar-Verfahren motiviren, die Regierung als die Disziplinarbehörde zu betrachten. Ein R. des Gen.-Prok. Cöln v 27. Juni 1835 (Philippi l c) erklärt zwar unter Bezugnahme des Arr. v 22. Prair. V., daß die Verhängung von Ordnungsstrafen wegen vernachlässigter Anzeige von Todesfällen an die Friedensrichter (ACO. v. 4. Juli 1834 Nr. 1) den Regierungen zustehe, motivirt dies jedoch ausdrücklich damit, daß diese Anzeigen von den Civilstandsals Regierungsbeamten gemacht würden Welche Behörde die durch ACO. v. 16. Febr. 1834 (Rh. S. 4, S. 18) angedrohten Ordnungsstrafen auszusprechen habe, ist höheren Orts nicht deklarirt worden. Philippi l. c. scheint die Strafgerichte für die kompetente Stelle zu halten [?]. — Uebrigens soll nach einem R. des Gen.-Prok. Cöln v. 22. Dez. 1836 (Philippi l. c.) den Regierungen eine Mitwirkung bei Beaufsichtigung der Civilstandsbeamten wenigstens insoweit zustehen, als sie da-

§. 36. Gerichtliche Untersuchungen über Dienstvergehen oder Verbrechen der bei den Verwaltungen angestellten Civil=

von Kenntniß nehmen könnten, wie diese Beamten als Justizbeamte ihre Pflichten erfüllten.

312. Die Disziplin über Geistliche beruht auch in der Rheinprovinz ausschließlich bei den geistlichen Aufsichtsbehörden, da die desfalls gegenwärtig maaßgebenden Vorschriften für das ganze Staatsgebiet dieselben sind; s. VO. v. 1808 n. 500, 505, 508. Die franz Gesetzgebung stimmte hiermit im Wesentlichen überein. Zwar konnte nach dem Ges. v. 18. Germ. X. Art. 6 wider die Anordnungen der höheren Geistlichkeit unter Umständen an die weltlichen Behörden rekurrirt werden, aber nicht an die Gerichte, sondern an den Staatsrath, indem das Dekr. v 25. März 1813, welches dessen Entscheidungsrecht auf die Appellhöfe übertrug, lediglich die Ausführung des niemals in's Leben getretenen Konkordats v. 13. Febr. 1813 betraf, und mit diesem zusammenfiel. Außerdem beschränkte sich jene Kompetenz der weltlichen Behörden von jeher auf Beschwerden wegen eigentlicher Machtüberschreitung (appels comme d'abus); der Staatsrath bildete daher nicht etwa die zweite Instanz für solche Verfügungen, welche die Geistlichkeit innerhalb des Kreises ihrer amtlichen Befugnisse erlassen hatte; so mußte z B ein Geistlicher, der vom Bischofe suspendirt oder seiner Funktionen enthoben worden war, seine Beschwerde nicht an den Staatsrath, sondern an den Erzbischof richten: Dalloz m. comp. admin, n 316. Cf. auch AH. Cöln 25 Juni 1832 (Rh. A 17, I. 50) und *OT. 26. Sept. 1854 (s. VO. v. 1808 n. 508) [Das cit. AH. Cöln erklärte sich zwar für inkompetent, über einen Rekurs zu erkennen, den ein Pfarrer wider die seine Suspension und Versetzung anordnenden Beschlüsse der erzbisch. Behörde ergriffen hatte, stützte sich hierbei jedoch nicht auf die franz Bestimmungen, sondern auf die ACO. v. 12. April 1822. Im *OT. 26. Sept. 1854 wurden zum Nachweise der gerichtlichen Inkompetenz, außer der eben erwähnten ACO., das Dekr. v 30. Dez. 1809 sowie die Disz.-Ges. v. 29. März 1844 und 21 Juli 1852 in Bezug genommen.]

313. Die ACO. v. 4 Juli 1834, welche den Ortspfarrern (gleichwie den Civilstandsbeamten, s. n. 311) die zeitige Anzeige von Sterbefällen an die Friedensrichter unter Androhung einer Ordnungsstrafe zur Pflicht macht, gab beim Mangel einer desfallsigen Bestimmung zu dem Zweifel Anlaß, ob jene Strafe von den Friedensrichtern oder der Regierung festzusetzen sei, bis sich das JMR. 8. Mai 1835 (Jbb. 45, S. 556) zu Gunsten der letzteren aussprach. Da inzwischen auch diese Anordnung mit der gegenwärtigen Stellung der Geistlichen nicht im völligen Einklange steht, weist das JMR 12. Novbr. 1855 (Rh. S. 11, S. 156) die Ober-Prokuratoren an, keine Mittheilung mehr an die Regierung zu machen, sondern die besonderen Fälle, in welchen erhebliche Versäumnisse zu rügen sind, zur Kenntniß der geistlichen Oberen zu bringen, damit letztere im geeigneten Wege die Säumigen zu größerer Aufmerksamkeit vermögen.

314. Ueber die Vollstreckung der Gefängnißstrafen, welche von Verwaltungs-Behörden kraft der ihnen zustehenden Disziplinar-Gewalt gegen gewisse untere Beamte verhängt werden (Ges. v 21 Juli 1852 §§ 15, 20), vgl. die Min.-Instr. v. 25 Juli 1830 (Rh. S. 3, S. 357) u. MR. 31 Jan. 1831 (Ann S 14). Nach jener Instr haben die Justizbehörden, wie sie zur Vollstreckung solcher Strafen nicht mitwirken, ebenso sich auch jeder Prüfung des materiellen Inhalts der Strafverfügung insofern zu enthalten, als von deren Abänderung oder von Suspension der Vollstreckung die Rede sein könnte. Doch werden die gerichtlichen Polizeibeamten, die Ober-Prokuratoren, Instruktions- und Friedensrichter, sowie sonstigen Lokal-Justizbeamten für verpflichtet erklärt, über die zu ihrer Kenntniß gelangenden Fälle von Verhaftungen, bei denen von den Vorschriften der Instr abgewichen ist, ihrer vorgesetzten Behörde zur weiteren Veranlassung sofort Anzeige zu machen.

314 bis. Im Uebrigen wird auf die Noten zu § 46 der VO. v. 1808 verwiesen.

§ 36.

315. Obschon § 36 wörtlich aus § 47 der VO. v. 1808 entnommen worden

Beamten können die Gerichte nicht anders als auf Verlangen der betreffenden Regierung einleiten, es sei denn hiermit ein solcher Exzeß verbunden, der den Thäter, wenn er auch nicht Offiziant wäre, schon straffällig machen würde.

§. 37. Soll ein Offiziant der Regierung in Verhaft genommen werden, so verfahren die Gerichte in den Rheinprovinzen nach den in dem Anhange zur Allgemeinen Gerichts-Ordnung und in der Kriminal-Ordnung enthaltenen Vorschriften.

§. 38. Wird gegen einen der Regierung untergeordneten Offizianten eine Regreß- oder Injurienklage aus Veranlassung seines Amtes angebracht, oder werden gegen Kassen-Beamten Geldforderungen eingeklagt, so hat das öffentliche Ministerium, sobald die Sache auf die Rolle kommt, die betreffende Regierung davon zu unterrichten.

§. 39. Wenn das Vermögen oder der Nachlaß eines Regierungs-Mitgliedes oder Offizianten unter Siegel gelegt

---

ist, so enthält er dennoch keine für die Rheinprovinz neue Bestimmung, indem auch die franz. Gesetzgebung (cf. Ges. v. 14. Okt. 1790, 14. Dez. 1790 Art. 61, Constitution v. 22. Frim. VIII. Art. 75) die gerichtliche Verfolgung der Agenten des Gouvernements wegen der auf ihr Amt bezüglichen Handlungen von einer Ermächtigung der Verwaltung abhängig machte, welche seit dem J. VIII. vom Staatsrathe ausgehen mußte; cf. ferner n. 320. — Inzwischen ist das Erforderniß jeder Ermächtigung mit dem § 36 h. l. durch die Verf.-Urk. hinweggefallen.

316. Eine Ermächtigung der Verwaltung war zum Einschreiten wider Civilstandsbeamte schon nach der franz. Gesetzgebung nicht nöthig, da sie eben keine Agenten des Gouvernements im obengedachten Sinne sind; s. n. 311, StRG. v. 4. Pluv. XII., 28. Juni 1806. Doch wurde das öffentliche Ministerium auf Grund eines StRG. v 31. Juli 1806 durch JMR. 10. Sept. 1806 angewiesen, vor Verfolgung jener Beamten wegen der von ihnen begangenen Unregelmäßigkeiten oder Gesetzübertretungen dem Justiz-Min Anzeige zu machen, und dessen Bescheide abzuwarten, damit die Verfolgung wegen minder schwerer Vernachlässigungen vermieden werde. Gegenwärtig ist zufolge JMR. 10. Juni 1836 (Rh. S. 5, S. 392) der Gen.-Prok. Cöln ermächtigt, wegen aller Kontraventionen gegen die gesetzlichen Vorschriften über Civilstandssachen die Genehmigung zur gerichtlichen Verfolgung zu ertheilen; s. auch Oppenhoff zu Art. XII. des Einf.-Ges., n. 24.

§§ 37—39.

317 Im Allgemeinen wird auf die Noten zu § 47 der VO. v. 1808, aus welchem auch diese §§, wenngleich in etwas abgekürzter Fassung, herübergenommen sind, verwiesen.

318. Unter den im § 37 erwähnten Bestimmungen des Anhangs zur AGO sind anscheinend nur die des § 257 gemeint, welcher wörtlich aus § 47 Abs. 2 der VO. v. 1808, wie dieser wieder aus § 145, I. 24 AGO., entlehnt ist. [Von sämmtlichen Bestimmungen des cit. § 47 ist nur diejenige des Abs. 2 in das Ress.-Regl. nicht verbis extensis aufgenommen worden. Statt dessen die Verweisung auf den mit diesem Abs. 2 übereinstimmenden § 257 l. c.] Namentlich dürfte aus § 37 nicht etwa die Anwendbarkeit des (durch ACO. v. 29. März 1823 auf aktive Civilbeamte

werden soll, so wird die Regierung gleichfalls davon benachrichtigt, und es bleibt ihr unbenommen, an die Zimmer und Behältnisse, wovon sie vermuthet, daß Amtspapiere aufbewahrt seien, gleichmäßig ihre Siegel anlegen zu lassen. Bei der Entsiegelung werden diese Papiere dem Abgeordneten der Regierung, der hierbei zugezogen werden muß, ausgeliefert.

§. 40. Sämmtliche Justiz- und Verwaltungs-Behörden in den Rheinprovinzen sind hiermit angewiesen, in der Aus-

---

eingeschränkten) § 174 des Anhangs in der Rheinprovinz zu folgern sein Inwiefern daselbst gegen aktive Offiziere auf Körperhaft erkannt, beziehungsweise das desfallsige Urtheil vollstreckt werden könne, darüber s. KO. 9. Febr. 1846 (Rh. A. 40, II. 3). Die im § 37 bezogenen Vorschriften der Krim.-Ordn. sind in den §§ 218 ff. derselben enthalten Cf Oppenhoff Strafverf. S. 642.

319. Wird eine der im § 38 erwähnten Klagen bei einem Friedensgerichte angestellt, so hat der Friedensrichter den Ober-Prokurator zu benachrichtigen, damit dieser die vorschriftsmäßige Mittheilung an die Regierung mache: Verf. Ober-Prok. Trier v. 8. Dezbr. 1837, JMR. 19 Dezbr 1841 (Rh. S. 6, S. 347; 7, S. 374).

320. Art. 75 der Constitution v. 22 Frim VIII ist, insofern er auch zur Anstellung von Regreßklagen gegen Verwaltungsbeamte eine Ermächtigung des Staatsraths fordert (s. n. 315), bereits durch § 38 h. l. aufgehoben worden: AO. Cöln 31 Juni 1831 (Rh A. 16, I 74).

321. Während § 39 nur von Amtspapieren spricht, und überdies den Fall voraussetzt, wo eine gerichtliche Versiegelung ohnehin stattfindet, bestimmt die ACO v. 14. Juli 1843 (GS. S 321):

„daß, wenn in dem Bezirke des Appellationsgerichtshofes zu Cöln ein Staats- „oder anderer öffentlicher Beamter, welcher Akten oder Gelder in amtlicher „Verwahrung hat, verstirbt, die vorgesetzte Dienstbehörde zur Versiegelung der „Akten und Gelder, sowie der Lokale, worin dieselben aufbewahrt sind, befugt „sein soll, ohne Unterschied, ob der übrige Nachlaß gerichtlich versiegelt wird, „oder nicht.“

Zur Vermeidung etwaiger Kollisionen ist sodann durch St-Min.-Beschl. v. 20. Mai 1845 weiter bestimmt worden, daß die Friedensrichter, wenn sie auf Grund des Art. 911 Nr 3 der B. Pr. O, und die Verwaltungs-Behörden, wenn sie gemäß der ACO. v. 1843 zur Versiegelung der oben erwähnten Papiere und Gelder schreiten wollen, sich gegenseitig von den desfalls gefaßten Beschlüssen sofort in Kenntniß setzen sollen Cf. MR 2., resp 22 Aug. 1845 (Rh. S 9, S. 50; BMBl. S. 281); das letztere R. erachtet die Verwaltungs-Behörden nach jener ACO. zur Vornahme der Versiegelung nicht blos für befugt, sondern sogar für verpflichtet. Während dieses R sich blos dahin ausspricht, daß die Friedensrichter die Siegel namentlich dann anzulegen hätten, wenn hierzu von der Verwaltung nicht schon selbst Anstalten getroffen worden, erkannte KH 6. Nov. 1849 (Rh. A 45, II. 16) geradezu, daß Art. 911 Nr. 3 der B. Pr. O. durch jene ACO. insofern modifizirt sei, als diese die im Art. 911 den Friedensrichtern unbedingt auferlegte Pflicht zur Versiegelung in eine bedingte umgewandelt, d h. auf den Fall beschränkt habe, wo die Verwaltung nicht schon vorher mit der Siegelanlage begonnen, weshalb der Friedensrichter entgegengesetzten Falls für die trotzdem vorgenommene, resp. fortgesetzte Versiegelung vom Fiskus keine Gebühren beanspruchen könne. — Daß die ACO. v. 1843 auf die Agenten von Privat-Feuerversicherungs-Gesellschaften keine Anwendung finde, versteht sich von selbst. Zur Versiegelung der Bücher rc. dieser Agenten ist die Verwaltung nicht befugt: MR. 23. Febr. 1847 (Rh. S. 9, S. 186).

§§ 40 und 41.

322. Als Quelle dieser §§ ist wohl § 51 der VO. v. 1808 zu betrachten, ob-

übung ihrer Amtsbefugnisse sich auf die in der gegenwärtigen Instruktion ihnen vorgezeichneten Grenzen zu beschränken, in zweifelhaften Fällen sich einander ihre Ansichten und Gründe mitzutheilen, sofern sie hingegen sich nicht vereinigen können, jede besonders ohne Aufschub an die ihr vorgesetzte Staats-Behörde ihren Bericht zu erstatten, dort nähere Verhaltungs-Befehle einzuholen, bis dahin aber in der Sache, die hierzu Anlaß gab, nichts vorzunehmen, woraus unnütze, dem Dienste selbst nachtheilige Kollisionen entstehen können.

Maaßregeln, die in dem Interesse aller Betheiligten zur Erhaltung des streitigen Objekts erforderlich sind, und die keinen Aufschub erleiden, werden von jener Behörde ergriffen, bei welcher die Sache zuerst anhängig geworden.

§. 41. Untergeordnete Justiz- oder Regierungs-Beamten haben in solchen Fällen, wie sich von selbst versteht, an die ihnen unmittelbar vorgesetzten Behörden ohne Aufschub zu berichten, ihnen den Vorfall anzuzeigen, und die nöthige Instruktion dort einzuholen.

---

gleich die Dispositionen beider Gesetzesstellen weder dem Wortlaute, noch auch ihrem Inhalte nach überall übereinstimmen

323 Ob die Artt. 1, 2 des Arr. v. 13 Brum X durch § 40 oder die spätere Gesetzgebung außer Kraft gesetzt seien, wird unter n. 157 zum Ges. v. 8. April 1847 besprochen.

324 Die Vorschrift, daß die Justiz- und Verwaltungs-Behörden sich in zweifelhaften Fällen ihre Ansichten und Gründe mittheilen sollen, hat fast nur für das Verhältniß des öff Min. zur Verwaltung praktische Bedeutung. Wenigstens würde ein solches Verfahren bei der eigentlich richterlichen Thätigkeit nach den Grundsätzen des Rhein. Prozeßrechts nicht angebracht, und überdies mit dem Geiste der neueren Gesetzgebung über KK. schwer in Einklang zu bringen sein.

325 Da mit Rücksicht auf die genaue Bezeichnung der Grenzen der durch die Polizeikommissarien auszuübenden gerichtlichen Polizei durch die Str. Pr. O. jeder Zweifel über den Wirkungskreis jener Beamten ausgeschlossen ist, so können, wenn die Regierung unter Verkennung der Bestimmungen der Str. Pr. O. die Funktionen der Polizeikommissarien in Sachen der gerichtlichen Polizei dadurch zu beschränken sucht, daß sie diese Funktionen ausschließlich einem unter mehreren Kommissarien überweist, die übrigen sich nicht auf § 40 berufen, falls sie zur Verantwortung gezogen werden, weil sie die Vornahme solcher Funktionen gesetzwidriger Weise, wenngleich in Folge der desfalls von der Regierung getroffenen Anordnung, abgelehnt haben Auch müßten sie, um im Sinne des § 41 Belehrung zu erhalten, sich zu diesem Zwecke nicht an die Regierung, sondern an das öff. Min. als vorgesetzte Behörde wenden: KH. 30. Sept 1844 (Rh. A. 39, II 16)

Allerhöchste Kabinetsorder

vom 4. Febr. 1823, daß ein gerichtliches Verfahren bei Verwaltungs-Ansprüchen an den Staat, aus der Zeit der ehemaligen Fremdherrschaft in den neu und wieder eroberten Provinzen, nicht zugelassen werden soll.

[GS Nr 779, S. 21.]

In Meiner, an das Staatsministerium erlassenen Order vom 30. Juli v. J. habe Ich die Grundsätze festgestellt, nach welchen die Verwaltungs-Ansprüche an den Staat, aus der Zeit vor dem Aufhören der ehemaligen Fremdherrschaft in den neu und wieder eroberten Provinzen, von dem Schatzministerio regulirt werden sollen. In Verfolg dessen, und in Uebereinstimmung wit den deshalb ertheilten Bestimmungen, will Ich hiermit noch ausdrücklich erklären:

daß die Gerichte, hinsichtlich aller solcher, lediglich aus der Verwaltungszeit vor der diesseitigen Landes-Okku-

---

1. Zur Erläuterung dieser ACO. dient ganz wesentlich die daselbst bezogene ACO. v 30. Juli 1822, welche jedoch, da sie hauptsächlich nur zur Richtschnur für die oberen Verwaltungs-Behörden erlassen wurde, in der Ges.-Samml. keine Aufnahme fand, sondern blos in den Jbb. 23, S. 43, sowie der Rh S. 2, S. 459 abgedruckt ist, und nicht mit der in der GS. S 205 vorfindlichen ACO. von dems. Tage verwechselt werden darf; cf R 14. Febr, resp. 8. März 1824 l c

2. Als Grenzzeitpunkte der ehemaligen Fremdherrschaft setzt die ACO. v. 1822 fest unter IV. 4:

a) für die Landestheile des vormaligen Königreichs Westphalen, mit Ausschluß der Stadt Magdeburg, den 1. Novbr. 1813 und für letztere Stadt den 1. Mai 1814;

b) für das Fürstenthum Erfurt und die Grafschaft Blankenhayn den 1. Novbr. 1813;

c) für das vormalige Großherzogthum Berg en 11. Nov. 1813; und

pation zu begründenden Anforderungen sich durchaus jeder Einmischung im Wege eines von den Interessehten versuchten, oder beabsichtigten Prozesses gänzlich zu enthalten haben.

Ich überlasse dem Staatsministerio, diese Bestimmung durch die Gesetz-Sammlung zur öffentlichen Kenntniß bringen zu lassen.

Berlin, den 4. Februar 1823.

Friedrich Wilhelm.

An das Staatsministerium.

---

d) für die erst im J. 1815 hinzuerworbenen linksrheinischen Landestheile den 1. Dez 1815,

welchen Zeitbestimmungen, sub III., bezüglich der übrigen linksrheinischen Landestheile die bis zum 1. Januar 1814 entspricht Hiermit ist gleichzeitig das Gebiet der Fremdherrschaft im Sinne der ACO. v 1823, resp. das Gebiet dieser ACO. selbst näher präzisirt. — Uebrigens waren ähnliche Kompetenz-Vorschriften in Betreff der Verwaltungs-Ansprüche aus anderen Landestheilen bereits früher erlassen worden, so in Betreff der mit dem Herzogthume Sachsen auf Preußen übergegangenen die ACO. v. 2. Sept. 1821 und 31. Jan. 1822, deren, insofern sie die Ansprüche aus Kriegslieferungen mitbegreifen, schon in n. 251 zur VO. v. 1808 Erwähnung geschah, so ferner in Betreff der aus der Zeit der Herzoglich Warschauschen Verwaltung an das Großherzogthum Posen zu machenden Forderungen die ACO. v 4. Juli 1822 (GS. S 182). — Inzwischen erachtete EK 7. Mai 1859 (JMBl. 60, S. 62) neben letzterer ACO. auch die v. 4. Febr. 1823 auf die Forderungen aus der Verwaltung jenes durch den Tilsiter Frieden geschaffenen, dem Könige von Sachsen zugetheilten Herzogthums für anwendbar, und legte dadurch freilich dem Ausdrucke „Fremdherrschaft“ einen weiteren Sinn bei, als dies oben im Hinblick auf die ACO. v. 30. Juli 1822 geschehen ist. Ebenso fassen die *EK 12. Mai 1860 (ib 61, S 241, 258) den Ausdruck „Fremdherrschaft“ nicht in jener engeren Bedeutung auf, sondern beziehen die ACO. v. 1823 auf alle Verwaltungs-Ansprüche aus der Zeit vor der diesseitigen Landes-Okkupation ohne Ausnahme, mithin auch auf die Ansprüche aus der kurtrierschen Verwaltung der rechtsrheinischen, durch den Reichsdeputations-Hauptschluß v. 1803 an Nassau gefallenen und 1815 von Preußen eingetauschten Landestheile. Diese Auffassung steht jedoch nicht blos mit den aus der ACO. v. 1822 zu ziehenden Folgerungen, sie steht auch unmittelbar mit dem Wortlaute der ACO. v. 1823 selbst in Widerspruch, sofern dort von „eroberten Provinzen“ geredet wird, desgleichen mit der Art und Weise, wie der gemeine Sprachgebrauch den Ausdruck „Fremdherrschaft“ stets verstanden hat. Inwiefern freilich dergleichen Ansprüche aus den früheren nicht fremdherrlichen Verwaltungen den Charakter von Provinzial-Staatsschulden an sich tragen, ist ein desfallsiges Prozeßverfahren allerdings unstatthaft, aber auf Grund anderer Bestimmungen, nämlich bei in n 253 zur VO v. 1808 erwähnten Gesetze von 1820 und 1822, welche überhaupt häufig neben der ACO v. 1823 zur Erwägung kommen.

3. In Beziehung zur ACO. v 30. Juli 1822, und daher mittelbar auch zur ACO. v. 4. Febr. 1823 stehen die ACO. v. 19. Juli 1823 und 10 Dez. 1825 (GS 23, S. 156; 25, S 235), von denen die erstere für die Anmeldung der Ansprüche aus der Provinzial-Verwaltung der zu Berg und Westphalen gehörig gewesenen Landestheile, die letztere für die Anmeldung der Ansprüche, welche aus der Zeit der Fremdherrschaft an das Gebiet von Erfurt und Blankenhayn zu machen sind, Präklusivtermine festsetzen.

4. Die Anwendbarkeit der ACO. v 1823 ist nicht etwa dadurch hinweggefallen, daß die Spezial-Kommissionen, welche für die Liquidation und Festsetzung

der dort erwähnten Ansprüche bestellt waren, inmittelst aufgelöst worden sind; vielmehr wird gegenwärtig der Finanz-Minister die bezügliche Entscheidung zu treffen haben: *EK. 12. Mai 1860 (JMBl. 61, S. 241).

5. Die ratio legis ergiebt sich aus obiger ACO v. 30 Juli 1822. Dort wird gesagt, daß eine Verpflichtung des allgemeinen preußischen Staatsfonds aus den von den vorigen Gouvernements eingegangenen Verbindlichkeiten zwar insoweit, als es sich mit dem gemeinen Besten vertrage, und die höchste Staatsgewalt solche anerkannt habe, unstreitig vorhanden, weiterhin aber staats- und völkerrechtlich so bestritten erscheine, daß sie, wo nicht an sich der richterlichen Kognition unbehörig, doch wohl geeignet sei, derselben entzogen und zum administrativen Verfahren verwiesen zu werden.

6. Ferner erläutert die ACO. v. 30. Juli 1822 den Begriff „Verwaltungs-Ansprüche“, indem sie unter IV. 1 sagt:

„Die Administrations-Schulden, von denen hier die Rede ist, bilden den „Gegensatz zu den verbrieften, zur Staatsschuld förmlich verzeichneten „(verzinslichen oder unverzinslichen) Landesschulden, von welchen nur die „Zinsen einer jeden Periode in die Klasse der Verwaltungs Schulden eben die„ser Periode fallen.“

7. Eine fernere authentische Erläuterung jenes Ausdrucks enthält die ACO. v. 27. März 1833 (GS S. 31), welche in Folge des erhobenen Zweifels erging, ob zu solchen Verwaltungs-Ansprüchen auch die Forderungen der Domainenpächter gehörten [cf. Präj 4 aus dem Jahre 1832, Präj-Samml I. S. 343]. Hier heißt es: Jede Verwaltung, die für Rechnung der Staatskasse Zahlungs-Verbindlichkeiten kontrahire, trete in dem Liquidations-Verfahren als Liquidation auf, mithin auch die Domainen-Verwaltung; ob die Forderung des Domainenpächters aus dem speziellen Titel seines Pachtkontrakts oder aus allgemeinen Gesetzen begründet werde, sei gleichgültig, indem sein Anspruch immerhin, ebenso, wie jeder Anspruch an die anderen Zweige der Verwaltung öffentlicher Einkünfte, einen Verwaltungs-Anspruch darstelle. Dasselbe gelte überhaupt von jedem Anspruche an die Domainen-Verwaltung, er möge aus Pachtkontrakten oder anderen Rechtsverhältnissen entspringen (In dieser ACO. v. 1833 wird zwar weder auf die v. 30. Juli 1822, noch auf die v. 4 Febr. 1823, sondern lediglich auf diejenigen v. 31. Januar 1822, 19. Juli 1823 und 10. Dez 1825 (cf. n. 2, 3) Bezug genommen. Daß sie aber auch für erstere die Bedeutung einer authentischen Deklaration besitzt, unterliegt bei dem unmittelbaren Zusammenhange, welcher zwischen diesen und jenen ACO. v 19. Juli 1823 und 10. Dez 1825 besteht, keinem Zweifel.)

8. Ob eine Schuld aus den laufenden Einnahmen zu decken gewesen war, oder nicht, ist für die Feststellung des Begriffs „Verwaltungsschuld“ und die Anwendbarkeit der ACO. v. 4. Febr. 1823 unerheblich: *EK. 12. Mai 1860 (JMBl. 61, S. 256).

9. Aus dem Gesagten ergiebt sich bereits, daß die ACO. v. 4. Febr 1823 auf alle persönlichen, in Geld lösbaren Forderungen an den Staat, welche aus der betreffenden Periode stammen, und nicht in verbrieften, zur Staatsschuld förmlich verzeichneten Landesschulden bestehen, mithin auch auf diejenigen unter ihnen Anwendung finde, die auf privatrechtlichen Verträgen der Verwaltung beruhen. — Folgeweise ist z. B. die Garantieklage aus einem von der fremdherrlichen Domainen-Verwaltung abgeschlossenen Verkaufe unstatthaft, wenngleich der Anlaß zur Klage, die Eviktion 2c. in die Zeit der preußischen Herrschaft fällt, indem es auf den Rechtsgrund der Forderung, und nicht auf die Zeit oder Bedingung ankommt, zu, resp. unter welcher jene geltend gemacht werden kann: AH. Cöln 22. Febr. 1855, *EK. 7. Okt. 1854, 9 Juni 1855 (Rh A 50, I. 230; JMBl 55, S. 20, 311)

10. Ein Gleiches gilt, dem Vorgesagten gemäß, von den Ansprüchen, welche aus einseitigen Handlungen der fremdherrlichen Verwaltung hergeleitet werden, namentlich von Entschädigungs-Ansprüchen dieser Art: EK. 2. Novbr. 1848 (JMBl. 49, S. 6); KH. 31. Dez 1850 (Rh. A. 46, II. 15);

11. selbst, wenn die desfallsige Klage auf eine zum öffentlichen Nutzen angeordnete Eigenthums-Entziehung gestützt werden sollte: AH. Cöln 28. Dez. 1843 (Rh. A. 37, I. 6).

12. Dem AH. Cöln 7. Febr. 1824 (ib. 7, I. 234) zufolge sollen sogar solche Entschädigungsklagen hierhin gehören, welche einen während der Eroberung der Rheinlande durch die verbündeten Mächte erlittenen Schaden betreffen [?]. S. oben n. 2.

13. *EK. 12. Mai 1860 (JMBl 61, S. 242) rechnet zu den Ansprüchen im Sinne der ACO. ferner diejenigen Ansprüche aus der fremdherrlichen Zeit, welche auf einer versio in rem beruhen.

14. Dem Bereiche der ACO. gehören insbesondere auch solche Schulden an, welche dem Staate gemäß bei unter der Fremdherrschaft erfolgten Unterdrückung geistlicher Institute zur Last liegen sollen. EK 2. Novbr. 1848 (JMBl. 49, S. 6) entschied so in Betreff eines Entschädigungs-Anspruchs, welcher aus der Suppression des Domkapitels zu Münster, und aus der Einziehung der Güter desselben hergeleitet wurde, EK. 15. Dez. 1849 in Betreff einer Klage, die der vormalige Küster einer aufgehobenen Ordenskommende auf Zahlung einer Pension angestellt hatte. Doch wird auch hier immer vorausgesetzt, daß der Anspruch eine schon zur Zeit der Fremdherrschaft in Geld lösbare eigentliche Schuld zum Gegenstand habe. Handelt es sich daher um fortlaufende, dingliche Lasten, welche wider den Staat als Rechtsnachfolger jener Institute geltend gemacht werden, so steht die ACO. der Beschreitung des RW. nicht entgegen, insofern von etwaigen Rückständen aus der fremdherrlichen Zeit abgesehen wird. Cf. *EK. 22 Septbr. 1860 (JMBl. 61, S. 223), AH. Cöln 12. Aug. 1833 und 25. Juni 1842 (Rh. A. 19, I. 87; 34, I. 101). — *Contra*. AH. Cöln 3. Mai 1832 (ib. 16, I. 236). Das 1. und 4. dieser Erk. betrafen die Pflicht zur Bestreitung von Kirchenreparaturen, die beiden andern die Gewährung einer pfarramtlichen Kompetenz.

15. Desgleichen entschied LG Saarbrücken 22. August 1837 (ib. 33, III. 10), daß die Klage auf Anerkennung gewisser Nutzungsrechte an den Kohlen-Bergwerken des vormaligen Nassau-Saarbrückenschen Gebiets keinen durch die ACO. v. 1823 beherrschten Gegenstand betreffe, womit sich die *ME. 25. Febr. 1839 (ib. 12) im Prinzip einverstanden erklärte

16. Nach EK. 7 Mai 1859 (JMBl. 60, S. 62) erleidet die Anwendbarkeit der ACO. dadurch keinen Eintrag, daß die Entstehung einer Forderung in die Periode der früheren preuß. Herrschaft fällt, zumal, wenn staatsvertragsgemäß alle dem Könige von Preußen als Besitzer des abgetretenen Landes obliegenden Verpflichtungen auf den neuen Besitzer übergegangen sind, und sich dadurch zu Verpflichtungen der Fremdherrschaft gestaltet haben.

17. Auch wird deren Anwendbarkeit nicht dadurch ausgeschlossen, daß das den Gegenstand der Forderung bildende Vermögen von der fremdherrlichen Regierung auf die preußische unangetastet übergegangen ist, und letztere sich dieserhalb mit anderen Regierungen, welche bei der Theilung des fremdherrlichen Gebiets partizipirten, berechnet hat. So: EK 2. Nov. 1848 (ib. 49, S 7).

18. Dagegen unterliegt die Frage allerdings der richterlichen Kognition, ob die in Betreff älterer Ansprüche artikulirten Handlungen des preuß. Gouvernements die Verpflichtung des Staats selbstständig zu begründen im Stande seien. Demgemäß entschied EK. 28 Dez. 1850 in dem Falle, wo ein fremdherrlicher Kassenbeamter unter Mitnahme der zur Soldzahlung bestimmten Fonds entwichen, demnächst aber über dessen Nachlaß ein Liquidations-Verfahren eröffnet, und die Staatsregierung hierbei mit den von ihr liquidirten Soldrückständen zur Hebung gekommen war, daß der gerichtlichen Geltendmachung der Soldforderungen wider den Staat als angeblichen Mandatar oder negotiorum gestor der Gläubiger die ACO. keineswegs im Wege stehe.

19. Gilt dasselbe hinsichtlich der Frage, ob die Handlungen des preußischen Gouvernements ein rechtsverbindliches Anerkenntniß in sich schließen? AH. Cöln 28. Nov. 1855 (Rh. A. 52, I. 10) ist der bejahenden Ansicht, und hält nur die etwa gleichzeitig aus den Handlungen der Fremdherrschaft gezogenen Folgerungen als dem Bereiche der richterlichen Beurtheilung entrückt. *EK. 22. Sept. 1860 (JMBl. 61, S. 222) huldigt jedoch der entgegengesetzten Ansicht, sofern nicht etwa behauptet werde, daß durch das Anerkenntniß eine neue Verbindlichkeit geschaffen, sondern nur, daß die Fortdauer der Verbindlichkeit und ihr Uebergang auf den preußischen

Staat dadurch bewiesen sei, indem die Kompetenz sich nur nach dem Rechtsgrunde des Anspruchs und nicht nach den Beweismitteln richte. Mit dieser letzteren Ansicht stimmen im Wesentlichen AH. Cöln 11. Oktbr. 1849 und KH. 31. Dezbr. 1850 (Rh. A. 46, II. 13) überein. S. überdies CK. 2 Novbr. 1848 (n. 17) und VO. v 1808 n. 67.

20. Die ACO. schließt die richterliche Kognition sogar in Betreff der bereits schwebenden Prozesse aus. So R. der Immediat-Komm. für die abgesonderte Restverwaltung v 25. Nov. 1823 (Rh. A. 6, II. 102).

21 Die aus der ACO folgende Inkompetenz ist eine absolute, mithin nach der Rhein. Prozeß-Gesetzgebung in jeder Lage der Sache geltend zu machen, und vom Richter sogar von Amtswegen zu berücksichtigen: AH Cöln 3 Mai 1832 (ib. 16, I. 237)

Allerhöchste Kabinetsorder

vom 19. Juni 1836, betreffend die Einziehung der Kirchen-, Pfarr- und Schul-Abgaben, ingleichen der Forderungen von Medizinal-Personen.

[GS Nr. 1719, S. 198.]

Da bei Einforderung von Kirchen- und Pfarr-Abgaben sowohl über die Zulässigkeit der Exekution ohne vorgängigen Prozeß, als auch darüber, ob die Exekution von dem Richter oder von der betreffenden Regierung zu verfügen ist, Zweifel entstanden, auch gleichzeitig über die Einziehung der Forderungen der Medizinal-Personen nähere Bestimmungen in Antrag gebracht worden sind, so verordne Ich hierdurch, nach den Anträgen des Staatsministeriums, auf Ihren Bericht vom 2ten d. Mts.:

Zum Eingange.

1. In den n. 276 und 289 zur VO. v. 1808 wurde bereits erörtert, wie aus einer Kombinirung des § 41 I c. mit den §§ 36, 37 ib. folge, daß die ursprünglich nur für Staatssteuern geltenden §§ 78, 79, II. 14 ALR auf die steuerartigen Abgaben der politischen, kirchlichen und Schul-Gemeinden ausgedehnt worden seien, daß dagegen dieselbe Folgerung in Betreff der nicht an die Gemeinden als solche, sondern an die Institute der Kirche, resp. Pfarre und Schule oder an deren Beamte direkt zu entrichtenden Abgaben, aus obigen §§ nicht gezogen zu werden pflege. Wenn die in dem JMR. 5. Juli 1833 (Jbb. 42, S. 118) reproduzirten JMR. 9. April und 7. Mai 1824 die Unanwendbarkeit der cit. §§ 78, 79 auf letztere Abgaben namentlich dadurch zu erklären suchen, daß § 41 unter den dort erwähnten moralischen Personen nur solche verstehe, deren Vermögen von den Regierungen selbst verwaltet, nicht also auch solche, deren Vermögens-Verwaltung von den Regierungen blos beaufsichtigt werde; so deuten sie die betr. Worte des § 41 offenbar in viel zu enger, in anderen Beziehungen nicht durchführbarer Weise, was u. A auch daraus hervorgeht, daß dieselbe Argumentation ebensowohl den Gemeinden und Schulsozietäten, resp den an diese zu leistenden Abgaben und ihrer Gleichstellung mit den Staatsabgaben entgegenstehen würde Richtiger dürfte das unterscheidende Merkmal wohl darin zu suchen sein, daß den Abgaben jener Institute nicht, gleichwie den Kommunal-Abgaben, der Charakter steuerartiger, d. h.

1) Alle beständige dingliche oder persönliche Abgaben und Leistungen, welche an Kirchen und öffentliche Schulen,

---

solcher Leistungen beiwohne, welche auf einem dem Besteuerungsrechte des Staats analogen Rechte beruhen. Der Hauptzweck der ACO. v. 1836 geht nun dahin, die Gleichstellung mit den Staatssteuern mindestens für einen Theil obiger Abgaben herbeizuführen, und zwar in dem Umfange, daß nicht blos die §§ 78, 79, II. 14 ALR., sondern auch § 80 ib. und § 42 der VO. v. 1808 auf letztere zur Anwendung gelangen. In Betreff der übrigen, welche immerhin die Regel bilden, ist zwar der bisherige Rechtszustand bestehen geblieben, so daß diese auch hinfüro nur auf gerichtlichem Wege gefordert werden können Doch hat die ACO. deren Einbringung und die gewisser Forderungen der Medizinalpersonen mindestens dadurch zu beschleunigen gesucht, daß sie die Geltendmachung der desfallsigen Ansprüche in den Formen des Mandats- resp. Bagatell-Prozesses gestattete. — Die hinsichtlich des erstern Gegenstandes getroffenen Bestimmungen sind in den Nr. 1—3, die auf den zweiten bezüglichen in den Nr. 4—7 enthalten

2. Während die letzteren Vorschriften nur für die altländische Prozeßgesetzgebung berechnet sind, kommt rücksichtlich derer der ersten Kategorie in Betracht, daß nach der Praxis des KH. (cf. Erk v. 1. Juli 1837; 8. April 1839, Rh. A. 26, II. 21; 29, II. 31) alle herkömmlichen, durch besondere Reglements nicht ausdrücklich aufrecht erhaltenen Abgaben der Pfarrgenossen an (kath.) Kirchenbeamte durch die franz Gesetzgebung abgeschafft wurden. Hieraus hat man mitunter und so noch bei Berathung des Ges. v 24. Mai 1861 (s. Komm-Ber. des H. d. A.) gefolgert, daß die ACO. überhaupt für das Gebiet des Rheinischen Rechts nicht mit erlassen sei. Der Komp.-GH. ist jedoch der entgegengesetzten Ansicht (cf. *EK 16. April 1853; 18 April 1857, JMBl 53, S 216; 58, S. 47). Die ACO. erwähnt allerdings mit keinem Worte, daß sie nur für einen Theil des Staatsgebiets gelten solle, sie ist zudem ebensowohl in der Rheinprovinz, wie in den übrigen Provinzen durch die Amtsblätter publizirt worden Daß sie auf die Rhein. Sondergesetzgebung keine entsprechende Rücksicht nimmt, hat sie mit manchen älteren Gesetzen gemein, deren Geltung für den ganzen Staat keinem Zweifel unterliegt. Uebrigens bestimmte bereits eine ACO. v. 18 Juli 1835 (Rh. S. 5, S. 171), daß auch in der Rheinprovinz die rückständigen Schulgelder und alle anderen, auf allgemeinen Einrichtungsplänen beruhenden Schulabgaben nach vorgängiger Festsetzung durch den Schulvorstand und Bürgermeister im administrativen Wege exekutivisch beigetrieben werden sollten Cf. ferner Ex-O. v. 1843 § 1 Nr. 6.

3. Ebenso erachtet der Komp-GH. die ACO. auf das Gebiet des gemeinen Rechts [mit Ausschluß der Hohenzollernschen Lande] für anwendbar. In Betreff des Bezirks des JS. Ehrenbreitenstein wird dies außerdem durch ein Erk des KH. (s. JMBl 52, S. 16) bestätigt. Cf. ferner VO. v. 21. Juli 1849 § 1 Nr. 3—7. Was Neu-Vorpommern und Rügen anlangt, so erregt allerdings § 1 a. E. der Ex.-O. v. 1 Febr 1858 insofern Bedenken, als er das dort durch Prov.-Gesetze begründete executoriale perpetuum, obgleich dieses kein administratives, sondern ein gerichtliches Exekutions-Verfahren ist, für die Abgaben an Kirchen, Schulen, Geistliche ꝛc. ohne Unterschied, mithin anscheinend auch für solche Abgaben dieser Art, von denen Nr. 1 h. l. redet, aufrecht erhält.

4. Am Zustandekommen der ACO. haben die Bestimmungen des 50. Titels der AGO, insofern letztere den dort erwähnten Forderungen gewisse Vorrechte beim Konkurse einräumen, und einen Theil von ihnen in diesem Betrachte schon den landesherrlichen Abgaben gleichstellen, offenbar großen Antheil gehabt. Dieselben kommen daher auch bei Erläuterung der ACO. wesentlich in Betracht. Cf. n. 9, 23.

5. Die Vorschriften der ACO. gehören zu denjenigen, welche durch das Ges. v. 24. Mai 1861 erhebliche Abänderungen erfahren haben. Da diese sich jedoch nur auf die Bestimmungen der ersten Kategorie beziehen, so wird ihrer auch erst zu Nr. 1—3 näher gedacht.

Nr. 1—3.

6. Obgleich die ACO. in diesen Bestimmungen die §§ 78, 79, II. 14 ALR.

oder an deren Beamte, vermöge einer allgemeinen gesetzlichen, oder auf notorischer Orts- oder Bezirksverfassung beruhenden Verbindlichkeit zu entrichten sind, desgleichen die Forderungen öffentlicher Schul- und Erziehungs-Anstalten an Schul- und Pensionsgeld, unterliegen bei Säumigkeit der Debenten sowohl hinsichtlich der laufenden als der aus den letzten zwei Jahren rückständig verbleibenden Beträge der exekutivischen Beitreibung durch die betreffende Verwaltungs-Behörde.

2) Die exekutivische Beitreibung wird gehemmt, wenn der in Anspruch Genommene eine Exemtion behauptet und wenigstens seit zwei Jahren, vom letzten Verfalltermine zurückgerechnet, im Besitze der Freiheit sich befindet.

3) Das rechtliche Gehör bleibt nach Vorschrift der §§. 79 u. f. Tit. 14. Th. II. des Allgem. Landrechts, der Verordnung vom 26. Dezember 1808. §§. 41. und 42., einem Jeden verstattet, der aus besondern Gründen die Befreiung von einer solchen Abgabe oder Leistung geltend machen will, oder in der Bestimmung seines Antheils, über die Gebühr belastet zu sein, behauptet.

---

resp. die §§ 41, 42 der VO. v. 1808 auf die unter Nr. 1 erwähnten Leistungen **ausdehnt**, so schließt sie sich dennoch nicht dem Ideengange des ALR. an; sie geht vielmehr den umgekehrten Weg, indem sie des Rechts der administrativen Exekution, welches bei Steuern eine bloße Konsequenz des § 78 ist, zunächst und besonders gedenkt, alsdann unter Nr. 2 eine dem § 80 entsprechende, an den § 79 anknüpfende Vorschrift trifft, und erst unter Nr. 3, mittelst Hinweisung auf § 79, die Bedingungen für die Zulässigkeit des RW feststellt.

7. Zur Charakterisirung des Verhältnisses der ACO. zum Ges v. 24. Mai 1861 ist zwischen den **verschiedenen Arten** der unter Nr. 1 aufgezählten Leistungen zu unterscheiden. Letztere zerfallen nämlich in:

a) **beständige** Abgaben und Leistungen, welche an Kirchen, öffentliche Schulen oder deren Beamte vermöge **allgemeiner gesetzlicher Verbindlichkeit** zu entrichten sind,

b) Leistungen derselben Art, welche jedoch nicht auf dem Gesetze sondern auf **notorischer Orts- oder Bezirksverfassung** beruhen,

c) Forderungen öffentlicher Schulen und Erziehungs-Anstalten an **Schul- und Pensionsgeld**.

8. Das Recht der **administrativen Exekution** ist hinsichtlich sämmtlicher Klassen jener Leistungen durch das Ges. v. 1861 unberührt geblieben. Dagegen hat dieses Ges. in Betreff der unter b und c erwähnten Leistungen das rechtliche Gehör **allgemein** (mithin nicht mehr blos für die Fälle des § 79) gestattet, und es nur in Betreff der Leistungen der Klasse a bei den für öffentliche Abgaben geltenden Bestimmungen, d. h. bei den §§ 78, 79 belassen. Die Nr. 3 der ACO. erwies sich daher für die Klassen b und c nicht mehr als passend, und ist zur schärferen Hervorhebung des Unterschieds zwischen diesen einer- und der Klasse a andererseits

gänzlich aufgehoben, dafür aber die Gleichstellung der Leistungen der letzteren Klasse mit öffentlichen Abgaben in Bezug auf die Prozeßfähigkeit besonders ausgesprochen worden.

9. Die ACO. braucht den Ausdruck „beständig“ augenscheinlich in demselben Sinne, wie § 357, I. 50 AGO. und die §§ 229, 230, II 11 ALR. den Ausdruck „beständig fortlaufend“ und § 65, II. 14 ib den „fixirt beständig,“ indem sie gleichzeitig durch Hinzufügung der Worte „dinglich oder persönlich“ die Streitfrage abschneidet, welche sich in Betreff des cit. § 357 erhoben und die Dekl. v. 3. April 1838 hervorgerufen hat Demzufolge dient dasjenige, was die JMR. 27. April 1841 und 21. März 1842, sowie der Bericht des OT. v. 6. Sept. 1841 (Jbb. 59, S. 175 ff.) zur Erläuterung obiger Ausdrücke besagen, analoger Weise auch zur Erläuterung der ACO. Die dort in Vorschlag gebrachten, demnächst aber als entbehrlich erkannten deklaratorischen Bestimmungen erfordern zur Anwendbarkeit des citt. § 357, daß eine Abgabe den Charakter der Allgemeinheit an sich trage, daß sie durch Gesetz oder Verfassung als eine fortlaufende bezeichnet sei und daß ihre Entrichtung in periodischen Zeitabschnitten regelmäßig wiederkehre, gleichviel, ob sie für alle Zeiten fortdaure, und ob ihr Betrag für den jedesmaligen Entrichtungsfall gleichmäßig bestimmt oder nach einem zwar an sich feststehenden, aber in Bezug auf das Bedürfniß oder andere Verhältnisse wandelbaren Maaßstabe abgemessen werde. Jene Best. erblicken daher in den beständig fortlaufenden Abgaben den Gegensatz zu allen indirekten sowie überhaupt zu solchen Abgaben, bei denen die Verbindlichkeit zur Entrichtung erst vom Eintritte gewisser Ereignisse oder von Handlungen abhängt, die in der Willkür des Verpflichteten liegen oder durch dessen individuelle Verhältnisse begründet werden.

10. Mit dieser Auffassung des Begriffs beständiger Abgaben stimmt die Praxis des Komp.-GH. im Wesentlichen überein. EK. 17. Febr. 1855 (JMBl. S. 137) charakterisirt dieselben als Abgaben, welche in bestimmten Beträgen und zu bestimmten Zeiten fortdauernd und regelmäßig entrichtet werden müssen, weshalb z. B. Beiträge zu Kirchenbaukosten schon um deswillen, weil sie von dem jedesmaligen, von Zeit zu Zeit eintretenden Bedürfnisse abhängig und von wechselndem Betrage seien, dazu nicht gehörten und es bestätigt EK. 15. Oktbr. 1859 (ib 60, S 319), daß der Charakter der Beständigkeit nicht eine immerwährende Fortdauer erfordere, sondern nur die Unveränderlichkeit der Leistung für Jeden, bei dem die Voraussetzungen der Abgabepflicht einträten und so lange dieselben fortbeständen. Letztere Entscheidung rechnet daher zu den beständigen Leistungen die an einen Schullehrer zu entrichtende Abgabe, wenn sie fortwährend gezahlt werden müsse, so lange die Schule bestehe, ungeachtet sie dem Einzelnen nur für die Dauer des Schulbesuchs seiner Kinder zur Last liege.

11. Dem Vorgesagten gemäß fallen die Stolgebühren der Pfarrer nicht unter die Bestimmungen der ACO. (s unten n. 28), wohl aber der Dezem und die Kalendeabgaben: EK. 25 Sept. 1852 (ib. 53, S. 35)

12. Was unter Abgaben, die vermöge einer allgemeinen gesetzlichen Verbindlichkeit zu entrichten sind oder, wie § 15 des Ges. v. 24 Mai 1861 sich ausdrückt, welche auf einer allgemeinen gesetzlichen Verbindlichkeit resp. auf einer von der aufsichtführenden Regierung in Gemäßheit gesetzlicher Bestimmung angeordneten oder exekutorisch erklärten Umlage beruhen, bedarf an sich keiner näheren Erläuterung. Unter den hier in Betracht kommenden gesetzlichen Bestimmungen, zu denen übrigens nicht blos die Landesgesetze, sondern auch provinzielle Kirchen- und Schul-Ordnungen sowie alle anderen mit Gesetzeskraft versehenen Normen gehören, welche der Aufsichtsbehörde die Befugniß zur Anordnung oder zur neuen Vertheilung lokaler Abgaben verleihen (cf. Komm. Ber. H. d. A. zum Ges. v. 1861), sind in Betreff der Schulbeiträge vorzugsweise die §§ 29 ff., II. 12 ALR. zu nennen. Diesen §§ zufolge erachtete EK. 26. Juni 1849 (JMBl. S. 368) die Beiträge der Hausväter zum Unterhalte einer durch Regierungs-Verfügung zu einer öffentlichen erhobenen Privat-Schule als Leistungen im Sinne der ACO. Nach *EK. 8. April 1854 (ib. S. 308) begründen in den linksrheinischen Landestheilen das Dekr. v 30. Dez. 1809 Art. 37 Nr. 1, Artt. 49, 92 ff., Ges. v. 14. Febr. 1810, Art. 1 und Ges. v. 14. März 1845 § 2 die gesetzliche Basis

für Beiträge zur Besoldung eines katholischen Kirchenbeamten, z. B. zum Küsterlohne, insofern letztere wegen nicht ausreichenden Fabrikvermögens von der Gemeinde unter Bestätigung der Regierung in quanto fixirt und nach dieser Festsetzung unter die konfessionsverwandten Eingesessnen vertheilt werden. — Anders verhält es sich mit den Beiträgen zum Zusatzgehalte eines vom Staate besoldeten katholischen Pfarrers, da der desfallsige Anspruch nur durch eine Bewilligung seitens der Gemeinde, mithin durch einen privatrechtlichen Titel begründet werden kann, über dessen Wirkungen der RW. zulässig ist: *EK. 12. Mai 1855 (ib. S. 240).

13. Unter dem Ausdrucke „notorische Orts- oder Bezirks-Verfassung“ versteht die ACO. altes, in der Notorietät begründetes Herkommen, notorische Observanz: *EK. 16. April 1853, 24. Jan. 1857 (JMBl. 53, S. 216; 57, S. 252). — EK. 15. Okt. 1859 (ib. 60, S. 320) erblickte eine besondere Ortsverfassung in einer Kirchen- und Schul-Matrikel vom J. 1599.

14 Zwischen zwei einzelnen Personen, z. B. dem Gutsherrn und dem Pfarrer, ist eine Ortsverfassung nicht denkbar: OT. 27. Nov. 1857 (Strieth. 28, S. 110).

15. Bei dinglichen Abgaben, welche auf notorischer Observanz beruhen sollen, ist zwar nicht nöthig, daß die Verbindlichkeit gerade auf allen Grundstücken ohne Ausnahme laste. So betrachtete EK. 11. Dez. 1858 (JMBl. 59, S. 167) eine auf allen s g. Gerechtigkeitshäusern eines Orts observanzmäßig lastende Abgabe als eine Abgabe im Sinne der Nr. 1. Doch müssen bestimmte, in sich erkennbare Merkmale dafür gegeben sein, zu welcher Klasse, ob zu der verpflichteten oder zur befreiten dieses oder jenes Grundstück gehöre; demzufolge involvirt z. B. die Behauptung, daß eine Abgabe herkömmlich auf vielen Grundstücken laste, nicht die Behauptung einer notorischen Orts- oder Bezirksverfassung: EK. 20. Okt. 1855 (ib. 56, S. 8).

16. Ebensowenig lassen sich Abgaben, welche zwar auf allen Grundstücken lasten, ihrem Betrage nach jedoch verschieden und auf die Grundstücke hypothekarisch eingetragen sind, unter den Gesichtspunkt einer auf notorischer Ortsverfassung beruhenden Verbindlichkeit bringen: EK. 25. Juni 1853 (JMBl. S. 344) [l. c war von der Verwaltung behauptet worden, observanzmäßig habe die streitige Abgabe eine größere Leistung, als die hypothekarisch verzeichnete, zum Gegenstande] Dagegen entschied EK. 7. Nov. 1857 (ib. 58, S. 196), daß die Eintragung einer Verbindlichkeit in das Hypothekenbuch, sowie das Anerkenntniß der Verpflichtung durch den Verpflichteten den Fall einer notorischen Ortsverfassung nicht nothwendig ausschließe, und EK. 18. April 1857 (ib. 58, S. 48), daß mit der Annahme einer solchen Ortsverfassung nicht in Widerspruch stehe, wenn durch Gemeinderaths-Beschluß die Existenz und der Umfang der Verbindlichkeit noch besonders festgestellt sei, da man füglicher Weise zu einer nochmaligen Feststellung dessen habe schreiten können, was nach allseitiger Uebereinstimmung zu den herkömmlichen Abgaben der hier fraglichen Art gehöre.

17. Wird jedoch der rechtliche Grund oder der Umfang der Verbindlichkeit geändert, — was unter Umständen auch vertragsweise geschehen kann, — cf. EK. 14. Jan. 1860 (ib. S. 383), — so verliert die ursprünglich auf notorischer Observanz beruhende Abgabe diesen ihren Charakter. So entschied sich *EK. 12. Mai 1855 (ib. S. 240) für die Unanwendbarkeit der ACO. in einem Falle, wo es sich nicht um die herkömmliche, sondern um eine gemäß Regierungs-Verfügung an deren Stelle getretene, sowohl hinsichtlich des Betrags wie der Personen der Pflichtigen von jener verschiedene Abgabe handelte. Jedoch soll nach einer höheren, im R. der Reg. zu Posen v. 7. April 1853 (VMBl. S. 94) bezogenen Entscheidung in der behufs Ausführung des Ges. v. 2 März 1850 bewirkten Umwandlung von Natural-Abgaben in Geldrenten keine Novation enthalten sein, welche die Anwendbarkeit der ACO. ausschlösse. Ebenso erachtete das bereits cit. EK. 7. Nov. 1857 die ACO. nach wie vor für anwendbar, wenn eine Regierung, nachdem die Erfüllung der Natural-Verbindlichkeit in einem konkreten Falle verweigert worden, die an deren Stelle tretende herkömmliche [?] Geldvergütung festsetze und einziehe.

18. Abgesehen von den Leistungen der Klasse c, den Schul- und Pensions-Geldern, auf welche die bezüglichen Vorschriften der ACO. vorbehaltlich der durch

das Ges v. 1861 herbeigeführten Modifikationen schlechthin Anwendung finden, — cf. EK. 24. Okt. 1857 (JMBl. 58, S. 188), — bleiben alle sonstigen Leistungen, bei denen obige Requisite, d. h. die Eigenschaft der Beständigkeit und das Vorhandensein eines Gesetzes oder der notorischen Observanz als Verpflichtungsgrunds, nicht zutreffen, durch jene Bestimmungen unberührt.

19. Ebensowenig unterliegt jenen Bestimmungen ein Entschädigungsanspruch, welcher daraus hergeleitet wird, daß eine Abgabe im Sinne der ACO. zur Verfallzeit nicht geleistet worden sei: EK. 12. Febr. 1859 (ib. S. 342). [l. c. drehte sich der Streit zunächst darum, ob der Verpflichtete eine Naturalabgabe prae- oder postnumerando zu leisten habe, und leitete sein Gegner aus dem Umstande, daß nicht praenumerando gezahlt war, das Recht her, statt der Naturalabgabe ein Geldäquivalent nach den zur angeblichen Verfallzeit geltenden höheren Preisen zu verlangen. Obgleich eine freilich nicht schon bei Festsetzung der Abgabe, sondern erst nach Anstellung der Klage ergangene Verfügung der Regierung vorlag, wonach es in dem betr. Falle bei der bisher üblich gewesenen Weise des postnumerando-Leistens verbleiben, vom nächsten Verfalltage an aber praenumerando geleistet werden solle, entschied der Komp.GH. für die Zulässigkeit jener Klage, in welcher er eben eine bloße Entschädigungsklage erblickte. Das AG Marienwerder hatte für die entgegengesetzte Ansicht geltend gemacht, daß die Regierung als Aufsichtsbehörde die Schulabgaben und deren Modalitäten zu reguliren habe. Der Komp.GH. erachtete dieses Argument jedoch für nicht zutreffend, da jene Befugniß sich nur auf die zukünftigen Leistungen beziehe.]

20. Die ACO. kommt ferner nicht in Betracht bei eigentlichen Gemeinde-Abgaben, hinsichtlich deren Entrichtung die Grundsätze der §§ 78 ff., II. 14 ALR. ja schon kraft der früheren Gesetzgebung gelten. Doch wird die Anwendbarkeit der ACO. nicht ausgeschlossen, und erhalten die betr Abgaben, z B. Pfarrabgaben nicht den Charakter von Gemeindeabgaben, wenn diese auf den Steuerfuß ausgeschrieben und durch die Gemeinde für den Pfarrer eingezogen werden: *EK. 12. Mai 1855 (ib. S. 240).

21. Die Vorfrage, ob eine vor Gericht bestrittene Leistung zu denen gehöre, von welchen die bezüglichen Vorschriften der ACO. reden, unterliegt zwar nach allgemeinen Grundsätzen ebensowohl der richterlichen Prüfung, wie die unter n. 197 zur VO. v. 1808 besprochene analoge Frage, ob eine streitige Leistung als Staats-, resp. Gemeinde-Steuer zu betrachten sei. Inzwischen weicht die bisherige Praxis des Komp.-GH. gleich dem OT. 11. Nov. 1859 (Strieth. 35, S. 266) auch hier und zwar aus denselben, an obiger Stelle bereits widerlegten Gründen von dieser Ansicht theilweise ab, namentlich insofern, als sie annimmt, daß das Bestehen notorischer Orts- oder Bezirks-Verfassung durch die Verwaltungs-Behörde in einer auch für den Richter verbindlichen Weise konstatirt werde. Cf. Sydow S. 93. Nur Ein Urtheil, EK 18. April 1857 (JMBl. 58, S. 48), läßt dies nicht unumschränkt gelten, sondern erachtet jene administrative Konstatirung wenigstens alsdann für nicht maaßgebend, wenn dagegen das Dasein einer auf Kontrakt, letztwilliger Disposition ꝛc. beruhenden Verpflichtung in zutreffender Weise behauptet werde. OT. 27. Nov 1857 (Strieth. 28, S. 110) setzte zwar anscheinend voraus, daß jene Konstatirung den Richter binde, entschied aber gleichzeitig, daß eine solche nicht schon darin gefunden werden könne, daß die Verwaltung die administrative Exekution für Pfarrabgaben ꝛc verfügt habe, (dieses Erk. nahm sogar an, daß in dem damals vorliegenden Falle die Verwaltung, weil sie ihre Ueberzeugung erst aus den jetzt angestellten Ermittelungen gewonnen zu haben erkläre, ihre Festsetzung gerade nicht auf Notorietät gründe;) desgleichen OT. 25. Sept. 1857 (Entsch. 36, S. 349). [Hier wird erwogen: die Anordnung der Exekution schließe den RW. nicht schon darüber aus, ob die Abgabe auf notorischer Ortsverfassung beruhe; indem die ACO. die Bedingungen festsetze, unter denen allein die Verwaltung befugt sei, die Entrichtung der streitigen Abgabe zu erzwingen, erkenne sie implicite die Befugniß des Richters an, bezüglich der Kompetenzfrage das Vorhandensein dieser Bedingungen zu prüfen; ob diese Prüfung aber, wie der zweite Richter (AG. Bromberg) annehme, in dem Umfange statthaft sei, daß selbst wider die ausdrücklich ausgesprochene Ansicht der Regierung entschieden werden dürfe, daß es an einer

observanzmäßigen Verpflichtung fehle, könne l. c. dahin gestellt bleiben.] — Wie man auch über obige Frage unter Zugrundelegung der früheren Gesetzgebung urtheilen möge, jedenfalls ist das vom KompGH und OT 11. Nov. 1859 für ihre Ansicht aus den §§ 78, 79 l. c. gezogene Argument, — ein Argument, welches freilich auf einem Zirkelschlusse beruhte, — mit dem Erlasse des Ges. v. 24 Mai 1861 §§ 15, 16 hinweggefallen Uebrigens hat die Frage durch jene §§ 15, 16 ihre praktische Bedeutung zum erheblichen Theile eingebüßt

22. Zufolge der Gleichstellung der Abgaben im Sinne der Nr. 1 mit den Staats- und Gemeinde-Steuern findet Alles, was zu §§ 36, 41 der VO. v. 1808 hinsichtlich dieser gesagt worden, analoger Weise auch auf jene Anwendung, selbstredend jedoch gegenwärtig nur noch insoweit, als obige Gleichstellung durch das Ges. v. 1861 aufrecht erhalten wurde, d. h also nur noch insofern es sich um Abgaben der Klasse a handelt, da den Befugnissen der Verwaltung bezüglich der beiden anderen Klassen blos die Bedeutung des Rechts der vorläufigen Exekution (§ 42 der VO. v. 1808) verblieben ist Demgemäß kann vor Gericht über die Höhe der ersteren Abgaben nur unter den Kontribuenten, über die Verbindlichkeit selbst aber nur dann gestritten werden, wenn eine durch spezielle Rechtstitel erworbene Befreiung (§ 79, II. 14 ALR.) in Frage steht, mag nun der angeblich Pflichtige oder der Berechtigte als Kläger auftreten. Die gerichtliche Kompetenz ist mithin nicht begründet, wenn blos die Befugniß zur Ausschreibung der Beiträge, oder wenn blos das Vorhandensein der Voraussetzungen geleugnet wird, unter denen die Verbindlichkeit nach den bestehenden Normen eintreten soll, z. B. wenn Jemand seine Beitragspflicht bestreitet, weil er einer anderen Parochie oder Konfession angehöre (in Betreff des Austritts aus der Kirche s VO. v. 1808 n 299 bis), weil er neuer Ansiedler sei ꝛc. cf Sydow, S. 93 Auch liegt kein prozeßfähiger Exemtionsgrund (im Sinne des § 79 l. c.) vor, wenn ein Gutsherr die Freiheit von der Verbindlichkeit, zu den Schulkosten beizutragen, auf die §§ 29, 34, 36, II. 12 ALR. stützt: EK. 4. Okt 1856, 18. April 1857 (JMBl. 57, S 6, 390). Ebensowenig eröffnet den RW. die Anrufung eines städtischen Regulativs, welches die Pflicht zur Zahlung des Schulgelds für gewisse Klassen der Schule allgemein aufgehoben hat, noch die eines Vertrags, welcher nicht zwischen dem angeblich Pflichtigen und dem Berechtigten abgeschlossen ist, sollte auch einer der Kontrahenten der Fiskus oder die Gemeinde sein, welcher die Parteien angehören, cf EK 7. Mai 1859, 13. Nov. 1858, 24. Okt. 1857 (ib. 60, S. 157; 59, S. 308; 58, S. 187), noch die Berufung auf die Löschung der Abgabe im Hypothekenbuche, zumal, wenn die Eintragung nicht erforderlich war; cf EK. 11 Dez 1858 (ib 59, S 168). Das Gegentheil wurde erkannt bezüglich der Berufung auf § 283, II. 11 ALR, das Ges. v. 11. Juli 1822 und die Gen.-Konz. der Altlutheraner v. 23 Juli 1845, desgleichen bezüglich der Berufung auf einen nach erfolgter Parzellirung aufgenommenen und von der Regierung bestätigten Abgabenregulirungs-Plan; cf. Sydow, S. 98; EK 14. Jan. 1860 (JMBl. S. 383).

23. Die Gleichstellung der unter Nr 1 aufgezählten Leistungen mit den Steuern trifft jedoch schon nach der ACO. in Einem Punkte nicht zu. Während nämlich bei letzteren die admin. Exekution für ältere sowohl wie für jüngere Rückstände an sich statthaft ist, und dies gemäß § 80, II 14 ALR. nur insofern eine Modifikation erleidet, als die Beschreitung des RW. (§ 79 ib) im Falle des zweijährigen (durch Widerspruch gegen die Zahlungs-Aufforderung erworbenen) Freiheitsbesitzes auf das exekutivische Verfahren Suspensiveffekt ausübt, beschränkt die ACO. unter Nr. 1 die Befugniß zu jener Exekution überhaupt auf den Anspruch wegen der laufenden Beiträge und der Rückstände aus den letzten zwei Jahren, ebenso, wie § 357, I. 50 AGO. auch nur diesen Rückständen das Vorrecht der zweiten Klasse im Konkursverfahren gewährt. Folgeweise hat die Nr. 2 der ACO. eine engere Bedeutung, als der ihr entsprechende § 80 cit.; letzterer § äußert seine Wirksamkeit bei Rückständen jedes Alters, die Nr 2 h l. ist dagegen nur auf zweijährige Rückstände und die laufenden Beiträge zu beziehen, da von einer bloßen Hemmung des exekutivischen Verfahrens (während des Prozesses) bei solchen Ansprüchen keine Rede sein kann, hinsichtlich deren die Exekution von vorn herein als unstatthaft erscheint.

24. Hiernach ist, wenn die Beiträge seit längerer Zeit rückständig geblieben

sind, zwischen den älteren Rückständen und denen der letzten zwei Jahre zu unterscheiden. In Betreff jener findet nach dem Willen des Gesetzes gar keine administrative Exekution statt; der Gläubiger muß vielmehr ein richterliches Erk. erwirken, und dessen Vollstreckung in der für gerichtliche Exekutionen vorgeschriebenen Weise veranlassen, — cf EMR. 2 April 1862 (VMBl S. 186) — so daß die §§ 78, 79, II. 14 ALR insofern schon nach den Vorschriften der AEO. nicht zur vollen Geltung gelangen, wenn auch vielleicht anzunehmen ist, — seit Erlaß des Ges. v. 1861 selbstredend nur in Betreff der Abgaben der Klasse a, — daß in dem einzuleitenden Rechtsverfahren das Bestehen der Verbindlichkeit in quali et quanto durch administrative Bescheinigung festgestellt werden müsse, mithin, von den Fällen des § 79 abgesehen, nicht zum Gegenstande der richterlichen Erörterung gemacht werden könne. Was dagegen die Rückstände aus den letzten zwei Jahren und die laufenden Beiträge anlangt, so ist die administrative Exekution an sich vollkommen statthaft; sie muß nur, sobald der angebliche Schuldner in den zugelassenen Fällen den RW. beschreitet, der Nr. 2 gemäß eingestellt werden und während des Prozesses ruhen bleiben. A. M ist das EMR. 27 Juni 1841 (VMBl. S. 214). Diesem zufolge schließt der zweijährige Freiheitsbesitz die Zulässigkeit jener Exekution selbst für die letzterwähnten Ansprüche aus.

25. Ueberschreitet die Verwaltung ihre Befugnisse dadurch, daß sie wegen älterer Rückstände als derjenigen der letzten zwei Jahre ein exekutivisches Verfahren einleitet, so kann hiergegen, den §§ 41, 42 der VO v. 1808 zufolge, auf dem RW. Schutz gesucht werden. Die entgegengesetzte Ansicht, welche den EK. 17. April 1858, 10. März 1855, 22. Nov. 1851 (JMBl. 58, S. 336; 55, S. 186; 52, S. 14) zu Grunde liegt, wird darauf gestützt, daß der RW. nur in den unter Nr. 3 erwähnten Ausnahmefällen statthaft sei, und die Nr. 2 nur dann zur Anwendung komme, wenn mit dem Antrage auf Sistirung der Exekution eine Klage im Sinne des § 79 l. c. verbunden werde. Abgesehen jedoch davon, daß diese Argumentation gegenwärtig höchstens nur noch auf die Leistungen der Klasse a passen würde, beruht dieselbe augenscheinlich auf einer Verwechselung der Vorschriften der Nr. 1 und 2, welche scharf von einander gesondert werden müssen. Nicht die Nr. 2, sondern die Nr. 1 ist es, aus welcher die Unzulässigkeit der admin. Exekution für ältere Rückstände folgt; jene, die Nr. 2, unterstellt vielmehr eine an sich statthafte Exekution, und bildet daher um so weniger den Maaßstab zur Beurtheilung des entgegengesetzten Falls; cf. n 23 Dasselbe gilt von der Vorschrift der Nr. 3 Diese regelt die richterliche Kompetenz blos in Beziehung auf die streitige Verbindlichkeit zur Entrichtung der Abgabe, und zwar gleichfalls unter der selbstverständlichen Voraussetzung, daß die Behörde sich innerhalb der Grenzen ihrer Exekutivgewalt bewege. Aus keiner dieser Bestimmungen läßt sich mithin eine Abweichung von den allgemeinen Regeln, wie sie den cit. §§ 41, 42 zu Grunde liegen, für den obigen Fall herleiten.

26. Das Exekutionsrecht der AEO. verbleibt den Regierungen auch während der Pendenz eines Ablösungs-Verfahrens, und steht nicht etwa ex analogia des § 7 der VO. v. 30. Juni 1834 den General-Kommissionen zu. Da inzwischen Fälle eintreten können, wo die ursprünglichen Rechtsverhältnisse auch vor dem Abschlusse des Rezesses schon wesentlich verändert sind, sei es durch Vergleich, sei es durch die richterliche Festsetzung eines früheren Abführungstermins der Ablösung, oder durch Regulirung eines Interimistikums, so muß die Regierung, wenn der Exequendus eine solche Lage des Ablösungsgeschäfts einwendet, darüber bei der General-Kommission Rückfrage halten, und wenn diese nach Lage der Ablösungsakten die Exekution nicht mehr für zulässig erachtet, letztere zurücknehmen. So MR. 24. Febr. 1842 (VMBl. S. 85).

27. Das exekutivische Verfahren richtet sich nach den in den Ex.-O. v. 1843, 1845 u. 1853 enthaltenen Vorschriften § 1 Nr. 6 l. c erwähnt zwar neben den Kirchen- und Schulabgaben nicht noch besonders die Abgaben an die Kirchen- und Schulbeamten. Doch sind unter ersteren die letzteren Abgaben offenbar mit gemeint; cf. *EK. 16. April 1853 (JMBl. S. 216). In Betreff Neuvorpommerns und Rügens vgl. Ex.-O. v. 1. Febr 1858 § 1 a E (GS. S. 86).

27 bis. Im Uebrigen s. Ges. v. 24. Mai 1861 n. 29 ff.

4) In Betreff der, aus besonderen Kontrakten oder testamentarischen Dispositionen auf Grundstücken haftenden jährlichen Abgaben an Kirchen und Schulen (§. 430. Tit. 50. der Prozeßordnung) findet die Exekution nicht sofort statt, es muß vielmehr, wenn sie eingetragen sind, der Mandatsprozeß, und wenn sie nicht eingetragen sind, der Bagatell- oder summarische Prozeß, nach näherer Anleitung der desfallsigen gesetzlichen Bestimmungen, vorausgehen.

5) Wegen aller anderen Forderungen der Kirchen- und Schulbedienten findet, wenn sie mit einem Festsetzungsdekrete versehen sind, der Mandatsprozeß, sonst der Bagatell- oder summarische Prozeß, nach Vorschrift der Verordnung vom 1. Juni 1833, statt.

6) Die Forderungen ordnungsmäßig konzessionirter Privat-Schul- und Erziehungs-Anstalten an rückständigem,

---

Nr. 4—7.

28. Zu den unter Nr. 5 erwähnten Forderungen gehören namentlich auch die Stolgebühren der Pfarrer (s. n. 11). Hinsichtlich dieser Gebühren fand dem § 423, II. 11 ALR. zufolge in der Regel kein eigentliches Prozeßverfahren statt, der Betrag derselben wurde vielmehr durch ein Dekret der geistlichen Oberen festgesetzt, während die richterliche Thätigkeit sich auf den Erlaß eines Zahlungsmandats und auf Anordnung der Exekution beschränkte, es sei denn, daß der Schuldner aus besonderen Gründen auf rechtliches Gehör provozirte, z. B. wenn er Zahlung, Erlaß oder Verjährung vorschützte, wo dem Richter überlassen war, geeigneten Falls die Exekution auszusetzen, und die Sache zur gerichtlichen Entscheidung zu verweisen. cf. JMR. 11. Sept 1820 (Jbb. 16, S 28) Indessen sprach sich bereits das JMR. 5. Juli 1833 (ib. 42, S 121) dahin aus, daß mit dem Eintritte der VO. v. 1. Juni 1833 (§ 1 Nr. 4) der Mandatsprozeß hinsichtlich der Stolgebühren stattfinden müsse, sobald diese durch die vorgesetzte Behörde festgesetzt und das Festsetzungsdekret zugleich mit der Klage beigebracht worden. Der Bagatell- oder summarische Prozeß dürfte in Betreff der Stolgebühren wohl niemals zur Anwendung kommen, da der Geistliche dem § 423 l c. gemäß nur die festgesetzten Gebühren fordern kann, die vorherige Festsetzung derselben daher immer Bedingung der Klage ist. — Nach einem R. des Ober-Präs. v. Westphalen v. 8. Mai 1852 (cf. Beitr. zum preuß. Kirchenrecht, Paderborn 1856, H. 2, S. 5) ist übrigens, wenn den bischöflichen Erlassen wegen Regulirung der Stolgebühren Anerkennung, resp. Ausführung seiten der Staatsbehörde zu Theil werden, und namentlich der Nr. 5 h. l. gemäß der Mandatsprozeß eintreten soll, die genehmigende Mitwirkung des Staats zu dieser Regulirung erforderlich.

29. Die Worte in Nr. 7 „und einem Festsetzungsdekrete“ beziehen sich nur auf die Rechnungen der Apotheker, und hat die bezügliche Bestimmung der ACO. ihren Grund darin, daß den Gerichten nicht zugemuthet werden kann, die Rezepte zu entziffern und die nicht (gleich der Medizinaltaxe) als Gesetz publizirte Arzneitaxe zu kennen. Die administrative Festsetzung der Honorar-Liquidationen der Aerzte ist daher zur Begründung des Mandatsprozesses nicht nöthig, und noch weniger der Schuldner berechtigt, von der vorgesetzten Medizinalbehörde eine solche Festsetzung behufs Bescheinigung seiner Einreden zu verlangen. Doch wurde am Cirk.-Erlasse v 21 August 1832 (Horn II. S 151), wonach jene Festsetzung, resp. Revision der Honorar-Liquidationen durch die Regierungen statthaft

durch ihren Einrichtungsplan festgesetztem Schul- oder Pensionsgelde, aus dem Zeitraume eines Jahres von Einreichung der Klage zurückgerechnet, dürfen im Wege des Mandatsprozesses eingeklagt werden.

7) Mit gleicher Zeitbeschränkung soll dieses Vorrecht auch den Forderungen der Medizinalpersonen und Apotheker für ihre Besuche, Operationen und Arzneimittel zustehen. Die Liquidationen müssen jedoch von den ärztlichen Personen aller Klassen mit spezieller Angabe der Dienstleistungen und mit der Berechnung einer jeden Dienstleistung nach den Bestimmungen der Medizinaltaxe aufgestellt, sowie die Rechnungen der Apotheker mit den ärztlichen Rezepten und einem Festsetzungsdekrete belegt sein. Diese Bestimmungen sind zur Nachachtung durch die Gesetzsammlung zur öffentlichen Kenntniß zu bringen.

[oder gar nöthig (?)] ist, wenn es sich um eine Bezahlung aus Staatsfonds handelt, durch die AGO Nichts geändert. Die Regierungen haben sich daher sonst, weder auf Verlangen der Medizinalpersonen selbst, noch auf das der Schuldner mit der Festsetzung zu befassen, sondern etwaige Requisitionen der Gerichte abzuwarten. So: CMR. 15 Mai 1851 (VMBl. S. 84). [Nach § 6 der VO. v. 1 Juni 1833 mußte über dergleichen Forderungen in den Formen des summarischen Prozesses verhandelt werden.]

30. Ueber die Art, wie die Ansprüche der Medizinalpersonen wider Armen-Verbände geltend zu machen sind, cf. APfl.-Ges. v. 31. Dez. 1842 n. 111, 112.

31. Für den Bezirk des AH. Cöln erweisen sich die Nr. 4—7 durchweg als unanwendbar, wenn man aus diesen Bestimmungen nicht wenigstens den Schluß ziehen will, daß die hier fraglichen Prozeßsachen immer als summarische behandelt werden sollen, was übrigens schon früher regelmäßig geschehen mußte; cf. Art 404 der B. Pr. O. Doch dürfte die Vorschrift der Nr. 7, daß die Rechnungen der Apotheker mit einem Festsetzungsdekrete der Verwaltungs-Behörde zu belegen sind, auch dort Geltung haben.

32. In den Bezirken des AG. Greifswalde und des Justizsenats Ehrenbreitstein findet wegen der hier fraglichen Forderungen der unbedingte Mandatsprozeß nach Maaßgabe der VO. v 21. Juli 1849 (GS. S. 307) statt; cf. § 1 Nr. 3, 4 l c. und Ex.-O. v 1. Febr. 1858 § 1

33. In Betreff der Gebühren der Impfärzte cf. die Ex-O. v. 30. Juli 1853 und 1. Febr. 1858 § 1 Nr. 7, resp. Nr. 6

Gesetz

über die Eisenbahn-Unternehmungen. Vom 3. November 1838.

[GS. Nr. 1947, S 505.]

(Litteratur: A. Bessel und E Kühlwetter, das preußische Eisenbahnrecht, Cöln 1855—1857. — W. Koch, Deutschlands Eisenbahnen, Marburg und Leipzig 1860)

Wir Friedrich Wilhelm, von Gottes Gnaden, König von Preußen rc. rc.

haben für nöthig erachtet, über die Eisenbahn-Unternehmungen und insbesondere über die Verhältnisse der Eisenbahn-Gesellschaften zum Staate und zum Publikum, allgemeine Bestimmungen zu treffen, und verordnen demnach auf den Antrag Unseres Staatsministeriums und nach erfordertem Gutachten Unseres Staatsraths, wie folgt:

§. 4. Die Genehmigung der Bahnlinie in ihrer vollständigen Durchführung durch alle Zwischenpunkte wird dem Handelsministerium vorbehalten, ebenso sind die Verhältnisse der Konstruktion, sowohl der Bahn als der anzuwendenden Fahrzeuge, an diese Genehmigung gebunden. Alle Vorarbeiten zur Begründung der Genehmigung hat die Gesellschaft auf ihre Kosten zu beschaffen.

Zum Eingange.

1 Das Gesetz ist, soweit seine Bestimmungen nicht die besonderen Verhältnisse der Gesellschaften betreffen, auch auf Staatsbahnen anwendbar; cf. OT. 19. Oktbr. 1858, 14. Dezbr. 1857 (Strieth. 31, S 71; 26, S. 364), Bess. u. Kühlw. II. S. 208 und unten n. 55, 63.

§ 4.

2. Unter „Genehmigung der Bahnlinie“ ist die Genehmigung der in

§. 8. Für den Fall, daß über den Erwerb der für die Bahn-Anlage nothwendigen Grundstücke eine Einigung mit den Grundbesitzern nicht zu Stande kommt, wird der Gesellschaft das Recht zur Expropriation, welchem auch die Nutzungsberechtigten unterworfen sind, verliehen.

Dasselbe erstreckt sich insonderheit:

1) auf den zu der Bahn selbst erforderlichen Grund und Boden;
2) auf den zu den nöthigen Ausweichungen erforderlichen Raum;
3) auf den Raum zur Unterbringung der Erde und des Schuttes ꝛc., bei Einschnitten, Tunnels und Abtragungen;
4) auf den Raum für die Bahnhöfe, die Aufseher- und Wärterhäuser, die Wasserstationen und längs der Bahn

---

diese Linie fallenden Bahnhofs-Anlage mitverstanden. Demzufolge kann eine Gesellschaft auf Erfüllung der in Betreff der Errichtung dieser Anlage kontraktlich übernommenen Verbindlichkeiten im RW. nicht belangt werden, so lange jene Genehmigung fehlt. So: *OT 13. Nov 1855 in Sachen der Stadt Aachen c. Aachen-Düsseldorfer Eisenb.-Ges. (Die Ges. hatte sich für gewisse Gegenleistungen verpflichtet, im nördlichen Theile der Stadt einen besonderen Bahnhof anzulegen. Die demgemäß erhobene Klage auf Errichtung dieser Anlage wurde vom LG. Aachen, unter Verwerfung der Inkompetenzeinrede, wegen der mangelnden Genehmigung des HMin. als voreilig abgewiesen und das betr. Erk. durch AH. Cöln 20. Okt. 1854 bestätigt. Das OT. verwarf den Kass.-Rekurs, indem es auf § 4 h. I., das Ges. v. 16.—24. Aug. 1790 Tit. 2 Art. 13 und § 19 des Rhein. Ress.-Regl. Bezug nahm.) Dies erleidet selbst dann keine Ausnahme, wenn die Genehmigung der Anlage aus Gründen versagt werden sollte, welche der Absicht des § 4 fremd sind, z. B. wegen der Finanzlage der Gesellschaft, da dem Richter eine Kritik der Motive des HMin. nicht zusteht. — Im Uebrigen s. Ges. v. 11. Mai 1842 n. 109.

§ 8.

3. § 8 gestattet nicht allein eine totale, sondern auch eine blos partielle Enteignung, d. h. die Entziehung eines der im vollen Eigenthume enthaltenen Rechte, z. B. die Entziehung des Gebrauchsrechts oder die Auflage einer Servitut: MR. 28. Febr. 1859 (VMBl. S. 107).

4. Da die Regierung den §§ 8, 11 zufolge das gesammte Expropriations-Verfahren zu leiten, und namentlich die Gesellschaft in den Besitz der betr. Grundstücke einzuweisen hat, so steht auch nur ihr, und nicht dem Gerichte die Entscheidung der Vorfrage zu, ob ein Grundstück, dessen Expropriation beantragt worden, dem Expropriationsrechte der Gesellschaft unterworfen sei So: EK. 19. Juni 1858 (JMBl S. 388). [I c. hatte die Regierung die Expropriation behufs Verlängerung des Geleises einer längst in Betrieb befindlichen Bahn bis zu dem einer anderen Gesellschaft gehörigen Bahnhofe verfügt, und drehte sich der Streit darum, ob das durch die Konzessions-Urkunde verliehene Expropriations-Recht sich auf das für jenes neue Geleise erforderliche Terrain miterstrecke. Der Komp.GH. erachtete die richterliche Kognition über diesen Streitpunkt aus obigen Gründen als unstatthaft.]

4 bis. EK. 19. Juni 1858 (ib. 59, S 47) erklärte die Beschreitung des RW. wider eine von der Regierung ausgegangene Besitzeinweisung selbst dann für unzulässig, wenn nicht die Expropriations-Befugniß, wohl aber die Gesetzlichkeit des desfallsigen administrativen Verfahrens bestritten und die Klage namentlich

zu errichtenden Kohlenbehältnisse zur Versorgung der Dampfmaschinen, und

5) überhaupt auf den Grund und Boden für alle sonstigen Anlagen, welche zu dem Behufe, damit die Bahn als eine öffentliche Straße zur allgemeinen Benutzung dienen könne, nöthig oder in Folge der Bahn-Anlage im öffentlichen Interesse erforderlich sind.

Die Entscheidung darüber, welche Grundstücke für die obigen Zwecke (Nr. 1 — 5.) in Anspruch zu nehmen sind, steht in jedem einzelnen Falle der Regierung, mit Vorbehalt des Rekurses an das Ministerium, zu. Dagegen ist das Expropriationsrecht auf solche Anlagen nicht auszudehnen, welche, wie Waaren-Magazine und dergleichen, nicht den unter Nr. 5. gedachten allgemeinen Zweck, sondern nur das Privatinteresse der Gesellschaft angehen.

---

darauf gestützt werde, daß die vorgängige Ermittelung, resp. Zahlung der Entschädigungssumme unterblieben sei. Jenes Erk. wurde zwar zunächst auf die im betr. Falle zur Anwendung kommende Nassauische VO. v. 25. Aug. 1812, außerdem aber auch auf § 8 h 1., in Verbindung mit den §§ 36, 37 der VO. v. 1808 und dem Ges. v. 11. Mai 1842, gegründet. — Dagegen nehmen Bess. u. Kühlw. I. S. 39 an, daß wenn der Taxwerth weder gezahlt noch deponirt sei, dem Expropriaten der gerichtliche Schutz wider seine Ausweisung nicht versagt werden könne.

5. Noch weiter, als das letztbezogene Erk., ging EK. 4 Febr. 1854 (JMBl. S. 326), indem es in einem Falle, wo eine Gesellschaft sich ohne vorgängigen Expropriations-Beschluß der Regierung in den Besitz eines Grundstücks gesetzt und dasselbe in den Bahnkörper bereits verwandt hatte, nur den Antrag auf Anerkennung des Eigenthums an jenem Grundstucke, nicht auch den auf dessen Räumung für prozeßfähig erklärte, weil eben die Verwendung in den Bahnkörper bereits erfolgt sei, und die Bestimmung der zu diesem Zwecke zu verwendenden Grundstücke der Verwaltung anheimfalle *Contra* und offenbar mit Recht: AH. Cöln 1. Juli 1859 (Rh. A. 55, I. 76). Aus jener Befugniß der Verwaltung folgt doch nur soviel, daß die beklagte Gesellschaft einem solchen Antrage gegenüber nicht etwa einwenden könne, das Grundstück sei zur Eisenbahnanlage nöthig gewesen, und daß das in Betreff jenes Antrags ergehende Urtheil der späteren Bestimmung der Regierung nicht präjudizire, keineswegs aber, daß, so lange es an einer Entscheidung der Regierung mangelt, der bisherige Eigenthümer seine im Eigenthume enthaltenen Rechte nicht gegen die Gesellschaft wie jedweden Andern im RW. geltend zu machen berechtigt wäre.

6. Jedenfalls ist das unter n. 3 — 5 Gesagte auf das Gebiet des Rhein. Rechts nach den dort für Expropriationen geltenden, in § 11 aufrechterhaltenen Grundsätzen nicht unbedingt passend, wie dies aus n 22 ff. hervorgeht. Hier möge nur dasjenige seine Stelle finden, wodurch sich die Rhein. Gesetzgebung von der der übrigen Provinzen in Betreff der in n. 4 erörterten Prinzipfrage unterscheidet. Da nämlich dem Art. 13 des Ges v. 8 März 1810 zufolge das Gericht die Gesellschaft zur Besitzergreifung zu ermächtigen, und zu diesem Behufe die Gesetzlichkeit des administrativen Verfahrens, namentlich auch das Vorhandensein eines die Expropriation genehmigenden landesherrlichen Dekrets zu prüfen hat, so muß dasselbe allerdings auch untersuchen, ob die beantragte Expropriation unter jenes Dekret wirklich falle, oder ob das aus letzterem herzuleitende Expropriationsrecht etwa für ganz andere Zwecke oder doch in beschränkterem Umfange ertheilt worden sei, z. B. ob dasselbe die Expropriation für die ganze Strecke, für zwei oder

§. 9. Außer dem Expropriationsrechte wird der Gesellschaft auch das Recht zur vorübergehenden Benutzung fremder Grundstücke Behufs der Einrichtung von Interimswegen, der Materialien-Gewinnung ꝛc., ebenso, wie es bei der Anlegung und Unterhaltung von Kunststraßen dem Staate zusteht, eingeräumt. In welchem Umfange dieses Recht nach den, in den verschiedenen Landestheilen bestehenden Vorschriften geltend zu machen, und welche Grundstücke dabei in Anspruch zu nehmen sind, hat die Regierung, vorbehaltlich des Rekurses an das

---

nur für Ein Geleise gestatte. Cf. Rej 21. Nov. 1836, Cass. 13 Jan. 1840 (Sir. 36, I. 920; 40, I. 157), und Ress.-Regl. n. 197. So lehnte ein RKB. des LG. Aachen in einem Falle, wo die Regierung ein Grundstück „behufs Gewinnung von Auftragserde“ zur Expropriation designirt hatte, die Vollstreckbarkeits-Erklärung des desfallsigen Beschlusses unter der Erwägung ab, daß das der Gesellschaft verliehene Expropriationsrecht sich dem § 8 zufolge auf die Materialien-Gewinnung nicht mit erstrecke, jener Zweck gemäß § 9 vielmehr nur zu einer vorübergehenden Benutzung berechtige.

7. Wäre dagegen einer der im § 8 erwähnten Zwecke im Regierungsbeschlusse wirklich angeführt, so würde freilich auch der Rheinische Richter die thatsächliche Richtigkeit dieser Angabe weder von Amtswegen noch auf den Antrag des Eigenthümers zu prüfen befugt sein, letzterer vielmehr die Behauptung, daß die Expropriation jener Angabe zuwider, anderen Zwecken dienen solle, höchstens in einem Rekurse an den Handelsminister geltend machen können. Cf auch Bess. u. Kühlw. I. S. 64.

8. Das Recht, wider die Entscheidung der Regierung über die zu expropriirenden Grundstücke an das Ministerium zu rekurriren, steht nicht blos den Eigenthümern, sondern auch der Gesellschaft zu: Bess. u. Kühlw. I S. 34.

9. Da das Expropriations-Resolut einen für beide Theile unwiderruflichen Kaufakt darstellt, so kann die Gesellschaft den Expropriaten nicht nöthigen, das Grundstück zurückzunehmen. Enthielte daher jener Beschluß eine derartige Ermächtigung, so würde diese von den Gerichten nicht zu beachten sein. Umgekehrt ist aber auch jede eventuelle Expropriation unstatthaft, d h. die Regierung darf es nicht in das Ermessen der Gesellschaft stellen, je nach Bedürfniß sich noch andre Grundstücke anzueignen. Vorkommenden Falls würde gegen eine auf Grund solcher Ermächtigung erfolgende Besitzausweisung der richterliche Schutz nicht versagt werden können. So: Bess. u. Kühlw. I S. 37

10. Beschränkungen, welche das Expropriations-Resolut der Gesellschaft im Interesse des Expropriaten auferlegt, können von diesem auf dem RW., und zwar sowohl in petitorio, wie in possessorio geltend gemacht werden. Dies gilt selbst dann, wenn die Bahn unter Staatsverwaltung steht, vorausgesetzt, daß die Anordnung, welche im Widerspruche mit jenen Beschränkungen ergeht, von der Staatsbehörde als Bauunternehmer und nicht als Polizeibehörde getroffen wird: EK. 30. Okt. 1852 in S. Seeger c. Fiskus.

§ 9.

11. Das im § 9 den Gesellschaften verliehene Recht besteht auch für die Unterhaltung einer bereits gebauten Bahn: OT. 29. April 1857 (Strieth. 25, S. 87). A. M. scheint Koch (I. S. 130 n. 4) zu sein.

12 In der Rheinprovinz kommen die formellen Vorschriften des Ges. v. 8. März 1810 für die blos vorübergehende Benutzung im Sinne des § 9 nicht zur Anwendung, und findet daher keine gerichtliche, sondern nur eine administrative Besitzeinweisung zu diesem Zwecke statt; cf. Ress.-Regl. n. 102, 103 und Bess. u. Kühlw I. S. 84 ff. Doch ist diese Ansicht, wie die dortigen Citate beweisen, nicht unbestritten.

Handelsministeriums, zu bestimmen. Jedoch ist überall das Ausgraben von Erde zur Ziegelfabrikation und von Feldsteinen, sowie die Eröffnung von Steinbrüchen und die Benutzung schon vorhandener Steinbrüche, in den durch gegenwärtigen Paragraphen den Gesellschaften beigelegten Befugnissen nicht enthalten.

§. 10. Wenn die Gesellschaft ein benachbartes Grundstück zur Unterbringung der Erde und des Schuttes in Anspruch genommen hat (§. 8. Nr. 3.), so soll, nachdem dieser Zweck vollständig erreicht ist, der Eigenthümer die Wahl haben, dieses Grundstück (nach §. 8.) der Gesellschaft fortwährend zu überlassen, oder (nach §. 9.) gegen Ersatz der Werthsverminderung zurückzunehmen. Sollte jedoch der fortwährende Besitz desselben der Gesellschaft für die Sicherheit der Bahn nöthig sein, so fällt der Anspruch des Eigenthümers auf Rückgabe hinweg.

§. 11. Die Expropriation erfolgt in denjenigen Landestheilen, wo das Allgemeine Landrecht in Kraft ist, nach Vorschrift der §§. 8—11. Th. I. Tit. 11.

---

13. Da wider die im 2. Satze des § erwähnte Bestimmung der Regierung nur der Rekurs an das Handelsministerium nachgelassen ist, so erscheint die gerichtliche Anfechtung derselben als unstatthaft: Bess. u. Kühlw. I. S. 51.

§ 10.

14. Das im § 10 gewährte Wahlrecht ist nöthigenfalls im RW. geltend zu machen, mithin auch dort die Frage zu erörtern, ob dasselbe existent geworden, und ob etwa der Anspruch auf Rückgabe mit Rücksicht auf die Schlußbestimmung des § 10 zessire; cf. §§ 16, 18 h. l. und BO. v. 1808 n. 70, 341 bis.

15. § 10 setzt voraus, daß die Gesellschaft von dem ihr nach § 8 zustehenden Rechte der Expropriation Gebrauch gemacht hat. Jenes Wahlrecht besteht daher nicht, wenn ein Grundstück, dem § 9 gemäß, nur in vorübergehende Benutzung genommen worden ist: AH. Cöln 31. Juli 1844 (Rh. A. 37, I. 223).

§ 11 Abs. 1—3.

16. Da das administrative Abschätzungs-Verfahren nur im Interesse des Eigenthümers vorgeschrieben ist, so braucht letzterer dessen Ende nicht abzuwarten, sondern kann sofort nach Uebergabe des Grundstücks den RW. hinsichtlich des Entschädigungs-Anspruchs beschreiten: EK. 22. Okt. 1853 (JMBl. S. 403). — Demzufolge dürfte der Lauf der Klagen-Verjährung auch schon vom Tage der Uebergabe des Grundstücks, und nicht etwa erst nach Beendigung jenes Abschätzungs-Verfahrens beginnen. Bess. u. Kühlw. I. 39 bezeichnen als den Zeitpunkt des Beginns den Tag der Insinuation des Expropriations-Beschlusses.

17. Der Gerichtsstand der Eisenbahn-Gesellschaften in Betreff der Entschädigungs-Ansprüche ist für das Gebiet des ALR. und des gemeinen Rechts zufolge des die AGO. v. 1. März 1847 (GS. S. 112) modifizirenden § 9 der BO. v. 2. Jan. 1849 bei demjenigen Gericht, in dessen Bezirk das betr. Grundstück liegt, falls der Eigenthümer nicht vorzieht, im persönlichen Gerichtsstande der Gesellschaft zu klagen. Diese Bestimmungen kommen auch gegen den Fiskus als Unterneh-

Die Regierung ernennt die Taxatoren und leitet das Abschätzungs-Verfahren unter Zuziehung beider Theile. Der Eigenthümer ist verpflichtet, gegen Empfang oder gerichtliche Deposition des Taxwerths, das Grundstück der Gesellschaft zu übergeben, und wird nöthigen Falls von der Regierung hierzu angehalten.

Der Eigenthümer kann, wenn er mit der Schätzung der Taxatoren nicht zufrieden ist, auf richterliche Entscheidung über den Werth antragen. Der Gesellschaft steht ein solches Recht nicht zu.

In der Rheinprovinz, soweit das Allgemeine Landrecht daselbst nicht in Kraft ist, erfolgt die Ausübung des Expropriationsrechts (§. 8.) und die Feststellung der Entschädigungen nach den für die Expropriation dort geltenden Bestimmungen.

---

mer von Staatsbahnen zur Anwendung: OT. (Präj.) 11. Nov. 1859 (Entsch. 42, S. 488)

18. Die Schlußworte des § 11 Abs. 3 sind so zu verstehen, daß die Gesellschaft wider das auf Grund der Taxation ergehende Regierungsresolut den RW. nicht beschreiten könne. Sowohl, wenn das Resolut gewisse Punkte gar nicht feststellt, — was an sich der Einleitung der Klage nicht entgegensteht, — als auch, wenn die Regierung das Gutachten der Taxatoren verworfen, und den Entschädigungs-Anspruch unbedingt oder zeitweise zurückgewiesen hat, ist die Gesellschaft an jenes Gutachten in der Art nicht gebunden, daß sie gar keine Einwendungen wider dasselbe vor Gericht geltend machen könnte: OT. 18. April 1855 (Entsch. 31, S. 106). — Anlangend den in diesem Erk. nicht speziell vorgesehenen Fall, wo das Resolut eine größere Entschädigung zubilligen sollte, als die Taxe, so dürfte auch hinsichtlich des Ueberschusses der RW. der Gesellschaft unbedenklich nicht verschlossen sein, zumal die bezügliche Bestimmung des § 11 als Ausnahmegesetz strictissimae interpretationis ist.

19. Kann die Gesellschaft die von der Regierung genehmigte Taxe nicht wenigstens dann im RW. angreifen, wenn die Gegenpartei ihrerseits auf Erhöhung der Entschädigungssumme geklagt hat? Beff. u. Kühlw I S. 40 bejahen diese Frage. Inzwischen dürfte die entgegengesetzte, in manchen Urtheilen adoptirte Ansicht, wenn auch nicht der Billigkeit, so doch dem Wortlaute des Gesetzes mehr entsprechen.

20. Der Rekurs gegen die Festsetzung der Taxe an das Handelsministerium ist nicht gestattet; cf. Beff. u. Kühlw. I. S. 50, welche sich überdies mit Recht dahin aussprechen, daß die Regierung die ihr in den §§ 8, 11 beigelegten Befugnisse nicht einem Kommissar delegiren könne.

§ 11 Abs. 4.

21. Diese Vorschrift bezieht sich nicht blos auf den Bezirk des AH. Cöln, sondern auch auf den des Justizsenats Ehrenbreitstein, weshalb die Ausübung des Expropriationsrechts und die Feststellung der Entschädigungen in letzterem Bezirke gleichfalls nach der früher dort geltenden Gesetzgebung und nicht etwa nach § 11 Abs. 1—3 stattfindet. Dasselbe dürfte von den übrigen durch das gemeine Recht beherrschten Landestheilen, insbesondere Neu-Vorpommern und Rügen gelten, ungeachtet § 11 hinsichtlich dieser Landestheile eine ausdrückliche Bestimmung zu treffen unterläßt.

22. Die in dem Bezirke des AH. Cöln maaßgebenden Bestimmungen dieser Materien sind die Ges. v. 8. März 1810 und 25. Mai 1857, deren Erläuterung sich

§. 12. Wenn bei der Entschädigung, außer dem Eigenthümer, auch Realberechtigte in Betracht kommen, so hängt es von dem Ermessen der Regierung ab, ob die Entschädigungssumme gerichtlich deponirt, oder ob dafür Kaution gestellt werden soll, in welchem letzteren Falle die Gesellschaft, vom Zeitpunkt der Uebergabe an, landesübliche Zinsen zu zahlen hat.

---

in den Noten zu § 13 des Ress.-Regl findet. Hier sind nur noch einzelne Punkte um deswillen zu besprechen, weil das Ges. v. 1810 nur solche Expropriationen vor Augen hat, welche sowohl Namens des Staats als für diesen betrieben werden.

23. Hat das öffentliche Ministerium den Expropriations-Beschluß der Regierung aus den Händen der letzteren zu empfangen und mit seinem Antrage dem Gerichte zur Vollstreckbarkeits-Erklärung vorzulegen, oder muß sich die Gesellschaft selbst, mittelst Anwalts-Requete, an das Gericht wenden? Bess. u. Kühlw. I. S. 72 entscheiden sich für die zweite Alternative, indem sie die bezüglichen Bestimmungen des Ges. v. 1810 aus der Stellung des öff. Min. als fiskalischen Anwalts erklären, mithin nur auf solche Expropriationen für anwendbar halten, welche Namens und für Rechnung des Staats stattfinden. Inzwischen belassen die Gesetze, welche jene Stellung regeln (Arr. v. 10. Therm. IV. und Ges. v. 27. Vent. VIII. Art 89), der Verwaltung die Wahl, ob sie sich zur Vertretung ihrer Interessen vor Gericht an das öff. Min. oder an einen Anwalt wenden wolle, und setzen überdies eine kontradiktorische Prozedur voraus, bei welcher jene Behörde eventuell außer den Funktionen einer partie principale die der p. jointe auszuüben hat. Demzufolge muß doch wohl die bei Bess. u. Kühlw. I. S. 74 erwähnte Ansicht des LG. Aachen vorgezogen werden, wonach das öff. Min. im Falle des Art. 13 des Ges v. 1810 ebensowohl als Wächter der öffentlichen Ordnung und des Gesetzes handelt, wie wenn es die in dem Art. 15 ib. vorgeschriebene Mittheilung an den Justizminister macht. Uebrigens stimmt auch die Praxis, so viel bekannt, damit überein, daß die Obliegenheiten des öff. Min. bei Expropriationen der einen wie der andern Art in der hier fraglichen Beziehung dieselben sind.

24. Die ehedem streitige Frage, ob die Regierung oder die Gesellschaft in den Besitz einzuweisen sei, ist durch § 2 des Ges. v. 1857 zu Gunsten der letzteren entschieden, da das, was dort vom Dringlichkeitsfalle gesagt wird, selbstredend auch in anderen Fällen gilt. Ebensowenig kann es seit dem Erlasse dieses Gesetzes (cf. § 7 ib) noch ferner zweifelhaft sein, daß in der gerichtlichen Entschädigungs-Prozedur nicht die Regierung, sondern die Gesellschaft zur Sache legitimirt sei. Daß letztere ebensowohl wie der Eigenthümer die Schätzung der Taxatoren vor Gericht angreifen könne, war zu allen Zeiten unbestritten.

25. Die Artt. 21—24 des Ges. v 1810 finden bei Expropriationen für Privatbahnen keine Anwendung: Bess. u. Kühlw. I. S. 75.

§ 12.

26. Zu den Realberechtigten gehören nach den Grundsätzen des ALR. der Nießbraucher, Erb- und Zeitpächter, der Miether, der Inhaber einer Reallast, einer Servitut, eines Zehnten, sowie einer Zwangs- und Banngerechtigkeit, nicht aber die Hypothekengläubiger, bei deren Vorhandensein vielmehr in Ermangelung gütlicher Einigung stets die Deposition des Taxpreises stattfinden muß; cf. Bess. u. Kühlw. I. S. 42 ff. und das dort mitgetheilte FMR v. 1846.

27. Letzteres R. giebt die Gesichtspunkte an, von denen die Regierung bei ihrem Ermessen sich soll leiten lassen, und geht dabei offenbar von der Voraussetzung aus, daß das administrative Abschätzungs-Verfahren (§ 11) auch im Falle des Vorhandenseins von Realberechtigten immer auf das Expropriationsobjekt im Ganzen gerichtet werden müsse, daß daher § 12 unter dem Ausdrucke „Entschädigungssumme" den von der Gesellschaft theils an den bisherigen Eigenthümer, theils an die Realberechtigten zu zahlenden Totalbetrag verstehe, woraus folgen würde, daß § 12 eine Restriktion der durch § 11 Abs. 2 aufgestellten Regel

§. 13. Für die vorübergehende Benutzung von Grundstücken (§. 9.) ist die Entschädigung in gleicher Art, wie bei der Expropriation (§. 11), zu bestimmen. Es kann aber für deren Gewährung die Bestellung einer angemessenen Kaution verlangt werden, in welchem Falle die Regierung die Sache interimistisch zu reguliren hat.

§. 14. Außer der Geldentschädigung ist die Gesellschaft

---

enthalte. Dagegen beziehen Bess u. Kühlw l. c. jenen Ausdruck augenscheinlich nur auf die den Realberechtigten gebührenden Beträge, und sind demnach der Ansicht, daß bei der Taxirung (§ 11) von vorn herein auf das Bestehen etwaiger Realberechtigungen Rücksicht zu nehmen, d. h. die Entschädigung für das beschwerte Eigenthum (§ 11) von der Entschädigung der Realberechtigten (§ 12) zu trennen sei; erstere müsse immer vor der Besitzentziehung gezahlt oder deponirt werden, während hinsichtlich der letzteren das im § 12 erwähnte Ermessen der Regierung eintrete. Für die erstere dieser beiden Ansichten spricht ganz entschieden die ganze Fassung des Gesetzes, wogegen die zweite sich allerdings vom praktischen Standpunkte aus sowie dadurch empfiehlt, daß ihr zufolge § 12 mit dem Grundsatze des Art. 9 der Verf.-Urk. in Einklang steht, was nach der ersteren Auslegung nicht der Fall sein würde.

28. Nach der eben erörterten beantwortet sich die andere Frage, ob die Gesellschaft die Taxe bezüglich der den Realberechtigten gebührenden Entschädigung im RW. bekämpfen könne. Bess. u. Kühlw I. S. 49 bejahen dieselbe, da nach ihrer Deutung die Ausnahme-Vorschrift des § 11 Abs. 3 sich nur auf eine dem Eigenthümer allein bewilligte Entschädigung bezieht. Muß dagegen mit dem R. v. 1846 angenommen werden, daß das Schätzungs-Verfahren des § 11 die für sämmtliche Betheiligten gemeinschaftliche Entschädigungssumme zu ermitteln habe, und jenen Betheiligten nach Analogie der Vorschriften des Ges v. 8 Aug. 1832 (GS. S. 202) überlassen bleibe, ihre Antheile an obiger Summe unter sich zu reguliren oder durch den Richter reguliren zu lassen, so würde der Beschreitung des RW. seitens der Gesellschaft § 11 Abs. 3 selbst nach der striktesten Auslegung ebensowohl bezüglich des Taxantheils der Realberechtigten, wie bezüglich desjenigen des Eigenthümers direkt entgegenstehen.

29. Die Realberechtigten sind unbedenklich befugt, die gemäß § 11 bewirkte Schätzung anzufechten, resp. auf richterliche Entscheidung über den Werth anzutragen, wenn auch bei dieser Schätzung ihr Antheil am Betrage nicht besonders auszuwerfen ist, sie daher ihren Angriff wider dieselbe nicht auf die Wahrung ihres eignen Interesses beschränken können, die Schätzung vielmehr im Ganzen der richterlichen Erörterung unterbreitet werden muß.

30. Die Anwendbarkeit des § 12 auf den Bezirk des AH. Cöln wird wohl durch die im § 11 aufrecht erhaltenen Artt. 18 und 25 des Ges. v. 1810 ausgeschlossen; cf. auch §§ 2, 3 des Ges. v. 1857.

§ 13.

31. Aus der Verbindung der §§ 13 und 11 ergiebt sich, daß im Gebiete des ALR. nur dem Eigenthümer und etwaigen Realberechtigten, nicht aber der Gesellschaft das Recht zusteht, gegen die im Administrativ-Verfahren ermittelte Schätzung der für die vorübergehende Benutzung zu leistenden Entschädigung auf rechtliches Gehör anzutragen: Bess. u. Kühlw. I. S. 58.

32. Dem § 13 zufolge hat auch im Bezirke des AH Cöln die Regierung die hier fragliche Entschädigung vorläufig festzustellen. Doch steht sämmtlichen Interessenten nach eben diesem § der Antrag auf rechtliches Gehör zu; § 12 des Ress.-Regl. kommt mithin nicht in Betracht: Bess. u. Kühlw. I. S. 91.

§ 14 Abs. 1.

33. Dem § 14 gemäß findet über die Verpflichtung der Gesellschaft zur Her-

auch zur Einrichtung und Unterhaltung aller Anlagen verpflichtet, welche die Regierung an Wegen, Ueberfahrten, Triften, Einfriedigungen, Bewässerungs- oder Vorfluths-Anlagen rc. nöthig findet, damit die benachbarten Grundbesitzer gegen Gefahren und Nachtheile in Benutzung ihrer Grundstücke gesichert werden.

Entsteht die Nothwendigkeit solcher Anlagen erst nach Eröffnung der Bahn durch eine mit den benachbarten Grundstücken vorgehende Veränderung, so ist die Gesellschaft zwar auch zu deren Einrichtung und Unterhaltung verpflichtet, jedoch nur auf Kosten der dabei interessirten Grundbesitzer, welche deshalb auf Verlangen der Gesellschaft Kaution zu bestellen haben.

---

richtung einer der dort erwähnten Anlagen der RW. nicht statt — So die konstante Praxis; cf. OT 7. März 1851 (Strieth. 1, S. 295); EK. 14. Jan. 1854 (JMBl. S. 139);

34. — — ausgenommen, wenn jene Verpflichtung auf einen speziellen privatrechtlichen Titel, z B. auf einen mit der Gesellschaft geschlossenen Vertrag gegründet wird. EK. 25 Juni 1853 (JMBl S. 337).

35. Statt dessen kann aber bei Gericht auf Entschädigung wegen der durch den Mangel solcher Schutzanlagen hervortretenden Nachtheile geklagt werden: EK. 16. Dez. 1854 (JMBl. 55, S. 88)

36. Beispielsweise ist hiernach der Antrag der Adjazenten auf Einhegung der Bahn, auf Herstellung oder Erbreiterung von Wegen, Gräben, Triften rc. beim Mangel spezieller Rechtstitel bei der Regierung anzubringen, und ausschließlich von dieser über die Breite sowie die Steigungs-Verhältnisse der durch den Bahnbau nöthig werdenden Wege rc. zu entscheiden, wogegen der aus der Beschaffenheit der Wege rc. hergeleitete Entschädigungs-Anspruch vor die Gerichte gehört: EK. 14. Jan. 1854, 18. April 1857 (JMBl. 54, S 139; 57, S 445).

37. Nach Bess. u. Kühlw. I. S. 134 gilt dasselbe, was von der Herrichtung einer Anlage gesagt worden, in gleicher Weise von der Wegschaffung einer solchen. Beispielsweise soll, wenn eine Gesellschaft auf ihrem Terrain einen Damm gebaut hat, der den natürlichen Wasserabfluß eines benachbarten Grundstücks hindert, dessen Eigenthümer eine Remedur nur bei der Regierung nachsuchen und lediglich in Beziehung auf die ihm gebührende Entschädigung den RW. beschreiten können. — Inzwischen erkannte AH Cöln 2. Juli 1851 (Rh. A. 46, I. 139), daß die Klage, welche von einer Gemeinde wider eine Gesellschaft wegen der an Gemeindewegen durch deren Verlegung rc. vorgenommenen Veränderungen angestellt, und zunächst auf Beseitigung der neuen Anlagen, sowie Herstellung der früheren Wege, eventuell auf Schadensersatz gerichtet war, ihrem ganzen Umfange nach zum RW. geeignet sei, weil die Frage, ob Beklagte zur Veränderung der Gemeindewege berechtigt gewesen und desfalls ersatzpflichtig sei, dem Privatrechte angehöre, § 14 aber in die Eigenthums- und Entschädigungs-Berechtigungen nicht eingreife.

38. Die Prozeßfähigkeit und Existenz eines Entschädigungs-Anspruchs des Adjazenten, z. B. wegen der ihm durch die Eisenbahn verursachten Wirthschafts-Erschwernisse, ist nicht davon abhängig, daß Kläger zuvor bei der Verwaltungs-Behörde einen Beschluß über Herrichtung der im § 14 erwähnten Anlagen beantragt habe, durch welche dem eingetretenen Nachtheil hätte vorgebeugt werden können: OT. 22. Okt. 1855 (Strieth. 18, S. 225).

39. Ebensowenig präjudizirt die von der Regierung wirklich gemäß § 14 getroffene Bestimmung etwaigen Entschädigungs-Forderungen in der Weise, daß, wenn die Gesellschaft den ihr gemachten Auflagen vollständig nachkommt, sie aller Ver-

antwortlichkeit den Adjazenten gegenüber enthoben wäre. Vielmehr erleiden die in der allgemeinen Gesetzgebung begründeten Entschädigungs-Ansprüche der Adjazenten durch § 14 keine Beschränkung oder Abänderung zum Vortheile der Gesellschaft: OT. (Pl.) 20. Okt. 1851 (Strieth 3, S 302). In früheren Entscheidungen war die entgegengesetzte Ansicht adoptirt worden. — OT. 7. März 1851 (ib. 1, S. 298) wies eine Entschädigungsklage ab, weil Kläger keinen privatrechtlichen Anspruch auf den durch die Bahnanlage unterdrückten Weg gehabt, denselben vielmehr nur als öffentlichen Weg benutzt habe Ob der auf Anordnung der Regierung an dessen Stelle angelegte Weg seinen Zweck erfülle, gehöre ausschließlich zur Beurtheilung der Administrativ-Behörden.

40. Wie die Kognition über die Verpflichtung zur Errichtung von Schutzanlagen nur der Regierung zusteht, ebenso ist eine Klage auf Zahlung resp. Erstattung der Kosten für eine solche von der Regierung nicht angeordnete Anlage zum RW. nicht geeignet: EK. 16. Dez. 1854, 9. Juni 1855 (JMBl. 55, S 89, 330). Dies hindert jedoch keineswegs, daß, wenn wirklich auf Entschädigung geklagt wird, der Richter nach sachverständigem Gutachten entscheide, ob der Schaden nach dem Werthe irgend einer bestimmten Schutzmaaßregel zu ermessen sei, oder auch durch andere Veranstaltungen abgewandt werden könne. Folgeweise steht das Eingangs Gesagte der Anstellung einer Entschädigungsklage selbst dann nicht entgegen, wenn als Entschädigung der Werth des angeblich zur Beschaffung der Schutzanlagen zu expropriirenden Terrains gefordert wird. So: EK. 12. Okt. 1861 (JMBl. 62, S. 136).

41. § 14 schließt den RW. selbst hinsichtlich solcher Anlagen aus, welche auf dem eignen Terrain des Adjazenten einzurichten sind: EK. 9 Juni 1855 (JMBl. S. 330). [Ob der Grundeigenthümer sich solche Anlagen auf seinem Grundstücke gefallen zu lassen brauche, ist verschieden beantwortet worden. Wenigstens sprach sich der Komp.GH. in den Motiven des obigen Urtheils für die Negative aus und nahm blos an, daß der Grundeigenthümer im Falle der Weigerung aus dem Mangel der Schutzanlage keinen Entschädigungs-Anspruch herleiten könne, während das MR. 28. Febr. 1859 (BMBl. S. 107) in der Anordnung solcher Anlagen auf den den Adjazenten verbleibenden Stücken eine gemäß §§ 30, 31, I. 8 ALR. und § 8 l. c. zulässige, partielle Expropriation erblickt. Beide Aussprüche lassen sich indessen wohl in der Weise vereinigen, daß jenes Erk die Pflicht zur Duldung jener Anlagen nicht schon aus dem § 14 folgern, die Befugniß zu partiellen Expropriationen aber nicht zu leugnen beabsichtige.]

42. Unbeschadet des in den vorigen Noten Gesagten erachtete EK. 20 Okt. 1855 (JMBl. S. 399) in einem Falle, wo der Landrath den durch einen Bahnbau nöthig gewordenen Bau einer Brücke auf Privateigenthum dem Besitzer desselben auferlegt hatte, die von letzterem wider die Gesellschaft erhobene Klage auf Erbauung der Brücke oder auf Erstattung der desfallsigen Kosten als ihrem ganzen Umfange nach zum RW geeignet, weil die Nothwendigkeit des Brückenbaus durch die vom Landrathe getroffene, von der Regierung nicht zurückgenommene Verfügung bereits festgestellt sei, der ganze Streit mithin auf die ganz prozeßfähige Frage hinauslaufe, wer die Kosten zu tragen habe.

43. Streitigkeiten zwischen der Gesellschaft und dritten Personen über das Eigenthum an den Anlagen des § 14 oder über die zu diesem Eigenthume gehörigen Nutzungsrechte sind privatrechtlicher Natur und daher im RW. zum Austrage zu bringen Doch wird durch die richterliche Entscheidung den Anordnungen nicht vorgegriffen, welche die Regierung zufolge der ihr nach § 14 zustehenden Befugnisse hinsichtlich der Benutzung jener Anlagen zu ertheilen für nöthig erachten möchte: EK. 30. Okt. 1852 (JMBl 53, S. 92).

44. Es entspricht weder der Absicht, noch dem Wortlaute des § 14, welcher die Gesammtheit der Adjazenten vor Nachtheilen gesichert wissen will, die Anwendbarkeit dieser wesentlich zur Sicherung des Gemeinwohls getroffenen Bestimmung vom Anrufen und von Anträgen einzelner Adjazenten abhängig zu machen, und folgerecht die Anordnungen der Regierung in den Grenzen der gestellten Anträge sich bewegen zu lassen: MR. 28. Febr. 1859 (BMBl. S. 107).

45. Die Befugniß der Regierung, der Gesellschaft die Herrichtung von An-

§. 16. Hat die Gesellschaft ein nach §. 8. der Expropriation unterworfenes Grundstück, sei es durch Expropriation oder durch freien Vertrag erworben, so soll für dasselbe ein Anspruch sowohl auf Wiederkauf, als auf Vorkauf eintreten, wenn in der Folge entweder die Anlage dieser Eisenbahn aufgegeben oder das Grundstück zu ihren Zwecken entbehrlich wird.

§. 17. Den Anspruch auf Wiederkauf und Vorkauf hat der zeitige Eigenthümer des durch den ursprünglichen Erwerb (§. 16.) verkleinerten Grundstücks.

§. 18. Den Wiederkauf kann dieser Eigenthümer in solchem Falle zu jeder Zeit geltend machen, bestreitet die Gesellschaft das Dasein der im §. 16. bestimmten Bedingungen, so tritt richterliche Entscheidung ein. Die Gesellschaft kann von ihrer Seite den Eigenthümer auffordern, sich über die Ausübung dieses Rechts zu erklären, und er verliert dasselbe, wenn er nicht binnen zwei Monaten diese Erklärung abgiebt. Bei dem Wiederkauf zahlt der Eigenthümer den ursprünglichen Kaufpreis, nach Abzug der durch die bisherige Benutzung in dem Grundstück entstandenen Werthsverminderung. Dagegen kann die Gesellschaft keine Verbesserungen in Anrechnung bringen, wohl aber die von ihr auf diesem Boden etwa errichteten Gebäude oder andere Anlagen hinwegnehmen.

---

lagen nicht im Interesse der Adjazenten, sondern zu andern, z. B. fortifikatorischen Zwecken aufzuerlegen, ist aus § 14 nicht abzuleiten So: Bess. u. Kühlw I. S. 133

§ 14 Abs. 2.

46. Selbst nach Eröffnung einer Eisenbahn sind die Gerichte nicht kompetent, über Anforderungen der sich auf § 14 stützenden Grundbesitzer zu erkennen; vielmehr besteht die Kompetenz der Regierung für die nach § 14 zu regelnden Verhältnisse sogar nach Revision und Abnahme der Eisenbahn noch fort; cf. EK. 25. Juni 1853 (JMBl. S. 337) in Verbindung mit HMR 30. Sept. 1857 (VMBl. S. 179). Doch wollen Bess. u. Kühlw I S 137 die zweite Hälfte dieses Satzes nur für den im § 14 Abs. 2 ausdrücklich vorgesehenen Fall gelten lassen; sie halten mithin dafür, daß, von letzterem Falle abgesehen, die Gesellschaft nach Eröffnung der Bahn weder von der Verwaltung noch vom Gericht zur Herrichtung neuer Anlagen genöthigt werden könne, eine Ansicht, welcher auch ein dort abgedrucktes HMR. 8. Dez. 1849 huldigt Selbstredend präjudizirt diese Ansicht etwaigen im RW. geltend zu machenden Entschädigungs-Ansprüchen nicht

§§ 16—19.

47. Die Streitigkeiten bezüglich des in diesen §§ gewährten Wieder- oder Vorkaufs-Rechts sind ausnahmslos im RW. zu erledigen; namentlich fallen auch alle hierbei zur Sprache kommenden Fragen, z. B. ob das betr. Grundstück für die Zwecke der Gesellschaft entbehrlich geworden, um wieviel dessen Werth durch die bisherige Benutzung vermindert sei 2c., der richterlichen Beurtheilung anheim.

§. 19. Der Vorkauf tritt ein, wenn die Gesellschaft das entbehrlich gewordene Grundstück anderweit zu verkaufen Gelegenheit findet. Sie hat diese Absicht, sowie den angebotenen Kaufpreis dem nach §. 17. berechtigten Eigenthümer anzuzeigen, welcher sein Vorkaufsrecht verliert, wenn er sich nicht binnen zwei Monaten darüber erklärt. Unterläßt die Gesellschaft die Anzeige, so kann der Berechtigte seinen Anspruch gegen jeden Besitzer geltend machen.

§. 22. Die Bahn darf dem Verkehr nicht eher eröffnet werden, als, nach vorgängiger Revision der Anlage, von der Regierung die Genehmigung dazu ertheilt worden.

§. 23. Die Handhabung der Bahnpolizei wird, nach einem darüber von dem Handelsministerium zu erlassenden Reglement, der Gesellschaft übertragen. Das Reglement wird zugleich das Verhältniß der mit diesem Geschäft beauftragten Beamten der Gesellschaft näher festsetzen.

---

§ 22.

48. Beff. u. K. I. S. 26 folgern namentlich aus dem Ges. v. 11. Mai 1842 [?], daß die nach Rheinischem Rechte den übergangenen Hypothekar-Gläubigern zustehende Befugniß, das belastete Grundstück gegen jeden dritten Erwerber zur Subhastation zu bringen, hinsichtlich der zum Bahnbau durch freiwilligen Kauf erworbenen Grundstücke mit dem Tage hinwegfalle, wo die Bahn dem öffentlichen Verkehre übergeben werde. Von da ab könne ein Hypothekargläubiger nach Analogie des Art. 2169 BGB. nur verlangen, daß die Gesellschaft entweder seine Forderungen tilge, oder den ganzen, kontradiktorisch festzustellenden Werth des Grundstücks zu dessen Vertheilung hinterlege; bleibe die desfallsige Aufforderung ohne Erfolg, so sei die entsprechende Klage anzustellen.

§ 23.

49. Die Gesellschaft übt die Bahnpolizei durch diejenigen ihrer Angestellten aus, welche durch die reglementarischen Erlasse des Handelsministers ausdrücklich als Bahnpolizeibeamte bezeichnet sind, und als solche die Eigenschaft wirklicher Beamten haben; cf. Ges. v. 13. Febr. 1854 n. 53. Das Verhältniß derselben zur Gesellschaft ist dagegen ebenso wie das der übrigen Angestellten durchweg privatrechtlicher Natur. Demzufolge gehören alle Streitigkeiten über die Erfüllung oder Aufhebung des Dienstvertrags (mithin nicht blos diejenigen über die aus dem Dienstvertrage abgeleiteten Gehalts- oder Pensions-Ansprüche) vor den ordentlichen Richter, dessen Kompetenz auch nicht durch ein im Dienstvertrage stipulirtes Kompromiß an eine andre Behörde, z. B das Eisenbahn-Kommissariat oder den Handelsminister illusorisch gemacht werden kann; cf. VO. v. 1808 n. 24 und das dort cit. OT. 13. Dez. 1859.

50. Hinsichtlich der über die Bahnbeamten zu handhabenden Disziplinargewalt wird auf die §§ 15, 19, 24 des Ges. v. 21. Juli 1852 und den St.-Min.-Beschl. v. 26. Nov. 1853 (VMBl. 54, S. 2), sowie Beff. u. Kühlw. II. S. 60 verwiesen. Den Lokalpolizei-Behörden steht eine Disziplinargewalt über die Bahnpolizeibeamten nicht zu: MR. 30 Mai 1850 (VMBl. S. 194). Ebensowenig kann eine solche Gewalt vertragsmäßig zu Gunsten der Gesellschaft selbst begründet werden. Zwar nehmen Beff. u. Kühlw. II. S. 59 an, daß letztere sich wenigstens die Befugniß zur Verhängung von Geldbußen als Ordnungsstrafen im Dienstvertrage ausbedingen könne, und konstatiren gleichzeitig, daß dies den Direktionen sogar

§. 24. Die Gesellschaft ist verpflichtet, die Bahn nebst den Transport-Anstalten fortwährend in solchem Stande zu erhalten, daß die Beförderung mit Sicherheit und auf die der Bestimmung des Unternehmens entsprechende Weise erfolgen könne, sie kann hierzu im Verwaltungswege angehalten werden.

§. 35. Wenn über die Anwendung des Bahngeld- oder des Frachttarifs zwischen der Gesellschaft und Privatpersonen Streitigkeiten entstehen, so kommt die Entscheidung hierüber, mit Vorbehalt des Rekurses an das Handelsministerium, der Regierung zu.

---

in einigen Bahnpolizei-Reglements zur Pflicht gemacht sei. Inzwischen ist diese Ansicht schwerlich zu billigen, da die Strafgewalt überhaupt kein Gegenstand privatrechtlicher Verträge ist. Selbstredend soll jedoch damit das Recht, Konventionalstrafen für gewisse vorausbestimmte Fälle zu stipuliren, über deren Eintritt eventuell der Richter zu befinden hätte, nicht geleugnet werden.

51. Bestimmungen, welche in dem vom Handelsminister für eine Staatsbahn erlassenen Betriebs-Reglement über den Umfang der der Verwaltung bei Unglücksfällen ꝛc. obliegenden Entschädigungspflicht getroffen werden, stehen mit der Handhabung der Bahnpolizei in gar keiner Verbindung, und sind nicht geeignet, den desfallsigen Vorschriften des § 25 h. l. zu derogiren. So: OT. 14. Dez. 1857 (Strieth 26, S. 367 ff). [Inwiefern den Vorschriften des Handels-GB. über die Verpflichtung des Frachtführers zum Schadenersatze zu Gunsten einer Eisenbahn-Gesellschaft durch Autonomie derogirt werden könne, bestimmen die Artt. 423 ff. ib.; cf. auch Bess. u. Kühlw. II. S. 208 ff. und Koch II. S. 35 ff.]

52. Ebensowenig stellt ein solches Reglement, insofern es der Verwaltung unter gewissen Voraussetzungen Ansprüche auf erhöhte Fahrtaxen und gewisse damit in Verbindung stehende Befugnisse dem Publikum gegenüber einräumt, eine Pol.VO. im Sinne des Ges. 11. März. 1850 dar, weshalb Zuwiderhandlungen gegen dasselbe nicht etwa als strafbare Handlungen vom Strafrichter zu ahnden sind. Cf. Oppenhoff StGB. § 332 n. 36.

§ 24.

53. Wider die gemäß § 24 getroffenen Anordnungen findet der RW. nicht statt, man mag jene nur als Ausflüsse der Aufsichts- oder der Polizeigewalt betrachten.

§ 35.

54. Nachdem in den §§ 26—34 einestheils die Zulässigkeit einer Konkurrenz im gewerbsmäßigen Transportbetriebe auf der Bahn durch andere Unternehmer, anderentheils aber das Recht des Staats zur Normirung der Tarife für das Bahngeld, d. h. die der Gesellschaft von solchen Unternehmern zu leistende Vergütung, und für das Frachtgeld, d. h. die Vergütung für den Personen- wie Güter-Transport festgestellt worden ist, trifft § 35 eine dem RW. derogirende Bestimmung, welche zwar von den allgemeinen Regeln über Kompetenz-Verhältnisse abweicht, keineswegs aber, wie Bess. u. Kühlw. II. S. 206 vermeinen, dunkel oder gar unanwendbar ist, die Bestimmung nämlich, daß Streitigkeiten der Gesellschaft mit den Konkurrenten im Transportbetriebe über die Anwendung des Bahngeld- oder mit andern Privatpersonen über die Anwendung des Frachttarifs, ungeachtet solche Streitigkeiten offenbar privatrechtlicher Natur sind, dennoch nur auf administrativem Wege geschlichtet werden sollen.

55. Doch kann dem § 35 keine Geltung für Staatsbahnen zugestanden werden. Obschon das Ges. im Allgemeinen auch für solche Bahnen gilt, so ist es doch zunächst nur für Privatbahnen erlassen, resp. berechnet, und tritt letzteres beim

§. 36. Die aus dem Postregale entspringenden Vorrechte des Staats, an festgesetzten Tagen und zwischen bestimmten Orten Personen und Sachen zu befördern, gehen, soweit es für den Betrieb der Eisenbahnen nöthig ist, die in jenem Regale enthaltene Ausschließung des Privatgewerbes aufzugeben, auf dieselben über, wobei der Postverwaltung die Berechtigung vorbehalten bleibt, die Eisenbahnen zur Beförderung von postmäßigen Versendungen unter den nachfolgenden näheren Bestimmungen zu benutzen:

1) Die Gesellschaft ist verpflichtet, ihren Betrieb, soweit die Natur desselben es gestattet, in die nothwendige Uebereinstimmung mit den Bedürfnissen der Postverwaltung zu bringen.
2) Sie übernimmt den unentgeltlichen Transport der Briefe, Gelder und aller anderen dem Postzwange unterworfenen Güter.
3) Sie übernimmt ferner den unentgeltlichen Transport derjenigen Postwagen, welche nöthig sein werden, um die der Post anvertrauten Güter zu befördern.

---

§ 35 in einem Maaße hervor, daß man dem Willen des Gesetzgebers offenbar Gewalt anthäte, wenn man diesen § auch auf jene Bahnen anwenden und dadurch den Staat zum Richter in eigner Sache machen wollte. — Gleiches ist in Betreff der vom Staate verwalteten Privatbahnen anzunehmen, sofern bei diesen der Staat durch Garantirung gewisser Prozente und durch Antheil an den Einnahmen als unmittelbar mit betheiligt erscheint. Demgemäß verbleibt es hinsichtlich der hier fraglichen Streitigkeiten der Staats- und vom Staate verwalteten Privatbahnen bei der Regel des § 1 der Einl. zur AGO

56 § 35 findet auch dann Anwendung, wenn die von einem Versender behauptete Unrechtmäßigkeit des Anspruchs der Gesellschaft darauf gegründet wird, daß die zur Berechnung gekommenen Ortsentfernungen unrichtig seien: OT. 15 Nov. 1860 (Strieth. 40, S. 49) [l c. hatte der Versender auf Erstattung des zuviel Gezahlten geklagt, indem er sich auf die in den allgemeinen Bedingungen für die Frachtbeförderung auf der Bahn als maaßgebend bezeichnete Entfernungstabelle bezog.]

57. Die Vollstreckung der in Gemäßheit des § 35 ergehenden Entscheidungen wird allgemeinen Grundsätzen zufolge (VO. v. 1808 n. 353 ff.) gleichfalls nur auf administrativem Wege erfolgen konnen.

§ 36.

58. Die im § 36 der Postverwaltung vorbehaltenen Befugnisse stehen vor Allem dem Handelsminister als Chef des Postdepartements zu (AEO v. 17. April 1848 zu 1. 4 GS. S. 109): OT. 17. Okt. 1855 (Strieth. 18, S. 210).

59. Inwiefern kann wider Anordnungen, welche in Folge des § 36 Nr. 1 ergehen, der RW. beschritten werden? OT 17. Okt. 1855 l. c. erblickt in solchen Anordnungen landespolizeiliche, zum gemeinen Besten getroffene Maaßregeln, und hält daher die Frage, ob die Anordnung gesetzlich, nothwendig sowie zweckmäßig sei, dem Ges v. 11. Mai 1842 gemäß für nicht prozeßfähig. *EK. 22. Mai 1852 (JMBl. S. 244) ging dagegen auf die Prüfung der Gesetzlichkeit einer solchen Anordnung, wider deren Vollstreckung gerichtliche Hülfe nachgesucht worden war, ein,

4) Findet es die Postverwaltung nöthig, der Gesellschaft Reisende zur Beförderung zu überweisen, so ist die Gesellschaft verpflichtet, dieselben vorzugsweise vor anderen Personen auf derjenigen Klasse von Bahnwagen, die dazu von der Post für immer bestimmt werden sollen, gegen Entrichtung des gewöhnlichen Personengeldes dieser Wagen, zu befördern.

5) Die Gesellschaft ist verpflichtet, die mit Post-Freipässen versehenen Personen unentgeltlich zu befördern, vorausgesetzt, daß diese nur einen Theil ihrer Reise auf der Eisenbahn, einen andern Theil aber mit gewöhnlichem Postfuhrwerk zurücklegen.

6) Wird der regelmäßige Postbetrieb auf einer Eisenbahn dergestalt durch die Schuld der Gesellschaft unterbrochen, daß die Postverwaltung ihren Betrieb einstweilen durch andere Anstalten zu besorgen genöthigt wird, so ist die Gesellschaft zum Ersatz des hierdurch veranlaßten Kostenaufwandes verpflichtet.

---

und folgerte, nachdem es diese Frage mit Rücksicht auf die §§ 36, 46 h. l., sowie auf die Statuten der betr. Gesellschaft bejaht hatte, die Unstatthaftigkeit des RW. aus den §§ 18, 19 des Rhein. Ress.-Regl. Inzwischen sprechen wider diese Erkenntnisse ernstliche Bedenken. Vor Allem muß zwischen den Befugnissen der Aufsichtsgewalt, — §§ 46 ff. h. l, — und den Befugnissen unterschieden werden, welche § 36 der Postverwaltung als solcher ertheilt. Letztere sind offenbar keine Ausflüsse des hoheitlichen Aufsichtsrechts, dem die Eisenbahn- wie alle andern im Staate bestehenden Gesellschaften und öffentlichen Anstalten unterliegen, — § 13, II. 13 ALR, — und welches für jene durch das Ges v. 3. Nov 1838 nur näher präzisirt worden ist, sondern sie sind, nach dem klaren Wortlaute des § 36 h l. Ausflüsse des landesherrlichen Postregals, indem sie einen Ersatz für die dort den Gesellschaften übertragenen Postregalitätsrechte bilden. Hiermit stimmt das cit. OT insofern überein, als es die Unzulässigkeit des RW nicht aus dem über wirkliche Hoheitsrechte handelnden § 36 der VO v. 1808, sondern aus dem Ges. v. 1842 herleitet. Dieselben Gründe schließen aber auch die Anwendbarkeit des letzteren Gesetzes aus, indem sie die in Gemäßheit jener Befugnisse ergehenden Anordnungen als Verfügungen der Finanzverwaltung im Sinne des § 41 der cit. VO charakterisiren. Daß § 142, II. 15 ALR. beiläufig des gemeinnützigen Zwecks der Postanstalten gedenkt, rechtfertigt für das Postregal eine völlig andere Grundanschauung um so weniger, als § 41 die Eingangs zu Gunsten des RW. aufgestellte Regel ausdrücklich auf Gegenstände der Postadministration ausdehnt. Freilich können auf dem Gebiete des Postwesens Verfügungen vorkommen, welche ausschließlich oder doch vorwiegend polizeilicher Natur sind, und daher unzweifelhaft dem Ges v 1842 anheimfallen. Auch muß zugegeben werden, daß bei Abfassung des § 36 Nr 1 h. l das allgemeine, resp. landespolizeiliche Interesse nicht außer Betracht geblieben ist. Immerhin geht aber das Interesse des Regal-Inhabers mit dem landespolizeilichen des Staats Hand in Hand; die zur Wahrung beider dienenden Anordnungen werden nicht von der Landespolizei-, sondern von der Postverwaltung, nicht dem Publikum, sondern der mit jener im Transportbetriebe konkurrirenden Gesellschaft gegenüber getroffen, ihr Gegenstand besteht in der Geltendmachung von Ersatzansprüchen, hinsichtlich deren man bei Berathung des Gesetzes sogar geschwankt hat, ob sie unmittelbar durch das Ge-

§. 38. Von den Eisenbahnen ist eine Abgabe zu entrichten, welche im Verhältnisse des auf das gesammte Aktien-Kapital, nach Abzug aller Unterhaltungs- und Betriebskosten und des jährlich inne zu behaltenden Beitrags zum Reservefonds, treffenden Ertrags sich abstuft. Die Höhe dieser Abgabe soll aber erst dann regulirt werden, wenn die zweite, innerhalb Unserer Staaten konzessionirte Eisenbahn drei Jahre in

---

setz selbst, oder vertragsweise festgestellt werden sollten. Demzufolge kann wohl nicht verkannt werden, daß der finanzielle Charakter jener Anordnungen der entschieden vorherrschende ist. Ebensowenig wird eine hiervon abweichende Auffassung für das Gebiet des Rhein. Rechts durch die bezogenen Stellen des Ress.-Regl. gerechtfertigt, indem § 18 desselben nur von den Modalitäten und Mitteln der administrativen Exekution handelt, § 19 aber keine besondere Kompetenz-Bestimmung trifft, sondern aus der sonst bestehenden Gesetzgebung zu erläutern ist, welche in der hier fraglichen Materie keine Verschiedenheit unter den einzelnen Landestheilen aufweist. Muß aber die gegenwärtige Frage, und zwar für das ganze Staatsgebiet, nach § 41 l. c. beurtheilt werden, so läßt sich freilich noch immer bezweifeln, ob die bezüglichen Anordnungen um deswillen, weil sie durch die Bedürfnisse des Postverkehrs nicht geboten, d. h. also nicht nothwendig noch nützlich seien, einer gerichtlichen Anfechtung unterliegen; wohl aber erscheint der RW. als zulässig, wenn seitens der Gesellschaft behauptet wird, die Postverwaltung habe ihr eine durch § 36 h. l. nicht gerechtfertigte, mithin ungesetzliche Zumuthung gemacht, und dadurch in die Sphäre ihrer privatrechtlichen Verhältnisse nachtheilig eingegriffen. Beispielsweise muß daher die richterliche Kognition eintreten, sofern darüber Streit obwaltet, — wie es in dem vom OT. entschiedenen Prozesse der Fall war, — ob die Postverwaltung dem § 36 l. c. gemäß befugt gewesen sei, die Einrichtung eines Nachtzugs zu verlangen, ferner ob die Natur des Eisenbahnbetriebs eine solche Einrichtung überhaupt gestatte 2c.

60. In engem Zusammenhange mit der eben erörterten steht die fernere Frage, ob aus den hier in Rede stehenden Anordnungen und deren Ausführung ein prozeßfähiger Entschädigungs-Anspruch hergeleitet werden könne. Fände das Ges. v. 1842 auf solche Anordnungen Anwendung, so würde zwar die Unstatthaftigkeit des RW. an sich nicht behauptet werden können, die richterliche Kognition hätte sich aber darauf zu beschränken, ob die betr. Anordnung, — ihre Gesetzlichkeit vorausgesetzt, — einen Eingriff im Sinne des § 4 h. l. enthalte, und müßte daher, wie OT. 17. Okt und 7. Sept 1855 (Entsch 31, S. 112) mit Recht annehmen, zur Abweisung der Klage als einer unbegründeten führen, indem die bloße Erfüllung einer durch das Gesetz auferlegten Verbindlichkeit kein zum gemeinen Besten gebrachtes Vermögensopfer darstellt. Ist dagegen die betr. Anordnung nach § 41 der VO. v. 1808 zu beurtheilen, so wird ebensowohl ein Entschädigungs-Anspruch wegen Ueberschreitung der der Postverwaltung im § 36 Nr. 1 ertheilten Befugnisse mit Erfolg geltend gemacht werden können, wie die Anordnung selbst unter Umständen vom Richter als ungesetzlich und daher unwirksam erklärt werden kann. Involvirte freilich die Anordnung keine solche Ueberschreitung, so würde es dem Entschädigungs-Anspruche an jeglichem Rechtsgrunde fehlen. A. M. sind Beff. u. Kühlw. II. S. 155 ff.

61. Nicht minder können Streitigkeiten, welche die Ausführung der unter Nr. 2—6 des § 36 enthaltenen Bestimmungen betreffen, möglicher Weise zu einem Rechtsverfahren Anlaß geben; namentlich sind Streitigkeiten über die der Gesellschaft in den Fällen der Nr. 6 obliegende Ersatzpflicht eventuell auf dem RW. zum Austrage zu bringen.

§ 38.

62. Auf Grund und zur Ausführung dieses § ist das Ges. v. 30. Mai 1853, die von den Eisenbahnen zu entrichtende Abgabe betreffend, ergangen Die exeku-

vollständigem Betriebe gewesen ist und dadurch zu einer angemessenen Regulirung die nöthigen Erfahrungen gesammelt worden sind; bis dahin ist die Post für den Verlust, welchen sie durch die Eisenbahnen in ihrer Einnahme erweislich erleidet, von jeder Gesellschaft mit Berücksichtigung der im §. 36. zum Vortheile der Post bestimmten Leistungen zu entschädigen.

Von der Entrichtung einer Gewerbesteuer bleiben die Eisenbahn-Gesellschaften befreit.

§. 42. Dem Staate bleibt vorbehalten, das Eigenthum der Bahn mit allem Zubehör gegen vollständige Entschädigung anzukaufen ꝛc. ꝛc.

§. 45. Die Gesellschaft ist verpflichtet, nach der Bestimmung des Handelsministeriums, den Anschluß anderer Eisenbahn-Unternehmungen an ihre Bahn, es möge die beabsichtigte neue Bahn in einer Fortsetzung oder in einer Seiten-Verbindung bestehen, geschehen zu lassen und der sich anschließenden Gesellschaft den eigenen Transportbetrieb auf der früher angelegten Bahn, auch vor Ablauf des im §. 26. gedachten Zeitraums, zu gestatten. Sie muß sich gefallen lassen, daß die zu diesem Behufe erforderlichen baulichen Einrichtungen, z. B. die Anlage eines zweiten Geleises, von der sich an-

---

tivische Einziehung dieser Abgabe liegt derjenigen Behörde ob, welche diese Abgabe festzusetzen hat, nämlich der Regierung, in deren Bezirk die Gesellschafts-Direktion ihren Sitz hat, resp. dem General-Direktor der Steuern, insofern dieser Sitz in Berlin ist (§ 5 ib.). Sowohl die §§ 38 ff. als das Ges. v. 1853 vermeiden es, jene Abgabe ausdrücklich als Steuer zu bezeichnen, wie sie denn auch in der Ex.-O. v. 1853 und 1858 unter den Steuern nicht speziell aufgeführt ist. Allerdings dürfte der Umstand, daß die Abgabe eine Entschädigung der Staatskasse für die ihr durch die Eisenbahnen entzogenen Nutzungen bilden und lediglich zur Amortisation des im Unternehmen angelegten Kapitals verwandt werden soll, der Annahme widersprechen, als ob jene Abgabe einen Ausfluß des landesherrlichen Besteuerungsrechts darstelle und nach §§ 78, 79, II. 14 ALR. zu beurtheilen sei. Inzwischen scheint dennoch die entgegenstehende Ansicht die vorherrschende zu sein. Bess. u. Kühlw. II. S. 227, 228 sind wenigstens geneigt, in der Abgabe eine auf das Unternehmen gelegte Steuer zu erblicken; das dort cit. AH. Cöln 7. Jan. 1857 legt ihr die Natur einer progressiven Einkommensteuer bei.

§ 42.

63. Die Mitwirkung der Gerichte tritt bei einer solchen Uebernahme der Bahn nur insofern ein, als über den Betrag der Entschädigung gestritten wird. So: Bess. u. Kühlw. II. S. 244.

§ 45.

64. Macht eine anschließende Staatsbahn oder eine unter Staatsverwaltung stehende Privatbahn von der Befugniß des § 45 Gebrauch, so soll nach Bess. u. Kühlw. II. S. 202 in Ermangelung gütlicher Einigung der ordentliche Richter über alle diejenigen Punkte zu entscheiden haben, deren Regulirung unter zwei konkurrirenden Privatgesellschaften dem § 45 zufolge vom Handelsminister ausgehen muß.

schließenden Gesellschaft bewirkt werden. Das Handelsministerium wird hierüber, sowie über die Verhältnisse beider Unternehmungen zu einander, und besonders wegen der vor Ablauf der ersten drei Jahre (§. 26.) statt des Bahngeldes zu entrichtenden Vergütung, das Nöthige bei der Konzession des Anschlusses festsetzen.

§. 46. Zur Ausübung des Aufsichtsrechts des Staates über das Unternehmen wird, nach Ertheilung Unserer Genehmigung (§. 1.), ein beständiger Kommissarius ernannt werden, an welchen die Gesellschaft sich in allen Beziehungen zur Staatsverwaltung zu wenden hat. Derselbe ist befugt, ihre Vorstände zusammen zu berufen und deren Zusammenkünften beizuwohnen.

---

§ 46.

65. Ueber die Ressort-Verhältnisse zwischen den Eisenbahn-Kommissariaten, d. h. den Behörden, welche aus den Eisenbahn-Kommissarien und den durch Min.-Regul. v. 24. Nov. 1848 (VMBl. S 390) ihnen zugeordneten, mit dem Bahnwesen vertrauten technischen Kommissarien gebildet werden, einer- und den Bezirks-Regierungen andererseits enthält jenes Regulativ die näheren Bestimmungen. Ihnen zufolge gehört zum Wirkungskreise der ersteren die Wahrung der Rechte des Staats den Gesellschaften gegenüber, sowie der Interessen der Eisenbahn-Unternehmungen als gemeinnütziger Anstalten und derjenigen des die Eisenbahnen benutzenden Publikums, zum Wirkungskreise der Regierungen die Wahrung der Rechte des Publikums im Uebrigen, insbesondere die Expropriationen und die wegen der Bahnanlage nothwendige Regulirung der Wege-, Bewässerungs- und Vorfluths-Angelegenheiten (§ 14 h. l.). Die den Regierungen im Regulative außerdem reservirte Polizeistrafgewalt wird seit dem Erlasse der VO. v. 3. Jan. 1849 nur noch durch die Polizeigerichte gehandhabt; cf. auch Beff. u. Kühlw. II. S 17, und, bezüglich des Rechts zum Erlasse vorläufiger Straffestsetzungen (Ges. v 14. Mai 1852) Oppenhoff Strafverf., S 628.

66. Das Disz.-Ges. v. 21. Juli 1852 zählt im § 24 unter den in erster Instanz entscheidenden Disziplinar-Behörden auch die Eisenbahn-Kommissariate auf. In Betreff ihrer Befugniß zur Erhebung eines KK vgl. Ges. v. 8. April 1847 n. 75.

67. Aus der Stellung der Eisenbahn-Kommissarien als der das landesherrliche Aufsichtsrecht über die Gesellschaften ausübenden Provinzial-Behörden leitet OT. (Pl.) 27. Juni 1845 (Entsch. 11, S 68) den Schluß her, daß die Prozeß-Legitimation der für eine Gesellschaft als deren Vertreter handelnden Personen nur durch ein Attest jener Behörde nachgewiesen werden könne, indem es zu den ausschließlichen Attributionen der Aufsichtsgewalt gehöre, alle auf die Legitimation bezüglichen Fragen, z. B. ob die General-Versammlungen statutengemäß zusammenberufen und in denselben die Wahlen statutengemäß vorgenommen seien, zu erledigen; folgeweise sollen andere Urkunden, welche hinter jener Bescheinigung zurückbleiben, z B. ein bloßes Wahlprotokoll, zum Nachweise der Prozeßlegitimation nicht ausreichen, und andererseits, einem solchen Atteste gegenüber keine Einreden wider die Legitimation, sei es von einem Mitgliede der Gesellschaft, sei es von dritten Personen, vor Gericht geltend gemacht werden können.

68. Da im Aufsichtsrechte des Staats auch die Befugniß enthalten ist, über die Betriebs-Einnahmen die für nöthig erachteten Nachrichten einzufordern, und den Zeitpunkt für die Lieferung dieser Nachrichten zu bestimmen, so ist wider die desfallsigen Anordnungen der Eisenbahn-Kommissariate und die zu ihrer Durch-

§. 47. Die ertheilte Konzession wird verwirkt und die Bahn mit den Transportmitteln und allem Zubehör für Rechnung der Gesellschaft öffentlich versteigert, wenn diese eine der allgemeinen oder besonderen Bedingungen nicht erfüllt und eine Aufforderung zur Erfüllung binnen einer endlichen Frist von mindestens drei Monaten ohne Erfolg bleibt.

§. 49. Wir behalten Uns vor, nach Maaßgabe der weiteren Erfahrung und der sich daraus ergebenden Bedürfnisse, die im gegenwärtigen Gesetze gegebenen Bestimmungen, durch allgemeine Anordnungen oder durch künftig zu ertheilende Konzessionen, zu ergänzen und abzuändern, und nach Umständen denselben auch andere ganz neue Bestimmungen hinzuzufügen. Sollten Wir es für nothwendig erachten, auch den bereits konzessionirten oder in Gemäßheit dieses Gesetzes zu konzessionirenden Gesellschaften die Beobachtung dieser Ergänzungen, Abänderungen oder neuen Bestimmungen aufzulegen, so müssen sie sich denselben gleichfalls unterwerfen. Sollte

---

führung getroffenen exekutivischen Maaßregeln, dem § 36 der VO. v. 1808 gemäß der RW. verschlossen; cf. *EK. 3. Jan. 1857 (JMBl. S. 251), welches jedoch statt des § 36 cit. den § 19 des Rhein. Ress.-Regl. in Bezug nahm.

69. Welche Zwangsmittel den Eisenbahn-Kommissariaten und der Central-Aufsichtsbehörde zur Durchführung der in n. 63 erwähnten oder ähnlicher in Handhabung des landesherrlichen Aufsichtsrechts erlassenen Anordnungen zu Gebote stehen, ist, von besonderen Spezial-Bestimmungen des Ges. v. 1838 abgesehen, nach der allgemeinen Gesetzgebung zu beurtheilen, und daher beispielsweise nicht zweifelhaft, daß jene Behörden auch Exekutionsstrafen verhängen können, wenngleich die Vollstreckung derselben, in specie der Geldbußen von den Regierungen zu bewirken ist, indem den Eisenbahn-Kommissariaten hierzu keine Organe zur Verfügung stehen. Cf HMR. 6 Okt. 1853 (BMBl. S. 247) A. M. sind Bess. u. Kühlw. II. S. 246, welche davon ausgehen, daß das Eisenbahnwesen durch das Ges. v. 1838 als Spezialgesetz in der hier fraglichen Hinsicht vollständig und erschöpfend geregelt sei. Diese Voraussetzung wird jedoch durch den zu solchem Behufe angerufenen § 47 nicht begründet, indem letzterer nur eine ganz singuläre, und noch dazu für den Fall einer bloßen Renitenz der Direktion schwerlich berechnete Bestimmung trifft. In Betreff der sonstigen, für jene Ansicht geltend gemachten Argumente wird auf die VO. v. 1808 n. 353 ff., 522 ff. verwiesen. Dagegen erscheint es allerdings als bedenklich, ob eine Exekutionsstrafe auch wider die einzelnen Direktions-Mitglieder zu verhängen sei, und nicht vielmehr blos wider die Direktion als solche, so daß wenigstens Strafbefehle, welche auf Freiheitsentziehung lauten, ganz ausgeschlossen wären und Geldbußen lediglich aus dem Gesellschafts-Vermögen beigetrieben werden könnten. Das HMR. v. 1853 spricht sich freilich in Betreff der Geldbußen (von Freiheitsstrafen redet dasselbe überhaupt nicht) für die erstere Alternative aus.

§ 47.

70. Die Verwirkung der Konzession ist arg. § 72 der Einl. zum ALR. durch den Richter auszusprechen: cf. auch Bess. u. Kühlw. II. S. 245.

§ 49.

71. Der Anspruch, welcher aus der im § 49 a. E. gemachten Zusage hergeleitet wird, ist prozeßfähig, wie OT. 27. Jan. 1860 (Strieth. 36, S. 173) implicite

jedoch durch neue, in diesem Gesetze weder festgesetzte noch vorbehaltene (§. 38.) und, sofern von künftig zu konzessionirenden Gesellschaften die Frage ist, später als die ihnen ertheilte Konzession erlassene Bestimmungen, eine Beschränkung ihrer Einnahmen oder eine Vermehrung ihrer Ausgaben herbeigeführt werden, so ist ihnen eine angemessene Geldentschädigung dafür zu gewähren.

---

anerkennt. Doch bezieht sich, demselben Erk. zufolge, jene Zusage nur auf solche neuen Bestimmungen, welche sich als Abänderungen oder Ergänzungen des Ges. v 1838 darstellen; beispielsweise begründe daher § 4 der Städte-O. v. 19. März 1856 keinen Entschädigungs-Anspruch im Sinne des § 49 h. l.

Gesetz

über die Zulässigkeit des Rechtswegs in Beziehung auf polizeiliche Verfügungen. Vom 11. Mai 1842.

[GS Nr. 2273, S. 192.]

[Litteratur: Abh. in Dr. Löwenberg's Beiträgen zur Kenntniß der Motive der preußischen Gesetzgebung 1, S. 596 ff — Hartmann, das Verfahren bei Kompetenz-Konflikten 2c., S 48 ff, 121 ff. — Sydow, die Zulässigkeit des Rechtswegs 2c., S 117 ff. — F. Primker, die Kompetenz-Konflikte in Preußen, Berlin 1861, S. 57 ff]

Wir Friedrich Wilhelm, von Gottes Gnaden, König von Preußen 2c. 2c.

verordnen zur Beseitigung der Zweifel, welche über die Zulässigkeit des Rechtsweges in Beziehung auf polizeiliche Verfügungen entstanden sind, auf den Antrag Unseres Staatsministeriums und nach erfordertem Gutachten Unseres Staatsraths für den ganzen Umfang der Monarchie was folgt:

Zum Eingange.

1. Während die VO. v. 1808, deren fundamentale Bedeutung für die Ressort-Verhältnisse gehörigen Orts näher dargethan ist, in den die Hoheits- und Finanz-Angelegenheiten betr. Bestimmungen (§§ 36, 37, 41, 42) ihre Geltung im Wesentlichen bis zur Stunde bewahrt hat, sind die auf die polizeiliche Thätigkeit der Verwaltungs-Behörden bezüglichen §§ 38—40 derselben durch das Ges. v. 11. Mai 1842 beseitigt und ersetzt worden. Letzteres bezweckt jedoch keineswegs, ganz neues Recht zu schaffen, sondern nur das bisherige zu verbessern; es enthält im Grunde genommen nur eine Umarbeitung der cit §§ 38—40, und erscheint daher gewissermaßen nicht als ein in sich abgeschlossenes Ganzes, sondern als Supplement oder Novelle zu jener VO.

2. Die Abweichungen des Gesetzes von den cit. §§ 38 ff. bestehen theils darin, daß der RW in Beziehung auf pol. Verf. noch mehr, als bisher beschränkt wurde, theils darin, daß die Voraussetzungen, unter denen derselbe stattfinden soll, schärfer präzisirt worden sind. Das Nähere hierüber s. bei Löwenberg l. c.; vgl. auch VO. v. 1808 n. 263 und die Noten zu §§ 1, 2, 5, 6 h. l. — Daß in den

§. 1. Beschwerden über polizeiliche Verfügungen jeder Art, sie mögen die Gesetzmäßigkeit, Nothwendigkeit oder Zweckmäßigkeit derselben betreffen, gehören vor die vorgesetzte Dienstbehörde.

Der Rechtsweg ist in Beziehung auf solche Verfügungen nur dann zulässig, wenn die Verletzung eines zum Privat-Eigenthum gehörenden Rechts behauptet wird, und nur unter den nachfolgenden näheren Bestimmungen.

---

cit. §§ 38 ff. ausdrücklich nur von pol Verf. der Regierungen, im Ges v. 1842 dagegen von pol. Verf. überhaupt geredet wird, begründet nur eine scheinbare Verschiedenheit; cf. VO. v. 1808 n. 7.

3. Das Gesetz hat, da es lediglich Ressort-Bestimmungen enthält, rückwirkende Kraft, und ist daher auch auf ältere Verfügungen anwendbar: LG. Cöln 14. Febr 1843, EK. 5. Juni 1852 (Rh. A. 34, III 24; JMBl S. 278). Cf. jedoch Primker (S. 29).

4. Dasselbe hat durch Art 9 der Verf.-Urk. seine Wirksamkeit nicht verloren: EK. 16. April 1853 (JMBl S. 233) Hinsichtlich seines Verhältnisses zum Ges. über die Polizeiverwaltung v. 11. März 1850 vgl. die Noten zu §§ 1, 20 ib. und unten n. 5, 38, 39

§ 1.

5. Indem § 1 die Beschwerden über polizeiliche Verfügungen, sie mögen deren Gesetzmäßigkeit, Nothwendigkeit oder Zweckmäßigkeit betreffen, vom RW. ausschließt, unterläßt er es, die Verfügungen, auf welche diese überaus wichtige Kompetenz-Vorschrift Anwendung finden soll, näher zu definiren. Allerdings dürfte eine vollkommen zutreffende und alle Fälle umfassende Definition schwerlich gegeben werden können. Wenn EK. 16. April 1853 (JMBl. S. 227) als pol. Verf. im Sinne des Ges. v. 1842 diejenigen Verfügungen bezeichnet, welche von Polizeibehörden als solchen erlassen werden, so ist hiermit für die Aufklärung des Begriffs wohl kaum Etwas gewonnen. Inzwischen ergiebt sich aus dem unter n. 1 über die Beziehungen zwischen dem Ges. v 1842 und der VO. v. 1808 Gesagten, daß die Frage, ob eine Verfügung ihrem Gegenstande nach den Charakter einer polizeilichen an sich trage, vorzugsweise aus der letzteren VO. beantwortet werden muß Hiernach stehen pol Verf. zunächst, als Ausflüsse rein administrativer Wirksamkeit, der richterlichen Thätigkeit gegenüber und bilden, im Verhältnisse zu der sonstigen Thätigkeit der Verwaltungs-Behörden, den Gegensatz zu den Verfügungen in Landeshoheits- und Finanz-Sachen (§§ 1, 36 — 4, 41 l. c). Das Ges. v. 1842 gebraucht obigen Ausdruck daher nicht, wie § 10, II 17 ALR., in ausschließlicher Beziehung auf die s. g. Sicherheits-Polizei, sondern in dem weiteren Sinne des § 3 jener VO., wonach unter „Polizeisache“ Alles verstanden wird, was nicht Hoheits- oder Finanzsache ist (z B also auch die Sachen der Gewerbepolizei ꝛc.); cf. OT. 25. Nov. 1853 (Strieth 11, S. 68) und Löwenberg l. c. In Betreff der Gegenstände der Ortspolizei vgl. ferner Ges. v. 11. März 1850 § 6.

6. Demzufolge scheiden von vorn herein alle diejenigen Fälle aus, wo es sich um eine eigentlich richterliche Thätigkeit handelt, mag dieselbe nun von den ordentlichen Gerichten oder von den Verwaltungs-Behörden auf Grund des diesen für mancherlei Civil- wie Strafsachen besonders verliehenen Entscheidungsrechts (VO. v. 1808 n. 239 ff) geübt werden.

7. Ebensowenig gehören zu den pol Verf. die Anordnungen, welche sich als Ausflüsse der Disziplinargewalt kundgeben, und zwar nicht blos solche, welche wirkliche Disziplinarstrafen verhängen, sondern auch diejenigen, welche die Suspension vom Amte für die Dauer einer schwebenden Untersuchung aussprechen, cf. VO. v. 1808 § 46.

8. Dagegen fallen die Verfügungen der Polizeianwälte, sowie diejenigen Verfügungen, welche die Polizeibehörden in Folge dessen treffen, daß ihnen bei strafrechtlichen Untersuchungen der erste Angriff überwiesen ist, allerdings unter das Ges. v. 1842; cf. *EK. 7 Juni 1856 (JMBl S 324);

9. — desgleichen die Verfügungen, welche eine Polizeibehörde bei entstehenden Privatrechts-Streitigkeiten zur vorläufigen Regulirung der Sache und mit Vorbehalt des RW. unter besonderen Umständen zu treffen befugt ist: EK. 3. Juni 1854 (JMBl. S. 54; die Polizei hatte Schweine, welche jeder der Streitenden auf dem Markte gekauft haben wollte, bis zur richterlichen Entscheidung zum Verwahrsam überwiesen). Cf. in Betreff der Befugniß der Polizeibehörden, bei gewaltsamer Störung des dem Vermiether zustehenden Pfand- und Retentionsrechts interimistische Anordnungen zu erlassen, das JMR. 8. Febr. 1839 (Jbb. 53, S. 141), und in Betreff ihrer Befugniß, die Rückkehr minderjähriger Kinder zu ihrem Vater zu verfügen, die MR. 22. Jan. und 26. Dezbr. 1852 (VMBl. 52, S. 10; 53, S. 14). [Diesen R. zufolge kann die Polizeibehörde zwar Niemanden zur Herausgabe eines ihm in Pflege gegebenen Kindes nöthigen, wohl aber das Kind, welches ohne Wissen des Vaters entwichen ist, auf dessen Verlangen zur Rückkehr anhalten.] Die Polizeibehörde übt in diesen und ähnlichen Fällen keine richterliche Thätigkeit aus, sondern handelt kraft des ihr obliegenden Berufs, Störungen der Ordnung und Ruhe zu verhindern (§§ 10, 12, II. 17 ALR.), ja nach Umständen sogar den augenscheinlich begründeten Rechts- und Besitzverhältnissen des Einzelnen so lange wenigstens Schutz zu gewähren, bis die richterliche Hülfe eintreten kann

9 bis. Die Handhabung der §§ 125, 126, I. 8 ALR. bildet keinen Gegenstand polizeilicher Wirksamkeit; desfallsige Streitigkeiten sind vielmehr vom Richter zu entscheiden: MR. 29 Febr 1828 (Ann. 12, S. 183). Desgleichen gehört die Frage, ob ein Ackerbesitzer zum Halten von Tauben befugt sei, und wieviel Tauben er halten könne, der Kognition des Richters an, der seine Entscheidung in Ermangelung provinzialrechtlicher Bestimmungen auf die Observanz und eventuell auf das Gutachten von Sachverständigen zu gründen hat. So: MR. 10. April 1840 (VMBl. S. 185), welches sich hierfür auf Stengel's Beiträge 1, S. 87; 4, S. 136 2c. beruft, außerdem aber hervorhebt, daß dies dem Erlasse polizeilicher Anordnungen (nach Maaßgabe des R. v. 5. März 1835, Ann. S. 87) in Betreff der Frage, ob die Tauben während der Saat- und Erndtezeit einzusperren seien, nicht entgegenstehe. Cf ferner VO. v. 1808 n. 38, 58, 59.

10. Weniger scharf, als der Gegensatz zwischen pol. Verf. und den Akten einer richterlichen oder disziplinarischen Thätigkeit, tritt der zwischen jenen und den Verfügungen in Hoheits- und Finanzsachen bestehende Gegensatz hervor, indem nicht selten eine große Verwandtschaft unter den Erlassen der einen und anderen Art herrscht, ja manche Verfügungen sogar gleichzeitig den Charakter von polizeilichen und den von Hoheits- oder Finanz-Verfügungen an sich tragen. Zur Feststellung des Begriffs einer pol. Verf. nach dieser Richtung hin dienen im Allgemeinen schon die Noten zu §§ 36, 41 der VO. v. 1808, insofern dieselben dadurch, daß sie den Begriff von Hoheits- und Finanzsachen erläutern, auf negative Weise auch das Gebiet der Polizeisachen abgrenzen. Ebendort (s. n. 130) ist ferner bereits bemerkt, daß, wenn eine Verfügung ausnahmsweise gleichzeitig den Charakter einer hoheitlichen und den einer polizeilichen Verfügung an sich trage, die Zulässigkeit des RW. nicht nach dem Ges. v. 1842, sondern nach dem cit. § 36 beurtheilt werden müsse, da das dem letzteren § zu Grunde liegende Prinzip das höhere sei. — Liegt dagegen der seltnere Fall vor, daß eine Verfügung sich gleichzeitig als polizeiliche und als Finanz-Verfügung charakterisirt, so wird die Frage, ob § 41 der VO. v. 1808 das Ges v. 1842, oder dieses den § 41 ausschließe, wohl nicht so generell zu beantworten, vielmehr bald in diesem, bald in jenem Sinne zu lösen sein, je nachdem nämlich beim Erlasse der Verfügung der polizeiliche oder der finanzielle Gesichtspunkt der vorherrschende war, indem an und für sich das dem § 41 zu Grunde liegende Prinzip ebensowenig dem des § 1 h. l., wie letzteres dem ersteren untergeordnet ist. — Zur Erläuterung jenes Gegensatzes im Einzelnen wird auf n. 11 ff. verwiesen.

11. Keine Verf. im Sinne des § 1 sind die Anordnungen einer Regierung über die Erhöhung der aus Gemeindemitteln zu bestreitenden Gehälter von Polizeibeamten, diese erscheinen vielmehr als Maaßnahmen der Aufsichtsgewalt (VO. v. 1808 § 36): *EK 24. Jan 1857 (JMBl S 244);

12. — desgleichen nicht die intermistischen Anordnungen in Betreff eines Kirchenbaus, welche die Regierung in Ausübung der den geistlichen Oberen gemäß § 709, II. 11 ALR zustehenden Rechte erläßt; cf VO v 1808 n 159;

13. — noch auch die Akte der Servis- und Kommunal-Verwaltung, z. B. eine Verfügung, durch welche die Regierung einer Stadt die Aufbringung von Militairpferden anbefiehlt: cf EK 3. Febr 1855 (JMBl. S. 99) und VO. v. 1808 n. 188;

14. — noch die Verfügungen, durch welche eine Regierung in Vertretung des Straßenbaufiskus eine Gemeinde anhält, zur Beihülfe bei der dem Staate obliegenden Last der Wege-Unterhaltung Hand- und Spanndienste zu leisten. Kommt in den vorher erwähnten Fällen (n. 11—13) das Prinzip des § 36 Abs. 1, resp. Abs. 2 der VO. v. 1808 zur Anwendung, so tritt hier dasjenige des § 41 ib. ein; cf. EK. 10. März 1855 (JMBl 56, S. 12).

15. Wohl aber gehören dahin alle Verfügungen, welche die eigentliche Wegepolizei betreffen: OT. 22. Dez 1859 (Strieth. 36, S. 123). [Das AG. Breslau scheint angenommen zu haben, daß § 1 zwischen wegepolizeilichen und sonstigen polizeilichen Verfügungen unterscheide]

16 So namentlich die Anordnung der Polizeibehörde, daß ein Weg oder sonstiges Terrain als öffentlicher Weg anzusprechen, d. h. für den öffentlichen Verkehr nothwendig, mithin dazu freizuhalten sei, und zwar ohne Unterschied zwischen dem Falle, wo die Behörde das Terrain für einen bereits bestehenden öffentlichen Weg deklarirt und dem, wo sie diese Eigenschaft erst durch ihre Verfügung neu begründet, d. h. also die Umwandlung von Privatterrain in einen solchen Weg, beziehungsweise eine Expropriation anordnet. — Cf. EK. 8. Juni 1848, 5. April 1851, 30. Okt und 18. Dez. 1852, 8. Dez. 1860 (JMBl. 48, S. 291; 51, S. 203; 53, S 60, 163; 61, S. 217) [Anders würde es sich verhalten, wenn die Verwaltungs-Behörde einen Weg lediglich im fiskalischen Interesse in Anspruch nähme. Alsdann wäre von einer pol. Verf. keine Rede und der RW. unverschränkt. Eben darum wird im EK. v. 1851 ausdrücklich hervorgehoben, daß die Regierung die damals gerade streitige Verfügung nicht als Vertreterin der fiskalischen Fähranstalt, sondern als Landes-Polizeibehörde erlassen habe.]

17. Ferner die auf Grund des § 4, II. 15 ALR. im allgemeinen Besten getroffenen Verfügungen über die Veränderung und Verlegung einer Landstraße; cf. OT 25. Novbr. 1851 (Strieth. 11, S. 68), EK. 5. Juni 1852 (JMBl. S. 313).

18. Ferner die Verfügungen, welche die Instandhaltung öffentlicher Wege, z. B. die Pflasterung derselben oder die Anlegung einer Straßenrinne betreffen; cf. EK. 13. Okt. 1860 (JMBl. 61, S. 269. [Hier wird zum Nachweise dafür, daß die Instandhaltung öffentlicher Wege eine Polizei-Angelegenheit sei, § 6 litt. b des Ges. v. 11. März 1850 bezogen]

19. EK. 23. Febr. 1856 (JMBl S 118) zählte sogar die Sperrung einer Wegestrecke zu den nach § 1 h l zu beurtheilenden polizeilichen Maaßregeln, obgleich dieselbe lediglich die Sicherung der städtischen Chausseegeld-Einnahme bezweckte, desgleichen *EK. 5. Jan 1852 (ib S 340) eine gemäß § 23 der Rh. Gemeinde-O. v. 1845 erlassene, von der Regierung bestätigte Verfügung, wonach behufs Beschaffung der Grundentschädigungs-Gelder für eine Straße eine Kommunalumlage erhoben werden sollte. [In letzterem Falle wäre der KK. wohl füglicher auf § 10 des Rh. Ress.-Regl. gegründet worden.]

20. Einer solchen pol. Verf. (n 16 ff.) gegenüber kann die Frage, ob ein Weg Privat- oder öffentlicher Weg sei, nicht weiter zum Gegenstande einer gerichtlichen Erörterung gemacht werden; cf. die unter n 16 cit Erk. und EK 30. Oktbr. 1854 (JMBl. S. 180), wo dies sogar in Betreff eines bloßen Fußsteigs angenommen wurde EK. 30. Jan. u 30 Okt 1858 (ib 58, S 292; 59, S 149) halten jene Frage selbst dann für nicht prozeßfähig, wenn eine solche Verf. noch gar nicht

in Mitte liegt. A. M. ist jedoch in letzterer Hinsicht OT. 14. Okt. 1861 (Entsch. 46, S. 302) [l. c. war einer Besitzstörungsklage seitens der beklagten Gemeinde der Einwand, daß das streitige Terrain zum öffentlichen Wege gehöre, entgegengesetzt, und dieser Einwand noch dazu durch ein „von Polizeiwegen“ ausgestelltes Attest des Bürgermeisters zu begründen versucht worden. Trotzdem erachtete das OT., daß jener Einwand so wenig wie dieses Attest die richterliche Kognition ausschließe, so lange keine Anordnung der Polizeibehörde ergangen sei.] Jedenfalls ist die richterliche Kognition nach jener Richtung hin nur insofern beschränkt, als im RW. Nichts verlangt werden kann, was der Benutzung des Wegs als eines öffentlichen entgegensteht; die Entscheidung über das streitige Eigenthums- oder Nutzungs-, z. B. das Holzungsrecht an der betr. Fläche ist den Gerichten verblieben: OT. 11. April 1860, 9. Dez. 1856 (Strieth. 37, S 163; 23, S. 140), und unten n. 52, 112. Ebenso sind die Gerichte kompetent, einen Streit mit dem Fiskus über die Pflicht zur Unterhaltung eines Wegs zu entscheiden, wenn gerade der dem Fiskus gegenüberstehende Private geltend macht, daß der Weg gemäß § 1, II. 15 ALR. als ein öffentlicher und zwar als Landstraße betrachtet, und somit vom Staate unterhalten werden müsse: EK. 16. Dez. 1854, 6. Okt. 1855 (JMBl. 55, S. 91, 420). Das letztere Erk hob namentlich hervor, daß es bezüglich der Kompetenzfrage Nichts verschlage, ob Fiskus dem Kläger die Unterhaltung des Wegs zugemuthet habe. Desgleichen erkannte OT. 4. Juli 1853 (Strieth. 10, S 87), ohne die gerichtliche, übrigens von keiner der Parteien bestrittene Kompetenz in Zweifel zu ziehen, auf Erstattung der einer Gemeinde auferlegten Straßenbaukosten, weil die betr. Straße eine Landstraße sei, obgleich letzteres von der Verwaltung bestritten worden war. Dagegen erachtete dieses Erk, — augenscheinlich aus dem im Präj. 2215 (cf. VO. v. 1808 n 39) enthaltenen Grunde, — den Antrag auf Feststellung der Verpflichtung des Fiskus zur künftigen Unterhaltung der Straße für unstatthaft. Im Uebrigen vgl VO. v. 1808 n. 38.

21. Im Gebiete des Rhein. Rechts gelten durchweg dieselben in n. 15 ff. besprochenen Sätze, ausgenommen, daß da, wo es sich unbestritten um die neue Kreirung eines öffentlichen Weges handelt, das hierzu erforderliche Privatterrain dort nur nach Maaßgabe des Ges. v. 8 März 1810 entzogen werden kann (cf. Ress.-Regl. n. 37). Daß daselbst neben § 1 h. l, in Bezug auf Kommunalwege noch der § 2 Nr. 2 jenes Regl. in Betracht komme, ist gleichfalls schon früher (cf. ib n. 57) gesagt worden. Außerdem bleibt zu erwähnen, daß die Verfügungen, welche die Verwaltungs-Behörden auf Grund der Rhein. Alignements-Gesetzgebung erlassen (Dekr. v. 7.—14. Okt. 1790 Art. 1; Ges. v. 29. Flor. X. Art. 3; Dekr. v. 16. Dez. 1811 Art. 113), ebenmäßig zu den wegepolizeilichen Verf. gehören, weshalb z. B. nicht auf Rückgabe des durch die Alignementslinie abgeschnittenen Terrains, sondern nur auf Entschädigung (§ 4 h. l) geklagt werden kann: *EK 24. März 1849 (JMBl. 56, S. 51)

22. Ferner sind als Verf im Sinne des § 1 zu betrachten Anordnungen, betr. die Anlage von Kanälen zur Verbindung schiffbarer Flüsse, da dies gemäß § 96, I. 8; § 5, I. 11 ALR zum Wirkungskreise der Landespolizei-Behörde gehört: EK. 28 Dez. 1850 (ib. 51, S. 67);

23. — desgleichen Verfügungen der Deichbehörden zum Schutze der Deiche, z. B. die Verfügung in Betreff der Anpflanzung von Bäumen auf benachbarten Grundstücken: EK. 13 Febr, 11. Dez. 1858, 12 März 1859 (ib. 58, S 317; 59, S. 293, 389);

24. — desgleichen die Anordnungen behufs Räumung von Wasserzügen und Privatflüssen (Vorfl.-Edikt v 1811 § 10; Ges. v 28. Febr 1843 § 7), — cf. EK. 25 Okt. 1856 (ib 57, S. 112, 176), — einschließlich der Verordnungen der Regierung über Errichtung von Schauämtern zur Sicherung der Instandhaltung von Privatflüssen und Gräben, resp. der zur Ausführung solcher VO. von den Schauämtern getroffenen Maaßregeln: *EK. 9. Jan. 1858 (ib. S. 251);

25. — sowie überhaupt alle von den Regierungen im Interesse der Landeskultur getroffenen Anordnungen (Reg-Instr. v. 1817 § 2 Nr. 4), nach EK. 25. Juni 1853 (ib. S 348) selbst insofern, als dieselben die Leistungen und Beiträge regeln, die zur Ausführung der desfallsigen Maaßregeln resp. zur Unterhaltung der

betr. Anlagen erforderlich sind. [In dem durch jenes Erk entschiedenen Falle handelte es sich um die Entwässerung eines in den Händen mehrerer Privatbesitzer befindlichen Bruchs.]

26. Ebenso ist die von der Verwaltung ausgegangene Festsetzung eines Tarifs für das vom Besitzer einer bereits vor Publikation des ALR. erworbenen Prahm- oder Fährgerechtsame zu erhebende Prahm- oder Fährgeld als pol. Verf. zu betrachten, (und nicht etwa als neue Verleihung eines Regals, deren Rechtsgültigkeit gemäß § 28 II. 14 ALR. von landesherrlicher Bestätigung abhängig wäre): OT. 19 Okt. 1853 (Strieth. 10, S 239). [Dieses Erk. führte jedoch die Zulässigkeit des RW. hinsichtlich des aus der Herabsetzung des Tarifs hergeleiteten Entschädigungs-Anspruchs nicht auf § 4 h. l., sondern auf die VO. v. 16. Juni 1838 § 8 zurück.]

27. — desgleichen das vorläufige Verbot der Erhebung von Brückengeld, welches von der Regierung wegen augenblicklichen Mangels an einem vom Staate genehmigten Tarife (§ 93 II. 15 ALR.) erlassen wird; cf ME. 7. Juni 1833 (Mannkopf AGO. 1, S. 110).

28. Nicht minder hat eine administrativer Seits vorgeschriebene Badeordnung und Badetaxe ihre polizeiliche, öffentliche Seite, weshalb selbst derjenige, welcher aus einem mit dem Fiskus abgeschlossenen Vertrage das Recht zum Widerspruche wider die Aufhebung einer früheren Bade-Ordn herleitet, im RW. höchstens einen Entschädigungs-Anspruch geltend machen kann: EK. 6. März 1852 (JMBl. S. 202).

29. § 1 findet ferner Anwendung auf die in Gemäßheit des Regul. v. 8. Aug. 1835 (GS. S. 240) getroffenen Verfügungen: EK. 3. April 1858 (Sydow S. 118);

30. — desgleichen auf militairpolizeiliche Verf, z. B. solche, welche die Militair-Behörde zum Schutze von Fortifikationswerken erläßt: EK. 4. Febr. 1854 (JMBl. S 318);

31. — desgleichen auf das administrativer Seits ergangene Verbot des Haltens einer Privatschule: EK. 7. Okt. 1854 (ib S. 424).

32. Im Uebrigen vgl. VO. v. 1808 n 317 ff, 347 ff., Heim.- und APfl.-Ges. v. 31. Dez. 1842 n. 43 ff., resp. n. 108, 159 ꝛc.

33. Was § 1 in Betreff der pol. Verf bestimmt, gilt in gleicher Weise von den Maaßregeln, welche deren Vollziehung bezwecken, und darum selbst wieder als pol. Verf. zu betrachten sind; cf. auch VO. v. 1808 n. 356.

34. Demzufolge findet namentlich der RW. nicht wider Exekutionsstrafen statt, die gemäß § 48 der VO. v. 1808, resp. § 20 des Ges. v. 11. März 1850 behufs Vollziehung einer pol. Verf. angedroht und verhängt werden; cf. EK. 2. Okt. 1857, 7. Mai 1859, *21. Nov. 1857 (JMBl. 59, S. 133, 384; 58, S. 200) u. VO. v. 1808 n. 392, 536.

35. Ebenso gelangt, wenn Jemand einer polizeilichen Auflage nicht nachgekommen ist, und die Behörde demnächst das Versäumte für dessen Rechnung hat ausführen lassen (§ 48, resp. § 20 cit.), § 1 in Betreff der administrativen Beitreibung der desfalls verwandten Kosten zur Anwendung: OT 9. Sept. 1851 (Entsch. 21, S. 119), *EK. 18. Dez. 1852, 24. Juni 1851 (JMBl. 53, S. 96; 51, S. 259).

36. Ja der Komp.-GH nimmt dasselbe sogar von der administrativen Beitreibung aller sonstigen zu polizeilichen Zwecken und Einrichtungen verwandten oder noch zu verwendenden Kosten an, wie dies bereits aus den unter n. 19 u. 25 cit. Erk. hervorgeht. Ebenso erklärte EK. 13. Febr. 1858 (JMBl S. 328) den RW. wider die exekutivische Einziehung von Wiesenbaukosten für unstatthaft, weil deren Verwendung zufolge einer auf Grund des Ges. v. 11 März 1850 § 6 erlassenen Wiesen-Polizeiordn., mithin im polizeilichen Interesse erfolgt sei. *EK. 11. März 1848 (ib. S. 330) entschied in gleicher Weise hinsichtlich der Beiträge zum Gehalte eines Bergrevier-Beamten, welcher auf den Grund sowie zur Ausführung einer minist. Polizei-Ordn. angestellt worden war. (Hier wurde ausdrücklich erwogen, daß der RW. wegen der Verpflichtung, die Kosten einer polizeilichen Einrichtung aus dem Privatvermögen herzugeben, nur in den in §§ 2 ff. vorgesehenen Fällen stattfinde.) Mit dieser Praxis stimmt AH. Cöln 19. Juli 1843 (Rh. A. 35,

I. 218) überein, insofern es unter Hinweisung auf § 1 h. l den RW. wider die administrative Einziehung der durch Aufstellung von Brandwachen erwachsenen Kosten für ausgeschlossen erklärte, die gemäß der Feuer-Ordn der Stadt Cöln v. 26 Aug. 1833 unter die Eigenthümer der abgebrannten Häuser repartirt worden waren; cf. ferner EK. 2. Okt 1858 (JMBl. 59, S 133), betr die durch eine polizeiliche Exmission verursachten Kosten, und *ME 1 Nov.1833 (Rh. A. 19, III. 4), welche sich für die Unstatthaftigkeit des RW. wider die Beitreibung der auf Revision einer Materialwaaren-Handlung verwandten Kosten aussprach — Sollte aber auch die Gesetzlichkeit solcher Exekutionen gemäß § 1 keinen Gegenstand richterlicher Erörterung bilden, so wäre damit freilich noch nicht beantwortet, ob ein solches Verfahren wirklich ein gesetzliches, und ob namentlich die Verwaltung unumschränkt befugt sei, die Kosten für polizeiliche Einrichtungen und Zwecke ohne Weiteres den Interessenten zur Last zu legen, resp. unter diese zu repartiren, — eine Befugniß, die, falls sie in der That in solcher Ausdehnung bestände, ihrem Erfolge nach auf eine Art Besteuerungsrecht hinauslaufen würde. Letztere Frage gehört zwar einem andern Gebiete an; doch möge wenigstens, was den vom AH Cöln entschiedenen Fall betrifft, das MR. 31. Mai 1861 (VMBl. S. 133) hier Erwähnung finden. — Inzwischen unterliegt jene Praxis selbst erheblichen Bedenken Die Ausführung einer pol. Verf. und die Beschaffung des Ersatzes der desfalls verwandten Kosten sind an sich zwei ganz verschiedene Dinge; auch wird sich schwerlich durchführen lassen, daß, wenn eine polizeiliche Einrichtung bereits getroffen, der polizeiliche Zweck bereits erreicht ist, die über den Kostenpunkt und die Person des Zahlungspflichtigen ergehende Bestimmung nothwendig immer den Charakter einer pol. Verf. an sich trage. Die Prozeßfähigkeit der Frage, ob Jemand die ihm durch eine pol. Verf. auferlegte und von ihm vollständig erfüllte Verpflichtung unentgeltlich oder gegen Entgelt zu erfüllen gehabt habe, ist auch vom Komp.-GH anerkannt worden: EK. 25. Sept 1852 (JMBl 53, S 5) [Hier wird auf § 4 h. l. verwiesen; cf. überdies § 5 ib.]

37. Die Einforderung der Kommunalsteuern fällt selbstredend nicht in die Sphäre der pol Verf: EK 22 Nov 1856 (JMBl 57, S 204).

38 Die §§ 38 ff. der VO v. 1808 bezogen sich zwar zunächst nur auf spezielle für einen einzelnen Fall ergangene Verfügungen Doch wurden dieselben durch § 40 auch auf allgemeine Verfügungen ausgedehnt, sofern letztere mit Genehmigung des Polizei-Ministeriums erlassen waren Das Ges. v. 1842 unterscheidet dagegen zwischen allgemeinen und speziellen Verf. überhaupt nicht, weshalb die hinsichtlich jener im § 40 cit gemachte Beschränkung nicht weiter in Betracht kommt. Beispiele, wo die Anwendbarkeit des Ges. auf allgemeine Polizei-Verordnungen anerkannt wurde, liefern außer den bereits in n. 24, 26 erwähnten Erk. *EK 11 März 1848, 9. Jan 1858, 1. Okt. 1859, 22. Sept. 1860 (JMBl. 48, S. 330; 58, S. 251; 60, S. 258; 61, S 174).

39. Hiernach sind sogar allgemeine Polizei-Strafverordnungen — Ges. v. 11. März 1850 §§ 5, 11 — als pol. Verf im Sinne des § 1 zu erachten. § 17 ib. steht hiermit nicht in Widerspruch, noch begründet er eine Ausnahme von dem in § 1 h l. aufgestellten Grundsatze, wie dies in EK. 16 April 1853 und 16 Dez. 1854 (JMBl. 53, S. 228; 55, S. 76) angenommen wird, da § 1 nur die wirkliche Anfechtung einer pol. Verf. vor Gericht ausschließt, § 17 l. c. dagegen dem allgemeinen, schon früher feststehenden Prinzipe huldigt, daß zur richterlichen Prüfung über die Strafbarkeit einer Handlung auch die Untersuchung der Frage gehöre, ob der angerufenen Strafbestimmung gesetzliche Gültigkeit beiwohne; der Richter, welcher im Verneinungsfalle freispricht, hebt die pol. VO. nicht auf, sondern lehnt nur deren Anwendung auf den konkreten Fall ab (Ein auf Aufhebung der VO. lautender Spruch würde geradezu gesetzwidrig sein) Cf EK. 13. Febr. 1858 (ib. S. 328), Oppenhoff StGB. § 332 n 43. Vgl. im Uebrigen Ges. v. 11. März 1850 n. 23.

40. Es gehört keineswegs zum Wesen einer pol. Verf. daß letztere einen Zwang enthalte Vielmehr giebt es eine große Anzahl solcher Verfügungen, namentlich auf dem Gebiete der Gewerbe-, Sicherheits- und Gesundheits-Polizei, welche nur an die Vornahme bestimmter Handlungen geknüpft sind, deren

verbindliche Kraft daher insoweit als eine bedingte erscheint, z. B. ein unter gewissen Beschränkungen ertheilter Baukonsens: OT. 18. Aug. 1856 (Entsch. 35, I. 282).

41. Auch wird die Existenz einer pol. Verf, resp. die Anwendbarkeit des § 1 nicht nothwendig schon dadurch ausgeschlossen, daß die Behörde sich als die Eigenthümerin des durch die Verfügung betroffenen Terrains betrachtet, und ihre Befugniß zum Erlasse der Verfügung schon aus ihrem vermeintlichen Eigenthumsrechte herleitet; cf. EK. 4. Febr. 1854, *23. Juni und 30. Okt. 1858, 13. Okt. 1860 (JMBl. 54, S. 348; 58, S. 348; 59, S. 212; 61, S. 259). — Doch ist die Verfügung einer Rhein Gemeindebehörde und der Regierung, welche lediglich in der Voraussetzung, daß der Kirchhof Eigenthum der Civilgemeinde sei, die Veräußerung von Begräbnißstellen und die Beerdigung von Leichen an solchen Stellen beschließt, resp. genehmigt, nicht etwa zufolge Art. 16 des Dekr. v. 23 Prair. XII. als eine pol. Verf. zu betrachten, welche die Anstellung einer Klage der Kirchenfabrik auf possessorischen Schutz und auf Translozirung der bereits beerdigten Leichen ausschlösse: *EK. 10. März 1860 (ib. 61, S. 201). Cf. jedoch EK. 3. Juni 1854 (ib. S. 392).

42. Damit das Ges. und namentlich § 1 zur Anwendung komme, genügt es nicht, daß die Behörde ihre Verfügung als eine polizeiliche qualifizire. Vielmehr ist es Sache desjenigen, welcher den polizeilichen Charakter einer Verfügung behauptet, und hieraus die Inkompetenz der Gerichte herleitet, dies geeigneten Falls näher darzuthun, — insofern nämlich die Richtigkeit dieser Behauptung nicht schon aus der Natur der Sache hervorgeht. Doch wird der amtlichen Versicherung der Behörde über den speziellen Zweck, den sie bei Erlaß ihrer Verfügung im Auge gehabt, in der Regel und falls hiermit die Thatsachen nicht in direktem Widerspruche stehen, voller Glauben beizumessen sein. Auf dieser Anschauung beruhen wenigstens EK 18. Dez. 1852 und 30. Okt. 1858 (ib. 53, S. 163; 59, S. 127). In ersterem wird gesagt, der polizeilichen Wirksamkeit könne nicht dadurch ein rein privatrechtlicher Charakter aufgeprägt werden, daß eine Partei ihr einen solchen, — authentischer offizieller Kundgebung gegenüber, — beilege. Dagegen heißt es in EK. 17. April 1858 (ib. S. 320), daß, obschon der Regierung neben der Vertretung der Privatrechte des Fiskus zugleich die Ausübung der Polizei zustehe, zur Begründung des KK. keineswegs genüge, wenn bezüglich einer von ihr erlassenen Verfügung, die ebensowohl auf rein privatrechtlichen wie auf polizeilichen Gründen beruhen könne, blos behauptet, und nicht auch überzeugend dargethan werde, daß letzteres der Fall gewesen. In andern Entscheidungen (EK. 3. Juni 1854, 6. März 1852, ib. 54, S. 376; 52, S. 237) wird ausdrücklich erwogen, die Angabe der Verwaltung, daß die streitige Verfügung polizeilicher Natur sei, könne nicht in Zweifel gezogen werden, da Kläger diese Angabe nicht bestreite.

43. Steht die polizeiliche Natur einer Verfügung, ihrem Gegenstande nach, fest, so kann der RW. wider dieselbe nicht um deswillen beschritten werden, weil die Behörde oder der Beamte zu deren Erlaß nicht kompetent gewesen sei, weil eine solche Klage ja gerade die Gesetzlichkeit der Verf. zum Gegenstande der richterlichen Prüfung machen würde: OT. 17. Okt. 1851 (Strieth. 3, S. 136). Aus diesem Grunde kann z. B. die Streitfrage, ob eine Ortspolizei-Behörde als solche befugt sei, Exekutionsstrafen zu verhängen, durch Richterspruch niemals gelöst werden.

44. Doch gilt das eben Gesagte nur unter der Voraussetzung, daß der verfügenden Behörde eine Polizeigewalt irgend welcher Art überhaupt zustehe, da es zum Begriffe einer pol. Verf. gehört, daß dieselbe nicht allein einen polizeilichen Gegenstand betreffe, sondern auch von einer Polizeibehörde ausgegangen sei. Demzufolge wurde denn auch die Frage, ob die verfügende Behörde mit einer Polizeigewalt bekleidet sei, vom Komp.-GH zu wiederholten Malen besonders geprüft; — cf. EK. 12. Jan. 1856, 13. Okt. 1860 (JMBl. 56, S. 72; 61, S. 270), — desgleichen in dem unter n. 43 bezogenen OT. die Eigenschaft der betr. Behörde als Polizeiobrigkeit ausdrücklich hervorgehoben

45. Da übrigens das Ges. zwischen den mit einer Polizeigewalt bekleideten Behörden, resp. Beamten keinen Unterschied je nach ihren Rangverhältnissen macht, so dürften sogar die von den untersten Polizeibeamten, z. B den

Polizeidienern und Gendarmen getroffenen Maaßregeln unter dasselbe fallen. So entschied EK 7. März 1857 (JMBl S. 365), daß die von einem Gendarmen vorgenommene Beschlagnahme verdorbenen Fleisches unzweifelhaft eine pol. Verf. enthalte. EK. 3. Juni 1854 (ib. S. 396) weicht hiervon nur scheinbar ab. Dort heißt es: Die faktische, von einem Gendarmen zur Konstatirung einer Steuerdefraude bewirkte Beschlagnahme eines Gewerbescheins möge in der wörtlichen Fassung des § 1 h 1. als pol. Verf. nicht begriffen sein; dennoch unterliege sie als berechtigte Handlung eines Polizeibeamten innerhalb seines amtlichen Wirkungskreises den im Ges. v. 1842 aufgestellten Grundsätzen, nach welchen es für die Kompetenzfrage unerheblich sei, ob jene Beschlagnahme auf Anordnung des Landraths erfolge; sie geschehe immerhin auf Grund einer gesetzlichen Ermächtigung, und werde dadurch als Akt der Polizeigewalt zureichend charakterisirt. Cf. ferner EK. 5. März 1853 (ib. S. 222).

46. Die Anwendbarkeit des Ges. ist ferner an keine Formen gebunden, welche bei Erlaß der pol. Verf. zu beobachten wären. Dasselbe gilt daher auch von blos mündlich erlassenen Verfügungen: EK. 7. Juni 1856, 2. Okt. 1858 (ib. 56, S. 248; 59, S. 62).

47. Auch ist es unerheblich, ob der verfügende Beamte der Person gegenüber, wider welche die Verf. gerichtet ist, seine amtliche Eigenschaft zu erkennen gegeben hat: EK. 14 April 1855 (ib. S. 215);

48. — desgleichen, ob eine vorherige Benachrichtigung an jene Person irgend stattgefunden hat. Ueberhaupt gehören zu den pol. Verf. auch solche Maaßregeln, welche ohne vorherige Ankündigung sofort ins Werk gestellt werden: EK. 7 Juni und 4. Oktbr. 1856, 7. Novbr. 1857, 23 Juni 1858 (ib. 56, S. 248; 57, S. 48; 58, S. 193, 348). — Wenn im *EK. 12 Nov. 1859 (ib. 60, S. 376) gesagt wird, daß, sofern die Verf auch nur den Betheiligten notifizirt worden, sie für letztere verbindlich und nach dem Ges. v. 1842 zu beurtheilen sei, so geschieht dies blos zur Widerlegung der Ansicht, als ob zur Anwendbarkeit jenes Gesetzes eine pol. Verf in der für allgemeine Polizei-Verordnungen durch das Ges. v. 11. März 1850 vorgeschriebenen Form verkündet sein müsse.

49. Die aus § 1 herzuleitende Inkompetenz-Einrede steht nicht blos der Polizeibehörde, sondern auch den betheiligten Privatpersonen zur Seite: OT. 17. Okt. 1851 (Strieth 22, S 241); EK. 3 Juni 1854 (JMBl. S. 394). Auch kann auf dieselbe nicht verzichtet werden, da die auf § 1 beruhende Inkompetenz eine absolute ist.

50 § 1 kommt ferner bei Maaßregeln zur Geltung, die ursprünglich gar nicht in polizeilichem Interesse getroffen wurden, sofern der durch sie herbeigeführte Zustand demnächst durch eine pol Verf. aufrecht erhalten wird: EK. 8. März 1856 (JMBl. S. 128).

50 bis. Doch erachtet *EK. 12. Okt. 1861 (ib. 62, S. 100) die Fortsetzung eines Rechtsverfahrens trotz des § 1 für statthaft, wenn die Behörde, nachdem ein von ihr erhobener KK. verworfen worden, nachträglich eine pol. Verf. treffe, die gegen den für zulässig erklärten RW. gerichtet ist, sollte auch das ergehende Urtheil, vorausgesetzt, daß dasselbe sich auf den ursprünglichen Prozeßgegenstand beschränkt, mit jener Verf in Widerspruch stehen.

51. Der Komp.GH. hält selbst indirekte Beschwerden über eine pol. Verf. für nicht prozeßfähig; cf EK 3. Juni 1854, 11. Febr. 1861 (ib. 54, S. 394; 61, S. 199) Dies läßt sich jedoch in solcher Allgemeinheit nicht konsequent durchführen, sofern es sich um die privatrechtlichen Folgen einer pol. Verf. handelt; cf. OT. 27. Jan. 1851 (Strieth. 1, S 202). [I. c. war einer Wittwe und deren minderjährigen Tochter ohne vormundschaftliche Genehmigung der Auswanderungs-Konsens ertheilt worden. Nachdem hierauf die Tochter im Auslande geheirathet hatte, klagte der Vormund auf Ungültigkeits-Erklärung der Ehe, welcher Klage entgegengesetzt wurde, daß Beklagte zur Zeit der Heirath in keinem preuß. Unterthanen-Verhältnisse, mithin auch nicht unter preuß. Vormundschaft gestanden habe. Das OT. erklärte jedoch diesen Einwand für nicht zutreffend, und die richterliche Erörterung über denselben für vollkommen statthaft, weil es sich nicht um die Gültigkeit der Entlassung aus jenem Verhältnisse überhaupt, sondern nur

darum handle, ob dieselbe für die Minderjährige gelte und die Vormundschaft beendigt habe.]

51 bis. Ganz unbedenklich kommt § 1 bei Ansprüchen nicht zur Sprache, welche mit dem Erlasse einer pol. Verf. zwar in entfernterem thatsächlichem Zusammenhange stehen, das Bestehen jener Verfügung jedoch sowie deren rechtliche Folgen nicht einmal mittelbar in Frage stellen. So sind z. B. Klagen auf Herausgabe polizeilich in Beschlag genommener Sachen zum RW. geeignet, wenn die Beschlagnahme-Verfügung unbestritten zu bestehen aufgehört hat, wenn z. B. der Eigenthümer von der Beschuldigung, wegen welcher die Beschlagnahme stattfand, rechtskräftig freigesprochen wurde, desgleichen Klagen auf Ersatz des Schadens, welcher durch die fortgesetzte Vorenthaltung jener Sachen oder dadurch entstanden sein soll, daß die Polizeibehörde letztere durch Vernachlässigung habe verderben lassen: EK. 11. Juni 1853 (JMBl S. 324) [I c. war die Herausgabe verweigert worden, weil die Aufbewahrungskosten nicht erlegt seien. — Der Komp.-GH. sprach sich zu Gunsten des RW. sogar in Betreff desjenigen Entschädigungs-Anspruchs aus, welcher für den vor Erlaß des freisprechenden Urtheils entbehrten Gebrauch erhoben war (?)] Anders liegt freilich der Fall, wo die Behörde die Sachen vor der Freisprechung verkauft hat, weil dieselben sich nicht aufbewahren ließen. Eine solche Maaßregel ist selbst wieder als pol. Verf. zu betrachten, und zwar als eine solche, welche nicht einmal einen Entschädigungs-Anspruch im Sinne des § 4 begründet. Hier kann der Freigesprochene mithin nur den Erlös mit Erfolg einklagen.

51 ter. Aus gleichem Grunde sind Streitigkeiten zum RW. geeignet, welche lediglich die Frage betreffen, ob die Ausführung einer pol. Anordnung dieser entsprechend erfolgt sei, vorausgesetzt, daß die Ausführung nicht von der Polizei selbst ausgegangen ist (cf. n. 33, 45), und daß jenen Streitigkeiten ein privatrechtliches Interesse zu Grunde liegt; cf *OT. 8 Januar 1856 (Strieth 19, S. 232). [Eine Eisenbahn-Gesellschaft war auf Entschädigung belangt, weil ein Bahndamm, dessen Anlage ihr gemäß landespol. Verf. oblag, fehlerhaft konstruirt sei Gegen das Erk. des AH. Cöln, welches der Klage gemäß entschied, wurde nun geltend gemacht, daß darüber, ob die Gesellschaft obige Verf gehörig erfüllt habe, dem Ges v. 1842 zufolge nur von der anordnenden Verwaltungs-Behörde selbst entschieden werden könne. Das OT. verwarf jedoch dieses Argument, weil der AH nicht die Frage einer Prüfung unterworfen habe, inwiefern die betr. Maaßregel hätte angeordnet werden dürfen, sondern inwiefern der Beklagten bei Ausführung der desfallsigen Arbeiten ein Verschulden zur Last falle, hierin aber ein Eingriff in die administrativen Attributionen nicht zu finden sei]

52. Ebenso steht § 1 einer Klage auf Anerkennung von Privatrechten oder auf Feststellung ihres Umfangs nicht im Wege, wenngleich der Erlaß einer pol. Verf und die hierdurch angeblich herbeigeführte Schmälerung jener Rechte ausgesprochener Maaßen den Grund zur Klage gegeben hat, und die Modalitäten der Ausübung dieser Rechte mit der pol. Verf. in Widerspruch treten würden. In einer solchen Klage kann das Verlangen einer Exemtion um so weniger gefunden werden, als das auf die Klage ergehende Urtheil die Anwendbarkeit abweichender pol Verf ohnehin nicht ausschließen würde. Cf. EK. 3. und 24. Jan. 1857 (JMBl. S. 288, 291); n. 20 und 112.

53. Findet das Ges. v 1842 bei solchen pol. Verf., welche ausschließlich im Hinblick auf gewisse Personen und wider diese erlassen sind, auch Dritten gegenüber Anwendung? In der Regel wird dies verneint werden müssen. So erkannte OT. 18. Aug. 1856 (Entsch. 35, I 282), daß ein polizeilicher Baukonsens zwar für denjenigen, dem er ertheilt worden, eine pol Verf darstelle, wider welche er nicht den RW. beschreiten könne, um die Unverbindlichkeit der dem Konsense beigefügten Beschränkungen aussprechen zu lassen, daß jedoch das Gegentheil in Beziehung auf dritte Personen der Fall sei, indem für diese jene Verfügung gar nicht existire. Dieselbe Frage kam beim *EK. 16 Dezbr. 1854 (JMBl. 55, S 52) zur Sprache, fand hier jedoch eine wenigstens theilweise abweichende Beurtheilung. Die Polizeibehörde hatte Sachen als vermeintliches Eigenthum eines Deserteurs in Beschlag genommen. Als hierauf dessen Vater wider die betr. Polizeibeamten auf

Herausgabe jener angeblich ihm gehörigen Sachen, sowie auf Schadensersatz klagte, wurde der KK. erhoben, welchen der Komp.-GH. zwar in Betreff des ersten Petitums verwarf, in Betreff des zweiten dagegen mit Rücksicht auf § 6 h. l. aufrecht erhielt.

54. Ungeachtet § 1 sich ausdrücklich nur über die Unstatthaftigkeit des RW wider ergangene pol. Verf ausspricht, so folgt dennoch aus der Natur der Sache wie aus dem Geiste des Gesetzes, daß die richterliche Kognition auch da wegfalle, wo eine pol. Verf. noch gar nicht vorliegt, das Begehren des Klägers aber auf Zuerkennung dessen gerichtet ist, was nur den Gegenstand einer solchen Verf. bilden kann Folgeweise kann auch eine Klage auf Vollziehung einer pol. Verf. selbst unter Privaten in der Regel nicht zugelassen werden, da diese Vollziehung gleichfalls zum Ressort der Polizei gehört, ein desfalls ergehendes richterliches Erkenntniß mithin einen Eingriff in das Ressort jener Behörde darstellen würde. Diese Regel erleidet jedoch, abgesehen von dem im § 5 h l. Gesagten, alsdann eine Ausnahme, wenn die pol Verf den Titel für privatrechtliche Ansprüche dritter Personen bildet Cf. oben n 51 ter und Gew.-O. v. 1845 n. 32.

54 bis. Uebrigens versteht sich von selbst, daß bei der Konkurrenz von privatrechtlichen und polizeilichen Gründen die gerichtliche Geltendmachung der ersteren unverwehrt bleibt Ein Fall dieser Art lag dem AH. Cöln 23. Jan. 1848 (Rh. A. 44, I. 37) zu Grunde. [Eine Gemeinde hatte auf Wegschaffung von Bauten geklagt, welche, in ein Bachbett hineingerückt, den Wasserlauf und den Verkehr auf der Gemeindestraße hemmen sollten. Das öff. Min. war nun der Ansicht, daß die Klage, da ihr Gegenstand polizeilicher Natur, bei der Regierung anzubringen sei Der AH. erwog jedoch: den Rhein. Regierungen stehe zwar zu, die Fortschaffung der den Wasserlauf hindernden Anlagen im öffentlichen Interesse, wie auf Beschwerde von Privaten zu verordnen; hier handle es sich aber nicht um Vollziehung einer solchen Anordnung, vielmehr sei in deren Ermangelung eine auf Beeinträchtigung und Gefährdung des Gemeinde-Eigenthums gestützte Klage angestellt, welche eben dieser privatrechtlichen Begründung halber sich vollkommen zum RW. eigne.] — Cf. ferner Gew.-O. v 1845 §§ 29 ff, resp. Ges. v. 1. Juli 1861 §§ 3 ff.

54 ter. Daß die Strafgerichte in gewissen Fällen berechtigt, resp. verpflichtet sind, außer der Strafe auch die Beseitigung eines polizeiwidrigen Zustands zu verordnen, erscheint immerhin als Ausnahme, welche eine besondere gesetzliche Sanktion voraussetzt; cf KH 24. Mai 1834 (Rh A. 20, II. 29). Inzwischen hat man für das Gebiet des Rhein. Rechts eine sehr allgemeine Ermächtigung resp. Verpflichtung des Strafrichters zu solchen Anordnungen, falls diese vom öff. Min. beantragt werden, aus den Artt 161 und 172 der Str. Pr. O. hergeleitet, indem man nämlich die Zerstörung polizeiwidriger Anlagen, namentlich solcher, welche den Vorschriften über die Baupolizei und das Alignement zuwider errichtet worden sind, als „restitutions" und „reparations civiles" im Sinne jener Artt. auffaßt. Cf. Sir. 45, I 141; 46, I. 66; 47, I. 319, — KH. 7. März 1842, 30. Sept. 1844 (Rh. A. 32, II 54; Tr A. 1, I. 79). Den von der Polizei zu ergreifenden Maaßregeln wird in der Regel nicht präjudizirt, wenn der Strafrichter eine derartige Anordnung zu treffen unterläßt. Doch kann die Niederlegung eines Stroh- oder Rohrdachs im Falle der ALO. v 2 Juli 1836 Nr. 4 (Rh S 5, S 414) nur vom Richter ausgesprochen werden, da sie dort ausdrücklich als Strafe bezeichnet wird

55. Welche Behörde als vorgesetzte Dienstbehörde (§§ 1, 6) zu betrachten sei, bedarf im Allgemeinen keiner weiteren Besprechung. Bezüglich der die Strafverfolgung betreffenden Verfügungen ist jene Behörde in der Rheinprovinz das öff. Min. (der Gen.-Prokurator des AH Cöln und die Ob.-Prokuratoren). Die Staatsanwaltschaft der übrigen Provinzen nimmt die gleiche Stellung ein in Betreff der Wirksamkeit der Polizeianwälte, nicht aber in Betreff der Thätigkeit der administrativen Polizeibeamten bei Ausmittelung strafbarer Handlungen.

§ 1 Abs. 2.

56. § 1 Abs. 2 gestattet den RW in den unter §§ 2 ff. bezeichneten Fällen nur wegen Privatrechts-Verletzungen, indem er sich seiner Wortfassung nach

an § 1 der Einl. zur AGO anschließt. Die §§ 38 ff. der VO. v 1808 erwähnten dieser Beschränkung nicht.

56 bis. Der Ausdruck „Privateigenthum" ist daher an dieser Stelle ebensowenig wie im cit. § 1 streng wörtlich zu nehmen, sondern begreift namentlich auch unkörperliche Sachen in sich. EK 6 März 1852 (JMBl S 237) wendet ihn sogar auf das Recht zum Gewerbebetriebe an.

56 ter. Als ein zum Privateigenthume gehöriges Recht ist selbstredend die Befugniß zu betrachten, die eignen Sachen, wo und wie man will, zu verkaufen, sofern dabei keiner gesetzlichen Vorschrift oder allgemein erlassenen Polizei-Verordnung entgegengehandelt wird: *EK 26 Nov 1853 (JMBl. 54, S 24). [I. c. war die öffentliche Versteigerung von Gegenständen einer Fallitmasse ungerechtfertigter Weise inhibirt, und zur Begründung des wider die desfallsige Entschädigungsklage erhobenen KK. geltend gemacht worden, daß in jener Inhibirung keine Verletzung eines Privatrechts enthalten sei]

57. Zur Begründung des RW. genügt, wenn die Verletzung eines Privatrechts behauptet wird; ob diese Behauptung richtig sei, hat gerade der Richter zu prüfen: EK. 23. Juni 1858 (JMBl. S 391). [I. c nahm Kläger mehrere bei ihm in Beschlag genommenen Gegenstände als sein Eigenthum in Anspruch, während er in einer früher gegen ihn geführten Untersuchung das Gegentheil behauptet hatte. Die Regierung folgerte aus diesem Widerspruche in den Erklärungen des Klägers mit Unrecht die Unanwendbarkeit des § 1. In demselben Erk. wurde anerkannt, daß der Einwand, das Klagepetitum sei wegen Untergangs der vindizirten Gegenstände gegenstandslos geworden, gleichfalls nicht den Kompetenzpunkt, sondern das Materielle der Sache betreffe]

58. Possessorische Rechtsmittel gehören zu den nach § 1 Abs. 2, resp. den §§ 2 ff. zulässigen Klagen allgemein nicht. Dies folgt zwar schwerlich, wie gemeinhin angenommen wird, — cf *EK. 16 April 1853 (JMBl. S. 233), — schon unmittelbar aus § 1 Abs 2, insofern dort von „der Verletzung eines zum Privateigenthum gehörenden Rechts" geredet wird, (mit demselben Fuge könnte man aus § 1 der Einl. zur AGO. die Unzulässigkeit possessorischer Klagen überhaupt herleiten) wohl aber aus § 1 Abs 1, indem jene Klagen Deliktsklagen sind, und aus § 3, in Verbindung mit der analogen Bestimmung im § 42 der VO. v. 1808. Unter der Herrschaft der §§ 38 ff. ib. stand es gleichfalls fest, daß wider pol. Verf. niemals in possessorio angegangen werden könne, ungeachtet jene §§ keine dem § 1 Abs. 2 entsprechende Bestimmung enthielten; cf. MR. 7. Juni 1833, 26 Juli 1839 (Wegener 1, S. 391; Jbb. 54, S. 88)

59. Das eben Gesagte gilt sogar dann, wenn nicht wider die Polizeibehörde selbst, sondern wider Dritte geklagt wird; cf. EK. 17. Dez 1853, 3. Juni 1854, 4. Okt. 1856 (JMBl. 54, S. 54, 395; 57, S. 36) und oben n. 49.

60. Dasselbe ist ferner auf den mit der Possessorienklage verbundenen Antrag auf Ersatz des durch die Besitzstörung erlittenen Schadens mitzubeziehen. § 4 steht dem nicht entgegen, da er nur solche Ansprüche im Auge hat, welche aus der Aufopferung von Rechten hervorgehen: EK. 11. März 1848, *24. März 1849, 9. Jan. 1858 (ib. 48, S. 201; 49, S. 265; 58, S. 251), *ME. 22. Juli 1836 (Rh. S. 5, S. 426). Wenn *EK. 22. Nov 1851 (JMBl. 52, S. 62) diese Ansicht nur bezüglich der zur Wiederherstellung des Besitzstandes erforderlichen Kosten adoptirte, und in Betreff des durch die Störung anderweit entstandenen Schadens den RW. für zulässig hielt, so geschah dies unter so eigenthümlichen faktischen Verhältnissen, daß in dieser Entscheidung schwerlich eine prinzipielle Beantwortung der Frage in entgegengesetztem Sinne gefunden werden kann

61. Wird freilich mit der Possessorienklage eine Entschädigungsklage verbunden, welche mit der Besitzstörung in keinem Zusammenhange steht, so ist der RW. hinsichtlich der letzteren unbedenklich statthaft: *EK. 23 Juni 1858 (ib. S 348).

62. Aus der Unzulässigkeit von Possessorienklagen wider pol Verf. folgt übrigens keineswegs, daß der durch eine solche Verfügung Betroffene aller mit dem Besitze verbundenen Vortheile verlustig werde Namentlich wird an den Regeln über die Beweislast Nichts geändert; demgemäß braucht jener, wenn er aus § 4 auf Entschädigung klagt, nur seinen Besitzstand vor Erlaß der pol. Verf.,

§. 2. Wenn derjenige, welchem durch eine polizeiliche Verfügung eine Verpflichtung auferlegt wird, die Befreiung von derselben auf Grund einer besonderen gesetzlichen Vorschrift oder eines speziellen Rechtstitels behauptet, so ist die richterliche Entscheidung sowohl über das Recht zu dieser Befreiung, als auch über dessen Wirkungen zulässig.

---

nicht also auch sein Eigenthum zu beweisen; letzteres wird vielmehr, wenn der Besitzstand dargethan ist, bis zum Beweise des Gegentheils präsumirt. So: AH. Cöln 22. März 1854, 10. Juni 1857 (Rh. A. 49, I. 214; 52, I. 238). Dasselbe dürfte ebensowohl für das Gebiet des ALR gelten

63. Unter den Fällen, in denen zufolge § 1 Abs. 2 der RW. gestattet ist, befindet sich strenge genommen nur ein einziger, nämlich der des § 2, welcher als Ausnahme von der im § 1 Abs. 1 aufgestellten Regel erscheint. In diesem Falle ist die Klage allerdings unmittelbar gegen die Wirksamkeit und Verbindlichkeit der Verf. gerichtet, und wider die verfügende Behörde selbst anzustellen. § 3 beschränkt lediglich die im § 2 zu Gunsten des RW. enthaltene Vorschrift. Die §§ 4 und 6 betreffen bloße Entschädigungsklagen, und zwar § 4 solche, die die Gültigkeit, resp. das Fortbestehen der pol Verf gerade voraussetzen oder doch unberührt lassen, § 6 solche, welche erst angestellt werden, wenn die Verf rechtlich zu bestehen aufgehört hat § 5 endlich handelt von Prozessen, welche die pol. Verf zwar berühren, aber nur mittelbar, und ohne daß die verfügende Behörde hierzu als Partei zugezogen werden könnte

§ 2.

64. Die nächste Bedingung für die Anwendbarkeit des § 2 besteht darin, daß eine pol. Verf. vorliege, welche einer bestimmten Person irgend welche Verpflichtung auferlege. Pol Verfügungen, bei denen dies nicht zutrifft, sind daher von vorne herein vor gerichtlichen Anfechtungen auf Grund des § 2 gesichert; cf. EK 25. Sept. 1852 (JMBl. S 375). [Die Regierung hatte, um das Wasser eines Flusses im Interesse der Schifffahrt zu konzentriren, die Anlage von Buhnenwerken veranlaßt, durch welche der Kläger eine ihm rechtlich zustehende Viehtrift beeinträchtigt glaubte. Der Komp.-GH erklärte den § 2 für unanwendbar, da die betr. Verf. dem Kläger keine Verpflichtung auferlege]

65 Doch braucht die auferlegte Verpflichtung nicht gerade ein positives Handeln, sie kann vielmehr auch ein Unterlassen zum Gegenstande haben.

66. Zweites Erforderniß ist die Berufung auf einen speziellen Rechtstitel oder auf eine besondere gesetzliche Vorschrift. Die §§ 38 ff. der VO. v. 1808 erwähnten der Berufung auf eine besondere gesetzliche Vorschrift nicht, da sie noch weiter gingen, den RW nämlich überall zuließen, wo die Verf einer ausdrücklichen Disposition der Gesetze direkt entgegenlief, letztere mochte allgemeiner oder spezieller Natur sein. (Uebrigens fehlten jene Worte auch im ursprünglichen Entwurfe des § 2, sie sind erst bei der Berathung des Gesetzes im Staatsrathe hinzugefügt worden.) Ferner erläuterten obige §§ den Begriff eines speziellen Rechtstitels als zweiten Fundaments für die unmittelbar wider pol Verf. zu richtenden Klagen insofern näher, als sie hierzu nur denjenigen Titel für geeignet erklärten, „vermöge dessen man das der polizeilich angeordneten Verpflichtung entgegenstehende Recht gültig erworben zu haben behaupte,“ und stellten endlich beiden vorerwähnten Klagefundamenten die nicht im RW. geltend zu machende Berufung auf die allgemeine bürgerliche Freiheit oder auf die Prinzipien vom freien Genusse des Eigenthums gegenüber.

67. Hiernach waren schon unter der Herrschaft jener §§ 38 ff zur Begründung des RW. nicht geeignet solche Titel, durch welche Jemand lediglich sein Eigenthum oder gar nur seinen Besitzstand nachweist, z. B. rechtskräftige Urtheile, welche dem Kläger das Eigenthum zuerkennen oder ihn im Besitze schützen. Um so viel unbedenklicher gilt Solches nach den Vorschriften des Ges. v. 1842, indem dieses

den RW. ohnehin weit enger begrenzt, und außerdem im § 4 mittelbar anerkennt, daß die Polizeibehörde sehr wohl in die Lage kommen könne, befugter Weise in rechtlich begründete Privatrechte einzugreifen, hierdurch aber unzweideutig ausspricht, daß die nachgewiesene Existenz derartiger Rechte noch keineswegs die Befreiung von polizeilich auferlegten Verpflichtungen darthue; cf. EK. 23. Febr. 1856 (JMBl. S. 100), *EK. 23. Febr. 1856 in S Bengel c. Steuerkasse zu Rhaunen — *Contra* OT. 14. Jan. 1842 (Arnsb. Arch. 8, S. 304), welches in der Behauptung, daß das Recht auf unbeschränkte Benutzung einer Quelle dem Eigenthume eines gewissen Grundstücks anklebe, und daß Kläger mit diesem Eigenthume jenes Recht erlangt habe, die Berufung auf einen speziellen Rechtstitel im Sinne des cit. § 38 erblickte.

68. Spezieller Rechtstitel im Sinne des § 2 ist vielmehr, nach Analogie des zur Erläuterung des § 79 II. 14 ALR. Gesagten (cf. VO v. 1808 n. 211 ff.) nur ein solcher, welcher ein unmittelbares Rechtsverhältniß zwischen dem Kläger und der Polizeibehörde begründet, den die letztere daher als sie verpflichtend anzuerkennen hat. Cf. EK. 4. Febr. 1854 (JMBl. S 332), OT. 14. März 1854 (Strieth. 12, S. 253).

69. Dahin gehört sonach kein Urtheil oder Vertrag, bei welchem die Behörde entweder gar nicht konkurrirt hat, oder doch nicht als Partei, sondern in anderer Weise, z. B. in Ausübung des landesherrlichen Aufsichtsrechts, oder bei dem der die pol. Verf. erlassende Beamte zwar Partei war, aber nicht als Polizeibehörde, sondern in anderer Eigenschaft z B. als Vertreter von Gemeinde-Vermögen; cf EK. 18. Dez. 1852, 16. April 1853, 23 Febr., 3. Mai, 25. Oktbr. 1856, 1. Okt. 1859 (JMBl. 53, S. 163, 212; 56, S. 109, 118, 208; 57, S 79; 59, S. 260). [EK. 16. April 1853 erklärte demzufolge einen mit dem Domainenfiskus geschlossenen Vertrag für nicht geeignet, um einer Verfügung der Landes-Polizeibehörde gegenüber als spezieller Rechtstitel zu dienen. In EK. 1. Okt. 1859 wird gesagt: die Verpflichtung des Autors zur Gewährleistung könne, gleichviel, ob der Verpflichtete der Fiskus oder ein Anderer sei, nicht als Titel im Sinne des § 2 angerufen werden]

70. Dies erleidet jedoch eine Ausnahme, wenn die Behörde den durch solche Akte geordneten Rechtszustand nachträglich anerkannt hat: EK. 16. Septbr. 1854 (ib. S. 440).

71. Die Verjährung kann als spezieller Rechtstitel unbedenklich nicht angerufen werden, wenn sie den Erwerbungsgrund für ein durch die Verf. verletztes Privatrecht bilden soll, indem das Bestehen eines solchen Rechts keine Befreiung von polizeilich auferlegten Verpflichtungen, sondern höchstens einen Entschädigungs-Anspruch (§ 4) begründet. Vgl. oben n. 67, ME 24. Sept. 1840 (Jbb. 56, S 146); OT. 14. März 1854 (Strieth. 12, S. 253); EK. 11. Juni 1853, 7 Mai 1859, 9. März 1861 (JMBl. 53, S. 264; 59, S. 384; 62, S. 168). — Ob dagegen die Behauptung, daß man die Befreiung von der durch eine pol Verf. auferlegten Verbindlichkeit durch Verjährung erworben habe, den RW. eröffne, ist streitig. EK. 21. Sept. 1860 (JMBl. 61, S. 174) verneint, *ME. 17. Jan. 1843 (Rh A 36, I 210) bejaht diese Frage. [In letzterem Falle wollte Kläger ein Widerspruchsrecht bezüglich der in einer Bachordnung v. 1769 ertheilten polizeilichen Vorschriften ersessen haben.] Da jedoch die in der Polizeigewalt des Staats enthaltenen Befugnisse sowohl nach den Grundsätzen des preuß., wie nach denen des gemeinen und rhein. Rechts dem Privatverkehre entzogen sind, mithin niemals den Gegenstand einer Verjährung bilden können, — cf OT. 10 Febr 1847, 24. Febr 1848, EK. 9. März 1861, AH. Cöln 12. Febr. 1844 (Entsch. 15, S. 291; 16, S 211; JMBl. 62, S. 148; Rh. A. 36, I. 213), — so würde eine solche Klage immerhin unbegründet sein.

72. *EK. 3. Juni 1848 in S. Waxweiler c. Fiskus erblickte in einem Schöffenweisthume der Herrschaft Mörsdorf vom J. 1747, zufolge dessen dem klagenden Mühlenbesitzer als Rechtsnachfolger jener Herrschaft das Recht zustehen soll, die Verengerung des Fahrwassers im schiffbaren Sauerfluß (durch Anlage eines Wehrs) bis auf 6 Fuß vorzunehmen, einen speziellen Rechtstitel, gegenüber einem Regul. der Reg. zu Trier, welches im flußpolizeilichen Interesse die Breite des Fahrwassers anderweitig bestimmte.

73. Außer gerichtlichen Urtheilen, Verträgen ꝛc können unter Umständen auch **Privilegien** und **polizeiliche Konzessionen** als spezielle Rechtstitel angerufen werden. So erachtete eine noch unter der Herrschaft der §§ 38 ff. der VO. v. 1808 ergangene *MC. (Rh A. 35, I. 95) in einem Falle, wo die Polizeibehörde die Zerstörung eines Wehrs, weil dasselbe konzessionswidrig eingerichtet sei, verfügt hatte, die richterliche Kognition darüber für statthaft, ob jene Voraussetzung wirklich zutreffe, da die Behauptung, das Wehr sei der Konzession gemäß eingerichtet, die Berufung auf einen speziellen Rechtstitel, nämlich die Konzession selbst enthalte.

74. Jene *MC. unterschied übrigens zwischen dem oben erwähnten und dem anderen Falle, wo die Polizeibehörde nicht behaupte, der Konzession sei zuwider gehandelt, sondern deren Erfüllung sei aus polizeilichen Gründen nicht zulässig, indem sie für letzteren Fall annahm, daß der Inhaber der Konzession nicht auf deren Erfüllung, sondern nur auf Entschädigung klagen könne Ebenso erkannte AH. Cöln 30. Jan. 1826 (Rh. A. 9, I. 37) unter Bezugnahme der §§ 38—40 l. c., daß Kläger, dem die Erlaubniß zum Bau eines Pulvermagazins anfangs ertheilt, später aber, ohne daß ihm ein Verschulden zur Last gelegt wurde, wieder entzogen worden war, Entschädigung, insbesondere Ersatz der in der Zwischenzeit verwandten Baukosten, und nur dieses im RW zu beanspruchen befugt sei. Beiden Entscheidungen scheint die Ansicht zu Grunde zu liegen, daß die Befugniß der Polizeibehörde, aus Gründen des Gemeinwohls in bestehende Privatrechte einzugreifen, sich nach Umständen auch solchen Privatrechten gegenüber als wirksam erweise, denen unter gewöhnlichen Verhältnissen der gerichtliche Schutz zufolge § 38 l. c, resp. § 2 h. l. nicht hätte versagt werden können, daß also, von etwaigen Entschädigungs-Ansprüchen abgesehen, die Berufung auf spezielle Rechtstitel ꝛc. überall nicht zutreffe, **wo es sich um ältere Rechtsverhältnisse handle, die durch die neuerdings ergangene polizeiliche Anordnung eben beseitigt werden sollten**, — eine Ansicht, die anscheinend auch vom CK. 1. Okt 1859 (IMBl. S. 260) getheilt wird. Cf. ferner Gew.-O v. 1845 § 69.

75. Unter „**besonderer gesetzlicher Vorschrift**" versteht § 2 nicht jede noch so allgemeine Gesetzesstelle, sondern nur eine solche Vorschrift, welche ein **ius singulare**, eine **Ausnahme** von der Gesetzesregel begründet; cf. OT. 25. Nov. 1853 (Strieth. 11, S. 70); CK. 4 Febr. 1854 (IMBl. S. 332) und oben n. 66.

76. Dahin gehört der (gegenwärtig nur noch für ältere **Mühlen** geltende) § 247, II. 15 ALR.: CK. 24. Jan 1857 (IMBl S. 272).

77. Dasselbe gilt von § 2 litt c. des Jagdpol.-Ges. v. 7 März 1850, insofern bei der der Kommunal-Verwaltung übertragenen **Bildung der Jagdbezirke** von der Ausübung polizeilicher Befugnisse überhaupt die Rede sein kann: CK. 3. Mai 1856 (ib. S. 188 a. E.);

78. — nicht aber von §§ 81, 102 ff, 128, 187, I. 8 ALR.; cf. CK 7. Nov. 1857, 13. Okt. 1860, IMR. 26 Juli 1839 (ib 58, S. 193; 61, S 270; Jbb. 54, S. 88);

79 — noch von § 37, II. 7, § 11, §§ 44, 45, 50, II. 15 ALR.: CK. 5. April 1851, 15. April 1848, 22. Sept 1860 (ib 51, S. 204; 48, S. 299; 61, S. 270);

80. — noch von Art. 671 des Rhein B. G B.: *CK. 4. Febr. 1854 (ib. S. 295).

82. Ferner erkannte *CK 6 März 1852 (ib. S 238), daß der RW. wider die polizeilich angeordnete **Suspension des Buchdruckerei-Betriebs** nicht durch die (gegenwärtig in authentischer Deklaration bestätigte) Behauptung eröffnet werde, daß § 74 der Gew.-O v. 17. Jan. 1845, auf welchen jene Verfügung gegründet ward, zufolge § 54 des Preßges. v 12. Mai 1851 in Beziehung auf das Buchdruckerei-Gewerbe außer Kraft getreten sei.

83. In gleicher Weise können gemäß CK. 23. Juni 1858 (ib. S. 391) die §§ 29 und 50 des Preßges. nicht als besondere Gesetzesvorschriften betrachtet werden, welche die Befreiung von polizeilichen Beschlagnahmen der Druckschriften strafbaren Inhalts zu Gunsten bloßer **Privatbesitzer** begründeten, da dieselben, obschon sie arg. e contrario zu erkennen geben, daß die im Privatbesitze befindlichen Schriften der Beschlagnahme nicht unterliegen sollen, dennoch keine Exemtion für die Besitzer ausdrücklich sanktioniren.

§. 3. Die Verfügung (§. 2.) kann jedoch, des Widerspruchs ungeachtet, zur Ausführung gebracht werden, wenn solches nach dem Ermessen der Polizei-Behörde ohne Nachtheil für das Allgemeine nicht ausgesetzt bleiben kann. Nach ergangenem rechtskräftigen Erkenntnisse muß die Polizei-Behörde dessen Bestimmungen bei ihren weiteren Anordnungen beachten.

---

84. Ebensowenig sind zu den „besonderen gesetzlichen Vorschriften“ allgemeine, auf Grund des Ges. v. 11. März 1850 ergangene Polizei-VO. zu zählen: EK. 7 Mai 1859, 9. März 1861 (JMBl 59, S 384; 62, S. 148).

85. Desgleichen liegt kein Fall des § 2 vor, wenn die Behauptung blos dahin geht, daß einer VO. durch die von der Polizeibehörde getroffene Verfügung, allgemeinen Rechtsgrundsätzen zuwider, rückwirkende Kraft beigelegt worden sei: *EK. 7. Okt. 1854 (JMBl 55, S. 36);

86. — noch, wenn lediglich behauptet wird, die betr. Verpflichtung liege einem Anderen, z. B. dem Staate ob. Alsdann kommt vielmehr § 5 zur Anwendung, wonach nicht gegen die Polizeibehörde, sondern jenen Anderen geklagt werden muß: EK. 3 Nov. 1847 (JMBl. 48, S. 137).

87. Uebrigens genügt es zur Begründung des RW, wenn die Befreiung auf Grund eines speziellen Rechtstitels oder Gesetzes behauptet wird; ob diese Behauptung richtig sei und die daraus gezogene Folgerung rechtlich gestatte, hat gerade der Richter zu prüfen Cf. OT 25 Nov. 1853 (Strieth. 11, S. 69) und oben n. 57. Nur muß die Behauptung selbstredend so lauten, daß sie, ihre faktische Richtigkeit vorausgesetzt, den Bedingungen des § 2 irgendwie entsprechen würde.

88 Immerhin erstreckt sich die richterliche Kognition aber nur auf obige Prüfung und deren rechtliche Konsequenzen. Wird eine Verf. daher gleichzeitig aus andern, als den im § 2 zugelassenen Gründen angefochten, so kommt hinsichtlich dieser das Prinzip des § 1 zur Anwendung; cf. VO. v. 1808 § 38.

89. Wenngleich bei den gemäß § 2 anzustellenden Klagen die betr. Verf. selbst den eigentlichen Gegenstand der Anfechtung bildet, indem der Richter angegangen wird, das Gegentheil von dem auszusprechen, was die pol. Verf. dem Kläger gegenüber angeordnet hat, so darf dennoch der Richter dem Wortlaute des § 2 zufolge jene Verf. in seinem Urtheile nicht geradezu aufheben, oder für ungültig erklären, er hat sich vielmehr darauf zu beschränken, die Befreiung des Klägers von der streitigen Verbindlichkeit und deren rechtliche Wirkungen auszusprechen, woraus der Natur der Sache und den Schlußworten des § 3 nach von selbst folgt, daß die Polizeibehörde auf Ausführung ihrer Verfügung nicht weiter bestehen darf.

90. Unter den „rechtlichen Wirkungen“ des § 2 sind etwaige Entschädigungen, insbesondere der Ersatz des durch die vorläufige Vollziehung der Verf. (§ 3) erwachsenen Schadens mitbegriffen (§ 38 der VO. v. 1808 erwähnt des Schadensersatzes ausdrücklich, ebenso das Regl v 21. Juni 1804 § 9 Nr. 6, Rabe 8, S. 110), weshalb bei Klagen im Sinne des § 2, insofern sie auf Entschädigung mit gerichtet sind, die Voraussetzungen des § 4 nicht gegeben zu sein brauchen, wie denn auch zwischen den Entschädigungsklagen der einen und der andern Art der grundsätzliche Unterschied besteht, daß die Klagen des § 2 wider die Polizeibehörde selbst anzustellen sind, was bei denen des § 4 nicht der Fall ist. Dagegen wird arg. § 6 gegen die Person und das Privatvermögen des betreffenden Polizeibeamten ein Entschädigungsanspruch auf Grund des § 2 nicht geltend gemacht werden können. Cf Löwenberg l. c.

§ 3.

91. § 3 entspricht dem § 38 der VO. v. 1808; er ist jedoch insofern allgemeinerer Natur, als er alle Fälle des § 2 umfaßt, während § 39 cit. die provisorische Vollstreckbarkeit der pol Verf nicht allen nach § 38 ib. zulässigen Klagen, sondern nur den auf einen speziellen Rechtstitel gestützten gegenüber ausspricht.

§. 4. Steht einer polizeilichen Verfügung ein besonderes Recht auf Befreiung (§. 2.) nicht entgegen, es wird aber behauptet, daß durch dieselbe ein solcher Eingriff in Privatrechte geschehen sei, für welchen nach den gesetzlichen Vorschriften über Aufopferungen der Rechte und Vortheile des Einzelnen, im Interesse des Allgemeinen, Entschädigung gewährt werden muß, so findet der Rechtsweg darüber Statt: ob ein Eingriff dieser Art vorhanden sei, und zu welchem Betrage dafür Entschädigung geleistet werden müsse.

Eine Wiederherstellung des früheren Zustandes kann in diesem Falle niemals verlangt werden, wenn solche nach dem Ermessen der Polizei-Behörde unzulässig ist.

---

92. § 3 bezieht sich lediglich auf die Fälle des § 2. Für die übrigen Fälle, wo dem Ges. v. 1842 zufolge der RW. stattfindet, war eine solche Vorschrift nicht nöthig, da bei diesen die pol. Verf. ohnehin keine Anfechtung erleidet, welche die Suspension ihrer Wirksamkeit motiviren könnte.

93. 94. Demzufolge ist ein rechtskräftiges Urtheil im Sinne des § 3 a. E. nur dasjenige, welches wider die Polizeibehörde selbst auf Grund eines besonderen Gesetzes oder Rechtstitels erstritten wird, und ausdrücklich ausspricht, daß Kläger der betr. Verf. nicht habe unterworfen werden können; cf. *EK. 23. Febr. 1856 in S. Bengel c. Rhaunen. — In diesem Satze tritt der Unterschied zwischen dem Falle, wo es sich um die vorläufige Ausführung einer pol. Verf. (§ 3) handelt, und dem, wo die Verf. selbst eine blos vorläufig und unter dem Vorbehalte der Rechte der Betheiligten getroffene ist (§ 5), scharf hervor.

95. Dadurch, daß die richterliche Entscheidung, wenn sie zu Gunsten des Klägers ausfällt, die Unwirksamkeit der Verf. zur Folge hat, unterscheidet sich der Fall des § 3 [resp. 2] von dem des § 4, indem bei dem letzteren die Wiederherstellung des früheren Zustands nur insofern erfolgt, als die Polizeibehörde dies für zulässig hält, cf. Löwenberg l. c.

96. Dem Schlußsatze des § 3 gemäß ist, wenn die Verf. periodisch wiederkehrende Leistungen zum Gegenstande hat, hinsichtlich dieser vom Zeitpunkte der Rechtskraft des Urtheils ab das letztere ausschließlich maaßgebend: Löwenberg l. c.

97. Jener Schlußsatz spricht übrigens nur von dem, wozu die Behörde verpflichtet ist. Das landesherrliche ius eminens bleibt hierbei, sowie bei allen übrigen Dispositionen des Ges. v. 1842 unberührt: Löwenberg l. c.

§ 4.

98. § 4 steht in der engsten Wechselbeziehung zu dem im § 1 enthaltenen Prinzipe, indem er gewissermaaßen das Gegengewicht zu letzterem bildet und die bei Handhabung desselben hervortretenden Härten nach Möglichkeit ausgleicht. Da nämlich dem § 1 gemäß eine pol. Verf., von den überaus seltenen Fällen des § 2 abgesehen, selbst dann nicht im RW. angefochten werden kann, wenn dieselbe einen Eingriff in Privateigenthum enthält, ja da die Polizeibehörde unter Umständen sogar zu solchen Eingriffen befugt ist, so daß nicht einmal die Beschwerde bei der vorgesetzten Behörde irgend welche Abhülfe verspricht, so würde der Satz der Unverletzlichkeit des Eigenthums der Polizeigewalt gegenüber ohne alle Bedeutung sein, wenn die Gesetzgebung nicht wenigstens demjenigen, in dessen Privatrechte von der Polizeibehörde aus Gründen des gemeinen Bestens eingegriffen wird, einen auf dem RW. verfolgbaren Entschädigungs-Anspruch zubilligte. In den landrechtlichen Vorschriften über die Ersatzansprüche Einzelner für die ihnen zum allgemeinen Besten angemutheten Vermögensopfer wird jedoch jenes Falles nicht besonders gedacht. Es

geschieht dies vielmehr erst durch § 40 der VO. v. 1808, indem jener Fall an der Stelle, welche mit den Worten beginnt: „Ist solches nicht ꝛc.“ einbegriffen ist. § 4 h. l. wiederholt diese Bestimmung in klarerer Fassung Cf Löwenberg l. c.

99. Die im § 4 erwähnten gesetzlichen Vorschriften finden sich den Grundzügen nach in den §§ 29—32, I. 8; §§ 3 ff I 11; § 75 bei Einl. des ALR. und haben in verschiedenen einzelnen Bestimmungen desselben sowie in späteren Spezial-Gesetzen Anwendung und Entwickelung gefunden: OT. 9. Dez. 1856 (Strieth. 23, S. 140).

100. Da hiernach § 4 nur solche Fälle umfaßt, welche einer eigentlichen Expropriation analog sind, — cf. EK. 4. Sept 1849, 28. Dez. 1850 (JMBl. 49, S 455; 51, S. 156; ersteres spricht sogar ausdrücklich aus, daß das landesherrliche Expropriationsrecht durch § 4 für polizeiliche Zwecke auf die Polizeibehörden übertragen worden sei), — so kommt das in n. 107 ff. zur VO. v. 1808 Gesagte analoger Weise auch bei Auslegung des § 4 in Betracht.

101. Insbesondere wird zur erfolgreichen Durchführung einer auf § 4 gegründeten Klage erfordert, daß ein wirklicher Eingriff in Privatrechte erfolgt sei, wenn derselbe auch nicht gerade in der erzwungenen Abtretung von Sachen zu bestehen braucht; cf. OT. 2. Juli 1852 (Strieth. 6, S. 222), AH. Cöln 1. Dez. 1858 (Rh. A. 54, I. 133). Macht die Behörde nur eine gesetzliche Beschränkung des Privateigenthums geltend oder handelt sie gar kraft eines ihr selbst zustehenden Eigenthumsrechts und innerhalb der Schranken desselben, so liegt ein Fall des § 4 nicht vor Cf. Gew.-O. v. 17. Jan 1845 n. 25.

102. So erkannte AH. Cöln 1. Juni 1859 (Rh. A. 55, I. 11), daß, wenn die Polizeibehörde die Beseitigung einer ohne Genehmigung der Regierung unzulässigen Erhöhung der Erdoberfläche im Inundations-Gebiete eines Flusses verfüge, dem Eigenthümer kein Entschädigungs-Anspruch gemäß § 4 zustehe, weil jene durch § 1 des Deichges. v. 28. Jan. 1848 eingeführte Beschränkung den Charakter einer gesetzlichen Servitut an sich trage

103. Auf demselben Prinzipe (n. 101) beruht OT. 8. Febr. 1856 (Strieth. 19, S. 351), sofern dasselbe demjenigen, welcher nach Erlaß der Buden-Regl. v. 20. Juli 1787 und 15. Aug. 1801 in Berlin einen Scharrn erwerbe, jeden aus eignem Rechte abzuleitenden Anspruch auf Entschädigung für das diesen Regl. gemäß bewirkte Abbrechen des Scharrns abspricht;

104. — desgleichen AH. Cöln 17. März 1861 (Rh. A. 56, I. 130), nach welchem die Handhabung der in einer Wege-Ordn. enthaltenen Vorschrift, daß Neubauten um mehrere Fuß von der Landstraße zurückbleiben sollen, keinen Entschädigungs-Anspruch begründet, weil jene Vorschrift ein Regl. im Sinne der Art 544, 650 des B. G. B. darstelle, und daher die Auflage einer gesetzlichen Servitut involvire.

105. Das OT. geht in Beziehung auf das Gebiet des ALR sogar noch weiter, indem dasselbe, gestützt auf §§ 66 ff., I. 8 ALR., dem Eigenthümer einer Baustelle überhaupt jeden Entschädigungs-Anspruch wegen der versagten Genehmigung des Baus abspricht, sofern nicht etwa an jener Stelle ein Gebäude bereits früher mit polizeilicher Genehmigung errichtet gewesen ist; cf. OT. 13. Oktbr. 1857, 8. April 1837, Präj. 220 (Strieth. 26, S 274 ff.). Die Rhein. Jurisprudenz unterscheidet zwischen dem Verbote der Bebauung und dem der Wiederbebauung nicht, sondern erachtet einen Entschädigungs-Anspruch, von dem unter n. 104 Gesagten abgesehen, in beiden Fällen für begründet, selbst wenn die Bauerlaubniß auf Grund eines Allerh. Orts bestätigten Alignements-Plans versagt wird. Cf AH. Cöln 1. Dez. 1858, 22. Mai 1860 (Rh. A. 54, I. 132; 56, I. 29). [Das letzterwähnte Erk. betraf einen Entschädigungs-Anspruch, welcher aus dem Verbote der Reparatur eines über die Alignementslinie einer Staatsstraße vorspringenden Gebäudes wider den Fiskus hergeleitet wurde.]

105 bis. Inwiefern obiger Satz (n. 101) auch bei den auf Grund polizeilich erkannter Nothwendigkeit und im öffentlichen Interesse mit einer Gemeinde- oder städtischen Straße vorgenommenen Veränderungen, resp. bei den mit solchen Veränderungen, z. B. denjenigen des Nivellements, für die Adjazenten verknüpften Nachtheilen zur Anwendung komme, ist analog der unter n 109 zur

VO. v. 1808 erörterten Frage zu beurtheilen und gleich dieser streitig; cf. OT. 20. Dez. 1853 (Strieth. 11, S 166), — AH. Cöln 24. Jan. 1831, 20. Nov 1851, 19. Febr. 1862 (Rh. A 15, I. 69; 46, I. 253; 56, I. 228). [Die Rhein. Jurisprudenz vertritt auch hier die der Billigkeit entsprechendere Ansicht, wogegen das OT. daran festhält, daß ein Entschädigungs-Anspruch aus solchen mit dem Gemeinde-Eigenthume vorgenommenen Veränderungen nicht folge, falls die Gemeinde die für den Eigenthümer durch das Gesetz, insbesondere den § 185, I. 8 ALR., gezogenen Schranken eingehalten habe]

106. Vorschriften, welche lediglich die allgemeinen Grundsätze von der Polizeigewalt aufrecht erhalten, indem sie dieselben auf einzelne Spezial-Materien anwenden, wie es z. B. die §§ 82, 108, II 16 ALR. und § 1 des Ges. v. 21. Mai 1860 in Betreff des Bergbaubetriebs thun, konstituiren keine gesetzlichen Servituten, deren Handhabung von vorn herein jeden Entschädigungs-Anspruch ausschließt. AG. Hamm 10. Oktbr. 1861 (Zeitschr. für BR. 3, S. 105) nimmt hinsichtlich der cit. §§ 82 und 108, und Klostermann (ib. S. 110), welcher dieses Erk. hierin mit Recht tadelt, hinsichtlich § 1 l. c. das Gegentheil an. Inzwischen widerlegen sowohl der Wortlaut des Ges. als auch die Materialien Klostermann's Ansicht über den § 1. (Dieser § fand sich im ursprünglichen Entwurfe gar nicht vor, sondern wurde erst auf die Vorschläge der Komm. des H. d. A. in das Gesetz aufgenommen, und zwar, damit die bereits zur Thatsache gewordene Beseitigung des s. g. Direktionsprinzips einen allgemeinen gesetzlichen Ausdruck erhalte. Nur im Gegensatz zu diesem Prinzip, und zur besseren Abgrenzung desselben wurde der bestehen bleibenden Befugnisse der Bergpolizei erwähnt, nicht entfernt also hiermit beabsichtigt, dem Bergbaubetrieb und dem Bergeigenthum neue oder besondere gesetzliche Beschränkungen zu Gunsten des öffentlichen Verkehrs 2c. aufzuerlegen.)

107. Sodann wird zur Anwendbarkeit des § 4 erfordert, daß das Vermögensopfer des Einzelnen im Interesse des Allgemeinen verlangt und gebracht worden sei. Dies ist jedoch nicht so zu verstehen, als ob § 4 nur solche Fälle umfasse, wo das allgemeine Landesinteresse betheiligt sei. Ein Entschädigungs-Anspruch im Sinne des § 4 kann vielmehr auch dadurch erwachsen, daß eine pol. Verf. blos im Interesse einer Gemeinde oder sonstigen Korporation, z B. eines Deichverbands getroffen wurde; cf OT. 2. Juli 1852, 13. Okt. 1857 (Strieth. 6, S. 220; 26, S. 279). Ja man wird einen Ersatz-Anspruch nach § 4 unter Umständen selbst dann nicht verwerfen können, wenn die Verf. ausnahmsweise nur Einzelinteressen gedient hat oder doch wenigstens nur Einzelnen zu Gute gekommen ist. [Es gehört zwar an sich schon zum Begriffe einer pol. Verf., mithin zur Anwendbarkeit des Ges v. 1842 überhaupt, daß ein allgemeines und öffentliches Interesse in Frage stehe; cf MR. 22. Februar 1846 (VMBl. S. 61). Dies schließt jedoch die Möglichkeit nicht aus, daß eine Verf. den Charakter einer pol. Verf. an sich trage, ungeachtet sie nur Einzelnen zu Gute kommt und zu Gute kommen kann, sofern nur der Gesichtspunkt, unter dem sie erlassen wird, allgemeiner Natur ist. So wird z. B Niemand bezweifeln, daß, falls die Polizeibehörde den Abbruch eines brennenden Gebäudes anordnet, um die Verbreitung des Feuers zu verhindern, ihre Verfügung eine pol. Verf. selbst dann sei, wenn das Feuer sich nach Beschaffenheit der Oertlichkeiten auch nur einem einzigen Nachbarhause hätte mittheilen konnen; cf. ferner oben n. 9. So sagt denn auch OT. 8. Febr. 1856 (Strieth. 19, S. 351), § 75 der Einl. zum ALR. beschränke sich keineswegs auf Verfügungen, welche lediglich das allgemeine Landesinteresse beträfen, sondern umfasse, wie die §§ 29 ff, I. 8 ALR. ergäben und das Ges. v. 1842 bestätige, alle Fälle, wo der Einzelne genöthigt werde, sein besonderes Recht zum Besten anderer Staatsmitglieder aufzugeben oder zu beschränken.]

108. Ein Fall dieser Art liegt nicht vor, wenn die Polizei bei ihrer Verfügung, z. B. bei einer Beschlagnahme, nur den Zweck verfolgt, um eine von der betheiligten Person anscheinend beabsichtigte strafbare Handlung zu verhüten. Bei einer solchen Präventiv-Maaßregel kann daher von Anwendbarkeit des § 4 nicht die Rede sein, ein etwaiger Entschädigungs-Anspruch vielmehr nur beim

Zutreffen der Voraussetzungen des § 6 mit Erfolg eingeklagt werden: AH. Cöln 25. Okt. 1855 (Rh. A. 51, I. 97).

109. Dasselbe ist anzunehmen, wenn die Verf. nur die Verhütung eines Schadens bezweckt, für welchen der Betroffene nach civilrechtlichen Grundsätzen regreßpflichtig sein würde, sofern dieser Schaden zu dem angemutheten Opfer in einem entsprechenden Verhältnisse steht. Demzufolge wird beispielsweise ein Bergwerks-Eigenthümer, welcher zum Schutz der Oberfläche polizeilichen, ein Vermögensopfer involvirenden Beschränkungen unterworfen, z. B. dazu angehalten wird, beim Bergbaubetriebe Sicherheitspfeiler stehen zu lassen, einen Entschädigungs-Anspruch in der Regel nicht geltend machen können, es sei denn, daß es sich um die Sicherung neuer Anlagen handelt, bei denen die Voraussetzungen des § 116 b, II. 16 ALR. zutreffen. Letzteres ist jedoch bei Eisenbahnanlagen nie der Fall, da § 4 des Ges. v. 3 Nov. 1838 die Genehmigung der Bahnlinie dem Hand.-Min. vorbehält, aus dem unterlassenen Angehen der von diesem ressortirenden Bergbehörde (§ 116 l. c) mithin der Eisenbahngesellschaft kein Nachtheil erwachsen kann. So hinsichtlich des letzteren Satzes: AG. Hamm 10. Okt. 1861 (Zeitschr. für BR. 3, S. 107), mit welchem im Resultate Klostermann und Ebmeier (ib. 3, S. 108; 2, S. 68) übereinstimmen, wogegen die entgegengesetzte Ansicht in OT. 3. Nov. 1854 (Strieth. 35, S. 104) eine Unterstützung zu finden scheint. (Die Argumentation jener Rechtslehrer wird durch die irrige Anschauung beherrscht, als ob die Polizeibehörde denjenigen, in dessen unmittelbarem Interesse sie verfüge, — vom Falle der eigentlichen in rem versio abgesehen, — in keiner Weise verpflichten könne, die Existenz eines Entschädigungs-Anspruchs in dem oben vorgesehenen Falle mithin davon abhange, ob etwa der Staat ersatzpflichtig sei. Doch weichen sie darin von einander ab, daß Ebmeier die §§ 74, 75 der Einl zum ALR. auf das Bergeigenthum überhaupt nicht für anwendbar hält, während Klostermann mit Recht das Gegentheil annimmt); cf. im Uebr. n 106, 111. ferner Ress.-Regl. n. 210, und Zeitschr. für B. H. u. S. 9, S. XIV.

110. Zur Begründung des RW. genügt die auf Thatsachen gestützte Behauptung, daß ein Eingriff im Sinne des § 4 vorliege. Ob dies wirklich der Fall, oder ob z. B. dem unter n. 101 Gesagten zufolge das Gegentheil anzunehmen sei, betrifft nicht den Kompetenzpunkt, sondern das Materielle der Sache. Cf. EK. 3. Mai 1856, *24. Okt. 1857, 23. Juni 1858 (JMBl. 56, S. 172; 58, S. 174, 392); AH. Cöln 1. Juni 1859 (Rh. A. 55, I. 11). *Contra:* EK. 28. Dez. 1850 (s. n. 104).

110 bis. Dies gilt selbst dann, wenn die unentgeltliche Abtretung des Terrains, für welches Entschädigung begehrt wird, die Bedingung eines pol. Baukonsenses war, und Kläger den Bau wirklich ausgeführt hat; cf. OT. 15. Sept. 1859 (Strieth. 35, S. 63), welches überdies den Ersatzanspruch für begründet erklärt, falls Kläger in jene Bedingung nicht eingewilligt.

111. Gegen die Polizeibehörde als solche kann auf Grund des § 4 mit Erfolg nicht geklagt werden. Die Klage ist vielmehr wider die Person zu richten, in deren Interesse die Verf. erlassen, resp. welcher dieselbe zu Gute gekommen ist (n. 107). Indem das Ges. die Polizeibehörde ermächtigt, nach den für Expropriationen geltenden Grundsätzen in bestehende Privatrechte einzugreifen, legt es den so getroffenen Verfügungen selbstredend auch die Wirkung bei, diejenigen zu verpflichten, deren Interesse auf diese Weise gewahrt wurde. Ob eine eigentliche in rem versio auf Seiten des Beklagten vorliege, ist für die Frage der Passiv-Legitimation nicht entscheidend, wie denn auch der Umfang des gezogenen Vortheils nicht den Maaßstab für die Ansprüche des Klägers bildet. Wenn, dem entgegen, OT. 8. Febr 1856 (Strieth. 19, S. 351) besagt, daß der Benachtheiligte sich in Ermangelung ausdrücklicher dahin gerichteter Bestimmungen nur an die Staatsbehörde halten könne, von welcher die betr Verfügung ausgegangen sei, so scheint dasselbe diejenigen Grundsätze von der Schadenszufügung im Auge zu haben, welche für eigentliche Deliktsklagen gelten und eben darum bei Klagen im Sinne des § 4 nicht zur Sprache kommen. — Demzufolge kann z. B. aus Anlaß einer im Kommunal-Interesse ergangenen Verf. nicht gegen den Fiskus geklagt werden; cf. OT. 21. März 1851, 14. Juli 1859 (Strieth. 1, S. 320; 34, S. 181), AH. Cöln

30. Aug. 1844 (Rh. A. 37, I. 260). Letzteres Erk sprach sich für die Passiv-Legitimation einer Stadtgemeinde aus, gleichviel, ob die im städtischen Interesse getroffene pol. Verf. unter dem Einflusse der höheren Verwaltungs-Behörde ergangen sei, oder nicht. LG. Coblenz 11 Dez. 1844 (Tr. A. 4, I 103) erachtete die Gemeinde für den richtigen Beklagten in einem Falle, wo der Eigenthümer eines bei einer Feuersbrunst auf pol. Anordnung niedergelegten Hauses Entschädigung forderte, weil die Folgen einer solchen Maaßregel trotz ihrer relativen Nützlichkeit ebensowohl von der Gesammtheit getragen werden müßten, wie die Kosten der Gemeindeanstalten, z. B. der Schulen, an deren Wohlthaten gleichfalls nicht Alle zu partizipiren pflegten, und weil überdies die Abwendung von Feuersgefahr im Ges. v. 16.—24. Aug. 1790 Tit. 11 Art. 3 ausdrücklich für eine Gemeinde-Angelegenheit erklärt werde. Selbstredend bezieht sich jedoch die Vorschrift des § 4 nicht ausschließlich auf Prozesse unter Privaten 2c., sondern auch auf Klagen wider den Fiskus, wenn bei ihm die obige Voraussetzung zutrifft EK. 3. Mai 1856 (JMBl. S. 172).

111 bis. Die Frage, ob gegen die richtige Person geklagt sei, betrifft übrigens auch hier nicht den Kompetenzpunkt, sondern die vom Richter zu prüfende Passiv-Legitimation: EK. 11. und 18. Dez. 1852, 7. Mai 1859 (JMBl. 53, S. 95, 164; 59, S 384). Nach letzterem Erk., ferner nach EK. 8. Juni 1848, *EK. 24. Okt. 1857 (JMBl. 48, S 293; 58, S. 174) erleidet diese Regel selbst dann keine Ausnahme, wenn gegen die verfügende Polizeibehörde selbst geklagt ist. — *Contra:* EK. 5. April 1851 (JMBl. S. 204).

112. Eigentlicher Gegenstand der Klage ist der aus der pol. Verf., resp. deren Ausführung hervorgehende Entschädigungs-Anspruch Selbstredend kann indessen auch über diejenigen Momente, welche die Existenz eines solchen Anspruchs bedingen, eine gerichtliche Entscheidung impetrirt, namentlich also auf Feststellung resp. Anerkennung des durch die Verf. beeinträchtigten Privatrechts und seines Umfangs geklagt werden; cf n 52. Auch verschlägt es für den Kompetenzpunkt Nichts, ob das Privatrecht von der Verwaltung bestritten wird, da es lediglich Sache des Richters ist, darüber zu befinden, inwiefern ein rechtlicher Anlaß zur Klage vorliege: *EK. 6. Okt. 1855 in S. Fremersdorf c. Pol.-Dir. zu Aachen. Weiter gehende, z. B auf Gewährung des Rechts, auf Herstellung des früheren Zustands 2c. gerichtete Anträge sind dagegen zufolge §§ 1, 4 unstatthaft: EK. 8. März 1856, 30. Jan. 1858 (ib 56, S. 120; 58, S. 236).

113 Ebenso, wie die Klage auf Anerkennung des angeblich beeinträchtigten Privatrechts, ist die Grenzregulirungsklage statthaft, da sie gleichfalls für den Entschädigungs-Anspruch präjudiziell ist: EK 12. Jan. 1856 (ib. S. 80).

114. Auch wird nicht erfordert, daß mit der einen oder andern Klage die auf Entschädigung sofort verbunden werde: EK. 8. März, 5. April, 22. Sept. 1855 (ib. 56, S. 23, 120, 156).

115. Dagegen ist zum RW. ungeeignet ein Petitum, wodurch Kläger, ohne zur Zeit Entschädigung zu beanspruchen, durch richterliche Entscheidung festgesetzt zu sehen verlangt, daß er zur Befolgung der pol. Verf. nur dann verpflichtet sei, wenn ihm Entschädigung gewährt werde, da dies darauf hinauslaufen würde, daß der Richter über die Gesetzmäßigkeit der Verf. einen Ausspruch fälle; *EK. 9. Juni 1856 in S. Windelschmidt c Kochs.

116. Ja selbst Entschädigungsklagen sind unstatthaft, wenn sie mit einem unzulässigen Antrage auf Herstellung des früheren Zustands in so engen Zusammenhang gebracht werden, daß das eine Petitum nicht anders als in Verbindung mit dem andern beurtheilt werden kann, — in welchem Falle jedoch dem Kläger unbenommen bleibt, eine neue Klage anzustellen, und darin seinen nach Anleitung des § 4 zu substantiirenden Entschädigungs-Anspruch wiederholt geltend zu machen. So: EK. 6. Okt. 1855 (ib. 56, S. 24).

117. Doch liegt ein solcher Fall (n. 116) nicht vor, wenn prinzipaliter Wiederherstellung des früheren Zustands und eventuell resp. nach Wahl des Beklagten Entschädigung gefordert wird: EK 23. Juni 1858 (ib. S. 392).

118. Die Klage auf Zahlung der Kosten zur Wiederherstellung des früheren Zustands ist ebensowenig zum RW. geeignet, wie die Klage auf Herstellung selbst: EK. 11. Juni 1853 (ib. S. 264).

§. 5. Gebührt der Polizei-Behörde nur die Befugniß zu einer vorläufigen Anordnung mit Vorbehalt der Rechte der Betheiligten, oder behauptet derjenige, welchem durch eine polizeiliche Verfügung eine Verpflichtung auferlegt worden ist, daß diese Verpflichtung ganz oder theilweise einem Anderen

---

119. § 4 hat zwar zunächst nur eine in Geld zu leistende Entschädigung im Auge. Inzwischen kann unter Umständen auch auf eine in anderer Weise zu bewirkende Schadloshaltung geklagt werden, wenn damit nur nicht die Wiederherstellung des früheren Zustands bezweckt wird: EK. 7 Juni 1856 (ib. S. 244), OT. 20. Dez. 1853 (Strieth. 11, S 165), AH. Cöln 28 Jan. 1859 (Rh. A. 54, I. 162). [Im ersten Falle verlangte Kläger als Entschädigung dafür, daß sein Grundstück durch die polizeiliche Unterdrückung eines Wasserdurchlasses fortwährenden Ueberschwemmungen ausgesetzt sei, eine bauliche Einrichtung, durch welche bei Aufrechterhaltung des polizeilich geordneten Zustands jene Ueberschwemmungen gehindert würden. Im zweiten hatte eine Stadt, aus polizeilichen Gründen, aber unter Nichtbeachtung des § 185, I. 8 ALR eine Straße dergestalt erhöhen lassen, daß Kläger nur mittelst einer Treppe in sein Haus gelangen konnte, weshalb letzterer, sich auf § 4 stützend, die Herstellung eines die Benutzung des Hauses in früherer Weise ermöglichenden Zustands forderte. Die Entscheidung des AH. endlich betraf einen Fall, wo Jemand, einem die Verlegung des Bachbettes anordnenden Beschlusse gegenüber, beanspruchte, daß diesem Bette eine das Durchsickern des Wassers verhindernde Konstruktion gegeben werde.] *Contra*: jedoch EK. 25. Sept. 1852 (JMBl. S. 375) und OT. 25. Novbr. 1853 (Strieth. 11, S. 70). [Im ersten Falle verlangte Kläger als Schadensersatz die Herrichtung von Vorkehrungen zum Schutze einer durch eine pol. Verf. erschwerten Viehtrift. Der Komp.-GH. erachtete den RW. für unstatthaft, weil jene Vorkehrungen mit einer Entschädigung für die Aufopferung des fraglichen Rechts nicht gleichbedeutend seien.]

120. Zur Begründung des RW. bedarf es keines speziellen Rechtstitels; eben weil beim Mangel eines solchen die Ausführung der Verf. gesichert ist, hat § 4 den RW. über den Entschädigungspunkt zugelassen: EK. 7 Mai 1859 (JMBl. S. 384).

121. Die Art der Begründung der Klage ergiebt sich unmittelbar aus § 4 selbst, in Verbindung mit § 1. Wird ein nach § 4 an sich gerechtfertigter Anspruch nicht in dieser Weise begründet, sondern darauf gestützt, daß die Verf. eine ungesetzliche, unnöthige resp. unzweckmäßige gewesen sei, oder m. a. W., wird statt aus § 4, — ex delicto (in der Rheinprovinz aus dem Art. 1382 des B. G. B.) geklagt, so muß sich der Richter für nicht zuständig erklären, da die Gesetzmäßigkeit ꝛc. der Verf. vor Gericht nicht einmal in Betreff des Entschädigungspunkts in Frage gestellt werden darf: OT 17. Oktbr. 1851 (Strieth. 3, S. 137); EK. 24. Juni 1851, 5. Juni 1852, 24 März 1849, 7. Juni 1856 (JMBl. 51, S. 260; BMBl. 52, S. 290; JMBl. 56, S. 51, 324). *Contra* Primker (S. 61). Um so viel weniger schließt der Umstand, daß die Polizeibehörde sich offenbar in den Grenzen ihrer Befugnisse bewegt hat, die Statthaftigkeit der nach Maaßgabe des § 4 angestellten Klage oder die Existenz des Anspruchs aus: EK. 24. Okt. 1857 (JMBl. 58, S. 174).

122. Aus gleichem Grunde ist bei einem gemäß § 4 angestellten Prozesse auch der Beklagte nicht mit dem Einwande zu hören, die pol Verf sei eine ungesetzliche ꝛc. gewesen. So kann z B., falls die Polizeibehörde zur Unterdrückung einer Feuersbrunst den Abbruch eines Hauses verordnet hat, der Entschädigungsklage des Eigenthümers von der Gemeinde oder dem sonstigen Beklagten nicht entgegengesetzt werden, jene Maaßregel habe das Feuer doch nicht gehemmt, oder letzteres würde auch ohne dieselbe nicht weiter um sich gegriffen haben. In solchen und ähnlichen Fällen wird der Beklagte vielmehr seinen Regreß gegen die Polizeibehörde oder den betr Polizeibeamten nehmen müssen, wobei freilich die Bestimmung des § 6 in Betracht zu ziehen ist.

§ 5.

123 Hat eine Polizeibehörde blos interimistisch verfügt und den Inter-

obliege, so ist zur Feststellung der Rechte unter den Betheiligten und über die zu leistende Entschädigung die richterliche Entscheidung zulässig.

---

essenten die Ausführung ihrer Rechte vor dem Richter vorbehalten, so ist eigentlich nicht von einem Beschreiten des RW. über oder gar gegen eine pol. Verf., sondern in Gemäßheit derselben die Rede. Inzwischen folgt aus der betr. Bestimmung des § 5 überdies, daß der RW. selbst dann zulässig sei, wenn die Polizeibehörde, obgleich gesetzlich nur zur Anordnung eines Interimistikums befugt, dennoch in Form einer definitiven Verfügung entscheiden möchte. Ferner tritt durch die Erwähnung des Falles eines Interimistikums, resp. durch seine Zusammenstellung mit dem folgenden Falle klarer hervor, daß der RW. unter den Betheiligten überhaupt auch dann stattfinde, wenn die Verf. keine blos interimistische Regulirung betrifft; cf. Löwenberg l. c.

123 bis. Die Worte „unter den Betheiligten" sind nicht blos auf die vorhergehenden Worte „zur Feststellung der Rechte," sondern auch auf die folgenden „über die zu leistende Entschädigung" zu beziehen

124. Der Ausdruck „Betheiligte" giebt zu erkennen, daß dergleichen Streitigkeiten auch unter Gemeinden, Korporationen ꝛc. vorkommen können: Löwenberg l. c

125. Zu den Betheiligten kann ferner auch der Fiskus gehören, wodurch die Möglichkeit gegeben ist, daß Jemand, dem durch die Regierung als Landes-Polizeibehörde eine Verpflichtung auferlegt worden, gegen dieselbe Regierung als Vertreterin des Fiskus klage, damit erkannt werde, daß die Verpflichtung nicht ihm, sondern dem Fiskus obliege: EK. 12. Mai 1855, 22. Nov. 1856 (JMBl. 55, S. 324; 57, S. 168).

126. Die verfügende Polizeibehörde als solche gehört jedoch selbstredend nicht zu den Betheiligten, weshalb auf Grund des § 5 gegen sie nie geklagt werden kann: EK. 3 Nov. 1847, 14. Mai 1848 (JMBl. 48, S. 137, 331). Folgeweise steht auch keiner der Parteien das Recht zu, jene zum Prozesse beizuladen.

127. Obschon § 5, ebenso wie die §§ 2 und 4, nur petitorische Klagen im Auge hat, so schließt dennoch ein bloßes Inhibitorium, welches an beide Theile ergeht, und keine in der Sache selbst getroffene vorläufige Verfügung enthält, um deren Beseitigung im RW. es sich handeln könnte, die Zulässigkeit des Possessoriums nicht aus, zumal, wenn aus der Fassung jenes Inhibitoriums hervorgeht, daß die Polizeibehörde dem Possessorium so wenig wie dem Petitorium habe vorgreifen wollen: OT. 23. Febr. 1858 (Entsch. 39, S. 64). [I. c. war zwischen zwei kirchlichen Gemeinden über den Gebrauch einer Simultankirche Streit und hatte die Polizeibehörde, um Störungen der Ruhe zu hindern, die Ausübung des Gottesdienstes zu bestimmten Zeiten beiden Theilen so lange untersagt, bis an kompetenter Stelle über den Streit interimistisch oder definitiv entschieden sein werde.]

128. Die Anwendbarkeit des § 5 wird dadurch nicht ausgeschlossen, daß die Klage blos negatorisch gefaßt ist. Wenigstens kann hieraus keine Inkompetenzeinrede hergeleitet werden; es unterliegt vielmehr der richterlichen Beurtheilung, ob ein solches Petitum richtig gestellt sei: OLG. Arnsberg 31. März 1849 (Arnsb. Arch. 14, S. 175); EK. 17. Dez. 1853, 12. Mai 1855, 7 Mai 1859 (JMBl. 54, S. 131; 55, S 324; 60, S. 31).

129. Doch gilt dies nur von der äußern Form der Klage. Ihrem Wesen und ihrer Begründung nach muß sie allerdings den Charakter einer konfessorischen an sich tragen, d h es muß ihr die Behauptung zu Grunde liegen, daß der Beklagte der eigentlich Verpflichtete sei; cf. die Citate in n. 128 und bei Sydow (S. 149). Selbstredend normirt sich auch hiernach das Beweisthema.

129 bis. Kann in einem auf Grund des § 5 angestrengten Prozesse die Gesetzlichkeit, Nothwendigkeit oder Zweckmäßigkeit der betr. Verf. bestritten werden? Nach Analogie dessen, was hinsichtlich der gleichen Frage, insofern sie bei Klagen im Sinne des § 4 zur Sprache kommt, angenommen zu werden pflegt (n. 121), dürfte wohl die verneinende Ansicht den Vorzug verdienen. Inzwischen

§. 6. Wird eine polizeiliche Verfügung im Wege der Beschwerde als gesetzwidrig oder unzulässig aufgehoben, so bleiben dem Betheiligten seine Gerechtsame nach den allgemeinen gesetzlichen Bestimmungen über die Vertretungs-Verbindlichkeit der Beamten vorbehalten.

---

spricht sich EK. 5. Mai 1859 (JMBl. 60, S. 32) in entgegengesetzter Weise aus, weil das ergehende Urtheil immerhin nur eine Entscheidung über das zwischen den Betheiligten bestehende Rechtsverhältniß, nicht aber über die Befugnisse und Anordnungen der Polizeibehörde zu treffen im Stande sei.

130. Inwiefern der beklagte Dritte für die im § 5 a. E. erwähnte Entschädigung aufzukommen habe, inwiefern also eine Klage, welche zufolge § 5 zum RW. geeignet ist, auch begründet sei, beantwortet sich nicht nach dem Ges. v. 1842, sondern nach der allgemeinen Civilgesetzgebung. OT 25 Sept. 1857 (Striethh. 27, S. 70) bejahte die Frage in einem Falle, wo das den Schaden veranlassende Interimistikum vom Beklagten ausdrücklich beantragt worden war, und zwar, weil dieser Antrag ihm nach den Vorschriften des Tit. 6, I. ALR. als ein vertretbares Versehen anzurechnen sei. — Verfügt dagegen die Polizeibehörde ohne einen solchen Antrag, lediglich aus eignem Antriebe, so wird ein Dritter in der Regel nicht ersatzpflichtig sein, und der Benachtheiligte, von den Fällen der §§ 4, 6 abgesehen, an Niemanden sich halten können.

§ 6.

131. Insofern § 6 die Regreßpflichtigkeit der Polizeibeamten für ihre Amtshandlungen und die Zulässigkeit desfallsiger Klagen anerkennt, enthält er nichts Neues, sondern spricht in Bezug auf Polizeibeamte nur dasjenige aus, was von allen Beamten ohne Ausnahme gilt (§§ 127 ff. II 10 ALR.). Seine praktische Bedeutung besteht vielmehr lediglich in dem aus ihm in Verbindung mit § 1 zu ziehenden Schlusse, daß, wenn die dort vorgesehene Bedingung nicht zutrifft, der Polizeibeamte vor Regreßklagen geschützt ist. Cf. EK. 8. Febr. 1862 (JMBl. S. 216). In diesem Betracht enthält § 6 allerdings, wie die Motive des im Jahre 1861 proponirten, einige Aenderungen des Ges v. 1842 ꝛc. betr. Gesetz-Entwurfs anerkennen, eine ganz singuläre, von den allgemeinen Regeln abweichende Bestimmung, deren fortdauernde Geltung trotz des Art. 97 der Verf.-Urk. anscheinend noch niemals in Zweifel gezogen wurde. (Nach jenem Entwurfe sollte § 6 ganz in Wegfall kommen.)

132. § 6 gelangt nicht zur Anwendung, wenn einem Polizeibeamten, im Wege der öffentlichen oder der Civilklage ein Vergehen im Amte vorgeworfen, und seine Bestrafung oder Verurtheilung zum Schadensersatze als rechtliche Folge jenes Vergehens verlangt wird. Alsdann ist vielmehr die richterliche Kognition unbeschränkt (insofern nicht etwa ein Konflikt im Sinne des Ges. v. 13. Febr. 1854 erhoben und aufrecht erhalten wird); cf. *EK. 22. Mai 1852 und Primker (S. 63).

133. Dasselbe gilt von dem Falle, wo ein privatrechtlicher Ersatzanspruch aus der pflichtwidrigen, mit keiner pol. Verf in ursachlichem Zusammenhange stehenden Unterlassung eines Polizeibeamten hergeleitet wird.

134. Die Klage des § 6 ist eine Deliktsklage und beruht daher auf einem ganz anderen Fundamente, wie die Klage des § 4: OT. 9. Dez. 1856 (Striethh. 23, S. 141).

135. Muß eine Klage, welche der Vorschrift des § 6 zuwider, angestellt wird, bevor die betr. Verf. aufgehoben, resp. nachdem dieselbe von der vorgesetzten Dienstbehörde aufrecht erhalten worden ist, vom Richter als voreilig, resp. unbegründet oder aber als zum RW. ungeeignet abgewiesen werden? Nach allgemeinen Rechtsgrundsätzen würde man sich wohl für die erstere Alternative auszusprechen haben, da Regreßklagen der hier fraglichen Art an sich prozeßfähig sind, und unter keiner Voraussetzung zum administrativen Ressort gehören, wenn gleich eine denselben präjudizirende Vorfrage dem letzteren Ressort überwiesen ist. Inzwischen läßt sich nicht verkennen, daß der Zusammenhang, welcher zwischen dem

§ 6 und dem § 1 besteht, der anderen Alternative das Wort redet. Für erstere Ansicht ist LG. Cöln 14. Febr. 1843 (Rh. 34, III. 44) zu beziehen. [Dieses Erk. wies die Klage nicht einmal als voreilig ab, sondern gestattete, unter Verwerfung der Inkompetenzeinrede, dem Kläger eine Frist zur Beibringung der Entscheidung der Beschwerdeinstanz] Dagegen huldigt der Komp.-GH. der entgegengesetzten Ansicht: cf. EK 26. Nov. 1853, 17. März 1857 (JMBl. 54, S. 16; 57, S. 365) und Ges. v. 8. April 1847 n 63.

135 bis Primker (S. 63) nimmt an, daß § 6 die Exekutivbeamten nicht schütze, welche, wie das Militair und die Gendarmerie, kraft der ihnen verliehenen Amtsgewalt, nach Umständen ohne Verfügung oder Anweisung der Oberen selbstständig handeln müssen; cf jedoch n. 45

136. Ob wider die richtige Person geklagt sei, betrifft lediglich den (vom Richter zu prüfenden) Legitimationspunkt: *EK. 26. Nov 1853 (JMBl. 54, S. 24).

137. Der Ausdruck „unzulässig," zusammengestellt mit dem Ausdrucke: „gesetzwidrig," bezieht sich wohl auf die Nothwendigkeits- und Zweckmäßigkeits-Frage, zumal schwerlich angenommen werden kann, daß der Gesetzgeber jeden Regreßanspruch ohne Ausnahme habe ausschließen wollen, wenn eine Verf. blos aus Gründen der mangelnden Nothwendigkeit oder Zweckmäßigkeit aufgehoben werde, obgleich es andererseits keinem Zweifel unterliegt, daß der Erlaß einer blos unnöthigen oder zweckwidrigen Verf. nicht immer und unter allen Umständen den betreffenden Beamten regreßpflichtig macht Eventuell wird daher der Richter zu prüfen haben, ob ein solcher Grad der Verschuldung vorliegt, wie er zur Begründung eines Entschädigungs-Anspruchs gegen Beamte erforderlich erscheint.

138. Dagegen kann der Einwand, daß die aufgehobene Verf. trotz des Ausspruchs der vorgesetzten Dienstbehörde gesetzmäßig und zulässig gewesen sei, vom Richter nicht berücksichtigt werden Hiermit würde dem § 1 zuwider nicht allein die Gesetzmäßigkeit jener Verf, sondern auch die der höheren Entscheidung, welche gleichfalls den Charakter einer pol Verf an sich trägt, der richterlichen Kognition unterbreitet.

139. Es genügt, wenn die vorgesetzte Dienstbehörde die Verf. objektiv für gesetzwidrig oder unzulässig erklärt; der Name des betr. Beamten braucht in der desfallsigen Entscheidung nicht erwähnt zu werden: *EK 26. Nov. 1853 (JMBl. 54, S. 24).

140. Der Weg der Beschwerde ist im § 6 nur als der gewöhnliche erwähnt. Diese Erwähnung soll daher kein nothwendiges Requisit für die Zulässigkeit der Klage aufstellen: *EK 26. Nov. 1853 l. c.

141. Ebenso ist auf den Ausdruck „aufgehoben" kein Nachdruck zu legen, insofern nämlich sehr viele pol. Verf. ihre Vollziehung schon in sich tragen und nicht mehr rückgängig gemacht werden können. So erklärte EK. 22. Sept. 1860 (JMBl. 61, S 232) in einem Falle, wo der Beklagte ein vermeintlich rotzkrankes Pferd ohne Weiteres hatte tödten lassen, den desfalls wider ihn erhobenen Entschädigungs-Anspruch als zum RW. geeignet, und zwar gemäß § 6 um so unzweifelhafter, als jenes Verfahren von der vorgesetzten Dienstbehörde gemißbilligt und dem Beklagten ein Verweis ertheilt worden sei

142 Aendert die vorgesetzte Behörde ihre Ansicht nach Anstellung der Klage, so thut dies der Zulässigkeit der letzteren keinen Eintrag. So: das cit. *EK. 26. Nov. 1853

143. § 6 kommt auch dann zur Anwendung, wenn ein Anderer klagt, als derjenige, wider den die Verf. gerichtet ist; cf n. 53.

144. Kann, wenn die vorgesetzte Behörde eine Verf für gesetzwidrig, resp. unzulässig erklärt hat, die Entschädigungsklage auch wider die Polizeibehörde als solche, wider den Staat, die Gemeinde u. s w. angestellt werden? Die §§ 4 und 6 lassen sich für die Zulässigkeit einer solchen Klage nicht anführen. Doch steht derselben auch keine Bestimmung des Ges. v. 1842 entgegen. Ob sie begründet sein würde, bemißt sich lediglich nach den allgemeinen Grundsätzen über die Pflicht des Staats, der Gemeinde ꝛc., für die Handlungen ihrer Beamten einzustehen.

§. 7. Sämmtliche, sowohl allgemeine als besondere Vorschriften über Gegenstände dieses Gesetzes und namentlich die Vorschriften der Verordnung vom 26. Dezember 1808. §§. 38—40. werden hierdurch aufgehoben.

§ 7.

145. Insofern man annehmen muß, daß im Gebiete des Rhein. Rechts die §§ 38 ff. der VO. v. 1808 niemals Geltung erlangt haben (cf. ib. n. 2), waren daselbst die Grundsätze der franz Gesetzgebung (insbes. Ges. v. 24. Aug 1790 und 16. Fruct. III.) für diese Materie in Kraft geblieben, welche den RW. in noch ausgedehnterem Maaße beschränkten, als das nunmehr auch dort maaßgebende Ges. v. 1842; cf. Löwenberg l. c.

Gesetz
über die Aufnahme neu anziehender Personen. [Heimaths-Gesetz.] Vom 31. Dezember 1842.

[GS. Nr. 2317, — 1843, S. 5.]

Wir Friedrich Wilhelm, von Gottes Gnaden, König von Preußen ꝛc. ꝛc.

verordnen über die Aufnahme neu anziehender Personen in eine Gemeinde oder Gutsbezirk auf den Antrag Unseres Staats-Ministeriums, nach Anhörung Unserer getreuen Stände und nach erfordertem Gutachten Unseres Staatsraths, für den ganzen Umfang der Monarchie, was folgt:

Zum Eingange.

1. Das Heimathsgesetz hat für die Hohenzollernschen Lande und das Jadegebiet keine Geltung: v Rönne I S 309, MR. 25. Mai 1860 (BMBl. S 115).

2. Dasselbe steht zum Armenpflege-Gesetze von demselben Tage in der engsten Wechselbeziehung, so daß beide sich gegenseitig ergänzen und erläutern. (Offenbar würden die Bestimmungen dieser Gesetze an Klarheit und Uebersichtlichkeit ungemein gewonnen haben, wenn sie in Einem Gesetze zusammengefaßt worden wären) Das Gegentheil ist jedoch der Fall hinsichtlich dieser beiden Gesetze einer- und hinsichtlich des Indigenats-Gesetzes von demselben Tage andererseits, insofern dieselben nicht ausdrücklich auf einander hinverweisen: OT. 13. Oktbr. 1854 (Entsch. 28, S. 428).

3. Ueber das Verhältniß des Heimathsgesetzes zur früheren einschlägigen Gesetzgebung und über seine Motive s. v. Rönne I. S. 308.

4. Außerdem ist noch hervorzuheben, daß das Heimathsgesetz im Allgemeinen zwischen Aufenthalt und Domizil nicht unterscheidet, seine Bestimmungen daher sowie die dort gebrauchten Ausdrücke „anziehen“ und „Aufenthalt nehmen“ auf beide Verhältnisse zu beziehen sind: MR. 14. Dezbr. 1860 (BMBl. 61, S. 12) Wohl aber unterscheidet dasselbe zwischen Aufenthalt (d. h. Wohnsitz oder dauerndem Aufenthalt) und zwischen blos vorübergehendem Verweilen Fremder. Von ersterem handeln die §§ 1—13, von letzterem blos § 14: MR. 16. Januar 1861 (ib. S. 46).

§. 1. Keinem selbstständigen Preußischen Unterthan darf an dem Orte, wo er eine eigene Wohnung oder ein Unterkommen sich selbst zu schaffen im Stande ist, der Aufenthalt verweigert oder durch lästige Bedingungen erschwert werden.

§. 2. Ausnahmen hiervon (§. 1.) finden statt:

---

§ 1.

5. Dem Heimathsgesetze liegt nach § 1 das Prinzip der Freizügigkeit zu Grunde; die folgenden §§ enthalten die Ausnahmen von diesem Prinzipe, welche theils auf allgemeinen polizeilichen Rücksichten (§ 2), theils auf Gründen des Interesses der betr. Gemeinde als solcher (§§ 3, 4) beruhen.

6. Zu den in den §§ 2 ff. aufgeführten Ausnahmen sind durch spätere Gesetze noch zwei andere hinzugetreten, deren unter n. 19. 32 gedacht wird.

7. Aus anderen Gründen, z. B solchen, die aus den Vorschriften der Fremdenpolizei entlehnt sind, kann daher die Niederlassung nicht versagt werden: v. Rönne I. S 310 Beispielsweise rechtfertigt der bloße Mangel eines Passes eine Ab-, resp. Rückweisung nicht: cf. MR. 5. Febr. 1859 (BMBl. S. 91), und ebensowenig der Mangel des durch Cirk.-Verf v 24 Dezbr. 1833 (Ann. S. 1110) vorgeschriebenen Ausweises über die Militair-Verhältnisse; cf. MR. 16. Nov. 1846 (BMBl. S. 227).

8. Zur Anwendung des Prinzips der Freizügigkeit wird nach § 1 dreierlei erfordert, a) daß der Neuanziehende Preuß. Unterthan, b) daß er selbstständig und c) daß er an dem betr. Orte sich Wohnung oder Unterkommen selbst zu verschaffen im Stande, resp. daß kein Abweisungsgrund im Sinne des § 4 vorhanden sei. Wie dem Requisit c die Bestimmung des § 4, so entspricht dem Requisite a diejenige des § 6; hier bleibt nur die Bedeutung des Requisits b zu besprechen.

9. § 1 versteht unter dem Ausdrucke „selbstständig“ nur die Volljährigkeit und Dispositionsfähigkeit im privatrechtlichen Sinne, nicht also Selbstständigkeit in Beziehung auf Aufenthalts- und Erwerbs-Verhältnisse. Während daher einem erwerbsfähigen Minderjährigen der Aufenthalt verweigert werden kann, sofern seine Unselbstständigkeit nicht durch Zustimmung seines Vaters oder Vormundes zur Wahl des Aufenthaltsorts gehoben wird, ist das Gegentheil bei Dienstboten der Fall, welche keiner im Familienrechte begründeten Beschränkung unterworfen sind: MR. 14. März 1844, 18. Nov. 1858 (BMBl 44, S. 167; 58, S 230) — Der entgegengesetzten Ansicht huldigte früher das OT., indem es einmal den Dienstboten die Eigenschaft der Selbstständigkeit absprach, und zum anderen Male den Ausdruck „selbstständig“ aus dem § 4 erläuterte, und daher solche Personen, welche sich durch eigne Kräfte und Mittel zu ernähren nicht vermögen, ebensowenig für selbstständig erachtete; cf OT. 24 Juni 1857, 3. Febr. u. 30 Nov. 1860 (Entsch. 36, S. 373; Strieth. 36, S. 202; 40, S. 75); 14 März 1859 (ib. 35, S. 12). Inzwischen hat der genannte Gerichtshof im Pl.-B. 6 Jan. 1862 (JMBl S. 54) diese Ansicht verlassen, und die ersterwähnte adoptirt. In der That ist nicht abzusehen, wie in der bloßen Uebernahme kontraktlicher Verpflichtungen das Aufgeben der Selbstständigkeit gefunden werden könne, und noch viel weniger die Deutung zu billigen, nach welcher die Selbstständigkeit den Gegensatz zur Hülfsbedürftigkeit bilden soll, indem § 1 des Vermögens, sich ein Unterkommen zu verschaffen, ja als eines besonderen Requisits neben der Selbstständigkeit gedenkt Daß der Ausdruck „selbstständig“ nicht nothwendig den Eintritt der Großjährigkeit voraussetze, daß derselbe vielmehr auch auf einen Minderjährigen passe, welcher durch Majorennitäts-Erklärung oder durch ausdrückliche oder stillschweigende Entlassung aus der väterlichen Gewalt dispositionsfähig werde, erkannte OT. 22. März 1861 (Entsch 45, S. 401) an.

§ 2.

10. § 2 Nr 2 ist durch die §§ 27, 28 des StGB. ersetzt, die dort der Landes-Polizeibehörde ertheilte Befugniß mithin, insofern sie weiter reichte, als auf-

1) wenn Jemand durch ein Strafurtheil in der freien Wahl seines Aufenthalts beschränkt ist;

2) wenn die Landes-Polizeibehörde nöthig findet, einen entlassenen Sträfling von dem Aufenthalte an gewissen Orten auszuschließen. Hierzu ist die Landes-Polizeibehörde jedoch nur in Ansehung solcher Sträflinge befugt, welche zu Zuchthaus oder wegen eines Verbrechens, wodurch der Thäter sich als einen für die öffentliche Sicherheit oder Moralität gefährlichen Menschen darstellt, zu irgend einer andern Strafe verurtheilt worden oder in einer Korrektions-Anstalt eingesperrt gewesen sind.

Ueber die Gründe einer solchen Maaßregel ist die Landes-Polizeibehörde nur dem vorgesetzten Ministerium, nicht aber der Partei Rechenschaft zu geben schuldig.

§. 3. Die Angehörigen eines in einer Straf- oder Korrektions-Anstalt noch Eingesperrten bei sich aufzunehmen, kann eine Gemeinde, in welcher dieselben ihren Aufenthalt bisher nicht gehabt haben, nicht angehalten werden.

§. 4. Denjenigen, welche weder hinreichendes Vermögen

---

gehoben zu erachten: Oppenhoff StGB. § 27 n. 9. Das MR. 14. Dezbr. 1860 (BMBl. 61, S. 13) hält dagegen nicht Nr. 2, sondern Nr. 1 des § 2 für antiquirt, resp. durch die §§ 27, 28 cit. ersetzt, und erläutert den in Nr. 2 vorkommenden Ausdruck „Verbrechen" dahin, daß derselbe auch solche Handlungen umfasse, welche nach der Terminologie des StGB nur Vergehen darstellen An dieser Stelle werden auch die Gesichtspunkte angegeben, von denen die Landes-Polizeibehörde sich bei Handhabung jener Befugniß soll leiten lassen.

11. Macht die Polizeibehörde von jener Befugniß keinen Gebrauch, — was ihrem Ermessen überlassen ist, — so bilden frühere Bestrafungen keinen Grund, dem Neuanziehenden die Aufnahme zu versagen: MR 25. Februar 1860 (BMBl. S. 70).

§ 3.

12. § 3 erhält den Grundsatz aufrecht, daß bis zur Wiederentlassung eines Sträflings in seinen und der Seinigen Domizil- resp. Aufenthalts-Verhältnissen Nichts geändert werden dürfe. § 3 bezieht sich darum auf einen blos vorübergehenden Aufenthalt (§ 14 h 1) nicht mit; diesen zu gestatten oder zu versagen, ist Sache der Fremdenpolizei, deren Handhabung der Gemeinde als solcher nicht zusteht. Letztere ist daher z. B. nicht befugt, das minderjährige Kind eines Sträflings, welches der Erziehung oder des Erwerbs wegen einen solchen blos vorübergehenden Aufenthalt nehmen will, zurückzuweisen. Nur dann, wenn der Aufenthalt so lange fortgesetzt werden sollte, daß daraus die Verpflichtung zur APfl. gemäß § 1 Nr. 3 des APfl.-Ges. entstehen könnte, erscheint die Gemeinde als berechtigt, sich gegen die Verlängerung des Aufenthalts zu wahren, namentlich auch den Dienstboten gegenüber Cf. MR. 25 Mai 1859, 26. Juni 1860, 16. Januar 1861 (BMBl. 59, S. 148; 60, S. 134; 61, S. 46)

§ 4.

13. Da § 4 eine Ausnahme vom Prinzipe der Freizügigkeit (§ 1) statuirt,

noch Kräfte besitzen, sich und ihren nicht arbeitsfähigen Angehörigen den nothdürftigen Lebensunterhalt zu verschaffen, solchen auch nicht von einem zu ihrer Ernährung verpflichteten Verwandten zu erwarten haben, kann der Aufenthalt an einem andern Orte, als dem ihres bisherigen Aufenthalts, verweigert werden.

---

so liegt nicht dem Neuanziehenden der Beweis seiner Erwerbsfähigkeit, sondern der Gemeinde der Beweis des Gegentheils ob, welcher gerade in Bezug auf den Anzugsort selbst, mithin nicht etwa darüber zu führen ist, ob jener an irgend einem andern Orte, falls er sich dort aufhielte, zum Erwerbe seines Unterhalts im Stande sein würde. Cf. Motive der Reg.-Vorl zum Ges. v. 21. Mai 1855

14. Das Rückweisungsrecht besteht auch solchen Personen gegenüber, welche am Orte nicht ihren Wohnsitz, sondern blos dauernden Aufenthalt nehmen wollen; cf. n. 4 und MR. 10. Nov. 1847 (BMBl. S. 277).

15. Das Rückweisungsrecht gilt rücksichtlich der Beamten nicht; verliert Jemand jedoch vor Ablauf des ersten Jahres seine Beamtenqualität, so greift eventuell § 5 Platz: AH. Cöln 1. Dez. 1853 (Rh. A. 49, I 119).

16. § 4 enthält die legale Definition des Ausdrucks „arm“ im Sinne des APfl.-Ges., weshalb zur Feststellung dieses Begriffs auf ältere Gesetze, z. B. das Patent v. 8. Nov. 1804 (Rabe 8, S. 165) nicht zurückgegangen werden kann: OT. 21. April 1856 (Strieth. 21, S. 106). Im Uebrigen vgl., was jenen Begriff und die Frage betrifft, welche Behörde den Fall der Armuth festzustellen habe, die Noten zu §§ 1, 33, 34 des APfl.-Ges.

17. arg. § 5 kann Niemandem blos um deswillen der Aufenthalt versagt werden, weil ihm die moralische Kraft nicht zuzutrauen sei, daß er von seinen Kräften Gebrauch machen werde; beispielsweise ist daher Trunksucht kein ausreichender Abweisungsgrund: MR. 9. Juli 1843, 25. Febr. 1860 (BMBl. 43, S. 216; 60, S. 70).

18. Die Befugniß des § 4 besteht selbst dann, wenn die Heimathsgemeinde die Verpflegung des Armen an einem andern Orte selbst veranstaltet, und sich zu deren Gewährung auch für die Zukunft verpflichtet: MR. 11. Sept. 1849 (ib. S. 220). In den MR. 2. Juli, 5 Okt. 1845 (ib. S 160, 313) wird das Gegentheil für den Fall angenommen, wo der Arme bei einem zur Unterstützung verpflichteten Verwandten Aufnahme finde, welcher den Unterhalt wenigstens theilweise zu leisten im Stande sowie bereit sei, die betr. Personen es ferner selbst wünschen, sich durch gemeinsames Leben die Lasten zu erleichtern, und die Gemeinde endlich sowohl wegen Zahlung des Armengeldes als wegen etwaiger Wiederaufnahme des Armen durch Zusage der ursprünglichen Heimathsgemeinde vollständig sicher gestellt sei.

19. Die Städte-O. v. 30. Mai 1853, 19. März und 15. Mai 1856, sowie Art. 6 des Ges., betr. die Rhein. Gemeindeverfassung v. 15. Mai 1856 gewähren, unter Hinweisung auf § 4 h. l., den Gemeinden das Recht, die Niederlassung von Entrichtung eines Einzugsgelds abhängig zu machen, welches Recht jedoch gegenwärtig, wenigstens insoweit, als es auf den Bestimmungen jener Städte-Ordnungen beruht, nach den an deren Stelle getretenen Vorschriften des Ges. v. 14. Mai 1860 (GS. S. 237) bemessen werden muß. — Doch folgt aus obigen Gesetzesstellen in Verbindung mit § 4 h. l. nur, daß wegen Nichtzahlung des Einzugsgelds die Niederlassung versagt werden könne, nicht aber, daß, wenn diese genehmigt und das Einzugsgeld gestundet worden, der Neuanziehende bis zur Zahlung des letzteren kein Hülfsdomizil erworben habe. So: OT. 13. Dez. 1858 (Strieth. 31, S. 333) [I. c war die Niederlassung ausdrücklich nur unter der Bedingung genehmigt, daß die Zahlung in einer bestimmten Frist erfolge. Obgleich diese Bedingung nicht in Erfüllung ging, und der Magistrat durch Ertheilung jener bedingten Genehmigung instruktionswidrig gehandelt hatte, so erklärte das OT das Hülfsdomizil gemäß § 2 Nr. 2 des APfl.-Gesetzes für begründet.]

§. 5. Die Besorgniß künftiger Verarmung eines Neuanziehenden genügt nicht zu dessen Abweisung; offenbart sich aber binnen Jahresfrist nach dem Anzuge die Nothwendigkeit einer öffentlichen Unterstützung, und weiset die Gemeinde nach, daß die Verarmung schon vor dem Anzuge vorhanden war, so kann der Verarmte an die Gemeinde seines früheren Aufenthaltsorts zurückgewiesen werden.

Gesetz vom 21. Mai 1855.

Art. I. Die Verpflichtung des Ortsarmen-Verbandes zur Fürsorge für einen Armen (der Unterstützungs-Wohnsitz) entsteht in denjenigen Fallen, in welchen sie nach §. 1. Nr. 2. des Gesetzes über die Verpflichtung zur Armenpflege vom 31. Dezember 1842. durch Erwerbung des Wohnsitzes begründet werden soll, fortan nicht mehr sogleich mit dieser Erwerbung, sondern erst dann, wenn der Neuanziehende den erworbenen Wohnsitz Ein Jahr lang fortgesetzt hat.

---

19 bis. In denjenigen Gemeinden, wo die oben bezogenen Gesetze keine Geltung besitzen, kann von den Neuanziehenden, dem § 1 h. l. zufolge, kein Einzugsgeld erhoben werden, selbst nicht als Einkaufsgeld, d h. als Aequivalent für die Theilnahme an den Nutzungen des reinen Gemeindevermögens, wogegen freilich in Betreff der Theilnahme an den Nutzungen des Interessenten- und Gemeindeglieder-Vermögens die besonderen Rechtsverhältnisse des einzelnen Falls entscheiden: MR. 5. und 15. Juli 1861 (VMBl. S. 269, 164)

§ 5 und Art. 1 des Ges. v. 21. Mai 1855.

20. § 5 steht zu § 8, und beide §§ wieder zu § 1 Nr. 2 des APfl.-Gesetzes im engsten Zusammenhange, was durch Art. 1 des Ges. v 21. Mai 1855 noch schärfer hervortritt. Eine Beziehung zwischen den §§ 5, 8 und Art 1 einer- und dem § 1 Nr. 1 und 3 des APfl.-Ges. andererseits besteht dagegen nicht, weshalb von einer Rückweisung wegen hervorgetretener Armuth bei den ausdrücklich als Gemeinde-Mitgliedern Rezipirten niemals die Rede ist, solche Personen dagegen, welche weder in dieser Weise aufgenommen noch selbst angemeldet worden sind, sogar dann noch zurückgewiesen werden können, wenn die Armuth erst im 2. oder 3. Jahre hervortritt; cf. OT. 23. März 1857 (Strieth. 25, S 7).

21 Die Modifikation des § 5 h. l sowie des § 1 Nr. 2 des APfl.-Ges. durch den Art. 1 l. c. erschien um deswillen für nöthig, weil es dem Anzugsorte regelmäßig unmöglich war, den ihm gemäß § 5 obliegenden Beweis ohne bereitwillige Hülfe des bei dessen Nichterbringung interessirten Abzugsorts zu liefern; cf Motive der Reg.-Vorl. Man kann daher das Verhältniß des Art. 1 zu § 5 so auffassen, daß, während dem Anzugsorte ehedem der Beweis oblag, daß der Neuanziehende, dessen Hülfsbedürftigkeit im 1. Jahre hervortritt, bereits vor dem Anzuge verarmt gewesen sei, Art. 1 denselben von dieser Beweislast entbunden, und für jene Thatsache eine Rechtsvermuthung, und zwar eine solche, welche den Gegenbeweis ausschließt, eine praesumtio iuris et de iure, begründet habe.

22 Da es sich also im Art. 1 l. c. gewissermaaßen nur um eine Beweisregel handelt, so findet dieser Art. auch auf den Fall der bereits vor seiner Publikation hervorgetretenen Hülfsbedürftigkeit Anwendung; cf. OT. 23. Novbr. 1860 (Strieth. 40, S 71), wo außerdem Art. 16 ib in Bezug genommen wird.

Ergiebt es sich vor dem Ablaufe dieses Jahres, dass der Neuanziehende sich in einem solchen Zustande der Verarmung befindet, welcher die öffentliche Unterstützung desselben nothwendig macht, so muss der zur Zeit dieses Ergebnisses zur Fürsorge für ihn verpflichtete Armen-Verband denselben übernehmen. Dagegen ist an diesen Verband alsdann auch das etwa erlegte Einzugs- und Hausstandsgeld herauszuzahlen.

Die Vorschrift des §. 1. Nr. 2. und des §. 3. des Gesetzes über die Verpflichtung zur Armenpflege vom 31. Dezember 1842, sowie die des §. 5. des Gesetzes über die Aufnahme neu anziehender Personen von demselben Tage, sind, soweit sie von den Bestimmungen des vorliegenden Artikels abweichen, aufgehoben.

Wo in den Gesetzen auf diese aufgehobenen Vorschriften verwiesen wird, treten die Bestimmungen des vorliegenden Artikels an deren Stelle.

---

23. Die Materialien ergeben ferner, daß die bloße Thatsache einer öffentlichen Unterstützung zur Anwendbarkeit des Art 1 nicht genügt, daß vielmehr eine wirkliche Verarmung (§ 4) eingetreten sein muß, weshalb Jemand, dessen Hülfsbedürftigkeit nicht auf Arbeitsunfähigkeit, sondern auf vorübergehenden Ursachen beruht, nicht ausgewiesen werden darf, ungeachtet die öff. Fürsorge für ihn in Gemäßheit des APfl.-Ges. unter Umständen einzutreten hat: MR. 11. Jan. 1861, 4. Jan. 1862 (BMBl. 61, S. 47; 62, S. 261)

24. Der „Nothwendigkeit einer öff. Unterstützung“ ist bloße Hülfsbedürftigkeit nicht gleichzustellen. Jene Nothwendigkeit offenbart sich vielmehr nur durch die wirkliche Gewährung einer solchen Unterstützung. So: OT. 31. Okt 1851 (Strieth. 3, S. 164).

25. 26. Die Frist des § 5 und Art. 1 beginnt nicht mit der Zustimmung der Behörde zum Anzuge, sondern mit dem Anzuge selbst, welcher letztere jedoch nicht eher als erfolgt zu betrachten ist, bis die Meldung (§ 8) stattgefunden hat; cf. MR. 30. April, 6. Septbr. 1845 (BMBl. S. 119, 283); MInstr. 24. April 1856 (ib. S. 125). [Die Bestimmung dieser Instr, daß jene Frist, falls die Meldung in den ersten 14 Tagen nach dem Anzuge unterbleibe, von da ab zu berechnen sei, beruht auf einem offenbaren Irrthum (vgl. § 11 und n. 20), und ist darum auch durch MR. 5. Mai 1862 (BMBl. S 211) zurückgenommen worden.]

27. Es genügt, wenn die Hülfsbedürftigkeit im 1. Jahre hervortritt. Die Rückweisung selbst braucht daher nicht nothwendig innerhalb des Jahres erfolgt zu sein, und ist gar nicht nöthig, wenn der Arme die Gemeinde schon vor Ablauf dieser Frist wieder verlassen hat: AH. Cöln 19. Juni 1856 (Rh A. 52, I. 60).

28. Der Ausdruck „früherer Aufenthaltsort“ bezieht sich nicht blos auf Wohnsitz, sondern auf jeden Ort des dauernden Aufenthalts, mag letzterer 3 Jahre lang oder kürzer gedauert haben. In Betreff des Rückverweisungsrechts ist es überhaupt unerheblich, ob der Abzugsort Hülfsdomizil des Verarmten ist; letztere Frage bleibt vielmehr lediglich zwischen dem Abzugsorte und dem sonst etwa verpflichteten Armenverbande zu erörtern: OT. 25. April 1856 (Strieth 21, S. 139). Demzufolge folgt aus dem Mangel einer als früheren Aufenthaltsorts zu betrachtenden Gemeinde nicht, daß die Anzugsgemeinde sich der Person des Armen, resp. der Last der APfl. nicht zu entledigen vermöge; alsdann kommt vielmehr § 9 des APfl.-Ges. zur Anwendung: AH. Cöln 19. Juni 1856 (Rh. A. 52, I. 60).

§. 6. Einem Jeden, der nicht nachweiset, daß er Preußischer Unterthan ist, kann die Aufnahme (§. 1.) von der Gemeinde versagt werden.

---

29. Steht einer Gemeinde das Rückverweisungsrecht nicht gegen den Mann zu, so kann sie dasselbe, wenn jener zur Ehe schreitet, auch nicht gegen dessen aus einer andern Gemeinde heruberziehende Frau und deren minderjährige Kinder aus einer früheren Ehe ausüben. Cf. OT. 21. Jan. 1859 (Strieth. 32, S. 154), und APfl.-Ges. n. 70 ff.

30. Auch für Beamte entsteht gemäß Art. 1 ein Hülfsdomizil nur dann, wenn sie den durch den Anzug erworbenen Wohnsitz Ein Jahr lang fortsetzen, wenngleich zur Begründung des Hülfsdomizils hinsichtlich ihrer eine Meldung im Sinne des § 8 nicht erforderlich ist; cf. MR. 20. Dez. 1860 (BMBl. 61, S. 15) und oben n. 15.

§ 6.

31. Nach dem Wortlaute dieses § ist das dort erwähnte Abweisungsrecht der Gemeinde ein absolutes, so daß, wenn die Ausländer-Qualität feststeht, ein Rekurs bei der Landes-Polizeibehörde erfolglos sein wurde. Erwirbt jedoch ein Ausländer durch Naturalisation die Eigenschaft eines Preußen, so steht § 6 seiner Niederlassung nicht weiter entgegen. Uebrigens setzt eine Naturalisation zufolge § 7 Nr. 2—4 und § 8 des Indigenats-Ges. immer die vorherige Feststellung des Niederlassungs-Orts voraus, wenn letzterer auch nicht in der Naturalisations-Urkunde bezeichnet sein sollte: OT. 26. Okt. 1860 (Strieth 39, S. 121). Dessenunerachtet erwirbt der Naturalisirte an dem so festgestellten Niederlassungsorte, (falls er dort nicht etwa als Gemeindemitglied ausdrücklich aufgenommen worden ist, APfl.-Ges. § 1 Nr. 1) ein Hülfsdomizil gleich jedem Inländer erst nach Ablauf Eines Jahres, so daß, wenn seine Hülfsbedürftigkeit während dieser Frist hervortritt, die Fürsorge nicht der Gemeinde, sondern dem Land-Armenverbande zur Last fällt. Das cit. OT. nimmt zwar das Gegentheil wenigstens da an, wo die Gemeinde, gemäß § 8 des Indigenats-Ges. um ihre etwaigen Einwendungen befragt, der Niederlassung zugestimmt habe. Diese Ansicht ist jedoch um so weniger haltbar, wenn jenem Urtheile darin beigepflichtet werden muß, daß § 8 l. c mit der für Inländer gegebnen Vorschrift des § 10 h. l. „quadrire,“ da doch eine im Falle des § 10 ertheilte Zustimmung die Anwendbarkeit des Art. 1 der Novelle nicht ausschließt. Die dort cit. ACO. v. 10. Jan. 1848 (s. n. 32) beschränkt lediglich das Recht des Aufenthaltswechsels zu Gunsten anderer Gemeinden, und kommt daher bei Beurtheilung der Rechtsverhältnisse zwischen der Anzugsgemeinde und dem Land-Armenverbande nicht in Betracht.

32. Die ebenerwähnte ACO. v. 10. Jan. 1848 (GS. S. 25) bezweckt dem früher vorgekommenen Mißstande vorzubeugen, daß Ausländern, deren Naturalisations-Gesuche auf den Widerspruch der Gemeinde zurückgewiesen worden, bald nachher die Aufnahme gewährt werden müsse, weil sie mittlerweise unter dem Vorwande, sich in einer andern Gemeinde niederlassen zu wollen, und auf den Grund der Zustimmung letzterer die Eigenschaft eines Preußen erworben haben. Sie ermächtigt zu diesem Behufe die Landes-Polizeibehörden, an die Naturalisation die Beschränkung zu knüpfen, daß die Befugniß des Aufgenommenen zum Aufenthaltswechsel ohne Zustimmung der Gemeinde des Orts der beabsichtigten Niederlassung während dreier Jahre nur nach dem cit. § 7 Nr. 2—4 und § 8 zu beurtheilen, jener mithin innerhalb dieser Frist insofern als Ausländer zu behandeln sei. Die ACO. enthält übrigens kein Gebot, sondern eine bloße Ermächtigung, von deren Ausübung die Landes-Polizeibehörde absehen kann, wenn die Persönlichkeit und die Verhältnisse des Ausländers die Besorgniß ausschließen, daß wider seine Niederlassung in einer anderen Gemeinde Bedenken erhoben werden könnten: MR. 22. Juni 1861 (BMBl. S. 132).

33. Der Verlust der Eigenschaft eines preuß. Unterthans hat den Verlust des Heimathsrechts und Hülfsdomizils nicht zur Folge: OT. 13. Okt.

§. 7. Was in den §§. 3—6. von den Gemeinden bestimmt ist, gilt auch von denjenigen Gutsherrschaften, deren Gutsbezirk sich nicht in einem Gemeinde-Verbande befindet.

§. 8. Wer an einem Orte seinen Aufenthalt nehmen will, muß sich bei der Polizei-Obrigkeit dieses Orts melden, und über seine persönlichen Verhältnisse mit Rücksicht auf die Vorschriften der §§. 1—6. die erforderliche Auskunft geben. Ueber die erfolgte Meldung ist eine Bescheinigung zu ertheilen.

§. 9. Ein Jeder, welcher einem Neuanziehenden Wohnung oder Unterkommen gewährt, ist verpflichtet, bei Vermeidung einer Polizeistrafe, darauf zu halten, daß die Meldung (§. 8.) geschehe.

§. 10. An den Orten, wo die Polizei-Obrigkeit von dem Gemeinde-Vorstande getrennt ist, hat die erstere vor der Entscheidung darüber: ob dem Neuanziehenden der Aufenthalt zu gestatten sei, den Gemeinde-Vorstand mit seiner Erklärung zu hören.

1854 (Entsch. 28, S. 428). Demgemäß kommt die Befugniß des § 6 in Bezug auf die aus dem Unterthanen-Verbande entlassenen Auswanderer nicht zur Geltung, wenn der preuß. Staat zwar nicht diesen, wohl aber dem andern Staate gegenüber vertragsmäßig oder in Folge allgemeiner Rechtsgrundsätze zu ihrer Wiederaufnahme verpflichtet ist; anders würde es sich freilich verhalten, falls der Ausgewanderte schon in anderen Staaten Heimathsrechte erworben, und die Staatsbehörde nur aus Billigkeitsrücksichten auf das ihr selbst zustehende Rückweisungsrecht verzichtet hätte; cf. MR. 21 Dez. 1844, 28. Aug., 12. Dez. 1845 (VMBl. 45, S. 8, 255; 46, S. 5) und APfl.-Ges. n. 37.

§ 7.

---

§§ 8—12.

34. Die §§ 8 und 11 enthalten keine Vorschriften über den Wohnsitz überhaupt, sondern nur über den Wohnsitz im Sinne des APfl.-Ges. (§ 1 Nr. 2). Bezüglich der Frage, wo Jemand seinen Wohnsitz im Allgemeinen habe, ist es bei der bestehenden Civilgesetzgebung (§§ 9 ff., I. 2 AGO.) verblieben, wenn auch unter Umständen analogisch auf das Heim.- und APfl.-Ges. zurückgegangen werden, und in der auf Grund des § 8 erfolgenden Meldung die ausdrückliche Erklärung der Domizilwahl zu finden sein mag: MR. 10. Okt., 4. Nov. 1855 (VMBl. S. 178, 196). Cf. auch § 12 h. l.

35. Polizeiobrigkeit im Sinne des § 8 ist nie der Landrath. Fehlt es an einer besondern Polizeiobrigkeit, so ist in der Regel die Meldung beim Gemeindevorsteher zu machen. So: OT 8. Febr. 1854 (Strieth. 12, S. 123). Aehnlich besagt die Instr. v. 24. April 1856, daß die Meldung in den Städten, sowie auf dem Lande in denjenigen Orten, wo die Polizeiobrigkeit (oder deren Vertreter) ihren Sitz habe, bei dieser, in den andern Orten auf dem Lande aber dem Ortsvorstande (Schulzen, Gemeindevorsteher ꝛc.) gemacht werden müsse, welcher letztere alsdann der Polizeiobrigkeit unter Abgabe seiner Erklärung über die Aufnahme (§ 10) Anzeige von der Meldung zu machen habe. Inzwischen läßt OT. 7. Okt.

§. 11. Hat der Neuanziehende die im §. 8. vorgeschriebene Meldung unterlassen, so kann er einen Wohnsitz im Sinne des Gesetzes vom heutigen Tage über die Verpflichtung zur Armenpflege (§. 1. Nr. 2.) nicht erwerben. Ist aber in einem solchen Falle durch den fortgesetzten Aufenthalt (§. 1. Nr. 3. des angeführten Gesetzes) eine Fürsorge der Gemeinde oder Gutsherrschaft für den Verarmten nothwendig geworden, so bleibt ihr der Anspruch auf Schadloshaltung gegen denjenigen, welcher nach Vorschrift des §. 9. für die Meldung zu sorgen verpflichtet war, nach den allgemeinen Rechtsgrundsätzen vorbehalten.

§. 12. Ein nach Vorschrift dieses Gesetzes gestatteter Aufenthalt hat auf andere Rechtsverhältnisse, namentlich Bürgerrecht, Theilungen an Gemeinde-Nutzungen u. s. w. keinen Einfluß.

1859 (Strieth. 35, S. 146) die oben gemachte Unterscheidung zwischen den Orten, wo die Polizeiobrigkeit ihren Sitz hat, und den übrigen (wenigstens für das Gebiet der Westph. Landgemeinde-Ordnungen v. 31. Okt. 1841 und 19. März 1856) nicht gelten, und hält daher nicht die beim Gemeindevorsteher oder Ortsschulzen der letzteren Orte, sondern nur die beim Amtmanne gemachte Meldung für ausreichend, es sei denn, daß dieser jenen mit der selbstständigen Annahme solcher Meldungen beauftragt hätte. OT. 18. Febr. 1861 (Strieth. 40, S. 284) leitet die Wirksamkeit der Meldung bei einem mit deren Annahme beauftragten Unterbeamten aus dem in n. 36 aufgestellten Satze her, und erklärt gleichzeitig den Widerspruch eines solchen Beamten wider die Niederlassung, wenn er auch gleich bei der Meldung erhoben werde, mit Rücksicht auf § 10 für wirkungslos.

36. Die Meldung kann auch schriftlich oder durch einen Bevollmächtigten erfolgen: OT. 5. Nov. 1855 (Strieth. 18, S. 273), MR. 6. Sept. 1845, 25. Nov. 1846 (BMBl. 45, S. 283; 46, S. 240). Doch erachtet das erstere R. die Polizeibehörde für befugt, nach Umständen die persönliche Gestellung zu fordern. Wenn der Gutsherr zugleich die Polizeiobrigkeit ist, und den Neuanziehenden selbst mit Wohnung versiebt, so bedarf es einer besonderen Meldung nicht: OT. 25. Nov. 1859 (Strieth. 36, S. 36).

36 bis. Die Erklärung, eine bestimmte Zeit an einem Orte verweilen zu wollen, ist keine Meldung im Sinne des § 8. Andererseits wird jedoch nicht erfordert, daß man einen dauernden Aufenthalt zu nehmen erkläre, es genügt z. B., wenn man erklärt, sich durch Handarbeiten ernähren zu wollen. Auch wird die Wirkung einer solchen Erklärung nicht durch die in Folge derselben stattfindende Ertheilung einer für eine beschränkte Zeit ausgestellten Aufenthaltskarte, noch durch Annahme und Erneuerung derselben aufgehoben: OT. 30. Nov. 1860 (Strieth. 40, S. 74).

37. Damit die Meldung erzwungen werde, ordnet die Instr. v. 1856 den Erlaß allgemeiner Polizei-Verordnungen an, wodurch die Verabsäumung der Meldung binnen 14 Tagen nach dem Anzuge mit Strafe bedroht wird. Dergleichen Verordnungen sind für den Strafrichter verbindlich; das Gegentheil folgt nicht etwa aus §§ 9, 11 h. l.: Oppenhoff StGB. § 332 n. 33.

38. Die Polizei hat, auch ohne besonderen Antrag, eine (nicht stempelpflichtige) Bescheinigung auszustellen: MR. 31. März 1846 (BMBl. S. 80).

39. Doch bildet die Ertheilung eines Meldescheins kein Erforderniß zur Begründung des Hülfsdomizils: OT. (Pl.) 1. Nov. 1858, 7. März 1859

(Entsch. 39, S. 1; Strieth. 33, S. 42); Instr. v. 1856, MR. 28. Juli 1857 (VMBl. 56, S 124; 57, S. 59) *Contra*: OT 24. Nov. 1854, 5. Nov. 1855 (Entsch. 30, S. 248; Strieth. 18, S 274), AH Cöln 27. Nov. 1856 (Rh. A. 52, I. 104).

40. Andererseits kann aus derselben, die ohnedies sofort erfolgen muß, keine Bewilligung der Niederlassung oder ein Verzicht auf die der Polizei- oder Gemeinde-Behörde gegen den Anzug etwa zustehenden Einwendungen gefolgert werden: Instr. v. 1856.

41. Die §§ 8 und 11 gelten nicht für Beamte und aktive Militair-Personen, noch für Reisende im Sinne des § 14, weshalb auch die Strafbestimmung des § 9 diejenigen nicht trifft, die solchen Personen Wohnung rc. gewähren; cf. MR. 18. Juli 1843, 29 April 1857 (VMBl. 43, S 216; 57, S 148), OT. 2. Febr. 1852, 21. Sept. 1855, 22. April 1857 (Entsch. 25, S 256; 31, S 451; Goltd. Arch. 5, S. 412), und oben n. 4, 30.

41 bis. Das MR. 10. Juli 1844 (VMBl. S. 221) erachtet den § 10 auch für die Niederlassung von Ausländern für maaßgebend, und ist der Ansicht, daß bei der Niederlassung in einer ländlichen Gemeinde kein Gemeinde-Beschluß, sondern nur eine Erklärung der Dorfgerichte, d. h. der Schulzen und der Schöppen erforderlich sei.

42. Die Vernachlässigung der Vorschrift des § 10 hindert den Erwerb eines Hülfsdomizils im Sinne des § 1 Nr. 2 des APfl.-Ges. nicht, — cf. MR. 22. Sept. 1849 (VMBl. S. 219); *Contra* AH. Cöln 27. Nov. 1856 (Rh. A. 52, I. 104), — wie denn auch die Polizeiobrigkeit an die Erklärung des Gemeindevorstands nicht unbedingt gebunden ist, welcher letztere jedoch das Recht des Rekurses an die vorgesetzte Instanz hat; cf. MR. 30. Juni 1844 (VMBl. S. 219).

43. Daß weder der Anspruch auf Gestattung des Aufenthalts (§ 1), noch das Ab-, resp. Rückweisungs-Recht der Gemeinde (§ 3 ff.) zum unmittelbaren Gegenstande eines Rechtsstreits gemacht werden können, unterliegt schon nach den §§ 8 und 10 keinem Zweifel, wenngleich die aus dem letzteren Rechte in Bezug auf die Pflicht zur APfl. gezogenen Folgerungen unter Umständen der richterlichen Kognition anheimfallen (APfl.-Ges § 34). Außerdem tragen aber auch die desfallsigen Anordnungen der Polizeibehörden den Charakter von polizeilichen Verfügungen im Sinne des Ges. v 11. Mai 1842 an sich, weshalb ein Angehen wider dieselben auf dem RW. dem § 1 ib. entgegen sein würde.

44. Beispielsweise bildet daher die Anordnung der Landes-Polizeibehörde, durch welche einer Gemeinde auferlegt wird, die von ihr ausgewanderten Familien wieder aufzunehmen, keinen Gegenstand gerichtlicher Anfechtung; namentlich stellt auch nicht etwa der ertheilte Auswanderungs-Konsens einen speziellen Rechtstitel (§ 2 des cit. Ges.) zu Gunsten der Gemeinde dar: EK. 23. Dez 1847 (JMBl. 48, S. 216).

45. Ja selbst der Entschädigungs-Anspruch, welcher aus einer zu Unrecht erfolgten polizeilichen Ausweisung gegen den Fiskus hergeleitet wird, ist nicht prozeßfähig, da die Voraussetzungen, von denen § 4 jenes Gesetzes die Zulässigkeit der gerichtlichen Geltendmachung von Schadensersatz-Ansprüchen abhängig macht, bei einer solchen Klage nicht zutreffen: EK. 5. Juni 1852 (VMBl. S. 289).

46. Dagegen ist der Anspruch auf Schadloshaltung, dessen § 11 gedenkt, auf dem RW. zu verfolgen, und auch der Entschädigungs-Betrag, unbeschadet des § 34 des APfl.-Ges., vom Richter zu ermitteln: cf. OT. 5. Dez. 1856 (Strieth. 23, S. 109). [Dieses Erk. hielt zwar den durch Resolut der Verwaltungs-Behörde für die Pflege des Armen veranschlagten Kostenbetrag in dem gerade vorliegenden Falle fest, hob aber ausdrücklich hervor, daß ein Minderbetrag vom Beklagten nicht dargethan sei.]

47. Die allgemeinen Rechtsgrundsätze, auf welche § 11 a. E. verweist, sind für das Gebiet des ALR. im § 26, I. 6 enthalten, da die §§ 8—11 h. l. zu den Polizeigesetzen im Sinne des § 26 cit. gehören. Demnach begründet die im § 11 erwähnte Unterlassung die gesetzliche Vermuthung, daß sie gerade den Schaden herbeigeführt habe: OT. 5. Dez 1856 l. c.

§. **13.** In den Vorschriften über die Beschränkung der Juden in der Wahl ihres Aufenthalts wird durch dieses Gesetz nichts geändert.

§. **14.** Die Bestimmungen des gegenwärtigen Gesetzes sind auf solche Personen, welche sich blos als Fremde oder Reisende an einem Orte aufhalten, nicht zu beziehen; in Ansehung dieser Personen behält es bei den Vorschriften über die Fremdenpolizei sein Bewenden.

§. **15.** Die Vorschriften dieses Gesetzes finden auch auf diejenigen Fälle Anwendung, welche bei Publikation desselben durch Entscheidung der Behörden noch nicht vollständig erledigt sind.

---

§ 13.

48. Die bisherigen besonderen Beschränkungen der inländischen Juden in Bezug auf die Wahl des Aufenthalts sind durch die §§ 1, 72 des Ges. v. 23. Juli 1847 beseitigt Eine Ausnahme erlitt dies in Folge des § 33 Nr. 7 ib. hinsichtlich der nicht naturalisirten Juden des Großh. Posen; doch besteht selbst diese Ausnahme nicht mehr, seitdem durch die Verf -Urk der Unterschied zwischen naturalisirten und nicht naturalisirten Juden hinweggefallen ist Die durch § 71 ib. in Betreff ausländischer Juden angeordnete Beschränkung befindet sich dagegen noch in Kraft. Cf. MR. 8. Mai 1848 (BMBl. S. 149), v. Rönne I S 312.

§ 14.

49. Die Vorschriften über die Fremden-Polizei sind hauptsächlich in der auf Grund des Paß-Ed. v. 22. Juni 1817 (GS S. 152) erlassenen Gen-Instr. v. 12. Juli 1817 enthalten; cf. v. Rönne II. S. 501 ff.

50. Ob der Aufenthalt Jemandes ein dauernder (§ 1) oder ein vorübergehender (§ 14) sei, läßt sich nicht nach allgemeinen Kriterien, sondern nur nach der Lage des konkreten Falls bemessen; selbstredend ist jedoch von Anwendung des § 14 keine Rede weiter, wenn Jemand durch dreijährigen Aufenthalt (§ 11) ein Hülfsdomizil erworben hat. MR. 14. Dez 1860 (BMBl. 61, S. 12). — Im Uebr. vgl. n. 4, 12, 41.

§ 15.

— —

Gesetz
über die Verpflichtung zur Armenpflege. Vom 31. Dezember 1842.

[GS. Nr. 2318, — 1843, S. 8.]

(Litteratur: v. Rönne, das Staatsrecht der Preuß. Monarchie, II. S. 519 ff. — C. Döhl, die Armenpflege des Preuß. Staats, Berlin 1860.)

Wir Friedrich Wilhelm, von Gottes Gnaden, König von Preußen rc. rc.

verordnen über die Verpflichtung zur Armenpflege auf den Antrag Unseres Staatsministeriums, nach Anhörung Unserer getreuen Stände und nach erfordertem Gutachten Unseres Staatsraths für den ganzen Umfang der Monarchie, was folgt:

Zum Eingange.

1. Das ALR. handelt im Tit. 19 Th. II., welcher die Ueberschrift trägt „von Armenanstalten und anderen milden Stiftungen", nicht blos von solchen Anstalten, sondern von der gesammten öffentlichen Armenpflege. Eignete sich jedoch dieser Gegenstand schon an sich zum erheblichen Theile nicht zur Aufnahme in ein allgemeines Gesetzbuch, so wurden die bezüglichen Bestimmungen auch zu einer Zeit getroffen, wo noch die Erbunterthänigkeit sowie das Zunftwesen bestand, und die Kommunal-Verwaltung ganz von den Staatsbehörden geleitet wurde. Dieselben erwiesen sich daher, seitdem jene Verhältnisse zu bestehen aufgehört oder doch eine gänzliche Reform erlitten hatten, nicht mehr als den Bedürfnissen entsprechend. Seit längerer Zeit war man um deswillen mit einer verbesserten Einrichtung des Armenwesens beschäftigt, und es wurde die Promulgation des zu diesem Behufe vorbereiteten Gesetzes nur dadurch verzögert, daß der Staatsrath die vorgängige Feststellung der Grundsätze über das Ansiedelungswesen für nöthig erachtete. So traten gleichzeitig das Heimaths- und das APfl.-Ges. in's Leben und gaben in Verbindung mit dem seitdem durch das StGB. in Wegfall gekommenen Ges. über die Bestrafung der Landstreicher rc. v. 6. Jan. 1843 dem Armenwesen für das gesammte Staatsgebiet eine feste Basis. Cf. Ergänz. zum ALR. II. 19 und Heim.-Ges. n. 1—3.

2. Inzwischen erfuhren die beiden ersterwähnten Ges. seitdem durch das Ges.

Verpflichtung 1) der örtlichen Armenverbände: a) Gemeinden.

§. 1. Die Fürsorge für einen Armen hat, wenn dazu kein Anderer (Verwandter, Dienstherrschaft, Stiftung ꝛc.) verpflichtet und vermögend ist, diejenige Gemeinde zu übernehmen, in welcher derselbe

1) als Mitglied ausdrücklich aufgenommen worden ist, oder

2) unter Beobachtung der Vorschriften des Gesetzes vom heutigen Tage über die Aufnahme neuanziehender Personen §. 8. einen Wohnsitz erworben, oder

---

v. 21. Mai 1855 (GS. S. 311) wesentliche Abänderungen, resp. Ergänzungen, welche den Materialien zufolge dreierlei bezweckten: a) eine gerechtere Vertheilung der Armenlast unter den einzelnen Armenverbänden (Artt. 1, 2, 4, 5); b) wirksameres Anhalten der zur Alimentation des Armen privatrechtlich Verpflichteten zur Erfüllung dieser Verpflichtung (Artt. 6—10); c) Einführung besserer Maaßregeln wider zuchtlose Arme (Artt. 11 ff.). Die unter a und b erwähnten Vorschriften reihen sich an bestimmte §§ jener Gesetze an. Im Uebrigen vgl. unten n. 23, 35 und 156.

3. Neben diesen Gesetzen ist außerdem das Ges., betr. die Unterstützung der bedürftigen Familien zum Dienste einberufener Reserve- und Landwehrmannschaften, v. 27. Febr 1850 (GS S. 70) zu erwähnen. Letzteres legt jedoch die desfallsige Verpflichtung nicht den Armenverbänden, sondern den Kreisen zur Last (§ 3), und überträgt die endgültige Entscheidung über die Unterstützungs-Bedürftigkeit sowie über den Umfang und die Art der zu gewährenden Unterstützung einer für jeden Kreis zu bildenden Unterstützungs-Kommission (§ 6), wogegen die erforderlichen Geldmittel von der Kreisvertretung beschafft, und nöthigenfalls nach dem Verhältnisse der sonstigen Kreis-Kommunalbeiträge aufgebracht werden sollen.

4. Das APfl.-Ges. bezieht sich lediglich auf die Rechte und Pflichten der öffentlichen Armenverbände, als welche es nur die in den §§ 1, 5, 9 aufgeführten kennt; es läßt daher das Verhältniß des Armen zu seinen Verwandten, zur Dienstherrschaft, zu Stiftungen und anderen jenen AV. nicht beizuzählenden Korporationen unberührt: MR. 9. Dez. 1843 (VMBl. 44, S. 200).

5. Seine Vorschriften zerfallen in drei Kategorien. Die der ersten (§§ 1 bis 24) bestimmen das zur öff. APfl. definitiv verpflichtete Rechtssubjekt und sondern sich wieder in drei Unterabtheilungen, je nachdem sie nämlich von der Verpflichtung der Orts-AV. (§§ 1—8), oder von der der Land-AV. (§§ 9 ff.), oder davon handeln, wem die Fürsorge für die Angehörigen eines Armen obliegt (§§ 17 ff.). Die Vorschriften der zweiten Kategorie (§§ 25—31) behandeln die Fälle der vorläufigen Fürsorge für die Angehörigen eines anderen AV., und zwar die einen (§§ 25—28) diejenigen, wo der vorläufig verpflichtete AV. seinen Rückgriff direkt gegen den definitiv verpflichteten zu richten hat, die andern (§§ 29—31) diejenigen, wo der Land-AV. auf Erfordern die zu erstattenden Kosten vorschießen muß. § 32 schließt sich zwar den Vorschriften dieser zweiten Kategorie an, und bildet gewissermaaßen den Gegensatz zu § 29; seinem Wesen nach gehört er jedoch mehr zu denen der ersten Kategorie. Die der dritten endlich (§§ 33 ff.) regeln die Kompetenz-Verhältnisse.

§ 1.

6. Die durch das APfl.-Ges. den AV. auferlegte Pflicht liegt ihnen nicht dem Armen, sondern dem Staate gegenüber ob; der Arme hat daher keinen Rechtsanspruch auf die öff. Fürsorge (§ 33), sondern muß die Unterstützung als eine Wohlthat hinnehmen; cf. Motive der Reg.-Vorl. zur Novelle v. 1855.

3) nach erlangter Großjährigkeit während der drei letzten Jahre vor dem Zeitpunkte, wo seine Hülfsbedürftigkeit hervortritt, seinen gewöhnlichen Aufenthalt gehabt hat.

---

7. Wenngleich die Verpflichtung der AV nur eine subsidiäre ist, so sind dieselben dennoch der Zeit nach die Zuerstverpflichteten. Folgeweise muß mit Feststellung des schuldenden AV. der Anfang gemacht, und diesem der Regreß wider die privatrechtlich Verpflichteten überlassen werden. Cf n. 132.

8. Der Begriff der Armuth (im Sinne des APfl.-Ges.) ist aus § 4 des Heim.-Ges. zu erläutern. Hiernach können arbeitsfähige Personen in der Regel, und von etwaigen besonderen Umständen abgesehen, als arm nicht betrachtet werden, zumal wenn sie nur für sich zu sorgen haben, cf. MR. 5. Mai 1855 (BMBl. S. 117), wogegen freilich eine blos theilweise, resp. unvollkommene Arbeitsfähigkeit den Begriff der Armuth ebensowenig ausschließt, wie es der bloße Besitz einer Leerhäuslerstelle thut; cf. MR. 8 Jan 1842, 20. Mai 1860 (ib. 42, S. 9; 60, S. 115). Auch ist als arm zu erachten, wer zwar für sich keiner Unterstützung bedarf, wohl aber seine Frau und [minderjährigen] Kinder nicht zu ernähren vermag: OT. 16. April 1858 (Strieth. 29, S 256), AH. Cöln 13. April 1859 (Rh. A. 54, I. 219). [In dem Gesuche um Bewilligung freien Schulunterrichts für die Kinder kann selbstredend der Beweis der Verarmung nicht schon gefunden werden: MR. 30. April 1845 (BMBl. S. 119). Ebensowenig genügt zu diesem Behufe z. B. die Berechnung, nach welcher ein unverheirathetes Frauenzimmer voraussichtlich außer Stande sein werde, das Kostgeld für ihr bei Fremden untergebrachtes Kind zu entrichten: MR. 16. Dez. 1860 (BMBl. 61, S. 16).]

8 bis. Demzufolge ist die Heimathsgemeinde für die an arbeitsfähige Reisende verabreichten Unterstützungen in der Regel nicht verhaftet, selbst, wenn solchen Personen Zwangspässe ertheilt sind: MR. 9. Juni 1859 (ib. S. 212). Frühere R. (cf. MR. 31. Jan, 20. Dez. 1845, 5 Febr. 1854, 5. Mai 1855, ib. 45, S. 69; 46, S. 12; 54, S. 27, 170; 55, S 117) unterschieden zwischen den Inhabern solcher Zwangspässe und denen bloßer Reiserouten, indem sie zwar nicht die an letztere, wohl aber die an erstere gewährten Mittel zu den APfl.-Kosten zählten. Inzwischen erkennt das MR. 12. Jan. 1860 (ib S. 101) die Ersatzpflicht des AV. an, wenn einem aus dem Landarmenhause entlassenen arbeitsfähigen Individuum Kleidungsstücke verabreicht würden, ohne deren Besitz dasselbe auf der Reise nicht einmal Arbeit suchen könne. Gleiches gilt von den beim Transport eines Armen verwandten Kosten, sofern sie lediglich im Interesse der APfl. verwandt sind, da der AV. nicht blos die Verpflegung zu leisten, sondern auch die Uebernahme eines sich auswärts aufhaltenden Armen zu bewirken hat (§§ 23, 24, II. 19 ALR.): MR. 13. Febr. 1858 (ib S. 42). Cf ferner n. 160.

9. Dagegen gehören die Kosten für die Verpflegung von Straf- und Untersuchungs-Gefangenen oder von polizeilich detinirten Personen zu den APfl.-Kosten nicht, und ebensowenig die Verpflegungskosten für die Zeit zwischen einer Strafverbüßung und der Detention in einer Besserungs-Anstalt: MR. 17. Juli 1858, 25. Febr. 1860 (ib. 58, S 136; 60, S. 38), wohl aber die besonderen für den Säugling einer Verhafteten erwachsenden Kosten, z. B. die Bekleidungs- und Beerdigungskosten, sofern der Vater arm ist: MR. 5. März 1862 (ib. S. 188).

10. Ferner gehören dahin (in der Regel) die Schulgelder, da in Ermangelung besonderer das Gegentheil vorschreibender Bestimmungen (cf. z. B. Ges. v. 11. Flor. X. Art. 4) der Lehrer Anspruch auf jene Gelder in Betreff aller Schulkinder hat: MR. 6. März 1852, 4. Mai 1859 (ib. 52, S 44; 59, S. 170);

11. — desgleichen die Kosten für ärztliche Behandlung und Arzneien: MR. 31. Mai 1842 (ib. S. 218); [Ueber die Bedingungen, von denen die Verbindlichkeit der Gemeinden zur Remuneration des Arztes und Apothekers abhängig ist, vgl. R. 10. April 1821, 10. Aug 1842 (ib. S. 279)]

11 bis. — insbesondere auch die zufolge polizeilicher Anordnung auf die Wiederbelebung vermeintlicher Scheintodten verwandten Kosten und Auslagen

der Aerzte (wogegen für die durch Ed. v. 15. Nov. 1775 zugesicherte Prämie, gemäß §§ 787, 792, II. 20 ALR., die Staatskasse aufkommen muß): MR. 5. Oktbr. 1841, 16. Juni 1842, 20. Nov. 1845 (ib. 41, S 287; 42, S. 217; 45, S. 339);

12. — desgleichen die Beerdigungskosten, mit Ausnahme derer für die Beerdigung von Straf- oder Untersuchungs-Gefangenen: MR. 20. Novbr. 1845, 5. Febr. 1854, 28. März 1861 (ib. 45, S. 339; 54, S 174; 61, S. 8) [In Betreff des Betrags dieser Kosten vgl. MR. 20. Juli 1843, 20. August 1845, 5. Mai 1850 (ib. 43, S. 218; 45, S. 258; 50, S. 175)]

13. Das MR. 6. Aug. 1853 (ib. S 163) erachtet die Gemeinden zur Fürsorge für ihre Angehörigen außerhalb des Orts in der Regel für nicht verpflichtet, gleichviel, ob die Erhebung der Unterstützung bei ihnen erfolge, oder nicht.

14 In Betreff der Verbindlichkeit zur APfl. kommt es darauf, ob ein großjähriger Armer noch unter väterlicher Gewalt stehe, nicht an: R der Reg. zu Frankfurt u. Marienwerder v. 2. Juni 1847, resp. 22. Febr. 1854 (ib. 47, S. 120; 54, S. 47).

15. Die den Gemeinden obliegende Verbindlichkeit zur APfl. erstreckt sich auch auf die in ihrer Feldmark wohnenden Bewohner von Pfarrgütern, ungeachtet letztere Güter von den Kommunallasten befreit sind: MR. 22. Okt. 1845 (ib. S. 338).

16. Ueber die Art und Weise, wie die einzelnen Mitglieder einer Gemeinde zur APfl. beizutragen haben, enthält das Gesetz keine näheren Bestimmungen, weshalb es den Anschein gewinnt, als ob in dieser Hinsicht an den bisherigen allgemeinen Grundsätzen Nichts geändert worden sei, zumal schon früher als Regel galt, daß die APfl. eine allgemeine Kommunallast sei; cf. §§ 10 ff, II. 19 ALR. Inzwischen nimmt die Praxis des OT. an, daß das APfl-Ges. dem früheren Rechtszustande einen neuen, umfassenderen substituirt, und erst eine allgemeine, die Gesammtheit der Gemeinde-Mitglieder betreffende Last der Orts-AV. eingeführt habe, daß mithin seit dessen Erlaß keine Observanzen oder ältere Verträge als Exemtionsgründe mehr Geltung hätten, wie denn auch keine neuen Verträge oder Gemeinde-Beschlüsse abgeschlossen, resp gefaßt werden könnten, durch welche Befreiungen zu Gunsten einzelner Gemeinde-Mitglieder oder ganzer Klassen derselben begründet, oder gar die Last der Gemeinde in eine Singularlast ihrer Mitglieder umgewandelt würde, und zwar so, daß derartige Verträge ꝛc. nicht allein der Gemeinde als Korporation gegenüber, sondern auch zwischen den kontrahirenden Gemeinde-Mitgliedern selbst ohne alle Wirkung seien; cf. OT. 27. u 15. März 1854, 13. April u. 5. Nov. 1855, 18 April 1856 (Strieth 12, S. 288; Entsch. 27, S. 307; 32, S. 200). Es hatte sich übrigens schon ein MR. 15 Febr. 1840 (VMBl. S. 89) wider die Statthaftigkeit solcher Verträge ausgesprochen

17. Dagegen erachteten die MR. 20. Juli, 8. Sept. u 9. Okt. 1850 (VMBl. S. 209, 275) es für statthaft, bei Bildung neuer Gemeindebezirke (welche damals gerade in Folge der Gem.-O v. 11. März 1850 in Frage stand), innerhalb der Gemeinde besondere AV insoweit bestehen zu lassen, als die bisher Verpflichteten (Städte, Dörfer, Dominien oder sonstige Besitzungen mit Ausnahme der im § 8 h. l. genannten) sich bei ihrem Eintritte in den Gemeindeverband der neuen Gemeinde gegenüber verpflichten könnten, die Last der APfl. auch ferner zu tragen, ohne daß darum freilich die subsidiäre Verbindlichkeit der neuen Gemeinde wegfalle. Jene R. sprachen sich ferner dahin aus, daß Streitigkeiten zwischen solchen Spezial-Verbänden nicht ohne Weiteres nach § 34 h. l entschieden werden könnten, hielten aber auch eine desfallsige Vereinbarung', sofern sie im Gemeindestatut (Gem.-O. v. 1850 § 8) getroffen werde, für zulässig.

18. Im Uebrigen vgl., was die Frage betrifft, ob über die Verpflichtung zur Leistung von APfl-Beiträgen zwischen der Gemeinde und den Gemeinde-Mitgliedern, oder unter letzteren selbst vor Gericht gestritten werden könne, VO. v. 1808 n. 275 ff. und unten n. 131, sowie darüber, welche Gemeinde-Mitglieder beitragspflichtig seien, und auf welche Weise die APfl. seitens der Gemeinden zu beschaffen, Ergänz. zu §§ 9—31, II. 19 ALR.

§ 1 Nr. 1.

19. In dieser Bestimmung (deren Quelle wohl im § 11, II. 19 ALR. zu suchen

ist) hat der damaligen Gesetzgebung gemäß die scharfe Trennung zwischen Bürgern und Schutzverwandten, zwischen Bauern und Einliegern festgehalten werden sollen: MR. 31. Mai 1857 (BMBl. S. 102). — Demgemäß stellt die Ertheilung eines bloßen Schutzbriefs wohl keine ausdrückliche Aufnahme in die Gemeinde-Mitgliedschaft dar. *Contra* anscheinend: OT. 23. Mai 1856 (Strieth. 21, S. 217).

20. Die ausdrückliche Aufnahme Jemandes als Gemeindemitglieds ist mit der bloßen Aufnahme in die Gemeinde, dem unter Bewilligung der Gemeinde erfolgten Anzuge (Heim.-Ges. §§ 8 ff.), nicht zu verwechseln. Das durch einen solchen Anzug zu begründende Hülfsdomizil beurtheilt sich vielmehr nach § 1 Nr. 2 h. l.: MR. 31. Mai 1857 (BMBl. S. 103).

21. Da die Rezeption eine ausdrückliche und eine Aufnahme als Mitglied sein muß, so begründet schon um deswillen die Einsetzung eines Dienstmanns in eine Miethswohnung seitens der Gutsherrschaft kein Hülfsdomizil im Sinne des § 1 Nr. 1; cf. OT. 14. Jan. 1858, 7. Dezbr. 1860 (Strieth. 28, S. 329; 40, S. 94), MR. 31. Mai 1857 l. c. und unten n. 45. *Contra:* OT. 6. Juli 1855 (Strieth. 19, S. 36).

22. Ueberhaupt besitzt § 1 Nr. 1, zumal unter der gegenwärtigen Gesetzgebung, nur eine höchst geringe praktische Bedeutung, da in den Städten die Gemeinde-Mitgliedschaft nicht mehr besonders verliehen wird, sondern ipso iure entsteht (cf. Städte-O. v. 1853 § 5), und in den Dorfgemeinden die ausdrückliche Rezeption gleichfalls nicht üblich ist: MR. v. 1857 l. c. Doch nimmt v. Rönne (II. S. 528) an, daß letztere in den Städten theilweise (bei Erlangung des Bürgerrechts und bei Erhebung von Einzugsgeldern) noch stattfinde.

§ 1 Nr. 2.

23. Bei dem engen Zusammenhange, welcher zwischen § 1 Nr. 2 und dem denselben wesentlich modifizirenden Art. 1 der Novelle einer- und dem Heimaths-Ges. andererseits besteht, ist das zur Erläuterung jener Gesetzesstellen Dienende bereits in den Noten zu §§ 1, 5, 8 des letzteren Ges. gesagt worden. Insbesondere vgl. in Beziehung auf die Frage, ob zum Erwerbe eines Hülfsdomizils im Sinne der Nr. 2 immer Großjährigkeit erfordert werde, Heim.-Ges. n. 9 und das dort cit. OT. 22. März 1861.

§ 1 Nr. 3.

24. Der Besitz eines Passes oder einer sonstigen Legit.-Urk. kommt in Beziehung auf Nr. 3 nicht in Betracht: MR. 5. Febr. 1859 (BMBl. S. 91).

25. Dem Aufenthalte muß die freie Selbstbestimmung des Verarmten zu Grunde liegen. Daher wird ein Hülfsdomizil im Sinne der Nr. 3 durch einen von seinen Verwandten an einem fremden Orte in Pflege gegebenen Blödsinnigen nicht erworben: OT. 23. Febr. 1856 (Strieth. 20, S. 203).

26. Großjährige Dienstboten erwerben gleichfalls ein Hülfsdomizil durch dreijährigen Aufenthalt: MR. 12. Jan., 29. März 1844, 18. Nov. 1858 (BMBl. 44, S. 5, 83; 58, S. 229); OT. (Pl.-B.) 6. Jan. 1862 (JMBl. S. 50). — Früher huldigte dieser Gerichtshof der entgegengesetzten Ansicht; cf. OT. 24. Juni 1857, 3. Okt. 1859, 3. Febr., 30. Nov. 1860 (Entsch. 36, S. 373; Strieth. 35, S. 136; 36, S. 202; 40, S. 75).

26 bis. Hat ein Beamter drei Jahre lang nicht an seinem Bestimmungsorte, sondern an einem andern Orte gewohnt, so hat er an letzterem sein Hülfsdomizil. Dies erleidet jedoch, gemäß § 12, II. 19 ALR., alsdann eine Ausnahme, wenn er während dieser Zeit nicht zu den Kommunalsteuern dieses Aufenthalts-, sondern zu denen des Bestimmungsorts herangezogen worden ist: OT. 12. Okt. 1860 (Entsch. 45, S. 405).

27. Der gewöhnliche Aufenthalt muß drei Jahre gedauert haben. Die [anscheinend ex analogia des § 3 a. E. hergeleitete] Ansicht, daß § 1 Nr. 3 diejenige Gemeinde verpflichte, in welcher sich der Verarmte während der letzten drei Jahre am längsten aufgehalten habe, widerspricht sowohl dem Wortlaute, wie der Absicht des Gesetzes: MR. 27. Okt. 1848 (BMBl. S. 343).

§. 2. Ein Wohnsitz im Sinne des §. 1. Nr. 2. wird für Personen, welche als Dienstboten, Haus- und Wirthschafts-Beamte, Handwerksgesellen, Fabrikarbeiter u. s. w. im Dienste eines Andern stehen, an dem Orte, wo sie im Dienste sich befinden, durch dieses Dienstverhältniß allein niemals begründet.

§. 3. Die Verpflichtung zur Fürsorge für den Verarmten beginnt in dem Falle des §. 1. Nr. 1. mit dem Tage

---

28. Mit Rücksicht auf § 4 ist anzunehmen, daß die drei Jahre des § 1 Nr. 3 nicht immer gerade die letzten vor dem ersten Hervortreten der Hülfsbedürftigkeit sein müssen: *OT. 12. Juni 1855, AH Cöln 10. April 1851 (Rh. A 51, II. 26; 46, I. 75); cf auch MR. 28. April, 23. Aug. 1844 (VMBl. S. 128, 238). *Contra:* AH. Cöln 28 Juni 1854 (Rh. A. 50, I. 26).

29. Von einem „Hervortreten der Hülfsbedürftigkeit“ kann nach AH. Cöln 4. Febr 1850 (Rh. A. 45, I. 149) nur da die Rede sein, wo dies der Gemeinde ꝛc. gegenüber geschieht, weshalb die Zeit, während welcher Jemand von seiner Familie oder anderen Privaten unterhalten worden, außer Betracht bleibe. Dies dürfte jedoch dann eine Ausnahme erleiden, wenn in Betreff der von Privaten gemachten Leistungen ein Ersatzanspruch wider den AV. besteht und geltend gemacht wird.

30. Es genügt, wenn die drei Jahre vor dem Hervortreten der Hülfsbedürftigkeit abgelaufen sind. Daß die Gemeinde innerhalb derselben Zeit die Zurückweisung der Armen bewirkt, resp. bei der Landes-Polizeibehörde nachgesucht habe, ist nicht erforderlich. A. M. ist augenscheinlich AH. Cöln 8. Okt. 1856 (Rh. A. 52, I. 66), indem dasselbe nur dem Ablaufe obiger Frist während der über den Antrag auf Zurückweisung gepflogenen administrativen Verhandlungen jede Wirkung abspricht. Vgl. überdies unten n. 38.

§ 2.

31. Ob Jemand Dienstbote sei, ist nach den jedesmaligen thatsächlichen Verhältnissen zu beurtheilen, und dem Richter hierbei durch den Beisatz „u. s. w.“ im § 2 insoweit eine freie Erwägung gestattet: OT. 7. Dez. 1860 (Striethorst. 40, S. 94).

32. § 2 schließt nicht aus, daß Dienstboten unter besonderen Umständen ihren Wohnsitz am Dienstorte aufschlagen können; beispielsweise ist aus der Führung eines eignen Hausstands die erfolgte Aufschlagung eines Domizils herzuleiten: MR. 21. Okt. 1843 (VMBl. S. 308).

33. Doch erleidet § 2 durch § 5 keine Beschränkung. So hat ein Dienstmann, der bei einer Gutsherrschaft Unterhalt und Schlafstelle hat, während seine Familie im Bezirke eines anderen AV. wohnt, bei jener Herrschaft kein Hülfsdomizil: OT. 17. Sept. 1852 (Striethorst. 6, S. 320).

34. § 2 bezieht sich zwar an sich nur auf die APfl. und derogirt daher der bestehenden Civilgesetzgebung über das Domizil der Dienstleute hinsichtlich aller übrigen Rechtsverhältnisse keineswegs. Da es jedoch im Gebiete des ALR. und der AGO. an einer gleich allgemeinen Bestimmung fehlt, wie die des Art. 109 des Rhein. B. G. B. ist (§ 13, I. 2 AGO. disponirt nur über den ordentlichen persönlichen Gerichtsstand des Gesindes) so giebt das MR. 12. Juni 1844 (VMBl. S. 199) dem § 2 [für obiges Gebiet], eine größere Tragweite, indem es alle früheren Zweifel darüber, ob der Gesindedienst ein Domizil begründe oder nicht, für beseitigt erachtet, und demgemäß aus § 2 folgert, daß außerhalb heimische Dienstboten nach der Städte-O. v. 1808 zu Kommunal-Beiträgen nicht herangezogen werden könnten. Aehnlich MR. 21. März 1845 (ib. S. 59)

§ 3.

35. Cf. oben n. 23 und Heim.-Ges. n. 20 ff.

der Aufnahme, und in dem Falle des §. 1. Nr. 2. mit dem Zeitpunkte der Erwerbung des Wohnsitzes.

Sind die im §. 1. unter Nr. 1. und 2. aufgestellten Bedingungen bei mehreren Gemeinden in Beziehung auf dieselben Personen vorhanden, so entscheidet deren gewöhnlicher Aufenthalt.

§. 4. Die durch die Vorschriften des §. 1. bestimmte Verpflichtung der Gemeinde erlischt, wenn der Verarmte nach erlangter Großjährigkeit seit drei Jahren aus der Gemeinde abwesend ist. Eine Ausnahme hiervon findet statt, wenn die Abwesenheit durch bloß vorübergehende Verhältnisse, insonderheit durch den Betrieb eines nicht stehenden Gewerbes, durch Erfüllung der allgemeinen Militairpflicht, durch Abbüßung einer zeitigen Freiheitsstrafe u. s. w. veranlaßt worden ist.

---

§ 4.

36. § 4 korrespondirt dem § 1 Nr. 3, weshalb beide Gesetzesstellen sich gegenseitig erläutern (cf. n. 28, 38, 39, 41). Inzwischen setzt der Verlust des Hülfsdomizils keineswegs immer den Erwerb eines andern im Sinne des § 1 Nr. 3 voraus, indem einestheils dieser Erfolg auch dann eintritt, wenn ein anderes Hülfsdomizil auf Grund des § 1 Nr. 1 und 2 erworben wird (§ 3 a. E. kommt daher in letzteren Fällen nicht zur Anwendung) — cf. OT. 7. März 1856 (Strieth. 20, S. 259) — anderentheils aber die dreijährige Abwesenheit den Verlust des Hülfsdomizils selbst dann nach sich zieht, wenn man unterdessen ein neues Hülfsdomizil gar nicht erworben, sich vielmehr überall nur vorübergehend aufgehalten hat, ungeachtet die Abwesenheit von der Heimath keine vorübergehende war.

37. Entlassung aus dem Unterthanen-Verbande u Auswanderung bilden keinen selbstständigen Grund für das Erlöschen des Hülfsdomizils, weshalb ein Auswanderer, welcher, ohne anderwärts ein neues Hülfsdomizil erworben zu haben, binnen drei Jahren zurückkehrt, sein bisheriges Hülfsdomizil behält; cf. AH. Cöln 17. Nov. 1853 (Rh. A. 49, I. 108) und Heim.-Ges. n 33. Ebenso bleibt das Hülfsdomizil zu Gunsten der Ehefrau und Kinder eines aus dem Unterthanen-Verbande Entlassenen bestehen, wenn zwar nicht dieser, wohl aber jene in der Heimath zurückbleiben: cf. §§ 17, 20 h. l. und OT. 21 Mai 1855 (Strieth 20, S. 22).

38. Die Verbindlichkeit zur APfl erlischt nur dann, wenn innerhalb der drei Jahre der Abwesenheit noch keine APfl. eingetreten war: OT. 21. April 1856 (Strieth. 21, S. 105). [Dieses Erk. wird jedoch bei Beurtheilung des bei Gruchot 4, S. 98 mitgetheilten Rechtsfalls so gedeutet, daß eine innerhalb der drei Jahre eingetretene und beendigte kurze Bedürftigkeit an der Berechnung des dreijährigen Zeitraums Nichts ändern solle.] Um so viel weniger wird zur Ausschließung des § 4 erfordert, daß die Regierung innerhalb jener Frist ein Resolut im Sinne des § 34 h. l. wider die Heimathsbehörde erlasse. Indem AH. Cöln 30. April 1858 (Rh. A. 53, I. 224) dies anerkennt, legt dasselbe jedoch besonderes Gewicht darauf, daß die administrativen Vorverhandlungen in dem konkreten Falle schon vor Ablauf der drei Jahre begonnen hatten, und scheint daher, im Widerspruche mit dem OT. zu unterstellen, daß der bloße Eintritt der Hülfsbedürftigkeit innerhalb des obigen Zeitraums nicht genüge, um das bisherige Hülfsdomizil bestehen zu lassen. Cf. auch n. 30 und Heim.-Ges. n. 26.

38 bis. § 4 erfordert nicht blos den Mangel einer eignen und bestimmten Wohnstätte, sondern auch die thatsächliche körperliche Abwesenheit, welche letztere überdies nicht durch zeitweise Anwesenheit unterbrochen werden darf. Als

b) Gutsherrschaften.

§. 5. Gutsherrschaften, deren Güter nicht im Gemeinde-Verbande sich befinden, sind zur Fürsorge für die im Gutsbezirke befindlichen Armen in gleicher Weise, wie die Gemeinden, verpflichtet.

---

wirksame Unterbrechung wird nun zwar ein blos momentanes Wiedererscheinen, oder eine durch einzelne besondere Anlässe herbeigeführte, resp. blos zufällige Anwesenheit nicht gelten; wohl aber tritt jener Erfolg ein, wenn Jemand, z. B. als Taglöhner, obgleich nur selten und vorübergehend in der Gemeinde thätig gewesen ist: AH. Cöln 16 Okt. 1856 (Rh. A. 52, I. 45). — Eine Unterbrechung ist z. B. nicht anzunehmen, wenn Jemand in den drei Jahren seine Kinder in die Heimath bringt, sie dort verläßt und dafür bestraft wird. So: OT. 27. Sept. 1858 (Strieth. 30, S. 281), welches jedoch, anscheinend irriger Weise (cf. n. 4), das entscheidende Moment darin fand, daß jene Thatsache ein factum illicitum gewesen sei.

39. Die Abwesenheit muß ferner eine freiwillige sein; cf. oben n. 25 und AH. Cöln 23 Jan. 1862 (Rh. A. 56, I. 204). Dieses Erk. nahm wenigstens an, daß, wenn Jemand sich auf Grund eines Zwangspasses entfernt habe, später zurückkehre, ein neues Unterkommen suche, und erst, nachdem ihm dies nicht gelungen, fortgehe, der letztere wenn auch kurze Aufenthalt die dreijährige Abwesenheit unterbreche.

39 bis. Die im § 4 angeführten Beispiele einer blos vorübergehenden Abwesenheit haben ein gemeinschaftliches Zeichen in der Nothwendigkeit des auswärtigen Aufenthalts. Ein vagirendes Leben läßt sich in gewissem Sinne gleichfalls als eine Reihe vorübergehender Verhältnisse ansehen, schließt darum jedoch den Verlust des Hülfsdomizils nicht aus Dasselbe gilt von der Wanderschaft der Gesellen; cf. Rechtsf. bei Gruchot 4, S. 97.

40. Nach der Gewerbe-Gesetzgebung bildet ein „stehendes Gewerbe" den Gegensatz zu einem Gewerbe, welches im Umherziehen betrieben wird (Hausirhandel). Inzwischen wird der Ausdruck „nicht stehendes Gewerbe" im § 4 wohl etwas weiter reichen, als diese Gegenüberstellung anzudeuten scheint. OT. 23. Mai 1856 (Strieth. 21, S 217) erachtete das Gewerbe eines Steuermanns auf einem Stromfahrzeuge für ein nicht stehendes im Sinne des § 4.

41. Ob Gesindedienst als ein blos vorübergehendes Verhältniß zu betrachten, beantwortet sich in ähnlicher Weise, wie die oben n. 26 besprochene Frage, und muß daher verneint werden: MR. 11. Okt. 1847, 4 Febr. 1850 (BMBl 50, S. 62). Diese Reskripte sprechen dasselbe vom Dienstverhältnisse der Handwerksgehülfen aus, und heben außerdem hervor, daß es Nichts ändre, wenn der Aufenthalt, den Jemand als Dienstbote rc an verschiedenen Orten genommen habe, ein blos vorübergehender gewesen sei, indem hieraus noch nicht folge, daß auch die Abwesenheit von der Heimath blos vorübergehender Natur gewesen. Cf n. 36.

42. Der Abbüßung einer zeitigen Freiheitsstrafe steht die Detention in einem Arbeitshause rc. gleich: OT. 21 Nov. 1860 (Strieth. 39, S. 231).

43. Die Abbüßung muß der wirkliche Grund der Abwesenheit sein, was in der Regel nicht zutrifft, wenn dieselbe nicht in den Beginn, sondern in die Mitte einer längeren Abwesenheitszeit fällt: OT. 27. Sept. 1858 (Strieth. 30, S. 281). *Contra.* das cit OT. 21 Nov. 1860, welches die Strafzeit niemals als Abwesenheitszeit angesehen wissen will.

44. Ist eine blos vorübergehende Anwesenheit, sofern sie in die Mitte einer längeren Abwesenheitszeit fällt, als Anwesenheit zu erachten, so daß sie die dreijährige Frist des § 4 unterbricht, oder bewirkt sie blos einen Stillstand dieser Frist? OT. 21. Nov. 1860 l. c. scheint das Letztere anzunehmen; cf. auch Rechtsf. bei Gruchot 4, S. 96, 98.

§§ 5—8.

45. Was § 1 Nr. 1 von der ausdrücklichen Rezeption zum Gemeinde-Mitgliede sagt, kommt bei Gutsherrschaften nicht zur Anwendung; bezüglich der

§. 6. Die Verpflichtung verbleibt den Gutsherrschaften auch rücksichtlich der Armen, welche auf den vom Gute zu Eigenthums-, Erbpachts- oder Erbzins-Rechten veräußerten Grundstücken sich befinden. Ausnahmen hiervon treten ein:

1) wenn dergleichen Trennstücke nach den für einzelne Landestheile erlassenen Vorschriften mit den Gemeinden vereinigt werden (Verordnung, betreffend die Regulirung der Verhältnisse zwischen den Dominien und Gemeinden in den ehemals Westphälischen Landestheilen der Provinz Sachsen vom 31. März 1833. §. 9., Landgemeinde-Ordnung für die Provinz Westphalen vom 31. Oktober 1841. §. 9.);
2) wenn eine solche Vereinigung unter ausdrücklicher Zustimmung der Gemeinde und mit Genehmigung der Landes-Polizeibehörde erfolgt;
3) wenn die Vereinigung schon vor der Publikation dieses Gesetzes, zwar ohne jene Zustimmung und Genehmigung (Nr. 2.), jedoch ohne Widerspruch der Betheiligten wirklich in Ausführung gekommen ist;
4) wenn aus den Trennstücken eine eigene Gemeinde gebildet wird.

§. 7. Wo Domainen und Rittergüter, welche nicht im Gemeindeverbande sich befinden, nach besonderer Verfassung oder in Folge freier Uebereinkunft mit Gemeinden zu einem

---

letzteren wird vielmehr die Verpflichtung zur APfl. nur in den Fällen des § 1 Nr. 2 und 3 begründet. — So: OT. 31. Juni 1858 (Strieth. 28, S. 327); MR. 31. Mai 1857 (BMBl. S. 103). — *Contra:* OT. 6. Juli 1855 (Strieth. 19, S. 35); cf. auch OT. 7. Dez. 1860 (ib. 40, S. 94).

46. Die Gerichtsbarkeit, Polizeiobrigkeit, hohe Jagd, das Patronat und das Recht auf Unterthanen-Dienste sowie Präſtationen sind keine nothwendigen Bedingungen der Gutsherrschaft: diese Rechte sind theils ablöslich, theils durch die neuere Gesetzgebung aufgehoben, wogegen das Eigenthum am Gute bestehen geblieben ist. Daher kann auch der Besitzer eines zu keinem Rustikalgemeinde-Verbande gehörigen Guts die Verpflichtung zur APfl um deswillen, weil ihm jene Rechte nicht zustehen, keineswegs ablehnen: OT. 9. Juni 1856 (Entsch. 33, S. 288). Cf. ferner MR. 17. April 1859 (BMBl. S. 172).

47. Darüber, ob ein Gut einen besonderen AV. bilde, sowie über die Existenz eines örtlichen AV. überhaupt, hat an sich blos die Verwaltungs-Behörde zu entscheiden. So: Motive v. EK. 4. Juli 1857 (JMBl. 58, S. 64). Cf. jedoch n. 130 und das unter n. 46 cit. OT., wo über die Frage, ob ein Gut den §§ 5 ff. gemäß als besonderer AV. zu betrachten sei, verhandelt und entschieden wurde. [Vor Erlaß des APfl.-Ges. war ein zu einem Domainengute gehöriges Vorwerk an den Kläger verkauft und hierbei verabredet worden, daß letzterer die Landes-, Sozietäts-, sowie Kommunitätslasten übernehme, und in die Reihe der Rittergutsbesitzer eintrete. Nachdem mehrere Stücke vom Gute, gleichfalls noch vor Erlaß des APfl.-Ges., verkauft, und mehrere der neuen Anbauer verarmt waren, klagte jener wider den Fiskus auf Uebernahme der nach dem APfl.-Ges. der Gutsherrschaft obliegenden

gemeinschaftlichen Armenverbande vereinigt sind, ist ein solcher Verband in Beziehung auf die Armenpflege einer Gemeinde gleich zu achten.

§. 8. Einzelne Besitzungen, als: Mühlen, Krüge, Schmieden ꝛc., welche weder zu einer Gemeinde gehören, noch auf Trennstücken von Domainen- oder Rittergütern angelegt sind, sollen nach Anordnung der Landes-Polizeibehörde in Beziehung, wie auf alle Kommunal-Verhältnisse, so auch auf die Armenpflege mit einer Gemeinde vereinigt werden.

2) Der Land-Armenverbände.

§. 9. Ist keine Gemeinde oder Gutsherrschaft (örtlicher Armenverband) vorhanden, welcher nach den Bestimmungen der §§. 1—7. die Fürsorge für den Verarmten obliegt, so ist

---

Fürsorge, hauptsächlich sich darauf stützend, daß ihm die wichtigsten der einen Gutsherrn auszeichnenden Rechte mangelten. Die richterliche Kompetenz blieb in allen Instanzen unangefochten, doch erkannte das OT. auf Abweisung der Klage, und zwar insbesondere wegen jener vertragsmäßig übernommenen Verpflichtungen.]

48. Jedenfalls ist ein Prozeß zwischen einer Gutsherrschaft und Gemeinde darüber statthaft, ob erstere wider ihren Willen mit letzterer einen gemeinschaftlichen AV. zu bilden, und daher zu den APfl.-Kosten der Gemeinde beizutragen verpflichtet sei, ob also namentlich eine besondere Verfassung oder freie Uebereinkunft im Sinne des § 7 existire; § 34 kommt bei solchen Streitigkeiten nicht zur Sprache: EK. 9. Juni 1855 (JMBl. S. 388).

49. Da § 8 die Verpflichtung, sich einer Gemeinde inkorporiren zu lassen, nur den Besitzern einzelner zu keinem AV. gehörigen Etablissements auferlegt, nirgends aber vorgeschrieben ist, daß die Besitzer der zu einem AV. bereits gehörenden Grundstücke ohne Weiteres genöthigt werden könnten, aus diesem auszuscheiden, um sich einem andern einverleiben zu lassen, so muß, wenn eine Vertauschung des AV, z. B. die des gutsherrlichen mit dem Gemeinde-AV. für einzelne Grundbesitzer als nöthig erscheint, auf der letzteren Einwendungen allerdings geachtet werden: MR. 26. Febr. 1846 (VMBl. S. 28).

50. Gemäß MR. 13. Mai 1845 (VMBl. S. 116 ff.) hat in Folge der bei einem Spezialfalle erhobenen Zweifel, ob nicht, wenn der Einverleibung der im § 8 erwähnten Besitzungen widersprochen und ein gütliches Abkommen über die Modalitäten derselben nicht erreicht werde, unter Umständen die landesherrliche Genehmigung erforderlich sei, eine AKO v. 28 Febr. 1845 den § 8 dahin deklarirt, daß letzterer die Landes-Polizeibehörden nicht blos ermächtige, sondern sogar anweise, die Vereinigung jener Besitzungen mit bestehenden Gemeinden sowohl in Betreff der APfl., als der übrigen Kommunal-Angelegenheiten herbeizuführen, und selbst beim Widerspruche der Betheiligten die zu diesem Behufe nöthigen Vorkehrungen zu treffen. Das erwähnte MR. enthält außerdem Vorschriften über das zum Zwecke einer gütlichen Einigung zu beobachtende Verfahren wie über das Materielle der von der Regierung zu fällenden Entscheidung, wider welche der Rekurs an den Ober-Präs. (nicht also die Berufung auf den KW.) stattfinden soll.

51. So lange keine Vereinigung bewirkt ist, sind die Besitzungen des § 8 nicht etwa als Orts-AV. zu behandeln; es muß vielmehr für die dortigen Armen der Land-AV. (§ 9) sorgen: MR. 28. März 1859 (VMBl. S. 125).

§ 9.

52. Die Land-AV. gehören zu den privilegirten Korporationen des Art. 13 der Dekl. v. 6. April 1839: OT. 19. Okt. 1855 (Strieth. 18, S. 219).

diese Fürsorge eine Provinziallast, welche von Land-Armenverbänden getragen wird.

§. 10. Wo Land-Armenverbände bereits bestehen, verbleibt es vorbehaltlich der im §. 37. angeordneten Revision ihrer Reglements, bei den bisherigen Einrichtungen, namentlich in Beziehung auf die Art, wie die Beiträge aufgebracht werden, sowie in Beziehung auf die Zuschüsse, welche aus der Staatskasse zu gewähren sind.

§. 11. Wo Land-Armenverbände noch nicht bestehen, sollen sie unverzüglich eingerichtet werden. Ueber ihre Einrichtung werden Wir nach Anhörung Unserer getreuen Stände das Nähere festsetzen. Bis dahin behalten Wir Uns vor, wegen vorläufiger Erfüllung der im §. 9. bestimmten Verbindlichkeit, auf den Antrag der Minister des Innern und der Finanzen das Erforderliche anzuordnen.

§. 12. Die Fürsorge für den Verarmten (§. 9.) hat derjenige Land-Armenverband zu übernehmen, in dessen Bezirke das Bedürfniß dazu hervortritt.

Wenn sich dieses Bedürfniß bei einem im Auslande Verarmten zeigt, welcher nach den bestehenden Staatsverträgen übernommen werden muß, so trägt diese Last der Armenverband desjenigen Landestheils, über dessen Grenze der Verarmte

---

53. Die Verpflichtung der Land-AV. hat mit der Publikation des APfl.-Ges., wodurch sie rechtlich in's Leben getreten sind, begonnen, ungeachtet ihre Organisation erst später erfolgte: MR. 7. Aug. 1845 (BMBl. S. 257).

54. Falls der durch die Landes-Polizeibehörde zur APfl. angehaltene Orts-AV. gegen den Land-AV. als vermeintlich Verpflichteten klagt, so liegt nicht etwa letzterem der Beweis der Existenz eines verpflichteten Orts-AV., sondern dem Kläger der Beweis des Gegentheils ob, indem die bezüglichen Vorschriften der AGO. (§ 16 der Einl. §§ 27, 28, I. 13) zur Deutung der Spezialvorschrift des § 9 nicht geeignet sind. Ja die Klage ist als voreilig abzuweisen, bevor jeder anscheinend irgend verpflichtete Orts-AV. erfolglos in Anspruch genommen worden ist. So: OT. 1. Mai 1857, 16. April 1858 (Strieth. 25, S. 89; 29, S. 258); cf. ferner n. 135.

§§ 10, 11.

55. Der Staat ist nicht verpflichtet, zur APfl. aus eignen Mitteln beizutragen. In Betreff Heimathloser bestimmt die ACO. v. 22. Dez. 1836 dies ausdrücklich.

56. Eine Aufzählung sowohl der älteren wie der gemäß §§ 10, 11 neu erlassenen Landarmen-Regl. findet sich bei v. Rönne II. S 529.

§ 12 und Art. 2 der Novelle.

57. Art. 2 hat keine rückwirkende Kraft: OT. 24. Sept. 1858 (Strieth. 30, S. 262).

58. Ob die Fürsorge für einen zu entlassenden heimathlosen Strafgefangenen (oder Korrigenden) dem Land-AV. des Aufgreifungs- oder dem des

nach der Bestimmung der Verwaltungs-Behörden in das Inland eintritt.

Art. II. Ist der letzte Unterstützungs-Wohnsitz eines aus dem Auslande wieder übernommenen Verarmten nach §. 4. des Gesetzes vom 31. Dezember 1842. über die Verpflichtung zur Armenpflege erloschen, so liegt die Fürsorge für denselben nicht dem Land-Armenverbande desjenigen Bezirks ob, über dessen Grenze derselbe in das Inland eintritt, sondern demjenigen Land-Armenverbande, in dessen Bezirk der letzte Unterstützungs-Wohnsitz des Verarmten belegen war. Insoweit wird die Vorschrift des §. 12. jenes Gesetzes vom 31. Dezbr. 1842. abgeändert.

§. 13. Gerathen Militair-Personen, welche nicht lediglich zur Erfüllung der allgemeinen Militairpflicht im Heere gedient haben, nach ihrer Entlassung in Hülfsbedürftigkeit und haben dieselben nicht vermöge ihres früheren Dienstverhältnisses eine Unterstützung aus der Staatskasse zu beziehen, oder ist solche für das obwaltende Bedürfniß unzureichend, so hat der Land-Armenverband die Fürsorge für sie zu übernehmen, es sei denn, daß sie in einer Gemeinde als Mitglieder ausdrücklich aufgenommen worden (§. 1. Nr. 1.) oder nach ihrer Entlassung in einem Gemeinde- oder Gutsbezirke einen Wohnsitz erworben oder drei Jahre hindurch sich aufgehalten haben (§. 1. Nr. 2. und 3.).

Verhältniß der Armenverbände zu einander.

§. 14. So weit Gemeinden zur Verpflegung ihrer Armen unvermögend sind, hat der Land-Armenverband ihnen Beihülfe zu gewähren.

Detentions-Orts zur Last liege, hängt gleichfalls davon ab, wo, resp. wann die Hülfsbedürftigkeit hervorgetreten ist, ob schon bei der Aufgreifung oder erst in der Straf- (resp Korrektions-) Anstalt, § 4 h 1. bezieht sich nur auf Orts-AV: MR. 28 Febr. 1862 (VMBl. S 129).

58 bis. Die Voraussetzungen des Art 2 treffen bei einem preuß. Soldaten nicht zu, welcher nach einer nicht preußischen Bundesfestung kommandirt wird, indem er alsdann im Auslande kein Domizil erwirbt; verheirathet er sich dort mit einer Ausländerin, so wird auch sie Inländerin: OT. 18. Jan. 1861 (Strieth. 41, S. 13). Im Uebrigen s. n. 62, 66.

§ 13.

— —

§§ 14—16.

59. Der Anspruch der Gemeinden auf Beihülfe (§ 14) ist augenscheinlich

§. 15. Der Land-Armenverband ist berechtigt, die zu seiner Fürsorge gehörigen Armen derjenigen Gemeinde oder Gutsherrschaft, in deren Bezirk sich dieselben zur Zeit des Eintritts ihrer Hülfsbedürftigkeit befinden, gegen eine angemessene Entschädigung zur Verpflegung zu überweisen.

§. 16. Wo besondere Land-Armenhäuser errichtet sind, müssen darin, so weit der Raum es gestattet, auch solche Arme, für welche von den Gemeinden oder Gutsherrschaften zu sorgen ist, auf deren Verlangen gegen Vergütung eines angemessenen Verpflegungssatzes aufgenommen werden.

Verpflichtung der Armenverbände gegen die Ehefrau, Wittwe und Kinder eines Verarmten.

§. 17. Für die Ehefrau eines Verarmten hat derjenige Armenverband (§§. 1. 5. 7. und 9.) zu sorgen, welcher zur Fürsorge für den Ehemann verpflichtet ist. Hat aber eine Ehefrau, um sich selbstständig zu ernähren, vor ihrer Verarmung befugter Weise getrennt von ihrem Manne an einem anderen Orte gelebt, so finden auf sie die Vorschriften des §. 1., ohne Rücksicht auf den Wohn- oder Aufenthaltsort des Mannes, Anwendung.

§. 18. Wittwen sind von demjenigen Armenverbande, welcher zur Fürsorge für den Ehemann bei dessen Ableben

---

nur auf administrativem Wege geltend zu machen, da die bei dessen Beurtheilung in Betracht kommenden Momente ausschließlich administrativer Natur sind Vgl. auch die sub n. 56 cit. Regl.

60 Ebenso dürften Streitigkeiten zwischen einem Land- und Orts-AV. über die Ausübung der im § 15 dem ersteren, und im § 16 dem letzteren ertheilten Befugniß, sowie über die, sei es von dem einen, sei es von dem andern AV. zu leistende Vergütung, ausschließlich auf administrativem Wege zum Austrage zu bringen sein, wenn auch § 34 h. 1 auf solche Streitigkeiten nicht passen sollte. [Dieselben scheinen zu denjenigen Streitigkeiten zu gehören, welche § 13 Abs. 2 der VO. v. 14. Juni 1859, GS. S. 344, (cf. n. 56) zur Entscheidung des Ob.-Präs. verweist.]

§§ 17—19.

61. Den §§ 17 ff. liegt die Idee zu Grunde, daß das Haupt und die Glieder einer Familie in Bezug auf die öff. APfl. nur Eine Person darstellen

62. Demzufolge greifen die §§ 17, 20 auch da Platz, wo der Mann, resp. Vater zwar sich selbst, nicht aber seinen Angehörigen den Unterhalt zu verschaffen vermag, indem alsdann nicht blos diese, sondern auch jener als arm erscheinen. Auf den Ort, wo die Angehorigen sich faktisch aufhalten, und vorläufig unterstützt worden sind, kommt es aus gleichem Grunde nicht an; vielmehr gilt als Ort, wo die Hülfsbedürftigkeit hervorgetreten ist, immer der Aufenthaltsort des Mannes, resp Vaters. Dies gilt auch hinsichtlich der Heimathlosen, da die §§ 17, 20 neben § 12 gleichfalls zur Anwendung gelangen: OT. 16. April 1858, 24. Sept. 1860 (Strieth. 29, S. 256; 39, S. 76). Cf. n. 66.

63. Die Schlußbestimmung des § 17 ist nicht auf den Fall zu beschränken,

verpflichtet gewesen sein würde, zu verpflegen, insofern nicht nach dem Tode des Ehemannes, zufolge der Vorschriften des §. 4., die bisherige Verpflichtung erloschen, oder zufolge der Vorschriften des §. 1. für einen andern Armenverband eine Verpflichtung neu entstanden sein sollte.

§. 19. Die Bestimmungen des §. 18. finden auch auf geschiedene Ehefrauen mit der Maaßgabe Anwendung, daß in die Stelle des daselbst bezeichneten Armenverbandes derjenige tritt, welchem die Fürsorge für den Ehemann zu der Zeit, wo das Erkenntniß auf Ehescheidung rechtskräftig geworden ist, obgelegen haben würde.

§. 20. Für die ehelichen, legitimirten oder Adoptivkinder eines Verarmten hat derjenige Armenverband zu sorgen, welcher zur Fürsorge für den Vater verpflichtet ist oder bei dessen Ableben verpflichtet gewesen sein würde, insofern nicht

---

wo die Verpflichtung der Frau, beim Manne zu wohnen, vermöge spezieller Gesetzesvorschrift aufgehoben ist, sondern umfaßt auch den Fall, wo die Frau mit ausdrücklicher oder stillschweigender Einwilligung des Mannes sich an einem andern Orte aufhält und selbstständig ernährt, obgleich der Mann der Trennung jederzeit ein Ende machen kann: AH. Cöln 21. Oktbr. 1857 (Rh. A. 53, I. 89).

64. Jene Schlußbestimmung findet auch auf eine solche Frau Anwendung, die, von ihrem Manne verlassen, an demselben Orte, wo sie früher das Domizil des Mannes theilte, wohnen bleibt, vorausgesetzt, daß letzterer sie von seinem neuen Aufenthalte nicht unterrichtet, noch ihr die Mittel, ihm dorthin zu folgen, gewährt hat, oder doch nicht das Gegentheil hiervon bekannt geworden ist. Unter „anderem Ort“ ist nur ein anderer, als der gegenwärtige Aufenthaltsort des Mannes zu verstehen: Cf OT. 15 März 1858 (Strieth 29, S. 233).

65. Dieselbe tritt um so viel mehr dann in Kraft, wenn die angebliche Frau von jeher einen andern Wohnort gehabt hat, und in demselben nie Ehefrau gewesen, sondern von einer ledigen Person durch Richterspruch zu einer geschiedenen Frau erklärt, resp. einer solchen gleichgestellt worden ist: AH. Cöln 21. Jan. 1857 (Rh. A. 52, I. 127). Cf im Uebrigen OT. 9. Sept. 1861 (Entsch. 46, S. 216).

§ 20.

66. Zunächst ist auf das unter n. 61 ff. Gesagte zu verweisen. Hieraus ergiebt sich bereits die Anwendbarkeit der §§ 20, 22 auf den Fall, wo der zur Verpflegung des Vaters, resp. der unverehelichten Mutter pflichtige AV. ein Land-AV., und das Kind im Bezirke eines anderen Land-AV. geboren ist; cf. ferner OT. 14. Sept. 1857 (Strieth. 27, S. 38); AH. Cöln 13. April 1859 (Rh. A. 54, I. 219).

67. § 20 ist nicht auf den Fall auszudehnen, wo in Folge einer Paternitäts-Klage einem unehelichen Kinde die Rechte eines ehelichen durch Richterspruch beigelegt sind: AH. Cöln 21. Jan. 1857 (Rh. A. 52, I. 127).

68. Stirbt Jemand, ohne dem Art. 1 der Novelle gemäß ein Hülfsdomizil für sich erworben zu haben, mit Hinterlassung minderjähriger Kinder, deren Hülfsbedürftigkeit erst nach Ablauf der Frist des Art. 1 hervortritt, so paßt § 20, seinem strengen Wortlaute nach, zwar nicht. Inzwischen erachtete OT. 3. Okt. 1859 (Strieth. 34, S 297) den Anzugsort dennoch für verpflichtet zur APfl., indem Art. 1 weder den §§ 20, 21, noch dem § 1 h. l. derogirt habe, insofern nach letzterem, wenn das formell zum Wohnsitzerwerbe Nöthige beobachtet worden, die definitive Erwer-

seit der Großjährigkeit der Kinder, zufolge der Vorschriften des §. 4., die bisherige Verpflichtung erloschen, oder zufolge der Vorschriften des §. 1. für einen anderen Armenverband eine Verpflichtung neu entstanden sein sollte.

§. 21. Ist jedoch die Verpflichtung zur Fürsorge für die Wittwe nach dem Tode des Ehemannes, den Vorschriften des §. 1. zufolge, auf einen anderen Armenverband übergegangen, so liegt diesem auch die Fürsorge für die Kinder ob. Dasselbe gilt in Ansehung der Kinder einer geschiedenen Ehefrau, wenn der letzteren durch das Ehescheidungs-Urtheil die Erziehung derselben zuerkannt worden ist.

---

bung von selbst fortlaufe und erst beim Hervortreten der Hülfsbedürftigkeit weiter in Frage komme, ob schon Ein Jahr verstrichen sei; Kinder könnten zwar nicht selbstständig einen Wohnsitz beginnen, wohl aber den von den Eltern auf gehörige Weise begonnenen fortsetzen.

68 bis. Zufolge AH. Cöln 22. Jan. 1862 (Rh A 56, I. 193) soll sogar das für Vater wie Kinder begründete Hülfsdomizil für diese selbstständig fortbestehen, wenn jener dasselbe durch dreijährige Abwesenheit (seit Uebernahme der Verpflegung der Kinder seitens der Gemeinde) verloren hat [?]. (I c. hatte übrigens der Vater nicht anderwärts ein neues Hülfsdomizil erworben.)

69 Großjährige Kinder theilen das Hülfsdomizil des Vaters nicht schon kraft Gesetzes, selbst wenn sie der Hülfe ihrer Eltern noch bedürfen. *Contra:* OT. 14. März 1859 (Strieth. 35, S. 12), welches zum entgegengesetzten Resultate jedoch nur durch eine irrige Deutung des Ausdrucks „selbstständig" im § 1 des Heim.-Ges. gelangt. Vgl. n 9 zu diesem.

70. Doch ändert der Eintritt der Großjährigkeit an dem [bereits begründeten] väterlichen Hülfsdomizil Nichts; letzteres dauert daher nicht etwa nur drei Jahre nach erreichter Großjährigkeit fort, so daß es von selbst erlöschte, wenn es nicht gemäß § 1 von Neuem begründet würde. Folgeweise kommt es bei der Frage über das Fortbestehen oder Erlöschen des väterlichen Hülfsdomizils nur darauf an, ob das Kind nach erlangter Großjährigkeit 3 Jahre lang abwesend, nicht aber, ob es so lange anwesend gewesen sei; cf. MR. 12. Nov. 1856 (VMBl. S. 257); OT. 25. Nov. 1859 (Strieth. 36, S. 37)

§ 21.

71. Das Verhältniß des § 21 zu § 20 ist das einer Ausnahme zur Regel, § 21 daher im Allgemeinen restriktiv auszulegen: MR 2. Mai 1846 (VMBl. S. 134).

72 § 21 unterscheidet nicht, ob der Wohnsitzwechsel durch selbstständige Wahl oder durch Wiederverheirathung der Wittwe entstanden sei, weshalb im letzteren Falle deren Kinder erster Ehe, ungeachtet ihnen der Gerichtsstand des Vaters verbleibt, und die Vormundschaft dort geführt wird, das Hülfsdomizil des zweiten Mannes theilen: MR 18 Juli 1843, 28. Febr. 1857 (VMBl. 43, S. 217, 57, S. 43); OT. 21. Jan. 1859 (Entsch. 41, S. 390). Doch nahm OT. 1. Febr. 1858 (Strieth. 29, S. 49) das Gegentheil in Betreff solcher zugebrachten Kinder an, welche keine preuß. Unterthanen sind, und erachtete daher die Fürsorge für diese als dem Land-AV. zur Last fallend, und zwar so lange, bis staatsvertragsmäßig deren Trennung von der Mutter und ihre Rückverweisung in den Staat, dem sie angehören, erfolgen könne. OT. 10. Okt. 1860 (Entsch. 45, S. 411) will sogar das frühere Hülfsdomizil allgemein bestehen lassen, wenn die Hülfsbedürftigkeit der Kinder schon vor der Wiederverheirathung eingetreten ist. Letzteres Erk. erregt jedoch große Bedenken. Wenn dort erwogen wird, der Umstand, daß nach dem Willen

§. 22. Uneheliche Kinder folgen dem Verhältnisse der Mutter in gleicher Weise, wie eheliche dem des Vaters.

§. 23. Die Fürsorge für Wittwen und Waisen derjenigen im Dienste verstorbenen Militairpersonen, welche nicht lediglich zur Erfüllung der allgemeinen Militairpflicht gedient

---

des Gesetzes die Kinder von der Mutter nicht getrennt werden sollen, berechtige den klagenden AV. keineswegs, die Entbindung von der APfl.-Last zu verlangen, da es ihm freistehe, die Kinder auf seine Kosten der Mutter zur Pflege zu überlassen, so ist hiergegen zu bemerken, daß jener Wille doch wahrlich nicht gesichert wäre, falls seine Erfüllung vom Belieben des AV. abhinge. Vgl. auch Heim.-Ges. n. 18.

73. Die Anwendbarkeit des § 21 wird auch nicht dadurch ausgeschlossen, daß der Domizilwechsel der Wittwe erst nach deren Wiederverheirathung eintritt, die Wittwe mithin nicht schon als Wittwe, sondern als Ehefrau einen neuen Wohnsitz erwirbt; unter dem Ausdrucke „Wittwe" versteht § 21 vielmehr im Allgemeinen die Mutter: OT. 14. März 1859 (Strieth. 35, S. 12).

74. Stirbt die Wittwe während der Minderjährigkeit der Kinder, so fallen diese, selbst wenn ihre Hülfsbedürftigkeit erst später hervortritt, darum nicht etwa in das väterliche Hülfsdomizil zurück: OT. 3. April 1857 (Strieth. 25, S. 5) Cf auch n. 68, indem das dort Gesagte ebensowohl zur Erläuterung des § 21, wie des § 20 dient.

75. Erkennt das Scheidungsurtheil die Erziehung der Kinder dem Manne zu, so verbleibt es bei der Regel des § 20, mögen die Kinder auch nach dem Tode des Vaters länger als drei Jahre auswärts bei der Mutter erzogen worden sein; dies erleidet selbst dann keine Ausnahme, wenn der Mann für den schuldigen Theil erklärt worden ist, da die Rechtsfiktion des § 784, II. 1 ALR., blos für die gegenseitigen Vermögens-Verhältnisse der Eheleute gilt So: OT. 23. April 1855 (Strieth. 17, S. 127), wo noch hervorgehoben wird, daß auch die der Frau nach §§ 64 ff. II 2 ALR. mit zur Last liegende Pflicht, die Kinder zu unterhalten und erziehen, an der letzteren Heimathsrecht Nichts ändere, wenigstens, so lange dieselben minderjährig seien.

76. Wie aber, wenn das Urtheil über die Kindererziehung Nichts bestimmt, die Mutter jedoch für den unschuldigen Theil erklärt? OT. 15. März 1858 (Strieth. 29, S 234) stellt diesen Fall dem, wo der Mutter die Erziehung der Kinder ausdrücklich zuerkannt ist, unter Hinweis auf § 92, II. 2 ALR. völlig gleich, das MR. 2. Mai 1846 (VMBl S. 134) will jenen Fall dagegen nach § 20 beurtheilt wissen, desgleichen OT. 26. Febr. 1855 (Strieth. 17, S 56), welches den § 21 selbst dann für unanwendbar erachtete, wenn sich die Kinder auch noch so lange bei der Mutter aufgehalten und diese durch ein späteres Urtheil das Recht auf Alimente gegen den Mann erstritten haben sollte. (Ob § 21 nicht wenigstens dann anwendbar sei, wenn die Kindererziehung der Frau in einem späteren Urtheile zuerkannt werde, wurde von jenem Erk. zwar angeregt, aber unentschieden gelassen.)

77. Einem Scheidungsurtheile steht ein Urtheil, welches die beständige Trennung von Tisch und Bett ausspricht (§ 734, II. 1 ALR.) völlig gleich. Dagegen dürfte § 21 wegen seiner immerhin exzeptionellen Natur auf Kinder von Eheleuten, welche nach der Rhein. Gesetzgebung von Tisch und Bett getrennt sind, keine Anwendung finden (cf. insbesondre Art. 310 B. G. B.), desgleichen nicht auf Kinder aus einer mit gegenseitiger Einwilligung geschiedenen Ehe (cf. Artt. 275 ff. ib.). [In letzterem Falle entscheidet nicht der Richter, sondern der Wille der Eheleute über den Verbleib der Kinder.]

§ 22.

77 bis. Cf. oben n. 61, 66, 67.

§ 23.

— —

haben, hat der Land-Armenverband auch dann zu übernehmen, wenn dieselben nach dem Tode des Mannes oder Vaters an dem Garnisonorte ihren Wohnsitz behalten haben (§. 1. Nr. 2.), und binnen Jahresfrist eine Fürsorge für sie nothwendig wird.

§. 24. Für Findelkinder hat bis dahin, daß deren Vater oder Mutter ausgemittelt ist, der Land-Armenverband zu sorgen.

Einstweilige Fürsorge für Arme, deren Verpflegung einem anderen Armenverbande obliegt.

§. 25. Ist eine Gemeinde oder Gutsherrschaft nach der Vorschrift im §. 5. des Gesetzes vom heutigen Tage über die Aufnahme neu anziehender Personen befugt, einen Verarmten, welcher in dem Gemeinde- oder Gutsbezirk einen Wohnsitz erworben hat (§. 1. Nr. 2.), an dessen früheren Aufenthaltsort zurückzuweisen, so muß sie, bis die Wiederaufnahme desselben an diesem Orte erfolgt, für die Verpflegung des Verarmten sorgen. Die hieraus entstehenden Kosten hat die Gemeinde oder Gutsherrschaft des früheren Aufenthaltsorts zu erstatten.

§. 26. Keine Gemeinde oder Gutsherrschaft darf einen fremden Armen hülflos von sich weisen, sondern muß ihm die nöthige Unterstützung, unter Vorbehalt ihres Anspruches an den dazu Verpflichteten, einstweilen gewähren.

Art. III. Der Armenverband, welcher die vorläufige Unterstützung eines fremden Armen übernommen hat, ist

---

§ 24.

78. Kann der Land-AV. für die bis zur Ermittelung der Eltern aufgewandten Kosten gegen den AV. des Hülfsdomizils der Eltern seinen Rückgriff nehmen? Für die Verneinung spricht anscheinend, daß § 24 keinen desfallsigen Vorbehalt macht, wie die §§ 25, 26 und 30 in Betreff der dort vorgesehenen Fälle, daß ferner die Randschrift „Einstweilige Fürsorge &c.“ sich auf den § 24 nicht mitbezieht. Da § 24 jedoch nach solcher Deutung eine ganz anomale Vorschrift enthalten würde, für welche sich schwerlich eine ratio legis auffinden ließe, da ferner der Ausdruck „Einstweilige Fürsorge“ für die Fälle des §§ 25 ff. immerhin eine ganz andere Bedeutung hat, als für den Fall des § 24, dessen Vorhandensein die Anwendbarkeit der §§ 26 ff. offenbar nicht ausschließt, so dürfte dennoch die bejahende Ansicht den Vorzug verdienen.

§§ 25—26 und Art. 3 der Novelle.

79. Art. 3 der Novelle, welcher sich der Randschrift zufolge ebensowohl auf § 25 wie auf § 26 bezieht, soll die Streitfrage beseitigen, ob nicht zunächst der privatrechtlich Verpflichtete angegangen werden müsse; er ändert mithin daran Nichts, daß, wenn der betr. AV. in Anspruch genommen wird, vorab die Landes-Polizeibehörde zu resolviren hat (§ 34); cf. Motive der Reg.-Vorl. und Ber. d. Komm. d. HH.

berechtigt, seinen Anspruch auf Erstattung der ihm dadurch erwachsenen Kosten nach seiner Wahl entweder gegen den aus einem privatrechtlichen Verhältnisse Verpflichteten, oder gegen den verpflichteten Armenverband geltend zu machen.

§. 27. Ist der Arme (§. 26.) im Kreise einheimisch, so hat die Ortspolizei-Obrigkeit denselben unverzüglich an seinen letzten Wohnort zurück zu senden und dem Landrathe davon Anzeige zu machen.

§. 28. Ist der Arme (§. 26.) nicht im Kreise einheimisch, so muß die Ortspolizei-Obrigkeit den Landrath sofort benachrichtigen, und dieser hat nach den Umständen zu bestimmen, ob der Arme, bis ermittelt worden, wem die Fürsorge für denselben obliegt, von der Gemeinde oder Gutsherrschaft verpflegt oder an das Land-Armenhaus abgeliefert werden soll. Der Landrath hat in diesen Fällen für die Erstattung der Kosten zu sorgen, und die Obrigkeit, an welche er sich dieserhalb wendet, muß bei Vermeidung einer Ordnungsstrafe und des Ersatzes der aus dem Verzuge entstehenden Nachtheile die Antwort spätestens am zweiten Posttage nach dem Empfange der Requisition zur Post geben.

---

80. Demzufolge kann z. B. ein AV., welcher gemäß § 26 verlassene Kinder gepflegt hat, vom AV des Hülfsdomizils die Uebernahme der Fürsorge und Kostenersatz sofort fordern, und darf die Landes-Polizeibehörde die gemäß § 34 zu treffende Entscheidung nicht bis zur Ermittelung des Vaters sowie seiner Solvenz aussetzen: MR. 30. Aug. 1860 (VMBl. S. 205).

81. Dem § 26, resp. dem Art 3 der Novelle gemäß enthält die freiwillige Erstattung der zufolge § 26 vorgelegten Kosten seitens des verpflichteten AV. kein Anerkenntniß des Nichtvorhandenseins, resp. der Insolvenz privatrechtlich Verpflichteter, welches die Rückforderungsklage wider letztere ausschlösse: *OT. 20. März 1860 (Strieth. 36, S. 347).

82. § 26 unterscheidet nicht zwischen In- und Ausländern. Ein Rückgriff gegen den Staat für die auf Verpflegung der letzteren verwandten Kosten findet nicht statt. Cf. MR. 16. Nov 1846 (VMBl. 47, S. 6).

83. Beim Mangel an Staatsverträgen ist der Ersatz der an diesseitige Unterthanen im Auslande verwandten APfl.-Kosten ebenso zu verweigern, wie dies im umgekehrten Falle seitens der ausländischen Behörden zu geschehen pflegt; cf. MR. 20. April 1827 (Ann. S. 466); 6. Nov. 1843, 22. Mai 1847 (VMBl. 43, S. 310; 47, S 160). Inzwischen sind neuerdings über diesen Gegenstand mit den meisten deutschen Staaten Vereinbarungen getroffen worden. Cf. Uebereinkunft v. 11. Juli 1853 (GS. S. 877) und v. Rönne II. S. 525.

84. Wird eine Person wegen vorgerückter Schwangerschaft erwerbsunfähig und darum hülfsbedürftig, so kommen die §§ 26 ff. und nicht § 29 zur Anwendung, weshalb die auf den Fall des § 29 beschränkte Verpflichtung des Land-AV. zur vorschußweisen Uebernahme der Kosten nicht eintritt. Cf. Art. 5 der Novelle und MR. 28. Aug. 1859 (VMBl. S. 212).

§§ 27—28.

84 bis. Cf. n. 79—84, 96.

§. 29. Arme, es seien In- oder Ausländer, welche auf einer Reise erkranken, sind von derjenigen Gemeinde oder Gutsherrschaft, in deren Bezirk sie krank gefunden werden, bis dahin zu verpflegen, daß sie ohne Nachtheil für ihre Gesundheit die Reise fortsetzen können.

§. 30. Die Gemeinde oder Gutsherrschaft (§. 29.) kann Erstattung der Kur- und Verpflegungskosten verlangen, sie darf aber hierbei keinen Beitrag zu den allgemeinen Verwaltungskosten der Anstalt, worin der Kranke verpflegt worden ist, in Rechnung stellen, und ebensowenig Gebühren für den Arzt oder Wundarzt, soweit solche nicht in baaren Auslagen bestehen, ohne Unterschied, ob derselbe als Armenarzt eine feste Besoldung bezieht, oder in den einzelnen Fällen besonders remunerirt werden muß. Die Erstattung hat der Land-Armenverband, zu dessen Bezirk die Gemeinde oder Gutsherrschaft gehört, unter Vorbehalt seiner Rechte, zu leisten.

§. 31. Die Obrigkeit des Ortes, wo der Kranke sich befindet (§. 29.), hat der Land-Armenbehörde unverzüglich

§§ 29—31 und Art. 4 der Novelle.

85. Ob der Ort der Erkrankung ein Zwischenort oder das einstweilige Ziel der Reise ist, kommt hinsichtlich der Anwendbarkeit der §§ 29 ff nicht in Betracht: MR. 28. Aug. 1845 (VMBl. S. 257). Nach MR. 29. Okt. 1845 u. 27. Juni 1861 (ib. 45, S. 338 und 61, S. 131) bezieht sich § 29 sogar auf alle Armen, welche außerhalb ihres Hülfsdomizils erkranken, die Erkrankung mag auf der Durchreise, oder nach kürzerem oder längerem Aufenthalte eintreten.

86. Die Verpflichtung des § 29 trifft denjenigen AV., in dessen Bezirke das Bedürfniß der öff. APfl. eingetreten ist, wenn auch die Krankheit in einem anderen Bezirke ihren Anfang genommen hat; cf MR. 27. Juni 1861 (VMBl. S 131), wo jedoch hervorgehoben wird, daß in dem gerade fraglichen Falle der Kranke ohne Vorwissen des Vorstands der anderen Gemeinde weggebracht worden sei.

87. In Betreff der Aufnahme armer Kranken in die Kreislazarethe, vgl. MR. 16. Mai 1847 (VMBl. S. 159).

88. Die im § 30 enthaltenen Beschränkungen des Ersatzanspruchs beziehen sich nur auf das Rechtsverhältniß zwischen den AV., präjudiziren mithin den Ansprüchen wider die privatrechtlich Verpflichteten nicht: MR. 26. April 1850 (VMBl. S. 174).

89. Was unter „allgemeinen Verwaltungskosten" (§ 30) zu verstehen, bemißt sich, dem OT. 24 April 1855 (Strieth 19, S 21) zufolge, nach den in jedem einzelnen Falle obwaltenden, thatsächlichen Verhältnissen, der Bestimmung der Anstalt, deren Etat und Gründungs-Urkunde. Ebenso nimmt das MR. 30. April 1850 (VMBl. S. 132) an, daß bei Beurtheilung jener Frage nicht von der Beschaffenheit eines vollständigen Krankenhauses in abstracto ausgegangen, sondern die besondre Einrichtung der betr. Anstalt in's Auge gefaßt werden müsse, weshalb die Kosten für dieselben Dinge bei der einen Anstalt zu jenen Kosten zu rechnen, bei der andern nicht dahin zu rechnen seien. Ein allgemein gültiges Kriterium für solche Kosten findet letzteres R. nur darin, daß dieselben zur Unterhaltung der Anstalt und der für ihre Zwecke getroffenen Einrichtungen im Allgemeinen, ohne Rücksicht auf das Bedürfniß des einzelnen darin verpflegten Kranken aufge-

Anzeige zu machen, und ist bei deren Verzögerung für alle daraus entstehende Nachtheile verantwortlich.

Art. IV. Die von der Obrigkeit des Orts, wo ein auf der Reise erkrankter Armer sich befindet, nach §. 31. des Gesetzes vom 31. Dezember 1842. der Landarmen-Behörde zu machende Anzeige muss, bei gleicher Verantwortlichkeit, auch demjenigen Ortsarmen-Verbande gemacht werden, welchem die Fürsorge für den Kranken obliegt, insofern ein solcher Verband bekannt, oder durch sofort anzustellende Nachforschung ohne erhebliche Schwierigkeit zu ermitteln ist.

---

wendet sein müßten, mithin auch dann, wenn dieser dort nicht aufgenommen wäre, entstanden sein würden. Das MR. 12. Febr. 1844 (ib. S. 26) drückt dasselbe so aus, daß zu jenen Kosten nur diejenigen gehörten, welche zur Beschaffung aller Bedürfnisse aufgewendet würden, ohne welche die Anstalt ihren Zweck nicht erfüllen könne. In Betreff der Anwendung dieser Gesichtspunkte auf die verschiedenen Arten der Kosten sowie überhaupt zur Erläuterung des obigen Begriffes im Einzelnen vgl. außer den bereits bezogenen MR. die v. 7. Febr. 1845, 4. Aug. 1851 (ib. 45, S. 37; 51, S. 184).

90. Die Frage, ob gewisse Kosten, deren Ersatz gefordert wird, als allgemeine Verwaltungskosten zu erachten seien, ist an sich prozeßfähig; cf. OT. 24. April 1855 (n. 89), wo dies stillschweigend vorausgesetzt wird.

91. Da § 30 beabsichtigt, die Erstattung ärztlicher Gebühren unter den AV. ganz auszuschließen, so können nicht einmal diejenigen Gemeinden, welche keine Krankenanstalten besitzen, derartige Gebühren liquidiren: MR. 21. März 1847 (VMBl. S. 36).

92. Was § 30 von ärztlichen Gebühren sagt, soll nach MR. 12. Aug. 1847 (ib. S. 221) auch von Hebammen-Gebühren gelten. Cf. jedoch n. 84.

93. Das in Betreff der ärztlichen Gebühren eintretende Theilungs-Prinzip ergiebt sich aus der Mediz.-Taxe v. 20. Juli 1815; cf. MR. 31. Juli 1857 (VMBl. S 147), wo dies an einzelnen Beispielen erläutert wird.

94. Der Schlußsatz des § 30 bezweckt, daß dem im § 29 erwähnten AV. der Ersatz seiner Auslagen baldmöglichst zu Theil und daß dieser namentlich nicht von Ermittelung des nach § 1 verpflichteten AV. abhängig gemacht werde. Der Land-AV. kann ersteren AV. daher nicht etwa an letzteren verweisen, wenngleich jenem freisteht, sich an diesen sofort zu wenden: MR. 14. Mai 1847 (ib. S. 192).

95. Dem MR. 9. Dezbr. 1843 (ib. 44, S. 200) zufolge ist zwar § 354, II. 8 ALR., nicht aber § 353 ib. durch die §§ 29, 30, 32 h. l. aufgehoben worden; cf. ferner n. 106. Jenes R. weist demgemäß die Städte an, so oft dort ein auf der Wanderschaft begriffener Handwerksgeselle erkranke, zunächst die Gesellenlade oder Gewerkskasse aufzufordern, ihnen die Sorge abzunehmen oder die Kosten zu erstatten; weigere sich diese, so müsse freilich, da sie zur Erfüllung ihrer privatrechtlichen Verbindlichkeit im Wege der administrativen Exekution nicht angehalten werden könne, der Land-AV. eintreten, dem überlassen bleibe, das verpflichtete Gewerk wegen des Kostenersatzes gerichtlich zu belangen. Inzwischen kann der Land-AV. seine Befriedigung auch vom AV. des Hülfsdomizils fordern, und letzterem die Geltendmachung der Ansprüche auf Erstattung gegen die Gesellenlade oder Gewerkskasse im RW. überlassen: MR. 16. Nov. 1845 (ib. S. 339).

96. Da eine Gemeinde die Versäumnisse ihrer Obrigkeit dritten Personen und Behörden gegenüber vertreten muß, so hat sie dem AV. des Hülfsdomizils gegenüber keinen Anspruch auf Ersatz derjenigen APfl.-Kosten, welche vermieden sein würden, wenn jenem vorschriftsgemäß und rechtszeitig Nachricht ge-

Verpflegung kranker Dienstboten, Handwerksgesellen rc.

[§. 32. Wenn Personen, welche als Dienstboten, Handwerksgesellen rc. in einem festen Dienstverhältnisse stehen, erkranken, so müssen sie von der Gemeinde oder Gutsherrschaft des Orts, wo sie im Dienste sich befinden, bis zu ihrer Wiederherstellung verpflegt werden; ein Anspruch auf Erstattung der Kur- und Verpflegungskosten findet aber in diesem Falle gegen einen anderen Armenverband niemals Statt.

Als ein festes Dienstverhältniß ist dasjenige nicht anzusehen, welches sich lediglich auf ein vorübergehendes bestimmtes Geschäft bezieht; dagegen schließt der bloße Vorbehalt willkürlicher Aufkündigung die Eigenschaft eines festen Dienstverhältnisses nicht aus.]

Art. V. Wenn Personen, welche als Dienstboten, Gewerbegehülfen, Gesellen, Lehrlinge u. s. w. in einem Dienstverhältniss stehen, an dem Orte, wo sie sich im Dienste befinden, erkranken, so müssen sie — insoweit dazu kein Anderer (Verwandter, Dienstherrschaft, Lehrherr, Stiftung u. s. w.) verpflichtet und vermögend ist (vergleiche §. 1. des Gesetzes über die Verpflichtung zur Armenpflege vom 31. Dezbr. 1842.) — von dem Armenverbande dieses Orts verpflegt werden.

Ein Anspruch auf Erstattung der Kur- und Verpflegungskosten gegen einen anderen Armenverband ist nur in den Fällen, in welchen die Krankenpflege länger als drei Monate fortgesetzt worden ist, und nur für den über diese Frist hinaus gehenden Zeitraum zulässig.

---

geben worden wäre (§§ 28, 31); Streitigkeiten darüber, ob ein solcher Fall vorliege, und wer die Kosten sowie den Schaden tragen müsse, sind durch § 34 dem RW. nicht entzogen; cf. OT. 3. Juli 1855 (Strieth. 17, S. 319).

§ 32, resp. Art. 5 der Novelle.

97. Art. 5 der Novelle hat manche unter der Herrschaft des § 32 bestehende Streitfragen beseitigt. Er unterscheidet sich von diesem § hauptsächlich darin, daß er a) kein festes Dienstverhältniß erfordert, b) den Begriff der Ausdrücke „Dienstboten, Handwerksgesellen u. s. w.“ näher präzisirt, resp. erweitert, und c) in Betreff länger andauernder Krankheit eine ganz neue Bestimmung trifft.

98. Beide sind als Ausnahmegesetze limitativ zu interpretiren, und finden daher z. B. auf die Frauen der Dienstboten keine Anwendung; die Fürsorge für diese liegt vielmehr dem AV. ob, der nach den §§ 1, 9 für den Mann im Allgemeinen zu sorgen hat: MR. 6. Juli 1847 (VMBl S. 193).

99. Das MR. 22. Dezbr. 1845 (ib. 46, S. 134) erachtete den § 32 für anwendbar auf alle im § 2 näher bezeichneten Personen, welche ihre gesammte Arbeitskraft verdungen haben. Ob Art. 5 auf derselben Anschauung beruhe, erscheint als zweifelhaft, da er trotz seiner spezielleren Bezeichnung der betr. Personen auf die Ausdrücke des § 2 doch nicht überall zurückkommt. Inzwischen macht die Min.-Instr. v. 24. April 1856 auf das im Art. 5 wiederkehrende „u. s. w.“ aufmerksam, welches auch andere im Dienst befindliche Personen einschließe, z. B. Fabrik- und sonstige Arbeiter, sofern sie in einem Dienstverhältnisse ständen, was mitunter vorkommen könne. — Hauslehrer gehören gleichfalls dahin; cf. MR. 17. Febr. 1846 (ib. S. 53).

100. Haben die Dienstboten ihre Wohnung in einer anderen Gemeinde, als

Dem Ortsarmen-Verbande, welchem die Erstattung der Kur- und Verpflegungskosten obliegt, oder, wenn ein solcher nicht vorhanden oder bekannt ist, dem Landarmen-Verbande, muss spätestens acht Tage vor Ablauf des dreimonatlichen Zeitraums Nachricht von der Erkrankung gegeben werden, widrigenfalls die Erstattung der Kosten erst von dem, acht Tage nach dem Eingange der Nachricht beginnenden Zeitpunkte an, gefordert werden kann.

Schwangerschaft an sich ist nicht als eine Krankheit im Sinne der vorstehenden Bestimmung anzusehen.

Der §. 32. des Gesetzes vom 31. Dezember 1842. wird aufgehoben.

---

in der des Dienstorts, so fallen die Kur- und Verpflegungskosten dennoch der letzteren zur Last: MR. 6. Nov. 1852 (ib. S. 291).

101. § 32, resp. Art. 5 findet auch auf ausländische Handwerksgesellen Anwendung, so lange deren Zurückschaffung ins Ausland nicht erfolgen kann; cf. MR. 12. Jan. 1845 (ib S. 6). — Vgl. übrigens n. 84.

102. Zu den Kosten des Art. 5 gehören die Begräbnißkosten nicht; diese fallen vielmehr dem AV. des § 1 zur Last; cf. MR. 27. Mai 1846, 12. Juli 1860 (ib. 46, S. 135; 60, S. 172).

103. § 32, resp. Art. 5 setzt voraus, daß die Erkrankung erst während des Dienstes ihren Anfang genommen habe: OT. 4. Juni 1858 (Strieth. 30, S. 65). *Contra* MR. 24. Sept 1846 und die Verf. mehrerer Reg. v. 2. Juni, 7. Dezbr. und 22. Febr. 1854 (VMBl. 46, S. 158; 47, S. 121, 314; 54, S 48), nach denen es nur auf die Zeit ankommen soll, um welche der Erkrankte genöthigt war, die öff. APfl. in Anspruch zu nehmen. Letztere Ansicht hat die Fassung des Gesetzes wider sich. — Immerhin muß jedoch das Bedürfniß der öff. Fürsorge noch während der Dienstzeit oder doch mit dem Zeitpunkte der Entlassung aus dem Dienste eingetreten sein: MR. 2. Sept. 1846 (VMBl. S. 196).

104. Daß § 32 zwischen heilbaren und unheilbaren Krankheiten nicht unterscheide, war allgemein anerkannt; cf. OT. 24. Septbr. 1851, OLG. Arnsberg 8. März 1850 (Arnsb Arch. 16, S. 87; 15, S. 165). Doch nahmen die MR. 10. April 1846 und 31. Oktbr. 1847 (VMBl. 46, S. 81; 47, S. 277) an, daß die Verpflichtung des § 32 vom Zeitpunkte an, wo die Unheilbarkeit sich herausstelle, aufhöre, resp. auf den AV. des Hülfsdomizils (§§ 1, 9) übergehe, wenngleich der Eintritt des Todes den § 32 nicht ausschließe. Nach Art. 5 kann hiervon weiter keine Rede sein, da die Worte des § 32, auf welchen jene Meinung fußt, „bis zu seiner Wiederherstellung" im Art. 5 fehlen, und die dort enthaltene Fristbestimmung mit dem Wegfalle jener Worte und den daraus gezogenen Folgerungen in Causal-Verbindung steht. Wohl aber kann auch unter der Herrschaft des Art. 5 die im obigen OT. angeregte, aber nicht entschiedene Frage noch streitig sein, ob nämlich die Aufhebung des Dienstverhältnisses als vermuthliche Folge einer dauernden Krankheit die Verbindlichkeit zur ferneren Verpflegung aufhebe. Scheele (Arnsb. Arch. 16, S. 88) bejaht, Sommer (ib. S. 89) verneint dieselbe. Letztere Ansicht verdient wohl den Vorzug.

105. Mit dem Ablaufe des dreimonatlichen Zeitraums des Art. 5 geht, bei gehöriger Benachrichtigung, die Fürsorge auf den sonst verpflichteten AV. über, und tritt von da an für den AV des Dienstorts dasselbe Verhältniß ein, was bezüglich jedes andern fremden Kranken in den §§ 25 ff. bestimmt ist. — Durch die Vorschrift des Art. 5 Abs. 4 ist an der Pflicht des AV. des Dienstorts wie jedes andern AV. zur Fürsorge für hülfsbedürftige Schwangere (§§ 26 ff.) Nichts geändert; cf. Instr. v. 24. April 1856, MR. 17. Jan. 1861 (VMBl. S. 45) und n. 85.

Verfahren bei Streitigkeiten über die Armenpflege.

§. 33. Einen Anspruch auf Verpflegung kann der Arme gegen einen Armenverband niemals im Rechtswege, sondern nur bei der Verwaltungs-Behörde geltend machen, in deren Pflicht es liegt, keine Ansprüche zuzulassen, welche über das Nothdürftige hinausgehen.

---

106. Art. 5 hat ebensowohl, wie § 32 die Verpflichtungen unberührt gelassen, welche § 353, II. 8 ALR. den Gewerben, und die §§ 88—93 der Ges.-O. v. 8. Nov. 1811 den Dienstherrschaften auferlegen; cf. Motive der Reg.-Vorl, OT. 24. Febr. 1854 (Entsch. 27, S. 165), MR. 10. April 1846 (VMBl. S. 81) u. oben n. 95.

§ 33.

107. Die Vorschrift, daß nur das Nothdürftige bewilligt werden soll, läßt den Unterschied zwischen der öffentlichen und der auf privatrechtlichem Fundamente beruhenden APfl.-Pflicht scharf hervortreten (cf. §§ 252 ff., II. 2 ALR. und Art. 208 des Rhein. B. G. B.).

108 Ein AV kann zur Erfüllung der ihm obliegenden Pflicht geeigneten Falls auf administrativem Wege angehalten werden: MR. 21. Oktbr. 1846 (VMBl. S. 241). Daß wider die Verfügungen, welche die Polizeibehörde in Betreff der Verpflegung eines Armen erläßt, z. B. die Verfügung, wodurch dem Armen eine höhere Unterstützung als die ihm durch die Gemeinde bewilligte gewährt wird, der letzteren die Beschreitung des RW. nicht zusteht, folgt schon aus dem Ges. v. 11. Mai 1842: EK 13. Nov. 1858 (JMBl 59, S. 154)

109. Erhebt Jemand als Armer nicht wider einen AV., sondern wider eine Armenstiftung Ansprüche, so kommt § 33 selbstredend nicht in Betracht; vielmehr ist die Prozeßfähigkeit solcher Ansprüche nach den für Stiftungen geltenden Grundsätzen zu beurtheilen, und daher wenigstens bei Familien- oder gemischten Stiftungen (cf. VO. v. 1808 n. 60 ff.) in der Regel begründet, namentlich auch, insoweit hierbei in Frage kommt, ob Kläger wirklich als arm zu erachten sei; cf. übrigens n. 140.

110. Dagegen leitet das OT aus § 33 den Satz her, daß die Frage, ob Jemand arm im Sinne des APfl.-Ges. sei, ob mithin ein Anlaß zur öff. APfl. überhaupt vorliege, in allen und jeden Fällen nur von der Verwaltung entschieden werden könne; cf. OT. 27. März 1854, 21. April 1856, 24 Febr. 1860 (Strieth 12, S. 288; 21, S. 106; 36, S. 280). Dieser Satz folgt jedoch weder aus dem Wortlaute jenes §, noch aus der ratio legis (vgl oben n. 6). Insofern derselbe überhaupt besteht, ist er vielmehr auf andere Gesetze zurückzuführen, nämlich auf § 34 h. l. und § 1 des Ges. v. 11. Mai 1842, je nachdem nämlich die Thatsache der Armuth bei Streitigkeiten der AV. unter einander, oder beim Widerspruche eines AV. wider die von der Polizeibehörde anbefohlene Verpflegung einer Person in Frage kommt.

111. Es wird allgemein anerkannt, daß, wenn ein Armer beim Mangel privatrechtlich Verpflichteter von einem Dritten verpflegt worden ist, letzterer wider den betr. AV. einen Ersatzanspruch auf den Grund nützlicher Verwendung habe. Ob und inwieweit jedoch dieser Anspruch im RW. geltend gemacht werden könne, ist streitig. OLG. Hamm 3. März 1847 und OT. 28. Okt. 1847 (Arnsb. Arch 14, S. 469 ff.) desgleichen Sommer (ib. 15, S. 667) und das durch OT. 21. Febr. 1853 (Strieth. 8, S. 320) vernichtete Erk. des AG. Naumburg bejahten diese Frage ganz allgemein, namentlich auch, insofern über den Betrag der Verpflegungskosten gestritten werde; OT. 17. Aug. 1849 (Strieth. 1, S. 43) daselbst verneinte dieselbe nicht minder allgemein; OT. (Pl.-B.) 21. Febr. 1853 (Entsch. 24, S. 250) endlich sprach eine im MR. 29. Nov. 1861 (VMBl. S. 288) adoptirte Mittelmeinung aus, indem es zwar jenen Anspruch für an sich prozeßfähig, die Feststellung der Hülfsbedürftigkeit aber (cf. n. 110) und des Betrags der Verpflegungskosten als zum

administrativen Ressort gehörig erachtete. — Außerdem sind in Betreff dieser Frage verschiedene ältere MR. zu erwähnen. Eins derselben, v. 3. Febr. 1845 (BMBl. S. 36) erging aus Anlaß des Gesuchs einer Lazareth-Verwaltung, welche auf den Antrag der Angehörigen des Armen dessen Verpflegung übernommen hatte, und lautete dahin, daß die exekutivische Einziehung der jener Verwaltung angeblich zu erstattenden Kosten durch die Regierung nicht eher verlangt werden könne, als bis letzterer der Nachweis geliefert werde, daß das Bedürfniß der öff. APfl. obgewaltet habe, daß also kein zur Fürsorge verpflichteter und vermögender Privater vorhanden sei. Das R. erklärte sich daher im Prinzip wenigstens für die Zulässigkeit der administrativen Exekution. Dagegen hat sich eine Reihe anderer, unter n. 112 erwähnten MR. dahin ausgesprochen, daß die vom Arzte, resp. Apotheker für ärztliche Behandlung eines Armen erhobenen Ansprüche wider die Gemeinde regelmäßig nicht auf administrativem, sondern nur auf dem RW. realisirt werden könnten, und zwar ohne dabei der Beschränkungen zu gedenken, denen der Pl.-Beschl. des OT. die richterliche Kognition unterwirft, weshalb es kaum zweifelhaft ist, daß jene MR. die erste der oben erwähnten Ansichten theilen. Dieselbe dürfte auch in der That den Vorzug verdienen. Sowohl OT. v. 1849 wie der Pl.-Beschl. gehen davon aus, daß der Dritte nur ein aus dem Rechte des von ihm unterstützten Armen abgeleitetes Recht geltend mache. Diese Voraussetzung trifft jedoch schon um deswillen nicht zu, weil der Arme einen rechtlichen Anspruch auf die öff. APfl überhaupt nicht besitzt (vgl. n. 6), der Dritte vielmehr ex versione in rem für Leistungen klagt, die der AV. dem Staate gegenüber zu bewirken schuldig war. Außerdem würde obige Argumentation, wenn sie richtig wäre, den RW. unbedingt und nicht blos in Betreff der Frage der Armuth und des Kostenbetrags ausschließen. Letztere Beschränkungen des RW. könnten höchstens aus dem § 34 gefolgert werden, und werden durch denselben auch wirklich begründet, aber nur für den andern Fall, wo unter zwei AV. gestritten wird, und die landespolizeiliche Kognition ohnehin vorweg einzutreten hat Nur insofern kommt § 34 hier allerdings in Betracht als in ihm das gesetzliche Anerkenntniß enthalten ist, daß eine Erörterung über die Verbindlichkeit zur APfl. nicht etwa um ihrer publizistischen Natur willen den Gerichten überhaupt entzogen sei.

112. Anlangend insbesondere die Forderungen eines Arztes an einen AV. für den einem Armen geleisteten Beistand, so sprach schon ein MR. 21. Mai 1842 (BMBl. S. 282) aus, daß hierüber, gleichwie über dergleichen Forderungen an Privatpersonen nur der Richter zu entscheiden habe, da eine desfallsige Kompetenz der Verwaltungs-Behörde und die Befriedigung des Gläubigers auf administrativem Wege durch kein Gesetz gerechtfertigt werde. Diese Ansicht ist aber auch nach Erlaß des APfl.-Ges festgehalten worden; cf. MR. 20. Aug. 1845, 23. April 1847 (BMBl. 45, S 257; 47, S. 168). Ebenso verweisen die MR. 29. Aug. 1841 und 31. Mai 1842 (BMBl. 41, S. 233; 42, S. 418) die Apotheker wegen ihrer Forderungen für gelieferte Arzneien auf den RW. Nur dann soll eine Ausnahme eintreten, mithin die administrative Einziehung des Sostrums 2c. statthaft sein, wenn der Arzt 2c. auf Anordnung der Polizeibehörde gehandelt hat; cf. MR. 14. Juni 1843, (BMBl. S. 197). Ein solcher Fall liegt jedoch da nicht vor, wo die kurative Behandlung eines einzelnen Kranken sich nur als die mittelbare Folge allgemeiner polizeilicher Anordnungen darstellt, weshalb alsdann wieder obige Regel zur Anwendung kommt, daß der Arzt oder Apotheker, welcher sich nicht vorher mit dem Ortsvorstande über die ärztliche Behandlung oder die Lieferung der Arznei verständigt hat, den RW. beschreiten muß: MR. 20. Aug. 1845 l c. Eventuell kommt jenen Personen nach dem cit. MR. 23. April 1847 das in der AGO. v. 19. Juni 1836 Nr. 7 erwähnte Vorrecht zu Statten, dessen Ausübung bezüglich der von den Apothekern anzustellenden Klagen allerdings erfordert, daß dieselben mit einem administrativen Festsetzungsdekrete belegt seien.

113. Obgleich die Verbindlichkeit zur APfl. den AV. nicht dem Armen, sondern dem Staate gegenüber obliegt, so wird dennoch nicht bezweifelt, daß wenn der Unterstützte nur augenblicklich oder nur theilweise hülfsbedürftig ist, er dem AV. für die gespendete Fürsorge ersatzpflichtig sei. (Bedenklicher erscheint es, ob auch der spätere Erwerb von Vermögen die Geltendmachung eines Ersatzanspruchs recht-

§. 34. Ueber Streitigkeiten zwischen verschiedenen Armenverbänden entscheidet die Landes-Polizeibehörde. Betrifft der Streit die Frage: welcher von diesen Verbänden die Verpflegung des Armen zu übernehmen habe? so findet gegen jene Entscheidung der Rechtsweg statt, doch muß letztere bis zur rechtskräftigen Beendigung des Prozesses befolgt werden. Ueber den Betrag der Verpflegungskosten ist der Rechtsweg nicht zulässig.

---

fertige, ob also die Leistungen der öff. APfl. immer nur Vorschüsse darstellen, welche den AV. zum Gläubiger des Verpflegten machen.) Inzwischen sind solche Ansprüche beim Mangel einer die administrative Exekution gestattenden Vorschrift nur auf dem RW. zu realisiren: MR. 18. Febr. und 25. Okt. 1861 (ib. S. 117, 271) [Letzteres R. erklärt demgemäß die administrative Beschlagnahme von Invaliden-Pensionen für gewährte Armen-Unterstützungen als unstatthaft.] Auf derselben Auffassung beruht das MR. 20. Mai 1860 (ib. S. 115), wenn dasselbe besagt, daß ein AV. den Besitzer einer Leerhäuslerstelle nicht um seiner Hülfsbedürftigkeit willen ohne Weiteres zum Verkaufe jener Stelle zwingen könne, vielmehr, falls er sich an letztere halten wolle, wegen der gewährten Unterstützung auf Erstattung klagen und demnächst im Wege der Exekution die Subhastation ausbringen müsse. A. M. ist MR. 30. Mai 1857 (BMBl. S. 147). Ebenso sprach sich das MR. 21 Jan. 1840 (ib. S. 19) für den analogen, aber minder bedenklichen Fall, wo die Verpflegungs- und Transport-Kosten an eine augenblicklich hülfsbedürftige, aber vermögende Person nicht vom AV., sondern vom Magistrate einer Stadt von Polizeiwegen verwandt waren, für die Zulässigkeit der administrativen Exekution aus, und zwar selbst dann, wenn das Vermögen des Verpflichteten sich unter vormundschaftlicher Verwaltung befinde.

§ 34.

114. Die Anwendbarkeit des § 34 ist auf Streitigkeiten zweier AV. über die Armenpflicht beschränkt. Handelt es sich daher nur um die Frage, ob gewisse Kosten als Polizei-Verwaltungs- oder APfl.-Kosten anzusehen seien, so bleibt § 34 außer Betracht. So: MR. 25. Febr. 1860 (BMBl. S. 38). [Dies dürfte jedoch alsdann eine Ausnahme erleiden, wenn eine Gemeinde die Kosten gerade als AV. verausgabt, resp. vorgelegt haben will, und der AV. des Hülfsdomizils deren Erstattung verweigert, weil jene Kosten keine APfl.-, sondern Polizeikosten seien. Vgl. n. 127.]

115. § 34 ist gleichfalls unanwendbar auf die unter n. 48, 59, 60 erwähnten Streitigkeiten. Cf. ferner n. 90, 96 und Heim.-Ges. n. 46.

116. Dagegen umfaßt er nicht blos Streitigkeiten, welche die Handhabung der §§ 1 ff., sondern auch diejenigen, welche die Handhabung der §§ 25 ff., 30, 32 betreffen. Im Uebrigen vgl. n. 122, 129 bis.

117. Er gilt namentlich auch für Streitigkeiten über den Ersatz schon verausgabter Kosten; cf. MR. 2. Septbr. 1843, 8. Jan., 26. Febr. 1844, 25. Jan. 1862 (BMBl. 43, S. 282; 44, S. 26, 61; 62, S. 26), EK. 12. Novbr. 1859 (JMBl. 61, S. 186) und oben n. 79. A. M. ist die Praxis des OT.; cf. OT. (Pl.) 21. Febr. 1853, 9. Juni 1856, 23. April 1858, 12. Juni 1861 (Entsch. 24, S. 253; 33, S. 282; 46, S. 296; Strieth. 29, S. 276). Nur, wo die APfl. noch nicht ihren Abschluß erhalten hat, der Anspruch auf Kostenersatz und der auf Uebernahme der ferneren APfl. vielmehr gleichzeitig in Frage stehen, soll auch nach der Ansicht des OT. die vorgängige Entscheidung der Regierung erforderlich sein: OT. 11. März 1861 (Strieth. 41, S. 35). Allerdings würde obige Praxis, ohne letztere Restriktion, das seltsame Resultat liefern, daß ein AV., um Ersatz der bereits verwandten und Entbindung von ferneren Kosten zu erlangen, zwei ganz verschiedene Wege einschlagen müßte. Ob diese Restriktion aber auch konsequent sei, ist

eine andere, schwerlich zu bejahende Frage. Keinenfalls kann den für obige Praxis vom OT. 12. Juni 1861 angeführten Gründen beigepflichtet werden, daß nämlich die administrative Kognition im öff. Interesse und zwar um deswillen angeordnet sei, damit der Arme nicht dem Untergange ausgesetzt sei. Wie der Arme bei solchen Streitigkeiten nicht Partei ist, so ist er auch nach der Auffassung des Ges. bei denselben nicht interessirt. Er kann so wenig auf die administrative, wie auf die gerichtliche Entscheidung warten Für seine vorläufige Unterhaltung ist durch andere Gesetzesstellen gesorgt. Die administrative Kognition findet vielmehr nur im Interesse der streitenden AV. selbst statt, denen hiermit das Mittel gewährt werden sollte, ihren Streit auf möglichst rasche Weise, sowie ohne Kosten zum Austrage zu bringen und eine wenigstens vorläufige Regulirung herbeizuführen, — ein Interesse, welches allerdings ein öffentliches genannt werden kann, das aber ebensowohl bei den schon verwandten wie bei den noch zu verwendenden, vom Ges. nicht unterschiedenen Kosten zutrifft. Die ACO. v. 31. Dez. 1835 (Ann. 19, S. 1105) verwies die Geltendmachung solcher Ersatzansprüche allerdings auf den RW., fügte aber ausdrücklich hinzu: „bis etwa ein Anderes durch das zu erwartende Armengesetz bestimmt worden.“

118. Dem § 34 unterliegen nicht blos die Streitigkeiten unter verschiedenen Orts-, sondern auch diejenigen unter den Land-AV., und diejenigen unter jenen einer- und diesen andererseits: MR. 25. April, 3. Mai 1845 (VMBl. S. 120); VO. v. 14. Juni 1859 § 13 Abs. 2 (GS. S. 344).

119. Die Regierung entscheidet theils definitiv, theils blos unter dem Vorbehalte des RW., definitiv insbesondere über zwei Punkte, ob nämlich ein Anlaß zur APfl. überhaupt vorliege, und in Betreff des Betrags der APfl.-Kosten; cf. unten n. 124 ff. Der Rekurs an die höhere Verwaltungsinstanz findet wider jene Entscheidungen nur insofern statt, als sie definitiv sind: MR. 29. Januar 1850, 10 April 1853 (VMBl. 50, S. 264; 53, S. 260), VO. v. 14. Juni 1859 § 13. Früher war der M. d. J. anderer Ansicht; cf. R. 28. Jan. 1847 (VMBl. S. 36). Daß der Beschwerdeweg stattfinde, wenn die Regierung den Erlaß einer Entscheidung überhaupt ablehnt, unterliegt wohl keinem Bedenken, und ebensowenig, daß wider eine ergangene Entscheidung sowohl jener als der RW. nur von einem der streitenden AV., mithin z B. nicht von der Bezirksregierung des mit seinen Ansprüchen abgewiesenen AV beschritten werden könne.

120. Ist einer der streitenden AV. der durch die Reg-Abth. für Steuern, Domainen und Forsten vertretene Forstfiskus, so hat dies nicht etwa zur Folge, daß das administrative Entscheidungsrecht cessire, sondern nur, daß sich mit der zu erlassenden Entscheidung, insofern sie die Person des zur APfl. Verpflichteten betrifft, lediglich die Abth. des Innern zu befassen hat, wogegen andere Streitigkeiten zwischen jenen AV. bei obwaltender Meinungs-Verschiedenheit unter den gedachten Abtheilungen, der Reg.-Instr. v. 1817 u der Gesch.-Anw. v. 31. Dez. 1825 zufolge, vom Plenum zu erledigen sind: MR. 27. März 1860 (VMBl. S. 100).

121. Gehören die AV. verschiedenen Regierungs-Bezirken an, so entscheidet die Regierung des in Anspruch genommenen AV., — actor sequitor reum; cf. MR. 27. Mai 1850 (ib. S. 170), VO. v. 14. Juni 1859 § 13. Doch steht es der kompetenten Regierung frei, von derjenigen, in deren Bezirk die Verpflegung stattgefunden hat, über die Höhe des Kostenbetrags ein konsultatives Votum zu requiriren oder dem berechtigten AV. die Beibringung eines Festsetzungsdekrets aufzugeben: MR. 4. Jan. 1848, 17. Juni 1853 (VMBl. 48, S. 3; 53, S. 259).

122. Das Cirk.-MR. 29. Jan. 1850 (ib. S. 10) mißbilligt es mit Rücksicht auf die im § 34 nachgelassene Anrufung gerichtlichen Gehörs, wenn die Regierungen mitunter Entscheidungen zwischen zwei AV. auf bloße Anfragen untergeordneter Behörden, ja selbst ohne Anhörung beider Parteien und in Form unmotivirter Dekrete erlassen, und schreibt zur Vermeidung solcher Mängel ausdrücklich vor, daß jene Entscheidungen hinfüro in Form eines die streitenden Theile benennenden, im Konzept vom Justitiar mit zu zeichnenden, jedem der AV. abschriftlich zuzufertigenden Resoluts ergehen sollen, was jedoch nach dem MR. 17. Juni 1853 (ib S. 260) bei bloßen Streitigkeiten über den Kostenbetrag nicht zu beobachten ist. Wo ein AV. zur APfl., insbesondere auf Grund der §§ 26, 29,

einstweilen angehalten werden muß, bedarf es der Abfassung eines förmlichen Resoluts zwar gleichfalls nicht (wie denn schon im obigen Cirk.-R. ein allgemeiner Vorbehalt zu Gunsten blos vorläufiger Festsetzungen in dringenden eine vorgängige Instruktion nicht zulassenden Fällen gemacht wird); doch sind derartige Verfügungen unter dem ausdrücklichen Vorbehalte zu treffen, daß dem AV. freistehe, auf förmliche Entscheidung über den wider einen anderen AV. erhobenen oder noch zu erhebenden Anspruch anzutragen; cf. MR 10. April 1853, 7. Aug. 1850 (VMBl. 53, S. 260, 50, S. 264).

122 bis. Uebrigens liegt beim Erlasse der Entscheidung eine allseitige, nicht an das Vorbringen der Parteien gebundene Würdigung des Rechtsverhältnisses ebensosehr in der Kompetenz, wie in den Verpflichtungen der entscheidenden Verwaltungs-Behörde: MR. 25. Febr. 1860 (ib S. 38).

123. Die richterliche Zuständigkeit ist durch den vorherigen Erlaß einer förmlichen Administrativ-Entscheidung bedingt; dazu genügt es nicht, wenn die Regierung blos auf einseitige Beschwerde des im Verwaltungswege herangezogenen AV. eine abschlägige Verfügung erlassen hat: AG. Arnsberg 25 Septbr. 1852 (Arnsb. Arch. 16, S. 122).

123 bis. Eine strenge Konsequenz sowie die Fassung des § 34 (verbis: „welcher von diesen Verbänden") scheint zu fordern und das eben bezogene Erk. zu bestätigen, daß die Administrativ-Entscheidung auch gerade zwischen denselben AV. ergangen sein müsse, welche sich in dem demnächstigen Rechtsverfahren als Parteien gegenüber treten, daß also, wenn der nach jener Entscheidung unterliegende Theil wider einen dritten AV. den RW. beschreiten wollte, er zuvor noch ein ferneres, zwischen ihm und diesem entscheidendes Resolut zu erwirken hätte. Inzwischen erachtet das MR. 21. Septbr. 1860 (VMBl. S. 205) den Erlaß eines zweiten Resoluts nur in dem Falle für erforderlich, wo das erste blos negativ entschieden, d. h. also die Nichtverpflichtung des damals gerade in Anspruch genommenen AV., nicht aber da, wo dasselbe die Verpflichtung des einen der beiden AV. bestimmt ausgesprochen habe, und stimmt OT. 25. Febr. 1859 (Strieth. 33, S. 27) dieser Ansicht unter der Erwägung bei, daß schon durch das erste Resolut den Verpflichtungen genügt werde, welche der Staat gegen den zur eignen Klage nicht berechtigten Armen übernommen habe. Eher ließe sich für jene Ansicht anführen, daß, nachdem die Landes-Polizeibehörde sich bereits bestimmt für die Verbindlichkeit des Klägers ausgesprochen habe, die Erwirkung eines zweiten Resoluts auf Erfüllung einer zwecklos gewordenen Formalität hinauslaufe; aber auch dieses Argument, welches anscheinend beim Erlasse des obigen MR. bestimmend gewesen ist, erscheint nicht als durchgreifend, da bei Streitigkeiten mit einem anderen AV auch ganz andere, im ersten Resolute gar nicht zur Beurtheilung gediehenen Gründe in Frage kommen können. — Uebrigens erkennt das MR. 28. Febr. 1862 (VMBl. S. 187) an, daß selbst, wenn die Regierung nicht etwa blos negativ entschieden, sondern dem einen AV. die Verpflichtung positiv zuerkannt habe, der Erlaß eines zweiten Resoluts nicht verweigert werden könne, falls jener AV. neuerdings gegen einen dritten AV. klagbar geworden sei.

124. Anlangend den Umfang der richterlichen Kompetenz, so bildet, um mit der Schlußbestimmung des § 34 zu beginnen, letztere kein Hinderniß, daß die an sich prozeßfähige Frage über die Person des zur APfl. verpflichteten AV nur in Bezug auf einen bestimmten Zeitraum und eine bestimmte Verpflegungssumme zur richterlichen Entscheidung gebracht werde, und gebührt diese in einem solchen Falle nach der Rhein. Gesetzgebung dem Friedensgerichte, wenn der betr. Betrag nicht hundert, und zwar in letzter Instanz, wenn er nicht zwanzig Thaler übersteigt, da alsdann kein unbestimmtes Objekt, nämlich die Verpflichtung zur APfl. im Ganzen, sondern nur jener Betrag in lite ist: KH. 16. Jan. 1852 (Rh. A. 47, II. 34).

125. Doch ist obige Schlußbestimmung nicht auf den Fall zu beschränken, wo der Kostenbetrag durch die Landes-Polizeibehörde bereits festgestellt ist: EK. 11. Dez. 1858 (JMBl. 59, S. 334).

126. Sie gilt ferner für beide Theile, mithin nicht blos für den zum Ersatz verpflichteten, sondern auch für den hierzu berechtigten AV., und zwar selbst

dann, wenn dieser über den Ersatzanspruch an sich ein **rechtskräftiges Urtheil** bereits erwirkt hat: EK. 11. Dez. 1858 l. c.

126 bis Unter Verpflegungskosten begreift § 34 die **Kurkosten** mit: EK. 12. Nov. 1859 (JMBl. 61, S. 185).

127. Abgesehen von dieser die Beschränkung der richterlichen Kognition unmittelbar aussprechenden Bestimmung, folgt eine fernere Beschränkung mittelbar daraus, daß § 34 den RW. nur über die Frage zuläßt, welcher unter den streitenden AV. die APfl zu übernehmen habe. Dieser Bestimmung gemäß ist nämlich die Prüfung der **Voraussetzungen**, welche die Verbindlichkeit zur APfl. **überhaupt bedingen**, insofern diese Voraussetzungen unter zwei AV. streitig werden, der richterlichen Kognition entzogen, und diese daher darüber nicht statthaft, ob der Verpflegte wirklich im Sinne des APfl-Ges. **hülfsbedürftig** und daher ein Anlaß zur öff Fürsorge irgendwie gegeben sei, ob mithin die verwandten Kosten sich als APfl.-Kosten darstellen, oder einem andern Fonds, z. B. dem Polizei-Verwaltungsfonds zur Last fallen; cf. EK. 8. April 1854, 4. Juli 1857, 30. Okt 1858 (JMBl. 54, S. 328; 58, S. 63; 59, S 103) Daß das OT. die Entscheidung über die Frage der Hülfsbedürftigkeit gleichfalls der Verwaltung vindizire, dies jedoch nicht, wie der Komp.-GH., aus § 34, sondern aus § 33 folgern, und daher auch nicht auf Streitigkeiten unter den AV. beschränke, ist bereits unter n. 110, 111 gesagt.

128. Doch tritt da, wo es sich nicht um die **Hülfsbedürftigkeit überhaupt**, sondern um die **Zeit ihres Hervortretens** handelt, die richterliche Kognition allerdings ein, sofern jener Punkt eine Vorfrage für die dem Richter ausdrücklich überwiesene Entscheidung über die Person des verpflichteten AV. bildet: OT. 24. Sept 1858 (Strieth. 30, S. 270). [Diese Beschränkung obigen Satzes (n. 127) ist offenbar ganz konsequent, wenn man letzteren selbst aus § 34 herleitet, während sie erheblich angezweifelt werden könnte, wenn derselbe auf dem § 33 beruhte.]

129. Ebenso folgt aus § 34, daß, falls die Frage, welchem der streitenden AV. die APfl.-Last obliege, von der Vorfrage abhängt, **wodurch** das Bedürfniß zur öff. Fürsorge **entstanden** sei, über letzteren Punkt gleichfalls der Richter zu entscheiden hat: OT. 27 Sept. 1858 (Strieth. 30, S. 280).

129 bis. Das Gleiche gilt von der Frage, ob ein von der Verwaltung als arm anerkanntes Individuum ein **erkrankter** Armer sei, insofern es sich darum handelt, ob der AV., welcher die APfl. dieses Individuums vorläufig geleistet hat, sich behufs vorschußweiser Erstattung der Kosten an den Land-AV. wenden (§ 30), oder ob er nur den AV. des Hülfsdomizils in Anspruch nehmen könne (§ 26): EK. 12. Nov. 1859 (JMBl. 61, S 185);

130. — nicht minder von der Frage, ob das **Gebäude**, in dem der **Arme wohnt**, zum **Bezirke** des einen oder des andern AV. gehöre; cf BO. v. 26. Dez. 1808 n. 70.

131 EK. 23 Juni 1858 (JMBl. S. 431) sprach sich unter Bezugnahme auf § 34 für die Zulassung des RW. in einem Falle aus, wo über die Verpflichtung, zur APfl. beizutragen, **innerhalb eines Kommunal-Verbandes** gestritten wurde, und die Entscheidung davon abhing, ob das adelige Gut des Klägers, welches durch administrative Anordnung mit der beklagten Gemeinde zu einem Kommunal-Verbande vereinigt worden war, in Bezug auf die APfl. als ein besonderes Gut zu betrachten sei. Gleichzeitig gründete der Komp.-GH. seine Entscheidung aber auch auf die in Betreff der Gemeindelasten bestehenden allgemeinen Grundsätze, wonach, falls dergleichen Streitigkeiten sich zwischen verschiedenen Klassen der Gemeindemitglieder darüber erheben, was bezüglich jener Lasten innerhalb der Gemeinde bestehenden Rechtes sei, die richterliche Kognition stattfinde. Cf. n 18, 48.

132. Mit Rücksicht auf das unter n. 7 Gesagte ist bei einem Rechtsstreite unter den AV die **Einrede** unstatthaft, daß zunächst die **Verwandten** als Hauptverpflichtete in Anspruch zu nehmen seien: OT. 29. Okt. 1858 (Strieth. 31, S. 96) — [Daß es sich anders verhalte, wenn ein Dritter ex versione in rem wider den AV. klage, ist schon unter n. 111, resp. in dem dort cit. MR. 3. Febr. 1845 gesagt.]

133. Da das Resolut der Landes-Polizeibehörde **so lange** zu vollstrecken ist,

§. 35. Weigert sich derjenige, welcher zur Verpflegung eines Armen aus einem privatrechtlichen Verhältnisse verpflichtet ist, diese Verpflichtung zu erfüllen, so muß, bis zur rechtskräftigen Verurtheilung desselben, die Fürsorge für den Armen von demjenigen Armenverbande übernommen werden, welchem dieselbe in Ermangelung eines solchen Verpflichteten obliegen würde.

Entsteht hierbei ein Streit unter mehreren Verbänden darüber, wer von ihnen die Verpflegung zu übernehmen habe, so ist solcher gleichfalls nach den Vorschriften dieses Gesetzes, mit Berücksichtigung der Bestimmungen im §. 34. zu entscheiden.

Art. VI. Auf den Antrag des Armenverbandes, der einen Verarmten unterstützen muss, können der Ehemann, die Ehefrau, die ehelichen Eltern, die uneheliche Mutter, sowie die ehelichen Kinder des Verarmten, wenn sie ihrer gesetzlichen Verpflichtung zu dessen Verpflegung nicht

---

bis im RW. erkannt worden, daß ein anderer AV., und welcher der verpflichtete sei, so würde ein Urtheil, welches sich darauf beschränkte, den klagenden AV. für nicht verpflichtet zu erklären, dem Rechtsstreite keinen Ausgang gewähren und die Verwaltung nicht verbinden, den von ihr bestimmten AV. außer Verfolgung zu lassen; dem entsprechend darf auch die Klage nicht etwa blos negatorisch gefaßt, sondern sie muß darauf gerichtet sein, daß der beklagte AV. für schuldig erklärt werde: OT. 26. Febr. 1858 (Strieth 29, S. 163).

134. Aus gleichem Grunde genügt nicht der Nachweis der Nichtverpflichtung des Klägers; es ist vielmehr auch die Verpflichtung des Beklagten darzuthun: OT. 17. Sept. 1852 (ib 6, S 320). Dies soll zwar nach OT. 23. April 1858 (ib. 29, S. 276) eine Ausnahme erleiden, wenn Kläger Rückzahlung der zufolge Resoluts der Regierung dem Beklagten erstatteten Kosten einer von diesem freiwillig geleisteten Verpflegung fordere, aber nur um deswillen, weil in diesem Falle § 34 gar nicht zur Anwendung komme, und die Regierung zum Erlasse eines Resoluts nicht befugt gewesen sei [?]; cf. n. 117.

135. Ist der Beklagte ein Land-AV., diesem gegenüber also der Nachweis der Nichtexistenz eines verpflichteten Orts-AV zu liefern, so muß Kläger abgewiesen werden, wenn ein solcher Orts-AV. wirklich existirt, dieser aber, in einem früheren Prozesse mit dem Kläger, für nicht verpflichtet erklärt wurde, vorausgesetzt daß Beklagter bei diesem früheren Prozesse nicht Partei war und Kläger unterlassen hat, ihm litem zu denunziren, sowie gegen das ungünstige Erk. ein Rechtsmittel zu ergreifen (§ 10, I. 17 AGO.); cf. OT. 25. Nov. 1859 (Strieth. 36, S. 38) u. n. 54.

136. Hat ein Orts-AV. wider einen Land-AV. ein Urtheil behufs Erstattung vorgelegter APfl.-Kosten erstritten, so kann er die Erfüllung dieses Urtheils auf jedem an sich zulässigen gerichtlichen Wege verlangen, ohne daß ihm letzterer wegen eines die innern Verhältnisse des Land-AV. betr. Streits, z. B. eines Streits, darüber, welche Interessenten nach der für Aufbringung der Lasten des Land-AV. maaßgebenden Bestimmungen die diesem zuerkannte Last zu tragen haben, verschlossen werden dürfte: EK. 11. Dez. 1858 (JMBl. 59, S. 333).

§ 35 und Artt. 6—10 der Novelle.

137. Wie das APfl.-Ges überhaupt, so ist auch § 35 nicht bestimmt, über die Rechtsverhältnisse der privatrechtlich zur APfl. Verpflichteten, besondere

nachgekommen sind, im Verwaltungswege angehalten werden, demselben ganz oder theilweise die nothdürftige Unterstützung selbst zu gewähren, oder die erforderlichen Mittel zu deren Gewährung herzugeben.

Hierüber hat der Landrath desjenigen Kreises, in welchem der in Anspruch Genommene wohnt, oder falls derselbe in einer Stadt, die weder in Kommunal- noch in Polizei-Angelegenheiten der Aufsicht des Landraths unterworfen ist, wohnt, der Gemeindevorstand (Magistrat, Bürgermeister) durch Resolut zu entscheiden. Wenn der in Anspruch Genommene im Inlande keinen Wohnsitz, sondern nur den Aufenthalt hat, so steht die Entscheidung den vorstehend bezeichneten Behörden seines Aufenthaltsorts zu.

Gegen ein solches Resolut steht innerhalb zehn Tagen nach dessen Zustellung sowohl dem Armenverbande, als dem in Anspruch Genommenen, der Rekurs an die

---

der bestehenden Gesetzgebung derogirende Vorschriften zu treffen. § 35 verleiht daher den AV. nicht erst ein Klagerecht wider jene Verpflichteten, sondern setzt dasselbe als selbstverständlich voraus, und trifft nur Anordnungen über die öff. Fürsorge für die Dauer eines solchen Prozesses.

138 Andererseits enthält §. 35 ein Anerkenntniß des Satzes, daß wider die privatlich Verpflichteten ein administrativer Zwang auf Grund des APfl.-Ges. nicht stattfinde. Zu den privatrechtlich Verpflichteten gehören aber zufolge § 1 alle Verpflichteten, mit Ausnahme der eigentlichen AV., mithin auch sonstige zur APfl. verbundene Institute, selbst die öffentlichen, unter Aufsicht der Behörden stehenden, weshalb z B. ein AV die Erstattung der für kranke Handwerksgesellen ausgelegten Kosten gegen die Gesellenkasse nur auf dem RW. fordern kann; cf. MR 21. Okt 1846 (VMBl. S. 241) und n. 95

139. Fur das Verhältniß des AV zum Armen selbst ist § 35 insofern von Bedeutung, als aus demselben erhellt, daß ein AV. den Armen nicht einfach an seine Angehörigen, die Gewerkskasse u. s w. verweisen kann; cf. die im VMBl. 47, S 120, 314; 54, S 47 mitgetheilten R. mehrerer Regierungen.

140. Der gegen den privatrechtlich Verpflichteten klagende AV. macht nur ein aus den Rechten des Armen selbst hergeleitetes Recht geltend. Demgemäß steht ihm ein Klagerecht nur dann zu, wenn auch der Arme zur Klage berechtigt ist, resp. berechtigt gewesen wäre. So wies das AG. Königsberg die Klage eines AV wider einen kirchlichen Armenfond ungeachtet der auf § 9, II. 19 ALR. beruhenden Verpflichtung des verklagten Kirchenkollegiums als nicht zum RW. geeignet ab, weil auch dem Armen selbst, welchem die Unterstützung versagt worden, nur der Weg der Beschwerde bei der vorgesetzten Verwaltungs-Behörde offen gestanden habe, und OT. 23. Novbr. 1855 (Strieth. 19, S. 123) verwarf die wider dieses Urtheil erhobene Nichtigkeits-Beschwerde. (Die Motive des letzteren Erk. sind minder klar. Namentlich erhellt nicht, weshalb dort mit solchem Nachdrucke betont wird, daß Kläger Nichts aus einem privatrechtlichen Verhältnisse geleistet, sondern nur seine Verpflichtung als AV. erfüllt habe. Sollte, wie es nach dem Schlußsatze des Erk. fast den Anschein gewinnt, angenommen worden sein, daß dieser Umstand allein die Anwendbarkeit des § 35 ausschließe, und den AV. lediglich den Vorschriften der §§ 33, 34 unterwerfe, so ist dagegen zu bemerken, daß eine solche Argumentation jede Klage wider die privatrechtlich Verpflichteten aus-

Regierung offen, bei deren Entscheidung es im Verwaltungswege dann bewendet.

Art. VII. Ausserdem aber steht auch jedem von beiden Theilen frei, sein Recht im Wege der gerichtlichen Klage zu verfolgen und die Aufhebung der im Verwaltungswege getroffenen Festsetzungen zu fordern.

Art. VIII. Die Resolute der Verwaltungs-Behörden sind gegen den in Anspruch Genommenen sofort und so lange vollstreckbar, bis im Rekurs- oder Rechtswege eine abandernde Entscheidung erfolgt ist.

Art. IX. Wird der in Anspruch Genommene durch Resolut der Regierung oder durch rechtskraftiges gerichtliches Erkenntniss von der Unterstutzungspflicht ganz oder theilweise entbunden, so hat der Armenverband ihm das bis dahin zu viel Geleistete zu erstatten und ist im Weigerungsfalle hierzu im Verwaltungswege anzuhalten.

Halte jedoch der eine solche Erstattung Fordernde

---

schließen würde, da ein AV doch wohl immer nur als solcher die APfl. leistet. Offenbar kommt es aber weniger auf den Titel an, auf dessen Grund der Kläger leistet, als auf den, vermöge dessen der Beklagte zur Leistung prinzipaliter verpflichtet sein soll) Cf übrigens n. 109

141. Eben um deswillen muß sich der klagende AV. den Einwand eines früher zwischen dem Armen und dem privatrechtlich Verpflichteten abgeschlossenen Vergleichs oder der Verjährung des Alimentations-Anspruchs gefallen lassen: OT. 18 Okt. 1860 (Entsch. 41, S. 424).

142. Fernere Konsequenz des Eingangs des unter n. 140 Gesagten ist, daß das Klagerecht des AV sich auch auf Feststellung der Alimentationspflicht für die Zukunft erstreckt: OT. 18. Febr. 1859 (Strieth. 32, S 276);

143. — desgleichen, daß der AV. bei der Einklagung dieselbe Ordnung beobachten muß, welche der Arme selbst zu beobachten hätte, daß er daher z B. nicht die halbbürtigen Geschwister angehen kann, bevor der Anspruch wider die vollbürtigen Geschwister geltend gemacht und deren Unvermögen erwiesen worden (§§ 17 ff., II. 3 ALR.), und daß er ebensowenig gegen einen unter mehreren gemeinschaftlich Verpflichteten solidarisch zu klagen befugt ist: OT. 31. Oktbr. 1859 (Strieth 38, S. 10);

144. — desgleichen, daß die aus den §§ 33, 34 zu ziehenden Folgerungen für den Umfang der richterlichen Kognition bei Klagen im Sinne des § 35 ebensowenig, wie bei Klagen des Armen selbst wider seine Verwandten ꝛc. maaßgebend sind, daß daher, wenn letztere die Hülfsbedürftigkeit des Unterstützten oder die Höhe des zurückgeforderten Kostenbetrags bestreiten, oder wenn sie selbst arm zu sein behaupten, über alle diese Fragen der Richter zu entscheiden hat, mag nun der AV unmittelbar den RW. beschritten haben oder dieser in Folge der Berufung wider ein administratives Resolut im Sinne des Art. 6 der Novelle stattfinden. Cf OT 7 Jan. 1859, 18. Okt 1860 (Entsch. 40, I. S. 239; 41, S. 424). Das erstere dieser Erk erwägt hierbei ausdrücklich, daß die Novelle in dieser Hinsicht Nichts geändert, sondern umgekehrt das bestehende Recht bestätigt habe. Dagegen huldigt freilich OT. 24. Febr 1860 (Strieth 36, S. 280) einer hiervon durchaus abweichenden Ansicht, wenigstens für den Fall, wo ein Resolut der oben erwähnten Art in Mitte liegt. Eine Mutter war durch Resolut zur Fürsorge für ihre Kinder angehalten worden, und beschritt dem Art. 7 der Novelle

die gerichtliche Klage nicht binnen sechs Monaten nach der Zustellung des von ihm angefochtenen Resoluts der Verwaltungs-Behörde angebracht, so kann er nur dasjenige zurückfordern, was er für den Zeitraum seit Anbringung der Klage zu viel geleistet hat.

Art. X. Durch die Bestimmungen der Art. VI. — IX. wird das Recht des Hülfsbedürftigen nicht beschränkt, seine Ansprüche auf Unterhaltung gegen die genannten Angehörigen zu verfolgen.

---

gemäß den RW., indem sie ihre eigne Hülfsbedürftigkeit vorschützte. Das OT. wies die Klage ab, weil über die Frage, ob Jemand für sich oder die Seinigen der öff. Fürsorge bedürftig sei, nach § 33 nur die Verwaltung zu entscheiden habe, die Behauptung mithin, daß Klägerin ganz oder theilweise von Mitteln zur Unterhaltung ihrer Angehörigen entblößt sei, keinen Grund zur prozessualischen Anfechtung des Resoluts bilde; Klägerin hätte nur dann dessen Aufhebung verlangen können, wenn sie behaupte, resp. beweise, daß sie gar keine Verwandte oder nicht die nächste Verwandte der Hülfsbedürftigen sei, oder wenn sie von ihrem Manne getrennt lebe, und es sich darum handle, wem von ihnen die Verbindlichkeit zur Alimentation zunächst obliege (?).

145. Endlich folgt aus obigem Satze (n 140), daß die Dekl v 21. Juli 1843 (GS. S. 296), obschon sie zunächst nur den Fall betrifft, wo der Verarmte selbst Unterstützung und zwar für die Gegenwart, resp Zukunft verlangt, dennoch bei Klagen eines AV. gegen die Verwandten auf Erstattung bereits verausgabter Alimentationskosten gleichfalls maaßgebend ist, daß mithin nicht der Kläger zu beweisen hat, daß Beklagte zur Zeit der Verausgabung schon vermögend gewesen seien, sondern daß letzteren der Beweis des Gegentheils obliegt: OT. 1. Febr. 1861 (Strieth. 40, S. 227).

146. Wie schon unter n 145 angedeutet wurde, setzt die Klage auf Grund der nützlichen Verwendung voraus, daß der belangte Verwandte zur Zeit des hervorgetretenen Bedürfnisses die Mittel zu dessen Befriedigung bereits gehabt habe Eine spätere Verbesserung seiner Verhältnisse würde ihn nicht zum Kostenersatze verpflichten: OT. 26 April 1852 (Entsch 23, S. 299)

147. Der AV. thut nicht genug, wenn er beweist, daß die Kosten in Bezug auf den Armen nützlich verwendet seien; er muß überdies beweisen, daß der Aufwand zugleich für den beklagten Verwandten ein nützlicher gewesen Ist letzterer daher zuvor nicht aufgefordert worden, entweder den Armen in eigne Pflege zu nehmen, oder dieselbe dem Kläger zu überlassen, so muß noch ferner dargethan werden, daß zur Zeit des Eintritts der Pflege keine anderen zahlungsfähigen Verwandten vorhanden, und daß eine Aufnahme des Armen in die Familie, oder eine billigere Verpflegung seitens derselben unmöglich gewesen sei. So: OT. 24. Nov. 1856 (Strieth. 23, S 77).

148. Daß ein AV. gleich dem Armen selbst die privatrechtlich Verpflichteten nur gerichtlich in Anspruch nehmen könne, ist unter der Herrschaft der Novelle zwar als Regel bestehen geblieben; jedoch nur mit der im Art 6 in Betreff der nächsten Angehörigen gemachten Ausnahme. Die Beschränkung der bezüglichen Befugniß auf die nächsten Angehörigen rührt daher, weil die Verpflichtung der letzteren an leicht erkennbare Kriterien geknüpft, und ihnen gegenüber das Bedürfniß wirksamerer Zwangsmittel am dringendsten hervorgetreten ist: Motive der Reg.-Vorl.

149. Die Ausnahmevorschrift des Art. 6 betrifft nur die künftige Verpflegung des Armen. Der Ersatz bereits verwandter Kosten kann auch den dort erwähnten Angehörigen gegenüber nur auf dem RW. gefordert werden: MR. 7. Okt. 1861 (VMBl. S. 231).

Allgemeine Bestimmungen.

§. 36. Mit der Publikation des gegenwärtigen Gesetzes treten in Beziehung auf alle Gegenstände, worüber dasselbe verfügt, sämmtliche, sowohl allgemeine als besondere Verordnungen außer Kraft, und sind letztere nur noch auf die Fälle anzuwenden, in welchen die Fürsorge für einen Armen schon vorher nothwendig geworden ist.

§. 37. Die in einzelnen Provinzen über die Armenpflege bestehenden Reglements sollen, um sie mit den Vor-

---

150. Hat der AV., dem Art. 6 gemäß, die Wahl, ob er zunächst die administrative Hülfe angehen, oder sofort den RW. beschreiten will, oder muß das administrative Verfahren dem gerichtlichen immer vorausgehen? Die Analogie der übrigen Fälle einer eigentlichen Administrativ-Jurisdiktion spricht für die letztere, die Fassung und der Zweck des Gesetzes für die erstere Alternative. Doch scheinen die Gründe für das Wahlrecht des AV. die überwiegenden zu sein.

151. Der Rekurs wider das Resolut und die Beschreitung des RW. sind nicht etwa in dem Sinne alternativ gestattet, daß wenn ersterer gewählt worden, der RW. nicht mehr beschritten werden könne Vielmehr ergeben die Schlußworte der Artt. 6 und 7 klar, daß letzterer selbst dann noch offen steht, wenn die Regierung über den Rekurs erkannt hat.

152. Die Handhabung der administrativen Jurisdiktion des Art. 6 ist durch die Instr. v. 24. April 1856 näher geregelt Hiernach soll der in Anspruch zu Nehmende in der Regel zuvor umständlich vernommen, und beim Erlasse des Resoluts die Dekl. v. 21. Juli 1843 beachtet werden, das Resolut selbst aber, welches, mit den Motiven, beiden Theilen abschriftlich zuzufertigen ist, die Leistung, nach der Wahl des Verpflichteten in Verpflegung oder Geld bestehend, bestimmt angeben, eventuell den Geldbetrag mit Zahlungsterminen festsetzen, und im Falle gütlicher Einigung, auf welche vorzugsweise Bedacht zu nehmen, die aus dieser Einigung hervorgehenden Verbindlichkeiten bestimmt aussprechen.

153. Die Worte „wohnt“ und „Wohnsitz“ in Art. 6 Abs. 2 beziehen sich nur auf den Wohnsitz im eigentlichen Sinne, nicht auf das Hülfsdomizil im Sinne des APfl.-Ges.: MR. 30 Nov. 1857 (BMBl. 58, S 5).

154. Art. 6 ist gar nicht in Anwendung zu bringen, wenn der in Anspruch zu Nehmende sich in Haft befindet, und seine Angehörigen nur durch Arbeit zu ernähren vermöchte, da die Disposition über den s. g. Ueberverdienst nur der detinirenden Behörde zusteht: MR. 11. Juni 1858 (ib. S. 137); cf. auch ACO v. 28 Dez. 1840 (GS. 41, S. 52).

§ 36.

154 bis. § 36 ist nur auf die Prinzipien der APfl., z. B. über das Maaß der zu gewährenden Leistungen, nicht aber überall auf die Organisation der AV. zu beziehen, so daß z. B. das Schles Ed. v. 14. Dez. 1847 (Korn'sche Ed.-Samml. 2, S. 140) noch in Kraft besteht, in Folge dessen Gutsherrschaft wie bäuerliche Gemeinde Einen Orts-AV. bilden. So: OT. 16. April 1858 (Strieth. 27, S. 349). Cf. ferner MR. 2. Dez. 1844 (BMBl. 45, S. 6).

155. Was § 36 von älteren VO. sagt, gilt auch von Privatverträgen und der Observanz; cf. n 16 und MR. 30. April 1862 (BMBl. S. 215).

156. Ueber die Frage, ob und inwieweit das APfl.-Ges. und die Novelle rückwirkende Kraft auf ältere Fälle haben, vgl. MR 14. Sept. u. 3. Nov. 1843, 29. Aug. 1856 (ib. 43, S. 283, 308; 56, S. 227) und Art. 16 der Novelle.

§§ 37—38.

— —

schriften dieses Gesetzes in Uebereinstimmung zu bringen, mit Zuziehung der Stände einer Revision unterworfen werden.

§. 38. Aus den Bestimmungen des gegenwärtigen Gesetzes sollen ausländische Gemeinden und Armenanstalten Ansprüche gegen inländische Armenverbände einzuleiten nicht befugt sein.

Armenpolizeiliche Bestimmungen.

Art. XI. Solchen Personen, welche arbeitsfähig sind, gleichwohl aber, nach Verlust ihrer bisherigen Wohnung, binnen einer von der Ortspolizei-Behörde ihnen gestellten Frist, sich eine andere Wohnung nicht verschafft haben, kann, insofern denselben durch polizeiliche Veranstaltung ein Obdach verschafft werden muss, für die Dauer der Obdachlosigkeit der Aufenthalt in einer Arbeitsanstalt angewiesen werden.

Art. XII. Auch solche Personen, welche die Armenpflege in Anspruch nehmen, sich aber weigern, für die ihnen gewährte Unterstützung die ihnen von der Obrigkeit, sei es im Orte oder auswärts, angewiesene, ihren Kräften angemessene Arbeit ordnungsmässig zu verrichten, können, so lange sie der Unterstutzung bedürfen und bei ihrer Weigerung beharren, in einer Arbeitsanstalt untergebracht werden.

Art. XIII. Lasst ein Ehemann seine Ehefrau — ein Vater, oder, wenn der Vater todt oder verschollen ist, eine Mutter die ehelichen, noch nicht 14 Jahre alten Kinder, — oder eine Mutter ihre unehelichen Kinder eben dieses Alters, der gesetzlichen Verpflichtung zuwider, dergestalt hülflos, dass diese Angehörigen der Armenpflege

---

Artt. 11—15 der Novelle.

156 bis. Vor Erlaß der Novelle konnte die Unterbringung der in Artt. 11 und 12 gedachten Personen in einer Arbeitsanstalt nur auf den Grund eines gemäß § 119 Nr. 2 oder 3 des StGB. ergangenen Strafurtheils stattfinden. Selbstredend schließen die strafrechtliche Verfolgung im Sinne des § 119 l. c. und die Handhabung der auf den Artt. 11 ff. beruhenden Befugnisse sich nicht gegenseitig aus. Auch hat das Ges. v. 14. April 1856, zufolge dessen die Gerichte in den Fällen des § 119 die Abführung in ein Arbeitshaus nicht mehr aussprechen, die Anordnung dieser Maaßregel vielmehr in das Ermessen der Landes-Polizeibehörde gestellt ist, an der Kompetenz der im Art. 14 der Novelle aufgeführten Behörden Nichts geändert.

157. Da die zufolge Art. 11 zu verhängende Detention nicht den Charakter einer Strafe, sondern des polizeilichen Zwanges an sich trägt, so ist sie nur für die Dauer der Obdachlosigkeit, und nicht für einen in sich bestimm-

anheimfallen. so kann eine solche Person, falls sie die Armenpflege nicht in Anspruch genommen und deren Nothwendigkeit nicht nachgewiesen hat, sobald der Versuch fruchtlos geblieben ist, sie im Verwaltungs- oder gerichtlichen Wege zur Unterstützung jener Angehörigen exekutivisch anzuhalten, auf so lange, als das Bedürfniss der Armenverpflegung für die Angehörigen fortdauert, in einer Arbeitsanstalt untergebracht werden.

Art. XIV. In den in den Artt. XI. bis XIII. gedachten Fällen erfolgt die Ueberweisung an die Arbeitsanstalt auf Antrag des Vorstandes des Armenverbandes durch Anordnung des Landraths. In solchen Städten, die weder in Kommunal- noch in Polizei-Angelegenheiten der Aufsicht des Landraths unterworfen sind, oder die eine eigene Arbeitsanstalt besitzen, steht diese Anordnung dem Gemeinde-Vorstande (Magistrat, Bürgermeister) zu.

Die Anordnung erfolgt durch sofort vollstreckbares Resolut, gegen welches jedoch der Rekurs im geordneten Instanzenzuge zulässig ist.

Art. XV. Die Vorschrift des §. 16. des Gesetzes vom 31. Dezember 1842. über die Verpflichtung zur Armenpflege soll auch bei Anträgen zur Aufnahme der Artt. XI. bis XIII. dieses Gesetzes gedachten Personen in die mit den Landarmen-Anstalten verbundenen Arbeitshäuser maassgebend sein.

---

ten Zeitraum anzuordnen: MR. 28. Juni 1859 (VMBl. S. 172). Inwiefern diese Maaßregel auch wider Ehefrauen zu handhaben sei, dürfte sich nach Analogie dessen beantworten, was bei Oppenhoff StGB. § 119 n. 8 gesagt wird

158. Der Ausdruck „Obrigkeit" im Art. 12 umfaßt sowohl die Polizei- als die Kommunal-Obrigkeit (Ortsvorstand): Instr. v 24. April 1856.

159. Berufung auf rechtliches Gehör findet gegen das betr. Resolut nicht statt, da Art. 14 nur von der Zulässigkeit des Rekurses spricht, und jenes überhaupt keinen Ausfluß einer administrativen Strafjurisdiktion, sondern eine Verfügung im Sinne des Ges. v 11. Mai 1842 darstellt.

160. Die Kompetenz zur Abfassung derartiger Resolute involvirt nicht schon die unbedingte Verpflichtung der fraglichen Anstalten zur Aufnahme der betr. Individuen Diese Verpflichtung hängt vielmehr von den Statuten und Regl. jener Anstalten ab, weshalb die Vollstreckung eines Resoluts erst dann erfolgen kann, wenn die Verwaltung der Anstalt zugestimmt, oder deren Weigerung höheren Orts als unbegründet befunden worden ist: Motive der Reg.-Vorl. Aus Art. 15 folgt übrigens, daß die Verpflegungs- und Transport-Kosten dem verpflichteten AV. zur Last fallen. Selbstredend ist die Einlieferung in obige Anstalten nur auf diejenigen Personen zu erstrecken, wider welche das Resolut lautet, nicht also auch auf deren Familien. Cf. Instr. v. 24. April 1856.

Uebergangs-Bestimmungen.

Art. XVI. Mit der Publikation des gegenwärtigen Gesetzes treten die demselben entgegenstehenden Vorschriften ausser Kraft und sind letztere nur noch auf die Fälle anzuwenden, in welchen die Fürsorge für einen Armen schon vor Publikation dieses Gesetzes nothwendig geworden ist.

Der Minister des Innern hat die zur Ausführung dieses Gesetzes erforderlichen Instruktionen zu erlassen.

Art. 16 der Novelle.

161. Auf Grund dieses Art. ist die oftcrwähnte Instr. v. 24. April 1856 ergangen.

Gesetz
über die Benutzung der Privatflüsse. Vom 28. Februar 1843.

[GS. Nr. 2328, S. 41]

(Litteratur: Lette, die Gesetzgebung über die Benutzung der Privatflüsse rc., Berlin 1850. — Lette und v. Rönne, die Landeskultur-Gesetzgebung des Preußischen Staats, Berlin 1854, insbesondere II. 1. Abth. S. 625—669, 597 ff. — E. Scheele, das Preußische Wasserrecht, Lippstadt 1860)

Wir Friedrich Wilhelm, von Gottes Gnaden, König von Preußen rc. rc.

haben Uns bewogen gefunden, die gesetzlichen Vorschriften über die Benutzung der Privatflüsse, mit besonderer Rücksicht auf die Erfahrungen, welche in neuerer Zeit über die Verwendung des fließenden Wassers zur Verbesserung der Bodenkultur gemacht worden sind, einer Revision zu unterwerfen, und verordnen demnach auf den Antrag Unseres Staatministeriums, nach Anhörung Unserer getreuen Stände und nach erfordertem Gutachten einer aus Mitgliedern des Staatsraths ernannten Kommission, für den ganzen Umfang der Monarchie, mit Ausnahme der Landestheile, welche zum Bezirke des Appellations-Gerichtshofes zu Cöln gehören, was folgt:

Zum Eingange.

1. Die Vorschriften des Gesetzes sind durch VO. v. 9. Jan. 1845 (GS. S. 35) auf den Bezirk des AH. Cöln ausgedehnt worden, jedoch mit der Maaßgabe, daß dort bei Entscheidung der Frage, ob bei einer Bewässerungs-Anlage ein überwiegendes Landeskultur-Interesse obwalte (§§ 25, 32 h. l), das Interesse schon vorhandener, auf Triebwerken beruhender gewerblicher Anlagen im zweifelhaften Falle über das der Bodenkultur gesetzt werden soll. Gleichzeitig bestellt die VO. als Rekursinstanz im Sinne des § 47 das zufolge VO v. 22. Novbr. 1844 zu errichtende Revisions-Kollegium für Landeskultursachen. Cf. auch n. 6. — Ferner ist

§. 1. Jeder Uferbesitzer an Privatflüssen (Quellen, Bächen oder Fließen, sowie Seen, welche einen Abfluß haben) ist, sofern nicht Jemand das ausschließliche Eigenthum des Flusses hat, oder Provinzialgesetze, Lokalstatuten oder spezielle Rechtstitel eine Ausnahme begründen, berechtigt, das an seinem Grundstücke vorüberfließende Wasser unter den in den §§. 13. ff. enthaltenen näheren Bestimmungen zu seinem besonderen Vortheile zu benutzen. Jedoch verbleibt es in Ansehung der Benutzung des Wassers zu Mühlen und anderen Triebwerken, sowie auch in Ansehung der Fischerei-Berechtigung und der Vorfluth bei den bestehenden gesetzlichen Vorschriften, soweit diese durch gegenwärtiges Gesetz nicht ausdrücklich abgeändert sind.

---

das Ges. zufolge der VO. v. 26. April 1844 (GS. S. 112) in der Oberlausitz an Stelle des Patents v. 28 Aug. 1727 getreten, und haben für die Hohenzollernschen Lande wenigstens die §§ 56—59 h. l. Geltung erlangt (cf. Ges. v. 11 Mai 1853 Art. 1), wogegen die Wiesen-O. für den Kreis Siegen v. 28. Okt. 1846 (GS. S. 485) dasselbe, soweit nicht seine Bestimmungen dort ausdrücklich bezogen werden, hinsichtlich dieses Kreises wieder außer Wirksamkeit setzte.

2. Das Gesetz verfolgt, seinem Eingange und den Materialien zufolge, vornämlich den Zweck, Bewässerungs-Anlagen zur Verbesserung der Bodenkultur zu fördern; cf. MR. 9. Okt. 1845, 7. Febr. 1849 (BMBl 45, S. 271; 49, S. 50). Den desfalls getroffenen, mit dem § 19 beginnenden Vorschriften werden jedoch einige allgemeine Grundsätze und Bestimmungen über das Recht der Wassernutzung und dessen Begrenzung vorausgeschickt, welche nicht auf die erwähnten Anlagen zu beschränken, sondern vorbehaltlich der im § 1 gemachten Restriktionen auch auf alle sonstigen Anlagen zur Benutzung der Privatflüsse, insbesondere die gewerblichen, zu beziehen sind. Cf. n. 30 und OT. 11. Sept. 1860 (Strieth. 39, S. 31) [Dieses Erk. erachtete demgemäß den § 16 b auf einen zwischen zwei Triebwerksbesitzern schwebenden Streit für anwendbar.] Lette und v. Rönne (S. 636, 646) stimmen dem letzteren Satze nur in Betreff der §§ 2—12, nicht also in Betreff der §§ 13—18 bei. — Ueber das Verhältniß des Gesetzes zum Vorfl.-Ed. v. 15. Nov. 1811 s. dieses n. 5, 6.

3. Im Gesetze ist, abgesehen von dem in den §§ 19 ff. neu eingeführten Provokations-Verfahren, eine Aenderung der bestehenden Kompetenz-Verhältnisse nicht beabsichtigt, vielmehr der Grundsatz festgehalten worden, daß Gegenstände des allgemeinen, polizeilichen Interesses vor die Polizeibehörden gehören, die Feststellung streitig gewordener Privat-Rechte und ihres Umfangs aber den Gerichten zustehe. Wie daher die Kognition über die in den §§ 2—12 enthaltenen Gegenstände den Polizeibehörden übertragen, desgleichen in dem in § 15 bezeichneten Falle der Gefährdung eines öff. Interesses oder der Bewirkung eines Nothstandes die Kompetenz der Regierung angeordnet ist, ebenso tritt hinsichtlich der sich aus den §§ 13, 14, 16—18 erhebenden Streitigkeiten als solcher, welche, die Rechte der Uferbesitzer betreffend, privatrechtlicher Natur sind, die Kompetenz der ordentlichen Gerichte, mit Ausschluß der polizeilichen Kognition ein, selbst wenn die Berufung auf einen speziellen Rechtstitel nicht stattfindet. Cf. MR. 6. Dez. 1843 (JMBl. S. 298).

§ 1.

4. § 1 schließt geschlossene Gewässer (§ 176 I. 9 ALR.) ausdrücklich vom Bereiche des Gesetzes aus. Ebensowenig findet dasselbe auf künstliche Gräben und Kanäle Anwendung. Cf. Scheele (S. 12).

5. Ferner gehören zu den Privatflüssen 2c. im Sinne des § 1 nicht solche Gewässer, welche keinen bestimmten Lauf und keine bestimmten Ufer haben; ein Privatfluß ist immer durch ein bestimmtes Bett bedingt, welches letztere namentlich auch nicht durch Flößgräben vertreten wird, da diese keinen Theil der Quelle bilden, sondern nur eine künstliche Vorrichtung zur Benutzung des Wassers darstellen: OT. 19. Dez. 1851 (Strieth 4, S. 212).

6. Zur Abgrenzung des Begriffs „Privatfluß“ nach der entgegengesetzten Richtung hin dient der Gegensatz zwischen einem Privat- und einem öffentlichen Flusse. Oeffentlich sind nach OT. 15. Nov. 1859 (Strieth 36, S. 13) die von Natur schiffbaren Ströme, das Meer sowie überhaupt diejenigen Gewässer, welche dem gemeinen Besten dienen, private aber solche, über die Jemand mit Ausschließung Anderer, aus eigner Macht zu verfügen befugt ist, mag diese Befugniß nun dem Staate (Fiskus) oder einem Privaten 2c. zustehen. Das ALR. (§ 21, II. 14; § 38, II. 15) erblickt das entscheidende Kriterium eines öffentlichen, dem ausschließlichen Privatgebrauche entzogenen Flusses weder, wie das röm. Recht, in der unausgesetzten Dauer seines Laufs (flumen perenne), noch, wie das Deutsche, in der Eigenschaft des stromweisen Fließens, sondern nach dem Vorgange der Const. Friderici I. (II. F. 56), welche nur fl navigabilia et ex quibus fiunt navigabilia zu den Regalien rechnete, darin, daß der Fluß der Schifffahrt dienstbar sei; dasselbe modifizirte jene Const. nur insoweit, als es Flüssen, welche in schiffbare umzuwandeln sind, den Charakter eines Privatflusses nicht ohne Weiteres entzieht, sondern dem Staate lediglich ein Recht auf deren Umwandlung im Interesse des Gemeinwohls und gegen vollständige Schadloshaltung der bisherigen Eigenthümer einräumt. So: OT. 22. Nov. 1850 (Strieth. 1, S. 133). Das franz. Recht rechnet zu den dépendances du domaine public außer den schiffbaren auch die blos flößbaren Flüsse, vorausgesetzt, daß sie mit verbundenem Holze beflößt werden können; demzufolge ist der Bereich des Gef. v. 1843 für den Bezirk des AH. Cöln insofern ein begrenzterer, als dasselbe dort nicht für alle und jede, sondern nur für solche nicht schiffbaren Flüsse gilt, welche gleichzeitig nicht flößbar sind; cf. MR. 28. Febr. 1861 (BMBl. S. 73).

7. Ein ursprünglicher Privatfluß hört nur, soweit er schiffbar gemacht wird, auf, Privatfluß zu sein: OT. 13. Dez. 1849 (Entsch 18, S. 529).

8. Ob ein von Natur streckenweise schiffbarer Fluß theils als öffentlicher, theils als Privatfluß, oder ob er für öffentlich von der Mündung bis zur Quelle gelte, ist dagegen streitig. Das cit. OT. 22 Nov. 1850 ist der letzteren, der Gesetzrevisor (Pensum XII. S 202), Sommer (Arnsb. Arch. 15, S. 666), Scheele (S. 12) und die franz. Jurisprudenz — cf. Dalloz m. eaux, n. 47 — der ersteren Ansicht, welche auch in der Praxis der preuß. Verwaltungs-Behörden allgemein angenommen ist; cf. MR. 28. Febr. 1861 (BMBl. S. 73). Doch betrachtet man in Frankreich die nicht schiffbaren Arme eines schiffbaren Flusses als öffentlich; cf. Dalloz ib. n. 52, Gilbert ad Art 538 BGB., wo sich eine reichhaltige Jurisprudenz darüber findet, was als Pertinenz eines öff Flusses und daher gleichfalls als öffentlich zu betrachten sei. Die aus einem öff. Flusse abgeleiteten Bewässerungskanäle sind jedenfalls keine öff Flüsse; cf das cit. MR. 28. Febr. 1861.

9. Kann die Frage, ob ein Fluß ein öffentlicher oder Privatfluß sei, im RW. erörtert werden? GK. 5. April 1856 (JMBl. S. 180) sprach sich bejahend in einem Falle aus, wo der betr. Fluß von der Regierung für einen Privat-, von einer Stadtgemeinde für einen öff. Fluß angesehen und in Folge dessen darüber gestritten wurde, ob die Reinigungskosten der klagenden Stadtgemeinde oder dem Fiskus zur Last lägen Inwiefern dasselbe im umgekehrten Falle anzunehmen, wenn also die Verwaltung einen Fluß für einen öffentlichen erklärt hat, und ein Anderer, unter Behauptung des Gegentheils privatrechtliche Ansprüche auf denselben geltend macht, ließ jenes Erk. unentschieden; inzwischen dürfte auch diese Frage nach den Grundsätzen des preuß. Rechts zu bejahen sein. Anders in Frankreich, wo die Feststellung der Schiffbarkeit, resp. Oeffentlichkeit eines Flusses ebensowohl wie die Feststellung der Grenzen des Betts öffentlicher Flüsse zu den ausschließlichen Attributionen der Verwaltung gezählt wird, so daß, wenn ein desfallsiger Ausspruch der kompetenten Verwaltungs-Behörde vorliegt, dies nicht mehr Gegen-

§. 2. Wo öffentliche Plätze oder Wege das Ufer eines Privatflusses bilden, ist der Gebrauch des Wassers zum Trinken und Schöpfen, sowie zum Tränken des Viehes einem Jeden gestattet, sofern es, nach Entscheidung der Orts-Polizeibehörde, ohne Gefahr für die Beschädigung des Ufers geschehen kann.

§. 3. Das zum Betriebe von Färbereien, Gerbereien, Walken und ähnlichen Anlagen benutzte Wasser darf keinem Flusse zugeleitet werden, wenn dadurch der Bedarf der Umgegend an reinem Wasser beeinträchtigt oder eine erhebliche Belästigung des Publikums verursacht wird.

Die Entscheidung hierüber steht der Polizeibehörde zu.

---

stand richterlicher Erörterungen werden kann; cf. Cormenin II. S. 47, Dalloz m. comp. admin. n. 43; m. eaux n 44 Ob nicht dennoch ein Entschädigungs-Anspruch für das durch die administrative Deklaration angeblich entzogene Eigenthums-, resp. Fischereirecht vor Gericht geltend gemacht, und insoweit wenigstens uber die Schiffbarkeit eines Flusses und die Grenzen seines Betts im RW. gestritten werden könne, ist dort kontrovers; cf Dalloz ib n 45, 49, 50. In der Rheinprovinz dürften in dieser Hinsicht ausschließlich die Anschauungen des preuß. Rechts maaßgebend sein; cf. *OT. 22. März 1859 (Strieth. 33, S. 90), wo über eine vom Fiskus selbst angestellte die streitig gewordenen Grenzen des Saarbetts betreffende Klage zur Sache entschieden wurde.

10. Wem ein Privatfluß, resp. dessen Bett gehöre, und ob an demselben überhaupt ein Privateigenthum im gewöhnlichen Sinne des Worts denkbar sei, läßt das Gef. v. 1843 unentschieden: AH. Cöln 26. Febr. 1856 (Rh. A. 51, I. 236). Vgl. über diese Frage Gef-Rev. (Pens XII S. 203), Lette und v. Rönne (S. 630, 645), Böle (Arnsb. Arch. 2, S. 627 ff.), Scheele (S. 18 ff.), OT. 16. Dez. 1853, 8. Juni 1857, 8. Dez. 1858 (Strieth 11, S. 137 ff.; 25, S 145; 31, S. 326) und in Bezug auf das Gebiet des franz. Rechts, wo dieselbe besonders streitig ist, außer obigem Erk. das Gen.-Reg des Rh. A. s. v Fluß und Gilbert ad Art. 538 des BGB.

11. Das Recht zur Benutzung des Wassers eines Privatflusses ist jedenfalls ein Privatrecht, und kann daher Gegenstand eines Vertrags sowie überhaupt der Uebertragung des Berechtigten auf einen Andern werden: OT. 16. Juli 1857 (Strieth. 25, S 357). Cf. Lette und v. Rönne (S. 649).

12. § 1 enthält fur dieses Privatrecht den neuen Rechtssatz und Titel, und zugleich das Fundamental-Prinzip des Gesetzes, welches eben darin besteht, daß die wirthschaftliche Benutzung des Wassers in den vorgeschriebenen Grenzen als unmittelbarer Ausfluß der privatrechtlichen Befugniß des Uferbesitzers zu betrachten sei, und daher einer polizeilichen Genehmigung nicht bedurfe, die Einwirkung der Behörde vielmehr nur auf Anrufen der Betheiligten einzutreten habe: Lette und v. Rönne (S 633, 639). — § 99, I. 8 ALR. ist durch § 1, erheblich modifizirt worden: OT 15. Sept. 1856 (Strieth. 22, S. 181); Präj. (1458) v. 31. Mai 1844 (Präj.-Samml. S. 430).

§ 2.

---

§ 3.

13. § 3 Abs. 2 schließt den RW. nicht blos zum Nachtheile des Besitzers einer Gewerbsanlage, sondern auch zum Nachtheile der Gegenseite aus. So erklärte AH. Cöln 7 März 1860 (Rh A. 55, I. 242) unter Hinweisung auf § 3

§. 4. Des Einwerfens und Einwälzens von losen Steinen, Erde und anderen Materialien in Flüsse muß ein Jeder sich enthalten. Eine Ausnahme hiervon findet Statt, wenn solche zum Behuf einer Anlage am Ufer nothwendig ist, und daraus nach dem Urtheile der Polizeibehörde kein Hinderniß für den freien Abfluß des Wassers und keiner der im §. 3. bezeichneten Uebelstände entsteht.

§. 5. Das Einkarren und Einschwemmen von Sand und Erde zur Anlage von Wiesen (das sogenannte Wiesenbrechen) ist nur in den Fällen gestattet, wo solches für die Vorfluth, für die Schiffbarkeit öffentlicher Flüsse und für die unterhalb liegenden Uferbesitzer unschädlich ist.

§. 6. Die Anlegung von Flachs- und Hanfröthen kann von der Polizeibehörde untersagt werden, wenn solche die Heilsamkeit der Luft beeinträchtigt oder zu den im §. 4. erwähnten Nachtheilen Anlaß giebt.

§. 7. Die Uferbesitzer sind, wo nicht Provinzialgesetze, Lokal-Statuten, ununterbrochene Gewohnheiten oder spezielle Rechtstitel ein Anderes bestimmen, zur Räumung des Flusses insoweit verpflichtet, als es zur Beschaffung der Vorfluth nothwendig ist.

---

eine Klage als nicht zum RW geeignet, welche von einer Gemeinde auf Abänderung, resp. Unterdrückung einer solchen Anlage angestellt, und ohne daß Klägerin sich als Eigenthümerin von Ufergrundstücken zu erkennen gegeben hatte, wesentlich darauf gegründet war, daß durch jene Anlage dem Flusse schmutzige Stoffe in einer den Wasserbedarf der Umgegend beeinträchtigenden und das Publikum erheblich belästigenden Weise zugeführt würden. Ein gleichzeitig erhobener Entschädigungs-Anspruch wurde durch obiges Urtheil gleichfalls abgewiesen, aber vorzugsweise als nicht gehörig substanzirt, wenngleich auch hier wieder darauf Gewicht gelegt ward, daß Klägerin sich auch insofern als Vertreterin des Publikums gerirt habe

14. Widersprüche jedoch, welche ein Uferbesitzer als solcher wegen Beeinträchtigung seiner privatrechtlichen Ansprüche auf Benutzung des Wassers wider den Besitzer einer Gewerbsanlage erhebt, werden durch § 3 nicht berührt, und sind daher im RW. zu erörtern; cf. §§ 13 ff. h. l. und Gew.-O v 17. Jan. 1845 §§ 27 ff., resp. Ges. v. 1. Juli 1861 §§ 1 ff.; AH. Cöln 7. März 1860 l. c.

§§ 4—6.

— —

§ 7.

15. Da § 100, I. 8 ALR. nicht von natürlichen Gewässern spricht, so war den Adjazenten eines Privatflusses die Pflicht zur Unterhaltung des Wasserlaufs durch die landrechtlichen Bestimmungen nicht auferlegt: OT. (Pl.-B) 9. April 1844 (Entsch 10, S. 245); OT. 31. März 1858 (Strieth. 30, S. 58) — § 7 dehnt nun die Bestimmung des § 100 l. c. auf Privatflüsse aus, aber nur insoweit, als die Räumung zur Beschaffung der Vorfluth nöthig ist. Was über die Erreichung dieses Zwecks hinausreicht, kann durch die Polizeibehörde den Adjazenten nicht geboten, z. B. nicht auferlegt werden, Vertiefungen, Erbreiterungen, Durchstiche und

Die Polizeibehörde ist ermächtigt, diejenigen, welchen die Räumung obliegt, hierzu anzuhalten. Entsteht über diese Verpflichtung Streit unter den Betheiligten, so ist die Räumung einstweilen, unter Vorbehalt richterlicher Entscheidung, nach Maaßgabe des Besitzstandes, und wenn auch dieser nicht feststeht, von den Uferbesitzern zu bewirken.

ähnliche Regulirungen über die ursprünglichen Dimensionen des Flußprofils hinaus vorzunehmen. Damit solche größeren Regulirungs- und Uferbauten ausgeführt und die bisher nicht beitragspflichtigen Adjazenten zu Beiträgen herangezogen werden können, ist vielmehr die Bildung einer Genossenschaft erforderlich, wozu in Ermangelung der Zustimmung aller Betheiligten ein landesherrliches Statut gehört (Ges. v. 11. Mai 1853 Art. 2; cf auch Deich-Ges. v. 28. Jan. 1848 §§ 11, 15). Die Polizeibehörden können die Adjazenten wider deren Willen nicht einmal interimistisch zu Räumungs-Genossenschaften vereinigen, und besitzen nach der Vorfluths-Gesetzgebung überhaupt keine Befugnisse, welche den ihnen durch § 6 des Deich-Ges zur Erhaltung von Schutzdeichen ertheilten analog wären. Cf. LMR. 25. Juni und 28 Sept. 1856 (BMBl. S. 216, 263).

16. Die Adjazenten sind zur Räumung gar nicht verpflichtet, wenn ein Anderer der ausschließliche Eigenthümer des Privatflusses ist: OT. 4. Nov. 1859 (Entsch. 42, I. 49).

17. Der Ausdruck „ermächtigt“ bezieht sich nur darauf, daß die Polizeibehörde nicht jedem Antrage ohne Weiteres deferiren muß, sondern zu prüfen hat, ob die Räumung nöthig sei [?] Bejahenden Falls ist die Behörde allerdings verpflichtet, auf die Sache einzugehen, und daher die Ansicht irrig, als ob in Ermangelung eines landespolizeilichen Interesses der Streit über die Räumungspflicht zunächst zum RW. zu verweisen, die Räumung selbst aber auszusetzen sei. Insofern besteht gerade zwischen § 7 und der im Uebrigen analogen Bestimmung des § 10 des Vorfl.-Ed. v 1811 ein wesentlicher Unterschied, als die Polizeibehörde nach letzterem §, wenn die Räumungspflicht und die Person des Verpflichteten nicht feststeht, nur ausnahmsweise aus ganz besonderen Dringlichkeits Gründen einzuschreiten befugt ist, und sich auch dann auf die Regulirung eines bloßen Interimistikums zu beschränken hat, während die Pol.-Behörde in den Fällen des § 7 jeden bezüglichen Antrag immer mit voller Kompetenz prüfen und die im Gesetze bezeichneten Verpflichteten zur Räumung definitiv [?] anhalten muß, bis im RW. ein Anderes festgestellt worden ist. So: MR. 29. Jan. und 16 Juni 1847 (BMBl. S. 18, 170).

18 Nach welchen Prinzipien die Nothwendigkeit der Räumung zu beurtheilen sei, bemerkt das cit R v. 29. Jan. 1847, darüber lasse sich keine vollständige Anweisung ertheilen, indem selbst das Verhältniß des Kostenaufwands zu dem zu erzielenden Vortheile nicht unbedingt entscheide Offenbar unerheblichen oder böswilligen Anträgen sei jedenfalls nicht Statt zu geben, und sogar in Betreff einer nur allmähligen Herstellung des als nothwendig erkannten Zustands auf die Verhältnisse der Verpflichteten billige Rücksicht zu nehmen.

19. Das LMR 19. Febr. 1857 (BMBl. S. 98) empfiehlt den Landes-Polizeibehörden eine förmliche kontradiktorische Erörterung und den Erlaß eines Resoluts an, wenn die Räumungspflicht nicht etwa blos unter leeren Ausflüchten in Abrede gestellt, sondern bestimmt behauptet werde, daß dieselbe einem Anderen obliege.

20. Die gemäß § 7 getroffenen Verfügungen können nur ausnahmsweise, nach Maaßgabe der §§ 2 ff. des Ges. v. 11. Mai 1842, zum Gegenstande einer gerichtlichen Erörterung gemacht werden: *EK. 25. Okt. 1856 (JMBl. 57, S. 176); AH. Cöln 15. Juli 1852 (Rh. A 47, I. 161).

21. Ueber die Befugniß der Verwaltungs-Behörden, hinsichtlich der Räumung von Privatflüssen und Gräben reglementarische Vorschriften zu erlassen, vgl. Feldpol.-O. v 1 Nov. 1847 § 73 und in Betreff des Gebiets des Rhein. Rechts Ress.-Regl. n. 58 ff. — Uebrigens ist seit dem Erlasse des Ges. v.

§. 8. Die Eigenthümer eines Privatflusses, sowie die Uferbesitzer, Stauungs- oder Leitungs-Berechtigten können nur durch landesherrliche Entscheidung verpflichtet werden, den Gebrauch des Flusses zum Holzflößen einem Jeden zu gestatten.

§. 9. Ist eine solche Entscheidung (§. 8.) ergangen, so müssen

a) die Eigenthümer des Flusses, sowie die Uferbesitzer den zum Einwerfen und Ausziehen der Hölzer unentbehrlichen Gebrauch der Ufer an den polizeilich bestimmten Stellen, sowie den Zutritt zu den Ufern, soweit dieser zur Beaufsichtigung und Fortschaffung der treibenden Hölzer erforderlich ist, gestatten, und

b) die Besitzer von Stauwerken den zum Treiben der Hölzer erforderlichen Wasserzug gewähren.

Für den hieraus, sowie für den aus Verunreinigung des Flußbettes und aus Beschädigungen der Ufer, Uferdeckwerke, Brücken und sonstigen Anlagen durch die treibenden Hölzer entstehenden Schaden ist vom Staate volle Entschädigung zu leisten.

§. 10. Die näheren Anordnungen darüber:

1) in welchem Umfange der Mitgebrauch der Ufer zum Behufe der Flößerei zu gestatten ist, und welche Einrichtungen zur Erhaltung des Wasserzuges zu treffen sind,

2) welches Verfahren bei der Flößerei, namentlich auch mit Rücksicht auf die stattfindenden Ueberrieselungen zu beobachten, und

3) welche Abgabe von den Flößenden zu entrichten ist,

sind von dem Ministerium durch besondere Reglements festzusetzen.

---

11. März 1850 eine ministerielle Genehmigung lokal- und bezirkspolizeilicher Verordnungen über die Räumung von Privatflüssen ꝛc. niemals mehr erforderlich, und der Erlaß solcher VO. hinfüro nach den Formen des letzteren Ges. zu bewirken; cf. LMR. 13. Mai, 13. Juli 1850 (VMBl. S. 138, 213) und Ges. v. 1850 n. 27. Ein Schema zu solchen Pol.-Reglements (Schau-Reglements) findet sich nebst dem dasselbe empfehlenden LMR. 9. Sept. 1850 im VMBl. 50, S. 277.

§§ 8—12.

22. Diese §§, welche speziellere Anordnungen in Betreff des in den §§ 42, 43, II. 15 ALR. ausgesprochenen Grundsatzes wegen Gestattung des allgemeinen Gebrauchs der Privatflüsse zum Holzflößen enthalten (cf. Ges.-Rev. Pens. XII. S. 203, Lette und v. Rönne, S. 642), haben für das Gebiet des Rhein. Rechts blos insofern Geltung, als sie sich auch auf Flüsse beziehen, welche nur mit nicht verbundenem Holze beflößt werden können; cf. n. 6.

§. 11. Die Flößerei-Abgabe (§. 10. Nr. 3.) soll nach der Menge des geflößten Holzes abgemessen und auf keinen höhern Betrag festgestellt werden, als zur Entschädigung der Eigenthümer und Nutzungsberechtigten (§. 9.) und zur Deckung der Aufsichts- und Hebekosten erforderlich ist.

§. 12. Wo nach Provinzialgesetzen, Lokalstatuten oder besonderem Herkommen das Flößen auf einem Privatflusse einem Jeden freisteht, ist dasselbe polizeilicher Aufsicht unterworfen, und es kann darüber durch besondere Reglements nach Vorschrift des § 10. nähere Anordnung getroffen werden. Wenn diese Anordnungen den Eigenthümern oder Nutzungsberechtigten neue Verpflichtungen auferlegen, so gebührt denselben dafür nach Vorschrift des §. 9. Entschädigung. Die Einführung neuer, sowie die Erhöhung bestehender Flößerei-Abgaben, darf nur mit Genehmigung des Ministeriums erfolgen, und sind dabei die Bestimmungen des §. 11. zu beachten.

§. 13. Das dem Uferbesitzer nach §. 1. zustehende Recht zur Benutzung des vorüberfließenden Wassers unterliegt der Beschränkung, daß

---

23. Die nach § 9 Abs. 2 und § 12 gegen den Staat zu erhebenden Entschädigungs-Ansprüche sind prozeßfähig, sowohl was ihre Existenz, als was die Höhe der zu leistenden Entschädigung betrifft.

24. Da die Flößerei-Abgabe (§§ 10, 11) im Wesentlichen nur die Schadloshaltung des Staats für die von diesem an die Uferbesitzer ꝛc. zu entrichtenden Entschädigungs-Beträge bezweckt, mithin schwerlich in dem landesherrlichen Besteuerungsrechte ihren Grund haben dürfte, so scheinen die §§ 78, 79, II. 14 ALR. auf sie keine Anwendung zu finden.

§§ 13—17.

25. In den §§ 13—17 werden die Verhältnisse bezeichnet, welche zum Widerspruche wider die dem Uferbesitzer im Allgemeinen freigegebene Benutzung des Wassers berechtigen. Der Uferbesitzer kann zwar nach Belieben [d. h. ohne pol. Ermächtigung] Bewässerungs-Anlagen errichten (§ 19), setzt sich aber der Gefahr aus, daß die nach jenen §§ zum Widerspruche Berechtigten ihre bezfallsigen Ansprüche auf dem RW., durch Negatorienklagen ꝛc., geltend machen, indem der Gegenstand solcher Streitigkeiten, wie dies schon unter n. 3 erwähnt ist, und für das Gebiet des Rhein. Rechts in den Artt. 644, 645 des B. G. B. noch eine besondere Bestätigung findet, durchgängig privatrechtlicher Natur ist. Die Wirksamkeit der Polizeibehörde tritt mit Ausschluß des RW. nach dem Ges. v. 1843 nur in zwei Fällen ein, in denen des § 15 und des § 19. Cf. MR. 20. Aug. 1847, 30. März 1860 (BMBl. 47, S. 261; 61, S. 109), AH. Cöln 7. März 1860 (Rh. A. 55, I. S. 242).

26. Die auf die §§ 13 ff. (und den cit. Art. 644) gegründeten Privatrechte können selbst einer von der Verwaltungs-Behörde ertheilten gewerbepolizeilichen Konzession gegenüber im RW. geltend gemacht werden: AH. Cöln 16. Juli 1857 (Rh. A. 53, I. 144).

27. Auch findet zu ihrem Schutze nicht blos das petitorium, sondern auch das possessorium statt: OT. 30. April 1855, *id. 8. Jan. 1856 (Strieth. 16, S. 353; Tr. A. 8. I. 123).

28. Inwiefern das Vorgesagte (n. 25 ff.) von dem Widerspruchsrechte des

1) kein Rückstau über die Grenzen des eigenen Grundstücks hinaus und keine Ueberschwemmung oder Versumpfung fremder Grundstücke verursacht werden darf, und
2) das abgeleitete Wasser in das ursprüngliche Bett des Flusses zurückgeleitet werden muß, bevor dieser das Ufer eines fremden Grundstücks berührt.

Sind mehrere an einander grenzende Uferbesitzer über eine Anlage einverstanden, so werden die Grundstücke derselben, bei Anwendung der vorstehenden Beschränkungen, als ein einziges Grundstück angesehen.

§. 14. Gehören die gegenüber liegenden Ufer verschiedenen Besitzern, so hat ein jeder von beiden ein Recht auf Benutzung der Hälfte des Wassers (§. 27.).

§. 15. Wenn bei Ausführung einer Bewässerungs-Anlage ein öffentliches Interesse, wie das der Schifffahrt ꝛc. gefährdet, oder den unterhalb liegenden Einwohnern der nothwendige Bedarf an Wasser auf eine Weise entzogen würde, daß daraus ein Nothstand für ihre Wirthschaft zu besorgen wäre, so ist die Regierung nach vollständiger, unter Zuziehung

---

§ 16 b. gelte, darüber vgl. n. 42 ff., 48. — Unter dem Betriebe „in dem bisherigen Umfange“ ist der bei Publikation des Ges. bestehende gemeint; hierbei kommt es jedoch nicht lediglich auf den thatsächlichen Betrieb, sondern auch auf die Leistungsfähigkeit des Triebwerks an. So: Scheele (S. 47)

29. § 15 stimmt im Wesentlichen mit Art. 643 des Rhein. B. G. B. überein, nur daß dieser die Entscheidung nicht der Verwaltung überträgt [insofern ist also die Rhein. Gesetzgebung durch § 15 abgeändert worden], und daß er dem Eigenthümer des Fließes einen [im RW verfolgbaren] Entschädigungs-Anspruch unter gewissen Voraussetzungen zuerkennt. — Letztere Bestimmung ist durch § 15 unberührt geblieben: Lette und v. Rönne (S. 659). In den übrigen Landestheilen hat der Eigenthümer einen solchen Anspruch nicht: Scheele (S. 49).

30. Wenngleich im Eingange des § 15 zunächst nur der Ausführung von Bewässerungs-Anlagen Erwähnung geschieht, so ist jener § dennoch von jeder ausschließlichen Benutzungsart des Wassers zu Privatzwecken, z. B. auch von der Anlage eines Fischteichs zu verstehen. So: AH. Cöln 22. April 1861 (Rh. A. 56, I. 75); cf. auch Scheele (S. 49) und n. 2.

31. Das (n. 30) cit. Erk. erblickt in der die Verhütung eines Nothstandes betr. Befugniß ein Entscheidungsrecht im engern Sinne und nimmt daher an, daß, wenn bei einem Streite über das Wassernutzungsrecht des Uferbesitzers vom beklagten Gegner das Bevorstehen eines solchen Nothstandes vorgeschützt werde, die richterliche Kognition so lange ausgeschlossen sei, bis die Regierung über jenen Einwand und zwar nach vorgängiger kontradiktorischer Erörterung durch ein förmliches Resolut entschieden habe. (I. c. hatte die Regierung auf die Beschwerde des Uferbesitzers an die beklagte Gemeinde reskribirt, daß fernere Eingriffe in die betr. Anlage nicht stattfinden dürften, weil ein Nothstand nicht zu besorgen sei. Dessenunerachtet wies der AH. die von jenem Besitzer angestellte Entschädigungsklage als voreilig ab.) Diese Ansicht ist jedoch durch *OT. 1. April 1862 (Rh. A. 56, II. 112) verworfen worden; letzteres Erk. sprach sich vielmehr dahin aus, daß § 15 der Regierung nur

der Betheiligten erfolgter Erörterung befugt, die Ableitung des Wassers in geeigneter Weise zu beschränken.

§. 16. Gegen Anlagen, welche der Uferbesitzer zur Benutzung des Wassers in Gemäßheit des ihm nach §§. 1. und 13. zustehenden Rechts unternimmt, kommt den Besitzern der bei Publikation des gegenwärtigen Gesetzes rechtmäßig bestehenden Mühlen und anderen Triebwerke ein Widerspruchsrecht zu, wenn dadurch

a) ein auf spezielleren Rechtstiteln beruhendes Recht zur ausschließlichen Benutzung des ganzen Wassers oder eines bestimmten Theils desselben ($\frac{1}{4}$, $\frac{1}{3}$ rc.) beeinträchtigt, oder

b) das zum Betriebe in dem bisherigen Umfange nothwendige Wasser entzogen wird.

Wer künftig ein Triebwerk anlegt oder erweitert, ohne ein ausdrücklich verliehenes Recht zu haben, soll deshalb zu einem solchen Widerspruche nicht berechtigt sein.

§. 17. Wenn in dem Falle des §. 16. litt. b.

1) der Uferbesitzer nachweist, daß der Betrieb in dem bis-

---

die Befugniß verleihe, geeigneten Falls das gesetzlich anerkannte Benutzungsrecht der Uferbesitzer zu beschränken, daß es daher, so lange die Regierung von dieser Befugniß keinen Gebrauch mache, bei der gesetzlich erfolgten Anerkennung jenes Rechts und der hieraus abzuleitenden Befugniß, dasselbe im Prozeßwege geltend zu machen, sein Bewenden behalte.

32. Jedenfalls trifft jene Befugniß nur bei dem ausdrücklich vorgesehenen Falle eines für die Wirthschaft zu besorgenden Nothstands zu; verlangt der untere Eigenthümer daher die Wegschaffung der Anlage blos um deswillen, weil diese den Wasserlauf störe, der nicht gestört werden dürfe, so findet der RW. statt: EK. 26. Juni 1849 (JMBl. S. 385).

32 bis. § 15 spricht ferner nur von einer Beschränkung der Ableitung. Er steht mithin der Beschreitung des RW. nicht entgegen, wenn die Unzulässigkeit der ganzen Ableitung aus den zwischen zwei benachbarten Grundbesitzern bestehenden Rechtsverhältnissen gefolgert wird; cf das (n. 32) cit. EK. 26. Juni 1849; z. B. wenn der untere Grundbesitzer sich zu diesem Behufe auf einen speziellen Rechtstitel, wie Verjährung rc. beruft. Doch nahm das (n. 30) cit. AH. Cöln 22. April 1861 an, daß die [i. c. von einer Gemeinde] angerufene Verjährung den Artt. 642, 643 des Rhein. B. G. B. zufolge nur in Verbindung mit dem behaupteten Nothstande von Belang, mithin vor Gericht nur als Einrede wider die vom Unternehmer der Anlage eingeklagten Entschädigungs-Ansprüche in Betracht zu ziehen sei. [?]

33. Daß die Verwaltungs-Behörden trotz des privatrechtlichen Charakters der Rechte der §§ 1, 13 ff. befugt seien, im allgemeinen Interesse reglementarische Bestimmungen über das Bewässerungswesen zu erlassen, unterliegt, zumal für das Gebiet des Rhein. Rechts, keinem Zweifel; cf. Ress.-Regl. n. 58 ff., und was das gesammte Staatsgebiet betrifft, Ges. v. 11. März 1850 § 6 b, h, i. — Doch dürfen die Regierungen sich nicht etwa unter der Form einer Pol.-VO. in privatrechtliche Bewässerungs-Streitigkeiten mischen, z. B. nicht auf die bloße Beschwerde eines einzelnen Interessenten, namentlich eines Müllers gegen die Grund-

herigen Umfange das Maaß der dem Inhaber des Triebwerks zustehenden Berechtigung überschreitet, oder

2) der Inhaber des Triebwerks nachweist, daß ihm vermöge eines speziellen Rechtstitels die Befugniß zusteht, den Betrieb über den bisherigen Umfang auszudehnen,

so ist bei Prüfung des Widerspruchsrechts derjenige Umfang des Betriebes zum Grunde zu legen, welcher durch das Maaß der Berechtigung begründet ist.

§. 18. Fischerei-Berechtigte sollen zu einem Widerspruche gegen Bewässerungs-Anlagen fortan nicht weiter berechtigt sein, sondern nur auf Ersatz des ihnen daraus entstehenden Schadens Anspruch haben.

§. 19. Einer polizeilichen Erlaubniß bedarf der Uferbesitzer zu solchen Anlagen nicht; er ist dagegen befugt, die Vermittelung der Polizeibehörde in Anspruch zu nehmen,

1) wenn er sich darüber Sicherheit verschaffen will, welche Widerspruchsrechte oder Entschädigungs-Ansprüche in Beziehung auf die von ihm beabsichtigten oder schon getroffenen Verfügungen

a) über das zu Bewässerungen zu verwendende Wasser,

---

besitzer wegen Entziehung des Betriebswassers, solche Pol.-VO. erlassen; cf. MR. 21. April 1861 (VMBl. S. 109), welches den Erlaß einer Wässerungs-Ordnung auf Grund des obigen § 6 litt. h höchstens dann für gerechtfertigt hält, wenn es darauf ankomme, Streitigkeiten zahlreicher Grundbesitzer über die Ableitung des Wassers zu regeln, thätlichen Konflikten der Adjazenten vorzubeugen, und eine unpflegliche Verschwendung des Wassers im Interesse der Bodenkultur eines größeren Distrikts zu verhüten, — indem dergleichen Streitigkeiten unter zahlreichen, nicht fest begrenzten Parteien im Wege des Prozesses allerdings zu keinem angemessenen Resultate führen könnten. (Das R. erging an eine Rhein. Regierung.)

§ 18.

34. Ueber die Höhe des Entschädigungs-Betrags entscheidet gleichfalls der Richter, sofern kein Provokations-Verfahren (§ 19 Nr. 2) beantragt wird. A. M. ist anscheinend Scheele (S. 87). Gelten die in den §§ 45, 55 h 1. für die Bemessung des Entschädigungs-Anspruchs enthaltenen materiellen Vorschriften auch dann, wenn der Betrag vom Richter festzustellen ist? Lette und v. Rönne (S. 662) scheinen der bejahenden Ansicht zu sein.

34 bis. Dem § 18 zufolge können die Fischerei-Berechtigten wegen Störung im Besitze nicht klagen. So: Lette und v. Rönne (S. 662).

§ 19.

35. Aus dem unter n. 2 Gesagten geht bereits hervor, daß die §§ 19 ff. nur die Beförderung von Bewässerungs-Anlagen zur Verbesserung der Bodenkultur bezwecken, mithin keine Anwendung finden, wenn es sich um die Benutzung des Wassers zu gewerblichen Anlagen handelt. Hinsichtlich letzterer bilden die Vorschriften der Gew.-O. v. 17. Jan. 1845, resp. die §§ 1 ff. des Ges. v. 1. Juli 1861 die Richtschnur.

36. Die §§ 19 ff. derogiren zur Beförderung von Bewässerungs-Anlagen

b) über die zu bewässernden ihm zugehörigen Grundstücke,
c) über denjenigen Theil, sowohl eigener als fremder Grundstücke, welcher zu den Wasserleitungen dienen soll,

stattfinden;

2) wenn er zur Ausführung neuer, oder zur Erhaltung bereits ausgeführter Bewässerungen verlangt, daß ein Anderer ihm ein Recht einräume, oder sich die Einschränkung eines Rechts gefallen lasse, welches einen Widerspruch gegen die Anlage begründen würde.

§. 20. Wer die Vermittelung der Polizeibehörde zu dem in §. 19. Nr. 1. bezeichneten Zwecke in Anspruch nimmt,

---

(ähnlich, wie die §§ 15 ff des Vorfl.-Ed. v. 1811 zur Beförderung von Entwässerungs-Anlagen) der allgemeinen Gesetzgebung sowohl in materieller, wie formeller Hinsicht, in ersterer dadurch, daß sie dem Unternehmer solcher Anlagen, ungeachtet diese bloße Meliorationen bezwecken, zu Lasten der übrigen Uferbesitzer ꝛc. ein der Expropriations-Befugniß analoges Recht verleihen, in letzterer Hinsicht dadurch, daß sie nicht allein die Feststellung der Voraussetzungen dieses Rechts und der Modalitäten seiner Ausübung, sondern auch die Feststellung der vom Unternehmer zu leistenden Entschädigung der Verwaltung übertragen.

37. Die in den §§ 19 ff. den Verwaltungs-Behörden zugewiesene Thätigkeit hat einen zweifachen Zweck, nämlich a) die Ermittelung der Widerspruchsrechte und b) die Beseitigung derselben. Dem entsprechend ist das administrative Verfahren ein zweifaches; zur Erreichung des ersteren Zwecks (§ 19 Nr. 1) dient das in den §§ 20—23 vorgezeichnete Aufgebots- und Präklusions-, zu der des letzteren (§ 19 Nr. 2) das in den §§ 24—55 vorgezeichnete Provokations-Verfahren. [Der Ausdruck „Provokations-Verfahren" wird zwar mitunter auch für das erstere Verfahren gebraucht; doch verdient obige Terminologie zur Unterscheidung beider Verfahren den Vorzug]

38. Beide Verfahren bedingen sich nicht gegenseitig, sondern sind von einander ganz unabhängig, so daß sie, eins ohne das andre, auch neben oder nach einander und zu ganz verschiedenen Zeiten extrahirt werden können: Lette und v. Rönne (S. 663). Demzufolge ist die Kompetenz der Regierung zur Entscheidung über das Landeskultur-Interesse (§ 32), den Bewässerungsplan, einschließlich der dabei vorkommenden Fragen über Einräumung von Wasserleitungsrechten und Beschränkung des Mühlenbetriebs (§§ 34, 37, 42), sowie über die Entschädigungs-Ansprüche (§ 45) selbst dann begründet, wenn nur das Provokations- und nicht auch das Präklusions-Verfahren beantragt worden ist, wie andererseits z. B. die Ausübung des auf § 23 Abs. 2 beruhenden administrativen Entscheidungsrechts nicht dadurch bedingt wird, daß die Vermittelungs-Kommission, resp Regierung vorher über das überwiegende Landeskultur-Interesse (§ 32) entschieden habe: MR. 13. Mai 1861, 20. Aug. 1847 (VMBl. 61, S. 111; 47, S. 261)

39. Liegen die fraglichen Grundstücke in mehreren Regierungsbezirken, so ist der Minister f. d. l. A. ermächtigt, eine der betr. Regierungen mit der Leitung des ganzen Verfahrens (d. h. wohl beider, sowohl des Präklusions- wie des Provokations-Verfahrens] und namentlich mit der Abfassung aller Präklusiv-Bescheide zu beauftragen: ACO. v. 1. Dez. 1843 (GS. 44, S. 43).

§§ 20—23.

40. Wie in den dem § 19 unmittelbar vorhergehenden §§, — s. die §§ 13—17 einer- und § 18 andererseits, — ebenso wird auch in den §§ 20—23 zwischen Wi-

muß eine öffentliche Bekanntmachung über die Bewässerungs-Anlage unter Einreichung eines vollständigen Situationsplans, und der etwa erforderlichen Nivellements bei dem Landrathe, in dessen Kreise das zu bewässernde Grundstück belegen ist, in Antrag bringen.

Ist das Grundstück in mehreren Kreisen gelegen, so bestimmt die vorgesetzte Behörde den Landrath, welcher das Verfahren zu leiten hat.

§. 21. Die Bekanntmachung erfolgt:

1) durch die Amtsblätter der Regierungen, durch deren Bezirk der Fluß seinen Lauf nimmt und die Bewässerungs-Anlage sich erstreckt, zu drei verschiedenen Malen;
2) durch das Kreisblatt des Kreises, sofern ein solches Blatt vorhanden ist, ebenfalls zu dreien Malen;
3) in der Gemeinde, in deren Bezirk das zu bewässernde Grundstück liegt, sowie in den zunächst angrenzenden Gemeinden durch Anschlag an der Gemeinde-Stätte, oder in der örtlich sonst hergebrachten Publikationsweise.

Sie enthält mit Hinweisung auf den im Geschäftslokale des Landraths zur Einsicht ausgelegten Plan die Aufforderung:

etwanige Widerspruchsrechte und Entschädigungs-An-

---

derspruchsrechten und bloßen Entschädigungs-Ansprüchen unterschieden. Diese Unterscheidung hat jedoch bezüglich der im Präkl.-Verf. wirklich angemeldeten Ansprüche hauptsächlich nur dann ein praktisches Interesse, wenn der Unternehmer einer Bewässerungs-Anlage von Extrahirung eines Prov.-Verf. (§§ 24 ff.) absieht, oder wenn letzteres ohne Erfolg bleibt, weil das Vorwalten eines überwiegenden Landeskultur-Interesses nicht angenommen wird (§ 32), da entgegengesetzten Falls auch die Existenz von Widerspruchsrechten, selbst, wenn diese auf speziellen Rechtstiteln beruhen, die Ausführung einer Bewässerungs-Anlage nicht unmöglich macht solche Rechte sich vielmehr eventuell gleichfalls in Entschädigungs-Ansprüche auflösen; m. a. W. zur Wegräumung von Widerspruchsrechten bleibt kein anderes Mittel übrig, als die Beantragung eines Prov.-Verf., wogegen bei der Existenz bloßer Entschädigungs-Ansprüche, namentlich also derer von Fischereiberechtigten (§ 18) der Unternehmer der landespolizeilichen Hülfe im Sinne der §§ 24 ff. entrathen, mithin die Anlage ohne Weiteres ausführen kann; cf. n. 34.

41. Um die im Präkl.-Verf. angemeldeten Ansprüche und Einwendungen zu erledigen, bleibt dem Extrahenten dieses Verf. die Anstellung der Negatorien- oder Diffamationsklage anheimgegeben, wenn die sich Meldenden nicht selbst den RW. beschreiten; für die Kompetenz der Gerichte (§ 23 Abs. 1) ist es gleichgültig, ob die Widerspruchsrechte und Entschädigungs-Ansprüche auf einen speziellen Rechtstitel oder auf die allgemeinen Gesetze gegründet werden: Lette und v. Rönne (S. 664). Cf. jedoch § 53 h. l.

42. Aus dem ganzen Zusammenhange der bezüglichen Bestimmungen folgt ebensowohl, wie aus den Materialien, daß die im § 23 Abs. 2 enthaltene Beschränkung des RW. als durchaus exzeptioneller Natur nur dann eintritt, wenn der Unternehmer einer Bewässerungs-Anlage auf polizeiliche Vermittelung (§§ 19 ff.) angetragen hat. Handelt es sich daher nicht um eine neu zu errichtende Bewässerungs-, sondern um eine gewerbliche Anlage oder ist hinsichtlich der ersteren

sprüche binnen 3 Monaten vom Tage des Erscheinens des ersten Amtsblattes an gerechnet, bei dem Landrathe anzumelden.

Die Aufforderung geschieht mit der Verwarnung, daß diejenigen, welche sich binnen der bestimmten Frist nicht angemeldet haben,

in Beziehung auf das zur Bewässerung zu verwendende Wasser sowohl ihres Widerspruchsrechts als des Anspruchs auf Entschädigung verlustig gehen,

und

in Beziehung auf das zu bewässernde oder zu den Wasserleitungen zu benutzende Terrain ihr Widerspruchsrecht gegen die Anlage verlieren, und nur einen Anspruch auf Entschädigung behalten.

§. 22. Nach Ablauf der Anmeldungsfrist (§. 21.) sind der Regierung die Verhandlungen einzureichen. Diese faßt, wenn sie die vorgeschriebenen Förmlichkeiten beobachtet findet, einen Bescheid ab, in welchem sie denjenigen, die sich gemeldet haben, ihre Rechte namentlich vorbehält, alle Andern aber mit ihren bei Erlaß des Bescheides bestehenden Rechten präkludirt.

Eine Ausfertigung des Präklusionsbescheides ist dem Pro-

---

nicht das in den §§ 19 ff vorgezeichnete Verfahren eingeleitet, so unterliegt ein Streit im Sinne des § 16 b der richterlichen Kognition; cf. OT. (Präj. 1923) 17. Sept. 1847, 20. Dez. 1858 (Entsch. 15, S. 493; Strieth. 31, S. 364), EK. 4. Sept. 1849, 25. Juni 1853, MR. 6. Dez 1843 (JMBl 49, S. 489; 53, S. 316; 43, S. 298) und das (n. 25) cit. MR. 20. Aug. 1847. *Contra:* AH. Cöln 16. Nov. 1859 (Rh. A, 55, I. 107).

43. Das (n. 42) cit. EK. 25. Juni 1853 geht sogar noch weiter, indem es die Kompetenz-Bestimmung des § 23 Abs. 2 selbst dann für unanwendbar erachtet, wenn ein Präkl.-Verf. zwar eingeleitet, in diesem aber der streitige Anspruch nicht angemeldet worden ist; dieses Erk. begegnet gleichzeitig dem Vorwurfe der Inkonsequenz, welche etwa darin gefunden werden könnte, daß, wenn ein Präkl.-Verf. wirklich vor sich gegangen sei, unter dem sich meldenden und dem sich nicht meldenden Interessenten unterschieden und gerade dem letzteren der RW. gestattet werde; entweder müsse dessen Klage wegen eingetretener Präklusion, wenngleich nicht als unstatthaft, doch als unbegründet abgewiesen werden, und dann sei seine Lage im Erfolge keine bessere, als die des nicht säumigen Interessenten; oder es werde der Einwand der Präklusion verworfen, etwa weil das Aufgebot hinsichtlich des Klägers nicht gehörig erfolgt, oder weil in dem zur Einsicht vorgelegten, dem Aufgebote zu Grunde liegenden Plane die ihm nachtheilige Disposition gar nicht oder anders, als sie ausgeführt worden, angegeben wäre 2c., und alsdann liege ihm gegenüber die Sache so, als wenn ein Präkl.-Verf. gar nicht stattgefunden hätte Nach dieser Art der Motivirung geht also der Komp.-GH von der Ansicht aus, daß die Rechtsbeständigkeit des administrativen Präklusivbescheides und des demselben voraufgegangenen Verfahrens unter Umständen allerdings Gegenstand einer richterlichen Erörterung werden könne, indem er die Anbringung eines Restitutions-Gesuchs (§ 22) nur da an ihrer Stelle findet, wo Jemand, der sich im Präkl.-Verf. zu melden versäumt habe, wegen erheblicher Hinderungsgründe die Aufhebung der an sich gegen ihn wirksamen Präklusion nachsuche; cf. übrigens n. 48.

vokanten zuzustellen, welcher sämmtliche Kosten des Verfahrens zu tragen hat.

Gegen diese Präklusion kann ein Restitutionsgesuch, binnen zehntägiger Frist, bei der Regierung angebracht werden.

§. 23. In den Fällen, in welchen über die Existenz oder den Umfang eines Rechtes, auf welches ein Widerspruch oder ein Entschädigungs-Anspruch gegründet wird, Streit entsteht, findet der Rechtsweg statt.

Ist dagegen nur die Frage zu erörtern, ob durch die Bewässerungs-Anlage einem zur Zeit der Publikation dieses Gesetzes bestehenden Triebwerke das zum Betriebe in dem bisherigen Umfange erforderliche Wasser entzogen werde (§. 16. litt. b.), so steht die Entscheidung, mit Ausschluß des Rechtswegs, der Regierung zu, unter Vorbehalt des Rekurses an das Ministerium des Innern, welcher binnen einer präklusivischen Frist von sechs Wochen nach Bekanntmachung des Bescheides einzulegen ist.

§. 24.*) Zu den im §. 19. Nr. 2. bezeichneten Zwecken

*) Der Raumersparniß wegen werden von den §§ 24—55 nur diejenigen wiedergegeben, welche für die Ressort-Verhältnisse von besonderer Bedeutung sind.

44. Ja man könnte versucht sein, aus dem exzeptionellen Charakter, sowie der Fassung des § 23 Abs. 2 den Schluß zu ziehen, daß selbst, wo diese Vorschrift wirklich zur Anwendung komme, sofern der Unternehmer mit einem auf § 17 Nr. 1 gegründeten Einwande auftrete, dieser Einwand wiederum der richterlichen Kognition anheimfalle. Inzwischen scheint dennoch aus den §§ 37, 42 das Gegentheil gefolgert werden zu müssen.

45. § 23 Abs. 2 schließt den RW. auch hinsichtlich des Possessoriums aus Unternimmt der Extrahent des Präkl.-Verf., ungeachtet ein Widerspruch im Sinne des § 16 b rechtszeitig erhoben worden ist, ohne die administrative Entscheidung abzuwarten, die Ausführung der Bewässerungs-Anlage, so hat vielmehr die Regierung auf ähnliche Weise, wie die Gerichte in den zu ihrer Kompetenz gehörigen Sachen den Besitzstand durch Possessorien-Erkenntnisse schützen, zu gleichen Zwecken ein polizeiliches Verbot zu erlassen, sofern der Müller wahrscheinlich macht, daß in dem bisherigen ruhigen Besitzstande des Betriebswassers eine erhebliche Aenderung zum Nachtheile der Mühle durch die Bewässerung verursacht werde; cf. MR. 20. Aug. 1847, 16. Dez. 1860 (VMBl 47, S. 26; 61, S. 71).

46. Stellt in Folge eines solchen polizeilichen Verbots der Bewässerungs-Unternehmer Anträge, und ergeht demnächst eine Definitiv-Entscheidung zum Nachtheile des Triebwerksbesitzers, so fallen letzterem die durch seinen unbegründeten Widerspruch verursachten Kosten zur Last; cf. das (n. 46) cit. MR. 20. Aug. 1847. — Etwaige Entschädigungs-Ansprüche sind jedoch in diesem Falle (arg. § 5 des Ges. v. 11. Mai 1842) auf dem RW. geltend zu machen, da die auf § 23 beruhende Befugniß der Verwaltung, sowohl die petitorischen wie die possessorischen Klagen wegen Schmälerung des Betriebswassers zu entscheiden, sich augenscheinlich auf derartige Ersatzansprüche nicht miterstreckt.

§§ 24—55.

47. Eine dem § 20 des Vorfl.-Ed. v. 1811 entsprechende Bestimmung findet

kann die Vermittelung der Polizeibehörde nur in Anspruch genommen werden in Fällen eines überwiegenden Landeskultur-Interesse und unter der Verpflichtung zu vollständiger Entschädigung.

§. 32. Die Kreis-Vermittelungskommission prüft den Antrag an Ort und Stelle unter Zuziehung der Betheiligten, und stellt demnach die Vorfrage (§. 24.) fest:

ob wirklich ein überwiegendes Landeskultur-Interesse vorwalte?

Gegen die Entscheidung der Kommission steht dem Provokanten sowie dem Provokaten binnen sechs Wochen präklusivischer Frist der Rekurs an die Regierung und wenn die Entscheidung derselben von der Vermittelungs-Kommission abweicht, in derselben Frist der Rekurs an das Ministerium des Innern offen.

§. 33. Ist auf diese Weise das Vorwalten eines überwiegenden Landeskultur-Interesse festgestellt, so ernennt die Regierung Kommissarien, welche, unter Mitwirkung des Landraths, die einzelnen Gegenstände des Antrages, sowie die dagegen erhobenen Widersprüche prüfen.

§. 37. Ist über die Frage zu entscheiden:

ob durch die Bewässerungs-Anlage einem Triebwerke das Wasser entzogen werde, dessen der Besitzer bedarf, um sein Gewerbe in dem bisherigen Umfange (**§. 16 b.**) oder in dem Umfange seiner Berechtigung (**§. 17.**) auszuüben,

so ist von dem Grundsatz auszugehen, daß der Besitzer des Triebwerks nicht genöthigt werden kann, sich eine Abänderung des innern Triebwerks gefallen zu lassen, daß er aber eine zweckmäßige Einrichtung der Stauwerke, des Gerinnes und des

---

sich unter den das s. g. Prov-Verf. betr. Bestimmungen des Ges. v. 1843 zwar nicht, da § 23, wie bereits erwähnt, zu den Vorschriften über das s. g. Präkl.-Verf. gehört. Doch unterliegt es keinem Zweifel, daß auch nach angemeldeter Provokation und wenn kein Präkl.-Verf. vorhergegangen ist, diejenigen Streitigkeiten, welche die Existenz oder den Umfang von Widerspruchsrechten oder Entschädigungs-Ansprüchen zum Gegenstande haben, in den RW. verwiesen werden müssen; cf. Lette und v. Rönne (S 664), Scheele (S. 87) Eventuell stellen die gerichtlichen Erkenntnisse die Grundlage für die zu bewilligende Entschädigung fest.

48. Gilt das oben Gesagte auch von Widerspruchsrechten im Sinne des § 16 b, tritt also selbst hinsichtlich ihrer die richterliche Kognition ein, wenn kein Präkl.-Verf. vorausgegangen, resp. überhaupt extrahirt worden ist, oder erweist sich auch für diesen Fall die Kompetenz-Bestimmung des § 23 Abs. 2 als wirksam? Die Citate in n. 42 regen diese Frage nicht ausdrücklich an, wie sie überhaupt nicht speziell zwischen dem Präkl.- und dem Prov.-Verf., im engern Sinne unterscheiden. Nur das unter n. 43 besprochene EK. v. 1853 macht insofern eine Ausnahme, als es die Anwendbarkeit des § 23 Abs. 2 von der vorherigen Extrahirung des eigentlichen Präkl.-Verf absolut abhängig macht, und sich somit wenigstens implicite für

Wasserrades auf Kosten der Provokanten sich gefallen lassen muß. Bei Prüfung der gedachten Frage ist jederzeit eine solche zweckmäßige Einrichtung zu unterstellen, und darnach die Entscheidung zu treffen.

Der Provokant ist verbunden, die erwähnte Einrichtung auf seine Kosten zu bewirken, auch den Provokaten wegen des Verlustes zu entschädigen, der durch die Hemmung seines Gewerbebetriebes während der Dauer der Einrichtungs-Arbeiten verursacht wird. Die bei der neuen Einrichtung gegen den früheren Zustand mehr entstehenden Unterhaltungskosten hat der Provokant als eine jährliche Rente an den Besitzer des Triebwerks zu zahlen und für ihre regelmäßige Zahlung Sicherheit zu leisten.

§. 38. Die Kommissarien sind befugt, die zur Ausführung ihres Auftrages nöthigen Ermittelungen, Vermessungen, Nivellements ꝛc. zu veranlassen. Können diese Vorarbeiten nicht bewirkt werden, ohne fremde Grundstücke zu betreten, so müssen deren Eigenthümer sich solches gegen Vergütung des ihnen dadurch entstehenden Schadens gefallen lassen.

§. 42. Die Regierung hat auf Grund der kommissarischen Verhandlungen über die Genehmigung der Anträge (§. 30.) und über die Zulässigkeit der erhobenen Widersprüche zu entscheiden, und die Bedingungen der Ausführung und Benutzung festzustellen.

§. 44. Der Beschluß, welchem der von den Kommissarien vorgelegte Plan (§. 40.), so weit solcher genehmigt worden, beizufügen ist, wird sowohl dem Provokanten, als auch dem Provokaten bekannt gemacht. Jedem Theile steht dagegen

---

die ersterwähnte Alternative entscheidet. Inzwischen liegt dem MR 13. Mai 1861 (BMBl. S. 111) anscheinend die entgegengesetzte Ansicht zu Grunde, welche durch die §§ 37, 42 unterstützt werden dürfte.

49. Die Diäten und Reisekosten der Mitglieder der Kreisvermittelungs-Kommission, der Regierungs-Kommissarien und Sachverständigen bei dem in den §§ 30—47 angeordneten Verfahren sind nach den §§ 2, 3 des Regul. v. 25. April 1836 von den Regierungen festzusetzen: ACO. v. 17. Jan. 1844 (GS. S. 61).

50. Doch hat die Höhe des nach § 38 a. E. zu vergütenden Schadens beim Mangel einer das Gegentheil anordnenden Vorschrift im Streitfalle der Richter im gewöhnlichen Prozeßverfahren festzusetzen. Ebenso ist der im § 46 a. E. erwähnte Anspruch des Provokaten prozeßfähig.

50 bis. Im § 55 scheint § 46 blos irrthümlich, statt des § 47, bezogen, mithin auch den Fischerei-Berechtigten ein Rechtsmittel wider den die Entschädigung feststellenden Beschluß der Regierung gegeben zu sein; cf. Scheele (S. 87).

51. § 50 legt der Regierung nur die Pflicht auf, für Einziehung der Grundentschädigungs-Gelder von den Schuldigen und für deren Auszahlung, resp. Depositon zu sorgen; er giebt ihr mithin nicht zugleich das Recht, über die dabei

der Rekurs an das Ministerium des Innern binnen sechs Wochen präklusivischer Frist nach Bekanntmachung des Beschlusses offen.

§. 45. Nachdem definitiv entschieden worden, in welchem Umfange die Einräumung oder Einschränkung eines Rechts zu Gunsten einer Bewässerungs-Anlage stattfinden soll, läßt die Regierung die dafür zu leistende vollständige Entschädigung durch drei von ihr zu ernennende Taxatoren unter Zuziehung sämmtlicher Betheiligten ermitteln, und setzt solche unter Zuschlagung von 25 Prozent des ermittelten Betrages durch einen Beschluß fest, welcher den Betheiligten bekannt zu machen ist.

Die Kosten dieser Abschätzung hat der Unternehmer der Bewässerungs-Anlage allein zu tragen.

§. 46. Wenn der Provokat nach den Grundsätzen der §§. 26. und 29. Land abtritt, so ist er befugt, da wo es den örtlichen Verhältnissen nach zulässig ist, aus dem Grundbesitze des Provokanten eine Landabfindung zu fordern, deren Werth der nach §. 45. festgestellten Entschädigungssumme gleich kommt. Sofern die Bewässerungs-Anlage nicht zur Ausführung kommt, oder späterhin wieder eingeht, kann der Provokat das von ihm abgetretene Land gegen Rückgabe der erhaltenen Entschädigung wieder zurückfordern.

§. 47. Dem Berechtigten steht, wenn er sich durch die von der Regierung festgestellte Entschädigung (§§. 45. und 46.) nicht für befriedigt hält, binnen sechs Wochen nach Bekanntmachung des Beschlusses der Rekurs an das Revisions-Kollegium frei. Dasselbe stellt nach Revision der Abschätzung, wobei anderweitige Ermittelungen gestattet sind, die Entschädigung

---

vorkommenden Streitigkeiten, auch wenn solche privatrechtlicher Natur sind, zu entscheiden, und enthält überhaupt keine dem RW. derogirende Bestimmung, wie sie im § 47 bezüglich der Feststellung der Entschädigung enthalten ist: EK. 13. Okt. 1860 (JMBl. 61, S. 194). [I. c. war die Entschädigungssumme des Klägers, weil dessen Besitztitel damals noch nicht berichtigt war, mit der Maaßgabe deponirt worden, daß die Zahlung von einer Anweisung der Meliorations-Sozietät abhängig sein solle. Nach Berichtigung des Besitztitels belangte jener die Sozietät, und verwarf der Komp.-GH. den erhobenen KK.]

52. Ebenso gehören Streitigkeiten, welche über den Anspruch auf die zugebilligte oder noch zuzubilligende Entschädigung zwischen dem Provokaten und Dritten entstehen, zum RW.

53. Desgleichen muß bei Gericht Abhülfe gesucht werden, wenn der Unternehmer den festgestellten Bewässerungsplan nicht einhält, und dadurch den benachbarten Grundstücken oder Triebwerken Schaden zufügt, da in Ermangelung ausdrücklicher Bestimmungen darüber, daß die Verwaltung nach erfolgter Ausführung des Plans und nach Feststellung der bei planmäßiger Herstellung sowie Handhabung der Anlage erwachsenden Entschädigungs-Ansprüche, noch kompetent bleibe, um auch

mit Ausschließung jedes weiteren Rechtsmittels, sowie des Rechtswegs definitiv nach den Grundsätzen der §§. 45. und 46. fest.

Dem Unternehmer der Bewässerungs-Anlage ist kein Rekurs gestattet.

Aus Neuvorpommern und Rügen gehen die Rekurse an das Revisions-Kollegium zu Stettin.

§. 50. Die Einziehung und Auszahlung oder gerichtliche Deposition der festgestellten Entschädigungssumme liegt der Regierung ob.

§. 53. Ist über ein auf speziellem Titel beruhendes Widerspruchsrecht ein Prozeß entstanden (§. 23.), so kann die Ausführung der Anlage von der Regierung vorläufig gestattet werden, wenn der Unternehmer für Schaden und Kosten Kaution leistet. Ueber die Zulässigkeit der Kaution hat die Regierung, nach Vernehmung des Widersprechenden, zu entscheiden.

§. 54. Der Unternehmer der Anlage kann in dem Falle des §. 53., um vor der Ausführung den Betrag der etwa zu leistenden Entschädigung übersehen zu können, darauf antragen, daß die Entschädigungssumme nach Vorschrift der §§. 45. ff. im Voraus ermittelt und festgestellt werde.

§. 55. Die Vorschriften der §§. 45. und 46. finden auch Anwendung auf die den Fischereiberechtigten zu leistende Entschädigung (§. 18.), die Ausführung der Anlage soll jedoch von der Feststellung dieser Entschädigung niemals abhängig sein.

§. 56. Wenn Unternehmungen zur Benutzung des Wassers, deren Vortheile einer ganzen Gegend zu Gute kommen, nur durch ein gemeinsames Wirken zu Stande zu brin-

---

über die durch Abweichungen vom Plane hervorgerufenen Streitigkeiten und Entschädigungs-Forderungen zu entscheiden, die für privatrechtliche Streitigkeiten überhaupt zu Gunsten des RW. sprechende Regel zur Anwendung kommt: LMR. 19. Okt. 1861 (VMBl. S. 283).

53 bis. Wenn Bewässerungs-Anlagen auf zur Separation gezogenen Grundstücken angelegt werden sollen, und die Separations-Verhandlungen bei der Auseinandersetzungs-Behörde noch schweben, so tritt letztere zwar, wie gewöhnlich, an die Stelle sowohl des Gerichts wie der Regierung; dieselbe hat sich jedoch, was das administrative Verfahren betrifft, nach den besonderen Vorschriften des Ges. v. 1843 zu richten, z. B. insofern es sich um Feststellung der von einem Theile dem andern zu leistenden Entschädigung, resp. um die Frage der Anwendbarkeit der §§ 45—50 h. l. handelt: MR. 24. Juli 1844 (VMBl. S. 251). Cf. Scheele (S. 71).

§§ 56—59.

54. Ueber die Erweiterung dieser Bestimmungen durch Ges. v. 11. Mai 1853 s. oben n. 1 und Vorfl.-Ed. v. 1811 n. 6.

gen und fortzuführen sind, so können die Betheiligten zu gemeinsamer Anlegung und Unterhaltung der erforderlichen Wasserwerke durch landesherrliche Verordnung verpflichtet und zu besonderen Genossenschaften vereinigt werden.

§. 57. Für jede solche Genossenschaft sollen, nachdem die Betheiligten mit ihren Anträgen und Erinnerungen gehört worden, folgende Punkte durch ein landesherrlich vollzogenes Statut näher bestimmt werden:

a) der Umfang der gemeinsamen Zwecke und der Plan, nach welchem verfahren werden soll;
b) die Vertheilung der zur Anlegung und Unterhaltung der Anstalten erforderlichen Beiträge und Leistungen nach dem Verhältnisse der hieraus erwachsenden Vortheile;
c) die innere Verfassung des Verbandes.

Ist eine Genossenschaft unter freiwilliger Zustimmung aller Betheiligten zu Stande gekommen, so ist der Minister des Innern ermächtigt, das vereinbarte Statut zu genehmigen und zur Ausführung bringen zu lassen.

§. 58. Der Minister des Innern wird die Regierungen wegen Bildung solcher Genossenschaften und wegen Vorbereitung der Statute mit näherer Anweisung versehen.

§. 59. Wo dergleichen Genossenschaften unter obrigkeitlicher Autorität bereits vorhanden sind, verbleibt es bei den für sie bestehenden Statuten oder Reglements bis zu deren Revision und Abänderung im verfassungsmäßigen Wege.

---

55. Auf Grund des § 58 ist unterm 10. Okt. 1857 eine Min.-Anw. für die Bildung von Be- und Entwässerungs-Genossenschaften ergangen; s. VMBl. 57, S. 182. Cf. auch LMR. 12. Febr. 1862 (ib. S. 202).

56. Die durch die GS bekannt gemachten Statuten der einzelnen Genossenschaften schließen in der Regel den RW. zu Gunsten des administrativen Ressorts aus: a) darüber, ob gewisse Anlagen auf Kosten der Gesellschaft oder von den Eigenthümern der durch diese Anlagen betroffenen Grundstücke auszuführen und zu unterhalten sind, b) in Betreff der Befugniß der Verwaltung, die erforderlichen Beiträge auszuschreiben und exekutivisch einziehen zu lassen. Für die Streitigkeiten unter den Mitgliedern selbst ist regelmäßig ein Schiedsgericht bestellt, dessen Kompetenz sich jedoch auf Streitigkeiten über das Eigenthum von Grundstücken, über die Existenz sowie den Umfang von Nutzungsrechten und über besondere, auf speziellen Titeln beruhende Rechte, resp. Pflichten nicht miterstreckt. Cf. Sydow (S. 37). — Im Uebrigen wird auf die VO. v. 1808 n. 307, das Ress.-Regl. n. 181, 183 und des Ges. v. 8. April 1847 n. 51 verwiesen.

Verordnung

über die Festsetzung und den Ersatz der bei Kassen und anderen Verwaltungen vorkommenden Defekte. Vom 24. Januar 1844.

[GS. Nr. 2422, S. 52.]

Wir Friedrich Wilhelm, von Gottes Gnaden, König von Preußen ꝛc. ꝛc.

verordnen zur Ergänzung der bestehenden Vorschriften über die Festsetzung und den Ersatz der bei Kassen und andern Verwaltungen vorkommenden Defekte auf den Antrag Unseres Staatsministeriums und nach vernommenem Gutachten Unseres Staatsraths, für den ganzen Umfang der Monarchie, was folgt:

§. 1. Die Feststellung der Defekte an öffentlichem oder Privatvermögen, welche bei öffentlichen Kassen oder anderen öffentlichen Verwaltungen entdeckt werden, ist zunächst von derjenigen Behörde zu bewirken, zu deren Geschäftskreise die unmittelbare Aufsicht über die Kasse oder andere Verwaltung gehört.

---

§§ 1—4.

1. Die VO. ist ein *Ausnahmegesetz*, zumal, insoweit sie den Verwaltungs-Behörden ein ihnen nach allgemeinen Gesetzen nicht zustehendes *Exekutionsrecht* beilegt, und demzufolge einer *ausdehnenden* Deutung nicht empfänglich: OT. 4. Sept. 1857 (Entsch. 36, S. 384); EK. 17. April 1858 (JMBl. S. 243).

2. Indem dieselbe nur den Fall vorsieht, wo ein *Defekt* entdeckt wird und hiermit die Nothwendigkeit eintritt, daß auf möglichst rasche und einfache Weise dessen *Betrag* sowohl als die *Person* des verantwortlichen Beamten vorläufig festgestellt, und gleichzeitig die dringendsten Maaßregeln zur *Sicherung* der Kasse ꝛc. ergriffen werden, läßt sie *im Uebrigen* die zwischen einem rechnungspflichtigen Beamten und der Verwaltung gesetzlich bestehenden Rechtsverhältnisse unberührt. Doch erblickt EK. 20. April 1850 (JMBl. S. 192) in ihren Vorschriften eine *Bestätigung* dafür, daß, wie die amtlichen Rechte und Pflichten der Civilbeamten

§. 2. Von dieser Behörde ist zugleich festzustellen, wer nach den Vorschriften der gegenwärtigen Verordnung für den Defekt zu haften hat, und bei einem Defekt an Materialien, aufwie hoch die zu erstattende Summe in Gelde zu berechnen ist.

§. 3. Eben so (§§. 1. und 2.) hat die unmittelbar vorgesetzte Behörde die Defekte an solchem öffentlichen oder Privatvermögen festzustellen, welches, ohne zu einer öffentlichen Kasse oder anderen öffentlichen Verwaltung gebracht zu sein, vermöge besonderer amtlicher Anordnung in die Gewahrsam eines Beamten gekommen ist.

§. 4. Ueber den Betrag des Defekts, die Person des zum Ersatz Verpflichteten und den Grund seiner Verpflichtung ist von der in den §§. 1. und 3. bezeichneten Behörde ein motivirter Beschluß abzufassen.

überhaupt durch die bezüglichen besonderen Gesetze und Amtsinstruktionen geregelt würden (§ 85, II. 10 ALR.), so auch die Legung und Abnahme der Rechnung über die von öff. Beamten geführte Kassenverwaltung einen Gegenstand bilde, auf den das Verfahren der §§ 5 ff., I. 45 AGO. keine Anwendung finde, welcher vielmehr als dem amtlichen Geschäftskreise angehörig, auf dem dafür vorgeschriebenen Wege zu erledigen sei, indem die VO. überall ganz wesentlich voraussetze, daß die Rechnung der vorgesetzten Behörde gelegt, und ihrerseits geprüft werde, ohne daß diese sich erst auf eine gerichtliche Erörterung im Sinne obiger §§ einzulassen hätte. (Das gedachte Urtheil erklärte demgemäß die Klage eines städtischen Kassenbeamten auf Rechnungsabnahme als nicht zum RW. geeignet.)

3. Die VO. kommt nur dann zur Anwendung, wenn sich bei der Kasse ein Defizit an dem rechnungsmäßigen Sollbestande vorfindet, resp wenn ein der Kasse ꝛc. durch eine strafbare Handlung oder ein zu vertretendes Versehen zugefügter Schaden vorliegt, nicht also, wenn dem zur Disposition über die Kasse befugten Beamten die Anweisung von Zahlungen Schuld gegeben wird, welche auf die Kasse nicht hätten angewiesen werden dürfen, wenn mithin nicht die Richtigkeit der Kasse an sich, sondern die Rechtmäßigkeit gewisser Akte der Amtsverwaltung angefochten wird, oder wenn der Streit lediglich den Betrag des einem Kassenbeamten zustehenden, aus den Mitteln der Kasse zu bestreitenden Diensteinkommens betrifft. Für Fälle der letzteren Art ist die Zulässigkeit des RW. daher nicht nach der VO. v. 1844, sondern nach der sonstigen Gesetzgebung zu bemessen: EK. 25. Okt. 1856, 20 April 1850 (JMB. 57, S. 55; 50, S. 200). [Im ersteren der dort entschiedenen Fälle wurde zwischen einer Dorfschaft und dem Besitzer des mit der Verpflichtung zur Verwaltung des Schulzenamts belasteten Guts gestritten, ob letzterer die bei dieser Verwaltung vorkommenden Auslagen aus eignen Mitteln zu bestreiten habe. Der Komp.-GH. erachtete diesen Streit, welcher die Verbindlichkeit aus einer angeblichen Reallast betreffe, als einen privatrechtlichen und demzufolge prozeßfähigen. Im zweiten Falle drehte sich der Streit zwischen einem kgl. Kassenbeamten und dem Fiskus darum, ob jener auf einen aus der Kasse als Gehaltsantheil bezogenen Betrag gesetzlichen Anspruch habe, oder ob er denselben der Kasse ersetzen müsse: Hier wurde der RW mit Rücksicht auf die — durch Ges. v. 24. Mai 1861 aufgehobene — ACO. v. 7. Juli 1830 für unstatthaft erklärt.] Ueber den Begriff „Defekt“ im Allgemeinen vgl. ferner OT. 4. Febr. 1858 (Strieth. 29, S 65). Diesem Erk zufolge muß mit Rücksicht auf die VO. insbesondere § 10 ib. und auf die §§ 15, 16, I. 45 AGO unter Defekt Alles verstanden werden, was vom Rechnungsleger verwaltungsgemäß seinem Prinzipal

§. 5. Hat diese Behörde die Eigenschaft einer Central- oder Provinzialbehörde, so ist der Beschluß ohne Weiteres vollstreckbar.

§. 6. In allen andern Fällen unterliegt der Beschluß der Prüfung der vorgesetzten Provinzialbehörde, und wird erst nach deren Genehmigung vollstreckbar.

---

zu gewähren ist, aber nicht gewährt wird, — ohne Rücksicht auf die Art und den Grund der dabei obwaltenden Verschuldung (mithin nicht etwa blos doloser Weise unterschlagene Gegenstände), und zwar selbst dann, wenn der Verwalter nicht bestimmte einzelne Sachen, sondern nur Sachen derselben Gattung nachzuweisen hat.

4. Die Fortdauer des persönlichen Dienstverhältnisses der betr. Beamten bildet keine Bedingung für die Anwendbarkeit der VO.; ihre Vorschriften kommen vielmehr auch dann zur Geltung, wenn der Beamte aus dem Dienste bereits ausgeschieden oder gar verstorben ist, und können daher, insoweit sie die Einziehung des Defekts, resp. die Sicherstellung des Ersatzes betreffen, auch gegen den Nachlaß eines solchen Beamten gehandhabt werden: MR. 20. Aug. 1845 (VMBl. S. 282); EK. 17. April 1858 (JMBl. S. 243).

5. Doch kann ein Beschluß im Sinne der §§ 4 ff. wider die Erben eines Beamten oder gar gegen dritte Personen nicht gerichtet werden, selbst, wenn die vom Beamten bestellte Kaution noch fortbesteht, welche letztere nur ein Mittel zur Befriedigung des fiskalischen, auf dem richtigen Wege zu verfolgenden Anspruchs bildet: OT. 14 Sept 1857 (Entsch. 36, S. 383).

6. Wie bei Feststellung der Defekte zu verfahren, wenn ein Einschreiten im Sinne der VO. gegen bestimmte Personen nicht gerechtfertigt erscheint, und inwieweit alsdann von den dort vorgeschriebenen Formen Gebrauch gemacht werden könne, darüber haben sich verschiedene Ansichten gebildet Inzwischen ist als zweckmäßig befunden worden, daß selbst dann der Defekt in Form eines motivirten, der Ober-Rechnungskammer sofort mitzutheilenden Beschlusses von der im § 1 h. l. genannten Behörde festgestellt werde; doch darf dieser Beschluß, welcher zwar der vorgesetzten Provinzial-Behörde zuzufertigen, nicht aber von ihr zu genehmigen ist, Nichts enthalten, was der weiteren Verfolgung des Defekts wider einen etwa später zu ermittelnden Beamten entgegenstehen könnte, wie z. B. der Ausspruch, daß Niemand ersatzpflichtig sei, obschon die Erörterung auf die zur Schuldfrage in Beziehung stehenden Thatumstände mit zu richten ist. — So: das an die Gerichte ergangene JMR. 15. Okt. 1853 (JMBl S. 362) und das auf dieses bezugnehmende R. des Gen.-Steuer-Dir. an die Prov.-Steuer Direktionen &c. v. 15. März 1854 (VMBl. S. 91).

7. Im Uebrigen wird bezüglich der an die Ober-Rechnungskammer zu machenden Mittheilungen auf den StM.-Beschl. v. 11. Juni 1847 (JMBl. S. 197, VMBl. S. 184) und das FMR. 9. März 1854 (VMBl S. 110) verwiesen.

8. Die Defektsbeschlüsse gehören zu den amtlichen Ausfertigungen im Sinne des Stempel-Ges. und sind daher bei Defekten von mindestens 50 Th. in der Regel stempelpflichtig: FMR 3. Sept 1850 (VMBl. S. 301).

9. Ueber die Rangordnung der Gläubiger von Forderungen aus einem dem Gemeinschuldner zur Last fallenden Defekt im Konkurs-Verfahren s. Konkurs-O. v. 8. Mai 1855 §§ 78, 79.

§ 5.

— — — — — — — — — — — — — — — — — — — —

§ 6.

10. § 6 erleidet durch § 14 (Schlußsatz) keine Modifikation, indem jener die Vollstreckbarkeit des Beschlusses, dieser dagegen die Verfügung der Exekution betrifft. Daher ist in Betreff eines nach § 6 vollstreckbaren Beschlusses niemals noch eine

§. 7. Der vorgesetzten Centralbehörde bleibt jedoch in allen Fällen unbenommen, einzuschreiten, und den Beschluß selbst abzufassen oder zu berichtigen.

§. 8. Nach Befinden der Umstände kann die Behörde auch mehrere Beschlüsse abfassen, wenn ein Theil des Defekts sofort klar ist, der andere Theil aber noch weitere Ermittelungen nothwendig macht, imgleichen, wenn unter mehreren Personen die Verpflichtung der einen feststeht, die der andern noch zweifelhaft ist.

§. 9. In dem abzufassenden Beschlusse ist zugleich zu bestimmen, ob der Beamte zum Ersatz des Defekts oder nur zur Sicherstellung anzuhalten, und im ersten Falle, ob die Exekution unbedingt oder mit welchen näher zu bestimmenden Modifikationen zu vollstrecken.

§. 10. Der abzufassende Beschluß kann auf die unmittelbare Verpflichtung zum Ersatz gerichtet werden:

1) sofern der Defekt nach dem Ermessen der Behörde durch Vorsatz bewirkt worden,
   gegen jeden Beamten, welcher der Unterschlagung oder Veruntreuung als Urheber oder Theilnehmer geständig ist, oder für überführt erachtet wird;
2) sofern der Defekt nach dem Ermessen der Behörde durch grobes Versehen entstanden ist,
   a) gegen diejenigen, welchen die Kasse ꝛc. zur Verwaltung übergeben war, auf Höhe des ganzen Defekts,
   b) gegen jeden andern Beamten, der an der Einnahme oder Ausgabe, der Erhebung, der Ablieferung oder dem Transport von Kassengeldern oder andern

---

gerichtliche Vollstreckbarkeits-Erklärung erforderlich, damit jener in Vollzug gesetzt werden könne, wozu es nach der Rhein. Gesetzgebung ebensowenig einer besonderen Verfügung der Exekution bedarf: AH. Cöln 10. Nov. 1851 (Rh. A. 47, I. 204).

§§ 7—9.

— — — — — — — — — — — — — — — — — — — —

§§ 10 und 11.

11. Die VO. unterscheidet zwischen zwei Kategorien von Beamten insofern, als die Beamten der ersten Kategorie administrativer Seits zum Ersatze unmittelbar für verpflichtet erklärt und exekutivisch angehalten werden können, wogegen wider diejenigen der zweiten Kategorie auf dem Verwaltungswege nur konservatorische Maaßregeln zu treffen sind, und die Ersatzpflicht immer durch den Richter festgestellt werden muß. Auf erstere beziehen sich die §§ 10, 12—14, 16, auf letztere die §§ 11 und 17. — § 15 ist gemeinschaftlich für beide Kategorien: EK. 17. April 1858 (JMBl S. 241).

Gegenständen vermöge seiner dienstlichen Stellung Theil zu nehmen hatte, nur auf Höhe des in seine Gewahrsam gekommenen Betrages.

Eben dies gilt gegen die §. 3. genannten Beamten in den daselbst bezeichneten Fällen.

§. 11. Der abzufassende Beschluß kann ferner auf Beschlagnahme des Vermögens oder Gehalts zur Sicherung des demnächst im Wege Rechtens auszuführenden Anspruchs, sofern der Defekt aus dem Vermögen der §. 10. genannten zunächst verantwortlichen Beamten und deren Dienstkaution nicht zu decken sein sollte, gerichtet werden:

gegen diejenigen, welche zwar die defektirten Gelder oder andere Gegenstände nicht in ihrer Gewahrsam gehabt, aber an deren Vereinnahmung, Verausgabung oder Verschlusse in der Weise unmittelbar Theil zu nehmen hatten, daß der Defekt ohne ihr grobes Verschulden nicht hätte entstehen können.

§. 12. Sind Beamte, gegen welche die exekutivische Einziehung des Defekts zulässig ist, in der Verwaltung ihres Amtes, wofür sie eine Amtskaution bestellt haben, belassen worden, so ist die Exekution nicht zunächst in diese Kaution, sondern in das übrige Vermögen zu vollstrecken, jedoch so weit die bestellte Kaution reicht, nur auf Sicherstellung eines gleichen Betrages zu richten.

§. 13. Bei Gefahr im Verzuge kann die unmittelbar vorgesetzte Behörde, auch wenn sie nicht die Eigenschaft einer Provinzialbehörde hat, oder der unmittelbar vorgesetzte Beamte vorläufige Sicherheits-Maaßregeln durch Beschlagnahme des Vermögens oder Gehalts gegen die nach §. 10. der Exekution unterworfenen Beamten ergreifen; es muß aber davon der

---

§ 12.

12. Die Schlußworte des § 12 sind wohl dahin zu verstehen, daß in dem dort vorgesehenen Falle für den der Kautionssumme gleichen Betrag eine eigentliche Exekution gar nicht stattfinden, sondern nur konservatorische Maaßregeln ergriffen werden sollen. Ist diese Deutung richtig, so dürfte, wenn für jenen Betrag trotzdem die Exekution betrieben, z. B. zum Verkaufe von Pfandobjekten geschritten werden sollte, der Beamte hiegegen nach allgemeinen Grundsätzen die richterliche Hülfe ansprechen können; cf. VO. v. 1808 n. 356

§ 13.

13. Die Zulässigkeit der hier fraglichen Sicherheits-Maaßregeln wird nicht durch den vorherigen Erlaß eines Beschlusses im Sinne des § 4 bedingt. — Cf. im Uebrigen n. 14 ff., 17, 26.

vorgesetzten Provinzialbehörde ungesäumt Anzeige gemacht, und deren Genehmigung eingeholt werden.

§. 14. Die Verwaltungsbehörde kann den zur Vollstreckung geeigneten Beschluß selbst zur Ausführung bringen, so weit dieselbe nach den bestehenden Gesetzen Exekution zu verfügen befugt ist. Außerdem ist das betreffende Gericht dieserhalb zu requiriren.

§. 15. Die Gerichte und Hypotheken-Behörden sind verpflichtet, den an sie ergehenden Requisitionen zu genügen, die Exekution gegen die benannten Personen ohne vorgängiges Zahlungsmandat schleunig zu vollstrecken, die Beschlagnahme der zur Deckung des Defekts erforderlichen Vermögensstücke zu verfügen, und die in Antrag gebrachten Eintragungen, wenn sonst kein Anstand obwaltet, im Hypothekenbuche zu veranlassen, ohne auf eine Beurtheilung der Rechtmäßigkeit einzugehen.

---

§ 14.

14. Wie der Beschluß über den Defekt nur wider den Beamten selbst erlassen werden kann (n. 5), ebenso kann die Vollstreckung eines solchen Beschlusses oder die Anordnung konservatorischer Maaßregeln auf Grund der §§ 13, 14 und 15 nur wider das eigne Vermögen des Beamten gerichtet werden.

15. Demzufolge ist gegen dritte Personen, welche als Bürgen oder Besitzer eines zur Kaution gestellten Grundstücks verhaftet sind, immer nur auf dem RW. vorzugehen und jenen Dritten gestattet, ein trotzdem von der Verwaltung direkt oder per modum requisitionis (§ 15) betriebenes Exekutions-Verfahren vor dem Richter anzufechten: EK. 20. Okt. 1855 (JMBl. 56, S. 69).

16. Dasselbe gilt von den Erben des Defektaten, und zwar nicht allein von den Wohlthats-, sondern auch von den unbedingten Erben, insofern es sich von ihrem persönlichen Vermögen handelt, und zwar selbst dann, wenn dieselben sich angeblich bereit erklärt haben, mit diesem Vermögen für den Defekt aufzukommen. — Dagegen besteht für den Nachlaß des Beamten das Recht der administrativen Exekution rc. fort, und ist daher den Erben nicht verstattet, wider die auf Nachlaßgegenstände beschränkten exekutivischen oder konservatorischen Maaßregeln den RW. zu beschreiten; dieselben können vielmehr, dem § 16 zufolge, nur die Ersatzpflicht selbst zum Gegenstande einer gerichtlichen Erörterung machen; cf. EK. 17. April 1858 (JMBl S. 243) und unten n. 26.

§ 15.

17. Die Worte „ohne auf eine Beurtheilung der Rechtmäßigkeit einzugehen," wiederholen im Grunde genommen nur die allgemeine Regel, welche für das Verhältniß zwischen der requirirenden und zur Requisition berechtigten Behörde einer- und der requirirten andererseits besteht (BO. v 1808 n. 557), sie präjudiziren daher der Frage keineswegs, ob, nachdem der Requisition genügt worden, wider die desfalls getroffenen Anordnungen der RW. beschritten werden könne. Diese Frage beantwortet sich vielmehr ebenso wie die analoge Frage, ob gegen die unmittelbar von der Verwaltung selbst ergriffenen exekutivischen oder konservatorischen Maaßregeln der RW. stattfinde, aus dem § 16 Abs. 2. Cf. n. 26

18. Bezüglich der in Gemäßheit des § 15 ergehenden Requisitionen um Eintragungen im Hypothekenbuche s. Ges., betr. einige Abänderungen der Hyp.-Ordn. (d. d. 20. Dez. 1783) v. 24. Mai 1853 § 7 (GS. S. 523).

19. Im Uebrigen wird auf die n. 10, 11, 13—16 verwiesen.

§. 16. Gegen den Beschluß, wodurch ein Beamter zur Erstattung eines Defekts für verpflichtet erklärt wird (§. 10.), steht demselben sowohl hinsichtlich des Betrages als hinsichtlich der Ersatzverbindlichkeit, außer dem Rekurse an die vorgesetzte Behörde, die Berufung auf rechtliches Gehör zu.

Von dieser Befugniß muß jedoch innerhalb Eines Jahres, vom Tage der dem Verpflichteten geschehenen Bekanntmachung des vollstreckbaren Beschlusses, oder wenn der Verpflichtete ausgetreten ist, vom Tage des abgefaßten Beschlusses an Gebrauch gemacht werden. Die Exekution behält, des eingeschlagenen Rechtsweges ungeachtet, bis zur rechtskräftigen

---

§ 16.

20. Der Beschluß über den Defekt (§§ 4, 10) ist nicht etwa der Ausfluß eines eigentlichen Entscheidungsrechts im Sinne der n. 240 zur VO. v. 1808, sondern eine Verfügung im Sinne des § 41 dieser VO; demzufolge enthält die im § 16 nachgelassene Berufung auf rechtliches Gehör nur eine Anwendung des in jenem § 41 aufgestellten allgemeinen Satzes, welcher jedoch durch § 16 insofern modifizirt wird, als die Betretung des RW. wider einen solchen Beschluß an eine Präklusivfrist geknüpft ist, und auf die Exekution des letzteren keinen Suspensiveffekt ausübt. Auf einer anderen Auffassung beruhen AH. Cöln 10. Juli 1845 (n 23) und OT. 6. Okt. 1857 (Strieth. 26, S. 262), ungeachtet das letztere Erk. anerkennt, daß die §§ 41, 42 der VO. v. 1808 für die VO. v. 1844 die Quelle bilden.

21. Hieraus folgt, daß der RW. selbst dann noch offen steht, wenn der Beamte zuvor den Rekursweg betreten hat.

22. Ferner, daß das Prozeßverfahren sich nicht völlig unabhängig von der administrativen Feststellung bewegt, sondern daß bei der Erörterung über die Existenz und den Betrag des Defekts der Beschluß der Verwaltung die Grundlage bildet, und dem Defektaten obliegt, spezielle Einwendungen wider den Beschluß vorzubringen, sowie erforderlichen Falls zu beweisen; cf. AH. Cöln 10. Nov. 1852 (Rh. A. 47, I. 205 ff.).

23. Wie weit die richterliche Kompetenz reiche, ist nicht unbestritten OT. 23. März 1855 (Strieth. 17, S. 99) nahm an, daß, weil § 16 den RW. nur über den Betrag und die Ersatzpflicht zulasse, auch nur ein solches gerichtliches Verfahren statthaft sei, durch welches diese beiden Fragen entschieden würden, welches also zu dem Resultate führe, daß entweder der Kläger von dem wider ihn erhobenen und vorläufig schon festgestellten Anspruche befreit oder daß festgestellt werde, wie viel derselbe zu ersetzen habe, daß dagegen eine gerichtliche Erörterung darüber, ob die Verwaltung ihre Kompetenz überschritten und die VO. in einem unbehörigen Falle zur Anwendung gebracht habe, nicht stattfinde, mithin z. B auf Erstattung der von der Verwaltung bereits eingezogenen Summen aus jenem formellen Grunde nicht geklagt werden könne. In gleichem Sinne sprach sich AH. Cöln 10. Juli 1845 (Rh. A 39, I. 69) aus. Die Anwendbarkeit der VO. war damals aus dem doppelten Grunde bestritten worden, einmal weil die Kasse keine öffentliche und sodann, weil über den Defekt bereits vor Erlaß der VO ein Rechtsverfahren anhängig gewesen sei (§ 21); außerdem behauptete Kläger, daß ein Anderer die Kasse in Gewahrsam gehabt und die defektirte Summe, einem gerichtlichen Straferkenntnisse zufolge, unterschlagen habe, gegen ihn (Kläger) daher höchstens nach § 11, und nicht nach § 10 hätte verfahren werden dürfen. Der AH. verwarf jedoch diese Anfechtungsgründe, erwägend, daß die Gerichte nicht über die formelle oder materielle Gesetzmäßigkeit des Defekts-Beschlusses zu erkennen, sondern die Sache, um welche es sich handle, einer selbstständigen Prüfung zu unterwerfen und ein Urtheil zu erlassen hätten, durch welches der blos als vorläufige Maaßregel zu betrachtende Be-

Entscheidung nach Maaßgabe des Beschlusses ihren Fortgang, wenn nicht von der Verwaltung davon Abstand genommen wird.

In der etwa eingeleiteten Untersuchung bleiben dem Verpflichteten, insofern es auf die Bestrafung ankommt, seine Einreden gegen den abgefaßten Beschluß auch nach Ablauf des Jahres, wenn gleich sie im Civilprozeß nicht mehr geltend gemacht werden können, vorbehalten.

---

schluß der Verwaltung sich von selbst erledige. Cf. ferner Rh. A. 47, I. 201 (Note). Die neuere Rechtsprechung hat diese Ansicht jedoch mit Recht verworfen, und statt dessen wiederholt anerkannt, daß die Unverbindlichkeit des Beschlusses der Verwaltung vor Gericht auch um deswillen geltend gemacht werden könne, weil die betr. Kasse nicht zu den in der VO. genannten gehöre, oder weil die letztere überhaupt in einem durch dieselbe ausgeschlossenen Falle, z B dem des § 21 a. E. zur Anwendung gebracht worden, oder weil der Beschluß doch wenigstens wider Personen ergangen sei, wider welche er der VO. gemäß nicht hätte ergehen dürfen; cf. OT. 4. Sept. 1857, AH Cöln 10. Nov. 1851 (Entsch. 36, S. 390; Rh. A. 47, I. 201). Allerdings kann die richterliche Kompetenz in Betreff der letzteren Anfechtungsgründe nicht aus dem Wortlaute des § 16 hergeleitet werden; dieser § setzt aber eben nur solche Fälle voraus, wo die Verwaltung sich innerhalb der Grenzen ihrer Zuständigkeit bewegt hat. Jene Kompetenz folgt aber aus der allgemeinen Bestimmung des § 41 der VO. v. 1808.

24. Folgeweise kommt auch bei der prozessualischen Geltendmachung der letzterwähnten Anfechtungsgründe die Frist des § 16 nicht in Betracht. — Verwaltungs-Beschlüsse, welche inkompetenter Weise erlassen werden, erlangen niemals die Rechtskraft.

25. Ja es kann aus obigen Gründen sogar wider die in vermeintlicher Handhabung der §§ 13, 14 getroffenen Maaßregeln der RW. beschritten, resp. vom Richter, wenn er die VO. überhaupt auf den konkreten Fall für nicht anwendbar erachtet, die Sistirung oder Aufhebung jener Maaßregeln ausgesprochen werden. Cf. auch n. 14—16.

26. Betrifft der Streit dagegen lediglich die im § 16 ausdrücklich zum RW. verstatteten Fragen, so ist ein prozessualischer Einspruch wider die administrative Exekution dem Abs. 2 dieses § zufolge unstatthaft: AH Cöln 16. Okt. 1852 (Rh A. 47, I. 209). Auch gilt dasselbe, was dem § 16 Abs. 2 zufolge von der administrativen Exekution gilt, von den an jener Stelle nicht erwähnten konservatorischen Maaßregeln des § 13: EK. 17. April 1858 (JMBl. S. 242).

27. Will der Beamte von der im § 16 erwähnten Befugniß Gebrauch machen, so genügt nicht etwa eine der beschließenden Behörde gegenüber abgegebene Erklärung, daß auf rechtliches Gehör angetragen werde, damit diese nunmehr den RW. betrete; ebensowenig steht ihm das Recht zu, dieserhalb wider jene Behörde die Provokationsklage anzustellen; er muß vielmehr in dem auf Grund des § 16 einzuleitenden Rechtsverfahren selbst die Rolle des Klägers übernehmen (cf OT. 6. Okt. 1857, Strieth. 26, S. 261), und er wahrt nur durch Anstellung einer förmlichen Klage die dort bestimmte Präklusivfrist.

28. Doch soll er diese Klage nach AH. Cöln 18. Mai 1852 (Rh. A. 47, I. 120) in seinem persönlichen Forum anstellen können, mithin nicht genöthigt sein, beim Gerichte des Sitzes der betr. Behörde zu klagen, indem er doch immerhin nicht der fordernde, sondern der sich vertheidigende Theil sei.

29. Die Befugniß, auf rechtliches Gehör anzutragen (§ 16), steht auch den Erben des Beamten und anderen an seine Stelle getretenen Personen, z. B. auch dem Konkurskurator zu; dies folgt unmittelbar aus den Materialien: EK. 17. April 1858 (JMBl. S. 243);

30. — desgleichen den in accessorischer Weise Mitverpflichteten, z. B. den Bürgen und Eigenthümern von Pfandobjekten.

§. 17. Gegen einen Beschluß, wodurch die Beschlagnahme des Vermögens oder Gehalts nach §. 11. angeordnet worden, steht dem Beamten die Berufung auf rechtliches Gehör in derselben Weise zu, wie dies gegen einen gerichtlich angelegten Arrest zulässig ist.

§. 18. Das gegenwärtige Gesetz findet auf sämmtliche öffentliche Kassen und Verwaltungen und deren Beamte, einschließlich der gerichtlichen, sowie auf die Militairkassen, Magazine und Verwaltungen aller Art, und nicht nur auf Militair-Beamte, sondern auch auf Militair-Personen Anwendung.

---

31. Läuft die Frist des § 16 ab, ohne daß von jener Befugniß von der einen oder anderen Seite Gebrauch gemacht wurde, so steht die Ersatzpflicht der Beamten in quali et quanto auch den Bürgen ꝛc. gegenüber fest, und können die letzteren ihre Verbindlichkeit nur noch aus besonderen, sie persönlich betreffenden Gründen von sich ablehnen: AH. Cöln 23. Nov. 1848 (Rh. A. 43, I. 259).

32. Uebrigens fällt es lediglich der richterlichen Beurtheilung anheim, inwieweit im Prozesse mit den Bürgen ꝛc. auf die den Defekt selbst betreffenden Einreden Rücksicht genommen werden könne: EK. 20. Okt. 1855 (JMBl. 56, S. 69).

33. Dasselbe gilt von der Frage, ob die Frist des § 16 gewahrt sei. Auf die Verabsäumung der letzteren kann daher kein KK. gegründet werden: EK. 30. Jan. 1858 (JMBl. S. 112).

34. Die Frist des § 16 beginnt auch für die Erben, Bürgen ꝛc. von dem Tage, wo der Beschluß der Behörde dem Beamten bekannt gemacht worden, oder wenn dieser ausgetreten ist, vom Tage des Beschlusses selbst an zu laufen. Doch dürfte, wenn die Frist bei Lebzeiten des Beamten noch nicht verstrichen war, seinen Erben die Ueberlegungsfrist nicht mit anzurechnen sein, wenngleich die allgemeinen gesetzlichen Bestimmungen über den Stillstand der Verjährungsfrist während der Minderjährigkeit ꝛc. hier nicht zur Anwendung kommen, indem das bloße Verabsäumen einer Präklusivfrist (déchéance) von der eigentlichen Verjährung sehr verschieden ist.

35. Die administrative Festsetzung des Defekts bindet den Strafrichter in keinem Falle: Oppenhoff StGB. § 324 n. 24. Namentlich hat auch nicht etwa § 16 Abs. 3 die allgemeinen strafrechtlichen Grundsätze über die Beweisführung dahin geändert, daß dem angeschuldigten Beamten immer der Beweis seiner Einrede, d. h. des Nichtvorhandenseins des durch die Verwaltung festgestellten Defekts obläge; es muß vielmehr der Beweis des Defekts selbstständig vor dem Strafrichter geführt werden, dessen Ermessen es in jedem einzelnen Falle überlassen ist, welche Bedeutung in dieser Hinsicht dem administrativen Beschlusse beizulegen sei.

§ 17.

36. Der grundsätzliche Unterschied zwischen den Fällen des § 17 und denen des § 16 tritt namentlich in dem Punkte klar hervor, daß, während der auf Grund des letzteren § die richterliche Hülfe anrufende Beamte als Kläger auftreten und seine Beschwerden gegen den Beschluß der Verwaltung nachweisen muß, in den Fällen des § 17 die Behörde zur Justifikation der Beschlagnahme verpflichtet ist: OT. 6. Okt. 1857 (Strieth. 26, S. 262). Cf. ferner n. 11.

§ 18.

37. Den Materialien zufolge wählte der Gesetzgeber den Ausdruck „öffentliche Kassen und Verwaltungen" absichtlich zu dem Behufe, um die VO. auch auf Gemeinden und andre Korporationen, selbst, wenn deren Kassen nicht für kgl. Rechnung verwaltet werden, und die Verwaltung nur unter entfernterer Aufsicht des Staats steht, zur Anwendung zu bringen, und zwar besonders aus der

Wegen Ausführung des Gesetzes in der Militair-Verwaltung wird Unser Kriegsminister eine Instruktion ertheilen, welche namentlich die Behörden zu bezeichnen hat, die den nach §§. 5. und 6. an die Provinzialbehörde zur Abfassung oder Bestätigung verwiesenen Beschluß zu erlassen befugt sind.

§. 19. Wenn in Folge besonderer Gesetze den Behörden oder einzelnen Instituten bereits ein Exekutionsrecht gegen ihre Beamten zusteht, ohne daß es eines von der Provinzialbehörde abzufassenden oder zu bestätigenden Beschlusses bedarf, so behält es dabei sein Bewenden.

§. 20. Ebenso bleiben die Gesetze in Kraft, wodurch die Exekution gegen Erhebungsbeamte wegen gewisser an öffentliche Kassen abzuliefernder Einnahmen ohne Zulassung des Rechtsweges angeordnet ist.

§. 21. Auf Defekte, welche bei Publikation der gegenwärtigen Verordnung bereits zur Kenntniß der Behörden ge-

---

Rücksicht, weil die mittelbaren Staatsbeamten in allen übrigen allgemeinen Dienstverhältnissen, insbesondre in Betreff ihrer Anstellung und Absetzung den unmittelbaren Staatsbeamten gleichgestellt sind. So: MR. 17 April 1844 (VMBl. S. 122), welches in dem damals gerade vorliegenden, einen städtischen Kassenbeamten betr. Spezialfalle mit Rücksicht auf die Städte-O. v. 19 Nov. 1808 § 178 ff., für genügend hielt, wenn die Festsetzung des Defekts durch den Magistrat allein bewirkt werde. — Obiger Auffassung entsprechend betrachtete AH. Cöln 10. Nov. 1852 (Rh. A. 47, I. 201 ff) als öffentliche Kassen im Sinne des § 18 die Kassen der zum Vortheile der Armen errichteten, unter Aufsicht der städtischen Armen-Verwaltung stehenden Leihhäuser und Gemeinde-Sparkassen.

38. Gehören zu den öffentlichen Verwaltungen der VO. auch die des Vermögens katholischer Kirchen, und ist ein bischöfliches Gen.-Vikariat als die mit der Oberaufsicht über die Verwaltung des Kirchenvermögens betraute Behörde nach den §§ 1, 13 und 18 zur Festsetzung des Defekts und zur Anordnung von Beschlagnahmen ꝛc befugt? Gelegentlich des im JMBl. 58, S. 112 mitgetheilten Konfliktsverfahrens wurde die bejahende Ansicht von dem betr. Gen.-Vikariate unter Bezugnahme auf Art. 15 der Verf.-Urk. § 17, II. 11; § 169, I. 14 ALR.; § 405, I. 50 AGO und § 79 der Konkurs-O v. 8 Mai 1855 geltend gemacht und durch den Minister f. g. A. in seinem Schreiben an den Komp.-GH. aufrecht erhalten, wogegen letzterer die Frage unentschieden ließ, indem er den KK. aus andern Gründen verwarf

39. Die im § 18 in Aussicht gestellte Kr.-Min.-Instruktion in Betreff der Militair-Kassen ꝛc. ist unterm 26. Juni 1844 und ein durch die seitdem in den Ressort-Verhältnissen eingetretenen Aenderungen gebotener Nachtrag unterm 24. Febr. 1857 ergangen; cf. JMBl. 44, S. 276; 58, S. 306.

§§ 19 und 20.

— — — — — — — — — — — — — — — — — — — —

§ 21.

40. Da § 21 von einem zu erhebenden Anspruche schlechthin, ohne Rücksicht auf eine bestimmte verpflichtete Person spricht, so kommt es da, wo der

kommen sind, soll die gegenwärtige Verordnung ebenfalls angewandt werden, sofern der zu verfolgende Anspruch nicht bereits in den Rechtsweg eingeleitet ist.

Anspruch wider mehrere Personen verfolgbar ist, nicht darauf an, ob derselbe gerade gegen denjenigen, dessen Verpflichtung im Resolute der Verwaltungs-Behörde festgestellt werden soll, bei Erlaß der VO. bereits in den RW eingeleitet war. Vielmehr wird die Anwendbarkeit der VO. überhaupt und in Bezug auf Alle ausgeschlossen, wenngleich nur gegen einen einzigen von mehreren Verpflichteten eine Verfolgung im RW. stattgefunden hat. Auch ist eine Litisdenunziation als „Einleitung in den RW." anzusehen. Cf. OT. 4. Sept 1857 (Entsch. 36, S. 386).

Allgemeine
Gewerbe-Ordnung.
Vom 17. Januar 1845.

[GS. Nr. 2541, S. 41.]

Wir Friedrich Wilhelm, von Gottes Gnaden, König von Preußen 2c. 2c.

haben die in den verschiedenen Landestheilen bestehenden Vorschriften über den Gewerbebetrieb einer Revision unterworfen, und verordnen auf den Antrag Unseres Staatsministeriums, nach Anhörung Unserer getreuen Stände und nach vernommenem Gutachten Unseres Staatsraths, für den ganzen Umfang der Monarchie, was folgt:

Zum Eingange.

1. Die Gewerbe-Ordnung zerfällt zur besseren Sonderung ihres Inhalts in zehn Titel. Vorangeschickt sind die Vorschriften, betr. die Ausdehnung des bereits im Edikte v. 2. Nov. 1810 ausgesprochenen Prinzips der Gewerbefreiheit auf das gesammte damalige Staatsgebiet (Tit. I.). Demnächst folgen die Bestimmungen über den Erwerb, Umfang und Verlust der Gewerbe-Befugnisse (Tit. II. III.) denen sich Vorschriften über den Marktverkehr und das Taxwesen anschließen (Tit. IV. V.). Die hierauf folgenden Titel (VI.–IX.) umfassen die für das Innungswesen und die bezüglich der Gesellen, Lehrlinge 2c. geltenden Normen. Den Schluß endlich bilden die einschlägigen Strafbestimmungen (Tit. X.). — Die Gew.-O. beherrscht jedoch nicht ausschließlich ihr Gebiet, indem neben derselben einestheils eine Reihe älterer, ausdrücklich aufrecht erhaltener Bestimmungen, anderentheils aber mehrere neuere Gesetze, welche namentlich die in den Titeln II. III. VI.–IX. der Gew.-O. geregelten Materien betreffen, in Betracht kommen. Von ersteren sind insbesondre die zu §§ 9, 10 h. l. besprochenen, von letzteren die VO. v. 9. Febr. 1849 (GS. S. 93, 120), Ges. v. 3 April und 15. Mai 1854 (GS. S. 138, 263), Ges. v. 22. Juni und 1. Juli 1861 (GS. S. 441, 749) zu erwähnen; cf. n. 10 ff., 23 ff., 43 ff., 52, 63 ff., 77.

Titel I. [§§ 1—13.]
Aufhebung bestehender Beschränkungen des Gewerbebetriebs.

§. 1. Das in einzelnen Landestheilen mit Gewerbe-Berechtigungen noch verbundene Recht, Anderen den Betrieb eines Gewerbes zu untersagen oder sie darin zu beschränken (ausschließliche Gewerbe-Berechtigung), wird hierdurch aufgehoben, ohne Unterschied, ob die Berechtigung an einem Grundstücke haftet oder nicht.

§. 2. Ferner werden aufgehoben alle Berechtigungen, Konzessionen zu gewerblichen Anlagen oder zum Betriebe von Gewerben zu ertheilen.

§. 3. Vorbehaltlich der durch das Gesetz vom 30. Mai 1820. eingeführten Gewerbesteuer, werden ferner aufgehoben alle Abgaben, welche für den Betrieb eines Gewerbes entrich-

---

§§ 1—3.

2. Das Ed. v. 2. Nov. 1810 hob bereits für das damalige Landesgebiet den Zunftzwang auf und brachte mit der neueingeführten Gewerbesteuer gleichzeitig die Gewerbefreiheit. In den übrigen Landestheilen fiel jener Zwang, sofern er dort nicht durch besondre Gesetze aufgehoben war, mit dem Erlasse der Gew.-O. v. 1845 fort.

3. Die Einführung der Gewerbefreiheit hatte jedoch nur die Folge, daß der Zwang zum Eintritt in eine Zunft hinwegfiel; die Zünfte selbst fuhren zu bestehen fort; cf. §§ 94 ff. und MR. 14. April 1840 (VMBl. S. 176), welches sich namentlich dahin ausspricht, daß mit dem Nebeneinanderbestehen von zünftigen und unzünftigen Handwerkern nicht etwa der ganze Abschnitt des ALR. von den Handwerkern und Zünften (§§ 179 ff., II. 8) außer Kraft getreten sei. [In Betreff der Zulässigkeit des RW. in Zunftsachen sagt ein MR. 14. Mai 1836 (Ann. 21, S. 510): Streitigkeiten der Zünfte untereinander oder mit Einzelnen müßten, soweit sie Privatrechte beträfen, welche sich auf Zunftprivilegien, Verträge mit andern Zünften oder sonstige derartige Rechtstitel gründeten, im prozessualischen Wege entschieden werden; handle es sich dagegen um Aufrechterhaltung der im öff. Interesse erlassenen gewerbepolizeilichen VO , so sei, gleichviel, ob eine Zunft, oder ein einzelner Gewerbeberechtigter bei Beobachtung solcher VO. auch ein Privatinteresse zu haben glaube, und ob die Obrigkeit von Amtswegen oder auf Anrufen Einzelner einschreite, die richterliche Kognition ausgeschlossen, die Sache vielmehr polizeilich zu ordnen, und die getroffene Verfügung eventuell der Rekursinstanz zu unterwerfen.]

3 bis. § 1 bezieht sich nur auf ausschließliche Gewerbe-Berechtigungen, d. h. auf solche Rechte, vermöge deren man befugt ist, Anderen den Betrieb desselben Gewerbes zu untersagen. Von Zwangs- und Bann-Rechten, d. h. der Befugniß, den denselben unterworfenen Personen die Anschaffung oder Zubereitung gewisser Bedürfnisse bei jedem Anderen, als dem Berechtigten, zu untersagen (§ 224, II 8; § 2, I. 23 ALR.) handeln dagegen die §§ 4, 5, während die §§ 10, 11 Vorschriften für beide Kategorien von Berechtigungen enthalten. Dieselbe Scheidung hält auch das Entschädigungsgesetz von demselben Tage fest, wie sich aus einer Vergleichung der §§ 1 ff., 7 ff., 24 ff., 29 ff., 34 ff. und deren Marginalien ergiebt; cf. OT 23. Febr. 1849 (Entsch. 17, S. 291), welches den Schmiedezwang nicht zu den durch § 4 aufgehobenen, sondern zu den im § 5 für ablösbar erklärten Zwangsrechten zählt.

4. Die §§ 1—3 finden auch auf vertragsmäßig begründete Berechtigungen Anwendung: OT. 7. Sept. 1854 (Entsch. 28, S 436).

5. Die s. g. gewerblichen Abgaben waren für das Staatsgebiet des J.

tet werden, sowie die Berechtigungen, dergleichen Abgaben aufzulegen. Ist jedoch mit der Gewerbe-Berechtigung das Recht zur Untersagung oder Beschränkung des Betriebes eines stehenden Gewerbes verbunden, so muß die darauf ruhende ganze Abgabe bis zu dem Tage geleistet werden, an welchem der Betrieb dieses Gewerbes von einer Person begonnen wird, gegen die der Widerspruch hätte geltend gemacht werden können.

Ob eine Abgabe zu den aufgehobenen zu rechnen sei, ist in allen Landestheilen nach der Verordnung vom 19. Februar 1832. (Gesetzsammlung Seite 64.) zu beurtheilen.

1810 bereits durch § 30 des Ed. v. 2. Nov. 1810, für die Mediatstädte der Provinz Posen durch Ges. v 13. Mai 1833 (GS. S 55) aufgehoben. Die Generalisirung der Deklaration v. 19. Febr. 1832 erklärt sich durch die zwischen dem cit § 30 und § 3 h. l. bestehende Verwandtschaft — Doch folgt daraus, daß das Entschäd.-Ges. v. 17. Jan. 1845 §§ 25 ff. den früher Berechtigten eine Entschädigung zusichert, während § 30 cit. jene Abgaben ohne Entschädigung aufhob, daß nicht die ganze Dekl., namentlich nicht § 4 derselben, sondern nur die §§ 1—3 durch § 3 h. l. zur Geltung gebracht werden sollten. So: OT. 24. Sept. 1854, 2. Okt. 1855 (Entsch. 27, S. 209; Strieth. 20, S. 40); cf. auch OT. 4. Aug und 3. Nov. 1847 (Entsch. 15, S. 496). Aus der entgegengesetzten Anschauung ist augenscheinlich § 4 Abs. 2 des Ges. v. 31. Mai 1858 (cf. n. 10) hervorgegangen.

6. Die §§ 1—3 jener Dekl. stellen die Gesichtspunkte fest, welche für Beurtheilung der Frage, ob eine streitige Abgabe eine Grund- oder eine aufgehobene gewerbliche Abgabe sei, maaßgebend sein sollen, und setzen hierbei als selbstverständlich voraus, daß die desfallsige Entscheidung dem Richter gebühre, dessen Ermessen es auch überlassen wird, bei Abgaben gemischter Natur die Absonderung zu bewirken (§ 3 l. c.). — Inwiefern auch darüber, ob eine Abgabe den Charakter einer gewerblichen Abgabe oder den einer landesherrlichen, resp. Kommunalsteuer habe, die richterliche Kognition stattfinde, ist bereits in n. 197 zur VO. v. 1808 besprochen.

7. Bei Beurtheilung der Frage, ob die auf einem Mühlengrundstücke haftenden Abgaben durch § 30 des Ed. v 1810, resp. § 3 h l. aufgehoben seien, kommen nicht mehr die §§ 1, 2 der Dekl. v. 1832, sondern nur noch die allgemeinen Grundsätze über die Beweisführung zur Anwendung; jeder Prozeß, in welchem diese Frage streitig wird, hat die Folge, daß alle auf dem Grundstücke ruhenden ablösbaren Reallasten nach den Grundsätzen des Ges. v. 2. März 1850 (GS. S. 77) abgelöst werden müssen. In Betreff aller derartigen Prozesse tritt die Zuständigkeit der Auseinandersetzungs-Behörden ein; cf. Ges. v. 11. März 1850 §§ 1, 2 (GS. S. 146) und zur Erläuterung dieser Gesetzesstellen CK. 22. Nov. 1851, 25. Okt. 1856, 24. Jan. 1857 (JMBl. 52, S. 6; 56, S. 371; 57, S. 279), OT. 16. Mai 1850 (Entsch. 20, S. 120) und Auff. in Rode's Lehrzeit. 2c, Jahrg. 1850, S. 53 ff.

8. Zur Deutung der materiellen Bestimmungen der Dekl. wird auf OT. 24. Nov. 1843, 15. Febr. 1847 (Entsch. 9, S. 377; 14, S. 105 u. 112 ff.), sowie auf die Ergänz. zu §§ 1 ff., I. 23 ALR. verwiesen.

9. Mit Rücksicht auf das Interesse, welches der Fiskus wegen der ihm zufolge des Entschäd.-Ges. v. 17. Jan. 1845 unter gewissen Voraussetzungen obliegenden Entschädigungspflicht an dem Ausgange der Prozesse im Sinne des § 3 h. l. hat, weist ein JMR. 8. Juni 1846 (JMBl. S. 120, Rh. S. 9, S. 94) die Gerichte derjenigen Landestheile, in denen solche Abgaben erst durch die Gew.-O. aufgehoben wurden, an, sofort bei Einleitung des Prozesses der betr. Regierung, sofern diese nicht schon Partei ist, eine Abschrift der Klage mitzutheilen, damit dem Fiskus überlassen werde, als Intervenient aufzutreten.

§. 8. Die zur Zeit in den einzelnen Landestheilen geltenden Vorschriftn über das Abdeckereiwesen bleiben bis zur beendigten Revision derselben in Kraft.

§. 9. Die besonderen Vorschriften über Ertheilung und Benutzung der Erfindungs-Patente kommen ferner zur Anwendung.

---

§ 8.

10. Das Abdeckereiwesen ist gegenwärtig durch das für den ganzen Umfang der Monarchie, mit Ausschluß der Hohenzollernschen Lande, ergangene Ges. v. 31. Mai 1858 (GS. S. 333) regulirt. Dieses Ges beruht im Allgemeinen auf denselben Grundsätzen, welche hinsichtlich der übrigen Gewerbe in den §§ 1 ff. h. l. und im Entschäd.-Ges. v. 1845 aufgestellt sind. Doch läßt dasselbe mehrere wesentliche Besonderheiten bestehen, und trägt namentlich auch der späteren Gesetzgebung, insbesondere dem Ges. v. 2. März 1850 (GS. S. 77) Rechnung.

§ 9.

11. Unter den durch § 9 aufrecht erhaltenen Bestimmungen ist besonders das mit Allerh. Genehmigung (ACO. v. 27. Sept. 1815) ergangene Publikandum des Min. für Handel und Gewerbe v. 14. Okt. 1815 (VMBl. 49, S. 228) zu erwähnen, dessen hier interessirende Vorschriften lauten:

„8) Wenn Jemand vollständig zu erweisen im Stande ist, daß er die „nämliche Sache, worüber ein Patent ertheilt worden, früher oder gleichzeitig „mit dem Patentirten erfunden oder in der nämlichen Art verbessert hat, so „wird demselben das Recht, seine gleichzeitige oder frühere Erfindung oder Ver-„besserung zu benutzen, durch das ertheilte Patent in keiner Art beschränkt.“

„9) Wird von Seiten des Patentirten behauptet, daß er von Jemand in „seinem Rechte beeinträchtigt worden, so muß er seine Beschwerde bei der Re-„gierung derjenigen Provinz, in welcher der Beeinträchtiger seinen Wohnsitz „hat, anbringen, und gebührt der Regierung, mit Vorbehalt des Rekurses an „das Finanzministerium, die definitive Entscheidung über die Beschwerde, nach „der unten folgenden Bestimmung.“

„10) Wer überführt wird, ein durch ein Patent erlangtes Recht beeinträch-„tigt zu haben, dem wird, unter Zulastlegung der Untersuchungskosten, die Be-„nutzung oder Anwendung der patentirten Sache auf so lange, als das Patent „besteht, untersagt, ihm auch bekannt gemacht, daß er im Wiederholungsfall „mit Konfiskation der vorgefundenen Werkzeuge, Materialien und Fabrikate „bestraft werden würde, welche Strafe, wenn die Drohung fruchtlos ist, der-„gestalt zur Ausführung gebracht wird, daß sämmtliche konfiszirte Objekte dem „Patentirten zur weiteren Benutzung übergeben werden, welchem außerdem „überlassen bleibt, im Wege des Civilprozesses, den ihm zugefügten Schaden „gegen den Beeinträchtiger geltend zu machen.“

12. Ein Patent ist eine Art Privilegium, das durch dasselbe erlangte Recht ein vererbliches und veräußerliches Vermögensrecht; cf. MR. 27. April 1817 (Ann. S. 97). Demzufolge sind die in Nr. 8—10 l. c enthaltenen Bestimmungen, insofern sie dem RW. derogiren, als Ausnahme-Bestimmungen aufzufassen.

12 bis. Da Nr. 8 des cit. Publ. nicht, wie für den umgekehrten Fall die Nr. 9, darüber bestimmt, vor welcher Behörde der durch die Ertheilung eines Patents sich beeinträchtigt haltende Dritte den dort erwähnten Nachweis zu führen habe, so erhebt sich die Frage, ob zwischen jenem Dritten und dem Patentirten über die aus dem Patente erlangte Berechtigung ein Prozeß statthaft sei. Ein R. 7. Febr. 1824 (cf. Ergänz. zu § 1 der Einl. zur AGO.) verneint diese Frage, nimmt vielmehr an, daß der Patentirte in seinem Rechte so lange geschützt werden müsse, als das Patent von der Administrativ-Behörde nicht zurückgenommen sei, — weil bei jeder Patentirung die Vermuthung dafür streite, daß die betr. Behörde die Qualifikation

§. 10. **Unter welchen Umständen und in welcher Art für die durch die §§. 1—5. aufgehobenen oder für ablösbar erklärten Berechtigungen eine Entschädigung gewährt wird, bestimmt ein besonderes Gesetz vom heutigen Tage. Hinsichtlich**

des Impetranten gehörig geprüft habe; der Dritte müsse daher den Nachweis über die angebliche Kränkung seiner Rechte bei der Administrativ-Behörde führen und deren Beschlüsse darauf erwarten, nöthigenfalls auch die Sache im RW. wider sie ausmachen, insofern anders nach der VO. v. 1808 eine richterliche Kognition dabei eintreten dürfe. Cf. n. 14.

13. Ob für jede Beeinträchtigung des Patents und zwar vom ersten Beginnen derselben an Entschädigung im RW. gefordert werden könne, oder ob ein Entschädigungs-Anspruch nur dann geltend zu machen sei, wenn der Beeinträchtiger nach vorausgegangener Verwarnung, resp. Untersagung durch die Verwaltungs-Behörde sich einer wiederholten Verletzung schuldig mache, ist streitig. AH. Cöln 26. Juni 1854 (Rh. A. 50, I. 171) erkannte für die erste, OT. 29. Jan. 1848 (Entsch. 16, S. 122 ff.) für die zweite Alternative. Letzteres Erk. führt zu diesem Behufe aus, daß die Patent-Gesetzgebung eine singuläre, exzeptionelle, in die allgemeine Gewerbefreiheit eingreifende sei, der Patentinhaber daher, wenn er ein Recht auf Grund des Patents geltend machen wolle, solches genau nach den Normen der Patent-' und nicht nach der allgemeinen Gesetzgebung thun müsse.

14. Beide vorerwähnten Entscheidungen stimmen jedoch darin überein, daß die Feststellung sowohl der einmaligen als der wiederholten Beeinträchtigung auch bezüglich des Entschädigungspunkts durch die Verwaltung erfolgen müsse, daß daher z. B. der Einwand des angeblichen Beeinträchtigers, die von ihm gefertigte Maschine sei anders konstruirt, wie die patentirte, oder letztere sei nicht die eigne Erfindung des Patentinhabers, sondern schon früher in Gebrauch gewesen, vor Gericht kein Gehör finden könne. Theilweise weicht hiervon die in einer Abh. in der jurist. Wochenschrift (Jahrg 1848, S. 293) entwickelte Ansicht ab, indem dort mit Rücksicht auf Nr. 8 l. c. und § 1 der Einl. zur AGO. zwischen dem Falle, wo der angebliche Beeinträchtiger als Kläger, sowie dem, wo er als Beklagter auftritt, unterschieden, und nur für ersteren Fall die richterliche Kognition darüber, ob eine Kränkung des Patentrechts vorliege, als ausgeschlossen erachtet wird. Dieser Ansicht tritt jedoch die Note in den Entsch. l. c. noch besonders entgegen, namentlich weil aus der unmittelbaren und innigen Verbindung unter den Bestimmungen der Nr. 8 und 9 klar erhelle, daß der unter Nr. 8 gedachte Einwand des dem Patentirten gegenüberstehenden Verfertigers in allen Fällen der definitiven Entscheidung der Regierung, resp. des Fin.-Min. anheimfalle. Cf ferner n. 12 bis. (Da die bloße Kenntniß der Patentformel, auch mit Hülfe des Urtheils von Sachverständigen, zur Entscheidung der Klagen über Eingriffe in ein Patent oder Beeinträchtigung desselben nicht hinreicht, so sind die Regierungen angewiesen, in allen Fällen, wo sie auf solche Klagen durch Resolut zu entscheiden haben, die zur Beurtheilung der Sache erforderlichen, im Gutachten der technischen Gew.-Deput. enthaltenen Materialien vom Min. zu erbitten: MR. 1. Mai 1833, Ann. S. 493).

15. Von den übrigen Bestimmungen des Publik. ist die der Nr. 5 durch MR. 17. Dez. 1831 (BMBl. 49, S. 228) in Wegfall gekommen, indem dieses R. bestimmt, daß die bezüglichen Bekanntmachungen nicht mehr durch den Patentirten selbst, sondern auf Anordnung des Min. d. J. durch die Staatszeitung, und auf die der Reg. durch das Amtsblatt erfolgen sollen. Der Beamte, welcher sich in dieser Hinsicht einer Versäumniß schuldig macht, setzt sich Regreßansprüchen aus; cf. HMR. 4. Okt. 1849 (ib.). Vgl. endlich Uebereinkunft der zum Zoll- und Handelsvereine verbundenen Regierungen, wegen Erth. von Erfindungs-Patenten und Privilegien v. 21. Sept. 1842 (GS. 43, S. 265).

§ 10.

16. Das Entschäd.-Ges. v. 17. Jan. 1845 (cf. §§ 37, 41, 46 ff., 50 ff.) legt die Verhandlungen wegen Feststellung der Entschädigungs-Ansprüche, sowie die Er-

der Entschädigung für diejenigen Berechtigungen, welche schon vor Verkündung des gegenwärtigen Gesetzes aufgehoben oder für ablösbar erklärt worden sind, bewendet es bei den bisherigen Vorschriften.

---

mittelung der Entschädigung selbst in die Hände eines Kommissars der Regierung, resp. einer aus diesem und zweien Beisitzern gebildeten Kommission, und überträgt die definitive Feststellung der Entschädigung sowohl als des Beitrags-Verhältnisses unter mehreren zur Entschädigung Verpflichteten der Regierung (resp. dem Fin.-Min. als Rekursinstanz). Es geschieht dies unter ausdrücklicher Ausschließung des RW. sowohl in Betreff der Entschädigungs-Beträge und der Verpflichtung, Beiträge zur Verzinsung oder Tilgung der Entschädigungs-Kapitalien, desgleichen zur Zahlung oder Ablösung der Entsch.-Renten zu leisten, als auch in Betreff der Streitigkeiten über die Ablösung dieser Renten. Der RW., findet gemäß § 43 ib. (in der Form einer Berufung auf gerichtliches Gehör wider das desfallsige Resolut der Regierung und alternativ mit dem Rekurse an den Fin.-Min.) nur alsdann statt, wenn über das rechtmäßige Bestehen der Berechtigung (zur Zeit der Publik. der Gew.-O.) oder über deren Umfang gestritten wird Von der Wahrung der zu diesem Behufe anberaumten Frist gilt das unter n. 20 hinsichtlich der Frist der VO. v. 4. Mai 1839 Gesagte; selbst die rechtzeitige Abgabe der dort erwähnten Anmeldung an ein inkompetentes Gericht hindert den Ablauf jener Frist nicht; cf. OT. (Präj. 2340) 8. Jan. 1852 (Präj.-Buch II. S. 152).

17. Weil bei den hier einschlagenden Verhältnissen nach dem Willen des Gesetzes weniger das strenge Recht, als Billigkeits-Rücksichten in Betracht gezogen werden sollen, so bestimmt ein FMR. 12. Juni 1846 (BMBl. S. 235), daß die Instruktion der erhobenen Entschädigungs-Ansprüche nicht in die Hände von Gerichts-Personen gelegt werden dürfe, es sei denn, daß ausnahmsweise individuelle Verhältnisse die Uebertragung des Geschäfts an Untergerichte oder deren Mitglieder besonders rathsam machen sollten

18. Als Quelle der Kompetenz-Bestimmungen des Entsch.-Ges. sind die über dieselbe Materie in Betreff der schon früher aufgehobenen Gerechtigkeiten ergangenen Gesetze zu betrachten, welche überdies im § 10 h. l. ausdrücklich aufrecht erhalten sind, und daher auch insofern noch jetzt in Betracht kommen. Unter diesen Gesetzen sind wiederum die auf ausschließliche Gewerbe-Berechtigungen (cf. n. 21, 22) von den auf Zwangs- und Bann-Rechte bezüglichen (cf. n. 19, 20) zu scheiden.

19. Das Ed. v. 28. Okt 1810 (GS. S. 95) hebt im § 1 den Mühlen-, und Branntwein-Zwang auf, und bestimmt im § 3, unter welchen Voraussetzungen sowie nach welchen Vorschriften der Staat dem früher Berechtigten ausnahmsweise Entschädigung leiste. Nachdem die zu diesem Behufe zu liefernden Beweise präzisirt worden sind, heißt es sodann im Schlußsatze:

„Der Ausfall wird nach dreißigjährigen, örtlichen Durchschnittspreisen berechnet. Ein prozessualisches Verfahren kann hierüber nicht eingeleitet werden.“

Wie auf Grund des § 3 zu verfahren ist, wurde durch VO. v. 15. Septbr. 1818 (GS S. 178) näher regulirt. Hiernach hat die Kreisbehörde zuvor summarisch zu untersuchen, ob der Fall der Entschädigung durch besondre örtliche Verhältnisse als Ausnahme von der Regel begründet sei, und demnächst der Regierung zu berichten, welche letztere vorab darüber entscheidet, inwiefern die Beweisaufnahme stattfinden oder der erhobene Anspruch sofort zurückgewiesen werden solle (§ 6 1 c) und demnächst, wenn sie sich nämlich für ersteres entschieden und in Folge dessen die Kreisbehörde die Ausmittelung des Schadens (nach Umständen unter Zuziehung eines Justizbeamten) bewirkt hat, den Betrag der Entschädigung festsetzt (§ 9 ib.). Gegen die eine wie die andre Entscheidung (§§ 6, 9) findet nicht der RW., sondern nur der Rekurs an die Min. des Inn. sowie für Handel und Gewerbe statt (§ 10). — Schon früher hatte der Just.-Min. (cf. R. 30. Aug. 1817, Jbb. 10, S. 5) den cit. § 3 dahin erläutert, daß der RW. nicht blos wegen Ausmittelung der Entschädigung, sondern auch wegen Untersuchung der Ursache des Schadens ausgeschlossen sei. Das Gegentheil ist jedoch in Betreff der Vorfrage anzunehmen, ob und in welchem Umfange das Zwangs- oder Bannrecht vor Erlaß des Ed. gesetzlich bestanden habe; arg. VO. v. 4. Mai 1839 (s. n. 20), Entschäd.-Ges. v. 1845 § 43.

20 Außerdem sind noch einzelne einschlägige Prov.-Ges. zu erwähnen, nämlich das Ed. v 29. März 1808, betr. die Mühlengerechtigkeit und die Aufhebung des Mühlenzwangs für Ostpreußen, Lithauen, Ermeland und den Kreis Marienwerder (Rabe 9, S. 176) welches zufolge ACO. v. 22. Sept. 1826 (GS. S. 85) weder durch die VO. v. 28 Okt 1810 noch durch deren spätere Deklarationen eine Abänderung erlitten hat, und das Ges. wegen Aufhebung der Zwangs- und Bann-Rechte in der Prov. Posen v. 13. Mai 1833 in Verbindung mit der dieses Ges. ergänzenden VO. v. 4. Mai 1839 (GS. 33, S. 59; 39, S. 206). Das Ed. v. 1808 erkennt den Eigenthümern von Privatmühlen einen durch Vertrag oder gerichtliches Erk. festzusetzenden Entschädigungs-Anspruch wider die bisherigen Mahlpflichtigen zu, wogegen das Ges. v 1833 auf den Prinzipien des Edikts v. 1810 beruht, und daher auch die bezüglichen §§ der VO. v. 15. Septbr. 1818 auf die Provinz Posen ausdehnt, die VO. v. 4. Mai 1839 aber, — ohne den in diesen Gesetzen hinsichtlich der Entschädigungsfrage und des Entschädigungsbetrags enthaltenen Kompetenzvorschriften zu derogiren (ME. 9. Febr. 1841, VMBl. S. 91), — eine dem § 43 des Entsch.-Ges v. 1845 entsprechende Bestimmung trifft. Die dort für den Antrag auf rechtliches Gehör anberaumte Frist wird nur durch Anstellung der gerichtlichen Klage, nicht also durch die Anmeldung jenes Antrags bei der Verwaltung gewahrt: OT. (Präj. 1143) 27. Mai 1842 (Präj.-Samml. S. 333). Vgl ferner n. 52.

21. In Betreff der Aufhebung, resp. Ablösung ausschließlicher Gewerbe-Berechtigungen kommt zunächst § 17 des Ed v. 2. Nov. 1810 (GS. S. 83) in Betracht. Derselbe bestimmt, daß zwar weder einer Korporation noch einem Einzelnen wider den auf Grund des gelösten Gewerbescheins stattfindenden Gewerbebetrieb ein Widerspruchsrecht zustehe, daß jedoch in denjenigen Orten, wo zur Zeit Gewerbe-Gerechtigkeiten stattfänden, die nicht auf einem Grundstücke hafteten, noch damit in unzertrennlicher Verbindung ständen, dennoch aber in den Hypothekenbüchern verzeichnet seien, eine billige Entschädigung für die bisher Berechtigten von den Regierungen regulirt werden solle, ohne daß gegen die Bestimmung der Entschädigung von Seiten der Regierungen der RW. statthabe. An diesen § 17 knüpfen die §§ 32 ff. des Ges. v. 7. Sept. 1811 (GS. S. 265) an, deren ersterer besagt, daß ausschließliche, vererbliche sowie veräußerliche und als solche in den Hypothekenbüchern eingetragene Gewerbe-Berechtigungen in den Städten in Bezug auf § 17 cit. abgelöst und bis dahin verzinset werden sollen. Die §§ 32 ff. sind wiederum durch die Dekl. v 11. Juli 1822 (GS. S. 187) erläutert, resp. insoweit erweitert worden, als, ihr zufolge, die Eintragung in die Hypothekenbücher keine unumgängliche Bedingung für die Anwendbarkeit der §§ 32, 33 mehr bildet, die Ausschließlichkeit der Real-Gewerbsberechtigung vielmehr auch auf andere Weise, sei es durch Privilegien, sei es durch den Besitz eines Untersagungsrechts [d. h. eines dem Staate gegenüber erworbenen Untersagungsrechts, s. OT. (Pl) 26. April 1841, Entsch. 7, S. 83] nachgewiesen werden kann. Den vorbezogenen Ges. gemäß ist der RW. über das Ablösungsquantum, über die stattfindenden Modalitäten und das bei der Ablösung zu beobachtende Verfahren ausgeschlossen, nicht aber über die für die Ablösung präjudizielle Vorfrage, ob ein gewisses Gewerbe mit einer ausschließlichen, vererblichen und veräußerlichen Berechtigung bis zum J. 1810 versehen gewesen sei, resp. ob eine Gewerbe-Berechtigung zur Kategorie der gesetzlich abzulösenden gehöre; cf. R. 6. Juni u. 27. Okt. 1834 (Ergänz. zu § 1 der Einl. der AGO.) OT. (Bericht und Pl.-B.) 9. Juli, resp. 30. Mai 1842 (Jbb. 59, S. 475). Doch muß die zur Feststellung dieser Vorfragen anzuhebende Klage nach der Ansicht des OT., gegen die betr. Kommune, und nicht etwa gegen den Fiskus gerichtet werden, da die Entschädigung jenen Gesetzen zufolge nicht, wie in den Fällen des Ed. v. 28. Okt. 1810 (n. 19), vom Staate, sondern von den Gewerbtreibenden jeden Orts und in subsidium von den Stadtgemeinden zu leisten ist. — Ebenso tritt die gerichtliche Kognition ein, wenn nach Beendigung des Ablösungs-Verfahrens

Titel II. [§§ 14—58.]
Bedingungen des Gewerbebetriebs

§. 22. Wer den selbstständigen Betrieb eines Gewerbes anfangen will, muß zuvor der Kommunal-Behörde des Orts Anzeige davon machen.

Die Kommunal-Behörde hat diese Anzeige, wenn sie nicht zugleich die Polizei-Obrigkeit ist, Letzterer mit ihren etwanigen Bemerkungen zuzustellen.

§. 23. Die Polizei-Obrigkeit hat zu prüfen, ob den in diesem Gesetze für den selbstständigen Gewerbebetrieb im Allgemeinen oder für das beabsichtigte Gewerbe insbesondere vorgeschriebenen Erfordernissen genügt ist.

Ist einem dieser Erfordernisse nicht genügt, so ist der Beginn oder die Fortsetzung des Gewerbebetriebs mittelst Bescheides zu untersagen, sonst aber dem Anmeldenden eine Bescheinigung über die erfolgte Anmeldung zu ertheilen.

über dessen rechtliche Folgen unter den Betheiligten Streit entsteht, z. B. darüber, ob die für eine abgelöste Brauereigerechtsame von der Regierung bewilligte Entschädigung auf eine Holzberechtigung als angebliche Pertinenz jener Gerechtsame sich miterstreckt habe, ob also die Holzberechtigung mit abgelöst sei oder ob letztere noch bestehe: EK. 30. Okt. 1852 (JMBl. 53, S. 36).

22. An die in n. 21 erwähnte Gesetzgebung schließt sich die VO. wegen Anlegung neuer Apotheken, v. 24. Okt. 1811 (GS. S 359) insofern an, als § 8 derselben bestimmt:

„dieses [das Polizeidepartement] bestimmt, wenn der Vortheil des Ganzen die „Anlegung neuer Apotheken erfordert, die Entschädigung der bis dahin bestandenen nach den Grundsätzen des rc Gesetzes vom 7. Sept d. J.“

Demzufolge gelten von Ablösung der Apotheker-Gerechtigkeit, namentlich auch in Betreff der Ressortverhältnisse, dieselben Grundsätze, welche für die Ablösung der sonstigen Gewerbs-Berechtigungen maaßgebend sind; cf. JMR. 4. Nov. 1817 (Jbb 10, S. 219), EK. 5 April 1848 (JMBl. S. 269). Jenes R. spricht sich dahin aus, die Klage des ein privilegium exclusivum anrufenden Apothekers gegen einen andern Apotheker auf Schließung der von diesem an dems. Orte neu errichteten Apotheke eigne sich nicht zur richterlichen Kognition, wohl aber die Frage, ob Kläger eine Entschädigung wegen Ablösung der Apotheker-Gerechtigkeit zu fordern berechtigt sei, indem die Edikte v. 2 Nov. 1810, 7 Sept. und 24 Okt. 1811 insofern an den §§ 70, 71 der Einl. zum ALR. Nichts geändert, sondern nur die Art der Entschädigung regulirt und die Behörde bestimmt hätten, welche, wenn der Entschädigungsanspruch feststehe, den Betrag festsetzen sollten. Zu denselben Sätzen bekennt sich in obigem Urtheile der Komp.-GH., und nimmt überdies an, daß, obschon der RW. nur über die Ausschließlichkeit und Ablösbarkeit einer Apothekergerechtsame, nicht aber über die Ausführung der Ablösung und die Festsetzung des Entschädigungsbetrags zugelassen sei, der nach geschehener administrativer Festsetzung dieses Betrags sich in der Folge erhebende Streit, ob das frühere Privilegium ein ablösungsfähiges zu sein späterhin aufgehört habe, und demgemäß die Ablösungsbeträge seitdem nicht mehr gefordert werden könnten, der richterlichen Kognition wieder anheimfalle.

§§ 22—25.

23. Die Gew.-O. unterscheidet zwischen denjenigen Gewerben und gewerblichen Anlagen, zu deren Beginn, resp. Errichtung eine polizeiliche Genehmigung, der Nachweis der Qualifikation rc. erfordert wird (§§ 26 ff.),

§. 24. Ueber die Anmeldungen sind durch die Polizei-Obrigkeit genaue Register zu führen.

§. 25. Beschwerden über die Untersagung des Gewerbebetriebes können nur bei den Verwaltungs-Behörden angebracht werden. Der Rechtsweg findet dagegen nicht Statt.

---

und denjenigen, wo dies nicht der Fall, — eine Unterscheidung, die auch in strafrechtlicher Hinsicht von Erheblichkeit ist; cf. §§ 176, 177 h. l. Letztere bilden die Regel, erstere die Ausnahmen, deren Zahl jedoch bezüglich der Gewerbe durch § 23 der VO. v. 9. Febr. 1849 so sehr vermehrt wurde, daß sie die Regel überwuchern. Die Fassung der §§ 22—25 (von denen § 22 durch das Ges. v. 22. Juni 1861 einen auf die Agenten der Feuerversicherungs-Gesellschaften bezüglichen Zusatz erhalten hat) läßt es zweifelhaft erscheinen, ob dieselben sich blos auf die nach Obigem die Regel bildenden Gewerbe, oder auf alle Gewerbe und Gewerbs-Anlagen beziehen sollen. Inzwischen wird wenigstens die den RW. ausschließende Bestimmung des § 25, wie die folgenden Noten darthun, ebensowohl auf Beschwerden über die Versagung der pol. Genehmigung (§ 26) wie auf Beschwerden über die Untersagung des (einer besonderen Genehmigung nicht bedürfenden) Gewerbebetriebs angewandt.

24. Da die Verfügungen der Verwaltungs-Behörden in Gewerbepolizei-Angelegenheiten Verfügungen im Sinne des Ges. v. 11. Mai 1842 sind, so ist der RW. wider dieselben schon nach den Bestimmungen dieses Ges. in der Regel ausgeschlossen. Insofern jedoch die Gew.-O. den RW. noch mehr beschränken sollte, als dies durch das Ges. v. 1842 geschehen ist, muß jene als späteres Gesetz selbstredend den Ausschlag geben. Demzufolge kann z. B. der RW. gegen eine die Erlaubniß zum Gewerbebetrieb versagende Verfügung nicht etwa, der Vorschrift des § 25 h. l. zuwider, auf die Behauptung hin beschritten werden, daß letztere ein zum Eigenthum gehöriges Recht verletze. So: EK. 28. Dezbr. 1850 (JMBl. 51, S. 156).

25. Dieses Erk. sowie EK. 13. Novbr. 1858 (JMBl. 59, S. 218) folgern, dem entsprechend, aus § 25 h. l. und Nr. 7 der ACO. wegen des Kleinhandels mit Getränken, v. 7. Febr. 1835, wonach die Polizeibehörde über die Gründe der versagten Erlaubniß nur der vorgesetzten Instanz Auskunft zu geben schuldig ist, — einer Bestimmung, die auch in andern, gewerbliche Konzessionen betr. Ges. wiederkehrt (s. Ges. v. 7. Mai 1853 § 4, GS S. 729), — daß derjenige, welcher auf Grund einer Realberechtigung eine Schankwirthschaft beginnen wolle, gegen die Konzessions-Versagung, dieselbe möge durch Unzuverlässigkeit der Person des Bittstellers oder durch andere Gründe motivirt worden sein, die richterliche Hülfe nicht ansprechen dürfe, weder um Anerkennung des Rechts zum Schankbetriebe, noch um Entschädigung zu erlangen. Bezüglich des letzteren Petitums erwog der Komp.-GH., die Geltendmachung eines solchen Anspruchs sei ihrer Natur und Bedeutung nach nichts Anderes, als eine gegen die Untersagung des Gewerbebetriebs gerichtete, dem § 25 zufolge zur richterlichen Kognition nicht geeignete Beschwerde, auf welche § 4 des Ges. v. 11. Mai 1842 nicht passe, da die Polizeibehörde dem Realberechtigten kein Vermögensopfer angesonnen, sondern eine gesetzliche Beschränkung geltend gemacht habe, unter welcher die fragliche Realberechtigung überhaupt nur bestehe. — Ob auf Entschädigung wider den Fiskus nicht wenigstens alsdann geklagt werden könne, wenn der Anspruch sich als Anspruch auf Gewährleistung charakterisire, und aus einem mit dem Fiskus über den Erwerb des Rechts abgeschlossenen Vertrage hergeleitet werde, wurde in EK. 13. Nov. 1858 zwar angeregt, aber unentschieden gelassen. Doch dürfte die Bejahung dieser Frage, insofern es sich um den Kompetenzpunkt handelt, keinem Zweifel unterliegen.

26. Kommt jedoch das Bestehen und die Rechtmäßigkeit eines Gewerbebetriebs in gerichtlichen Untersuchungen wegen Gewerbe-Polizeikontravention in Frage (cf. §§ 176, 177 h. l. u. § 74 der VO. v. 9. Febr. 1849), so erleidet die richterliche Kognition nach dem oftenwähnten Grundsatze, daß die Gerichte die Bedingungen für die Anwendbarkeit einer Strafe selbstständig zu prüfen haben,

§. 26. Eine besondere polizeiliche Genehmigung ist nur erforderlich:

1) zur Errichtung gewerblicher Anlagen, welche durch die örtliche Lage oder die Beschaffenheit der Betriebsstätte für die Besitzer oder Bewohner der benachbarten Grundstücke, oder für das Publikum überhaupt erhebliche Nachtheile, Gefahren oder Belästigungen herbeiführen können;

---

keinerlei Beschränkung. Demzufolge gehört zur Prüfung des Strafrichters nicht allein, ob in den dem Angeschuldigten zur Last gelegten Thatsachen der Beginn oder die Fortsetzung eines Gewerbes überhaupt gefunden werden müsse, sondern auch, ob zum Betriebe desselben eine Konzession, Approbation ꝛc erforderlich gewesen, ob letztere als ertheilt zu betrachten sei ꝛc., und zwar selbst dann, wenn die Verwaltungs-Behörde sich über den einen oder andern Punkt bereits ausgesprochen hat Nicht ganz in Einklang hiermit steht OT. 23 März 1853 (JMBl. S 261) I. c. hatte die Regierung das einem Gewerbtreibenden ertheilte Prüfungsattest als von einer inkompetenten Innung ausgestellt, für ungültig erklärt. Trotzdem sprachen die Strafgerichte beider Instanzen von der Beschuldigung des unbefugten Gewerbebetriebs frei, davon ausgehend, daß das von einer Innung ausgestellte Prüfungsattest allerorts gelte. Das OT. vernichtete jedoch beide Erkenntnisse und belegte den Angeklagten mit der Strafe des § 74 der VO v. 9. Febr. 1849, weil die Frage, ob der Gewerbebetrieb mit Recht oder Unrecht untersagt sei, den §§ 22—25 h. l. zufolge keinen Gegenstand der gerichtlichen Beurtheilung bilde. Dieses Motiv würde zutreffen, wenn es sich um Handhabung des § 176 h. l. gehandelt hätte, da nach diesem § die Thatsache der polizeilichen Untersagung genügt, um den trotzdem begonnenen oder fortgesetzten Gewerbebetrieb zu einem strafbaren zu machen. Daß aber da, wo die Handhabung des § 177 h. l oder des cit § 74 in Frage steht, der Ausspruch der Verwaltung über die rechtliche Bedeutung der von anderer Seite ertheilten Konzession, Approbation ꝛc. den Strafrichter unbedingt binde, läßt sich ebensowenig aus den §§ 22 ff. h. l wie aus sonstigen Gesetzesstellen herleiten Selbstredend soll damit nicht gesagt sein, daß der Strafrichter auch die materielle Rechtmäßigkeit einer von der kompetenten Behörde in gehoriger Form ausgesprochenen Konzessionsentziehung (§§ 71 ff.) oder die Gründe für die Versagung der Konzession, Approbation ꝛc. zu prüfen berufen wäre, indem die Anwendbarkeit der betr. Strafbestimmungen von der Beantwortung dieser Fragen nicht abhängig ist.

§ 26.

27. § 26 begründet zahlreiche Ausnahmen vom Prinzipe der Gewerbefreiheit insofern, als er sowohl zur Errichtung gewisser gewerblicher Anlagen wie zum Beginne gewisser Gewerbe eine polizeiliche Genehmigung ꝛc. erfordert. Die nähere Ausführung dessen, was dieser § im Allgemeinen besagt, ist in den folgenden §§ zu finden, von denen die §§ 27—41 die Vorschriften über die Konzessionirung gewerblicher Anlagen, die §§ 42—58 diejenigen über die Genehmigung ꝛc. des Gewerbebetriebs enthalten. Die ersteren §§ wurden zwar (mit Ausnahme der §§ 39 bis 41) durch das Ges. v. 1. Juli 1861 aufgehoben, resp. durch die §§ 1—13 dieses Ges. ersetzt. Diese stimmen jedoch in den die Ressortverhältnisse zwischen den Justiz- und Verwaltungs-Behörden betr. Bestimmungen mit jenen außer Kraft getretenen überein, und weichen von denselben im Wesentlichen nur darin ab, daß sie bei Aufzählung der einer Genehmigung bedürfenden Gewerbs-Anlagen einige ausscheiden, andere neu hinzufügen, außerdem aber das vorgeschriebene Publikations-Verfahren vereinfachen und abkürzen.

27 bis. Statt einer wörtlichen Mittheilung jener §§ der Novelle wird die Angabe ihres wesentlichen Inhalts hier genügen. § 1 enthält das Verzeichniß der betr. Gewerbs-Anlagen, unter denen sich insbesondere auch Hammerwerke,

2) zu dem Beginn solcher Gewerbe, bei welchen entweder
a) durch ungeschickten Betrieb, oder
b) durch Unzuverlässigkeit des Gewerbtreibenden in sittlicher Hinsicht

das Gemeinwohl oder die Erreichung allgemeiner polizeilicher Zwecke gefährdet werden kann.

Gerbereien und alle durch Wasser bewegten Triebwerke (Mühlen u. s. w.), nicht aber auch, wie ehedem, die durch Wind bewegten befinden. Die §§ 2—8 beschäftigen sich mit dem s. g. Publikations-Verfahren, welches der Ertheilung der Genehmigung vorherzugehen hat. Hiernach wird das Unternehmen durch die Amtsblätter ꝛc. mit der Aufforderung bekannt gemacht, etwaige Einwendungen binnen vierzehn Tagen bei der Ortspolizeibehörde anzumelden Erfolgt letzteres nicht, so ertheilt die Regierung die Genehmigung, falls die Anlage den bestehenden polizeilichen Vorschriften entspricht und keine erheblichen Nachtheile ꝛc. für das Publikum herbeiführen kann, indem sie gleichzeitig die Bedingungen der Genehmigung festsetzt. In diesem Falle kommt die Rücksicht auf das Interesse der Nachbarn (§ 26 h. l.) nicht in Betracht. Vgl. die Motive des Ges.-Entw. Werden dagegen Einwendungen in obiger Frist angebracht, so ist zwischen privatrechtlichen und nicht privatrechtlichen zu unterscheiden. Erstere sind zur richterlichen Entscheidung zu verweisen, ohne daß von deren Erledigung die Genehmigung der Anlage abhängig gemacht wird. Ueber letztere entscheidet die Regierung selbst und als Rekursinstanz, welche von beiden Theilen angegangen werden kann, der Ressortminister. Von diesen wird auch die Bestimmung über die Vertheilung der im administrativen Verfahren aufgegangenen Kosten getroffen (§ 9) Zur Veränderung der Betriebsstätte ist die Genehmigung gleichfalls erforderlich und nach Maaßgabe der §§ 2 ff. zu erwirken. Doch ist der Regierung ausdrücklich gestattet, auf den Antrag des Unternehmers unter gewissen Voraussetzungen von der Bekanntmachung Abstand zu nehmen (§ 10). In Betreff der §§ 11—13 wird auf die n. 34 ff. verwiesen.

28. Indem die §§ 2 ff der Novelle gleich den §§ 29 ff. der Gew.-O. bei Einsprüchen wider die hier fraglichen Anlagen zwischen privatrechtlichen und nicht privatrechtlichen unterscheiden, und die Entscheidung in Betreff ersterer den Gerichten, in Betreff letzterer aber den Verwaltungs-Behörden zuweisen, beabsichtigen sie keineswegs, neue, von den allgemeinen Normen abweichende Kompetenz-Verhältnisse zu begründen, sondern im Gegentheil diesen allgemeinen Normen auch für die vorliegende Materie ihre Geltung zu sichern. Das Einzige, was sich mit einigem Scheine von Recht als eine Besonderheit auffassen ließe, besteht darin, daß die Verwaltungs-Behörden, jenen Bestimmungen, resp. dem § 26 zufolge, selbst solche Einwendungen zu berucksichtigen haben, welche nicht die Interessen des Publikums überhaupt, sondern nur diejenigen der Nachbarn, also in gewissem Betrachte bloße Privatinteressen berühren. Immerhin sind aber die letzteren von der Verwaltung nur insoweit zu prüfen, als ihnen auf dem RW. keine Rechnung getragen werden kann. Besonders scharf ist der Gegensatz zwischen privatrechtlichen Ansprüchen und bloßen Privatinteressen im MR. 16. Febr. 1847 (VMBl. 49, S. 229) hervorgehoben und dort auch des Falles gedacht, wo Beides zusammentrifft, wo Jemand also seinen Widerspruch ebensowohl auf Gründe des bloßen Privatinteresses wie auf privatrechtliche Gründe stützt Für die polizeiliche Behandlung des Falles, — heißt es daselbst, — bleibe ein solches Zusammentreffen ohne Einfluß, da die Regierung sich auf den Rechtspunkt nicht einzulassen, diesen vielmehr an den Richter zu verweisen, und nur die faktischen Verhältnisse ins Auge zu fassen, resp. danach zu entscheiden habe. Die polizeiliche Genehmigung enthalte nur eine negative Erklärung, die Erklärung nämlich, daß gegen die Ausführung der Anlage im landespolizeilichen Interesse kein Bedenken obwalte, lasse daher das Rechtsverhältniß unter den Betheiligten völlig unberührt, denen die Antretung des RW. auch nach ertheilter Genehmigung unverwehrt sei. Freilich könne hiernach eine bereits ertheilte Konzession durch den ein

Untersagungsrecht wider die Errichtung der Anlage feststellenden Richterspruch in der Folge wirkungslos werden; die Vermeidung solcher Eventualitäten habe aber auch keineswegs in der Absicht des Gesetzgebers gelegen. Derselben Anschauung huldigen die MR. 26 Jan 1853, 9. Oktbr. 1849, 22. Oktbr. 1848 und 23. April 1846 (BMBl. 53, S. 53; 49, S. 229; 48, S. 385; 46, S. 95) [Das letzterwähnte derselben verwies demzufolge den Einwand, daß durch Anlage der projektirten Bierbrauerei ein dem Widersprechenden zustehendes Krugverlagsrecht verletzt werden würde, zum RW, da die Verfolgung der dem Krugsverlags-Berechtigten wider den Pflichtigen zustehenden Gerechtsame vor den Richter gehöre.]

28 bis. Demzufolge sind unter privatrechtlichen Einwendungen nicht etwa blos solche zu verstehen, welche auf einem speziellen Rechtstitel beruhen (Ges. v. 11. Mai 1842 § 2), sondern auch diejenigen, die aus dem allgemeinen Grundsatze der Ausschließlichkeit und Unverletzlichkeit des Eigenthums hergeleitet werden. A. M. war zwar der AH. Cöln in einem Erk. v. 14. April 1858 (Rh. A. 54, I. 15), indem er bei Fällen der letzteren Art nur die Klage auf Entschädigung für statthaft hielt. Doch hat ein späteres Erk. desselben Gerichtshofs v. 5. Mai 1859 (ib. 55, I. 22) diese Ansicht mit Recht wieder verlassen. (Letzteres erklärte demgemäß den Antrag auf Anordnung von Vorrichtungen, welche das Niederfallen der Asche aus dem Kamine eines Fabrikgebäudes auf nachbarliche Grundstücke verhüten sollten, und eventuell auf Untersagung des Gebrauchs jenes Kamins für prozeßfähig. — Cf. jedoch ferner AH. Cöln 1. Juli 1846, ib. 40, I. 248.) — Im Uebrigen vgl. Ress.-Regl. n. 68.

29. Das Konzessionsgesuch berechtigt für sich allein schon den hierdurch in seinen Privatrechten Bedrohten zur Erhebung der gerichtlichen Klage. Dieser braucht mithin nicht erst die Ertheilung der Konzession oder auch nur seine Verwerfung auf den RW. seitens der Verwaltungs-Behörde abzuwarten: AH. Cöln 23. Januar 1856 (Rh. A. 51, I. 206 ff.) Ebensowenig begründet die Nichtanmeldung privatrechtlicher Einsprüche im administrativen Provokations-Verfahren ein Hinderniß für die gerichtlich zu thuenden Schritte; cf. Scheele, Wasserrecht (S. 75).

30. In dem administrativen Publ.-Verf. hat der Instruent (§ 2 des Ges. v. 1861) dem Widersprechenden zu eröffnen, welche Einwendungen er als Einwendungen privatrechtlicher Natur erachte. Im Falle des Widerspruchs dagegen befindet die Regierung bei Entscheidung der Sache (§ 6 ib.) darüber, ob der Einwand zum gerichtlichen Verfahren zu verweisen. So: die zur Ausführung der Novelle auf Grund ihrer Schlußbestimmung ergangene HMInstr. v. 31. Aug 1861 (BMBl. S. 175).

31. Die Verabsäumung der in den §§ 2 ff. der Novelle ertheilten formellen Vorschriften kann nur im Beschwerdewege geltend gemacht werden, sie ermächtigt daher nicht etwa denjenigen, welcher eine zur administrativen Erörterung geeignete Einwendung wider die Anlage zu haben glaubt, die ertheilte Konzession vor Gericht anzufechten oder als nicht ertheilt zu behandeln. Ueber die Grundsätze des franz. Rechts in Betreff dieses Punkts cf. Dalloz m comp. admin., n. 62.

32. Steht, wenn eine gewerbliche Anlage konzessionswidrig konstruirt ist, oder der durch die Konzession regulirte Betrieb in der Ausübung überschritten wird, dem hierdurch Benachtheiligten, um die Beobachtung der Bedingungen der Konzession zu erzwingen, der RW. offen, oder kann jener nur bei der Polizeibehörde Beschwerde führen? Scheele l. c. (S. 75) spricht sich allgemein für die zweite Alternative aus, gleichviel, ob die Anlage erst in der Einrichtung begriffen oder schon seit längerer Zeit ausgeführt sei. Dem läßt sich jedoch schwerlich so unbedingt beipflichten; es wird vielmehr zu unterscheiden sein, ob die betr. Bestimmungen der Konzession auf allgemeinen polizeilichen Gründen beruhen oder im speziellen Hinblick auf die Privatinteressen der Nachbarn ergangen sind (cf. n. 28). In letzterem Falle dürfte die Konzession einem unter den Interessenten geschlossenen Vertrage insofern gleichstehen, als sie für geeignet zu halten ist, privatrechtlich wirkende Ansprüche wider den Konzessions-Inhaber zu begründen. Cf. EK. 14. Sept. 1848 (JMBl. S. 440), Rh. Ress.-Regl. n. 66, 68; Dalloz m. comp. admin., n. 270. Entschädigungs-Forderungen, welche aus angeblichen Konzessionswidrigkeiten hergeleitet werden, sind wohl in allen Fällen prozeßfähig.

33. Daß die Ertheilung einer Konzession keinen Schutz wider die gerichtliche Geltendmachung von Entschädigungs-Ansprüchen dritter Personen bietet, wenngleich die Anlage konzessionsgemäß betrieben wird, folgt bereits aus dem oben n. 28 Gesagten. Dies gilt jedoch nicht blos in Betreff des Kompetenzpunkts, sondern auch in Betreff des Materiellen der Sache, da Jeder den Gebrauch seines Eigenthums so einrichten muß, daß der Nachbar in dem gleichberechtigten Gebrauche des seinigen nicht beeinträchtigt werde; ja die Entschädigungspflicht tritt sogar dann ein, wenn nicht allein die Anlage konzessionsmäßig errichtet und betrieben wird, sondern auch dem Inhaber kein subjektives Verschulden zur Last fällt: OT. (Pl.-B.) 20 Oktbr. 1851, 7. Juni 1852, 4. Jan. 1859 (Entsch. 20, S. 181 ff., Strieth. 5, S. 282; 32, S. 92). Doch will OT. 8. Okt. 1852 (Strieth. 7, S. 263) dieses Prinzip auf den durch eine Eisenbahn-Lokomotive angerichteten Schaden nicht angewandt wissen; cf. ferner AH. Cöln 1. Juli 1846 (Rh. A. 40, I. 248), welches jenes Prinzip überhaupt zu verwerfen scheint.

34. Zufolge § 11 der Nov. sind bei den durch Wasser bewegten Triebwerken außer den §§ 1 ff. ib. die dafür bestehenden besonderen Bestimmungen anzuwenden. — Von den einschlägigen älteren Vorschriften erheischen, abgesehen von denen des Vorfl.-Ed. v. 1811, diejenigen des cit Ed. v. 28. Okt. 1810 besondere Erwähnung Letzteres erforderte in den §§ 5—8 zum Bau, zur Wiederherstellung und Verlegung einer Mühle gleichfalls die landespolizeiliche Genehmigung, und schrieb ebenmäßig ein administratives Publik.-Verf. vor. Dagegen unterschied dasselbe nicht, gleich der Gew.-O. und Nov., zwischen privatrechtlichen und nicht privatrechtlichen Einwendungen, sondern übertrug die Entscheidung über alle binnen einer Präklusivfrist anzubringenden Widersprüche mit gänzlicher Ausschließung des RW. der Landes-Polizeibehörde. In Betreff der Besitzer schon vorhandener Mühlen findet sich die besondere Vorschrift, daß dieselben als solche kein anderes Widerspruchsrecht haben sollen, als wenn die neue Anlage ihnen das Wasser in dem Maaße entzieht oder aufstaut, daß sie nach der Art ihres bisherigen Betriebs einen Schaden beweisen können, wofür sie nicht vollständig entschädigt werden; in letzterem Falle dürfe der Schadenersatz selbstredend nur dann angenommen werden, wenn die Landes-Polizeibehörde die neue Anlage als überwiegend vortheilhaft anerkenne (§ 7). Jenen §§ zufolge wurden durch die ertheilte Konzession die Rechte derer, welche in obiger Frist keinen Widerspruch erhoben hatten, dergestalt betroffen, daß sie noch zu widersprechen, resp. gegen die Ausführung oder auf Wegschaffung der Mühlen- und Wasserbauten eine gerichtliche Klage zu erheben nicht berechtigt waren und daß selbst der in der Konzession zu Gunsten der Rechte Dritter gemachte Vorbehalt nur auf etwaige Entschädigungs-Ansprüche bezogen werden konnte; cf. OT (Pl.-B.) 24. Mai 1841 (Jbb. 58, S. 93). Ja der RW. auf Wiederherstellung des früheren Zustands fand nicht einmal bei solchen Veränderungen einer Mühle statt, zu denen es zwar der landespol. Genehmigung, nicht aber einer öff. Bekanntmachung bedurfte: OT. (Präj. 2070) 5. Okt. 1848 (Entsch. 16, S. 518). — Daß obige Bestimmungen des Ed. v. 1810, insoweit sie sich auch auf Windmühlen erstrecken, gegenwärtig keine Geltung mehr besitzen, ergiebt sich aus dem unter n. 27 bis Gesagten und einer Vergleichung des cit. § 11 mit § 38 h. l. Den MR. 12. Juni 1846 u. 24. Juni 1847 (BMBl. 46, S. 115; 47, S 211) zufolge sind ferner deren formelle Bestimmungen über die Art der Bekanntmachung und die Fristbestimmung bereits durch die entsprechenden Vorschriften der Gew.-O. ersetzt worden. Gleiches muß aber auch von den auf das Ressortwesen bezüglichen Vorschriften gelten, weshalb auch im Gebiete des Edikts v. 1810 alle Einsprüche privatrechtlicher Natur, sie mögen im administr. Publik.-Verf. angemeldet worden sein oder nicht, seit dem Erlasse der Gew.-O. zur richterlichen Kognition gehören.

35. Ueber die Zulässigkeit der durch Wasser bewegten Triebwerke, welche zum Betriebe auf den unter Aufsicht der Bergbehörde stehenden Bergwerken und Aufbereitungs-Anstalten dienen, entscheidet das Ober-Bergamt und die Regierung durch gemeinsamen Beschluß: Ges. v. 10. Juni 1861 § 7 (GS. S. 427). — Hinsichtlich des hierbei zu beobachtenden Verfahrens s. die Instr. v. 31. Aug. 1861 (BMBl. S. 176).

36. § 1 der Nov. zählt unter den einer Konzession bedürfenden Anlagen auch

§. 42. Aerzte, Wundärzte, Augenärzte, Zahnärzte, Geburtshelfer, Apotheker und Unternehmer von Privatkranken- und Privat-Irrenanstalten bedürfen einer Approbation des Ministeriums der Medizinal-Angelegenheiten.

§. 51. Die Geschäfte der Baukondukteure, Feldmesser, Nivellirer, Markscheider, Auktionatoren, See- und Binnenlootsen, Mäkler, Dispacheurs und Gesindevermiether dürfen nur von denjenigen Personen betrieben werden, welche als solche von den verfassungsmäßig dazu befugten Staats- oder Kommunal-Behörden oder Korporationen angestellt oder konzessionirt sind.

§. 52. Ein Gleiches (§. 51.) gilt von denen, welche den Feingehalt edler Metalle oder die Beschaffenheit, Menge

---

Dampfkessel auf. Hinsichtlich ihrer ist jedoch, zufolge § 12 ib., das f. g. Publik.-Verf. nicht zu beobachten. Der Grund für diese Ausnahme besteht nach den Materialien darin, daß der Zweck jenes Verfahrens in Bezug auf Dampfkessel schon durch die Beobachtung anderweitiger, für diese besonders erlassener Polizei-Vorschriften erreicht wird. Selbstredend folgt aus § 12 nicht, daß privatrechtliche Einwendungen wider die Anlage eines Dampfkessels der richterlichen Kognition entzogen seien.

37. Wenngleich die durch Wind bewegten Triebwerke gegenwärtig keiner Genehmigung mehr bedürfen (cf. n. 27 bis), so ermächtigt dennoch § 13 der Nov. die Regierungen über die bei Errichtung solcher Triebwerke von Nachbargrundstücken und Wegen inne zu haltende Entfernung Polizei-Verordnungen zu erlassen, auf welche das Ges. v. 11. März 1850 Anwendung finden soll. In Betreff der Motive dieses § und der bei Handhabung desselben zu befolgenden Normen vgl. HMR. 31. Aug. 1861 (VMBl. S. 173).

§§ 42, 51—53.

38. § 42 eröffnet die Reihe derjenigen Bestimmungen, welche für den Betrieb gewisser Gewerbe eine auf die Person lautende polizeiliche Genehmigung, Approbation, Bestallung u. s. w. erfordern. Unter den dort aufgeführten Gewerbtreibenden scheiden sich die Medizinalpersonen (§ 42), Feldmesser und Privat-Markscheider (§ 51) von den übrigen insofern aus, als dieselben in gewissen Beziehungen als Beamte betrachtet und folgeweise der Disziplin der Verwaltungs-Behörden bis zu einem gewissen Grade unterworfen werden; cf. VO v. 1808 n. 499. Das auf Grund des § 53 h. l. ergangene Feldmesser-Regl. v 1. Dez. 1857 (GS. 1858, S. 234 ff.), welches dies in Betreff der Feldmesser ausdrücklich besagt, enthält außerdem noch andre für die Ressort-Verhältnisse erhebliche Bestimmungen, die augenscheinlich gleichfalls mit der Auffassung zusammenhängen, daß die Feldmesser eine Art amtlicher Stellung bekleiden Diese Bestimmungen (§§ 53—55 ib.) legen nämlich die Festsetzung der von den Feldmessern aufgestellten Liquidationen ihrer Gebühren, Diäten oder Auslagen, wenn über deren Richtigkeit Zweifel entstehen, sei es weil die angesetzten Sätze an sich bestritten, sei es weil die ungenügende Beschaffenheit der abzuliefernden Gegenstände oder ungenügende Leistungen in der verwendeten Zeit behauptet werden, ohne Unterschied, ob der Auftrag von einer Behörde, oder von Privaten ertheilt ist, ob ferner für die anzufertigenden Arbeiten besondere Gebühren- und Diäten-Sätze vereinbart worden sind oder nicht, in die Hände der Regierungen, resp. Auseinandersetzungs-Behörden, und gestatten wider diese Festsetzung lediglich den Rekurs an das H.-, resp. L.-Ministerium, wider dessen Entscheidung keine Berufung stattfindet. Nur, wenn besondre Gebühren- u. Diäten-Sätze vereinbart worden, soll es zulässig sein, auf einen Sachverständigen, der die Feldmesserprüfung bestanden hat, unter gewissen Voraussetzungen zu kompromittiren. Das frühere Regl. v. 29. April 1813 überwies gleichfalls die Gebührenfestsetzung,

oder richtige Verpackung von Waaren irgend einer Art feststellen, von Güterbestätigern, Schaffnern, Wägern, Messern, Braakern, Schauern, Stauern u. s. w., sowie von denjenigen, welche ein Gewerbe daraus machen, Leichen zu reinigen und anzukleiden, oder die zur Bestattung von Leichen erforderlichen Geräthschaften und Wagen zu halten.

§. 53. Die bisherigen Vorschriften über die Befähigung der in den §§. 51. und 52. bezeichneten Personen, über die Zahl, sowie den Umfang der Befugnisse und Verpflichtungen derselben bleiben ferner in Kraft. Jedoch wird den Ministerien vorbehalten, die nöthigen Abänderungen und Ergänzungen zu treffen.

Auch sind die Ministerien befugt, da, wo über die Anstellung und den Geschäftsbetrieb dieser Personen keine Vorschriften bestehen, solche zu erlassen.

---

mit Ausschluß des RW. den Verwaltungs-Behörden, jedoch nur insofern, als es sich um die Festsetzung nach den Bestimmungen des Regl. handelte, weshalb da, wo die Entschädigung vertragsweise anderweitig regulirt war, die über Auslegung oder Erfüllung des Vertrags entstehenden Streitigkeiten zum RW. gehörten; cf. JMR. 26. Febr 1841 (JMBl. S. 115). Uebrigens werden auch gegenwärtig noch alle Streitigkeiten, welche die Auslegung und Rechtsbeständigkeit eines solchen Vertrags zum Gegenstande haben, sowie überhaupt alle Streitpunkte, die sich nicht auf die Höhe der liquidirten Sätze noch auf den Werth der betr. Leistungen beziehen, und zwar, seit dem Ges. v. 24 Mai 1861, selbst dann, wenn der Feldmesser im Auftrage einer Behörde und gewissermaaßen als unmittelbarer Staatsbeamter gehandelt hat, der richterlichen Kognition unterliegen. Unter der Herrschaft der ACO. v. 7. Juli 1830 wurde im letzterwähnten Falle das Gegentheil angenommen; cf. EK. 8. April 1854, JMBl S. 356). Ja sogar der Werth der betr. Leistungen kann vom Richter geprüft werden, wenn die Mangelhaftigkeit derselben das Fundament einer gegen den Feldmesser angestellten Entschädigungsklage bildet. Jene reglementarischen Vorschriften bleiben ganz außer Betracht, wenn die Feldmesser in Rhein. Civilprozeß- und Strafsachen als Sachverständige auf Grund eines gerichtlichen Kommissoriums thätig gewesen sind. Alsdann sind vielmehr die für die Liquidationen der Sachverständigen bestehenden Vorschriften der Rhein Gesetzgebung maaßgebend, nach denen auch die Gebührensätze bemessen werden müssen. Den Bestimmungen des obigen Regl. v. 1857 ganz analog sind diejenigen, welche das allg. Markscheider-Regl v. 25 Febr. 1856 (BMBl. S. 100) in Betreff der Disziplin, Entlassung und Remuneration der Privat-Markscheider enthält, nur daß die dort den Regierungen überwiesenen Funktionen hier den Ober-Bergämtern zugetheilt sind. Im Uebrigen cf. Ges. v. 24. Mai 1861 n 7.

39. Soweit in Bezug auf gewisse Gewerbe, bei deren Betrieb durch Unzuverlässigkeit der Gewerbtreibenden in sittlicher Hinsicht das Gemeinwohl oder die Erreichung allgemeiner polizeilicher Zwecke gefährdet werden kann, polizeiliche Vorschriften über die Befähigung der Gewerbtreibenden, über deren Zahl sowie über den Umfang ihrer Verpflichtungen bestehen (cf z. B. § 53 h. l. und § 113 des Ges. v. 7. Sept 1811), kann zwar, wenn nicht geeignete Personen sich mit Verletzung jener Vorschriften des Gewerbebetriebs anmaaßen, wider diese von der öff Gewalt eingeschritten werden Dagegen vermögen diejenigen, die den vom Staate gestellten Bedingungen genügt haben, selbst, wenn sie zu einem Vereine unter öff. Autorität zusammengetreten sind, daraus, daß Andere das Gewerbe un-

Titel III. [§§ 59—74.]
Umfang, Ausübung und Verlust der Gewerbebefugnisse.

§. 71. Die in den §§. 42. 43. 47. 50. 51. und 52. erwähnten Konzessionen, Approbationen und Bestallungen, sowie die Approbationen der Hebammen (§. 45.) können von der Verwaltungs-Behörde zurückgenommen werden,

---

befugter Weise treiben, weder gegen letztere noch gegen diejenigen, welche von deren Leistungen Gebrauch machen, Entschädigungs-Ansprüche abzuleiten. Cf. OT. Präj. 2104) 22. Febr. 1849 (Entsch. 18, S. 300)

40. Bezüglich der Apotheker bleibt zu erwähnen, daß gemäß ACO. 8. März 1842 (GS. S. 111) bei Erledigung einer blos persönlichen Konzession demjenigen, welchem in deren Stelle eine neue Konzession ertheilt wird, von der Medizinalbehörde auf Antrag seines Vorgängers oder seiner Erben die käufliche Uebernahme der zur Einrichtung und zum Betriebe der Offizin desselben gehörigen, guterhaltenen und brauchbaren Geräthschaften, Gefäße und Waarenvorräthe, soweit diese dem Umfange des Geschäfts angemessen sind, zur Bedingung gemacht werden kann. Die Bestimmung der zu übernehmenden Gegenstände und ihres Preises soll nach jener ACO. durch Sachverständige erfolgen, die Leitung des Verfahrens aber und die Feststellung des Uebernahmepreises, wider welche letztere keine Berufung auf richterliche Entscheidung zugelassen ist, der Regierung obliegen.

41. Unter den übrigen Bestimmungen der §§ 42 ff. bietet nur noch die auf das Konzipienten-Gewerbe bezügliche des § 49 zu einer hier interessirenden Bemerkung Anlaß. Zufolge MR. 16. Juli 1861 (BMBl. S. 136) soll nämlich mit Rücksicht darauf, daß die Entscheidung über die Zulässigkeit der von einem Konzipienten angefertigten Prozeßschriften den Gerichten zu überlassen, und die Verwaltungs-Behörden überhaupt nicht befugt seien, zur Ausübung von Funktionen zu ermächtigen, welche nach den Prozeßgesetzen nur den Rechtsanwälten zustehen, in den betr. Konzessionen die Abfassung von Schriftsätzen in gerichtlichen Sachen weder ausgeschlossen, noch auch erwähnt werden.

Zu Titel III. im Allgemeinen.

42. Die Unterscheidung, welche die Gew.-O. in Betreff der Konzessionsertheilung zwischen der Realkonzession (für gewerbliche Anlagen) und der persönlichen Konzession (für den Betrieb gewisser Gewerbe) macht, kehrt auch in diesem Titel wieder, soweit derselbe von dem Verlust der Gewerbebefugnisse handelt, indem die §§ 66—70 sich lediglich auf die Real-, die §§ 71—74 dagegen sich lediglich auf die persönlichen Konzessionen beziehen. Letztere §§ haben erst durch das Ges. v. 22. Juni 1861 ihre gegenwärtige im Texte wiedergegebene Fassung erhalten, wogegen erstere §§ unverändert bestehen geblieben sind. Diesen zufolge tritt der Verlust der Konzession einer Gewerbsanlage unter gewissen Voraussetzungen nach Ablauf bestimmter Fristen von Rechtswegen ein und kann in allen Fällen sowie zu jeder Zeit die Benutzung der Anlage wegen überwiegender Nachtheile für das Gemeinwohl, vorbehaltlich der dem Besitzer eventuell zu leistenden Entschädigung für die Zukunft untersagt werden. Ein Fall der letzterwähnten Art war bei Berathung der Novelle v. 1861 noch niemals vorgekommen, weshalb sich zur Zeit noch keine Praxis hinsichtlich der Frage gebildet hat, ob die Untersagung der Benutzung arg. §§ 70—72 der Einl. zum ALR. einen landesherrlichen Akt voraussetze. Die richterliche Kompetenz würde jedenfalls auf die Feststellung des Entschädigungs-Anspruchs und des Entschädigungs-Betrags beschränkt sein. — Die §§ 71 ff. erfordern jedoch eine speziellere Besprechung, welche den n. 43 ff. vorbehalten wird.

§§ 71—74.

43. Der Verlust der Gewerbe-Befugniß kann sowohl durch den Strafrichter (§§ 171 ff., 189 h. l.; VO. v. 9. Febr. 1849 § 74; StGB. §§ 184, 202, 203, 267),

wenn die Unrichtigkeit der Nachweise dargethan wird, auf deren Grund solche ertheilt worden, oder wenn aus Handlungen oder Unterlassungen des Inhabers der Mangel der erforderlichen und bei Ertheilung der Konzession u. s. w. vorausgesetzten Eigenschaften klar erhellt. Inwiefern durch die Handlungen oder Unterlassungen eine Strafe verwirkt ist, bleibt der richterlichen Beurtheilung überlassen.

§. 72. Ueber die Zurücknahme der Konzessionen u. s. w. (§. 71.) entscheidet die Regierung durch Plenar-Beschluss. Der Entscheidung muss eine schriftliche Voruntersuchung und eine mündliche Verhandlung nach den folgenden näheren Bestimmungen vorhergehen.

§. 73. Die Regierung verfügt die Einleitung des Untersuchungs-Verfahrens und ernennt den Untersuchungs-Kommissar. Sie ist befugt, in dringenden Fällen die Ausübung des Gewerbes entweder sogleich oder im Laufe des Verfahrens zu suspendiren.

In der Voruntersuchung wird der Angeschuldigte unter Mittheilung der Anschuldigungspunkte vorgeladen und, wenn er erscheint, gehört; es werden die Zeugen eidlich vernommen und die zur Aufklarung der Sache dienenden sonstigen Beweise herbeigeschafft.

Die Verrichtungen der Staats-Anwaltschaft werden durch einen von der Regierung ernannten Beamten wahrgenommen.

---

wie durch die Verwaltung (§§ 71 ff. h. l.) ausgesprochen werden. Während jedoch der Verlust jener Befugniß als eine vom Strafrichter zu verhängende Strafe bei allen Gewerben ohne Ausnahme eintreten kann, war das administrative Verlustigungs-Verfahren schon früher nur in Betreff der in den §§ 42 ff. aufgezählten Gewerbtreibenden gestattet, und ist durch die Novelle v. 22. Juni 1861 sogar nur für diejenigen unter den letzteren beibehalten worden, „deren Verhältnisse eine nahe Analogie mit den Beamten-Verhältnissen darbieten;" cf. Motive des Gesetz-Entwurfs.

44. Daß die §§ 71 ff. auf die im Preß-Ges. v. 12. Mai 1851 § 1 genannten Gewerbtreibenden keine Anwendung finden, wider diese vielmehr nur vom zuständigen Richter und zwar in Gemäßheit des § 54 ib. auf den Verlust der Gewerbe-Befugniß zu erkennen ist, wurde bereits durch das deklar. Ges. v. 21. April 1860 (GS. S. 185) festgestellt.

45. Dagegen gelangen die §§ 71 ff. auch jetzt noch bezüglich der auf Grund des Ges., betr. die Beförderung von Auswanderern, v. 7. Mai 1853 (GS. S. 729), sowie bezüglich der nach § 1 des Ges. v. 17. Mai 1853 (ib. S. 293) an inländische Unternehmer von Versicherungs-Gesellschaften zu ertheilenden Konzessionen zur Anwendung; cf. § 8, resp. § 5 l. c. und MR. 16. Juli 1861 (BMBl. S. 136). [Die Agenten und Unteragenten der Versicherungs-Gesellschaften, die das Ges. v. 17. Mai 1853 (cf. §§ 3—6 ib.) in Betreff des Erfordernisses und der Entziehung der Konzession den Unternehmern gleichstellte, bedürfen in Folge der

Bei der Vernehmung des Angeschuldigten und dem Verhör der Zeugen ist ein vereideter Protokollführer zuzuziehen.

§. 74. Nach Abschluss der Voruntersuchung überreicht der Beamte der Staats-Anwaltschaft der Regierung die Anschuldigungsschrift. Der Angeschuldigte wird unter abschriftlicher Mittheilung derselben zu einer vom Regierungs-Präsidenten zu bestimmenden Plenar-Sitzung zur mündlichen Verhandlung vorgeladen. Bei dieser Verhandlung, welche in nicht öffentlicher Sitzung stattfindet, sowie bei der Entscheidung der Sache wird nach Vorschrift der §§. 35.—39. und 31. des Gesetzes, betreffend die Dienstvergehen der nicht richterlichen Beamten, vom 21. Juli 1852. (Ges.-Samml. S. 465.) verfahren. Die Entscheidung kann jedoch nur auf Zurückweisung der Anklage oder auf Zurücknahme der Konzession u. s. w. lauten, soweit nicht der Regierung die Befugniss zur Festsetzung von Ordnungsstrafen gegen den Angeschuldigten sonst zusteht.

Gegen die Entscheidung der Regierung steht dem Angeschuldigten der Rekurs an das kompetente Ministerium offen; der Rekurs muss jedoch bei Verlust desselben binnen zehn Tagen, von der Verkündigung der Entscheidung an gerechnet, angemeldet werden.

Das in den §§. 72.—74. bezeichnete Verfahren findet für Berlin und den Polizeibezirk von Charlottenburg bei der Regierung zu Potsdam statt.

Artt I. III. der Novelle keiner Konzession mehr, und können daher der Befugniß, Versicherungen für jene Gesellschaften zu ermitteln, auf administrativem Wege nicht ferner verlustig erklärt werden]

46. Zwischen der administrativen Entziehung der Konzession (§§ 71 ff.) und dem Verluste der Gewerbebefugniß durch Richterspruch findet der wesentliche Unterschied statt, daß der Verwaltungs-Behörde im ersteren Falle unbenommen ist, die entzogene Erlaubniß zu jeder Zeit wieder zu gewähren, wogegen im zweiten Falle der Wiederbeginn, sei es überhaupt, sei es für die Zeit, für welche er untersagt worden, nur durch einen Akt der königlichen Gnade gestattet werden kann: MR. 14. Aug. 1845 (VMBl. S. 274).

47. Die §§ 72—74 sind in ihrer gegenwärtigen Fassung den Vorschriften des Diszipl.-Ges. v. 21. Juli 1852 nachgebildet, während das Verfahren nach der ursprünglichen Fassung jener §§ ein rein administratives und schriftliches war.

48. Das Recht, die Ausübung des Gewerbes zu suspendiren, ist der Verwaltung durch die §§ 72 ff. sowohl nach ihrer ursprünglichen wie gegenwärtigen Fassung nur für den Fall des Eintritts eines administrativen Verfahrens nach Maaßgabe obiger §§ verliehen. Die Suspension kann daher nicht etwa, wie bei

Titel IV. [§§ 75—87.]
Marktverkehr.

§. 75. Der Besuch der Messen, Jahr- und Wochenmärkte, sowie der Kauf und Verkauf auf denselben, steht einem Jeden mit gleichen Befugnissen frei. Beschränkungen hierin gegen Ausländer als Erwiderung der im Auslande gegen diesseitige Unterthanen angeordneten Beschränkungen bleiben den Ministerien vorbehalten.

§. 76. Die Ministerien sind befugt, die Zahl, Zeit und Dauer der Märkte festzusetzen. Dem Marktberechtigten steht gegen eine solche Anordnung kein Widerspruch zu; ein Entschädigungs-Anspruch gebührt demselben nur dann, wenn durch die Anordnung die Zahl der bis dahin abgehaltenen Märkte vermindert wird, und eine größere Zahl ausdrücklich und unwiderruflich verliehen war. Gemeinden, welche einen Entschädigungs-Anspruch geltend machen wollen, müssen außerdem nachweisen, daß ihr Recht auf einem speziellen lästigen Titel sich gründet.

§. 77. Der Marktverkehr darf in keinem Falle mit andern als solchen Abgaben belastet werden, welche eine Ver-

---

Beamten (cf. Diszipl.-Ges. v. 1852 § 50), aus Anlaß und für die Dauer eines gerichtlichen Strafverfahrens verfügt werden. Cf jedoch VO. v 1808 n. 499.

49. Daß wider die Entscheidung der Verwaltung im Sinne des § 74 und wider die Anordnung der Suspension der RW nicht stattfinde, folgt ebensowohl aus den §§ 72 ff. wie aus allgemeinen Rechtsgrundsätzen. Cf auch JMR. 13 Jan. 1844 (VMBl. S. 73), welches die Provokation auf rechtliches Gehör in Betreff einer von der Verwaltung ausgesprochenen Entziehung der Hebammen-Konzession ausdrücklich für unstatthaft erklärte.

§§ 75—77, 84, 85.

50. Nach den bei Abfassung der Gew.-O. leitend gewesenen Motiven sollte die bisherige Kompetenz der Behörden in Betreff Bestimmung der Zahl, Zeit und Dauer der verschiedenen Arten von Märkten im Allgemeinen unverändert beibehalten, und nur zur Beseitigung der Schwierigkeiten, die sich der im öff. Interesse wünschenswerthen Verlegung, resp. Verminderung der Märkte mitunter entgegenstellen, durch die §§ 76, 85 die Entscheidung über die wider derartige Anordnungen erhobenen Einsprüche der Marktberechtigten den Ministerien mit Ausschluß des RW vorbehalten werden. Wo solche Widersprüche nicht vorliegen, kommen daher die bisherigen Vorschriften unbeschränkt zur Anwendung. So: das MR. 12 Juli 1845 (VMBl. S. 275), welches hieraus folgert, daß durch die §§ 76, 85 die den Ob.-Präs. im § 11 ihrer Dienstinstr v. 31. Dez. 1825 eingeräumte Befugniß, Jahr- und Viehmärkte zu bewilligen, nicht aufgehoben sei. Gleiches nimmt MR. 10. Mai 1847 (ib. S. 170) von der in Betreff der Wochenmärkte den Regierungen durch die Reg.-Instr v. 1817 § 24 ertheilten Befugniß an. Cf. ferner VO. v. 9 Febr. 1849 § 70, 71 u bezüglich der Wollmärkte, AEO. v. 7. März 1860 (ib. S. 77).

51. Wenn auch über die Bestimmung der Zahl, Zeit und Dauer der von den Marktberechtigten abzuhaltenden Märkte ein Prozeß nicht stattfinden kann, so

gütung für den überlassenen Raum und den Gebrauch von Buden und Geräthschaften bilden. In den Bestimmungen darüber, ob und in welchem Umfange Abgaben dieser Art erhoben werden dürfen, wird durch gegenwärtiges Gesetz nichts geändert.

§. 84. In den Gränzen der Bestimmungen der §§. 76. bis 83. kann die Polizei-Obrigkeit unter Genehmigung der Regierung die Marktordnung nach dem örtlichen Bedürfniß festsetzen, namentlich auch für das Feilbieten von gleichartigen Gegenständen den Platz, und für das Feilbieten im Umhertragen, mit oder ohne Ausruf, die Tageszeit und die Gattung der Waaren bestimmen.

§. 85. Die Bestimmungen der §§. 76. 77. 79. 80. 81. und 84. finden auch auf diejenigen Märkte Anwendung, welche an einzelnen Orten bei besonderen Gelegenheiten oder für einzelne Gattungen von Gegenständen gehalten werden, z. B. Weihnachtsmärkte, Woll-, Vieh-, Butter-, Garn-, Leinwandmärkte u. d. m.

Hinsichtlich der Gegenstände, welche auf dergleichen Märkten feil gehalten, und der Verkäufer, welche darauf zugelassen

---

sind dennoch die im § 76 erwähnten Entschädigungs-Ansprüche im RW. verfolgbar: v. Rönne (I. S. 205).

52. In Verfolg des § 77 erging die VO. über die Marktstandsgelder v. 4. Okt. 1847 (GS. S. 395). Den Vorschriften dieser VO. zufolge sind jene Gelder kein Zoll (§§ 88 ff. II. 15 ALR.), sondern eine Vergütung für die Benutzung des Raumes, ein Miethzins und das Recht zu deren Erhebung ein nutzbares Privatrecht, weshalb vorbehaltlich dessen, was hinsichtlich der erst neu einzuführenden Abgaben dieser Art aus § 1 gefolgert werden muß, der R W. da, wo jenes Recht bestritten wird, als zulässig erscheint, namentlich auch in der Provinz Posen, indem das Ges. v. 13. Mai 1833 auf solche Abgaben keine Anwendung findet. Dagegen kann über den Umfang des Rechts vom Richter insofern nicht erkannt werden, als es nach obiger VO. lediglich Sache der Verwaltungs-Behörde ist, die Erhebung jener Gelder zu reguliren, resp. den Tarif festzusetzen. So: OT. 11. Juni 1857 (Strieth. 25, S. 162 ff.). — Von einer Verleihungs-Urkunde oder einem sonstigen speziellen Rechtstitel macht § 5 cit. die Berechtigung nicht abhängig. Doch kommt die Existenz eines solchen Titels dem § 5 zufolge in zwei Fällen in Betracht, einmal nämlich, wenn das Recht, die Abgabe nach bestimmten Sätzen zu erheben, und sodann, wenn eine bei Entrichtung der Marktstandsgelder stattfindende Bevorzugung auf solchem Titel beruht. Im ersteren Falle soll die Ermäßigung der Tarifsätze wider den Willen des Berechtigten, sofern derselbe nicht etwa der Fiskus, eine Kämmerei oder die betr. Gemeinde ist, nur gegen Entschädigung erfolgen, im zweiten Falle aber die Aufhebung der Bevorzugung nicht zulässig sein. Es unterliegt wohl keinem Zweifel, daß der Anspruch auf Entschädigung sowohl wie der auf Beibehaltung der Bevorzugung in obigen Fällen prozeßfähig ist.

53. Eine Pol.-VO., welche bei Strafe vorschreibt, daß alle zum Markte gebrachten Gegenstände vorher auf einer öffentlichen Waage verwogen werden, verstößt gegen die §§ 75, 77 und ist daher, den §§ 15, 17 des Ges. v. 11. März 1850 zufolge, für den Polizeirichter unverbindlich: Oppenhoff, StGB. § 348 n. 18.

werden dürfen, bleibt es bei der bisherigen Observanz. Erweiterungen dieses Marktverkehrs können von der Regierung nach Vernehmung der Kommunal-Behörde angeordnet werden.

Titel V. [§§ 88—93.]

Taxen.

§. 88. Polizeiliche Taxen sollen, soweit nicht ein Anderes nachstehend angeordnet worden, künftig nicht vorgeschrieben werden; da, wo solche gegenwärtig bestehen, sind dieselben in einer von der Ortspolizei-Obrigkeit zu bestimmenden, höchstens einjährigen Frist aufzuheben.

Titel VI. [§§ 94—124.]

Innungen der Gewerbtreibenden.

§. 114. Der Maaßstab, nach welchem laufende Beiträge der Innungsgenossen auszuschreiben sind, und die beson-

---

54. Dem § 79 h. l. zufolge wurde mit dem Eintritte der verbindlichen Kraft der Gew.-O. die Wirksamkeit älterer Polizei-Verordnungen, nach welchen der Einkauf von Lebensmitteln auf Wochenmärkten einzelnen Klassen von Käufern nicht während der ganzen Dauer des Markts gestattet ist, suspendirt und das Wieder- in Kraft-Treten derselben von der Genehmigung der Regierung abhängig gemacht: OT. 15. Dez. 1853 in S. c. Bormann.

55. Den §§ 84, 85 h. l. gemäß ist der RW. über die Festsetzung der Marktordnung ebenso wie über die Einschränkung oder Erweiterung des Marktverkehrs ausgeschlossen: v. Rönne (I. S. 205).

§ 88.

56. Ueber die polizeilich festgesetzten Lohntaxen findet der RW. nicht statt: v. Rönne (I. S. 205).

57. Die Aufstellung von Taxen für die Remuneration der Güteragenten, d. h. der Vermittler von Güter-Käufen, resp. Verkäufen (§ 49 h. l.) ist nicht zulässig, da diese keine Mäkler (§§ 51, 93 h. l.) sind: OT. 4. März 1858 (Entsch. 38, S. 255).

58. Desgleichen nicht für den Mahllohn der Müller. Eine Pol.-VO., welche dennoch eine solche Taxe festsetzt, und die Anheftung des Tarifs in der Mühle bei Strafe vorschreibt, ist mithin, gemäß §§ 15, 17 des Ges. v. 11. März 1850, für den Polizeirichter unverbindlich: *OT. 4. Jan. 1855 (Rh. A. 50, II. 51).

Zu Titel VI. im Allgemeinen.

59. Die Vorschriften dieses Titels können für alle oder einzelne Gewerbe unter gewissen Beschränkungen, mit Genehmigung der Ministerien durch Ortsstatuten geändert werden, an welche neu sich bildende Innungen gebunden sind, wogegen die Aenderung der Verfassung bereits bestehender nur mit deren Zustimmung erfolgen kann: § 168 h. l.

60. Die Verletzung der Ortsstatuten (durch ein richterliches Erk.) begründet nach der Rhein. Prozeß-Gesetzgebung ein Kassationsmittel: *OT. 3. Jan. 1860 in S. Klems c. Arbeiterkasse zu Düsseldorf.

§§ 114 und 122.

61. Wenngleich § 114 der Exekution im Verwaltungswege nur bezüglich der laufenden Beiträge gedenkt, so wird es dennoch in den zusätzl Bemerkungen zu dem durch MR. 4. Febr. 1848 empfohlenen Normalstatute (VMBl. 48, S. 119,

deren Folgen, welche an die Nichtentrichtung derselben sich knüpfen, sind in den Statuten festzustellen. Insbesondere kann darin auch die exekutivische Beitreibung dieser Beiträge im Verwaltungswege und das dabei stattfindende Verfahren bestimmt werden.

Die Höhe und die Verwendung der Beiträge, sowie die Verwaltung des Etats-, Kassen- und Rechnungswesens, wird durch Beschlüsse der Innung unter Aufsicht der Kommunal-Behörde geordnet.

§. 122. Streitigkeiten über die Aufnahme und Ausschließung von Mitgliedern, sowie über die Rechte und Pflichten derselben und der Vorstände, sind von der Kommunal-Behörde zu entscheiden. Gegen diese Entscheidung steht der Rekurs an die Regierung offen, welcher binnen einer präklusivischen Frist von vier Wochen bei der Kommunal-Behörde anzumelden ist.

---

126) für unbedenklich gehalten, jene Art der Beitreibung auch auf alle anderen von den Innungsgenossen nach dem Statute zu machenden Leistungen, z. B. auf Ordnungsstrafen, ja selbst auf die von den Gesellen und Lehrlingen einzuziehenden Ordnungsstrafen und Prüfungskosten auszudehnen, weil sowohl die Innungsmitglieder durch den Eintritt in die Innung wie die Gesellen und Lehrlinge durch den Eintritt in Arbeit und Lehre bei einem Mitgliede sich den im Innungsstatute enthaltenen Bestimmungen unterwürfen. Auf gleicher Anschauung beruht das unter Berücksichtigung der VO v. 9. Febr. 1849 umgearbeitete, durch HMR. 8. Jan. 1850 empfohlene Normalstatut (ib. 50, S. 37 ff), wenn es im § 35 sagt: „Alle rückständigen Beiträge und Ordnungsstrafen können durch die Kommunal-Behörde exekutivisch im Verwaltungswege beigetrieben werden," nachdem im § 34 ib. gesagt worden, „daß, sofern es sich um Erfüllung unzweifelhafter Verbindlichkeiten der Innung handle, dieselbe zur Aufbringung der nöthigen Beiträge angehalten werden könne." Cf. jedoch VO. v 1808 n. 25. Inwiefern die Zulässigkeit der administrativen Exekution wider Gesellen und Lehrlinge unmittelbar auf dem Gesetze beruhe, wird zu § 144 erörtert.

62. Zu den Streitigkeiten, welche zufolge § 122 der administrativen Entscheidung überwiesen sind, gehören auch diejenigen, welche die Pflicht der Innungsgenossen zur Entrichtung der ausgeschriebenen Beiträge betreffen; § 122 erleidet in dieser Hinsicht durch § 114 keine Einschränkung, da, wenn letzterer § gestattet, in den Statuten die sofortige Exekution im Verwaltungswege zu bestimmen, aus der Unterlassung einer desfallsigen Festsetzung durch die Statuten nur folgt, daß bei unterbleibender Zahlung nicht ohne Weiteres zur Exekution geschritten werden dürfe, über die Verpflichtung vielmehr zuvor, nach Anhörung der Parteien, von der kompetenten Behörde entschieden werden müsse, nicht aber, daß eine andere, als die im § 122 bezeichnete Behörde diese vorgängige Entscheidung zu treffen habe. So: *OT. 4. Okt. 1853 (Striethh. 10, S. 181; Rh A. 49, II. 51).

63. In Betreff der Innungs-Gebühren und Abgaben vgl. §§ 60 ff. der VO. v. 9. Febr. 1849. Unter diesen regulirt § 65 die Kompetenz bezüglich der Streitigkeiten, welche über die Anerkennung gewisser im § 63 Abs. 2 erwähnten Hebungsrechte zwischen der Innung und den Hebungsberechtigten obwalten.

Titel VII. [§§ 125—161.]
Gewerbegehülfen, Gesellen, Fabrikarbeiter und Lehrlinge

Zu Titel VII. im Allgemeinen.

64. Die Vorschriften auch dieses Titels können vorbehaltlich gewisser Beschränkungen mit Genehmigung der Ministerien durch Ortsstatuten geändert werden; cf. § 168 h 1.

65 Zu Titel VII steht die mehrerwähnte VO. v. 9 Febr. 1849 in besonders enger Beziehung, weshalb ihres Inhalts an dieser Stelle spezieller zu gedenken ist, einmal insofern, als sie das Prüfungswesen für den handwerksmäßigen Gewerbebetrieb neu regulirt, und sodann insofern, als sie in dem Gewerberathe einen neuen Faktor für die Regelung der gewerblichen Verhältnisse im Allgemeinen geschaffen hat. Des Erfordernisses einer besonderen Genehmigung, Approbation ꝛc. ist bisher nur hinsichtlich derjenigen Gewerbe erwähnt worden, für deren Beginn dieses Erforderniß schon nach den Vorschriften der Gew.-O. eine unerläßliche Bedingung bildete Abgesehen hiervon, macht die Gew.-O. aber für alle Gewerbtreibende ohne Ausnahme die Aufnahme in eine Innung von dem Nachweise der Befähigung, resp. einer desfalls zu bestehenden Prüfung, cf § 108, und für gewisse Kategorien der Handwerker wenigstens das Recht, Lehrlinge zu halten, von derselben Bedingung, resp der Aufnahme in eine Innung abhängig: cf. § 131. Die VO. v 1849 hat nun die Bestimmung des letzteren § generalisirt, d. h. sie gestattet den dort genannten und einigen denselben beigesellten Handwerkern nicht blos das Halten von Lehrlingen, sondern den Beginn des selbstständigen Gewerbebetriebs überhaupt nur unter der Bedingung, daß sie vor einer Innung oder besonderen Kommission ihres Handwerks die Meisterprüfung bestanden haben, und macht überdies die Zulassung zu dieser Prüfung von dem vorherigen Bestehen einer Gesellenprüfung abhängig, §§ 23, 35, indem sie gleichzeitig über die eine wie andere Prüfung nähere Bestimmungen trifft, — §§ 36 ff., mit denen wieder fernere, die Handhabung derselben sichernde, theils auch zum Schutze des handwerksmäßigen wider den fabrikationsmäßigen Gewerbebetrieb bestimmte Vorschriften, §§ 29 ff, 47 ff., 74, in Verbindung stehen — Den Gewerberath bildet, der VO. v 1849 zufolge, ein Kollegium von Mitgliedern des Handwerker-, Fabriken- und Handelsstandes, welches im Falle obwaltenden Bedürfnisses auf den Antrag der Gewerbtreibenden und mit Genehmigung des H.-Min. für gewisse Orte oder Bezirke errichtet werden soll, um die Interessen des Handwerks, die in den einzelnen Innungen nur einseitig zum Ausdrucke gelangen, in ihrer Gesammtheit sowie in Verbindung mit den Interessen der Fabrikation innerhalb seines Bezirks wahrzunehmen und die zu dessen Förderung geeigneten Einrichtungen zu berathen, resp. anzuregen. Zu diesem Behufe liegt dem Gewerberathe eine dreifache Thätigkeit ob; einmal nimmt er die Stellung eines berathenden Kollegiums für alle in die Verhältnisse des Handwerks- und Fabriken-Betriebs eingreifenden Angelegenheiten ein; sodann hat er die Vorschriften über das Innungs- und Prüfungswesen, über Annahme und Behandlung der Gesellen ꝛc. und sonstige gewerbliche Verhältnisse zu überwachen Endlich steht ihm für gewisse Angelegenheiten sogar eine Art Entscheidungsrecht zu, und dies ist es, was hier besonders interessirt. Dasselbe umfaßt folgende Materien a) welche Arbeiten zu den Verrichtungen der einzelnen Handwerke gehören, für deren Betrieb den §§ 23, 24, 26 l. c. zufolge der Nachweis der Befähigung vorgeschrieben ist (§ 28), b) ob ein Lehrling ausnahmsweise schon vor Ablauf der dreijährigen Lehrzeit, und ein Geselle ausnahmsweise vor Ablauf dreier Jahre seit seiner Entlassung aus dem Lehrverhältnisse, oder vor Zurücklegung des 24. Lebensjahres zur Gesellen-, resp. Meister-Prüfung zuzulassen sei (§§ 35, 36), c) ob eine Ausnahme von der im § 47 aufgestellten Regel zu gestatten, wonach Handwerksmeister (§§ 23, 24, 26) sich zu den technischen Arbeiten ihres Gewerbes nur der Gesellen ꝛc. ihres Handwerks bedienen dürfen, d) wie lange die tägliche Arbeitszeit der Gesellen ꝛc. für die einzelnen Handwerks- und Fabrikzweige dauern solle (§ 49). Wider die hierüber ergangenen Entscheidungen des Gew.-Raths findet nicht der RW., sondern nur die Beschwerde bei der Regierung statt (§ 2). Schließlich ist es Sache

§. 137. Streitigkeiten der selbstständigen Gewerbetreibenden mit ihren Gesellen, Gehülfen oder Lehrlingen, die sich auf den Antritt, die Fortsetzung oder Aufhebung des Arbeits- oder Lehrverhältnisses, oder auf die gegenseitigen Leistungen während der Dauer desselben beziehen, sind, soweit für diese Angelegenheiten besondere Behörden bestehen, bei diesen zur Entscheidung zu bringen.

---

des Gew.-Raths, die Beiträge zur Bestreitung der Kosten für seine laufende Geschäftsführung einschließlich der Besoldungen des Schriftführers und Boten, welche Beiträge von den Gewerbtreibenden des Bezirks aufzubringen und nöthigenfalls durch administrative Exekution einzuziehen sind, mit Genehmigung der Regierung nach den von dieser festgestellten Vertheilungs-Grundsätzen auszuschreiben (§ 21). Wo kein Gew.-Rath besteht, sind die diesem zugewiesenen Angelegenheiten von der Kommunal-Behörde zu erledigen (§ 22). — Obgleich dem Gew.-Rathe ein wirkliches Entscheidungsrecht zusteht, und seine Mitglieder nach § 15 l. c. in denselben Fällen und Formen, wie Kommunal-Beamte, vom Amte suspendirt oder aus demselben entfernt werden können, so stellt er dennoch keine eigentliche Behörde dar, und besitzt keine Exekutivgewalt. Vielmehr sind die gemäß § 2 Abs. 4 ergehenden Entscheidungen von der Kommunal-Behörde zur Ausführung zu bringen, welche auch die exekutivische Eintreibung der zufolge § 21 ausgeschriebenen Beiträge vermittelt. Aus gleichem Grunde kann die Kompetenz des Gew.-Raths nicht durch das Statut über den im § 2 abgegrenzten Geschäftskreis hinaus erweitert, namentlich demselben keine Funktion übertragen werden, welche die Gewerbe-Gesetzgebung der Kommunal-Behörde vorbehält. Die im § 2 aufgezählten Befugnisse sind dem Gew.-Rathe als Ganzen, nicht also etwaigen Abtheilungen desselben beigelegt, weshalb alle Entscheidungen, Begutachtungen und Anträge, selbst wenn sie nur von einzelnen Abtheilungen ausgegangen sind, doch immer nur nach vorgängiger Kenntnißnahme des gesammten Gew.-Raths und nur als dessen Entscheidungen ꝛc. exhibirt werden dürfen. Cf. zusätzl. Bemerk. zu dem durch HMR. 8. Jan. 1850 empfohlenen Normalstatute, HMR. 7. Nov., 4. Okt. 1850, 1 Dez. 1851 (VMBl. 50, S. 37 ff., 348, 349; 51, S. 308). [In letzterem R. wird auch das Verfahren bezeichnet, welches in Betreff der Vorladung der vom Gew.-Rathe zu vernehmenden Sachverständigen und sonstigen Personen zu beachten ist.]

66. Zwangsmaaßregeln wider Gewerbtreibende, welche ihre Mitwirkung bei den Prüfungsgeschäften verweigern, sind nicht statthaft: MR. 31. Dez. 1847 (ib. 48, S. 161).

67. Die ACO. v. 16. Juni 1817 stellt zwar denjenigen Handwerkern und Künstlern, welche einen Taubstummen als Lehrling annehmen und auslehren, eine Prämie von 50 Thalern in Aussicht. Doch hat hierdurch jenen Lehrmeistern kein Rechsanspruch gewährt werden sollen, und ist daher die Frage, ob die Bedingungen vorliegen, von denen die Bewilligung der Prämie abhängig gemacht worden, eintretenden Falls nur von den Verwaltungs-Behorden zu entscheiden. So: HMR. 5. Nov. 1853 (ib. S. 268).

68. Einem Gewerbtreibenden, welcher nach den Vorschriften der Gew.-O. (§§ 126 — 132) nicht befugt ist, Lehrlinge zu halten, ist deren Annahme oder Beibehaltung in den Städten durch die Kommunal-Behörde, auf dem Lande durch die Polizei-Obrigkeit zu untersagen. Das Verbot kann durch pol. Exekution zur Ausführung gebracht werden. § 133 h. l. — Wider dasselbe findet der RW. nicht statt: cf. v. Rönne (I. S. 205).

§ 137.

69. Zu den besonderen Behörden des § 137 gehören in der Rheinprovinz die Gewerbe-Gerichte im Sinne der VO. v. 7. Aug 1846 (GS S. 403) und in den übrigen Landestheilen die gemäß VO. v. 9. Febr. 1849 (ib. S. 110) errich-

Insoweit solche besondere Behörden nicht bestehen, erfolgt die Entscheidung,

1) wenn der selbstständige Gewerbetreibende Mitglied einer Innung ist, durch die Innungsvorsteher, unter dem Vorsitze eines Mitgliedes der Kommunalbehörde,
2) in anderen Fällen durch die Ortspolizei-Obrigkeit.

Gegen diese Entscheidung steht den Betheiligten die Berufung auf den Rechtsweg binnen zehn Tagen präklusivischer Frist offen; die vorläufige Vollstreckung wird aber hierdurch nicht aufgehalten.

---

teten Gewerbe-Gerichte. Die einen wie die andern sind wirklich richterliche Behörden und ihre Entscheidungen wirkliche Urtheile, wider welche daher nur solche Rechtsmittel zugelassen sind, wie sie gegen richterliche Erkenntnisse überhaupt bestehen. — Für das Gebiet der letztbezogenen VO. muß dem eigentlich gerichtlichen Verfahren ein Vergleichsversuch vor dem Vergleichs-Ausschusse des Gew.-Gerichts oder der Innung (ähnlich wie in der Rheinprovinz vor der s. g Vergleichskammer) vorhergehen, und kann auf Grund eines hier zu Stande gekommenen Vergleichs die Exekutions-Vollstreckung erfolgen; cf. §§ 17, 21, 25 ib. Die Kosten für die laufende Geschäftsführung dieser Gerichte sollen, soweit die eingehenden Gebühren und Strafgelder zu ihrer Deckung nicht ausreichen, durch Beiträge bestritten werden, welche von den Gewerbtreibenden zu leisten und vom Gew.-Gerichte mit Genehmigung der Regierung nach den von dieser festgestellten Vertheilungs-Grundsätzen auszuschreiben sind, um nöthigenfalls durch administrative Exekution beigetrieben zu werden; § 16 ib — Ob über die Verbindlichkeit zur Entrichtung solcher Beiträge der RW stattfinde, ist dort nicht gesagt Doch dürften zur Beantwortung dieser Frage wohl die Grundsätze der §§ 78, 79, II. 14 ALR. analoger Weise maaßgebend sein — Ueber die zur Prüfung der Anträge auf Errichtung eines Gew.-Gerichts zwischen der Regierung und dem App.-Gericht zu pflegenden Verhandlungen s HMR. 13. Juli 1850 (BMBl S. 257).

70. Nach dem FMR 15 März 1847 (BMBl S 59) ist die Anwendbarkeit des § 137 bei Streitigkeiten zwischen dem Lehrherrn und Lehrling durch ein Lehrlings-Verhältniß im Sinne des § 146 bedingt, ohne daß darum die im § 147 vorgeschriebenen Formen beobachtet zu sein brauchen. — Gleichwohl wird, seitdem § 146 durch § 44 der VO v 9 Febr 1849 (GS. S 103) ersetzt worden ist, zur Anwendbarkeit des § 137 nicht mehr erforderlich sein, daß der Zweck der Erlernung des Gewerbes im Lehrvertrage ausdrücklich ausgesprochen sei, und daß das Lehrverhältniß beabsichtigter Maaßen gerade bis zu dem Zeitpunkte fortdauern solle, wo der Lehrling die Fertigkeit eines Gesellen erlangt haben werde

71. Der ordentliche RW. erleidet durch § 137 nur da eine Beschränkung, wo die Förderung des Gewerbes selbst von einer möglichst sachgemäßen und raschen Beilegung der Streitigkeiten abhängt. Diese Beschränkung tritt daher nicht ein, wenn das Lehrverhältniß durch Entfernung des Lehrlings aus der Lehre aufgehoben ist, und kein Theil dessen Erneuerung, resp. Fortsetzung, der Lehrherr vielmehr nur Ersatz für die dem Lehrling gewährte Verpflegung fordert: OT. 24. Okt. 1855 (Strieth 18, S 240) Im Uebrigen s n. 81

72. Wie § 137 eine Ausnahme von den allgemeinen Regeln über die Kompetenz der ordentlichen Gerichte begründet, so verhält sich dieser § selbst wieder zu § 153 wie die Regel zur Ausnahme; cf. Koch, Kommentar zum ALR. II. Bd. 1, S. 766; OT. 12. Juni 1859 (Entsch. 41, S 422) und unten n. 80.

73. Da den Innungsvorstehern keine exekutive Gewalt beiwohnt, auch nicht in Betreff der nach § 137 zu erlassenden Entscheidungen, so muß die Vollstreckung der letzteren durch die Ortspolizeibehörden erfolgen: MR. 6. Mai 1846 (BMBl. S. 94).

§. 144. Den Gesellen und Gehülfen ist die Beibehaltung der zur gegenseitigen Unterstützung vorhandenen besonderen Verbindungen und Kassen gestattet; es bleibt jedoch vorbehalten, die Einrichtungen derselben nach Befinden abzuändern und zu ergänzen. Auch können dergleichen Verbindungen und Kassen mit Genehmigung der Regierung, unter den von dieser festzusetzenden Bedingungen, neu gebildet werden. Ein Geselle oder Gehülfe darf deshalb, weil er nicht bei einem Innungsgenossen arbeitet, von dem Beitritte zu solchen Verbindungen und Kassen nicht ausgeschlossen werden.

§. 145. Die Bestimmungen der §§. 134. bis 144. finden auch auf Fabrikarbeiter Anwendung.

---

74. Nach OT. 4. Okt. 1853 (Strieth. 10, S. 329) soll die Frist des § 137 Abs. 3 durch die Anmeldung der Berufung auf den RW. bei der das Resolut erlassenden Behörde gehörig gewahrt werden, so daß also in jener Frist die Berufung beim ordentlichen Richter nicht angemeldet, resp. die förmliche Klage nicht angestellt zu werden brauche. Allerdings greift § 174, I. 2 AGO. in solchen Fällen nicht Platz, da die im § 137 bezeichneten Behörden keine Schiedsrichter sind; ebensowenig läßt sich aber andererseits die Berufung auf den RW einem Rechtsmittel gegen richterliche Urtheile im Sinne der VO v 21. Juli 1843 (GS. S. 294) gleichstellen, weshalb der vom OT. bezogene § 1 ib. nicht minder ungeeignet erscheint, um die hier vorliegende Frage zu entscheiden; cf. übrigens VO v. 1808 n. 242, 256 und oben n 16, 20.

75. Ein Rekurs im Verwaltungswege ist wider Entscheidungen im Sinne des § 137 nicht zulässig: FMR. 15. März 1847 l. c

76. § 137 darf durch Ortsstatuten nicht geändert werden: § 170 Nr. 9 h. l.

§§ 144, 145.

77. In Verbindung mit § 144 stehen außer dem § 169, wonach durch die Ortsstatuten für alle am Orte beschäftigten Gesellen und Gehülfen die Pflicht des Beitritts zu den Kassen des § 144 festgesetzt werden kann, die §§ 57 ff. der VO v. 9. Febr. 1849 und das Ges, betr die gewerblichen Unterstutzungskassen v. 3. April 1854 (GS. S. 138). Jene §§ 57 ff dehnen einmal den § 169 auf Fabrikarbeiter aus, andererseits gestatten sie, daß durch Ortsstatuten für die selbstständigen Gewerbtreibenden und Fabrikanten die Verbindlichkeit festgesetzt werde, zu den Unterstützungskassen der Gesellen, resp. Fabrikarbeiter aus eignen Mitteln Beiträge zu leisten, sowie diejenigen ihrer Gesellen, resp. Fabrikarbeiter, unter Vorbehalt der Anrechnung auf die nächste Lohnzahlung vorzuschießen, und bestimmen überdies, daß alle Beiträge der Gesellen 2c., sowie die Beiträge und Vorschüsse der Gewerbtreibenden 2c. von den Verpflichteten im Verwaltungswege exekutivisch eingezogen werden können. Das cit. Ges. v. 1854 verleiht den Regierungen das Recht, in Ermangelung entsprechender Ortsstatuten die im § 169 h. l. und den bezüglichen §§ der VO. v. 1849 erwähnten Bestimmungen für einzelne oder mehrere Orte je nach Maaßgabe des Bedürfnisses selbst zu treffen. Letzteres Ges. erkennt sowohl den auf jene, wie auf diese Weise errichteten Kassen, sofern ihre Statuten von der zuständigen Behörde genehmigt worden, die Rechte juristischer Personen zu und bestimmt gleichzeitig, daß die Ansprüche der Betheiligten auf die Leistungen dieser Kassen weder an Dritte übertragen noch mit Arrest belegt werden dürfen. (Die Vorschriften dieses Ges. umfassen übrigens auch die Unterstützungskassen der Gewerbtreibenden selbst, von denen § 56 der VO. v. 1849 redet. Cf. ferner Ges. über die Knappschaftsvereine v. 10. April 1854). — Für die Gesellenkassen empfiehlt das HMR. 1. April 1849 (VMBl 50, S. 215) ein Normal-

§. 153. Wider den Willen des Lehrherrn kann das Verhältniß vor Ablauf der Lehrzeit aufgehoben werden, wenn der Lehrherr die ihm nach §. 150. obliegenden Verpflichtungen gröblich vernachlässigt oder das Recht der väterlichen Zucht mißbraucht.

Bei Lehrlingen der Genossen von Innungen hat die Innung, bei anderen Lehrlingen aber in den Städten die Kommunalbehörde, auf dem Lande die Ortspolizei-Obrigkeit, mit Ausschluß des Rechtsweges, zu entscheiden, ob der Fall einer solchen Vernachlässigung oder eines solchen Mißbrauchs vorhanden ist.

In diesen Fällen kann der Lehrherr zur Erstattung der durch die anderweitige Unterbringung des Lehrlings entstehenden Mehrkosten im Rechtswege angehalten werden.

Dasselbe gilt von dem Falle, wenn dem Lehrherrn die Befugniß, Lehrlinge zu halten, entzogen wird (§. 130).

---

statut, nach dessen § 4 die Arbeitsherren die Beiträge der Gesellen aus deren Lohn, diejenigen der Stückarbeiter vorschußweise entrichten, und dazu nöthigenfalls durch administrative Exekution, — jedoch vorbehaltlich der Berufung auf den RW., — angehalten werden sollen.

77 bis. Uebrigens unterstellen die obigen Vorschriften (cf. insbesondere die Materialien zum Ges. v 3. April 1854), daß für die Fabrikarbeiter und Gesellen getrennte Unterstutzungskassen gebildet werden Demzufolge kann ein von der Regierung genehmigtes Ortsstatut die Bildung Einer Kasse für beide Kategorien von Personen nicht rechtsverbindlicher Weise verordnen, und steht dem vermeintlichen Beitragspflichtigen wider die administrative Einziehung der auf Grund eines solchen Statuts festgesetzten Beiträge der RW. offen; cf. *OT 3. Jan. 1860 in S. Klems c Arb.-Kasse zu Düsseldorf.

78. Hat das vom Minister genehmigte Statut die näheren Vorschriften in Bezug auf den Zwang, einer Handwerks-Unterstützungskasse beizutreten, der Kommunal-Behörde als solcher vorbehalten, so kann derselbe Gegenstand nicht etwa gleichzeitig durch pol. Verbots-Bestimmungen im Sinne des Ges. v. 11. März 1850 geregelt werden, und sind daher solche pol. VO. für den Polizeirichter nicht verbindlich: Oppenhoff StGB. § 332 n. 15.

§ 153.

79 § 153 ist, da er schon dem § 137, um so viel mehr also den allgemeinen Regeln über die Kompetenz-Verhältnisse gegenüber, ein Ausnahmegesetz darstellt (cf. n. 72), durchaus restriktiv zu deuten [Zur Erläuterung der materiellen Vorschriften, deren Verletzung die Anwendbarkeit des § 153 bedingt (§§ 150, 151), dienen die §§ 298, 299, II. 8 ALR.]

80 Demzufolge tritt nicht § 153, sondern § 137 in Wirksamkeit, wenn ein Streit sich darüber erhebt, ob das Lehrverhältniß aus andern als den im § 153 angeführten Gründen (cf z. B. § 154) aufzuheben sei. — Eben um deswillen ist, wenn von Seiten des Lehrherrn, und zwar auf Fortsetzung des Lehrverhältnisses geklagt wird, der desfallsige Antrag in der Regel bei den Behörden rc. des § 137 anzubringen; in letzterem Falle muß jedoch, sobald der Lehrling als Gründe für

die Aufhebung dieses Verhältnisses diejenigen des § 153 geltend macht, die Sache an die dort genannten Behörden abgegeben werden; cf FMR. 15. März 1847 (VMBl. S. 59).

81. Dagegen kommt § 153 ebensowenig wie § 137 zur Anwendung, wenn jene Einreden (n. 80) nicht in einem Prozesse über Fortsetzung des Lehrverhältnisses, sondern in einem wegen Entschädigung für den bisher gewährten Unterhalt 2c. vorgebracht werden (cf. n 71); alsdann ist vielmehr der ordentliche Richter sowohl index actionis wie exceptionis, und zwar selbst, wenn der Entschädigungsklage ein Verfahren im Sinne des § 153 vorhergegangen und in diesem bereits zum Nachtheile des Lehrlings erkannt, d h also das Nichtvorhandensein eines solchen Entfernungsgrunds bereits ausgesprochen sein sollte: OT 12. Juni 1859 (Entsch 41, S. 422). [Hier wird erwogen: Es lasse sich vorweg die Ansicht aufstellen, daß im § 153 nur solche Entscheidungen gemeint seien, die zum Nachtheile des Lehrherrn erlassen werden, weil der folgende Satz nur der aus einer solchen Entscheidung hervorgehenden rechtlichen Folgen gedenke, nicht auch derjenigen, mit denen ein ungerechtfertigter Kontraktsbruch für den Lehrling verknüpft sei; jedenfalls aber habe die nach § 153 zu fällende Entscheidung nur den Streit über Fortdauer oder Aufhebung des Lehrverhältnisses zum Gegenstande, weshalb da, wo es sich um die vermögensrechtlichen Folgen, sei es des Verschuldens des Lehrherrn, er es des unberechtigten Ausscheidens des Lehrlings handle, die Feststellung des Thatbestandes sowohl als die rechtliche Entscheidung dem ordentlichen Richter gebühre; wollte man auch aus Abs 3 des § 153 schließen, daß in dem dort nachgelassenen RW. die Vorfrage, ob der Lehrherr zur Aufhebung des Vertrags Anlaß gegeben, als durch den Innungsspruch festgestellt angesehen werden müsse, so folge aus jener Vorschrift doch nicht das allgemeine Prinzip, daß der Richter in allen auf § 153 gegründeten Rechtsstreitigkeiten der Beurtheilung obiger Vorfrage sich nicht unterziehen dürfe, zumal die betr. Vorschrift die dem Lehrlinge möglicher Weise zustehenden, durch letztere Vorfrage bedingten Ansprüche keineswegs erschöpfe, diese vielmehr auch auf eine Konventionalstrafe, auf Herausgabe der vom Lehrlinge mitgebrachten Sachen 2c. gerichtet sein könnten; aber selbst, wenn dem § 153 Abs. 3 ein allgemeinerer Sinn beizulegen wäre, so würde er doch nur solche Streitigkeiten umfassen, deren Gegenstand ein Anspruch des Lehrlings an den Lehrherrn, nicht also ein Anspruch dieses an jenen bilde.]

82. Noch unbedenklicher erleidet, sofern es sich um Anwendung der im § 185 angedrohten Polizeistrafe handelt, die richterliche Kognition durch § 153 und eine auf dessen Grund etwa schon getroffene Entscheidung der Innung 2c. keine Einschränkung.

83. Durch die Worte des § 153 „hat die Innung zu entscheiden“ wird nicht die Nothwendigkeit begründet, die Entscheidung der ganzen Innung vorzubehalten, sondern nur die Kompetenz der Innung im Gegensatz zu derjenigen der Kommunal- und Polizeibehörde festgestellt. Die weitere Bestimmung darüber, ob die Entscheidung von der Versammlung sämmtlicher Genossen, oder von einem Ausschusse oder dem Vorstande getroffen werden soll, ist nach § 106 Gegenstand der statutarischen Festsetzung. So: die zusätzl. Bem. zum Normalstatute v. 1848.

84. Eine Entscheidung nach Maaßgabe des § 153 setzt eine vorgängige causae cognitio voraus, weshalb selbst dann, wenn das Lehrverhältniß von einem Theile faktisch aufgelöst worden, der Richter des § 153 nicht befugt ist, zuvörderst dessen Herstellung zu fordern, und erst dann über die Frage der Auflösung zu entscheiden, derselbe vielmehr sofort untersuchen und darüber urtheilen muß, ob der Fall des § vorliege. So: das (n. 70) cit. MR. 15. März 1847.

85. Dasselbe MR. nimmt an, daß der Rekurs im Verwaltungswege wider die hier fraglichen Entscheidungen nicht zulässig sei; dies schließe zwar die Befugniß der vorgesetzten Behörden zur Rektifikation von Oberaufsichtswegen auf eingegangene Beschwerden nicht aus, doch behalte es bei der im Spezialfalle ergangenen Entscheidung sein unabänderliches Bewenden

86. Dem § 153 kann durch Ortsstatuten nicht derogirt werden: § 170 Nr. 9 b. 1.

Titel X. [§§ 171—190.]
Verbrechen und Vergehen der Gewerbetreibenden.
(cf. Ges. v. 22. Juni 1861, GS. S. 444.)

§. 189. Als Strafe kann der Verlust der Befugniß zum selbstständigen Gewerbebetriebe, für immer oder auf Zeit, nur vom Richter ausgesprochen werden, soweit es sich nicht von Steuervergehen handelt, in Ansehung deren es bei den bestehenden Vorschriften verbleibt.

In Ansehung der Kompetenz der Behörden zur Untersuchung und Bestrafung der Verbrechen und Vergehen der Gewerbetreibenden bewendet es bei der bestehenden Verfassung; in der Rheinprovinz sind jedoch die Polizeigerichte befugt, auf Geldbuße bis zu funfzig Thalern oder Gefängniß bis zu sechs Wochen zu erkennen.

---

§ 189.

87. Dem § 189 gemäß gehörten die Fälle der §§ 171—174, 181, 182, 186 Abs. 2 schon früher zur ausschließlichen Kognition der Gerichte, wogegen diejenigen der §§ 176—178, 180, 184, 185, 186 Abs. 1 und 187 zunächst der Kognition der Polizeibehörden unterlagen und die richterliche Kognition nur nach Maaßgabe der §§ 34, 45 der VO v. 1808 eintrat; cf MR. 19. August 1847 (BMBl. S. 210), JMR. 23. Dez. 1845 (JMBl. 46, S. 67) Ueber die Frage, wann die Orts- und wann die Landes-Polizeibehörde zu entscheiden habe, enthielt die ACO. v. 24. Jan. 1848 (GS. S. 73) die näheren Bestimmungen. Seitdem jedoch in Folge der VO. v. 3 Jan 1849 die Strafjurisdiktion der Polizeibehörden in Wegfall gekommen ist, sind die Gerichte in Betreff aller Gewerbepolizei-Kontraventionen ohne Unterschied ausschließlich kompetent, wenn von dem Rechte der Polizeiverwalter zu vorläufigen Straffestsetzungen (Ges. v. 14. Mai 1852) abgesehen wird. Cf. Oppenhoff, Strafverf. S. 577 und die Noten zur VO. v. 1808 § 45, wo sich auch das Nähere über die Kompetenz-Verhältnisse in Gewerbesteuersachen findet. Ueber die Kompetenz-Verhältnisse der Gerichte unter einander cf. Oppenhoff, Einf.-Ges. v. 14. April 1851, Art. 20 n. 6.

Gesetz
über das Verfahren bei Kompetenzkonflikten zwischen den Gerichten und den Verwaltungs-Behörden.
Vom 8. April 1847.

[GS. Nr. 2829, S. 170.]

(Litteratur: L. Hartmann, das Verfahren bei Kompetenzkonflikten 2c., Berlin 1860. — Sydow, die Zulässigkeit des Rechtswegs und die Kompetenzkonflikte in Preußen, Berlin 1860. — Ulrich, die Präjudizien des Kompetenz-Gerichtshofs, Berlin 1850. — F. W. A. Kosmann, die Erkenntnisse des Gerichtshofs zur Entscheidung der Kompetenzkonflikte 2c., 2 Theile, Anklam 1856. — Primker, die Kompetenzkonflikte in Preußen, Berlin 1861. — Dalloz, repert., m. conflit. — Cormenin, questions de droit administratif, m. conflits.)

Wir Friedrich Wilhelm, von Gottes Gnaden, König von Preußen 2c. 2c.

verordnen über das Verfahren bei Kompetenzkonflikten zwischen den Gerichten und Verwaltungs-Behörden, auf den Antrag Unseres Staatsministeriums und nach vernommenem Gutachten Unseres Staatsraths, für den ganzen Umfang der Monarchie, was folgt:

Zum Eingange.

1. Der Ausdruck „Kompetenzkonflikt“ wird im weiteren und engeren Sinne gebraucht. Im weiteren Sinne umfaßt derselbe überhaupt alle und jede Ressortstreitigkeiten unter verschiedenen Behörden, namentlich also auch solche der Gerichte unter sich, — cf. §§ 131, I. 2 AGO.; VO. v. 2. Jan. 1849 §§ 16, 17; Ges v. 26. April 1851 Art. V.; Rhein. B. Pr. O. Art. 363 ff. (Civilsachen betr.); Ges. v. 3. Mai 1852 Art. 9; Rhein. Str Pr. O Art. 525 ff (Strafsachen betr.), Ges. v. 2. Mai 1853 (Civil- wie Strafsachen betr.), Ges. v. 7. Mai 1851 § 22 (Disziplinarsachen betr.), — desgleichen diejenigen, welche zwischen zwei Verwaltungs-Behörden entstehen, — cf. Instr. für die Ob.-Präs. v. 31. Dez. 1825 § 11; Diszipl.-Ges. v. 21. Juli 1852 § 28. — Im engeren Sinne dagegen begreift jener Ausdruck

nur Konflikte zwischen den **Gerichten** einer- und den **Verwaltungs-Behörden** andererseits. Das Ges v 1847 handelt ausschließlich von KK. der letzteren Art, wenn von der Vorschrift des § 21 abgesehen wird.

2. In **älterer Zeit** wurden Jurisdiktions-Streitigkeiten zwischen den Landesjustiz- und Kammerkollegien zur Entscheidung des Justiz-Departements und General-Direktoriums, seit 1756 zur Entscheidung einer besonderen Behörde, der s. g. Jurisdiktions-Kommission, gebracht, welche jedoch in zweifelhaften Fällen an des Königs Majestät berichten mußte. Der Charakter der damals zu schlichtenden Konflikte war übrigens von dem der gegenwärtigen wesentlich verschieden, da die Kriegs- und Domainenkammern eine bestimmte organisirte Gerichtsbarkeit hatten, bei einem Kompetenzstreit zwischen ihnen und den Justizkollegien mithin weniger die Verwaltung den Gerichten als zwei ebenmäßig mit einer Jurisdiktions-Gewalt bekleidete Behörden einander gegenüberstanden. Diese Auffassung, wie sie noch den §§ 134, 135, I. 2; § 7, I. 16 AGO. zu Grunde liegt, erwies sich seit dem Erlasse der VO. v. 26. Dez. 1808 nicht mehr als passend. Außerdem hörte jene Kommission bei der um dieselbe Zeit erfolgten Reorganisation der Behörden zu bestehen auf. Seitdem fehlte es, von der Schlußbestimmung des § 51 der cit. VO. (cf VO v. 1808 n. 11) abgesehen, an besonderen Vorschriften über die Art, wie entstehende Ressortstreitigkeiten zum Austrage zu bringen seien, bis die ACO. v. 30. Juni 1828 (GS. S. 86) diese Lücke in der Gesetzgebung ausfüllte. Sie berief zunächst die betheiligten Minister zur Entscheidung, und behielt dieselbe in Ermangelung einer Einigung unter jenen dem Staatsoberhaupte selbst vor, sofern dieses sie nicht dem höchsten Gerichtshofe auftragen sollte. Da sich jedoch die Vorschriften der ACO. in mancherlei Hinsicht als unzweckmäßig, ja selbst nachtheilig erwiesen, so erging endlich das Ges. v. 1847, welches nach dem Vorbilde der franz. Gesetzgebung, insbesondere der ord. regl. v. 1. Juni 1828, zur Schlichtung solcher Streitigkeiten einen besonderen **Gerichtshof** bestellte und überdies dem Bedürfnisse nach **formellen** Vorschriften über das der Entscheidung vorhergehende Verfahren Rechnung trug; cf Hartmann (S. 5 ff.).

3. Der Grundsatz, daß KK. der hier fraglichen Art durch einen vom Gesetze bestellten **Gerichtshof** geschlichtet werden sollen, ist überdies durch Art. 96 der Verf.-Urk. ausdrücklich sanktionirt worden. Gleichwohl hat der Komp.-GH. in zwei Fällen, wo sein gesetzliches Fortbestehen in Zweifel gezogen wurde, sich für die Bejahung nicht auf diesen Art. 96, sondern auf Art. 110 ib. berufen, mithin nicht darüber ausgesprochen, ob er sich als den im Art. 96 gemeinten Gerichtshof betrachte, oder ob letzterer Art. die Errichtung eines anderen Gerichtshofs verheiße; cf. Hartmann (S. 10). Vgl. n. 4.

4. Das Ges. v. 1847 gilt auch für die **Hohenzollernschen Lande**: EK. 7. Nov. 1857 (JMBl. 58, S. 146). [Hier wird auf Art. 96 cit. ausdrücklich Bezug genommen; vgl. n. 3.]

5 In Betreff **negativer** KK. wird auf n. 140 ff. verwiesen.

6. Ueber den **Unterschied** zwischen KK. und Konflikten im Sinne des Ges. v 13. Febr. 1854, sowie die **Beziehungen** zwischen beiden s. das letztere Ges. n. 4 ff.

7. Das Recht zur Erhebung eines KK ist kein **wechselseitiges**, es steht vielmehr nur den **Verwaltungs-Behörden**, nicht auch den **Gerichten** zu; (ebenso in Frankreich; cf. Dalloz m. conflit, n. 25.) Die frühere Gesetzgebung kannte diese Beschränkung nicht, wie namentlich § 51 der VO v. 1808 ergiebt. Ja es waltete früherhin die Auffassung vor, daß die **förmliche Erhebung** eines KK. gar nicht erforderlich sei, damit das Konfliktsverfahren eintrete, daß zu diesem Behufe vielmehr das bloße Hervortreten von Zweifeln, resp Meinungs-Verschiedenheiten in Betreff der Kompetenzfrage unter den betr. Behörden oder gar nur die bloße Thatsache einer inkompetenter Weise über einen Gegenstand des anderen Ressorts ergangenen Entscheidung genüge; cf. VO. v. 20 Juni 1817 § 23; VO v. 30. Juni 1834 § 9; VO. v 14 Dez. 1833 § 5 Nr. 8; ferner unten n. 148 ff. und Ges. v. 13. Februar 1854 n. 2. In den für das Verfahren bei KK. ergangenen MInstr. v. 1. Juli 1835 und 30. März 1836 (Jbb. 46, S. 106; Rh. S. 5, S. 155, 362) ist jedoch diese Auffassung bereits aufgegeben und den Verwaltungs-Behörden

§. 1. Die Entscheidung der Kompetenzkonflikte zwischen den Gerichten und den Verwaltungs-Behörden wird einer aus bleibenden Mitgliedern zu bildenden Behörde übertragen, welche unter dem Titel

„Gerichtshof zur Entscheidung der Kompetenzkonflikte"

bestehen soll,

1) aus dem Präsidenten des Staatsraths,
2) aus dem Staatssekretair und neun anderen Mitgliedern des Staatsraths, von denen Fünf Justizbeamte, die übrigen Vier aber Verwaltungsbeamte sein müssen. Diese Mitglieder werden von Uns auf den Vorschlag des Präsidenten des Staatsraths ernannt.

---

die Erhebung des KK. in bestimmten Formen zur Pflicht gemacht worden. Beiden Instr. liegt ferner bereits die Voraussetzung zu Grunde, daß den Gerichten eine gleiche Befugniß nicht zustehe. Dessenungeachtet werden dem cit. § 51 gemäß die Gerichte, mit Ausnahme derjenigen der Rheinprovinz und Neuvorpommerns, wo jener § nicht publizirt ist, noch jetzt befugt, resp verpflichtet sein, vermeintliche Uebergriffe der Verwaltung in das richterliche Gebiet, falls die dagegen gemachten Vorstellungen erfolglos bleiben, höheren Orts wenigstens zur Sprache zu bringen.

§ 1.

8. Der Komp.-GH. ist eine eigentlich richterliche Behörde, welche eine Art Gerichtsbarkeit ausübt, und daher nicht nach Verwaltungs-Normen und Rücksichten, sondern nach Gesetz und Recht zu entscheiden hat; cf. EK. 22. Nov. 1851 (JMBl. 52, S. 103). [In Frankreich hatte nach der Ord v. 1828 der Staatsrath, welcher gleichzeitig die zweite Instanz für alle der Administrativ-Jurisdiktion anheimfallenden Sachen bildet, resp. der König en conseil d'état über KK. zu erkennen. Seit 1848 ist hierfür jedoch ein eigenes, theils mit richterlichen, theils mit Administrativ-Beamten besetztes Gericht, le tribunal spécial des conflits, bestellt; cf. constit. v. 4. Nov. 1848, Ges. v 3.—8. März 1849, 4 —8. Febr. 1850]

9. Da hiernach die im konkreten Falle ergangene Entscheidung des Komp.-GH. einen wirklichen Richterspruch darstellt, so kann ihre Geltung und Wirksamkeit durch einen Akt der vollziehenden Gewalt niemals aufgehoben werden.

10. Von den übrigen Gerichten unterscheidet sich der Komp.-GH wesentlich dadurch, daß er der bei diesen bestehenden Hierarchie nicht eingeordnet ist. Wie kein anderes Gericht, selbst nicht das Ober-Tribunal über demselben steht, so bildet er selbst weder jenem, noch der untersten Gerichtsstelle gegenüber eine höhere Instanz; cf. n. 132.

11. Wenn bei dem Verfahren über den KK. von einer Parteistellung überhaupt die Rede sein kann, so sind es jedenfalls nicht die Prozeßparteien, oder diese einer- und die den KK. erhebende Behörde andererseits, sondern die beiderseitigen Behörden, welche als Parteien einander gegenüberstehen. (In den Motiven des Entw. zum Ges. v. 13. Febr. 1854 heißt es geradezu: Bei wirklichen KK. sei zwischen den beiden über ihre Kompetenz streitenden Behörden zu erkennen.) Daß zufolge § 5 den Prozeßparteien Gelegenheit gegeben werden muß, über den KK. ihre Erklärung abzugeben, welche folgeweise der Komp.-GH. zu prüfen hat, ist eine bloße Konzession, die das Ges. v. 1847 im Widerspruch mit der früheren Gesetzgebung dem Interesse gemacht hat, das jene Parteien an dem Ausfalle des Verfahrens immerhin haben. — Cf n. 29, 95, 108, 132 ff, 143 ff u. Ges. v. 13. Febr. 1854 n. 5, 28.

12. Der Wirkungskreis des Komp.-GH. ist durch das Ges. v. 13. Febr. 1854 erheblich erweitert worden. Schon früher hatte derselbe, auf Grund der

§. 2. In rechtskräftig von den Gerichten entschiedenen Sachen kann der Kompetenzkonflikt nicht mehr erhoben werden; ebensowenig findet derselbe noch Statt, wenn in einem Prozesse, bei welchem eine Verwaltungs-Behörde als Partei betheiligt ist, die von derselben aufgestellte Präjudizial-Einrede der Unzulässigkeit des Rechtsweges rechtskräftig verworfen worden ist.

Ges v. 28. Juni 1834 und 31 März 1837 zu entscheiden, ob den einer körperlichen Verletzung bezüchtigten Grenzaufsichts- und Forstbeamten ein Waffenmißbrauch zur Last liege, wenn nach desfallsiger vorläufiger Untersuchung die Eröffnung der strafgerichtlichen Untersuchung gegen den Widerspruch der vorgesetzten Dienstbehörde beschlossen wird, da die Sache alsdann, dem § 9, resp. § 7 l. c zufolge, nach Anleitung der über KK zwischen den Verwaltungs-Behörden und Gerichten ertheilten Vorschriften erledigt werden soll. Vgl. Ges. v. 1854 n. 1, 2.

§ 2.

13. Die Vorschriften des Ges. sind, von § 2 abgesehen, durchweg rein formeller Natur. Sie beziehen sich nur auf das Verfahren, und lassen die Fragen, wo, wann und aus welchen Gründen ein KK erhoben werden könne, unberührt. Letztere sind nach allgemeinen Grundsätzen, sowie aus der Absicht und Tendenz des Ges. zu beantworten.

I. In welchen Rechtssachen kann ein KK. erhoben werden?

14 Ein KK. kann nur in solchen Rechtssachen erhoben werden, wo zweierlei Erfordernisse zusammentreffen, wo es sich nämlich um eine richterliche Thätigkeit im engern Sinne, um ein eigentliches Rechtssprechen handelt, und wo ferner diese Thätigkeit einer wirklichen richterlichen Behörde gegenüber in Anspruch genommen wird.

15. Demgemäß ist die Erhebung eines KK. in Sachen, bei welchen die Funktionen der Gerichte nicht richterlicher, sondern administrativer Natur sind, wie z. B. in Hypotheken-, Lehns- und Vormundschaftssachen sowie überhaupt bei allen Akten der freiwilligen Gerichtsbarkeit ebensowenig statthaft, wie in denjenigen Angelegenheiten, mit denen eine Verwaltungs-Behörde befaßt wird, um kraft einer ihr ausnahmsweise verliehenen Gerichtsbarkeit (VO. v. 1808 n. 239; Rh. Ress.-Regl. §§ 2 ff) eine Art richterlicher Thätigkeit zu entwickeln.

16. Ein KK. ist zunächst und vor Allem bei eigentlichen Civilprozessen zulässig Er kann insbesondere auch gegen eine bloße Litisdenunziation und provocatio ad agendum gerichtet werden: EK. 24. Juni 1851, 4. Okt 1856 (JMBl. 51, S. 272; 56, S. 364). Der gegen eine Provokationsklage gerichtete KK. ist nach letzterem Erk. begründet, wenn der Anspruch selbst, dessen gerichtliche Geltendmachung provozirt wird, nicht prozeßfähig ist.

17. Desgleichen ist die Erhebung eines KK. in einem nach der Rhein. Gesetzgebung vor dem Gerichts-Präsidenten schwebenden Reféré-Verfahren statthaft: *EK. 24. Juni 1851 (JMBl S. 267). [In Frankreich huldigt man derselben Ansicht, nimmt aber gleichzeitig an, daß das öff. Min. jenem Verfahren als partie jointe beiwohnen müsse, sofern der Staat in der Sache Partei sei; cf. Dalloz n. 66 und unten n. 23.]

18. — Desgleichen wider das von einem Rhein. Gerichtsvollzieher auf Grund eines Urtheils betriebene Exekutionsverfahren: *EK. 2. Nov. 1850 (JMBl. 51, S. 14). [Hier wird erwogen, daß der Gerichtsvollzieher lediglich gemäß der ihm durch die exekutorische Klausel seitens der Justiz gewordenen Anweisung handle, daß ferner die Absicht des Gesetzgebers dahin gegangen sei, hinsichtlich der Zulässigkeit des KK. gleiches Recht für die ganze Monarchie zu schaffen, in den übrigen Landestheilen aber die Gerichte die Exekution selbst verfügten.]

19. Ob dasselbe gelte, wenn der Gerichtsvollzieher auf Grund eines anderen exekutorischen Titels vollstrecke, dürfte erheblichen Bedenken unterliegen.

20. Ein KK. kann ferner in einem strafgerichtlichen Verfahren erhoben werden, letzteres mag gegen Beamte oder Private gerichtet sein; EK. 5. April 1851, 8. Mai 1856 (JMBl. 51, S. 205; 56, S. 138). [In Frankreich ist die Erhebung eines KK. bei eigentlichen Kriminal- und einfachen Polizei-Prozeduren gar nicht gestattet, und bei zuchtpolizeilichen nur ausnahmsweise in zwei Fällen, resp. aus zwei Gründen, welche nach dem jetzigen Stande der Gesetzgebung in der Rheinprovinz nicht mehr zutreffen würden; cf. Dalloz n. 51 ff.]

21. — Desgleichen in einem gerichtlichen Disziplinar-Verfahren. (Die diszipl Ges v 1851 und 1852 sehen im § 22, resp. § 28 nur solche Konflikte vor, welche sich zwischen zwei Gerichten, resp. zwischen zwei Verwaltungs-Behörden erheben.)

22. Das in den beiden vorigen Noten Gesagte erleidet jedoch anscheinend in Betreff der bei den Militairgerichten anhängigen Sachen eine Ausnahme. Hätte das Gegentheil in der Absicht des Gesetzgebers gelegen, so würde dies sicher ausdrücklich bestimmt worden sein. Für Konflikte im Sinne des Ges. v. 1854 folgt dasselbe unmittelbar aus § 6 ib.

23. Da das Ges im Uebrigen zwischen ordentlichen und Ausnahme-Gerichten nicht unterscheidet, so kommt es auch in Bezug auf die Sachen, welche bei letzteren schweben, zur Anwendung Unter der Herrschaft der AGO. v. 30. Juni 1828 wurde dies in Betreff der damals noch bestehenden Berggerichte durch FMR. 31. Dez. 1837 (Ergänz zu §§ 156, 157, II. 16 ALR) ausdrücklich anerkannt. Gleiches gilt von den bei den Rhein. Handels- und Gewerbe-Gerichten anhängigen Sachen; cf. Perrot (I. S. 223). Daß Gerichte dieser Art in den Bestimmungen über die formelle Behandlung der KK., namentlich im § 8, nicht berücksichtigt werden, erklärt sich einfach daraus, daß der Gesetzgeber dort nur die gewöhnlichen Fälle vor Augen gehabt hat, und berechtigt keineswegs zu dem Schlusse, daß ein KK. bei anderen Sachen nicht stattfinden solle. [In Frankreich folgert man freilich aus dem Umstande, daß die daselbst vorgeschriebenen Formen für jene Gerichte, und selbst für die Friedensgerichte nicht überall passen, und daß namentlich bei diesen Gerichten kein öff. Min. fungirt, die Unstatthaftigkeit eines KK, so lange das gerichtliche Verfahren bei denselben schwebt, und keine Berufung eingelegt ist; cf. Cormenin s. v. conflicts, Dalloz n. 61 ff.] In Betreff der bei den Auseinandersetzungs-Behörden anhängigen Prozesse s n. 155.

24. Doch wird immer eine ständige richterliche Behörde, vor welcher der Rechtsstreit anhängig ist, vorausgesetzt, weshalb z. B. bei dem Verfahren vor Zwangsschiedsrichtern von der Erhebung eines KK. keine Rede sein kann, wogegen wider die Klage auf Bestellung eines Schiedsgerichts ein solcher allerdings stattfindet; cf. *EK 13. Okt. 1860 (JMBl. 61, S. 210).

II. In welcher Lage muß sich das Rechtsverfahren befinden, damit ein KK. erhoben werden könne?

25. Der Ausdruck „Konflikt“ scheint zwar darauf hinzudeuten, daß es zur Erhebung eines KK. nicht genüge, wenn ein Rechtsverfahren bei Gericht anhängig geworden sei, daß vielmehr außerdem eine Meinungs-Verschiedenheit über den Kompetenzpunkt zwischen den Behörden bereits hervorgetreten und namentlich die richterliche Kompetenz durch eine richterliche Entscheidung, resp. Verfügung wenigstens implicite schon anerkannt sein müsse. Die Praxis des Komp.-GH. knüpft jedoch die Zulässigkeit eines KK. an letztere Bedingung nicht, sondern gestattet denselben schon sofort nach Anstellung der Klage, welche wenigstens im Gebiete des Rhein. Rechts ohne alle richterliche Mitwirkung erfolgt. In demselben Sinne haben sich in Bezug auf das früher geltende Verfahren die MR 2. April und 16 Sept. 1838 (Rh. S. 6, S. 451, 595) ausgesprochen. [Ein Gleiches war nach der älteren franz. Gesetzgebung der Fall; cf. Arr. v. 13. Brum. X. Art. 4. Dagegen schreibt die Ord. v. 1828 vor, daß ein KK. nicht erhoben werden könne, bevor der Präfekt die gerichtliche Inkompetenz durch Vermittelung des öff. Min vor Gericht geltend gemacht, und dieses den desfallsigen Antrag verworfen habe.]

25 bis. Rheinprovinz Die bloße Vorladung zum Sühneversuch kann die Erhebung eines KK. nicht rechtfertigen. Denn, wenn mit jener auch gewisse Wirkungen verbunden sind, welche sonst nur mit Anstellung der Klage eintreten, so sind dieselben dennoch durch die in Monatsfrist nachfolgende Anstellung der Klage bedingt, und überhaupt nur als Ausnahmen zu betrachten, welche das Prinzip bestehen lassen, daß der Prozeß erst mit der Klage anhebe. Außerdem übt der Friedensrichter beim Sühneversuch keine richterliche Thätigkeit im eigentlichen Sinne des Worts aus.

26. Dagegen fordert die Praxis nicht, daß ein gerichtliches Verfahren über die Prozeßsache bei irgend einer Instanz gerade schwebe, indem sie die Konfliktserhebung für statthaft hält, wenn ein Definitivurtheil bereits ergangen, dasselbe aber noch nicht zugestellt oder doch durch ein zulässiges Rechtsmittel noch nicht angegriffen ist. (Im Gebiete der AGO bleibt eine Prozeßsache bis zur rechtskräftigen Entscheidung von selbst bei den Gerichten anhängig) So: *EK 10. Jan. 1852 (JMBl. S. 94). A. M. ist die franz Jurisprudenz; cf. Dalloz n. 77. — Ueber die formelle Behandlung solcher Fälle s. unten n. 100, 103

27. Ebensowenig gehört zu den Vorbedingungen eines KK., daß über den Klagegegenstand ein administratives Verfahren gerade anhängig sei.

28. Der Eingang des § 2 hat eine ehedem lebhaft bestrittene Frage entschieden; cf. Ergänz. zu § 1 der AGO Die Ansicht, daß ein KK. selbst nach rechtskräftig entschiedener Sache noch erhoben werden könne, war die bei den Ministerien herrschende und hat sogar in die Gesetzgebung Eingang gefunden; cf. n. 148, 155.

29. Ob ein Prozeß schon vor Erhebung des KK. rechtskräftig entschieden gewesen sei, hat im Zweifelsfalle der Komp.-GH zu entscheiden; cf. AH. Cöln 13. Mai 1852 (Rh: A. 47, I. 147); EK. 10. Dez. 1859 (JMBl. 61, S. 190). Diese Anomalie, wonach der Komp.-GH., ungeachtet er grundsätzlich nur über den Kompetenzpunkt zu entscheiden berufen ist, dennoch in die Lage kommen kann, eine recht eigentlich dem Materiellen der Sache angehörige Frage seiner Prüfung zu unterwerfen, gilt jedoch selbstredend nur soweit, als der Zweck des KK.-Verfahrens es erheischt. Demzufolge steht, wenn der Komp.-GH. einen KK. auf den Grund des § 2 als unstatthaft verworfen hat, den Prozeßparteien und selbst der Verwaltung, wenn sie zu diesen gehört, noch immer frei, die Rechtskraft eines Urtheils vor Gericht zu bestreiten; cf. n 11.

30. Hinsichtlich des Begriffs „rechtskräftig" ist im Allgemeinen auf die Civilgesetzgebung und die Prozeß-Ordnungen, sowie die desfallsige Jurisprudenz zu verweisen. An dieser Stelle werden vorzugsweise nur diejenigen Sätze mitgetheilt, welche bei der Entscheidung von KK bereits zur Sprache gekommen sind

30 bis. Die Begriffe „rechtskräftiges Urtheil" und „Urtheil letzter Instanz" sind nicht identisch. Ein Urtheil ersterer Art ist nur ein solches, welches nicht mehr durch die Nichtigkeits-Beschwerde (VO. v. 14. Dez. 1834), resp. den Kassationsrekurs angefochten werden kann, so daß die Erhebung eines KK. noch während der für diese Rechtsmittel erstatteten Fristen und selbst noch im Laufe des beim Obertribunal schwebenden Verfahrens als zulässig erscheint: EK. 25. April, *10. Jan 1852, 4. Febr., 16. Dez. 1854 (JMBl. 53, S. 4; 52, S 93; 54, S. 320; 55, S. 72). [In Frankreich schließt schon ein in letzter (d. h. zweiter, resp. erster) Instanz ergangenes Urtheil das Recht der Konfliktserhebung aus, welches jedoch wiederauflebt, wenn der Kassationshof jenes Urtheil als inkompetenter Weise erlassen vernichtet, und die Sache an ein anderes Gericht verweist; cf Dalloz n. 78.]

31. Namentlich ist die Erhebung eines KK. statthaft, wenn ein Urtheil vorliegt, welches zwar in letzter Instanz ergangen ist, trotzdem aber wegen Inkompetenz noch angefochten werden kann: *EK. 3. April 1858 (JMBl. S. 343).

32 Der Eintritt der Rechtskraft wird sogar durch die Statthaftigkeit blos außerordentlicher Rechtsmittel, z. B der Wiedereinsetzung in den vorigen Stand im Sinne des § 214 des Anh. zur AGO. gehindert: EK. 30. Okt. 1852 in S. Seeger c. Fiskus. Das Gegentheil dürfte jedoch von dem ganz außerordentlichen Mittel der requête civile der Rhein B. Pr. O. anzunehmen sein In dem im JMBl. 61, S. 229 mitgetheilten Falle wurde seitens eines Bagatellkommissars

dasselbe von dem Rekurse wider Erkenntnisse in Bagatellsachen behauptet, und es verwarf EK. 22. Sept. 1860 den hieraus wider die Statthaftigkeit des KK. hergeleiteten Einwand aus dem einzigen Grunde, weil i c. auf den eingelegten Rekurs das betr. Erk. aufgehoben und die Sache zur anderweiten Verhandlung vor den Bagatellkommissar zurückverwiesen worden war. Dagegen nahm EK. 5. Juni 1852 allerdings an, daß bei Bagatell-Objekten der Rekurs die Rechtskraft in dem Sinne aufhalte, daß während der laufenden Frist ein KK. eingelegt werden könne. — Selbstredend würde auch in der Rheinprovinz das Recht der Konfliktserhebung wieder aufleben, wenn die requête civile angenommen werden sollte; cf Dalloz n. 85.

33. Nach Rhein. Rechte tritt die Rechtskraft des Urtheils auch dadurch ein, daß die Parteien sich bei demselben förmlich beruhigen (acquieszіren), z B. durch freiwillige Vollziehung, und kommt eventuell sogar der Vorbehalt der Berufung nicht in Betracht, falls nämlich dieser Vorbehalt mit der thatsächlichen Befolgung des Urtheils in Widerspruch steht; cf. *EK. 22. Januar 1851 (JMBl. 52, S. 62). Doch nahm *EK 12. Jan. 1848 (ib S 167) an, daß die freiwillige, aber unter jenem Vorbehalte stattfindende Zahlung der Kosten die Rechtskraft nicht herbeiführe. Vgl. Gen.-Reg. des Rh. A. (s v. Berufung). Im Gebiete der AGO. ist es bestritten, ob die vor Gericht abgegebene Erklärung, sich beim Urtheile beruhigen zu wollen, dessen Rechtskraft zur Folge habe, oder innerhalb der zur Ergreifung eines Rechtsmittels verstatteten Frist zurückgenommen werden könne; cf. OT. (Präj. 1279) 6. März 1843, Pl.-B. v. 18 Febr 1856 (JMBl. S. 94).

34. Ob das rechtskräftige Urtheil vor oder nach Erlaß des Ges. v. 1847 ergangen ist, begründet keinen Unterschied: EK. 12 Jan. 1848 (JMBl S. 159).

35 Nicht die Motive, sondern nur der dispositive Theil des Urtheils wird rechtskräftig, — cf. EK. 14 April 1855 (JMBl. S. 201); OT. 14 Februar 1854, 7. April 1856 (Strieth. 11, S. 362; 21, S. 52), — und selbst dieser nur in Beziehung auf das, was er als Entscheidung ergiebt, nicht das, worüber er zu entscheiden ablehnt; cf. *EK. 7. Okt. 1854 (JMBl. 55, S. 19). [I. c. war in erster Instanz eine in Form einer Adzitation gegen den Fiskus angestellte Gewährleistungsklage, weil Kläger gegen den Hauptbeklagten obsiegte, für erledigt erklärt, Fiskus aber in die Adzitationskosten verfällig worden, weil der Richter den Anspruch auf Gewährleistung an sich für begründet erachtete. Wider den in der Berufungsinstanz hinsichtlich der Gewährleistungsklage erhobenen KK. machte Kläger geltend, daß über die Pflicht zur Gewährleistung bereits rechtskräftig erkannt sei, weil Fiskus sich beim Urtheile 1. Instanz beruhigt habe, was jedoch aus dem angegebenen Grunde beim Komp.-GH keine Billigung fand. Doch dürfte diese Entscheidung, resp. die Anwendbarkeit des obigen Satzes auf den referirten Fall erheblichen Bedenken unterliegen. Eher hätte sich jenem Einwande des Klägers vielleicht entgegensetzen lassen, daß von einer rechtskräftig entschiedenen Sache im Sinne des § 2 nur da die Rede sei, wo das Urtheil für beide Theile die Rechtskraft beschritten habe, mithin auch zum Nachtheile derjenigen Partei, die dasselbe nicht mehr anzufechten befugt erscheine, nicht abgeändert werden könne.]

36. Nicht jedes rechtkräftige Urtheil schließt das Recht der Konflikts-Erhebung aus, sondern, vom Falle des § 2 Abs 2 abgesehen, nur dasjenige, welches definitiv zur Sache entscheidet. Ein rechtskräftiges Urtheil, welches statt dessen die erst künftig zu treffende Entscheidung von einer noch vorzunehmenden neuen Erörterung abhängig macht, steht mithin der Erhebung eines KK. nicht im Wege: EK. 12. Febr. 1859 (JMBl. S. 361).

37. Ist jedoch über den Gegenstand eines Rechtsstreits rechtskräftig erkannt, und erheischt nur noch die Ausführung des Urtheils, resp. die Umwandlung des Zuerkannten in Geldsummen ein ferneres Verfahren, so kann dieses den Gerichten nicht um deswillen mehr streitig gemacht werden, weil jener Gegenstand nicht prozeßfähig gewesen sei; demzufolge ist z. B., wenn auf Rechnungsablage im Sinne der Artt. 527 ff. der Rhein. B. Pr O. rechtskräftig erkannt, oder ein Entschädigungs-Anspruch rechtskräftig festgestellt worden ist, ein KK. nicht etwa noch in dem gerichtlichen Rechnungs- oder Liquidations-Verfahren zu erheben: *EK. 12. Nov. 1859, *id. 18. Dez. 1852 (JMBl. 60, S. 356; Rh. A. 48, III. 16), Dalloz n. 86.

38. Das Gegentheil ist jedoch der Fall, wenn der KK nicht wider das, was urtheilsmäßig festgestellt wurde, sondern wider die Ausführung des Urtheils als solche gerichtet wird, weil diese gerade kraft Gesetzes zum administrativen Ressort gehören soll. Ein Beispiel dieser Art betrifft das in n. 17. besprochene Erk., desgleichen EK. 10. März 1860 (JMBl 61, S 267). [Bei dem einen handelte es sich um Geltendmachung der Kompetenz-Bestimmung des § 25 des Rhein. Ress.-Regl., beim andern um die des Vorfl.-Ed v 1811 § 10] Cf. auch Dalloz n. 87.

39 Die Erhebung eines KK ist selbst in einem noch schwebenden Prozesse unstatthaft, wenn dieser lediglich einen unter denselben Parteien schon früher rechtskräftig entschiedenen Streitpunkt zum Gegenstande hat. Ein solcher Fall liegt z. B. vor, wenn das frühere Urtheil nicht mehr exekutionsfähig ist, und nunmehr ex iudicato geklagt wird — Hierauf beruht seiner EK. 5. Mai 1853 (JMBl S 178): Eine Gemeinde-Behörde hatte bei Fixirung der Miethsteuer eine andere Miethentschädigung als die vertragsmäßig vereinbarte angenommen, worauf der Vermiether ein rechtskräftiges Urtheil erwirkte, das den Miethpreis als maaßgebend für die Steuerberechnung erklärte, als jene Behörde im nächsten Jahre dennoch in derselben Weise, wie früher verfuhr, und deshalb vom Vermiether von Neuem belangt wurde, erhob die Regierung den KK., den der Komp.-GH. jedoch als unstatthaft verwarf Aus gleichem Grunde nahmen EK. 12. Febr. 1859, 14. April 1855 (JMBl 59, S. 435; 55, S 203) an, daß, wenn in einem Defraudationsprozesse der Strafrichter, wiewohl unter Ueberschreitung seiner Kompetenz, im Tenor seines rechtskräftig gewordenen Erk ausdrücklich den betr Gegenstand für nicht steuerpflichtig erklärt hätte, in dem wegen Erstattung der eingezogenen Gefälle angestrengten Prozesse ein KK nicht mehr erhoben werden könne. Selbstredend bildet jedoch ein Urtheil, welches die Befreiung von der Steuerpflicht ausspricht, kein Hinderniß bezüglich eines neuen Prozesses über jene Pflicht, wenn letztere aus einem erst nach dem Richterspruche verkündeten Gesetze hergeleitet wird Alsdann ist alia causa, mithin kein res iudicata vorhanden. Cf. EK. 10. Dez. 1859 (JMBl 61, S 189).

40 Ueberhaupt bezieht sich § 2 nur auf rechtskräftige Urtheile, die dasselbe Streitobjekt betreffen, worüber der Richter zu befinden gerade gehindert werden soll, nicht also auf solche, die im schwebenden Prozesse als Titel, gleichwie ein Vertrag angerufen werden: EK 12 Jan 1856 (JMBl S 80).

41 Ist ein KK. vor dem Eintritte der Rechtskraft eingelegt worden, so kann das der Verwaltung gemäß § 2 erworbene Recht der Willkür der Parteien nicht mehr unterliegen und demnach durch spätere Handlungen der letzteren, z. B. dadurch, daß diese das ergangene Urtheil als rechtskräftig anerkennen, nicht beseitigt werden: *EK. 12. März 1859 in S. von Meer c. Rimburg.

42. § 2 ist auf negative KK unanwendbar; cf. n. 141.

43. Arg e contrario des § 2 Abs. 2 steht die rechtskräftige Entscheidung über die Inkompetenzeinrede der Erhebung eines KK. nicht im Wege, wenn keine Verwaltungs-Behörde im Prozesse Partei war oder wenn sie wenigstens jene Einrede nicht vorgeschützt hat: *EK 12. Mai 1855 (JMBl S 239). So ist es allerdings möglich, daß, nachdem die Inkompetenzeinrede in allen Instanzen geltend gemacht und schließlich auch vom OT verworfen worden ist, dessenunerachtet noch ein KK erhoben und vom Komp-GH für begründet angenommen werde, und zwar selbst da, wo eine Verwaltungs-Behörde Partei im Prozesse war, und sie gerade zu Gunsten der richterlichen Kompetenz gestritten hat.

44 Unter Verwaltungs-Behörde scheint übrigens an dieser Stelle nur eine königliche, z B. also keine Kommunal-Verwaltungs-Behörde verstanden zu sein. Daß eine Rheinische Deichschau keine Verwaltungs-Behörde im Sinne des § 2 Abs 2 darstelle, erkannte *EK. 12. Jan. 1848 in S N. c Deichschau Orsoy.

44 bis. Wird gegen eine polizeiliche Strafverfügung auf rechtliches Gehör angetragen, und die Inkompetenzeinrede von dem Polizei-, resp. Staats-Anwalt vorgeschützt, demnächst aber rechtskräftig verworfen, so ist ein KK nicht mehr statthaft, da die Polizeibehörde durch jenen Beamten kraft gesetzlichen Mandats vertreten war: EK. 27. Sept. 1856 (JMBl. 57, S 6).

III Aus welchen Gründen kann ein KK erhoben werden?

45. Zur erfolgreichen Durchführung eines KK ist nicht jedes Motiv geeignet, welches im Rechtsverfahren durch eine Inkompetenz- oder Unzulässigkeits-Einrede geltend gemacht werden könnte. Ein KK. erscheint vielmehr in der Regel nur dann als begründet, wenn die betr. Angelegenheit verfassungsgemäß dem RW. entzogen, und dem administrativen Ressort überwiesen ist: EK. 6. Okt. 1855 (JMBl. S. 409).

46. Hiernach kommt bei KK. nur diejenige Inkompetenz in Betracht, welche eine absolute ist, welche mithin die Prorogation des Forums, ja die richterliche Kognition überhaupt, und nicht etwa blos die des einen oder des anderen Gerichts ausschließt; cf. § 161, I. 2 AGO.; VO v. 14. Dezbr. 1833 § 5 n 8 a E. — Vgl. jedoch n. 47, 147.

47. Doch ist nicht gerade erforderlich, daß der vor Gericht geltend gemachte Anspruch für alle Zeit und unter allen Umständen nicht prozeßfähig sei; cf. VO. v. 1808 n. 510 und unten n. 64

48. Ferner folgt aus dem unter n. 45 Gesagten, daß die Erhebung eines KK nicht am Platze ist, wenn die Unzulässigkeit nicht unmittelbar aus dem Gesetze oder aus allgemein feststehenden Rechtsgrundsätzen, sondern aus einer Privatübereinkunft hergeleitet wird: EK. 11. Dezbr 1852, 14. April 1855 a. E., 12 Febr. 1859 (JMBl. 53, S. 56; 55, S 224; 59, S 295). [In letzterem Erk. heißt es: der Komp.-GH habe nur mit der Schlichtung solcher KK. zu thun, deren Begründung aus den über die Ressort- und Kompetenz-Verhältnisse der öff. Behörden gegebenen positiven Gesetzen hergeleitet werde, nicht mit solchen, die nicht in dieser Sphäre des öff. Rechts, sondern in Privat-Kompromissen und Verträgen ihren Ursprung nähmen. EK. v. 1852 sagt: der angebliche Verzicht des Klägers auf den RW. falle, wie jede peremtorische Einrede wider eine der richterlichen Kognition anheimfallende Klage der Jurisdiktion der Gerichte anheim.]

49. Dies gilt selbst dann, wenn der Staat oder eine zur Erhebung von KK. an sich befugte Behörde Partei bei jener Uebereinkunft war, oder wenn letztere gar die landesherrliche Genehmigung erhalten hat, wenn z. B. nach den vom Landesherrn genehmigten Statuten einer Korporation ꝛc. der RW. hinsichtlich gewisser, dieselbe betreffenden Streitigkeiten ausgeschlossen wird, indem diese Genehmigung, obgleich sie zur Gültigkeit der Statuten nöthig ist, darum dennoch den durch letztere zwischen der Korporation ꝛc und den Betheiligten geregelten Rechtsverhältnissen den Charakter von vertragsmäßigen sowie privatrechtlichen nicht benimmt, und daher z. B die Prorogation eines statutenwidrigen Forums nicht ausschließt. — Ja der privatrechtliche Charakter solcher Verhältnisse wird sogar dadurch nicht beseitigt, daß der Staat für die Korporation ꝛc ein besonderes Interesse an den Tag gelegt, daß er ihre Gründung angeregt und erleichtert, ihr Privilegien und zugleich eine Verfassung verliehen hat, die in ihren organischen Einrichtungen der Verfassung von Staatsinstituten gleichen, daß er endlich über die Verwaltung durch Königl. Kommissarien eine besondere Aufsicht führen läßt, und zwar Alles dies, weil er anerkennt, daß die Zwecke jener Korporation auch für den allgemeinen Verkehr und daher mittelbar für alle Klassen der bürgerlichen Gesellschaft heilsam seien. So: EK. 12. Febr. 1859 (JMBl. S. 296), welches demgemäß einen auf die Allerh. bestätigten Beschlüsse der Schles. General-Landschaft gestützten KK. verwarf [Rej. 15. Febr. 1826 und 25 Aug. 1842 (Sir. 27, I. 131; 42, I. 981) entscheiden die verwandte Frage, ob die Verletzung der Statuten einer anonymen Gesellschaft ein Kassationsmittel begründe, auf gleiche Weise. Vgl. jedoch KH. 26. Juni 1843 (Rh. A. 35, II 77)]

50. Doch betrachtet der Komp.-GH die Reglements der verschiedenen Prov.-Feuerversich.-Sozietäten nicht als landesherrlich bestätigte Sozietätsverträge, sondern als landesherrliche VO, resp. Spezialgesetze, und daher zur Begründung eines KK. wohl geeignet; cf. *EK 13. Oktbr. 1860, 25 Juni 1853 (JMBl. 61, S 210; 53, S. 338), — wogegen freilich OT. 12. Dezbr 1854 (Strieth. 16, S. 92) die Prorogation eines reglementswidrigen Forums für statthaft hielt.

51 In *EK. 18. April 1857 (JMBl. S. 388) wird die Begründung eines

KK. aus den Statuten einer Genossenschaft zu Be- und Entwässerungs-Anlagen hergeleitet

52. Des zweiten Haupterfordernisses für die Zulässigkeit eines KK., daß nämlich die Beschreitung des RW., resp. die gerichtliche Verhandlung selbst, einen Eingriff in den Wirkungskreis der Verwaltungs-Behörden involvire, wird im § 5 Nr 8 a E der VO. v. 14 Dezbr. 1834 zwar nicht erwähnt. Sein Bestehen ergiebt sich jedoch aus dem Begriffe des Worts „Konflikt“ und aus dem Zwecke sowie der Ueberschrift des Gesetzes.

53 Demzufolge können diejenigen Bestimmungen, welche den RW. ausschließen, weil der betr Anspruch gesetzlich gar nicht existirt, resp. vom Staate nicht anerkannt wird (VO v. 1808 n. 238), einem KK nicht zur Grundlage dienen.

54 Desgleichen nicht solche Bestimmungen, welche die Entscheidung, mit Ausschluß des RW., Schiedsrichtern übertragen (cf Ges v 15 Febr 1840 § 18, GS. S. 23; Ges. v. 12 Mai 1851 § 8, GS S. 266), es sei denn, daß das schiedsrichterliche Verfahren nach dem Willen des Gesetzes nur den integrirenden Theil eines administrativen Verfahrens ausmachte, oder doch gänzlich unter die Leitung und Aufsicht der Verwaltung gestellt wäre, und diese die Rekursinstanz für die gefällten Sprüche bildete (cf. Vorsl.-Ed v. 1811 §§ 21 ff).

55 Ebenso könnte in dem Strafverfahren wider einen beim preuß Hofe akkreditirten Gesandten ein KK nicht ergriffen werden, weil eine solche Prozedur, so unstatthaft sie auch sein würde, doch immerhin mit der administrativen Kompetenz nicht in Kollision träte.

56 Dahingegen wurde freilich ein nach Maaßgabe der ACO v. 30. Juni 1828 erhobener KK. durch *ME 28. Febr 1839 (Rh. A. 33, III. 12) aufrecht erhalten, weil über die Frage, wem die wider den Fiskus eingeklagte, an sich prozeßfähige Forderung zur Last falle, zwischen zwei Bundesgliedern Streit bestehe, welcher gemäß § 30 der Wiener Schlußakte v 15 Mai 1820 (GS. S. 122) durch ein Austrägalgericht geschlichtet sein müsse, bevor der gewöhnliche RW. Platz greifen könne [?]

57. Der Eingriff in den Wirkungskreis der Verwaltungs-Behörden muß ein unmittelbarer und nicht erst durch das Eintreffen dieser oder jener Eventualität bedingter sein Demzufolge genügt nicht schon die bloße Besorgniß, das zu erwartende Urtheil könne unter dieser oder jener Voraussetzung den Rechten der Verwaltung präjudiziren; cf Dalloz n. 43. Gleichwohl erhielt EK. 30. Jan. 1858 (JMBl. S 287) den damals in Frage stehenden KK. aufrecht, weil ein Klageantrag von zu unbestimmter Allgemeinheit vorliege und das danach ergehende Urtheil, obschon es vom richtigen Gesichtspunkte aus betrachtet ganz wirkungslos sein würde, später dennoch zu Streitigkeiten über seine Auslegung Anlaß bieten könne, deren Ergebniß möglicherweise eine Benachtheiligung der Verwaltungs-Behörde herbeiführe.

57 bis Uebrigens ist in n 52 der Ausdruck „Verwaltungs-Behörde“ in dem weiteren Sinne gebraucht, wonach er auch die geistlichen Oberen und die Justizbehörden, letztere bezüglich ihres administrativen Wirkungskreises, insbesondere ihrer Thätigkeit in Lehnssachen und in Verwaltung des Justizfiskus mitumfaßt Cf EK. 5. Juni 1852, 30. Mai 1857, 12. März 1859 (JMBl. 52, S 323; 58, S. 132; 59, S. 343). Ja es ist sogar der KK wider eine Klage nicht beanstandet worden, welche gegen die im Laufe einer Untersuchung zur Sicherstellung des dereinstigen Judikats getroffenen, der Beurtheilung des Kriminalrichters anheimfallenden Maaßregeln gerichtet war: EK. 3. Nov. 1847. Ob zu den gerichtlichen Verwaltungssachen, die gegen prozessualische Schritte durch Erhebung eines KK geschützt werden können, auch das Vormundschaftswesen gehöre, insofern hier der eigentliche RW versperrt ist, erscheint jedenfalls als höchst zweifelhaft Denn, wenngleich dieser Geschäftszweig, im Gegensatz zur wirklichen Rechtsprechung dem administrativen Ressort der Gerichte zugerechnet zu werden pflegt, so hat er dennoch mit der sonstigen administrativen Thätigkeit der Gerichte so geringe Verwandtschaft und bezieht sich so ausschließlich auf privatrechtliche Interessen, daß das Ges. v. 1847 ihn wohl schwerlich mit im Auge gehabt hat

58 Das Recht zur Erhebung des KK steht den Verwaltungs-Behörden nicht

blos gegen solche Eingriffe zu, welche die Administration im engeren Sinne betreffen, sondern auch wider diejenigen, welche das jenen Behörden für gewisse streitige Angelegenheiten ausnahmsweise verliehene Entscheidungsrecht beeinträchtigen; cf. VO. v. 1808 n. 239 ff.

59. Die Zulässigkeit eines KK. wird nicht dadurch bedingt, daß die bei Gericht anhängig gemachte Angelegenheit administrativer Seits noch unerledigt sei. Der KK. kann vielmehr auch dann noch erhoben werden, wenn eine definitive Administrativ-Entscheidung bereits vorliegt, für ein ferneres administratives Verfahren mithin kein Raum bleibt; cf. Dalloz n. 48.

60. Gegenüber den Fällen der absoluten Inkompetenz der Gerichte stehen diejenigen, in denen die gerichtliche Kognition zu Gunsten der administrativen wenigstens beschränkt oder an gewisse Bedingungen geknüpft ist. Hierher gehören namentlich die Fälle, wo die Gerichte verbunden sind, eine an sich prozeßfähige Klage als unbegründet, unstatthaft oder voreilig abzuweisen, sei es, weil eine administrative dem Klageanspruch entgegenstehende Verfügung für sie maaßgebend ist, sei es, weil die Beobachtung gewisser Förmlichkeiten versäumt wurde, die der Verwaltung gegenüber vor Einleitung des Prozesses zu erfüllen waren. Daß hinsichtlich solcher Fälle die Erhebung eines KK. nicht an ihrer Stelle ist, geht bereits aus n 52 hervor. Vgl. ferner *EK. 24 Juni 1851 (JMBl. 51, S. 267); Cormenin (II. S. 9).

60 bis. Demgemäß verwarf EK 21. Nov. 1857 (JMBl. 58, S. 206) einen auf § 23 der allg. Best. zu den Deichstatuten v. 14 Nov. 1853 (GS. S. 942) gegründeten KK., weil aus der Nichterfüllung der dort für die Beschreitung des RW. über die betr. Entschädigungs-Ansprüche vorgeschriebenen Bedingungen nicht die Inkompetenz des Gerichts, sondern höchstens die Nothwendigkeit folgen würde, daß der Richter den Klageantrag zur Zeit abweise.

61. So würde es z. B. zu Nichts führen, wenn die Verwaltung in einem strafgerichtlichen Verfahren den KK. erheben wollte, weil das Gericht einen zum Thatbestande des Vergehens gehörigen, ausnahmsweise jedoch durch die Verwaltungs-Behörde festzustellenden Punkt der eignen Prüfung unterworfen und in einer von der administrativen Feststellung abweichenden Weise beurtheilt habe. Vgl. Konkl. des Gen.-Prok. am KH. v. 9. Jan. 1830 (R. A. 14, II. 11 a. E.).

62. Desgleichen kann ein KK. der eben aufgestellten Regel gemäß nicht um deswillen erhoben werden, weil eine der Parteien der nach der bestehenden Gesetzgebung erforderlichen, administrativen Ermächtigung zur Klage &c ermangle (cf. z. B. Rhein. Ress.-Regl. §§ 5, 7): *ME. 28. Juli 1841 (Tr. A. 2, I. 40)

63. Ob ein KK. auf § 6 des Ges. v 11. Mai 1842 gegründet werden könne, hängt von der Art und Weise ab, wie die in n. 135 zu jenem Ges. erörterte Streitfrage zu beantworten ist. Der Komp.-GH. ist hiernach für die Bejahung.

64 Jedenfalls liegt einer der in n 60 gedachten Fälle wohl nicht vor, wenn es sich um eine Angelegenheit handelt, in welcher der Verwaltung das Recht der vorläufigen Entscheidung zusteht und die richterliche Kognition nur einzutreten hat, sofern auf rechtliches Gehör angetragen wird. Bevor letztere Bedingung erfüllt ist, erscheint die richterliche Inkompetenz allerdings als eine absolute, und die administrative Zuständigkeit als so durchgreifend und erschöpfend, daß dieser der Schutz der Konflikts-Gesetzgebung schwerlich versagt werden kann Nur hinsichtlich des auf § 45 der VO. v 1808 beruhenden Entscheidungsrechts ist das Gegentheil anzunehmen, zumal seitdem nicht blos der Behörde selbst die Befugniß, sich jenes Rechts im konkreten Falle zu begeben, sondern auch dem Angeschuldigten die Befugniß, schon vor dem Ausspruche der Verwaltung auf rechtliches Gehör anzutragen, in der unumschränktesten Weise verliehen, resp die ehedem dieserhalb bestehenden Beschränkungen sämmtlich hinweggeräumt sind.

65. Ferner begründet da, wo der Antrag auf rechtliches Gehör an Präklusivfristen gebunden ist, die Verspätung dieses Antrags kein Recht zur Erhebung eines KK.: EK. 30. Jan. 1858 (JMBl. S. 112).

66. Desgleichen kann die Frage, ob eine an sich zulässige Klage wider den richtigen Beklagten angestellt sei, da sie überhaupt nicht den Kompetenz-,

§. 3. Zur Erhebung des Kompetenzkonflikts sind nur die Central- und die Provinzial-Verwaltungsbehörden befugt. Hält eine untere Verwaltungs-Behörde in einer zu ihrer Kenntniß kommenden Rechtssache die Erhebung des Kompetenzkonflikts für erforderlich, so hat sie hiervon sofort der vorgesetzten Dienstbehörde Anzeige zu machen.

---

sondern den Legitimationspunkt betrifft, der richterlichen Kognition durch Erhebung eines KK. nicht entzogen werden: EK. 8. Juni 1848 (JMBl. S 306);

67 — es sei denn, daß die Beschreitung des RW. nur ausnahmsweise wider gewisse Personen gestattet, resp. gewissen Personen gegenüber ausdrücklich versagt wäre; cf. z. B VO. v. 1808 n 225

68. Ebenso liegt kein Anlaß zur Erhebung eines KK. vor, wenn der Streitgegenstand an sich prozeßfähig ist, auch der Tenor des bereits ergangenen Urtheils über diesen Gegenstand allein lautet, und nur in den Motiven, obschon ungehöriger Weise, ein der administrativen Kognition vorbehaltener Punkt erörtert wird; cf Dalloz n. 70.

§ 3.

69. Während die franz. Gesetzgebung nur den Präfekten zur Konfliktserhebung ermächtigt, beruft § 3 dazu alle Central- und Provinzial-Verwaltungs-Behörden. Welche Behörden zu ersteren gehören, darüber vgl. v. Rönne (II. S. 62 ff).

70 Der Kultusminister ist als die mit Wahrnehmung der Beziehungen zwischen dem Staate und der katholischen Kirche betraute Centralbehörde in den dieses Ressort berührenden Angelegenheiten den KK zu erheben befugt: EK. 30. Jan. 1858 (JMBl S. 111). Vgl jedoch Ges v. 13. Febr. 1854 n. 19.

71. Bei dem im JMBl. 51 S. 67 mitgetheilten Falle hatte die Ministerial-Baukommission den KK. erhoben, dessen Zulässigkeit vom Komp.-GH. (EK. 28. Dez. 1850) nicht beanstandet wurde

72. Aus der Befugniß der Centralbehörden, den KK. selbst zu erheben, folgert der Komp.-GH., daß, wenn der betr. Verwaltungschef dem von einer andern Behörde erhobenen KK in seinen Mittheilungen an den Komp.-GH. (§ 12) beitrete, die Frage, ob jene andre Behörde zur Konfliktserhebung legitimirt gewesen sei, nicht weiter in Betracht komme, daß also der von einer nicht legitimirten Behörde ausgehende KK. durch den nachträglichen Beitritt des Ministers konvaleszire; cf. EK. 9., 30. Jan. 1858, 3. Jan 1857 (JMBl 58, S. 93, 111; 57, S. 249). Diese Ansicht unterliegt jedoch erheblichen Bedenken, einmal schon aus formellen Gründen (cf. § 5 ff.), sodann aber, weil mit derselben die Garantien schwerlich bestehen können, welche § 3, indem er das Recht der Konfliktserhebung nur gewissen höheren Verwaltungs-Behörden vorbehält, wider den Mißbrauch dieses Rechts den Prozeßparteien hat gewähren wollen. Es waltet ein wesentlicher Unterschied vor, wenn es in Frage steht, ob der Minister selbst in den Rechtsgang durch Konflikts-Erhebung eingreifen soll, oder wenn ein KK. längst vorliegt, das Prozeßverfahren in Folge dessen seit Monaten ruht, das Konfliktsverfahren fast zu Ende geführt ist, und es sich nunmehr darum handelt, die Maaßnahme einer anderen Behörde entweder zu billigen oder zu mißbilligen. (Im Erk. v. 30 Januar 1858 erwägt übrigens der GH., daß die nochmalige Vernehmung der Parteien nicht erforderlich sei, weil der Minister keine neuen Momente angeführt habe; er trägt daher dem § 5 wenigstens insofern Rechnung, als er anerkennt, daß im entgegengesetzten Falle jene Vernehmung habe erfolgen müssen. Der durch Erk. v. 9. Jan. 1858 entschiedene Fall unterscheidet sich von den übrigen dadurch, daß der Min. d. J. einen Konflikt aufnahm, welchen eine von ihm gar nicht ressortirende Behörde, der Chef der Gendarmerie, erhoben hatte; der Komp.-GH. erwog hier, daß dieser Umstand das Interesse der Parteien gar nicht berühre.)

73. Welche Behörden als Provinzial-Verwaltungs-Behörden zu be-

trachten seien, beantwortet sich vorzugsweise aus der AGO. v. 31. Dez. 1825 u. § 24 des Diszipl.-Ges. v. 21. Juli 1852.

74. Namentlich gehören dahin die Ober-Präsidenten (EK. 11. März 1848, JMBl. S. 184), die Regierungen (EK. 7 Okt. 1854, *12. Mai 1855, JMBl. 55, S. 18, 239), die Prov.-Steuer-Direktionen (EK. 2 Nov. 1850, JMBl. 51, S. 44), die Ober-Post-Direktionen (EK. 22. Septbr. 1855), die Intendanturen der Armeekorps (EK. 22. Nov. 1851, JMBl. 52, S. 18), die Prov.-Schulkollegien, die Ober-Bergämter und das Polizei-Präsidium zu Berlin.

75. Ebenso dürften die Eisenbahn-Kommissariate zur Konfliktserhebung befugt sein; cf. den n. 73 cit. § 24. Bessel u. Kühlw. (Eisenbahnrecht, II. S. 42) sind derselben Meinung, namentlich in Bezug auf Konflikte im Sinne des Ges. v. 23. Febr. 1854. (Dieselben nehmen übrigens an, daß bei Fassung des Konflikts-Beschlusses der Kommissar der Regierung, — Ges. v. 21 Juli 1852 § 31 — mitwirken müsse.) Im *EK. 3. Jan. 1857 (JMBl. S 250) wird obige Frage zwar angeregt, aber unentschieden gelassen;

76. — nicht aber die königl. Direktionen einer Staats- oder vom Staate verwalteten Privat-Bahn, da diese nicht zu den Behörden gehören, welche in die Verfassung des Staats organisch eingreifen und mit einer auf den Hoheitsrechten des Staats beruhenden Gewalt bekleidet sind; cf. Bessel u. Kühlw. (Eisenbahnrecht II. S. 62). Der Komp.-GH. hat sich anscheinend noch nicht in der Lage befunden, diese Frage zu entscheiden Die königl. Direktion einer Rheinischen Bahn erhob zwar vor mehreren Jahren einen KK.; derselbe wurde jedoch auf Anordnung des Hand.-Min. zurückgenommen;

77. — desgleichen nicht die General-Landschafts- und Haupt-Ritterschafts-Direktionen; dieselben werden zwar im § 24 des Diszipl.-Ges. v. 1852 bezüglich der Disziplin über die ihnen untergeordneten Beamten den Provinzial-Verwaltungs-Behörden gleichgestellt, vertreten aber keine allgemeinen Staatsinteressen, sondern nur die besonderen Interessen ihres ständischen Kreditvereins und seiner Mitglieder: EK. 23. Juni 1858 (JMBl. S. 296).

78. Die Medizinalkollegien sind zwar Provinzial-, aber keine eigentlich verwaltenden, sondern nur wissenschaftliche und technisch-berathende Behörden, und um deswillen zur Konfliktserhebung nicht befugt.

79. Unter Provinzial-Verwaltungs-Behörden sind übrigens nicht blos die Staatsbehörden im engern Sinne, sondern auch die kirchlichen Provinzial-Verwaltungs-Behörden zu verstehen, zumal auch die Unabhängigkeit der geistlichen Oberen nach denselben Grundsätzen beurtheilt wird, wie die Unabhängigkeit der zur Ausübung landesherrlicher Hoheitsrechte berufenen Staatsbehörden; cf. VO. v. 1808 n. 87, 157. Demgemäß ist denn auch die Zulässigkeit der von den Konsistorien erhobenen KK. niemals bezweifelt worden; cf. EK. 3. Juni 1848 (JMBl. S 285). Hinsichtlich der katholischen Bischöfe, resp. der bischöflichen General-Vikariate sprachen sich in dem im JMBl. 58, S. 110 mitgetheilten Falle das betr. Kreisgericht und das AG. zu Marienwerder gleichfalls für die Eingangs aufgestellte Ansicht aus, wogegen der Komp.-GH. die Frage unentschieden ließ. Vgl. auch Ges. v. 13. Febr. 1854 n. 19.

80. Der Ausdruck „Provinzial-Verwaltungs-Behörde“ umfaßt ferner die Justizbehörden mit, insofern diesen eine administrative Thätigkeit zugewiesen ist, weshalb auch die Appellations-Gerichte, die Ober-Staatsanwälte und der General-Prokurator des AH. Cöln zur Erhebung von KK. befugt sind, letzterer als Provinzialchef der gerichtlichen Polizei, jene, die Ober-Staatsanwälte, z. B. bezüglich der der richterlichen Kognition entzogenen Amtshandlungen der Polizeianwälte; cf. oben n. 57 bis, JMR. 5. März 1853 (Goltd. Archiv 1, S. 369), EK. 26. Nov. 1853, *7. Juni 1856 (JMBl. 54, S. 16; 56, S. 323).

80 bis. Der Ehrenrath der Rechtsanwälte und Notarien gehört nicht zu den gemäß § 3 zur Konflikts-Erhebung befugten Behörden: AG. Münster 19 Juni 1850 (Arnsb Jur. Monatsschr. 1, S. 36).

81. Die standesherrlichen Regierungen sind nach der Instr. v. 30 Mai 1820 §§ 45, 51 als untere Verwaltungs-Behörden zu betrachten, und daher

nur befugt, die Erhebung eines KK bei den höheren Behörden anzuregen; cf. MR. 13. April 1840 (BMBl S. 142)

82. In Betreff der Auseinandersetzungs-Behörden s. § 21 h. l., und in Betreff der Befugniß der Behörden überhaupt, Konflikte nach Maaßgabe des Ges. v. 1854 zu erheben, die Noten zu § 1 ib.

83. Zur Konflikts-Erhebung ist im konkreten Falle nur diejenige Central-, resp. Provinzial-Behörde befugt, deren Ressort durch das gerichtliche Verfahren berührt wird: EK. 30 Jan. 1858 (JMBl. S 111); cf. die MInstr. v. 1. Juli 1835 § 3 (n. 7).

84. Doch ist nicht erforderlich, daß, wenn die Klage gegen eine Behörde und aus Anlaß einer von ihr ausgegangenen Amtshandlung angestellt wird, der KK. gerade von der dieser Behörde vorgesetzten Central- oder Provinzial-Behörde erhoben werde. (Insofern besteht zwischen den Ges v. 1847 und 1854 ein wesentlicher Unterschied) Cf *EK. 24. Jan. 1857 (JMBl. S. 338). I. c. war gegen eine Steuerkasse geklagt, und von einer General-Kommission der KK. eingelegt worden. Das wider dessen Zulässigkeit erhobene Bedenken, ob nicht statt der General-Kommission die Regierung als vorgesetzte Behörde des Steuerempfängers den KK. habe einlegen müssen, beseitigte der Komp.-GH. damit, daß der Steuerempfänger nur auf Requisition der General-Kommission, mithin als deren Organ fungirt habe.

84 bis. Demzufolge sind z B. die Ober-Staatsanwälte befugt, den KK. in Prozessen zu erheben, zu denen die Amtshandlungen der administrativen Polizeibeamten in einer die Strafverfolgung betr. Angelegenheit Anlaß gegeben haben, sofern jene Beamten lediglich auf Requisition der Justizbehörde handelten, — cf. VO. v. 3 Jan. 1849 § 4 Abs. 2, — indem entgegengesetzten Falls obige Befugniß freilich nur der Regierung, resp dem Min. d J. zustehen würde. In der Rheinprovinz hat der General-Prokurator des AH. Cöln jene Befugniß in beiden Fällen Vgl. n. 80

85. Die den Prov.-Behörden gemäß § 3 zustehende Befugniß ist nicht auf Prozesse beschränkt, welche bei Gerichten ihres Verwaltungs-Bezirks schweben: EK. 22. Okt. 1853 (JMBl. S. 144). [Das Gegentheil wird in Frankreich angenommen; cf. Dalloz n 35.]

86. Auch wird die Ausübung jener Befugniß nicht dadurch bedingt, daß die betr. Central- oder Provinzial-Behörde im Prozesse Partei, oder daß sie von einer der Parteien um Einlegung des KK angegangen worden sei. Ja die Befugniß kann sogar gegen den ausgesprochenen Willen beider Parteien, z. B wenn der Beklagte auf die Einrede der Inkompetenz ausdrücklich verzichtet haben sollte, gehandhabt werden; cf. EK. 22 Okt. 1853, *id 3. April 1858 (JMBl. 53, S. 144; 58, S. 344).

87. Doch wird erfordert, daß der Konflikts-Erhebung ein rechtliches Interesse zu Grunde liege; cf. EK 30. Jan. 1858, 8. Febr. 1862 (JMBl. 58, S. 287; 62, S. 240 a. E). Dieselbe ist daher unstatthaft, wenn die Klage bereits als zum RW. ungeeignet abgewiesen worden ist, so lange gegen das desfallsige Urtheil kein Rechtsmittel ergriffen wird; cf. Dalloz n. 67, 130. Anders verhält es sich freilich mit dem Falle, wo die Klage als unbegründet verworfen wurde, da ein solches Urtheil allerdings einen Eingriff in den Wirkungskreis der Verwaltungs-Behörde enthält; cf. *EK. 10. Jan. 1852 (JMBl. S. 92).

88. Die auf § 3 beruhende Befugniß kann nicht an eine andere Behörde delegirt noch der Auftrag zur Erhebung eines KK. einer anderen an sich nicht legitimirten Behörde ertheilt werden; cf Bessel u Kühlw. (Eisenbahnrecht II. S. 43).

89. Der Befugniß korrespondirt nicht eine deren Ausübung erheischende Pflicht. Das Ges. stellt es vielmehr in das Ermessen der dort bezeichneten Behörden, ob sie von derselben Gebrauch machen oder die Entscheidung über die Kompetenzfrage dem Prozeßrichter belassen wollen Unter der Herrschaft der ACO. v. 1828 wurde freilich das Gegentheil angenommen; cf. oben n. 7 und JMR. 2. April 1838 (Rh. S. 6, S. 451).

90. Andererseits kann auf die Befugniß ebensowenig wie auf die eigne Kompetenz verzichtet werden, weshalb die im § 3 genannten Behörden den KK. selbst dann noch erheben können, wenn sie zuvor auch die Zulässigkeit des RW. ausdrück-

lich anerkannt, z. B. die Parteien selbst zum RW. verwiesen haben: *EK. 11. März 1848 (JMBl. S. 200)

91. Ja die Konflikts-Erhebung ist sogar dann gestattet, wenn die betr. Behörde selbst als klagender Theil bei Gericht aufgetreten oder in einen schwebenden Prozeß, um die Vertretung des Beklagten zu übernehmen, intervenirt ist; cf. ME. im Arnsb. Arch. 6, S. 525 und EK 12. Dez. 1852.

92. Macht die Verwaltung von jenem Rechte keinen Gebrauch, so präjudizirt dies in keiner Weise der alsdann vom Richter ausschließlich zu beurtheilenden Kompetenzfrage. Entweder ist die richterliche Inkompetenz keine absolute, und alsdann liegt ein gegründeter Anlaß zur Konflikts-Erhebung gar nicht vor, oder es ist das Gegentheil der Fall, und alsdann muß sich der Richter unter allen Umständen schon von Amtswegen inkompetent erklären; cf. n. 90, 45 ff. und VO. v. 1808 n. 27 Es kann daher den Motiven eines OT 8. Febr. 1854 (Strieth 12, S. 118) nicht beigepflichtet werden, wenn es dort heißt, die vorgeschützte Inkompetenz-Einrede sei um so weniger zu berücksichtigen, als die Behörde einen KK. nicht erhoben habe, noch den Motiven eines OT. 9. März 1855 (ib. 17, S. 74), sofern daselbst gesagt wird, daß, falls die Verwaltungs Behörde, indem sie unter dem ausdrücklichen Vorbehalte des RW. entschied, Etwas von ihren Befugnissen aufgegeben haben möchte, es nicht Sache des Richters sei, diese Befugnisse zu suppliren, und jenen Vorbehalt als nicht geschehen zu erachten, daß vielmehr im betr. Falle nach dem Ges v. 8. April 1847 habe verfahren und der etwaige KK. auf dem dort verordneten Wege habe beseitigt werden müssen; cf ferner OT. 27. Nov. 1857 (ib. 28, S. 109).

92 bis. Die Befugniß kann nicht bedingungsweise ausgeübt, ein KK. z. B. nicht etwa blos für den Fall erhoben werden, wo der Richter sich nicht für inkompetent erklären möchte. Dies folgt nicht allein aus der ganzen Struktur des in den §§ 4 ff vorgezeichneten Verfahrens, sondern auch aus einer richtigen Würdigung der Stellung der Gerichte, denen das Eingehen auf dergleichen Transaktionen nicht zugemuthet werden kann. Auch ist nicht etwa die beigefügte Bedingung als nicht beigefügt, der KK. mithin als unbedingt erhoben zu behandeln, sondern er gilt als gar nicht existent, da ja sonst die Gerichte über die ausgesprochene Absicht der Verwaltung hinausgehen würden. In dieser Weise wurde denn auch, wie es scheint, in dem im JMBl 54, S. 187 referirten Falle von den Gerichten verfahren; cf. ferner AH Cöln 10 Dez 1825 (Rh A. 8, I 77). A. M. ist freilich, im Hinblick auf die frühere Gesetzgebung und die unter n. 7 cit. Min.-Instr. v. 30. März 1836, das JMR. 2 April 1838 (Rh. S. 6, S. 451), indem dasselbe vorschreibt, daß, wenn eine Behörde, jener Instr. zuwider, statt direkt den KK. zu erheben, dies nur eventuell thue und zunächst die Prozeßeinrede der mangelnden Kompetenz vor Gericht vorschütze, letzteres, ohne jene Einrede zu prüfen, das gerichtliche Verfahren sofort sistiren solle.

93. Dagegen ist es unbedenklich gestattet, bei Klagen, die mehrere Petita umfassen, selbst wenn sie blos alternativ neben einander gestellt sind, den KK. nur auf eines derselben zu beschränken.

94. Ja es kann sogar, wenn nur Ein Petitum vorliegt, dieses aber gleichzeitig auf mehrere Klagefundamente gestützt wird, der KK. nur wider das eine oder andere dieser Fundamente gerichtet werden; cf. *EK. 22. Septbr. 1860 (JMBl. 61, S. 221).

95. Kann ein einmal eingelegter KK. von der Behörde, von welcher derselbe ausgegangen ist, wieder zurückgenommen werden? Den Centralbehörden dürfte dieses Recht arg. § 11 allerdings zustehen; dasselbe kann aber, wie es scheint, auch den Provinzial-Behörden nicht abgesprochen werden, es sei denn, daß das Verfahren schon bis zu dem Punkte gediehen wäre, wo der Verwaltungschef sich gemäß § 11 darüber zu entscheiden hat, ob er den KK für begründet erachte, oder nicht. Keinenfalls ist die Wirksamkeit der Zurücknahme an die Zustimmung der Prozeßparteien gebunden. Vgl. n. 11. [In Frankreich wird jenes Recht dem Präfekten nicht eingeräumt; cf Cormenin II. S. 10 (V.).]

96. Die Frage, ob, wenn ein KK. verworfen worden ist, derselbe wiederholt eingelegt werden könne, ist zwischen dem Falle, wo die Verwerfung we-

§. 4. Die Erhebung des Kompetenzkonflikts erfolgt durch Uebersendung eines darüber abzufassenden motivirten Beschlusses der Verwaltungs-Behörde an das Gericht, mit der Erklärung:

daß der Kompetenzkonflikt erhoben werde,

und mit dem Antrage:

das Rechtsverfahren bis zur Entscheidung über denselben einzustellen.

Besteht die Provinzialbehörde, welche den Konflikt erheben will, aus mehreren Abtheilungen, so muß der Beschluß vom Plenum derselben gefaßt werden.

---

gen formeller Mängel, und dem, wo sie wegen mangelnder Begründung des KK. erfolgte, zu unterscheiden, und nur für den ersteren Fall in bejahendem Sinne zu beantworten; cf. EK. 12. Febr 1859, 12. Okt. 1861 (JMBl. 59, S. 294; 62, S. 100) und Dalloz n. 88. [Im ersten der vom Komp.-GH. entschiedenen Fälle war ein KK., nachdem derselbe, als von einer hierzu nicht legitimirten Behörde erhoben, verworfen worden, seitens des Min. d. J. wieder aufgenommen worden. Der GH. erkannte den Konflikt als an sich statthaft an. Die andere Entscheidung betraf einen Fall, wo der GH den früheren KK. als materiell unbegründet verworfen hatte. Hier ging der GH zwar auf eine materielle Prüfung des zweiten Konflikts ein, erklärte denselben aber nicht allein für unbegründet, sondern auch für schlechthin unzulässig.] Wird ein KK. wegen mangelnder Begründung verworfen, so muß selbst einer anderen und zwar höheren Behörde, als derjenigen, welche den KK. erhoben hatte, das Recht der erneuerten Konflikts-Erhebung versagt werden, sollte der zweite KK auch auf ganz andere Gründe gestützt werden, vorausgesetzt natürlich, daß der Prozeß-Gegenstand derselbe geblieben ist.

§ 4.

97. Die §§ 4 ff. sind auf negative KK. unanwendbar; cf. n. 143.

98. Damit der Beschluß als motivirt erscheine, muß derselbe auch die gesetzliche Vorschrift, auf welche er gestützt wird, beziehen. [Nach Art. 8 der franz. Ordn. v. 1828 ist sogar der Text des betr. Ges. in den Beschluß aufzunehmen.]

99. *EK. 8. Dez. 1860 (JMBl. 62, S. 13) erachtet es für nicht durchaus nöthig, daß der Beschluß im Falle des Abs. 2 als Plenarbeschluß bezeichnet werde, und findet in der Unterschrift des Präsidenten unter der im Dokumente enthaltenen Erklärung, daß die Regierung die Erhebung des KK. beschlossen habe, eine genügende Bürgschaft dafür, daß dieser Beschluß vorschriftsgemäß vom Plenum ausgegangen sei. In einem Falle, wo der Beschluß einer Regierung ausdrücklich unter der Unterschrift „Abtheilung des Innern“ ausgefertigt worden war, erklärte der Komp.-GH den desfallsigen Einwand durch die nachträgliche Erklärung jener Abtheilung, daß der Beschluß dennoch in pleno gefaßt sei, für erledigt, cf EK. 17. Febr 1855 (ib. S. 136).

100 Der KK. ist in dem oben n. 26 erwähnten Falle bei demjenigen Gerichte zu erheben, welchem die Entscheidung über die bei der Vollstreckung sich etwa erhebenden Streitigkeiten zustehen würde So: *EK. 10. Jan. 1852 (JMBl. S. 93). A. M ist jedoch *EK. 12. Okt. 1861 (JMBl 62, S. 99), indem dasselbe den beim Friedensgerichte erhobenen KK. als bei der richtigen Stelle angebracht erachtete, obgleich es anerkannte, daß die Exekution des Urtheils nach Lage der Sache nur dem Landgerichte zugestanden haben würde. (In den Motiven wird freilich eine Uebereinstimmung zwischen beiden Erk unterstellt, da es dort heißt: in Verfolgung der durch EK. 10. Jan. 1852 aufgestellten Prinzipien müsse angenommen werden, daß der Prozeß, da er beim Friedensgericht nicht rechtskräftig entschieden

§. 5. Sobald der Konflikt auf diese Weise (§. 4.) erhoben ist, stellt das Gericht das Rechtsverfahren durch einen Bescheid, gegen welchen kein Rechtsmittel zulässig ist, einstweilen ein, und fertigt diesen Bescheid, nebst einer Abschrift des Beschlusses der Verwaltungs-Behörde, den bei der Sache betheiligten Privatparteien mit dem Eröffnen zu, daß ihnen freistehe, sich binnen einer Präklusivfrist von vier Wochen über den Kompetenzkonflikt schriftlich zu erklären. Eine solche Erklärung muß von einem Rechtsanwalte unterzeichnet sein und nebst einer Abschrift derselben eingereicht werden.

---

und beim Landgericht noch nicht anhängig gemacht sei, bei ersterem Gericht noch geschwebt habe.)

§ 5.

101. Das in den §§ 5 ff. vorgezeichnete Verfahren greift zwar in das bei Gericht anhängige Verfahren ein, bildet aber (von dem Sistirungsbeschlusse selbst abgesehen) doch keinen integrirenden Theil desselben; es sind daher die allgemeinen für gerichtliche Prozeduren bestehenden Vorschriften auf jenes nicht etwa in subsidium ohne Weiteres anwendbar

101 bis. Die Einstellung des Prozeßverfahrens geschieht am Zweckmäßigsten durch einfachen Bescheid, d. h. durch bloße Verfügung Der Ausfertigung eines förmlichen Beschlusses bedarf es nicht. So die an sämmtliche Gerichtsbehörden, ausschließlich derjenigen im Bezirke des AH. Cöln ergangene JMin.-Instr. v. 2 April 1856 (JMBl. S. 86).

102. Daß das Gericht bei Fassung des Beschlusses bezüglich der Einstellung des Rechtsverfahrens sich nicht mit der Prüfung des streitigen Kompetenzpunkts befassen darf, versteht sich von selbst. Eine andere Frage ist es jedoch, inwiefern dem Gericht nicht wenigstens insoweit eine selbstständige Kognition zustehe, als es sich um die Zulässigkeit und formelle Gültigkeit des KK. handle, oder ob auch nach dieser Richtung hin der Entscheidung des Komp.-GH. in keiner Weise vorgegriffen werden dürfe. Anscheinend muß hier zwischen den verschiedenen Erfordernissen, wie sie aus den §§ 2—4 hervorgehen, unterschieden werden. Daß die Entscheidung darüber, ob die Sache schon rechtskräftig entschieden, der KK. mithin verspätet sei, dem Komp.-GH. gebühre, ist bereits unter n. 29 gesagt. Der Richter wird daher aus § 2 keinen Grund entlehnen können, um den Erlaß des Sistirungsbescheides abzulehnen. Wohl aber durfte er befugt, resp. den Prozeßparteien gegenüber verpflichtet sein, die Legitimation der den KK. erhebenden Behörde (§ 3) sowohl als die formelle Gültigkeit des Konfliktsbeschlusses (§ 4) zu prüfen. Hiermit stimmt obige Instr. v. 2. April 1856 insofern überein, als sie die Gerichte anweist, da, wo die betr. Prov.-Behörde aus mehreren Abtheilungen bestehe, das Rechtsverfahren nur auf solche Beschlüsse einzustellen, bei denen § 4 Abs. 2 beobachtet worden. Ohne die obige Ansicht in Betreff des Legitimationspunkts im Prinzipe zu verwerfen, verfügte jedoch das OT. in dem im JMBl. 58, S. 294 mitgetheilten Falle, daß bei der Zweifelhaftigkeit der Frage, ob die betr. Behörde (eine Gen.-Landsch.-Direktion s n. 77) zu den im § 3 erwähnten Prov.-Behörden gehöre, und da die letzte endgültige Entscheidung darüber dem Komp.-GH. zustehe, es nicht angemessen erscheine, den KK. durch einfaches Dekret abzuweisen, daß vielmehr das gesetzliche Verfahren einzuleiten sei. [In Frankreich hat der Staatsrath durch eine Reihe von Entscheidungen ausgesprochen, daß der Richter auf die bloße Mittheilung des Konflikts-Beschlusses das Rechtsverfahren immer einstellen müsse, indem nur ihm, dem Staatsrathe, die Entscheidung über die Gültigkeit des KK., namentlich darüber zustehe, ob derselbe verspätet oder wegen Nichtbeobachtung wesentlicher Formalitäten unwirksam sei. Inzwischen ist diese Ansicht, welche mit

der schroffen Weise zusammenhängt, wie das Prinzip der Trennung der Gewalten, sowie der Unanfechtbarkeit von Administrativakten dort gehandhabt zu werden pflegt, (cf. Ges. v 21. Fruct. III. Art. 27) von der Doktrin und Jurisprudenz vielfach angefochten worden; cf. Dalloz n 94 ff.]

103 Ein Sistirungsbescheid muß sogar in dem unter n. 26 erwähnten Falle erlassen werden; das betr Gericht kann sich nicht etwa, Solches zu thun, unter dem Vorwande weigern, weil es mit der Sache nicht mehr befaßt sei: AH. Cöln 12. Juni 1857 (Rh. A. 52, I. 209) [Bei dem im JMBl. 52, S. 93 referirten Falle war übrigens kein Sistirungsbescheid ergangen, mithin nur der Konflikts-Beschluß den Parteien zugestellt worden, ohne daß dieses Verfahren in der Folge beim Komp.-GH. Mißbilligung fand.]

104. Wie zu verfahren sei, wenn das Gericht aus dem einen oder anderen Grunde (n. 102, 103) den Erlaß eines Sistirungsbescheides ablehnt, und die betr. Verwaltungs-Behörde sich hierbei nicht beruhigt, ist im Gesetze nicht vorgesehen. Die Praxis hat diese Lücke in der Gesetzgebung auf die Weise ausgefüllt, daß sie der den KK. erhebenden Behörde, und in der Rheinprovinz dem öffentlichen Min. das Recht zuerkennt, den ablehnenden Bescheid, welcher immerhin einen Zwischenbescheid im schwebenden Prozeßverfahren darstellt, vor dem unmittelbar höheren Richter im Wege der Beschwerde, resp. des Rekurses anzufechten; cf. JMBl. 58, S. 294; 54, S. 187 und Rhein. A. 52, I. 208. Den Prozeßparteien als solchen steht arg § 5 ein Rechtsmittel wider den ablehnenden Bescheid nicht zu, wie ihnen denn auch in der Rheinprovinz im Falle des vom öff. Min. eingelegten Rekurses ein Appellakt nicht zugestellt zu werden braucht; cf. Konkl. des Gen.-Prok. zu Cöln im Rh. A. 52, I. 209

105. Wird ein KK. nur in Betreff einzelner unter mehreren Streitpunkten erhoben, so kann das Rechtsverfahren auch nur in Betreff dieser eingestellt und in Betreff der andern fortgesetzt werden. Demzufolge und um dem Erlasse von Kontumazialurtheilen wider den Fiskus vorzubeugen, verordnet das HMR. 6. Dez. 1853 (VMBl. S. 284), daß die Regierungen in allen den Geschäftsbereich des HMin. betr. Prozessen entweder die Klage hinsichtlich der vom KK. unberührt gebliebenen Punkte sofort bei Erhebung desselben beantworten, oder die Prorogation des Termins bis zur Entscheidung des Komp.-GH. nachsuchen sollen.

106. Nach der Instr. v. 1856 ist zu den Privatparteien im Sinne des § 5 jede Partei außer der den KK. erhebenden Behörde zu rechnen, weshalb das Erforderniß der an beide Parteien zu machenden Aufforderungen nur dann eine Ausnahme erleiden soll, wenn jene Behörde selbst als Partei bei der Sache betheiligt ist, indem dieser gegenüber die Mittheilung des gerichtlichen Bescheides und die Benachrichtigung von dem an den Gegner Verfügten genüge. In zwei anderen für die Rheinprovinz erlassenen JMR. 5 Dez 1851 und 11 Dez. 1853 (Rh. S. 10, S. 394, 623) wird gesagt, und zwar im ersteren, daß als Privatparteien auch Behörden betrachtet werden müßten, sofern sie befugt seien, ihre Interessen im Prozeßwege selbstständig zu verfolgen, wie dies z. B. bei den Rheinischen Gemeinde-Behörden zutreffe, daß daher das Erforderniß der Zustellung nur bei solchen Behörden hinwegfalle, für deren Verhalten im Prozesse die Bestimmungen der den KK. erhebenden Behörde maaßgebend seien, und in dem letzteren, daß Gemeinden zu den Privatparteien gehörten. *EK. 9. Juni 1855 nahm in einer Sache, betr. die Anfechtung einer polizeilichen Verfügung, die ein Bürgermeister auf Anordnung der Regierung erlassen hatte, ebenfalls an, daß die im § 5 gedachten Zustellungen dem beklagten Bürgermeister hätten gemacht werden müssen, erwog jedoch gleichzeitig, daß über diesen formellen Mangel hinweggegangen werden könne, da der KK. ohnehin gegründet sei.

107 108. Daraus, daß die Prozeßparteien trotz des § 5 beim Konflikts-Verfahren nicht Partei sind (n 11), erklärt sich, daß denselben, der den KK. erhebenden Behörde gegenüber, das Recht der Duplik nicht gegeben ist, und daß unter ihnen selbst nicht kontradiktorisch verhandelt wird, mithin keine derselben Gelegenheit erhält, die Erklärungen der anderen kennen zu lernen und zu beantworten.

109. Wird die schriftliche Erklärung der Privatpartei nicht in gehöriger Form eingereicht, z. B. nicht in duplo, oder ohne Unterschrift eines Rechtsanwalts,

so ist sie der Partei zurückzugeben, damit dem Mangel, soweit wie möglich, innerhalb der Frist des § 5 noch abgeholfen werde; cf. Instr. v 1856.

110. Eine erst nach Ablauf dieser Frist eingereichte Erklärung ist nicht zu den Akten zu verstatten, und selbst, wenn dies geschehen wäre, vom Komp.-GH. nicht zu berücksichtigen: EK. 5. April 1851, *7. Okt. 1854 (JMBl. 51, S. 191; 55, S. 36).

111. Die Privatparteien können in ihrer Erklärung über den KK. nur solche Gründe geltend machen, welche mit dem sistirten Prozeßverfahren in Einklang stehen; es ist nicht statthaft, zur Beseitigung des KK. der ursprünglichen Klage ein ganz anderes Fundament oder einen ganz anderen Gegenstand unterzuschieben, nicht etwa, wie EK. 13. Nov., 11 Dez. 1858 (JMBl. 59, S. 218, 372) annehmen, weil darin eine unzulässige mutatio libelli liegen würde, — ein solches Argument hätte nur der Prozeßrichter, nicht der Komp.-GH. zu würdigen, — sondern, weil, nachdem das gerichtliche Verfahren einmal sistirt wurde, der Rechtsstreit, insoweit er bei Beurtheilung des KK. in Betracht kommt, der Einwirkung der Parteien ebensowohl, wie der des Gerichts einstweilen entzogen ist, derselbe mithin vom Komp.-GH. so genommen werden muß, wie er bei der Sistirung vorlag.

112. Inzwischen erachtet der Komp.-GH. die nachträgliche Beschränkung des Klageantrags für statthaft und wirksam; cf. EK. 3. Juni 1848, 16. Dez. 1854 (JMBl. 48, S. 290; 55, S. 88).

113. Ob es prozessualisch zulässig sei, nach Erhebung eines KK. und während des Stillstands des Prozeßverfahrens in dasselbe zu interveniren, mag dahin gestellt bleiben. Keinenfalls kann hierdurch auf das Schicksal eines KK. eingewirkt werden; cf. n 111. Ausdrücklich anerkannt wird letzteres bezüglich einer blos accessorischen Intervention durch EK. 26. Nov. 1853 (JMBl. 54, S. 22), aber freilich wiederum aus Gründen, die nicht den Vorschriften des Konflikts-Verfahrens, sondern dem Prozeßrechte entlehnt sind, und ebensowohl auf den Fall passen, wo vor, wie auf den, wo nach Erhebung des KK. intervenirt wurde. (Hier heißt es nämlich: die erst nach Erhebung des KK. erfolgte Anmeldung der accessorischen Intervention könne für die Entscheidung des Komp.-GH. um so weniger von Einfluß sein, als bei einer solchen Intervention der Intervenient kein wahrer Streitgenosse des Klägers werde, und die rechtliche Stellung des letzteren unberührt bleibe.)

114. Müssen die Verwaltungs-Behörden während des Konflikts-Verfahrens, gleichwie unterdessen die gerichtliche Prozedur ruht, auch ihrerseits das administrative Verfahren ruhen lassen, welches zu dem Prozesse die Veranlassung gegeben hat, z. B. eine Exekution, wider welche die Klage gerade gerichtet ist? So mancherlei Billigkeitsgründe der bejahenden Ansicht auch das Wort reden mögen, so läßt sie sich dennoch nicht begründen, indem es an einer desfallsigen Gesetzesvorschrift mangelt, wie sie hinsichtlich des gerichtlichen Verfahrens eben besteht und in der älteren Gesetzgebung, welche jedoch zwei ebenmäßig mit Jurisdiktions-Gewalt bekleidete Kollegien voraussetzte, allerdings für beide Theile gegeben war; cf. Cirk. v. 25. Mai 1786 (N. C. C. M. IV. S. 3079). — Insbesondere wird die administrative Exekution entweder schon durch die Beschreitung des RW., mithin nicht erst in Folge des Konflikts-Verfahrens gehemmt, oder die Beschreitung des RW. hat jene Wirkung nicht (VO. v. 26. Dez. 1808 § 42; Ges. v. 11. Mai 1842 § 3) und alsdann kann letztere um soviel weniger einer Maaßregel beiwohnen, welche von der Verwaltung selbst ausgeht, und dem gerichtlichen Verfahren gerade entgegentritt Ein MR. 31. Dez. 1841 (VMBl. 42, S. 2) wies, unter Bezugnahme auf die ACO 31. Dez. 1825 die Rhein. Regierungen sogar ausdrücklich an, die administrative Exekution während des Konflikts-Verf. vorangehen zu lassen. — Ein Fall, wo dies geschah, und einen neuen Einspruch bei Gericht, wie letzterer einen neuen KK hervorrief, lag dem *EK. 24. Okt. 1857 (JMBl. 58, S. 109) zu Grunde. Der Komp.-GH. hatte hier jedoch selbstredend nicht über die Frage der Zulässigkeit oder Unzulässigkeit der fortgesetzten Exekution sondern nur über die Prozeßfähigkeit dieser Frage zu entscheiden. Die Entscheidung fiel dahin aus, daß, da in den Gesetzen keine Behörde besonders bestimmt werde, um darüber zu befinden, ob während des Konflikts-Verfahrens die begonnene administrative Exe-

§. 6. Nach dem Eingange der Erklärungen der Parteien läßt das Gericht die Abschriften derselben der Verwaltungs-Behörde (§. 4.) zustellen und reicht sodann die Akten mit seinem Gutachten dem Justizminister ein.

Ist binnen der vierwöchentlichen Frist (§. 5.) keine Erklärung eingegangen, so hat das Gericht hiervon die Verwaltungs-Behörde zu benachrichtigen und erst alsdann die Akten an den Justizminister zu befördern.

§. 7. Ist die Sache bei einem Untergerichte anhängig, so erstattet dasselbe den gutachtlichen Bericht (§. 6.) an das vorgesetzte Landes-Justizkollegium, welches ihn, unter Beifügung seines Gutachtens, dem Justizminister überreicht.

§. 8. Im Bezirke des Appellations-Gerichtshofes zu Cöln treten in dem vorstehend (§§. 4—7.) angeordneten Verfahren folgende Abweichungen ein.

Wird in einer bei einem Friedensgerichte anhängigen Sache der Kompetenzkonflikt erhoben, so ist der im §. 6. gedachte Bericht von dem Friedensrichter an den Ober-Prokurator des Landgerichts zu erstatten und von diesem alsdann gutachtlich an den Justizminister zu berichten.

---

kution fortgesetzt werden dürfe, diese Behörde keine andre sei als diejenige, zu deren Kompetenz überhaupt die Kognition über die Befugniß zur Anordnung des eingeleiteten Ex.-Verf. gehöre. Cf. übrigens n. 146 a. E

§§ 6 und 7.

115. Mit Rücksicht auf die Frist des § 13 haben die Gerichte nicht blos den Ablauf der Frist des § 5 zu den Akten anzuzeigen, sondern auch in Betreff des Tags der im § 6 vorgeschriebenen Mittheilung der schriftlichen Erklärung an die Verwaltungs-Behörde, resp. in deren Ermangelung in Betreff des Tags der vorgeschriebenen Benachrichtigung Insinuations-Bescheinigungen zu den Akten zu bringen; cf. JMR 15. Nov. 1847, 28. Febr. 1851 (BMBl 47, S. 344; 51, S. 58). Nach der Instr. v 1856 ist zu obigem Behufe das Konzept des Benachrichtigungsschreibens an die Verwaltungs-Behörde, sowie die Empfangs-Bescheinigung der letzteren, aus welcher der Tag des Empfangs oder der Zustellung ersichtlich sein muß, den Akten beizufügen

116. Ist der Prozeß bei einer Gerichts-Kommission anhängig, so erstattet das Kreisgericht, sofern der Gegenstand des Rechtsstreits von der Beschaffenheit ist, daß jenes in contradictorio darüber zu erkennen haben würde, entgegengesetzten Falls die Gerichts-Kommission selbst den gutachtlichen Bericht; cf. Instr. v. 1856.

117. Die cit. Instr macht den Obergerichten zur Pflicht, vor Einsendung der Gerichtsakten an den Just.-Min sorgfältig zu prüfen, ob die in der Instr. enthaltenen Vorschriften gehörig befolgt worden, und eventuell die Beseitigung etwaiger Mängel zu veranlassen, auch im Einsendungs-Bericht zur leichteren Uebersicht die Folien anzugeben, aus denen die Beobachtung obiger Vorschriften sich ergebe.

§ 8.

118. Die Einstellung des Rechtsverfahrens wird nach der Praxis der Rhein.

Ist das Rechtsverfahren bei einem Landgerichte oder bei dem Appellations-Gerichtshofe anhängig, so hat die Verwaltungs-Behörde das Schreiben, mit welchem sie den Beschluß über die Erhebung des Konflikts mittheilt (§. 4.), nicht an das Gericht, sondern an den bei demselben angestellten Ober-Prokurator oder General-Prokurator zu richten, welcher dem Gerichte sofort davon Mittheilung zu machen und, nach Abfassung des gerichtlichen Bescheides, durch den das Rechtsverfahren eingestellt ist (§. 5.), alle übrigen, in den §§. 5. und 6. den Gerichten vorgeschriebenen Handlungen vorzunehmen hat.

Dem an den Justizminister zu erstattenden Berichte hat der Ober-Prokurator oder General-Prokurator statt der Gerichtsakten, die von den Parteien einzufordernden Akten derselben, oder wenigstens die Ladung, ferner den Beschluß der Verwaltungs-Behörde über die Erhebung des Konflikts (§. 4.), den Bescheid des Gerichts (§. 5), die etwa eingegangenen Erklärungen der Parteien und die mit der Verwaltungs-Behörde nach §. 6. geführte Korrespondenz beizufügen.

Gerichte in der öff. Sitzung ausgesprochen; cf. Rh A. 52, I. 208, JMR. 19. Sept. 1838 (Rh. S. 5, S. 595). [In Frankreich erfolgt die Sistirung gemäß Art. 12 der Ord. v 1828 durch Rathskammer-Beschluß.]

119 Mitunter ist die Ansicht laut geworden, als könne der betr. Bescheid in einem Civilprozesse nicht eher ergehen, als nachdem die Anwälte in der Sitzung ihre Anträge genommen hätten, weil bis dahin das Gericht mit der Sache nicht befaßt sei. Dies ist jedoch irrig, da das Gericht durch den Antrag auf vorläufige Einstellung des Verfahrens gehörig befaßt wird, überdies aber auch sofort diese Einstellung aussprechen soll, ohne also vorher die Parteien desfalls gehört zu haben, und ohne daß letztere durch die Weigerung, Anträge zur Sache zu nehmen, die Sistirung und hiermit den Fortgang des Konflikts-Verfahrens hinhalten könnten; cf. auch Dalloz n 75.

120. Ja es ist nicht einmal erforderlich, daß der Prozeß seitens der Parteien, resp. ihrer Vertreter zur Rolle gefördert worden sei; cf. JMR. 19. Sept. 1838 (Rh. S 6, S. 595), welches gleichzeitig anordnet, daß die Beförderung zur Rolle eventuell vom öff. Min. ausgehen solle, welches in derartigen Angelegenheiten nicht etwa als partie jointe, sondern als Organ der intervenirenden Verwaltung auftrete. Die fernere Bestimmung dieses R., wonach das öff Min. die Parteien, resp deren Anwälte zur Sitzung laden lassen sollte, ist als mit § 5 unvereinbar nicht mehr maaßgebend.

121. Der Konflikts-Beschluß (§ 4) ist in den Sistirungs-Bescheid nicht wörtlich aufzunehmen: JMR. 19. Aug 1848 (Rh. S. 9, S. 324).

122. Die nach § 5 erforderlichen Zustellungen können, statt an die Privatparteien, ebensowohl an deren Anwälte ergehen; cf. cit R. 19 Aug. 1848.

123. Ist der KK. in einer beim Friedensgerichte anhängigen Sache erhoben worden, so hat dieses und nicht etwa der Ober-Prokurator des betr. Landgerichts die in den §§ 5, 6 vorgeschriebenen Handlungen, von der Einsendung der Akten an den Just.-Min. abgesehen, vorzunehmen.

§. 9. Die Provinzial-Verwaltungsbehörde ist verpflichtet, sobald sie von dem Gerichte entweder die Erklärungen der Parteien oder die Benachrichtigung empfangen hat, daß dergleichen Erklärungen nicht eingegangen sind (§. 6.), unter Ueberreichung der Akten, an den betheiligten Verwaltungschef gutachtlich zu berichten.

§. 10. Der Justizminister sendet die ihm eingereichten gerichtlichen Akten (§§. 6. 8.) nebst seinen Bemerkungen über den Konflikt, wenn er solche beizufügen für nöthig erachtet, an den im §. 1. genannten Gerichtshof, und setzt davon den betheiligten Verwaltungschef unter Mittheilung jener Bemerkungen, in Kenntniß.

§. 11. Erachtet der Verwaltungschef den von der Provinzial-Behörde erhobenen Kompetenzkonflikt für nicht begründet, so hat er davon den Gerichtshof (§. 1.) mit der Erklärung, daß der Antrag auf Einstellung des Rechtsverfahrens zurückgenommen werde, zu benachrichtigen. Der Gerichtshof sendet alsdann die Akten dem Justizminister zurück, und dieser veranlaßt den Fortgang des Rechtsverfahrens.

§. 12. Hält dagegen der Verwaltungschef den Kompetenzkonflikt für begründet, so steht ihm frei, dem Gerichtshofe auch seine Bemerkungen zu übersenden; er hat dieselben aber dann auch dem Justizminister mitzutheilen.

§. 13. Die bei dem Gerichtshofe eingegangenen gerichtlichen Akten (§. 10.) werden dem Referenten zugestellt, sobald entweder eine Erklärung des betheiligten Verwaltungschefs eingegangen, oder eine achtwöchentliche Frist seit dem Tage verflossen ist, an welchem der Verwaltungs-Behörde die zuletzt eingegangene Erklärung der Parteien, oder das Benachrichtigungsschreiben des Gerichts, daß keine solche Erklärungen eingegangen sind (§. 6.), zugestellt worden ist.

§. 14. Die Entscheidung des Gerichtshofes erfolgt auf

---

§§ 9—13.

124. Beim Falle des § 11 bedarf es einer förmlichen Zurücknahme des Sistirungs-Bescheides nicht. — Im Uebrigen vgl. n. 11, 72, 95 und 115.

§§ 14—16.

125. Die Erhebung eines KK. hat die Folge, daß, während sonst der Prozeßrichter seine Kompetenz selbst zu prüfen gehabt hätte, diese Prüfung nunmehr, wenigstens zunächst, den Komp.-GH. anheimfällt. Letzterer hat sich daher jeder Entscheidung zur Sache zu enthalten, und tritt hinsichtlich der Kompetenzfrage insofern an Stelle des ordentlichen Richters, als er bei Beurtheilung

den schriftlichen Vortrag eines Referenten und eines Korreferenten. Zum Referenten kann einer der beim Staatsrathe angestellten Geheimen Referendarien oder kommissarischen Hülfsarbeiter ernannt werden; ein Stimmrecht steht jedoch einem solchen Referenten nicht zu.

§. 15. Zur Abfassung gültiger Erkenntnisse des Gerichtshofes ist die Theilnahme von wenigstens sieben Mitgliedern, mit Einschluß des Vorsitzenden, erforderlich.

§. 16. Der Justizminister, sowie jeder der betheiligten Verwaltungschefs ist befugt, zu den Berathungen des Gerichtshofes einen Rath seines Departements abzuordnen, welcher nöthigenfalls über die Sache nähere Auskunft zu geben hat, an der Entscheidung aber nicht Theil nimmt.

---

dieser Frage nur solche Gründe berücksichtigen kann, welche der Richter selbst hätte berücksichtigen müssen, falls ein KK. gar nicht erhoben worden wäre; cf. n. 92.

126 Hieraus folgt, daß der Komp.-GH. sich nicht auf eine Prüfung der rechtlichen Deduktionen der den KK. erhebenden Behörde und der Prozeßparteien zu beschränken hat, den KK. vielmehr aus ganz anderen Gründen, als den von der einen oder anderen Seite geltend gemachten für begründet annehmen kann, ebenso wie ja auch der Prozeßrichter, insofern es sich um eine absolute Inkompetenz handelt, an die rechtlichen Ausführungen der Parteien nicht gebunden ist; cf. EK. 3. Juni 1854 (JMBl. S. 384).

127. Nicht minder folgt aus dem unter n. 125 Gesagten, daß das Gegentheil bezüglich der rein thatsächlichen Momente gelte, ja daß, was diese betrifft, sogar den Aufstellungen der den KK. erhebenden Behörde kein Gehör geschenkt werden darf, insofern sie den eigentlichen Streitgegenstand in einer von der Klage und den Parteiverträgen abweichenden Weise darlegen; cf. EK. 22. Sept. 1855 (JMBl. 56, S 6). Ist eine Auslassung des Beklagten über die Klage gar nicht erfolgt, so kann der Entscheidung des GH nur das Klagefundament zu Grunde gelegt werden: EK. 30 Okt. 1853 (ib. S. 36).

128. Eng verwandt mit der eben erörterten, aber in entgegengesetztem Sinne zu lösen ist die fernere Frage, ob der Komp.-GH. das Material zur Prüfung der unter den Prozeßparteien streitig gebliebenen thatsächlichen Momente nur aus demjenigen zu entnehmen habe, was von jenen zum Nachweise ihrer respektiven Behauptungen artikulirt worden ist, oder ob derselbe auch auf solche Nachweise rücksichtigen könne, welche die den KK. erhebende Behörde, resp. der Verwaltungschef nachträglich beibringt. Eine strenge Konsequenz scheint zwar das Erstere zu fordern; auch mag hierfür § 5 sprechen, insofern er nur die Mittheilung des Konflikts-Beschlusses, nicht auch der zu dessen Begründung etwa vorzulegenden Beweisdokumente an die Prozeßparteien vorschreibt Inzwischen läßt sich nicht verkennen, daß bei einer strengen Durchführung dieser Ansicht der Zweck des Ges. in vielen Fällen vereitelt werden würde, indem die Rechtskraft eines richterlichen Erk., welches zur Sache entscheidet, weil die vom Beklagten zur Begründung der Inkompetenzeinrede vorgebrachten Thatsachen beweislos geblieben sind, nicht dadurch beseitigt wird, daß der erforderliche Beweis von der Verwaltung hätte geliefert werden können, obiger Ansicht zufolge mithin sehr wohl möglich wäre, daß der Wirkungskreis der Verwaltungs-Behörde einen Eingriff erleide, ohne daß ihr freigestanden hätte, hiergegen vor rechtskräftig entschiedener Sache mit Erfolg zu protestiren. Demgemäß hat denn auch der Komp.-GH in vielen Fällen kein Bedenken getragen, auf nachträgliche Ermittelungen der Verwaltungs-Behörde und namentlich auf nach-

§. 17. Das Erkenntniß des Gerichtshofes ist mit den Entscheidungsgründen unter der Unterschrift des Vorsitzenden auszufertigen, und dem Justizminister, sowie dem betheiligten Verwaltungschef zur Mittheilung an das Gericht und die Verwaltungs-Behörde zuzustellen. Das Gericht hat den Parteien das Erkenntniß bekannt zu machen. Die Veröffentlichung solcher Erkenntnisse bleibt dem Ermessen des Justizministers, sowie der Verwaltungschefs überlassen.

§. 18. Ist die Entscheidung (§. 17.) gegen die Zulassung des Rechtsweges ausgefallen, so hat das Gericht das Rechtsverfahren aufzuheben, die gerichtlichen Kosten niederzuschlagen, und die etwa schon bezahlten zu erstatten. Zur Erstattung außergerichtlicher Kosten ist in einem solchen Falle keine der Parteien verpflichtet.

---

träglich von ihr beigebrachte Urkunden Rücksicht zu nehmen; cf. EK. 14. Januar, 11. Febr. 1854, 12. Jan, 8 März 1856 (JMBl. 54, S. 180, 244; 56, S. 71 a E. 140).

129. Ja es ist allgemein anerkannt, daß der Komp.-GH. sogar selbst noch derartige nachträglichen Ermittelungen veranlassen könne Daß einer solchen Befugniß im § 2 des Ges. v. 13. Febr. 1854 ausdrücklich gedacht wird, ist nach den Motiven des Ges.-Entwurfs nicht um deswillen geschehen, weil der Komp.-GH., einer gleichen Befugniß bei eigentlichen KK. entbehre, sondern weil derselbe bei Konflikten im Sinne des cit. Ges. voraussichtlich am häufigsten in die Lage kommen werde, von jener Befugniß Gebrauch zu machen.

130. Daher mag auch, — beim Mangel formeller Vorschriften für das bei Handhabung dieser Befugniß zu beobachtende Verfahren im Ges. v 1847, — eine analoge Anwendung der desfallsigen Bestimmungen des cit. § 2 auf eigentliche KK insofern gestattet sein, als dort dem Komp.-GH. freigestellt wird, die Erledigung des betr. Zwischenbescheides entweder der Verwaltungs- oder der Justizbehörde aufzutragen. Bedenklicher erscheint es, ob ebenso auch Abs. 2 des § 2 auf KK analog zur Anwendung zu bringen sei, da diese Bestimmung schwerlich durch eine innere Nothwendigkeit diktirt sein möchte. Selbstredend steht es jedoch dem GH zu, wenn er aus besonderen Gründen für angemessen erachtet, daß die Prozeßparteien vom Ergebnisse der nachträglichen Ermittelungen in Kenntniß gesetzt werden, Solches anzuordnen Ein Beispiel, wo der GH. von obiger Befugniß bei einem wirklichen KK. Gebrauch machte, liefert EK. 12. Febr. 1859 (JMBl. S. 364). Aus dem dort Mitgetheilten geht hervor, daß die Beantwortung der durch den Zwischenbescheid der Regierung vorgelegten Frage dem Kläger mitgetheilt, und daß des letzteren Erwiderung angenommen, resp geprüft worden ist.

131. Für die Beurtheilung eines KK. macht es keinen Unterschied, wenn in dem bisherigen Prozeßverfahren vorläufig nur Präjudizialfragen, wie z. B. der Legitimationspunkt und nicht die Hauptsache zur richterlichen Entscheidung gestellt waren. Es ist vielmehr auch dann immer der Gegenstand der Hauptsache in's Auge zu fassen, weil das, was rücksichtlich dieses über die Zulässigkeit des RW. befunden wird, nothwendig von den Vorfragen gleichfalls gilt, die die Entscheidung der Hauptsache näher oder entfernter bedingen, und kein selbstständiges Streitobjekt bilden: EK. 30. Jan. 1858 (JMBl. S. 319).

§§ 17 und 18.

132. Wenngleich der Gegenstand eines KK. durch den Prozeßgegenstand, wie dieser durch die Anträge und Aufstellungen der Prozeßparteien begrenzt wird (n. 125,

127), so ist dennoch der KK. kein Rechtsmittel im prozessualischen Sinne des Worts und das über denselben ergehende Erk. kein Urtheil einer höheren Instanz, welches im Prozesse selbst und unter den Prozeßparteien gefällt wird (n. 11). [Unter der Herrschaft der ACO. v. 30. Juni 1828 wurde dieser Gesichtspunkt nicht selten außer Acht gelassen. Indem man nämlich davon ausging, daß ein KK. schon dann vorliege, wenn bloße Meinungs-Verschiedenheiten in Betreff der Kompetenzfrage hervorträten, insbesondere aber, wenn das Gericht in einer zum RW. nicht geeigneten Sache entscheide, daß mithin das betr. Verfahren in solchen Fällen immer einzutreten habe, ohne daß es einer förmlichen Konflikts-Erhebung bedürfe (n. 7), so kam man schließlich dahin, den KK. als das einzige Mittel zur Abhülfe, ja gewissermaaßen als förmliches Rechtsmittel wider inkompetenter Weise ergangene Richtersprüche zu betrachten. Am Bestimmtesten ist letztere Anschauung im § 52 der VO. v. 30. Juni 1834 ausgedrückt. Sie liegt aber nicht minder dem § 5 Nr. 8 Abs. 2 der VO. v. 14. Dez 1833 und dem § 3 der ACO. v. 15. März 1834 zu Grunde.]

132 bis. Demzufolge ist der Komp.-GH. nicht befugt, ein im Prozesse ergangenes Erk. aufzuheben oder abzuändern, noch begründet seine Entscheidung unter den Prozeßparteien rem iudicatam Daß diese Entscheidung, falls sie den KK. aufrecht erhält, den Interessen jener Parteien präjudizirt, ist nur die unmittelbare Folge der durch sie und § 18 begründeten Verpflichtung des Richters, sich der weiteren Entscheidung zur Sache gänzlich zu enthalten. Eben um deswillen tritt im umgekehrten Falle die Kognition des Richters wieder in ihrem vollen Umfange, namentlich auch bezüglich des Kompetenzpunkts, ein. A. M. ist AH. Cöln 12. Mai 1842 (Rh. A. 35, I. 98), welches annimmt, daß, wenn der KK. als materiell unbegründet verworfen worden sei, der Richter sich nicht mehr für inkompetent erklären könne. Cf jedoch AH. Cöln 20 Juli 1859 (ib. 55, I. 5) und in Betreff negativer KK. n. 144.

133. Die eben angedeuteten Gesichtspunkte sind unverkennbar auch bei der Redaktion des § 18 leitend gewesen, und äußern ihre Wirksamkeit daher insofern selbst da, wo der KK. als begründet erkannt wird. Eben weil nämlich der Komp.-GH. nicht zur Sache selbst und unter den Prozeßparteien entscheidet, der Prozeß selbst daher in dem zuletzt gedachten Falle, sogar bezüglich des Kompetenzpunkts, unentschieden bleibt, so fehlt es an einem unterliegenden Theile, dem die gerichtlichen und außergerichtlichen Kosten (§§ 25 ff., I. 23 AGO.) nach prozessualischen Grundsätzen zur Last zu legen wären. Nicht minder würde es aber auch an einer zur Entscheidung über die Kosten geeigneten Behörde mangeln, indem der Komp.-GH. aus dem bereits angegebenen Grunde, und der Prozeßrichter um deswillen damit nicht befaßt werden konnte, weil jene Entscheidung die dem letzteren gerade entzogene Prüfung des Kompetenzpunkts und der merita causae voraussetzt. [Gleichwohl kann die Vorschrift des § 18 zu großen Härten führen, zumal im Gebiete des Rhein. Rechts, wo der Kläger nicht gehalten ist, Kostenvorschüsse behufs der Prozeßführung zu leisten, dem Beklagten mithin nicht selten bis zur Erhebung des KK. beträchtliche Kosten erwachsen. — In Frankreich ist dieser Gegenstand durch kein Gesetz geregelt; doch verwies ein Arr. v. 8. Flor. VIII. (Dalloz m. compét. n. 44) die Parteien eines Prozesses, der auf erhobenen Konflikt der administrativen Jurisdiktion zurückgegeben war, hinsichtlich der Bestimmung über die vor Gericht aufgegangenen Kosten an den Präfekturrath, weil die Kompetenz zur Entscheidung der Hauptsache die zur Entscheidung über die Kosten als das accessorium nach sich ziehe.]

134 Das Erk. des Komp.-GH. ist im Gebiete des Rhein. Rechts durch Zustellung an die Parteien oder deren Anwälte bekannt zu machen, und zwar auf Anstehen des öff. Min.: JMR. 19. Aug. 1848 (Rh. S. 9, S 325). — In den bei den Friedensgerichten anhängigen Sachen hat der Friedensrichter das Nöthige zu veranlassen.

135. Ebendaselbst (n. 134) bleibt es, wenn der KK. für begründet erklärt wird, dem fleißigeren Theile überlassen, der Sache wiederum Fortgang zu verschaffen. Entgegengesetzten Falls ist die Vorladung der Parteien zur Sitzung nicht erforderlich; es genügt vielmehr, um die Erstattung der Rollgebühren und Succum-

§. 19. Durch Erhebung des Kompetenzkonflikts wird der Lauf der Präklusivfristen im Prozesse gehemmt, auch ist die Exekution bis zur Entscheidung über den Kompetenzkonflikt unzulässig.

§. 20. Der im §. 1. angeordnete Gerichtshof hat auch über solche Streitigkeiten zwischen den Gerichts- und Verwal-

---

benzgelder zu veranlassen, wenn das Sekretariat bescheinigt, daß jene Rückgabe auf Grund der Entscheidung des Komp.-GH. stattfinden müsse. Selbstredend kann sich auch das Sekretariat der Erstattung des ihm selbst zugeflossenen Theils nicht entziehen. So unter Hinweisung auf JMR. 8. Jan 1842 (Rh. S. 8, S. 5) das (n 134) cit. R. v. 1848. Hiernach scheint angenommen zu werden, daß es im ersteren Falle keiner förmlichen Zurücknahme des Sistirungsbescheides (§ 5), noch auch im zweiten Falle des Erlasses eines gerichtlichen Bescheides bedürfe, welcher die definitive Einstellung des Rechtsverfahrens sowie die Niederschlagung, resp. Erstattung der Kosten besonders verordnete. Letzteres spricht das R v. 1842 sogar ausdrücklich aus Dies dürfte jedoch alsdann mindestens eine Ausnahme erleiden, wenn der KK. nur für einzelne der Klagepetita aufrecht erhalten wird, indem es doch wohl nicht dem Ermessen des Sekretariats überlassen werden kann, welcher Theil der gerichtlichen Kosten in solchem Falle niedergeschlagen, resp. erstattet werden müsse.

136. Das Ges. disponirt über die Kosten des Konflikts-Verfahrens selbst nicht. Doch unterliegt es wohl keinem Zweifel, daß diese Kosten nicht den Prozeßparteien, sondern dem Fiskus zur Last fallen. Das R. 19. Aug. 1848 (cit. n. 134) setzt dies als selbstverständlich voraus, und bestimmt ferner, daß obige Kosten, welche für das Gebiet des Rhein. Rechts in den Ausfertigungs-Gebühren des Sekretariats und den Gerichtsvollzieher-Gebühren bestehen, daselbst nach Anleitung des Dekr. v. 18. Juni 1811 Art. 122 auf den Kriminaljustizkosten-Fond anzuweisen seien. Folgeweise müssen dieselben auch nicht nach den für Civil-, sondern nach den für Strafsachen geltenden Tarifen berechnet werden, was in Betreff der Gerichtsvollzieher-Gebühren ein JMR. 3. Dez. 1853 (Rh. S. 10, S. 622) ausdrücklich bestätigt. [Letztere Beamten haben mithin in Konfliktssachen auf eventuelle Gebühren (cf. Taxe v. 29. März 1851, V. n. 17) niemals Anspruch.]

§ 19.

137. Die Vorschrift des § 5 hat nur den Zweck, das weitere Vorschreiten des Prozeßverfahrens zu hindern, und den Parteien Gelegenheit zur Aeußerung über den KK. zu geben Die im § 19 angeordnete Suspension der Fatalien tritt daher nicht erst mit dem Erlasse des Sistirungs-Bescheids, sondern mit der Erhebung des KK. ein, welche nach den §§ 4, 8 durch Uebersendung des Konflikts-Beschlusses an das Gericht, resp. den Ober-Prokurator erfolgt. So: *CK. 3. April 1858 (JMBl. S. 312).

138 § 19 spricht zwar nur von Sistirung der Präklusivfristen im Prozesse. Selbstredend ruht während des Konflikts-Verfahrens aber auch die Verjährung des dem Prozesse zu Grunde liegenden Anspruchs: agere non valenti non currit praescriptio. Auf die strafrechtliche Verjährung findet letzterer Grundsatz zwar keine unbedingte Anwendung. Inzwischen würde es offenbar dem Willen des Gesetzgebers widersprechen, wenn man dem Konfliktsverfahren, mag dasselbe auf Grund des Ges. v. 1847 oder v. 1854 eingeleitet sein, die Wirkung versagen wollte, für die Dauer seines Laufs den Stillstand der Verjährung, namentlich der von bloßen Uebertretungen herbeizuführen.

139. Unter „Exekution“ ist hier nur die gerichtliche, nicht auch die administrative Exekution gemeint. Vgl. n. 114.

§ 20.

140. Die Umschreibung, welche § 20 für den Begriff eines negativen KK. liefert, zeigt klar, daß das Ges. den Ausdruck „Kompetenzkonflikt“ nur von positiven

tungs-Behörden zu entscheiden, bei welchen eine jede der beiden Behörden sich in der Sache für inkompetent, und dagegen die andere für kompetent hält.

KK. gebraucht, daß daher, so oft dieser Ausdruck dort wiederkehrt, unter demselben nur Konflikte der letzteren Art zu verstehen und die betr. Bestimmungen höchstens per analogiam auf negative KK. anzuwenden sind, was aber auch nur bei einzelnen zulässig ist.

141. Namentlich gilt Letzteres nicht von § 2. Bei negativen KK. wird vielmehr umgekehrt ein rechtskräftig gewordener Urtheilsspruch nothwendig vorausgesetzt, wenn es auch genügt, daß die Rechtskraft lediglich durch den Ablauf der für Einlegung eines Rechtsmittels gestatteten Frist eingetreten sei; cf. JMR. 18. Aug. 1848, Gutachten des Komp.-GH. v. 10. März 1848, EK. 14. Aug. 1848 (JMBl. S. 273 ff., 421; jenes R. empfiehlt um deswillen und zur Vermeidung von Mißverständnissen, bei jeder zurückweisenden urtheilsmäßigen Entscheidung wegen Mangels der Kompetenz, den Anspruch in tenore sententiae als „nicht zum RW. geeignet" zu bezeichnen). [Die franz. Doktrin ist anderer Ansicht, obgleich eine Ord. v. Aug. 1737 jenen Satz sogar ausdrücklich ausgesprochen hatte: Dalloz n. 184.]

142. Andererseits muß aber auch eine in höchster Instanz aufrecht erhaltene Inkompetenz-Erklärung der Verwaltung oder doch wenigstens eine solche Entscheidung vorliegen, daß die Erledigung der Sache im Verwaltungswege auf dem geordneten Instanzenzuge nicht zu erlangen ist; cf. das (n. 141) cit. Gutachten und EK. 4. Okt. 1856 (JMBl 57, S. 14).

143 Außerdem besteht zwischen positiven und negativen KK. der wichtige Unterschied, daß bei jenen unter den Behörden selbst gestritten wird, deren eine förmlich als klagender Theil, als Vindikant auftritt, während diese zunächst und vorzugsweise im Interesse der Privatparteien zu schlichten sind, und durch die bloße Thatsache existent werden, daß die beiderseitigen Behörden eine Entscheidung zur Sache ablehnen.

143 bis. Dieser Unterschied bedingt fernere Verschiedenheiten, welche die formelle Behandlung der KK. betreffen. In Frankreich wird die Verfolgung eines negativen KK. geradezu als Parteisache der Privatinteressenten betrachtet, und daher den letzteren überlassen, welche sich zu diesem Behufe mit einer von einem Anwalte unterzeichneten Bittschrift an das betr. Spezialgericht zu wenden haben; cf. Regl. v. 26.—28. Okt. 1849 Art. 17. Dem entsprechend entscheidet jenes Gericht unter den Parteien selbst, woraus die Doktrin gefolgert hat, daß der gefällte Spruch sogar durch die Rechtsmittel der Opposition, der Drittopposition und der requête civile angefochten werden könne; cf. Dalloz n. 229. Die preuß. Gesetzgebung ertheilt für die formelle Behandlung negativer KK. keine Vorschriften; cf. n. 97. Doch ist es herrschende Ansicht, daß die Schlichtung negativer KK. von Amtswegen zu vermitteln, resp. in Anregung zu bringen sei Namentlich liegt diese Ansicht dem JMR. 18. Aug. 1848 (JMBl. S. 274) zu Grunde In diesem R. behält sich der Just.-Min. vor, in Betreff der Art, wie die Entscheidung der höheren Verwaltungs-Behörde (cf. n 142) herbeizuführen sei, für jeden einzelnen Fall das Erforderliche zu veranlassen, und weist gleichzeitig die Gerichte an, sowohl da, wo die Verwaltung sich zuvor für inkompetent erklärt habe, und demnächst eine ähnliche Entscheidung seitens der Gerichte im geordneten Instanzenzuge ergehe, als wo, nachdem die letzterwähnte Entscheidung vorangegangen sei, die Inkompetenz-Erklärung der Verwaltung durch wiederholtes Anrufen der Partei zu ihrer (der Gerichte) Kenntniß komme, die Angelegenheit an ihn, den Minister, zu befördern, da der Komp.-GH. nur die ihm durch seine Vermittelung zugehenden Sachen annehmen könne. — Ja es wird in dem (n. 141) erwähnten Gutachten des Komp.-GH. nicht einmal für erforderlich erachtet, daß die Privatparteien zu dem Konflikts-Verfahren zugezogen werden, sofern dieselben nur früher Gelegenheit gehabt hätten, sei es beim Rekurs an die höhere Behörde, sei es im gerichtlichen Verfahren, sich über den Kompetenzpunkt zu erklären; nur in dem einem Falle werde letzteres nicht zutreffen und ex anal. des § 5

§. 21. Den Verwaltungs-Behörden sind in den vorstehenden Bestimmungen (§§. 1. bis 20.) die Auseinandersetzungs-Behörden gleich zu achten.

---

den Parteien zu einer desfallsigen Erklärung noch Gelegenheit zu geben sein, wenn nämlich erst in letzter Instanz und ohne daß darüber früher verhandelt worden, die richterliche Inkompetenz ausgesprochen würde; inzwischen erscheine es als nicht angemessen, für eine solche Möglichkeit allgemeine Regeln aufzustellen; es sei vielmehr bei jedem einzelnen Falle dieser Art vorzubehalten, die demselben entsprechenden Anordnungen zu treffen, wie ja auch in anderen Fällen dem Komp.-GH. freistehe, im Interesse der Parteien deren Erklärungen einzufordern. Jenes R. v. 1848 macht wider obige Ansicht geltend, daß die Voraussetzung, die Parteien würden in der Regel schon vor dem Eintritte des KK. zu einer Aeußerung über die Kompetenzfrage Gelegenheit gehabt haben, wohl nur bei der zurückgewiesenen, nicht bei der andern Partei zutreffe, dasselbe stimmt jedoch dem bei, daß die Umstände jedes einzelnen Falles darauf hinweisen, welche vorbereitenden Erklärungen zur Erledigung des KK. noch erforderlich seien.

144. Fernere, bei negativen KK. hervortretende Eigenthümlichkeiten, welche mehr oder weniger gleichfalls mit dem unter n. 143 Gesagten zusammenhängen, bestehen darin, daß der Komp.-GH. befugt ist, die vom Prozeßrichter ergangene Entscheidung über seine Inkompetenz förmlich aufzuheben, und daß dieser (der Prozeßrichter) sich demnächst nicht wiederum inkompetent erklären kann. Ersteres wird durch die allgemeinen Grundsätze des Prozeßrechts geboten, welche die Wiederaufnahme des gerichtlichen Verfahrens nicht gestatten, so lange eine rechtskräftige Inkompetenz-Erklärung in Mitte liegt, letzteres durch den Zweck des Konflikts-Verfahrens, welcher sonst in vielen, wo nicht den meisten Fällen völlig vereitelt werden würde. Dem entsprechend heben denn auch die aus Anlaß von negativen KK. ergangenen EK. 14. Sept 1848, 26. Juni und 4. Sept. 1849 (JMBl. 48, S. 419; 49, S. 385, 489) die betr. Urtheile geradezu auf. [Da diese Aufhebung auch auf denjenigen Theil des Urtheils zu beziehen ist, welcher über die Prozeßkosten verfügt, so muß der für kompetent erklärte Richter selbst noch darüber Entscheidung treffen, wem die im früheren Prozeßverfahren aufgegangenen Kosten zur Last fallen.]

§ 21.

145. Die Auseinandersetzungs-Behörden sind bekanntlich weder ausschließlich Justiz- noch Verwaltungs-Behörden, vielmehr vereinigen sie für die ihnen überwiesenen Angelegenheiten die Attributionen beider Ressorts. Diese Doppelstellung kann sie ebensowohl mit den ordentlichen Gerichten, wie mit den eigentlichen Verwaltungs-Behörden in Konflikte verwickeln, und zwar mit beiden auf zweifache Art. § 21 bezieht sich nun zwar blos auf Konflikte mit den Gerichten. Inzwischen möge den Noten über diese (cf. n. 146 ff.) des Zusammenhangs wegen dasjenige folgen, was von den Konflikten zwischen jenen und den Verwaltungs-Behörden zu sagen ist (cf. n. 155 ff.). — Die älteren Bestimmungen über diese Materie sind in der VO. v. 20. Juni 1817 §§ 9, 23, der VO. v. 30 Juni 1834 §§ 9, 52 und der AGO. v. 15. März 1834 § 3 enthalten Von diesen können diejenigen der VO. v. 1817 außer Betracht bleiben, da sie durch § 9 der VO. v. 1834 aufgehoben, resp. in demselben aufgegangen sind. In Betreff des letzteren §, des § 52 ib. und des § 3 der AGO. v. 1834 sowie ihres Verhältnisses zu den §§ 21, 23 h. l. vgl. n. 146 ff.

146. Während das Verhältniß der Auseinandersetzungs-Behörden zu den Gerichten, was den administrativen Theil der Thätigkeit der ersteren anbelangt, dem Verhältnisse gewöhnlicher Verwaltungs-Behörden zu den Gerichten analog ist, stehen jene, insofern sie eigentlich richterliche Funktionen auszuüben haben, den ordentlichen Gerichten als Ausnahme-Gerichte, fora specialia causae gegenüber. Eine konsequente Durchführung dieser Gesichtspunkte müßte wohl dahin führen, daß von Anwendbarkeit des Ges. v. 1847 nur da die Rede sein könne, wo der KK. sich auf Angelegenheiten der ersteren Art beziehe, wogegen KK. zwischen jenen Behörden als richtenden Kollegien und den ordentlichen Gerichten nach der Gesetzgebung über

KK. zwischen zwei Gerichten, mithin gegenwärtig nach §§ 16, 17 der VO. v. 2. Jan. 1849 und Art. V. des Ges. v. 26. April 1851 (cf. n. 1) zu schlichten wären, zumal, da das OT. ebensowohl in Auseinandersetzungs- wie in anderen Prozessen die Revisions- und Nichtigkeitsinstanz bildet. Dessenunerachtet ergiebt eine Vergleichung des § 21 mit § 9 der VO., v. 30. Juni 1834 das Gegentheil. Daß der cit. § 9, indem er im 1. Abs wegen etwaiger Ressortzweifel bezüglich der vor die ordentlichen Gerichte oder die Gen.-Kommissionen gehörigen Angelegenheiten allgemein auf das durch AKO. v. 30. Juni 1828 vorgeschriebene Konflikts-Verfahren hinverweist, hierbei sowohl Konflikte der einen wie der andern Art vor Augen habe, folgt aus dem Abs. 2 ib. auf das Unzweideutigste Das Ges. v. 1847 hat nun aber diese Anomalie, die ein MR. 24. Juni 1841 (VMBl. S. 142) dadurch zu erklären sucht, daß die streitigen Ressorts von zwei verschiedenen Ministerien überwacht würden, nicht allein nicht ausdrücklich aufgehoben, sondern durch die gleich allgemein gehaltene Fassung des § 21 klar zu erkennen gegeben, daß sie auch ferner hin fortbestehen solle. Hiermit stimmt denn auch die Praxis des Komp.-GH. überein. (Das cit. MR. scheint übrigens anzunehmen, daß bis zur Erledigung des Ressortzweifels die Sache überhaupt, resp. bei beiden Behörden, mithin nicht blos das beim ordentlichen Gerichte schwebende Verfahren ruhen bleiben müsse; cf. n. 114.)

147. Erscheint hiernach das unter n. 45 ff. Gesagte auf die von Auseinandersetzungs-Behörden ausgehenden KK. nicht überall als passend, so ist dennoch die durch solche Konflikte geltend zu machende Inkompetenz der ordentlichen Gerichte keine blos relative, sondern eine absolute, welche nicht im Interesse der Parteien, sondern aus Gründen des allgemeinen Interesses der Landeskultur angeordnet wurde; demzufolge kann das Recht der Konflikts-Erhebung jenen Behörden ebensowenig wie den eigentlichen Verwaltungs-Behörden dadurch verkürzt werden, daß die betheiligten Privatinteressenten die Kompetenz der ordentlichen Gerichte ausdrücklich anerkennen, resp. auf die Inkompetenz-Einrede verzichten: *EK. 3. April 1858 (JMBl. S. 344).

147 bis. Ein MR. 2. Febr. 1837 (Ann. 21, S. 66) tadelt es als dem § 9 Abs. 1 der VO. v. 1834 widerstreitend, wenn ein Revisions-Kollegium durch Erk. ausspreche, daß es zur Entscheidung der an dasselbe gediehenen Streitigkeit nicht kompetent, diese vielmehr dem gewöhnlichen Gerichte zu überlassen sei; das Kollegium habe sich vielmehr, wenn ihm seine Kompetenz zweifelhaft erscheine, zunächst mit der betr. Gen.-Komm. (oder Reg.) zu verständigen, und in Ermangelung einer Einigung an die Ministerien behufs der Entscheidung über die Ressortfrage (nach Maaßgabe der AKO. v. 30 Juni 1828) zu berichten. Dieses R., welches augenscheinlich noch auf der unter n. 7 erwähnten Auffassung beruht, ist gegenwärtig nicht mehr maaßgebend, da, von negativen KK. abgesehen, deren Voraussetzungen in dem oben gedachten Falle nicht zutreffen, der Komp.-GH. nur durch förmliche Konflikts-Erhebung mit der Entscheidung befaßt, ein Konflikt aber selbstredend nicht von derjenigen Behörde erhoben werden kann, bei welcher die betr. Sache eben schwebt.

148. Der (n. 147 bis) cit. § 9 Abs. 1 erklärt die Vorschriften über KK. sogar auf solche Fälle für anwendbar, in denen eine zum Ressort der ordentlichen Gerichte gehörige Sache vor die Auseinandersetzungs-Behörden gebracht wird. Dies folgt zwar nicht unmittelbar aus jener Gesetzesstelle selbst, wohl aber aus der AKO v. 12. April 1844 (GS. S. 119), welche die dem § 9 Abs. 2 l. c. korrespondirende Bestimmung trifft, daß, wenn von der Auseinandersetzungs-Behörde bei einem Falle dieser Art in erster Instanz erkannt, demnächst aber die Inkompetenz jener Behörde auf dem durch § 9 Abs. 1 vorgeschriebenen Wege festgestellt werde, der Prozeß in den höheren Instanzen von den Gerichten fortzusetzen und zu entscheiden sei, ohne daß es also einer nochmaligen Entscheidung in erster Instanz durch das kompetente Gericht bedürfe. In diesem Punkte ist § 9 Abs. 1 aus ähnlichen wie den unter n. 147 bis entwickelten Gründen nicht mehr zu handhaben. Denn auch hier würde, dem Ges. v 1847 zufolge, eine förmliche Konflikts-Erhebung erforderlich sein, diese aber nur von dem kompetenten Gerichte ausgehen können, welches als solches zur Konflikts-Erhebung nicht befugt ist (cf. n. 7). Hiermit fällt denn freilich auch die praktische Bedeutung der oben cit. AKO. v 1844 hinweg, es

sei denn, daß letztere nicht ausschließlich in dem dort speziell vorgesehenen Falle einer Regulirung der Kompetenz durch die zur Entscheidung über KK. berufene Behörde, sondern auch da zur Anwendung zu bringen ist, wo die Auseinandersetzungs-Behörde selbst nachträglich zu der Ueberzeugung gelangt, daß nicht sie, sondern der ordentliche Richter zur Entscheidung kompetent gewesen sei. In der That scheint die letztere Auffassung einem EK. 3. Mai 1856 zu Grunde zu liegen. (Eine Gen.-Komm. hatte in erster Instanz entschieden, demnächst aber in Uebereinstimmung mit den ihr vorgesetzten Behörden die ordentlichen Gerichte für kompetent erachtet. Das AG. Ratibor sprach sich als prozeßleitende Behörde in gleichem Sinne aus, lehnte jedoch als erkennende Behörde die Entscheidung ab, weil die richterliche Kompetenz unter den obwaltenden Umständen nur durch den Komp.-GH. festgestellt werden könne. Obiges Erk. widerlegte diese Ansicht aus dem cit. § 9 in Verbindung mit der AGO. v. 1844.)

149. Dagegen sind die Vorschriften des (n. 147 bis) cit. § 9 Abs. 2 als vereinbar mit denen des Ges. v 1847 in Kraft geblieben. Demzufolge ist auch gegenwärtig noch, wenn ein Gericht in einer zum Ressort der Auseinandersetzungs-Behörde gehörigen Sache erkannt hat, zu unterscheiden, ob die Appellation oder der Rekurs nach den für Auseinandersetzungs-Sachen geltenden Vorschriften wider das Erk. zulässig gewesen sein würde, und im ersteren Falle die Sache, sofern sie nicht schon rechtskräftig entschieden ist, sondern noch schwebt, zur weiteren Entscheidung direkt an das Rev.-Koll. resp. das OT., im letzteren Falle aber an die Gen.-Komm. zu bringen, damit diese, nach gänzlicher Beseitigung der bereits abgefaßten Erkenntnisse, in erster Instanz entscheide. [Gemäß § 14 der VO. v. 22. Novbr. 1844 soll zwar der Rekurs an das Min. d. J nicht ferner stattfinden, das Rev.-Koll. vielmehr in allen Fällen die höhere Entscheidung treffen. Gleichwohl ist hierdurch der unter den Fällen der einen und anderen Art bestehende Gegensatz nicht beseitigt worden.]

150. Das unter n. 149 Gesagte erleidet nur insofern eine Ausnahme, als § 9 in dem letzterwähnten Falle zwischen rechtskräftig und nicht rechtskräftig entschiedenen Sachen keinen Unterschied macht, nach ihm also selbst ein rechtskräftiges Erk. unter Umständen im Wege des Konflikts-Verfahrens beseitigt werden kann, indem § 2 h. l. dem § 21 ib. zufolge auch für die Auseinandersetzungs-Behörden maaßgebend ist; cf EK. 8. Dez 1860 (JMBl. 61, S. 234).

150 bis. Die auf § 2 h. l. beruhende Unzulässigkeit eines KK. fällt selbst dann nicht hinweg, wenn zwischen dem rechtskräftigen Erk. des Gerichts und einer gleichfalls rechtskräftigen Entscheidung der Auseinandersetzungs-Behörde ein Widerspruch obwaltet; was hieraus für einen im Wege der Judikatsklage geltend gemachten Anspruch folge, hat vielmehr der befaßte Richter zu entscheiden: EK. 8. Dez. 1860 l. c.

151. Als Auseinandersetzungs-Behörden sind zur Konflikts-Erhebung vor allen die General-Kommissionen befugt

151 bis. Für diejenigen Regierungsbezirke, in denen keine General-Kommissionen bestehen, sind deren Obliegenheiten unter die s. g. landwirthschaftlichen Abtheilungen der betr. Regierungen einer- und unter besondere, bald ganz, bald theilweise mit Mitgliedern dieser Abtheilungen besetzte Spruchkollegien andererseits, in der Weise vertheilt, daß letzteren die richterlichen, ersteren die administrativen Funktionen der General-Kommissionen zugefallen sind; cf. VO. v. 30. Juni 1834, 27. Juni und 4 Juli 1840, 22. Novbr. 1844 und die Gemeinh.-Theil.-O. v. 19. Mai 1851 § 25. Diese Scheidung äußert auch auf die Befugniß zur Erhebung eines KK. ihren Einfluß. Da nämlich in den gesetzlichen Bestimmungen über das Verhältniß der landw. Abtheilungen als solchen zum Regierungs-Präsidenten sowohl wie zum Plenum der Regierung an der Idee festgehalten ist, daß jene in Wirklichkeit bloße Abtheilungen eines größeren Kollegiums bilden, so kommt § 4 Abs. 2 h. l. bei den zu ihrem Ressort gehörigen Angelegenheiten zur Anwendung, d. h. also der Konflikts-Beschluß kann nicht von der landw. Abth. allein, sondern nur vom Plenum der Regierung gefaßt werden, wie es z. B. bei dem im JMBl. 60, S. 175 besprochenen Falle geschah Die Spruchkollegien bilden dagegen selbstständige Kollegien für sich, deren Entscheidungen ausdrücklich von der Kompetenz der Regierungen ausgenommen wurden. Diese Kollegien sind daher auch für diejenigen Fälle,

wo es sich um die richterliche Thätigkeit der Auseinandersetzungs-Behörden handelt, ohne den Hinzutritt der Regierung oder der landw. Abth., und zwar ausschließlich zur Konflikts-Erhebung befugt; cf EK. 22. Nov. 1851 (JMBl. 52, S. 100). [Das damals beobachtete Verfahren entsprach der eben ausgesprochenen Ansicht nicht vollkommen, indem nicht das Spruchkollegium selbst, sondern die landw Abth. auf Grund eines Beschlusses jenes Kollegiums den KK. erhoben hatte. Der Komp.-GH. rügte dieses Verfahren jedoch nicht, wie denn auch der von der Privatpartei gegen die formelle Gültigkeit des KK geltend gemachte Einwand nicht auf jene Unregelmäßigkeit, sondern darauf gestützt war, daß der KK vom Plenum der Regierung habe ausgehen müssen. In einem EK. 22 Sept 1860 (ib. S. 61, S. 275) erwog der GH. sogar, daß jeder etwaige Zweifel über die Befugniß des Spruchkollegiums zur Erhebung des KK. dadurch beseitigt werde, daß die landw. Abth. der Regiernng der Erklärung jenes Kollegiums beigetreten sei]

152 Ferner steht das Recht der Konfliktserhebung dem die Appellations- und Rekurs-Instanz in Auseinandersetzungssachen bildenden Revisions-Kollegium für Landeskultursachen zu.

153. Betheiligter Verwaltungschef im Sinne der §§ 9 ff. ist seit Erlaß der AEO. v. 25. Juni 1848 der Min. für landw. Angel. (früher der Min. d. J.), welcher aber auch als Centralbehörde im Sinne des § 3 zur eignen Konfliktserhebung befugt erscheint.

154. Ein negativer KK. ist auch hier nur dann vorhanden, wenn nicht allein die bezügliche richterliche Entscheidung rechtskräftig geworden, sondern auch der Ausspruch der Auseinandersetzungs-Behörde in höchster Instanz bestätigt oder in anderer Weise unanfechtbar geworden ist. Bei dem, im JMBl. 62, S. 22 mitgetheilten Falle war zwar der Min. für landw. Angel. augenscheinlich anderer Ansicht, indem derselbe in einem Inkompetenzbescheide, den eine Gen.-Komm. der durch rechtskräftiges Erk. an sie verwiesenen Partei ertheilt hatte, die Erhebung eines KK. erblickte, und sich in seinem Schreiben an den Komp.-GH. darauf beschränkte, zu erklären, daß er zur Zurücknahme dieses KK. keinen Anlaß finde. Der GH. (EK. 12. Okt. 1861) erachtete gleichwohl die Sache als zu seiner Entscheidung reif, da nach jenem Schreiben angenommen werden müsse, daß der Minister die Verfügung der Gen.-Komm gebilligt habe.

155. Kommt nach dem Obigen (n 146) die Doppelstellung der Auseinandersetzungs-Behörden bei KK mit den Gerichten in Bezug auf die Anwendbarkeit des Ges. v. 1847 nicht in Betracht, so dürfte das Gegentheil bei KK mit den eigentlichen Verwaltungs-Behörden der Fall sein Solcher KK. gedenkt jenes Gesetz nicht ausdrücklich; die Frage, inwiefern letzteres auch bei ihnen zur Anwendung komme, ist daher nach seinen Zwecken im Allgemeinen und aus der für Auseinandersetzungssachen bestehenden Spezial-Gesetzgebung zu beantworten. Steht eine Auseinandersetzungs-Behörde in ihrer Eigenschaft als administrirende Behörde einer anderen Behörde des Verwaltungs-Ressorts gegenüber, so fehlt es an allen und jeden Voraussetzungen für die Anwendbarkeit des Ges. v. 1847, weshalb etwaige KK. in solchen Fällen unzweifelhaft ebenso zum Austrage zu bringen sind, wie wenn zwei sonstige Verwaltungs-Behörden über ihre beiderseitige Kompetenz in Meinungs-Verschiedenheit gerathen Entstehen dagegen Kompetenz-Streitigkeiten zwischen der eigentlichen Verwaltung und den Auseinandersetzungs- als richterlichen Behörden, so fehlt es umgekehrt an jedem innern Grunde, hierfür eine Ausnahme von demjenigen zu statuiren, was oben n 23 in Betreff der Befugniß der Verwaltung, einen KK. in den bei Ausnahmegerichten anhängigen Sachen zu erheben, gesagt ist. Außerdem wird aber auch die Anwendbarkeit der Gesetzgebung über KK. auf letztere Fälle durch § 52 der VO. v. 30. Juni 1834 ausdrücklich anerkannt. Dort heißt es, wenn eine von den Rev.-Kollegien oder in dritter Instanz ergangene Entscheidung wegen Inkompetenz angefochten werde, so finde das durch AEO. v. 30. Juni 1828 vorgeschriebene Verfahren statt; sei hiernach die Inkompetenz festgestellt, so müsse die Sache, mit Beseitigung des Erk. der inkompetenten Behörde, zur anderweitigen Entscheidung an die geeignete Instanz der Verwaltungs-Behörden abgegeben werden. Eine gleiche Vorschrift findet sich zwar in Betreff der Entscheidungen und des Verfahrens erster Instanz nicht; auch ist zuzugeben, daß hier eine

§. 22. Alle bei Publikation dieses Gesetzes noch nicht entschiedenen Kompetenzkonflikte werden dem im §. 1. angeordneten Gerichtshofe zur Entscheidung überwiesen. Die Vor=

---

formelle Schwierigkeit darin besteht, daß bei den General-Kommissionen über die Rechts- und die administrativen Punkte nicht getrennt verhandelt zu werden pflegt. Diese Umstände dürften indessen schwerlich genügen, um für das letztere Verfahren eine Ausnahme zu motiviren Der Komp.-GH. hat freilich in zwei Erk. v. 14. April und 6 Okt. 1855 wider die Zulässigkeit solcher Konflikte entschieden, ja er scheint die Erhebung eines KK. selbst in den höheren Instanzen für unstatthaft, mithin den cit. § 52 für nicht mehr anwendbar zu halten, indem er aus der im § 21 h. l. ausgesprochenen Gleichstellung der Auseinandersetzungs- und Verwaltungs-Behörden allgemein folgert, daß das Ges. v. 1847 auf KK zwischen jenen und andern Verwaltungs-Behörden keine Anwendung finde. [In dem einen der dort entschiedenen Fälle schwebte ein Auseinandersetzungs-Prozeß bei der landw Abth. der Reg. zu Frankfurt, resp. bei dem dasigen, durch Min.-Verf. mit Abfassung des Erk. erster Instanz beauftragten Spruchkollegium. Der andere Fall betraf eine bei einer Gen.-Komm anhängige Ablösungssache, in welcher eine Reg. den KK. erhoben hatte.] Hierauf ist jedoch zu erwidern, daß § 21 die Auseinandersetzungs- den Verwaltungs-Behörden nur bezüglich der in den §§ 1—20 ib enthaltenen Bestimmungen gleichstellt, daß ihm daher wohl keine weitergehende Bedeutung beigelegt werden kann, als daß in Betreff des Rechts, selbst den KK. zu erheben, und in Betreff der bei, sowie in Folge der Handhabung dieses Rechts zu beobachtenden Formalitäten von den beiderseitigen Behörden ein Gleiches gelten solle. — Keinenfalls besteht aber der cit. § 52 auch insofern noch in Kraft, als er das Konflikts-Verfahren selbst dann noch für statthaft erklärt, wenn in einem Auseinandersetzungs-Prozesse bereits in dritter Instanz, mithin vom OT. erkannt worden ist; alsdann kommt vielmehr gegenwärtig der Grundsatz des § 2 h. l. zur Anwendung; cf. n. 150 und das dort cit. EK 8. Dez 1860.

156. Muß hiernach gegen die Ansicht des Komp.-GH. angenommen werden, daß ein KK. auch in den bei den Auseinandersetzungs-Behörden und bei dem OT. als Nichtigkeits-Instanz schwebenden Prozessen erhoben werden könne, so entsteht die fernere Frage, ob die desfallsige Befugniß auch in den im § 3 der ACO. v. 15. März 1834 vorgesehenen Fällen zutreffe, resp. ob die anomale Bestimmung dieses § noch gelte, wonach das Konflikts-Verfahren sogar dann Platz greifen soll, wenn es sich blos um die Unzulässigkeit eines gerichtlichen Verfahrens in den höheren Instanzen handelt, wenn also weniger das Ressort als die Statthaftigkeit eines Rechtsmittels streitig ist, und dieser Streit nicht zwischen der Verwaltung einer- und einer Auseinandersetzungs-Behörde andererseits, sondern im eignen Kreise und unter den verschiedenen Instanzen dieser letzteren Behörden obwaltet. Für die verneinende Ansicht pflegt man sich auf das Ges v 26. März 1855 (GS. S. 189) zu berufen. Dieses Ges. dehnt jedoch lediglich die VO. v. 21. Juli 1846 auf das Verfahren dritter Instanz in Auseinandersetzungssachen aus, es regelt blos die Art, wie eine Entscheidung höchster Instanz zur Sache und unter den dabei betheiligten Privatparteien zu erzielen sei, und betrifft daher einen ganz anderen Gegenstand, da ein KK. keinen Streit zwischen jenen Parteien, sondern zwischen den Behörden darstellt, und seine Zulässigkeit (insoweit dies nicht durch § 2 h. l. eine Ausnahme erleidet) nicht nach der Prozeß-Gesetzgebung, sondern nach besonderen Vorschriften zu bemessen ist Eher ließe sich obige Ansicht auf die letzteren selbst, nämlich auf diejenigen des Ges. v. 1847 zurückführen, da der cit. § 3 allerdings aus einer Anschauung hervorgegangen ist, welche in jenem Ges. vollkommen fallen gelassen ist; cf. n. 7, 132. Gleichwohl erscheint es immerhin als bedenklich, ob § 3 schon allein um deswillen zu den dem Ges. v. 1847 entgegenstehenden Vorschriften (§ 23) gezählt werden müsse

§ 22.

— —

schriften der §§. 5.—13. finden jedoch nur auf diejenigen von diesen Sachen Anwendung, in welchen die Akten bei dem Justizminister noch nicht eingegangen sind.

§. 23. Alle diesem Gesetze entgegenstehende Vorschriften werden hiermit aufgehoben.

---

§ 23.

157. Die älteren Gesetze über KK. sind theils in der ACO. v. 30. Juni 1828, theils in den unter n. 145 erwähnten Bestimmungen enthalten Daß das Ges. v. 1847 jene ACO. vollkommen, und die letzteren Bestimmungen wenigstens theilweise außer Kraft gesetzt habe, geht bereits aus dem früher Gesagten hervor. Im Gebiete des Rhein. Rechts war die einschlägige franz. Gesetzgebung bereits früher, eben durch die ACO. v. 1828, fast gänzlich beseitigt worden. Die andauernde Geltung der Artt. 1, 2 des Arr. v. 13. Brum. X. wird zwar im JMR. 4. Aug. 1828 (Rh. S. 3, S. 244) noch vorausgesetzt; gleichwohl dürfte unter der Herrschaft des Ges. v. 1847 das Gegentheil anzunehmen sein. Denn obschon jene Artt. das Konflikts-Verfahren nicht unmittelbar betreffen, und mit dem Ges v. 1847 in keinem direkten Widerspruche stehen, so ist obiges Verfahren und die in Bezug auf dasselbe vom öff. Min. zu entwickelnde Thätigkeit in letzterem Ges. dennoch so genau geregelt, daß die Aufrechterhaltung jener nur für einen einzelnen Landestheil ergangenen Bestimmungen schwerlich beabsichtigt wurde.

Gesetz
über die Polizei-Verwaltung.
Vom 11. März 1850.

[GS. Nr. 3256, S. 265.]

[Litteratur: L. v Rönne, die Gemeinde-, Kreis-, Bezirks- und Provinzial-Ordnung nebst dem Ges. über die Polizei-Verwaltung. Brandenburg 1850 (S. 395—422, enth. vorzugsweise die Materialien). — v. Rönne, das Staatsrecht der Preuß Monarchie (I. S. 221—239). — F. C. Oppenhoff, das Strafgesetzbuch rc. (in den Noten zu §§ 332 ff.).]

Wir Friedrich Wilhelm, von Gottes Gnaden, König von Preußen rc. rc.

verordnen, unter Zustimmung beider Kammern, was folgt:

§. 1. Die örtliche Polizei-Verwaltung wird von den nach den Vorschriften der Gemeinde-Ordnung dazu bestimmten Beamten (Bürgermeistern, Kreis-Amtmännern, Oberschulzen)

Zum Eingange.

1. Die Vorschriften des Gesetzes scheiden sich, von dem § 20 abgesehen, in solche, welche bestimmen, von wem, in wessen Namen und auf wessen Kosten die Ortspolizei verwaltet wird (§§ 1—4), und in solche, welche einen einzelnen Zweig der Polizei-Verwaltung überhaupt, nämlich den Erlaß allgemeiner orts- wie bezirkspolizeilicher Verordnungen betreffen (§§ 5—19). Eine generelle Regelung dessen, was der Polizei-, insbesondere der Ortspolizei-Verwaltung obliegt und zusteht, ist im Gesetze mithin nicht zu finden.

2. Dasselbe wurde durch VO. v. 24. Jan. 1859 (GS. S. 72) auf das Jadegebiet ausgedehnt. Für die Hohenzollernschen Lande ist es zwar nicht förmlich publizirt; doch rechnet das OT. mindestens die §§ 11, 12 zu denjenigen, die Reg.-Instr. v. 1817 ergänzenden und abändernden Bestimmungen, welche durch VO. v. 7. Januar 1852 auch dort Geltung erlangt haben; cf. Oppenhoff, StGB., § 332 n. 4.

§ 1.

3. Das Gesetz und die Gemeinde-Ordn. von demselben Tage stehen untereinander, und beide wieder mit den Artt. 42 und 114 der Verf.-Urkunde

im Namen des Königs geführt — vorbehaltlich der im §. 2. des gegenwärtigen Gesetzes vorgesehenen Ausnahme.

Die Ortspolizei-Beamten sind verpflichtet, die ihnen von der vorgesetzten Staatsbehörde in Polizei-Angelegenheiten ertheilten Anweisungen zur Ausführung zu bringen.

Jeder, der sich in ihrem Verwaltungs-Bezirke aufhält oder daselbst ansässig ist, muß ihren polizeilichen Anordnungen Folge leisten.

§. 2. In Gemeinden, wo sich eine Bezirks-Regierung, ein Land-, Stadt- oder Kreisgericht befindet, sowie in Festun-

---

in engem Zusammenhange. Zur Zeit der Publikation dieser Gesetze wurde die Ortspolizei in den östlichen Provinzen bald von besonderen Staatsbehörden oder von den städtischen Magistraten als Staatsbehörden, bald von den Gutsherrschaften gehandhabt. Ersteres war durchweg in den Städten, wo die Städte-Ordn. v. 19 Nov. 1808 und 17 März 1831 galten, letzteres in den übrigen Städten und auf dem Lande der Fall. Der cit. Art. 42 erklärte nun, in Anerkennung des Grundsatzes, daß die Ortspolizei- ebensowohl wie die Landespolizei-Verwaltung einen Ausfluß der landesherrlichen Gewalt bilde, und daher im Namen des Königs ausgeübt werden müsse, die gutsherrliche Polizei und obrigkeitliche Gewalt für aufgehoben, indem er gleichzeitig die weitere Ausführung dieser Bestimmung besonderen Gesetzen vorbehielt, während der cit. Art. 114 verfügte, daß es bis zur Emanirung der neuen Gemeinde-Ordn. bei den bisherigen Bestimmungen hinsichtlich der Polizei-Verwaltung verbleiben solle. Gleichwohl wurde jener Zweck durch die Gesetzgebung v. 11. März 1850 nur unvollkommen erreicht. Da nämlich die neue Gem.-Ordn. erst dann in Wirksamkeit treten sollte, wenn ihre Einführung in den einzelnen Gemeinden beendigt sein werde (§ 156 l. c.), dieser Zeitpunkt aber für die östlichen Provinzen bis zu ihrer Aufhebung (durch das Ges. v. 24. Mai 1853) niemals eingetreten ist, so blieb die gutsherrliche Polizei-Verwaltung da, wo sie früher bestand, faktisch auch fernerhin bestehen. Ob dieses Verhältniß auch ein rechtlich begründetes gewesen sei, war früherhin sehr streitig (cf. OT. 19. Oktbr. 1854, 28. Sept 1857, 30. Nov. 1855, Entsch. 28, S. 445; 37, S. 273; JMBl. 56, S. 40; MR. 12. Febr. und 16 Juli 1855, VMBl. S. 45, 161; v. Rönne Staatsr. I. S. 224 ff.). Gegenwärtig hat dasselbe jedenfalls einen gesetzlichen Charakter, indem die beiden Ges. v. 14. April 1856 (GS. S. 353 ff.) einestheils die cit. Artt. der Verf.-Urk. aufgehoben, anderntheils aber die gutsherrliche Polizeigewalt, oder wie das Ges. selbst sich ausdrückt, die nach §§ 18—22, II. 17 ALR. aus dem landesherrlichen Hoheitsrechte abgeleitete, in der Regel mit dem Besitze eines Guts verbundene orts- und polizeiobrigkeitliche Gewalt als in den östlichen Provinzen fortbestehend anerkannt und für die Zukunft aufrecht erhalten haben. Demzufolge besitzt § 1, insofern er mittelbar die gutsherrliche Polizeigewalt allgemein ausschließt, für die östlichen Provinzen keine unumschränkte Geltung mehr.

4. In den westlichen Provinzen unterlag seit Einführung der Gemeinde-O. v. 1850 die Anwendbarkeit der bezüglichen Vorschriften des Gesetzes über die Polizei-Verwaltung mit allen ihren Konsequenzen keinem Bedenken; sie ist auch nicht etwa stillschweigend, durch Aufhebung jener Gemeinde-O. wieder weggefallen, nur üben dort selbstredend, statt der gemäß letzterer, die gemäß der neueren Städte- und Gemeinde-Ordnungen angestellten Kommunal-Behörden die Ortspolizei.

5. Der Ausschluß jeder Exemtion von der ortspolizeilichen Gewalt (§ 1 Abs. 3) ist eine Folge des Prinzips, daß auch die Ortspolizei im Namen des Königs gehandhabt werden soll; cf. v. Rönne, Staatsr. (I. S. 231).

§§ 2—4.

6. Wenn der Staat oder ein Anderer aus besonderen Rechtstiteln ver-

gen und in Gemeinden von mehr als 10,000 Einwohnern, kann die örtliche Polizei-Verwaltung durch Beschluß des Ministers des Innern besonderen Staatsbeamten übertragen werden. Auch in anderen Gemeinden kann aus dringenden Gründen dieselbe Einrichtung zeitweise eingeführt werden.

§. 3. Die Kosten der örtlichen Polizei-Verwaltung sind, mit Ausnahme der Gehälter der von der Staatsregierung im Falle der Anwendung des §. 2. angestellten besonderen Beamten, von den Gemeinden zu bestreiten.

§. 4. Ueber die Einrichtungen, welche die örtliche Po-

---

pflichtet war, zu den Lasten der örtlichen Polizeiverwaltung beizutragen, so ist in dieser Hinsicht durch § 3 Nichts geändert (cf. v. Rönne, Staatsr. I. S. 232); desfallsige Streitigkeiten unterliegen der richterlichen Kognition ebensowohl, wie Streitigkeiten, wo das Gegentheil in Frage steht, ob nämlich die Verpflichtung der Gemeinde auf Grund älterer Titel, und selbst landesherrlicher Erlasse weiter reiche, als nach § 3, ob solche Erlasse unter der Herrschaft des § 3 noch in Kraft seien 2c. Cf. EK 14. April 1855 (JMBl. S. 307 a. E.).

7. Ferner findet der RW bei Streitigkeiten statt, welche die Auslegung des § 3 selbst, resp den Umfang der dort den Gemeinden auferlegten Verbindlichkeit betreffen, — vorausgesetzt, daß nicht wider die Aufsichts-Behörde als solche, sondern wider den Fiskus oder den sonstigen angeblich Verpflichteten geklagt wird

8. So namentlich bei Streitigkeiten darüber, ob gewisse Kosten überhaupt Polizei-Verwaltungskosten seien; cf. APfl.-Ges. n. 114; EK. 5. April 1856 (JMBl S. 179); OT. 14. Juli 1859 (Strieth. 34, S. 185). [Im ersteren Falle handelte es sich darum, ob die Kosten der Reinigung eines Grabens, im zweiten, ob die Kosten der durch einen Brand nöthig gewordenen Reparaturen des Polizeigefängniß-Gebäudes zu den Polizeiverwaltungs-Kosten zu rechnen seien, oder ob sie dem Fiskus als Eigenthümer jenes Grabens, resp. Gebäudes zur Last fielen.]

9. — desgleichen darüber, ob die streitigen Kosten einen Theil des Gehalts eines von der Staatsregierung angestellten Polizeibeamten oder sonstige Polizeiverwaltungs-Kosten darstellen: EK. 11 Dez. 1852 (JMBl. 53, S. 88).

10. — desgleichen darüber, ob ein Beamter, um dessen Besoldung es sich handelt, zu den im § 3, resp 2 erwähnten gehöre: *OT. 11. Nov. 1856 (Rh. A. 52, II. 61, Strieth. 23, S. 46). [Dieses Erk verneinte obige Frage bezüglich eines Kreisphysikus, indem letzterer kein Beamter der exekutiven Polizei sei.]

11. Demzufolge ist zum RW. geeignet die Klage einer Gemeinde, welche nicht allein auf Ersatz der von ihr indebite gezahlten Gehälter gerichtet ist, sondern auch auf Edition der von der Polizeibehörde geführten Jahresrechnungen, damit aus denselben der Betrag der sachlichen Ausgaben entnommen werde, ferner auf spezielle Bezeichnung der auf die Ortspolizei der betr. Gemeinde fallenden Kosten, um solche von den Aufwendungen für andere derselben königl. Polizeibehörde untergebenen Gemeinden aussondern zu können: EK. 14. April 1855 (JMBl. S. 305).

12. Inzwischen tritt die richterliche Kognition bei diesen und ähnlichen Fällen nur insoweit ein, als durch die Klage nicht, dem § 36 der VO. v. 1808 und § 4 h. l. zuwider, in die der Aufsichts-Behörde zustehenden Befugnisse eingegriffen wird, und bildet daher namentlich die Nothwendigkeit oder Nützlichkeit der auf administrative Anordnung für die Polizeiverwaltung ausgelegten Kosten keinen Gegenstand prozessualischer Anfechtung; cf. EK. 11. Dez. 1852 (JMBl. 53, S. 88), OT. 28. März 1854 (Entsch. 29, S. 209), welche in specie die Bestimmung, ob einem von der Staatsregierung angestellten Polizeibeamten (§ 2) Equipage- und Pferde-Gelder zu bewilligen seien, mit Ausschluß des RW., der Aufsichtsbehörde vindiziren.

lizei-Verwaltung erfordert, kann die Bezirksregierung besondere Vorschriften erlassen. Die für den Bezirk des Appellations-Gerichtshofes zu Cöln bestehenden gesetzlichen Bestimmungen wegen Anstellung von Polizei-Kommissarien werden hierdurch nicht berührt. Ebenso bleiben vorläufig die Distrikts-Kommissarien in der Provinz Posen in Wirksamkeit.

Die Ernennung aller Polizeibeamten, deren Anstellung den Gemeinde-Behörden zusteht, bedarf der Bestätigung der Staatsregierung.

---

13. Aus gleichem Grunde kann auch darüber kein Richterspruch impetrirt werden, daß die Gemeinde zur Leistung von Polizeiverwaltungs-Kosten über einen bestimmten Betrag hinaus nicht verpflichtet sei, indem auf solche Weise das der Aufsichtsbehörde zustehende Recht zur Festsetzung dessen, was für die Polizeiverwaltung erforderlich ist, illusorisch gemacht werden würde: EK. 4 Febr. 1854 in S. Koblenz c. Fiskus.

14. Eben um deswillen ist der Widerspruch wider die von der Aufsichtsbehörde als nöthig befundene und auf Grund des § 4 h. l. angeordnete Erhöhung des aus Gemeindemitteln zu bestreitenden, im Dienstvertrage fixirten Gehalts eines Polizeibeamten nicht prozeßfähig: *EK. 5. April 1856, *24. Jan. 1857, (JMBl. 56, S 186; 57, S. 243) und VO. v. 1808 n. 145, Ges. v. 11. Mai 1842 n. 11. [In jenen Entscheidungen wird noch auf die Gemeinde-O. v. 1850 Bezug genommen. Das Prinzip ist jedoch im § 36 der VO. v 1808 zu suchen.]

15. *OT. 6. Mai 1856 (Rh. A. 52, II. 10) folgert aus der der Staatsregierung durch § 4 verliehenen Befugniß, daß jene Behörde nicht nur über das Bedürfniß solcher Einrichtungen, sondern auch über die Art und den Umfang derselben, mithin z. B. auch darüber zu entscheiden habe, ob hinsichtlich der gemäß § 3 von der Gemeinde zu tragenden Kosten die Zahlung eines Aversional-Quantums oder Einzelvergütung auf Spezial-Liquidation stattfinden solle, daß aber diese Befugniß, die Bedürfnißfrage nach solchem Umfange zu entscheiden, das Recht der Gemeinde von selbst ausschließe, derartigen, im dienstlichen Interesse getroffenen Anordnungen der Aufsichtsbehörde zuwider, spezielle Rechnungsablage, resp. Erstattung eines Ueberschusses zu fordern. Der AH. Cöln hatte in entgegengesetztem Sinne erkannt; cf. Rh. A. 51, I. 98 ff. [Mit obigem Erk. des OT. steht EK 14 April 1855 (s. n. 11) nicht in Widerspruch; letzteres Urtheil hebt vielmehr ausdrücklich hervor, daß in dem damaligen Falle der allerdings unstatthafte Antrag auf Justifikation der durch die Ortspolizei-Verwaltung entstandenen Kosten gar nicht gestellt, sowie überhaupt nicht auf eigentliche Rechnungsablage geklagt worden sei; gleichwohl erkennt dasselbe an, daß der Anspruch auf Rechnungslegung unter Umständen, sofern er nämlich in einem privatrechtlichen Verhältnisse seinen Grund habe, selbst wider eine fiskalische Verwaltungs-Behörde im RW geltend gemacht werden könne, ohne daß hiermit allgemeinen Grundsätzen oder dem § 1 der Instr. für die Ob.-Rechn.-Kammer v. 18. Dez. 1824 zu nahe getreten werde.]

16. Zur Erläuterung des § 3 in materieller Hinsicht wird im Allgemeinen auf den Komm. von v. Rönne verwiesen. Den Gemeinden fallen, diesem § zufolge, namentlich zur Last die Kosten der pol. Anstalten (z B. für Straßenbeleuchtung, Feuerlöschwesen 2c.), — die für Einrichtungen und Maaßregeln, welche aus sanitätspolizeilichen Gründen zur Ueberwachung der gewerbsmäßigen Prostitution getroffen werden, z. B die desfallsige Remuneration des ärztlichen Personals, cf. MR. 6. Aug. 1853, 11. April 1854 (VMBl. 53, S. 166; 54, S. 99); *OT. 11. Nov. 1856 (Strieth. 23, S. 46), — alle Ausgaben für den Geschäftsbetrieb der Polizeibeamten, zur Beschaffung von Büreaugelassen für die Polizei-Kommissarien, cf. MR. 12 Juni 1854 (VMBl. S. 139), ferner die Fuhrkosten, Equipage- und Pferde-Gelder, welche die Regierung den von ihr angestellten Polizeibeamten (§ 2)

§. 5. Die mit der örtlichen Polizei-Verwaltung beauftragten Behörden sind befugt, nach Berathung mit dem Gemeinde-Vorstande, ortspolizeiliche, für den Umfang der Ge-

---

bewilligt, cf. OT. (Präj. 2518) 28. März 1854 (Entsch. 27, S. 476), MR. 4. Novbr. 1853 (VMBl. S. 263), — nicht aber die Kosten zur Beschaffung und Unterhaltung einer Dienstwohnung für die letzterwähnten Beamten, mögen diese vor oder nach Publikation des Ges. v. 1850 angestellt sein, cf. OT. (Präj. 2545) 7. Januar 1854 (Entsch. 28, S. 469), *OT. 6. Mai 1856 l. c. — Vgl. auch MR. 13. Okt., 9. Dez. 1860 (VMBl. 60, S 225; 61, S. 18, betr. Paßformulare), sowie, was die Beschaffung der polizeilichen Gefängnisse, ferner, was die Nutzungen und Lasten aus der vorläufigen Straffestsetzung wegen Uebertretungen betrifft, die Ges. v. 1. August 1855 (§ 3) und 26. März 1856 (GS. 55, S. 580; 56, S. 225).

17. Die Verrichtungen eines Polizeianwalts bilden strenge genommen keinen Zweig der eigentlichen Ortspolizei. Da sie jedoch in der Regel dem Bürgermeister, mithin demselben Kommunalbeamten obliegen, welcher auch die Ortspolizei zu handhaben hat (cf. § 62, resp. § 57 der Städte-O. v. 1853 und 1856), so wird im Gesetze stillschweigend vorausgesetzt, daß die mit diesen Verrichtungen etwa verbundenen Kosten den Gemeinden ebenmäßig zur Last fallen. Für den Fall, wo dem Bürgermeister am Sitze des Gerichts die Vertretung der Polizei-Anwaltschaft auch für die übrigen Gemeinden des Gerichtsbezirks übertragen wird, bestimmt die Rhein. Städte-O. sogar ausdrücklich, daß die ihm hierfür zu bewilligende und durch die Regierung festzusetzende Entschädigung von jenen übrigen Gemeinden geleistet werden solle, während die Städte-O. v. 1853 und die Westphäl. v. 1856 nähere Bestimmungen bezüglich dieser Entschädigung vorbehalten. Doch nimmt das OT. an, daß, wenn die örtliche Polizeiverwaltung vom Staate besonderen Beamten übertragen worden sei oder wenn die Behörde wenigstens von dem auf obigen §§ der Städte-Ordnungen beruhenden Rechte, die Verrichtungen der Polizeianwälte durch andere Beamten besorgen zu lassen, Gebrauch gemacht habe, sowohl die Büreaukosten, wie die Besoldung des Polizeianwalts aus Staatsmitteln bestritten werden müßten: OT. 17. März 1857, 27. März 1855 (Entsch 36, S. 358; 31, S. 149). Ein Fall der letzteren Art liegt inzwischen nicht vor, wenn die Behörde nicht aus freiem Entschlusse, sondern aus Gründen der Nothwendigkeit, z. B. weil die sonstigen Dienstobliegenheiten des Bürgermeisters dessen Thätigkeit gänzlich absorbiren, mit den Funktionen des Polizeianwalts einen anderen Beamten betraut. Alsdann hat vielmehr die Gemeinde jenen Beamten zu besolden. So: OT. 22. Febr. 1859 (Strieth. 32, S. 307), wo gleichzeitig konform dem oben n. 12 ff. Gesagten ausgesprochen wurde, daß der Eintritt einer solchen Nothwendigkeit nur auf administrativem Wege festgestellt, mithin auf dem RW. nicht bestritten werden könne.

18. Uebernimmt die Staatsregierung die örtliche Polizeiverwaltung, so fallen ihr die Gehälter selbst derjenigen Beamten zur Last, welche sie im Dienste beibehält, ohne ihre Uebernahme ausdrücklich zu erklären: OT. 19. Juni 1855 (Entsch. 31, S. 157).

19. Von den Einnahmen aus der örtlichen Polizeiverwaltung, z. B. für Ertheilung von Dienstscheinen, Aufenthaltskarten, Inlandspässen, Baukonsensen, redet § 3 zwar nicht. Inzwischen fallen dieselben unbedenklich der Gemeinde zu, selbst wenn jene Verwaltung besonderen Staatsbeamten übertragen ist; cf. OT. 12. Jan. 1858 (Entsch. 38, S. 224). In Betreff der vom Polizeiverwalter nach Maaßgabe des Ges. v. 14. Mai 1852 endgültig festgesetzten Geldbußen und Konfiskate sagt dies das Ges. v. 26. Mai 1856 (s. n. 16) ausdrücklich.

20. Wo die Ortspolizei-Verwaltung noch den Gutsherrschaften zusteht, gebühren diesen auch die Einnahmen aus jener Verwaltung, wie ihnen andererseits die Kosten derselben zur Last fallen; cf. OT. 28. Sept. 1857 (s. n. 3).

§§ 5—17.

21. Die §§ 5—17 sind an Stelle der älteren Gesetzgebung über die Befugniß der Verwaltungs-Behörden zum Erlasse allgemeiner Polizei-Verordnungen ge-

meinde gültige Vorschriften zu erlassen und gegen die Nichtbefolgung derselben Geldstrafen bis zum Betrage von 3 Rthlr. anzudrohen.

Die Strafandrohung kann bis zu dem Betrage von 10 Rthlr. gehen, wenn die Bezirksregierung ihre Genehmigung dazu ertheilt hat.

Die Bezirksregierungen haben über die Art der Verkündigung der ortspolizeilichen Vorschriften, sowie über die Formen, von deren Beobachtung die Gültigkeit derselben abhängt, die erforderlichen Bestimmungen zu erlassen.

§. 6. Zu den Gegenständen der ortspolizeilichen Vorschriften gehören:

a) der Schutz der Personen und des Eigenthums;
b) Ordnung, Sicherheit und Leichtigkeit des Verkehrs auf öffentlichen Straßen, Wegen und Plätzen, Brücken, Ufern und Gewässern;
c) der Marktverkehr und das öffentliche Feilhalten von Nahrungsmitteln;
d) Ordnung und Gesetzlichkeit bei dem öffentlichen Zusammensein einer größeren Anzahl von Personen;

---

treten, cf. § 14 h. l. und VO. v. 1808 n. 487 ff, Rhein. Ress.-Regl. n. 293 ff. Zwar glaubt v. Rönne, daß jene ältere Gesetzgebung schon in Folge der Artt. 8 und 62 der Verf.-Urk. außer Kraft getreten sei. Dieser Ansicht stehen jedoch, von dem unter n. 23 Gesagten abgesehen, auch die §§ 14 und 19 h. l. entgegen, letzterer § insofern, als er zwischen den vor und den nach Publikation der Verf.-Urk. erlassenen Pol.-VO. nicht unterscheidet.

22. Die Hauptpunkte, in denen obige §§ von der älteren Gesetzgebung abweichen, bestehen, abgesehen von dem Strafmaaße, darin, daß jene die Wirksamkeit der von der Bezirksregierung zu erlassenden Pol.-VO. nicht mehr von einer höheren Genehmigung abhängig sein lassen, und daß sie, nach dem Vorbilde der bisherigen rheinischen Gesetze, die obenerwähnte Befugniß, bezüglich der Gegenstände der Ortspolizei, auch den Ortspolizei-Behörden verleihen.

22 bis. Mit Publikation des Ges. v 1850 ist insbesondere auch die Befugniß der Ministerien, allgemeine Pol.-Straf-VO. unmittelbar selbst zu erlassen, insofern diese Befugniß lediglich auf den §§ 40, 45 der VO. v. 1808 und dem § 11 der Reg.-Instr. v. 1817 beruhte (cf. VO. v. 1808 n. 489), in Wegfall gekommen. Demzufolge wurde z. B. § 10 des Regul. über die Beschäftigung jugendlicher Fabrikarbeiter v. 9. März 1839, welcher die in obigen Gesetzesstellen und im St.-Min.-Beschl. v. 7. Jan. 1845 (JMBl. S 34) enthaltenen Grundsätze auf die dort geregelte Spezialmaterie anwendet, dahin abgeändert, daß die dort erwähnten Ministerien zwar solche allgemeinen Anordnungen im Sinne des cit. § 10 nach wie vor treffen können, die Bestimmung der Strafen jedoch für die Uebertretung jener Anordnungen den Regierungen nach Maaßgabe des Ges. v 1850 überlassen müssen; cf. MR. 18. Aug 1853 und 12. Aug. 1854 (VMBl. 53, S 198, 54, S. 185).

22 ter. Die HMR. 28. Nov. 1855, 19. März und 3 April 1856 (Achenbach, Rhein. Berg-Pol.-Vorschr. S. XXIX ff) hielten dafür, daß nach dem damaligen Stande der Gesetzgebung, wenn von den linksrheinischen Landestheilen abgesehen werde, allgemeine bergpolizeiliche Strafverordnungen von den Ober-Bergämtern

e) das öffentliche Interesse in Bezug auf die Aufnahme und Beherbergung von Fremden; die Wein-, Bier- und Kaffee-Wirthschaften und sonstige Einrichtungen zur Verabreichung von Speisen und Getränken;

f) Sorge für Leben und Gesundheit;

g) Fürsorge gegen Feuersgefahr bei Bau-Ausführungen, sowie gegen gemeinschädliche und gemeingefährliche Handlungen, Unternehmungen und Ereignisse überhaupt;

h) Schutz der Felder, Wiesen, Weiden, Wälder, Baumpflanzungen, Weinberge u. s. w.;

i) alles andere, was im besonderen Interesse der Gemeinden und ihrer Angehörigen polizeilich geordnet werden muß.

§. 7. Zu Verordnungen über Gegenstände der landwirthschaftlichen Polizei ist die Zustimmung der Gemeinde-Vertretung erforderlich. Die Berathung erfolgt unter dem Vorsitze des mit der örtlichen Polizei-Verwaltung beauftragten Beamten.

§. 8. Von jeder ortspolizeilichen Verordnung ist sofort eine Abschrift an die zunächst vorgesetzte Staatsbehörde einzureichen.

---

gleichfalls nur nach Maaßgabe des Ges v 11. März 1850, resp. unter Mitwirkung der betr. Bezirksregierung erlassen werden könnten; cf. jedoch Achenbach l. c. Neuerdings ist diese Materie gesetzlich in anderer Weise geregelt worden und zwar durch die §§ 8—11 des Ges. v. 10. Juni 1861 (GS. S 427). Letzteren Bestimmungen gemäß sind die Ober-Bergämter für sich allein befugt, solche bergpolizeilichen Vorschriften, sei es in Betreff des ganzen Umfangs ihrer Bezirke, sei es für einzelne Theile derselben zu erlassen (§ 8 cit.). Doch sollen zu den Gegenständen jener Vorschriften lediglich gehören a) die Wahrung der Nachhaltigkeit des Bergbaues, die Sicherheit der Baue, die Sicherheit der Oberfläche im Interesse des Privat- sowie öff. Verkehrs, die Sicherheit des Lebens und der Gesundheit der Arbeiter (§ 9 ib.). Die sonstigen Vorschriften der §§ 8 ff. l c. entsprechen denen des Ges. v. 1850, ausgenommen, daß nach jenen nicht der Min. d. J., sondern der HMin. ermächtigt ist, solche Pol.-VO. außer Kraft zu setzen

22 quater. In Betreff der Mitwirkung der Militair-Kommandanturen beim Erlasse ortspolizeilicher VO. vgl MR. 21. Aug 1852 (VMBl. S. 218).

23 Mit Rücksicht auf § 6, II. 13 ALR könnte man versucht sein, in den gemäß §§ 5 ff. h. l. ergangenen Pol.-VO. eine Art legislativer Akte, mithin Akte zu erblicken, welche in Ausübung eines auf die Verwaltungs-Behörden übertragenen Hoheitsrechts erlassen, nach § 36 der VO v. 1808 beurtheilt werden müßten. In der That haben dieselben große Verwandtschaft mit eigentlichen Gesetzen, was sich praktisch namentlich auch dadurch äußert, daß ein richterliches Erk. ebensowohl wegen Verletzung einer Pol.-VO., wie wegen Verletzung einer materiellen Gesetzesvorschrift mittelst der Nichtigkeits-Beschwerde angefochten werden kann, und daß sowohl das Publikum wie der Richter solche VO. gleich den Gesetzen kennen muß, letzterer mithin ihre Existenz niemals zum Gegenstande einer Beweisauflage für eine der Parteien machen darf; cf Oppenhoff § 332 n. 13, 14, 44. Dessenunerachtet sprechen dringende Gründe dafür, daß jene VO. nach dem Willen und der Anschauung des Gesetzgebers

§. 9. Der Regierungs-Präsident ist befugt, jede ortspolizeiliche Vorschrift durch einen förmlichen Beschluß unter Angabe der Gründe außer Kraft zu setzen.

[Dem Beschlusse muß, mit Ausnahme dringender Fälle, eine Berathung mit dem Bezirksrathe vorangehen. Die Erklärung des Letzteren ist entscheidend:

1) wenn eine ortspolizeiliche Vorschrift außer Kraft gesetzt werden soll, weil sie das Gemeindewohl verletzt;
2) wenn es sich darum handelt, eine Verordnung über Gegenstände der landwirthschaftlichen Polizei wegen ihrer Unzweckmäßigkeit aufzuheben.]

§. 10. Die Bestimmungen der §§. 8. und 9. finden auch auf die Abänderung oder Aufhebung ortspolizeilicher Vorschriften Anwendung.

§. 11. Die Bezirksregierungen sind befugt, für mehrere Gemeinden ihres Verwaltungs-Bezirks oder für den ganzen Umfang desselben gültige Polizei-Vorschriften zu erlassen und gegen die Nichtbefolgung derselben Geldstrafen bis zu dem Betrage von 10 Rthlr. anzudrohen.

Der Minister des Innern hat über die Art der Verkündigung solcher Vorschriften, sowie über die Formen, von deren Beobachtung die Gültigkeit derselben abhängt, die erforderlichen Bestimmungen zu erlassen.

---

doch nur eine Unterart polizeilicher Verfügungen im Sinne des Ges v. 11. Mai 1842 bilden Diese Gründe sind bereits unter n. 38, 39 zu letzterem Ges. besprochen. Es tritt hinzu, daß die §§ 5 ff. h. l. nur bei solcher Deutung mit dem im Art. 62 der Verf.-Urk. ausgesprochenen Prinzipe in Einklang zu bringen sind.

23 bis. Hiernach durfte ein aus dem Erlasse einer gesetzwidrigen Pol.-VO. hergeleiteter Regreßanspruch gegen den betr Beamten dann und nur dann im RW. geltend zu machen sein, wenn jene VO. von der höheren Verwaltungs-Behörde als gesetzwidrig aufgehoben worden ist, cf Ges. v 1842 § 6. Ebenso wird, wenn Jemand behauptet, durch eine Pol.-VO. einen solchen Eingriff in seine Privatrechte erfahren zu haben, daß ihm nach den Vorschriften über die von Einzelnen zum gemeinen Besten gebrachten Vermogensopfer Entschädigung gebühre, der desfallsige Anspruch gemäß § 4 ib der richterlichen Kognition unterliegen Cf. Ges. v. 28. Febr. 1843 § 12. Das Gegentheil würde der Fall sein, wenn eine Pol.-VO in allen und jeden Beziehungen einem Gesetze gleichgestellt werden müßte, vgl. VO. v. 1808 n. 111. Ja selbst die gerichtliche Geltendmachung eines Befreiungsgrundes im Sinne des § 2 ib. scheint, einer allgemeinen Pol.-VO. gegenüber, nicht absolut ausgeschlossen zu sein. OT. 15. Febr. 1855 u. 7. Okt 1858 (Oppenhoff StGB. 3. Th. 1. Tit. n. 11; § 332 n 42; JMBl. 58, S 367) stehen dieser Ansicht nicht geradezu entgegen, insofern dort ausgesprochen wird, daß ein allgemeines polizeiliches Verbot, falls die betr. Pol.-VO. solches nicht ausdrücklich gestatte, durch privatrechtliche Verträge nicht aufgehoben, und daß eine über Privat-Verhältnisse zwischen prozeßführenden Parteien ergangene Entscheidung, selbst, wenn die unterliegende Partei der Fiskus wäre, nicht als Verordnung einer höheren Instanz im Sinne des § 15 h. l. betrachtet werden könne, da in beiden Fällen von keinem den Erfordernissen des § 2 l. c. entsprechenden, für die anordnende Polizeibehörde verbindlichen Rechtstitel die Rede war. — Inzwischen scheint die Motivirung des Erk. v. 7. Okt. 1858 allerdings zu ergeben, daß das OT. die Frage über die Anwendbarkeit der in einer Pol.-VO. angedrohten Strafe immer nur in dem in § 17 bezeichneten Umfange der richterlichen Entscheidung vindizire.

§. 12. Die Vorschriften der Bezirksregierungen (§. 11.) können sich auf die im §. 6. dieses Gesetzes angeführten und alle anderen Gegenstände beziehen, deren polizeiliche Regelung durch die Verhältnisse der Gemeinden oder des Bezirks erfordert wird.

[§. 13. Zum Erlasse solcher Vorschriften der Bezirksregierungen, welche die landwirthschaftliche Polizei betreffen, ist die Zustimmung des Bezirksrathes erforderlich.]

§. 14. Die Befugniß der Bezirksregierungen, sonstige allgemeine Verbote und Strafbestimmungen in Ermangelung eines bereits bestehenden gesetzlichen Verbotes mit höherer Genehmigung zu erlassen, ist aufgehoben.

§. 15. Es dürfen in die polizeilichen Vorschriften (§§. 5. und 11.) keine Bestimmungen aufgenommen werden, welche mit den Gesetzen oder den Verordnungen einer höheren Instanz im Widerspruche stehen.

§. 16. Der Minister des Innern ist befugt, soweit Gesetze nicht entgegenstehen, jede polizeiliche Vorschrift durch einen förmlichen Beschluß außer Kraft zu setzen.

Die Genehmigung des Königs ist hierzu erforderlich,

---

24. Die im § 17 dem Richter zur Pflicht gemachte Prüfung der gesetzlichen Gültigkeit einer Pol.-VO. beschränkt sich nach der Praxis des OT darauf, ob dieselbe in gültiger Form erlassen sowie publizirt sei, und ob sie nicht etwa eine mit den Gesetzen oder den Verordnungen einer höheren Instanz in Widerspruch stehende Bestimmung enthalte (§§ 5, 11, 15 h. l): Oppenhoff StGB. § 332 n. 41.

25. So soll namentlich die richterliche Prüfung sich nicht darüber erstrecken dürfen, ob das von der Polizeibehörde angegebene Motiv der VO. richtig sei, und letztere sich hiernach auf eine Materie beziehe, welche jener Behörde überhaupt überwiesen worden. Cf Oppenhoff l c. *Contra* v. Rönne, Staatsr. I. S. 165 a E.

26. Das Gesetz unterscheidet in Betreff der für die Gültigkeit einer Pol.-VO. zu beobachtenden Formen nicht zwischen den eine dauernde Bestimmung habenden Pol.-VO. und denen, die blos transitorischer Natur sind: KH. 23 Dez. 1851 (Tr. A. 7, I. 133). Doch setzt dasselbe selbstredend immer eine allgemeine VO. voraus. Pol.-Verf., welche für einen speziellen Fall und einer einzelnen Person gegenüber eine Strafe (als Exekutionsmittel) androhen, fallen überhaupt nicht unter die §§ 5 ff, sondern unter § 20 h. l, resp. § 48 der VO. v. 1808. EK. 3. Mai 1856, 7. Nov. 1857 (JMBl 56, S. 206; 58, S. 32).

27. In den durch §§ 5 ff vorgeschriebenen Formen sind hinfüro auch die Lokalpol.-VO. zu erlassen, auf welche die Feldpolizei-O. v. 1. Nov. 1847 unter gleichzeitiger Bestimmung der Form ihres Erlasses hinverweist (cf. z. B. §§ 2, 25, 73): Min.-Instr. v. 1. Juli 1856 (JMBl. S. 198).

28. Zur formellen Gültigkeit einer ortspol. VO. gehört insbesondere auch die vorherige Berathung mit dem Gemeinderathe (§ 5), nicht aber dessen Zustimmung. Auch genügt es, wenn der Entwurf dem Gemeindevorstande vorgelegt worden ist, und letzterer unterlassen hat, sich über denselben zu erklären. Jenes Erforderniß fällt ganz weg, wenn ein solcher Vorstand neben dem die Ortspolizei handhabenden Gemeinde-Vorsteher ꝛc nicht besteht, wie es z. B. gemäß § 108 der Rhein. Gemeinde-O. v 1845 für deren Gebiet der Fall ist. Cf. Oppenhoff l. c. n. 18—20 und KG. 1. Mai 1852 (JMBl. S. 251)

wenn die polizeiliche Vorschrift von dem Könige oder mit dessen Genehmigung erlassen war.

§. 17. Die Polizeirichter haben über alle Zuwiderhandlungen gegen polizeiliche Vorschriften (**§§. 5.** und **11.**) zu erkennen, und dabei nicht die Nothwendigkeit oder Zweckmäßigkeit, sondern nur die gesetzliche Gültigkeit jener Vorschriften nach den Bestimmungen der **§§. 5., 11.** und **15.** dieses Gesetzes in Erwägung zu ziehen.

---

29. § 7 gilt selbst für solche VO., die nur theilweise Gegenstände der dort gedachten Art betreffen, sofern nicht ausdrücklich hervorgehoben ist, daß einzelne der ergangenen Bestimmungen auf rein polizeilichen Motiven beruhen. Der dem § 7 korrespondirende § 13 und das MR. 13. März 1852, wonach die General-Kommissionen bis zur Einrichtung der Bezirksräthe deren Stelle vertreten sollten, sind seit Erlaß des Ges. v. 24. Mai 1853 (GS. S. 238) außer Kraft; cf. Oppenhoff l. c. n 21, 22. Das dort cit. OT. 26. Okt. 1860 nimmt übrigens an, daß die Frage, ob die Zustimmung der Gen.-Komm. nöthig gewesen, gar nicht zur richterlichen Kognition gehöre, da § 17 auf § 13 nicht mitverweise. Vgl. oben n. 24, 25.

30. Zum Erlasse von ortspol VO. sind auch die Inhaber der orts-, resp. polizeiobrigkeitlichen Gewalt im Sinne des Ges. v. 14. April 1856, und deren Stellvertreter befugt; cf. OT. 7. Okt 1858 (JMBl. S. 368), nicht aber die Landräthe, denen ebensowenig die Regierung die ihr gemäß § 11 zustehenden Befugnisse delegiren kann; cf. Oppenhoff l. c. n 6. Vgl. jedoch MR. 1. Juli 1860 (BMBl. S. 146 a E.).

31. Die Funktionen, welche durch das Gesetz einer bestimmten Behörde übertragen sind, wie z B. die gemäß Art. 26 des linksrhein. Dekr. v. 4. Dez 1811 den Deichdirektionen zustehenden Funktionen, können nicht durch eine Pol.-VO. der Regierung auf eine andere Behörde übertragen werden: *OT. 1. Juni 1861 (Oppenhoff Rechtspr. I. S. 433).

32. Die §§ 5, 11 schließen nicht aus, daß von einer Behörde, der die örtliche Pol.-Verwaltung über mehrere Gemeinden aufgetragen ist, Pol.-Vorschriften für mehrere oder alle ihr untergeordneten Gemeinden in einzelnen für jede Gemeinde besonders zu formulirenden und publizirenden VO erlassen werden können. So: MR. 1 Juli 1860 (BMBl. S. 146).

33. Auch ist die Regierung befugt, für die Wirksamkeit einer von ihr selbst erlassenen Pol.-VO. eine andere örtliche Begrenzung anzuordnen, als die im § 11 bezeichnete, z. B. eine Pol -VO. nur für einen einzelnen Forst &c. zu erlassen: Oppenhoff StGB., § 332 n 7.

34. Hat die Regierung eine Pol.-VO. mit dem Vorbehalte erlassen, dieselbe später auf andere Gegenstände auszudehnen, so steht der Ortspolizeibehörde nicht zu, diese Ausdehnung ihrerseits auszusprechen: Oppenhoff l. c n. 16.

35. Ueber die Form der Publikation von Pol.-VO. s. Oppenhoff l. c n. 8, 9, sowie die dort bezogenen Vorschriften der ACO. v. 8. Mai 1840 (GS. S. 42) und die Min.-Instr v 6. Juni 1850 (BMBl. S. 176). Die desfalls anzustellende Prüfung kann dem Polizeirichter durch eine allgemeine Bescheinigung der Polizeibehörde, daß die Publikation vorschriftsmäßig erfolgt sei, nicht entzogen werden. Vielmehr muß die Bescheinigung ergeben, daß und welche einzelnen zur Publikation erforderlichen Akte stattgefunden haben. Cf Oppenhoff l c. n. 11.

36. Die Benutzung des Eigenthums und der Realrechte kann durch Pol.-VO. beschränkt werden, wenn diese das öff. Interesse zu fördern bestimmt sind, und sich auf eine gesetzliche Ermächtigung stützen. Doch darf die Befugniß zum Erlasse solcher VO. nicht soweit ausgedehnt werden, daß dadurch der richterlichen Entscheidung über Eigenthum und Besitz vorgegriffen würde. Cf. Oppenhoff l. c. n. 24—27.

37. Fiskalische Maaßregeln sind nicht im Wege einer Pol.-VO. anzuordnen; ebenso kann die Nichtleistung der Gemeindedienste nicht durch eine Pol.-VO. mit Strafe bedroht werden, wenn das Gesetz selbst für einen solchen Fall nur Beitreibung des Geldwerths im Exekutionswege anordnet: Oppenhoff l. c n. 28, 29.

38. Pol.-VO., welche das Jagen mit Bracken verbieten, stehen mit den Ges. v. 31. Okt. 1848 und 7. Mai 1850 in Widerspruch: OT. (Präj. für Straff. Nr. 166) 6. Sept. 1855 (Entsch. 30, S. 475). — Andere Beispiele, wo eine Pol.-VO. als gesetzwidrig erkannt worden ist, s. u. A. bei Oppenhoff StGB., § 332 n. 25, 26, 30, 31; § 340 n. 26, 27; § 348 n. 18; cf. ferner unten n. 48.

39. Pol.-VO. über die Weite der Schornsteinröhren gehören zu denjenigen, deren Erlaß den Orts- und Landes-Polizeibehörden nach dem Ges. v. 1850 zusteht: MR. 10. Sept. 1853 (VMBl. S. 195).

40. Bezüglich der Befugniß zum Erlasse von Pol.-VO., welche die Benutzung und Erhaltung öffentlicher Wege betreffen, s. Oppenhoff StrGB., § 332 n. 23 und HMR. 11. März 1855 (VMBl. S. 62). — KH. 9. Oktbr. 1849 (Rh. A. 47, II. 98) sprach einer auf Grund der älteren Rhein. Gesetzgebung ergangenen ortspolizeilichen VO., wodurch allem fremden Fuhrwerke gewisse Wege ganz entzogen wurden, die verbindende Kraft ab, weil dieselbe der Natur öffentlicher Wege widerstreite, und ihr Erlaß dem Bürgermeister, der nur für Sicherheit und Bequemlichkeit des Gebrauchs der Straßen sorgen solle, nicht zugestanden habe.

41. Die §§ 5 ff. erheischen zur Anwendbarkeit einer Pol.-Straf-VO. eine ausdrücklich in derselben enthaltene Strafandrohung. Für Bezirks-Pol.-VO. schreibt die Min.-Verf. v. 6 Juni 1850 noch besonders vor, es solle entweder ein bestimmtes Strafmaaß oder ein Maximum und Minimum angedroht werden; cf. Oppenhoff l. c. n 37.

41 bis. Die Befugniß, innerhalb der in den §§ 5 und 11 bestimmten Grenzen das Strafmaaß beliebig festzusetzen, ist den Polizeibehörden durch das StGB. nicht geschmälert worden, nur muß das Minimum dem § 335 ib. zufolge wenigstens 10 Groschen betragen: OT. 23. April 1857 (Goltd. Archiv 5, S. 412), Oppenhoff StGB., § 335 n. 3, 4. Ueberschreitet die Pol.-VO. das gesetzliche Strafmaaß, so ist doch auf Strafe zu erkennen, aber nur in dem vom Gesetze gestatteten Maaße. Gefängniß und Konfiskation einzelner Gegenstände können durch eine Pol.-VO. nicht angedroht werden; cf. Oppenhoff StGB., § 332 n. 39; § 333 n. 3.

42. Das Strafmaaß der §§ 5, 11 kommt selbstredend nicht zur Anwendung, wenn die Strafgesetzgebung selbst das Strafmaaß normirt hat, wie es z. B. in den §§ 340 Nr. 8, 344 Nr 8, 345 Nr. 1, 347 Nr. 1, 2 des StGB. geschieht, welche sämmtlich den Erlaß und die Publikation von Pol.-VO. im Sinne des Ges. v. 1850 voraussetzen, insofern Verordnungen solchen Inhalts nicht schon in besonderen Gesetzen oder älteren Pol.-VO. enthalten sind. Vgl. Oppenhoff zu diesen §§.

43. Eine Pol.-VO. kann auch die Theilnahme an der von ihr verbotenen Handlung mit Strafe bedrohen, nicht aber die civilrechtliche Haftbarkeit dritter Personen für Geldbuße und Kosten anordnen: Oppenhoff § 332 n. 35, 40.

44. Anlangend die Aufhebung von Pol.-VO., so ist zunächst zu bemerken, daß § 9 Abs. 2 und die darauf bezügliche Vorschrift des MR. 13. März 1852 (VMBl. S. 84) nicht mehr in Kraft sind: MR. 22. Nov. 1853 (VMBl. S. 280). [Ob der Reg.-Präsident behufs Ausführung des § 9 die periodische Einsendung aller ortspol. VO. fordern will, bleibt seinem Ermessen überlassen. Jedenfalls aber haben die Landräthe die ihnen von den Unterbehörden eingereichten VO. über landw. Gegenstände der Regierung vorzulegen, damit diese die durch MR. 13. Mai 1850 (VMBl. S. 138) angeordnete Uebersicht zum Jahresberichte fertigen lassen könne. So: MR. 13. Juli 1850 (VMBl S. 213).]

45. Kann eine Ortspolizeibehörde die von ihr erlassenen Pol.-VO. wieder aufheben? Die Frage wurde in Betreff älterer, auf Grund der Rhein. Gesetzgebung ergangenen Ortspol.-VO. durch KH. 27. Jan. und 10. Juli 1849 (Rh. A. 44, II. 33, 36) ausdrücklich bejaht, und dürfte in Betreff der gemäß § 5 h. l. erlassenen VO. auf gleiche Weise zu beantworten sein, es sei denn, daß zur Gültig-

§. 18. Für den Fall des Unvermögens des Angeschuldigten ist auf verhältnißmäßige Gefängnißstrafe zu erkennen. Das höchste Maaß derselben ist 4 Tage statt 3 Rthlr. und 14 Tage statt 10 Rthlr.

§. 19. Die bisher erlassenen polizeilichen Vorschriften bleiben so lange in Kraft, bis sie in Gemäßheit dieses Gesetzes aufgehoben werden.

§. 20. Die den Polizeibehörden nach den bisherigen Gesetzen zustehende Exekutionsgewalt wird durch die vorstehenden Bestimmungen nicht berührt.

Jede Polizeibehörde ist berechtigt, ihre polizeilichen Verfügungen durch Anwendung der gesetzlichen Zwangsmittel durchzusetzen.

Wer es unterläßt, dasjenige zu thun, was ihm von der Polizeibehörde in Ausübung dieser Befugniß geboten worden

---

keit der VO. eine höhere Genehmigung oder die Zustimmung der Gemeinde-Vertretung erforderlich und ertheilt ist (cf. § 5 Abs. 2 und § 7 h. 1.) in welchen letzteren Fällen wohl auch die Zurücknahme durch eine entsprechende Genehmigung, resp. Zustimmung bedingt wird. Vgl. auch § 19.

46. Jedenfalls kann aber die Ortspolizeibehörde nicht einzelnen Personen gestatten, einer gehörig verkündeten ortspol. VO. zuwider zu handeln; cf. Cass. 12. Jan. 1846 (Str. 47, I. 478).

47. Das in n. 45, 46 Gesagte gilt analoger Weise auch von Bezirks-Pol.-VO. und den Befugnissen der Regierungen.

48. Im Uebrigen wird verwiesen auf VO. v. 1808 n. 127, 393, 401, 487 ff., 537, Rhein. Ress.-Regl. n. 293—306, Eisenb.-Ges. v. 3. Nov. 1838 n. 52, Ges. v. 11. Mai 1842 n. 38, 39, Heim.-Ges. v. 31. Dez. 1842 n. 37, Ges. v. 28. Febr. 1843 n. 21, 33, Gew.-O. v. 17. Jan. 1845 n. 53, 54, 58, 78.

§ 18.

49. Statt § 18 kommt gegenwärtig wohl § 335 des StGB. zur Anwendung, indem die in jenem § aufgestellten Zahlenverhältnisse augenscheinlich nach dem im § 88, II. 20 ALR. enthaltenen, durch die §§ 17, 335 des StGB. beseitigten Komputationsmaaßstabe bemessen sind. Vgl. Oppenhoff StGB. § 17 n. 3 und § 335 n. 5.

§ 19.

50. Einer nochmaligen Publikation älterer Pol.-VO. bedarf es nicht: KH. 20. April 1852 (Rh. A. 47, II. 49).

51. Unter Hinweisung auf § 19 besagt MR. 31. Okt. 1853 (VMBl. S. 265) daß, wo in älteren Pol.-VO. nach den im MR. 8. Juni 1829 (Ann. S. 330) aufgestellten Grundsätzen Denunzianten-Antheile bewilligt seien, diese noch jetzt fortbeständen.

§§ 20 und 21.

52. Der Wortlaut des § 20 sowohl wie die Materialien ergeben klar, daß es bezüglich der polizeilichen Exekutionsgewalt lediglich bei den desfalls bereits bestehenden Grundsätzen und Gesetzen sein Bewenden behalten sollte. Daß dessenunerachtet § 20 zu den am meisten bezogenen Gesetzesstellen gehört, daß derselbe

ist, hat zu gewärtigen, daß es auf seine Kosten zur Ausführung gebracht werde — vorbehaltlich der etwa verwirkten Strafe und der Verpflichtung zum Schadenersatze.

§. 21. Alle diesem Gesetze entgegenstehenden Bestimmungen sind aufgehoben.

---

namentlich angerufen zu werden pflegt, wenn von dem vermeintlichen Rechte der Ortspolizei-Behörden zur Verhängung von Exekutionsstrafen die Rede ist, daß endlich gegen polizeiliche Exekutionen, einschließlich der polizeilichen Exekutionsstrafen der RW. nicht stattfindet, ist bereits an verschiedenen anderen Stellen besprochen. Vgl. VO. v. 1808 n. 12, 353 ff., 536, 541 und Ges. v. 11. Mai 1842 n. 33 ff., 43.

53. Die Verpflichtung zum Schadensersatze, deren § 20 a. E. gedenkt, kann auch von der Polizeibehörde nur auf dem RW. geltend gemacht werden.

Verordnung

wegen exekutivischer Beitreibung der direkten und indirekten Steuern und anderer öffentlicher Abgaben und Gefälle, Kosten 2c. in den östlichen Provinzen mit Ausschließung Neuvorpommerns.

Vom 30. Juli 1853.

[GS. Nr. 3881, S. 909.]

Wir Friedrich Wilhelm, von Gottes Gnaden, König von Preußen 2c. 2c.

haben, zur Herstellung eines gleichmäßigen möglichst einfachen Verfahrens bei Einziehung der direkten und indirekten Steuern und anderer öffentlichen Abgaben und Gefälle, Kosten 2c. in den Provinzen Brandenburg, Pommern, Preußen, Posen, Schlesien und Sachsen, jedoch mit Ausschließung Neuvorpommerns, eine Revision der darüber seither bestandenen Vorschriften veranlaßt, und verordnen nunmehr, auf den Antrag Unseres Staatsministeriums, für die gedachten Provinzen, was folgt:

Zum Eingange.

1. Die VO. v. 26 Dezbr. 1808 enthielt über das bei administrativen Exekutionen zu beobachtende Verfahren keine näheren Bestimmungen, sondern verwies im Allgemeinen auf die für gerichtliche Exekutionen geltenden Vorschriften, resp. sie setzte die Anwendbarkeit dieser in der AGO enthaltenen Vorschriften auf administrative Exekutionen als selbstverständlich voraus (cf. § 48 l. c.). Eine Folge hiervon war, daß im Gebiete des Rhein Rechts, wo zwar § 48 l. c. durch das Ress-Regl. Geltung erlangt hat, die AGO aber für gerichtliche Exekutionen keine Gesetzeskraft besitzt, mannigfache Inkonvenienzen sich herausstellen mußten. Dies hat zweifelsohne den ersten Anlaß dazu gegeben, daß der Gesetzgeber für das bei administrativen Exekutionen zu beobachtende Verfahren eine besondere Exekutions-

Allgemeine Grundsätze.

§. 1. Nach den Vorschriften dieser Verordnung sind fortan beizutreiben:

1) die direkten Steuern, namentlich die Grund-, Klassen-, klassifizirte Einkommen- und Gewerbesteuer, sowie diejenigen Abgaben, welche nach §. 11. des Gesetzes über die Einrichtung des Abgabenwesens v. 30. Mai 1820. (Gesetz-Sammlung von 1820. S. 134.), als auf einem speziellen Titel beruhend, zu entrichten sind; desgleichen die für Staats-, Provinzial-, Kreis-, Kommunal-, Kirchen- oder Schulzwecke ausgeschriebenen Beischläge zu diesen Steuern;

Ordnung zu erlassen für nöthig erachtete. Inzwischen erstreckte sich die Rhein. Ex.-O. v. 24. Novbr. 1843 (GS. S. 351) nicht blos auf den Bezirk des AH Cöln, sondern auch auf die übrigen Theile der Provinz, und hat außerdem zum Vorbilde für die späteren Ex.-Ordn. gedient, so für diejenige der Provinz Westphalen v. 30. Juni 1845 (GS. S. 444), für die der östlichen Provinzen v 1853 und für die von Neuvorpommern und Rügen v. 1. Februar 1858 (GS. S. 85). Sämmtliche Verordnungen stimmen fast überall wörtlich unter einander überein, weshalb das, was zur Erläuterung der einen dient, durchweg auch als Erläuterung der übrigen betrachtet werden kann. Aus gleichem Grunde sind oben von den hier interessirenden Bestimmungen nur diejenigen der Ex.-O. v. 1853 wiedergegeben und die geringen Unterschiede zwischen diesen sowie den korrespondirenden der anderen Ex.-O. blos in den Noten angedeutet worden.

2. Bei Erlaß der Ex.-O, insbesondere derer von 1845, 1853 und 1858 hat im Allgemeinen die Absicht fern gelegen, das materielle Recht zu ändern, und in Beziehung auf die Befugniß der administrativen Exekution sowie die Exekutions-Mittel neue gesetzliche Normen einzuführen. Es handelte sich vielmehr nur um die Herstellung eines einfachen und gleichmäßigen Verfahrens auf der Grundlage der bestehenden Gesetze. Die Ex.-O. v. 1853 und 1858 sind darum auch als bloße Ausführungs-Verordnungen im Sinne des Art. 45 der Verf.-Urk. angesehen, und demgemäß ohne Mitwirkung der Kammern, resp. Häuser des Landtags erlassen worden. Im Uebrigen wird hinsichtlich des Verhältnisses der Ex.-O. zu den §§ 42, 48 der VO. v. 1808 und zu den §§ 16—18 des Rhein. Ress.-Regl. auf die Noten zu letzteren Gesetzesstellen und unten n. 6, 14 verwiesen.

3. Auf Grund der in der Schlußbestimmung der Ex.-O. den betheiligten Ministerien verliehenen Ermächtigung sind mehrere Min.-Instruktionen ergangen, so zur Ausführung der Rheinischen die v. 22. März 1844, der Westphälischen die v. 15. Juli 1845, der v. 1853 die v. 15. Nov. 1853; cf. VMBl. 44, S. 92; 45, S. 321; 53, S. 293.

4. Die Rhein. Ex.-O. hat an den Artt. 3 und 14 des B G. B., wonach Ausländer in Ansehung ihres inländischen Grundbesitzes den inländischen Gesetzen unterworfen sind und behufs Erfüllung ihrer Verbindlichkeiten vor die inländischen Gerichte geladen werden können, Nichts geändert. Demzufolge ist das bisherige auf obige Bestimmungen gegründete (administrative) Zwangsverfahren wider jene Ausländer beizubehalten So: MR. 30 Nov. 1844 (VMBl. 45, S. 60). [Die Reg. zu Trier hatte eine abändernde Bestimmung in Vorschlag gebracht, welche das R. aus den mitgetheilten Gründen für unnöthig erklärte.]

§ 1.

5. Die Ex.-O. v. 1843, 1845 und 1853 stimmen in Betreff der unter Nr. 1 bis 9 aufgezählten Leistungen durchweg überein, ausgenommen, daß die beiden

2) die durch die Berichtigung, Umschreibung und Erneuerung der alten und die Aufnahme neuer Grundsteuerkataster entstehenden Kosten, deren Einziehung durch die Steuerverwaltung erfolgt;
3) die für die Provinzial-Feuersozietätskassen zu erhebenden Brandversicherungs-Beiträge;
4) die indirekten Steuern, die Salzablösungsgelder, die Blei- und Zettelgelder, die Wege-, Brücken-, Fähr-, Waage- und Krahngelder, die Kanal-, Schleusen-, Schifffahrts- und Hafenabgaben, die Niederlagegelder, Quarantaine-Gebühren und Pachtgelder für verpachtete Abgaben-Erhebungen;
5) die von den Verwaltungs-Behörden innerhalb der Grenzen ihrer Amtsbefugnisse ausgesprochenen Geldstrafen, Kosten und Entschädigungen;
6) diejenigen öffentlichen Abgaben, welche an Gemeinden, Korporationen, sowie an ständische Kassen zu entrichten, oder als Provinzial-, Kreis- oder Gemeindelasten, oder zur Unterhaltung öffentlicher Anstalten aufzubringen sind, als: Kommunal-, Kirchen-, Schul- und Armen-

---

älteren Ex.-O. unter Nr 4, resp. 6 nicht auch der Pachtgelder für verpachtete Abgaben-Erhebungen, noch selbstredend der nach dem Deichgesetze v. 1848 zu leistenden Beiträge gedenken, und daß die Rhein. Ex.-O. überdies die unter Nr. 7 aufgeführten Impfungsgebühren unerwähnt läßt, so daß die Nr. 8 und 9 der anderen Ex.-O. den Nr. 7 und 8 der Rhein. entsprechen. Die Nr. 10—15 fehlen in jenen älteren Ex.-O. gänzlich, desgleichen der Schlußsatz des § 1, wogegen die Rhein. Ex.-O. unter Nr. 9 noch besonders aufzählt:

„die von den Gerichten im Bezirk des Appellations-Gerichtshofes zu Cöln erkannten Geldstrafen und festgesetzten Kosten.“

Die Abweichungen der Ex.-O. v. 1858 sind noch geringer, und werden hauptsächlich durch den Schlußsatz des § 1 derselben erklärt, welcher also lautet:

„Hinsichtlich der Beitreibung von Abgaben und Leistungen an Kirchen, Schulen, milde Stiftungen, Geistliche und Kirchenbediente, sowie an die Universität Greifswald, bleibt jedoch das durch die Provinzialgesetze begründete besondere Exekutionsverfahren (executoriale perpetuum) nach wie vor maaßgebend. Ebenso behält es rücksichtlich der im § 1. Nr. 3. und 4. der Verordnung über das Verfahren in Civilprozessen in den Bezirken des Appellationsgerichts zu Greifswald und des Justizsenates zu Ehrenbreitstein vom 21. Juli 1849. (Gesetz-Sammlung S. 307.) gedachten Forderungen der Geistlichen, Kirchen- und Schulbedienten, Schul-Institute u. s. w. bei den Vorschriften dieser Verordnung sein Bewenden.“

6. Aus dem unter n. 2 Gesagten geht bereits hervor, daß die Ex.-Ordnungen nicht bezwecken, das Recht der administrativen Exekution zu erweitern, d. h. auf andere, als die durch die bisherige Gesetzgebung zugelassenen Fälle auszudehnen, wenngleich zugegeben werden mag, daß bei einzelnen der im § 1 aufgeführten Beträge es mehr als zweifelhaft ist, ob jenes Recht hinsichtlich ihrer schon früher eine gesetzliche Grundlage besaß. Andererseits unterliegt es aber keinem Zweifel, daß beim Erlasse der Ex.-O. beabsichtigt wurde, das Verfahren für alle Fälle ohne Ausnahme, wo die Einziehung von Geldbeträgen auf administrativem Wege er-

abgaben, und die nach den Bestimmungen des Gesetzes über das Deichwesen vom 28. Januar 1848. (Gesetz-Sammlung von 1848. S. 54.) §§. 9., 18. und 19. zu leistenden Beiträge;

7) die Gebühren der Bezirks-Impfärzte für die in den öffentlich bekannt gemachten Terminen vorgenommenen Impfungen;

8) die von den Auseinandersetzungs-Behörden für ihre Kassen festgesetzten Kosten und Gebühren;

9) die Domanial- und Forstgefälle, sofern sie ohne vorgängige gerichtliche Klage auf Grund bloßer Zahlungsbefehle beigetrieben werden können;

10) die nach §. 21. des Rentenbank-Gesetzes v. 2. März 1850. (Gesetz-Sammlung von 1850. S. 112.) und nach den im §. 58. daselbst bestätigten Reglements in derselben Art, wie die Staatssteuern, beizutreibenden, den Rentenbanken und Tilgungskassen überwiesenen Renten;

11) die Postgefälle und Postgebühren;

12) die Eichungsgebühren, Lootsengebühren, Gebühren für

---

folgen soll, zu regeln. Bezüglich der Ex.-O. v. 1853 ergiebt sich dies aus der ausdrücklichen Bestimmung in Nr. 15; dasselbe ist aber auch in Betreff der Ex.-O. v. 1843, 1845 und 1858 anzunehmen, ungeachtet sie eine so generelle Bestimmung wie die eben bezogene, nicht enthalten. Demgemäß werden die formellen Vorschriften der Ex.-O. v. 1843, 1845 und 1858 auch bei der administrativen Einziehung der im § 1 nicht erwähnten Geldbeträge anzuwenden sein, und zwar nicht blos derjenigen, hinsichtlich welcher das Recht der administrativen Exekution auf später erlassenen Gesetzen beruht, wie z. B. der Postgefälle und Postgebühren (cf. Ges. v. 5. Juni 1852 § 30), und der gemäß der §§ 9, 18, 19 des Ges. v. 28. Jan. 1848 zu leistenden Beiträge, sondern auch derjenigen, welche schon vor 1843, resp. 1845 auf administrativem Wege einzuziehen waren (cf. z. B. § 42 Nr. 2 der VO. v. 1808). Dem entsprechend, entschied AH. Cöln 9. Jan. 1856 (Rh. A. 51, I. S. 234), daß die Zulässigkeit der administrativen Ausführung einer Polizei-Verordnung nach den Vorschriften der VO. v. 24. Nov. 1843 keinem Bedenken unterliege; [i. c. handelte es sich um die Beitreibung von Straßenpflasterungskosten, welche auf Grund einer städtischen Bauordnung unter die Umwohnenden repartirt worden waren.] Vgl. ferner Rhein. Ress.-Regl. n. 237 und unten n 7 bis, 14.

7. Zu den unter Nr. 5 erwähnten Kosten gehören auch die Kosten einer von der Verwaltungsbehörde geführten Disziplinar-Untersuchung: *EK. 18. April 1857 (JMBl. 58, S. 61). Ein Gleiches gilt selbstredend von den Kosten, welche in Ausübung des auf § 45 der VO. v. 1808 beruhenden Straffestsetzungsrechts erwachsen, von diesen jedoch, für den Bereich des Ges. v. 3. Mai 1852, nur alsdann, wenn der Angeschuldigte demnächst nicht wegen derselben Handlung vom Gerichte verurtheilt wird, indem sie entgegengesetzten Falls arg. Art. 136 l. c. als Theil der Gerichtskosten zu betrachten oder doch wenigstens gleich, resp. mit letzteren einzuziehen sind.

7 bis. KH. 3. März 1845 (Rh. A. 38, II. 86) rechnet zu den in § 1 Nr. 1, 5, 6 der Rhein. Ex.-O. aufgeführten Beträgen die durch die Verwaltung festgestellten

Prüfungen aller Art, wenn letztere unter öffentlicher Autorität erfolgen;

13) die Bergwerksabgaben, Aufsichtssteuern, Hüttenbetriebsgefälle und Markscheidergebühren;

14) die Geldbeträge für Leistungen oder Lieferungen, welche nach fruchtlos gebliebener Aufforderung des Verpflichteten für dessen Rechnung durch Dritte im Auftrage der Behörden ausgeführt worden sind (Gesetz vom 11. März 1850. über die Polizeigewalt §. 20. Gesetz-Sammlung von 1850. S. 265.);

15) alle sonstigen Geldbeträge, zu deren exekutivischer Beitreibung die Verwaltungs-Behörden befugt sind.

Wenn von der Leistung von Handlungen die Rede ist, hat es bei den darüber bestehenden gesetzlichen Vorschriften sein Bewenden.

§. 2. Das Zwangsverfahren wird von den mit der

Defekte eines Steuer- und Gemeinde-Empfängers. Vgl. übrigens VO. v. 24. Jan. 1844 §§ 14, 18.

8. In n. 233 zum Rhein. Ress.-Regl ist bereits der Beziehung gedacht worden, in welcher § 1 Nr. 8 der Rhein. Ex-O. zu dem franz. Dekr. v. 19. Aug. — 12. Septbr. 1791 steht. Diese Beziehung hat freilich kein Hinderniß gebildet, daß jene Bestimmung wörtlich in die Ex.-O. v 1845, 1853 und 1858 übergegangen ist; cf. § 1 Nr. 9 ib.

9. § 1 Nr. 9 der Rhein. Ex.-O. bezieht sich auch auf die in gerichtlichen Disziplinar-Untersuchungen festgesetzten Geldbußen und Kosten, deren Einziehung schon nach der franz. Gesetzgebung niemals auf Anstehen des öff. Min., sondern auf Betreiben der Verwaltung erfolgte; cf. JMR. 5. Mai 1837 (Rh. S. 6, S. 186). [Auszunehmen sind jedoch die wider Gerichtsvollzieher verhängten, in die Unterstützungskasse des GV.-Vereins fließenden Geldbußen, welche der Vorstand dieses Vereins in den durch die B. Pr. O. vorgezeichneten Formen einzieht.]

10. — desgleichen auf die nach dem Disz.-Ges. v. 21. Juli 1852 seitens des Just.-Min., der Präsidenten und des öff. Min. wider Justizbeamte und Beamte der gerichtlichen Polizei verhängten Ordnungsstrafen, insofern dieselben in Geldbußen bestehen. [Eine Ausnahme bilden auch hier die Ordnungsstrafen, welche gegen Gerichtsvollzieher ausgesprochen werden.]

11. — desgleichen auf die Gerichtsschreiberei-Gebühren in Civilsachen: *EK. 7. Okt. 1854 (JMBl. S. 448).

12. Sind dagegen Gerichtskosten, welche Einwohner des Bezirks des AH. Cöln an Salarien- und Sportel-Kassen der Gerichte anderer Landestheile schulden, von jenen exekutivisch einzuziehen, so geschieht dies nicht nach Maaßgabe der VO. v. 1843, sowie überhaupt nicht im Wege der administrativen Exekution, sondern durch die Gerichtsvollzieher auf Betreiben der hierzu von den erwähnten Gerichten zu requirirenden Ober-Prokuratoren; dieses gilt nicht blos von Civil-, sondern auch von Strafprozeßkosten, ja selbst von den gleichzeitig einzuziehenden Geldbußen; cf. JMR. 7. Sept. 1841, 18. Juni 1858 (Rh. S. 7, S. 342; 10, S. 584).

§ 2.

13. § 2 stimmt bei den Ex.-O. v. 1853 und 1858 vollkommen, bei denen v.

Einziehung der Steuern oder Gefälle beauftragten Behörden oder Beamten angeordnet und unter ihrer Leitung durch die ihnen beigegebenen Exekutoren oder diejenigen Beamten, deren sie sich als solcher zu bedienen haben, ausgeführt. Für die Fälle aber, in welchen den ersteren keine bestimmte, zur Ausführung der Exekution dienende Beamte zugeordnet sind, oder in welchen die Aufsichtsbehörde selbst die Exekution verfügt, hat diese auch die Behörde oder den Beamten zu bestimmen, von welchen das Zwangsverfahren vollstreckt werden soll.

§. 3. Ueber die Verbindlichkeit zur Entrichtung der geforderten Abgaben und die Befugniß zur Anordnung des

---

1843 und 1845 aber nur in Betreff des ersten Satzes überein, indem der zweite Satz des § bei den letzteren Ex.-O. also lautet:

„Einer gerichtlichen Visirung oder Vollstreckbar-Erklärung der von den „Verwaltungsbeamten ausgehenden Exekutionsbefehle bedarf es überall nicht.“

Ueber die Beziehung dieses Satzes zur älteren Rhein. Gesetzgebung vgl. Ress.-Regl. n. 230, 233, 235

14. Die Ex.-O. v. 1853 hat nicht etwa die unmittelbare Einziehung der direkten Steuern von den Steuerpflichtigen (die Elementar- oder Individual-Erhebung) den Landräthen oder Kreiskassen übertragen. Solche ist vielmehr den Gemeinden geblieben und durch die Ortserheber zu bewirken. Sind letztere säumig, so liegt ihnen eventuell ob, den fehlenden Betrag vorschußweise zu bezahlen, wozu sie durch mildere Mittel der Disziplinargewalt, oder nach Umständen durch sofortige Exekution angehalten werden müssen. Bei Ausführung der letzteren ist nach der VO. v. 1853 zu verfahren, die, wenn sie gleich zunächst die Exekution wider die Steuerpflichtigen selbst zum Gegenstande hat, doch in Uebereinstimmung mit den allgemeinen Gesetzen über Exekutionen allgemeine Regeln über das zu beobachtende Verfahren festsetzt. Des Einschreitens der Kreis-Exekutoren wider die Steuerpflichtigen bedarf es daher nur ausnahmsweise aus besonderen Gründen. So: FMR. 11. März 1856 (VMBl. S. 174). Vgl. auch R. der Reg. zu Posen v. 9. März 1854 (VMBl. S. 85)

14 bis. In Betreff des Exekutionsrechts der landwirthschaftlichen Kreditsysteme, des Königl. Kredit-Instituts in Schlesien, sowie einzelner Banken und Pfandleih-Anstalten, vgl. Sydow S. 51 ff.

§ 3.

15. EK. 21. Nov. 1857 (JMBl. 58, S. 208) spricht den bedenklichen Satz aus, daß die Frage, ob wider die von einer Rhein. Regierung verhängte Exekution der RW. stattfinde, nach der Rhein. Ex.-O. selbst dann entschieden werden müsse, wenn ein solcher Prozeß bei dem Gericht einer andern Provinz anhängig gemacht [resp. die Exekution selbst in einer andern Provinz betrieben] werde. Gleichzeitig wurde freilich erwogen, daß dies mit Rücksicht darauf, daß § 3 in den verschiedenen Ex.-Ordnungen gleichlautet, i. c. ohne praktische Bedeutung sei.

16. § 3 Abs. 2 ist dadurch in's Leben gerufen worden, daß nach der bisherigen Gesetzgebung im Bezirke des AH. Cöln über alle die formelle Seite von Zwangsvollstreckungen betr. Beschwerden und über die Frage, ob die gepfändeten Gegenstände pfändbar seien, die Gerichte entscheiden mußten, selbst wenn hinsichtlich des durch die Exekution zu realisirenden Anspruchs der RW. nicht stattfand; cf. Ress.-Regl. n. 229. — Für die übrigen Landestheile enthält § 3 Abs. 2 ebensowenig eine neue Kompetenz-Bestimmung, wie § 3 Abs. 1, indem das dort Gesagte schon aus den allgemeinen Grundsätzen folgt, welche den §§ 41, 42 der VO. v. 1808 zu Grunde liegen; cf. VO. v. 1808 n. 356.

eingeleiteten Zwangsverfahrens findet der Rechtsweg, wo er bisher zulässig war, auch ferner statt.

Wegen vermeintlicher Mängel des Verfahrens, dieselben mögen die Form der Anordnung, oder die der Ausführung, oder die Frage, ob die abgepfändeten Sachen zu den pfändbaren gehören, betreffen, ist dagegen nur die Beschwerde bei der vorgesetzten Dienstbehörde des Beamten zulässig, dessen Verfahren angefochten wird.

---

16 bis. Was als Exekutions-Maaßregel (§ 3 Abs. 2) zu betrachten sei, ist nach § 10 h l. zu beurtheilen. Beispielsweise ist daher die Schließung einer Gewerbsanstalt, die gemäß § 35 des Gewerbesteuer-Ges. v. 30. Mai 1820 erfolgen soll, wenn die Exekution wider den Schuldner erfolglos bleibt, sowenig im Sinne des § 3 Abs. 2, wie im Sinne jenes Steuergesetzes eine Exekutions-Maaßregel; demgemäß steht § 3 Abs. 2 der richterlichen Kognition über die Frage, ob bei Schließung der Gewerbsanstalt gesetzlich verfahren sei, keineswegs entgegen. Dies gilt selbst dann, wenn sich in Folge einer Beschwerde des Steuerschuldners die höhere Behörde über diese Frage bereits bejahend ausgesprochen und demzufolge die Beschwerde zurückgewiesen hat. So: *EK. 12. Novbr. 1859 in S. Jecker c. Giesen.

17. Ist die Entscheidung über die formelle Gültigkeit eines Exekutions-Verfahrens blos insofern ausschließlich vor die vorgesetzte Dienstbehörde verwiesen, als das Verfahren selbst den unmittelbaren Gegenstand der Anfechtung bildet, oder auch insofern, als aus den bei der Exekution angeblich vorgekommenen, formellen Mängeln ein Regreßanspruch gegen den die Exekution anordnenden, resp. ausführenden Beamten hergeleitet wird? Da § 3 Abs. 2 offenbar nur den ersteren Fall betrifft, Regreßansprüche gegen Beamte aber nach Lage der gegenwärtigen Gesetzgebung in der Regel prozeßfähig sind, und namentlich die singuläre Vorschrift des § 6 des Ges. v. 11. Mai 1842 keiner erweiternden Auslegung empfänglich ist, so muß wohl der ersteren Alternative der Vorzug für alle diejenigen Fälle gegeben werden, wo nicht eben jener § 6 cit. zur Anwendung gelangt, wo es sich also nicht um die Ausführung einer polizeilichen Maaßregel durch einen Polizeibeamten handelt.

18. Wohl aber ist zufolge § 3 Abs. 2 in Verbindung mit § 1 die Klage auf Erstattung der auf exekutivischem Wege bereits eingezogenen Beträge und Ex.-Kosten, gleich dem Einspruche wider die Exekution selbst, unzulässig, wenn diese Klage darauf gestützt wird, daß nicht nach den formellen Vorschriften der Ex.-O. verfahren, z. B. keine Mahnung erfolgt sei: EK. 22 Nov. 1856 a. E. (JMBl 57, S. 160).

19. Zu den nach § 3 Abs. 2 nicht prozeßfähigen Beschwerden rechnen *EK. 18. April 1857 und *7. Mai 1859 (JMBl. 57, S. 389; 60, S 116) auch solche Einwendungen, welche sich auf die Art der Feststellung der beizutreibenden Geldbeträge beziehen, z. B. den Einwand, daß die Feststellung vorschriftswidriger Weise ohne vorherige Anhörung der Betheiligten erfolgt sei. Inzwischen dürfte die Frage der Prozeßfähigkeit solcher Einwendungen nicht nach Abs. 2, sondern nach Abs. 1 zu beurtheilen sein, da sie weder die Form der Anordnung der Exekution noch die ihrer Ausführung, sondern das Materielle der Sache, die rechtliche Existenz des zu realisirenden Anspruchs betreffen.

20. Ebenso ist die Frage, ob der Einwand der Zahlung, Kompensation &c. prozeßfähig sei, nicht nach Abs. 2, sondern nach Abs. 1 zu beurtheilen.

20 bis. — — desgleichen die Frage, ob das exekutivische Verfahren wider die richtige Person gerichtet sei, z. B. ob ein Erbe des Schuldners in Anspruch genommen werden könne, sei es überhaupt, sei es für einen größeren Theil, als sein Erbantheil betrage. Cf. BO v. 1808 n. 358. A. M. scheint zu sein *EK. 24. Jan. 1857 in S. Müller c. Steuerkasse zu Eitorf.

21. Dagegen fällt der Einwand, die Exekution sei in ein anderes Objekt

Exekution; verschiedene Arten der Zwangsmittel.

§. 10. Nach Ablauf der achttägigen Frist sind, wegen der alsdann noch verbliebenen Rückstände an Abgaben und Mahngebühren, die gesetzlichen Zwangsmittel anzuwenden.

Diese sind:

a) die Pfändung;

b) die Beschlagnahme der Früchte auf dem Halme, sowie der gewonnenen Produkte oder Fabrikate auf den Berg- oder Hüttenwerken;

c) die Beschlagnahme der ausstehenden Forderungen;

d) die Sequestration und Verpachtung nach Maaßgabe der Allerhöchsten Order vom 31. Dezbr. 1825. §. 12. littr. b. (Ges.-Samml. von 1826. S. 12.);

e) die Subhastation.

Die Sequestration und Verpachtung, sowie die Subhastation der Grundstücke, Berg- oder Hüttenwerke des Schuld-

---

zu vollstrecken gewesen, der Bestimmung des Abs. 2 anheim, und unterliegt daher niemals der richterlichen Kognition: *EK. 18. April 1857 (JMBl. 58, S. 6). [I. c. hatte ein Gemeindebeamter wider den auf ein ihm zustehendes Guthaben für Disziplinar-Untersuchungskosten angelegten Arrest eingewandt, daß jene Kosten nach dem Ges. v. 21. Juli 1852 § 53 aus der ihm angeblich noch zukommenden während der Untersuchung innebehaltenen Gehaltshälfte zu bestreiten seien.]

22. *EK. 15. Dez. 1849 erblickte in dem Einwande, daß das Exekutionsobjekt kein Mobilar- sondern ein Immobilar-Gegenstand z. B. das Pertinenz eines Hauses sei, mithin nicht die administrative Mobilarexekution hätte eingeleitet, sondern die Subhastation bei Gericht hätte in Antrag gebracht werden müssen, einen wider die formelle Seite der Exekution gerichteten und darum nicht prozeßfähigen Einwand. [Es handelte sich i. c. um einen eingemauerten Branntweinkessel, der zum Zwecke der Pfändung ausgebrochen worden war.]

23. Dasselbe ist anzunehmen, wenn die Qualifikation des die Exekution ausführenden Beamten bestritten wird. Wenn von KH. 19. Juni 1843 (Volkmar, S. 173) die Prozeßfähigkeit eines hierauf gestützten Einspruchs anerkannt wurde, so beruhte dies auf der älteren, durch den § 3 Abs. 2 eben abgeänderten Rhein. Gesetzgebung (s. n. 16 oben).

24. Die Ausschließung des RW. über die Frage der Pfändbarkeit bezieht sich selbstredend nur auf den Fall, wo der Schuldner selbst reklamirt, nicht also auch auf den, wo ein Dritter hinsichtlich des gepfändeten Gegenstands Eigenthumsansprüche erhebt (§ 21, resp. § 22 h. l.): *EK. 24. Juni 1851 (JMBl. S. 268).

25. Erkennt der Richter, dem § 3 Abs. 2 zuwider, über die Frage der Pfändbarkeit, so macht er sich nach den Grundsätzen des Rhein. Rechts einer Machtüberschreitung schuldig, welche immer ein Kassationsmittel bildet: *OT. 23. Juni 1857 (Rh. A. 53, II. 12).

§ 10.

26. Die Ex.-O. v. 1843 und 1845 unterscheiden sich in Betreff des § 10 von der des J. 1853 darin, daß sie der Beschlagnahme von Bergwerks-Produkten (b) sowie der Sequestration und Verpachtung (d) nicht besonders gedenken, die Ex.-O. v. 1858 darin, daß sie die ganze Pos. b der Ex.-O. v. 1853 nicht enthält. Außerdem geschieht in jenen drei Ex.-O. der Subhastation von Berg- und Hüttenwerken keine Erwähnung. Die desfallsige Vorschrift der Ex.-O. v. 1853 setzt

ners darf nur in dem Falle, wenn auf andere Weise keine Zahlung zu erlangen ist, veranlaßt werden.

Die Anwendung der übrigen Zwangsmittel ist gleichzeitig zulässig, in der Regel muß jedoch zunächst die Pfändung und nöthigenfalls die Beschlagnahme der Früchte auf dem Halme vorgenommen werden.

§. 21. Dritte Personen, welche auf die abgepfändeten Sachen Eigenthums-Ansprüche haben, müssen diese, ohne Unterschied, ob sie bei der Pfändung angemeldet worden sind oder nicht, binnen acht Tagen nach Bekanntmachung des Verkaufstermins bei der Behörde, von welcher die Pfändung angeordnet worden, unter Vorlegung oder Angabe der Titel, worauf sie sich gründen, bescheinigen.

Wird der Anspruch nicht bescheinigt, so behält der Verkauf seinen Fortgang; ist aber eine Bescheinigung beigebracht, so ist nach Befinden der Umstände die Freigebung der Sachen zu veranlassen oder der angebliche Eigenthümer durch eine schriftliche Verfügung zum Rechtswege zu verweisen.

§. 34. Die Sequestration und Verpachtung, sowie die

übrigens das Alleineigenthum des Schuldners voraus; vgl. VO. v. 1808 n. 332 a. E.

27. Außerdem wird auf die VO. v. 1808 n. 528, 547, 551 und oben n. 16 bis verwiesen

§ 21.

28. Aus § 21, welcher in den verschiedenen Ex.-O. der Hauptsache nach gleichen Inhalts ist, in der Ex.-O. v. 1858 aber den § 20 bildet, folgt nicht etwa, daß ein Dritter, z. B. der Ehemann der Schuldnerin, ohne vorherige Anmeldung seines Anspruchs bei der Verwaltung, den RW. nicht beschreiten könne. Der einzige Nachtheil, welcher aus der unterlassenen Anmeldung erwachsen kann, besteht vielmehr nur darin, daß die Verwaltung mit dem Verkaufe der Sache vorangeht, der dritte mithin sein Recht unter Umständen nur noch auf den Erlös geltend zu machen vermag; *EK. 24. Juni 1851 (JMBl. S. 268).

29. Im Falle der verspäteten Anmeldung oder Bescheinigung von Eigenthums-Ansprüchen ist der Verkauf zwar zulässig, aber nicht unbedingt vorgeschrieben. Verspätete Anmeldungen sind vielmehr, wenn dies ohne Nachtheil des Fiskus angeht, so lange zu berücksichtigen, als die Aufhebung oder Aussetzung des Verkaufstermins möglich ist: cf. Min.-Instr. v. 22. März 1844 (oben n. 3).

§ 34.

30. Die Ex.-O. v. 1858 stimmt (in dem korrespondirenden § 31) mit derjenigen v. 1853 vollkommen überein, die v. 1843 und 1845 weichen nur darin ab, daß sie auch an dieser Stelle (im § 35, resp. 34) der Sequestration und Verpachtung nicht gedenken. Vgl. jedoch VO. v. 1808 n. 552 a. E.

31. Da die Gerichte bei Erledigung von Anträgen im Sinne des § 34 rc. nicht in Vertretung und an Stelle der Verwaltungs-Behörden, sondern kraft ihrer eignen ausschließlichen Kompetenz handeln, so haben sie selbstständig zu prüfen, inwiefern die für die Zulässigkeit des beantragten Verfahrens gesetzlich

Subhastation von Grundstücken des Schuldners, ist nur mit Genehmigung der im §. 31. bezeichneten Behörde zulässig. Die Sequestration und Subhastation muß alsdann bei dem kompetenten Gerichte in Antrag gebracht werden.

---

bestehenden Voraussetzungen im konkreten Falle zutreffen; dagegen dürfen sie selbstredend die Existenz des zu realisirenden Anspruchs, falls dieser nicht prozeßfähig ist, nicht in Frage ziehen

32. Ebenso sind alle in Bezug auf die Form des beobachteten Verfahrens entstehenden Streitigkeiten im RW. zu entscheiden; § 3 Abs. 2 kommt mithin hier nicht zur Anwendung.

33. Daß bei Subhastationen auf Grund von Verwaltungs-Beschlüssen Art. 545 der B. Pr O. nicht in Betracht komme, wurde in der Rheinprovinz schon vor Erlaß der Ex.-O. v. 1843 anerkannt; cf. AH. Cöln 16. August 1832 (Rh. A. 17, I 150).

34. Im Gebiete des Rhein. Rechts ist die Verwaltungs-Behörde jedem anderen Extrahenten gleichzustellen. Sie thut daher nicht genug, wenn sie die Subhastation im Allgemeinen in Antrag bringt, sondern muß sich auch im Laufe des Verfahrens zu allen denjenigen Schritten verstehen, welche anderen Extrahenten obliegen.

Gesetz,

betreffend die Konflikte bei gerichtlichen Verfolgungen wegen Amts- und Diensthandlungen.

Vom 13. Februar 1854.

[GS. Nr. 3944, S. 86.]

(Litteratur: Abh. von Richard Koch in Gruchot's Beitr. 5, S. 249—259.)

Wir Friedrich Wilhelm, von Gottes Gnaden, König von Preußen ꝛc. ꝛc.

verordnen, mit Zustimmung der Kammern, was folgt:

Zum Eingange.

Allgemeine Bemerkungen.

1. Die richterliche Kognition erlitt früherhin, in Bezug auf Entschädigungs-Forderungen, welche wider Beamte aus der Verletzung ihrer Amtspflichten hergeleitet und im Wege des Civilprozesses geltend gemacht wurden, [von den Fällen des Ges. v. 11. Mai 1842 § 6 abgesehen] keinerlei Beschränkungen. Nur war den Gerichten in gewissen Fällen, wo amtliche Verhältnisse zur Erörterung kamen, die Einholung eines Gutachtens der Verwaltung als konsultativen Votums zur Pflicht gemacht (§§ 101—103 des Anh. zur AGO.). — Strafgerichtliche Untersuchungen wegen Dienstvergehen konnten dagegen in der Regel nur auf den Antrag, resp. mit Genehmigung der vorgesetzten Dienstbehörde stattfinden. Cf. § 47 der VO. v. 1808 (§ 252 des Anh. zur AGO., und § 36 des Rhein. Ress.-Regl.), Ges. v. 25. April 1835, Ges. v. 29. März 1844. — Letztere Beschränkung fiel durch die Gesetzgebung der Jahre 1848 u. 1849 hinweg; — cf. VO. v. 6. April 1848 § 3; Verf.-Urk. v. 5. Dez. 1848 Art. 95; VO. v. 10. und 11. Juli 1849 §§ 6, 84, resp. §§ 7, 105; — auch wiederholt der Schlußsatz des Art. 97 der Verf.-Urk. v. 31. Jan. 1850, daß eine vorgängige Genehmigung der vorgesetzten Dienstbehörde [zur gerichtlichen Verfolgung von Beamten] nicht gefordert werden dürfe. Gleichzeitig verfügt derselbe Art. jedoch im Eingange, und zwar, ohne zwischen strafrechtlichen Prozeduren und Civilklagen zu unterscheiden, „daß die Bedingungen, unter welchen Beamte wegen der durch Ueberschreitung ihrer Amtsbefugnisse verübten Rechtsverletzungen in Anspruch genommen werden könnten, das Gesetz bestimme.“ Diese letztere Vorschrift auszuführen, und hiermit das Amt wider frivole Angriffe auf dessen Träger zu schützen, ist die Aufgabe des Ges. v. 13. Febr. 1854.

Dasselbe knüpft, soweit es von strafrechtlichen Verfolgungen handelt, an die Ges. v. 28. Juni 1834 (§ 9) und 31. März 1837 (§ 7) an, indem es das dort in Bezug auf den Waffengebrauch der Grenzaufsichts- und Forstbeamten Bestimmte gewissermaaßen für alle Beamtenkategorien und Amtshandlungen generalisirt. Vgl. die Matt.

2. Das Ges. v. 1854 weicht von den bezüglichen Vorschriften obiger Ges. v. 1834 und 1837, deren andauernde Geltung wohl keinem Zweifel unterliegt (cf. Oppenhoff Strafverf. S. 11), darin ab, daß seine Anwendung auf einen konkreten Fall durch förmliche Konflikts-Erhebung seitens der betr. Dienstbehörde bedingt wird, während nach jenen Vorschriften das Konflikts-Verfahren schon durch die bloße Thatsache geboten ist, daß das Gericht die Eröffnung der strafgerichtlichen Untersuchung gegen den Widerspruch der dem angeschuldigten Beamten vorgesetzten Provinzial-Behörde beschließt. — Außerdem enthält das Ges. v. 1854 keine denen v. 1834 und 1837 analoge Bestimmungen, insofern diese den unmittelbaren Vorgesetzten der angeschuldigten Beamten eine gewisse Mitwirkung bei Feststellung des Thatbestandes und der sonstigen vorläufigen Untersuchung dadurch einräumen, daß sie deren Zuziehung zu dieser vorläufigen Untersuchung sowie die Berücksichtigung der von denselben zur Aufklärung der Sache gestellten Anträge vorschreiben. [Uebrigens ist der Thatbestand auch in den nach obigen Gesetzen zu beurtheilenden Fällen vom Gerichte des Orts, und nicht etwa von der Polizeibehörde aufzunehmen; cf. MR 12. März 1847 (BMBl. S. 67). — Ueber die Anwendbarkeit des Ges. v. 1837 auf Korpsjäger s. AKO. v 6. Okt. 1837, 21. Mai 1840 und 19. Febr. 1842 (GS. 38, S. 258; 40, S. 129; 42, S. 111).]

3. Das Ges. v. 1854 wird vom Komp.-GH. auch auf solche Rechtsstreitigkeiten für anwendbar erachtet, deren Entstehungsgrund in eine frühere Zeit fällt.

4. Die auf Grund desselben erhobenen Konflikte sind keine eigentlichen KK., und daher auch nicht als solche im Konflikts-Beschlusse zu bezeichnen. Zwischen Konflikten der einen und andern Art besteht der wesentliche Unterschied, daß KK. wider die ungesetzliche, Konflikte im Sinne des Ges. v. 1854 wider die blos mißbräuchliche Angehung des Richters gerichtet sind, daß bei jenen die Kompetenzfrage, bei diesen dagegen die dem Materiellen der Sache angehörige Frage zu entscheiden ist, ob die rechtlichen nnd thatsächlichen Voraussetzungen zu einer im Prinzipe statthaften gerichtlichen Verfolgung im konkreten Falle fehlen. Cf. EK. 6. Okt. 1855, 7. März 1857 (JMBl. 55, S. 409; 57, S. 365); EMR. 20. Juli 1856 (BMBl. S. 180) und unten n. 24.

5. In Folge dessen liefern die gemäß dem Ges. v. 1854 ergehenden Erkenntnisse durchweg keinen Beitrag zur Auslegung der Ressort-Gesetzgebung, sondern kommen, sofern sie überhaupt einen Satz von prinzipieller Bedeutung aussprechen, und nicht rein thatsächlich gehalten sind, fast nur für das materielle, insbesondre das Strafrecht in Betracht.

6. Es ist zulässig, daß ein Konflikt gleichzeitig auf das Ges. v. 1847 und auf das v. 1854 gestützt, d. h. also in beiderlei Sinne erhoben werde. Erachtet der Komp.-GH. denselben in solchem Falle schon als KK. begründet, so cessirt für ihn die Verpflichtung, jenen noch überdies vom Gesichtspunkte des letzterwähnten Ges. zu prüfen: EK 6. Okt. 1855 (JMBl. S. 411).

7. Wird ein Konflikt nach der unzweideutigen Absicht der Behörde nur als KK. oder nur als Konflikt im Sinne des Ges. v. 1854 erhoben, so ist der Komp.-GH., falls er denselben in dem Sinne, wie er erhoben worden, für unbegründet erachtet, weder verpfichtet noch berechtigt, noch außerdem zu prüfen, ob jener nicht wenigstens als Konflikt im andern Sinne aufrecht zu erhalten sei, da alle Bestimmungen, welche den RW. beschränken, selbst diejenigen, die blos formeller Natur sind, restriktiv interpretirt werden müssen, überdies aber auch das den Privatparteien in beiden Gesetzen zugestandene Recht, sich über den Konflikt, wie er erhoben worden, zu erklären, durch eine der entgegengesetzten Ansicht huldigende Praxis beeinträchtigt werden würde.

8. Dies gilt selbst dann, wenn der Konflikt im Konflikts-Beschlusse irrig bezeichnet sein sollte, z. B. als KK., obgleich die Absicht dahin ging, einen Kon-

§. 1. Wenn gegen einen Civil- oder Militairbeamten wegen einer in Ausübung oder in Veranlassung der Ausübung seines Amtes vorgenommenen Handlung oder wegen Unterlassung einer Amtshandlung eine gerichtliche Verfolgung im Wege des Civil- oder Strafprozesses eingeleitet worden ist, so steht der vorgesetzten Provinzial- oder Centralbehörde des Beamten, falls sie glaubt, daß demselben eine zur gerichtlichen Verfolgung geeignete Ueberschreitung seiner Amtsbefugnisse oder Unterlassung einer ihm obliegenden Amtshandlung nicht zur Last fällt, die Befugniß zu, den Konflikt zu erheben.

Auf einen solchen Konflikt finden die Vorschriften des Gesetzes vom 8. April 1847. (Gesetz-Sammlung 1847. S. 170.) Anwendung.

---

flikt nach dem Ges. v. 1854 zu erheben. Die irrige Bezeichnung des Konflikts ist mithin einflußlos

9. Aus dem Vorgesagten (n. 6, 7) folgt, daß beide Konflikte auch successive erhoben werden können, daß also, nachdem der KK. bereits als materiell unbegründet verworfen worden ist, die Erhebung eines Konflikts nach Maaßgabe des Ges. v. 1854 noch immer statthaft bleibt.

10. Gleichwohl kann, wenn der Konflikt nur in dem Einen Sinne erhoben wurde, derselbe nicht erst im Laufe des desfallsigen Verfahrens im anderen Sinne mit der Wirkung erhoben werden, daß nunmehr über beide in Einem Urtheile erkannt werde, sofern nicht bezüglich des zuletzt erhobenen Konflikts sämmtliche in den §§ 5 ff. des Ges. v. 1847 vorgeschriebenen Formalitäten nachgeholt worden sind. Es genügt daher z. B. nicht, um den Komp.-GH. mit der Entscheidung über einen KK. zu befassen, wenn der Verwaltungschef in seiner Zuschrift an diesen GH. (§ 12 ib) erklärt, daß er den bisher blos nach Maaßgabe des Ges. v. 1854 erhobenen Konflikt auch als KK aufrecht erhalte, resp. neuerdings den letzteren Konflikt erhebe. A. M war der Min. d J. bei dem im JMBl. 58, S. 93 mitgetheilten Falle. Doch fand der Komp-GH. keinen Anlaß, sich über die Zulässigkeit eines solchen Verfahrens auszusprechen.

§ 1.

11 Ueber die Frage, wer als Beamter anzusehen sei, s. im Allgemeinen Oppenhoff StGB., § 331 n. 1 ff.

12. Zufolge § 20 des Ges. v. 14. April 1856 (GS. S. 358) findet das Ges. v. 1854 auch auf die Inhaber der polizei-obrigkeitlichen Gewalt in den östlichen Provinzen, sowie auf deren Stellvertreter Anwendung.

13. Daß dasselbe ebensowohl auf Geistliche anwendbar sei, sofern es sich von Rechtsverletzungen handelt, die sie bei Verrichtung ihrer mit bürgerlicher Wirkung und bürgerlichem Glauben bekleideten Amtshandlungen verschuldet haben sollen, leuchtet sofort ein; cf. auch R. des Ob.-Kirchenraths v. 14. Novbr. 1850 (JMBl. 51, S. 4). Inzwischen zählt der Komp.-GH. die Geistlichen auch als Seelsorger und Schulaufseher zu den Beamten im Sinne des § 1, weil jenen nach §§ 19, 96, II. 11 ALR. die Rechte des Staatsbeamten zuständen, was selbst für das außerlandrechtliche Gebiet gelte, da obige §§ nicht als privatrechtliche Bestimmungen, sondern als ein staatsrechtlicher Grundsatz, als Verfassungsprinzip aufzufassen seien; cf. CK. 7 März 1857, 23. Juni 1858, 13. Okt. 1860 (JMBl. 57, S. 430; 59, S. 238; 61, S. 225).

13 bis. Gleiches gilt von öffentlichen Lehrern gemäß Art. 23 der Verf.-Urk.: CK. 3. März 1857 (JMBl. 58, S. 77).

---

14. Zur Erhebung eines Konflikts sind nach den übereinstimmenden Vorschriften der Ges. v. 1847 und 1854 nur die Central- und Provinzialbehörden befugt. Doch besteht zwischen beiden Gesetzen der wesentliche Unterschied, daß diese Befugniß nach dem letzteren immer nur einer dem Beamten vorgesetzten, nach dem ersteren aber derjenigen Behörde zusteht, deren Ressort durch das eingeleitete Rechtsverfahren berührt wird. Cf Ges v. 8. April 1847 n. 84.

15. Hiernach ist die Möglichkeit gegeben, daß in Bezug auf dasselbe Rechtsverfahren eine Behörde den KK., eine andere den Konflikt nach dem Ges v. 1854 zu erheben das Recht hat. Ein Beispiel dieser Art liefert der Fall, wo ein Polizeibeamter auf Requisition der Staatsanwaltschaft in einer strafgerichtlichen Untersuchung thätig gewesen ist, und aus Anlaß dieser Thätigkeit belangt wird. Alsdann kann der betr. Ober-Staatsanwalt den KK. erheben (cf. Ges v. 1847 n. 80, 84), wogegen die zur Konflikts-Erhebung nach § 1 h. l. berufene Provinzialbehörde die jenem Beamten vorgesetzte Regierung ist

16. Rücksichtlich der Rhein. Beamten der gerichtlichen Polizei ist der General-Prokurator zu Cöln die Provinzialbehörde im Sinne des § 1, selbst wenn jene Beamten gleichzeitig Beamte der administrativen Polizei sind und insofern von der Regierung ressortiren. — Doch handeln Gemeindebeamte, wenn sie den in gerichtlichen Untersuchungen abzuhaltenden Haussuchungen beiwohnen, nicht als Beamte der gerichtlichen, sondern der administrativen Polizei (cf. JMR. 28. Aug. 1838; Rh. S. 6, S. 579), weshalb in einer aus Anlaß dieser Thätigkeit wider sie eingeleiteten Prozedur der Konflikt nur von der betr. Regierung erhoben werden kann.

17. Die Gendarmen sind zwar in Beziehung auf Oekonomie, Disziplin und übrige innere Verfassung militairisch organisirt, und dem Kriegsministerium, in Ansehung ihrer Wirksamkeit und Dienstleistung aber den betr. Civilbehörden, sowie dem Minister d. J untergeordnet. Folgeweise ist in den wider sie aus Anlaß ihrer polizeilichen Wirksamkeit angestrengten Prozessen die Regierung, resp. der Minister d. J. zur Konflikts-Erhebung nach § 1 h. l. unbedenklich befugt: EK. 9. Jan. 1858, 22. Sept. 1860 (JMBl. 58, S. 93; 61, S. 230). [In letzterem Falle war der Konflikt zunächst vom Chef der Land-Gendarmerie, und erst, nachdem der Justiz-Minister die Ansicht adoptirt hatte, daß jener hierzu nicht legitimirt sei, von der Regierung erhoben worden]

18. Vorgesetzte Provinzialbehörde ist für einen Kreisphysikus, selbst wenn er die vakante Stelle eines Regierungs- und Medizinalraths versieht, nicht der Regierungs-Präsident, sondern die Regierung: EK 24. Oktbr. 1857 (JMBl. 59, S. 251).

19. In Betreff katholischer Geistlichen sind die Erzbischöfe und Bischöfe, resp. deren General-Vikariate und Ordinariate die Provinzialbehörden im Sinne des § 1, so z B. der Erzbischof von Freiburg, resp. dessen Ordinariat für die Geistlichen der Hohenzollernschen Lande: EK. 23. Juni 1858, 13. Okt. 1860 (JMBl 59, S. 238; 61, S. 225), Beschl OT. 21. März 1862 (Oppenhoff Rechtspr II. S. 310). — Der Kultusminister ist keine zur Ueberwachung der Dienstführung eines katholischen Geistlichen und insofern zur Konflikts-Erhebung berufene Centralbehörde: EK. 30. Jan 1858.

20. Bei Beurtheilung der Frage, welche Behörde nach § 1 die vorgesetzte Provinzial- oder Centralbehörde sei, kommt es arg. § 4 nicht auf die Zeit der Konflikts-Erhebung, sondern auf die Zeit an, wo sich der den Anlaß zum gerichtlichen Verfahren bildende Vorgang zugetragen hat.

21. Der Cirk.-Erl. des H.-Min. v. 5. Okt. 1860 (n. 22) ist nicht allein an die Regierungen, sondern auch an die Ober-Postdirektionen, die Eisenbahn-Kommissariate und die königl. Telegraphen-Direktion zu Berlin gerichtet, und giebt dadurch augenscheinlich zu erkennen, daß er auch diese letzteren Behörden zur Konflikts-Erhebung für befugt erachtet. Cf. auch Ges. v. 8. April 1847 n. 74 ff.

22. Die Worte „zur gerichtlichen Verfolgung geeignet“ deuten nach dem Vortrage des Reg.-Kommissars (in der Komm. der 2. K) für den Strafprozeß auf den gesetzlich begründeten Unterschied derjenigen Fälle, welche sich nur

zum Disziplinar-Verfahren eignen, von denen, die eine gerichtliche Strafverfolgung nach sich ziehen, wogegen sie in ihrer Anwendung auf das Civilverfahren den Beamten gegen Prozesse schützen sollen, die zwar an Unregelmäßigkeiten und Ueberschreitungen im Amte anknüpfen, in Wirklichkeit aber Nichts Anderes als bloße Vexationen darstellen. Gleichwohl hat sich die Rechtsprechung des Komp.-GH. dahin fixirt, daß die Konflikts-Erhebung nur dann stattfinden konne, wenn der Beamte nach der Ansicht der betr Provinzial-, resp. Centralbehörde innerhalb der Grenzen seiner Amtsbefugnisse wirklich gehandelt oder eine ihm obliegende Amtshandlung nicht unterlassen habe, und es ist diese Praxis durch einen Staats-Min.-Beschl. gebilligt worden Auf Grund des letzteren Beschl. verordnen die MR. 5. Okt. und 3. Dez. 1860 (VMBl. S. 197; JMBl. S. 426), daß da, wo die Behörde das Vorhandensein einer Amtsüberschreitung oder Pflichtversäumniß anerkenne, und nur den Fall zu einer gerichtlichen Verfolgung nicht geeignet halte, von der Konflikts-Erhebung abgesehen, ja daß die desfallsige Befugniß nur dann gehandhabt werde, wenn es ganz unzweifelhaft erscheine, daß eine Amtsüberschreitung nicht stattgefunden habe. Auch soll, weil die Ermittelung der erheblichen Thatsachen durchaus erforderlich sei, sowohl zur Prüfung, ob der Konflikt überhaupt zu erheben, als für die Beurtheilung des Komp.-GH., ob derselbe begründet sei, die Konflikts-Erhebung erst nach Ausmittelung jener Thatsachen und nöthigen Falls erst in zweiter Instanz erfolgen. Cf. ferner n. 25, 33 ff.

23. Doch soll das Ges. die Beamten nicht blos da schützen, wo ungerechte Angriffe wider ihre Autorität versucht werden, sondern auch da, wo es sich blos von privatrechtlicher Verpflichtung aus einem Rechtsirrthume handelt. Dasselbe findet mithin auch dann Anwendung, wenn ein frivoler Angriff mittelst solcher Ansprüche versucht wird, die auf eine angeblich durch Nachlässigkeit oder Irrthum, also unabsichtlich begangene Gesetzwidrigkeit gestützt werden. Cf. EK. 7. Mai 1859 (JMBl. 60, S. 107).

24. Das Ges. ist, bei strafrechtlichen Verfolgungen, nicht auf solche Fälle beschränkt, wo dem Beamten ein eigentliches Amtsverbrechen, resp. Amtsvergehen zur Last gelegt wird. Dasselbe kommt vielmehr auch bei Untersuchungen wegen gemeiner Vergehen zur Geltung, vorausgesetzt, daß die inkriminirte Handlung sich als eine im Amte vorgenommene charakterisirt. Cf. EK. 13. Novbr. 1858 (Sydow S. 66), welches jedoch die letztere Voraussetzung als nicht zutreffend bei einer Anklage wegen Anstiftung der Kontrebande erkannte, die wider einen Zollbeamten erhoben worden war, weil er Jemandem Geld gegeben hatte, um Kontrebande einzubringen und zu gewissen, des Schmuggels verdächtigen Personen zu tragen.

25. Sollte ein reines Disziplinar-Vergehen als solches vor dem Strafrichter verfolgt werden, so würde kein Konflikt nach Maaßgabe des Ges. v. 1854, sondern ein wirklicher KK. zu erheben sein, da die Gerichte zur Aburtheilung über bloße Disziplinar-Vergehen der Verwaltungs-Beamten, — mag die desfallsige Anschuldigung als begründet oder unbegründet erscheinen, — absolut inkompetent sind; cf EK. 2. Nov. 1848, 5. April 1851, 3. April 1858 (JMBl. 51, S. 205; 58, S. 371). [Das erste dieser Erk. betraf einen Fall, wo ein Gutsbesitzer als Polizei-Obrigkeit zwei des Diebstahls verdächtige Personen mißhandelt hatte. Der Komp.-GH. entschied wider die Zulässigkeit des RW, weil jenes Amtsvergehen mit Rücksicht auf die Individualität des Falles keine Amtsentsetzung nach sich ziehen könne, die Sache daher nach dem (seitdem in Wegfall gekommenen) § 7 des Ges. v. 29. März 1844 im Disziplinarwege zu erledigen sei. Beim letzten Erk. handelte es sich um die Frage, ob die im Ges v. 5. Juni 1852 § 45 a. E. angedrohte Strafe von den Gerichten oder von der Disziplinarbehörde zu verhängen sei. Der GH. erwog hier ausdrücklich, die Behauptung, daß die Bestrafung der betr. Amtsüberschreitung nur zum Ressort der Disziplinarbehörde gehöre, charakterisire den Konflikt als einen KK.] Aus diesem Grunde ist der Anlaß zur Erhebung eines KK., nicht eines Konflikts im Sinne des Ges. v. 1854 gegeben, wenn ein Schullehrer wegen Ueberschreitung des Züchtigungsrechts verfolgt wird, ohne daß die Anschuldigung behauptet, daß dem Kinde eine Verletzung zugefügt sei, da dergleichen unschädliche Ueberschreitungen, gemäß der ACO. v. 14. Mai 1825, nur disziplinarisch

§. 2. Erachtet der Gerichtshof zur Entscheidung der Kompetenzkonflikte vor Fällung seines Urtheils noch thatsächliche Ermittelungen für erforderlich, so ist er befugt, solche durch die Verwaltungs- oder durch die Gerichtsbehörden zu veranlassen, insbesondere die Fortsetzung der gerichtlichen Instruktion oder Untersuchung bis zu einem zu bestimmenden Ziele anzuordnen.

Ueber das Ergebniß dieser Ermittelungen sind vor Fällung des Urtheils die in der Sache betheiligten Privatparteien zu hören. Denselben ist zu diesem Zwecke zu eröffnen, daß ihnen freistehe, sich über die Verhandlungen, deren Einsicht

---

geahndet werden sollen. Ist dagegen die Anschuldigung auf eine mit Verletzung verbundene Züchtigung gerichtet, während die vorgesetzte Behörde dafür hält, daß entweder gar keine Ueberschreitung jenes Rechts, oder doch keine Verletzung stattgefunden habe, so kommt das Ges. v. 1854 zur Geltung, indem alsdann die gerichtliche Kompetenz an sich durch den Gegenstand der Anschuldigung begründet wird, und die Entscheidung von der materiellen Würdigung des konkreten Falles abhängt. Der Komp.-GH hat dem entsprechend die in Untersuchungen wider Lehrer erhobenen Konflikte bald als KK., bald als Konflikte im Sinne des § 1 h. l. aufrecht erhalten, ohne sich jedoch hierbei durch die eben gemachte Unterscheidung leiten zu lassen; cf. EK. 7. März 1857, 5. April 1856, 7. Mai 1859 (JMBl. 58, S. 77, 67; 59, S. 444).

[Zur Erläuterung der cit. AEO. v. 14. Mai 1825 ist noch Folgendes zu bemerken. Die nur disziplinarisch zu ahndenden Ueberschreitungen können nicht einmal im Civilwege verfolgt werden. Die AEO. findet auch auf geistliche Schulaufseher und den Präses des Schulvorstands Anwendung. Sind bei einer Schule mehrere Lehrer angestellt, so kommt jene nicht blos dem Lehrer der Schulklasse, zu welcher das gezüchtigte Kind gehört, sondern allen Lehrern zu Gute, da die Schulzucht ein gemeinsames Recht des ganzen Lehrerpersonals ist, sofern nicht die betr. Dienstinstruktion das Gegentheil vorschreibt. Die Schulzucht erstreckt sich auch auf die außer der Schule verübten Ungebührlichkeiten und kann auch außerhalb der Schule geübt werden. Ob zur Züchtigung genügende Veranlassung vorgelegen habe, berührt die Kompetenzfrage nicht. Unter „Verletzung" ist nicht jede sichtbare Spur einer Züchtigung sondern nur eine die Gesundheit gefährdende Beschädigung zu verstehen. Die bei Handhabung der Schuldisziplin vorgekommenen Verbalinjurien fallen der AEO. gleichfalls anheim, und sind daher stets nur disziplinarisch zu ahnden, sofern sie gegen das Kind selbst und nicht etwa wider andere Personen, z. B. dessen Angehörige gerichtet waren. Cf Oppenhoff StGB. S. 284, EK. 5. April, 22. Nov. 1856, 24. Jan., 18. April 1857, 30. Jan. 1858 (JMBl. 1858, S. 70, 76 ff., 283), EK. 9. Jan. 1858.]

26. Ein Konflikt kann in einem administrativen Strafverfahren nicht erhoben werden, wohl aber in dem gerichtlichen, welches durch die eigne Berufung des Beamten auf rechtliches Gehör einzutreten hat. Den Interessen des Beamten wird durch die Konflikts-Erhebung nicht zu nahe getreten, da ein etwa schon ergangenes administratives Strafresolut durch jene Berufung schon von Rechtswegen hinwegfällt; cf. EK. 25. Okt. 1856 (JMBl. 57, S. 109). [I. c. war gegen eine vorläufige Straffestsetzung (Ges. v. 14. Mai 1852) auf rechtliches Gehör angetragen worden.]

§ 2.

27. Die im Gesetzentwurfe enthaltenen Worte „die Fortsetzung des gerichtlichen Verfahrens" wurden auf den Vorschlag der Komm. der 2. K. in

ihnen bei dem Gerichte, bei welchem die Verfolgung eingeleitet ist, gestattet werde, binnen einer Präklusivfrist von vier Wochen zu erklären. Im Uebrigen kommen auch hierbei die Bestimmungen der §§. 5. ff. des Gesetzes vom 8. April 1847. zur Anwendung.

---

die Worte „die Fortsetzung der gerichtlichen Instruktion oder Untersuchung“ umgewandelt, damit der Deutung begegnet werde, als ob der Komp.-GH. auch verlangen könne, daß das Gericht erst ein Urtheil fälle, bevor er über den Konflikt erkenne. Ebenso ist der Abs. 2 erst auf den Vorschlag dieser Kommission in das Gesetz aufgenommen worden.

28. Befindet sich der betr. Beamte in Untersuchungshaft, so dauert diese während des Konflikts-Verfahrens fort, ungeachtet das gerichtliche Verfahren unterdessen vollkommen ruht. Dieses wird nicht allein durch die Zwecke einer derartigen Haft geboten, sondern ist sogar die unmittelbare Folge der Konflikts-Erhebung, da der Entlassungs-Befehl einen Akt der gerichtlichen Amtsgewalt, eine in der Untersuchung selbst getroffene Verfügung darstellt, mithin die in Aktivität befindliche Zuständigkeit der Justizbehörde voraussetzt.

29 Die Anschauung von der Parteistellung der beiderseitigen Behörden, welche dem Ges v. 1847 zu Grunde liegt, und die nach §§ 6, 9 ib. zu erstattenden Gutachten gewissermaaßen als Parteischriften charakterisirt, läßt sich bei Konflikten im Sinne des Ges. v. 1854 wohl schwerlich festhalten. Demgemäß würde es folgerichtig sein, wenn dieses Gesetz einen förmlichen Schriftenwechsel unter den beiderseitigen Behörden und die Erstattung fernerer Gutachten wenigstens von dem Zeitpunkte an, wo der Komp.-GH. die Sache bereits in Händen gehabt und lediglich zu seiner Aufklärung, resp. zur Vorbereitung der Endentscheidung einen Zwischenbescheid erlassen hat, nicht mehr erforderte, zumal Solches nicht einmal bei eigentlichen KK. stattzufinden pflegt. Gleichwohl ist eine desfallsige Vorschrift im § 2 allerdings enthalten, da es bei dem engen Zusammenhange, in welchem § 6 des Ges. v. 1847 mit den §§ 9, 10, und diese wieder mit den §§ 11—13 stehen, keinem Zweifel unterliegt, daß unter den im § 2 h. l. bezogenen „§§ 5 ff. des Ges. v. 8. April 1847“ sämmtliche §§ 5—13 ib. zu verstehen sind, so daß in Bezug auf derartige nachträglichen Ermittelungen, — mögen dieselben auch noch so geringfügige Nebenpunkte betreffen, — alle Formen und Fristen beachtet werden müssen, welche für das Hauptverfahren vorgeschrieben worden sind.

30. Sind die nachträglichen Ermittelungen durch die Gerichtsbehörde veranlaßt, so muß die Verwaltungs-Behörde davon in Kenntniß gesetzt, resp. es müssen die desfallsigen Verhandlungen ihr mit den durch § 6 des Ges v. 1847 vorgeschriebenen Notifikationen, sei es im Original und unter Vorbehalt der Rücksendung, sei es in Abschrift zugefertigt werden, damit dieselbe sich in der Lage befinde, den im § 9 vorgeschriebenen Bericht zu erstatten. Aehnlich hat die Verwaltungs-Behörde selbst zu verfahren, wenn umgekehrt ihr die näheren Ermittelungen aufgetragen wurden.

31. Wird die Fortsetzung der gerichtlichen Instruktion oder Untersuchung (ersteres in Civil-, letzteres in Strafsachen) verordnet, so bedarf es zur Erledigung dieses Zwischenbescheides keiner vorgängigen Zurücknahme des Sistirungs-Bescheides, noch auch des Erlasses eines neuen Bescheides dieser Art, wenn die Instruktion ꝛc. bis zu dem vom Komp.-GH zu bestimmenden Ziele fortgesetzt ist.

32 Die Handhabung des § 2 bereitet im Gebiete des Rhein. Rechts große Schwierigkeiten, falls der Komp.-GH, statt die thatsächlichen Ermittelungen der Verwaltung oder dem öff. Min. aufzugeben, die Fortsetzung der Instruktion eines Civilprozesses verordnet, indem diese nach der dort bestehenden Gesetzgebung zunächst und vorzugsweise Sache der Parteien, resp. ihrer Anwälte ist. In der Regel kann darunter nur der nach Artt. 75—82 der B. Pr. O. zu bewirkende Schriftenwechsel verstanden, und blos ausnahmsweise, d. h insofern die Anordnung, resp. Aufnahme von Zeugenverhören, Expertisen, Ortsbesichtigungen ꝛc. erforderlich er-

§. 3. Befindet der Gerichtshof (§. 2.), daß dem Beamten eine zur gerichtlichen Verfolgung geeignete Ueberschreitung seiner Amtsbefugnisse oder Unterlassung einer ihm obliegenden Amtshandlung nicht zur Last fällt, so entscheidet er, daß der Rechtsweg gegen den Beamten unzulässig sei, im entgegengesetzten Falle aber, daß derselbe zulässig sei. — Ein Urtheil der letzteren Art präjudizirt weder dem Beamten in seiner weiteren Vertheidigung vor dem Gerichte, noch dem Gerichte in seiner rechtlichen Entscheidung der Sache.

---

scheint, die richterliche Thätigkeit in Anspruch genommen werden. Wie man Solches in jedem einzelnen Falle herbeiführen könne, ohne wider die obersten Prinzipien der der B. Pr. O überall zu Grunde liegenden Verhandlungs-Maxime und wider die ganze Struktur der Prozeßverfahrens zu verstoßen, läßt sich im Allgemeinen schwerlich beantworten. Jedenfalls muß aber daran festgehalten werden, daß die Fortsetzung der Instruktion zunächst den Anwälten anheimzugeben sei, und daß höchstens, wenn diese sich dessen weigern, das öff. Min. an dem Prozeßgange direkten Antheil und nöthigenfalls Anträge zu nehmen habe, welche das Gericht eventuell in ähnlicher Weise erledigt, wie die an dasselbe ergehenden Requisitionen anderer Gerichte, d. h. ohne dabei auf eine Beurtheilung der Sache selbst einzugehen.

§ 3.

33. Bloße Milderungsgründe, welche das Verfahren des Beamten als in hohem Grade entschuldbar erscheinen lassen, berechtigen nach der unter n. 22 entwickelten Ansicht den Komp.-GH. keineswegs, die Entscheidung in einer Strafsache dem ordentlichen Richter zu entziehen; cf. EK 24. Okt. 1857 a. E. (JMBl. 59, S. 256, 251).

34. Zu der durch § 3 dem Komp.-GH zugestandenen Würdigung des Materiellen der Sache gehört selbst die Erörterung solcher besonderen Gründe nicht, welche die Strafbarkeit ganz auszuschließen geeignet sind, wenn die Kriterien einer strafbaren Handlung objektiv genommen vorliegen.

35. So entschieden EK 24. Okt. 1857, 9. Jan, 2. und 30. Okt. 1858 (JMBl. 59, S. 253, 275, 280, 285), daß bei Injurienprozessen die Frage, ob eine an sich beleidigende Aeußerung in beleidigender Absicht gebraucht worden, oder ob sie unter Personen des betr. Standes überhaupt als beleidigend anzusehen sei, der Prüfung des erkennenden Richters anheimfalle.

36. Aus gleichem Grunde kann ein Konflikt nicht um deswillen als begründet angenommen werden, weil der Fall verjährt, oder der Antrag auf Bestrafung verspätet sei, oder weil der Beamte sich in unzurechnungsfähigem Zustande befunden habe.

37. Dagegen erkannte EK. 12. Jan. 1856 (JMBl. S. 91), daß in den Bereich der vom Komp.-GH. anzustellenden materiellen Prüfung auch die Frage gehöre, ob der Beamte, welcher wegen eines einen strafrechtlichen Dolus voraussetzenden Vergehens zur Untersuchung gezogen wird, etwa blos aus Irrthum gehandelt, sein Verfahren mithin höchstens zu einer disziplinarischen Ahndung Anlaß gegeben habe.

38. Unbedenklich gehört zu dem, was dem Komp. GH. zufolge § 3 bei Civilprozessen zu prüfen obliegt, auch die Passiv-Legitimation des Beklagten, insoweit es sich darum handelt, ob die betr. Amtsüberschreitung gerade jenem und nicht etwa einem andern Beamten zur Last falle.

39. Dagegen fällt wiederum die Frage, ob dem Kläger durch die Handlung des Beklagten ein Vermögensschaden erwachsen sei, der Entscheidung des ordentlichen Richters anheim: EK. 22 Sept. 1860 (JMBl 61, S. 232).

40. Erstreckt sich die Befugniß zur materiellen Prüfung der Sache soweit, daß dem Komp.-GH. eine Entscheidung auch darüber zusteht, inwiefern die der An-

klage zu Grunde liegenden Thatsachen, sowie sie sich nach der Untersuchung als Gegenstand der richterlichen Beurtheilung darstellen, durch die Resultate der Beweisführung genügend unterstützt seien, oder hat sich der GH. vielmehr auf die Frage zu beschränken, ob die inkriminirte That, sowie sie durch die Beschuldigung und Voruntersuchung vorläufig festgestellt worden, — die Wahrheit der Beschuldigung vorausgesetzt, — eine zur gerichtlichen Verfolgung geeignete Amtsüberschreitung darstellen würde? Für die letztere Alternative spricht die *ME. 21. Nov. 1837 (Jbb. 50, S. 631, Rh. S. 6, S. 334), welche einen nach dem Ges. v. 31. März 1837 (cf. n. 1) zu beurtheilenden Fall betraf. Doch huldigt der Komp.-GH. augenscheinlich der entgegengesetzten Ansicht, indem er sich nicht selten auf eine Prüfung der einzelnen Beweismittel als solcher, z. B. der Glaubwürdigkeit der Zeugen einläßt; cf. z. B. EK 7. März 1857, 9. Jan. 1858 (JMBl. 57, S. 431; 58, S. 94). Charakteristisch bleibt immerhin, daß § 3 die Worte „zur Last fällt“ und nicht die Worte „nachgewiesen ist“ gebraucht.

41. Jedenfalls folgt aus der Fassung des § 3 ebensowohl, wie aus der Absicht des Gesetzes im Allgemeinen, daß in zweifelhaften Fällen nicht wider, sondern für die Zulassung des RW zu erkennen ist, m a. W., daß der Komp.-GH., um den RW. auszuschließen, überzeugt sein muß, daß dem Beamten eine zur gerichtlichen Verfolgung geeignete Amtsüberschreitung nicht zur Last falle, daß es mithin keineswegs genügt, wenn er nur nicht vom Gegentheile überzeugt ist.

42. Die Entscheidung des Komp.-GH., welche den RW. für nicht zulässig erklärt, ist einem freisprechenden Erk. im Sinne des § 157 des StGB. nicht gleich zu achten, und daher der einer Verleumdung des Beamten Angeklagte, jener Entscheidung ungeachtet, zum Beweise der betr. Thatsachen zuzulassen.

43 Ebenso begründet dieselbe kein Hinderniß dafür, daß der vom Beamten auf Schadloshaltung wegen unbegründeter Denunziation oder unbegründeten Prozessirens Belangte der Klage den Einwand entgegensetze, Kläger habe sich allerdings einer Amtsüberschreitung schuldig gemacht und ihm daher gerechten Anlaß zur Klage 2c. gegeben, resp. daß der Richter diesen Einwand seiner Prüfung unterwerfe.

44. Auch präjudizirt dieselbe nicht den Entschädigungs-Ansprüchen, welche dem Beschwerdeführer selbst aus der Handlung des Beamten gegen den Staat oder sonstige Dritte erwachsen sein möchten, noch ihrer Verfolgung auf dem RW. Gerade um einer solchen Deutung zu begegnen, hat der Gesetzgeber statt der ursprünglichen Fassung des § 3 „daß der RW. in der Sache unzulässig sei,“ die gegenwärtige „daß der RW. gegen den Beamten unzulässig sei“ gewählt; cf. Komm. Ber. 1. K. v. 3. Febr. 1854.

45. Ja es kann die Anstellung einer Entschädigungsklage gegen den Beamten selbst noch immer stattfinden, ungeachtet der Komp.-GH. in einem wegen derselben Handlung eingeleiteten Strafverfahren den RW. für unzulässig erklärt hat, und umgekehrt die Strafklage, falls der Konflikt in Beziehung auf eine beim Civilgerichte angestellte Entschädigungsklage für begründet erachtet ward, sofern die Motive der Entscheidung auf den civilrechtlichen Anspruch des Klägers oder im andern Falle auf die Strafklage nicht passen. So unterliegt es z. B. keinem Zweifel daß die oben n. 37 erwähnte Entscheidung, welche den RW. in einer wegen Mißbrauchs der Amtsgewalt eingeleiteten Untersuchung für unzulässig erklärte, weil der Beamte nicht in böser Absicht, sondern nur aus Irrthum und Uebereilung gehandelt habe, der Anstellung einer Civilklage seitens des in seinen Privatrechten Verletzten wider den Beamten nicht entgegenstehen würde.

46. Dagegen kann in der Rheinprovinz, wenn der angeblich Verletzte als Civilpartei vor dem Strafrichter aufgetreten ist, und der Komp.-GH. demnächst sich gegen die Zulässigkeit des RW. erklärt hat, die Staatsanwaltschaft ebensowenig die öff. Klage neuerdings anstellen, wie der Verletzte sich noch als Civilpartei konstituiren kann, wenn eine solche Entscheidung auf die von der Staatsanwaltschaft erhobene öff. Klage ergangen ist. Der Grund für das Eine wie Andere liegt darin, daß durch Erhebung der Civilklage vor dem Strafrichter nach der Rhein. Str. Pr. O. die öff. Klage von selbst mit in Gang gebracht wird, im erstgedachten Falle daher der Spruch des Komp.-GH. sich gleichzeitig über beide Klagen erstreckt, in dem

§. 4. Vorstehende Bestimmungen sind auch anwendbar, wenn eine gerichtliche Verfolgung wegen Amtshandlungen (§. 1.) gegen einen aus dem Dienste bereits ausgeschiedenen Beamten oder gegen die Erben eines Beamten anhängig wird.

§. 5. Unter den Beamten (§. 1.) sind auch diejenigen, welche in mittelbarem Staatsdienste stehen, einbegriffen.

---

zweiten Falle aber die nachträgliche Zulassung der Verhandlung über die Anträge der Civilpartei die mit dem Spruche des Komp.-GH unvereinbare Folge haben würde, daß der Strafrichter nun dennoch über die öff. Klage miterkennen müßte.

§ 4.

47. Unter dem Ausdrucke „gerichtliche Verfolgung wegen Amtshandlungen“ ist eine Verfolgung wegen Unterlassung von Amtshandlungen mitbegriffen.

48. § 4 unterscheidet nicht, ob der Beamte freiwillig ausgeschieden oder entsetzt ist. Auch paßt die ratio legis auf beide Fälle.

49. § 4 ist auf die Erben eines ausgeschiedenen Beamten mitzubeziehen.

50. Der Ausdruck „Erbe“ ist selbst für das Gebiet des gemeinen und rheinischen Rechts im landrechtlichen Sinne zu verstehen, da der Umfang der Bestimmungen des Ges. für das gesammte Staatsgebiet ein gleichmäßiger sein muß. Daher umfaßt derselbe z. B. auch in der Rheinprovinz nicht blos diejenigen Personen, welche das B. G. B. unter den eigentlichen Erben (heritiers) begreift, sondern auch die s. g. Erbfolger, die Testaments-Erben (Universallegatare) und Vertragserben.

51. Doch ist derselbe bei dem exceptionellen Charakter des Ges. auf blos verwandte Rechtsverhältnisse nicht analog auszudehnen, § 4 mithin nicht anwendbar, wenn z. B. die Wittwe des Beamten lediglich für ihren Antheil an der aufgelösten Gütergemeinschaft in Anspruch genommen wird.

§ 5.

52. Das in der Komm. der 2. K. angeregte Bedenken über die ungenügende Begrenzung des Begriffs „mittelbarer Staatsdiener“ wurde auf die Erwägung hin fallen gelassen, daß eine begrenzte Definition nicht gegeben werden könne, dem Komp.-GH. vielmehr überlassen bleiben müsse, den speziellen Fall seiner Entscheidung zu unterbreiten. Zufolge § 69, II. 10 ALR. sind übrigens als mittelbare Staatsdiener diejenigen Beamten anzusehen, welche in Diensten gewisser dem Staate untergeordneten Kollegien, Korporationen und Gemeinden stehen, und es umfaßt der hier gebrauchte Ausdruck „Korporation“ nach dem JMR. 18. Jan. 1843 (Jbb. 61, S. 92) nur solche Korporationen, welche als Behörden in die Verfassung des Staats organisch eingreifen.

53. Das MR. 16. Nov. 1839 (Ann. 23, S. 460) spricht den Eisenbahnpolizei-Beamten die Eigenschaft mittelbarer Staatsdiener ab. Inzwischen nehmen Bessel und Kühlwetter, Preuß. Eisenbahn-Recht II. S. 38 diese Eigenschaft, sofern es sich um die Anwendbarkeit des Ges. v. 1854 handelt, allerdings an; diese Ansicht verdient um so mehr Beifall, als auch das Disztpl.-Ges. v. 21. Juli 1852 jene Beamten seinen Bestimmungen unterwirft; cf. ferner oben n 21 und Oppenhoff StGB. § 331 n. 32, 33.

53 bis. Ebenso sind die Bureaubeamten der Provinzial-Feuersozietäten mittelbare Staatsbeamten; cf OT. 24. Okt 1861 (Oppenhoff, Rechtspr. II. S. 14).

53 ter. Dagegen sind die Grubenbeamten, insbesondre die Schichtmeister, seit dem Erlasse des Ges. v. 12. Mai 1851 (GS. S. 265) unzweifelhaft keine mittelbaren Staatsdiener, sondern bloße Privatverwalter. Früher war dies streitig; cf. Gräff, Handb. des Pr. Bergrechts (S. 169). Wohl aber legt ein MR.

§. 6. Das gegenwärtige Gesetz findet auch Anwendung, wenn Personen des Soldatenstandes wegen Handlungen, welche von ihnen bei Ausübung oder in Veranlassung der Ausübung ihrer Dienstverrichtungen vorgenommen sind, oder wegen Unterlassung ihrer Dienstverrichtungen bei anderen als Militairgerichten belangt werden. — In diesen Fällen steht dem vorgesetzten Divisions-Kommandeur oder kommandirenden General die Befugniß zu, den Konflikt zu erheben. Die Verrichtungen des Gerichtshofes zur Entscheidung der Kompetenz-Konflikte werden durch das Militair-Justizdepartement ausgeübt, welches unter Mitwirkung dreier höheren Offiziere, die von dem Könige jedesmal auf drei Jahre bezeichnet werden, zu entscheiden hat. Die Beschlußnahme erfolgt auf den schriftlichen Vortrag zweier rechtsverständiger Referenten, deren einer von dem Justizminister, der andere von dem Kriegsminister ernannt wird.

---

31. Juli 1857 (Zeitschr. für das B. H u. S.-Wesen 5, S. 146) den (an Stelle der früheren kön. Markscheider getretenen) Privat-Markscheidern gleich den Feldmessern im Allgemeinen Beamtenqualität bei. Vgl jedoch Gew.-O. v. 17. Jan. 1845 n. 38.

54. Im Uebrigen vgl. die n. 11 ff.

§ 6.

55 Das Gesetz findet in Betreff der Personen des Soldatenstandes, insoweit es sich von eigentlichen Straf- oder Disziplinar-Sachen handelt, — keinen Gegenstand, da jene Personen in diesen beiden Hinsichten nur dem Militairgerichtsstande unterworfen sind, und die Frage, ob eine strafgerichtliche oder eine disziplinarische Bestrafung herbeizuführen sei, nach § 25 der VO. v. 21. Okt. 1841 (GS. S. 325), sowie §§ 102, 87 der Mil.-Str.-Ger.-O. v 1845 entschieden wird. Seine Anwendbarkeit beschränkt sich daher auf diejenigen Fälle, in denen jene Personen wegen Handlungen des Dienstes durch Entschädigungsklagen oder durch die Beschuldigung einer auch hinsichtlich ihrer vor die bürgerlichen Gerichte gewiesenen strafbaren Handlung (§ 3 der Mil.-Str.-Ger.-O.) verfolgt werden; cf. Motive des Ges.-Entw.

56. Welche Personen dem Soldatenstande angehören, besagt die Beilage A. zum Mil.-StGB. v 3. April 1845.

57. Hinsichtlich derjenigen Militairpersonen, welche nicht zum Soldatenstande gehören, selbst derer, die gleichwohl dem Militair-Gerichtsstande unterworfen sind, wird arg. e contrario des § 6 der Komp.-GH. zu erkennen haben. — Hierhin zählen namentlich auch die Beamten der Telegraphie; cf. ACO. v. 28. Oktbr. 1837, JMR. 27. Dezbr. 1842 (Rh. S. 6, S. 350; Jbb. 60, S. 573).

58 Die Beantwortung der Frage, welcher Gerichtshof zu erkennen habe, wenn der Konflikt in einer wider Gendarmen gerichteten Prozedur erhoben wird, scheinen bei dem im JMBl. 58, S. 92 erörterten Falle sowohl der Min. d. J. als der Komp.-GH. (EK. 9. Jan 1858) davon abhängig zu machen, ob die Civil- oder Militairbehörde den Konflikt erhebe, — was wohl damit zusammenhängt, daß § 6 als die Behörde, welche den von dem dort erwähnten Gerichtshofe zu schlichtenden Konflikt zu erheben habe, nur die Militairbehörde bezeichnet. Soviel ist wenigstens durch EK. 9. Jan. 1858 ausdrücklich anerkannt, daß, wenn der Konflikt von der

§. 7. Ausgeschlossen von dem gegenwärtigen Gesetze bleiben die Fälle, in denen die gerichtliche Verfolgung eingeleitet ist:

1) gegen richterliche Beamte,
2) gegen andere Justizbeamte, mit Ausnahme der Beamten der Staats-Anwaltschaft und der gerichtlichen Polizei,
3) gegen die im Bezirke des Appellations-Gerichtshofes zu Cöln angestellten Hypothekenbewahrer und Civilstandsbeamten.

Civilbehörde ausgeht, oder doch wenigstens vom Min d. J. aufgenommen wird, der Komp.-GH. gemäß §§ 1 ff. die kompetente Stelle sei.

59 § 4 findet auch auf Personen des Soldatenstands Anwendung. In Betreff eines Gendarmen wurde dies ausdrücklich anerkannt durch EK. 22. Septbr. 1860 (JMBl. 61, S. 230).

60. Wird in einer gegen Personen des Soldatenstandes eingeleiteten Prozedur ein wirklicher KK erhoben, so ist immer nur der Komp.-GH und niemals der Gerichtshof des § 6 zur Entscheidung berufen, weshalb, falls gleichzeitig ein Konflikt im Sinne des Ges v. 1854 und ein KK. erhoben wird, die Entscheidung über ersteren vor ein anderes Forum gehört, wie die über letzteren.

61. Der Schlußsatz des § 6 verdankt seine Entstehung einem in der 2. Kammer gestellten Amendement.

§ 7.

62. Die Ausdehnung der Bestimmungen des Gesetzes auf die Beamten der Staatsanwaltschaft und die (rheinischen) Beamten der gerichtlichen Polizei rührt daher, daß dieselben im Gegensatze zu den übrigen Justizbeamten Organe der Verwaltung sind, und die Vorschrift der Nr. 3 daher, daß die Beurtheilung der Amtshandlungen der rheinischen Hypothekenbewahrer und Civilstands-Beamten durch die bestehende Gesetzgebung ohnehin den Gerichten überwiesen ist; cf. Motive des Ges.-Entw.

Gesetz

wegen Verschaffung der Vorfluth in den Bezirken des Appellations-Gerichtshofes zu Cöln und des Justiz-Senates zu Ehrenbreitstein, sowie in den Hohenzollernschen Landen.

Vom 14. Juni 1859.

[GS. Nr. 5082, S. 325.]

Im Namen Sr. Majestät des Königs.

Wir Wilhelm, von Gottes Gnaden, Prinz von Preußen, Regent,

verordnen, nach Anhörung des Provinziallandtages der Rheinprovinz, mit Zustimmung beider Häuser des Landtages der Monarchie, was folgt:

Zum Eingange.

1. Das im Gebiete des Justizsenats zu Ehrenbreitstein sowie in den Hohenzollernschen Landen geltende gemeine Recht und das Rheinische B. G. B. erkennen zwar die natürliche Dienstbarkeit der unterhalb belegenen Grundstücke zur Aufnahme des von den oberen abfließenden Wassers an; doch fehlt es in beiden Gesetzgebungen an Bestimmungen, denen zufolge diese Pflicht zur Gestattung der Vorfluth im Interesse der Bodenkultur erweitert und namentlich die Anlage künstlicher Wasserleitungen über Nachbargrundstücke gefordert werden könnte. Im Gegentheil verbot das Römische Recht, womit Art. 640 des B. G. B. im Wesentlichen übereinstimmt, jede Abänderung der hergebrachten oder vermöge des natürlichen örtlichen Niveaus gegebenen Abfluß-Verhältnisse, insbesondre jede Anlage und Erweiterung von Gräben 2c, sogar auf den eignen Grundstücken, wodurch die bisherigen Abfluß-Verhältnisse des Regen- und wilden Wassers zum Nachtheile oberer oder unterer Nachbarn verändert würden. — Das linksrheinische Ges. v. 16. Sept. 1807 traf zwar Verordnung über das Austrocknen der Sümpfe, aber nur aus dem allgemein landespolizeilichen Gesichtspunkte der Landeskultur und ohne Rücksicht auf etwaige Anträge oder auch nur auf Zustimmung der Eigenthümer der zu meliorirenden Grundstücke. Das Recht der Grundbesitzer, Bewässerungen im Interesse der Bodenkultur mittelst Benutzung der Wasserschütze von Privat-

Erster Abschnitt.

Gemeinsame Bestimmungen.

§. 1. In den Bezirken des Appellations-Gerichtshofes zu Cöln und des Justizsenates zu Ehrenbreitstein, sowie in den Hohenzollernschen Landen, kann jeder Eigenthümer, welcher sein Grundstück entwässern, oder Teiche und Seen ablassen will, in Fällen des überwiegenden Landeskultur-Interesses verlangen, daß ihm gegen vollständige Entschädigung das Servitutsrecht eingeräumt wird, das Wasser von seinem Boden in offenen Gräben oder bedeckten Kanälen (Röhren) durch fremde Grundstücke, welche sein Grundeigenthum von einem Wasserlaufe oder einem anderen Abflußwege trennen, auf seine Kosten abzuleiten oder zu diesem Ende vorhandene Gräben und Fließe zu erweitern und zu vertiefen.

---

flüssen einzurichten (cf. Artt. 644, 645 des B. G. B.), erfuhr in der Rheinprovinz durch Einführung des Ges. v. 28. Febr. 1843 eine erhebliche Umgestaltung und Erweiterung. In Betreff der Entwässerungen kam jedoch blos dessen § 7 in Betracht. Ein wichtigerer Schritt zur Ausfüllung der hinsichtlich der Entwässerungen bestehenden Lücke in der Gesetzgebung erfolgte durch das Ges. v. 11. Mai 1853, dessen Art. 2 für das gesammte Staatsgebiet, einschließlich der Hohenzollernschen Lande, die §§ 56—59 des Ges. v 1843, betr. die Bildung von Genossenschaften zu Bewässerungs-Anlagen, auf Genossenschaften zu Entwässerungs-Anlagen ausdehnte. Immerhin fehlte es aber noch an einer Bestimmung zu Gunsten von Entwässerungs-Anstalten, die nur einzelnen Grundstücken Nutzen gewähren. Außerdem erwies sich Art. 3 jenes Ges. v. 1853, indem derselbe, bei Ausdehnung der Vorschriften in Betreff des Anlegens von Entwässerungs-Gräben über fremde Grundstücke auf unterirdische Wasserleitungen, die bestehenden Vorfluthsgesetze in Bezug nimmt, bei dem Mangel solcher Gesetze für die hier fraglichen Landestheile als vollkommen wirkungslos. — Diesen Mängeln abzuhelfen, und namentlich die Erreichung derjenigen Zwecke zu vermitteln, welchen für das Gebiet des ALR. die §§ 14 ff. des Vorfl.-Ed. v. 15. Nov. 1811 dienen, ist die Bestimmung des Ges. v. 14. Juni 1859. Vgl. die Motive des Ges.-Entwurfs und Komm.-Ber. d. H. d. A.

2. Vorschriften, welche den §§ 1—9 des Ed. v. 1811 entsprächen, sind im Ges. v. 1859 nicht enthalten, anscheinend, weil angenommen wurde, daß der Gegenstand dieser §§ für die Rheinprovinz im Wesentlichen schon durch § 2 Nr. 3 und 4 des Ress.-Regl. und die §§ 27 ff. der Gew.-Ordn. v. 17. Jan. 1845, für das Fürstenthum Sigmaringen aber durch die bezüglichen, im § 10 h. l. auch für Hechingen anwendbar erklärten Bestimmungen der Mühlen-Ordn. v. 8. Nov. 1845 geregelt sei. — Eine dem § 10 jenes Ed. entsprechende Bestimmung findet sich im Gesetze zwar vor (cf. § 11 h. l.), aber nur für die Hohenzollernschen Lande. Bezüglich der Rheinprovinz ist wohl der in jenen Landen nicht geltende § 7 des Ges. v. 1843 als ausreichend erschienen. In Betreff der §§ 11, 12 des Ed. v. 1811 s. unten n. 7.

§ 1.

3. Das im § 1 zugesicherte Recht bietet zwar manche Seiten, welche sich dem Rechtsprinzip einer Servitut nicht einordnen lassen. So tritt z. B der Belastete, welcher an den Vortheilen der Anlage Theil nimmt, und zu deren Errichtung, resp. Unterhaltung beisteuert, zum Berechtigten in eine Art Sozietäts-Verhältniß. Der Begriff einer servitus necessaria paßt insofern nicht, als es sich nur um bloße Meliorationen handelt. Dennoch fand die Bezeichnung „Servitutsrecht“ bei der

§. 2. Die Entwässerungs-Anlage darf nur an der Stelle des belasteten Grundstücks ausgeführt werden, wo sie dem Eigenthümer desselben, unbeschadet ihres Zweckes, am wenigsten lästig ist. Durch Gebäude, nebst den damit in Verbindung stehenden Hofräumen kann das Recht (§. 1.) gar nicht, durch Gärten und eingeschlossene Parkanlagen nur mittelst bedeckter Kanäle oder Röhren ausgeübt werden, insoweit es sich nicht blos um Erweiterung und Vertiefung vorhandener offener Gräben und Fließe handelt.

Einer vorhandenen gewerblichen Anlage darf durch die Entwässerungs-Anlage das zum Betriebe des Werkes in dem bisherigen Umfange nothwendige Wasser nicht entzogen werden.

Eine Abänderung gewerblicher Anlagen, wodurch ihr Betrieb in dem bisherigen Umfange in anderer Weise möglich gemacht wird, muß sich der Besitzer gefallen lassen.

Komm. d. H. d. A. Billigung, weil dieselbe als unentbehrlich betrachtet ward, damit jenes Recht dem Systeme der geltenden Gesetzgebung angeschlossen und etwaigen Unsicherheiten in der Interpretation vorgebeugt werde. Die Motive des Ges.-Entw. stellen dasselbe dem Rechte auf einen Nothweg gleich, und machen darauf aufmerksam, daß durch obige Bezeichnung die Frage, ob Provokant Eigenthümer der Grabenfläche werde, verneinend entschieden sei.

4. Die Worte „in Fällen des überwiegenden Landeskultur-Interesses“ sind aus dem Ges. v. 1843 § 24 entlehnt und beibehalten, damit nicht die Meinung erweckt werde, als habe in Betreff der Entwässerungen etwas Anderes, als in Betreff der Bewässerungen bestimmt werden sollen. Forstkultur ist in der Landeskultur einbegriffen. — Auf Anlagen für industrielle Zwecke findet § 1 keine Anwendung. Cf. der cit. Komm.-Ber.

5. Der Zwischensatz „welche sein Grundstück von einem Wasserlaufe trennen“ ist nach dem Vorbilde des franz. Ges. v. 10. Juni 1854 auf den Vorschlag der Komm. des H. d. A. eingeschaltet worden, um die Möglichkeit auszuschließen, daß das Servitutrecht des § 1 auch solchen Grundbesitzern gegenüber begehrt werde, welche das Wasser in Folge natürlicher Hindernisse nicht weiter abzuleiten vermögen.

6. Zufolge § 1 ist es gleichviel, ob die Teiche und Landseen geschlossen sind, oder Abfluß haben, sobald nur durch Ablassung oder Senkung ihres Wasserspiegels die umliegenden Grundstücke von kulturschädlicher Nässe befreit, oder aus See-, resp. Teichgrunde Aecker 2c. gewonnen werden sollen; cf. der cit. Komm.-Ber.

§ 2.

7. Durch § 2 Abs. 2 weicht das Gesetz sehr wesentlich von den §§ 11, 12 des Ed. v. 1811 und den §§ 25 (Nr 4), 36, 37 des Ges. v. 28. Febr. 1843 ab. Selbstredend ist jedoch die Beschränkung und Wegräumung von Triebwerken auch im Gebiete dieses Gesetzes zulässig, wenn eine große Meliorations-Genossenschaft durch landesherrliches Statut gebildet, und dieser, sei es im Statute selbst, sei es durch besondre AKO. das Expropriationsrecht verliehen wird. Cf. Motive des Ges.-Entw.

8. Hinter den Worten „einer vorhandenen gewerblichen Anlage“ fanden sich im Entwurfe die Worte „welche auf einem Triebwerke beruht.“ Sie wurden gestrichen, weil anderen wasserbedürftigen Gewerbs-Anlagen, z. B. Gerbereien, Bleichen u. s. w. derselbe Rechtsschutz gebühre. Cf. der cit. Komm.-Ber.

§. 3. Der Eigenthümer des von der Entwässerungs-Anlage durchschnittenen Grundstücks kann deren Mitbenutzung in Anspruch nehmen. Dasselbe Recht steht unter den Bedingungen des §. 1. auch den Eigenthümern benachbarter Grundstücke zu.

Wer die Mitbenutzung in Anspruch nimmt, muß einen verhältnißmäßigen Beitrag zu den Kosten der Anlage und Unterhaltung, insoweit er Nutzen davon zieht, leisten, und die Kosten der in seinem Interesse etwa erforderlichen Abänderung der Anlage allein tragen.

Wenn die Servitut später den Eigenthümer des belasteten Grundstücks an nützlichen Verbesserungen hindert, oder ihn sonst mehr als Anfangs belästigt, so kann derselbe eine Verlegung der Anlage an eine andere Stelle auf seine Kosten vornehmen, falls dadurch die Ausübung der Servitut nicht wesentlich erschwert wird.

---

9. Da Abs. 2 nur eine für die Festsetzungen der Regierung über den Entwässerungsplan maaßgebende Vorschrift, und keine präjudizielle Bestimmung über ein etwa abweichendes Theilnahmerecht und dessen Maaß enthält, so bleiben Ansprüche und Einwendungen aus Verträgen oder anderen speziellen Rechtstiteln, durch welche die Wassernutzung von Gewerbsanlagen, abweichend von Abs. 2 ausdrücklich näher bestimmt wird, in der Regel dem Entschädigungs-Verfahren der §§ 5, 6 vorbehalten, und zwar ebensowohl zu Gunsten der Gewerbs- wie des Grundbesitzers. Hätte z B. eine Gewerbsanlage das Recht, ihr Gewässer bis auf 20 Fuß Pegelhöhe aufzustauen, durch spezielle Rechtstitel erworben, davon aber bisher keinen Gebrauch gemacht, vielmehr den Umfang ihres Betriebs nur für eine Aufstauung bis zu 10 Fuß eingerichtet, so würde zwar der Entwässerungsplan nur diese letztere Höhe zu berücksichtigen haben; dagegen bliebe jenes größere Recht im Entschädigungs-Verf. insoweit zu würdigen, als dasselbe anderweit ausgeglichen und dafür ein Geldäquivalent gewährt werden müßte. Cf. cit. Komm.-Ber.

10 An Abs. 2 schließt sich Abs 3 als eine der Gewerbsanlagen unschädliche Modifikation jener Bestimmung an; daß dergleichen Abänderungen, z B. die Verbesserung des Gerinnes oder Rades, die Verwandlung einer unterschlächtigen Mühle in eine oberschlächtige, auf Kosten des Provokanten zu treffen sind, ergiebt sich schon aus § 1; cf. cit. Komm.-Ber.

§ 3.

11. Der Eigenthümer des durchschnittenen Grundstücks kann die Mitbenutzung der Entwässerungs-Anlage nicht nur zur Entwässerung dieses Grundstücks, sondern auch zu anderen Zwecken, z B. zur Viehtränke, zur Berieselung, zum Bleichen in Anspruch nehmen. Doch ist es Aufgabe der den Plan feststellenden Behörde, vorsorgliche Bestimmungen zu treffen, damit durch die Art des Mitgebrauchs der Zweck der Servitut nicht beeinträchtigt werde; cf. den cit. Komm.-Ber.

12. Findet Art 699 des B. G. B. auch auf Entwässerungs-Anlagen Anwendung, falls der Eigenthümer des durchschnittenen Grundstücks die Mitbenutzung aufgeben will? Diese Frage kam bei der Berathung der Komm. d. H. d A zur Sprache, aber nicht zur Abstimmung Von Einer Seite wurde dieselbe verneint, weil, wer sich einmal für die Mitbenutzung entschieden habe, nicht mehr ganz und gar als Servitutberechtigter [?] angesehen werden könne, sondern zum Theil sein eigenes Recht ausübe, welches er dem höher Belegenen wider dessen Willen

§. 4. In Ermangelung gütlicher Einigung entscheidet die Bezirksregierung — nach Anhörung der Betheiligten und nach vorheriger Lokaluntersuchung durch sachkundige Kommissarien — mit Ausschluß des Rechtsweges durch einen mit Gründen versehenen Beschluß:

1) über das Vorhandensein der Bedingungen, unter welchen die in §§. 1—3. erwähnten Rechte in Anspruch genommen werden können, über den Entwässerungsplan, sowie über die Art und Weise der Ausführung und späteren Abänderung der Anlagen;
2) wenn mehrere Theilnehmer vorhanden sind (§. 3.), über den Beitrag eines Jeden zu den Kosten der Anlage und deren Unterhaltung nach Verhältniß des Vortheils;
3) desgleichen über die künftige Unterhaltung alter Wasserläufe, welche nur erweitert oder vertieft sind. Wenn dabei die Unterhaltung demjenigen verbleibt, welcher den alten Wasserlauf bisher zu unterhalten hatte, so muß bei Bestimmung der ihm zu leistenden Entschädigung auch auf die mehreren ihm in der Folge zur

---

nicht überweisen könne; er sei durch die Mitbenutzung in eine Art von Vertrags-Verhältniß getreten.

13. Abs. 3 ist dem Art. 701 des B. G. B. nachgebildet. Eine entsprechende Bestimmung findet sich weder im Ed. v. 1811 noch im Ges. v. 1843.

§ 4.

14. Indem das Ges. v. 1859 in der Kompetenzbestimmung des § 4 denselben Grundsätzen huldigt, welche denen v. 1811 und 1843 zu Grunde liegen, weicht es von den für Bestellung nothwendiger Servituten bestehenden Normen sowohl des preuß. wie des franz. Rechts ab; cf. VO. v. 1808 n. 107 und Artt. 682 ff. des B. G. B.

15. Da zu den Bedingungen, unter denen die in den §§ 1—3 erwähnten Rechte geltend gemacht werden können, auch die gehört, daß Provokant der Eigenthümer des zu entwässernden Grundstücks sei, so würde aus einer streng wörtlichen Auslegung des § 4 folgern, daß, wenn dem Provokanten diese Eigenschaft bestritten werde, der Regierung die desfallsige Entscheidung, und zwar mit Ausschluß des RW. zustehe. Offenbar würde ein solcher Schluß jedoch der Absicht des Ges. zuwider sein; es unterliegt vielmehr keinem Zweifel, daß derartige streitige Präjudizialfragen privatrechtlicher Natur, wie die eben erwähnte und die über die Dispositionsfähigkeit des Provokanten, ausschließlich auf dem RW., und zwar in der Regel vor dem Erlasse eines Beschlusses im Sinne des § 4 festzustellen sind.

16. Die Streitigkeiten über die Existenz oder den Umfang privatrechtlicher Widerspruchsrechte der Provokaten fallen zwar gleichfalls nicht der im § 4 den Regierungen ertheilten Entscheidungs-Befugniß anheim, sie präjudiziren aber auch nicht der Zulassung der Entwässerungs-Anlage, resp. der Einräumung des im § 1 erwähnten Servitutsrechts, sondern nur der Entschädigungsfrage, und kommen daher bei der nach § 4 zu treffenden Entscheidung nicht in Betracht. Das Nähere s. unten n. 21.

Last fallenden Unterhaltungskosten billige Rücksicht genommen werden.

Gegen die Entscheidung der Regierung ist binnen sechs Wochen nach deren Zustellung an die Betheiligten Rekurs an das Ministerium für die landwirthschaftlichen Angelegenheiten zulässig.

§. 5. Mit Vorbehalt der Berufung auf den Rechtsweg wird von der Bezirksregierung die zu gewährende Entschädigung festgestellt, auf Grund einer Schätzung durch Sachverständige, welche die Regierung ernennt, wenn sich die Betheiligten über deren Person nicht geeinigt haben. Insofern die Betheiligten sich nicht einigen, können die sachkundigen Kommissarien, welche die Untersuchung des Entwässerungsplans bewirken, zugleich mit der Abschätzung der Entschädigungen beauftragt werden, wenn die Regierung das für angemessen erachtet.

Die Regierung kann die Festsetzung der Entschädigung ausdrücklich für eine vorläufige erklären und eine nähere Feststellung bis nach Beendigung der Anlage vorbehalten. Die nähere Feststellung muß aber jedenfalls binnen Jahresfrist nach Beginn der Arbeiten auf dem belasteten Grundstück erfolgen.

---

17. Dem § 4 zufolge gehört auch die Frage wegen Verlegung der Anlage (§ 3 Abs. 3) zur Kognition der Regierung. Die Beschränkung des § 4 auf Abs. 1 und 2 des § 3 wurde zwar bei der Gesetzesberathung in Vorschlag gebracht, aber verworfen. Cf. cit. Komm.-Ber.

18. Unter Umständen genügt die Zuziehung nur Eines sachkundigen Kommissars (Abs. 1). Die Regierung hat dies nach Maaßgabe des Objekts und der Befähigung des Beauftragten zu bemessen. Cf. cit. Komm.-Ber.

19. Quelle für die im § 4 Nr. 3 hinsichtlich der Kosten den Grundsatz des § 1 modifizirende Bestimmung sind die §§ 113—116, I. 8 ALR. Vgl. Motive des Ges.-Entw.

20. Die nach Analogie des § 44 des Ges. v 1843 bestimmte sechswöchentliche Frist ist eine präklusivische und in der Weise zu wahren, daß der Rekurs bei der Regierung, welche entschieden hat, angebracht wird; die Rechtfertigung desselben kann auch erst später erfolgen. Ausdrückliche Dispositionen über die beiden letzteren Punkte zu treffen, ist unterblieben, weil bei dergleichen Administrativ-Angelegenheiten keine zu strengen Prozeßformen eingeführt, und die Beurtheilung der Art der Rekursanbringung der Praxis anheimgestellt werden sollte. Cf. den cit. Komm.-Ber.

§ 5.

21. § 5 weicht sehr wesentlich von den Bestimmungen der Ges. v. 1811 und 1843 ab, welche letzteren die richterliche Kognition in Betreff der Evaluation der Entschädigung gänzlich ausschließen. Nur insofern, als die privatrechtlichen Grundlagen für die Bemessung der Entschädigung streitig sind, oder wie das Ed. v. 1811 im § 20 sich ausdrückt, insofern, als über den Umfang der Rechte gestritten wird, die jede Partei zur Ausgleichung bringt, treten nach jenen Gesetzen die allgemeinen Regeln über die Kompetenz-Verhältnisse ein. Diesem § 20 und der

Sie kann die Ausführung der Anlage, der Berufung auf den Rechtsweg ungeachtet, gegen Zahlung oder Deposition der vorläufig festgestellten Entschädigung gestatten

Entsteht über die Existenz oder den Umfang eines Rechtes, auf welches ein Widerspruch oder ein Entschädigungs-Anspruch gegründet wird, Streit, so ist bei Feststellung der Entschädigung der bisherige Besitzstand oder auch das Maaß der Berechtigung, soweit solche nach dem Ermessen der Regierung nachgewiesen ist, vorbehaltlich des Rechtsweges, zum Grunde zu legen.

Die Regierung kann aber auch in solchem Falle das weitere Verfahren so lange aussetzen, bis darüber von den Gerichten rechtskräftig entschieden ist.

§. 6. Gegen das Resolut der Regierung, welches die Entschädigung feststellt, ist binnen sechs Wochen nach der Zustellung an die Betheiligten die Betretung des Rechtsweges

---

analogen Bestimmung des Ges v. 1843 § 23 Abs. 1 entspricht Abs. 4, welcher mit Abs. 5 auf den Vorschlag der Komm. d. H. d. A. in den § 5 aufgenommen wurde. Im Uebrigen vgl. Vorfl.-Ed. v. 1811 n: 49, Ges. v 28. Febr. 1843 n. 47 und unten n. 32.

22. Wenn § 5 Abs. 4 darin von den bezüglichen Bestimmungen der Ges v. 1811 und 1843 abweicht, daß er die Feststellung der privatrechtlichen Grundlagen für die Bemessung der Entschädigung nicht von dem eigentlichen Evalutions-Verf. trennt, sondern als einen integrirenden Theil desselben behandelt, mithin auch insofern die vorläufige Entscheidung der Regierung zuläßt, so erklärt sich dies durch die allgemeinen Verschiedenheiten, welche zwischen der administrativen Kompetenz auf Grund des § 5 und derjenigen auf Grund der Ges v. 1811 sowie 1843, dem oben (n. 21) Gesagten gemäß, bestehen.

23. Beziehen sich die für den Entschädigungspunkt präjudiziellen Streitigkeiten auf die Höhe des Wasserstandes, so wird für den Bezirk des AH. Cöln in denjenigen Fällen, wo die Regierung zufolge § 2 des Ress.-Regl. definitiv zu entscheiden hat, ihre desfallsige Entscheidung auch in dem nach § 5 stattfindenden Entschädigungs-Verfahren ohne Vorbehalt des RW. ergehen. Abs. 4 macht zwar keine solche Unterscheidung, wie § 20 des Ed v. 1811. Es ist indessen klar, daß den bestehenden Kompetenz-Bestimmungen in dieser Hinsicht nicht derogirt werden sollte.

24 § 5 bezieht sich nicht blos auf die Entschädigung des mit der Servitut zu Belastenden, sondern kommt auch bei Ermittelung der Entschädigung für mittelbar berührte Grund- und Triebwerksbesitzer zur Anwendung. — Die im Entwurfe hinter dem Worte „Entschädigung" befindlichen Worte „des mit der Servitut Belasteten" sind eben um deswillen bei der Gesetzesberathung beseitigt worden.

25. Kommen jedoch Entschädigungs-Ansprüche jener Art erst nach dem Abschlusse des Entschädigungs-Verf. (§ 5) und nach Ausführung der Anlage zur Sprache, so ist hinsichtlich ihrer nicht etwa das Verfahren des § 5 zu erneuern, sondern es tritt sofort die richterliche Kognition ein. Vgl. auch n. 32.

26. Unter „Entschädigung" ist übrigens nicht blos das damnum emergens, sondern auch das lucrum cessans zu verstehen; cf. cit. Komm.-Ber.

§ 6.

27. Durch die Worte „beim ordentlichen Gericht der belegenen

bei dem ordentlichen Gericht der belegenen Sache zulässig. Wird innerhalb dieser Frist die Klage von der einen Partei beim Gericht angestellt, so kann die Gegenpartei im Wege der Widerklage die Abänderung der Entscheidung der Regierung auch ihrerseits noch nach Ablauf von sechs Wochen geltend machen.

§. 7. Wenn durch eine Entwässerungs-Anlage Grundstücke in den Bezirken mehrerer Regierungen betroffen werden, so bestimmt das Ministerium für die landwirthschaftlichen Angelegenheiten, welche Regierung das Verfahren zu leiten und die Entscheidungen abzufassen hat.

§. 8. Die Kosten des Verfahrens der Verwaltungs-Behörde werden ebenso aufgebracht, wie die Kosten der Anlage. Die Kosten der Rekurs-Instanz, sowie des gerichtlichen Verfahrens, treffen den unterliegenden Theil nach Verhältniß der Sukkumbenz.

§. 9. Das Gesetz, betreffend das für Entwässerungs-Anlagen einzuführende Aufgebots- und Präklusions-Verfahren vom 23. Januar 1846. (Ges.-Samml. S. 26.) wird in den Bezirken des Appellations-Gerichtshofes zu Cöln und des

---

Sache" wird für den Bezirk des AH Cöln die Kompetenz der Friedensgerichte ausgeschlossen; cf. cit. Komm.-Ber.

28. Die im Entwurfe stehenden Worte "durch förmliche Klage" sind in Folge der Berathung der Komm d. H. d. A. gestrichen worden, weil geltend gemacht wurde, daß Provokat nach Rhein. Rechte eigentlich nicht als Kläger anzusehen sei, und daher auch nicht dessen Rolle, z. B. für den Sühneversuch zu übernehmen habe Gleichwohl versteht sich von selbst, daß die Betretung des RW in der durch die Prozeßgesetzgebung normirten Weise, mithin im Bezirke des AH. Cöln, durch Gerichtsvollzieher-Akt erfolgen muß, und daß die bloße Erklärung bei der Regierung, daß man auf rechtliches Gehör antrage, völlig wirkungslos ist. Cf. VO. v. 1808 n 242

29. Das Rechtsmittel des Rekurses wider das Resolut der Regierung ist nicht zulässig.

§ 7.

30. § 7 ist aus der ACO. v. 1. Dez. 1843 (GS. 44, S. 43) entlehnt.

§ 8.

31. Die Bestimmung hinsichtlich der Kosten des gerichtlichen Verfahrens lautete im Entwurfe, analog dem § 48 des Ges. v. 1843, dahin, daß diese Kosten dem Kläger zur Last fallen sollten, wenn er im RW. nicht mehr erstreite, als ihm von der Verwaltung bewilligt worden. Die Fassung wurde geändert, damit der Entscheidung des Richters über den Kostenpunkt nicht vorgegriffen werde; cf. cit. Komm.-Ber.

§ 9.

32. Der Provokant ist zwar befugt, nicht aber verpflichtet, ein Präkl.-Verf. nach Maaßgabe des Ges. v. 1846 zu extrahiren; macht er von dieser Befugniß keinen Gebrauch, so hat dies nur die Folge, daß der Widerspruch oder Entschädi-

Justizsenats zu Ehrenbreitstein, sowie in den Hohenzollernschen Landen für anwendbar erklärt.

Zweiter Abschnitt.
Besondere Bestimmungen für die Hohenzollernschen Lande.

§. 10. Rücksichtlich der Hohenzollernschen Lande sollen die in den Abschnitten X. (§§. 23 — 27. einschließlich), XI. (§. 28.) und die in den daselbst unter Nr. 6. bezogenen Abschnitten II. (§§. 5 — 7. einschließlich), III. (§. 8.) und IV. (§. 9.) enthaltenen Vorschriften der Mühlen-Ordnung für das Fürstenthum Hohenzollern-Sigmaringen vom 8. Nov. 1845. (Gesetz-Sammlung für dasselbe Bd. VII. S. 157. ff.), soweit sie dort noch Gültigkeit haben und mit dem gegenwärtigen Gesetze nicht im Widerspruch stehen, fortan auch in dem Gebiete des Fürstenthums Hohenzollern-Hechingen Anwendung finden.

Ein Abdruck dieser Vorschriften ist dem gegenwärtigen Gesetze beigefügt.

§. 11. In Ansehung der Räumung der Gräben und anderer Wasserabzüge werden die Bestimmungen der Mühlen-Ordnung vom 8. November 1845. dahin erweitert, daß überhaupt Jeder, welchem die Unterhaltung eines Grabens oder Wasserabzugs obliegt, zu dessen Auskrautung oder Räumung polizeilich angehalten werden kann, sobald aus der Vernachlässigung derselben, oder aus Mangel an der erforderlichen Tiefe, Nachtheil für die Besitzer anderer Grundstücke oder nutzbarer Anlagen, oder auch für die Gesundheit der Anwohner entsteht.

Die Bestimmung, wann und wie die Auskrautung oder Räumung bewirkt werden soll, gehört dabei lediglich zur Kognition der Polizeibehörden, und jeder Unterhaltungspflichtige muß sich derselben unbedingt unterwerfen.

---

gungs-Anspruch eines übergangenen Betheiligten durch das administrative Verfahren nicht erledigt wird: LMR. 13. Mai 1861 (BMBl S. 111). Cf. auch Ges. v. 28. Febr. 1843 n. 25, 38.

§§ 10, 11.

33. Vgl. n. 2 und Vorfl.-Ed v. 1811 n. 27 ff.

Gesetz,

betreffend die Erweiterung des Rechtsweges. Vom 24. Mai 1861.

[GS. Nr. 5369, S. 241.]

Wir Wilhelm, von Gottes Gnaden, König von Preußen rc. rc.

verordnen, mit Zustimmung der beiden Häuser des Landtages der Monarchie, was folgt:

Erster Abschnitt.

In Beziehung auf die Ansprüche der Staatsbeamten wegen ihrer Diensteinkünfte.

§. 1. Ueber vermögensrechtliche Ansprüche der Staatsbeamten aus ihrem Dienstverhältniß, insbesondere über Ansprüche auf Besoldung, Pension oder Wartegeld, findet mit folgenden Maaßgaben der Rechtsweg statt.

Zum Eingange.

1. Da das Gesetz, an die bisherige Gesetzgebung anknüpfend, nur einzelne spezielle Vorschriften der letzteren theils aufhebt, theils modifizirt, so ist seiner Bestimmungen, sowie ihrer Bedeutung für das Ressortwesen schon früher vielfach gedacht worden. Die folgenden Noten enthalten um deswillen keine erschöpfende Erläuterung des Gesetzes, sondern vervollständigen nur dasjenige, was über jenes an anderen Stellen dieser Schrift bereits gesagt worden ist.

1 bis. Das Ges hat rückwirkende Kraft: EK. 8. Febr. 1862 (JMBl. S. 224) wandte dasselbe sogar auf einen Fall an, wo schon vor seiner Publikation das Rechtsverfahren eingeleitet und in Bezug auf letzteres ein KK. erhoben worden war. Vgl. auch § 7 h. 1.

§§ 1—8.

2. Die frühere Gesetzgebung unterschied, was die Geltendmachung vermögensrechtlicher Ansprüche der Beamten betraf, scharf zwischen unmittelbaren und mittelbaren Staatsdienern, d. h. also zwischen den eigentlichen Staatsbeamten und den Beamten der Gemeinden, Korporationen rc. Während die Prozeßfähigkeit der vermögensrechtlichen Ansprüche der letzteren, insbesondere der

§. 2. Die Entscheidung des Verwaltungschefs muß mit Ausnahme des Falles, wo ein Beamter durch eine von der Ober-Rechnungskammer getroffene Festsetzung verkürzt zu sein glaubt, der Klage vorhergehen, und letztere sodann bei Verlust des Klagerechts innerhalb sechs Monaten, nachdem dem Beamten die Entscheidung des Verwaltungschefs oder die Festsetzung der Ober-Rechnungskammer bekannt gemacht worden, angebracht werden.

§. 3. Die Klage ist gegen diejenige Provinzialbehörde des betreffenden Verwaltungs-Ressorts und in Ermangelung einer solchen, sowie Seitens der Justizbeamten im Bezirke des Appellations-Gerichtshofes zu Cöln, gegen diejenige Bezirks-Regierung zu richten, in deren Amtsbezirk der Beamte zu der Zeit, wo der streitige Anspruch entstanden ist, vermöge seines

---

Ansprüche auf die im Dienstvertrage zugesicherte Besoldung und Pension im Prinzipe allgemein anerkannt wurde, war die gerichtliche Verfolgung derartiger Ansprüche den ersteren Beamten durch verschiedene Gesetze allgemein abgeschnitten. — Die §§ 1—8 heben diesen Unterschied im Wesentlichen auf, indem sie jene Ges. außer Kraft setzen und auch zu Gunsten der unmittelbaren Staatsdiener den RW. eröffnen.

3. Die älteren Vorschriften über die Verfolgung vermögensrechtlicher Ansprüche der Beamten lassen sich nach den unter n. 6 aufgestellten Gesichtspunkten in drei Kategorien theilen. Zur ersten derselben gehört namentlich die ACO. v. 7. Juli 1830 (Jbb. 36, S 294). Sie bestimmt, daß, wenn ein Civil-Staatsbeamter vermeine, ihm sei an seinen Diensteinkünften (Gehalt oder Emolumenten) etwas unrechtmäßig entzogen, oder an Diäten und Auslagen ein unbegründeter Abzug gemacht, hierüber nicht der RW., sondern nur der Rekurs an das vorgesetzte Ministerium, und demnächst an das Staats-Ministerium, resp. des Königs Majestät stattfinde. [Wie diese ACO. zu handhaben, wenn ein Beamter durch eine Festsetzung der Ober-Rechnungskammer in seinem Diensteinkommen verkürzt sein will, regelte die ACO. v. 12. April 1835 (Jbb. 45, S. 469)] Ferner gehören dahin das Civil-Pens.-Regl. v. 30 April 1825 § 20 und die ACO. v. 21 Mai 1825 (Ann. 16, S. 843, GS. S. 147), welche alle Streitigkeiten über die Berechtigung zu einer Pension und deren Betrag vom RW. ausschließen. Den Vorschriften von 1830 und 1825 analog sind diejenigen der ACO. v. 28. Oktbr 1836 (Jbb. 48, S. 433), betr. die an den Staat aus militairischen Dienstverhältnissen wegen Gehalts- oder anderweitiger Dienstkompetenzen und Pensionen zu erhebenden Ansprüche. Schon früher, nämlich durch ACO. v. 4. März 1833 (Jbb. 41, S. 213) war ausgesprochen worden, daß im Allgemeinen die Ansprüche von Militairpersonen auf Gehalt während der Kriegsgefangenschaft nicht anzuerkennen seien, und daß, wenngleich Seine Majestät sich vorbehalte, unter Umständen Inaktivitäts-Gehälter zu bewilligen, desfallsige Ansprüche zufolge der obigen ACO. v 1830 dennoch niemals zum Gegenstande gerichtlicher Entscheidung gemacht werden könnten. Endlich bleibt zu erwähnen die ACO. v. 24. Juli 1838 (GS. S 385), betr das Verf. behufs Wiedereinziehung von Mil.-Gnadengehältern und Wartegeldern, welche von Invaliden nach ihrer Anstellung im Civildienste unrechtmäßiger Weise erhoben worden sind. Nach dieser ACO. soll die Wiedereinziehung im Disziplinarwege und ohne ein prozessualisches Verfahren stattfinden, und falls sie nicht zu bewirken, wider den Beamten, dem bei der Ueberhebung ein Versehen zur Last fällt, von der vorgesetzten Behörde der Regreß im Wege des Diszipl.-Verf. durch Gehalts-Beschlagnahme geltend gemacht werden Doch wurde dem letzteren Beam-

dienstlichen Wohnsitzes seinen persönlichen Gerichtsstand gehabt hat. Der Stadtbezirk von Berlin wird in dieser Beziehung zum Bezirk der Regierung zu Potsdam gerechnet.

Für Prozesse von Beamten in den Hohenzollernschen Landen ist die Regierung in Sigmaringen zur Vertretung des Fiskus befugt.

§. 4. Das Rechtsmittel der Appellation und der Nichtigkeits-Beschwerde, beziehungsweise der Kassationsrekurs, steht beiden Theilen auch dann zu, wenn der Betrag der streitigen Forderung die für jene Rechtsmittel sonst vorgeschriebene Summe nicht erreicht.

§. 5. Die Entscheidungen der Disziplinar- und Verwaltungs-Behörden darüber, ob und von welchem Zeitpunkte ab ein Beamter aus seinem Amte zu entfernen, einstweilen

---

ten außer dem Rekurse die Befugniß vorbehalten, rechtliches Gehör hinsichtlich seiner Verbindlichkeit zum Ersatze binnen einer Präklusivfrist von 3 Jahren zu verlangen, ohne daß jedoch das Diszipl.-Verf. schon durch die Beschreitung des RW. suspendirt werde. Das administrative Verf. soll gar nicht stattfinden, vielmehr nur auf dem RW. vorgeschritten werden, wenn der regreßpflichtige Beamte aus dem aktiven Dienste geschieden ist, oder seine Erben in Anspruch zu nehmen sind.

4. Die Bestimmungen der zweiten Kategorie betreffen die Entschädigung vormals fremdherrlicher Beamten. Dahin gehört die im Gnadenwege erlassene ACO. v. 1. Aug. 1817 (Rh. S. 1, S. 471 ff.), welche die hierbei maaßgebenden Gesichtspunkte normirt, und die im JMR. 4. Febr. 1828 (JMBl. 3, S. 239; Jbb. 31, S. 155) referirte ACO. v. 10. Novbr. 1827, wonach über die Auslegung jener ersteren ACO. ein Rechtsverfahren nicht zulässig ist, etwaige Zweifel wegen einzelner Bestimmungen derselben vielmehr der Allerh. Entscheidung unterworfen werden sollen. Für die Anmeldung der aus jener ACO. herzuleitenden Forderungen ordnete überdies die ACO. v. 30. Juli 1822 (GS. S. 205) einen Präklusivtermin an, welcher nur auf die durch den Reichsdep.-Schluß v. 25. Febr. 1803 oder durch Verträge mit anderen Mächten begründeten, damals noch ruhenden und erst bei dereinstiger Versetzung in den Ruhestand erwachenden Pensions-Ansprüche keine Anwendung finden soll. Daß die hier gemachte Unterscheidung auch für die Frage der Prozeßfähigkeit von Einfluß sei, ergiebt sich aus der Wortfassung nicht, und wird vom *OT. 6. Dez 1853 (Strieth. 11, S 98) ausdrücklich verneint, wie denn auch das oben cit. JMR. v. 1828 die Gerichte anweist, selbst die noch nicht präkludirten Ansprüche als zur richterlichen Entscheidung ungehörig zurückzuweisen. Inzwischen besagt die Instr. v. 30. Mai 1820 im § 65 d. (GS. S. 100) ausdrücklich, daß Streitigkeiten über die Anwendung der Grundsätze des Reichsdep.-Hauptschlusses zwischen den Pensionsberechtigten und den Standesherren, oder zwischen diesen und dem Fiskus zur Entscheidung der Gerichte gehören.

5. Unter den Bestimmungen der dritten Kategorie ist vorzugsweise die im JMR. 17. Nov. 1834 (Jbb. 44, S. 381) referirte ACO. v. 18 Oktbr. 1834 zu nennen, welche zwar anerkennt, daß die ACO. v. 1830 (cf. n. 3) keine Anwendung finde, wenn ein Beamter als Sachverständiger, sei es von den Interessenten, sei es von einer Behörde zugezogen, über die Festsetzung der Gebühren, Diäten und Auslagen Beschwerde führe, dessenungeachtet aber vorschreibt, daß auch in solchen Fällen kein Prozeß zwischen dem Beamten und der Behörde stattfinden, gegen das Festsetzungsdekret vielmehr nur der Rekurs an die vorgesetzte Behörde oder die Bitte um Allerh. Entscheidung zulässig sein solle. Aus derselben Anschauung, auf welcher diese ACO. beruht, und welche nicht ausschließlich auf die

oder definitiv in den Ruhestand zu versetzen oder zu suspendiren sei, über die Verhängung von Ordnungsstrafen, sowie darüber, ob und wie weit eine geforderte Vergütigung in Ermangelung eines vorher bestimmten Betrages oder Maaßstabes derselben mit der betreffenden Leistung im Verhältniß stehe, sind für die Beurtheilung der vor den Gerichten geltend gemachten vermögensrechtlichen Ansprüche maaßgebend.

§. 6. Ingleichen sind bei der richterlichen Beurtheilung nächst den, dem Beamten besonders ertheilten Zusicherungen und den Bestimmungen der allgemeinen Landesgesetze, die zur Zeit der Entstehung des streitigen Anspruchs in Kraft gewesenen Königlichen Anordnungen, sowie die Seitens der Centralbehörden ergangenen, den Provinzialbehörden mitgetheilten und die mit Genehmigung der Centralbehörden von den Provinzialbehörden erlassenen allgemeinen Verfügungen, soweit solche nicht den Gesetzen oder Königlichen Anordnungen zuwiderlaufen, zum Grunde zu legen.

Ansprüche unmittelbarer Staatsdiener passend erscheint, sind noch mehrere andere Erlasse hervorgegangen, so das JMR. 3. Okt. 1835 (s. VO. v. 1808 n. 48) und die bezüglichen Bestimmungen des Feldmesser-Regl. v. 1. Dezbr. 1857 (s. Gew.-O. v. 17. Jan. 1845 n. 38).

6. Die Frage, ob und welche von den unter n. 3—5 allegirten Bestimmungen durch das Ges. v. 1861 außer Kraft getreten seien, beantwortet letzteres selbst nicht unmittelbar. In den Motiven des Entw. wurden nur die bezüglichen Bestimmungen der ACO. v. 1830 und 1825 (s. n. 3) speziell als mit Erlaß des Ges. hinwegfallend aufgeführt. Die Komm.-Ber. beider Häuser verweisen einfach auf Sydow S. 6—8, wo außer jenen ACO. die v. 12. April 1835, 28. Oktbr. 1836, 24. Juli 1838 (s. n. 3), ferner die ACO. v. 18. Okt. 1834 u. §§ 53—55 des Feldm.-Regl. v. 1. Dez. 1857 (s. n. 5) aufgezählt sind. Die Antwort dürfte von den Gesichtspunkten abhangen, unter denen die betr. Ges. ergangen sind. Die Vorschriften der 1. Kategorie (s n 3) beruhen augenscheinlich auf dem früher vielfach angenommenen Satze, daß das Verhältniß der Staatsbeamten zum Staate selbst in vermögensrechtlicher Beziehung dem öff. Rechte angehöre, und um deswillen keinen Gegenstand richterlicher Erörterung bilden könne. Diejenigen der 2. Kategorie betreffen Rechte und Pflichten, welche noch in der fremdherrlichen Zeit wurzeln, deren Existenz und Umfang daher mit der Frage zusammenhängt, inwieweit die Verbindlichkeiten der Fremdherrschaft auf den preuß. Staat übergegangen seien, eine Frage, deren Erörterung auch in manchen anderen Fällen der gerichtlichen Kognition entzogen wurde (cf. ACO. v. 4. Febr. 1823). Denen der dritten Kategorie endlich liegt die Anschauung zu Grunde, daß die Festsetzung des Betrags der Gebühren 2c. der Natur der Sache und der amtlichen Verhältnisse nach zu den Attributionen der vorgesetzten Dienstbehörde gehöre, und von denselben nicht getrennt werden könne, ohne daß die Autorität der Dienstbehörde sowie die Dienst-Ordnung darunter leide. Der Gesichtspunkt nun, welcher bei dem Erlasse jener Vorschriften der ersten Kategorie leitend gewesen ist, erscheint unzweifelhaft als gegenwärtig beseitigt. Das direkte Gegentheil ist von dem Gesichtspunkte anzunehmen, aus welchem die Vorschriften der zweiten Kategorie hervorgegangen sind. Anlangend schließlich die Vorschriften der dritten Kategorie, so ist die Anschauung, auf welcher sie beruhen, zwar nicht völlig aufgegeben, aber auch nicht völlig beibehalten worden. Sie erweist sich vielmehr nur noch wirk-

§. 7. Soweit über vermögensrechtliche Ansprüche der Staatsbeamten bereits vor dem Eintritt der Gesetzeskraft des §. 1. von dem Könige oder dem Staatsministerium entschieden worden ist, können dieselben bei den Gerichten nicht weiter verfolgt werden.

§. 8. Alle den §§. 1 — 7. entgegenstehenden Bestimmungen sind aufgehoben.

---

sam bei solchen Fällen, wo es zur Bemessung des Anspruchs an einem voraus normirten Maaßstabe fehlt; cf. § 5.

7. Die Anwendung des eben im Allgemeinen Gesagten auf die einzelnen bezüglichen Bestimmungen ergiebt folgendes Resultat. Diejenigen der ersten Kategorie, insbesondere die dem RW. derogirenden Vorschriften der ACO. v. 1830, 1836 und 1825, sowie des Pensions-Regl. v. 1825 sind unbedenklich außer Kraft getreten. (Selbst der durch die ACO. v. 1830 zugelassene Rekurs von der Entscheidung des Departements-Chefs an das Staats-Min. findet nicht weiter statt, da derselbe eben die Stelle der nunmehr gestatteten Provokation auf rechtliches Gehör vertreten sollte: Komm.-Ber. d. H. d. A.) Dasselbe gilt von der ACO. v. 1838, jedoch wohl nur insofern, als sie zwischen den Invaliden und den regreßpflichtigen Beamten unterscheidet, und nur den letzteren die Befugniß, gerichtliches Gehör anzusprechen, zuerkennt, indem das Recht der vorgängigen Administrativ-Exekution, wie es in jener ACO. sowohl den einen wie den andern gegenüber begründet wird, mit den Grundsätzen des Ges. v. 1861 nicht absolut unvereinbar ist. Zweifelhafter erscheint es dagegen, ob die ACO. v. 4. März 1833 sich noch in Kraft befinde. Die dortige Hinweisung auf die ACO. v. 1830 scheint wenigstens für die Verneinung zu sprechen. Da jedoch der Eingang der ACO. jede rechtliche Verpflichtung des Staats zur Zahlung der dort erwähnten Gehälter in Abrede stellt, und die Bewilligung der letzteren dem Staatsoberhaupte vorbehält, so dürfte doch wohl das Richtige sein, daß die Einklagung solcher Gehälter auch gegenwärtig nicht stattfinde. — Die Vorschriften der zweiten Kategorie (s. n. 4) sind durch das Ges. v. 1861 offenbar unberührt geblieben. — Die ACO. v. 1834 (s. n. 5) ist wenigstens für solche Streitigkeiten außer Kraft gesetzt, welche den Betrag gesetzlich oder anderweit vorher tarifirter Gebühren rc., mithin die Anwendbarkeit und Auslegung der desfallsigen Bestimmungen betreffen, oder welche die Existenz eines Gebühren-Anspruchs überhaupt zum Gegenstande haben, insofern nicht etwa angenommen werden muß, daß die ACO. schon von vorn herein auf Streitigkeiten der letzteren Art nicht zu beziehen gewesen sei. — Soviel steht jedenfalls fest, daß die ACO. zu keiner Zeit zur Anwendung kam, wenn die Zuziehung eines Beamten als Sachverständigen mit seiner amtlichen Stellung in keiner Causalverbindung stand, und die Thätigkeit eines Sachverständigen außerhalb seiner Berufspflichten lag, oder wenn der zugezogene Sachverständige gar jeder amtlichen Stellung entbehrte, weshalb z. B die Ansprüche der zur Abschätzung von Mobilmachungs-Pferden aus dem Civilstande zugezogenen Taxatoren von jeher prozeßfähig waren; cf. CK. 7. Oktbr. 1854 (JMBl. 55, S. 8). Aehnlich ist auch das MR. 3. Okt. 1835 (s n. 5) nur noch in beschränktem Umfange zur Anwendung zu bringen, resp. die dort erwähnte administrative Feststellung unter den oben erwähnten Voraussetzungen für den Richter nicht bindend, und zwar, obschon das Ges. v. 1861 zunächst nur unmittelbare Staatsdiener im Auge hat, auch insofern, als dasselbe sich auf mittelbare Staatsdiener miterstreckt, da kein Grund zu einer desfallsigen Unterscheidung zwischen jenen und diesen Beamten vorliegt, und jenes R. kein verbindliches Gesetz ist, sondern nur als Ausdruck der bestehenden Rechtsgrundsätze in Betracht kommt. Größere Bedenken bietet das Feldmesser-Regl. v. 1857; einestheils ist nämlich die Stellung der Feldmesser ihrem Grundcharakter nach immerhin die von Gewerbtreibenden, anderentheils dürften die bezüglichen Bestimmungen, insofern sie wider die administrative Festsetzung der Gebühren rc.

den RW. ausschließen, durch die Eigenthümlichkeit der Thätigkeit der Feldmesser mit motivirt werden. Demzufolge dürfte wohl an der Geltung jener Vorschriften als derer einer Spezialverordnung keine Aenderung durch das allgemeine Ges. v. 1861 herbeigeführt sein.

8. Die bisherige Gesetzgebung über die Geltendmachung von Gehalts-, Pensions- und ähnlichen Forderungen mittelbarer Staatsdiener, wie z. B. der Kommunal- und kirchlichen Beamten ist im Allgemeinen durch das Ges. v. 1861 unberuhrt geblieben. Namentlich gilt dies von den in n. 146 zur VO. v. 1808 bezogenen Bestimmungen. Müßte jedoch mit AH. Cöln 4 August 1841 (Rh. A. 31, I. 172) angenommen werden, daß die ACO. v. 1830 nicht ausschließlich auf die Gehalts-Ansprüche rc. der unmittelbaren Staatsdiener, sondern z. B. auch auf die einem katholischen Pfarrer vom Staate zugesicherte Gehaltszulage anwendbar gewesen sei, so würde freilich auch hier das Ges. v. 1861 seine Wirksamkeit bewähren. Im Uebrigen wird auf das hinsichtlich des R. v. 1835 in n. 7 Gesagte verwiesen.

9. § 1 bezieht sich auf alle vermögensrechtlichen Ansprüche aus dem Dienstverhältnisse, mithin auch auf Tagegelder, Reisekosten, Umzugsgelder und jede andere Art dienstlicher Remunerationen; cf. Komm.-Ber. d. H. d. A. — Wegen des Anspruchs auf Rückgabe des den gesetzlichen Betrag übersteigenden Theils der bestellten Amtskaution war der RW. schon früher zulässig. So: OT. 10. April 1854 (Strieth. 14, S. 15). [Dort wird u. A. erwogen: ob es lediglich vom Ermessen der Dienstbehörde abhänge, in Fällen, wo es bei Uebertragung eines anderen Amts nur einer geringeren Kaution bedürfe, die höhere Kaution des früheren Amts auf das neue zu übertragen, sei in den bezüglichen Gesetzen (cf. ACO. v. 11. Febr. 1832, 15. April 1837) nirgends gesagt, noch weniger den Verwaltungs-Behörden darüber die Entscheidung beigelegt und der RW. ausgeschlossen. — I. c. war übrigens nicht vom Beamten selbst, sondern von einem Gläubiger desselben geklagt worden]

10. § 1 gestattet zwar den RW. auch demjenigen Beamten, welcher ein niedrigeres Gehalt bezieht, als das im Etat für seine Stelle bestimmte, und nun das etatsmäßige höhere fordert; doch würde ein solcher Anspruch materiell unbegründet sein; cf. Komm.-Ber. d. H H

11. Die Frage, wer nach den bestehenden Amts-Einrichtungen als der Verwaltungschef (§ 2) anzusehen sei, fällt eventuell der richterlichen Entscheidung mit anheim; cf. Komm.-Ber. d. H. d. A.

12. Der im § 2 bezüglich der Festsetzungen der Ober-Rechnungskammer gemachte Vorbehalt ist auf den Vorschlag der Komm. d. H. d. A. in das Ges. aufgenommen worden.

13. Unter den im § 5 gedachten Verwaltungs-Behörden sind auch die Justizbehörden einbegriffen, insofern diese nicht blos richterliche, sondern auch administrative Funktionen zu üben haben; cf. Komm.-Ber. d. H H.

14 Ist über eine geforderte Vergütigung ein Rechtsverfahren ungeachtet des Mangels eines vorher bestimmten Maaßstabs eingeleitet, ohne daß die Verwaltungs-Behörde sich darüber ausgesprochen hat, inwieweit jene mit der betr. Leistung im Verhältniß stehe (§ 5), wie es namentlich vorkommen wird, wenn die Verwaltung den Anspruch als überhaupt unbegründet zurückgewiesen hat, so hat der Richter diesen Mangel nicht etwa nach seinem Ermessen zu ergänzen, sondern die Verwaltungs-Behörde um eventuelle Festsetzung des Betrags zu requiriren und hierauf sein Urtheil zu stützen. Dies folgt zwar nicht unmittelbar aus dem Wortlaute des § 5, wohl aber aus der ratio legis und den Materialien. Vgl. Komm.-Ber. d. H. H.

15. Wird die Vergütigung nach Maaßgabe eines gesetzlichen Tarifs gefordert, so kommt die betr. Vorschrift des § 5 nicht zur Anwendung, mag nun die Anwendbarkeit des Tarifs auf den konkreten Fall, oder die Auslegung desselben streitig sein. Ja die richterliche Kognition ist selbst dann unbeschränkt, wenn der Tarif blos ein Minimum und Maximum bestimmt, mithin dem Ermessen innerhalb dieser Grenzen Raum läßt.

16. Folgeweise können auch die Gerichtsärzte rc. den RW. beschreiten,

Zweiter Abschnitt.

In Beziehung auf öffentliche Abgaben im Allgemeinen.

§. 9. Wegen allgemeiner Anlagen und Abgaben (§§. 36. 41. der Verordnung vom 26. Dezember 1808., Gesetz-Sammlung von 1817. Seite 283., §§. 78. 79. Theil II. Titel 14. Allgemeinen Landrechts) kann auf Grund der Behauptung, daß die einzelne Forderung bereits früher getilgt oder verjährt sei, die Klage auf Erstattung des Gezahlten angestellt werden, jedoch bei Verlust des Klagerechts nur binnen spätestens sechs Monaten nach erfolgter Beitreibung oder geleisteter Zahlung.

§. 10. Der Rechtsweg findet ferner statt, wenn der Herangezogene behauptet, daß die geforderte Abgabe keine öffentliche Abgabe sei, sondern auf einem aufgehobenen privatrechtlichen Fundamente, insbesondere einem früheren gutsherrlichen, schutzherrlichen oder grundherrlichen Verhältnisse beruhe.

---

wenn sie durch die gerichtlich-administrative Festsetzung ihrer Gebühren verkürzt zu sein glauben, wie umgekehrten Falls der denselben auf Grund dieser Festsetzung ausbezahlte Betrag, sofern er dem demnächstigen Ausspruche der Ober-Rechnungskammer zufolge als zu Unrecht angesetzt wieder einzuziehen ist, nur auf dem RW. zurückgefordert werden kann.

17. Im Uebrigen wird auf die VO. v. 1808 n. 40—51, 505 ff. verwiesen.

§§ 9, 10.

18. Da § 9 den RW. nur aus dem Grunde in Gestalt einer Rückforderungsklage gestattet hat, weil die Vollstreckungs-Befugniß der Verwaltungs-Behörde vorbehalten bleiben sollte, so steht wohl nur die Fassung, nicht aber die Absicht des Gesetzes dem entgegen, daß schon früher, sei es schon vor Einleitung der administrativen Exekution, sei es während derselben ein Richterspruch darüber impetrirt werde, ob die Forderung getilgt, resp. verjährt sei, sofern die desfallsige Klage nur nicht direkt wider das administrative Exekutionsverfahren selbst gerichtet wird; cf. n. 22 und *ME. 17. März 1841 (JMBl. S. 122).

19. Der Rückforderungsklage (§ 9) steht nicht entgegen, wenn der Kläger ohne Vorbehalt gezahlt hat. Der Ges.-Entw. enthielt zwar vor den Schlußworten „geleisteter Zahlung" die Worte „unter Vorbehalt"; dieselben wurden aber gestrichen, weil schon nach den allgemeinen Grundsätzen des ALR. über die condictio indebiti (§§ 160 ff., I. 16) ein solcher Vorbehalt nicht unbedingt und in allen Fällen erforderlich sei, weil ferner der Zahlende den Kassenbeamten zur Aufnahme des Vorbehalts in die Quittung nicht zwingen könne und oft sogar in entschuldbarem Irrthum an letzteren nicht denken werde; cf. Komm.-Ber. d. H. d. A.

20. § 10 wiederholt die Bestimmung des § 9, daß der RW. in Form einer binnen sechsmonatlicher Frist anzustellenden Rückforderungsklage gestattet werde, zwar nicht; inzwischen unterliegt es wohl keinem Zweifel, daß in dieser Hinsicht nach der Absicht des Gesetzes zwischen den Klagen der §§ 9 und 10 kein Unterschied bestehen soll.

20 bis. Im Uebrigen vgl. zur Erläuterung der §§ 9 und 10 die VO. v. 1808 n. 197, 223, 223 bis. Die in letzterer Note cit. Vorschriften des Ges. v. 18. Juni 1840 sind insoweit, als sie sich auf Klagen im Sinne des § 79, II. 14 ALR. beziehen, durch die Fristbestimmung des § 9 h. l. nicht abgeändert worden.

Dritter Abschnitt.

In Beziehung auf die Stempelsteuer

§. 11. Wer zur Entrichtung eines Werthstempels oder eines nicht nach dem Betrage des Gegenstandes zu bemessenden Vertragsstempels gar nicht oder nicht in dem geforderten Betrage verpflichtet zu sein vermeint, ist befugt, dies gerichtlich geltend zu machen.

§. 12. Die Klage ist bei Verlust des Klagerechts binnen sechs Monaten nach erfolgter Beitreibung oder mit Vorbehalt geleisteter Zahlung des Stempelbetrages anzubringen. Hinsichtlich der Stempel, welche zu Gerichtskassen eingezogen werden, ist die Klage gegen die betreffende Salarienkassen-Verwaltung, in allen übrigen Fällen gegen die zur Verwaltung der indirekten Steuern bestimmte Provinzialbehörde zu richten.

§. 13. Das Rechtsmittel der Appellation und der Nichtigkeitsbeschwerde, beziehungsweise der Kassationsrekurs, steht beiden Theilen auch dann zu, wenn der Betrag der

---

§§ 11—14.

21. Die exceptionelle Bestimmung des § 11, wonach Streitigkeiten über die Verbindlichkeit zur Entrichtung der Steuer, oder über den Betrag nicht allein für die im § 79, II. 14 ALR. und § 9 h. l. erwähnten Fälle, sondern allgemein zum RW. verstattet sind, wird hauptsächlich dadurch motivirt, daß es behufs richtiger Anwendung des Stempel-Tarifs allermeist auf die Entscheidung von Rechtsfragen ankommt: Motive des Ges.-Entw.

22. Wenngleich § 11, ebenso wie § 10, den RW. nicht ausdrücklich in Gestalt einer Rückforderungsklage gestattet, so geht dennoch aus § 12 und dem Zusammenhange, in welchem die §§ 9—12 h. l. zu den §§ 78—80, II. 14 ALR. stehen, unzweifelhaft hervor, daß von den Klagen im Sinne der §§ 9, 10 und 11 in dieser Hinsicht dasselbe gelten sollte. Eben um deswillen findet aber auch das oben n. 18 Gesagte auf § 11 Anwendung. Cf. LG. Cöln 22. Jan. 1862 (Zeitschr. für das Rhein. Notariat VII. S. 30); *OT 4. Nov. 1862. [I. c. hatte auf ein vom Stempelfiskal dem Notar gegenüber aufgestelltes, vom Prov.-St.-Dir. aufrecht erhaltenes Monitum der vermeintliche Steuerschuldner Klage erhoben, welche jene Behörde als voreilig bestritt, weil erst der administrative Instanzenzug erschöpft, und überdies eine Zahlungs-Aufforderung im Sinne des § 8 der Ex.-O. v. 1843, und zwar an den Kläger selbst vorausgegangen, ja die Beitreibung, resp. Zahlung des Steuerbetrags bereits erfolgt sein müsse. Diese Einrede wurde jedoch in allen Instanzen verworfen. Vgl. § 14.]

23. Die Kompetenz der Gerichte unter einander richtet sich nach den allgemeinen Grundsätzen, mag auch die betr. Stempelsteuer im Verwaltungswege von einem höheren Gerichte festgesetzt und eingezogen worden sein.

24. Die Worte des Ges.-Entw. „unter Vorbehalt", welche im § 9 gestrichen wurden (s. n. 18), sind im § 12 beibehalten worden, weil der Entrichtung der im § 11 gedachten Stempel geschäftsmäßig eine besondere Aufforderung an den Debenten zur Zahlung oder Beibringung des Stempels vorherzugehen pflege, jener also Zeit und Gelegenheit genug habe, um seine Einwendungen vorzubringen: Komm.-Ber. d. H. H. — Ob der Vorbehalt schriftlich sein müsse, kam hierbei nicht zur Sprache; bei der Berathung des § 9 in der Komm. d. H. d. A. war jedoch

streitigen Abgabe die für jene Rechtsmittel sonst vorgeschriebene Summe nicht erreicht.

§. 14. Wenn gegen den Herangezogenen wegen Defraudation einer der im §. 11. gedachten Stempelabgaben ein gerichtliches Strafverfahren anhängig wird und derselbe sich darauf beruft, daß er zur Zahlung der geforderten Steuer nicht verpflichtet sei, so hat der Strafrichter das Erkenntniß auszusetzen und dem Angeschuldigten eine, nach den Umständen abzumessende, höchstens zweimonatliche Frist zu bestimmen, binnen welcher derselbe von der im §. 11. ertheilten Befugniß, den Rechtsweg zu beschreiten, Gebrauch machen und, daß dies geschehen, nachweisen muß. Hält er diese Frist nicht inne, oder steht er ausdrücklich oder stillschweigend von der Klage ab, in welchem Fall deren Wiederaufnahme oder wiederholte Anstellung nicht gestattet ist, so hat das Strafverfahren seinen Fortgang. Andernfalls ist das im Civilprozeß ergangene Endurtheil für die Untersuchung maaßgebend.

---

für Beibehaltung jener Worte geltend gemacht worden, daß die Anwendung der §§ 160 ff., I. 16 ALR. sich nicht von selbst verstehe, indem es sich um kein privatrechtliches Verhältniß handle, die Schriftlichkeit des Vorbehalts mithin nicht erforderlich sei.

25. Die anomale Vorschrift des § 14, welche freilich den RW. nicht „erweitert“, wohl aber ganz außerordentlich erschwert und vertheuert, zumal die Klage beim Forum der Provinzialbehörde ꝛc. anzubringen ist, und letztere ihre Ansicht über die regelmäßig hierbei zur Entscheidung gelangenden Rechts- resp. Prinzipfragen voraussichtlich stets durch alle Instanzen hindurch verfechten wird, verfolgt mit den §§ 12 und 13 den Zweck, die einheitliche Handhabung der Grundsätze, die ordnungsmäßige Vertretung des Fiskus und die möglichste Vermeidung abweichender Entscheidungen im Straf- und Civilverfahren zu sichern. Cf. Motive des Ges.-Entw.

26. Die Komm. d H. H. faßte in Uebereinstimmung mit den Vertretern der Staatsregierung die beiden letzten Alinea's des § 14 in ihren praktischen Folgen dahin auf, a) daß der ohne vorherigen Civilprozeß im Strafverfahren freigesprochene Angeschuldigte den bereits bezahlten oder beigetriebenen Stempelbetrag nicht zurückfordern könne, sollte er gleich wegen fehlender Verpflichtung zur Entrichtung der Steuer freigesprochen sein, indem die Zurückforderung nur im Wege des Civilprozesses stattfinde, den der Angeschuldigte zu beschreiten unterlassen habe, — b) daß, wenn letzterer mit seiner Civilklage abgewiesen werde, derselbe vom Strafrichter wegen Defraudation verurtheilt werden müsse, weil dann durch das Civilerkenntniß die Pflicht des Angeschuldigten zur Entrichtung der Steuer festgestellt sei, — c) daß endlich, falls der Angeschuldigte im Gegentheil ein obsiegliches Civilurtheil erwirke, der Strafrichter nicht einfach die Akten reponiren, sondern förmlich auf Freisprechung erkennen müsse.

27. Bei Untersuchungen wegen Defraudation solcher Stempel, von denen § 11 nicht redet, ist es bei der Regel verblieben, daß der Strafrichter alle, die Anwendung des Strafgesetzes bedingenden Fragen selbst zu entscheiden hat.

28. Vgl. außerdem VO. v. 1808 n. 231 ff, 462.

Vierter Abschnitt.
In Beziehung auf Kirchen-, Pfarr- und Schulabgaben.

§. 15. Das rechtliche Gehör ist in Beziehung auf die in Nummer 1. der Allerhöchsten Order vom 19. Juni 1836. (Gesetz-Sammlung Seite 198.) aufgeführten Abgaben und Leistungen, welche für Kirchen und öffentliche Schulen oder für deren Beamte auf Grund einer notorischen Orts- oder Bezirksverfassung erhoben werden, desgleichen in Beziehung auf Forderungen öffentlicher Schul- und Erziehungs-Anstalten an Schul- und Pensionsgeld fortan unbedingt gestattet. In Beziehung auf solche Abgaben und Leistungen, welche auf einer allgemeinen gesetzlichen Verbindlichkeit, bezüglich auf einer, von der aufsichtführenden Regierung in Gemäßheit gesetzlicher Bestimmung angeordneten oder exekutorisch erklärten Umlage beruhen, findet der Rechtsweg aber nur insoweit statt, als dies bei öffentlichen Abgaben der Fall ist.

§. 16. Die Bestimmung in der Nummer 3. der Allerhöchsten Order vom 19. Juni 1836. wird aufgehoben.

---

§§ 15 und 16.

29. Die Worte „in Gemäßheit gesetzlicher Bestimmung“ sind erst auf den Vorschlag der Komm. d. H. d A. in den § 15 aufgenommen worden, damit der Deutung begegnet werde, als ob in dem Aufsichtsrechte der Behörde schon an sich, und abgesehen von besonderen Gesetzen, provinziellen Kirchen- oder Schul-Ordnungen oder anderen mit Gesetzeskraft versehenen Normen, die Befugniß enthalten sei, lokale Abgaben und Beiträge neu anzuordnen oder neu zu vertheilen.

30. Durch den Schlußsatz des § 15 sollte nicht etwa auch die Vorfrage, ob eine von der Regierung angeordnete Umlage auf gesetzlicher Bestimmung beruhe, dem RW. entzogen werden; cf. Komm.-Ber. d. H d. A.

31. Die bezüglich der Rechtsmittel in den §§ 4, 13 enthaltenen Vorschriften finden auf die Fälle, in denen wegen streitiger Abgaben ꝛc. an Kirchen, Schulen und deren Beamten der RW. statt hat, keine analoge Anwendung. So: Komm.-Ber. d. H. d. A.

32. Das Uebrige enthalten die Noten zur ACO. v. 1836.

Berichtigungen und Zusätze.

S. 12. Am Schlusse der n. 22 ist zuzusetzen: EK. 8. Febr. 1862 (JMBl. S. 224) nahm das Gleiche sogar hinsichtlich eines bereits schwebenden Prozesses an. Demgemäß wird, selbst wenn ein ursprünglich nicht prozeßfähiger Anspruch in den RW. gebracht worden ist, der Richter nachträglich kompetent, wenn das neue Ges. ihn zur Entscheidung beruft, sollte dasselbe auch erst nach Erhebung des KK. verkündigt worden sein. Jenes Erk. nahm ferner an, die Frage, ob und welcher Einfluß dem Umstande beizumessen, daß bereits vor jener Verkündigung die zufolge der früheren Gesetzgebung kompetente Verwaltungs-Behörde definitiv entschieden habe, falle der richterlichen Prüfung anheim. Vgl. jedoch in Betreff des letzteren Punktes: EK. 20. April 1850 (s. unten n. 251). — Dagegen hält Primker (S. 29) die Frage, ob der RW. stattfinde, für eine materielle, und spricht demgemäß wenigstens denjenigen Gesetzen, welche den RW. beschränken, die rückwirkende Kraft ab; er beruft sich hierfür auf die unter n. 30, 113 u. 308 besprochenen OT. 30. Aug. 1847 und 10. Mai 1858 (Entsch. 15, S. 433; 39, S. 309).

S. 29 In n. 69 ist vor den Worten „Selbstredend wird jedoch" einzuschalten: Ein EK. 18. Dez. 1852 legt sogar den Anträgen eines (Prinzipal-) Intervenienten gleiche Wirkung bei, wie der Einlassung des Beklagten. (Ein Pächter, welcher von der Steuerbehörde zur Zahlung des Pachtpreises behufs Tilgung der Grundsteuer angehalten worden war, wurde demnächst vom Verpächter auf nochmalige Zahlung jenes Preises belangt, worauf Fiskus intervenirte und die Vertretung des Beklagten übernahm. Der GH. hielt den KK. aufrecht, indem er erwog, da Fiskus den Beklagten, welcher an ihn gezahlt habe, vertrete, so sei nicht mehr von den Rechtsverhältnissen unter den ursprünglichen Parteien, sondern von der Befugniß des Fiskus zur Einziehung der Steuern die Rede.)

S. 44. Nach Z. 6 v. o. ist als n. 104 bis einzuschalten: Die Befugniß der Gerichte, zu prüfen, ob ein Gesetz gehörig publizirt sei, und ob dasselbe seine Geltung oder Ausführbarkeit später, sei es aus diesem, sei es aus jenem Grunde verloren habe, setzt voraus, daß von Beantwortung solcher Fragen die gerichtliche Kompetenz zur Hauptsache abhange. Wäre letzteres sowohl im Falle der rechtsgültigen Publikation des Gesetzes als in der entgegengesetzten Unterstellung zu verneinen, so könnte ein Richterspruch über obige Fragen nicht impetrirt werden. So: *EK. 8. Febr. 1862 (JMBl. S. 264).

S. 66. Z. 11 v. o. st. „Verfassungs-Maaßregel" l. „Verwaltungs-Maaßregel".

S. 69. Z. 26 v. o. st. „Ges. v. 3. Febr. 1850" l. „Ges. v. 2. März 1850".

S. 92. Am Schluß der n. 260 ist zuzusetzen: Die auf Grund des Ges. neu gebildeten Synagogen-Gemeinden sind ipso iure Rechtsnachfolgerinnen der früheren Gemeinden geworden, resp. letztere sind ohne Rücksicht auf die besondere Organisation, die sie als Korporationen oder als bloße Privatgesellschaften haben mochten, in jenen aufgegangen und werden durch dieselben in allen ihren

Rechtsverhältnissen vertreten: AH. Cöln 22. Febr. 1861, AG. Münster 1. Dez. 1860 (Rh. A. 56, I. 49, Gruchot 5, S. 216).

S. 96. Am Schlusse der n. 274 ist zuzusetzen: Daß die Rheinischen Deichschauen zu den moralischen Personen des § 41 gehören, erkannte *EK. 8. Febr. 1862 (JMBl. S. 262) ausdrücklich an.

S. 101. Nach n. 287 ist als n. 287 bis einzuschalten: Die Beschaffung und Aufstellung der für die Elementarschulen nöthigen Turngeräthe bildet keinen Gegenstand der Schulbaulast; die desfallsigen Kosten sind daher, sofern nicht spezielle Rechtstitel ein Anderes festsetzen, nicht nach den Regeln von der Baulast, sondern wie die sonstigen Schulunterhaltungskosten aufzubringen: MR. 7. April 1862 (BMBl. S. 209).

S. 105. Z. 16 v. o. st. „Anwendung“ l. „Anordnung“.

S. 118. In n. 326 ist nach den Worten „als die betreffende Berg-Ordn. gestatte“ einzuschalten: und AG. Hamm 20. Dez. 1860 (Gruchot 5, S. 225) bezüglich der Frage, ob Distrikts-Verleihungen, d. h. Verleihungen ungemessener Felder und Landschaften nach dem Gesetze zulässig seien.

S. 118. Nach n. 327 ist als n. 327 bis einzuschalten: Ob wider die im § 445, II 16 ALR. erwähnte Verordnung des Bergamts, betr. die Verleihung des vollen Stollenrechts, der RW. stattfinde, hält Gräff (S. 194) mindestens für zweifelhaft; für die verneinende Antwort spreche außer der Wortfassung der Umstand, daß es sich hierbei um Beurtheilung rein technischer Verhältnisse handle. Vgl. jedoch n. 315, 317.

S. 119. Zusatz zu n. 329: Zufolge Ges. v 20. Oktbr. 1862 §§ 1, 5 fallen übrigens alle bisher von den Eisenerz-Bergwerken an den Staat entrichteten Abgaben v. 1. Jan. 1863 an fort, und hört die im Ges. v. 1851 § 14 zu Gunsten der Bleierzgruben sanktionirte Exemtion mit dem 1. Jan. 1865 auf Vgl. Motive des Ges.-Entw.

S. 122. In der 24. Z v. o. ist nach den Worten „auf dem RW. überlassen“ einzuschalten: Wider das Resolut des Geschwornen findet die Beschwerde bei der höheren Verwaltungs-Behörde nicht statt; cf. n. 241, R. des Ob.-BA. Bonn v. 11. Juni 1862, AG. Hamm 9. Jan. 1862 (Zeitschr. für BR. 3, S. 399, 355 ff.). Letzteres Erk. hält die Beschreitung des RW. selbst dann, wenn das Resolut in kompetenter Weise ergangen ist, für das allein zulässige Mittel, und spricht sich außerdem dahin aus, daß Streitigkeiten über Schadensersatz nach aufgelöstem Arbeitsverhältnisse, sowie über Leistungen aus einem aufgehobenen Arbeitsvertrage nicht zur Kognition des Geschwornen, sondern sofort vor den ordentlichen Richter gehören. (Der demgemäß für prozeßfähig erklärte Streit betraf einen im Abkehrscheine enthaltenen Zusatz, welcher, ohne zu den im § 7 des Ges. v. 21. Mai 1860 erwähnten zu gehören, von dem auf Ausstellung eines neuen Scheins und Entschädigung klagenden Bergmann als unstatthaft angefochten wurde.) Vgl. Gesinde-Ordn. n. 17, Gewerbe-Ordn. n. 71, 81.

S. 122. Nach n. 333 ist als n. 333 bis einzuschalten: Das Ges., betr. die Kompetenz der Ober-Bergämter, v. 10. Juni 1861, dessen §§ 8 ff. unter n. 22 ter zum Ges. v. 11. März 1850 besprochen werden, überweist im § 4 dem Ob.-BA. die Entscheidung über die Pflicht zur Tragung der durch unbegründete Einsprüche wider Muthungs-, Konzessions- und Permissions-Gesuche entstandenen Kosten. Die Festsetzung und Beitreibung der dem obsiegenden Theile entstandenen Kosten ist dagegen den ordentlichen Gerichten überlassen, und im Wege der Klage herbeizuführen: HMR 16. April 1862 (Zeitschr. für BR 3, S. 397).

S. 123. Zusatz zu n. 336: Letztere Anschauung scheint allerdings auf dem Gebiete der Legislatur immer fester Boden zu fassen und namentlich dem Ges. v. 20. Okt. 1862 zu Grunde zu liegen, welches im § 5 jene Abgabe noch mehr herabsetzt, und die möglichste Gleichstellung der rechts- und linksrheinischen Landestheile in Bezug auf das Bergabgabenwesen erstrebt

S. 124. In Z. 7 v. o. sind vor dem Worte „Rezeßgelder“ einzuschalten die Worte: zufolge Ges. v. 20. Okt. 1862 § 2 vom 1. Jan. 1865 ab ganz aufgehobenen. Am Schlusse der n. 338 ist zuzusetzen: Die Prozeßfähigkeit der Frage, ob das Bergeigenthum wegen versäumter Zahlung der Rezeßgelder heimgefallen sei, stand von jeher fest. Vgl. Zeitschr. für BR. 3, S. 365 ff.

S. 125. Das Wort „selbst“ in Z. 2 v. u. muß nicht nach, sondern vor dem Zwischensatze „insofern sie ꝛc.“ stehen.

S. 130. Zusatz zu n. 351: In Betreff der Frage, ob der Konzessionair befugt sei, die zur Untersuchung, resp. Ausbeutung seines Feldes erforderlichen oberirdischen Arbeiten gegen den Widerspruch und ohne vorherige Entschädigung des Grundeigenthümers, ja ohne spezielle Ermächtigung der Verwaltungs- oder Justizbehörde auszuführen, vgl. Zeitschr. für BR 3, S. 378 ff.

S. 131. Zu Anfang der Z. 28 v. u. st. „z. B.“ l. „wie z. B. früher“.

S. 152. Z. 7 v. o. ist nach den Worten „der Centralbehörde“ einzuschalten: In dem durch *EK. 10. März 1860 entschiedenen Falle war die Beschlagnahme von einem Hauptzollamts-Dirigenten bei einer Haussuchung vorgenommen worden. Derselbe Fall hat inmittelst die gerichtlichen Instanzen durchlaufen, und schließlich eine andere Lösung gefunden. Denn wenngleich AH. Cöln 10. April 1861 (Rh. A. 56, I. 58) jene Maaßregel noch für eine ungesetzliche hielt, gelangte in *OT. 10. März 1862 (ib. II 118) die Ansicht zur Geltung, daß der Min.-Beschl. v. 1819, sofern er überhaupt der gelegentlich einer Haussuchung nöthig werdenden Beschlagnahme mit gedacht haben sollte, nicht mehr zutreffe, wenn ein Hauptzollamt zu Haussuchungen und hierbei zu Beschlagnahmen schreite, da in dem durch die Zollgesetzgebung v. 1838 anerkannten Untersuchungs- und Haussuchungs-Rechte der Hauptämter das Recht zur Beschlagnahme der Handelsbücher und sonstigen Litteralien einbegriffen sei.

S. 181. Nach n. 539 ist als n. 539 bis einzuschalten: Die im Wege der exec. ad omittendum festgesetzte aber unbeibringliche Geldbuße kann, in Ermangelung einer Solches gestattenden gesetzlichen Bestimmung, weder durch die betr. Behörde, noch durch das Gericht in Gefängnißstrafe umgewandelt werden. Wohl aber erscheint es gemäß § 54, I. 24 AGO. als statthaft, eventuell die persönliche Verhaftung anzudrohen und zu vollstrecken. So: das im Einverständniß mit dem JM. erlassene R. des M. f. d. l. A. v. 14. Aug. 1862 (BMBl. S. 281) in spezieller Beziehung auf die von den Auseinandersetzungs-Behörden festgesetzten Geldbußen. Vgl. jedoch JMR. 5. März 1840 (Jbb. 55, S. 204, JMBl. S. 107).

S. 186. Am Schlusse der n. 559 ist zuzusetzen: Den auf Grund des Regul. v. 1824 ergehenden Requisitionen der Postanstalten sind auch die Friedensrichter trotz ihrer Eigenschaft als Ausnahmerichter zu entsprechen verpflichtet: JMR. 30. Nov 1829 (Rh. S. 3. S. 310).

S. 204. Die beiden ersten Zeilen (des Textes) v. o. gehören vor den Anfang der S. 205.

S. 254. Zusatz zu n. 184: Zufolge Ges. v. 20. Oktbr. 1862 § 6 tritt vom 1. Jan. 1865 ab an Stelle jener in den linksrheinischen Landen bisher erhobenen Abgaben eine Bergwerkssteuer von zwei Prozent des Werths der Bergwerksprodukte zur Zeit ihres Absatzes. Mit dieser Aenderung ist die Herbeiführung einer gleichmäßigen Besteuerung des Bergbaus auf beiden Rheinseiten beabsichtigt, sonach in der Differenz zwischen jenem Prozentsatze und dem der rechtsrheinischen Abgabe (§ 4 ib) eine Ausgleichung dafür erblickt worden, daß die neben letzterer Abgabe zu entrichtende Aufsichtssteuer in obigen Landen nicht erhoben wird. Ob in Folge dieser Gleichstellung auch die besonderen, in § 11, resp. § 8 h. l. enthaltenen Kompetenz-Vorschriften in Wegfall kommen, oder ob dieselben, ungeachtet sie schon ihrem Wortlaute nach auf die obige, vom Bruttoertrage zu leistende Steuer nicht ganz passen, bestehen bleiben sollen, ist eine ziemlich zweifelhafte Frage, über welche die Gesetzesmaterialien keinen Aufschluß zu geben scheinen. Doch dürfte die zweite Alternative den Vorzug verdienen.

S. 305. Z. 15 v. o. ist nach den Worten „angestellt hatte“ einzuschalten: EK. 12. April 1862 (JMBl. S. 235) in Betreff des Anspruchs auf Herausgabe von Vermögensstücken, welche in angeblicher Ausführung des Säkularisations-Dekrets v. 14. Nov. 1811, jedoch gegen den Inhalt desselben mit den franz. Domainen vereinigt sein sollten.

S. 352. Der n. 84 ist folgende Fassung zu geben: Ebensowenig sind zu „den besonderen gesetzlichen Vorschriften“ solche Bestimmungen zu zählen, auf deren Grund oder mindestens bei deren Bestehen eine Anordnung getroffen worden, und über deren Beachtung die vorgesetzte Instanz gerade zu wachen hat. So: EK.

7. Mai 1859, 9. März 1861 (JMBl. 59, S. 384; 62, S. 148). [In beiden Fällen handelte es sich um eine städtische Baupolizei-VO. v. 1. Mai 1857.]

S. 371 Z 14 v. o. st „Theilungen" l. „Theilnahme".

S. 375. Nach n. 3 ist als n. 3 bis einzuschalten: Das APfl.-Ges. und die Novelle v. 1855 sind in den Hohenzollernschen Landen nicht eingeführt; dort gelten vielmehr noch die betr. Territorialgesetze Jene bleiben daher außer Anwendung, wenn es sich um den seitens einer Hohenzollernschen Gemeinde wider einen altländischen Orts- oder Land-AV. erhobenen Anspruch auf Ersatz von APfl.-Kosten handelt. So: MR. 18. Juli 1862 (VMBl. S. 248).

S. 379. Z. 23 v o. ist nach den Worten „ist nicht erforderlich" einzuschalten: um im Falle der früher eingetretenen Hülfsbedürftigkeit die Begründung des Hülfsdomizils im Sinne des § 1 Nr. 3 auszuschließen, — und Z. 25 v. o. zwischen den Worten „jede Wirkung" einzuschalten: der reklamirenden Gemeinde nachtheilige.

S. 383. Nach n. 47 ist als n. 47 bis einzuschalten: § 7 soll nach den Materialien nicht etwa blos die Anerkennung der bei Verkündung des Ges bereits bestehenden gemeinschaftlichen AV. aussprechen; vielmehr können, jenem § zufolge, auch ferner derartige Gemeinschaften durch Verabredung der Betheiligten — unter Genehmigung der Aufsichtsbehörde, — entstehen, und zwar ohne, daß es zu diesem Behufe der Zuziehung der Dominial-Anbauern bedarf. Gleichwohl hat eine solche Vereinigung, in Betreff der APfl, nicht die Wirkung einer vollständigen Inkommunalisirung, in deren Folge die bisher befreiten Rittergutshäusler zu den Armenlasten des so konstituirten AV. beizutragen hätten, im Gegentheil bleiben die auf den Rittergutsbezirk fallenden Beiträge der Gutsherrschaft allein zur Last. Um die Theilnahme der übrigen Gutseinwohner an den fr. Lasten herbeizuführen, muß der Besitzer auf die Eigenschaft seines Guts als eines selbstständigen Gutsbezirks verzichten und dessen Vereinigung mit dem Gemeindebezirk beantragen So: MR. 14. Juni 1862 (VMBl. S. 247). Ist jedoch die Einverleibung eines Dominial-Trennstücks in eine Landgemeinde ohne Widerspruch der Betheiligten in Ausführung gekommen, und diese Verbindung auf Grund des § 6 Nr. 3 anerkannt, so muß das fr. Trennstück gemäß § 1 des Ges. v 14. April 1856 (betr. die Landgemeinde-Verfassung der östlichen Provinzen) als in jeder kommunalen Beziehung dem betr. Gemeindebezirk angehörig betrachtet werden: MR. 9. Okt. 1862 (VMBl. S. 288).

S. 400. Z. 14 v. o. st. „dazu" l. „daher".

S. 457. Z. 5 v. u. st. „Versicherungs-Gesellschaften" l. „Versicherungs-Anstalten".

S. 512. Zusatz zu n. 35: Ob die Verkündung einer Polizei-VO. in dieser oder jener Weise geschehen sei, gehört zur thatsächlichen Prüfung des Instanzrichters, nicht zur Kognition des OT.; letzteres hat nur zu untersuchen, ob diese Verkündungsart den gesetzlichen Vorschriften genüge: OT. 23 Okt. 1862 in S. c. Schneider.

S. 513. Nach n. 37 ist als n. 37 bis einzuschalten: Die Regierungen sind befugt, über die Schonzeit allgemeine Pol-VO. zu erlassen, ungeachtet über denselben Gegenstand durch ältere Prov.-Gesetze bereits anderweitig bestimmt worden ist, da dergleichen Vorschriften, selbst wenn sie in Gesetzen enthalten sind, doch nur als bloße Verwaltungs- und nicht als gesetzliche Vorschriften im Sinne der §§ 15, 17 h. l., resp. als Vorschriften erscheinen, deren Abänderung nur durch ein neues Gesetz erfolgen kann: OT. 27. Juni 1862 (Oppenhoff Rechtspr. II. S. 498).

Alphabetisches Register.

(Die beigefügte Zahl bezeichnet die Seite.)

Inhalt.

In den Noten zu obigen Gesetzen werden außerdem folgende Gesetze ꝛc. besprochen:

Allgemeines Landrecht.

Druckfehler:

S. 179 Z. 8 v o. l. §§ 68—141. I, 24 AGO., insoweit sie die Beobachtung der Exekutionsgrade betreffen st. §§ 64—141, I. 24 AGO.

Kolibri 360 GmbH
Ferdinand-Jühlke-Straße 7
99095 Erfurt, Deutschland
produktsicherheit@kolibri360.de